성경개관

박호용 편저

쿰란출판사

서 문

풀은 마르고 꽃은 시드나 우리 하나님의 말씀은 영원히 서리라(사 40:8)

참으로 하나님께서 하시는 일은 모를 일이다. 이 적지 않은 분량의《성경개관》은 처음부터 출판을 계획하고 오랜 준비와 연구 끝에 나온 책이 아니다. 2년여 전, 조선 교포(조선족)들이 필자에게 성경공부를 인도해 주기를 요청하였다. 그 요청에 응하여 매주 한 꼭지씩 만들어 1년 동안 구약 성경공부를 인도하였다. 그런데 구약 성경공부가 끝나자 이번에는 신약 성경공부까지 인도해 달라고 부탁하였다. 그 부탁을 거절하지 못하고 또다시 매주 한 꼭지씩 만들어 신약 성경공부를 인도하였다. 그들의 부탁에 응한 데에는 두 가지 믿음이 기초하고 있었다.

하나는 신구약성경은 두 권의 책이 아닌 '예수를 말하는 한 권의 책'이라는 평소의 나의 소신 때문이다. 또 하나는 원치 않게 시작한 〈요한복음 연구〉가 세 권의 책으로 이미 출판되었는데, 이것을 기반으로 한다면 신약 성경공부도 인도할 수 있겠다는 믿음이 있었기 때문이다. 여기에 성경공부에 도움이 되는 부록을 첨가하여 마침내 2년 만에《성경개관》이라는 책으로 결실을 맺게 되었다.

신구약성경공부 인도는 필자에게 성경 전체에 대한 새로운 눈을 뜨게 해주었다. 그리고 지난 40년간의 필자의 신앙과 신학을 새롭게 정립하는 좋은 계기가 되었다. 더욱이 이《성경개관》이 중국어로 번역되면 성경 이해에 많은 도움이 되리라고 여겨졌다. 그래서 두 사람의 교포에게 번역을 부탁했고, 마침내《聖經概觀》으로 함께 세상에 빛을 보게 되었다.

이 책은 시작부터 학문적인 책을 쓰려고 한 것이 아니고 성경공부의 결과물로 나온 것이기에 각주나 참고문헌은 달지 않았다. 출처를 밝히지 않은 것에 대해서는 깊은 양해를 구한다. 아무쪼록 바라기는 이《성경개관》을 통해 영원한 하나님의 말씀인 성경과 영원한 하나님의 말씀이 되신 예수를 조금이나마 더 사랑하는 계기가 되었으면 하는 마음뿐이다.

2011년 가을 어느 날
바닷바람이 싱그러운 나의 밧모섬
푸른섬 칭다오(青島)에서
박 호 용(John Park) 拜

■ 구약개관

차례

■ 신약개관

성경공부(Bible Study) 십계명(외워라)	
제1계명	모든 것은 해석이다. 해석을 잘하라.
	(해설) 꿈보다 해몽이다(요셉, 다니엘). 성경도, 인생도, 사업도 전부 해석이다. 고정관념을 깨고 생각바꾸기(역발상)를 시도하라. 예) 행복, 빈부, 성공의 문제. 키가 크고 작음은 땅을 기준으로 잰 것. 하늘을 기준으로 재면 반대가 된다.
제2계명	공부 잘하는 방법 두 가지는 '차이점 발견하기'와 '그림 그리기'이다.
	(해설) 두 개를 비교하면 반드시 우열, 장단, 미추, 강약, 승패가 있다. 중요한 것은 차이점을 '짧게 한 마디로 말하는 것'이다. 예) 구약과 신약의 차이점은? 구약에다 '새'(new) 자를 넣어라. (옛) 이스라엘-'새' 이스라엘. 피조물-'새' 피조물(고후 5:17). 그림(도표, 도형)이 잘 그려져야 제대로 이해한 것이 된다.
제3계명	끊임없이 왜? 라고 물으라.
	(해설) 좋은 선생은 좋은 질문을 하는 사람이다. 차이(다름)의 이유는 무엇인가? 예) 왜 요한복음(2장)은 성전정화사건을 주님의 공생애 초기에 두었는가? 왜 요한복음은 '하나님 나라'를 거의 사용하지 않았는가?
제4계명	신구약성경은 한 권의 책이다. 통전적으로 읽고 해석하라.
	(해설) 신구약성경은 '예수에 관한 한 권의 책'이다(예수학, Jesustics). '토막신학'이 아닌 '통합신학'이 되도록 통전적으로 공부하라. 예) 구약의 성막은 그리스도에 관한 예표이다. 요한복음과 계시록은 문학적 친척관계에 있기에 함께 관련지어 연구해야 한다.
제5계명	본문(Text)의 상황(Context) 속으로 들어가 그들과 공감하라.
	(해설) 성경은 전부 유대인이 쓴 책이다. 21세기 한국인(서양인)의 상황(역사와 문화)이 아닌 유대인의 상황(역사와 문화) 속으로 들어가 그들과 공감하라. 공감이 되어야 더 깊이 이해가 되고, 해석이 빗나가지 않는다. 예) 주후 1세기 말경은 묵시문학적 상황이다. 따라서 계시록이 묵시문학이면 요한복음도 묵시문학 작품임을 연상하라.
제6계명	헬라적 사고를 지양하고 히브리적 사고로 전환하라.
	(해설) 헬라적(서양적) 사고는 명사적(분석적) 사고이다. 예) A와 B가 다를 경우 A가 참(眞)이며 B는 거짓(僞)이다. 히브리적(동양적) 사고는 동사적(종합적) 사고이다. 예) A와 B가 버스와 택시를 타고 다르게 왔더라도 온 사실은 같다. 빛과 그림자는 양손의 '분리'가 아닌 한손의 '구분'의 의미. 예언(역사)과 묵시(초역사)도 마찬가지이다.
제7계명	차원이 다른 세계가 있음을 알라(생각의 차별화).
	(해설) 역사의 세계는 時空人(間)의 3차원(삼각형-평면, 땅), 신앙의 세계는 時空人神의 4차원(삼각뿔-입체, 하늘). 예) 예수와 서기관(성인들)의 가르침의 차이는 하나님 나라(4차원)와 세상 나라(3차원)의 차이이다. 하나님 나라(천국)의 비밀을 알라.
제8계명	하늘에 속한 차원이 다른 삶을 살라(삶의 차별화).
	(해설) 성경공부의 목적은 가치관의 변화에 따른 삶의 변화에 있다. 회개는 세상 나라의 가치관을 하나님 나라의 가치관으로 전환하는 것이다. 예) 3차원의 세계는 아무리 커도 3차원(삼각형)이고 4차원의 세계는 아무리 작아도 4차원(삼각뿔)이다. 그리스도인은 차원이 다른 (삶을 사는) 사람이다.
제9계명	귀로만 듣는(청각적) 공부를 넘어 눈으로 보는(시각적) 공부를 하라.
	(해설) 할 수만 있으면 많은 곳을 여행하라. 많이 본 자가 잘 이해한다. 특히 성지순례를 하라. 예) 시내 광야, 이스라엘, 터어키, 그리스, 로마, 독일, 러시아. 또한 중국의 서안, 낙양, 정주, 곡부, 북경, 돈황 등.
제10계명	모든 것은 〈예수님 때문에〉라고 말하라.
	(해설) 우리의 만남도, 왜 사냐?도, 왜 공부하냐?도 다 '예수님 때문에'이다. 우리의 신앙고백은 '주 예수보다도 귀한 것은 없다'이다. 예수 없는 삶은 의미가 없다. "모든 영광 하나님(주님)께"(Soli Deo Gloria!). 할렐루야 아멘.

구약개관

이스라엘의 대표적 상징: 메노라(이방의 빛)

구약의 메시지: 영원한 것만이 참 실상이다.
참 실상은 하나님과 '그분의 말씀(예수 그리스도)'뿐이다
(사 40:8; 신 8:3)

히브리어 알파벳(22자)

문자	미형(尾形)	명칭	발음(영어)	발음(한글)	수치(數値)
א		알렙('Aleph)	'		1
ב		베트(Beth)	b, bh	ㅃ, ㅂ	2
ג		기멜(Gimel)	g, gh	ㄲ, ㄱ	3
ד		달렛(Daleth)	d, dh	ㄸ, ㄷ	4
ה		헤(He)	h	ㅎ	5
ו		와우(Waw)	w	우	6
ז		자인(Zayin)	z	ㅈ	7
ח		헤트(Heth)	ḥ	ㅎㅎ	8
ט		테트(Teth)	ṭ	ㅇㅌ	9
י		요드(Yod)	y	이	10
כ	ך	카프(Kaph)	k, kh	ㅋ,	20
ל		라메드(Lamed)	l	ㄹㄹ	30
מ	ם	멤(Mem)	m	ㅁ	40
נ	ן	눈(Nun)	n	ㄴ	50
ס		싸멕(Samekh)	ṣ	ㅆ	60
ע		아인('Ayin)	'	'	70
פ	ף	페(Pe)	p, ph	ㅍ, ㅇㅍ	80
צ	ץ	차데(Tsadhe)	ts	ㅊ	90
ק		코프(Qoph)	q	ㅇㅋ	100
ר		레쉬(Resh)	r	ㄹ	200
שׂ שׁ		신(Sin) 쉰(Shin)	s sh	ㅅ 슈	300
ת		타우(Taw)	t, th	ㅌ,	400

(1) 창세기(Genesis)

창 1–3장

1. 창세기와 모세오경

전통적으로 모세의 작품이라고 알려진 구약성경의 첫 다섯 권은 '펜타튜크(Pentateuch)', 즉 '오경'으로, '펜타튜코스(Pentateuchos)=penta(다섯) +teuchos(두루마리)'라는 헬라어로부터 파생되었다. 유대인들은 이것을 '토라(Torah)', 즉 '가르침'이라고 부르는데, 영어로는 신약의 명칭대로 헬라어의 '노모스(nomos)', 즉 '율법(Law)'이라고 번역한다(마 5:17; 눅 16:17; 행 7:53). 그러나 '토라'의 본래 뜻은 '율법'이라기보다는 '가르침' 즉 '하나님께서 이스라엘 백성에게 주신 가르침(teaching)'이다. 다만 토라의 내용 중 많은 부분이 율법으로 되어 있기에 그렇게 부르게 된 것이다. 이 오경은 유대교의 경전 중에서 가장 중요한 부분으로 예언서(Nebi'im)와 성문서(Kethubim)에 부여된 권위를 훨씬 뛰어넘는다.

2. 창세기의 명칭 및 내용

1) 명칭: 창세기란 영어 이름(Genesis)은 '시작', '기원' 등의 의미를 갖는 헬라어를 음역한 것으로서 헬라어 역본인 70인역(LXX)이 이 책에 부여한 이름이다. 이 명칭을 라틴

어 역본인 불가타(Vulgata)에서는 '리베르 게네시스(Liber Genesis=생성에 관한 책)'로 부른다. 유대인들은 모세 오경의 각 책의 이름을 붙일 때 그 책의 첫 단어(또는 첫 절)에서 그 책의 이름으로 삼았다(참조, 4복음서의 첫 절의 중요성). 성경 66권의 첫 책인 창세기는 그 책의 1장 1절의 첫 단어 '베레쉬트(בְּרֵאשִׁית, 태초에)'가 창세기의 본래 이름이다. 창세기는 그 첫 단어가 갖는 의미('太初에'가 갖는 '시작' 또는 '기원'의 의미), 즉 우주 만물(생명)의 시작, 인간의 시작, 결혼의 시작, 죄악의 시작, 죽음의 시작, 문화의 시작, 구원과 축복의 시작, 민족과 언어의 시작, 선민 이스라엘의 시작 등 모든 것의 시작(기원)을 말해 주는 책이다.

2) 내용: 창세기는 두 부분으로 크게 나누어진다. 1-11장은 태고사(太古史) 또는 원역사(原歷史, Primeval history)이고, 12-50장은 족장사(族長史, Patriarchal history)이다. 1-11장은 구원사(salvation history)의 서론으로서 세계와 인간과 죄의 기원에 대해 말하고 있다. 12-50장은 하나님께서 족장들을 택하심으로써 비롯되는 구속사의 시작, 땅과 후손에 대한 약속에 대해 말하고 있다. 이 두 개의 서언(prologue)은 홍해에서의 하나님의 구원 행위와 시내산에서 맺은 언약을 통해 형성된 선민(選民) 이스라엘에 대한 이야기의 서론 구실을 한다. 즉 '창세기는 출애굽기를 위한 전주곡(prelude)이다.'

3. 창조신앙과 자연과학

1) 과학의 영역과 신앙의 영역: 성경(창세기)은 자연과학적 질문에 대답하는 과학책이 아니다. 성경(창조 이야기)은 우주의 기원을 신앙적으로 설명하고, 우주 안에서의 인간의 위치를 분명히 하며, 인간은 독립적인 존재가 아닌 하나님의 피조물에 불과한 존재로서, 피조세계에 대한 책임적 존재임을 밝히려는 것이 중심 의도이다. 그럼에도 불구하고 17세기 이전까지만 해도 성경을 과학 정보의 출처로 생각해 왔다. 우주의 기원 연대를 제롬(Jerome, 347-420)은 4천년 전으로, 종교개혁자 루터(Luther, 1483-1546)와 칼빈(Calvin, 1509-1564)은 6천년 전으로 보았다. 제임스 우셔(J. Ussher, 17세기 아일랜드 주교)는 우주 창조는 주전 4004년 10월 23일 오전 9시에 일어났다고 보았다. 유대인 학자들은 주전

3761년 10월 7일로 잠정적인 결론을 내렸다. 그러나 앞에서 주장한 모든 연대들은 잘못 되었음이 밝혀졌다. 창세기 연대는 인간의 이성과 경험을 초월하며, 우주 기원은 과학으로 증명할 수 없다. 하나님의 창조 신비는 과학의 영역이 아닌 신앙의 영역이다. 원역사(창 1-11장)의 연대는 알 수 없고, 족장사(창 12-50장)의 연대는 추정할 뿐이다(힉소스족의 애굽 통치 때인 주전 1700-1550년경으로, 그 정치적 수도는 테베였는데, 그때 꼭 한번 고센으로 옮겨짐).

2) 진화론(進化論): 생물은 생활환경에 적응하면서 단순한 것으로부터 복잡한 것으로 진화해 왔는데, 생존경쟁에 적합한 종(種)은 살아남고 그렇지 못한 종은 도태한다(적자생존의 원리 및 자연도태설)는 관념이나 학설. 일반적으로 이 학설을 확신시켜 준 학자는 찰스 다윈(C. Darwin, 1809-1882)이다. 진화론은 생명의 기원을 창조주의 지혜와 설계에 의한 것이 아니라 우연과 시간에 의한 것으로 본다.

4. 두 개의 창조이야기(창 1-3장)

창세기에는 두 개의 창조이야기가 나온다: 첫 번째 창조이야기(제사장[P] 전승)는 1:1-2:3(4a), 두 번째 창조이야기(야웨주의자[J] 전승)는 2:4(4b)-3:24. 창세기 2:4의 '천지(天地)'를 히브리 원어로 읽으면 '지천(地天)'으로 되어 있다. 전자(前者)는 '하늘'에 초점(우주론적 관점)이 모아지고, 후자(後者)는 '땅'에 초점(인간론적 관점)이 모아진다.

1) 첫 번째 창조이야기(1:1-2:3)의 특징

(1) 가장 중요한 특징은 언어의 반복성, 대칭성, 도식성이다. "하나님이 가라사대"(10회, 1:3, 6, 9, 11, 14, 20, 22, 24, 26, 29), "보시기에 (심히) 좋았더라"(7회. 1:4, 10, 12, 18, 21, 25, 31), "저녁이 되며 아침이 되니"(6회, 1:5, 8, 13, 19, 23, 31), 빛(5회, 1:3[2회], 4, 5[2회]), "그 종류대로"(10회, 1:11, 12[2회], 21[2회], 24[2회], 25[3회]), 복(3회, 1:22, 28; 2:3), 창조하다(bara' 동사 5회, 1:1, 21, 27[3회]), "(하나님) 형상"(3회, 1:26, 27[2회]).

(2) 유일신 신앙(Monotheism)의 강조(고대근동의 다신교 배격)와 말씀으로의 창조. 무(無)로부터의 창조(Creatio ex nihilo, 외경 마카비하 7:28)와 혼돈(混沌)으로부터의 질서의 창조(1:2).

(3) 7일 간의 창조의 핵심은 '안식일'(2:3)이다('거룩하게'라는 말에 주목하라. 16쪽의 도표를 참조할 것).

2) 두 번째 창조이야기(2:4-3:24)의 특징

(1) 가장 중요한 특징은 땅(인간 세계)에서 일어나는 모든 것의 시작을 언급하고 있다는 점이다. 첫 사람 아담의 창조(2:7), 에덴 동산(paradise)과 4개의 강 이야기(2:8-14), 선악과 금지 명령(2:16-17), 첫 인간의 고독과 여자의 창조(2:18-22), 결혼과 가정(2:23-25), 인류의 타락(3:1-7), 죄와 죽음의 기원 및 노동과 출산, 그리고 실낙원 이야기(3:8-24).

(2) 하나님은 창조주이시며, 인간은 피조물로서 이 관계가 파괴된 것이 죄(불신앙, 불순종으로 기인)임을 역설(하나님 중심주의).

(3) 인간의 범죄에도 불구하고 은총을 베푸시는 하나님: 인간의 범죄(선악과를 따먹음, 3:6), 하나님의 징벌(낙원 상실, 3:23), 하나님의 은총(가죽옷을 지어 입힘, 3:21).

3) 두 창조이야기의 차이점이 갖는 의미

두 창조이야기가 달리 표현된 것은 각기 문화권과 관점이 달랐기 때문이다. J 전승(주전 950년경, 솔로몬 시대)은 인간의 범죄에 맞추어 다양한 의인법을 사용하였다. 이에 반해 P 전승(주전 550년경, 바벨론 포로시대)은 혼돈에서 질서를 창조하시는 하나님의 위대한 업적을 표현하는 데 중점을 두었다.

5. 창조의 의미: 혼돈과 질서의 대결

창세기 1:1-3에서 우리는 창조의 의미를 살펴볼 수 있다. "태초에 하나님이 천지를 창조하셨다"(1절)는 말씀은 신앙의 기본적인 대전제가 된다. 여기서 우리는 유일신 신앙과 하나님의 권능을 엿볼 수 있다.

1:2은 하나님께서 천지를 창조하기 전의 혼돈(chaos) 상태를 묘사하고 있다. 모양이 없고, 공허하고, 어두움이고, 심연인데, 이것은 일종의 '물로 된 혼돈(watery choas)'을 뜻한다(고대근동의 상황에서 물은 혼돈의 상징이다). 그런데 3절에서 하나님께서 "빛이 있으라" 말씀하시자 혼돈 상태에서 비로소 질서가 생기게 되었다. 즉 첫 번째 창조 작업은 바로 이 혼돈이라는 무질서에다가 빛이라는 질서를 만들어 넣었다는 것이다. 이 빛으로 인하여 비로소 모양이 생기고, 텅 비어 있던 것이 채워지고, 어두움이 정복됨으로써 혼돈이 정복되고 질서, 곧 하나님의 질서가 형성되었다. 여기서 창조의 주된 동인(動因)은 바로 하나님의 말씀이다. 이렇게 볼 때 창조는 곧 혼돈과 대결해서 그 혼돈을 정복하고 하나님의 말씀으로 새로운 질서를 수립한다는 것을 말한다.

그런데 이와 같은 창조관이 순수하게 히브리적이냐 하면 그렇지 않다. 이스라엘이 바벨론에 포로로 잡혀 갔을 때 그곳에는 이미 창조신화가 형성되어 있었다(바벨론 창조신화, Enuma elish). 그것은 남신(男神)인 마르둑(Marduk)이 물로 된 혼돈의 여신(女神) 티아맛(Tiamat)을 찔러 죽이고 그것을 반으로 나누어 하늘과 땅을 만들었다는 이야기이다. 바로 이 바벨론 창조신화가 이스라엘에 들어온 것이라고 할 수 있다. 그런데 바벨론 창조이야기는 그 성격상 다신교적인 데 반해, 이스라엘의 창조이야기는 이방의 창조이야기를 수용하고 있으면서도 거기에서는 신들 간의 전쟁에 대한 이야기는 전혀 발견할 수 없다.

그들은 다신교적 종교문화권 안에서 야웨 하나님을 유일한 하나님으로 고백하는 유일신 신앙(Monotheism)을 키워갔던 것이다. 그래서 다른 신은 일체 부정하고, 야웨 하나님만을 유일신으로 고백하고 있다. 이것은 매우 중요한 신학적 작업이다.

6. 창조의 피날레: 안식일(安息日)의 중요성

유대인들이 유대 절기 가운데 안식일을 중요시하게 된 역사적 배경은 이러하다. 이스라엘은 주전 587년에 바벨론에 망하게 된다. 본디 이스라엘은 여호와(야웨)를 한 하나님으로 믿는 신앙공동체이다. 그런데 국가의 멸망, 예루살렘 성전의 파괴, 유대 지도자들의 바벨론 포로라는 비극을 맞이하면서 이스라엘 신앙공동체는 붕괴되고 와해되는 위기(危機)에 처하였다. 민족적 위기상황에서 이를 극복하는 대처 방안으로 나오게 된 것이 두 가지였다.

하나는 조상 대대로 내려온 신앙의 전승들을 모아 책으로 엮어내는 일이었다. 그렇게 해서 포로기 이후에 나온 책들이 모세오경으로부터 시작하여 계속해서 역사서, 예언서들이 편찬되어 나오게 된 것이다. 이러한 책들의 편찬을 통해 이스라엘의 살 길은 "말씀을 붙드는 일", 즉 하나님의 말씀인 율법책을 붙들고 그것에 의지하여 사는 길밖에 없다는 것이 바벨론 포로기 때의 선지자들의 외침이었다(사 40:6-8 등).

또 하나는 그들이 이전에 여러 절기 가운데 하나로 지켜온 안식일을 제도화시키는 일이었다. 이스라엘은 안식일을 제도화시킴으로써 살 길을 찾았던 것이다. 거기에는 세 가지 의미가 내포되어 있다. 첫째, 바벨론 포로 상황에서 과중한 노역으로부터 '휴식을 얻기 위하여' 안식일을 요구하지 않을 수 없었다. 둘째, 안식일에 예배를 드림으로써 하나님의 창조와 구속의 역사를 기념할 수 있었다. 셋째, 일주일에 한 번씩 정기적으로 한 장소에 모여 예배 집회를 가짐으로써 야웨 신앙을 의식화하고 '우리는 한 신앙공동체'라는 공동체 의식을 꾀할 수 있었기 때문이다.

그래서 바벨론 포로기에 편집된 첫 번째 창조이야기(창 1:1-2:3)는 형식적으로는 하나님께서 우주 만물을 창조한 후에 안식하기 위하여 안식일이 생겼다는 이야기이지만, 그것이 바벨론 포로상황 아래에서 보면 이스라엘이 지금 사느냐 죽느냐 하는 생사(生死)의 갈림길에서 '안식일 제도만이 이스라엘이 사는 유일한 길임을 천명한 것이다. 그래서 창조의 7일 가운데 일곱째 날은 특별히 구별하여 "거룩하게"(창 2:3) 하셨다는 말로 창조의 핵심이 안식일에 있음을 보여주고 있다.

또한 창조의 핵심이 안식일에 있을 뿐만 아니라 십계명의 핵심도 사실은 안식일에 있다고 할 수 있다. 십계명을 둘로 나눌 때에는 1-4계명(하나님과의 관계)과 5-10계명(인간과의 관계)으로 나누는데, 십계명을 셋으로 나눈다면 1-3계명(하나님과의 관계), 5-7계명(인간과의 관계), 8-10계명(자연 또는 물질과의 관계), 그리고 제4계명인 안식일 계명은 이 셋을 연결하는 계명이라고 할 수 있다. 모든 계명 가운데 안식일 계명이 가장 중요한 계명이라고 말할 수 있는 근거는 첫째, 이 계명이 가장 길게 언급되고 있고(다른 계명은 한 구절 또는 세 구절[제3계명]인 데 반해 제4계명은 4구절로 되어 있음), 둘째, 다른 계명과 구별된다는 의미에서 '거룩'(출 20:8, 11)이라는 말을 반복해서 사용하고 있기 때문이다.

출애굽기 31:12-17에 보면 안식일 관련 말씀이 나오는데, 이것은 하나님께서 시내산 위에서 모세에게 말씀하시기를 마칠 때에 결론적으로 하신 말씀이다. 그 내용은 한 마디로 안식일은 거룩한 날(聖日)인데, 이 날을 더럽히는 자, 이날에 일하는 자는 그 백성 중에서 그 생명이 끊어지리라 곧 죽임을 당한다는 말씀이다.

안식일이라는 것이 본디 휴식을 취하고 억압으로부터 자유와 해방을 얻기 위하여 주어진 것인데, 이제 그것이 안식일이라는 법 제도가 되면서 이 법 제도를 안 지키는 자는 죽임을 당하는 것으로 바뀌게 된 것이다. 이렇게 된 까닭은 이스라엘 신앙공동체의 생사가 안식일 제도의 준수 여부에 달려 있는 상황이었기 때문이다.

그리고 안식일을 지키기 위해서는 모이는 장소가 필요했는데, 그것이 바로 회당(synagogue)이다. 안식일에 회당에 모여 율법의 말씀을 읽고 들음으로써 이스라엘은 그들의 정체성(Identity)을 유지해 나갈 수 있었다. 그리하여 율법(말씀)과 안식일(제도), 이 두 기둥에 의해 생겨난 것이 바로 바벨론 포로기 이후의 유대교(Judaism)라는 종교였다. 여기에 한 가지 더 붙인다면 '할례'가 있다. 이스라엘은 율법과 안식일 그리고 할례의 의해 떠받쳐진, 즉 유대교라는 종교에서 자기들의 정체성을 찾았고 이방 민족에 동화되지 않고 살아남을 수 있게 된 것이다. 그래서 이런 말이 나왔다. "유대인이 안식일을 지킨 것이 아니라 안식일이 유대인을 지켰다." 주전 400년경의 초기 유대교 시절부터 예수 당시의 후기 유대교에 이르기까지 유대교는 "율법(말씀)과 안식일(제도)"이라는 두 기둥에 의해 유지되어 온 종교라고 말할 정도로 안식일 제도는 유대교의 정수(精髓)였다.

§ 안식일을 중심으로 본 창조구조와 십계명 §

첫째날(빛 창조)	⟷	넷째날(해,달,별의 창조)
둘째날(궁창과 물의 분리)	⟷	다섯째날(새, 물고기의 창조)
셋째날(땅, 식물 창조)	⟷	여섯재날(사람, 동물의 창조)

§ 일곱째 날(안식하심: 안식일) §

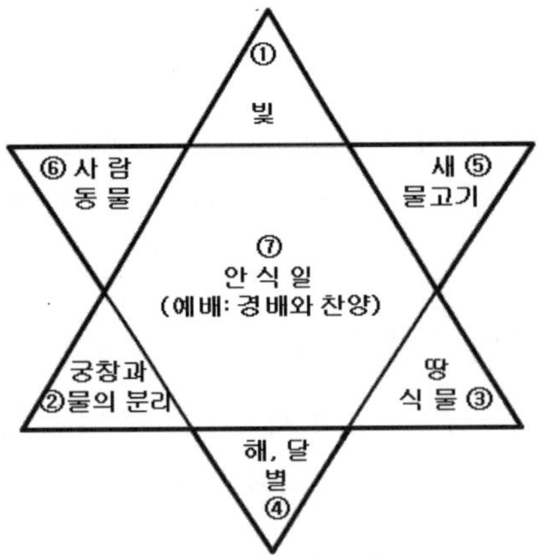

§ 안식일과 십계명 §

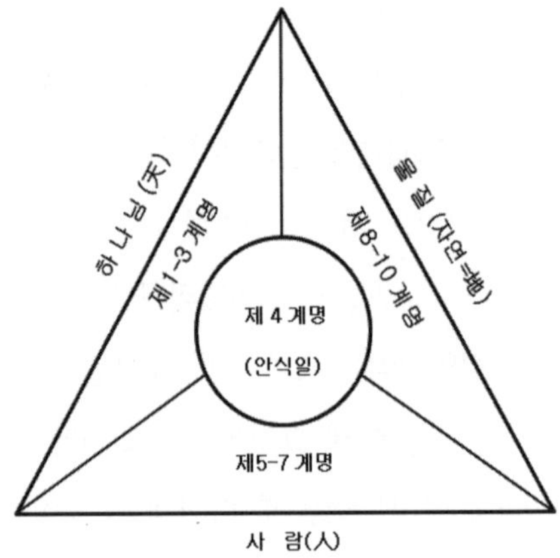

7. 하나님의 형상(Imago Dei)

1) 일반적 이해

'하나님의 형상(tselem 'elohim, צלם אלהים)'은 창조이야기의 절정(climax)에 해당한다. 인간이 '하나님의 형상'으로 창조되었다는 것은 무엇을 의미하는가? 일반적인 이해는 인간이 하나님을 닮았다, 혹은 하나님의 속성, 성품을 가졌다, 그래서 하나님의 사랑, 공의, 정의, 거룩, 인자 등을 가진 존재라는 것이다. 또는 동물과는 달리 말을 한다거나 서서 다니는 직립인간이라든가 하나님과 관계를 갖는 영적 존재라는 등 이런 지식들이다. 구약성경적 입장에서 '하나님의 형상'이 갖는 의미를 살펴보자.

2) 창세기 1장의 인간 창조의 독특성

인간이 '하나님의 형상'으로 창조되었다는 말씀은 구약에 3회 언급되고 있다(창 1:26-27; 5:1; 9:6). 이들 구절은 모두 예루살렘 성전을 중심으로 제사장들 사이에서 보존되고 전승되어 내려온 '제사장 전승(Priestly Tradition)'에 속한다. 창세기 1장의 인간 창조는 다른 피조물과는 달리 특별하게 취급되고 있다. 첫째, 다른 피조물에 대한 하나님의 말씀은 3인칭 형태(Let it be, Let there be), 즉 일방적인 선언 형태이다. 그러나 인간 창조에서는 1인칭 복수 형태(Let us make man), 즉 의논의 형태로 되어 있다. 둘째, 창 1:27 한 절에 하나님의 창조에 해당하는 동사 '바라(bara', ברא)'가 3회 반복되고 있다. 셋째, 인간이 창조된 제6일에는 유독 히브리 정관사 '하(ha, ה)'가 있어, 여섯째 날은 특별한 날임을 보여주고 있다. 넷째, 식물과 동물은 모두 '그 종류대로(according to its kind)' 창조되었으나 인간만은 '하나님의 형상'으로 창조되었다.

3) '하나님의 형상(神像)을 부정하는(iconoclastic)' 히브리 신앙

구약의 여호와 신앙은 '하나님의 형상', 즉 신상(神像)을 만드는 것이 철저하게 금지되었다. 십계명의 제2계명은 '신상금지 계명'이다(출 20:4-6; 신 5:8-10). 제2계명은 그 길이에 있어서 제4계명인 안식일 계명(네 절)에 맞먹을 정도로 길다(세 절). 이것은 '신상금지 계명'이 얼마나 중요한 계명인가를 보여준다. 神像, 즉 우상에 대한 구절이 구약에 많이 나온다(렘 10:1-11; 단 5:23; 사 40:18-20; 41:6-7, 21-24; 44:9-20; 46:1-8 등).

4) 고대근동세계에서의 '하나님의 형상'의 의미

지금으로부터 수천 년 전인 고대근동세계에서 '하나님의 형상(神의 형상)'이란 한 나라를 통치하는 최고의 존재, 즉 '왕'을 지칭하는 말이었다. '神의 형상'으로서의 왕은 神과 특별한 관계가 있는 존재였다. 메소포타미아 지역의 기록을 보면, 왕은 '마르둑(Marduk)의 형상', '샤마쉬(Shamash)의 형상', '벨(Bel)의 형상'으로 불리고 있다. 고대 애굽의 기록에도 왕(Pharaoh)은 '레(Re)의 형상', '아몬(Amon)의 형상', '아툼(Atum)의 형상'으로 불리고 있다. Amon-Re 신은 Amenophis 3세(1403-1364)를 향해 이렇게 말하고 있다. "너는 나의 사랑하는 아들……내가 세상에 세워 준 〈나의 형상〉이다. 나는 땅을 평화롭게 〈통치〉하게 하기 위해서 너를 세웠다."

5) 왕의 책임과 역할

왕은 '다스림', 즉 통치의 책임과 역할이 있다. 창 1:26에서 하나님은 인간을 왕과 같은 존재로 창조하신 목적이 명기되어 있다. 그것은 모든 피조물을 "다스리게 하기 위하여"였다. 시편 8편(창조시편)은 왕적 존재로서의 인간의 임무가 밝히 기록되어 있다(시 8:5).

당시는 절대 왕정시대로서 신정일치(神政一致), 제정일치(祭政一致)시대였기에 왕은 제사장이요, 제사장은 왕의 역할을 맡았던 시대였다. 그러니까 '제사장으로서의 왕', 또는 '왕 같은 제사장'(벧전 2:9 참조)이 바로 하나님의 형상이다. 왕이나 제사장은 神과 人間을 중재한 중보자였다.

□ 하나님의 형상 □

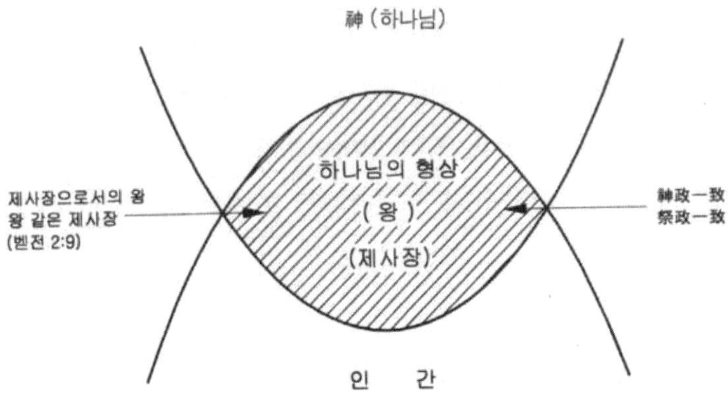

□ 고대근동과 이스라엘의 창조구조 □

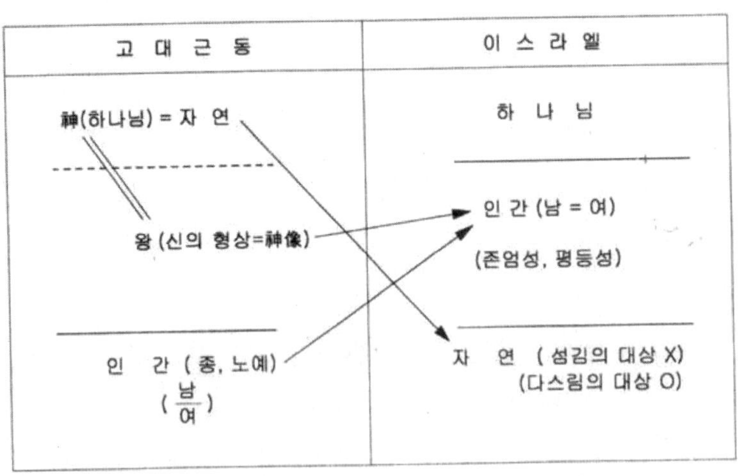

□ 창조(질서)와 혼돈(죄) 그리고 구원(하나님의 사랑) □

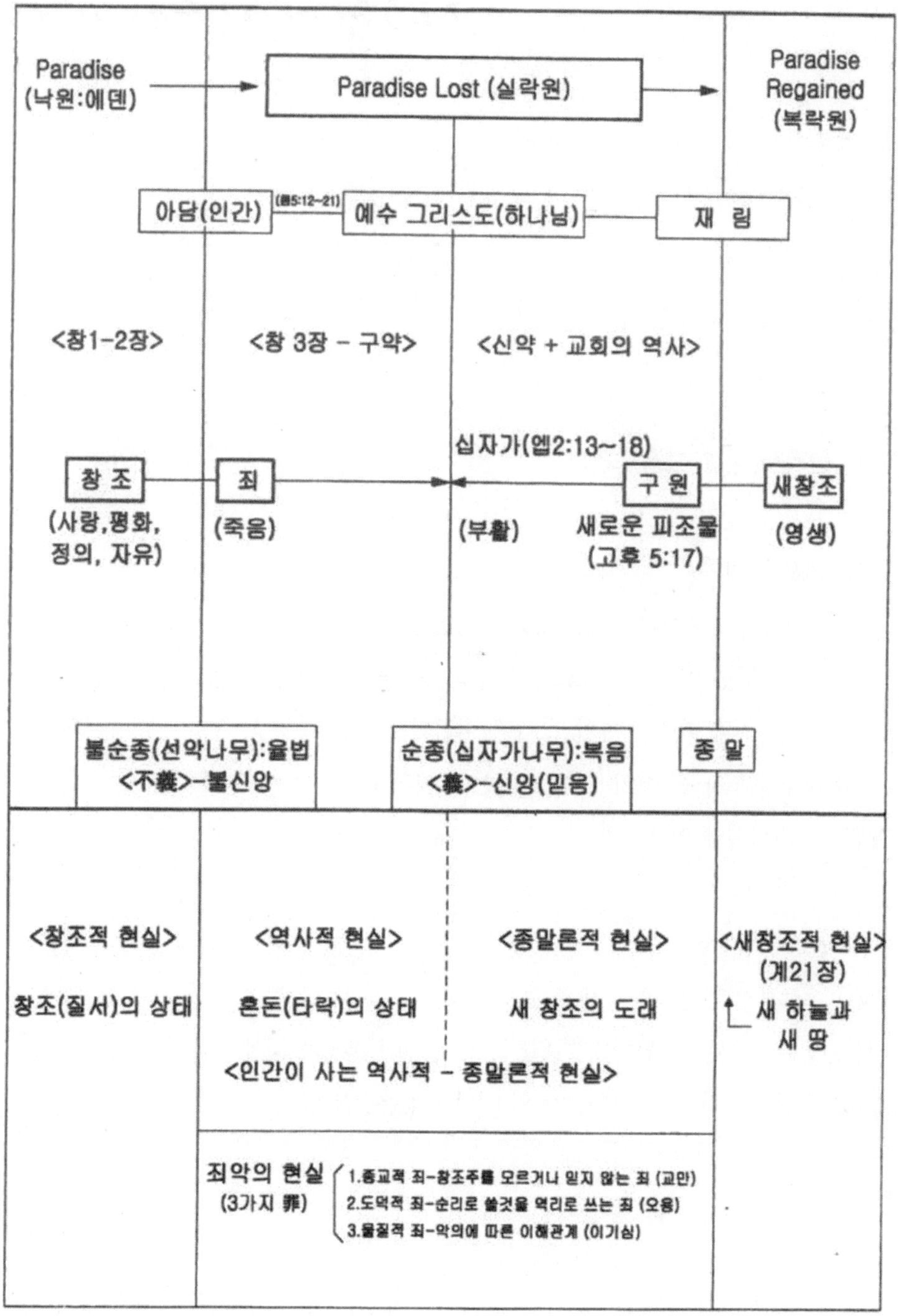

(2) 창세기(Genesis)

창 4-11장

1. 원역사(창 1-11장) 개관

1) 5개의 이야기

(1) 1-2장(창조 이야기): 조화롭고 질서있게 창조

(2) 3장(실낙원 이야기): 창조 질서의 파괴(모든 관계의 단절)

(3) 4장(가인과 아벨 이야기), 5장은 아담의 족보

(4) 6-9장(노아 홍수 이야기), 10장은 노아의 족보

(5) 11장(바벨탑 이야기)

2) 원역사의 관심

(1) 우주론적 관심: 우주 생성 과정

(2) 인류학적 관심: 남녀의 기원, 족보, 인간의 본성과 죄성

(3) 구원론적 관심: 인간의 범죄와 하나님의 은총(사랑)

3) 원역사의 신학적 구조

죄와 은총 / 이야기	인간의 범죄	하나님의 징벌(심판)	하나님의 은총(사랑)
실낙원 이야기 (3장)	선악과를 따먹음 창 3:6	낙원 상실(실낙원) 창 3:23	가죽옷을 지어 입힘 창 3:21
가인과 아벨 이야기 (4장)	가인이 아벨을 죽임 창 4:8	방랑자(추방 당함) 창 4:12	보호하는 표 창 4:15
노아 홍수 이야기 (6-9장)	죄악의 팽배 창 6:8	홍수 심판 (창조 이전으로의 복귀) 창 7:6이하	노아 가족의 구원 창 7:7, 13
바벨탑 이야기 (11장)	우리 이름을 내자, 흩어짐을 면하자 창 11:4	언어의 혼잡, 성 쌓기를 그침 창 11:9	흩어지라, 아브람을 부르심 (구원의 새역사 시작), 창 11:27-12:4

4) 원역사의 결론

(1) 다신교(신화) 對 유일신교(역사, 비신화화)의 대결

(2) 혼돈(인간의 죄) 對 창조(하나님의 은총)의 대결

(3) (보이는) 문명(가인-라멕 계보) 對 (보이지 않는) 신앙(셋-에녹 계보)의 대결

- 前者(고대근동의 문명)에 대한 後者(이스라엘의 신앙)의 승리를 말함.

2. 가인과 아벨 이야기(창 4장)

1) 왜 하나님은 가인의 제사는 받지 않으시고 아벨의 제사는 받으셨는가?

(1) 제물(제의)의 차이: 가인은 농사하는 자였기에 땅에서 난 곡식을 제물로 드렸다. 아벨은 양을 치는 자였기에 양의 첫 새끼와 그 기름을 제물로 드렸다. 가인은 정착민의 농경문화를, 아벨은 유랑민의 유목문화를 각각 대표한다. 농경문화권의 가나안 제의와 유목문화권의 이스라엘 제의 간에 충돌에서 이스라엘이 우월한 위치를 차지했기 때문이라는 견해이다. 그러나 하나님 보시기에는 곡식 제물이나 희생 제물이나 차이가 없다(레 2:1 이하)는 점에서 설득력이 적다.

(2) 하나님의 자유로운 선택: 제물의 열납 여부는 전적으로 야웨 하나님의 자유로운 선

택의지에 달렸다는 견해이다. "나는 은혜 줄 자에게 은혜를 주고 긍휼히 여길 자에게 긍휼을 베푸느니라"(출 33:19; 롬 9:18). 하나님께서 결정하신 일의 결과를 놓고 왈가왈부하는 가인의 태도가 문제가 있다는 견해이다. 이 견해는 모든 책임을 하나님께 돌리는 지나친 결정론적인 해석이라는 점에서 문제가 없지 않다.

(3) 믿음의 제물: 신약성경은 가인은 악한 자였고 아벨은 의로웠으며(요일 3:12; 유 11절), 아벨은 가인보다 믿음으로 더 나은 제사를 하나님께 드렸다는 견해이다(히 11:4). 본문에 보면 "'아벨과 그 제물'은 열납하셨으나 '가인과 그 제물'은 열납지 않으셨고"(4b-5a절), 이에 가인이 심히 분하여 안색이 변하였고(5b절), 하나님은 "네가 선을 행하면 어찌 낯을 들지 못하느냐 선을 행치 아니하면 죄가 문에 엎드리느니라"(7a절)고 말씀하셨다. 여기서 주목할 것은 '그 제물'보다 '아벨과 가인'이라는 성품(인격)이 앞에 제시되고 있다는 점이다.

그러니까 가인과 아벨이 어떤 성품(인격), 마음으로 그 제물을 드렸느냐에 있다. 여기서 선은 믿음(의)과 관련되고, 죄와 악은 불신앙(불의)과 관련되는 말이다(롬 3:20,28). 결론은 제물의 열납여부는 도덕적 선행이 아니라 제물을 드리는 자의 마음(방향성)이 '하나님이냐, 자기냐', '은혜와 감사로 드렸느냐, 거래와 보상을 바라고 드렸느냐'에 있다.

(4) 기독론적 관점: 유월절 어린 양의 피로만이 죄사함을 받고(출 12:13; 히 9:22) 구원을 얻는다는 관점으로 보면 양을 잡아 제물로 바친 아벨의 제사는 예수 그리스도에 대한 예표적 성격(요 1:29)을 갖는다.

2) 차자 중시의 원리

이스라엘은 형제들과 더불어 살게 될 희망을 가지고 산다(시 133편). 그러나 현실은 형제들 사이에서 발생하는 갈등으로 인한 슬픔이 있다(에서와 야곱, 암논과 압살롬). 신약성경은 형제 사랑을 역설한다(마 5:21-26; 요일 3:11-18). 신구약성경은 '장자보다 차자를 중시하는 원리'(마 20:16 참조)를 보여준다(가인과 아벨, 이스마엘과 이삭, 에서와 야곱, 요셉의 형들과 요셉, 므낫세와 에브라임, 아론과 모세, 다윗의 형들과 다윗, 세례 요한과 예수, 첫째 아담과 둘째 아담(히 10:9) 등.

3. 원역사의 족보(5–11장)

1) 가인의 족보(4:17–26): 라멕의 (복수의) 노래(4:23–24) – 죄의 팽창.

2) 아담의 족보(5:1–32): 홍수 이전의 족보(창조에서 홍수에 이르기까지), 에녹의 승천 이야기(5:22–23). 아담 이후의 10대의 족보(아담–셋–에노스–케난–마할랄렐–야렛–에녹–므두셀라–라멕–노아), 노아는 아담이 죽은 후 태어난 첫 번째 사람이다. 이는 홍수 뒤에 새로운 인간 세대가 시작됨을 암시. 또한 가장 오래 산 므두셀라가 죽은 해를 홍수가 일어난 해와 일치시켜 노아의 조상들이 홍수가 일어나기 전에 모두 죽었음을 보여준다.

3) 노아의 족보(9:18–29): 세 형제들(셈, 함, 야벳) – 술 취한 노아와 저주받은 가나안(9:20–27).

4) 민족들의 족보(10:1–32): 야벳의 자손(2–5절), 함의 자손(6–20절, 니므롯 이야기[8–9절]), 셈의 자손(21–31절).

5) 셈의 족보(11:10–29): 홍수 이후의 족보(홍수 이후 아브라함까지를 10대로 정리). 5장에서 10대째인 노아가 하나님과 계약을 맺은 것처럼, 셈의 족보에서도 10대째인 아브라함이 하나님과 계약을 맺는다. 이 두 족보 모두 세 명의 자손(셈, 함, 야벳 / 아브람, 나홀, 하란)으로 끝난다.

4. 노아 홍수 이야기(6–9장)

노아 홍수 이야기는 태초와 족장사(族長史)를 잇는 분수령을 이룬다. 인물 중심으로 살펴보면 아담–노아–아브라함으로 이어진다.

1) **네피림(거인족) 설화**(6:1-4)

이 본문은 구약성경 가운데 가장 난해한 구절이다. 이 이야기는 하나님의 아들들과 사람의 딸들이 결혼하여 고대의 유명한 사람이었던 '용사'라는 자식을 낳았다는 것이다. 이 본문의 문제점은 하나님의 아들들과 사람의 딸이 누구를 가리키는가 하는 점이다.

(1) 대부분의 정통 주석가들은 하나님의 아들들을 경건한 셋의 후손으로, 사람의 딸들을 타락한 가인의 후손으로 해석한다. 하나님을 믿는 셋의 후손들과 믿지 않는 가인의 후손의 통혼으로 땅이 점점 더 타락했다는 것이다.

(2) 남보다 우월한 권력을 가지고 있는 특권층의 인간들, 가령 애굽 왕 바로(창 12:10-20)나 다윗 왕(삼하 11장 이하)을 가리킨다는 견해이다. 이들이 마음대로 여자를 취하는 등(6:2) 자기 욕망대로 움직일 때 하나님이 개입하여 그들을 처벌한다는 것이다.

(3) 천상적 존재들(하나님의 아들들)과 지상적 존재들(사람의 딸들)의 성적 결합(야합)을 통해 악마적인 존재인 거인들이 이 땅에 출현한 것으로 보는 해석이다. 선과 악의 결합은 악마적인 구조적 악을 산출한다(가령, 가톨릭과 공산주의).

– 이 이야기는 인류의 범죄가 한 남녀의 차원(창 3장)에서 시작하여, 형제의 차원(4장)과 특정 집단의 차원(창 4:23–24)으로 진척되다가, 결국 온 인류의 차원(창 6:1–4)으로 확대되어 가는 과정을 보여준다. 노아의 홍수는 인류의 죄악이 극에 달했을 때 내린 하나님의 심판이었다.

2) **축복과 계약**(9:1-17)

하나님은 홍수 이후에 노아와 그 아들들에게 복을 주셨다(9:1; 1:28–30). 홍수 이전과 이후의 차이 중 하나는 인간에게 육식이 허용되었다는 사실이다(9:3). 다시는 홍수로 멸하지 않겠다는 언약의 표지로 무지개를 구름 속에 두었는데, 무지개는 하나님이 세상과 맺은 영원한 언약이다(9:13–17).

5. 히브리인의 우주관

1. 창공 위의 물과 창공 아래의 물
2–4. 우박창고, 비창고, 눈창고
5. 수문을 가진 창고
6. 지표면
7. 땅의 배꼽: “큰 깊음의 샘들”
8. 창공을 떠받치는 산 기둥들
9. 지하수(강, 호수, 바다)
10. 스올: 죽음의 영역

6. 계약신학(Covenant Theology)

1) 계약의 어원과 의미

'계약'이라는 말은 히브리어의 '베리트(berith, ברית)'의 번역인데, 헬라어 구약성경인 70인역은 이를 'diatheke(testament)'로 번역하였다. '계약을 맺다', '계약을 세우다'라는 우리말 번역은 히브리어 성경에 '카라트 베리트(karath berith, כרת ברית)'라고 쓰여져 있다. 여기서 '카라트(karath)'는 '자르다(cut)'라는 의미이다. 따라서 '카라트 베리트'를 직역하면 '베리트를 자른다'라는 이해하기 어려운 표현이 된다. 여기서 berith는 본래 무엇을 의미하는 말이었는가를 묻는 어원적인 연구가 시도되었다. 고대근동지역에서 '갑과 을 사이에 계약을 체결할 때 동물을 도살하여 두 부분으로 갈라놓고, 계약 체결 쌍방이 그 사이로 걸어가는 풍습이 있었다. 이런 의식 행위는 만일 계약을 위배하면 도살하여 갈라놓은 동물과 같은 운명을 당할 것이라는 저주를 상징한다.

계약사상은 신구약성경을 이해하는 관건이라고도 볼 수 있을 만큼 중요하다. 구약(舊約)과 신약(新約)에서 '약(約)'이라는 말은 언약(testament) 또는 계약(covenant)이라는 말로써, 구약은 하나님께서 이스라엘과 맺은 옛 계약(옛 언약)이고, 신약은 하나님께서 새이스라엘과 맺은 새 계약(새 언약)이다. 그런데 신약과 구약이라는 이러한 명칭은 구약의 예언자인 예레미야의 말씀에서 유래한다(렘 31:31; 참조. 고전 11:25; 눅 22:20).

2) 계약의 종류

(1) 노아 계약(창 9:8-17): 하나님께서 노아와 맺은 무조건적 편무 계약. 표징은 무지개(창 9:13).

(2) 아브라함 계약(창 17:1-14): 하나님께서 아브라함과 맺은 무조건적 편무 계약. 다윗 계약의 모체로서 후손에 대한 약속과 땅의 약속이 주된 내용임. 남왕국 유다에 계승되어 신학적 주류를 형성. 표징은 할례(창 17:10).

(3) 시내산 계약(=모세 계약, 출 19:5-6): 하나님과 이스라엘이 맺은 조건적 쌍무 계약(If-then)의 형식. 하나님은 이스라엘의 하나님, 이스라엘은 하나님의 백성이 됨. 계

약의 존속 여부는 이스라엘의 순종 여하에 달려 있음. 이스라엘의 책임이 강조됨. 왕국분열 이후 북왕국 이스라엘에 계승되어 신학적 주류를 형성. 이 계약의 말씀은 하나님께서 이스라엘에게 하나님의 거룩한 백성으로 살아갈 길을 보여주신 '가르침'(출 19장 – 민 10장), 즉 토라(Torah)이다. 표징은 안식일(출 31:31).

(4) 다윗 계약(삼하 7:4–17): 하나님께서 다윗과 맺은 무조건적 편무 계약이며 영원한 계약. 하나님은 다윗을 선택하시고, 그 왕조의 영속을 약속하시며, 시온을 하나님께서 거하시는 성소로 택하신다는 편무 계약. 이 사상은 남왕국 유다에서 지배적인 신학으로 형성되어 세습왕조의 정치적, 사회적 안정을 유지하는 데 큰 영향을 끼침. 유다의 멸망과 예루살렘의 파괴라는 역사적 현실에 부딪혀서는 '메시아 대망 사상'으로 발전됨.

3) P(제사장) 전승의 계약신학

P 기자는 '창–민(4경)'에 이르는 방대한 자료들을 몇 개의 시대 구분에 의해 전체를 구성함.

(1) 창조의 단계: 하나님의 안식으로 종결

(2) 노아의 단계: 노아 및 땅의 모든 생물들과 영원한 계약 체결

(3) 아브라함 족장의 단계: 아브라함 후손과의 영원한 계약 체결

(4) 시내산 계시의 단계: 시내산에서 하나님과 이스라엘이 계약 체결(성막, 희생제의, 제사장 제도, 절기).

7. 바벨탑 이야기(11:1–9)

1) 바벨탑 사건의 배경은 시날(Shinar) 평지인데, 이는 메소포타미아 지방 전체를 가리킨다. 바벨탑은 단순한 탑이 아니라 메소포타미아의 지구라트(zigurrat)라고 불리는 제단의 일종이다. 지구라트는 구운 벽돌로 쌓아올린 피라미드(Pyramid) 구조의 층계식 건축물로써, 그 꼭대기에는 제단이 있었다.

2) 여기서 문제가 되는 것은 4절에 있는 "우리 이름을 내고"와 "온 지면에 흩어짐을 면

하자"에 있다. 이는 홍수 이후 생겨난 인간들의 무서운 반역 행위이다. "우리 이름을 내고"는 하나님의 이름이 아닌 인간의 이름을 높이려는 인간의 교만을 드러내는 말이다. "온 지면에 흩어짐을 면하자"는 온 땅에 퍼져서 땅을 정복하라(창 1:28; 9:1,7 참조)는 하나님의 뜻에 어긋나는 정책으로, "못할 일이 없는(6절)" 인간들의 잘못된 단결심(집단 이기주의, 패거리 문화, 붕당 정치 등)을 통한 정치 세력화를 드러내는 말이다.

3) 언어의 혼란과 인류의 분산(흩어짐)은 하나님의 징벌인 동시에 인류에 대한 보호 조치이다. 언어의 혼란은 부정적으로만 볼 것이 아니다. 다양한 언어는 긍정적으로는 민족의 고유성을 키워주고 인류문화를 풍요롭게 해 준다. 또한 하나님의 축복은 흩어진 인류 안에서 계속된다. 이제 인류 역사는 원역사(창 1-11장)에서 족장사(창 12-50장)로 넘어가게 된다.

4) 바벨탑 사건으로 인한 인간 상호간의 언어의 혼란과 단절은 오순절 날 마가의 다락방에 임한 성령강림사건으로 인해 다시 언어가 소통되었다(행 2장).

(3) 창세기(Genesis)

아브라함 이야기(창 11:27-25:18)

1. 소명(부르심)

하나님은 갈대아 우르(하란)에 있는 아브람에게 "너는 너의 본토 친척 아비집을 떠나 내가 네게 지시할 땅으로 가라"(창 12:1)고 명령하셨다. 하나님께서 아브람에게 요구하신 것은 과거에 그가 의지했던 지연공동체(地然共同體: 본토)와 혈연공동체(血緣共同體: 친척, 아비 집)를 끊으라(포기하라)는 값비싼 희생을 요구하였다.

이 부르심(Calling)은 그 동안 세상적 가치관에 따라 살던 자연인(自然人)에서 하나님 나라의 가치관에 따라 사는 신앙인(信仰人)으로의 전환을 의미한다. 이 소명 사건(창 12:1-3)은 인류의 역사(창 1-11장)에서 민족(이스라엘)의 역사로 넘어가는 전환점이다. 이 사건의 구속사적 의미는 3-11장에서 인류 원역사가 경험한 저주와 심판의 악순환 구조를 전제하지 않고는 충분히 이해할 수 없다. 여기서 비로소 만민의 역사와 선민의 역사가 갈라진다.

2. 약속(언약)

하나님은 아브람에게 부르심에 순종할 경우 다섯 가지 복을 약속하셨다. 첫째, 후손(민족)에 대한 약속: "내가 너로 큰 민족을 이루고(12:2)." 둘째, 땅에 대한 약속: "내가 이 땅을 네 자손에게 주리라(12:7)." 셋째, 명예에 대한 약속: "네 이름을 창대케 하리니(12:2)." 넷째, 복의 근원(통로)에 대한 약속: "너는 복의 근원이 될지라(12:2)." "땅의 모든 족속이 너를 인하여 복을 얻을 것이니라(12:3)." 다섯째, 하나님의 임재와 동행에 대한

약속: "너를 축복하는 자에게는 내가 복을 내리고 너를 저주하는 자에게는 내가 저주하리니(12:3)." 12:2-3에 보면 '복/축복'이라는 말과 하나님을 일컫는 '내가'라는 말이 각각 다섯 번 나온다.

3. 믿음(순종)

아브람은 하나님의 약속의 말씀을 믿고 순종하여 75세의 나이에 그의 고향 갈대아 우르(하란)를 떠났다(12:4; 행 7:2-4). 이것이 훗날 '믿음의 조상 아브라함'이라고 불리게 될 그의 신앙 여정의 출발이었다. 그리고 100세에 얻은 아들을 모리아 산에 가서 번제로 바치라는 하나님의 말씀에 순종하여 독자 이삭을 바쳤다(22:1-19). 이것이 그의 신앙 여정의 마침이었다. 그 사이의 그의 삶은 '신앙과 불신앙(순종과 불순종)' 사이를 오락가락 했던 모습을 보여준다.

4. 시험(시련)

아브라함이 하나님의 약속의 말씀을 따라 믿고 순종했을 때 그 약속은 바로 성취되는 것이 아니라 반드시 시험(시련)을 거쳐야 했다. 하나님께서 그같이 한 까닭은 시험(시련)을 통과하지 않은 믿음은 믿을만한 믿음이 못되기 때문이다. 약속과 성취의 도식은 넓게는 오경 신학의 주제이고, 좁게는 족장 신학의 주제이다.

약속(Promise)	시험(Test)	성취(Fulfillment)
후손에 대한 약속(12:2; 15:5)	불임 상황(11:30) 이삭을 바쳐라(22:2)	큰 민족을 이룸(출 1:7)
땅에 대한 약속(창 12:7; 17:8)	옛 땅에서 떠나라(창 12:1) 매장지가 없는 상황(창 23:4)	가나안 땅 정착(여호수아서)
영원한 언약(백성)의 약속(창 17:7)	할례를 행하라(창 17:9-14)	하나님의 시내산 현현(출 19:5-6)

5. 본문 개요

1) 11:27-32: 아브람이 하나님의 부르심을 받기 전 상황은 새 역사 창조를 위한 진통의 시기였다. 첫째, 동생 하란이 아비 데라보다 먼저 갈대아 우르에서 죽는 요절을 경험(11:

28). 둘째, 아내 사래의 불임을 경험(11:30). 셋째, 아비 데라는 205세를 향수하고 하란에서 죽었는데, 아브람이 소명을 받고 하란을 떠날 때 데라의 나이는 145세였다(11:26; 12:4). 따라서 늙은 아비를 두고 떠나야 하는 아픔이 있었다.

2) 12장

(1) 부름 받은 아브람(1-9절): 말씀에 순종하여 떠남. 두고 떠날 때 비로소 신앙의 역사가 시작됨. 세겜 땅에 이르러 아브람은 가장 먼저 여호와를 위하여 단을 쌓았다(7-8절).

(2) 애굽행(10-20절): 그 땅에 기근이 들자 하나님께 묻지도 않고 약속의 땅인 가나안 땅을 버리고 애굽으로 이주한 것은 불신앙의 모습. 구약성경의 정신은 '향(向) 애굽'이 아니라 '출(出) 애굽'이다(사 31:1-3). 자신의 목숨을 보존하기 위해 자구책으로 바로 왕에게 아내 사래(65세)를 누이라고 속이는 불신앙을 보임.

3) 13장

(1) 가나안으로 돌아온 아브람(1-4절): 약속의 땅으로 되돌아온 아브람은 전에 장막을 쳤던 곳에서 여호와를 위하여 단을 쌓았다.

(2) 아브람과 조카 롯의 선택(5-18절): 롯은 육의 안목으로 요단 동편(장차 망할 소돔과 고모라 땅)을 선택하였고, 아브람은 울며 겨자먹기로 거친 땅인 요단 서편(가나안 땅)으로 갔다. 헤브론으로 장막을 옮긴 아브람은 그곳에서 여호와를 위하여 단을 쌓았다. 하나님이 그 땅을 주시기로 약속하셨다(17절).

4) 14장

(1) 롯을 구한 아브람(1-16절): 바벨론 지역의 그돌라오멜이 주도하는 4개의 연합국이 조카 롯이 살던 소돔 성을 침략하고 롯과 그의 재물을 약탈해갔다(11-12절). 이에 아브람은 사병 '318명('엘리에셀-하나님은 나의 도움이시라'의 상징숫자)'과 그의 동맹 부족(마므레, 에스골, 아넬)을 설득하여 롯을 구출하였다(13-16절).

(2) 멜기세덱의 축복과 아브람의 사양(17-24절): 승리를 거두고 돌아오는 길에 살렘 왕 멜기세덱이 아브람을 축복하자 아브람이 그에게 전리품의 10분의 1을 주었다(17-20절). 아브람은 전리품을 모두 취하라는 소돔 왕의 제의를 거절하였다(21-23절).

5) 15장

(1) 후손에 대한 약속(1-6절): 아브람은 다멕섹의 엘리에셀을 상속자로 삼으려고 생각하였다(3절). 이때 하나님은 네 몸에서 난 자가 네 후사가 될 것이라고 하시며, 아브람을 밖으로 이끌고 나가 하늘의 별을 보여주시며 네 자손이 이와 같으리라고 말씀하셨다(4-5절). "아브람이 여호와를 믿으니 여호와께서 이를 그의 의로 여기시고(6절)": 이 구절은 '믿음을 통한 의(이신칭의, 以信稱義)'(롬 3-4장)라는 기독교의 구원론의 출발이 되는 중요한 구절이다.

(2) 땅 약속에 대한 횃불언약 체결(7-21절): 땅 약속의 성취는 400년의 종살이(고난) 이후가 될 것이다(13-14절). 계약 체결시 '쪼갠 고기' 사이로 계약 당사자들이 지나가는 행위는 계약 위반시 쪼갠 고기처럼 저주를 감수하겠다는 맹세이다.

6) 16장

(1) 하갈의 잉태와 쫓겨남(1-6절): 아브람이 85세 때 그는 사래의 여종 애굽 여인 하갈과 동침하여 아들(이스마엘)을 잉태하자 하갈은 교만해졌고, 이에 사래는 하갈을 학대하였다.

(2) 광야에서 만난 하나님과 이스마엘의 출생(7-16절): 하갈은 집에서 도망하여 사막의 샘물 곁에서 울부짖었다. 이때 여호와의 사자가 나타나 수태고지를 말하면서 그녀를 위로하였다(7-11절). 하갈은 하나님을 만난 그 자리를 '브엘 라헤로이(나를 감찰하시는 하나님의 우물)'라고 불렀다. 아들을 낳아 그 이름을 '이스마엘(하나님께서 들으심)'이라고 지었다. 이스마엘은 이슬람교를 믿는 아랍 족속의 조상이 되고, 이들은 구속사의 방계 족보를 형성한다(25:12-18). 바울은 하갈-이스마엘을 율법의 표징으로 변형시켰다(갈 4장).

7) 17장

(1) 영원한 할례언약 체결(1-14절): 아브람이 99세 때 여호와 하나님은 자신을 '전능한 하나님(엘 샤다이)'이라고 하시면서 '아브람(존귀한 아비)'을 '아브라함(열국의 아비)'으로 이름을 바꾸어주셨다(5절). 하나님은 아브라함과 영원한 언약을 체결하기를 원하면서 그 표징으로 할례를 요구하였다(10절).

(2) 이삭 출생에 대한 약속(15-19절)과 이스마엘에 대한 축복(20-27절): 하나님은 '사

래(왕비)'를 '사라(열국의 어미)'로 이름을 바꾸어주셨다(15절). 그리고 이삭 출생을 약속하였다. 이때 아브라함은 믿지 못하는 의심의 웃음을 짓는 불신앙을 보였다(17절). 13세 된 이스마엘은 12방백을 낳게 될 것이라는 축복(20절)과 함께 그에게 할례를 행하였다(25절).

8) 18장

(1) 세 천사의 방문과 사라의 웃음(1-15절): 장막문에 앉아 있는 아브라함에게 나타난 세 천사(둘은 천사, 하나는 여호와)는 사라에게 아들이 있으리라는 수태고지를 약속한다(10절). 사라가 이 말을 듣고는 비웃는 불신앙을 드러낸다(12-13절). "여호와께 능치 못한 일이 있겠느냐(14절)"

(2) 소돔과 고모라의 운명(16-21절) 및 하나님과 아브라함의 변론(22-33절): 하나님께서 아브라함을 선택한 것은 그가 여호와의 도를 지켜 공의와 정의를 행하게 하고, 이로 인해 그가 강대한 나라가 되고 천하 만민이 그로 인해 복을 받게 하기 위해서이다(18-19절). 이에 반해 소돔과 고모라는 그의 죄악으로 인해 심판을 받게 될 것을 말씀하였다(20-21절). 소돔과 고모라의 심판을 막기 위해 아브라함은 하나님과 변론을 한다. 아브라함은 의인 50에서 시작하여, 45인으로, 40인으로, 30인으로, 20인으로, 최종적으로 10인이라도 있으면 그 성을 용서하시겠다는 하나님의 약속을 받아낸다. 그러나 그 성에는 의인 10인이 없었다(렘 5:1). 의인의 수를 다섯 차례나 바꾸시면서 소돔의 죄악을 용서하시려는 하나님의 용서 의지와 아브라함의 끈질긴 변론이 감동적으로 펼쳐진다.

9) 19장

(1) 소돔의 죄악(1-14절)과 롯의 구출(15-23절): 소돔의 죄악은 두 가지이다. 하나는 성적 타락이다. "우리가 그들을 상관하리라(4절)"는 말은 동성애(同性愛)를 벌이겠다는 것이다(삿 19:22). '소돔(Sodom)'이란 말에서 영어 '소도미(Sodomy, 남색이나 동성애를 지칭)'가 나왔다. 또 하나는 이웃 환대법을 파괴한 죄이다. 소돔 성은 '나그네를 영접치 않는 성읍'이라는 낙인이 찍혔다(겔 16:49). 두 천사는 지체하는 롯과 그 아내와 두 딸의 손을 잡아채서 성 밖에 두었다(16절).

(2) 소돔과 고모라의 멸망(24-29절) 및 모압과 암몬의 출생(30-38절): 하나님은 유황과 불로 두 성을 멸망시켰다(24-25절). 롯의 아내는 뒤를 돌아보다가 소금 기둥이 되었

다(26절). 이는 인간은 하나님의 행동을 보아서는 안 된다는 경고의 의미와 소돔 생활에 대한 미련을 경고하는 의미를 지닌다. 롯의 두 딸은 아버지에게 술을 마시게 한 뒤 관계(근친상간)를 가져 모압과 암몬을 낳았다(30-38절). 이스라엘의 숙적인 모압과 암몬 족속은 롯의 영적 파산을 의미한다. 육의 안목으로 요단 동편(소돔)을 선택한 롯의 결국은 대실패로 끝났다.

10) 20장

(1) 아비멜렉을 속인 아브라함(1-7절): 아브라함은 그랄 왕 아비멜렉이 두려워 아내 사라를 누이라고 속였다(12:10-20). 밤에 하나님이 아비멜렉에게 나타나 그로 하여금 사라를 범하지 못하게 하셨다(1-6절). 아브라함은 최초의 선지자로 부르셨다(7절).

(2) 아비멜렉을 축복하신 하나님(8-18절): 아브라함이 아비멜렉을 위해 기도하자 하나님께서 그와 그의 아내와 여종의 병을 치료하여 주시고 아이를 가질 수 있도록 그 집의 모든 태를 열어주셨다(17-18절).

11) 21장

(1) 이삭의 출생(1-8절): 아브라함의 나이 100세에 "여호와께서 그 말씀하신 대로(1절에 2회)" 이삭(웃음)을 낳게 하시고, 이삭은 팔 일 만에 할례를 받았다(3-4절).

(2) 쫓겨난 하갈과 이스마엘(9-21절): 이스마엘이 이삭을 희롱하자 그 여종과 그 아들을 쫓아내라는 아내의 말에 아브라함은 하갈과 이스마엘을 집에서 내보냈다(9-14절). 하갈이 브엘세바 근처에서 물이 떨어져 방성대곡하자 그 소리를 들던 하나님의 사자가 하갈의 눈을 밝혀 샘물을 보여주어 마시게 했다(14-19절). 이스마엘은 애굽 여인을 아내로 삼았다(21절).

(3) 아브라함과 아비멜렉이 브엘세바(일곱 우물, 맹세의 우물)에서 언약을 체결했다(22-34절).

12) 22장

(1) 이삭을 바친 아브라함(1-14절): 브엘세바에서 모리아 산까지는 약 100km 정도 된다. 3일간의 여정에서 아브라함이 겪었을 고뇌(공포와 전율)를 어찌 말로 표현하랴. 하나

님의 약속은 파기되는 것인가! 아브라함의 절망적 곤경은 하나님의 예기치 않은 준비하심(여호와 이레) 때문에 부활의 축제와 환희로 반전되었다(13-14절).

(2) 재확인된 아브라함의 축복(15-19절)과 그의 친척(20-24절): 최후의 시험을 통과한 아브라함은 하나님으로부터 하늘의 별과 같이, 바닷가의 모래와 같이 후손이 많게 될 것이라는 축복을 받게 된다.

13) 23장(**사라의 죽음과 장사**)

사라는 127세의 나이로 세상을 떠났다. 사라는 이삭의 혼인(40세, 창 25:20) 3년 전에 세상의 삶을 마감하였다. 사라를 매장할 땅 한 평이 없었다. "나는 당신들 중에 나그네로 우거하는 자입니다(4절)" - 나그네의 신학(히 11:13-16). 아브라함은 끈질긴 협상 끝에 헷 족속의 에브론에게 땅값으로 은 400세겔(매우 비싼 가격)을 주고 마므레(헤브론) 앞 막벨라 동굴과 그 주위의 밭을 샀다. 이것은 장차 가나안 땅을 선취하는 믿음의 행위였다.

14) 24장(67**절로 된 가장 긴 장**)

이삭의 아내로 선택된 리브가. 아브라함은 며느리의 조건으로 자기처럼 '떠날 수 있는 믿음(7-8절)'을, 거기에 그의 종은 '아름다운 마음씨(14절)'를 덧붙였다.

15) 25:1-18

1) 아브라함의 후처와 그두라의 자손(1-6절)

2) 아브라함의 죽음과 장사(7-11절): 175세로 죽어 막벨라 동굴에 장사됨.

3) 이스마엘의 후손(12-18절): 이스마엘은 137세로 죽음.

6. 아브라함의 여정

(1) 우르에서 하란으로(창 11:32)

(2) 하란에서 세겜으로(창 12:1-7)

(3) 세겜에서 벧엘로(창 12:8)

(4) 벧엘에서 애굽으로(창 12:10-13)

(5) 애굽에서 벧엘로(창 13:1–4)

(6) 벧엘에서 헤브론으로(창 13:18)

(7) 헤브론에서 단과 호르바로(창 14:1–16)

(8) 단과 호르바에서 헤브론으로(창 14:16–19:38)

(9) 헤브론에서 그랄로(창 20:1–3)

(10) 그랄에서 브엘세바로(창 21:29–34)

(11) 브엘세바에서 모리아산으로(창 22:1–18)

(12) 모리아산에서 브엘세바로(창 22:19)

(13) 브엘세바에서 헤브론(=기럇 아르바)으로(창 23:2)

사라의 죽음과 장사(헤브론 땅 마므레 앞 막벨라 밭 굴, 창 23:1–20)

(14) 이삭의 아내 리브가의 선택(창 24:1–67)과 아브라함의 죽음과 장사(창 25:1–18)

아브라함이 죽은 후 이삭은 브엘 라헤로이 근처에 거함(창 25:11; 16:14 참조).

- 소명(召命) 받은 자의 길은 순례자의 길(히 11:8,13) -

(4) 창세기(Genesis)

야곱 이야기(창 25:19-36:43)

1. 야곱 이야기의 중요성

창세기의 야곱 이야기는 25:19에서 36:43까지이고, 나머지 37장-50장까지는 요셉 이야기로 되어 있다고 일반적으로 생각한다. 그러나 야곱 이야기는 창세기 끝장인 50장에서 아들 요셉이 아비 야곱의 장례를 치르는 때까지 계속된다(37장, 42장, 43:1-15, 46:1-47:12, 47:27-31, 48-49장, 50:1-14). 실로 창세기는 그 절반이 야곱 이야기라고 말할 수 있다. 야곱은 이스라엘 12지파의 조상이요, 현재 '이스라엘 민족(유태인)'이 야곱의 후손이라는 점을 감안하면 그의 중요성은 다시 재고되어야만 할 것이다. 오늘날 전 세계에서 가장 큰 영향력을 행사하는 민족이 유태인이고, 또한 유태인이야말로 모든 문제에 있어서 〈갈등의 핵〉 (참조. 김종빈 지음, 효형출판사, 2001년)이라고 말할 수 있다. 이것이 사실이라면 유태인의 민족성을 주형(鑄型)한 인물 야곱은 깊이 연구해야 할 대상이 아닐 수 없다.

2. 갈등 구조로 본 야곱 이야기(25:19-36:43)

a. 이삭(26장)
  b. 에서와의 갈등(25:19-34; 27:1-45; 27:46-28:9)
    c. 벧엘에서의 하나님 만남(28:10-22)
      d. 라반과의 갈등(29:1-30)

e. 출생(29:31-30:24)

d' 갈등 계약(30:25-31:55)

c' 브니엘에서의 하나님 만남(32:22-32)

b' 에서와의 화해(32:1-33:17)

a ' 종결과 이동(33:18-36:43)

3. 야곱의 생애(네 시기)

야곱은 파란만장한 인생을 살다갔다. 130세에 애굽으로 내려가 바로 왕을 알현하는 자리에서 그는 이렇게 말했다. "내 나그네 길의 세월이 일백삼십 년이니이다 나의 연세가 얼마 못되니 우리 조상의 나그네 길의 세월에 미치지 못하나 험악한 세월을 보내었나이다"(창 47:9). 신앙적·인격적 성장 과정을 보여주는 그의 인생 역정을 네 시기로 나누어 보면,

1) 출생에서 20세까지 브엘세바에서 보낸 유·청소년 시기(창 25:19-27:46)

2) 20세에서 40세까지 밧단아람에서 보낸 청년기(창 28:1-32장)

3) 40세부터 130세까지 벧엘-헤브론에서 보낸 시절(33:1-45:28)

4) 130세에서 147세 죽을 때까지 애굽에서 보낸 시절(46:1-49:33).

4. 본문 개요

1) 25:19-34

(1) 에서와 야곱의 출생(19-26절): 아브라함의 아내 사라처럼(11:30) 리브가 또한 20년 동안 불임 상황에 있다가 쌍둥이 에서와 야곱을 잉태한다(20, 26절). 리브가의 모태에서부터 두 아이가 다투게 되는데, 하나님의 신탁의 말씀(25:23)은 "큰 자는 어린 자를 섬기리라"는 것이었다. 이것이 출생 이전의 에서와 야곱의 운명이었다. 형 에서는 '털이 많다'고 해서 그 이름을 '에서(그의 별명 '에돔'은 '붉음'을 의미)'라고 하였고, 야곱은 '발꿈치를 붙잡았다'고 해서 그 이름을 '야곱'이라고 하였다.

(2) 장자의 명분을 판 에서(27-34절): 형 에서는 사냥을 좋아해서 들사람 사냥꾼이 되

었다(27절). 야곱은 사냥하고 돌아온 형 에서의 허기를 이용해서 붉은 팥죽과 떡을 제공하고 장자의 명분을 가로챘다. 여기서 창세기 기자는 "에서가 장자의 명분을 경홀히 여김이었더라"(34절)는 짤막한 논평을 하고 있다.

2) 26장(이삭장)

(1) 그랄에서 있었던 일(1-11절): 이삭이 하나님의 약속의 말씀에 따라 흉년임에도 그랄 땅에 거주했는데, 그도 아비 아브라함처럼 블레셋 왕 아비멜렉에게 자기 아내를 누이라고 거짓말을 했다(7절). 이 사실을 나중에 안 아비멜렉은 이삭의 거짓말을 책망한 뒤 이삭의 신변을 보호하는 명령을 모든 백성에게 내린다.

(2) 거부가 된 이삭(12-16절): 하나님이 이삭에게 복을 주어 마침내 큰 부자가 된다(13절)

(3) 우물에 대한 다툼(17-25절): 이삭은 여러 차례 우물을 팠으나(에섹-싯나-르호봇), 그 지방 사람들에게 우물을 빼앗기는 고통을 당한다. 온유한 이삭은 그들에게 우물을 내어주고, 브엘세바로 거주지를 옮겨 그곳에서 다시 우물을 팠다.

(4) 아비멜렉과의 약조(26-33절): 이삭을 찾아온 아비멜렉은 화친을 청하였고, 이에 이삭이 응하여 서로 간에 계약을 맺었다. 이 날에 우물을 얻었는데, 그 이름을 '브엘세바(맹세의 우물)'라고 하였다.

(5) 에서의 결혼(34-35절): 에서가 가나안 사람(헷 족속)의 딸(유딧과 바스맛)을 아내로 맞이하였다. 이것이 부모(이삭과 리브가)에게 근심이 되었다.

3) 27장

(1) 아비 이삭을 속여서 축복을 받아낸 야곱(1-29절): 에서를 좋아한 이삭은 에서를 불러 사냥한 고기로 별미를 만들어 가지고 오면 축복을 하기로 약속한다. 야곱을 좋아한 리브가는 야곱을 에서로 가장하게 하고는 눈먼 이삭을 속여 에서가 받아야 할 축복을 가로챈다.

(2) 에서의 분노(30-40절): 사건의 전말을 뒤늦게 안 에서는 방성대곡하며 분노를 터트린다. 그는 야곱이 두 번씩이나 자신을 속였다고 하면서(36절), 아비 이삭에게 자신에게도 복을 빌어달라며 소리 높여 울었다.

(3) 에서의 분노를 피하도록 하는 리브가(41-46절): 에서의 분노를 알아차린 리브가는 야곱의 혼처를 고향에서 구해야겠다는 핑계를 들어 야곱을 자신의 외가로 보낸다.

4) 28장

(1) 밧단아람(하란)으로 가는 야곱(1-9절): 야곱은 외삼촌 라반의 집의 딸 중에서 아내를 취하기 위해 밧단아람으로 향한다(2,7절). 한편, 에서는 가나안 사람의 딸들이 이삭을 기쁘게 못하는 것을 눈치채고 이스마엘의 딸이요 느바욧의 누이인 마할랏을 아내로 취한다(9절).

(2) 벧엘에서의 하나님 만남(10-22절): 야곱은 브엘세바에서 하란을 향해 가다가 루스라는 광야에서 노숙을 하다가 꿈을 꾼다. 그 밤에 하나님의 사자가 사닥다리를 오르락내리락하는 꿈을 꾼다(요 1:51참조). 또 하나님께서 그에게 땅, 후손, 그리고 그와 동행하겠다는 약속의 말씀을 한다(13-15절). 야곱은 그곳을 성소로 삼고, 루스를 '벧엘(하나님의 집)'이라는 새 이름으로 불렀다.

5) 29장

(1) 야곱과 라헬의 만남(1-20절): 외삼촌 라반의 딸 라헬을 보고 반한 야곱은 그녀를 얻기 위해 7년을 봉사한다.

(2) 레아와 라헬을 아내로 얻은 야곱(21-30절): 라반은 라헬보다 먼저 레아와 그의 여종 실바를 주면서, 라헬을 얻기 원하면 7년을 다시 봉사하라고 요구한다(21-27절). 이를 야곱이 수락하자 라반은 라헬과 그 여종 실바를 준다(28-30절).

(3) 레아의 아들들(31-35절): 레아는 네 아들, 르우벤(보라 아들이라), 시므온(들으심), 레위(연합함), 유다(찬송함).

6) 30장

(1) 자식낳기 경쟁(1-24절): 라헬의 여종 빌하는 단(억울함을 푸심)과 납달리(경쟁함)를 낳는다(1-8절). 레아의 여종 실바가 갓(복됨)과 아셀(기쁨)을 낳는다(9-13절). 레아가 다시 잇사갈(값)과 스불론(거함)을 낳는다(14-21절). 라헬은 요셉(더함)을 낳는다(22-24절).

(2) 라반과 품삯을 정하는 야곱(25-43절): 요셉의 출생은 야곱의 귀향 의지를 점화시켰다. 야곱이 고향으로 돌아가겠다고 하자 라반은 품삯을 정할 것을 제의한다. 야곱은 양 중에서 얼룩이 졌거나 점이 있거나 검은 양과 염소 중에서 점이 있거나 얼룩이 진 염소새끼는 내게 삯으로 줄 것을 기습적으로 요구한다(32절). 라반은 야곱의 제안을 수락한다. 야곱은 하얀 털을 가진 라반의 양과 염소를 원시적인 유전자 조작 실험을 통해 풍부한 가축을 얻음으로써 열 번씩이나 자신의 품삯을 떼먹은 라반에게 통쾌한 복수를 한다(37-43절).

7) 31장

(1) 야곱의 귀향 계획(1-16절): 야곱이 거부가 되자 라반의 집 사람들의 안색이 달라진 것을 목격한 야곱은 라헬과 레아를 불러 귀향 계획을 알린다.

(2) 라반의 추격(17-32절)과 드라빔 소동(33-42절): 야곱은 라반이 양털을 깎으러 나간 틈을 타서 도망하였다. 이때 라헬은 아비의 드라빔(가정의 수호신)을 훔쳤다. 삼일만에 이 사실을 안 라반은 야곱을 추격하여 드라빔을 찾고자 혈안이 되었는데, 라헬의 기지로 야곱은 위기의 순간을 모면한다(34-35절). 도적으로 몰렸던 야곱은 라반을 책망한다(36-42절).

(3) 야곱과 라반의 언약(43-55절): 결국 라반은 야곱과 언약을 세우고, 그 증거로 돌기둥을 세운다('증거의 무더기'라는 뜻으로 그것을 '갈르엣'이라고 불렀다). 다음날 아침 라반과 작별한 야곱은 이로써 사기꾼이 사기당한 20년간의 타향생활을 끝내고 귀향한다.

8) 32장

(1) 형 에서를 만날 준비를 하는 야곱(1-21절): 야곱은 길을 가다가 하나님의 사자들을 만나는데, 그들을 '마하나임(하나님의 군대)'이라고 불렀다(1-2절). 야곱이 보낸 심부름꾼이 형 에서가 4백인을 거느리고 만나려고 온다고 하자 야곱은 심히 두려워한다(5-6절). 야곱은 소유를 둘로 나누어 만약의 사태에 대비한다(7-8절). 그리고는 기도를 드린다(9-12절). 다시 야곱은 형 에서에게 예물을 보내는데, 가축의 수효가 약 550마리에 이를 정도로 큰 예물이었다(13-15절).

(2) '이스라엘'이라는 새 이름을 얻은 야곱(22-32절): 야곱은 얍복강 앞에 이르러 홀로 남아 밤새도록 어떤 사람과 씨름을 한다. 이 처절한 영적 씨름에서 야곱은 환도뼈(엉덩이뼈)

가 위골되는 치명상을 입는다(자기붕괴, 자기부정의 체험). 그러나 이 사건을 계기로 '야곱(사기꾼)'이 '이스라엘('하나님과 겨루어 이겼다', 또는 '하나님이여 다스리소서'라는 뜻)'로 이름이 바뀐다. 하나님을 만난 야곱은 그곳 이름을 '브니엘(하나님의 얼굴)'이라고 불렀다.

9) 33장

(1) 야곱과 에서의 화해(1-17절): 야곱은 자식들을 셋으로 나눈 뒤(여종과 그 자식들, 레아와 그 자식들, 라헬과 요셉), 일곱 번 땅에 몸을 굽혀 에서에게 나아가니, 에서가 달려와 그를 안고 그와 입을 맞추고 서로 운다. 야곱은 자신의 소유를 에서에게 예물로 주고는 서로 헤어져 에서는 세일로 가고 야곱은 숙곳에 이른다.

(2) 세겜에 이른 야곱(18-20절): 야곱은 세겜의 아비 하몰의 아들들로부터 은 일백 개로 밭을 사고 그곳에 단을 쌓고 그 이름을 '엘엘로헤이스라엘(하나님은 이스라엘의 하나님이시다)'라고 불렀다.

10) 34장

(1) 강간당한 딸 디나(1-17절): 딸 디나가 하몰의 아들인 추장 세겜에게 강간을 당한다.

(2) 시므온과 레위의 보복(18-31절): 속임수를 써서 협상을 통해 그들에게 할례를 행하게 한 뒤 제삼일에 그들이 고통 중에 있을 때 시므온과 레위가 그들을 죽이고 노략질한다.

11) 35장

(1) 벧엘로 올라간 야곱(1-15절): 하나님께서 야곱에게 "벧엘로 올라가라"고 지시하자 야곱은 전에 하나님을 만났고, 조부 아브라함이 첫 단을 쌓았던 벧엘에 와서 단을 쌓고 그곳을 엘벧엘이라고 불렀다.

(2) 라헬과 이삭의 죽음(16-29절): 라헬은 베냐민(오른손의 아들)을 낳다가 죽어 베들레헴 길에 장사된다(18-19절). 이어서 이스라엘 12지파의 이름들이 소개된다(22-26절), 헤브론에서 이삭이 180세로 죽어 에서와 야곱이 장사하였다(27-29절).

12) 36장(에서장): (1) **에서의 자손**(1-19절) (2) **세일의 자손**(20-43절)

5. 왜 형 '에서'가 아닌 아우 '야곱'인가?

야곱 이야기에서 우리가 깊이 천착해야 할 문제는 왜 형 에서가 족장 아브라함과 이삭의 계보를 잇지 못하고, 아우인 야곱에게 넘어갔는가 하는 것이다. 인간적으로 볼 때는 야곱과는 비교도 안 될 정도로 인간미와 남성적 매력을 지닌 에서가 간교한 야곱에게 밀려나고, 하나님의 축복에서 제외되었는가 하는 문제는 풀어야 할 숙제이다. 이를 두 가지로 요약하면 다음과 같다.

첫째, 삶의 진지성의 문제이다. 에서는 삶의 중요한 기득권인 '장자의 명분'의 가치를 경홀히 여길 정도로 삶에 진지하지 않았다. 이에 반해 야곱은 장자의 명분과 축복권을 쟁취하기 위해 형과 아비를 속이기까지 하는 비정하고 냉혹한 승부사였고, 주어진 생을 진지하게 살려고 몸부림쳤던 생의 투사였다(브니엘 사건). 그는 기존의 상황을 뒤집으며(고전 1:27-29) 현실을 끊임없이 새로운 희망으로 변혁해 가는(벧엘, 마하나임, 브니엘) 비전의 사람(새 역사 창조의 기수)이었다. 에서와 야곱은 누가복음 15장(탕자의 비유)에 나오는 두 아들의 모습을 연상시킨다.

둘째, 신앙의 문제이다. 이스라엘의 방계인 에돔의 조상이 된 에서는 제단을 쌓고 하나님의 이름을 부르는 일이 한 번도 없었다. 그는 이방 여인과의 혼인을 대수롭게 여기지 않는 불신앙(인본주의)의 사람이다. 이에 반해 문제아 야곱은 도덕적으로는 결코 좋게 평가할 수 없는 사람이나, '하나님 앞에서(coram deo)' 늘 제단을 쌓는 예배의 사람이었고, 하나님 없이는 살 수 없는 신앙(신본주의)의 사람이었다. 히브리인이 추구하는 인간상은 '불신앙의 사람 에서'가 아닌 '신앙의 사람 야곱'이라는 점에서 성서 기자는 야곱의 손을 들어주었다.

이스라엘의 조상들과 혈연의 민족들

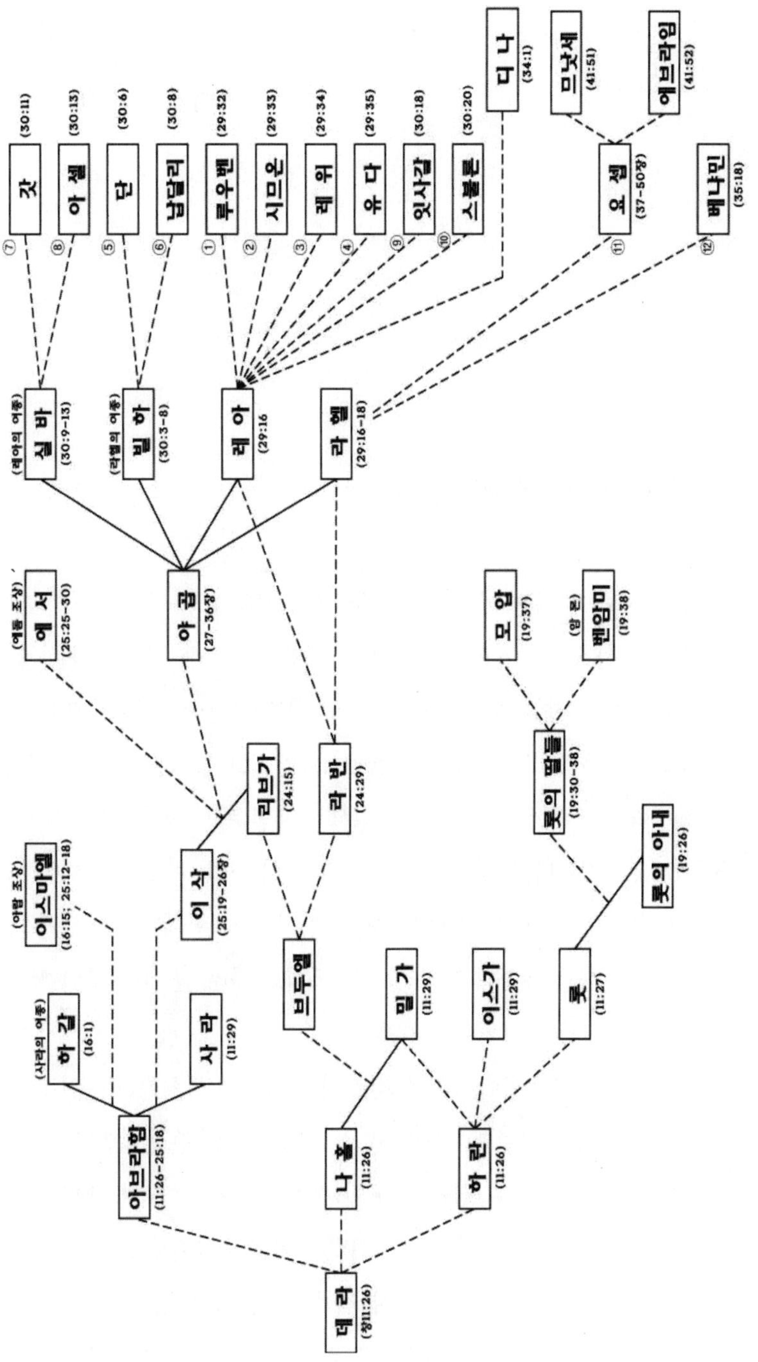

(5) 창세기

요셉 이야기(창 37-50장)

1. 요셉 이야기와 지혜문학

아브라함 · 야곱의 족장 이야기와 출애굽 이야기의 교량적 기능을 하고 있는 요셉 이야기는 이스라엘 선조들이 어떤 경로를 거쳐서 애굽으로 내려갔는가라는 물음에 대한 답변을 제시하는 기능을 하고 있다. 요셉 이야기는 욥기나 잠언 그리고 전도서 등과 함께 구약의 지혜문학에 속한다. '하나님 경외(욥 28:28; 잠 1:7; 전 12:13)'를 중심 주제로 하고 있는 지혜문학은 그 형식과 성격이 역사문학, 예언문학, 시문학과는 다르다. 지혜문학에는 신학적 · 교리적 관심과 같은 것은 별로 나타나지 아니하고, 그 대신 이상적인 인간상에 대한 관심이 현저하게 나타난다. 지혜문학이 말하는 이상적인 인간상은 정숙, 겸손, 지식, 자기 절제 등을 통하여 그의 인격이 폭넓고 사려 깊으며, 분별력과 침착성을 가진 사람이다.

이스라엘 안에서 지혜문학이 본격화된 것은 솔로몬 통치기간(주전 10세기)이며, 지혜문학이 신학적 체계를 갖추기 시작한 것은 포로기 이후(주전 6세기)이다. 요셉은 지혜문학에서 말하는 이상적인 인간상을 가장 잘 갖춘 인물로서, 요셉 이야기는 '지혜문학의 진수'라고 해도 과언이 아니다. 우리는 보디발의 아내의 유혹을 물리치는 요셉의 냉정한 자제력(39장), 어떤 어려움 속에서도 끝내 침묵하는 모습(40장; 잠 10:19), 원수에 대한 폭넓은 아량(50장) 등을 통해서 지혜자가 그리는 이상적 인간상을 엿볼 수 있다. 상당한 부

피를 지니고 있는 이 문학작품에서 우리가 신학적 대목이라고 제시할 수 있는 곳은 단지 두 곳(창 45:4-8; 50:19-20)뿐이다.

2. '요셉의 다스림'의 관점에서 본 요셉 이야기의 구조

요셉 이야기는 '하나님의 꿈'(37:1-11)을 소재로, '하나님의 섭리(攝理)'를 씨줄(위선)로, '요셉의 다스림'을 날줄(경선)로 해서 이루어져 있다. 요셉 이야기는 37장의 꿈으로부터 꿈의 성취가 가시화되는 45장으로 이어진다. 37장과 45장은 신학적인 해석의 핵심을 제공한다. 39-41장의 이야기 전개는 외적이고 공적이다. 42-44장의 이야기 전개는 내적이고 개인적이다.

a. 37장 다스림의 꿈
 b. 39-41장 제국에 대한 다스림
 b' 42-44장 식구들에 대한 다스림
a' 45장 꿈의 가시적 성취

3. 요셉 이야기에 나타난 '하나님의 섭리'

요셉 이야기는 '인간의 계획(생각)' 위에 있는 '하나님의 섭리(뜻, 목적들)'를 강조한다(잠 16:9; 19:21; 사 55:8-9). 인간을 구원하기 위한 '하나님의 섭리'는 인간 삶의 모든 영역(일상사) 속에서 인간의 행동과는 무관하게 '신비스러운(감추어진)' 방식으로 반드시 성취된다. 아브라함의 소명으로부터 시작된 구원사의 드라마가 요셉 이야기에 의해서 명료하게 나타나는데, 이 이야기의 초점은 "역사 섭리의 主는 하나님이다"라는 증언이다(45:5,7,8). 하나님의 계획을 '막을(이길)' 인간의 '지혜(모략)'란 없다(잠 21:30-31). 하나님은 인간의 악을 선으로 바꾸시는 분이다(롬 8:28). 따라서 역사에 대한 판단(심판)은 인간이 하는 것이 아니라 하나님이 하신다(창 50:19; 신 32:35; 잠 20:22; 롬 12:19).

4. 요셉의 꿈 이야기가 들려주고자 하는 메시지

요셉의 꿈 이야기는 한 마디로 "내 꿈 꿔"가 아니라 "하나님 꿈 꿔"라고 말할 수 있다. 여기서 "내 꿈 꿔"라는 말은 하나님의 도우심으로 나의 세속적 성공신화를 이루는 '야망의 꿈'을 말한다. 그리고 "하나님 꿈 꿔"는 하나님이 나를 통하여 당신의 나라를 이루는 '소망의 꿈'을 말한다. 그 동안 요셉의 꿈 이야기는 "Boys, be Ambitious!(소년들이여, 야망을 품어라!)"식의 세속적 성공신화를 부추기는 이야기로 무수히 설교되어 왔고 오해, 요용되어 왔다. 세상에서 말하는 꿈의 성취란 세상 나라, 즉 인간이 왕이 되어 통치하는 이 세상에서 세속적 성공을 이루는 것을 말한다. 그런데 이러한 꿈의 성취는 성경(요셉 이야기)이 말하는 꿈의 성취와 근본적으로 차원이 다르다.

기독교적 관점에서 세속적 성공이란 'Proximate Target(근사치적 목표)'이 될 수 있을지 모르나, 'Ultimate Goal(궁극적 목적)'은 아니다. 세속적 성공이란 궁극적 목적을 위한 시작이자 과정에 불과하다. 요셉의 꿈으로 말하자면 그가 애굽에서 국무총리가 된 것은 근사치적 목표에 이를 것뿐이지, 그것이 궁극적 목적은 아니다. 궁극적 목적인 완전한 꿈의 성취는 하나님이 왕이 되어 통치하시는 나라(하나님 나라 - 구원의 나라)가 되도록 하는 데 있다. 이를 위해 요셉은 단지 하나님에 의해 고용된 하나님의 심부름꾼(도구)에 불과하다. 이러한 사실은 창세기 50장에 나오는 요셉의 말을 통해 잘 알 수 있다(창 50:25).

예수의 꿈도 요셉의 꿈과 같다. 즉 예수는 하나님 나라 복음(구원의 복음, 눅 4:43)을 전하기 위해 이 세상에 오셨고, 십자가 위에서 하나님 나라를 다 이루심(요 19:30)으로 하나님의 꿈을 완벽하게 성취하셨다. 그러기에 성경에서 말하는 꿈에 대한 잘못된 이해와 확신은 하나님마저 나의 세속적 욕망을 충족시키기 위해 이용 대상으로 삼는 빗나간 열정이요 불경한 것이다. 즉 하나님 나라라는 소망의 꿈이 세상 나라라는 야망의 꿈으로 변질될 때 그 꿈은 하나님마저 도구화하고 사유화하는 무서운 결과를 초래한다.

5. 본문 개요

1) 37장

(1) 요셉의 꿈(1-11절): 17세의 소년 요셉은 아비 야곱의 편애를 받으며 자란다('채색옷'은 값비싼 예복이다). 그는 두 차례의 꿈을 꾼다(꿈의 내용은 다스림-왕의 통치-과 관련됨).

(2) 꿈을 없애려는 형들(12-24절): 도단에서 양을 치고 있던 형들은 '꿈꾸는 자 요셉'이 오는 것을 보자 그를 죽이기로 모의한다. 맏형 르우벤의 만류(죽이지는 말자)로 요셉은 구덩이에 던져지고 가까스로 죽음을 면한다.

(3) 애굽으로 팔려간 요셉(25-36절): 요셉은 유다의 제의로 이스마엘(미디안) 상인의 손에 은 20냥에 팔려 애굽으로 내려간다. 요셉은 바로의 시위대장 보디발의 집에 넘겨진다. 요셉이 죽었다는 자식들의 거짓말에 속아 야곱은 크게 슬퍼한다(35절).

2) 38장

(1) 유다 가문의 비극(1-11절): 유다가 아들 셋(엘, 오난, 셀라)을 낳았다. 장자 엘은 다말을 아내로 취한다. 엘과 오난이 계속해서 죽자 유다는 형수 다말을 셀라에게 주도록 되어 있는 수혼법(嫂婚法, 계대결혼법, 신 25:5-10)을 무시하고 다말에게 수절하라고 명령한다.

(2) 유다의 실수와 쌍둥이를 낳은 다말(12-30절): 며느리 다말은 시아버지 유다를 속여 그와 동침하고 임신한다. 그 아이가 유다의 씨임이 밝혀지자 유다는 자신의 잘못을 인정한다. 다말은 쌍둥이(베레스와 세라)를 낳는다. 요셉의 이야기 속에 유다 이야기가 삽입된 것은 앞으로 두 지파를 중심으로 전개될 남왕국(유다 지파)과 북왕국(요셉 지파)의 병립시대를 예고하려는 저자의 의도가 깔려 있다고 볼 수 있다.

3) 39장

(1) 보디발의 가정 총무가 된 요셉(1-6절): 여호와의 함께 하심(2-3절)으로 요셉은 형통함을 입어 보디발의 가정 총무가 된다.

(2) 보디발의 처의 유혹을 뿌리치는 요셉(7-18절): 요셉의 준수함과 성실함에 반한 보디발의 아내는 요셉을 유혹하나 요셉은 하나님과 주인에게 불충할 수 없기에 유혹을 거절한다.

(3) 옥에 갇힌 요셉(19-23절): 유혹의 거절로 요셉은 감옥에 갇힌다. 그러나 감옥 속에서도 여호와가 함께 하심(21, 23절)으로 요셉은 형통함을 입는다.

4) 40장

(1) 옥에서 꿈을 꾼 두 관원장(1-8절): 두 관원장은 그들이 꾼 꿈을 해석해 달라고 요셉에게 부탁한다

(2) 꿈을 해석하는 요셉(9-20절): 요셉은 두 관원장의 꿈을 해석한다. 술 맡은 관원장의 꿈은 길몽(吉夢)으로(9-15절) 그는 전직을 회복할 것이고, 떡 굽는 관원장은 흉몽(凶夢)으로(16-19절) 그는 죽임을 당한다고 해석한다. 삼일 후 요셉의 해몽대로 되었으나 술 맡은 관원장은 요셉의 부탁을 잊어버린다(23절).

5) 41장

(1) 바로의 꿈(1-12절): 바로가 연이어 꿈을 꾸었으나 애굽의 술객들과 박사들이 꿈을 해석하지 못한다. 이때 술 맡은 관원장이 바로에게 자신의 꿈을 해몽한 히브리 소년 요셉을 소개한다.

(2) 바로의 꿈을 해석하는 요셉(13-36절): 요셉은 꿈의 해석은 하나님의 손에 있으며(16절), 바로가 꾼 두 꿈은 하나다(25절)라고 하면서, 바로의 꿈은 7년 풍년 후에 7년 흉년이 오는 꿈이라고 해석한다.

(3) 애굽 총리가 된 요셉(37-57절): 요셉은 애굽 온 땅을 다스리는 총리로 임명되었고 온 제사장 보디베라의 딸 아스낫을 아내로 맞게 되었다. 30세에 총리가 된 요셉은 '므낫세(잊어버림)'와 '에브라임(창성함)'을 낳는다. 애굽 땅에 일곱 해 풍년 후에 기근이 밀어닥친다.

6) 42장

(1) 형제들의 제1차 애굽 방문(1-17절): 기근이 닥치자 요셉의 형들은 애굽에 내려가 요셉 앞에서 양식을 구하기 위해 엎드려 절한다(37:7의 성취). 요셉은 한눈에 그들이 형들임을 알아차렸지만 형들을 정탐들이라고 몰아붙이면서 삼일 동안 옥에 가둔다.

(2) 요셉의 제안(18-28절): 요셉은 아우 베냐민을 데려오면 그들의 말이 진실임을 믿겠다고 하면서 시므온을 담보로 형들을 석방한다.

(3) 야곱의 탄식(29-38절): 애굽에서 있었던 자초지종을 들은 야곱은 탄식한다. 르우벤이 아비를 위로하고 설득한다.

7) 43장

(1) 형제들의 제2차 애굽 방문(1-15절): 그 땅에 기근이 심하자 유다에 설득당한 야곱은 형들의 손에 베냐민을 딸려 애굽으로 보낸다.

(2) 요셉과 베냐민의 상봉(16-34절): 형제들이 요셉에게 예물을 드리고 땅에 엎드려 절하자(26절, 요셉의 꿈 실현), 요셉은 자기 동생 베냐민을 보고 마음이 복받쳐 안방으로 들어가 울고 나와서는 자기 음식을 형제들에게 주되 베냐민에게는 다섯 배나 더 주었다.

8) 44장

(1) 형들을 시험하는 요셉(1-13절): 양식을 자루에 넣어 보내면서 요셉은 은잔을 베냐민의 자루에 넣어 형들을 시험하였다. 은잔이 베냐민의 자루에서 발견되자 그들은 도둑의 누명을 쓰고 다시 애굽으로 되돌아간다.

(2) 베냐민을 위해 호소하는 유다(14-34절): 유다는 막내 베냐민과 함께 아비에게 돌아가지 못하면 아비의 얼굴을 볼 수 없다고 하면서 자신이 베냐민을 대신해서 종이 될 테니 베냐민을 석방해 달라고 요셉에게 간청한다.

9) 45장

(1) 자신의 정체를 밝히는 요셉(1-15절): 요셉은 유다의 감동적인 언변에 그 정을 억제하지 못하고 자신의 정체를 밝히면서 방성대곡(放聲大哭)하였다. 그런 후에 요셉은 형제

들에게 하나님의 섭리에 대해 말한다(4-8절). 요셉은 베냐민을 비롯한 형들과 입맞추며 화해한다.

(2) 바로의 야곱 가족 초청(16-28절): 요셉의 형들이 왔다는 소식을 접한 바로는 후한 예물을 딸려서 보내면서 야곱을 초청한다.

10) 46장

(1) 야곱 가족의 애굽 이주(1-7절): 야곱은 하나님의 계시를 받고 애굽으로 떠난다.

(2) 야곱의 계보(8-30절): 야곱과 함께 애굽에 이른 자는 66명이고, 요셉의 가족을 합쳐 도합 70명이다(27절). 야곱 가족은 고센 땅에 머문다.

11) 47장

(1) 바로를 만난 야곱(1-12절): 요셉은 아비 야곱을 바로에게 인도하여 소개시키자 야곱은 바로에게 자기 인생 역정을 토로한다(9절).

(2) 요셉의 애굽 치리(13-26절): 요셉의 기민함과 바로에의 충성심에 관심을 갖고 있는 이 대목은 당시의 납세제도와 소작제도를 다루고 있다.

(3) 야곱에 대한 요셉의 약속(27-31절): 147세가 되어 죽을 기한이 가까워오자 야곱은 자신을 애굽에 장사하지 않기를 맹세하라고 요셉에게 요구하자 요셉은 그 요구를 수용한다.

12) 48장

(1) 야곱을 문병한 요셉(1-7절): 요셉은 두 아들을 데리고 야곱을 문병하였다. 이 자리에서 야곱은 요셉의 두 아들을 자신의 아들로 인정하여 삼촌과 같은 항렬에 오르게 하였다(5절).

(2) 에브라임과 므낫세를 축복하는 야곱(8-22절): 야곱은 요셉의 의도와는 달리 왼쪽에 앉은 차자 에브라임에게 우수(優手)를, 오른쪽에 앉은 형 므낫세에게 좌수(左手)를 들어 축복한다(13-14절). 여기서 야곱은 아비 이삭이 에서와 야곱에게 행했던 '차자 축복(체제 전복적 축복)' 전통을 따라 행하고 있다.

13) 49장

(1) 레아의 세 아들에 대한 유언(1-7절): 르우벤(3-4절), 시므온과 레위(5-7절)에 대한 유언은 '부정적 전망(비난과 정죄)'이 가득하다.

(2) 유다(8-11절)와 요셉(22-26절)에 대한 유언: 이 두 지파에 대해서는 탁월한 지위를 예언한다. 유다는 사자처럼 용맹무쌍함으로 형제의 찬송을 받는 지파가 될 것이다. 요셉은 샘곁의 무성한 가지처럼 번성할 것이다.

(3) 기타 지파에 대한 유언(13-21절, 27절): 스불론(13절), 잇사갈(14-15절), 단(16-18절) 갓(19절), 아셀(20절), 납달리(21절)는 나름대로의 긍정적·부정적 유언을 듣는다. 베냐민(27절)은 매우 호전적인 강력한 지파가 될 것이다.

(4) 야곱의 죽음(28-33절): 열두 아들에 대한 유언적 성격의 축복을 마친 야곱은 막벨라 동굴(아브라함과 사라, 이삭과 리브가, 레아가 묻혀 있음)에 장사하라고 부탁한다.

14) 50장

(1) 야곱의 장사(1-14절): 야곱의 장례는 거의 국장급에 준할 정도의 대우를 받았다(왕의 장례는 72일, 야곱은 70일 동안 지속).

(2) 형제들을 위로하는 요셉과 그의 죽음(15-26절): 아비 야곱이 죽자 형제들은 요셉이 과거의 일로 복수를 하지 않을까 두려워하였다. 이에 요셉은 그들을 두려워하지 말라(19, 21절)고 거듭 위로하고 그들의 자녀들까지도 돌보겠다고 약속한다. 자손을 4대까지 본 요셉은 선조들처럼 '가나안 땅에 묻어달라(출[出]애굽, 향[向]가나안)'고 유언하고 110세에 죽는다.

6. 창세기(요셉 이야기)를 마치면서

요셉은 구약의 인물 가운데 가장 그리스도를 닮은 '그리스도의 예표(forerunner, 前走者)'로 불리는 인물이다. 그의 꿈, 순결, 고난, 여호와의 함께 하심(임마누엘), 넓은 아량과 용서, 침묵, 섭리 신앙, 가나안(천국) 소망, 흠 없고 거룩하게 산 고결한 일생 때문이리라. 요셉 이야기는 창세기의 족장사와 출애굽 구원사의 연결고리 역할을 한다. 창세기는 아브라함의 후손들이 이룰 한 위대한 민족(창 12:1-3; 출 19:5-6)의 형성을 바라보며 막을 내린다.

(1) 출애굽기(Exodus)

출애굽기 개요

1. 출애굽기의 명칭

히브리인들은 어떤 책의 제목을 정할 때 관례상 그 책의 첫 구절 중에서 중요 단어나 첫 단어로 책의 이름을 대신했다. 원래 출애굽기의 히브리식 이름은 1장 1절의 첫 두 단어인 '웨엘레 쉐모트(וְאֵלֶּה שְׁמוֹת = 이름들은 다음과 같다)' 혹은 '쉐모트(이름들)'이다. 여기서 '이름들'이란 야곱과 더불어 애굽에 내려간 야곱의 12아들들의 이름을 가리킨다.

그런데 히브리어 구약성서를 헬라어로 번역한 '70인역'(Septuaginta)은 이 책 앞부분의 핵심 내용인 '이집트 탈출(출 19:1에서 연유)'을 책의 제목으로 삼아 '엑소도스(ἔξοδος =탈출, 혹은 떠남)'로 표기하였다. 70인역의 '엑소도스'라는 명칭은 이후 라틴어역 성서인 불가타(Vulgata)에서 '리베르 엑소디(Liber Exodi=출애굽기)'라는 제목으로 불리었으며, 구미 각국의 성경에서 이 용어를 그대로 채택하여 오늘날 '엑소더스(Exodus)'라 부르고 있다.

2. 창세기(모세오경)와의 관계

"출애굽기는 성경의 첫 번째 책이다(The Book of Exodus is the first book of the Bible.)"(J.I.Durham). 모세오경에서 첫 번째 책은 창세기이고, '출애굽기'는 두 번째 책

임을 감안할 때 이 말은 아주 중요한 의미를 지니고 있다. 오경은 크게 두 부분으로 이루어져 있다고 말할 수 있다. 곧 모세 이전의 시대(창세기)와 모세의 시대(출애굽기-신명기)가 그것이다. 전자가 모세 이전의 시대, 곧 온 세계사를 개관하고 있다면, 후자는 모세의 시대를 개관하고 있다.

출애굽기-신명기가 한 사람 "모세의 일대기"(Biography of Moses)라는 유형 속에 담겨 있다면, 그 한 사람에 이르기까지의 계보가 창세기가 서술하고자 하는 뼈대라고 말할 수 있다. 차일즈(B. S. Childs)는 창세기를 '이스라엘의 이야기(출-신)의 서론'으로 불러야 한다는 입장을 강하게 피력하였다. 다시 말하면 창세기는 "출애굽기를 위한 서곡"이다. 모세오경은 출애굽 설화의 장황한 서문이라 할 수 있는 창세기의 원역사(1-11장)와 족장사(12-50장)로 시작한다.

3. 출애굽기의 구조

출애굽기는 오경의 중심이자 핵심 내용이다. 오경을 이루는 기본 전승을 흔히 출애굽 전승, 광야 전승, 시나이 전승, 및 가나안 정착 전승으로 구분할 때 이 중 가나안 정착 전승을 제외한 나머지 전승의 골자가 모두 출애굽기에 모여 있다. 출애굽기의 구조를 가장 간단하게 세 전승별로 나누면 다음과 같다: 출애굽 전승(1:1-15:21), 광야 전승(15:22-18:27), 시나이 전승(19:1-40:38).

출애굽기의 구조를 이스라엘 백성의 위치(지리적 관점)에 기초하여 크게 세 부분으로 나누면 다음과 같다. 제1부: 애굽에서의 하나님과 이스라엘(1:1-13:16), 제2부: 광야에서의 하나님과 이스라엘(13:17-18:27), 제3부: 시내산에서의 하나님과 이스라엘(19:1-40:38).

출애굽기를 주제적 관점에서 크게 세 부분으로 나누면 다음과 같다. 첫째, 구원과 광야 인도(1-18장), 둘째, 계명 및 계약 체결(19-24장) 및 그 결렬과 갱신(32-34장), 셋째, 성막 지시(25-31장) 및 성막 건축(35-40장).

4. '모세'와 '새 모세 예수' 사이에서

1) 신구약성경은 구약과 신약으로 나누어진 두 권의 책이 아니라 예수를 중심으로 한 '한 권의 책'이다. 신구약성경은 이 세상의 그 무엇과도 비교가 안 되는 '감동의 산물'이다. 먼저 구약성경은 수백 년 동안의 예속에서 해방된 "출애굽의 감동"으로 시작된 책이고, 신약성경은 역사상 유례가 없는 죽음을 이긴 "부활의 감동"으로부터 시작된 책이다.

신약을 말하지 않는 구약 연구는 유대교 연구이며, 예수를 말하지 않고 구약만을 가르치는 교수는 유대교 랍비이지 구약교수가 아니다. 요한복음서에서 예수는 이렇게 말한다. "너희가 성경에서 영생을 얻는 줄 생각하고 (구약) 성경을 연구하거니와 이 (구약) 성경이 곧 내게 대하여 증언하는 것이니라"(요 5:39). 또한 "모세를 믿었더라면 또 나를 믿었으리니 이는 그가 내게 대하여 기록하였음이라"(요 5:46).

필자는 구약 교수로서 구약을 강의하는 것은 '구약을 위해서'가 아니라 '예수를 위해서'이며, 모세의 책인 출애굽기를 말하는 것은 모세와 출애굽 자체를 말하기 위해서가 아니라 '새 모세 예수'를 말하기 위해서이다. 그렇지 아니하고 구약 자체만을 말하고 모세의 출애굽만을 말하는 것으로 강의를 끝낸다면 그것은 기독교가 아닌 유대교를 가르치는 것이고, 필자는 구약 교수가 아닌 유대교 랍비에 불과하다.

2) 화이트헤드(Whitehead)는 "모든 서양철학은 플라톤의 주석에 불과하다"는 말을 했다. 필자는 이렇게 말하고자 한다. "모든 기독교 신학은 구약학(모세)의 주석에 불과하다." 그 까닭은 이러하다. 신구약성경은 모든 기독교 신학의 뿌리이며, 구약성경은 신약성경의 뿌리가 된다. 또한 구약성경의 뿌리는 율법서이고, 율법서의 뿌리는 '뿌리체험'(root experience)이라고 할 수 있는 출애굽 사건(Exodus Event)이다. 그리고 그 사건의 핵심인물은 모세이기 때문이다.

또한 신구약성경을 유형론적으로 볼 때 구약(모세)을 뒤집으면 신약(예수)이 된다. 예수는 제2의 모세(Second Moses) 혹은 새 모세로 나타난다. 모세가 율법수여자라면, 예수는 복음수여자였다. 모세가 '이스라엘의 지도자(해방자)'라면, 예수는 '새 이스라엘의 지도자(해방자)'였다. 모세가 유대교의 대표자라면, 예수는 기독교의 대표자이다. 그리고 선구자와 성취자라는 측면에서 모세와 세례 요한은 선구자이며, 구원자라는 의미를 지닌 여호수아와 예수는 성취자이다. 신앙교육적 측면에서 구약은 "야웨 하나님을 아는 지식이 가장 중요하다"(호 6:6; 겔 36:22-23)고 가르친다면, 신약은 "그리스도 예수를 아는 지식이 가장 고상하다"(빌 3:8; 벧후 3:18)고 가르친다. 선교적 측면에서 구약은 유대인을 "야웨의 증인"이라고 한다면, 신약은 기독교인을 "예수의 증인"이라고 말한다. 이것을 도식으로 그려보면

· 구약 - 모세 → 여호수아(구원자) → 야웨 하나님을 아는 지식 → 야웨의 증인
· 신약 - 세례요한 → 예수(구원자) → 그리스도 예수를 아는 지식 → 예수의 증인
(선구자) (성취자) (신앙교육적 측면) (선교적 측면)

3) 오경 중 출애굽기는 구속 사역의 준비사(準備史)인 창세기와 선민 이스라엘의 생활 지침인 율법서, 즉 오경의 나머지 책(레위기, 민수기, 신명기)들을 연결시키는 교량 역할을 한다. 출애굽기는 구약성경의 그 어느 책들보다도 신약과 밀접한 관련을 맺고 있는 책으로서 그리스도의 성품과 사역에 관한 모형적 사건들이 번번이 나타나고 있는 '구속 계시의 책'이다. 이러한 측면에서 구약에 나타난 선택된 민족 이스라엘은 신약의 교회와 영적으로 같은 의미를 지닌다. 교회란 다름아닌 하나님이 구원하시고 당신의 뜻을 이루시기 위해 택한 자들의 무리이기 때문이다. 하나님께서 구약시대에는 이스라엘 한 민족을 택하시고, 신약시대에는 영적 이스라엘인 신약 교회를 세우셨다.

이스라엘 민족의 출애굽에 대한 영적 배경이 신약성경과 일맥상통하고 있다는 점에서 우리는 본서 속에서 나타나는 그리스도의 예표된 모습들을 발견할 수 있다. 먼저 이스라엘 백성들은 약속의 땅인 가나안에 입성하기까지 40년 동안을 광야에서 방황했다. 이것은 공생애를 시작하기 전 광야에서 40일 동안 금식하며 기도하신 예수 그리스도의 모습을 예표한다.

또한 모세가 산에서 십계명을 받았듯이 예수도 산에서 제자들을 가르쳤다(마 5-7장). 또한 열두 지파와 열두 제자, 출애굽 직전의 유월절 식사와 주님의 성만찬은 서로 대칭을 이루고 있다(요 1:29,36; 고전 5:7). 이스라엘 백성이 홍해를 건넌 사실도 성도들의 세례

와 관련을 가진다(롬 6:2,3; 고전 10:1-4). 모세가 광야에서 구리뱀을 들어 올려 범죄한 백성들을 살린 것처럼 예수도 인간들을 구속하기 위해 십자가에 달리셨다(요 3:14). 애굽에서 내렸던 재앙을 통해서 나타난 하나님의 능력은 예수의 이적에서도 나타난다.

또한 성막의 모든 구조는 장차 오실 그리스도를 예표한다(가령, 요한복음에 나타난 일곱 '에고 에이미'의 비유적 말씀). 특히 본서의 핵심 인물인 모세는 그의 3대 직분 - 선지자직, 제사장직, 왕(지도자)직 -에서뿐 아니라 구원자요, 입법자요, 중재자란 측면에서 오실 메시아의 모형적 인물이다.

5. 모세의 4서(출-신)와 새 모세 예수의 4복음서(마-요)

1) 신구약성서를 한 권의 책으로 읽고 해석해야 할 필요성과 관련하여 한 가지 물음을 함께 생각해 보고자 한다. "왜 복음서는 4개(마-요)일까?"라는 물음이 그것이다. 이 물음에 대해 필자를 포함한 대부분의 기독교인이 예수 그리스도의 완전한 모습을 사면에서 입체적으로 보아야 완전하게 볼 수 있기 때문이라고 배웠다. 또는 예수 그리스도의 복음을 세상의 동서남북 사방으로 땅 끝까지 전파하라는 뜻에서 초대교회가 복음서를 4권으로 정했다고 생각해 볼 수 있다.

그런데 신약을 구약과의 관련성에서 신구약성서를 통전적으로 읽고 해석할 때 이 문제는 이렇게 대답할 수도 있다. "(구약의) 모세의 책이 4권이니까 (신약의) 새 모세인 예수의 책도 4권(마-요)이다." 초대교회가 신약의 예수와 관련된 복음서를 4권으로 한정한 까닭은 구약의 모세와 관련하여 4권으로 정했다는 얘기이다.

구속사적으로 볼 때 창세기의 원역사는 '아브라함을 기다리며'에 해당하고, 족장사는 '모세를 기다리며'에 해당한다. 이 두 개의 이야기는 출애굽을 통한 하나님의 구원행동과 시내산에서 맺은 언약을 통해 형성된 선민(選民) 이스라엘에 대한 이야기의 서언(prologue) 구실을 한다. 즉 오경 내에서 창세기는 "출애굽기(모세)를 위한 서곡(prelude)이다."

2) 출애굽기에서 신명기까지의 4권의 책에 대해 살펴보자. 이 4권의 책은 모세의 출생을 기록하고 있는 출애굽기에서 시작하여 모세의 죽음을 알리는 신명기에서 끝나는 모세

이야기로 되어 있다. 그러니까 모세오경이라고 일컬어지는 5권의 책 가운데 실제적으로 모세 이야기는 창세기를 제외한 4권의 책(출-신)이다. 한편, 신명기의 영어 이름인 Deuteronomy는 '제2의(deutero)'와 '율법(nomos)'이란 두 단어가 합쳐 이루어진 명칭으로, '제2의 율법(Second Law)'이란 의미를 가진다. 신명기가 '제2의 율법'이라고 불리는 것은 시내산(신명기에서는 '호렙산')에서 전수된 하나님의 가르침(출 19:1-민 10:10)을 첫 번째 말씀으로 전제하고 있기 때문이다. 즉 시내산 율법(출-레-민)은 '제1의 율법'이고, 신명기는 '제2의 율법'이라는 것이다.

신명기를 한자로 申命記라고 쓰는데, 이 말 또한 "제2의 율법"이란 뜻을 지닌다. 여기서 '申' 자는 '거듭 신'의 의미로, '申命'이라 함은 '거듭 강조하여 명령한다'는 뜻을 지닌다. 결국 申命記는 '거듭 강조하여 들려주는 계명(다시 듣는 토라)'라는 의미를 갖는다. 하나님께서 시내산에서 출애굽 1세대에게 들려주었던 하나님의 가르침이 '제1의 율법(출-민)'이라면, 가나안 땅에 들어가기 직전 모압평지에서 새 세대인 출애굽 2세대에게 모세를 통해 다시 들려준 하나님의 가르침이 '제2의 율법'인 신명기이다. 결국 '제2의 율법'인 신명기는 "제1의 율법"(출-민)에 대한 신앙적 해석인 것이다. 그리고 이 4권의 중심에는 이스라엘의 구원자요 해방자요 중보자인 모세가 자리하고 있다.

한편, '새 언약'이란 뜻의 신약(新約)은 시내산에서 맺은 '옛 언약', 곧 구약(舊約)에 대비되어 일컬어진 말로 예수 그리스도에 기인한 것이다. 즉 예수 그리스도로 말미암아 '새(新, New)' 字가 들어가게 된 것이다. 신약시대인 초기교회는 예수를 구약의 모세와 관련하여 '새 모세(New Moses)', 또는 '제2의 모세(Second Moses)'로 그렸다. 가령, 모세가 시내산에서 이스라엘 백성에게 율법을 가르치는 교사였다면, 새 모세인 예수 또한 산 위에 올라 새 이스라엘 백성에게 새 율법(산상수훈)을 가르치는 새 교사였다.

이제 새 모세인 예수를 말하고 있는 4복음서를 살펴보자. 마태복음서, 마가복음서, 누가복음서, 이 세 권의 복음서를 '공관복음서(The Synoptic Gospels)'라고 부른다. 즉, 같은 관점(共觀)에서 예수를 보았다는 점에서 공관복음서라 부른다. 그리고 요한복음서는 네 번째 복음서라고 해서 제4복음서(The Fourth Gospel)라고 부른다. 그러면 공관복음서와 요한복음서는 무엇이 다른가?

4권의 복음서는 모두 예수가 '그리스도(헬라어)', 곧 '메시아(히브리어)'인데, "어떤 메시아냐?"라고 할 때 차이가 있다. 마태복음서는 (유대인의) 왕으로 오신 메시아를, 마가복음서는 (수난의) 종으로 오신 메시아를, 누가복음서는 (잃어버린 자를 찾아) 인자로 오신 메시아를, 요한복음서는 (선재하신 말씀인) 하나님의 아들로 오신 메시아를 각각 그리고 있다. 공관복음서는 예수가 '사람의 아들(人子, Son of Man)'로서의 메시아를 강조하는데 반해, 요한복음서는 '하나님의 아들(神子, Son of God)'로서의 메시아를 강조하고 있다는 점이다.

결국 제2의 율법인 신명기가 제1의 율법인 시내산 율법(출—민)의 신앙적 해석이라면, 제4복음서인 요한복음서는 공관복음서(마—눅)에 대한 신앙적 해석이 되는 셈이다. 그리고 이 네 복음서의 중심에는 새 이스라엘의 구원자요 해방자요 중보자인 새 모세 예수가 자리하고 있다. 또한 마태복음서가 최초의 복음서인 마가복음서보다 앞에 놓인 것은 구약 예언에 대한 성취로서 마태복음서가 더욱 적합하기에 맨 앞에 놓인 것이다. 그러니까 출애굽기 앞에 모세의 서곡으로 창세기가 자리하듯이, 마태복음서 앞에는 새 모세인 예수의 서곡으로서 구약이 자리하고 있는 것이다.

지금까지의 논의를 도표로 그려보면 다음과 같다.

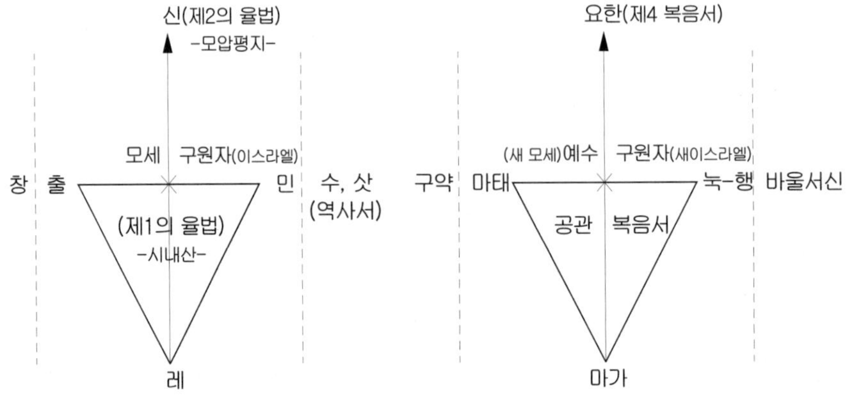

이 간단한 도표는 모세의 4서(출—신)와 새 모세인 예수의 4복음서(마—요)의 관계, 그리고 구약의 첫 다섯 권의 책(창—신)과 신약의 첫 다섯 권의 책(마—행)의 관계를 대칭구

조로 일목요연하게 보여주고 있다. 나아가 그 동안 한 저자의 책이면서도 요한복음서가 사이에 끼어 들어가 둘로 나누어진 누가복음서와 사도행전이 하나로 연결된 모습을 보여 주고 있다.

지금까지의 논의를 통해 우리는 "왜 복음서는 4개인가?"라는 물음에 대한 대답으로 앞에서 이미 지적한 동서남북의 네 방위나 4면의 입방체에 입각해서 막연하게 말할 수도 있다. 그러나 신구약성서를 예수 이야기로서의 한 권의 책으로 읽고 해석할 때 초기교회가 복음서를 4권으로 정한 깊은 뜻을 이해할 수 있다.

6. 일반사(3間의 歷史)와 이스라엘 역사(4間의 歷史)

1) 이스라엘 초등학교 국어 교과서 맨 첫 장은 이렇게 시작한다.

"우리는 이집트에서 파라오의 노예였습니다." 우리나라 초등학교 학생들이 "영희"와 "철수"와 "바둑이"를 부르고 있을 때 그들은 벌써 자기 나라의 역사적 현실을 정확히 보고, 그것에 대해서 사유할 수 있는 언어를 배운다. 자기 조상들의 치욕적인 과거를 들려주고 회고시킴으로써 다시는 그와 같은 불행을 겪지 않도록 어려서부터 역사적인 훈련을 시키고 있다. 이 얼마나 놀라운 일인가?

이스라엘 백성은 그들이 섬긴 하나님이 "우리 음성을 들으시고 우리의 고통(苦痛)과 신고(辛苦)와 압제(壓制)를 하감(下鑑)하시고" 그리고 영원히 잊지 못할 은혜의 증거로 "여호와께서 강한 손과 편 팔과 큰 위엄(威嚴)과 이적(異蹟)과 기사(奇事)로 우리를 애굽에서 인도하여 내셨다"(cf. 신 26:5-9; 6:21-25)고 그들의 신앙고백에서 확언하고 있다. 이스라엘은 그들 역사의 기원을 출애굽 사건, 즉 억압과 압제로부터의 경이로운 해방에 두고 있다.

이스라엘 민족이 다른 여러 민족과 다르고, 성서가 여러 다른 책과 다르다면 그 이유는 어디에 있을까? 그것은 아마도 그들이 가지고 있는 독특한 역사이해, 역사관이라고 말할 수 있을 것이다. 이러한 독특한 역사이해, 역사관의 출발점이 되는 사건이 이스라엘(구약)의 역사에 있어서 '없어서는 안 될 필수조건'(sine qua non)인 출애굽 사건이다.

그러면 일반사와 이스라엘 역사의 차이는 무엇인가 하는 것이다.

출애굽기라는 책이 구약의 여러 책들 가운데 가장 중요한 책 가운데 하나요, 또한 출애굽기 연구야말로 구약 연구의 출발점이라고 말한다면, 그 까닭은 아마도 출애굽기가 선민(選民) 이스라엘이라는 한 민족의 태동이라고 하는 역사적 사건(historical event)인 출애굽 사건을 이야기하고 있기 때문이다.

그러기에 신약의 출발이 맨 앞에 나오는 마태복음서가 아닌 그 다음에 나오는 '최초의 복음서'인 마가복음서와 더불어 시작하듯이, 구약의 출발 또한 맨 앞에 나오는 창세기가 아닌 그 다음에 나오는 '최초의 이스라엘 민족의 탄생'이라는 출애굽기와 더불어 시작하는 것이다. 출애굽기가 출애굽 사건이라는 결정적인 역사적 사건으로부터 비롯되었다면, 여기서 우리가 먼저 물어야 하는 질문은 도대체 "역사란 무엇인가?(What is History?)"라는 물음이다. 그리고 이 물음에 이어서 나오는 질문은 일반사와 이스라엘 역사는 어떻게 다른가 하는 것이다.

먼저 역사에 대한 정의는 여러 가지로 말할 수 있겠으나 가장 쉽게 말한다면 역사란 "사람들이 살아온 이야기"라고 정의할 수 있겠다. 한 걸음 더 나간다면 "사람들이 살아온 이야기에 대한 기록과 해석"이 역사라고 말할 수 있다. 여기서 우리는 다시 이런 질문을 묻게 된다. 그렇다면 지금까지 사람들은 어떻게 살아왔는가?

일반사와 이스라엘 역사와 관련하여 좀더 구체적으로 말하면 사람들은 하나님(神)이 있다고 믿으며 살아왔는가? 아니면 신(神)은 없으니 인간이 역사의 주체라고 믿으며 살아왔는가? 그리고 신이 있다고 믿는다면 어떤 신을 믿으며 살아왔는가? 하는 물음이 될 것이다. 이 물음에 대한 대답에 따라 한 개인이나 민족의 가치관과 세계관, 그리고 그 운명이 결정되는 것이다.

2) 먼저 일반사(一般史)부터 살펴보자.

일반(역)사는 시간(時間), 공간(空間), 인간(人間)이라는 3대 요소로 구성된다. 단재(丹齋) 신채호 선생(1880-1936)은 이것을 時·地·人이라고 하였다. 그런데 3대 요소는 모두 '사이 간(間)' 자를 갖고 있다는 점에서 일반사는 '3間의 역사'라고 말할 수 있다. 이 세 요소 가운데 하나라도 빠지면 그것은 엄밀한 의미에서 역사라고 부를 수 없고, 다만 신화(神話)나 전설(傳說)이 되고 만다. '3間의 역사'인 일반사는 삼각형의 세 점으로 이루어진 평면의 역사요 3차원의 역사라고 말할 수 있다.

'3間의 역사'에 대한 예를 들어보자. 가령, 민족적 차원에서 조선시대의 역사라고 하면, 시간적으로 1392-1910년에, 공간적으로 한반도에서, 인간적으로 한민족과 관련된 역사, 이것이 조선시대의 역사이다. 또한 개인적 차원에서 종교개혁자 마르틴 루터의 역사라고 하면, 시간적으로 1483-1546년에, 공간적으로 독일에서, 인간적으로 루터라는 한 개인이 살다간 역사, 이것이 마르틴 루터의 역사이다.

그런데 일반사는 주로 왕조사나 정치사를 중심으로 구성된 세속의 역사(secular history)이다. 가령, 조선조 세종 때라든가, 이승만 정권 시절이라든가 하는 말들이 모두 이러한 왕조사나 정치사를 중심으로 해서 역사를 말하고 있는 것이다. 결국 일반사는 역사의 주체가 '인간'이다. 이것을 잘 말해 주는 것이 도올(檮杌) 김용옥 선생의 다음과 같은 말이다. "역사는 하나님이 이끌어가거나 우연이 이끌어가는 것이 아니라 꿈을 가진 인간들이 창조해 가는 것이다"(표영삼, 《동학 1: 수운의 삶과 생각》, 2004; 79-80).

3) **다음으로 이스라엘 역사를 살펴보자.**

이스라엘 역사는 3間(3차원의 평면)으로 이루어진 일반사와는 달리 神(하나님)이 인간 역사 속에 들어와 '神의 역사' 또는 '신앙(信仰)의 역사'를 이룬다는 것이다. 즉 인간 역사를 규정하는 3間 속에 神이 들어와 또 하나의 차원(神間)을 이룬다(4차원의 입체). 따라서 이스라엘 역사는 3間의 역사에 또 하나의 차원인 神間이 들어온 '4間의 역사'이다. 이러한 이스라엘 역사는 왕조사나 정치사를 중심으로 하는 일반사와는 달리 하나님이 인간 역사에 개입하는 신앙사나 종교사로 구성된 거룩한 역사, 곧 '성역사(聖歷史, sacred history)'이며, 하나님이 인간을 구원하는 과정을 그린 '구원의 역사(salvation history)'이다.

구원사적 관점에서 본다면, 구약은 "이스라엘 역사에 나타난 하나님의 구원활동"이고, 신약은 '예수 그리스도에 나타난 하나님의 구원활동'이라고 말할 수 있다. 구약(이스라엘)의 역사를 넘어 神(하나님)이 3間으로 구성된 인간 역사 속에 들어온 분을 '예수 그리스도'라고 부르고, 그 사건을 '성육신 사건'이라고 부르며, 그 날을 '성탄절(크리스마스)'로 기념한다. 그리고 하나님이 우리를 사랑하사 인간 역사 속에 들어와 우리와 함께 하셨다는 의미로 그분의 이름을 '임마누엘(마 1:23)'이라고 부른다.

일반사와 이스라엘 역사에 대한 지금까지의 논의를 도표로 정리하면 다음과 같다.

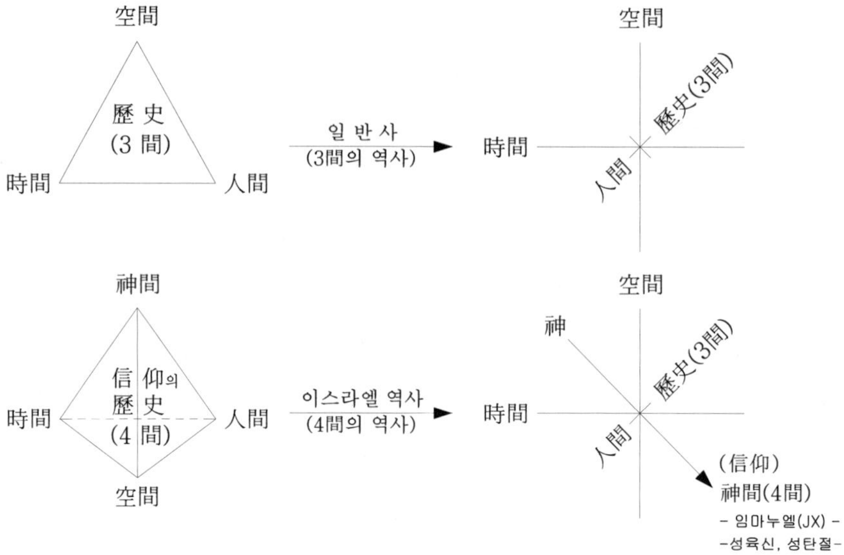

7. 출애굽기의 연대

학자들은 출애굽 연대에 대해 주로 두 가능성을 지지해 왔다. 성서에서 암시하는 바를 따른 주전 15세기 설이 그 하나이고, 다른 하나는 주전 13세기 설이다. 둘 중 13세기 설이 훨씬 더 설득력이 있다.

1) 15세기 출애굽설(說)

연대기적 걸쇠를 제공해 주는 성서의 유일한 언급이 열왕기상 6장 1절에서 발견된다. 여기서 솔로몬 왕은 이스라엘 사람들이 이집트를 떠난 지 480년이 지난 후 성전 건축을 시작했다고 한다. 솔로몬이 주전 960년경에 왕위에 올랐다는 것이 정설이므로 이 계산에 따르면 출애굽은 주전 1440년경(솔로몬이 왕이 된 지 4년 후에 성전 건축을 시작했으므로 주전 1436년)에 일어났을 것이다.

그러나 대부분의 학자들은 480년이라는 숫자의 정확성에 의문을 제기한다. 이 숫자는 있는 그대로의 숫자가 아니라 상징적 수의 특징을 갖고 있다. 즉 성서에서 관례적으로 사용하는 40년의 한 세대가 12회 반복되는 횟수이다. 광야의 방랑은 40년간 지속되었다(민 14:33-34; 32:13; 그 외에도 신 2:7; 8:2; 29:4; 수 5:6; 암 2:10; 5:25; 시 95:10). 40년은 사사들의 시대에도 반복적으로 사용된다(삿 3:11; 5:31; 8:28; 13:1; 그 외에도 삿 3:30[80=40의 두배]). 또한 이 숫자는 제사장 엘리(삼상 4:18)의 재임 기간과 다윗(삼하 5:4; 왕상 2:11; 대상 29:27)과 솔로몬(왕상 11:42; 대하 9:30)의 통치 기간을 나타낸다. 열왕기의 자료에 따르면 성전 건축 시작부터 바벨론 포로기의 종결까지도 역시 정확히 480년이 경과했다. 이 모든 것을 종합해 보면 우리 앞에 놓인 것은 출애굽으로부터 성전의 연대를 정하려는 도식화된 연대 계산법임을 알 수 있다. 성서 저자는 성전을 성서 역사의 중심에 두고 싶어 했던 것이다.

2) 13세기 출애굽설(說)

이집트에서 이스라엘 사람들이 정착한 지역은 라암세스(Rameses, 창 47:11) 지역이라 불린다. 이스라엘 사람들이 건설한 도시는 라암셋(Raamses, 출 1:11)이라 불리는데, 이곳은 그들이 이집트로부터 떠날 때 모였던 집결지였다(출 12:37; 민 33:3,5). 이런 사실은 이집트의 행정 중심지를 삼각주 북동부로 옮기고 그곳에 자신이 건설한 수도를 자기 이름을 따서 명명한 파라오 람세스 2세(Ramesses II, 주전 1279-1213)와의 관계를 강하게 암시한다. 장수(長壽)한 이 파라오는 많은 민간인들, 특히 외국인들을 징집하여 시행한 광범위한 대규모 건축사업으로 유명했다.

이집트 역사는 람세스 2세가 억압의 파라오임을 보여준다. 람세스의 오랜 통치의 말년에 이집트의 국력은 쇠퇴했다. 그의 후계자인 메르넵타(Merneptah)에 의한 가나안 공격을 제외하면 이집트의 아시아 지역에 대한 지배력은 눈에 띄게 약해졌다. 주전 1200년 무렵 제19왕조는 무질서와 환난 가운데 막을 내렸다. 이 당시의 정치적 상황은 이스라엘 사람들이 경험한 억압과 해방의 사건들이 일어날 만한 가장 적합한 배경을 제공해 준다.

또한 메르넵타 기념비는 때로 "이스라엘 기념비"라고도 불리는데, 여기에는 이스라엘 원정을 포함해 파라오 메르넵타가 수행한 군사 원정을 상형문자로 기록해 놓았다. 메르넵타(주전 1212-1202)는 자기가 "이스라엘"을 비롯해 몇몇 도시들을 무찔렀다고 자랑한다.

기념비에 묘사된 원정의 연대는 한두 해 오차를 두고 주전 1205년으로 확정할 수 있다. 이 모든 것에 대해서는 대체로 합의가 이루어져 있다. 어떤 학자들은 이스라엘 기념비를 13세기, 즉 1250년경의 출애굽을 지지하기 위해 사용해 왔다.

따라서 대부분의 학자들은 1300-1250년의 연대가 다른 어떤 견해보다도 대다수의 증거에 잘 들어맞는다고 결론을 내렸다. 이런 근거에서 볼 때 이스라엘을 억압했던 파라오는 세티 I세(1305-1290)이며, 출애굽 당시의 파라오는 라암세스 2세(1290-1224)인 것으로 볼 수 있다.

(2) 출애굽기(Exodus)

출 1-2장

1. 출애굽기 1장 개요

본장은 애굽으로 이주한 야곱(이스라엘)의 열두 자손의 명단으로 시작한다. 이는 출애굽기가 창세기와 별개의 것이 아니라 영속적인 기록임을 증거해 준다. 이스라엘 자손은 애굽에서 큰 민족을 이룰 만큼 번성하게 되었다(1-7절). 이는 하나님이 족장들과 세운 언약(창 12:2) 때문이다. 이스라엘의 창성에 불안을 느낀 바로(pharaoh) 왕은 이스라엘을 학대한다(8-14절). 그는 히브리 산파들에게 히브리 남자 아이를 죽이라는 명령을 내리나 하나님을 두려워한 산파들의 지혜와 용기로 위기를 극복한다(15-22절). 본문의 저변에 깔려 있는 상황은 선민 이스라엘의 위기에 하나님은 침묵만 하고 계시는 하나님의 부재(不在) 상황이다.

1) **이스라엘의 번성**(1-7절)

어떤 책이든 시작 부분은 중요한 의미를 갖는다. 출애굽기 1:1-7도 예외가 아니다. 출애굽기는 "그리고 이름들은 이러하니(웨엘레 쉐모트)"라고 시작한다. 이 첫 대목은 출애굽기를 이해하는 중요한 열쇠를 제공한다. 첫째는 "그리고"라는 접속사('와우')이고, 둘째는 "이름들"이라는 출애굽기의 히브리식 명칭이다.

(1) "그리고"라는 접속사 '와우(ו)'는 창세기의 마지막 부분과 본서의 첫 부분을 연결해 주고 있다. 창세기 12장부터 50장까지가 아브라함, 이삭, 야곱, 요셉이라는 족장들과 얽

힌 〈한 가족사〉였다면, 출애굽기는 이스라엘 민족과 관련된 〈한 민족사〉이다. 오경에서 '이스라엘의 아들들'이 야곱의 직계 가족을 지칭하는 것으로 사용된 것은 이곳이 마지막이다. 그런데 접속사 '와우'가 제1율법에 해당하는 출애굽기, 레위기, 민수기의 첫 시작에는 나오는데, '제2율법(Deuteronomy)'이라는 뜻을 가진 신명기에는 나오지 않는다. 이는 4경(창-민)과 신명기가 구분되는 책임을 시사한다. 그런데 여호수아서는 접속사 '와우'로 시작한다. 이는 신명기서와 신명기 역사서(수-왕하)의 시작인 여호수아서가 연결된 책임을 시사한다.

(2) "이름들"과 관련하여 "출애굽기는 '야웨 하나님'과 '지도자 모세'와 '이스라엘 백성'이라는 이 세 이름에 관한 이야기"라고 볼 수 있다. 토마스 만(T. Mann)은 이렇게 말한다. "출애굽기는 세 인물의 승리를 보여주고 있다. 하늘과 땅 위에서 최고의 신으로 존재하는 야웨, 야웨의 종인 모세, 그리고 야웨의 나라인 이스라엘이다." 출애굽기는 이스라엘이라는 신앙공동체가 새롭게 탄생하는 역사적 사건에 대한 기록이다. 따라서 이러한 기록의 시작이 바로 이스라엘, 즉 야곱과 함께 시작하는 것은 당연하다.

(3) 2-4절에 보면 11명의 야곱의 아들들의 이름이 나열되어 있다. 어느 나열이든지 그 순서는 중요성을 가진다.

(출 1:2-4): 르우벤, 시므온, 레위, 유다, 잇사갈, 스불론, (요셉), 베냐민, 단, 납달리, 갓, 아셀 - 레아, 라헬, 라헬의 여종 빌하, 레아의 여종 실바 순.

(창 35:23-26): (르우벤, 시므온, 레위, 유다, 잇사갈, 스불론), (요셉, 베냐민), (단, 납달리), (갓, 아셀)-레아, 라헬, 라헬의 여종 빌하, 레아의 여종 실바 순.

여기서 야곱의 12아들은 야곱의 두 명의 아내들(정실)과 그들의 여종들(소실)이 낳은 아들들끼리 나열되어 있다. 출애굽기 본문은 요셉만이 5절에서 따로 언급되어 있을 뿐 그 순서는 창세기 35장의 순서와 동일하다는 것을 알 수 있다. 즉 레아, 라헬, 빌하(라헬의 여종), 실바(레아의 여종) 순이다. 야곱의 후손들은 후에 이스라엘 12지파의 조상이 되었다.

(4) "야곱의 허리에서 나온 사람이 칠십이요 요셉은 애굽에 있었더라"(5절). 야곱의 혈통에서 태어난 70명은 가족 단위에서 부족 단위로 변환되어 가기 시작하는 대략적인 숫자

이다(70인이라는 숫자에 70인역[LXX]은 5명을 추가하고 있다. 에브라임의 두 아들과 손자 하나, 므낫세의 한 아들과 손자 하나가 그것이다. 이에 근거하여 사도행전 7:14은 애굽에 내려간 자의 수를 75인으로 계산하였다).

(5) 출애굽기의 첫 대목(1-7절)을 이해하는 열쇠는 처음과 끝에서 되풀이되는 "이스라엘 자손(브네 이스라엘)"이라는 어구이다. 이 어구와 같은 용례는 창세기에서는 두 번밖에 사용되지 않지만(32:32; 36:31), 출애굽기에서는 무려 125회나 사용된다. 출애굽기가 계속 서술하는 내용은 하나님의 백성인 이스라엘의 이야기이다. 7절은 바로 이스라엘의 번성을 되풀이해서 강조한다.

2) **바로의 억압 속에서의 이스라엘의 번성**(8-14절)

(1) 애굽이 이스라엘을 박해하기 시작한 것은 애굽에 "요셉을 알지 못하는 새 왕"이 즉위한 후부터이다. 히브리 노예들을 압제한 "요셉을 알지 못하는 새로운 파라오"는 애굽 19왕조의 라암셋 2세(주전 1290-1224년)이다.

(2) 이스라엘은 궁극적으로 하나님께서 약속하신 가나안 땅으로 들어가야 하는 미래를 가지고 있으며, 이 하나님의 약속이 애굽에서 나와야만 이루어질 수 있기 때문이다. 출애굽기의 주제는 두 가지로 요약된다. '애굽에서의 탈출(1-12장)'과 '가나안 땅으로의 여정(13-40장)'이다. 애굽에서의 탈출은 이보다 더 큰 주제인 약속의 땅으로의 여정을 위한 첫걸음에 불과하다. 애굽에서 나오지 않고는 가나안 땅으로 갈 수 없다는 것을 염두에 두면, 출애굽기의 두 중심주제 중에서 약속의 땅으로의 여정이 더 중요하다.

(3) 이스라엘인에 대한 애굽 왕의 억압정책은 실로 인간적 지혜가 지닌 간계성을 잘 반영하고 있다. "그러나(!)" 이렇게 그들이 억압을 하면 할수록 이스라엘 백성은 더욱 불어났다. 이집트의 지혜와 야웨의 지혜가 첫 대결을 벌였고, 이집트의 지혜는-인간의 지혜가 하나님의 어리석음보다 못하듯이-대참패를 당한다. "오, 깊도다. 하나님의 지혜와 지식의 부요함이여!"(롬 11:33).

(4) 졸지에 인간 취급도 못 받는 애굽의 노예로 강등된 이스라엘 자손들에게 부여된 일은 '흙 이기기', '벽돌 굽기' 그리고 '농사의 여러 가지 일'이었다(14절). 히브리어로 애굽은 '미츠라임(מִצְרַיִם)'이다. 이 말의 어근(צרר, 차라르)은 '억압/괴로움/환난'이란 뜻이다.

이스라엘 사람들에게 애굽은 '노예로 살던 땅', '억압받는 땅'으로 기억된다. 따라서 '출(出) 애굽'이란 인간에게 괴로움과 고통을 주는 모든 억압으로부터의 해방을 의미한다.

3) 바로의 대학살령과 산파들의 야웨경외 신앙(15-22절)

(1) 강제노동을 통해 이스라엘을 억압하려고 했던 애굽 왕의 정책은 실패로 돌아갔다. 그가 선택한 두 번째 억압정책은 히브리 산파들을 통한 유아살해였다. 십브라와 부아라는 두 히브리 산파는 모든 산파들의 대표자라고 말할 수 있다. 출애굽기 기자는 왕명에 대한 산파들의 행위를 "산파들은 하나님을 두려워하여 이집트 왕의 명령대로 하지 않았다"(17절)라고 묘사한다. 여기에는 두 가지 신학적 주제가 내포되어 있다. 하나는 히브리 산파들이 인간의 왕권을 두려워하지 않고 우주의 왕인 하나님의 왕권을 두려워하였다는 점이고, 다른 하나는 하나님을 두려워한다는 것이 이스라엘 지혜신학의 가장 기본적인 주제라는 점이다.

(2) 이스라엘을 억압하려는 두 번째 계획이 실패로 돌아가자 마침내 애굽 왕은 세 번째 계획, 즉 사내아이가 태어나거든 그를 하수(나일 강)에 던져 죽이라는 무서운 명령을 내린다(22절). 아이들을 하수에 던져 버리는 일은 곧 죽음을 의미하는 것이었다. '물'의 비유적, 상징적 의미는 출애굽기 전체를 통해 반복적으로 나타나는데, 이는 혼돈과 죽음의 상징이다. 아이들이 죽음이라는 혼돈의 상황에 내던져진 것이다. 바로의 계획은 이스라엘 백성이 압제를 당하는 일에 관한 이야기의 절정을 이룰 뿐 아니라 이들을 구원할 해방자 모세가 출현하는 계기가 된다.

2. 출애굽기 2장 개요

본장은 모세의 출생에서부터 80세가 될 때까지의 모세의 행적을 소개하고 있다. 모세는 히브리 유아들이 죽임을 당하고 동족 이스라엘이 고역을 탄식하는 탈출구가 보이지 않는 절망의 위기상황 속에서 태어난다(1-10절). 장성하여 나이 40세에 자기 형제를 돌아보며 정의를 행하려다가 애굽인을 때려죽이는 살인자가 되어 미디안 광야로 피신한다(11-22절). 히브리 노예들은 고된 노동 속에서 하나님의 부재에 대해 탄식하며 부르짖는다. 하나님은 그들의 고통소리를 들으시고 조상들과 언약을 기억하사 그들을 구원할 계획을 세우신다(23-25절).

1) **모세의 출생**(1-10절)

(1) 이스라엘 역사상 가장 위대한 인물로 평가되는 모세의 출생에 관한 일화는 일찍부터 고대근동의 버림받은 영웅 모티프, 특히 주전 3천년 후반기에 메소포타미아 지역을 다스리던 아카드(Akkad)의 사르곤(Sargon) 왕의 출생설화와 비교되었다. 본장은 레위 족속 중 한 남자가 같은 레위 족속의 한 여자와 결혼했다는 보도로 이야기를 시작한다.

(2) 2절에서 "잘 생겼다"는 말은 히브리어 '토브(טוב)'로서 이 단어는 '좋다 / 아름답다', 또는 '적합한 / 꼭 알맞는'이라는 뜻을 지닌다. 이 단어는 창세기 1장의 창조 기사에서 일곱 번(4,9,13,18,21,25,31절)이나 반복적으로 나타나는 하나님이 보시기에 '좋았더라(토브)'와 동일어구이다. 모세에게 이 단어를 사용한 것은 그가 외모적으로 잘 생긴 것만이 아니라 앞으로 전개될 이스라엘의 해방을 주도할 지도자로 적합한 인물이라는 의미이다.

(3) 3절에서 어머니는 아이를 석 달 동안 숨겨 기른다. 그러나 더 이상 숨길 수가 없게 되자 갈대 상자를 구해 그 속에 아이를 뉘어 강가에 띄어보낸다. 여기서 "상자"로 번역된 히브리어 '테바(תבה)'는 노아 이야기와 이곳에서만 사용된 단어로 배가 아닌 방주를 가리킨다. 조타장치가 없는 방주는 오로지 하나님의 자비하신 인도와 보호에만 의지하면서 생명을 위협하는 물로부터 생명을 구원하는 도구로 쓰인다. 아기 모세를 담은 상자를 갈대숲(히브리어 수프)에 두었는데, 이는 장차 갈대바다(히브리어 '얌 수프')로부터 구원받는 이스라엘 백성을 암시하는 듯하다.

(4) 출애굽기 기사에서 흥미로운 사실은 바로의 딸이 호의적으로 그려져 있다는 점이다(5-6절). 출애굽기 1-2장에서 하나님은 연약한 여인들-산파들, 모세의 모친, 누이, 애굽의 공주, 그리고 조금 후에 이드로의 딸들-을 통해 위대한 역사를 이루시는 것을 보여주고 있다. 이들은 모두 모세의 생명을 구원한 은인들이다. 남성 파라오가 죽음의 폭력세력을 대변한다면, 이 여성들은 생명을 지키는 삶의 세력에 속해 있다. 파라오의 딸의 등장과 그 역할은 본문의 절정이며 가장 큰 신비(십자가의 신비)이다. 이 공주의 사건이

바로 "하나님의 어리석음이 사람보다 지혜롭고, 하나님의 약함이 사람보다 강하다"(고전 1:25)는 사실을 보여주는 결정적 사건이다.

(5) 공주는 아이에게 모세(Moses)라는 이름을 지어주었다(10절). 그 이름의 뜻은 "(내가 그를) 물에서 건져냈다"로 풀이된다. 이 이름 풀이는 이스라엘 백성을 애굽으로부터 건져내는 일(홍해 구원)을 맡은 사람으로서의 모세의 운명(물에서 건져냄을 받음)을 이름을 통해 풍자적으로 재해석한 것으로 생각된다. 나일 강의 통제할 수 없는 흐름에 맡겨진 아기 모세는 물이라는 요소를 이겨낸다. 위협적인 물이 구원의 물로 변모된다. 해방된 모세는 해방자 모세를 계시한다. 모세의 탄생은 하나님의 시계에 때가 찼음(갈 4:4; 막 1:15)을 알릴 때 태어나는 구세주의 탄생을 예시한다.

2) **모세의 성장, 대응폭력 및 미디안 도피**(11-15절)

(1) 예수의 탄생과 30세 성인이 된 예수 사이 기간에 대한 보도는 단 하나, 곧 열두 살 때 유월절을 맞아 예루살렘에 올라간 기사 외에는 없다(눅 2:41-51). 마찬가지로 모세의 출생과 40세 성인이 된 모세 사이 기간에 대한 보도는 전혀 없다. 성서 기자는 모세의 유아기와 모세가 나일 강에서 가까스로 죽음을 피한 사실을 언급한 다음에는 단 한마디의 설명도 없이 갑자기 그가 백성들의 곤경에 무모하게 충동적으로 말려든 이야기로 넘어간다. 우리는 구원자의 출생에 관한 사건을 읽은 다음, 곧바로 성년이 된 그가 백성의 고난에 가담한다는 사건으로 넘어가게 된다(히 11:24-25). 모세가 애굽인을 살해한 사건은 홧김에 일어난 돌발적 사건이라기보다는 치밀하게 계획된 거사(擧事)였다.

(2) 아직 드러나지 않은 채 멀리 계신 하나님과 아무 상관없이, 모세가 자기 힘으로, 자기 식으로, 문제를 해결하려 한 것은 오히려 문제를 한층 악화시켰다. 그의 행위는 파라오의 행위와 다를 바가 없었다. 상대방을 죽여서 문제를 해결하려고 한 점, 그것도 몰래 은밀히 하려고 한 점, 철저히 자기 힘, 자기 기준에 따라 일을 처리한 점이 그것이다. 그 결과는 마찬가지로 다 잃게 되는 것이다. 결국 인간의 폭력은 상황의 궁극적인 해결, 곧 구원을 가져오지 못한다는 사실이 입증된 셈이다.

(3) 이제 모세가 할 수 있는 유일한 해결책은 도망가는 일이었다. 그는 서둘러서 바로가 통제할 수 없는 땅으로 도망쳐야 했다. 이렇게 도망쳐 나오는 것이 출애굽(탈출=나감)

이다. 이 탈출은 이스라엘 백성의 대이주가 될 출애굽을 다시금 예시한다(현장답사). 모세는 미디안 땅으로 도주했다. 모세의 망명지로 미디안을 지목한 기자의 목적은 결국 지리적인 것이 아니라 신학적인 것이다. 모세는 미디안 땅으로 도망을 갔는데, 그 곳은 그의 아버지의 하나님, 즉 족장들의 하나님(출 3:6)께서 경배를 받으셨기 때문에 오래 전부터 친숙한 땅이었으나 모세에게는 낯선 새로운 땅(2:22)이었다.

3) **미디안에서 가정을 이룬 모세**(16-22절)

(1) 모세는 거대한 임무 수행을 위한 마지막 준비 작업을 하는 장소로 옮겨졌다. 이제 수배자가 된 모세는 도망가다가 한 우물가에 앉았다. 우물가는 고대근동에서 목자들, 나그네들 그리고 도시 거주자들이 주로 모이는 만남의 장소였다. 이 우물가에서 모세는 미디안 제사장의 일곱 딸들을 만난다. 이 곳 우물가는 모세에게 있어서 자신의 성격을 시험받는 세 번째 계기가 된다. 모세와 관련하여 이 이야기들의 공통주제는 정의(正義)의 문제이다(행 7:26-27). 모세는 세 가지 유형의 불의(不義)에 도전한다.

	불의	희생자	압제자
2:11	쳐서 죽임	노예	이집트 사람(감독)
2:13	그릇 행함	이웃	히브리 사람(동등함)
2:17	쫓아냄	여성	유목민(남성)

모세의 정의감은 국적, 성별, 혈족 관계 등의 경계선을 넘어선다. 그는 생명, 특히 사회적 약자의 생명에 깊은 관심을 보이며, 강자의 폭력을 참지 못한다. 신약성경은 이 내러티브를 두 차례에 걸쳐서 참고한다(행 7:23-29,33; 히 11:24-28).

(2) 본문 18절에는 미디안 제사장이자 모세의 장인이 될 분의 이름이 르우엘(Reuel, '하나님의 친구')로 불리고 있다. 그런데 출애굽기 3:1; 4:18; 18:1 이하에서는 이드로(Jethro, '그의 풍부함')라고 불리고 있다. 르우엘은 민수기 10:29에서는 "미디안 족속 르우엘의 아들 호밥"(Hobab)으로 호칭된다. 이 문제는 이렇게 볼 수 있다. 본문의 르우엘은 일곱 소녀들의 할아버지였을 수 있다. 그럴 경우 이드로와 호밥이 남는다. 모세의 장인은

항상 미디안의 제사장으로 언급되는데, '이드로'는 직분상의 제사장직 호칭이고, 호밥은 이드로의 또 다른 개인적 이름일 가능성이 크다. 출애굽기에서는 본문 18절을 제외하면 이드로라는 이름밖에 나오지 않는다.

(3) 레위 제사장 가문인 모세는 미디안 제사장 가문과 혼인을 한다. 그리하여 아들 "게르솜"을 낳는다. 게르솜이라는 이름은 "나그네"와 "그 곳"이라는 말과 연관되고, 이것과 모세의 과거 및 현재의 새로운 상황을 연결시켜 주는 설명이 나오게 된다. 모세가 타국이라고 말하는 곳은 주석가들이 일반적으로 주장하듯이 미디안이 아니라 애굽을 가리키는 것으로 이해되어야 한다. 모세의 이 진술은 "내가 나그네이다"가 아니라 "내가 나그네였다"이다. 모세의 출생지인 애굽은 결코 그의 고향이 아니었고, 이스라엘 백성에게도 그곳은 역시 고향이 아니었다. 아무리 그가 애굽인의 생활방식을 잘 알고 있다 하더라도 그곳에서 모세는 나그네일 뿐이었다.

4) **하나님의 부재와 임재**(23-25절)

(1) 많은 주석가들은 출애굽기의 첫 두 장에서 하나님이 눈에 띄게 부재(不在)한다는 사실을 주목했다. 출애굽기 1-2장에서 우리는 하나님이 무엇을 행했는지에 관해 기자에 의해 말해진 것이 아무것도 없다는 점을 발견한다. 이것은 하나님이 두드러진 모습으로 묘사된 출애굽기의 나머지 부분과 현저한 대조를 이룬다. 여기서 하나님의 부재는 고의적이며, 따라서 그것은 '하나님의 숨어계심(Deus absconditus)'에 관하여 다른 곳에서 말해진 것에 비추어 볼 때 어떤 신학적 반성의 대상이 아닐 수 없다. 출애굽기 1-2장은 고대 문학에서처럼 세속적이다. 아마도 에스더서는 구약에서 이들 장에 가장 가까운 평행을 이루는 책일 것이다. 왜냐하면 에스더서에서 하나님은 결코 언급되지 않고 있으며, 백성들은 그들의 재치와 용기로 살아가고 있기 때문이다.

(2) 이 세 구절은 출애굽기의 현 본문에서 구원자인 모세를 소개하는 이야기의 일종의 후기 역할을 하고 있다. 이 후기에는 모세를 정죄한 왕이 죽었으며, 노예 상태에 있는 이스라엘 백성의 고난이 더욱 가중되었다는 사실이 기록되어 있다. "여러 해 후에 애굽 왕은 죽었고"(23절). 이 절은 '하나님의 침묵(Deus tacitus)'을 말하고 있다.

(1) 여러 해 후에 애굽 왕이 죽었다.

(2) 이스라엘 자손은 고된 노동으로 탄식했다.

(3) 그 고된 노동으로 부르짖었다.

(4) 그 절규가 하나님께 상달되었다.

그러나 이제껏 침묵하고 계셨던 것처럼 보였던 하나님이 행동할 때가 드디어 왔다. 하나님은 그 동안 '무르익은 때(숙시=熟柿)'(갈 4:4)를 기다리고 있었다. 24-25절은 하나님이 주어로 네 차례 나오고 이에 상응하는 네 개의 동사가 나온다.

(1) 하나님은 그들의 고통소리를 들으셨다(솨마, שמע).

(2) 하나님은 아브라함과 이삭과 야곱에게 세운 언약을 기억하셨다(자카르, זכר).

(3) 하나님은 이스라엘 백성을 보셨다(라아, ראה).

(4) 하나님은 아셨다(야다, ידע).

2:24-25의 "하나님의 들으심-기억하심-굽어보심-아심"이라는 수사학적 구조의 절정은 역시 "하나님의 아심"이다. "그리고 하나님이 아셨다"라고 끝맺어지는 이 결론구에서 '안다'라는 동사는 "서로 경험을 나눈다"라는 의미를 갖는다. 즉 하나님께서 고난받는 이스라엘의 "고난의 경험"을 함께 나누어 가진다는 것을 지시하는 말이다. 이것은 실로 하나님의 기이한 일이요 신기한 사업이 아닐 수 없다. 고난 받는 자가 이제는 하나님 자신으로(!) 나타난 셈이고 이 "고난받는 하나님"이 곧 이스라엘 구원의 주로서 나타난 셈이다.

(3) 이스라엘의 고난에 동참하는 그 하나님이 '이스라엘 구원사의 주'라는 증언은 창세기에서도 줄기차게 증언되어 왔다(창 16:11; 19:29; 21:17; 22:14; 29:31-32; 30:6; 31:12-42). 마가의 수난설화에서도 이 사실은 확고하게 긍정되었다(막 15:34,39). 인간의 고난에 동참하는 그 하나님만이 진정으로 인간을 도울 수 있다는 것, 이것이 바로 성서가 전하는 복음의 핵이라고 하겠다.

(3) 출애굽기(Exodus)

출 3-4장

1. 출애굽기 3장 개요

본장은 구약에서 가장 중요한 장이라고 해도 과언이 아니다. 본장에는 이스라엘 백성의 해방자인 모세를 부르시는 장면(1-12절)과 히브리의 하나님 야웨가 자신의 이름을 계시하는 장면(13-22절)이 나타난다. 메시아 예수 탄생(마 1:21)이 있기 전 예언자가 없는 400여 년 동안의 중간기가 있었듯이, 출애굽의 영도자 모세가 출현할 때까지 400여 년 동안의 중간기가 있었다. 미디안 광야에서 40년을 평범한 목자로 지내던 모세는 80세 노인이 되었다. 이제 이스라엘 자손의 부르짖음도 하늘에 가득 찼다. 때가 차매 아들 예수를 이 세상에 보내신 것처럼(갈 4:4), 드디어 하나님께서 모세를 부르신 것이다. 모세의 120년의 생애는 40년씩 3단계로 나누어진다. 첫 시기는 'I am something(나는 중요한 인물이다)', 둘째 시기는 'I am nothing(나는 아무 것도 아니다)', 셋째 시기는 'I am God's(나는 하나님의 것이다).'

1) **모세의 소명**(1-12절)

이스라엘 백성의 울부짖음을 들으신 하나님은 이제 구체적으로 그들을 구원하시기 위해 쓰실 당신의 일꾼으로 모세를 택하여 사명을 주신다. 이 대목은 예언자들의 소명양식과 비슷한 틀로 구성되어 있다. 하나님께서 사사나 예언자를 부르시는 양식은 일정하다.

	모 세	기드온	예레미야
하나님의 부르심	모세야 모세야(출 3:4)	큰 용사여(삿 6:12)	내가……너를 알았고(렘1:5)
사명을 주심	내 백성을 애굽에서 인도해 내라(출 3:10)	이스라엘을 미디안의 손에서 구원하라(삿 6:14)	너를 열방의 선지자로 세웠노라(렘 1:5)
선지자의 거절	내가 누구관대(출 3:11)	내가무엇으로(삿6:15)	나는 아이라(렘 1:6)
하나님의 약속	내가 정녕 너와 함께 하리라(출 3:12)	내가 반드시 너와 함게 하리라(삿 6:16)	내가 너와 함께 하여 너를 구원하리라(렘 1:8)
표징	이것이 내가 너를 보낸 증거니라(출 3:12)	주 되시는 표징을 내게 보이소서(삿 6:17)	내가 내 말을 네 입에 두었노라(렘 1:9)

출애굽기의 이 부분은 확장된 소명 내러티브(3:1-4:17)와 그 소명에 대한 재진술(6:2-7:7)을 기본 틀로 갖고 있다. 이 두 단락 사이에는 모세의 이집트 복귀(4:18-31)와 파라오와의 첫 대면-이스라엘 백성의 고역을 증대시키는 결과를 가져온(5:1-6:1) 것에 대한 보고가 있다. 이와 유사한 구도를 가진 다른 소명 내러티브에는 기드온(삿 6:11-24), 예레미야(1:4-9), 마리아(눅 1:28-37)의 경우를 들 수 있다. 모세의 소명 기사는 예언자적 소명 내러티브의 기본 틀에 의해 표현되고 있다는 결론을 내려도 무방할 것이다. 모세는 하나님의 말씀의 사자(messenger)로 부름을 받는다. 이 부분 전체의 특징은 하나님과 모세 사이에 계속해서 이루어지는 대화에 있다. 다섯 번에 걸친 모세의 거부와 그에 대한 하나님의 응답은 다음과 같이 정리할 수 있다.

출애굽기 3:1-4:16

모세의 거부 행위	하나님의 응답
(1) 모세는 자신이 그 일에 부적격자라고 말한다(3:11)	(1) 하나님은 자기가 그와 함께 있을 것임을 약속하신다(3:12)
(2) 모세는 하나님에 관한 충분한 정보를 갖고 있지 않다(3:13)	(2) 하나님은 자신의 이름을 가르쳐 주신다: 나는 스스로 있는 자니라(3:14-22)
(3) 이스라엘 백성이 모세의 말에 귀를 기울이지 않거나 그의 말을 믿지 않을 것이다(4:1)	(3) 하나님은 그들이 믿을 수 있는 표징을 주신다(4:2-9)
(4) 모세는 자신이 무능한 자라고 말한다(4:10)	(4) 하나님은 모세의 입과 함께 하실 것이다(4:11-12)
(5) 모세는 하나님께 다른 사람을 보내라고 청한다(4:13)	(5) 하나님은 모세의 입과 아론의 입에 함께 하실 것이다(4:14-16)

실로 3:1-12에 있는 모세의 경험은 처음에는 애굽에서, 그 다음에는 거친 광야에서, 그리고 마지막으로는 시내산에서 이스라엘이 경험하게 될 것의 정확한 예시이다. 이 각각의 이야기에서는 임재-응답 양식이 기본적이다. 출애굽기의 정점에 해당하는 이야기(아마도 이것은 구약성경 전체의 정점에 해당하는 이야기일 수도 있다)를 기록한 19:1-20:20과 24:1-11에서는 이 양식이 골격을 이루고 있다.

(1) 이제 모세는 80세의 노인이 되었다(출 7:7; 행 7:30 참조). 바야흐로 모세를 출애굽의 지도자로 쓰시기 위해 부르실 하나님의 때가 찼다. 모세가 양떼를 치는 일에 여념이 없을 때에 여호와께서 그에게 먼저 찾아오셨다. 하나님의 사람 가운데서도 자신의 일에 열심이던 중 소명을 받은 사람들이 있다. 다윗, 사무엘, 여호수아, 아모스, 베드로 등이 그들이다.

호렙산은 하나님의 산으로 일컬어지는 성산(聖山)으로 시내산과 혼용되어 사용되었다(17:6; 신 1:2-6). '시내산'은 '수풀 산'이란 뜻이고, '호렙산'은 '건조한 산'이란 의미로 서로 상반된 개념이다. 이 산은 시내 반도 최남단의 해발 2291m에 달하는 높은 산으로서 '예벨 무사(Jebel Musa, 모세의 산)'라고 여겨진다. 역사 비평적으로 볼 때 북쪽 전승인 E와 D는 호렙산을, 남쪽 전승인 J와 P는 시내산으로 쓰고 있다

(2) 모세의 주의를 끈 "불타는 가시덤불"(Burning Bush)은 신현현(神顯現)의 가시적 증거이다. 이것은 구약성경에서 하나님의 강림을 상징하는 것들 가운데 하나다(출 19장; 시 18편). "떨기나무"를 가리키는 히브리어 '핫스네(הסנה)'에서 정관사 '하'(ה)는 특정한 떨기나무를 가리킨다. '스네'는 시내 광야에서 흔히 발견되는 일종의 '가시덤불'이다. '스네'라는 낱말은 발음이 비슷한 시나이(sinai)를 연상시킨다. 가시덤불인 '스네'는 2-4절에서 다섯 차례(2절에 3회, 3절과 4절에 각각 1회) 나타난다. "스네"라고 이름하는 가시떨기가 갖는 컨텍스트(context)적 의미는 소위 "히브리인", 가난하고 힘이 없어 방랑의 노예적 삶을 살았던 '연약한 이스라엘 유민의 한 상징'으로 읽을 수 있다.

(3) "떨기나무가 어찌 타지 아니하는고"(3절). 원문에 가깝게 해석하면 "떨기나무가 왜 불타서 없어지지 않고 여전히 있는고"가 된다. 여기서 사라지지 않는다는 것은 하나님께서 선민 이스라엘과 영원히 함께 하실 것임을 암시한다. 즉 거센 억압 속에서도 이스라엘이 사라지지 않고 보존됨을 뜻한다.

(4) "모세야, 모세야"(4절). 어떤 사람의 이름을 거듭 두 번씩 부른다는 것은 상황의 긴박성과 사명의 중요성을 일깨워준다(창 22:11; 46:2; 삼상 3:10; 눅 10:41; 22:34; 요 21:15-17; 행 9:4). 즉 하나님께서 그 사람을 통해 결정적으로 중요한 일을 시키려고 부르신다는 것을 알 수 있다.

(5) "가까이 오지 말라"(5절). 하나님은 거룩하신 분으로 죄악된 인간이 가까이 오는 것을 허용치 않는다(cf. 요 20:17). "네가 선 곳은 거룩한 땅이니 네 발에서 신을 벗으라." 구약에서 '거룩(holiness)'이란 말은 '구별(separation)'의 의미를 갖는다. 이 세상에 속하지 않고 '하나님에 속한 것(상태)'을 '거룩'이라고 말한다. "내가 거룩하니 너희도 거룩할지어다"(레 11:45)라는 말씀에서 볼 수 있듯이 하나님은 거룩한 분이며, 이스라엘 또한 그 거룩한 하나님께 속한 백성이기에 거룩한 백성, 곧 성민(聖民)이 된다. 성부(聖父), 성자(聖子), 성령(聖靈), 성경(聖經), 성물(聖物), 성지(聖地), 성도(聖徒), 성도(聖都), 성일(聖日), 성인(聖人), 성역사(聖歷史) 등등.

모세는 40년 광야생활을 통해 하나님의 사람, 곧 거룩한 사람으로 변해 있었다. 그래서 거룩한 사람이 서 있는 그 땅(미디안 땅-이방 땅)은 거룩한 땅이 되었다. 그런데 그가 신고 있는 신발은 여전히 더러운(옛 것, 옛 사람) 신발이었고, 거룩함을 가로막고 있었다. 따라서 옛 것, 옛 사람으로 상징되는 더러운 신발을 벗음으로써 거룩한 사람 모세(새 것, 새 사람)가 서 있는 그 땅은 이제 진정으로 거룩한 땅이 된 것이다(고후 5:17 참조).

(6) "나는 네 조상의 하나님이다"(6절)라는 말은 '하나님의 자기소개'의 말이다. 이 같은 대목은 흔히 찾아볼 수 있다. "나는 …… 야웨다"(창 15:7), "나는 전능한 신이다", "나는 야웨"(창 28:13), "나는 전능한 하나님이다"(창 35:11). "나는 하나님, 네 아비를 보살피는 하나님"(창 46:3), "나는 야웨다"(출 6:2), "내가 …… 하나님이다"(출 20:2; 신 5:6; 출 34:6; 레 19:36; 25:38). 이렇게 자신을 소개하는 말은 고대 근동의 왕의 포고문에 관례적으로 쓰이던 양식이다. 주전 830년경에 세워진 모압 왕의 비석은 이렇게 시작된다. "나는 케모슈의 아들 메사, 모압의 왕이다." 모세는 하나님의 말씀을 듣고 "하나님 뵈옵기를 두려워하여 얼굴을 가렸다"(6절). 이 대목은 죄인인 인간이 거룩한 하나님의 현존을 직접 체험할 때 느끼는 두려움의 감정(누미노제, R. Otto)을 보여준다(창 32:31; 출 33:20; 삿 13:22 참조).

(7) 7절은 일련의 지각동사, 즉 "보고", "듣고", "알고"를 반복적으로 사용함으로써 이제 하나님께서 이스라엘이 애굽에서 고통에 시달리고 있음을 알게 되셨다는 것을 강조하고 있다. 여기서 한 가지 주목할 만한 사실은 하나님께서 모세에게 히브리 노예 백성을 지칭하실 때 처음으로 "내 백성"이라고 부르신다는 점이다. 보고 들어서 잘 알고 계신 하나님은 이제 인간사에 개입하시기 위해 내려오신다(8절). "젖과 꿀이 흐르는 땅"은 약속의 땅을 묘사하는 대표적인 별칭이다. 약속의 땅으로 일컬어지는 아름답고 광대한 땅, "젖과 꿀이 흐르는 땅"은 바로 여섯 이방 족속의 땅이다. 가나안 족속, 헷 족속, 아모리 족속, 브리스 족속, 히위 족속, 여부스 족속이 그들이다.

(8) 모세에게 주어진 사명은 이스라엘 자손의 구출이다(9-12절). 그는 이제 하나님의 심부름꾼(도구)으로 파라오에게 가야 한다. 그러나 모세는 "내가 누구관대"(11절)라며 이에 반발한다. 그러자 하나님은 "정녕히 내가 너와 함께 있으리라"(임마누엘)라고 대답한다. 끝으로, 하나님은 모세에게 이집트에서 빠져나온 이스라엘 백성이 "이 산(시내산)"에서 하나님을 예배하게 되리라고 일러주신다(12절). 이것이 출애굽의 진정한 목적이다.

2) **야웨 하나님의 이름 계시와 그 의미**(13-22절)

(1) 구약성서가 제기하는 가장 중요한 신학적 문제는 구약성서가 증언하는 신(神)인 "야웨(YHWH)"는 과연 누구인가이다. 이 물음에 가장 포괄적이고도 체계적인 대답은 출애굽기 3장에서 발견할 수 있다. 구약에서 '하나님에 대한 지식'은 막연한 추상적인 하나님에 대한 지식이 아니라 구체적인 역사 속에서 이스라엘과 계약을 체결한 하나님, 즉 그들의 계약의 하나님인 '야웨에 대한 지식'을 말한다. 이스라엘에 있어서 야웨 하나님에 대한 지식의 두 일차적 근원은 출애굽 사건과 시나이 계약체결 사건이다. 이 둘은 함께 이스라엘의 신앙의 틀을 형성했다.

(2) 구약에서 야웨 하나님에 대한 지식은 "나는 야웨라(하나님의 자기소개공식)"를 기본형으로 하는 독특한 형식으로 나타난다는 점이다. 구약에는 많은 神名이 나타나는데 그 가운데서 가령, "야웨 너(희)의 하나님"(신 13:5)은 신명기에 무려 299회나 나온다. 그밖에도 신명기에는 "야웨 너희 조상의 하나님"(신 12:1), "아도나이 야웨"(신 3:24), "엘"(신 4:1), "엘로아"(신 32:15), "엘욘"(신 32:8) 등의 여러 신명들이 나오고 있다. 신

명기에 나타나지 않는 신명 가운데 몇 가지만 열거하면 "만군의 야웨"(사 6:5), "야웨 이스라엘의 하나님"(삿 5:5), "엘 샤다이"(출 6:3), "이스라엘의 거룩한 자"(사 1:4) 등. 고대 근동에서 '이름'은 단순한 호칭 이상의 의미로서 그 사람의 기질과 성품과 지위와 생애를 반영한다. 모세가 자신을 애굽에 파견하시는 절대자의 이름을 확인한 것은 자연스런 일이다13절).

(3) "하나님이 모세에게 이르시되 나는 스스로 있는 자니라 또 이르시되 …… 스스로 있는 자가 나를 너희에게 보내셨다 하라"(14절).

a. "나는 스스로 있는 자니라(에흐예 아쉐르 에흐예, אהיה אשׁר אהיה)"라는 이 어구에 대한 해석은 다양하다. 이에 대한 가장 일반적인 번역은 NRSV의 "나는 나다(I AM WHO I AM)"이다. 여기서 야웨를 개역성서처럼 "나는 스스로 있는 자다"라는 희랍철학적 성향을 띤 초월적 존재론으로 해석하는 것은 구약의 문맥에 적절치 않다는 것이 지배적이다.

b. 어떤 학자들은 하나님의 응답이 이름을 가르쳐 주기를 거부한 것으로 보기도 한다. 사실 "나는 스스로 있는 자"라는 자기소개는 하나님의 이름을 알 필요가 없다는 것을 의미할 수도 있다. 그러나 이러한 해석은 자포자기적인 태도를 취한 것이다.

c. "나는 스스로 있는 자니라"라는 이 어구에 대한 나의 견해는 이렇다. 우리가 어떤 말을 할 때 그 말의 참 의미는 그 말을 사용한 상황(관계)에 따라 사전적 의미 이상의 의미를 갖는다. 이것을 영어로 semantic field(意味의 場)라고 한다. "나는 스스로 있는 자니라"라는 이 어구도 그 말을 사용한 상황(관계) 속에서 해석해야 한다는 것이 나의 주장이다. 지금까지 서구 신학자들은 이 어구를 대부분 문자적 의미나 시제에 너무 지나치게 의존한 나머지 이 어구가 갖는 상황성이나 관계성 속에서 해석하지 못해 왔다. 나는 이 어구를 14절 이전과 15절 이후 둘로 나누어 두 가지 의미를 지니고 있는 것으로 해석하고자 한다.

첫째로, 14절 이전과 관련하여 관계론적 의미로 해석하고자 한다. 이 어구(에흐예 아쉐르 에흐예)는 서구식으로 "나는 나다"라는 존재론적 의미보다는 "나야 나(나라니까)"라는 관계론적 의미로 해석할 수 있다. 이 말은 이미 서로 아는 사이로서 "내가 반드시 너와 함께 하겠다"(12절)고 임마누엘을 약속한 사랑어린 말이다. 이 임마누엘 하나님은 우리와 함께 하기 위해 이 역사 속에 오신 임마누엘 예수(마 1:23)의 모습이 아닌가.

둘째로, 15절 이하와 관련하여 기능적 의미로 해석하고자 한다. 이 어구를 히브리어가 갖는 기능적 의미로 해석할 경우 "나는 (없는 것을) 있게 하는 자이다"가 된다. 이는 하나님이 창조와 구속의 하나님이라는 의미를 갖는다. 즉 무에서 유를 창조한 능력 많으신 창조주라는 의미를 갖는 동시에 이제 "히브리" 즉 '별 볼일 없는 이들'을 선택하여 구원하심으로서 "별 볼일 있는 이들", 즉 이스라엘을 구원하시는 구속주 하나님이라는 의미를 갖는다. 본문 15-16절은 야웨를 "(히브리) 조상들의 하나님'이라고 하였고, 18절은 야웨를 "히브리 사람의 하나님 야웨"라고 말씀하고 있다. 그 야웨 하나님은 애굽에서 당하는 히브리인의 고통을 보시고 그들을 구원하여 젖과 꿀이 흐르는 땅으로 인도하리라고 약속하셨다(15-18절). 이 히브리의 하나님은 가난한 자에게 복음을 전하기 위해 갈릴리에 오신 나사렛 예수(눅 4:16-19)의 모습이 아닌가(요한복음의 '에고 에이미'의 용법, 6:20; 8:24,28,58; 13:19; 18:4,6 참조).

(4) 하나님의 이름에 대한 발음은 최근에야 밝혀졌다. 주후 7세기까지 히브리어에는 모음이 없었다. 그래서 하나님의 이름인 '에흐예'도 YHWH라는 자음 네 글자로만 전해졌다. 물론 처음에는 이 단어가 읽혀졌지만, 바벨론 포로 이후 십계명 중 제3계명("하나님의 이름을 헛되이 부르지 말라")의 가르침을 엄격히 지킴에 따라, 대제사장이 일 년에 한 번 속죄의 날에 지성소에서 작은 소리로 부르는 것 외에는 금지되었다. 따라서 그 발음은 잊혀졌고, 말로 나타낼 수 없는 그 이름을 부를 때는 '아도나이'(Adonai, 주님) 또는 '하-셈'(ha-sham, 그 이름)이라고 불렀다. 그 뒤 이 관행은 유대교와 기독교에서 계속 지켜졌다.

중세 유럽의 일부 기독교 학자가 자음 YHWH와 모음 아도나이(Adonai)를 결합하여 (첫 글자 a는 e로) 여호와(Yehowah, 또는 Jehovah)로 읽었다. 오늘날 성서학과 고대 근동 언어학 등 각 방면에 걸친 연구 결과 YHWH의 본래 발음은 '야웨(Yahweh)일 것이라고 추정하게 되었고, 이 가설은 현재 학계에서 널리 받아들여지고 있다. 물론 이 이름의 발음을 야웨로 인정하면서도 하나님 이름을 외람되이 부르지 않는 유대-그리스도교 전통에 따라 야웨라는 이름 대신에 '주님'(The Lord)이라고 옮기는 번역성서도 있다.

(5) '히브리'의 의미: 1887년 에집트의 수도 카이로에서 약 300km 남방에 위치한 나일

강변의 도시 아마르나(Tell El-Amarna)에서 놀랄만한 고고학적인 발견이 이루어졌다. 그런데 아마르나 문서가 특별히 우리들의 관심을 끄는 것은, 이 문서에 어떤 집단을 지칭하는 명칭, 즉 하비루(Habiru)라고 부르는 집단에 대한 이야기가 자주(125회) 언급되고 있다는 점이다. 아마르나 문서의 발견 이후 하피루들에 관한 자료는 고대근동 지역에서 계속해서 속출하여 발견되었다. 이집트의 기록은 상형문자로 아피루(apiru)라고 표기되었고, 그 외의 지역에서는 하피루(Hapiru) 혹은 하비루(Habiru)라고 표기되어 기록되었다.

여기서 하피루(아피루)들은 누구를 지칭하는 것인가? 이들은 혈연적, 민족적 범주가 아니라, 사회적, 경제적, 법률적인 관점에서 볼 때, 사회적으로는 아무런 지위를 갖지 못한 유랑민이요, 법적으로는 아무런 권리를 보호받지 못한 천민이요, 경제적으로는 아무런 재산을 갖지 못한 하층민이었다. 즉 고대근동지역을 뿌리없이 떠돌아다니는 부평초와 같은 자들로서, 어느 사회에서나 존재했었던 경제적, 정치적, 사회적 약자들을 통틀어 부르는 명칭이었다.

(6) 21-22절에는 이스라엘 백성이 애굽을 나올 때 물품을 취해 나오는 모티프가 기록되어 있다. 이것은 이미 아브라함에게 하셨던 약속(창 15:14)이 후에 그대로 이루어진 것이다(12:35-36). 애굽인들로부터 물품을 취한다는 모티프는 광야에서 이스라엘 족속이 어떻게 성소(성막)를 세울 수 있었으며, 어떻게 모든 각종 값진 물품으로 성소를 꾸미게 되었는지를 설명해 주는 역할을 한다.

2. 출애굽기 4장 개요

본장에는 출애굽 소명을 받았음에도 자신의 무능을 들어 그 직무를 사양하는 모세를 당신의 사역자로 삼으시는 하나님의 집념과 사랑이 잘 나타나 있다. 본장은 세 부분, 즉 세 이적(1-9절), 말씀의 대언자인 아론(10-17절), 애굽으로 귀환한 모세(18-31절)로 나눌 수 있다.

1) 세 이적들(1-9절)

이 단락에 다섯 번(1,5,8[2회], 9절) 등장하는 "믿다(아멘)" 동사는 이 단락에서 제기된 문제를 푸는 열쇠 구실을 하고 있다. 모세는 하나님이 주신 사명을 이미 두 번(3:11,13)이나 거부했다. 모세는 하나님으로부터 보냄받은 자로서, 또한 하나님의 일꾼(전령, 사절, 심부름꾼)으로서 그의 말에 권위를 부여하기 위한 일종의 '신임장'이나 '장비'가 필요했다. 이를 위해 하나님은 세 가지 증거(이적)를 보여주셨다. 모세가 당장 경험할 수 있는 이적 두 가지와 모세가 애굽에서 행할 수 있는 이적 한 가지를 보여주셨다. 첫째는 지팡이가 뱀으로 바뀌는 이적(3절)이고, 둘째는 문둥병에 걸렸다 낫는 이적(6절)이고, 셋째는 나일 강물이 피로 변하는 이적(9절)이다. 여기에 나타난 뱀, 문둥병, 피 등은 모두 사람들이 두려워하는 대상이었다. 그러나 이 모든 것은 하나님의 손안에 달려 있으며, 하나님을 신뢰하면 두려워할 필요가 없음을 보여준다.

2) **말씀의 대언자인 아론**(10-17절)

모세는 참으로 놀라운 기적의 권능들을 야웨로부터 부여받았음에도 불구하고 "저는 말씀의 사람이 아닙니다"(그러므로 예언자의 자격이 없는 사람입니다)라는 말로서 메신저의 사명을 사양한다. 하나님은 모세가 핑계 대는 것에 대한 해결책으로서 그의 형 아론을 대변자로 삼으셨다. 한편 7:1은 모세가 '바로와의 관계'에서 '하나님 같이' 되리라고 말하고 있다. 애굽에서는 바로가 신(神)으로 여겨졌고, 고위 관리들은 바로의 명령을 받아 집행하는 '입'으로 불렸다. 모세와 아론의 관계도 이와 유사하였다(7:1-2). 이와 같이 역할 분담을 통해 모세는 하나님의 말씀을 받아 선포하는 선지자의 역할을 수행할 것이며, 아론은 그 말씀을 이스라엘 백성들에게 전하면서 구체적인 실천 방안을 제시하는 제사장의 역할을 행할 것이다.

3) **애굽으로 귀환한 모세**(18-31절)

모세는 양을 치던 지팡이를 손에 잡고 애굽을 향해 가는데, 그 지팡이는 앞으로 많은 이적을 행할 '하나님의 지팡이'(20절)로 불리게 된다. 유월절 설화의 배경이 되는 애굽의 장자의 죽음은 "재앙"에 대한 기사들이 발전해 가는 출발점이었다(22-23절). 모세가 애굽으로 돌아가는 도중에 일어난 아들의 할례 사건(24-26절)은 두 가지 사실을 교훈해 준다. 즉 하나님의 백성은 언약의 증표를 지니고 있어야 하며, 그런 면에서 지도자가 모범을 보여야 한다는 것이다. 죽을 위기에서 구원받은 이 사건은 보통 야곱이 얍복 나루에서 겪은 체험(창 32:22-32)과 유사하다. 더 나아가 예수 그리스도의 피로 전 인류를 구원하는 새 언약의 복음을 연상시킨다. 여기서 우리는 하나님의 부르심을 받은 자가 그에게 주어진 사명을 감당하기 전에 지독한 시련이나 시험이 있을 수 있다는 사실을 배운다(마 4:1-11 참조). 큰일을 수행해야 할 자일수록 그가 감당해야 할 시험의 수위는 더 높은 법이다. 4장의 마지막 대목인 27-31절은 모세의 소명 기사를 마무리짓는 동시에 이집트에서의 활동을 예비하는 다리 역할을 한다.

(4) 출애굽기(Exodus)

재앙설화(출 5-11장)

1. 바로와의 첫 대면(출 5:1-7:7) 개요

5장에서부터 11장까지는 모세와 바로 왕이 이스라엘의 출애굽을 놓고 한판 승부를 벌이는 사건을 다루고 있다. 5장은 모세가 바로와 첫 대면하고 협상을 벌이는 내용과 결과를 말씀하고 있다. 모세와 아론은 이스라엘 백성이 광야로 나아가 야웨 하나님을 섬길 수 있도록 허락해 줄 것을 바로에게 강력히 요구하였다(5:1-5). 그러나 바로는 그 요구를 묵살하고 더욱 가혹한 조치를 취한다(5:6-14). 모세와 아론의 요구에 화가 난 바로가 노역을 가중시키자 이스라엘 백성은 모세를 원망하였다(5:15-21). 이로 인해 모세는 간절히 기도한다(5:22-23).

하나님께서 모세를 위로하고 재소명하는 6장은 모세의 소명에 관한 두 번째 이야기이다. 6장은 구약성서에서 가장 일반적으로 나타나는 하나님의 자기소개공식인 "나는 야웨다"라는 어구로 시작과 끝을 맺는다(교차대구를 이룬다). 하나님께서는 네 번씩이나 자신이 '여호와'임을 강조하면서 이스라엘의 구원을 약속하신다(6:1-13). 그리고 본격적인 출애굽 사건이 진행되기 전 출애굽 사건의 두 조역인 모세와 아론의 족보가 소개되고 있다(6:14-27). 이어서 모세와 아론이 바로에게 전할 하나님의 말씀을 받는 장면이 기술되어 있다(6:28-7:7).

1) "야웨가 누구냐?"(5:1-6:1)

출애굽기 5:1-7:7 이야기는 "야웨가 누구냐?"라는 질문으로 시작하여 "나는 야웨라"라는 대답으로 귀결되는 일련의 문학적이고 신학적으로 잘 엮어진 "한 단원의 이야기"이다. 편집자의 신학적 구상은 "야웨는 누구냐?"(5:1-6:1)라는 주제가 중심이 된 신학적 물음에 대한 한 응답이 6:2-7:7(P 전승)의 "나는 야웨다"(6:2, 6, 8, 29; 7:5)라는 반복되는 주제에서 찾으려 했을 것이다. 따라서 5:1-7:7을 케리그마(설교)적 주제에 따라 하나로 묶을 수 있다.

(1) "여호와가 누구관대"(5:2)에 해당하는 히브리어 원문을 직역하면 "야웨가 누구냐?"이다. 이 물음은 구약성서에 세 번 있었던 신앙적 물음(창 32:29; 출 3:13; 삿 13:17)과는 다음과 같은 점에서 구별되는 것으로 보인다. 야웨라는 이름은 이집트의 종교 제의에서 알려진 신의 제의적(祭儀的) 이름들(신의 이름의 목록) 중에서 뚜렷하게 알려져 있지 않았기 때문에 바로가 그런 의문을 표시하였을 수도 있다.

(2) "나는 여호와를 알지 못하니(5:2)라는 대목에서 바로는 '절대로……아니다'라는 뜻의 부정어 '로(לא)'를 넣어 하나님을 '전혀' 모른다고 말하고 있다. 그러나 바로의 의도는 하나님 여호와를 거역하고 무시하려고 했던 것이 분명하다. "야웨가 누구냐?"라는 바로의 이 물음은 아이러니컬하게도 제대로 던진 질문이다. 이 질문은 그 뒤에 이어지는 내용들 전체를 꿰뚫고 있다. 바로(와 이집트 사람들)가 하나님을 알게 되는 것이야말로 하나님께서 정하신 목표에 해당한다(7:17; 8:10, 22; 9:14, 29; 10:2; 11:7; 14:4, 17 참조). 그것은 적어도 부분적으로나마 9:27; 10:16; 14:25 등에서 성취된다.

2) "나는 야웨다"(6:2-7:7)

출애굽기 6:2-7:7은 다음과 같은 내용을 담고 있는 P 전승의 집합체이다. a. '여호와'라는 특별한 이름의 계시(6:2-4), b. 출애굽에서 성취될 조상들에게 주신 언약(6:5-8), c. 이스라엘이 받는 압제(6:5-6, 9), d. 모세와 아론을 부르심(6:6a, 10-13, 26-27), e. 모세와 아론의 계보(6:14-25), f. 일련의 기적들에 대한 예견과 바로의 마음을 강퍅하게 한다는 주제(6:28-7:7).

(1) "나는 여호와(야웨)이니라"(6:2)라는 관용어구는 이 단락(6:2, 6, 7, 8) 외에도 출애

굽기에 여러 번 등장하고 있다(6:29; 7:15,17; 8:22; 10:2; 12:22; 14:4,18; 15:26; 16:12; 20:2; 29:46; 31:3 등). 십계명의 서언 부분에서는 십계명이 왜 선포되어야 하는지, 왜 십계명에 순종해야 하는지에 대한 이유를 이 어구로써 밝히고 있다(20:2). 여기서 네 차례나 반복되어 나오는 "나는 야웨라(하나님의 자기소개공식)"는 그 삶의 자리가 예언자의 말씀 이전의 출애굽 시대(20:2)로 거슬러올라감을 보여준다.

(2) "나는 야웨다"라는 하나님의 자기소개의 선언은 지금까지 알려지지 않은 한 신(神)의 정체를 새롭게 알려서 소개해 주는 기능을 하고 있는 것은 결코 아니다. 여기서의 자기소개문(6:2-4)은 주로 야웨의 속성과 기능을 계시해 주는 역할을 한다. P 기자가 창세기 4:26의 기록(J 기자: 야웨 신을 '에노스' 때부터 예배하고 있었다고 보도함)을 이미 알고 있고 또 전제하고 있다고 볼 수 있다. 따라서 "나의 이름을 여호와로는 그들에게 알리지 아니하였고"(6:3)라는 의미는 이렇다. 아브라함, 이삭, 야곱에게 '여호와'라는 이름이 전혀 계시되지 않았다는 뜻이 아니라 다만 이 칭호가 '언약의 주'로서의 의의를 지닌 것으로 확연히 알려진 것은 구속사의 분수령을 이루는 출애굽을 전후한 때라는 의미이다.

(3) 여기서 특히 주목해야 할 것은 6:7에 나오는 두 공식이다. 하나는 '계약공식', 즉 "너희를 내 백성으로 삼고 나는 너희의 하나님이 되리니"이다. 이 문구는 출애굽-시나이 계약에서 자주 사용되는 문구이다(출 6:7; 레 26:12; 신 29:13; 렘 7:23; 11:4; 24:7; 30:22; 31:1,33; 32:38; 겔 36:28; 37:23; 호 2:23). 또 하나는 '야웨인지공식(耶威認知公式)', 즉 "나는 …… 너희의 하나님 여호와인 줄 너희가 알지라"이다. 야웨인지공식은 구약 전체에 92회 나타나는데, 에스겔서에 무려 74회(약 80%)가 나타나며, 출애굽기(J 전승에 3회[7:17; 8:22; 10:2], P 전승에 7회[6:7; 7:5; 14:4,18; 16:2; 29:46; 31:13])와 제2이사야(3회, 45:3; 49:23,26) 등에서 주로 많이 나타난다. 여기서 주목할 사실은 사경(창-민)에 10회 나타나는 야웨인지공식이 모두 출애굽기(특히 재앙설화)에만 나온다는 사실이다.

(4) 모세와 아론의 족보(6:14-27)는 성경의 모든 족보의 일반적 기능이 그렇듯이 한 사건을 매듭짓고 새로운 사건을 도입하는 연결고리의 역할을 한다.

레위

게르손 – 고핫 – 므라리

아므람(=요게벳)

아론(=엘리세바) – 모세

나답 – 아비후 – 엘르아살 – 이다말

비느하스

이 도표를 통해 우리는 이 가계의 주된 초점이 레위에서 비느하스에 이르는 레위 족속 계열에 있음을 보게 된다. 그리고 아론이 그 중심적 위치를 차지함을 보게 된다. 덧붙여 이 가계는 아론의 손자인 비느하스에서 끝을 맺는다. 가계의 결말이 비느하스에서 끝맺는 사실 또한 중요하다. 구약에서 비느하스는 정의의 사람으로 아주 높은 평가를 받은 것으로 나타난다(민 25:1–17 참조).

(5) '바로의 마음의 강퍅해짐' 주제는 본서에서 한 중요한 주제이다. 이 주제는 4–14장에 세 가지 히브리어 동사들 – 카바드(כבד), 하자크(חזק), 카솨(קשה) – 로 20회 나타난다. 여기서 두 경우, 즉 바로가 스스로 자기의 마음을 완고(카바드)하게 하는 경우(7:14; 8:15,32; 9:7,34; 10:1)와 하나님께서 바로의 마음을 완악(하자크 및 카솨)하게 하는 경우(하자크: 4:21; 7:13,22; 8:19; 9:12,35; 10:20,27; 11:10; 14:4,8,17, 카솨: 7:3; 13:15)가 있다.

2. 재앙설화(출 7:8–11:10) 개요

열 가지 재앙이야기를 다루고 있는 이 부분은 무려 다섯 장이나 될 만큼 길게 기술되어 있다. 열 가지 재앙의 서막(7:8-13)에 이어 7:14-11:10까지 열 가지 재앙(피, 개구리, 이, 파리, 악질, 독종, 우박, 메뚜기, 흑암, 장자의 죽음) 이야기가 드라마틱하게 펼쳐진다. 구약성경에는 본서 이외에도 여러 재앙 기사들(시 78:42-51; 105:28-36)이 축소되어 나타난다(시 78편에는 7개, 105편에는 8개).

1) 재앙설화의 문학적 구조

(1) 삼분설(三分說)

재앙을 세 그룹으로 나누고 마지막 열 번째 재앙은 독립시켜 살펴보는 방법이다. 열 번째 재앙은 초자연적인 현상으로 나머지 아홉 재앙들과 분리시켜야 한다는 견해이다(M. Greenberg).

재 앙		출애굽 자료	경고	경고에 대한 시간 암시	지시 형태	대행자
첫 번째 계열	1. 피	7:14-24	있음	'아침에'	'서서'	아론
	2. 개구리	7:25-8:11	있음	없음	'바로에게 가서'	아론
	3. 이	8:12-15	없음	없음	없음	아론
두 번째 계열	4. 파리	8:16-28	있음	'아침에'	'서서'	하나님
	5. 악질	9:1-7	있음	없음	'바로에게 가서'	하나님
	6. 독종	9:8-12	없음	없음	없음	모세
세 번째 계열	7. 우박	9:13-35	있음	'아침에'	'서서'	모세
	8. 메뚜기	10:1-20	있음	없음	'바로에게 가서'	모세
	9. 흑암	10:21-23	없음	없음	없음	모세
절 정	10.장자의 죽음	11:4-7 12:29-30	있음	없음	없음	하나님

위 도표에서 보듯이 각 계열에서 앞의 두 재앙은 하나님께서 미리 경고하시나 끝의 재앙은 경고가 없다. 특히 각 계열의 첫 재앙(1 · 4 · 7 재앙)은 그 경고 시점이 모두 '아침'으로 통일되어 있다. 야웨께서 모세에게 일러주시는 행동의 지시어도, 각 계열의 첫 재앙은 '바로 앞에 서라', 가운데 재앙(2 · 5 · 8)은 '바로에게 가라'는 어구가 공통적으로 사용된 반면 끝 재앙(3 · 6 · 9 재앙)에는 그런 지시어가 없다.

재앙을 일으키는 집행 대리인도 첫째 계열에서는 아론이나 셋째 계열에서는 모세이고,

둘째 계열에서는 일정하지 않다. 재앙의 성격도 각 계열 안에서 점차 심각한 재앙으로 진행되고, 계열끼리도 한층 심한 재앙으로 전개된다. 즉 첫째 계열의 재앙들은 생활을 불쾌하고 불편하게 만드나, 둘째 계열의 재앙들은 질병을 일으키고 손해를 가져오며, 셋째 계열의 재앙들은 생명을 위협하며 죽음을 초래한다.

(2) 교차대구설(交叉對句設)

앞의 삼분설에서 그린버어그(M. Greenberg)는 각각 균형과 평행이라는 구조적 요소를 지닌, 한 세트가 3개의 재앙 에피소드로 되어 있는 3세트가 있음을 확인하였다. 그런데 맥카시(D. J. McCarthy)는 다른 방식으로 그 설화의 구조를 분석하였는데, 놀라울 정도로 유사한 결론에 도달하였다. 그의 구조에 의하면 그 이야기의 패턴은 '교차대구(chiasm)'로 나타난다. 맥카시는 뱀이 지팡이로 변하는 이적을 첫째 재앙으로 간주하고 유월절을 재앙에서 완전히 제외시켜, 모두 열 가지 재앙을 대상으로 삼는다.

그가 제시하는 틀은 첫째 재앙이 열째 재앙에 호응하고, 둘째 재앙이 아홉째에 호응하는 식으로 서로 엇갈려 호응하는 양식이다. 완악(חזק), 완강(כבד)이 서로 교차하는 식으로 전개된다. 첫째 재앙(완악) – 열번째 재앙(완강), 둘째 재앙 (완강) – 아홉째 재앙(완악), 셋째 재앙(완강) – 여덟째 재앙 (완악), 넷째 재앙(완악) – 일곱째 재앙 (완강), 다섯째 재앙 (완강) – 여섯째 재앙(완악). 재앙 시리즈의 이러한 묘사는 첫 에피소드가 물이 피로 변하는 장면이 아니라 오히려 지팡이가 뱀으로 변하는 장면이라는 것을 가정한다.

2) 재앙설화의 의미

첫째, '창조신학'의 관점이다. 모든 재앙은 일종의 '반–창조(de–creation)'이다. 재앙설화는 창세기의 창조 어휘를 사용한다. 하나님의 명령으로 된 창조 세계는 그의 백성을 구원하기도 하고 그의 대적들을 멸망시키기도 한다. 재앙설화는 창조 질서를 전복한다. 짐승들이 인간을 섬기기보다는 해한다. 물이 생명의 근원이 아닌 죽음의 근원이 된다. 창세기 1장의 절정은 마지막 날의 인간 창조인데, 이에 반해 재앙설화의 절정은 마지막 재앙에 나타난 인간 멸망이다. 그러나 하나님은 "태초에" 행한 것처럼 다시 한번 혼돈을 질서로 회복시키신다. 재앙설화는 최고의 능력을 지닌 신이 유일하신 참 하나님이신 야웨임을 상기시킨다.

둘째, '인지공식'의 관점이다. 재앙설화의 인지공식은 "네가……알리라"(7:5,17; 8:10, 22; 9:14,29; 10:2,7; 11:7)라는 일정한 히브리어 어투(테다 키, תדע כי)로 나타난다. 이 일정한 어투는 재앙설화를 신학적으로 묶는 중요한 역할을 하는데, 그것은 재앙의 궁극적 목적이 징벌에 있는 것이 아니라 바로와 애굽인들이 야웨를 '알도록(야다, ידע)' 하는 데 있다. 따라서 재앙설화의 인지공식은 출애굽기 5:2("나는 야웨를 알지 못하니")의 질문에 대한 답변이라고 할 수 있다. 애굽 사람뿐만 아니라 이스라엘 사람들에게도 야웨가 참 하나님이시며 이 세상에 야웨와 같은 신이 없음을 알게 하는 데 그 목적이 있다.

셋째, '성전(聖戰)'의 관점이다. 재앙설화를 이해하는 열쇠는 이것이 본질적으로 성전(聖戰), 곧 야웨의 전쟁이라는 것이다. 출애굽은 이스라엘 하나님 야웨께서 애굽의 신 바로와의 전쟁을 통해서 얻어진 승리의 결과이다. 이때 야웨께서 사용한 전쟁 무기들이 열 가지 재앙이다. 고대 근동 세계의 성전은 천상에서 신들이 싸우고 지상에서는 그 신들의 백성들이 싸운다. 지상의 전쟁은 천상의 전쟁에 대한 복제판(replica)이다. 야웨께서 천상의 군대로 비나 우박, 번개와 폭풍을 동원하여 싸우신다. 따라서 이스라엘은 그의 대적과 싸울 필요가 없다. 야웨께서 전쟁을 시작하시고 지휘하시고 승리하신다. 따라서 이 전쟁을 '야웨의 전쟁'이라고 부르며, 전쟁의 승리와 영광은 마땅히 야웨께 돌려야 한다.

넷째, '하나님의 선택과 사랑'의 관점이다. 재앙설화는 야웨의 이스라엘에 대한 선택과 사랑을 극명하게 보여주는 사건이다. 야웨는 이스라엘을 '내 백성'이라고 부르지만 현실적으로 그들은 바로의 종들이요 바로의 백성들이었다. 이러한 노예들을 하나님께서 자기 백성으로 삼았다. 그리고 이스라엘과 특별한 관계를 맺고자 하나님께서 그들을 시내산으로 데리고 가서 언약을 맺었다. 그리하여 둘 사이에 법적인 구속력을 가진 관계가 되었다. 재앙설화에서 "내 백성을 보내라"는 야웨의 요구는 이스라엘에 대한 일방적인 선택을 의미한다. 선택은 '구별'의 의미를 갖는다. 다른 이방인들로부터 야웨께서 이스라엘을 구별하셨다. 애굽에 내린 재앙은 애굽 사람들에게는 심판이지만, 이스라엘 백성들에게는 야웨의 선택과 사랑을 확인시킨 사건이다.

다섯째, '종교개혁'의 관점이다. 재앙설화의 궁극적 목적은 '오직 하나님의 영광을 위하여'에 있다. 그런데 모든 영광을 하나님께 돌리기 위해서는 참 하나님이신 야웨 이외에 우상으로 섬기는 거짓 신들을 타파해야 한다. '종교개혁'이라는 네 글자는 '우상타파'라는 네 글자와 동의어이다. 우상을 타파하지 않는 종교개혁이란 없다, 하나님께서 열 차례나 걸쳐 재앙을 내리신 것은 애굽에 있는 모든 우상들을 철저히 타파하기 위해서였다. 그리하여 야웨만이 예배를 받으실 참 신이요 참 왕이심을 확실하게 가르쳐주려고 했던 것이다.

(5) 출애굽기(Exodus)

출 12-18장

1. 유월절에서 바다의 노래까지(출 12:1-15:21) 개요

이 이야기 전체는 유월절과 무교병에 대한 상세한 설명(12:1-27)과 찬양의 노래(15:1-21)에 둘러싸여 있다. 또한 예배와 관련된 유월절(12:43-49)과 초태생, 무교병(13:1-16)은 두 개의 이야기 부분(12:29-39과 13:17-14:29)에 둘러싸여 있다. 12, 13장은 실질적인 출애굽기 사건을 다루고 있다. 그 내용을 보면 다음과 같다. 구속사의 백미(白眉)인 유월절 규례 제정(12:1-14), 무교절 규례 제정(12:15-20), 유월절 준수 명령(12:21-28), 열 번째 장자 죽음의 재앙(12:29-36), 출애굽(12:37-42), 유월절 예식의 추가 규례(12:43-51), 그리고 무교절과 초태생 규례(13:1-16), 약속의 땅으로 인도하시는 하나님(13:17-22), 그리고 바로의 추격(14:1-9), 출애굽을 후회하는 이스라엘(14:10-14), 홍해 도하(渡河, 14:15-31), 감사와 승리의 대찬양인 모세의 노래(15:1-18), 미리암의 노래(15:19-21)가 그것이다.

1) 출애굽기 12장

(1) 야웨의 유월절(1-14절)

A. 이 장은 "이 달을 너희에게 달의 시작 곧 해의 첫 달이 되게 하라"(2절)는 야웨의 명령으로 시작한다. 이 구절은 야웨께서 "이 달" 곧 니산 월(Nisan은 바벨론식 이름, 느

2:1; 에 3:7; 아빕월[Abib]은 종교력 첫 달을 가리키는 가나안식 이름, 13:4; 23:15; 34:18; 신 16:1)을 종교력으로 일년 시작의 첫 달로 삼게 하심을 말하고 있다(아래의 도표 "이스라엘의 캘린더"를 참조하라). 즉 일년의 첫 달이 출애굽이 일어나는 달로 정해진다. 따라서 출애굽 사건은 이스라엘 역사에 있어서 유일한 중요성을 갖는다. 이스라엘의 첫 달인 아빕월은 태양력 3-4월에 해당하는데, 만물이 소생하는 봄철을 이스라엘이 자유를 얻어 소생한 첫 달로 삼은 것은 의미가 깊다.

B. 유월절 준비: a. "너희 어린 양은 흠 없고 일 년 된 수컷으로 하되 양이나 염소 중에서 취하고"(5절), 한점 흠 없이 온전하고 1년 된 수컷의 어린 양은 우리를 위하여 자신을 십자가에 온전한 제물로 드리신 예수 그리스도를 예표한다(히 9:14 이하). b. "이 달 열나흗 날까지 간직하였다가 해질 때에 이스라엘 회중이 그 양을 잡고"(6절). 유월절에 쓰일 희생제물이 마련되는 때는 정월 십일이다(12:3, 십일의 중요성에 대해서는 수 4:19; 레 23:27; 25:9 이하). 그리고 희생제물을 잡는 날은 십사일 저녁이다. c. "그 피를 양을 먹을 집 좌우 문설주와 인방에 바르고 / 그 밤에 그 고기를 불에 구워 무교병과 쓴 나물과 아울러 먹되'(12:7-8). "그 밤에"(12:8)는 첫 번째 유월절이 시작되던 아빕월 14일 밤이다. '무교병(마초트, מצות)'은 효소의 역할을 하는 누룩을 넣지 않고 만든 빵으로 주로 급히 먹는 경우에 사용되었다(창 19:3; 삿 6:19; 삼상 28:24). 이것은 누룩으로 부풀릴 시간조차도 없는 첫 유월절의 긴박한 상황을 나타낸다. '무교병'은 '고난의 떡'(신 16:3)이며, "쓴 나물"은 이스라엘 백성이 애굽의 종살이에서 겪는 극심한 고통을 상징한다.

C. '유월절(페사흐, פסח)'은 문자적으로 '넘어갔다'(pass over)고 하여 '파스카(pasḥâ, 히브리어 pesaḥ의 아람어 표현)'라 불렀다. 우리말 표현인 유월절(逾越節)도 '넘어간다'는 뜻이다. 여호와께서 애굽을 심판하시던 날 밤, 죽음의 천사가 피 묻은 이스라엘 백성들의 집은 그냥 지나쳐 넘어간 사건에서 유래된 말이다. 유월절은 오순절, 장막절과 함께 이스라엘 3대 절기 중 하나이다.

본래 유월절 예식은 봄철에 치르던 유목민들의 의식에서 나온 것이다.

(2) 야웨의 기념일: 무교절(12:15-20).

A. 무교병의 "절기"는 추수, 특별히 첫 추수와 관련이 있는 농업적인 축제에 뿌리를 두고 있다. 고대에는 두 개의 종교적인 절기가 있었는데, 하나는 유목민의 절기이고, 다

른 하나는 농민의 절기이다. 이 두 절기가 어느 시점에 하나로 결합된 것이다. 무교절기가 '7일 동안' 계속된 것도 7이라는 숫자가 '완전'과 '안식'이란 상징을 지니기 때문이다. 안식일이 7일째 계속되고 무교 절기 중 첫 날과 일곱째 날을 거룩한 안식일로 삼은 것(16절)도 같은 이유인 것으로 보인다. 여기서 이 두 날이 "성회"로 지정된 것은 의미가 깊다.

B. "너희는 무교절을 지키라 이 날에 내가 너희 군대를 애굽 땅에서 인도하여 내었음이니라 그러므로 너희가 영원한 규례로 삼아 대대로 이 날을 지킬지니라"(17절). 무교절은 아빕월 14일 해거름에 지내는 유월절에 이어 15일부터 21일까지 칠 일간 지내는 축제이다(레 23:5-6; 스 6:19-22; 겔 45:21). 이제 이스라엘 역사상 가장 위대한 출발을 기념하기 위해서 서로 합쳐지게 된 이 두 절기는 "대대로", "영원한 규례"로서 반드시 지켜야만 할 절기이다.

(3) 열 번째 재앙(12:29-36)과 출애굽(12:37-51)

A. 열 번째 재앙: 출애굽 해방사건은 "애굽에 대한 심판"과 "이스라엘에 대한 구원"이라는 이중적 사건이다. 그것은 야웨의 초태생을 억압한 애굽의 초태생을 심판하는 사건임과 동시에 흠 없는 양 또는 염소의 희생적 피로서 이스라엘의 초태생이 속량 또는 대속되는 사건이기도 하다.

B. 출애굽(Exodus)에 참여한 사람들의 수가 보행하는 장정만 육십만 가량이라고 보도한다(12:37-38). 이 수는 지나치게 많은 것으로 보인다(출 38:26; 민 26:51참조). 전투에 참여할 수 있는 젊은 남자의 숫자가 60만 명이라면 여자들과 아이들까지 합하면 200만 명 이상이 될 것이다. 위의 숫자는 다윗과 솔로몬 시대의 대략적인 인구를 반영한 것이다. 따라서 그 숫자는 다윗과 솔로몬 시대의 온 이스라엘이 하나님의 은총에 힘입어 이집트를 탈출하였다고 고백하는 것이나 다름없다. 이처럼 출애굽은 본래 그 사건에 참여했던 사람들에게뿐만 아니라 후대의 사람들에게도 구원사건으로서의 의미를 갖는다.

사실 이 본문에서 출애굽 때의 인구 문제보다 더 중요한 것은 '수많은 잡족들'(12:38)이 이들과 함께 출애굽했다는 사실이다. 여기서 '잡족'이라고 번역된 말은 히브리어 '에레브(ערב)'인데, '에레브'란 혈통적으로 이스라엘 사람이 아닌 자들을 지칭하는 말이다(느 13: 3). 본디 이스라엘은 혈연공동체나 민족공동체가 아니라 신앙공동체요 예배공동체였다. 야웨를 한 하나님으로 믿는 자는 누구나 이스라엘의 구성원으로 인정되었다. 그러나 유다 왕국이 바벨론에 패망한 후(주전 587년) 포로기 상황에서 이방과의 동화를 막기 위해 혈통을 중요시 여기면서부터 신앙공동체로서의 이스라엘의 정체성은 변질되었다.

2) 출애굽기 13장

(1) 출애굽에 관한 제의적 증거(13:1-16)

종합적으로 이 단락의 의도는 출애굽이라는 여호와의 구원에 대한 제의적인 증거를 제공해야 한다는 필요성이다. 야웨는 "태에서 처음 난 모든 것(초태생)"을 바치라고 명한다(2절). 그 까닭은 애굽의 맏이와 맏배가 죽는 재앙 속에서도 이스라엘의 맏이와 맏배는 야웨의 보호로 구원되었기 때문이다.

(2) 출애굽의 경로(13:17-22)

A. "블레셋 사람의 땅의 길"(17절)은 애굽에서 가나안으로 가는 가장 짧고(걸어서 4-5일 정도) 가장 편한 직통길이다. 하나님께서 이스라엘을 출애굽시킬 때 당시 가나안 서부 지중해변에 거주하던 블레셋 거민들과의 접촉을 피해서 홍해 쪽으로 우회하여 돌아가게 하셨다(18절). 출애굽의 경로를 정하는 데 있어서 주된 어려움은, 출애굽기가 여기에 대한 정보를 충분히 제공해 주지 못한다는 데 있는 것이 아니라, 출애굽기 13:17-18, 20 및 14:2에 나와 있는 장소들이 현재의 어디를 말하는지, 그리고 그것들의 정확한 위치가 어디인지를 모르는 데 있다. 히브리 원문의 "얌 수프(yam suph)"는 "갈대 바다(Sea of Reed)"라는 뜻인데, 70인역에서는 "에뤼트라 탈라사(ἐρυθρα θάλασα, 홍해[紅海], Red Sea)"라 번역하였다.

B. 모세가 이스라엘 백성과 함께 출애굽할 때 요셉의 유골을 애굽 바깥으로 가지고 나옴(19절)으로 말미암아 창세기 50:25에 나와 있는 요셉의 요구는 성취되었다. 마침내 가나안 정복 후 요셉의 해골은 그 믿음의 소원대로 가나안 땅 세겜에 평안히 묻히게 된다(수 24:32).

C. "낮에는 구름 기둥, 밤에는 불 기둥이 백성 앞에서 떠나지 아니하니라"(21-22절). 이것은 하나님께서 백성들을 친히 인도하시고 보호하신다는 사실을 구체적으로 보여주고 있는 신적 임재의 상징이다. 낮에는 서늘한 구름 기둥으로 사막의 뜨거운 햇빛과 열기 및 질병으로부터, 밤에는 찬란한 불 모양(민 9:15, 16)으로 혹한이나 동물 및 사람 등 외부의

침입으로부터 보호하셨다.

3) 출애굽기 14장

(1) 이스라엘 백성의 여정(14:1-4): 앞은 바다요 양 옆은 산이며, 뒤는 사막인 진퇴양난(進退兩難)이요 사면초가(四面楚歌)의 상황에 처한 이스라엘의 상태를 보고 바로는 이스라엘 백성들이 "광야에 갇힌 바 되었다"(3절)고 오판하였다.

(2) 바로의 추격(14:5-18): 바로가 이스라엘 백성을 추격하자 두려움에 빠진 이스라엘 백성을 향해 모세는 외친다. "모세가 백성에게 이르되 너희는 두려워하지 말고 가만히 서서 여호와께서 오늘 너희를 위하여 행하시는 구원을 보라 너희가 오늘 본 애굽 사람을 영원히 다시 보지 아니하리라 / 여호와께서 너희를 위하여 싸우시리니 너희는 가만히 있을지니라"(13-14절).

(3) 바다에서 구원을 베푸신 하나님(19-31절): a. 이스라엘과 이집트의 구별(19-20절), b. 바다가 갈라짐(21절), c. 이스라엘이 바다 가운데 육지로 행함(22절), d. 바다 가운데로 들어선 이집트 군대(23-25절), e. 갈라진 바다가 다시 합쳐짐(26-28절), f. 이집트 군대의 궤멸과 이스라엘의 구원(29-30절), g. 이스라엘의 응답(31절).

4) 출애굽기 15장(바다의 노래)

(1) 모세의 노래(1-18절): 이 노래는 전쟁 용사로서의 야웨에 대한 신앙고백(출 15:3)으로 시작하여 야웨의 유일한 왕권을 선포하는 것(출 15:18)으로 끝난다. 이러한 야웨의 왕권 선포 주제는 시편 96편이나 99편 등에서 볼 수 있는 대관식 시(詩)의 주제와 매우 유사하다. 이 본문이 주장하고 있는 주제는 야웨만이 홀로 유일한 전쟁 용사이며, 야웨만이 유일하게 왕이라는 것(인간은 결코 아니라는 것)을 선포하는 의미가 있다.

(2) 미리암의 노래(19-21절): "아론의 누이 선지자 미리암"(20절)은 "여선지자"로 소개되고 있다(민 12:2; 미 6:4). 이는 이후 드보라의 경우와 마찬가지로(삿 4:4) 구약성경에서 매우 예외적인 표현으로 보인다. 그녀가 어떻게 이스라엘 백성 속에서 활약했는지는 알 수 없다. 그러나 여자들의 지도자로서 모세와 남자들의 노래에 화답하는 점을 통해 그녀의 위치를 알 수 있다. 또한 후일 모세를 비방하였던 점으로 미루어 볼 때(민 12:1-2)

꽤나 발언권을 지닌 위치에서 활동하였던 것으로 짐작된다.

(3) 출애굽 사건의 의의: '하나님의 위대한 구원행위(magnalia Dei)'인 출애굽 사건은 구약성서에서 가장 중요한 주제로 등장한다. 출애굽 사건(Exodus)은 구약성서 전체를 지렛대로 쳐들고 있는 받침대라 할 수 있다. 그리고 구약성서는 바빌론 포로 귀환 사건을 새 출애굽 사건(New Exodus)이라고 해석할 만큼(사 51:9-11) 출애굽 사건은 구약성서의 가장 대표적인 사건이다.

2. 광야생활(15:22-18:27) 개요

홍해로부터 엘림까지의 여정을 다루고 있는 본문(15:22-27)은 마라 사건으로 유명하다. 쓴물로 인해 불평하고 원망하는 백성들에게 하나님은 쓴물을 단물로 바꾸어주셨다. 그런 연후에 하나님은 이스라엘이 더욱 도덕적으로나 신앙적으로 성숙해지도록 법도와 율례를 정하시고 이에 순종할 것을 요구하셨다.

16장은 출애굽한 지 꼭 한 달이 되던 때에 광야에서 양식이 떨어지자 또다시 불평하는 백성들에게 하나님은 메추라기와 만나를 주시는 내용이다. 여기서 하늘에서 내려온 만나는 생명의 떡이신 예수 그리스도를 예표한다(요 6:31-35). 그리고 광야는 이 세상에서의 험난한 생(生)을 예표한다.

17장은 므리바 물 사건(1-7절)과 아말렉과의 전쟁(8-16절)을 다루고 있다. 르비딤에서 마실 물이 없자 백성들은 즉시 하나님을 원망하였다. 이렇듯 배은망덕한 이들에게 하나님은 반석에서 물을 내어 먹이셨다. 한편 이스라엘은 아말렉과의 전쟁에서 승리한 후 '여호와 닛시', 즉 '여호와는 나의 깃발'이라고 고백하였다. 이것은 가나안을 정복할 때까지 모든 싸움은 하나님의 능력을 힘입어 수행해야 함을 시사한다.

18장은 모세의 장인인 이드로의 방문 기사이다. 이스라엘의 출애굽 소식을 듣고 모세를 찾아온 그는 모세가 혼자서 백성들의 송사를 처리하는 것을 보고 조언을 하였다. 그것은 천부장, 백부장, 오십부장, 십부장 제도를 두어 일의 경중을 따라 효율적으로 분담하라는 조언이었다. 이드로의 조언에 따라 행정 및 군사 체제를 갖춘 이스라엘은 비록 초보적 단계이지만 국가적 면모를 갖추게 되었다.

1) 광야 유랑 이야기

전승사적으로 볼 때 광야 이야기는 출애굽기 13:17부터 시작된다(더 구체적으로는 15:22부터 시작되어 18:27까지 계속된다. 그리고 민수기 10:11-14:45; 16:1-18:24; 20:1-25:18도 포함된다). 또한 시나이(율법) 자료는 출애굽기 19:1에서 시작하여 민수기 10:10까지 계속된다(민 15:1-41; 18:25-19:22도 포함된다). 광야 유랑 이야기는 광야라는 무대에서 진행되는 자유 보존을 위한 일련의 과정이며, 궁극적 목표는 '젖과 꿀이 흐르는 가나안 땅'으로 표현되는 야웨 공동체 사회의 건설이다. '불평 주제(murmuring motif)'는 광야 전승에 속한 이야기들을 해석하는 중심 주제이다(출 15:23-24; 16:2-3; 17:2-3; 민 11:1a,4-6; 14:2-4;16:3,12-14; 16:41; 20:4-5; 21:4-5).

광야 이야기에 있는 다수의 본문들은 시내산과 관련된 상황이나 시내산 이후의 상황에 대해서 언급한다. 시내산에 대한 언급들(17:6,9; 18:5; 19:2 참조) 이외에 다른 주요 내용에는 다음과 같은 것들이 있다: a. 법도와 율례를 지키는 일(15:25b-26; 16:28; 18:16, 20), b. 야웨의 영광(16:7,10; 24:16; 40:34-35 참조), c. 안식일(16:23-29; 20:8; 31:12-17 참조), d. '증거판'과 시내산 이전의 성소에 대한 다른 언급들(16:33-34; 18:7, 12,19; 25:16 참조), e. 거룩한 전쟁(17:8-16; 신 20:1-20 참조), f. 재판관(18:21-26; 신 16:18-20; 17:8-13 참조).

2) 마라 사건(15:22-27)

이스라엘 백성이 바다를 건너고 나서 첫 번째로 직면하게 된 어려움은 갈증이었다. '마라(mara)'는 이스라엘이 홍해를 건넌 후 최초로 장막을 친 지역이다(민 33:8). 이 지명의 뜻은 '쓰다', '괴롭다'이다. 이는 이 지역의 물맛이 짜서 마실 수 없었기 때문에 생긴 명칭이다. 지도자로서 모세는 문제해결을 위해 간절히 기도하였다. 하나님께서 "한 나무를 가리키시니 그가 물에 던지니 물이 달게 되었더라"(25절). "너희가 너희 하나님 나 여호와의 말을 들어 순종하고…… 내 모든 규례를 지키면 내가 애굽 사람에게 내린 모든 질병 중 하나도 너희에게 내리지 아니하리니 나는 너희를 '치료하는 여호와(여호와 라파)'임이라"(26절).

"그들이 엘림에 이르니 거기에 물 샘 열둘과 종려나무 일흔 그루가 있는지라"(27절). 마라에서 지도자로서의 위치를 더욱 공고히 한 모세가 이스라엘을 인도한 경로를 살펴보면 다음과 같다. 고센 땅 라암셋(12:37) → 숙곳(12:37) → 에담(13:20) → 바알스본(14:2) → 홍해(14:22) → 수르 광야(15:22) → 마라(15:23) → 엘림(15;27)의 순으로 나타나고 있다.

3. 출애굽기 16장

1) 이 장은 민수기 11장과 함께 고려해야만 한다. 이 장은 '공급'에 관한 주제에 의해서 지배당하고 있는 합성체이다. 여호와께서 이스라엘 백성의 육신적 양식을 위해서 만나와 메추라기를 공급해 주시고, 또 영적인 양식을 위해서 안식일의 휴식을 공급해 주셨다.

2) "증거판"이란 본서 내에서는 '증거궤'(25:22; 26:33,34; 30:6,26; 39:35; 40:3), '증거의 두 판'(31:18; 32:15; 34:29)으로 서술되었고, 이는 하나님께서 이스라엘에게 부과하신 규례, 명령 등을 각인시킨 돌판을 말한다. 결국 "증거판 앞"이란 "여호와 앞"이란 의미와 동일한 것으로 볼 수 있다.

4. 출애굽기 17장

1) **므리바 주제**(1-7절)

이 주제가 언제 어디에서 생겨났는지 잘 모르지만 구약성경의 다른 곳에서와 같이(민 20:13; 신 33:8; 시 95:8; 106:32-33) 므리바가 이 단락에서 등장하고 있는 것은, 이스라엘 백성이 여호와와 모세의 인내를 시험했다는 사실을 회상시켜 준다. 이 주제가 흥미롭고도 다양하게 전개되는 가운데, 여호와께서는 이스라엘 백성의 믿음과 충성을 시험하고 계신다(시 81:8[7]). 여호와께서 광야 길을 거쳐 시내산으로 가는 길에 시험하시는 것은 이 단락을 이끌어 주는 구실을 한다.

2) **이스라엘의 첫 전투: 아말렉**(8-16절)

에서의 후손인 아말렉 족속(창 36:12,15-16)과 이스라엘이 첫 번째 전투를 벌이게 되는데, 이것은 끊임없이 적들이 도전해 온다는 사실을 정당화하고 또 여호와께서 당신의 백성들을 보호하신다는 사실을 증거하고 있다. 이번에도 이스라엘 백성의 전투력이 기적적으로 증가된 것은, 여호와께서는 전쟁터에도 함께 하신다는 사실과 연관되어 있다.

a. "모세가 여호수아에게 이르되 우리를 위하여 사람들을 택하여 나가서 아말렉과 싸우라 내일 내가 하나님의 지팡이를 손에 잡고 산 꼭대기에 서리라"(9절). 여기서 처음 등장하는 여호수아는 모세의 명령에 따르는 군대의 지휘관으로 묘사되어 있다.

b. "여호와께서 모세에게 이르시되 이것을 책에 기록하여 기념하게 하고 여호수아의 귀에 외워 들리라 내가 아말렉을 없이하여 천하에서 기억도 못 하게 하리라"(14절). "아말렉을 없이 하여 천하에서 기억도 못 하게 하리라." 아말렉 족속이 이토록 하나님께 철저하게 징벌을 당한 이유는 다음과 같다. 첫째, 같은 혈족(창 36:12)임에도 불구하고 무자비하고도 비겁하게 연약하고 지친 이스라엘 백성들의 배후를 기습 공격했기 때문이다(신 25:18). 둘째, 출애굽 후 이스라엘과 첫 교전국이었던 아멜렉(민 24:20)은 이후에도 반(反)이스라엘 전쟁시 항상 앞장서 하나님의 백성을 진멸하려 했기 때문이다.

c. "모세가 제단을 쌓고 그 이름을 여호와 닛시라 하고"(15절). '여호와 닛시(Jehovah nissi)'란 '여호와는 나의 깃발'이란 뜻으로, 하나님은 전쟁터에서 이스라엘을 항상 승리하게 하시는 분이라는 의미이다. "여호와가 아말렉과 대대로 싸우리라"(16절). 이스라엘과 아말렉의 전투는 마침내 야훼와 아말렉의 전투로 되었다. 악의 상징인 파라오와 싸우신 야웨는 이제 또 다른 악의 상징인 아말렉과 싸우신다.

5. 출애굽기 18장

출애굽기 18장의 핵심 주제는 아브라함의 가계 중 사라/이삭/야곱/요셉 측과 그두라/미디안 측을 통합하는 것이다. 사라/이삭 측의 자손인 모세는 그두라/미디안 측의 자손인 이드로와 연결하기 위한 신성한 매개체로 선택되었다. 모세는 아브라함 시대 이후로 갈라진 가족의 두 부분(창 25:1-6)을 결합하는 안내자와 연결고리의 구실을 하게 되었다.

수세대의 가계를 재결합하는 매개체가 바로 모세인데, 모세가 애굽에 등장하게 된 것도 가정 안에서 발생한 분쟁의 결과였다(창 37장). 그는 한편으로는 폭력으로 인해서, 또 다른 한편으로는 여호와의 부르심으로 말미암아 가정에서 분리되었다. 재결합의 장에 나타난 그 가계의 가인/그두라/이스마엘/에서 편의 상징은 이드로이다. 그리고 셋/사라/이삭/야곱 편의 상징은 "이스라엘의 모든 장로들"을 동반하고 있는 아론이다. 재결합의 매개체 역할을 하고 있는 모세는 이 양편에 모두 속하고 있다.

출애굽기 편집자들은 여러 가지 이유들 때문에 시내산에서 있을 중대한 사건들 앞에서 "하나"의 이스라엘을 갖기를 열망하고 있다. 국가적인 분열과 포로로 잡혀감으로 말미암아 분열되어야만 했던 가족, 믿음과 신조까지도 분열된 가족이 여호와께서 자신의 언약을 선물로 주시기 위해 내려오시는 때를 맞아 하나로 통합되어야만 했던 것이다. 따라서 재결합이 출애굽기 19장의 위대한 신현현에 대한 준비로서 선행되고 있는 것이다. 편집자의 시각으로 볼 때, 이러한 재결합이 모든 것 중에서 가장 중요한 일이었을 것이다.

출애굽기 18장은 구약성경에서 두 개의 중요한 이드로 기사들로 구성된 "이드로 편집"이라고 부를 수 있을 것이다. 그 중의 하나는 이드로가 대표하고 있는 시막에서 유목 생활을 하고 있던 아브라함 가계의 중요한 재결합을 묘사하고 있는 것(1-12절)이고, 다른 하나는 이스라엘의 법 제도가 시작되는 것을 설명해 주고 있는 부분(13-27절)이다. 이 두 가지 기사 중 두 번째 기사의 핵심적인 요점은 이스라엘의 언약법은 하나님이 그 출처가 되신다는 사실이다.

6. 이스라엘의 달력

이스라엘의 달력			
유대력	그레고리안력	농사력	특별한 날
첫째 달: 니산(Nissan) 옛이름: 아빕(Abib)	3–4월	늦은 비 보리 추수 아마 추수	1. 니산 14일: 유월절 (출 12:1–11; 레 23:5) 2. 니산 15–21일: 무교절 (레 23:6–8) 3. 니산 21일: 첫열매 (레 23:9–14)
둘째 달: 이야르(Iyyar) 옛이름: 찝(Ziv)	4–5월	건기 시작	
셋째 달: 시완(Sivan)	5–6월	이른 무화가가 익음 포도 손질	4. 시완 6일(첫 열매 절기 후 50일째): 오순절 (레 23:15–22)
넷째 달: 탐무즈(Tammuz)	6–7월	밀 추수 조생 포도도 익음	
다섯째 달: 압(Ab)	7–8월	포도 추수	
여섯째 달: 에룰(Elul)	8–9월	대추야자와 여름무화과	
일곱째 달: 티쉬리(Tishiri) 옛이름: 에다님(Ethaim)	9–10월	이른 비	5. 티쉬리 1일: 나팔절 (레 23:23–25) 6. 티쉬리 10일: 속죄일 (레 16; 23:26–32) 7. 티쉬리 15–21일: 초막절 (레 23:33–36)
여덟째 달: 마체스완(Marchesvan) 옛이름: 불(Bul)	10–11월	땅을 갊 올리브 추수	
아홉째 달: 키슬렙(Kislev)	11–12월	포도 파종	8. 키슬렙 25일: 수전절 (하누카[Hanukkah]) (요 10:12)
열째 달: 테벳(Thebeth)	12–1월	늦은 비	
열한째 달: 쉐뱃(Shebat)	1–2월	알몬드나무 개화	
열두째 달: 아달(Adar)	2–3월	시트루스(Citrus) 열매 추수	9. 아달 14–15일: 부림 (에 9:26–28)

(6) 출애굽기(Exodus)

출 19-24, 32-34장

1. 언약과 율법(출 19-24장)의 개요

19장은 출애굽한 이스라엘 백성이 시내산에 도착하여 하나님과 언약을 체결하는 내용을 다루고 있다. 하나님께서 이스라엘을 구원하신 데에는 중대한 목적이 있었다. 그것은 이스라엘을 택하사 제사장 나라로, 거룩한 백성으로 삼기 위함이었다. 여기서 제사장 나라란 제사장처럼 하나님을 왕으로 온전히 섬기는 나라를 뜻한다.

20장은 하나님의 언약의 근간(根幹)인 십계명(Decalogue)을 다루고 있다. 하나님은 십계명을 필두로 해서 하나님의 의를 세우시려는 의도로서 율법을 24장까지 계속해서 계시하신다. 모세는 십계명이 인간이 만든 법이 아니라 하나님께서 제정하신 법임을 말한다. 20장은 비로소 이스라엘이 하나님의 다스림을 받는 신정국가(神政國家)가 되었음을 암시적으로 증거하고 있다.

21-23장은 '계약법전(또는 '계약의 책')'이라고 부른다(20:22-23:33). 내용상 특징은 인간의 존엄성이 강조되고 신적 기원과 권위를 가진 종교적이고 신본주의적 성격을 가지고 있다는 점과 인간의 존엄성이 강조되고 만민평등 사상이 추구되고 있다는 점이다.

21장에서는 하나님께서 이스라엘에게 주신 율례, 즉 그들이 어떻게 살아야 하는지를 구체적으로 제시하는 규범이다. 이 장에서는 종에 관한 규례, 사형에 해당하는 죄, 피해를 입혔을 경우의 보상 규례가 나와 있다. 22장에서는 재산에 대한 배상법, 사형에 해당하는 자들에 대한 처벌 규정, 약자에 대한 보호법을 다루고 있다. 23장에서는 재판에 관한 법, 즉 제9계명에 관련된 법, 그리고 안식년과 이스라엘 3대 절기에 관한 법 및 가나안 정복에 관한 규례를 다루고 있다.

24장에서는 공식적인 언약 체결(1-11절)과 시내산 재등정(12-18절)이 기술되어 있다. 언약 체결에는 희생 제물의 피를 제단에 뿌리는 의식을 필요로 한다. 이는 계약 위반시에 피의 보응이 따를 것을 경고하는 것이다. 예표론적으로는 새 언약의 중보자이신 예수 그리스도께서 흘리신 보혈을 의미한다(마 26:28; 히 10:1-22). 모세는 산 위에 올라 사십 일을 산에 있었다. 성경에서 '40'이라는 숫자는 특별한 상징적 의미를 갖는다. 모세가 두 번째로 십계명을 받을 때도 40일을 머물렀고(34:28; 신 9:18), 엘리야가 호렙산까지 여행한 기간도 40일이며(왕상 19:8), 예수께서 광야에서 금식하며 시험받은 기간 역시 40일이다(마 4:2; 눅 4:1). 또 이스라엘 백성은 출애굽 후 광야에서 40년간 유랑했다. 출애굽기가 40장으로 되어 있다. 이렇게 볼 때 '40'이라는 수는 '시험과 시련의 기간' 혹은 '새로운 힘을 얻는 기간'을 의미함을 알 수 있다.

1) 시내산 계약(출 19-24장)

이제 출애굽기는 절정에 이른다. 애굽의 억압에서 해방된 이스라엘은 궁극적으로 애굽과 완전히 다른 새로운 사회(공동체)를 향해 나아간다. 야웨 하나님께서 이스라엘 백성과 독특하고 특별한 관계(계약)을 맺으신다. 창세기에서도 노아(9:8-17), 아브라함(17:1-14)과 맺은 계약이 소개되었지만, 이스라엘이 야웨의 백성이 되고 야웨가 이스라엘의 하나님이 되시는(렘 30:22; 겔 34:30) 시나이 계약이야말로 이스라엘이 하나의 신앙공동체로 자리잡는 바탕이 되었다.

시나이 계약은 19-24장과 32-34장 두 단락으로 짜여져 있다. 앞 단락에서는 하나님의 현현, 계약조건(십계명과 기타 규범)의 제시, 백성의 동의와 계약 체결로 이어지고, 뒷 단락에서는 이스라엘이 저지른 계약 파기, 모세의 중재, 하나님의 재계약 등이 소개된다. 전체의 흐름으로 볼 때 계약의 주도권은 야웨께 있으며, 계약은 그분이 주시는 자비의 선물임이 분명하게 드러난다.

출애굽기 19:1-24:18은 "율법과 언약"을 주요 내용으로 하고 있다. 그런데 구약성서 율법의 가장 뚜렷한 특징 중의 하나는 그것이 이야기(설화)들에 둘러싸여 있다는 점이다. 이야기(19:1-25)-율법 · 십계명(20:1-17)-이야기(20:18-21)-율법 · 계약 법전(20:22-23:33)-이야기(24:1-18)-성막 · 제사장직(25:1-31:18)-이야기(32:1-34:35)-성막(35:1-40:38). 율법과 이야기는 오랜 세월 동안 독립적으로 전해 내려왔으나 지금은 율법이 이야기 안에 통합된 형태로 이루어져 있다.

2) 종주(宗主)-봉신(封臣) 조약의 빛에서 본 시나이 계약

출애굽기 19-24장은 히브리 노예 백성이 하나님의 계약 백성이라는 품격 높은 지위로 격상되는 이야기다. 19:5-6은 이스라엘의 정체성을 삼중적으로 규정한다. 하나님의 특별한 보배(소유), 제사장 나라, 거룩한 백성. 제사장 나라와 거룩한 백성으로서의 이스라엘의 미래는 이스라엘의 시내산 계약 준수 여부에 달려 있다. 학자들은 출애굽기 19-24장(일부 신명기를 포함)을 주전 14세기경 히타이트 제국의 종주-봉신 조약 양식의 빛 아래에서 이해한다. 그것은 서언, 역사적 서론, 중심 조항들, 조약 사본의 보관 규정, 정기적 낭독 규정, 증인 신들의 호명 등의 요소들로 구분된다.

첫째, 서언(Preamble, 20:2a): 종주(suzerain)의 정체성을 밝힌다. "나는 히타이트/앗수르 제국의……대왕이시다." 여기서는 "나는 애굽 땅 종 되었던 집에서 너희들을 이끌어 낸 야웨다"가 서언이다.

둘째, 역사적 서론(19:3b-6; 20:2b): 종주와 봉신 사이의 은혜로운 전사(前史)를 개괄한다. "내가 베푼 은혜를 잘 명심하라."는 식이다. 여기서 하나님은 그가 이스라엘을 위하여 '애굽에게 행한 일'을 언급한다.

셋째, 중심 조항들(20:3-23:19): 봉신이 지키고 준행해야 할 핵심사항을 기록한다. 여기서는 20-23장의 십계명과 시행 세칙들이 중심 조항들이다. 거룩한 종주 야웨는 봉신 이스라엘을 위하여 미래의 보호를 약속하고 이것에 근거하여 배타적인 충성심을 요구한다. 가끔씩 저주와 축복의 긴 목록들이 첨부되기도 한다(신 28장).

넷째, 조약 사본의 보관 규정(24:4,12): 조약을 보관하라는 규정을 담고 있다. 모세와 하나님이 각각 하나님의 율법을 기록하는 행위는 바로 영구 보관을 위한 작업이다.

다섯째, 정기적 공적 낭독(출 25:16,21; 40:20; 신 10:2): 출애굽기 24:7에서 처음으로 모세가 백성들에게 율법을 낭독해 주고 백성들은 '준수하겠다'고 동의한다. 또한 신명기 27장과 여호수아 24장이 율법의 정기적 낭독 전승을 예시한다.

여섯째, 증인들로 채택된 신들을 부름: 유일신 신앙을 옹호하는 구약성서는 신들을 증인으로 호출하는 히타이트나 앗수르의 종주-봉신조약과 이 점에서 차이를 드러낸다. 대신 시내산 계약의 증인으로 '하늘'과 '땅'을 호출한다(신 32:1; 사 1:2).

시내산 계약 단락(출 19-24장)에 와서야 우리는 출애굽 구원은 단지 파라오 체제로부터의 탈출이 아니라 새로운 종주인 야웨 하나님의 봉신으로 거듭 태어나는 데서 완성되는 것임을 깨닫는다.

3) 토라의 핵심: 십계명(20:1-17)

(1) 두 번 주신 토라

하나님께서는 이스라엘에게 두 번에 걸쳐서 토라를 주셨다. 첫 번째는 이스라엘 사람들이 시내산 지역에 체류했던 기간에 주신 것이다. 출애굽기 19장부터 40장 끝까지, 레위기 전체, 그리고 민수기 10:10에 이르기까지의 상당한 분량은 시내산 지역에 머무르는 동안에 있었던 일을 기록하고 있다. 시내산 체류 기간 동안에 있었던 일 가운데 가장 중요한 것은 하나님께서 모세를 통해 이스라엘이 지키며 살아가야 할 '토라' 말씀을 주신 것이다. 그리고 시내산에서 주신 토라 말씀 중의 핵심은 십계명(출 20:1-17)이다.

두 번째로 하나님께서 토라 말씀을 주신 것은 모압(Moab) 땅에서였다. 모압 땅에서 두 번째 주신 토라 말씀은 신명기 12-26장에 기록되어 있다. 신명기 1-11장 부분, 즉 두 번째 주어진 토라 말씀(신 12-26장)의 앞 부분에는 40년 동안의 광야생활의 회고와, 약속의 땅에서 이스라엘 사람들이 살아가야 할 삶의 모습이 설교체 말씀으로 기록되어 있다. 신명기 1-11장은 시내 광야생활을 회고하고 약속의 땅에서 하나님께서 주신 토라 말씀을 순종하며 살아가라고 권면하는 말씀의 맥락 가운데 신명기 5:6-21의 십계명이 다시 한번 언급되고 있다.

(2) 십계명의 '삶의 자리(Sitz im Leben, Situation of Life)'

'십계명(Ten Commandments, Decalogue)'은 이스라엘 율법의 출발점이자 근거점으로 가장 중요한 자리를 차지한다. 출애굽기에서 십계명은 시나이 계약을 맺는 첫머리에 소개된다. 지금까지 많은 학자들은 십계명을 전체 율법의 요약인 것처럼 설명해 왔다. 즉 613개의 율법 규정(365개의 부정[~하지 말라]과 248개의 긍정[~하라])을 10가지로 요약해서 농축시켜 놓은 것이 십계명이라고 생각했다. 그러나 그렇지 않다. 십계명은 다른 율법들과 비교할 때 가장 먼저 이루어졌다. 주전 13세기 초 애굽을 탈출한 노예들은 새로운 해방공동체를 수립하고, 그 공동체를 철저히 지켜 나갈 수 있는 가장 기본되는 법을 제정했는데 그것이 곧 십계명이다. 다른 법전들, 가령 계약법전(출 21-23장, 사사시대인 1250-1050), 신명기법전(신 12-26장, 7세기 요시야 통치 이전), 성결법전(레 17-26장, 6세기), 제사법전(출 25-민 10장, 6-5세기)이 각기 자신의 시대적 상황을 반영하고 있듯이, 십계명도 명백한 자신의 삶의 자리를 가지고 있다.

(3) 십계명의 원형

"십계명"은 히브리말로 "열 마디의 말씀들(아세레트 핫데바림, עשׂרת הדבים)"이라는 말에서부터 온 것으로서(출 34:28; 신 4:13; 10:4), 출애굽기 20장에는 나타나지 않는 말이다. 그러나 신명기 5:7-21은 그 말씀들이 "두 개의 돌판"(신 5:22)에 새겨진 것으로 보도되어 있고 또 이 두 돌판에 새겨진 것이 바로 "열 마디의 말씀들"이라고 신명기 4:13이 말해주고 있어서 전통적으로 그렇게 부른다. 십계명은 본래 "열 마디의 말씀"의 아주 짧은 형태로 이루어져 있었다. 즉 긴급하고 중요한 것일수록 간단명료한 것일 수밖에 없다. 그런데 사회가 복잡해지고 문화가 발달하면서 설명이 첨부되고 조항이 확대되었다. 제 2,3,4,5,10 계명 등에서는 새로운 상황에 맞게 확대된 흔적을 엿볼 수 있다. 현재까지도 아주 간략하게 되어 있는 제 1,6,7,8 계명만이 지극히 본래적인 것이라고 볼 수 있다.

(4) 십계명의 분류: 십계명의 분류는 신앙 공동체의 전통에 따라 약간씩 상이하다.

학자들은 각 십계명의 성격에 따라 20장을 '윤리적 십계명', 34장을 '제의적 십계명'으로 부른다. 신명기 5장은 엘로히스트(E) 전승이라고 짐작되는 출애굽기 20장의 십계명과 비슷하나 북이스라엘의 다른 전승을 다듬은 것으로 추정된다. 둘 사이에 대부분은 공통되나 크게 다른 내용이 두 가지 있다. 안식일 계명에서 출애굽기 20장은 창조사업(창조전통)을, 신명기 5장은 애굽 종살이(구속전통)를 각각 계명 준수의 이유로 들고 있다. 또 제 10계명에서 출애굽기 20장에서는 집을, 신명기 5장에서는 아내를 탐내지 말아야 할 대상으로 들고 있다. 또한 십계명을 분류할 때 이분법과 삼분법이 있다. 먼저 이분법으로 분류하면 하나님 사랑(신 6:5 / 1-4계명)과 이웃 사랑 (레 19:18 / 5-10계명)으로 분류할 수 있다. 삼분법으로 분류하면 하나님과 사람(1-3계명), 사람과 사람(5-7계명), 물질(자연)과 사람(8-10계명)으로 분류되고, 그리고 제4계명(안식일 계명)은 이 셋을 연결한다.

<table>
<tr><th>전 통
계 명</th><th>개신교 전통
(루터교회 제외)
동방정교회</th><th>카톨릭 교회
루터 교회</th><th>유대교
전통</th></tr>
<tr><td>나는……너의 하나님 여호와라(출 20:2)</td><td>서언</td><td>서언</td><td>1계명</td></tr>
<tr><td>너는……다른 신들을 네게 있게 말라(3절)</td><td>1계명</td><td rowspan="2">1계명</td><td rowspan="2">2</td></tr>
<tr><td>우상을 만들지 말라(4-6절)</td><td>2</td></tr>
<tr><td>여호와의 이름을 망령되이 일컫지 말라(7절)</td><td>3</td><td>2</td><td>3</td></tr>
<tr><td>안식일을 지키라(8-11절)</td><td>4</td><td>3</td><td>4</td></tr>
<tr><td>부모를 공경하라(12절)</td><td>5</td><td>4</td><td>5</td></tr>
<tr><td>살인하지 말라(13절)</td><td>6</td><td>5</td><td>6</td></tr>
<tr><td>간음하지 말라(14절)</td><td>7</td><td>6</td><td>7</td></tr>
<tr><td>도적질하지 말라(15절)</td><td>8</td><td>7</td><td>8</td></tr>
<tr><td>거짓 증거하지 말라(16절)</td><td>9</td><td>8</td><td>9</td></tr>
<tr><td>이웃의 집을 탐내지 말라(17 전반절)</td><td rowspan="2">10</td><td>9</td><td rowspan="2">10</td></tr>
<tr><td>이웃의 아내를……탐내지 말라(17 후반절)</td><td>10</td></tr>
</table>

(5) 십계명의 특성

A. 관계법: 십계명은 야웨 하나님과 이스라엘 사이에 맺어진 관계법이다. 이것은 십계명의 서문(출 20:1-2; 신 5:5-6)에 잘 나타나 있다.

B. 평등법: 십계명은 계급이나 계층의 구분 없이 새로운 해방공동체 구성원 누구에게나 평등하게 적용된 평등법이다.

C. 절대법: 십계명은 경우법(case law)이 아닌 절대법(apodictic law)이다. 두 계명(제 4, 5계명)은 긍정형(~하라)의 절대법이고, 그 외의 모든 계명(여덟 계명)은 금지형(~ 하지 말라)의 절대법이다. 가령 제1 계명은 "다른 신은 (절대로) 섬기지 못한다"는 뜻이다.

2. 계약법전(출 20:22-23:33)

십계명과는 달리 20:22-23:33은 '중보자' 모세가 백성들에게 '중개'해 준 하나님의 명령들이다. 이 단락은 '계약법전(The Book of Covenant)'이라고 불리며, 십계명을 구체적 상황에 적용하는 시행 세칙들이다. 그것들은 가나안의 다신교적인 환경에서 유일하신 하나님 한 분과 동행하는 삶을 살 때 나타나는 국가적 · 공동체적 · 가정적 도전에 대한 응답들이다.

계약법전과 신명기는 공통된 부분이 매우 많다(출 21:1-11=신 15:12-18; 출 21:12-14=신 19:1-13; 출 21:16=신 24:7; 출 22:15-16=신 22:28-29; 출 22:21-24=신 24:17-22; 출 22:25=신 23:19-20; 출 22:26-27=신 24:10-13; 출 22:29-30=신 15:19-23; 출 22:31=신 14:3-21; 출 23:1=신 19:16-21; 출 23:2-3, 6-8=신 16:18-20; 출 23:4-5=신 22:1-4; 출 23:9=신 24:17-18; 출 23:10-11=신 15:1-11; 출 23:12=신 5:13-15; 출 23:13=신 6:13; 출 23:14-17=신 16:1-17; 출 23:19a=신 26:2-10; 출 23:19b=신 14:21b).

신명기가 '언약의 책'과 나름대로 많은 공통된 자료들을 포함('언약의 책'의 대략 50%는 생략됨)하고 있지만, 또한 신명기는 신명기에만 있고 '언약의 책'에는 없는 많은 부분들을 포함하고 있다. 그리고 표현양식을 비교해 볼 때 상당 부분에서 신명기의 표현양식이 '언약의 책'의 그것보다 후대의 것이라는 사실을 쉽게 파악할 수 있다(가령, 출 21:2 이하와 신 15:12 이하; 출 23:10-11과 신 15:1 이하 비교). '언약의 책'의 연대를 가나안 이주와 국가 성립 사이로 보아야 한다면 신명기의 연대는 왕국시대로까지 늦추어 잡아야 할 것이다.

3. 이스라엘의 범죄 및 언약 갱신(출애굽기 32-34장)

1) 이스라엘 백성은 모세의 하산이 더디자 금송아지를 만들어 숭배하였다(32:1-20). 이는 애굽인들이 황소신 '아피스'를 숭배하던 풍습에 영향받은 것이다. 우상을 섬기지 말라고 한 십계명(출 20:4-5)을 범한 것이다. 이 소식을 접한 모세는 하나님의 자비를

구하는 가운데 회개치 않는 자들을 처형한다(32:21-35). 그는 백성을 위해 사죄의 은총을 간구한다. 모세의 중보는 중보자 되시는 그리스도의 사역을 예표한다. 하나님은 약속의 땅으로 가는 여정에 동행을 거부하셨다(33:1-6). 33장은 모세의 끈질긴 중보기도와 백성들의 회개를 보신 하나님께서 마침내 그들과의 동행을 약속하시는 내용이다(33:7-23).

하나님은 모세에게 돌판을 다시 만들라고 지시하시고(34:1-9), 언약관계의 회복을 인준하셨다(34:10-28). 이러한 언약 갱신의 주체는 하나님이시다. 그러므로 하나님은 이스라엘이 다른 신을 섬겨서는 안 되고 자신의 제반 규례를 준수해야 한다고 명하셨다. 한편 새로운 십계명 두 돌판을 받아 하산한 모세의 얼굴에는 광채가 났다(34:29-35). 장차 하나님 나라에서 영원토록 하나님과 함께 하게 될 성도의 영광을 예시해 준다(마 13:43).

2) 25-31장의 배경에 비추어볼 때 32장은 갑자기 찬바람이 휘몰아치는 것과도 같은 모습이다. 그것은 창세기 3장과 유사하다. 출애굽기 본문들, 특히 성막 본문들이 창조 전승과 긴밀하게 관련되어 있다는 점을 고려할 때 32-34장은 이스라엘의 타락 이야기에 해당하는 것으로 보인다. 이스라엘 자신의 역사는 모든 인류 경험과 평행을 이루는 것으로 여겨진다.

32-34장은 금송아지(golden calf) 사건으로 인하여 '계약의 깨어짐'(32:1-6)에 관한 이야기로부터 시작하여 모세의 중재기도로 인하여 이루어진 '계약의 회복'에 관한 이야기로 이어지는(34장), 그리하여 결국 "야웨의 자기계시"(33:19 이하, 34:6 이하)와 제의 십(이)계명(34:14-26)에 근거한 재계약체결에 관한 이야기에서 그 절정에 이르는 다소 복잡한 "또 하나의 시내산 계약체결"에 관한 설화 덩어리이다.

우리의 놀라움은 이러한 복잡한 설화 덩어리를 구성하고 있는 신학적 주제들이 이스라엘의 죄(계약 파기) → 모세의 중재기도 → 이스라엘의 회복(계약 회복)이라는 신학적 주제들이 – 신약의 선포를 기다릴 필요도 없는 – 매우 근본적이고도 충분한 복음적 구조를 만들고 있다는 사실이다.

시내산 전승에 속하는 출애굽기 19-40장의 과정을 아주 단순하게 그려보면 다음과 같다.

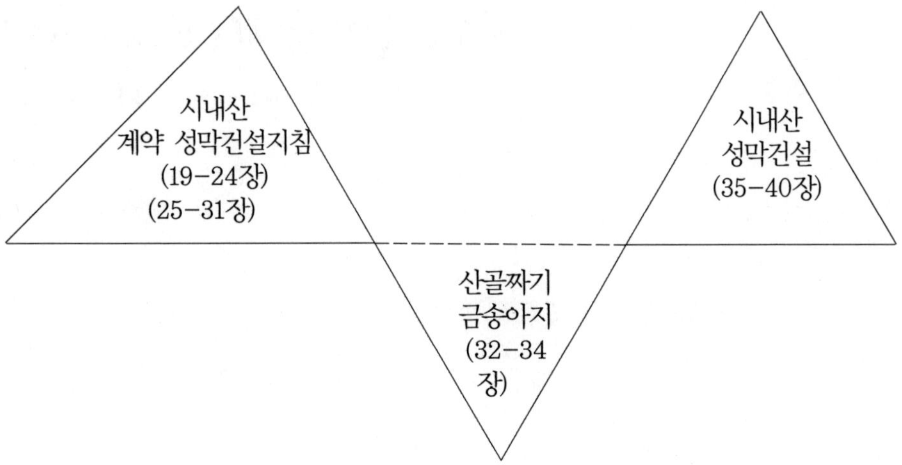

(7) 출애굽기(Exodus)

성막(출 25-31, 35-40장)

1. 성막(출 25-31, 35-40장) 개요

출애굽기 전체(사십 장) 가운데서 성막(聖幕, tabernacle) 기사(25-31장과 35-40장)는 거의 3분의 1(열세 장)을 차지할 정도로 성막은 중요한 의미를 지닌다. 성막 기사는 금송아지 사건(32-34장)에 의해 둘로 양분된다. 전자(25-31장)는 성막 건축에 관한 하나님의 지시 사항으로 구성되어 있고, 후자(35-40장)는 그 지시 사항들을 모세와 이스라엘 백성들이 이행하는 것으로 구성되어 있다. 여기서 금송아지 사건이 성막 기사 가운데 삽입되어 있는 것은 다분히 편집적 의도가 있다고 볼 수 있다. 즉 광야 상황에서 금송아지는 비합법적이고 왜곡된 하나님에 대한 반응이요, 성막은 합법적이고 올바른 하나님에 대한 반응이라고 할 수 있다. 금송아지 사건은 앞으로 진행될 이스라엘 백성들의 광야 시절이 어떤 모습으로 전개될 것인가를 예견케 해 준다.

한편 25-31장의 끝 부분(31:12-18)은 안식일 준수 계명으로 끝나고, 35-40장의 첫 부분(35:1-3)은 안식일 준수 계명으로 시작한다. 이 또한 다분히 편집자의 의도가 깔려 있다고 볼 수 있다. 그러니까 성막 본문은 중간 부분(32-34장)을 빼고 보면 안식일을 중심으로 좌우로 양분되어 있는 형국으로 되어 있다. 성막 본문은 누가문서(누가복음과 사도행전)가 중간 부분(요한복음서)을 빼고 보면 부활-승천을 중심으로 좌우로 양분되어 있는 형국과 유비된다. 이는 성막 본문에서 안식일 계명이 얼마나 중요한 계명인가를 단적으로 시사한다.

안식일은 시간의 거룩이요, 성막은 공간의 거룩을 대변한다고 할 수 있다. 성막은 하나님의 임재를 상징하며 백성들이 하나님께 제사드리는 가운데 그분과 교제하는 곳이다. 이 성막은 성육신(成肉身)하신 그리스도를 예표한다(요 1:14). 출애굽 이야기는 이스라엘이 이집트를 탈출한 이야기로 시작하여 하나님이 거하는 성막 기사로 종결되고, 성막에서의 제사 규정을 소개하는 레위기로 이어진다.

2. 성막 본문에 대한 서론적 고찰

성막은 다양한 명칭으로 불린다. (1) 장막: 성경에 130회 가량 나옴(출 25:9), (2) 성막: 성경에 100여 회 나옴(출 26:30), (3) 회막(출 29:42), (4) 증거막(민 1:53), (5) 성소(출 25:8), (6) 법막(대하 24:6), (7) 하나님의 집(삿 18:31), (8) 여호와의 집(삼상 1:7), (9) 세상에 속한 성소(히 9:1), (10) 하나님의 처소(행 7:46) 등이다.

모세오경에 대한 광범위한 자료 분석이 시작된 이래로 이 단락의 유일한 자료는 P(제사장)전승이라고 주장되었다. 이곳에 있는 자료들 전체는 예배가 중요한 의미를 갖는 것임을 잘 보여준다. 뿐만 아니라 출애굽기 전체의 흐름은 종살이하는 것에서 예배를 향해 나아가며, 바로를 섬기는 것에서 하나님을 섬기는 것을 향해 나아간다. 특히 그것은 이스라엘이 강제노역으로 인하여 바로의 건축물들을 지어야만 했던 상황에서 하나님을 예배하기 위한 장소를 건축하는 일에 순종하는 마음으로 자신을 기꺼이 바치는 것을 향해 나아간다.

하나님은 이스라엘에게 성막을 짓게 하시지만, 그들은 하나님의 가르치심을 받기 전에 금송아지를 먼저 만든다. 사실 금송아지를 만든 일은 두 개의 성막 본문들 사이에 위치해 있다. 내레이터(화자)는 이로써 독자들로 하여금 성막 건축과 관련된 두 개의 본문을 비교해 가면서 볼 수 있게 한다.

금송아지를 만든 일은 성막을 건축한 일과 대조를 이루고 있음이 분명하다. 성막은 모든 형태의 우상숭배에 맞서는 것으로 여겨진다. 성막은 신앙공동체로 하여금 자신의 예배하는 삶 속에서 우상숭배적인 행위들을 배제하게 하려고 하나님께서 정하신 것이라 할 수 있다.

금송아지	성 막
이스라엘 백성이 주도함	하나님께서 주도하심
아론이 금을 모을 것을 명함	자원하여 예물을 드림
아무런 계획 없이 진행됨	힘겨운 준비가 뒤따름
신속하게 만들어짐	오랜 건축 기간이 소요됨
즉각적으로 사용할 수 있음	하나님의 거룩하심을 강조함
눈에 보이는 신	눈에 보이지 않는 하나님
비인격적인 물체	인격적이고 활동적인 하나님

성막 본문은 솔로몬 성전과 비교될 수 있다. 특히 주목할 것은 성전과 성막이 똑같이 창조의 주제들과 관련되어 있다는 점이다. 그러나 양자 사이에는 중요한 차이들이 눈에 띄게 드러난다. 성전은 하나님의 주도하에 건축되기보다는 인간편의 주도하에 건축되며, 건축에 관한 지시사항들은 하나님께로부터 비롯되기보다는 인간의 상상력에서 비롯된다(대상 28:19 참조). 성막 건축자들은 건축자들이 아니라 단지 하나님의 계획을 실행에 옮기는 기술자들일 뿐이다. 성전을 짓는 일에는 이스라엘에 속하지 않은 건축자들과 건설업자들이 참여하지만, 성막을 짓는 일에는 성령으로 충만한 이스라엘 사람들이 참여한다.

35-40장은 성막 완성과 하나님의 영광의 강림사건을 출애굽기의 절정사건으로 자리매김한다. 전체적으로 이 단락은 25-31장의 성막 설계도와 제사장 위임 절차를 완벽하게 따르는 이스라엘의 갱신된 순종을 보여준다.

성막 건설 설계도와 성막 건설 과정을 묘사하는 기록(25-31장, 35-40장)은 출애굽기 전체 사십 장 가운데 열세 장을 차지할 정도로 중요하다. 출애굽 구원의 준비와 구원 과정을 기록한 앞의 첫 열두 장과 동등하거나 약간 더 많은 분량이다. 성막 창조는 출애굽 구원 자체만큼이나, 아니 그보다 더 중요하다는 것이다. 출애굽기의 마지막 사건이 성막의 창조와 하나님의 영광의 입주식이라는 사실을 고려해 보면 출애굽 구원 자체의 목적이 바로 성막 건설과 하나님과의 동거에 있음을 알 수 있다.

25-31장과 35-40장을 세분하면 다음과 같다. 성막의 재료들과 내부 시설물(25-27장), 제사장의 성물들과 위임 규정(28-29장), 분향단을 비롯한 내부 시설물(30장), 공교한 일꾼들과 안식일(31장), 그리고 모든 이스라엘 백성들이 바친 헌물들(35:1-36:7), 성

막 건설(36:8-39:43), 성막의 성별, 하나님의 영광의 강림(40:1-38) 등이다.

3. 성막의 구조와 내용물

1) 성막의 구조 및 재료

성막의 기본 골격은 3부 구조로 되어 있다. 즉 뜰(court), 성소(holy place), 지성소(holy of holies)로 구성되어 있다. 입구는 동쪽을 향해 나 있으며, 입구(20규빗)에 들어서면 뜰의 중앙에 번제단(5×5 규빗, altar of burnt offering)이 있고 번제단과 성소 사이에 제사장들이 손과 발을 씻는 물두멍(laver)이 있다. 그 다음 휘장이 처 있는 성소로 들어가면 왼쪽에 등잔대(golden candlestick)가, 오른쪽에는 진설병 떡상(table of shew bread)이 있고, 지성소 앞 중앙에 분향단(altar of incense)이 놓여 있다.

성소(가로 10규빗, 세로 20규빗)와 지성소(10×10규빗)는 휘장(curtain)으로 구분되어 있으며, 지성소 중앙에는 언약궤(번궤, ark of the covenant)가 놓여 있는데, 그 안에는 십계명 돌판이 들어 있다. 그 언약궤 위에는 그 일종의 덮개 형식인 속죄소(atonement cover)가 있는데, 그 양끝에는 날개를 서로 잇닿게 하여 마주 쳐다보는 모양으로 서 있는 그룹(Cherub) 천사가 있다. 성막 울타리는 60개(남북면에 각각 20개, 동서면에 각각 10개)의 기둥이 서 있으며, 남북면은 각각 100규빗, 동서면은 각각 50규빗으로 전체 둘레는 300규빗으로 되어 있다.

한편 출애굽기 25:1-7은 백성들이 자원하여 바친 성막의 재료(예물들)의 목록을 제시한다. 금, 은, 놋, 청색실, 자색실, 홍색실, 가는 베실, 염소 털, 붉게 물들인 수양과 해달의 가죽, 조각목, 등유와 제사장 위임식 때 붓게 될 관유에 쓰일 향품과 분향할 때 사용되는 향품, 호마노(lapis lazuli), 에봇과 흉패에 물릴 보석 등이다.

2) 성막의 주요 내용물

(1) 성막문(출 25:13-16): 성막문은 동쪽으로 나 있다. 동쪽 면 50규빗 가운데 문은 중앙에 20규빗으로 나 있는데, 문에는 청색·자색·홍색 실과 가는 베실로 수놓은 20규빗의 휘장이 있으며 기둥과 받침이 각각 넷으로 되어 있다. 그리고 문 좌우 포장에는 각각

15규빗에 기둥과 받침이 각각 셋이 있다.

성막문의 의미는 이렇다. 성막문은 예수 그리스도를 의미하는데(요 10:7), 하나님이 계신 성소에 들어가는 데는 오직 하나의 문밖에 없다. 이는 오직 예수로만 구원이 가능함을 의미한다(행 4:12; 요 14:6). 그리고 성막문은 동향으로써 들어올 때는 서쪽을 보고 들어오고, 나갈 때에는 동쪽을 보고 나가게 되어 있다. 서쪽은 해지는 곳이며, 동쪽은 해 뜨는 밝은 곳으로 곧 소망을 말한다.

(2) 번제단(출 27:1-8): 성막문으로 들어가면 뜰에 제일 먼저 나타나는 것이 번제단이다. 이 제단은 야웨 하나님께 바치는 희생제물을 태우는 곳이다. 제단은 사방 5규빗의 정사각형으로 되어 있다. 재료는 조각목(아카시아 나무)으로 불에 견딜 수 있도록 그 위에 놋을 입혔다. 그 안에는 놋으로 된 그물이 얽혀 있는데, 놋 고리 넷을 달아 제단과 함께 움직일 수 있게 만들었다. 번제단의 크기는 가로 세로 각각 5규빗, 높이는 3규빗으로 되어 있다. 성경에서 5라는 숫자는 고통의 숫자이다. 번제단의 기구는 재를 담는 통, 부삽, 대야, 고기 갈고리, 불 옮기는 그릇이 있다. 번제단에서 죄의 문제가 해결받듯이 오직 교회만이 죄를 해결할 수 있는 곳이다.

번제단은 세 가지 특징이 있다. (가) 피: 피가 없는 번제단은 번제단이 아니다. 교회의 특징은 피로서 그리스도의 피가 있으면 그곳이 바로 교회이다. (나) 불: 돌단의 시작도 불(창 15:17) 성막의 시작도 불(레 19:23-24), 성전의 시작도 불(대하 7:1-2), 교회의 시작도 불(행 2:1-40)이다. (다) 뿔: 동서남북 네 군데에 네 개의 뿔이 있다. 이는 생명의 뿔을 의미한다. 어떤 죄를 지었을지라도 번제단의 뿔만 붙들면 생명을 얻는다(왕상 1:51; 시 18:2). 네 개의 뿔은 복음이 뉴스(News)처럼 동서남북으로 퍼져나가야 함(행 1:8)을 의미한다.

한편 번제단의 5대 제사는 번제, 소제, 화목제, 속죄제, 속건제이다. 제사는 모두 예수의 모습으로. '흠 없는 수컷'을 제물로 사용한다. 짐승피의 유효기간은 일 년이고, 예수피의 유효기간은 영원하다. 자범죄는 자기가 안수하고, 원죄는 제사장이 안수한다(레 16장). 제물은 소, 양, 염소, 비둘기를 사용하며, 짐승에게 안수하는 것은 죄의 전가이다. 안수하지 않은 동물은 동물이고, 안수한 동물은 제물이 된다. 예수님이 세례 요한으로부터 세례를 받을 때 죄가 전가되었다(마 3:14-15). 세례 요한은 제사장(그 까닭은 제사장은 세습제인데, 아버지 사가랴는 유명한 제사장이기 때문)으로 세례 요한으로부터 예수님이 세례 받은 것은 죄의 전가 안수이다(요 1:29).

(3) 물두멍(출 30:18-21): 물두멍은 놋거울로 만든다(38:8). 물두멍을 금이나 은이 아닌 놋으로 만든 이유는 그것이 놋 번제단과 회막 사이의 성소뜰에 속하기 때문이다(참고, 출 40:30). 제사장들은 제단 앞에서 섬길 때 반드시 그들의 수족을 씻어야 한다. 만일 성소에 들어갈 때 수족을 물두멍에서 씻지 않고 들어가면 죽는다(출 30:20-21). 성결해진 자만이 성소에 들어갈 수 있다. 이것 역시 영원한 규례로 지켜야 한다(참고, 출 12:14).

성막은 뜰, 성소, 지성소의 세 부분으로 되어 있는데, 뜰은 '성자의 사역장', 성소는 '성령의 사역장', 지성소는 '성부의 사역장'이다. 성령의 사역장인 성소에 들어가기 전에 물두멍에서 성령을 받아야 한다. 문에서 예수를 믿고, 번제단에서 죄를 버리고, 물두멍에 가서 성령을 받아야 한다. 물두멍은 성결이요, 물두멍의 물은 성령으로, 성령으로만 성결해 질 수가 있다. 그러나 십자가의 피 외에는 그 어느 것도 우리의 죄를 온전히 씻을 수 없다.

(4) 떡상(출 25:23-30; 레 24:5-9): 성소에 들어가면 왼쪽에 등대, 오른쪽에 떡상, 정면 안쪽으로 분향단이 있다. 상의 크기는 가로 2규빗, 세로 1규빗, 높이는 1.5규빗이며, 조각목에 금을 입혔고 법궤와 같이 금을 입힌 멜 것으로 운반되게 만들었다. 상 위에는 12덩이의 떡을 6개씩 두 줄로 나란히 놓는다. 이스라엘의 12지파를 상징하는 12개의 떡이 있는 이 상은 하나님과 그의 백성 간의 교제와 교통을 묘사한다. 이 떡은 안식일마다 바꾸는데, 바뀌진 떡은 성막 안에서 제사장들이 나누어 먹는다. 떡상 위에는 '진설병'만 올려놓는데, 진설병이란 '하나님의 얼굴'이라는 의미이다. 떡상의 떡은 예수 그리스도를 의미한다(요 6:47-51). 더 구체적으로 말하면 떡은 예수 그리스도의 말씀이다.

(5) 등잔대(출 25:31-40; 37:17-24): 등잔대는 장막의 기물 중에서 가장 화려한 것으로 유대인의 일곱 가지 촛대(메노라, menorah)를 말한다. 이 기물과 보조물(불집게와 불똥그릇)을 만드는데 모두 정금 한 달란트, 즉 금 30kg이 소요되었다. 등잔대는 가운데 줄기 하나에 가지가 6개가 붙어 7개의 등으로 이루어져 있다. 1은 하나님의 숫자, 6은 인간의 숫자(6일째 인간 창조)이며, 7은 완전수이다. 6은 하나가 보태져야 완전수 7이 되는데, 사람은 하나님과 함께 할 때만이 존재 가치가 있다. 예수는 이 등잔대의 빛을 보시고 "나는 세상의 빛이다"(요 8:12)라고 말씀(이방을 비추는 빛, 눅 2:32) 하셨다(참고, 마 5:14-16).

중심대는 넓은 밑받침을 가졌고, 그 중심대로부터 양 옆으로 세 개의 가지가 뻗어나와 모두 일곱 가지가 되며, 각각 살구나무(아몬드)의 꽃 모양으로 장식되어 있다. 등잔대는 계속 켜있어야 하며, 그 불은 아침과 저녁에 제사장들이 보살폈다.

(6) 분향단(출 30:1-10): 분향단은 조각목을 금으로 싸서 만든다. 그 크기는 가로와 세로가 각각 1규빗, 높이가 2규빗이다. 번제단처럼 여기에도 뿔이 있으며, 번제단, 떡상, 언약궤처럼 운반용의 금고리와 채를 가지고 있다. 분향단은 언약궤가 있는 지성소로 들어가는 바로 앞에 위치했다. 아침저녁 등잔대의 등불을 간검할 때 분향단에도 향을 사른다. 아론이 일 년에 한 번씩 분향단의 제단 뿔에 수송아지와 염소의 피를 뿌림으로써 제단을 속죄해야 한다. 분향단은 기도를 의미한다. 우리가 기도하면 하나님은 천사로 하여금 하늘에 있는 분향단의 향로를 가지고 내려와서 성도들의 기도와 향연을 담아 하나님 보좌 앞에 분향단에 쏟게 한다.

분향단의 위치는 속죄소, 즉 법궤 바로 앞이다. 법궤는 하나님이 임재하는 곳으로, 기도는 하나님이 임재해 계신 법궤 근처에서 드려야 가장 능력있는 기도가 된다. 하나님의 법궤 앞에 분향단이 있는 것은 결코 우연이 아니다. 기도 중에 하나님의 임재가 있음을 의미한다.

(7) 법궤(출 25:10-22): 성막이 10냥이라면 법궤가 8냥이라고 할 정도로 법궤는 중요하다. 법궤는 성막에서 가장 거룩한 장소인 지성소에 위치해 있다. 본래 지성소는 제사장도 못 들어오고 오직 대제사장만 1년에 하루 대속죄일에만 들어오던 곳이다. 그러나 주님께서 십자가에 못 박히실 때 지성소를 가리고 있던 휘장이 위에서 아래로 찢어짐으로 예수의 피로 우리는 은혜의 보좌에 나갈 수 있는 은혜를 입게 되었다. 이스라엘 백성들은 말한다. "세계의 중심은 이스라엘입니다. 이스라엘의 중심은 예루살렘입니다. 예루살렘의 중심은 성전입니다. 성전의 중심은 지성소입니다. 지성소의 중심은 법궤입니다. 법궤의 중심은 십계명입니다."

법궤는 다양한 이름으로 불린다. (1) 법궤(레 16:2), (2) 궤(출 25:10,14,15; 신 10:1, 2,3; 수 3:15; 왕상 8:9), (3) 증거궤(출 26:33,34; 30:6, 39:35; 40:3), (4) 하나님의 궤(삼상 3:3; 수 3:13), (5) 여호와의 궤(삼상 6:1; 수 3:13, 4:5), (6) 거룩한 궤(대하 35:3), (7) 권능의 궤(시 132:8), (8) 이스라엘 신의 궤(삼상 5:7), (9) 여호와의 언약궤

(민 10:33), (10) 나무궤(신 10:1) 등이다.

법궤는 조각목과 그 안팎을 정금으로 싼 직사각형 상자(길이 2.5규빗, 폭 1.5규빗, 높이 1.5규빗)이다. 윗 가로 돌아가며 금테가 둘러져 있고 금고리 넷이 있다. 법궤를 나르는 채는 조각목을 금으로 싸서 만들고, 법궤 위의 두 그룹 또한 금을 쳐서 만든다. 두 그룹의 편 날개는 속죄소(시은좌[施恩座])를 덮도록 하였다. 법궤는 두 그룹만 정금이고 나머지는 조각목을 금으로 싼 궤이다. 조각목은 시내산 광야에서 가장 쉽게 구할 수 있는 재료로서 이는 하나님은 있는 것을 사용하셔서 기적을 주시는 분임을 시사한다.

4. 창조 세계와 성막

출애굽기 전반에 걸쳐서 창조의 주제들이 중요한 위치를 차지하고 있다는 것은 창조 세계와 성막 사이의 평행 관계를 의미심장한 것으로 만든다. 성막을 노아 방주의 '구조물'과 창조 세계와 비교하는 일은 흥미로운 주제가 아닐 수 없다.

1) 노아의 방주

방주와 성막은 하나님의 지시에 따라 만들어진다. 노아와 모세는 하나님께로부터 은혜를 입었다(33:12-17; 창 6:8). 방주와 성막이 다 완성될 무렵의 본문(39:42-43; 창 6:22)은 그들이 하나님께서 명하신 대로 다 행했다고 말한다. 노아의 방주와 모세를 혼돈의 물 위에 띄워 보내는 데 사용-노아의 경우와 마찬가지로-되었던 바구니에 대해서는 동일한 히브리어 낱말(테바)이 사용되고 있다. 홍수와 광야는 구약성경에서 혼돈을 상징하는 두 가지의 가장 대표적인 상징물에 해당한다.

이 두 '성소(방주와 성막을 가리킴)'는 운반이 가능한 것인데, 하나는 바다 위에서 그리고 다른 하나는 땅 위에서 가능하다. 이 둘은 혼돈의 물/모래를 가로질러서 사람들을 실어 나르는 데 사용된다. 또한 이 둘은 하나님의 백성으로 하여금 안전하고 질서 있게 무질서의 세계를 가로질러 새로운 창조의 세계를 향해 나아갈 수 있게 하는 수단으로 여겨진다.

2) 천지 창조와 성막(성전) 창조의 상응성

출애굽기 40:2,17의 성막창조 사건은 땅의 창조 사건과 놀랍게도 상응 관계에 놓여 있다. 성막창조는 니산월, 곧 정월 1일 봄철에 시작되는 신년 첫날에 완성되었다. 니산월

1일에 노아 홍수의 재난으로부터 '마른 땅'이 나타난다(창 8:13).

성전과 피조된 세상 사이의 상응성을 부각시켜 주는 단서가 출애굽기 25-31장과 창세기 1:1-2:3에서 발견될 수도 있다. 출애굽기의 성막 건축에 대한 제사장 자료층(출 25-31장, 35-40장)의 지침들이 출애굽기 25-31장에서 모두 일곱 개의 '야웨 말씀들' 안에서 제시되고 있다(25:1-30:10; 30:11-16,17-21,22-33,34-37; 31:1-11,12-17). 이 일곱 강화들에서 한결같이 강조되고 있는 것은 안식일 준수의 중요성이다. 31:14-17의 하나님 안식 언급은 창세기 1:1-2:3(2:1-3)의 마지막 결어와 너무나 흡사한 것이 사실이다. 세상 창조 후 안식하신 하나님은 성막 창조 후 또한 안식하는 것처럼 보인다. 여기서 안식 주제는 하나님의 확고부동한 왕권의 정립을 공포하는 기능을 수행한다.

또한 모세가 성막을 완성하여 세운 날인 니산월(1월) 1일(출 40:17)이 도입하는 이야기는 모두 "야웨께서 모세에게 명령한 것처럼"이라는 표현들을 일곱 번 포함한다. 이것은 창세기 1:1-2:3에서 "하나님이 보시기에 좋았더라"는 표현이 일곱 번 나오는 것과 유사한 현상이며 둘의 목적도 유사하다. 그 목적은 각각의 경우 창조된 피조물(천지와 성막)이 하나님의 의도대로 완벽하게 창조되었음을 용의주도하게 강조하는 것이었다.

마지막으로 우리는 천지 창조 기사와 성막 창조 기사의 주제적 · 문학적 상응성을 몇 가지 점에서 더 발견할 수 있다.

우주 창조	성막 창조
창 1:31 (창조 완성 후 만족하시는 하나님, "하나님이 지으신 모든 것을 보시니 보시기에 심히 좋았더라")	출 39:13,43 (성막 완성 후 만족감을 표시하는 모세)
창 2:1 (천지창조 사역 완료)	출 39:32 (모든 창조 사역 완료)
창 2:2 (모든 일 마치고 안식하신 하나님)	출 39:33b-34 (성막 완성 후 하나님 현존의 성막 채움)
창 2:3 (하나님께서 일곱째 날 복 주심)	출 39:43 (성막이 설계도대로 완성 된 것 을 보고 모세가 이스라엘 자손을 축복함)
창 2:3 (안식일을 성별하시는 하나님)	출 40:9-11 (성별시키는 하나님)

성막(성전)은 축소된 세상으로 묘사될 뿐만 아니라 세상이 또한 확대된 성전으로 묘사된다(사 66:1-2, 시 50:12, 사 65:17-18, 시 134:1-3). 이것도 성전과 피조된 세계의 신학적 상응성을 강조하는 셈이다. 성전은 소우주요 세상은 대성전인 셈이다.

광야 시대의 성막 설계도와 12지파 진영

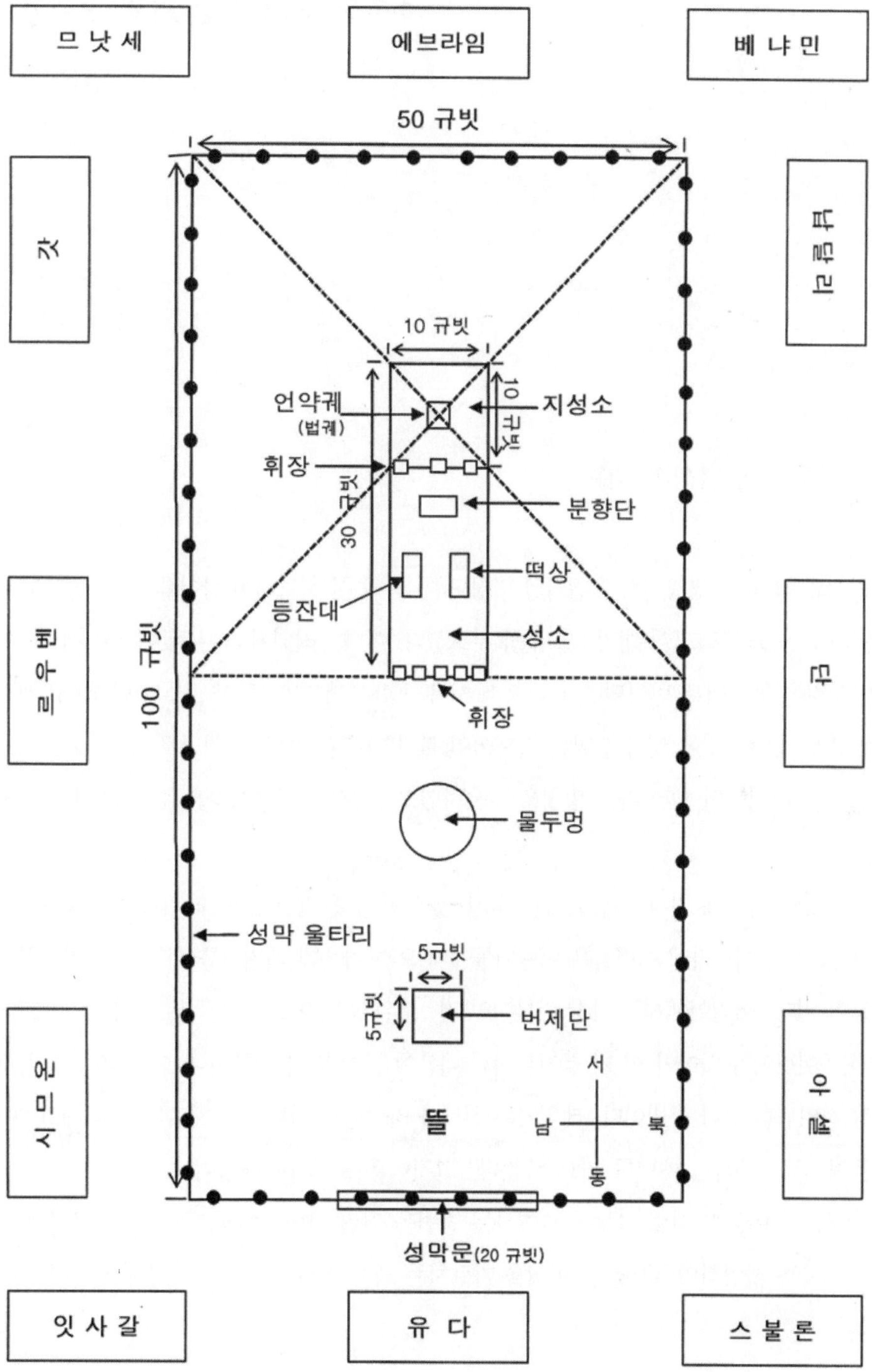

레위기(Leviticus)

1. 레위기의 명칭과 내용

오경의 각 책의 명칭처럼 레위기의 명칭도 이 책의 첫 히브리어 단어를 딴 '와이크라(Wayyiqra = 그리고 그[야웨]가 [모세를] 부르셨다)'이다. '레위기'라는 책 이름은 히브리어 구약성경이 헬라어로 번역되면서 비로소 사용되었다. 헬라어 구약성경(70인역)에 '레위티콘(Λευιτικον)'에 영향을 받은 라틴어역(불가타)은 '리베르 레비티쿠스(Liber Leviticus)' 즉 '레위인의 책'이라는 명칭을 사용하였고, 이것을 한글성경은 '레위기'라고 번역하였다.

구약성경 가운데 가장 어렵고 친근하지 않은 책을 들라면 단연 레위기라고 대답하기 쉽다. 그런데 이스라엘 사람들은 어린이들에게 오경 가운데 레위기를 제일 먼저 가르치는 전통이 있다. 어린이에게는 가장 기본적인 것, 소위 '기초(basic)'을 가르쳐야 하는데, 레위기는 어린이가 알아야 할 가장 기본적인 내용이 들어 있기 때문이다. 가장 기본적인 것이란 하나님을 만나는 법이다. 레위기는 성도가 하나님을 만나 어떻게 행동하며 대화해야 하는지 그 기본적인 매너를 가르쳐 준다. 그것이 바로 제사 규정이다.

친구들과 어울려 서로 나누며 놀이하는 방법을 어린 아이들에게 가르치듯이 사람들이 서로 나누며 사랑하며 살아가는 방법을 가르치는 책이 레위기이다. 예수님께서 율법의 대강령이라 하시면서 "이웃 사랑하기를 네 몸과 같이 하라"(막 12:31)고 가르치신 것도 바로 레위기(19:18)의 내용을 염두에 두고 하신 말씀이다(참조 마 22:37-40).

레위기는 누구를 위한 책인가? 레위기 전체에서 제사장에게만 전달하라고 명령한 부분은 불과 다섯 부분일 뿐이다(6:8-7:21; 10:8-15; 16:2-28; 21:1-23; 22:·1-16). 나머지는 이스라엘 백성 전체에게 주신 말씀이다. 즉 레위기는 하나님의 백성 전체를 위한 책이다.

레위기는 출애굽기 19:5-6에 대한 확장된 해설서라고 말할 수 있다. 레위기는 거룩한 백성과 제사장 나라로 살기 위하여 이스라엘 백성이 지켜야 할 지침과 율법의 묶음이다. 레위기는 하나님께 나아가는 두 가지 길을 제시한다. 하나는 제사(예물)을 통하여 하나님께 나아가는 길이다(1-16장). 또 하나는 거룩한 삶을 통하여 나아가는 길이다(17-27장).

2. 오경 안에서의 레위기의 위치

오경 안에서 레위기의 위치를 살피는 것은 레위기의 구조를 파악하는 데 도움이 된다. 다음의 표가 오경에서 레위기가 차지하는 위치를 잘 보여준다.

I. 천지 창조에서 바벨탑까지(창 1:1-11:26)
II. 족장들의 이야기(창 11:27-50:26)
III. 이집트 탈출(출 1:1-19:2)
IV. 야웨의 계시 - 시내산 전승 단락(출 19:3-민 10:10)
  A. 산에서 계시(출 19:3-40:38)
  B. 회막에서 계시(레 1:1-민 10:10)
    1. 제의 공동체의 청사진(레위기)(레 1:1-27:34)
    2. 시내산 출발 준비(민 1:1-10:10)
V. 광야의 여정(민 10:11-36:13)
VI. 모세의 고별설교(신 1:1-34:12)

시내산 전승 단락이 오경의 중심부에 위치해 있으며, 그 내용은 야웨의 계시로 이루어져 있다. '신 현현(Theophany)'의 사건인 야웨의 계시는 성경에서 가장 극적인 순간이요 신학적으로 중심을 이루는 사건이다. 야웨의 계시 가운데도 새로운 공동체를 위한 청사진인 레위기야말로 그 핵심이라 할 수 있다.

3. 레위기의 구조

레위기 구조는 일반적으로 제의와 정결 문제를 다룬 1-16장과 '성결법전(Holiness Code)'으로 알려진 17-26장, 그리고 마지막 후기인 27장 등으로 크게 나눈다. 그런데 성결법전(17-26장)을 독립된 법전으로 볼 경우 레위기를 단편적으로 이해하거나 파편화시킬 염려가 있기에 다른 시각으로 레위기를 살펴볼 필요가 있다.

레위기의 최종본은 매우 빈틈없이 편집되어 있다. 헤이스(J. H. Hayes)는 레위기가 12개의 요약문에 의해 12개의 작은 단락으로 나누어져 있음을 지적하였다(12개의 요약문; 7:37-38; 10:20; 11:46-47; 12:7b-8; 14:54-57; 15:32-33; 16:34b; 21:24; 23:44; 24:23b; 26:46; 27:34). 또한 "야웨께서 말씀하셨다"라는 머리말로 시작하는 36개의 말씀이 있음을 지적하였다. 그 중 31개는 모세에게, 4개는 모세와 아론에게 그리고 1개는 아론에게 하신 말씀이다. 12와 36이라는 숫자는 모두 신성한 숫자로 알려져 있으며, 의도적으로 이러한 숫자를 사용한 면밀한 작업을 엿볼 수 있다.

레위기는 법전만이 아니라 설화도 함께 들어 있고, 이 두 가지가 교대로 나타나고 있다. 법전은 1-7장, 11-15장, 17:1-24:9; 25-27장이며, 설화는 8-10장, 16장, 24:10-23이다.

제1부 거룩하신 하나님께 나아가는 방법(1:1-16:36)

- I. 제사에 관한 율법(1:1-7:38)
  - 1) 일반 백성을 위한 법규들(1:1-6:7)
    - (1) 머리말(1:1-2)
    - (2) 번제(1:3-17)

(3) 소제(2:1-16)

(4) 화목제(3:1-17)

(5) 속죄제(4:1-5:13)

(6) 속건제(5:14-6:7)

2) 제사장을 위한 법규들(6:8-7:38)

(1) 번제(6:8-13)

(2) 소제(6:14-23)

(3) 속죄제(6:24-30)

(4) 속건제(7:1-10)

(5) 화목제(7:11-27)

(6) 제사장의 몫(7:28-38)

II. 제사장 직분의 임명에 관한 율법(8:1-10:20)

1) 제사장 위임식(8:1-36)

2) 첫 직무 수행(9:1-24)

3) 잘못 드린 제사(10:1-20)

(1) 나답과 아비후의 죽음(10:1-7)

(2) 제사장이 지켜야 할 규정(10:8-20)

III. 성결에 관한 율법(11:1-15:33)

1) 동물 중 깨끗한 것과 부정한 것(11:1-47)

2) 여인의 정결(12:1-8)

(1) 해산한 여인의 정결(12:1-5)

(2) 정결을 위한 제사(12:6-8)

3) 문둥병에 관한 규정(13:1-59)

4) 문둥병 환자가 정결케 되는 규정(14:1-57)

(1) 사람의 문둥병(14:1-32)

(2) 가옥의 문둥병(14:33-57)

5) 유출병에 관한 규정(15:1-33)

IV. 속죄일에 관한 율법(16:1-34)

1) 속죄일에 대하여(16:1-19)

2) 속죄의 염소(16:20-28)

3) 속죄일에 관한 규정(16:29-34)

제2부 사람이 하나님과 교제하는 방법(17:1-25:55)

I. 백성들의 성결에 대하여(17:1-20:27)

1) 피를 신성시함(17:1-16)

2) 불법적인 성관계를 금함(18:1-30)

3) 윤리적·의식적인 규정들(19:1-37)

4) 죄에 대한 형벌(20:1-27)

II. 제사장들과 그 제물의 성결에 대하여(21:1-22:33)

1) 제사장들의 성결에 관한 규정(21:1-24)

2) 제물의 성결에 관한 규정(22:1-33)

III. 성회의 성결에 대하여(23:1-25:55)

1) 절기에 관한 규정(23:1-44)

(1) 유월절·무교절(23:1-14)

(2) 칠칠절(23:15-22)

(3) 나팔절(23:23-25)

(4) 속죄일(23:26-32)

(5) 초막절(23:33-44)

2) 성소 관리에 관한 규정(24:1-9)

3) 하나님의 이름을 모독한 자의 형벌(24:10-23)

4) 안식년과 희년에 대한 규정(25:1-55)

(1) 안식년(25:1-7)

(2) 희년(25:8-55)

제3부 율법에 대한 적용(26:1-27:34)

I. 순종에 대한 축복(26:1-13)

II. 불순종에 대한 형벌(26:14-46)

III. 서원과 십일조(27:1-34)

1) 서원에 관한 규정(27:1-31)

2) 십일조에 관한 규정(27:32-34)

4. 레위기의 메시지(신학적 주제)

1) 하나님의 임재(臨在)

레위기 전체를 살펴보면, 하나님께서는 부단히 이스라엘 백성과 함께 거하신다는 기본적인 사상이 흐르고 있다. 먼저, 하나님께서는 제사 드릴 때에 함께 계셨다. 제사법에는 '여호와 앞에서'라는 말씀이 수없이 반복하여 나타나 있다. 바쳐진 제물은 '여호와를 기쁘시게 하는 향기'가 되었다. 성막은 하나님께서 거하시는 처소였다. 성막 안에서 제사를 드린 이유가 바로 이 때문이다. 성막에는 성막 뜰과 회막이 있었다. 회막은 두 개의 방으로 나뉘어 있었는데, 안쪽 방은 지성소라고 불렀으며, 바깥쪽 방은 성소라고 불렀다. 지성소 안에는 법궤가 놓여 있다. 법궤의 윗부분을 속죄소라고 불렀으며, 바로 그 곳이 하나님께서 은혜를 베푸시는 장소인 시은좌(施恩座)였다. 하나님께서 바로 이 성소에서 모세를 불러 명령하신 그 말씀을 기록한 책이 바로 레위기이다. 레위기는 이스라엘 백성들이 하나님의 지배와 관심 밖으로 벗어날 수 없다는 것을 강조하고 있다. '나는 너희 하나님 여호와니라'는 말씀이 반복되는 이유는 그들의 모든 일이 하나님 앞에서 이루어진다는 것을 일깨워주기 위해서였다.

2) 성결(聖潔)

"내가 거룩하니 너희도 거룩하라"(레 11:45)는 말씀은 레위기 전체의 주제라고 할 수 있다. 레위기에서 가장 많이 쓰이는 단어는 '거룩', '정함', '부정함'이다. 제사장들은 '거룩한 것과 속된 것을 분별하고 정한(깨끗한) 것과 부정한(더러운) 것을 분별하라'는 가르침을 지시받았다(10:10). 성결의 근본 원리는 분리이다. 하나님께서는 이스라엘이 죄로 온통 물들어 있는 가나안 원주민들과 분리되기를 원하셨다. 성결에 대하여 레위기는 두 가지 관점을 제시한다. 하나는 하나님께서 하시는 사역이며, 또 하나는 사람이 할 수 있는 일이다. 하나님께서 하시는 사역은 하나님께서 택하신 자들만이 성결하게 된다는 것이다. 이것은 신약에서 하나님의 은혜로 구원받는다는 교리와 같은 의미이다. 레위기에서 하나님은 '이스라엘을 애굽에서 인도하여 낸 여호와'이심을 자주 강조하셨다. 곧 구원은 하나님에게만 있다. 둘째로, 사람이 해야 할 부분은 율법대로 '순종'하는 일이다. 이것은 신약시대의 성화(聖化: 구원받은 사람이 거룩하게 되어 가는 단계)의 교리와 같은 의미이다.

3) 희생 제물

이스라엘 백성은 '제사장의 나라'요 '거룩한 백성'이었지만 역시 많은 죄를 범했다. 이러한 백성이 어떻게 하나님께 가까이 나아갈 수 있을까? 이를 위해 하나님은 희생 제물을 드리는 제도를 만들어 주셨다. 모든 희생 제물을 드리는 목적은 속죄와 봉헌을 위함이었다. 여기서 희생 제물은 상징적으로 이해되어야 한다. 곧 희생 제물은 장차 오셔서 우리 죄를 단번에 사하실 예수 그리스도를 상징하며(히 9:12-26), 그에 대하여 미리 보여주기 위한 예표(豫表)였다. 또한 회개한 사람이 하나님 앞에 나아갈 때 가져갈 수 있는 예물은 흠이 없는 짐승이어야 했다. 거룩하신 하나님께서는 오직 최상의 것을 드려야 했기 때문이다. 그 짐승을 고른 다음에, 드리는 사람이 짐승의 머리에 안수를 했다. 이것은 드리는 사람의 죄가 제물에게로 전가되는 것을 뜻했다.

5. 구약의 제사

	참조 성구	제물 내역 / 제물 분배	목 적
① 번제	레1장; 6:8-13; 8:18-21; 16:24	흠 없는 수소, 수양, 집비둘기나 산비둘기 새끼 수컷(가난한 자의 경우) ―――――――― 1. 완전히 태운다. 2. 피는 번제단 사면에 뿌림	1. 자원하여 드리는 제사 2. 무의식 중에 지은 죄의 속죄 3. 하나님께 대한 헌신, 완전한 복종의 의미
② 소제	레2장 6:14-23	곡식, 고운 가루, 감람유, 향, 구운 떡, 소금. ―――――――― 1. 누룩이나 꿀을 넣어서는 안 됨 2. 한 움큼은 번제와 함께 드리고 남은 것은 제사장에게	1. 자원하여 드리는 제사 2. 하나님의 선하심과 공급하심을 인정함 3. 하나님께 대한 헌신
③ 화목제	레3장 7:11-34	흠이 없는 짐승이면 어느 것이든지,기름 섞은 무교병, 기름 바른 무교전병, 기름 섞어 구운 과자 ―――――――― 1. 일부는 태우고 남은 것은 제사장과 제물 드린 사람에게 2. 피는 번제단 사면에 뿌림	1. 자원하여 드리는 제사 2. 감사와 교제 (공동 식사를 포함)
④ 속죄제	레 :1-5:13; 6:24-30; 8:14-17; 16:3-22	1. 수송아지-대제사장과 온 백성 2. 수염소-족장 3. 암염소와 어린 양-보통 사람 4. 산비둘기와 집비둘기-가난한 자들 5. 고운가루 에바 십분지 일-극빈자 ―――――――― 1. 일부는 태우고 남은 것은 제사장에게 2. 남은 피는 번제단 밑에 쏟음	1. 개인적인 제사와 집단적인 제사를 포함 2. 무의식 중에 지은 죄의 대속 3. 죄의 고백과 용서 4. 부정에서의 정결
⑤ 속건제	레 :14-6:7; 7:1-6	흠 없는 수양 또는 어린 양 ―――――――― 1. 일부는 태우고 남은 것은 제사장에게 2. 남은 피는 사면에 뿌림	1. 언제나 개인적인 제사 2. 무의식 중에 지었으나 배상이 필요한 죄 3. 부정에서의 정결 4. 속죄제와 달리 특별한 경우에 드려짐(가령, 문둥병자가 나은 후에, 나실인이 부정한 허물을 용서받기 위해

※ 두 가지 이상의 제사를 드릴 때(민 6:16,17)의 순서는 보통 다음과 같다: (1) 속죄제나 속건제, (2) 번제, (3) 화목제와 소제(관제와 함께). 이러한 순서는 제사제도의 영적인 의미를 보여준다. 첫째로 죄가 먼저 처리되어야만 한다는 것이며(속죄제와 속건제), 둘째로 예배자는 자신을 하나님께 완전히 헌신하고(번제와 소제), 셋째로 하나님과 예배자 사이의 교제가 세워지는 것이다(화목제). 이것을 달리 말하면, 이스라엘에는 속죄의 제사(속죄제와 속건제)와 성별의 제사(번제와 소제) 그리고 교제의 제사(화목제-이것은 서원제, 감사제, 낙헌제 등을 포함한다)가 있었다.

6. 여호와의 7절기

절기란 하나님께서 성막(성전)에서 이스라엘 백성들과 만나기로 약속하신 날이라는 의미이다. 구약의 절기는 일곱과 매우 관계가 깊다. 일곱이란 숫자는 완전함을 뜻하는 숫자이며 또한 언약의 숫자이다. 먼저 레 23장에 나타난 절기는 모두 7절기이다(안식일, 유월절, 무교절, 칠칠절, 나팔절, 속죄일, 초막절). 그리고 일년 중 7월은 절기의 달이며, 7년째 되는 해를 안식년으로 지켰다. 또한 49년(7×7)이 지난 그 다음 해를 희년(레 25:8-12)으로 지켰다. 3대 절기(출 23:14-17)는 무교절, 초실절, 초막절이다.

1) 안식일(레 23:3; 민 28:9-10): '너희는 무슨 일이든지 하지 말라'. 하나님께서 천지를 창조하신 후 제7일째에 쉬신 것을 기념하는 날(창 2:1-3). 이스라엘이 애굽의 노예생활로부터 구원받은 것을 상기시키는 날(신 5:15).

2) 유월절(레 23:5; 민 28:16): 날짜는 정월 14일(양력으로는 3월 하순에서 4월 초순경에 해당). 예수님이 죽으신 성금요일에 해당.

3) 무교절(레 23:6-8; 민 28:17-18): 날짜는 1월 15일-21일(7일 동안). 온 백성이 성회로 모였으며 일을 하지 않았다. 신약의 부활절에 해당.

4) 초실절(레 23:15-21; 민 28:16-31): 밀의 첫 열매를 바치는 절기(출 23:16; 34:22). 유월절이 끝난 뒤로부터 49일이 지난 후인 50일째 되는 날에 지키므로 칠칠절(출 34:22) 또는 오순절(레 23:16; 행 2:1)이라 부르기도 하고, 맥추절(출 23:16; 34:22)이라고도 부름.

5) 나팔절(레 23:23-25; 민 29:1-6): 날짜는 7월 1일(양력으로는 9,10월경에 해당). 이 날은 은으로 된 큰 나팔을 분다.

6) 속죄일(레 23:26-32; 민 29:7-11): 날짜는 7월 10일.

7)초막절(레 23:33-44; 민 29:12-38); 날짜는 7월 15일-21일. 이스라엘 민족의 광야생활을 기념하는 절기. 장막절(레 23:43), 수장절(출 23:16)이라고도 함. 가을 추수에 대한 감사의 절기이기도 하다.

민수기(Numers)

1. 민수기의 명칭과 내용

모세오경의 네 번째 책인 '민수기(民數記)'라는 말은 '백성의 수에 대한 기록'이라는 뜻인데, 이는 라틴어 성경(불가타)의 'Numeri(=Numbers, 숫자들)'에서 유래한다. 두 번의 인구조사(1-4장, 26장)에 근거하여 이같은 명칭을 붙였다. 그런데 이 책의 히브리 명칭은 '베미드바르(במדבר)'로서 그 뜻은 '광야에서(In the Wilderness)'이다. 이 히브리 명칭이 민수기의 내용을 더 잘 나타내 준다. 왜냐하면 민수기는 이스라엘 백성이 시내 산에서 모압평지에 이르기까지 40년 동안 유랑한 사실을 기록하고 있기 때문이다. 민수기는 유랑의 책이다. 불과 11일 정도면 도달할 수 있는 거리를 40년 동안이나 방황한 것은 하나님의 약속을 믿지 못하는 불신앙에 대한 하나님의 심판적 성격을 여실히 증거하고 있다.

그러나 두 번에 걸친 인구 조사의 중요성을 무시할 수 없다. 두 차례의 인구조사에 의해 민수기는 두 주요 부분으로 구분된다. (1) 1-25장은 광야에서 하나님을 향해 불평했고 가나안 땅을 취하기를 거부한 첫 출애굽 세대 전체(모세와 두 신실한 정탐꾼인 여호수아와 갈렙은 제외)가 어떻게 죽었는가를 보여준다. (2) 또 다시 인구조사를 시작한 26-36장은 하나님께서 모세의 지도 아래 약속된 땅을 향해 나아가는 새 세대를 다루고 있다.

2. 민수기의 구조

1) 지리적 구조에 의한 구분

1. 시내산에서-약속의 땅을 향하여 출발하기 위한 준비(1:1-10:10)
2. 시내산에서 가데스까지(10:11-12:16)
3. 가데스에서-백성의 반역으로 인한 가나안 입성 지연(13:1-20:13)
4. 가데스에서 모압평지까지(20:14-22:1)
5. 모압평지에서-약속의 땅을 취할 것을 기대하면서(22:2-36:13)

2) 인구조사에 의한 구분

I. 약속의 땅을 얻기 위한 준비(1:1-10:10)
 1. 첫 번째 인구조사(1:1-4:49)
 2. 이스라엘 민족의 성결(5:1-10:10)

II. 약속의 땅을 얻지 못하게 된 구세대(10:11-25:18)
 1. 백성의 불평과 가나안 정탐(10:11-14:45)
 2. 여호와의 규례들(15:1-19:22)
 3. 모압 행진시의 실수(20:1-25:18)

III. 약속의 땅을 얻기 위한 신세대의 준비(26:1-36:13)
 1. 두 번째 인구조사(26:1-27:23)
 2. 제사 규례와 서원에 대한 규례(28:1-30:16)
 3. 가나안 땅의 정복과 분배에 관한 지침들(31:1-36:13)

3. 민수기 전체 개요

1) 본서는 시내산에서 약속의 땅으로 행진하기 위하여 이스라엘 백성을 군대조직으로 편성하라는 하나님의 지시로 시작한다. 각 지파별로 인구조사가 실시되고, 곧 이어서 각 지파가 진을 치는 방법, 행진할 때의 순서 등이 상세하게 기록되어 있다. 그리고 부정한

자는 깨끗해질 때까지 진영 밖에 두라는 지시, 번제단과 레위인을 하나님께 구별하여 바치는 장면, 첫 번째 유월절에 대해서 기록되어 있다. 이제 이스라엘 백성은 가나안을 향하여 출발할 준비가 완료되었다(1:1-10:10). 여기서 성막을 운반하는 레위 지파를 전투 상비군에서 면제하고 이스라엘 진을 정결케 하도록 지시한 것은 가나안 정복 전쟁이 병력과 무기에 의존하는 정규전이 아니라 하나님의 거룩하신 능력에 의존하는 '거룩한 전쟁(聖戰)'이기 때문이다.

2) 이스라엘 백성은 유월절을 지키고 20일 후 시내산을 출발하였다(10:11). 도중에 많은 어려움이 있었지만 이스라엘 백성은 가나안 접경 가데스에 무사히 도착하였다(10:11-12:16). 그리고 가데스에서 정탐꾼 12명을 약속의 땅으로 보낸다. 그러나 정탐꾼들의 보고로 인해 이스라엘 백성은 낙심하고 오히려 애굽으로 되돌아가자고 한다(13:1-14:4). 그러자 하나님은 이스라엘 백성을 멸망시키겠다고 하신다. 그러나 하나님의 진노는 모세의 중보기도로 정탐꾼들이 가나안 땅을 정탐한 날 하루를 1년으로 계산하여 이스라엘 백성이 40년 동안 광야를 유랑하는 것으로 변경된다(민 14:34). 그리고 하나님께서는 당시 20세 이상의 사람들은 모두 광야에서 죽고 약속의 땅에 들어가지 못한다고 하신다. 15장에는 소제, 전제, 안식일을 범한 자의 죽음, 옷단에 다는 술 등에 관한 규정이 나온다. 16-17장에는 제사장의 특권에 대하여 반발한 고라당의 반역이 나온다. 18장에는 이스라엘 백성이 하나님께 드려야만 하는 제사들을 언급하고, 19장에는 시체와의 접촉으로 인한 부정을 정결케 하는 규정들을 언급하고 있다.

3) 22-36장에는 여리고 맞은편 모압평지에서 이스라엘 백성에게 일어난 일과 관련된 여러 가지 일들이 기록되어 있다. 이 부분에는 이스라엘의 장래를 예언한 발람의 이야기(22-24장), 바알브올 사건(25장), 두 번째 인구조사(26장), 약속의 땅을 나눌 때 여성 상속자에 대한 규정, 절기들, 여자의 서원의 유효성 등에 관한 규정이 있다(27-30장). 그리고 31-32장의 주제는 미디안을 전멸시킨 일과, 르우벤, 갓, 므낫세 반 지파가 요단 동편 지역에 정착하는 얘기이다. 이어서 33장(1-49절)은 광야 여정 요약, 이어서 땅의 분배와 가나안의 경계선에 대한 지침들(33:50-34:29), 35장은 레위인의 성읍과 도피성(여섯-요단 동편과 서편 각각 세 개씩), 끝으로 36장은 여자(슬라브핫의 딸들)의 재산 상속법을 언급하고 있다.

4. 민수기의 중심 주제(메시지)

1) 인구조사: 민수기에는 두 차례에 걸친 인구조사가 기록되어 있다. 1차 인구조사는 광야 행군의 효율성과 예상되는 각종 전투의 군대 조직 편성을 위한 기초 작업이었다(1:1-4:49). 40년간의 광야 방황이 끝난 후 실시된 2차 인구조사는 약속의 땅 정복 전쟁의 수행과 땅 분배를 위한 기초 작업이었다(26:1-65). 가나안 정복이라는 거대한 사역을 앞둔 이스라엘은 보다 효율적인 기동력을 발휘하기 위하여, 이 인구조사를 통해 다시금 조직되고 통제되었다. 가나안 정복이라는 거대한 사역을 착수하기 전 그 수효를 헤아린 것은 현명한 자기 점검이었다.

2) 반역: 적진의 상황을 탐지하기 위하여 12명의 정탐꾼이 가데스 바네아에서 파견되었다. 그런데 정탐을 마치고 돌아온 그들 중 10명은 가나안 정복을 포기하고 다시 애굽으로 돌아갈 것을 주장하였다(13:1-33). 역사 선택의 기로에 서게 된 이스라엘이 급기야는 모세와 하나님을 향하여 불만을 토로하기 시작하였고, 결국 가나안에 들어가기를 거절하여 하나님께 대항하는 반기를 들었다(14:1-45). 우리는 가데스 바네아에서의 반역에서 볼 수 있듯이 반역은 큰 원인이 아니라 사소한 불평과 불만, 자기 중심적 판단에서 야기되지만 그 결과는 큰 심판을 자초한다는 사실을 배운다.

3) 방황: 반역의 결과로, 이스라엘은 지금껏 약속의 땅 가나안으로 향하던 희망의 발길을 되돌려 절망의 걸음걸음으로 40년 동안 황량한 광야에서 방황하게 된다. 반역에 책임이 있는 20세 이상 된 당세대는 여호수아와 갈렙을 제외하고는 모두 죽고 그 후손 세대만 가나안 땅에 들어갈 수 있게 되었다(16:1-50). 실로 하나님은 일단 택한 백성에게 기필코 구원을 주시기는하나 성도들일지라도 그 지은 죄에 대해서는 엄한 형벌을 주신다. 즉 인간은 구원하나 죄 자체는 그에 상응하는 형벌을 가함으로써 대가를 치르게 하신다. 반면 여기 40년의 방황이라는 징계는 죄의 대가라는 소극적 측면만이 아니라 전날 애굽에서 지냈던 이교적 관습과 가치관(노예근성)을 버리고 새 세대를 육성하기에 필요했던 시간이란 긍정적 측면도 갖고 있다(렘 2:19; 히 12:11-13).

4) 목적지: 이스라엘이 40년이라는 긴 시간을 생활환경이 극도로 조악한 광야에서 방황하였지만 그것은 무의미한 좌절의 연속이 아니었다. 왜냐하면 목적지가 있는 생활이었기 때문이다. 실로 모든 인간은 죽어간다. 죽음은 이 지상의 모든 것에 끝과 허무를 가져다 준다. 그러나 성도의 삶은 죽어서 끝나는 것이 아니라 죽음을 넘어 천국이라는 목적지를 향해 가는 것이다. 따라서 성도들의 세상에서의 삶은 고통스런 방황처럼 보일지라도 사실은 천국이라는 목적지를 향한 전진인 것이다(빌 3:20).

5. 제1, 2차 인구조사 결과 비교

<table>
<tr><th>지 파</th><th>제1차
(시내광야)</th><th>제2차
(모압평지)</th><th colspan="2">증가(△)
감소(▼)</th><th>비 고</th></tr>
<tr><td>르우벤</td><td>46,500</td><td>43,730</td><td>▼</td><td>2,770</td><td rowspan="13">제1차(1장)와 비교할 때 총인구가 1,820명이 줄었다. 그리고 일곱 지파는 인구가 증가했고, 다섯 지파는 감소했다. 지파 배열순서도 다르다. 제2차(26장)에서는 르우벤, 시므온, 갓 지파가 먼저 언급되고, 유다, 잇사갈, 스불론 지파가 그 다음에 나온다. 1장에서는 이와 반대로 되어 있다. 므낫세 지파가 에브라임 지파보다 앞에 나오고 있다(26:28,35; 1:32,34). 특별히 주목할 것은 시므온 지파의 인구가 59,300명에서 22,200명으로 37,100명이나 감소되었다는 사실이다. 이것은 아마도 바알브올 사건 때 시므온 지파가 염병으로 제일 많이 죽었기 때문일 것이다. 왜냐하면 시므온 지파의 두령이었던 시므리가 바알브올 사건의 주모자였기 때문이다(25:14).</td></tr>
<tr><td>시므온</td><td>59,300</td><td>22,200</td><td>▼</td><td>37,100</td></tr>
<tr><td>갓</td><td>45,650</td><td>40,500</td><td>▼</td><td>5,150</td></tr>
<tr><td>유다</td><td>74,600</td><td>76,500</td><td>△</td><td>1,900</td></tr>
<tr><td>잇사갈</td><td>54,400</td><td>64,300</td><td>△</td><td>9,900</td></tr>
<tr><td>스불론</td><td>57,400</td><td>60,500</td><td>△</td><td>3,100</td></tr>
<tr><td>므낫세</td><td>32,200</td><td>52,700</td><td>△</td><td>20,500</td></tr>
<tr><td>에브라임</td><td>40,500</td><td>32,500</td><td>▼</td><td>8,000</td></tr>
<tr><td>베냐민</td><td>35,400</td><td>45,600</td><td>△</td><td>10,200</td></tr>
<tr><td>단</td><td>62,700</td><td>64,400</td><td>△</td><td>1,700</td></tr>
<tr><td>아셀</td><td>41,500</td><td>53,400</td><td>△</td><td>11,900</td></tr>
<tr><td>납달리</td><td>53,400</td><td>45,400</td><td>▼</td><td>8,000</td></tr>
<tr><td>총계</td><td>603,550</td><td>601,730</td><td>▼</td><td>1,820</td></tr>
</table>

6. 출애굽기 40장부터 민수기 10장까지 나타난 사건의 날짜별 정리

날짜 (애굽으로부터 나온 날을 기준으로 함. 민 1:1 참조)					
제2년	1월 1일	성막을 세움 성막에서 율법을 처음 받음 제사장직의 위임	출 40:2 레 1:1 레 8:11	성막을 세움 처음 제단에 제물을 드림	민 7:1 민 7:3
	1월 8일	위임식을 마침 나답과 아비후의 죽음 여호와를 저주한 자의 죽음	레 9:1 레 10:1–3 레 24:10–23		
	1월 12일			제단에 봉헌 예물 드리기를 마침 레위인의 성별	민 7:78 민 8:5
	1월 14일			두 번째 유월절	민 9:2
	2월 1일	인구조사 시작	민 1:1		
	2월 14일			부정케 된 자들의 유월절	민 9:11
	2월 20일	구름이 성막 위에 떠오름	민 10:11		

7. 각 절기에 드리는 제물

※ 괄호 안의 숫자는 누가(累加)된 제물 숫자

제물을 드리는 날(방법)	번 제			속 죄 제
	수송아지	수 양	어린 양	수 염 소
매일(28:3–8)	–	–	2	–
안식일(28:9–10)	–	–	2(4)	–
매월 1일(28:11–15)	2	1	7(9)	1
무교절(28:17–25)	2	1	7(9)	1
칠칠절, 오순절(28:26–31)	2	1	7(9)	1
나팔절(29:1–6)	1(3)	1(2)	7(9)	1
속죄일(29:7–11)	1	1	7(9)	1(2)
초막절 제1일	13	2	14(16)	1
제2일	12	2	14(16)	1
제3일	11	2	14(16)	1
제4일	10	2	14(16)	1
제5일	9	2	14(16)	1
제6일	8	2	14(16)	1
제7일	7	2	14(16)	1
제8일	1	1	7(9)	1

※ 제물의 숫자가 누가되는 것을 주의해 보라. 예를 들면 (1) 안식일(28:10): 어린 양 2마리(매일 드리는 제물) +어린 양 2마리(안식일에 드리는 제물) = 어린 양 4마리(안식일에 드리는 합계). (2) 나팔절(29:2): 어린 양 2마리(매일 드리는 제물) + 수송아지 2마리, 수양 1마리, 어린 양 7마리(매월 첫날 드리는 제물) + 수송아지 1마리, 수양 1마리, 어린 양 7마리(나팔절에 드리는 제물) = 수송아지 3마리, 수양 2마리, 어린 양 16마리(나팔절에 드리는 제물의 합계).

8. 이스라엘 지파들의 진영과 행군 순서(민 2:1-31; 10:11-33)

1) 민수기 2장은 성막을 중심으로 한 이스라엘 11지파(레위 지파를 제외)의 진 편성을 언급한다. 동쪽 선두-유다, 잇사갈, 스불론; 서쪽-에브라임, 므낫세, 베냐민, 남쪽-르우벤, 갓, 시므온; 북쪽-단, 아셀, 납달리. 행군 순서는 동-남-서-북 진영 순이다. 유다 지파가 해돋는 동편의 영도 지파이다(2:3).

2) 이런 이유 때문에 어떤 학자들은 민수기의 인구조사(징병조사)가 다윗-솔로몬 시대의 인구조사를 반영하였을 가능성을 주장한다. 레위인 제도를 체계적으로 확장한 사람은 다윗-솔로몬이었다는 역사적 전제를 수용한다면 민수기의 인구 조사는 다윗 시대의 인구조사를 반영하고 있을 가능성이 크다. 여기서 강조되는 12지파의 일치와 연합은 사사 시대뿐 아니라 다윗의 통일왕국 시대에 가장 강조되었던 이상이었을 것이다.

3) 민수기적 조직화는 전투적인 교회론의 근거다. 민수기적 전쟁은 거룩, 정결을 수호하기 위한 전쟁이자 거룩과 정결을 무기로 수행하는 전쟁이다. 따라서 제사장의 거룩 보존이 중요하다. 여기서 교회가 거룩과 정결을 유지하여야만 전쟁에서 이길 수 있고 하나님 나라의 영토를 확장할 수 있다는 함의가 도출되는 것이다.

9. 나실인 서원(민 6:1-21)

1) 나실인은 히브리어 '나자르(구별하다)'에서 온 말로 성별된 사람, 구별된 사람을 가리킨다. 나실인 서원은 일정 기간 할 수도 있었고, 혹은 평생을 두고 할 수 있었다. 또 그 방법에는 자발적으로(민 6:2; 행 18:18), 부모의 서원으로(삼상 1:11), 혹은 하나님의 명령에 따라(삿 13:5,7; 눅 1:15) 되는 경우 등이 있었다.

2) 나실인의 서원은 다음 3가지로 이루어진다. 첫째, 포도주와 독주를 마시면 안 된다. 둘째, 성별 기간 동안 머리를 깎지 못한다. 셋째, 시체에 가까이 가서는 안 된다.

3) 서원의 해제: 자신의 서원 기간이 완료되면, 일정한 제물을 바친 다음 머리카락을 조금 잘라 그것을 제단 위에서 태우는 의식을 거침으로써 나실인의 신분에서 벗어날 수 있다.

10. 아론(제사장)의 축도(민 6:22-27)

1) "여호와는 네게 복을 주시고 너를 지키시기를 원하며(24절) 여호와는 그 얼굴로 네게 비취사 은혜 베푸시기를 원하며(25절) 여호와는 그 얼굴을 네게로 향하여 드사 평강주시기를 원하노라(26절)."

2) 아론의 축도는 하나님과 백성 사이의 중보적 역할을 담당한 제사장의 아름다운 축복 기도이다. 각 절에는 두 개의 동사가 나온다(복을 주시고-지키신다, 얼굴을 비취사-은혜 베푸신다, 얼굴을 드사-평강을 주신다). 세 번이나 여호와를 반복하는 것은 하나님의 축복과 은혜를 강조하는 표현법이다.

3) 이 기도문은 여호와의 이름으로 행해지는 바(27절), 곧 그 복의 근원이 하나님이심을 명시하며 보호(24절), 은혜(25절), 평강(26절)이란 삼위 하나님의 사역(신약의 축도: 고후 13:13)을 포괄적으로 암시한다. 특히 '평강(히 샬롬)'은 전쟁이 없다는 것 이상의 의미이다. 이 말은 부귀, 건강, 번영, 구원 등을 의미한다. 한편 제사장들의 이 축복 권한은 율법의 성취라는 측면에서 예수 그리스도를 통해 신약의 성도들에게 위임되었다(벧전 2:9).

(1) 신명기(Deuteronomy)

신명기 개요

1. 신명기의 명칭과 특징

‘신명기(Deuteronomy)’란 명칭은 헬라어 ‘듀테로노미온(Deuteronomion)’에서 왔다. 이 이름은 문자적으로는 ‘두 번째(deutero)’란 단어와 “법”(nomos)란 단어가 합쳐져서 이루어진 명칭이다. 하지만 그 기원은 ‘칠십인역 구약성서(LXX)’가 신명기 17:18의 “미쉬네 핫토라(משׁנה התורה)”–“이 법을 등사하여”(개역), “이 가르침을 두루마리에 베껴”(공동번역), “이 율법책을 두루마리에 복사하여”(표준새번역), “이 율법서의 등사본을……책에 기록하여”(개역개정판)–를 “토 듀테로노미온 투토(T δευτερον μιον τούτο)”로 잘못 번역함으써 생겨난 명칭이다. 그럼에도 불구하고 “듀테로–노모스(Second Law)”라는 헬라어 제목은 결과적으로 신명기라는 책의 성격을 적절히 드러내 주고 있다. 신명기가 “제2의 말씀”인 것은 시내산(신명기에서는 호렙산)에서 전수된 하나님의 가르침(출 19:1–민 10:10)을 첫 번째 말씀으로 전제하기 때문이다. 신명기는 시내산에서 받은 하나님의 가르침을 해석하는 책 구실을 한다. 오경 속에서 시내산 율법은 제1의 율법이고, 신명기는 제2의 율법이다.

그런데 신명기란 책 이름은 원래 히브리어 성서에서는 “엘레 핫데바림(אלה הדבים, 이것은 말씀이다)”으로 불린다. “엘레 핫데바림”이란 제목은 히브리어 성서 신명기 1:1에 나오는 처음 두 단어이다. 신명기는 말 그대로 ‘말씀(debarim)’이다. 법전이 아니란 뜻이다. 신명기에는 '신명기 법전(Deuteronomic Code, 신 12-26장)이라고 불리는 법전이 있지만 신명기 자체를 '법전(Law Code)'으로 볼 수는 없다. 신명기는 모세가 선포한 말씀, 모세가 해설하여 전하는 하나님의 말씀이다. 하나님의 명령을 '율법(토라)'으로 삼아 모세가 설명한 말씀이다(신 1:5). 하나님이 직접 선포하신 말씀이 아니다. 이 모세의 말씀은 일종의 고별사이다(신 31:1-13). 모세가 이스라엘 백성들에게 털어놓는 유언 형식의 설교이다. 출애굽-광야 세대의 마지막 주자인 모세가 이제 가나안 땅 정착시대를 살게 되는 신세대 이스라엘을 향하여 "너희들이 가나안 땅에 들어가 살 때 지켜 행해야 할 삶의 정신, 삶의 도리는 바로 이런 것이다"라는 권고를 마지막으로 털어놓는 연설이다.

그런데 우리말에서 '신명기(申命記)'라는 이름은 그 표기가 중국 한문성경에서 유래한 명칭이다. 흔히 말하듯 신명기는 '하나님의 말씀'이라는 뜻의 '神命記'도, "새로운 명령"이라는 뜻의 '新命記'도 아니다. 우리가 기억할 것은 '申命記'의 '신(申)'은 '납 신(申)'이라는 사실이다. 이 한자에는 여러 '훈(의미)'이 있으나 여기서 우리는 申命記의 '신(申)'을 '거듭 신'으로 풀어야 한다. 현대 중국에서는 '申命'은 '거듭 강조하여 명령한다'라는 뜻을 지닌 동사이다. '申' 자를 '거듭'이란 의미로 사용하는 가장 친근한 예가 '신신당부(申申當付)'이다. "신신당부"란 "거듭 거듭 당부한다"는 뜻이다. 결과적으로 '신명기(申命記)'라는 이름은 신명기 17:18의 "등사하여"라는 구절의 의미보다는 신명기의 성격을 더욱 잘 드러낸다. 신명기는 바로 '거듭 강조하여 들려주는 계명(다시 듣는 토라)'이다.

신명기의 특징을 요약하면 다음과 같다. 첫째, 신명기는 구약신학의 중심이자 이스라엘 신앙의 성격을 가장 잘 드러내주는 책이다. 둘째, 신명기는 오경의 결론이자 '신명기 역사서(수-왕하)'의 서론에 해당하는 아주 중요한 위치에 있다. 셋째, 신명기는 주전 621년(왕하 22-23장)에 요시야 종교개혁의 원동력이 된 율법책이다. 신명기가 강조하는 중요한 신학적 주제를 6가지로 요약하면 다음과 같다. 1) 토라에 대한 순종과 실천(신 8:11-14), 2) 유일신 신앙(monotheism) 강조(신 6:4-5), 3) 이스라엘 신앙의 순수성 강조(신 12:2-3), 4) 예배 장소의 단일화 강조(신 12:4-14), 5) 사랑과 정의의 공동체 강조(신 10:17-18), 6) 순종에 따른 축복과 불순종에 따른 심판에 대한 강조(신 30:15-20)가 그것이다.

2. 신명기의 내용

신명기는 내용적으로 보면 이스라엘 백성의 역사를 재해석한 이야기(1-11장; 27-34장)와 이스라엘 백성이라면 어떻게 살아야 될 것인가를 가르치는 법령집(12-26장)으로 이루어져 있다. 신명기는 형식적으로 보면 가나안 땅에 들어가기 직전 모압평지에서 모세가 이스라엘 백성을 향하여 약속의 땅에서 어떻게 살아가야 할 것인가를 두고 행한 세 번의 설교로 구성되어 있다. 즉 서론(1:1-5)과 후기(31:1-34:12)를 뺀 첫 번째 설교(1:6-4:43), 두 번째 설교(4:44-28:68), 세 번째 설교(29:1-30:20)로 되어 있다. 이러한 구분은 신명기에 반영되어 있는 편집상의 제목("이것은 …… 이다"라는 어구)에 근거한다.

이 가운데 '모세의 토라'라는 제목이 붙은 '두 번째 설교(신 4:44-28:68)'가 신명기의 중심부를 형성한다. 여기에는 '십계명(신 5장, 출 20장에도 있음)'과 소위 '신명기 법전'(신 12-26장)이 들어 있다. '신명기 법전'은 출애굽기의 '계약 법전(출 20:22-23:33)'의 수정판·확대판으로 볼 수 있는데, 이는 '신명기 법전'이 십계명의 연장이라고 말할 수 있을 정도로 십계명에 관한 해설의 성격을 강하게 보이고 있기 때문이다. 신명기 법전의 제1부에 해당하는 신명기 12:1-18:22은 이스라엘과 하나님과의 수직적 관계인 십계명의 1-5계명에 대한 해설이고, 신명기 법전의 제2부에 해당하는 19:1-25:19은 이스라엘과 이웃의 수평적 관계인 6-10계명에 대한 해설이라 할 수 있다. 사회학적 용어로 말한다면 신명기 법전은 이스라엘 백성의 '생존(Survival)'에 관심을 기울인다. 여러 이방 민족에 맞서 살아가야 했던 이스라엘이 어떻게 자기 정체성을 잃지 않으면서도 이방 민족들 틈새에서 살아남을 수 있는지에 대한 고뇌가 신명기에 실려 있다.

이미 언급했듯이 신명기는 '모세가 이스라엘 백성들에게 행한 설교'로 되어 있다. 신명기의 설교적 특성을 살펴보면 다음과 같다. ① '오늘날(today)' 또는 '오늘까지(this day)'에 대한 빈번한 언급(72구절), ② 신앙고백(신 26:5-10)과 몇몇 구절에서 '우리'라는 명칭 사용, ③ 2인칭 대명사(너희, 너희들)의 빈번한 강조적 사용, ④ '들으라'는 반복적인 소환, ⑤ 수많은 호격 사용, ⑥ 과거 사건을 현실 속에서 역동적으로 재현하기 위한 기억에의 호소, ⑦ 청중들로부터 순종을 이끌어내기 위한 약속과 위협의 사용, ⑧ 마음과 지성에의 호소, ⑨ 예화의 사용(신 19:5; 출 21:12-14 참조) 등. 이와는 달리 'P 전승(출 19-민 10장)'의 율법들뿐만 아니라 언약의 책(The Book of Covenant, 출 21-23장)과 성결법전(Holiness Code, 레 17-26장)은 '모세에게 행한 하나님의 말씀'으로 구성되어 있다. 즉 이들에서는 신명기와는 달리 하나님의 직접적인 말씀이 나타난다.

그런데 신명기에는 '언약의 책'과 공통된 부분이 매우 많이 나타나고 있다(출 21:1-11=신 15:12-18; 출 21:12-14=신 19:1-13; 출 21:16=신 24:7; 출 22:15-16=신 22:28-29; 출 22:21-24=신 24:17-22; 출 22:25=신 23:19-20; 출 22:26-27=신 24:10-13; 출 22:29-30=신 15:19-23; 출 22:31=신 14:3-21; 출 23:1=신 19:16-21; 출 23:2-3, 6-8=신 16:18-20; 출 23:4-5=신 22:1-4; 출 23:9=신 24:17-18; 출 23:10-11=신 15:1-11; 출 23:12=신5:13-15; 출23:13=신 6:13; 출 23:14-17=신 16:1-17; 출 23:19a=신 26:2,10; 출 23:19b=신 14:21b; '언약의 책'의 대략 50%는 생략됨). 표현 양식을 비교해 본다면 상당 부분에서 신명기의 표현 양식이 '언약의 책'보다 후대에 기록된 것이라는 사실을 쉽게 파악할 수 있다(가령, 출 21:2 이하와 신 15:12 이하; 출 23:10-11과 신 15:1 이하 비교). 만일 '언약의 책'의 연대를 가나안 이주와 국가 성립 사이로 본다면, 신명기가 기록된 시대는 왕국시대까지 늦춰질 것이다.

한편 신명기의 기원의 문제는 구약전승의 역사에 있어 가장 어려운 문제라고 볼 수 있다. 신명기는 신학적으로 장구하고 극히 복잡한 발전 과정의 산물로 여겨진다. 신명기는 아마도 주전 8세기 분열왕국 시기부터 주전 6세기 바벨론 포로기까지에 걸쳐 형성되었을 가능성이 매우 높다. 신명기는 호세아와 같이 북왕국에서 비롯되었을 가능성이 높다. 만일 그렇다면 신명기는 북왕국이 멸망한 주전 8세기경 유다로 흘러들어왔을 가능성이 높다. 아무튼 신명기는 어느 한 시대에 국한시켜 이해하기보다는 이스라엘 역사상 중요한 세 시기와 관련한다면 이 책을 이해하는 데 커다란 도움을 받을 수 있을 것이다.

첫째, 주전 13세기라는 상황을 배경으로 신명기를 읽고 해석하는 것이다. 주전 13세기란 이스라엘 백성이 가나안 땅에 진입하기 직전의 때를 말한다. 신명기는 가나안 땅에 들어가기 직전 이스라엘 백성에게 들려준 모세의 말씀들로 제시되어 있다.

둘째, 주전 7세기 요시야 왕의 종교개혁을 배경으로 신명기를 읽을 수 있다. 신명기가 요시야 왕의 종교개혁(주전 621년)을 기점으로 최초의 '밑그림(draft)'을 갖추게 되었다고 볼 수 있다. 이 시기에 시도된 요시야의 종교개혁은 유다 백성의 정신과 삶을 하나님 앞으로 다시 돌아가게 하는 일대 대각성 운동이었다고 말할 수 있겠다.

셋째, 주전 6세기를 배경으로 신명기를 읽을 수 있다. 주전 6세기란 신명기의 최종 편집이 대체로 완성되었을 시기이다. 대략 550년경 신명기 역사서의 서론으로 추가되면서 거기에 편입되었을 것으로 추정되기 때문이다. 중요한 것은 포로기 때에 이스라엘 사람들은 유다 백성이 포로로 끌려간 것을 하나님이 내리신 심판으로 깨달았다는 사실이다. 신명기 27장과 28장에 기록된 축복과 저주가 말씀이 그대로 성취되었다는 확신을 포로기의 늪 속에서 이스라엘은 깨달았던 것이다.

3. 신명기의 구조

크리스텐센(D.L.Christensen)은 신명기가 5개의 단원(1-3,4-11,12-26,27-30,31-34장)이 중심에 있는 신명기 법전(12-26장)을 축으로 전후 서로 대칭하는 구조를 띠고 있다고 본다. 즉 '중앙집중적인 형태(concentric patten)'를 이루고 있다는 것이다.

A. 외부 뼈대: 회고(신 1-3장)
  B. 내부 뼈대: 연설(신 4-11장)
    C. 중앙 핵심: 언약 규정(12-26장)
  B' 내부 뼈대: 언약 체결 예식(신 27-30장)
A' 외부 뼈대: 전망(신 31-34장)

또한 신명기는 다섯 개의 단락이 '동심원(同心圓) 구조(concentric structure)'를 이루고 있는 것으로도 볼 수 있다.

A. 역사 회고(1:1-4:43)
  B. 언약 맺음에 대한 확인(4:44-5:33)

C. 언약의 조항(6:1-28:68)

B' 언약맺음에 대한 갱신(29:1-30:20)

A' 장래에 대한 전망(31:1-34:12)

우리는 신명기를 구체적으로 개관할 때 '교차대구구조(chiasmus)'로 파악할 수도 있다.

A. 역사 회고(1:1-4:43)

B. 언약 맺음에 대한 확인(4:44-5:33)

C. 언약의 조항: 신명기법의 정신(6:1-11:32)

C' 언약의 조항: 신명기법의 적용(12:1-28:68)

B' 언약 맺음에 대한 갱신(29:1-30:20)

A'. 장래에 대한 전망(31:1-34:12)

신명기를 전체적으로 개관하면 다음과 같다.

I. 모세의 첫 번째 설교: 약속의 땅 경계선까지 이르는 여정(1-4장)

1. 전체적 서언(1:1-5)

2. 역사적 회고(1:6-3:29)

1) 호렙에서(1:6-18), 2) 가데스바네아에서(1:19-46)

3) 세일산에서(2:1-8), 4) 모압과 암몬에서(2:9-25)

5) 헤스본 정복(2:26-37), 6) 바산 정복(3:1-11)

7) 요단 동편 땅의 분할(3:12-29)

3. 하나님의 율법에 대한 순종 요구(4:1-40)

1) 경청과 순종을 호소(4:1-8)

2) 호렙산에서 이스라엘이 겪은 일(4:9-14)

3) 우상 숭배에 대한 경고(4:15-31)

4) 선민 이스라엘과 유일신 하나님(4:32-40)

4. 세 도피성 설치(4:41-43)

II. 모세의 두 번째 설교: 하나님의 율법(4:44-28:69)

1. 두 번째 설교의 서언(4:44-49)

2. 언약 신앙의 성격(5:1-11:32)

1) 호렙산에서의 언약체결(5:1-5)

2) 십계명(5:6-21)

3) 여호와를 사랑하라(6:1-9)

4) 약속의 땅에 대한 교훈(6:10-25)

5) 가나안 정복 명령(7:1-26)

6) 이스라엘의 완고함: 번영의 위험(8:1-10:11)

7) 여호와를 의뢰함(10:12-11:31)

3. 신명기 법전(12:1-26:19)

1) 중앙 성소에 대한 규례(12:1-32)

2) 우상 숭배의 위험(13:1-18)

3) 음식에 관한 법(14:1-21)

4) 십일조에 관한 법(14:22-29)

5) 안식년에 관한 법(15:1-25)

6) 절기에 관한 법(16:1-17)

7) 지도자에 관한 법(16:17-18:22)

8) 사회생활에 관한 법(19:1-26:15)

(1) 도피성 제도(19:1-14)

(2) 증인에 관한 규례(19:15-21)

(3) 거룩한 전쟁에 관한 법(20:1-20)

(4) 살인자에 관한 법(21:1-9)

(5) 결혼과 가족 생활에 관한 법(21:10-23)

(6) 성에 관한 법(22:1-30)

(7) 총회에 관한 법(23:1-18)

(8) 약자보호법(23:19-25:19)

(9) 구속주 하나님에 대한 신앙고백(26:1-15)

(10) 신명기 법전의 결론(26:16-19)

4. 약속된 땅에서의 언약 갱신(27:1-26)

1) 에발산상의 돌단(27:1-10)

2) 에발산상에서의 저주(27:11-26)

5. 모압에서 선포된 축복과 저주(28:1-69)

1) 순종에 따른 축복(28:1-14)

2) 불순종에 다른 저주(28:15-69)

III. 모세의 세 번째 설교(29:1-30:20)

1. 언약 갱신(29:1-29)

1) 역사 회고(29:1-9)

2) 이스라엘과 맺은 언약(29:10-29)

2. 결단의 촉구(30:1-20)

1) 궁극적으로 회복될 언약(30:1-14)

2) 축복과 저주(30:15-20)

IV. 모세의 마지막 행위와 그의 죽음(31:1-34:12)

1. 여호수아를 후계자로 임명(31:1-8)

2. 율법의 정기적 낭독과 보존(31:9-29)

3. 모세의 고별 노래(31:30-32:52)

4. 모세의 축복(33:1-29)

5. 모세의 죽음(34:1-12)

4. 신명기에 나타난 '하나님의 백성'

성경에서 매우 중요한 문제 중의 하나인 '하나님의 백성' 주제는 단순히 이스라엘 백성의 별명을 일컫는 것에 그치는 것이 아니다. 그 속에는 이스라엘의 모든 삶과 정신의 내용과 의미가 포함되어 있다. '하나님의 백성' 주제를 '선민', '언약민', '성민' 순으로 고찰해 보자.

1) 선민(選民, Chosen People)

오늘날에도 이스라엘 사람들에게 "너는 선민이야(You are a chosen people)"라고 말하면 그들은 전율할 듯 몸을 부르르 떨며 좋아한다고 한다. 그만큼 이스라엘 사람들에게 있어 '선택된 백성'이라는 선민사상은 그들의 정체성의 근간을 이룰 뿐만 아니라 그들이 당한 수천 년의 고난의 역사 속에서도 살아남을 수 있었던 원동력이 되었다. 이스라엘이 이 같은 선민사상을 갖게 된 것은 언제부터이고 그 내용은 무엇일까?

이스라엘이 선택을 받았다는 선민사상은 구약에서는 언제나 '하나님의 백성'이라는 사상과 관련을 맺고 있다(신 7:6; 14:2). '선택'과 관련된 대표적인 히브리 용어는 '바하르(בָּחַר)'이다. 이 용어는 전승 가운데 비교적 후대에 속하는 신명기에 와서 처음으로 사용되었다. 땅의 모든 민족 가운데서 선택에 관해 말할 수 있는 위치에 있는 민족은 오직 이스라엘뿐이다(암 3:2).

선택사상에는 몇 가지 이스라엘 신앙의 기본적인 요소가 들어 있다. 첫째, 하나님이 이스라엘의 운명의 주인이시다. 둘째, 이 선택에는 하나님의 절대적인 사랑이 기초가 되었다. 셋째, 이스라엘은 이 사랑에 응답하여 그 책임을 다해야 한다. 그리고 책임을 다하지 못할 때는 벌을 받아야 한다. 이러한 기본적인 요소를 보여주는 대표적인 구절로는 신명기 7: 6-11이다.

여기 나타난 '선민사상'은 하나님과 맺은 언약을 충실히 지킬 것을 이스라엘에게 요구하고 있는데, 그에 대한 근거는 이스라엘이 다른 백성과는 다르게 '하나님의 성민'이기 때문이다. '선민→언약민→성민', 이 세 구슬은 한 줄에 꿰어져 하나님과 이스라엘과의 특별한 관계를 나타내며 이스라엘이 '하나님의 백성'임을 밝혀주고 있다.

2) 언약민(言約民, Covenantal People)

하나님의 백성으로서의 이스라엘은 선민인 동시에 언약민이다. 언약민으로서의 이스라엘을 다루기에 앞서 먼저 '언약('계약'이라고도 함)'이 무엇인지 살펴보자. 성경이 구약과 신약으로 되어 있다고 말할 때 구약(舊約)은 '옛 언약'이란 뜻을, 신약(新約)은 '새 언약'

이라는 뜻을 갖고 있다. 성경은 '언약(言約)의 책'이고, 그런 의미에서 '언약'(이 낱말은 구약에 283회나 나타남)이라는 용어는 신구약성경을 꿰뚫는 가장 중요한 용어라고 말할 수 있겠다.

선민 이스라엘은 언약을 지키고 이행할 책임을 부여받았다. 선민사상은 하나님과 이스라엘과의 언약관계를 기본적인 전제로 하고 있는데, 이스라엘 역사에서 확인될 수 있는 전 민족적인 언약관계는 시내산에서 모세가 하나님께로부터 받은 십계명 사건에서부터 시작한다고 할 수 있다. 비록 그 이전에도 아브라함이나 이삭, 야곱 또는 요셉 등 족장들의 개별적인 신앙 체험을 통해 하나님과 언약을 맺기는 했으나, 이스라엘 민족 전체의 사건으로 언약이 맺어진 것은 시내산 사건에서부터라고 할 수 있다.

> "세계가 다 내게 속하였나니 너희가 내 말을 잘 듣고 내 언약을 지키면 너희는 모든 열국 중에서 내 소유가 되겠고, 너희가 내게 대하여 제사장 나라가 되며 거룩한 백성이 되리라 너는 이 말을 이스라엘 자손에게 고할지니라" (출 19:5-6).

이 같은 시내산 언약은 이스라엘 민족 전체가 하나님의 백성으로서 야웨와 맺은 최초의 언약이라고 말할 수 있다. 이 언약관계는 시내 광야로 출애굽한 모세 시대의 사람들에게만 해당되는 것은 아니다. 이스라엘은 항상 이 언약을 갱신하면서 신명기 시대(신명기가 편집된 주전 7-6세기)인 '오늘(신명기에는 이 낱말이 72구절 나타난다)' 자신들에게 주신 것으로 믿었다.

> "우리 하나님 여호와께서 호렙산(시내산)에서 우리와 언약을 세우셨나니, 이 언약은 여호와께서 우리 열조와 세우신 것이 아니요 오늘날 여기 살아 있는 우리 곧 우리와 세우신 것이라"(신 5:2-3).

이스라엘은 하나님 앞에서 '당신의 백성'이라는 의식을 가지고 하나님과 밀접한 인격적인 관계를 유지하였다. 이런 개인적인 관계를 호세아에서는 부부관계(호 2:19-20)로, 예레미야에서는 부자관계(렘 31:9)로 표현했다. 이렇게 인격관계로 표현된 하나님과 이스라엘의 관계는 신학적인 착색을 하여 '거룩한 백성'인 성민(聖民)으로 발전한다.

3) 성민(聖民, Holy People)

구약에서 '거룩(holyness)'이란 말은 '구별(separation)'의 의미를 갖는다. 즉 어떤 것에 속하지 않은 채 분리된 상태를 '거룩'이라고 할 수 있다. 보다 쉽게 말하자면 이 세상에 속하지 않고 '하나님에 속한 것(상태)'을 '거룩'이라고 말할 수 있겠다. 이스라엘은 '하나님의 소유'라는 뜻에서 '거룩한 백성'이다. 신명기 기자는 '하나님의 소유'를 "거룩한 백성"(신 7:6), "기업의 백성"(신 14:2), "보배로운 백성"(신 26:18)을 사용하였다. 하나님께 성별되어 바치는 제물들이 하나님의 소유물이 되고 하나님이 기뻐하시는 바가 됨과 같이 이스라엘은 하나님께 속한 백성이다.

고대 근동에서 하비루(히브리)였던 자들을 하나님께서 은혜로 부르시어 선택하셨기에 그들은 '하나님의 백성'으로 '선택된 백성(선민)'이요, '언약의 백성(언약민)'이요, '거룩한 백성(성민)'이 되었다(출 19:5-6; 레 20:24-26; 신 7:6-8; 암 3:1-2; 시 118:22-23). 이스라엘이 하나님의 백성이 된 것은 은총이자 특권이다. 특권에는 동시에 책임이 따른다. 따라서 이스라엘은 이제 하나님의 백성(선민, 언약민, 성민)답게 살아야 한다.

그러면 어떻게 사는 것이 '하나님의 백성'답게 사는 것일까? 그것은 토라(Torah)에 대한 순종과 실천(신 8:11-20)에서 찾을 수 있다. 토라는 다양한 별칭이 있다(율법, 규정, 증거, 교훈, 계명, 말씀, 명령, 법, 훈계, 규례 등등). 토라의 기초가 되는 십계명(출 20장, 신 5장)은 후에 613개의 계명(긍정 248개, 부정 365개)으로 확대되었으며, 이것은 "248개의 몸마디를 가지고 1년 365일 하루도 빠짐없이 다 지켜라"는 의미를 가진다.

이제 하나님의 백성인 이스라엘에게는 두 가지 길 앞에서 선택과 결단을 해야 한다. 그것은 토라에 순종하는 생명과 복된 삶이냐, 토라에 불순종하는 사망과 저주의 삶이냐이다(신 11:26-32; 28:1-14; 30:15-20; 시 1편). 그리고 바로 여기에 구약의 예언자들이 이스라엘에게 끊임없이 하나님께로 돌아오라(회개)고 외쳤던 까닭을 발견할 수 있을 것이다(신 30:1-3; 겔 18:30-32).

(2) 신명기(Deuteronomy)

신명기 신학

1. 신명기에 나타난 '거룩한 전쟁(聖戰)'

1) 이슬람의 성전(聖戰)인 '지하드'

신명기의 '거룩한 전쟁'에 대한 논의를 하기에 앞서 먼저 이슬람의 성전(聖戰)인 '지하드(jihad)'에 대해 살펴보자. 2001년 9월 11일 뉴욕의 세계무역센터와 워싱턴의 국방부 건물(Pentagon)이 폭파를 당하는 대(大) 테러사건 이후 전 세계는 이슬람(Islam, 아랍어로 '굴복' 혹은 '순종'을 나타내는 말로 '알라(Allah)에게 복종한다'는 뜻) 혹은 무슬림(Muslim, 아랍어로 '하나님께 전적으로 굴복한 사람'이란 뜻으로 이슬람교를 믿는 신도를 일컬음)에 대한 관심을 고조시켰다. 이슬람 전사(戰士) 혹은 무장(武裝) 이슬람 게릴라를 '무자헤딘(Mujahedin)'이라 한다. 아랍어 단어 '지하드(jihad)'는 동사 '자하다(jah ada)'의 동명사로 '정신 및 육체적으로 최선을 다해 노력함'이란 의미를 갖고 있다. 이렇듯 지하드는 원래 '일정한 목적을 달성하기 위한 분투나 노력'을 뜻하지만, 예로부터 '이교도(異教徒)에 대한 전쟁'으로 해석되어 왔다.

'코란(꾸르안)'에서 지하드는 이슬람교도의 중요한 의무라고 규정되어 있으며, "'이맘'(이슬람 교단의 지도자)이 명령을 내리면 성년이 된 남성 교도라면 누구든 지하드에 참가해야 한다"라고 규정되어 있다. 이슬람법에 의하면 지하드를 위해 싸우다 죽은 전사자는 '샤히드(shahid)', 곧 순교자(殉教者)가 되어 천국에서 특별한 대우를 받는다고 한다. 이슬람 세계를 위협하는 이교도, 우상숭배자나 다신교도(多神教徒) 등은 이슬람교도로 개종할 때까지 지하드의 대상이 된다. 이슬람의 '지하드'에 대한 기원은 구약, 특히 신명기와 신명기 역사서(수–왕하)에 나타난 '거룩한 전쟁'까지 거슬러올라간다. 그렇다면 과연 '거룩한 전쟁'은 무엇이고 이것이 어떻게 '지하드'와 관계가 있는지 살펴보자.

2) '거룩한 전쟁'의 내용

고대에는 전쟁이 종교적인 행위와 결부되었다. 고대의 전쟁은 넓은 의미에서 어느 것이나 거룩한 전쟁, 곧 성전(聖戰)이었다(이슬람의 성전[聖戰]인 지하드도 마찬가지). 이스라엘의 전쟁은 언제나 '거룩한 것'이라고 생각되었으나, 점차 이런 신성한 성격이 소멸되고 세속화되었다(마카비 전쟁은 생존투쟁이었다).

거룩한 전쟁의 선포는 "야웨께서……를 너희 손에 넘겨주셨다"는 형식을 띠고 있다(수 2:24; 6:2,16; 8:1,18; 10:8,19; 삿 3:28; 4:7,14; 7:9,15; 18:10; 20:28; 삼상 14:12; 17:46; 23:4,5; 26:8; 왕상 20:28 등). 예를 들면 신명기 2:24을 보자. "너희는 일어나 행진하여 아르논 골짜기를 건너라 내가 헤스본 왕 아모리 사람 시혼과 그의 땅을 네 손에 붙였은즉 비로소 더불어 싸워서 그 땅을 얻으라." 여기에서 우리는 승전(勝戰)의 확신이 다만 말씀에 기초하고 있음을 확인할 수 있다. 그리고 그들은 언약궤(법궤)를 통해 야웨께서 전장(戰場)에 임재하고 계심을 알았다(민 10:35–36; 수 6:6–13; 삼상 4장; 삼하 11:11).

전투가 벌어지면 야웨께서 친히 그들 앞에 나아가신다고 그들은 믿었다(신 20:4; 수 3:11; 삿 4:14; 삼하 5:24 등). 예를 들면 신명기 1:30을 보자. "너희 앞서 행하시는 너희 하나님 여호와께서 애굽에서 너희를 위하여 너희 목전에서 모든 일을 행하신 것같이 이제도 너희를 위하여 싸우실 것이며." 바로 이러한 전쟁이 '야웨의 전쟁'이다(삼상 18:17; 민 21:14). 이스라엘의 적은 곧 야웨의 적이며(삿 5:31; 삼상 31:26), 전투는 오직 야웨께서 하시는 것이다(출 14:4,14,18; 신 1:30; 수 10:14,42; 11:6; 23:10; 삿 20:35; 삼상 14:23 등).

야웨께서 이렇게 친히 싸우신다는 사실은 적군들에게 주는 영향도 크지만 무엇보다 이스라엘의 사기를 북돋우는 데 결정적인 역할을 해내었다. 곧 이스라엘은 두려워할 것이 아니라 다만 믿기만 하라는 것이다(출 23:27; 신 7:23; 수 10:10,11; 24:7; 삿 4:15; 7:22; 삼상 5:11; 7:10; 14:15,20 등). 예를 들면 신명기 20:3-4을 보자. "그들에게 이르기를 이스라엘아 들으라 너희가 오늘날 너희의 대적과 싸우려고 나아왔으니 마음에 겁내지 말며 두려워 말며 떨지 말며 그들로 인하여 놀라지 말라. 너희 하나님 여호와는 너희와 함께 행하시며 너희를 위하여 너희 대적을 치고 너희를 구원하시는 자니라 할 것이며." 한 마디로 "하나님께서 우리와 함께 하신다(임마누엘, 사 8:8,10; 마 1:23)"는 것이다. 그러니 두려워하지 말라! 겁내지 말라! 믿기만 하라!는 것이다.

야웨께서 직접 전투에 간섭하신다는 것은 거룩한 전쟁에서 뺄 수 없는 요소이다(출 23:27; 신 7:23; 수 10:10,11; 24:7; 삿 4:15; 7:22; 삼상 5:11; 7:10; 14:15,20 등). 그러므로 전쟁의 승리는 야웨의 손에 달려 있다. 즉 야웨가 친히 오셔서 도우신다는 것이다(삿 5:23). 그리고 이 전쟁의 절정(絶頂)은 전리품에 대한 금령에 있다. 이를 '헤렘(Herem)법', 곧 '진멸법' 혹은 '멸절법'이라고 한다(민 21:2; 신 7:2; 20:16,17; 수 6:18; 7:1; 8:2; 삼상 15:1-23 등). 신명기 2:34을 보자. "그 때에 우리가 그 모든 성읍을 취하고 그 각 성읍을 그 남녀와 유아와 함께 하나도 남기지 아니하고 진멸하였고." 이러한 진멸법을 위반했을 때에는 가차 없는 처벌을 피할 수 없다(아간의 예[수 7장], 사울의 예[삼상 15장]).

이스라엘에서 성전의 성격이 최초로 명백하게 나타난 곳은 '드보라와 바락 이야기'(삿 4-5장), '기드온의 삼백 용사'(삿 7장), '블레셋과의 전쟁'(삼상 14:6-23) 등이다. 하지만 왕정이 들어서자 상비군, 용병 등이 나타나게 되었고, 이로 인해 전쟁이 근원적으로 거룩한 것이라는 성격은 점차 사라졌다. 이제는 신(神) 야웨의 전쟁이 아니라 인간 왕(王)의 전쟁으로 그 성격이 바뀐 것이다(삼상 8:20). 예언자들은 '예언자적 종말론(prophetic eschatology)'의 핵심으로 '야웨의 날'(암 5:18-20; 사 13:6-8; 34:1-8; 겔 30:1 이하; 7:5-12; 욜 1:10; 2:1-11; 습 1:7-18; 렘 46:5-10 등)을 선포했는데, 이 '야웨의 날'은 '전쟁의 날'로써 '거룩한 전쟁(야웨의 전쟁)'과 관련된다.

2. 쉐마(Shema, שְׁמַע)

히브리어 '쉐마'라는 말은 '들으라'는 뜻으로 신명기 6:4("들으라 오 이스라엘이여")에서 따온 말이다. 신명기 6:4-5은 율법의 대강령이 무엇인지 잘 요약해 주고 있다. 그것은 곧 하나님 사랑이다. 이에 속하는 본문(신 6:4-9)을 '쉐마 본문'이라고 한다. 이 쉐마 본문은 인간이 하나님의 말씀에 귀기울이며 그분께 순종함이 마땅함을 교훈하고 있다.

유대 전승에 의하면 쉐마 본문은 본래 신명기 6:4만을 가리켰다고 한다. 그러다가 점차 신명기 6:4-9로 확대되었고, 후대에는 제2부(신 11:13-21)와 3부(출 13:2-16 또는 민 15:37-41)가 추가되었다. 신 6:4의 '들으라'는 말은 단지 듣는 행위 자체만 의미하는 것이 아니라 순종의 뉘앙스를 강하게 풍기는 말이다. 듣고 순종하여 지키라는 포괄적 의미가 숨어 있다. 우리말의 '청종(聽從)'에 해당하는 말이다(출 15:26; 16:20; 23:21-22; 레 26:14,18,21,27; 민 14:22; 신 4:30; 8:20; 11:13; 13:3-4; 26:1·4; 수 1:17-18; 5:6; 22:2; 24:24; 삿 2:2,17,20; 3:4; 6:10; 삼상 15:19-20,24; 28:21). "하나인 야웨시니"는 '야웨 하나님'의 절대적 유일성을 강조한다(고전 8:4-6). 여호와만이 참 신이심을 말한다.

신 6:5의 원문에는 '모든', '전체'를 의미하는 '콜(כָּל)'이라는 수식어가 마음과 성품과 힘 앞에 모두 붙어 있다. 하나님은 우리가 두 마음이 아니라 한마음, 곧 전심으로 온 힘을 다하여 사랑하기를 원하신다(약 1:6-8; 행 20:24; 마 16:24).

유대인들은 신명기 6:7에 의거하여 매일 아침저녁으로 쉐마 본문을 암송하는 예식을 창안해 내었다. 그리고 쉐마 본문을 기록한 양피지를 네모난 작은 상자에 담아 이마와 손목에 단 채 기도하는 의식을 만들었다. 이것을 소위 '경갑(phylactery)'라고 하는데, 신명기 6:8에 의거한 것이다. 이러한 의식들은 쉐마 본문이 여호와 신앙의 근본이자 유대교 최고의 신앙고백으로서 항상 명심해야 할 내용이었음을 증거해 준다. 역사상 수많은 유대인들이 박해받아 죽어가는 가운데서도 이 쉐마 본문을 외웠던 까닭이 여기에 있다. 더욱이 예수를 시험하려는 의도에서 한 율법사가 "율법 중 가장 큰 계명이 무엇이냐"고 질문하였을 때 예수께서 논쟁의 여지조차 없는 쉐마 본문을 제시하였던 사실은 참으로 의미심장하다(마 22:34-40).

3. 약자보호법

이스라엘의 율법집들은 이구동성으로 약자들에게 관심을 기울이고 있다. 그것은 모세라는 인물과 출애굽이라는 해방의 체험에 긴밀히 연결되어 있다. 이스라엘은 자신들이 이집트에서 빈자(貧者), 이방인(異邦人), 노예(奴隷)였다는 엄연한 사실을 잊지 말아야 하며, 이것 때문에 이스라엘은 소외되고 억눌린 약자들에게 정성과 사랑을 기울여야 하는 의무가 있다. 이 같은 해방신학적 동기가 이스라엘 법정신의 근간이 되었다. 하지만 이스라엘의 율법의 집대성이 모두 출애굽과 모세 시대의 산물은 아니다. 출애굽의 정신은 모세의 탈출애굽의 사건 이후의 상황에도 언제나 새로운 활력을 불어넣었다고 말해야 한다. 따라서 출애굽의 정신은 이스라엘 전 역사를 꿰뚫는 해방신학적 태도가 아닐 수 없다.

이스라엘에서 법은 약자들의 권리를 보장해 주는 성격이 매우 강하다. 고대근동의 법은 왕이 법의 제정자이고 선포자이지만, 이스라엘에서 입법자는 항상 야웨이고 왕도 법률을 복사하여 소지하고 엄격히 지켜야 했다(신 17:14-20; 삼상 8:11-18). 이스라엘이 초기 평등사회(사사시대)를 포기하고 왕정을 받아들이기는 하였지만 그것은 왕권을 법에 의해 제한하는 '법에 의한 왕정'이었다. 이 법은 계급사회의 법이면서도 평등적 성격이 두드러지게 나타난다. 초기 평등사회를 떠받들고 있던 야웨는 이제 왕정 아래서도 약자의 권익을 보호하기 위한 법의 하나님으로 나타난다.

구약의 율법들은 오경 중에서도 주로 4개의 주요 법전인 계약법전(출 20:22-23:19/ 가나안 정착기인 주전 12세기경), 신명기법전(신 12-26장/ 요시야 통치 이전인 주전 8세기경), 성결법전(레 17-26장/ 바벨론 포로기인 주전 6세기경), 제사법전(출 25-민 10장 / 바벨론 포로 후기인 주전 6-5세기경), 그리고 십계명(출 20:1-17; 신 5:6-21) 등에 나타난다. 이러한 구약의 율법들은 평등한 사회를 지켜나가고 유지하는 기능을 하고 있으며, 경제적 기반을 잃고 이 평등사회에서 이탈되어 나가는 '사회적 약자들(히브리들)'을 다시 평등적 구조 안으로 복귀시키려는 노력의 결실이다.

§ 구약성경의 법전들 비교 §

구 분		계약법전	신명기법전	성결법전	제사법전
추 수 법			신 23:24–25; 24:19–22	레 19:9–10; 23:22	
십 일 조			신 14:22–29; 26:12–15		레 27:30–33; 민 18:25–32
종교적 절기			신 16:11–17; 26:11		
빈자가 드리는 제물					레 12:8; 14:21; 27:8
재판법	공정한 재판	출 23:1–7	신 16:19–20	레 19:15	
	뇌물	출 23:8	신 16:19; 27:25		
	거짓 증언	출 20:16	신 5:20; 19:16–21	레 19:12	
품삯을 주는 법			신 24:14–15	레 19:13	
채권/채무관계	빈자에게 이자 면제	출 22:25	신 23:19–20	레 25:35–38	
	저당	출 22:26–27	신 24:6, 10–13, 17		

4. 사회적 약자의 권리 회복을 위한 보호법

1) 노예해방법

노예제도는 고대근동에 널리 통용된 제도였다. 노예는 엄격히 말해서 '물건'이었다. 노예는 노역용으로 빌려주기도 하고, 담보로 제공하기도 했으며, 지참금의 일부로 넘겨주기도 했다. 여자 노예는 일상노동 외에는 성적 유희의 대상으로, 그리고 새로운 노예 자원을 생산하는 도구로 이용되기도 했다. 노예가 불구가 되거나 살해되었을 때, 그 손실에 대한 보상은 상전이 받게 되어 있다. 노예 자신은 피해 당사자로 인정되지 않는다. 또한 노예가 낳은 자식은 당연히 주인의 소유가 되었다(출 21:4).

그러나 구약의 법 규범에는 고대의 이러한 '소유권' 사상 속에 '노예의 인간성'을 인정하는 사상이 침투되어 들어간다. 매질을 당해서 종이 불구가 되면 사지를 잃은 대가로 종에게 자유를 주어야 한다(출 21:26-27). 만약 매질로 인하여 종이 즉사하면 상전은 처벌을 받아야 한다(출 21:20-21). 더 나아가 성경은 노예제도를 인정하기는 하지만 노예해방을 제도적으로 규정하고 있다.

2) 안식년, 면제년, 희년

(1) 안식년(安息年): 안식년은 '제 7년'이라고 표현되고(출 23:11; 느 10:31), 성결법전에서는 '땅의 안식년'이라고도 불렀다. 안식년에는 남자 노예들을 해방하고 땅의 사용을 중단했으며, 저절로 자란 곡식을 주인이 거두어서는 안 된다. 그 이유는 가난한 사람들(출 23:11)과 집에 머무는 남종과 여종, 품꾼과 식객까지 모두 먹여 살리기 위한 것이다(레 25:6). 그러고도 남은 것은 땅에 사는 모든 짐승의 차지가 된다. 레 26:35,43(비교 대하 36:21)에 나타난 전승에 따르면 유대인들이 유랑지로 끌려간 후에야 비로소 이스라엘 땅이 안식을 누릴 수 있었으며, 그들이 망한 것은 안식일-안식년법을 범한 죄값임을 말한다. 안식년이 역사적으로 실행된 예로, 포로 후기 느헤미야의 개혁 중 하나가 안식년 준수의 강력한 시행이었다(느 10:31). 또한 헬라시대인 주전 163-162년경에는 전쟁 중에 유대인들의 양식이 떨어졌는데, 그 해가 "대지에 허용된 안식년이었기 때문"(마카비상 6;49,53)이라고 증언한다.

(2) 면제년(免除年): 계약법전의 '제7년'을 신명기 저자는 '면제년'이라고 불렀다. 신명기 법전은 이스라엘 사람이 동족에게 진 빚을 탕감해 주는 이스라엘 초기 평등사회의 민족적 제도를 안식년과 연결시킨다. 이 법은 모든 부채의 소멸을 고대의 전문적 용어인 '스미타(smita, 중지하다)'를 사용하여 표현함으로써 과거의 토지 휴식을 인간적인 휴식과 연결시켜 채권자가 빚을 탕감함으로 채무자를 모든 의무에서 해방시켜 주도록 명령한다(신 15:1-15). 또한 부채 상환을 목적으로 노예생활을 하던 자들도 해방되었다(신 5:12-18).

신 15:7-11은 면제년이 정기적으로 돌아왔다는 것을 암시한다. "안식년, 곧 면제년이 곧 돌아온다고 스스로 말하면서 가난한 형제에게 꾸어주는 것을 거절해서는 안 된다"고 한다. 또한 신 31:10은 "7년마다, 곧 면제년으로 정해진 시점에서" 율법을 낭독하도록 하여 면제년의 주기적인 성격을 증언한다. 면제년이 역사적으로 실현된 예는 시드기야의 노예해방령(렘 34:8 이하)인데, 이는 확실히 신 15:12 이하와 관련이 있다.

(3) 희년(禧年): '희년의 해'(레 25장; 27:18,23-24) 또는 단순히 '희년'(레 25장; 민

36:4)이라는 특수한 명칭은 분명히 요벨(yobel), 즉 '수양의 뿔'이라는 단어에서 유래되었다(출 19:13; 수 6:5). 요벨은 제사장만 가지고 다니며 불었고, 쇼파르(sopar)는 일반 백성이 가지고 불었다. 여느 해의 시작은 쇼파르의 나팔소리에 의해 선포되었고, 희년은 요벨의 소리로 선포되었다. 이것은 '온 땅이 모든 주민에게 자유'를 선포하는 '큰 소리의 나팔'이었다.

희년은 안식년이 일곱 번(49년=7×7년) 지난 다음 해인 제50년이라는 설과 제50년은 사실은 49년이라는 설이 있다. 만 50년이라는 설은 50일력에 근거하고 있다. 이럴 경우 농경지는 연속적으로 2년이나 묵히는 결과가 되므로 실제로 실행하기 어려운 점이 있다. 레 25:8-10에 의하면 제50년이 시실은 제49년이라고 한다. 곧 희년이 바로 일곱 번째로 맞는 안식년이라는 것이다. 즉 만 49년은 50년째의 해가 된다는 것으로 설명될 수 있다(마치 한국의 나이 계산법과 같이 셈함). 실제로 예수님이 만 2일 만에 부활했으나 '사흘'이라고 하는 것과 같다. 이러한 예는 신 16:9에서 오순절을 '7주간'이라고 하고 레 23:16도 같은 식의 계산을 한다. 희년의 주기는 이스라엘의 특수한 역사적 경험에서 유래했을 가능성도 있다. 유다는 주전 587년에 멸망하여 538년 고레스 칙령에 의해 해방을 얻었다. 이것은 꼭 만 49년 후, 즉 50년째의 해방선언이었다.

희년은 전국의 모든 주민들에게 해방(석방)을 안겨주었다. 농경지들은 묵혀 두었다. 누구나 자기의 상속 재산을 되찾게 되었다. 매각되었던 농토와 집들이 본래의 소유자에게로 되돌아갔다. 이러한 '은혜의 해'(사 61:1)의 선포는 예수님의 공생애의 시작에서 자신의 사역 내용을 설명하는 핵심이 된다(눅 4:18-19). 예수 자신의 임무는 희년의 선포였고, 지금 그의 사역 전체는 희년의 선포를 현실화한 것으로 볼 수 있다. 예수님은 본문의 내용이 지금 여기서 이루어졌다고 선포한다(눅 4:21). 사람들은 희년법을 지키지 않았지만 하나님은 아들을 보내면서 그 법을 다시 선포하고 성취시키셨다.

§ 약자들의 권리 회복을 위한 사회적 규범 §

노예 관계법					
구 분	계약법전	신명기법전	성결법전	제사법전	기타 관계구절
노예 판매	출 21:7,8				
노예 해방	출 21:2-4,26,27	신 15:12-15,18	레 25:10, 39-43. 47-55		
노예의 속전			레 25:47-55		
도망간 노예		신 23:15-16			
상해에 대한 벌	출 21:20,21,26,27				
종교적 특전		신 12:12,18; 16:10,11		출 12:43,44	
이스라엘 노예 이방인 노예			레 25:39,40, 43-46		
영원한 종	출 21:5,6	신 15:15,16			
안식년, 면제년, 희년					
안 식 년	출 23:10,11		레 25:1-7		대하 36:21; 느 10:31; 마카비상 6:53
면 제 년		신 15:1-10			렘 34장
희 년			레 25:8-55		사 61:1-2; 겔 46:17

5. 산당(山堂, high place)

1) 산당: 히브리어 '바마(בָּמָה)'에 대한 번역으로 문자적으로는 '높은 곳'을 뜻하는데, 이렇듯 높은 곳에 산당을 세운 것은 하늘에 보다 가까이 접함으로써 자신이 예배하는 신과 가까이할 수 있다는 당시의 이방 풍습에 기인한다. 성경에서는 이러한 산당을 이방 족속의 우상숭배의 장소(민 25:1-3; 33:52; 왕상 11:7; 왕하 23:5-19; 왕하 17:9; 대하 11:5; 32:12; ; 렘 19:5), 또는 예루살렘 성전 건립 전의 예배 처소(삼상 3:2-4; 왕상 3:4; 대하 33:17)로 기술하고 있다.

2) 단일 중앙성소: 신명기 12:1-21(5,11,14,18,21절)에는 이스라엘이 가나안 입성 후

지켜야 할 규례와 관련, 단일 중앙성소에 대한 언급이 나온다. 그것은 장차 가나안에서는 하나님께서 지정해 주신 장소에서 하나님을 섬겨야 한다는 것이었다. 이는 이스라엘이 가나안의 이방 풍습에 물드는 것을 방지하기 위한 일환이다. 이스라엘의 단일 중앙성소 개념은 성막(tabernacle)과 분리하여 생각할 수 없다. 이스라엘은 시내산에서 각종 제사제도와 규례를 받았는데, 그 규례에는 성막 제작에 관한 지시도 포함되어 있다(출 25-40장). 그에 의거하여 제작된 성막은 하나님께서 백성들과 함께 하신다는 임재의 상징으로서(출 25:8,25) 훗날 예루살렘 성전으로 대치되기까지 민족적 구심적 역할을 하였다.

그런데 이스라엘의 가나안 정복 사업이 완료되자 백성들은 성막 중심 생활에서 벗어나 전국 각지에 흩어져 살게 되었다. 그렇지만 여호수아는 실로(Siloh)에 성막을 안치하고 성소의 단일화를 꾀하였다(수 18:1-2). 실로는 엘리 제사장 때까지 그런대로 이스라엘 단일 중앙성소로서의 역할을 감당하였다. 그러나 아벡 전투시 블레셋에 의해 실로가 폐허로 변했으며, 법궤도 빼앗겼다. 그리하여 실로는 더 이상 종교적 구심적 역할을 수행하지 못했다.

한편 블레셋에 빼앗긴 법궤는 우여곡절 끝에 다시금 이스라엘로 되돌아와 다윗의 관심을 끌게 되기까지 기럇여아림에 방치되었다(삼상 7:1-2). 모세의 성막은 한동안 자취를 알 수 없다가 최종적으로 기브온으로 옮겨졌음을 확인할 수 있다(대상 16:39). 이 기간 동안 백성들은 종교적 구심점을 잃은 채 가나안 각 지방에 산재해 있던 산당에서 하나님을 예배하였다. 이는 필연적으로 여호와 유일신 신앙에 가나안의 다신교 사상 및 우상 숭배 풍습의 유입을 초래하였다.

이러한 배경 아래 훗날 왕위에 등극한 다윗은 순수한 여호와 신앙을 회복하는 것이 민족적 선결 과제임을 인식하였다. 그리하여 수도 예루살렘의 단일 중앙성소화를 목적으로 기럇여아림에 방치되어 있던 법궤를 예루살렘에 옮기고(삼하 6장), 그곳에 성전을 건축하려 하였다(삼하 7:1-29). 그러한 건축 계획은 솔로몬 때에 이르러 마침내 실현되었다(대하 3-7장). 이는 일면 이스라엘 단일 중앙성소에 대한 예언(신 12:1-14)의 진정한 성취라는 의미를 갖는다. 신명기의 단일 중앙성소 구절(12:5,11,14,18,21; 14:23,24; 16:2,6,11).

6. 모세의 죽음의 의미

신명기 34장에는 모세의 죽음에 관한 기사가 있다. 모세는 그가 그토록 염원하던 약속의 땅 가나안 복지에 들어가지 못하고 바로 그 직전에 모압 땅에서 죽고 만다. 민수기 20:1-13에는 그 까닭을 이렇게 밝히고 있다. 하나님께서 모세에게 반석을 "명하여" 물을 내라고 말씀하셨는데, 모세가 화가 난 나머지 이 말씀을 어기고 지팡이로 반석을 "두 번 내리쳤다"는 것이다. 이런 행동이 하나님의 진노를 사게 되어 결국 가나안 땅에 들어갈 수 없게 되었다는 것이다. 그런데 과연 그 일 때문일까? 사람을 죽이는 살인까지도 용서하시는 하나님께서 이런 작은 일로 하나님의 종 모세를 용서하지 못하신단 말인가? 여기에는 그와 다른 깊은 뜻이 담겨 있을 것이다.

모세의 죽음에 관한 기사(신 34:5-7)를 자세히 읽어 보면, 그는 나이 120세라지만 아직 죽을 정도로 기력이 쇠하지 아니하였으며, 그의 묘도 아는 자가 없다고 하였다. 그리고 모세오경은 모세의 죽음에 관한 기사로 끝나고 있다. 결국 모세 오경은 하나님께서 아브라함에게 약속한 땅의 약속(창 12:7)이 성취되지 못한 '미완성 드라마'로 끝나고 있는 것이다. 이는 모세 오경이 편집된 바벨론 포로기의 상황을 반영하는 것으로, 아직 땅을 회복하지 못한 상태, 즉 땅의 회복은 '희망사항'임을 보여주고 있다. 그리고 이 대목을 신앙의 안목으로 들여다보면 '출애굽의 지도자'는 '가나안의 정복자'가 될 수 없다는 깊은 뜻을 담고 있다.

모세가 모압 땅에서 죽지 않고 가나안 땅에 들어갔다면 어떻게 되었을까? 분명코 모세는 영웅으로 숭배되고 모세는 우상화(신격화)되어 모세의 종교가 세워졌을 것이다. 그러기에 하나님께서는 모세가 가나안 땅에 못 들어간다는 것을 기정사실화하고자 그 꼬투리 잡기로써 모세의 행동(민 20:1-13)을 문제 삼고, 그의 무덤조차도 어디 있는지 모르게 하셨던 것이다. 모세는 아무 흔적도 남기지 않고 역사의 무대에서 사라져 버렸다. 이것이 주는 메시지는 모세는 죽을 수밖에 없는 한 인간에 불과하며, 모든 영광은 하나님만이 받으셔야 한다는 것이다. 그리고 선구자와 성취자의 관계인 모세와 여호수아의 관계는 훗날 세례 요한과 예수 그리스도와의 관계의 모형이 된다('여호수아[히]'와 '예수[헬]'의 이름의 뜻은 '구원'임).

7. 신명기에 나타난 모세상과 4복음서에 나타난 새 모세 예수상

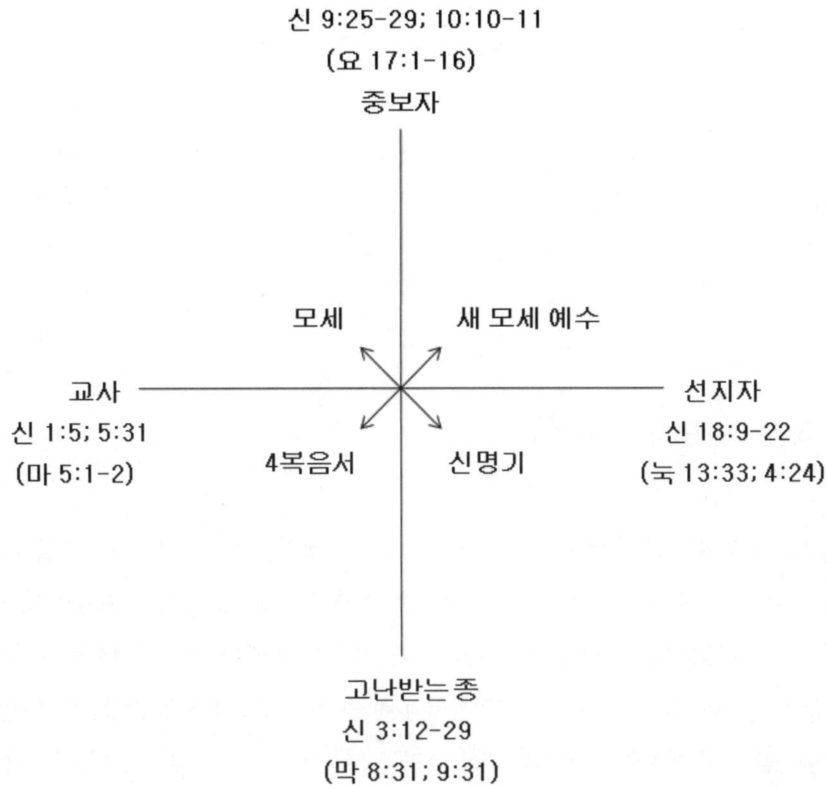

여호수아서(Joshua)

1. 역사서의 명칭 및 성격

'기독교 전통(칠십인역)'에서는 구약을 네 그룹, 즉 오경, 역사서, 시가서, 예언서로 구분한다. 역사서(historical books)는 구약의 두 번째 그룹의 책들로서, 여호수아서, 사사기, 룻기, 사무엘상하, 열왕기상하, 역대기상하, 에스라, 느헤미야, 에스더서를 가리킨다. 여호수아서는 구약의 두 번째 부분인 역사서의 첫 번째 책으로 그 책의 중심인물인 여호수아의 이름을 따서 책명으로 삼았다. 기독교 전통에서 '역사서'라고 부르는 책들을 '히브리 전통(MT)'에서는 '전기 예언서(Former Prophets)'라고 부른다. 즉 여호수아서, 사사기, 사무엘서, 열왕기서를 '전기 예언서'라고 부른다(이사야, 예레미야, 에스겔, 12소선지서를 '후기 예언서'라고 부른다). 또한 히브리 전통에서는 기독교 전통에서 역사서로 구분된 책들 가운데 '역대기, 에스라-느헤미야, 에스더서'를 떼어내어 성문서로 분류하고 있다.

히브리 전통에서 역사서를 '전기 예언서'라고 부르는 까닭은 무엇일까? 히브리어 성서 기자가 이스라엘의 가나안 땅 정착에서 이스라엘의 흥망성쇠에 이르는 역서서(여호수아서-열왕기서)를 예언서로 간주하는 까닭은 이렇게 설명할 수 있다. 오경은 신정사회(神政社會), 즉 이스라엘의 하나님 여호와가 이스라엘 민족공동체를 직접 다스리시는 사회를 강하게 희구하고 있다. 그러나 사무엘서-열왕기서를 보면 그 꿈이 무너지는 것을 보게 된다. 구약의 역사서가 보여주는 이스라엘 사회는 군주(왕)가 이스라엘 사회를 통치하는 사회, 즉 왕궁이 있고, 왕궁에 의해서 유지되는 종교(성전)가 있던 왕정국가이다. 하나님이 아닌 인간이 왕좌에 앉아 하나님의 백성 공동체를 좌지우지하고 있다. 여기에서 역사서가 예언서로 자리매김하는 이유가 파악된다. 인간이 왕이 되어 이스라엘을 다스렸던 시절을 비판한 책들이 예언서이다. 이스라엘 왕국사는 하나님을 대신하여 인간이 이스라엘의 왕이 되어 다스리던 사회, 그러다가 결국 나라를 잃고 말았던 이스라엘의 비극을 고발한다. 그러기에 이스라엘 왕국사는 예언서의 구실을 한다. 단순히 이스라엘의 왕조들을 비판했던 초기 예언자들의 활동이 담겨 있어서 전기 예언서가 아니다. 토라(오경)는 이스라엘 사회답게 사회를 하나님의 통치가 이루어지고, 그 속에서 평등했던 사회를 증언한다. 전기 예언서에 속하는 책들은 왕의 통치와 그 속에서 이스라엘이 겪어야 했던 불평등 사회를 고발한다. 신정사회와 군주사회의 대비! 평등 사회와 불평등 사회의 대립! 이것이 토라를 뒤이은 여호수아서, 사사기, 사무엘서, 열왕기서를 예언서로 편성시킨 히브리 정경상의 의미이다.

2. 신명기(신명기 사가) 역사

구약에는 이스라엘 역사에 관한 두 종류의 역사 기록이 보존되어 있다. '신명기 역사(Deuteronomistic History)'와 '역대기 역사(Chronicler's History, 역대기상하, 에스라-느헤미야)'가 그것이다. 신명기 역사는 여호수아서로부터 시작해서 사사기, 사무엘상하, 열왕기상하까지 6권의 역사책을 말한다. 이 역사를 '신명기 역사'라고 부르는 이유는 이들을 기록한 역사가가 신명기서에 나타난 신학적 입장에 따라 이스라엘 역사를 해석하고 기술했기 때문이다. 이 역사는 약속의 땅에 들어온 때부터 바벨론 포로로 잡혀가기까지의 역사이다.

1) 신명기 역사 전체를 통해서 흐르고 있는 신학적 주류는 신명기 신학이다. 신명기 신학은 신앙의 순수성을 강조하며, 토라(Torah)에 대한 순종은 축복을, 불순종은 징벌을 가져온다는 공식을 내포하고 있다. 이러한 공식은 이스라엘 역사를 해석하는 중요한 열쇠가 되고 있다. 이러한 신학적 사관에서는 이스라엘 역사의 흥망성쇠의 과정을 모두 토라

에 대한 순종과 불순종, 그리고 그에 따른 하나님의 축복과 징벌의 결과로 해석한다.

2) 신명기 사가는 이러한 공식에 두 가지 요소를 더 첨가한다. 그것은 '이스라엘의 회개'와 '하나님의 구원'이라는 측면이다. 이스라엘이 하나님께 불순종했을 때(죄), 하나님은 이들을 징벌하신다(징벌). 이때 이스라엘이 그들의 잘못을 깨닫고 회개하면(회개), 하나님은 징벌을 거두시고 그들을 구원해 주신다(구원). 이러한 4단계의 역사과정(죄-징벌-회개-구원)은 신명기 사가의 역사해석의 기본구조가 된다(삿 3:7-11 참조).

3) 이러한 사관은 이스라엘이 역사적으로 위기를 당했을 때(하나님의 징벌) 이스라엘의 회개를 촉구하고(회개), 하나님의 구원(구원)을 대망하는 희망의 근거가 되었다.

3. 사경(四經), 오경(五經), 육경(六經)

1) 육경(헥사튜크, Hexateuch)

오경에다가 여호수아서를 포함한 6권의 책을 '육경'이라고 부른다. 구속사 신학을 주장한 독일학자 폰 라드(G. von Rad, 1901-71)는 '육경설'을 주장했는데, 그 근거는 다음과 같다. 폰 라드는 이스라엘 민족이 예배드릴 때마다 낭송했던 자신들의 신앙고백을 짧은 '역사신조(historical creed)'라 부르며, 신명기 26:5-9이 이에 해당한다고 말하고 있다. 이 구절을 곰곰이 살펴보면 첫째, 족장들의 세상살이, 둘째, 출애굽 사건, 셋째, 가나안 땅 정착의 드라마가 간략하고도 아주 정확하게 요약되어 있다는 것이다. 그리고 이 세 항목을 하나로 엮는 얼개는 바로 '땅'이다. 즉 역사신조의 주제는 결국 '땅 이야기'라는 것이다. 이스라엘 민족 이야기의 서두인 아브라함 이야기는 가나안 땅과 그 땅에 거할 위대한 민족의 형성이라는 약속으로부터 출발한다(창 12:1-3).

'땅에 대한 약속'의 주제는 이스라엘 민족의 서사시를 이해하는 중요한 열쇠가 된다. 하나님의 구속 역사는 '땅에 대한 약속'을 근간으로 이루어진다. 땅에 대한 약속과 그 약속의 성취라는 도식이 바로 그것이다. '약속과 성취'라는 구조로 구약성서를 읽는다면, 구약성서는 '땅 없는 자들이 땅을 차지하는 이야기'와 '땅을 차지한 자들이 다시 땅을 잃어가는 이야기'로 읽을 수 있게 된다. 전자가 창세기에서 여호수아서까지라면, 후자는 여호수아서에서 열왕기하까지이다. 이처럼 땅에 대한 약속과 그 약속의 성취는 이스라엘 신앙의 핵심이다. 구약성서 학자들의 말을 빌리자면 약속의 성취라는 구속사의 감격과 심판의 도구로서의 땅! 바로 땅을 중심으로 한 약속과 성취의 구조에서 구약성서를 읽을 때, 창세기에서 여호수아서까지 하나의 단위로 묶여질 수 있다. 폰 라드의 육경설은 바로 이러한 근거에서 주장된 것이다.

2) **사경(테트라튜크,** Tetrateuch)

오경에서 신명기를 제외한 4권의 책을 '사경'이라고 부른다. 폰 라드가 땅에 대한 약속과 성취라는 관점에서 '육경설'을 주장했다면, 폰 라드와 동시대에 살았던 구약학자 마르틴 노트(M. Noth, 1901–68)는 전승사적 관점에서 '사경설'을 주장하였다. 노트에 의하면 오경의 마지막 책인 신명기(Deuterronomy)는 그 뒤에 등장하는 일련의 책들, 즉 전기예언서에 해당하는 6권의 책(여호수아서–열왕기하)을 이끄는 서론(기관차)의 역할을 한다는 것이다. 노트는 신명기 뒤에 따라오는 일련의 6권의 책들을 신명기에 나타난 신학적 관점에 따라 서술된 역사서라는 뜻에서 '신명기 역사서'라고 불렀고, 이 역사서를 편집한 사람들을 '신명기 사가(Deuteronomist)'라 불렀다. 이런 의미에서 노트의 '신명기 사가'의 논의는 사경(창세기–민수기)를 하나의 통일체로, 그리고 '신명기–열왕기하'를 또 하나의 단위로 나누는 '사경설'을 말할 수 있다. 즉 '창세기–민수기'의 네 권이 신명기서와 구분될 수 있다. 이때 신명기서는 뒤에 나오는 일련의 역사서들의 서론 구실을 한다. 이런 점에서 '창세기–민수기'까지를 하나로 묶는 '사경'이라는 단위가 나오게 된다. 노트는 '다섯 개의 커다란 주제(① 출애굽, ② 약속된 땅에로의 인도, ③ 족장에게 주어진 약속, ④ 족장에게 주어진 인도, ⑤ 시내산에서의 계시)'를 배경으로 사경이 형성되었다고 주장한다.

3) **오경(펜타튜크,** Pentateuch)

전통적으로 히브리 전통(MT)에 의하면 창세기에서 신명기까지의 5권의 책을 '오경'이라고 불렀다. 오경은 '개별적인 다섯 권의 책'이라기보다는 '다섯 부분으로 나누어진 한 권의 책'이라고 말할 수 있다. 그 내용은 천지창조에서부터 약속의 땅인 가나안에 들어가기 직전까지의 역사이다.

유대인 집단에서는 오경을 히브리어로 '토라'라고 부르는데, 이 용어는 자주 '율법(Law)'으로 번역된다. 주전 130년경 벤 시라의 손자가 외경(外經)의 '집회서(Ecclesiasticus)' 서문에서 구약성서를 '율법서(토라)와 예언자들(네비임), 그 외의 책들(케투빔)'로 구분하였다. 즉 '율법서', '예언서', '성문서'로 나눈 것이다. 그런데 신약성서에서는 구약성서를 '율법'과 '예언서'로 언급하고 있다(마 5:17; 눅 24:44; 요 1:45). 이러한 분석은 토라가 율법 자료들을 많이 포함하고 있다는 의미에서 적절하다. 그러나 이는 너무나 제한적이어서 히브리말의 의미를 충분히 나타내주지 못한다. 히브리어 '토라'의 보다 넓은 의미는 이미 언급했듯이 하나님께서 자기 백성(이스라엘)에게 주신 '가르침(teaching)'을 말한다.

오경의 내용을 보면, 절반 가량은 '율법'으로, 그 나머지는 '설화(narrative)'로 되어 있는데, 설화에 해당하는 부분이 오경 전체에 신학적인 의미를 부여해 주고 있다. 설화는 우주의 창조로부터 이스라엘이 '약속된 땅(The Promised Land)'에 들어가기 직전까지의 역사를 포함한다. 전체 기사는 여섯 개의 주요 운동(movements)으로 되어 있다.

① 원역사 이야기(창 1-11장),
② 족장사(이스라엘의 조상들) 이야기(창 12-50장),
③ 출애굽(애굽으로부터의 탈출) 이야기(출 1-18장),
④ 시내산 체류 이야기(출 19장에서 레위기를 거쳐 민수기 10:11까지),
⑤ 광야에서의 방황 이야기(민수기의 나머지 부분),
⑥ 가나안 땅으로 들어가는 이야기.

그런데 마지막 여섯 번째 이야기는 신명기서에 '예기(豫期)'되어 있을 뿐이다(미완성 드라마). 신명기서의 끝에 있는 모세의 죽음과 더불어 그 이야기는 끊기고, 그 이후의 이야기들은 여호수아서와 히브리 성서의 후속 책들에서 계속된다. 여호수아서는 모세의 죽음 이후에 일어난 사건들을 이야기하고 있다. 모세의 죽음이 여호수아서에 분명히 암시되어 있으며, 족장들에게 하신 약속이 가나안 정복에서 성취됨을 확인할 수 있다. 따라서 폰 라드의 주장처럼 오경이 아니라 여호수아서까지 포함시켜 '육경'으로 분류해야 하지 않느냐는 것이다. 또한 노트의 주장처럼 오경에서 신명기서를 따로 분리시켜 모세에서 시작하여 유배시대에 이르는 대역사서의 서문으로 삼기도 한다. 이렇게 되면 오경이 아니라 창세기에서 민수기까지의 '사경'으로 분류하는 셈이 된다. 그렇다면 현재 우리가 읽고 있는 구약성서에는 왜 육경이나 사경이 아닌 오경을 하나의 묶음으로 보도록 편집되어 있는 것일까?

오경의 형태가 지금과 같아진 것은 에스라 시대부터라고 여겨진다. 에스라 시대란 역사적으로 말하면 이스라엘 민족의 포로 후기 시대로서 주전 4세기 중엽에 해당한다. 토라란 명칭이 단순한 가르침이 아닌, '책'의 의미로 사용하기 시작한 때도 대략 이때쯤으로 추정된다. 예루살렘 수문 앞 광장에서 에스라가 모세의 토라를 낭독하게 된 사건(느 8장)도 토라를 하나의 '권위 있는 책(正經, '신앙공동체의 삶에 있어 표준이 되는 법칙'이라는 뜻)'으로 받아들이는 것과 무관하지 않다.

그런데 왜 당시 토라의 범위를 창세기에서 신명기까지로 결정하게 되었는지에 대해서는 구약학자들 사이에서도 이해가 각기 다르다. 아무튼 에스라의 성서읽기에서 토라가 오경의 모습이었음에 주목한다. 오경읽기란 포로 후기 시대의 이스라엘 민족이 당면했던 물음과 도전에 대한 응답의 성격을 지니고 있다고 생각된다. 토라를 정경으로 대함으로써 옛 이스라엘은 사라지고 '새 공동체(유대교)'가 탄생하는 생존(生存)의 드라마로 엮어진 것이다.

오경과 (신명기 사가의) 역사서의 구분, 곧 창세기-신명기와 여호수아서-열왕기하의 구분은 어떠한 의미를 주는가? 창세기-신명기는 하나님의 지배를 받는 '神政공동체(theocratic community)'로서의 이스라엘을 그린 반면에, 여호수아-열왕기하는 왕이 다스리고 왕의 통치를 받는 '王政공동체(monarchic community)'로 묘사된다. 둘 사이에 분명한 단절이 있다. 새 출애굽, 즉 바벨론에서의 포로생활을 청산하고 고향에 돌아와 '뿌리내리기'를 시도했지만, 유대인들은 국가를 형성하지 못한 채 여전히 소수민족공동체의 처지를 벗어나지 못했다. 소위 포로 후기라고 일컬어지는 상황에서 유대인들은 창세기-신명기까지의 가르침을 '생존을 위한 지침서'로 받아들였다. 그것은 유대인들이 국가를 형성하지는 못했지만 하나님의 지배를 따르는 공동체(신정공동체)로 살아나가야겠다는 다짐의 발로였으리라.

4. 여호수아서의 구조

1) 4부분: 여호수아서는 모세가 죽고 그 후계자인 여호수아가 이스라엘 백성을 거느리고 가나안 땅을 점령하고 그 땅을 분배하는 이야기인데, 크게 4부분으로 나누면 다음과 같다.

주 제	본 문	주 도 권	핵심 단어
1. 입 성	1:1–5:15	하나님: 요단을 건너라	건너라(아바르, עָבַר)
2. 정 복	6:1–12:24	하나님: 여리고를 취하라	취하라(라카흐, לָקַח)
3. 분 배	13:1–22:34	하나님: 땅을 나누라	나누라(할라크, חָלַק)
4. 미 래	23:1–24:33	여호수아: 여호와를 섬기라	섬기라(아바드, עָבַד)

2) 가나안 정복 전쟁의 책: 여호수아서는 하나님 나라의 전쟁 신학을 담고 있다. 하나님 나라는 하나님 자신의 땅을 찾으시려는 하나님 자신의 거룩한(영적) 전쟁이다. 이 전쟁을 통해 하나님은 땅을 차지하고 살기에 적합한 도덕적, 공동체적, 영적 품격을 상실한 사람들을 추방하고 새로운 백성에게 그 땅을 향유할 기회를 주신다. 어느 인간 족속도 땅에 대한 영구한 소유권을 주장할 수 없다. 모든 인간은 땅의 나그네요 체류자요 거류민일 뿐이다. 하나님은 폭력과 불의로 땅을 더럽힌 사람들로부터 땅의 임차권을 박탈하여 새로운 임차인에게 대여하신다. 이것이 바로 여호수아서의 하나님 나라 신학의 대강령이다. 이런 관점에서 여호수아서를 네 단원으로 나누어 살펴볼 수 있다.

I. 약속된 땅의 입성(1:1–5:15)
  1. 가나안 정복을 위한 준비(1:1–2:24)
    1) 핵심 주제의 도입: 율법 준수의 중요성(1:1–18)
    2) 정탐꾼들의 파송(2:1–24)
  2. 요단강 도강(渡江)과 의식의 재생(3:1–5:15)
    1) 요단강을 건넘(3:1–17)
    2) 길갈에 돌기둥을 세움(4:1–24)

3) 길갈의 할례와 유월절 의식 거행(5:1-12)

4) 하나님의 군대장관을 만난 여호수아(5:13-15)

II. 약속된 땅의 정복(6:1-12:24)

1. 가나안 중부 지역의 정복(6:1-8:35)

1) 여리고성 정복(6:1-27)

2) 아이성의 패배와 아간의 범죄(7:1-26)

3) 아이성의 정복(8:1-29)

4) 에발산에서의 축복과 저주(8:30-35)

2. 가나안 남부 지역의 정복(9:1-10:43)

1) 기브온 거민들과의 조약(9:1-27)

2) 아모리 족속의 동맹과 저항(10:1-27)

3) 가나안 남부 지역의 정복(10:28-39)

4) 요약과 결론(10:40-43)

3. 가나안 북부 지역의 정복(11:1-15)

4. 정복에 대한 요약(11:16-23)

5. 패배시킨 왕들의 목록(12:1-24)

III. 약속된 땅의 분배(13:1-22:34)

1. 땅 분배의 명령(13:1-7)

2. 땅 분배(13:8-21:43)

1) 두 지파와 반 지파: 요단 동편 정착(13:8-33)

2) 개인별 땅 분배: 갈렙(14:1-15)

3) 아홉 지파와 므낫세 반 지파의 땅 분배(15:1-19:48)

(1) 유다 지파(15:1-63)

(2) 요셉 지파(16:1-17:13): 에브라임(16:5-10), 므낫세(17:1-13)

(3) 요셉 지파의 불평(17:14-18)

(4) 나머지 7지파의 영토들(18:1-19:51)

a. 실로에 세워질 성막(18:1)과 땅의 도형과 분배(18:2-10)

b. 7지파의 영토: 베냐민(18:11–28), 시므온(19:1–9), 스불론(19:10–16), 잇사갈(19:17–23), 아셀(19:24–31), 납달리(19:32–39), 단(19:40–48),

c. 여호수아의 분깃(19:45–51)

4) 레위의 분깃(20:1–21:42)

(1) 도피성의 지정(20:1–9)

(2) 레위 지파에게 분배된 성읍(21:1–42)

5) 정복과 분배의 요약(21:43–45)

6) 요단강 동편 지파들의 출발(22:1–34)

IV. 약속된 땅에서의 계약 갱신과 충성(23:1–24:33)

1. 여호수아의 고별인사(23:1–16)

2. 세겜에서의 계약 갱신(24:1–25)

1) 여호수아의 고별설교(24:1–25)

2) 증거의 돌(24:26–28)

3. 여호수아의 죽음(24:29–33)

5. 본서의 메시지(신학적 주제)

1) 본서를 시작하는 1:1–2은 오경과 신명기 역사를 이어주는 역할을 한다. 이 구절은 첫째, 여호수아가 모세의 후계자로 이제부터 이스라엘의 지도자가 되었음을 밝혀준다. 둘째, 여호수아의 책임은 요단강을 건너 이스라엘 사람들을 가나안 땅으로 인도하는 것이다. 셋째, 이 땅은 하나님께서 이스라엘에게, 즉 '아브라함의 자손에게 주시는 땅'이다. 이스라엘 백성들이 가나안 땅을 얻기 위해 전쟁을 하는 것이 사실이나 신명기 사가는 이스라엘이 무력으로 땅을 쟁취하는 것이라고 생각하지 않는다. 그들의 확신은 하나님께서 이스라엘의 적을 물리쳐 주시고, 약속대로 가나안 땅을 주셨다는 것이다.

2) 본서의 첫째 부분(1–12장)은 여호수아의 영도 아래 가나안 땅을 점령하는 이야기이다. 그 전체적 과정은 3단계(중부–남부–북부 점령)로 이루어진다. 단시간 내에 가나안

땅을 점령할 수 있었던 이유를 이렇게 기록하고 있다. "이스라엘의 하나님 여호와께서 이스라엘을 위하여 싸우신고로 여호수아가 이 모든 왕의 그 땅을 단번에 취하니라"(수 10:42). 이것이 신학적인 대답이다. 신명기 사가는 이스라엘의 '가나안 전쟁'을 하나님께서 이스라엘을 위해서 싸워주신 '하나님의 전쟁', 즉 성전(聖戰)으로 이해하고 있다. 그러므로 이스라엘 사람들이 가나안에 정착하여 살 때 "이 땅은 우리의 힘으로, 우리가 정복해서 얻은 땅이다"라고 스스로 자만할 수 없다는 것이다(신 8:11-20 참조).

3) 본서의 둘째 부분(13-22장)은 가나안 땅을 점령한 후 이스라엘 지파들이 제비를 뽑아서 땅을 분배하는 내용이다. 민수기 32장에 의하면 이스라엘 사람들이 가나안 땅에 들어오기 전에 모압지방에서 세 지파(르우벤, 갓, 므낫세 반지파)는 이미 요단 동편 지역(Transjordan)의 땅을 분배받았다. 따라서 가나안 땅의 분배는 나머지 지파들 사이에서 이뤄졌다. 땅의 분배에 있어서 레위지파는 제외된다. '제사장 지파'인 레위 지파는 이스라엘 전체의 종교에 관한 일을 관장해야 했기에 한 지역에 한정되어 살 수 없었기 때문이다. 레위 지파는 가나안 전역에 48곳의 도시를 지정하여 그곳에 분산되어 살게 되었다(수 21장). 레위 지파가 '지파'로서의 독립성을 잃게 됨에 따라 요셉의 두 아들인 므낫세와 에브라임은 각각 독립된 지파로서 승격된다. 따라서 레위 지파가 제외된 이후에도 이스라엘은 12지파 체제가 유지된다. 이로써 이스라엘 사람들은 가나안 땅을 점령하고 땅의 분배를 마치게 된다. 하나님께서 일찍이 족장들에게 주셨던 땅에 대한 약속이 성취된 것이다. 이에 대해 신명기 사가는 다음과 같은 결론을 내리고 있다. "여호와께서 이스라엘의 열조에게 맹세하사 주마 하신 땅(가나안 땅)을 이와 같이 이스라엘에게 다 주셨으므로 그들이 그것을 얻어 거기 거하였더라"(수 21:43).

4) 가나안 땅의 분배가 끝난 후 이스라엘 사람들은 세겜(Shechem)에 모여 하나님께 예배드리고 그들의 신앙을 새롭게 다짐함으로써 약속된 땅에서의 새 출발을 시작한다. "우리 하나님 여호와를 우리가 섬기고, 그 목소리를 우리가 청종하리이다"(수 24:24).

7. 12지파의 가나안 땅 분배

사사기(Judges)

1. 사사기(士師記)의 명칭

히브리 성경에서 사사기의 책명은 '쇼페팀(Shofetim)'이다. 이 단어는 본래 '재판관들(Judges)' 또는 '최고 (군사) 지도자들'이라는 뜻이다. 이 사사들은 여호수아 이후부터 왕정 수립 이전까지의 200년간(약 1200-1000 B.C.)에 활약한 이스라엘의 지도자들이다. 하나님께서 사사들을 세우신 목적은 2:16에 잘 표현되어 있다. "여호와께서 사사를 세우사 노략하는 자의 손에서 그들을 건져내게 하셨으나" 이스라엘에게 압제자를 허락하시고 또 구원자를 세우신 분도 하나님이셨으므로, 하나님 자신이 이스라엘의 궁극적인 사사요 구원자였다. 8:23에서 사사 기드온은 여호와가 이스라엘의 진정한 통치자라고 주장한다.

2. 사사기의 구조

사사기는 세 부분, 즉 서언(1:1-3:6), 본론(3:7-16:31), 결어(17:1-21:25)로 나눌 수 있다.

I. 서언: 불완전한 정복과 배교(1:1-3:6)
 1. 첫 번째 단화: 가나안 축출에 실패한 이스라엘(1:1-2:5)

2. 두 번째 단화: 우상숭배하는 이스라엘(2:6-3:6)

II. 본론: 압제와 구원(3:7-16:31)

1. 전형적 사사 옷니엘의 메소포타미아 왕 구산 리사다임 격퇴(3:7-11)
2. 왼손잡이 사사 에훗의 모압 격퇴(3:12-30)
   1) 소사사 삼갈의 행적(3:31)
3. 여자 사사 드보라의 가나안 왕 야빈 격퇴(4:1-5:31)
4. 전설적 사사 기드온의 미디안 격퇴(6:1-8:35)
5. 왕이 된 기드온의 아들 아비멜렉(9:1-57)
   2) 소사사 돌라의 행적((10:1-2)
   3) 소사사 야일의 행적(10:3-5)
6. 말에 능한 사사 입다의 암몬 격퇴(10:6-12:7)
   4) 소사사 입산의 행적(12:8-10)
   5) 소사사 엘론의 행적(12:11-12)
   6) 소사사 압돈의 행적(12:13-15)
7. 괴력의 사사 삼손의 블레셋 격퇴(13:1-16:31)

III. 결어: 종교적 혼란과 도덕적 부패(17:1-21:25)

1. 종교적 혼란(17-18장)
   1) 미가의 종교적 부패(17:1-13)
   2) 단 지파가 그들의 영토에서 떠남(18:1-31)
2. 도적적 부패(19-21장)
   1) 기브아의 도덕적 부패(19:1-30)
   2) 베냐민 지파가 그들의 영토에서 제거됨(20:1-21:25)

3. 이스라엘의 가나안 지배에 대한 세 이론

여호수아서와 사사기는 이스라엘의 가나안 땅 정착 과정을 설명하고 있다. 그런데 두 책을 자세히 읽어보면 “어떻게 해서 이스라엘이 가나안 땅에 살게 되었는가?”라는 질문에 대한 대답을 서로 달리 그리고 있음을 보게 된다.

1) **정복설**(Conquest Model)

여호수아서는 일사불란한 전쟁을 통해 단번에 이루어진 '정복설'을 보여주고 있다(G. E. Wright 주장). 총사령관 여호수아의 지휘 아래 12지파가 일치 단결하여 가나안의 성주(城主)들을 물리치고 가나안 땅을 점령하였다(1-12장). 승전의 열매로 여호수아는 각 지파들에게 정복한 땅을 각 지파별로 분배하였다(수 11:23; 13:8-19:51).

2) **이주설**(Immigration Model)

사사기는 여호수아서와 달리 '이주설(Immigration Model)'을 보여주고 있다(M. Noth 주장). 사사기 1장에 묘사된 그림은 이스라엘이 가나안 원주민들과 같이 살고 있는 광경이다. 가나안 원주민의 땅에 엉거주춤 더부살이 형식으로 들어가 눌러앉아 있는 장면이다. 12지파가 총동원하여 가나안 땅의 각 성읍들을 쳐들어가지 않은 것은 물론이다. 치밀한 군사작전의 성공에 의해서가 아니라 '비집고 들어가기'의 결과로 얼마간 땅을 차지하였다. 일순간에 이루어진 '정복'에 의해서가 아니라 오랜 세월에 걸쳐 점진적으로 이루어진 '침투'의 결과가 이스라엘에게 가나안의 삶을 가져다주었다. 여호수아의 증언을 '군사적 정복설'이라고 부른다면, 사사기의 증언은 '평화적 이주설'에 가깝다.

3) **사회혁명설**(Social Revolution Model) **또는 반란설**(Revolt Model)

위의 두 이론에다가 제3의 이론인 '사회혁명설' 또는 '반란설'이 있다(G. E. Mendenhall, N. K. Gottwald 주장). 이스라엘의 가나안 정착은 군사정복만이 아닌, 평화이주만이 아닌, 또 다른 가능성, 즉 가나안 봉건 영주들에게 대항하던 농노들의 혁명의 결과가 출애굽한 히브리인의 가나안 땅 차지를 용이하게 해주었다는 이론이다. 이 같은 제3의 이론은 이집트를 나온 히브리인들과 가나안 땅에서 농노로 고생하던 사람들이 연합하여 혁명으로 봉건영주들을 몰아내고 가나안 땅에 나라를 세웠는데, 그것이 바로 이스라엘이라는 말로 요약된다.

여기에서 우리가 짚고 넘어가야 할 것은 구약성경이 가나안 땅 정착과 관련하여 최소한 두 가지 이상의 목소리를 내고 있다는 것이다.

4. 사사기의 내용과 특징

신명기 사가들은 사사시대의 역사에서 그들의 4단계 역사신학의 좋은 본보기를 찾아내었다. 사사기 3:7-11을 예로 들어보자.

이스라엘 자손이 야웨의 목전에서 악을 행하여 자기들의 하나님 야웨를 잊어버리고 바알들과 아세라들을 섬긴지라(삿 3:7) – (이스라엘의 죄 – 제1단계)

야웨께서 이스라엘에게 진노하사 그들을 메소포타미아의 왕 구산 리사다임의 손에 파셨으므로 이스라엘 자손이 구산 리사다임을 8년을 섬겼더니(3:8) – (하나님의 징벌– 제2단계)

이스라엘 자손이 야웨께 부르짖으매(3:9a) – (이스라엘의 회개 – 제3단계)

야웨께서 그들을 위하여 한 구원자를 세워 구원하게 하시니 그는 곧 갈렙의 아우 그나스의 아들 옷니엘이라(3:9b) – (하나님의 구원 – 제4단계)

신명기 사가가 기록하고 있는 사사시대의 역사는 이 같은 4단계의 역사 과정이 순환적으로 반복된 역사이다. 가나안 땅에 들어온 후 이스라엘은 하나님께 불순종하였고, 이에 대해 하나님은 그들을 징벌하신다. 사사기에 기록된 징벌의 형태는 이스라엘이 외국의 세력에 정복당하여 압제당하는 것으로 나타난다. 이방 민족의 압제 밑에서 이스라엘은 그들의 잘못을 회개하고 하나님께 구원을 간구한다. 이때 하나님은 이스라엘의 구원자를 보내신다. 이들이 바로 '사사'들이다. 사사들은 하나님으로부터 특별한 능력(Charisma)을 받은 카리스마적 지도자들이었으며, 그 직분은 혈통으로 계승될 수 없었다. 이들은 왕권을 소유한 사람들이 아니었다. 사사시대에 이스라엘의 왕권은 하나님에게만 속한 것이라고 생각하였다. 즉 사사시대의 이스라엘 왕은 인간이 아니라 하나님이었다.

그러므로 사사시대에 이스라엘 12지파를 하나로 결속시킨 것은 정치력이 아니라, 그들의 공통된 '야웨 하나님 신앙(Yahwism)'이었다. 그들의 왕이신 하나님을 중심으로 뭉쳐진 것이었다. 이 당시 하나님의 임재를 나타내는 구체적인 상징은 법궤(Ark)였다. 법궤는 인간이 볼 수 없는 야웨 하나님께서 이스라엘과 함께 임재하신다는 것을 나타내는 종교적 상징이었다. 사사시대에는 이 법궤가 위치하고 있는 곳이 이스라엘의 중심지가 되었다. 그리하여 법궤가 있는 곳에 모여 종교적 축제와 의식을 거행하였다. 법궤는 한 장소에 고정되어 있지 아니하였고, 세겜, 벧엘, 실로 등의 여러 곳으로 이동하였다. 이러한 법궤의 이동은 야웨 하나님이 어느 특정지역에 매여 있는 하나님이 아니라는 것을 상징하는 것이었다.

사사시대에는 중앙집권적인 정치권력이 없었으므로 이스라엘에는 정규 군대도 존재하지 않았다. 이때에는 공동의 적이 나타나면, 12지파에서는 민병(民兵)이 출동하여 이를 물리치는 공동 방어체제를 취하였다. 이러한 체제는 심각한 위협을 받게 되었고, 결국 왕정으로 전환하게 되었다. 이 왕정으로서의 전환과정을 기록한 것이 사무엘상권이다. 사사시대를 구원사적 후퇴 또는 답보 단계로 보게 하는 쟁점들을 일곱 가지로 정리하면 다음과 같다.

첫째, 이미 언급했듯이 여호수아 18:10의 도상(圖上) 정복 이야기와는 달리 사사기에는 통일된 이스라엘의 전쟁 장면은 거의 나오지 않는다(4-5장의 드보라의 전쟁에 불참한 지파를 비판하고 있다). 사사기에서 지파들 대부분은 자신에게 할당된 땅을 정복하지 못하며 때로는 오히려 후퇴하기도 한다. 그래서 아예 가나안 원주민들 사이에 소수파 체류민 신세로 전락해 살거나, 단(dan) 지파처럼 원래 할당된 땅을 정복하지 못한 채 전혀 엉뚱한 곳으로 이주해 사는 경우도 있었다. 단 지파는 아모리 족속과 블레셋 족속의 협공에 밀려 결국 가나안 영토의 제일 북단으로 이주하지 않을 수 없었다.

둘째, 사사시대는 여호수아서와는 정반대로 지파 간의 전쟁과 내분(베냐민 지파와 열한 지파 간의 전쟁), 지역감정의 악화(길르앗과 에브라임 간의 방언['쉽볼렛'과 '십볼렛'] 차이로 인한 4만 2천 명의 죽음)로 이스라엘은 적대적인 분열을 거듭하였다.

셋째, 사사시대는 제사 제도의 혼돈으로 믿음 좋다는 평판을 듣는 사사 입다(히 11:32) 마저도 자기 딸을 희생제물로 드리는 참사를 저지른다.

넷째, 사사시대는 윤리와 도덕의 붕괴로 이스라엘의 거룩한 정체성이 심각하게 훼손된 시기였다. 레위인의 첩에 대한 베냐민 지파 남자들의 윤간 사건과 자신의 첩의 몸을 열두 동강으로 잘라 베냐민 지파의 만행을 고발하는 레위인의 패륜적 행태가 대표적 사례다. 이 사건은 제사장 및 이스라엘 일반 백성의 윤리, 도덕적 타락(윤간, 집단 성폭행)이 어느 정도였는지를 잘 예시해 준다.

다섯째, 사사시대는 하나님 앞에 거룩하고 흠 없는 지도력을 행사하는 지도자가 없는 시대였다. 드보라를 제외한 거의 모든 사사들이 흠이 있고 결점이 있다. 사사들은 거의 동네 골목대장급 지도자였지 통합하는 지도력을 행사할 만큼 도량이 큰 지도자가 아니었다. 전체적으로 사사기는 영웅적이지만 자신의 결점으로 얼룩진 지도자들을 파노라마처럼 보여줌으로써 인간 지도자가 얼마나 믿을 수 없는지를 보여준다(삼손과 들릴라, 기드온, 입다를 보라).

여섯째, 사사기의 무질서와 혼돈 중 하나는 레위인들의 방랑과 제사장의 사유화 현상이다. 레위인은 각 지역에 정착한 개별 지파들의 물질적인 공궤를 받으며 그들의 영적 지도자 역할을 하도록 파송받은 자였는데, 가난과 기아에 시달리던 그들은 마침내 자신의 손을 채워 줄 사람에게 몸을 의탁하게 된다. 레위인의 방랑은 이스라엘의 하나님에 대한 충성심의 악화를 의미한다(민 35장에 의하면 모든 레위인은 각 지파의 부속 성읍에 거주하게 되어 있다). 그 결과 레위인은 유력한 개인이나 집단을 위한 제사장으로 전락하게 되었다. 대표적인 사례가 사사기 17장의 미가의 제사장 사유화 사건이다. 종교의 사유화와 우상숭배는 서로 제휴하여 사사시대의 영적인 혼돈을 더욱 악화시켰다.

일곱째, 사사시대는 사방에서 일어난 외부 세력들의 공격에 이스라엘 공동체의 존립 자체가 위협받던 시기였다. 암몬과 블레셋의 압박과 침략은 사사시대를 종식시키고 중앙집권적인 권력과 군사력을 확보한 왕이 다스리는 왕정시대의 도래를 촉진시켰다. 그리하여 열두 지파의 부족연맹체였던 사사기 시대는 내부적 무정부 상태와 이방 세력의 공격으로 인해 왕정을 도입하는 사무엘서 시대로 이행하게 된다. 사사기에는 모두 네 번에 걸쳐 "그때에는 이스라엘에 왕이 없었으므로"라는 구절이 나온다(삿 17:6; 18:1; 19:1; 21:25). 왕이 없었기에 각자 자기 소견대로 살았다. 즉 사사시대는 어떤 의미에서 지파, 부족, 가족, 개인주의가 만연하여 영적, 도덕적, 정치적 무정부 상태였다는 것이다. 이처럼 총체적인 무정부 상태가 중앙집권적인 왕정의 도래를 불러 왔다. 사사기 저자는 사사시대의 혼돈은 강력한 왕의 통치로 해소될 수 있다고 본 것이다. 물론 사사기는 왕정 도입을 옹호하고 열망하기도 하지만 동시에 왕정 도입에 따르는 위험도 부수적으로 경고한다(9장 요담의 나무 우화).

전체적으로 사사기는 이상 왕에 의한 왕정 도입의 필요성을 옹호한다. 이런 점 때문에 사사기는 여호수아서의 속편으로 읽어야 함과 동시에 이상 왕이 다스리는 왕정의 필요성을 역설하는 사무엘서의 전편으로 읽어야 한다. 사무엘서는 사사시대의 무정부 상태도 극복하고, 왕정이 갖는 권력의 전제화, 폭력화도 거부하는 다윗과 같은 이상 왕의 통치를 하나의 대안으로 제시한다.

5. 이스라엘의 사사들

사사	사역기간	압 제 자	압제기간	평화기간	사사기의 기록	지역 혹은 지파 동맹
옷니엘		메소포타미아의 왕 구산 리사다임	8	40	3:8–11	유다
에훗		모압 왕 에글론	18	80	3:12–20	베냐민
삼갈		블레셋			3:31	아낫의 아들
드보라 / 바락		야빈과 시스라가 이끈 가나안 족속들	20		4:1–5:31	잇사갈(?) 에브라임(?) 바락은 납달리 출신
기드온		미디안 족속과 아멜렉 족속	7	40	6:1–8:27	므낫세
돌라	23				10:1–2	잇사갈
야일				22	10:3–5	길르앗 족속
입다	6	암몬 족속과 블레셋	18		10:6–12:7	길르앗 족속
입산	7				12:8–10	베들레헴 출신
엘론	10				12:11, 12	스불론
압돈	8				12:13–15	비라돈 족속(에브라임)
삼손	20	블레셋	40		13–16장	단

6. 가나안의 종교

이스라엘은 약속의 땅에 들어온 후부터 바벨론 유수(주전 587년)를 당할 때까지 끊임없이 가나안의 종교와 전쟁을 치러야 했다. 가나안의 다신교는 히브리 선지자들이 요구하는 엄격한 유일신과는 분명하게 대조를 보였다. 가나안의 바알 숭배는 여러 면에서 이스라엘의 제례 의식과 비슷했는데, 희생 제사를 비롯해 농경과 목축업에 의한 절기 등이 그것이다. 이스라엘 백성은 가나안에 정착한 초기부터 종교적 도전을 강력하게 받았다. 후기 청동기 시대의 '우가릿(Ugarit, 시리아 해변에 있는 라스 샴라 Ras Shamra)'에서 발견된 '바알의 서사시'는 바알 숭배를 이해하는 데 많은 도움을 준다.

바알 숭배는 사람의 인생도 땅과 곡식, 육축을 양육하는 비에 의존하는 지중해 연안지역에서 발전했다. 이집트와 메소포타미아와는 달리 지중해 연안 지역은 강수량이 많지 않은데다 관개 시설을 만들 만한 큰 강도 없었다. 가나안 사람들은 자신의 고단한 인생을 의지하기 위해 신을 섬겼다. 알려진 신들만도 이루 헤아릴 수 없을 만큼 방대한데, 그 중 이름 자체가 신이라는 뜻을 가진 '엘(El)'이 신 중의 신으로서 '자폰(Zaphon)' 산에 거한다고 믿었다. 창조자 엘은 '신들의 어머니'로 불리는 그의 아내 '아세라(Asherah)'를 통해 70신들의 아버지가 되었다. 엘의 복수형은 '엘로힘(Elohim)'인데, 이 둘 중의 하나가 이스라엘의 하나님을 가리키는 명칭으로 사용되었다.

하지만 가나안에서 가장 중요하게 섬긴 신은 '주' 또는 '주인'이라는 뜻의 바알이다. 바알은 땅에 생명을 공급하는 지상의 주인이었다. 하닷은 서부 셈 족에서 폭풍의 신으로 자주 언급되는 데 반해, 바알은 긴 여름 가뭄으로 메마른 땅을 되살릴 수 있는 비를 내려준다. 바알의 상징은 황소지만, 구름 위에 서서 손을 어떤 물건(아마도 곤봉이나 번개)을 들고 있는 모습으로 묘사된다.

황소는 힘과 권세, 풍요를 상징하며, 바알뿐 아니라 엘도 상징한다. 팔레스타인의 철기 시대 유적지에서 여러 개의 황소가 발견되었는데, 그 안에는 사마리아 언덕에서 나온 작은 청동상과 아스글론에서 나온 은송아지도 포함되어 있다. 이는 팔레스타인 전역에서 널리 퍼진 바알 숭배의 인기를 반증한다. 성경은 가나안 신이 지역에 따라 다른 모습으로 숭배되고 있다는 것을 알리기 위해 바알의 복수형인 '바알림(Baalim)'을 사용하고 있다. 도시와 마을, 골짜기마다 자신만의 '바알'을 섬긴 것이다. 예를 들면, '바알 멜카르트(Baal Melqart)'는 이세벨이 이스라엘로 들여 온 두로의 '주신(主神)'이다.

우가릿 문서는 '얌(Yamm)'과 '못(Mot)'이 치르는 바알의 전투를 설명하고 있다. '바다의 왕자' 얌은 인생을 압도하거나 삶이 신뢰할 수 있는 질서를 혼란에 빠뜨리는 무질서한 세력으로 표현된다. 못은 지하 세계를 다스리며 바알을 파멸시키는 존재다. 히브리어로 '죽음'이란 뜻을 가진 못은 바알을 사로잡아 살해한다. 하지만 바알의 배우자인 '아낫(Anath)'이 바알을 대신해 못과 싸워 못의 강력한 손아귀에서 바알을 안전하게 데려온다. 바알과 못이 전투는 다양한 해석이 가능한데, 한 가지 분명한 점은 절기와 기근, 생명과 죽음 사이의 미묘한 균형을 암시하고 있다는 것이다. 생명은 비에 의존하고 있다는 당시의 절박한 환경에서 비롯된 문화를 발견할 수 있다. 엘리야와 바알의 선지자는 '누가 땅에 내리는 비를 가져올 수 있는가?'를 놓고 대결했다(왕상 18장).

아세라는 팔레스타인 지역에서 폭넓게 섬기는 여신으로 성경에서 두드러진 역할을 한다. 성경 본문은 아세라 신을 섬기는 신전과 제단이 사마리아, 벧엘, 예루살렘에 있었다고 말한다(왕상 14:23; 16:33; 왕하 23:4). 아세라는 높은 곳에 걸린 나무로 된 주술적 물건으로 상징되는데, 아마도 나무 목상일 것으로 생각된다. 구약성경은 반복적으로 아세림(아세라의 복수형)을 저주하고 있으며, 종교개혁이 일어난 시기에는 이를 찍어 버리고 불태우기도 했다(왕하 18:4; 대하 31:1; 34:3).

가나안 종교는 출산과 관련해 이스라엘에 많은 영향을 미쳤다. 가나안 사람들은 남성과 여성이 성적인 관계를 맺을 때 의식을 가졌는데, 이 의식은 이스라엘 백성에게도 전해졌다(왕하 23:7; 호 4:10-14). 가슴이 부각된 여성의 나신상이 이스라엘의 유적지에서 자주 발굴되는데, 이는 아세라 또는 아스다롯(Astarte), 출산을 상징하는 두 여신이다. 입상의 경우는 논란이 있었는데, 아마도 임신이나 수유 기간 중에 있는 여인들에게 부적의 역할을 했거나 아니면 출산과 관련해 선정적 이미지를 담고 있는 것으로 보인다.

이스라엘에서 인기를 끌었던 '바알식 종교'는 여호와 하나님을 섬기지만 이방의 종교의식을 혼합해 예배를 드리는 것이다. 이스라엘의 선지자들은 이스라엘과 유다 지역에서 바알을 섬기는 것에 대해 신학적인 해석을 통해 반복해서 지적했다(렘 7:8, 9; 11:13; 19:1-9; 호 4:11-19; 9:10-19; 참조 왕상 18:2; 왕하 10:18-31). 호세아는 바알이 생활에 필요한 음식과 물, 그리고 입을 것을 제공해 준다는, 당시에 이스라엘 백성 사이에서 유행했던 믿음에 직접적으로 도전했다(호 2:5-13).

바알과 여호와 하나님을 함께 혼합해 섬기는 종교(혼합종교, syncretism)가 당시 백성 사이에서 얼마나 인기를 얻고 있었는지는 가데스 바네아 근처에 있는 '쿤틸렛 아즈루드(Kuntillet Ajrud)'에서 나온 비문들을 보면 알 수 있다. 이 비문에는 여호와와 바알, 엘, 아세라에 대해 언급하고 있는데, 그 중에는 '사마리아의 여호와 그리고 그의 아세라'라는 구절이 있다. 비록 이 비문의 해석을 놓고 논란이 많지만, '그의 아세라'라는 구절은 여신 자체를 의미하거나 아세라를 상징하는 나무 기둥을 의미할 수도 있다. 페니키아 사람, 유대 사람, 이스라엘 백성, 또는 다른 족속이나 이방 사람 중 누가 이 비문을 작성했는지는 알 수 없으나, 분명한 것은 이 비문들이 주전 900년에서 주전 700년 사이에 팔레스타인 남부 지역에서 종교 혼합주의가 만연했음을 말해 준다는 사실이다.

당시 바알 숭배자들과 여호와를 섬기는 자들 간의 분열과 싸움은 매우 심각했다. 이세벨은 두로의 바알 멜카르트를 섬기며 여호와를 섬기는 자들을 멸절하려 했다. 이에 엘리야는 강력히 반대하며 바알 선지자들과 갈멜산에서 대결을 펼쳤다. "너희가 이 둘 사이에서 얼마나 머뭇거리겠느냐? 여호와가 하나님이시면 여호와를 따르라. 그러나 바알이 하나님이면 바알을 따르라"(왕상 18:21)고 외쳤던 것이다.

룻기(Ruth)

1. 룻기의 성경상의 위치

룻은 세계적인 문학가들에게 영감의 주인공이었다. 단테는 룻을 "다윗의 조상으로 온유한 여인이요 이삭줍는 소녀"라고 그리고 있으며, 독일의 문호 괴테는 룻기를 "구약에서 가장 사랑스럽고 완전한 작품"이라고 하였고, 슈뢰더(A. Schröder)는 "세상의 어떤 시인도 이보다 더 아름다운 단편소설을 쓸 수 없다"라고 극찬하였다. 네덜란드의 한 목사는 룻기를 가리켜 "사사기와 사무엘서라는 딱딱한 조개 껍데기 사이에 끼어 있는 진주"라고 하였다.

룻기는 사사 시대를 배경으로 하고 있다. 그래서 헬라어 구약성경(70인역)은 룻기를 사사기 다음에 두었다. 그 이후 기독교에서 간행된 모든 성경에서는 이 자리를 그대로 유지하고 있다. 룻기는 그 첫 문장 때문에 막연하게 '사사들의 시대'에 속하는 것으로 보지만 본디 여호수아서에서 열왕기하까지 이어지는 '신명기 역사서'의 흐름에 들어가지 않는다. 히브리어 구약성경(MT)에서는 룻기가 사사기 다음이 아니라 잠언서 다음 아가서 앞에 배치되어 있다. 룻기는 잠언서 마지막 장에 나오는 '지혜로운 여인'(잠 31:10-31)의 대표적인 표상으로 소개되고 있고, 아가서의 남녀 사랑의 주제를 예비적으로 펼치는 책으로 이해된다.

히브리어 구약성경(MT)에서 룻기는 성문서에 속하는 '다섯 두루마리(Five Megillot)'

중의 하나로 되어 있다. 다섯 두루마리는 유대인의 절기에 따라 각각 읽혀진다. 아가서는 유월절(3-4월), 룻기는 칠칠절(또는 오순절, 5-6월), 애가서는 예루살렘 성전 함락일과 관련된 아빕월 제 9일(7-8월), 전도서는 가을 추수 절기인 초막절(또는 수장절, 9-10월), 에스더서는 유대인의 학살 위기를 모면한 것을 기념하는 부림절(2-3월)에 각각 읽혀진다. 룻기가 칠칠절에 낭독되고 읽혀졌다는 것은 룻기의 신학에 대한 깊은 이해를 드러낸다(참조. 레 23:15-21; 민 28:26-31). 칠칠절은 가난한 친족과 이웃을 돌보는 절기로서 쌀독에서 나는 인심(人心)이 각박한 경쟁과 각축의 사기(邪氣)를 누르는 절기다.

2. 룻기의 구조

1. 서론: 공허한 나오미(1:1-5)
2. 모압에서 돌아온 나오미(1:6-22)
   1) 룻이 나오미를 붙듦(1:6-18)
   2) 룻과 나오미가 베들레헴에 돌아옴(1:19-22)
3. 추수 밭에서 만난 룻과 보아스(2:1-23)
   1) 룻이 이삭 줍는 것을 시작함(2:1-7)
   2) 보아스가 룻에게 친절을 베풂(2:8-16)
   3) 룻이 나오미에게 돌아옴(2:17-23)
4. 타작마당의 보아스에게 간 룻(3:1-18)
   1) 나오미가 룻을 가르침(3:1-5)
   2) 보아스가 기업 무를 것을 약속함(3:6-15)
   3) 룻이 나오미에게 돌아옴(3:16-18)
5. 룻과 결혼하기 위해 문제를 해결한 보아스(4:1-12)
   1) 보아스가 기업 무를 친족을 만남(4:1-8)
   2) 보아스가 나오미의 땅을 사고 룻과의 결혼을 선언함(4:9-12)
6. 결론: 가득 채워진 나오미(4:13-17)
7. 후기: 다윗의 족보(4:18-22)

3. 룻기의 내용

룻기는 모압 여인 룻에 관한 전기이다. 그 저작 연대에 대해서는 왕정 초기부터 바벨론 포로 이후에까지 넓게 걸쳐 있다. 가장 개연성있는 추측은 바벨론 포로 이후 초기에 포로 생활에서 돌아온 사람들을 격려하고, 또한 이스라엘의 하나님을 믿고자 하는 이방인들을 하나님의 백성 공동체 안으로 받아들일 것을 요구하려고 룻기를 썼으리라는 것이다. 에스라와 느헤미야 시대에는 유다 사람이 아닌 여인들과 혼인하는 것을 금지하였다(스 9-10장; 느 13:23-30. 느 13:23에서는 구체적으로 모압 여인들을 지적한다). 그렇다면 그에 대한 답변으로서 쓰여진 것인가, 아니면 포로기 이후 초기에 아직 이보다 훨씬 더 개방적이었다는 사실을 반영하고 있는가? 아무튼 룻기가 증언하는 것은 하나님의 인자하심은 모든 사람들에게 해당되고 하나님은 모든 민족들로부터 사람들을 부르셔서 자기 백성으로 삼는다는 사실이다. 룻기의 이야기는 민족들 사이에 있는 벽이 언젠가는 무너지고 그리스도 안에서 모두가 새로운 한 백성이 되리라는 것(골 3:11)을 예표한다.

마치 한편의 단편소설과 같은 룻기는 불신앙과 퇴폐풍조가 만연한 사사 시대를 배경으로 기록되었다. 사사 시대에 흉년이 들어 당시 베들레헴 땅에 살고 있던 엘리멜렉과 그의 아내 나오미는 가족을 이끌고 모압 땅으로 이주한다. 그 곳에서 두 아들은 그 지방 모압 여인과 결혼한다. 이 중에서 작은 아들과 결혼한 모압 여자가 룻(Ruth)이었다. 엘리멜렉과 두 아들은 그곳에서 죽고, 나오미와 두 자부만 남게 되었다. 나오미는 고향 베들레헴으로 돌아간다. 이때 그는 두 자부들에게 자기를 따라올 것이 아니라, 모압의 자기 고향으로 돌아가라고 권고한다. 그러나 룻은 다음과 같은 말로 나오미를 따라 베들레헴으로 온다. "어머니께서 가시는 곳에 나도 가고 어머니께서 유숙하는 곳에서 나도 유숙하겠나이다 어머니의 백성이 나의 백성이 되고 어머니의 하나님이 나의 하나님이 되시리니"(1:16).

이렇듯 하나님을 향한 신앙심과 시모를 향한 애틋한 사랑으로 베들레헴에 돌아온 룻은 그녀의 변함없는 사랑을 실행에 옮겨 이삭 줍기에 뛰어들었다. 그리하여 하나님의 섭리에 따라 그녀는 엘리멜렉의 일가인 보아스(Boaz)를 만나게 되고, 그와 재혼하여 오벳(Obed)을 낳게 된다. 그 후 오벳은 이새(Jesse)를 낳았고, 이새의 아들이 바로 다윗 왕이었다. 이로써 룻은 메시아의 조상이 되는 특권을 얻게 되었다. 결국 하나님께서는 이방 여인 룻이 보아스와 결혼하여 메시아의 조상이 되었다는 이야기를 통해 당신이 이스라엘 백성뿐 아니라 온 민족의 하나님이 되신다는 점을 알려 주고자 하신 것이다.

한편, 룻은 모압 출신의 여자였으나 이스라엘 사람이 되었고, 다윗 왕조의 어머니까지 되었다. 바벨론 포로기 이후에 이스라엘 공동체는 이스라엘 혈통의 순수성을 강조하였고, 신앙적으로도 폐쇄적인 배타성을 띠게 되었다. 이러한 때에 룻기와 같은 책은 이러한 폐쇄적 경향을 경고하는 중요한 역할을 하였다.

4. 룻기의 중심 주제(메시지)

1) 하나님의 이름

룻기의 주요 등장 인물들은 각각 여호와 하나님에 대한 깊은 믿음을 고백한다('여호와'라는 이름은 룻기에서 18회 나온다). "여호와의 사심으로 맹세하노니"(3:13)라는 구절은 다음과 같은 사실을 보여준다.

(1) 하나님은 바로 가까이에 계셔서, 각 개인의 삶을 아주 잘 알고 계신다.

(2) 하나님은 비록 기근과 사별(死別)을 통해서 자신의 백성을 훈련시키지만, 하나님은 불모의 상태를 풍요로움으로 변화시키시며, 자신을 신뢰하는 사람들에게 은혜를 내리신다.

(3) 하나님은 모든 참된 복의 근원이시다. '여호와'라는 하나님의 이름은 출애굽기에서 하나님이 이스라엘 백성을 구원하셔서, 그들을 시내산으로 이끄시고 그들과 언약을 맺으실 때 두드러지게 나타난다.

그러므로 '여호와'라는 이름을 사용하게 되면, 은혜로운 하나님의 구원과, 하나님께서 보증하신 언약을 상기하게 된다. 또 다른 하나님의 이름은 '엘 샤다이'이다(1:20,21). 나오미는 자신의 약함과 곤경을 뼈저리게 느꼈다. 나오미는 '전능자'라는 이름을 사용함으로써, 하나님은 능력으로 큰 일을 행하신다는 것을 상기했고, 하나님은 그녀를 실망시키지 않으셨다.

2) 구속(救贖)

'기업을 무르다', '구속하다'라는 히브리어 동사 '가알(ga'al)'이 이 짧은 책에서 20회 나온다. 이것은 이 말이 당시 이스라엘에서 흔히 사용되었다는 사실을 알려준다. 이 말은 가족법과 관련된 용어이다. 곧 한 가족의 각 구성원은 다른 구성원을 보호할 의무를 지고 있었다. 그리하여 아무도 고립되지 않고 빈곤하지 않아야만 했다.

(1) 가족(친족)의 재산을 다시 무르거나(레 25:25), (2) 종으로 팔린 형제를 자유롭게 해 주거나(레 25:47-55), (3) 또는 자기 친족을 죽인 살인자에게 복수하는(민 35; 신 19:6) 보호자가 되어야 했다. 이런 보호자가 된 가까운 친족을 '고엘(go'el)'이라고 한다. 룻기는 아들 없이 죽은 친족을 위해 상속자를 낳아 주는 '고엘'의 의무를 확장시키고 있다. 곧 신 25:5-10에 보면 한 형제가 아들이 없어 죽으면, 다른 형제의 대를 이을 아들을 낳아 주게 되어 있었다(수혼법). 그러나 형제가 하나도 없는 룻의 경우에는 좀 먼 친척이 룻과 결혼하는 모습을 보여준다.

구약성경에서 여호와가 이스라엘의 '고엘'이라고 말할 때, 그것은 하나님의 언약을 강조하는 말이다. 이스라엘은 하나님의 언약으로 하나님의 소유가 되었다(출 19:5). 하나님은 자기 백성 가운데 임재해 계시면서(출 25:8), 자기 백성을 기꺼이 구원하시고 보호하시는 '고엘'이셨다. 이 주제에 대해 룻기가 특별히 보여주는 것은 '고엘'에게는 기업을 무를 권리가 있지만, 이 권리를 꼭 지켜야 할 의무가 부가되지는 않았다는 것이다(4:4,6).

3) 헤세드(hesed, 자비, 변함없는 사랑, 언약적 사랑)

'헤세드'라는 히브리어 단어는 1:8과 2:20과 3:10에 나오는데, 그 의미를 한 단어로 나타내기는 매우 어렵다. 룻기에서 선택, 은혜, 인애 등의 뜻을 가진 헤세드는 언약과 밀접하게 관련되어 있다. 왜냐하면 죄 많은 인류에게 가까이 오시는 하나님의 은혜가 가장 분명히 나타난 것은 언약 안에서이기 때문이다. 애굽의 노예 상태에서 구원받은 이스라엘 백성은 다음과 같이 기쁨으로 노래했다. "주께서 그 구속하신 백성을 은혜로 인도하시도다"(출 15:13).

신명기에서는 언약과 '헤세드'가 분명히 연결되어 있다. "오직 네 하나님 여호와는 하나님이시오, 신실하신 하나님이시라. ……그 언약을 이행하시며 인애를 베푸시되"(신 7:9)라고 기록되어 있다. '헤세드'는 하나님의 신실한 보호뿐 아니라, 하나님과 나누는 교제의 따스함을 포함하는 개념이다. 그리고 하나님의 '헤세드'를 체험한 사람은 그것에 의해서 변화되어야만 한다. 그래서 다른 사람들에게 그와 같은 사랑을 주어야만 한다.

나오미와 보아스는 그렇게 했다. 그러나 '헤세드'를 베풀었다고 들은 사람은 모압 여인 룻이었다(3:10. "너의 베푼 인애가"). 보아스는 룻이 시어머니의 명령을 따라 자기에게 기업을 잇게 해 달라고 한 사실에서 룻의 헌신적인 사랑과 충성뿐 아니라(2:11), 특별히 도덕적인 고결함을 발견했던 것이다. 사람 사이의 관계에서 그러한 사랑과 신실함이 나타나면 바로 그곳에서 여호와는 역사하신다. 룻의 경우에 룻이 나오미에게 '헤세드'를 베푸는 결단의 순간은 전환의 순간이었다. 그때 룻은 나오미의 하나님을 자기의 하나님으로 영접했다(1:16). 그리고 결국에는 예수 그리스도의 조상까지 되었다(마 1:5).

5. 다윗을 기대하며

룻기는 단순히 사사 시대에 한 가정에 일어난 비극과 회복을 그리고 있는 이야기가 아니다. 룻기는 사사 시대에 텅 빈 이스라엘의 삶을 다윗 시대에 채움으로 바뀌게 한 가장 결정적인 동인이 무엇인지를 드러내는 조개껍데기 속의 진주이다. 이것은 룻기를 종결하는 단락에 나오는 다윗의 족보에서 확인할 수 있다.

"베레스의 세계는 이러하니라 베레스는 헤스론을 낳았고 / 헤스론은 람을 낳았고 람은 암미나답을 낳았고 / 암미나답은 나손을 낳았고 나손은 살몬을 낳았고 / 살몬은 보아스를 낳았고 보아스는 오벳을 낳았고 / 오벳은 이새를 낳았고 이새는 다윗을 낳았더라"(룻 4:18–22; 참조. 마 1:3–6).

이 족보는 다른 족보들(창 5:3–32; 11:10–26)과 마찬가지로 10명의 인물이 나타난다. 특별히 이 족보는 보아스를 7번째, 다윗을 맨 마지막 10번째에 언급함으로써 특정한 도식에 맞추고 있다는 인상을 지울 수 없다. 다윗 시대에 이스라엘이 약속의 땅에서 진정한 안식을 누린 것을 상기하게 만들고 있다(왕상 5:4).

한 걸음 더 나아가 화자(내레이터)는 이 족보를 통해서 나오미의 텅 빈 삶이 룻과 보아스의 비이기적인 사랑과 충성을 통해 풍성하게 채워진 것처럼, 여호와께서 여호와를 위해 목숨을 걸고 전쟁에 참여한 이들의 후손 다윗을 통해 이스라엘을 사사 시대의 불안에서 참 안식으로 인도하였음을 시사하고 있다. 나오미에게 낳은 아들로부터 다윗을 통한 하나님의 통치의 역사가 시작되고 있기 때문이다. 이 족보의 궁극적 목적은 위대한 다윗의 자손인 예수 그리스도이시다. 이렇게 본다면 결미의 다윗의 족보는 성경의 거대한 구속사와 연관을 맺게 하는 주요 고리라 할 수 있다.

사무엘상(I Samuel)

1. 사무엘서의 명칭

'사무엘'이라는 명칭은, 하나님께서 신정국(神政國) 이스라엘에 새로운 통치 질서인 왕정 제도를 수립하기 위하여 사용하신 사무엘이라는 인물의 이름에서 유래한다. 사무엘은 이스라엘에 대한 하나님의 통치가 지상의 왕권을 통해 실현되는 새로운 질서를 정립한 핵심 인물로서, 이스라엘 초대 두 왕인 사울과 다윗에게 기름을 부었다. 이스라엘 역사상 사무엘의 위치는 하나님 편에서 세우신 하나님의 대리권자로서 모세의 경우만큼이나 중대하다(시 99:6; 렘 15:1). 왜냐하면 사무엘은 사사시대로부터 왕정시대로 전환하는 과도기에 언약공동체의 계속성을 유지하는 인물로 예비되었기 때문이다.

사무엘상하는 열왕기상하와 마찬가지로, 원래 히브리 성경에서는 한 권의 책으로 되어 있었다. 후에 히브리어로 된 구약성경을 헬라어로 번역한 칠십인역(LXX)의 집필진에 의해 두 권의 책으로 나뉘어 '왕국기' α(알파)와 β(베타)로 불렸다. 왕국 역사가 계속 이어지는 열왕기도 각각 '왕국기' γ(감마)와 δ(델타)로 불리었다. 따라서 왕국기 전체를 I · II · III · IV로 개칭하여 부른 것이다. 제롬에 의해 라틴어로 번역된 '불가타'에서는 오늘날의 역본에서와 마찬가지로 사무엘상하, 열왕기상하의 네 권으로 분류하였다.

2. 사무엘서의 시대적 배경

이스라엘 사람들이 요단강을 건너 가나안 땅에 정착한 때와 거의 같은 시대(주전 13세기 후반)에 가나안의 해안지역에는 일단의 '해양족(Sea People)'이 상륙하였다. 이 해양족들은 크레타섬을 중심으로 한 에게해 지역으로부터 배를 타고 이동하여 가나안의 남부지역에 정착한 것이다. 이들을 구약은 '블레셋(Philistines)'이라고 부르고 있다. 가나안 해안지역의 아스돗(Ashdod), 아스겔론(Ashkelon), 가사(Gaza), 에글론(Eglon), 갓(Gath) 등은 블레셋들의 중심지였다.

블레셋인들은 해안지역에 거점을 확보한 후, 점차로 가나안 내부로 침투하기 시작하였다. 이미 가나안 땅에서 정착생활을 이룩한 이스라엘 사람들은 이들의 침입을 저지하려 하였다. 따라서 블레셋과 이스라엘 사이에는 불가피하게 충돌이 일어날 수밖에 없었다. 블레셋 사람들의 문명은, 당시의 이스라엘보다 한 단계 앞서 있었다. 가나안 지역에서 철기시대(Iron Age)의 문을 연 사람들은 블레셋인들이었다. 철기를 사용하기 시작한 이들은 철기 제조를 독점하였다(삼상 13:19-23). 또한 철로 창이나 칼과 같은 무기를 만들었고, 철병거까지 제조하였다. 아직까지 청동기시대(Bronze Age)에 머물러 있었던 이스라엘 사람들과 비교하면, 블레셋은 군비면에서 월등하게 우세한 위치에 있었다.

주전 1050년경, 이스라엘과 블레셋 간에 아벡(Aphek) 전투가 벌어졌다. 이 전투의 결과는 이스라엘의 참패였다. 이스라엘은 참패의 원인을 분석하였고, 하나님께서 그들과 같이 싸워주지 않았기 때문에 패배하였다는 결론에 도달하였다. 그들은 실로(Shiloh)로 달려가서, 그곳에 보관되어 있던 법궤를 전쟁터로 운반하였다. 이제는 법궤를 앞세우고, 다시 한 번 블레셋과 대전하게 되었다. 이스라엘은 다시 한번 패배하였고 놀랍게도 법궤마저 빼앗기게 되었다(삼상 4장). 법궤를 빼앗겼다는 사실은 이스라엘 사람들에게 너무도 큰 충격적인 사건이었다. 이 소식을 들은 실로의 제사장 엘리(Eli)는 큰 충격을 받고 의자에서 뒤로 넘어져 목이 부러져 죽기까지 하였다.

블레셋의 진격 앞에서 이제 이스라엘은 비상대책을 강구하지 않을 수 없었다. 그리하여 이스라엘 사람들은 사무엘에게 가서 강력한 요청을 하였다. "우리를 다스릴 왕을 세워 주시오!"(삼상 8:5). 그들이 원한 것은 왕정(王政)이었다. 이스라엘도 다른 나라들처럼 왕을 세워서 왕을 중심으로 12지파가 국가 체제를 갖추고, 정규 군대를 조직하겠다는 것이다. 블레셋의 위협이라는 긴급상황에서 이에 대처하는 방안으로 이스라엘은 왕정으로의 전환을 요구하게 되었다. 그리하여 이스라엘 역사상 처음으로 왕이 탄생하게 된 것이다. 그가 사울(Saul) 왕이다. 이스라엘이 사사시대에서 왕정시대로 전환하게 된 것은 군사적인 위기를 극복하기 위한 비상수단으로 이루어진 것이다.

3. 사무엘상의 구조

사무엘상은 이러한 시대적 배경을 전제로 사사시대에서 왕정시대로 이어지는 과도기적인 이스라엘의 역사를 사무엘, 사울, 다윗이란 세 인물을 중심으로 전개시켜 나가고 있다. 이 세 인물들의 행적에 따라 본서는 세 부분으로 나누어진다.

첫째 부분(1-8장)은 이스라엘의 마지막 사사(삼상 7:6,15-17)이며, 선지자(삼상 3:20), 제사장(삼상 7:9) 역할을 동시에 수행함으로써 사사시대와 왕정시대를 연결시켜 준 사무엘의 사역과 그 탁월한 위치를 피력하고 있다. 둘째 부분(9-15장)은 백성들의 요구로 이스라엘 초대 왕이 된 사울의 치적을 다루고 있다. 셋째 부분(16-31장)은 하나님 앞에서 범죄함으로 하나님께 버림받은 사울과 하나님이 선택으로 차기 이스라엘의 왕으로 준비된 다윗간의 숨막히는 갈등의 역사가 그려져 있다.

1. 사무엘의 생애와 사역(1:1-7:17)
   1) 사무엘의 출생과 한나의 찬송(1:1-2:10)
   2) 성전에서 거하던 사무엘의 소년 시절(2:11-3:21)
   3) 실로의 파괴와 엘리의 죽음(4:1-22)
   4) 블레셋에게 법궤를 빼앗김(5:1-6:21)
   5) 법궤를 되찾음(7:1-17)
2. 사울 왕의 통치(8:1-15:35)
   1) 왕을 원하는 이스라엘 백성의 청원(8:1-22)
   2) 기름부음 받은 사울과 암몬 전쟁에서의 승리(9:1-11:15)

3) 사무엘의 고별설교(12:1-25)

4) 블레셋에 대한 사울과 요나단의 승리(13:1-14:52)

5) 아말렉 정벌과 사울의 불순종(15:1-35)

3. 사울 왕정의 몰락과 다윗 왕정의 수립(16:1-31:13)

1) 왕으로 기름부음 받은 다윗과 하나님의 신이 떠난 사울(16:1-23)

2) 다윗이 블레셋에게 승리함(17:1-58)

3) 다윗과 사울의 갈등 및 다윗의 도피(18:1-20:42)

4) 사울의 추적과 다윗의 도피생활(21:1-30:31)

5) 사울의 전사(31:1-13)

4. 왕정 제도에 대한 두 입장(삼상 7-12장)

왕정에 대한 긍정적(친왕조적) 본문	왕정에 대한 부정적(반왕조적) 본문
	(A1) 삼상 7:1-8:22(블레셋이 사무엘 때 점차 강성해지자 백성들이 사무엘의 의사와는 반대로 왕을 요구함)
(B1) 삼상 9:1-10:16(사울이 사무엘의 기름부음과 축복을 받으며 왕이 됨)	
	(A2) 삼상 10:17-27(백성들이 하나님을 버린 것이라고 사무엘이 책망한 후에 왕을 뽑기 위해 제비뽑음)
(B2) 삼상 11:1-15(사울이 위대한 군사적 지도자임을 입증하자 길갈에서 왕이 됨)	
	(A3) 삼상 12:1-25(열방처럼 왕을 가진 것의 위험성을 경고하는 사무엘의 마지막 고별설교)

사울과 사무엘의 전승에서 왕정 제도에 대해 상반된 태도를 보이는 것은 이스라엘의 실제 역사적 체험에서 유래한다. 초기 설화(사울 전승)는 이스라엘이 이웃 나라의 본을 따서 왕국을 세우려는 유혹에 빠지기 전에 기록된 것으로 보인다. 이 설화는 과거의 잘못이나 정치적인 세력의 부패에 의해 물들지 않았던 새로운 출발의 정력과 활기를 반영하고 있다.

그러므로 왕정 제도는 새로운 하나의 가능성으로서, 하나님께서 고통의 신음 소리를 듣고 모세를 보낸 것같이(출 3장), 백성의 요청에 응답하신 하나님의 자비라고 생각했다. 그래서 초기 전승은 사울을 임명한 것을 야웨의 구원행위로 여겼던 것이다.

이와는 반대로 후기 설화(사무엘 전승)는 이스라엘이 왕정시대에 환멸을 겪었던 경험을 통해서 사울의 왕정을 되돌아본 것이다. 이 설화는 다른 나라와 같이 왕을 세우기로 결정한 데서 나온 위험한 결과를 묘사하였다. 그리고 이러한 불행한 경험은 일부 예언자들로 하여금 왕을 옹립하고 왕국을 세우는 것이 야웨의 뜻에 반하는 것이라는 결론을 내리게 했다. 주전 721년에 북부 왕조가 몰락하기 직전에 예언자 호세아는 왕정 제도가 야웨의 왕권을 부인하는 제도라고 격렬하게 비난했다(호 8:4; 9:15; 10:3,9). 거의 1세기 반 이후에 남부 왕조가 멸망했을 때(주전 587년), 왕국으로서 이스라엘의 역사는 실패로 끝났음이 명백하다고 보았다. 왕정 수립에 관한 전승이 왕정 제도의 말기에 가서야 형성되었기 때문에, 이스라엘이 '국가 형태'를 취하려 했던 시도에 대한 부정적 태도는 긍정적인 태도를 몰아내었다.

전체적으로 사무엘서는 인간 왕이 하나님의 친정 통치(신정 통치)를 위협할 수 있는 잠재적 방해자라고 보면서도, 왕정 도입의 필요성을 인정한다.

5. 사무엘서의 메시지(신학적 주제)

사무엘상하는 사사시대의 종말과 아울러 이스라엘에서 다윗의 영도 아래 본격적인 모습을 드러낸 새로운 신정 체제인 왕정 제도의 수립을 상세하게 기술한다. 본서에 기록된 이스라엘 역사는 단순히 한 민족의 형성사나 왕정사가 아니다. 즉 인간 중심의 세속사가 아니라 하나님 왕국이 진행되어 가는 과정을 그린 구속사이며, 전 인류 역사의 핵심적인 사건을 하나님 중심으로 기록한 진리의 보고(寶庫)이다.

본서에 기록된 이스라엘 중심의 역사는 사무엘 자신의 생애와 밀접한 관련을 가진다. 사무엘은 이스라엘 민족이 정치 · 사회 · 종교 생활의 제반 분야에서 혼돈과 무질서의 상태에 놓여 있는 시대적 상황에서 마지막 사사로 활동한 인물이었다. 사울이 기름부음을 받을 때까지만이 아니라 사울 통치하의 사무엘 시대도 역시 사사시대의 연장으로 배교와 타락의 시대요, 무지와 혼돈의 시대였다(삼상 22:12-17; 3:1).

사무엘의 성장 초기에 이스라엘의 사사요 대제사장이었던 엘리(삼상 4:18)는 사사시대를 특징짓는 인물이었다. 엘리의 제사장직과 사사직의 실패는 하나님의 백성이 사는 신정국으로서의 이스라엘의 가치를 상실한 것임을 상징한다. 하나님께서 어린 사무엘을 통하여 엘리의 가계에 심판을 선언하신 것을 당대의 모든 이스라엘에 대한 하나님의 심판을 선언하는 의미가 들어 있다. 왜냐하면 이스라엘의 하나님께 대한 중보적인 대제사장직과 사사직이 실패했기 때문이다. 이런 중차대한 역사적 시점에서 사무엘이 소명을 받은 것이다.

사무엘은 모세 이래(신 18:18) 본격적인 선지자직을 수행한 최초의 인물로서, 이스라엘을 향하여 하나님의 뜻을 선포하고 기록한 자였다. 그는 하나님이 부여한 권위를 가지고 초기의 왕인 사울과 다윗에게 기름을 부었다. 따라서 사무엘은 사울이 즉위하기 전까지 이스라엘의 실제적인 통치자(사사)였으며, 선지직과 제사장 직책도 겸임한 최초의 인물이었다. 예수께서 메시아로 오시기 전까지 이 세 가지 직분이 분명하게 한 인물에게서 드러난 경우는 사무엘뿐이다. 이로써 사무엘의 생애 자체가 하나님의 왕국을 대변하는 대리자의 모습임을 알 수 있다. 하나님은 사무엘을 통해서 신정국 이스라엘의 본연의 자태를 드러나게 하시려고 새로운 통치 질서인 왕정 제도를 수립하게 하신 것이다. 이때부터 본격적으로 하나님의 나라가 이 세상에 왕국 체제를 갖추고 그 모습을 드러내게 되었다고 볼 수 있다. 결국 사무엘서는 하나님 왕국 건설의 형성사라고 할 수 있다.

사무엘서는 하나님의 마음에 합한 왕을 대표하는 다윗 왕국의 정치적 · 신학적 정통성을 옹호하는 책이다. 이스라엘 12지파 부족연맹체 체제가 노정시킨 내외적 무정부 상태(블레셋의 점증하는 위협과 지파 간의 갈등 증폭)로 인해 붕괴된 사사 시대의 신정주의적 이상은, 사울에 의해 회복되는 듯하다가 무산되고 만다. 사무엘서는 바로 이때 등장하는 인물, 유다 지파의 다윗이 사사시대의 신정주의적 이상을 회복할 이상왕임을 역설한다. 사무엘서는 먼저 왜 지역적 · 제한적 권력을 행사하는 사사와는 달리 왕과 같은 중앙집권적이며 전국적인 지도자가 출현하지 않으면 안 되었는가를 규명하고자 하였다. 그 다음 어떤 점에서 최초의 왕으로 등극한 사울 대신에 다윗이 하나님이 찾았던 신정통치의 이상을 실현할 이상왕인가를 보여주고자 하였다.

6. 사무엘서의 문학적 특징

1) 시작과 종결의 리듬: 사무엘서는 불임으로 인한 고통을 호소하는 한나의 기도(삼상 1장)로 시작해서 인구조사로 인한 재앙과 이를 회개하는 다윗의 기도(삼하 24장)로 끝나고 있다. 사무엘서의 처음과 끝은 이처럼 하나님의 은혜에 호소하는 기도에 둘러싸여 있다.

2) 한나와 다윗의 노래: 사무엘서는 한나와 다윗의 기도뿐 아니라 한나의 노래(삼상 2:1-10)와 다윗의 노래(삼하 22장)에 의해 둘러싸여 있다. 이 두 노래는 '인클루지오, inclusio, 고리 구조)'를 이루면서 사무엘서 전체를 이해하는 해석학적 열쇠를 제공한다. 이 두 노래는 모두 그 장르가 '왕의 승전가(royal triumphant song)'이다. 더욱 흥미롭게 이 두 노래는 장르뿐 아니라 많은 주제도 공유하고 있다.

공유된 주제들	한나의 노래	다윗의 노래
1. 여호와는 반석	삼상 2:2	삼하 22:32
2. "땅의 기둥들은 여호와의 것이라"	삼상 2:8	삼하 22:16
3. 여호와께서 우레로 적들을 무찌르심	삼상 2:10	삼하 22:14-15,29
4. 여호와께서 겸손한 자들을 구원하시고, 거만한 자를 낮추심	삼상 2:3-4	삼하 22:28
5. 여호와께서 그의 종들의 발을 지키심	삼상 2:9	삼하 22:37
6. 여호와께서 그를 의지하는 자를 "힘으로 띠를 띠우신다"	삼상 2:4	삼하 22:40
7. 여호와께서 그의 기름 부음 받은 자를 형통케 하신다	삼상 2:10	삼하 22:51
8. 적으로부터의 구원	삼상 2:1	삼하 22:3-4
9. 스올(음부) 언급	삼상 2:6	삼하 22:6

이 두 승리의 노래는 여호와의 구원 행위를 칭송하는 내용으로 되어 있다. 하나님께서는 교만한 자를 물리치시고 승리하시며, 그의 겸손하고 고통받는 백성을 구원하시는 분으로 칭송받고 있으며, 이 같은 구원과 승리가 미래를 보장해 준다는 점을 강조하고 있다.

7. 사울의 몰락과 다윗의 흥기

본 문	사울의 몰락	다윗의 흥기
18:6-20:42	(1) 다윗을 죽이려고 함으로써 음악치료사인 다윗으로부터 소외 (2) 딸인 미갈과 아들인 요나단에게서도 소외되기 시작	(1) 백성들에게 인기 (2) 궁중 신하들의 인정 (3) 여호와께서 인정하심 (4) 왕의 사위가 됨 (5) 미갈과 요나단의 사랑을 얻음
21:1-22:23	(1) 다윗을 도왔다는 이유로 놉의 제사장들을 살해함으로써 제사장들에게서 소원해짐	(1) 골리앗의 칼로 무장 (2) 식구들과 연합 (3) 400명의 부하 (4) 선지자 갓과 제사장 아비아달의 협조
23:1-29	(1) 그일라에 있는 다윗을 해하려고 한 계획 불발 (2) 블레셋의 침공으로 결국 다윗 좇기를 그칠 수밖에 없음	(1) 그일라를 블레셋의 공격에서 구해 냄 (2) 600명의 부하 (3) 사울의 손에서 탈출 (4) 요나단이 다음 왕은 다윗임을 인정
24-26장	(1) 다윗이 자신보다 의로움 인정 (2) 다윗이 왕이 될 것이라고 인정 (3) 자신이 어리석었다고 인정	(1) 사울의 생명을 두 번 살려줌 (2) 지혜로운 아내 아비가일을 얻음
27-31장	(1) 사울은 고독하게 여호와로부터 격리된 상태에서 길보아산의 전투 중 블레셋의 손에 죽음	(1) 블레셋에 피신; 사울의 죽음과 무관 (2) 시글락을 공격; 전리품을 유다 성읍들에 나누어 줌

사울, 다윗, 솔로몬 왕의 흥망성쇠 과정

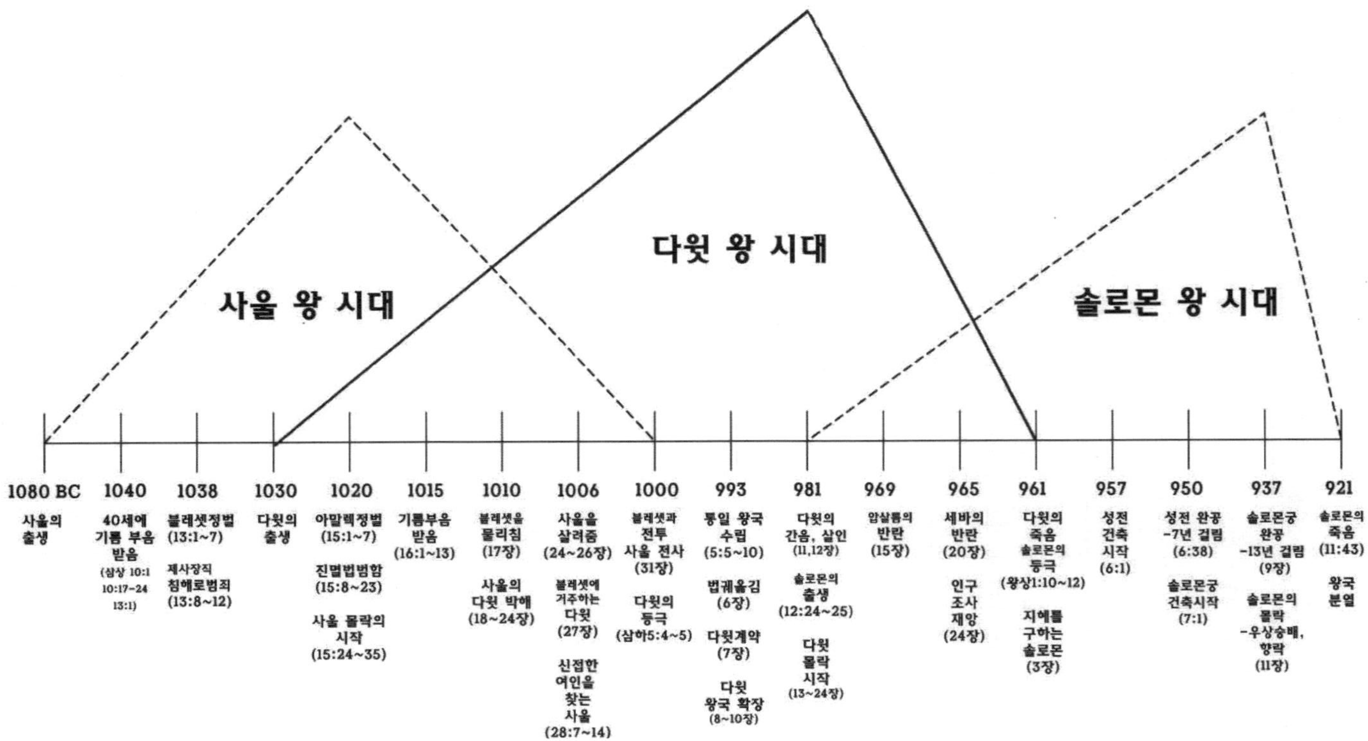

사무엘하(II Samuel)

1. 사무엘하의 개요

사무엘상과 사무엘하는 히브리 성경에서 본래 한 권의 책이었던 것을 편의상 두 권으로 나누어 편집한 것이다. 따라서 본서는 사무엘상과 그 저작 시기, 저자, 그리고 저작 목적에 있어서 동일한 면모를 보여준다. 그러나 사무엘, 사울, 다윗이란 세 인물을 중심으로 전개되었던 사무엘상에서의 이스라엘 역사는 이제 좀더 진전된 형태를 띠면서, 하나님의 주권적인 선택으로 왕위에 오른 다윗의 이스라엘 통치에 그 초점을 돌리고 있다. 곧 사울 왕가의 몰락을 배경으로 시작되는 본서는 다윗에 의해 성취된 통일왕국 이스라엘의 번영과 더불어 다윗 개인과 그 왕가의 부패와 타락을 적나라하게 묘사한 인물 중심의 역사서이다.

본서는 그 내용상 세 부분으로 구분해 볼 수 있다. 첫째는 1-10장까지로서 사울과 요나단의 죽음으로 나타난 사울 왕가의 몰락과 새로운 왕 다윗의 즉위, 둘째는 11-20장까지로서 다윗의 범죄와 그로 인해 야기되는 궁중 내부의 암투와 반역의 사건들, 셋째는 21-24장까지로서 결론적으로 다윗 통치에 대한 대략적인 기사를 소개하고 있다.

I. 다윗의 부흥기(1:1-10:19)
1. 다윗의 정치적 승리 (1:1-5:25)
2. 다윗의 영적 승리 (6:1-7:29)
3. 다윗의 군사적 승리 (8:1-10:19)
II. 다윗의 침체기(11:1-20:26)
1. 간음과 살인죄 (11:1-27)
2. 다윗 집안의 재난 (12:1-13:39)
3. 압살롬의 반역 (14:1-18:33)
4. 다윗의 왕권 회복 (19:1-20:26)
III. 다윗 통치에 대한 평가 (21:1-24:25)

2. 사무엘하의 내용과 주제(왕권의 확립과 다윗 언약)

본서는 비록 다윗을 불완전하기는 하지만 이상적인 신정통치의 진정한 대리자로서 묘사한다. 사울왕이 전사한 후 이스라엘 역사에는 새로운 장이 펼쳐진다. 그것은 다윗왕이 등장함으로 일어나게 되는 이스라엘 운명의 전환이다. 다윗은 일차적으로 유다 지파에 의해 헤브론에서 왕으로 추대된다(1-4장). 다윗은 이스라엘의 왕 가운데 정치적, 군사적으로 가장 위대한 왕이다. 대내적으로 그는 예루살렘을 왕국의 수도로 정하고, 이스라엘 12지파를 통일하여 강력한 중앙집권적 왕정을 수립한다. 대외적으로는 숙적인 블레셋을 완전히 굴복시키고, 이스라엘 주변의 모든 위협적인 세력(암몬, 모압, 에돔, 아람)을 정복하고 영토를 확장시켜 이스라엘 역사상 유례없이 국력을 신장시켰다. 또한 다윗은 그의 아들 솔로몬에게 왕위를 계승함으로써 세습적인 왕조를 수립하였다. 그가 세운 다윗왕조(Davidic Dynasty)는 주전 587년 유다 왕국이 멸망할 때까지 면면히 계속되었다(주전 1000-578년).

다윗이 왕권을 확립한 후, 다윗의 조정에서는 새로운 왕조신학(royal theology)이 일어나게 되었다. 왕정체제가 확립됨으로써 이스라엘에 일어난 정치적, 사회적 변화로 인하여, 하나님과 이스라엘의 관계에 대하여 새로운 신학적 이해가 대두하게 되었다. 하나님께서 다윗과 영원히 맺은 계약(삼하 23:5)이라고 하여 이것을 '다윗계약(Davidic Covenant)'

이라고 부른다. 이 계약은 여인의 후손을 통하여 악의 세력에 대한 궁극적 승리를 약속한 것(창 3:15)과 셈과 그 후예들(창 9:26-27), 그리고 아브라함과 그 후손에게 약속한 것(창 12:2-3; 13:16; 15:5)과 상통하며, 마침내 유다와 그의 후손에게 약속한 내용(창 49: 8-11)과도 일맥상통한다. 그 계약 내용은 첫째로, 하나님께서 다윗을 왕으로 세워주셨고, 그에게 영원한 왕조(王朝)를 약속해 주셨다는 것이다. 다윗 계약신학의 '마그나 카르타(Magna Carta)'라고 불리는 예언자 나단(Nathan)의 말을 직접 들어보자.

"내가 너를……이스라엘의 통치자를 삼고……야웨가 너를 위하여 집(곧 왕조)을 이루고, 네 수한이 차서 네 조상들과 함께 잘 때에 내가 네 몸에서 날 자식을 네 뒤에 세워(왕권의 혈통적 계승) 그 나라를 견고케 하리라. 저는 내 이름을 위하여 집(성전)을 건축할 것이요, 나는 그 나라 왕위를 영원히 견고케 하리라. 나는 그 아비가 되고, 그는 내 아들이 되리니, 저가 만일 죄를 범하면 내가 사람 막대기와 인생 채찍으로("사람이 제 자식을 매와 채찍으로 징계하듯", 공동번역) 징계하려니와 ……네 집(왕조)과 네 나라가 네 앞에서 영원히 보전되고, 네 왕위가 영원히 견고하리라"(삼하 7:8-17). 여기서 다윗왕조의 영속성이 약속되고 있다.

둘째로, 다윗계약의 내용은 예루살렘(시온)이 하나님께서 거하시는 곳이라는 것이다. "야웨께서 시온을 택하시고, 자기 거처를 삼고자 하여 이르시기를 '이는 나의 영원히 쉴 곳이라 내가 여기 거할 것은 이를 원하였음이로다"(시 132:13-14).

영원한 다윗왕조에 대한 약속과 예루살렘의 중요성은 다윗 계약을 받치고 있는 두 기둥이다. 다윗계약신학은 유다왕국의 정치적인 안정을 가져오는 데 결정적인 중요한 역할을 하였다. 유다왕국에서는 다윗왕조만이 존속하였고, 유다왕국의 멸망으로 왕조가 끊어진 후에는 하나님께서 다윗왕조를 언제인가는 필연코 회복시켜 주실 것이라고 하는 희망의 기초가 되었다. 그리하여 마침내는 '메시아 기대사상'으로까지 발전하게 되었다.

한편 1-10장까지 영광과 승리로 가득 찬 다윗의 통치는 11-20장에서는 다윗 통치의 어두운 국면, 곧 다윗의 실정을 보여준다. 밧세바와의 범죄(11-12장)와 그의 아들의 사악함에 대한 무책임한 관용(13:21; 14:1, 33; 19:4-6), 그리고 심복인 요압의 반역(3:29, 39; 20:10, 23) 등으로 그의 가계와 왕국 전체가 살인, 폭력, 음모, 피 흘림으로 점철된다. 결국 그의 아들 압살롬의 반란으로 예루살렘에서 쫓겨나는 신세까지 되고 만다. 그럼에도 불구하고, 하나님께서는 다윗에게 은혜를 베푸시고 그의 통치를 이후의 모든 이스라엘 왕에 대한 귀감으로 제시하신다(왕하 18:3; 22:2).

본서는 다윗 자신을 모든 대적으로부터 구원하신 하나님을 찬양하고(22:31-51), 다윗 왕가를 존속시켜 그로부터 의로운 왕을 세우리라는 하나님의 약속이 성취되기를 기대하는 내용(23:3-5)으로 끝맺는다. 이미 언급했듯이 이 노래는 사무엘상 초두에 한나의 노래(삼상 2:1-10)의 주제와 거의 일치하며 많은 부분의 내용이 그것과 유사하다.

이상에서 살펴본 대로 사무엘하의 중심 주제는 하나님 왕국의 표상인 다윗 왕국의 전개와 몰락이다. 하나님께서는 신정국의 이상적인 통치자로서 다윗 왕을 세우시고 역사 속에서 하나님 왕국의 통치자의 진정한 모습을 제시하신다.

3. 사울과 다윗에 대한 시각

독자들은 사울에 대해서는 추상같은 원칙과 진노로 응답하시는 하나님께서 다윗에게는 너무나도 부드럽고 유연하게 대하시는 점에 대해 석연치 못하다는 인상을 갖게 될지도 모른다. 이 인상은 놀랍게도 사실이다. 하나님께서 사울에 대해서는 율법주의적 태도를 보여주시고 다윗에 대해서는 율법을 초극하시는 '헤세드(계약적 仁愛)'의 원리를 보여주시기 때문이다. 확실히 사울의 실수는 모세적 율법의 원칙으로 처리되고 다윗의 죄악과 실수는 율법을 초월하는 하나님 자신의 무진장한 의(義)의 원칙에 따라 처리되고 있다. 다윗의 이야기 속에 빛나는 원리는, 죄와 악을 초극하는 하나님의 일방적인 헤세드, 곧 하나님의 계약적 인애가 이스라엘과 하나님의 계약관계를 지탱시키는 원천이라는 것이다. 인간의 죄를 초극하시면서까지 인간과 맺은 언약을 지켜 가시는 하나님의 일방적인 은총의 역사는 예수 그리스도를 통한 십자가 구원의 전주곡인 셈이다.

이런 이유 때문에 우리는 사무엘서를 읽을 때 인간을 섣불리 이상화하거나 도덕주의적으로 접근하는 것을 경계해야 한다. 특히 사무엘서의 주인공인 다윗의 믿음과 행위를 모범과 교훈으로 삼을 때 조심해야 한다. 다윗의 왕위 등극 역사나 왕국 통치 과정에서는 세속문학에서 다뤄지는 권력 남용, 권력 투쟁, 음모, 비열한 배반, 궁중 권력 암투 등 모든 어두운 요소들이 다 발견된다. 따라서 다윗의 도덕적 이상주의화는 경계해야 한다. 그는 도덕적 모범은 아니다. 다윗은 실로 참혹한 죄인이었다. 그의 모든 죄악이 하나님의 찬란한 은총을 돋보이게 만드는 배경이 되었으며 사무엘서는 다윗의 악한 행위들을 가차 없이 노출시키고 비판하고 있다. 사무엘서는 다윗의 도덕적 이상화나 다윗 왕국의 현실 정치적 이상화에 전혀 관심이 없다. 오히려 인간의 죄악을 초극하는 하나님의 찬란한 은총에 대한 믿음을 갖도록 격려하고 있다.

4. 사울 · 다윗 · 솔로몬의 통치

1) **사울 왕국**(1020-1000**년**: **과도 정부**)

(1) 베냐민 지파의 사울이 왕이 됨(삼상 9-11장). 이때는 이스라엘 전체가 아닌 몇 지파만을 지휘(중부지방의 베냐민 지파와 에브라임 지파).

(2) 블레셋과의 전투에서 승리함(삼상 13-14장). 그후 길보아 산지(이즈르엘 평원)에서 블레셋에 패배하고 살해됨(삼상 28-31장).

(3) 사울 왕국은 '종족 동맹적(amphictyony)' 이념에 따라 국가 건립(지방 분권으로 인한 내면적 취약성을 가짐). 다윗 왕국은 강력한 국가 권력(중앙집권)을 확립한 후에 종족 동맹적인 입장을 취함.

(4) 사울의 세력은 그의 카리스마에 기초. 카리스마의 상실과 함께 그도 파멸됨. 다윗의 세력은 본질상 힘, 즉 군대에 의존.

2) **다윗 통치**(1000-961**년**: **통일왕국 수립**)

(1) 다윗은 유대 땅 베들레헴에서 난 사울의 병기 든 자(삼상 16장).

(2) 다윗은 정략 결혼을 통해 세력 확장(미갈, 아비가일, 아히노암; 삼하 3:1-5).

(3) 블레셋의 왕 아기스의 용병대장. 블레셋과 사울의 전투(사울의 죽음) 와중에서 다윗은 블레셋의 자기 영토인 시글락에 내려가 아말렉 격파(삼상 27장).

(4) 사울에 이어 헤브론에서 유다 왕으로 기름부음 받음(삼하 2장).

(5) 쇠퇴한 블레셋을 격파하고 법궤를 빼앗아 다윗성(예루살렘)으로 옮겨옴(삼하 5-6장).

(6) 예루살렘을 수도로 정하고, 유다와 이스라엘의 정치적, 종교적 중심지로 삼음(삼하

5–6장).

(7) 다윗 왕국 확장 – 가나안, 블레셋, 모압, 암몬, 아람, 에돔 물리침(삼하 8–10장).

(8) 이렇게 해서 성립된 통일국가는 본질적으로 '이스라엘–종교적 집단'과는 부합하지 않는 종교적 혼합주의 정책을 받아들이지 않을 수 없게 됨.

(9) 체제 유지를 위해서 제왕 전승(창조 질서와 안정을 강조) 입장에 설 수밖에 없음. 이는 북왕국의 해방전승(변혁을 강조)과 대립됨.

(10) 다윗 왕국의 예루살렘 중심주의는 북왕국 집단의 불만을 야기시킴.

(11) 밧세바 사건(삼하 11–12장)으로 집단 분열, 압살롬의 반란(삼하 13–19장), 세바의 반란(20장)으로 남북대결과 분열왕국의 서막이 시작됨.

(12) 왕위 계승에 있어서 아도니야–제사장 아비아달은 보수적이고 이스라엘적 입장. 솔로몬–제사장 사독은 예루살렘적이고 가나안적 방향에서 형성된 집단.

3) 솔로몬의 통치(961-922년; 그의 死後 왕국분열)

(1) 솔로몬의 행정구역 개편(12지파로 나누어 감독관을 둠. 그러나 유다는 제외)은 남북분열을 조장함(왕상 4:7).

(2) 성전 건축 및 왕궁 건축(왕상 5–6장)은 세금과 부역을 강요.

(3) 솔로몬 사후 이스라엘은 세금과 부역의 감소를 요구하나 르호보암은 그 요구를 묵살하자 여로보암이 10지파를 데리고 북왕국 이스라엘을 세움(왕상 11–12장).

5. 왕국기(삼상-왕하)의 문학적 구조

<table>
<tr><th colspan="2">예언자 계열</th><th colspan="2">정치적(역사적) 계열</th></tr>
<tr><td rowspan="5">사무엘</td><td>삼상 1-3장</td><td></td><td></td></tr>
<tr><td></td><td>삼상 4-6장(+삼하 6장)</td><td></td></tr>
<tr><td>삼상 7, 8, 10, 12장</td><td></td><td></td></tr>
<tr><td></td><td>삼상 9-11, 13-14장</td><td>사울</td></tr>
<tr><td>삼상 15장</td><td></td><td></td></tr>
<tr><td></td><td></td><td>삼상 16-삼하 5장</td><td rowspan="4">다윗</td></tr>
<tr><td>나단</td><td>삼하 7장</td><td></td></tr>
<tr><td></td><td></td><td>삼하 8장</td></tr>
<tr><td></td><td></td><td>삼하 9-20장; 왕상 1-2장</td></tr>
<tr><td></td><td></td><td>왕상 3-11장</td><td>솔로몬</td></tr>
<tr><td></td><td></td><td>왕상 12장</td><td>르호보암</td></tr>
<tr><td>벧엘의 선지자</td><td>왕상 13:1-14:18</td><td></td><td></td></tr>
<tr><td></td><td></td><td>왕상 14:19-16:34</td><td>남북 왕들</td></tr>
<tr><td rowspan="2">엘리야</td><td>왕상 17-19장</td><td></td><td></td></tr>
<tr><td>왕상 20-22장</td><td>(왕상 20, 22장)</td><td>아 합</td></tr>
<tr><td>엘리사</td><td>왕하 1-9장</td><td></td><td></td></tr>
<tr><td></td><td></td><td>왕하 8:16-17:6</td><td>남북 왕들</td></tr>
<tr><td>아모스, 호세아</td><td>왕하 17:7-41</td><td></td><td></td></tr>
<tr><td>이사야</td><td>(왕하 19-21장)</td><td>왕하 18-25장</td><td>남북 왕들</td></tr>
</table>

6. 홀로 싸우게 된 남왕국 유다(주전 722-587년)

연대	유 다	선지자	앗수르	바벨론
722	아하스(735-715) 앗수르의 속국	이사야 미가	사르곤 2세(722-705)	
715	히스기야(715-687) 앗수르에 반역		산헤립(705-681)	갈대아 총사령관, 므로닥 발라단
700	산헤립의 침공(701)		산헤립이 바벨론을 파괴함	
	므낫세(687-643)		에살핫돈(681-669)이 이집트를 공격함	
675	므낫세에 의해 장려된 부패와 우상숭배가 유다를 휩쓸게 됨		아슈르바니팔 2세(669-627)가 테베를 약탈함(663)	
650	요시야(640-609)	예레미야	아슈르바니팔 2세 죽음(627)	나보폴라사르가 바벨론 왕에 오름(626)
625	요시야의 개혁, 율법책 발견(621)	나훔	신 샤르 이수쿤	
615			앗수르가 약탈당함(614)	
	요시야의 죽음	스바냐	니느웨가 멸망함(612)	
	여호야김(609-598)	하박국	하란이 멸망함(610)	
605				느브갓네살 (605-562)
	바벨론에 반역			갈그미스 전투
600				
598/ 597	예루살렘의 1차 포위와 유배 여호야긴(598-597)	에스겔		
587/ 586	예루살렘의 2차 포위, 성전의 파괴			유다 1차 침공 유다 2차 침공, 예루살렘과 성전을 파괴함

열왕기서(I&II kings)

1. 명칭과 구조

열왕기상하는 원래 한 저자에 의해 기록된 한 권의 책이었다. 그런데 칠십인역(LXX)에서 이 책을 '제3왕국기, 제4왕국기'로 나누어 놓았다(제1,2 왕국기는 사무엘상하이다). 그 후 불가타(라틴어 역본)에서 왕국기상하로 구분했기 때문에, 그 영향으로 열왕기상하가 되었다. 이 책의 본래 히브리어 명칭은 '믈라킴(왕들)'이다.

열왕기는 크게 세 부분으로 나눌 수 있다. (1) 제1기-통일 왕국시대(왕상 1:1-11:43). 이 시기는 솔로몬의 통치기로서, 이스라엘의 권세와 영광이 절정에 달한 시기이다. (2)제2기-남북 분열 왕국시대(왕상 12:1-왕하 17:41). 이 시기는 남북 왕국의 분열에서부터 시작하여, 두 왕국이 공존하다가, 북왕국 이스라엘이 앗수르에게 멸망당하기까지의 역사이다. (3) 제3기-남왕국 유다 단독 시대(왕하 18:1-25:31). 홀로 남은 남왕국 유다가 마침내 바벨론에게 멸망당하여 포로로 잡혀가기까지의 역사이다.

2. 시대적 배경

다윗 왕이 죽은 후, 그의 아들 솔로몬이 왕위에 오른다(왕상 1-2장). 솔로몬 왕의 치적은 열왕기 상 2장부터 11장까지에 걸쳐 기록되어 있다. 그의 업적 가운데 가장 유명한 것은 성전을 건축한 일이다. 7년의 공사 끝에 건축된 예루살렘 성전은 길이 35m, 너비 10m, 높이 15m 정도의 건축물이다. 그 구조는 현관, 성소, 지성소의 세 부분으로 나누어져 있고, 지성소에는 법궤가 보존되어 있다. 또한 솔로몬은 외국과의 빈번한 교류를 통해서 주변의 나라들로부터 '지혜문학'을 수입하였고, 이스라엘에 지혜문학 전통을 시작하였다. 그리하여 그는 이스라엘 왕 중에서 가장 지혜로운 '지혜의 왕'으로 알려지게 되었다.

한편 솔로몬은 성전 건축 이외에도 많은 건축을 하였고(13년에 걸쳐서 왕궁을 건축함), 건축 사업을 위하여 과중한 세금을 부과하였고, 부역제도로서 백성들을 혹사시켰다. 또한 그는 고대 근동의 여러 나라 왕에 못지않은 사치스러운 생활을 하였고(그의 왕비와 후궁의 수는 왕상 11:1-4을 보라), 여러 나라의 왕족들과 국제 정략결혼의 결과로 종교적인 문란도 가져왔다(왕상 11:5-8). 더욱이 그는 조세와 국방 문제에 있어서 친유다 지파 일변도 정책을 썼고, 여러 가지 건축 사업으로 고갈된 국고를 충당하기 위해서 북부지역인 '가불(Cabul)' 지역을 외국에 매각하는 일까지 범하였다(왕상 9:10-14). 이러한 솔로몬의 통치는 그가 속한 유다 지파를 제외하고 다른 이스라엘 10지파들을 솔로몬 왕권으로부터 소외시키게 되었다.

주전 922년 솔로몬 왕이 죽고, 그의 뒤를 이은 르호보암 왕은 미련하게도 솔로몬 왕의 강경책을 고수하려고 하였고, 이미 솔로몬 치하에서 극히 악화되었던 상태는 돌이킬 수 없는 상태로 발전하게 되었다. "우리가 다윗과 무슨 관계가 있느냐……이스라엘아 너희의 장막으로 돌아가라 다윗이여 이제 너는 네 집이나 돌아보라"(왕상 12:16). 이러한 구호를 외치면서 여로보암(Jeroboam)의 영도 밑에서 이스라엘 10지파는 반란을 일으키고 다윗 왕권으로부터 분리하여 나갔다. 다윗이 이룩한 이스라엘의 통일왕국은 80년을 채 계속하지 못하고 남과 북으로 분열되었다. 다윗-솔로몬의 통치하의 통일왕국시대(1000-922년)는 이스라엘 역사상 유일하게 2지파가 한 정권 밑에서 통일을 이루었던 기간이었다. 두 왕국으로 분열된 이후, 이스라엘은 다시는 영원히 통일국가를 이루지 못하였다.

주전 922년부터 '두 왕국시대'가 시작된다(왕상 13장부터). 여로보암이 분리시킨 10지파는 북이스라엘 왕국이 된다. 한편 다윗-솔로몬 왕국은 축소된 상태로 존재를 계속하며 남유다 왕국으로 불리게 된다. 여로보암이 북이스라엘 왕국을 수립한 후에, 제일 먼저 한 일은 단과 벧엘 두 곳에 북왕국의 성전을 세운 일이다. 이후로 북이스라엘 사람들은 예루살렘 성전이 아닌 북왕국의 성전에서 예배를 드리게 되었다.

신명기 사가에 있어서, 이 사실은 북왕국이 저지른 죄 가운데 용서받지 못할 가장 큰 죄였다. 신명기 사가는 신명기에 규정되어 있는 '예배장소의 단일화' 원칙을 두 왕국 역사에 적용시켰다. 그에게 있어서 이스라엘 사람들이 예배할 수 있는 '하나님께서 택하실 한 곳'(신 12장)은 예루살렘이었고, 그 중에서도 예루살렘 성전이었다(왕상 11장). 따라서 예루살렘이 아닌 단과 벧엘의 성전에서 예배드린 북이스라엘의 역사는 "여로보암의 길을 따라간" 죄의 역사가 된다.

신명기 사가는 두 왕국의 역사를 해석, 평가하는 데 있어서, 예루살렘 성전만이 바른 예배를 드릴 수 있는 유일한 장소라고 하는 입장에 서서, 북왕국의 역사를 죄의 역사로 정죄하고 있다. 즉 신명기 사가는 예루살렘 중심의 입장에서 북왕국의 역사를 부정적으로 평가한 것이다. 이것은 북왕국의 입장에서 볼 때 공평한 역사기술이라고 보기는 어렵다. 전술한 대로, 신명기 역사는 신명기 신학적 입장에서 해석된 역사임을 기억해야 한다.

북왕국은 꼭 200년간 존속한 후 호세아 왕 때 앗수르의 살만에셀 5세에 의해 멸망당했다. 북왕국이 멸망된 역사는 열왕기하 17장에 기록되어 있다. 신명기 사가는 북왕국이 멸망한 이유를 이렇게 설명하고 있다. "(북왕국 사람들은) 야웨께서 명하사 본받지 말라 하신 이방사람들을 본받아 하나님 야웨의 모든 명령을 버리고……야웨 보시기에 악을 행하며 그 노를 격발케 하였으므로, 야웨께서 이스라엘을 심히 노하사 그 앞에서 제하셨다"(왕하 17:15-18). 이것은 철두철미하게 신학적인 설명이다. 북왕국 백성들이 하나님 말씀을 불순종하였기 때문에 진노하시고 그들을 징벌하신 때문이라는 것이다.

남유다 왕국은 북왕국이 멸망한 후, 약 150년 정도 더 오래 존속하였다. 이 기간 동안 일어난 역사 사건으로서 신명기 사가에게 가장 중요한 의미를 주었던 것은 요시야 왕의 '종교개혁'이었다(주전 621년). 요시야 왕은 부패해진 예루살렘 성전을 정화시키고, 신명기의 '예배 장소의 단일화' 원칙을 강행하여 모든 산당들을 철거시켰다(왕하 22-23장). 이러한 종교개혁의 공로로 요시야 왕은 전무후무한 훌륭한 왕으로 찬사를 받는다(왕하 23:25). 그러나 불행히도 이집트 군대와 므깃도 전투에서 싸우다 전사하였다(주전 609년).

요시야 왕의 전사와 함께 유다왕국의 운명은 걷잡을 수 없이 내리막길을 달리게 되었고, 약 20년 후 예루살렘은 바벨론 제국의 느부갓네살 왕(Nebuchadnezzarr, 605-526)

에게 함락 당함으로 유다 왕국은 종말을 고하였다(주전 587년). 바벨론 군대는 예루살렘을 초토화시켰고, 이때 예루살렘 성전도 불타게 되었다. 또한 유다 왕국 사람들은 바벨론 지역으로 포로로 잡혀가게 되었다. 유다 왕국이 멸망함으로써, 이스라엘 역사에 있어서 왕국의 역사는 완전히 막을 내리게 된다. 그리고 바벨론 포로시대(Exilic Period, 587-538)가 시작된다.

그러면 유다 왕국은 왜 멸망하게 되었는가? 신명기 사가는 유다 왕국의 멸망의 큰 책임을 므낫세 왕에게 돌리고 있다. 그는 우상숭배로 유다 왕국의 역사상 가장 악명높은 왕이었다(왕하 21장). "야웨께서 유다를 향하여 진노하신……진노를 돌이키지 아니하셨으니 이는 므낫세가 야웨를 격노케 한 그 모든 격노를 인함이라 야웨께서 가라사대 '내가 이스라엘(북왕국)을 물리친 것같이 유다(왕국)도 내 앞에서 물리치고 내가 뺀 이 성 예루살렘과 내 이름을 거기 두리라 한 이 성전을 버리리라' 하셨더라"(왕하 23:26-27; 왕하 24:3-4에 반복). 여기서도 유다 왕국멸망의 신학적 이유가 제시되어 있다. 열왕기는 유다 왕국이 망한 후에 포로로 잡혀온 여호야긴 왕이 바벨론에서 포로생활하는 이야기로 그 끝을 맺는다(왕하 25:27-30). 신명기 역사는 바벨론 포로시대에 그 마지막 집필과 편집이 끝이 났다.

이스라엘 사람들이 약속의 땅 가나안에 들어가서 정착생활을 시작한 때로부터 시작하여(여호수아서, 사사기), 왕국이 수립되고(사무엘서), 다시 왕국이 분열되어 각각 두 왕국이 멸망할 때까지의 역사(열왕기)를 일관된 신학적 입장에 서서 해석하고 기술하였다. 신명기 역사는 왕국이 몰락한 포로기 시대에 이스라엘의 과거 역사를 보존한다는 목적도 있었다. 그러나 그것보다도 더 큰 신학적 동기가 있었다. 신명기 사가는 이스라엘의 역사 과정을 '순종-축복', '죄-벌'이라는 신학적 공식으로 풀어 나갔다.

그러므로 유다 왕국이 멸망하게 된 것도 단순히 군사력의 미약함이나 정치적 사건으로 보지 아니했다. 이스라엘의 수난과 비극은 그들의 죄에 대한 하나님의 진노의 징벌로 해석하였다. 그러므로 이러한 역사적 상황에서 이스라엘이 해야 할 바는 이러한 역사의 의미를 깨닫고 죄의 길로부터 돌이켜 회개해야 한다는 것이다.

신명기 사가는 이스라엘이 진정으로 회개하고 하나님의 말씀에 순종할 때 하나님은 그들을 다시 구원해 주실 것이라고 확신하였다. 그러므로 열왕기 하권의 최종 부분(왕하

25:27-30)은 바벨론 포로상태에서도 여호야긴 왕이 다시 왕으로서 예우받게 되는 상황의 변화를 기록함으로써 희미하게나마 미래에 대한 희망의 서광을 보여주고 있다.

3. 이스라엘 두 왕국의 비교(433년, 42왕(3[왕국 분열 이전]+20[남]+19[북])

분열왕국 이전	사울(1020-1000년), 다윗(1000-961년), 솔로몬(961-922년)	
분열 왕국	남유다 왕국	북이스라엘 왕국
수 도	예루살렘	사마리아
지 파	유다 지파가 주축	10지파
존속 연대 및 기간	1000-587년, 413년간 존속	922-722년, 200년간 존속
멸 망	바벨론 제국의 느부갓네살 왕에게 망함(587년)	앗수르 제국의 살만에셀(5세) 왕에게 망함(722년)
지 형	산악 지대	샤론 평원, 이스르엘 평원 등의 가나안 지역의 곡창지대가 있음
국제 관계	지형적으로 고립됨	고대근동세계의 남과 북을 잇는 통로. 따라서 국제교역이 활발함
경 제	농·목축업이 주였고, 경제적으로 풍성하지 못함	농업, 국제교역을 통해 상업 발달. 따라서 경제적으로는 융성함. 그러나 빈부의 차이가 심함
군 사	북이스라엘 왕국보다 항상 열세에 있었음	경제력에 힘입어 군사력이 우세하였음
정 치	왕조신학으로 정치적으로 안정됨. 다윗왕조만 존속함	왕조신학이 없었고 혁명과 정치적 불안이 계속됨
신학 전승	다윗 계약신학이 지배적이었음	전통적인 시내산 계약신학 전승이 유지됨

4. 남북 왕국 열왕 연대표

남왕국 유다					북왕국 이스라엘				
1	르호보암	악	왕국 분열의 장본인 (왕상 12:9-19)	922-915	1	여로보암 I세	악	북이스라엘의 창시자 (왕상 12:28-30)	922-901
2	아비야	악	아비얌이라고도 함. 여로보암에게 승리 (왕상 15:1-8)	915-913	2	나답	악	바아사에게 살해됨 (왕상 15:25-31)	901-900
3	아사	선	우상숭배한 모친을 폐위시킴. 아람의 벤하닷과 동맹하여 범죄 (왕상 15:9-22)	905-874	3	바아사	악	여호와 앞에 범죄 (왕상 15:34)	900-877
4	여호사밧	악	유다를 부흥시킴 (왕상 2:41-50)	873-849	4	엘라	술꾼	술취해 시므리에게 살해됨(왕상 16:8-10)	877-876
5	여호람	악	아합의 딸 이달랴와 결혼(왕하 8:18)	949-943	5	시므리	살인자	즉위 7일만에 오므리에게 패함 (왕상 16:10-20)	876
6	아하시야	악	아합 가문과 결탁. 예후에게 죽음 (대하 22:1-9)	843-842	6	오므리	극악	오므리 왕조의 창시자. 수도 사마리아를 세움. 북왕국 최강의 왕 (왕상 16:24)	876-869
7	아달랴	극악	아하시야의 모친으로 아하시야의 사후 반란으로 왕권 탈취. 바알숭배자 (대하 22:10-12)	842-837	7	아합	극악	북왕국 역사상 가장 악한 왕. 바알숭배. 나봇 포도원 탈취 (왕상 22:29-38)	869-850
8	요아스	선	성전 보수. 말년에 우상숭배함 (대하 24:1-27)	837-800	8	아하시야	악	바알을 섬기다가 병상에서 죽음 (왕하 1:1,16)	850-849
9	아마샤	선	선과 덕을 행했으나 신하에게 살해당함 (대하 25:23)	800-783	9	여호람	악	바알을 없앴으나 다른 우상숭배 (왕하 3:2,3)	849-842
10	웃시야	선	스스로 분향하려다 문둥병에 걸림 (대하 6:16-23)	783-742	10	예후	악	아합가와 바알 숭배자를 몰살시킴 (왕하 9:1-10:31)	842-815
11	요담	선	선을 행했으나 산당을 제거하지 못함. 암몬 정복 (대하 27:2)	742-735	11	여호아하스	악	우상숭배. 아람에게 패함(왕하 13:1-9)	815-801

12	아하스	악	우상숭배. 자녀를 불사름. 아람과 이스라엘에게 크게 패함 (대하 27:1–25)	735–715	12	요아스	악	벤하닷을 파하고 이스라엘 성읍을 회복 (왕하 13:24,25)	801–786
13	히스기야	선	여호와의 계명을 지킨 왕. 바벨론에 멸망될 예언을 들음 (왕하 0:12–19)	715–687	13	여로보암 II세	악	이스라엘을 정치 군사적으로 부강시킴 (왕하 14:25–27)	786–746
14	므낫세	악	악을 행하다 앗수르 포로로 갔다가 돌아와 회개 (대하 33:1–20)	687–642	14	스가랴	악	즉위 6개월 만에 백성들 앞에서 죽음 (왕하 15:8–12)	746–745
15	아몬	악	신복들에게 살해당함 (대하 3:21–25)	642–640	15	살룸	악	스가랴를 죽이고 즉위한 후 1개월 후 피살(왕하 15:13)	745
16	요시야	선	율법책 발견. 유월절 복구시킴. 앗수르로부터 독립을 꾀함 (대하 34:1–35:27)	642–609	16	므나헴	악	살룸을 죽이고 이 됨 (왕하 15:17–20)	745–737
17	여호아하스	악	느고에게 사로잡혀 3개월 만에 폐위 (대하 36:4)	609	17	브가히야	악	범죄하다가 모반당해 죽음 (왕하 15:25)	737–736
18	여호야김	악	요시야 아들로 바벨론 포로가 됨 (왕하 23:34–24:7)	609–598	18	베가	악	앗수르와의 전쟁에서 패함 (왕하 15:29)	736–732
19	여호야긴	악	즉위 3개월 만에 바벨론에 끌려감 (대하 36:10)	598	19	호세아	악	북이스라엘의 마지막 왕 (왕하 17:1–33)	732–724
20	시드기야	악	눈이 뽑힌 채 바벨론에 끌려감 (대하 36:17–21)	597–587	사마리아의 멸망(722년)				

5. 저작 자료

열왕기는 많은 부분들이 다른 자료들을 근거해서 편집되었다. 자료들의 출처를 본문 자체가 직접 밝히고 있으며, 그 자료들은 '솔로몬의 행장기'(왕상 11:41), '유다 왕의 역대지략'(왕상 14:29 등), '이스라엘 왕의 역대지략'(왕상 14:19 등)이다.

1) 솔로몬의 행장기

"솔로몬의 남은 사적과 무릇 저의 행한 일과 그 지혜는 솔로몬의 행장에 기록되지 아니하였느냐"(왕상 11:41). 이 말씀으로 미루어보면, 이 자료 안에는 솔로몬이 지혜를 하나님께 구한 것, 솔로몬의 재판, 스바 여왕의 방문 등이 기록되었을 것으로 추측할 수 있다. 또한 이 자료 안에서 본서의 저자가 유용하게 사용할 수 있었던 것들은, 솔로몬의 궁전 신하 명단과 지방 장관 명단, 성전 기물에 대한 묘사, 두로 왕 히람과의 협약, 왕궁 및 성전 건축 때에 관한 것들이었을 것이다. 이것들은 모두 고대 공문서에 속해 있었다. 따라서 우리는 본서에 기록된 모든 말씀들을 더욱 더 신뢰할 수가 있다.

2) 유다 왕의 역대지략

열왕기상하에서 이 자료에 대한 언급이 15회 나타난다. 이 자료의 기록자가 누구인가에 대해서는 많은 의견들이 있으나, 일반적으로 여러 선지자들이 기록했을 것이라는 견해가 가장 유력하다. 그 이유는 다윗의 경우도 그의 행적이 사관(史官)들에 의해서 기록되었다고 말하지 않고, 선지자 사무엘, 나단, 갓에 의해 기록되었다고 성경이 말하고 있기 때문이다(대상 29:29). 더구나 북이스라엘에는 왕의 행적을 기록할 만한 관직이 있었다는 흔적이 전혀 없다. 그런데도 '이스라엘 왕의 역대지략'은 여러 선지자들의 글을 집성한 것으로 보는 것이 타당하겠다. 유다 왕 중에서도 어떤 왕들은 이 자료를 사용했다는 언급이 전혀 없다. 예를 들면 아하시야, 여호아하스, 여호야긴, 시드기야 등의 경우에는 '유다 왕의 역대지략'이라는 언급이 전혀 없다. 이는 그들의 죽음에 직면한 환경 때문이라고 할 수 있겠다. 곧 특이하게 죽음을 맞이한 왕에게는 이 공식적인 문구가 사용되지 않았다.

3) 이스라엘 왕의 역대지략

이 자료가 본서에서 언급된 회수는 17회이다. 이스라엘 왕 중에서 요람, 호세아 시대의 이 자료에 대한 언급은 전혀 없다. 이 자료의 성격은 '유다 왕의 역대지략'과 거의 동일하다.

6. 등극과 죽음 공식

열왕기 기자는 각 왕의 이야기 서론과 결론 부분에 '등극 공식'(왕하 21:1)과 '죽음 공식'(왕하 21:18)을 사용하고 있다.

등극 공식	죽음 공식
(1) 동시대의 상대방 왕 언급(호세아까지) (2) 등극시의 나이(유다만) (3) 통치 기간 (4) 수도 (5) 왕후의 이름(유다만) (6) 신학적 평가	(1) 출처 (2) 죽음과 장례 (3) 승계

유다 왕은 이스라엘 왕과 비교해 볼 때 두 개의 공식(왕의 나이와 모친의 이름)이 더 첨가되고 있다(유다 왕의 경우 등극 공식에는 요람과 아하스의 두 경우를 제외하고 왕의 모친의 이름과 출신이 언급되어 있다). 유다 왕의 경우는 신학적 평가가 좋기도 하고 나쁘기도 하지만, 이스라엘 왕의 경우는 항상 악을 행하였다고 되어 있다.

1) **이스라엘 왕의 경우**

a. 등극 공식: 유다 왕 아무개의 제모년에 아무개의 아들 아무개가 디르사/사마리아에서 이스라엘 왕이 되어 모년을 이스라엘을 다스리니라 저가 여호와 보시기에 악을 행하되 그 아비의 길로 행하며.

b. 죽음 공식: 아무개의 남은 사적과 무릇 행한 일이 이스라엘 왕 역대지략에 기록되지 아니하였느냐 아무개가 그 열조와 함께 자매 사마리아에 장사되고 그 아들 아무개가 대신하여 왕이 되니라.

2) **유다 왕의 경우**

a. 등극 공식: 이스라엘 왕 아무개의 모년에 유다 왕 아무개의 아들 아무개가 왕이 되니 위에 나아갈 때에 나이 모 세라 예루살렘에서 모 년을 치리하니라 그 모친의 이름은 여호앗단이라 예루살렘 사람이더라 아무개가 여호와의 보시기에 정직하게(혹은 악을) 행하였으니.

b. 죽음 공식: 아무개의 남은 행적은 유다 왕 역대 지략에 기록되지 아니하였느냐 아무개가 그 열조와 함께 자매 다윗성에 그 열조와 함께 장사되고 그 아들 아무개가 대신하여 왕이 되니라.

7. 요시야 왕의 죽음(신명기 역사와 역대기 역사의 비교)

열왕기하 23:28-30	역대기하 35:20-36:1
28. 요시야의 남은 사적과 모든 행한 일은 유다 왕 역대지략에 기록되지 아니하였느냐 29. 요시야 당시에 애굽 왕 바로 느고가 앗수르 왕을 치고자 하여 유브라데 하수로 올라가므로 요시야 왕이 나가서 방비하더니 애굽 왕이 요시야를 므깃도에서 만나 본 후에 죽인지라 30. 신복들이 그 시체를 병거에 싣고 므깃도에서 예루살렘으로 돌아와서 그 묘실에 장사하니 국민이 요시야의 아들 여호아하스를 데려다가 저에게 기름을 붓고 그 부친을 대신하여 왕을 삼았더라	20. 이 모든 일 후 곧 요시야가 전을 정돈하기를 마친 후에 애굽 왕 느고가 유브라데 강가의 갈그미스를 치러 올라온고로 요시야가 나가서 방비하였더니 21. 느고가 요시야에게 사자를 보내어 가로되 유다 왕이여 내가 그대와 무슨 관계가 있느뇨 내가 오늘날 그대를 치려는 것이 아니요 나로 더불어 싸우는 족속을 치려는 것이라 하나님이 나를 명하사 속히 하라 하셨은즉 하나님이 나와 함께 계시니 그대는 하나님을 거스리지 말라 그대를 멸하실까 하노라 하나 22. 요시야가 몸을 돌이켜 떠나기를 싫어하고 변장하고 싸우고자 하여 하나님의 입에서 나온 느고의 말을 듣지 아니하고 므깃도 골짜기에 이르러 싸울 때에 23. 활 쏘는 자가 요시야 왕을 쏜지라 왕이 그 신복에게 이르되 내가 중상하였으니 나를 도와 나가게 하라 24. 그 신복이 저를 병거에서 내리게 하고 저의 버금 병거에 태워 예루살렘에 이른 후에 저가 죽으니 그 열조의 묘실에 장사하니라 온 유다와 예루살렘 사람들이 요시야를 슬퍼하고 25. 예레미야는 저를 위하여 애가를 지었으며 노래하는 남자와 여자는 요시야를 슬피 노래하니 이스라엘에 규례가 되어 오늘날까지 이르렀으며 그 가사는 애가 중에 기록되었더라 26. 요시야의 남은 사적과 여호와의 율법에 기록된 대로 행한 모든 선한 일과 27. 그 시종 행적이 이스라엘과 유다 열왕기에 기록되니라

(왕하 24:1) 국민이 요시야의 아들 여호아하스를 세워 그 부친을 대신하여 예루살렘에서 왕을 삼으니	1. 국민이 요시야의 아들 여호아하스를 세워 그 부친을 대신하여 예루살렘에서 왕을 삼으니

신명기 사가는 요시야 왕의 죽음에 대하여 사실 보도 이상의 것을 언급하지 않지만 역대기 사가는 요시야 왕의 죽음을 하나님의 말을 듣지 않았기 때문이라는 신학적 해석을 제시한다. 요시야가 죽은 것은 한 개인의 죽음을 넘어 고대 성전(聖戰) 사상에서는 여호와가 이집트의 신보다 약한 신으로 전락하는 신학적 위기를 초래하였다.

따라서 역대기 사가는 하나님이 이집트 왕 바로 느고를 이용했는데 요시야가 그것을 알지 못했기 때문이라고 설명함으로서 하나님을 살리고 요시야를 하나님의 말씀을 구별하지 못한 왕으로 분류한다. 이처럼 두 역사가는 자신들이 처한 위치에 따라서 각기 다른 관점에서 역사적 사실을 해석하고 있다.

역대기서(I&II Chronicles)

1. 역대기의 명칭과 주요 내용

히브리어 성경의 마지막은 '역대기 역사서'이다. 에스라, 느헤미야, 역대기 상하서가 거기에 해당한다. 히브리어 정경에서는 에스라-느헤미야를 하나로 묶고, 역대기상하를 하나로 묶어, 두 권의 책으로 역대기 역사서를 분류해 놓았다. 이것이 네 권의 책으로 나누어지게 된 것은 헬라어, 라틴어 번역성경에서부터이다. 주전 150년경 헬라어 구약성경번역자들은 이 표제('디브리 하야밈', דברי הימים)를 '누락된 사건들(Παραλειπομενων)'이라고 번역함으로써, 본서를 사무엘과 열왕기의 보충 자료로 간주하였다.

또한 신구약을 라틴어로 번역한 제롬(주후 347-420)의 불가타역은 이 표제를 '거룩한 역사의 역대기 전서'라 이름 붙이고 있다. 독일어판 루터역도 이 견해를 지지하고 있고, 다른 번역서들도 '역대기'라는 말을 채택하여 본서가 거룩한 역사 전체를 연대기적인 순서에 따라 서술하고 있음을 나타내었다.

이 네 권의 책들이 전하는 사건을 연대순으로 정리하면, 역대기 상하가 에스라-느헤미야보다 앞서야 한다. 하지만 이 네 권의 책이 정경으로 고정될 때, 에스라-느헤미야가 역대기보다 앞선 자리를 차지하게 되었다. 아마도 에스라-느헤미야의 내용이 다른 데서는 읽어볼 수 없는 특수한 자료들을 담고 있는 까닭 때문인 것으로 여겨진다. 결과적으로 히브리어 성경은 창세기에서 역대기까지로 되어 있다. 이스라엘(야곱)의 생성에서 유대교의 생성까지! 아담에서 다윗까지! 그것이 히브리어 성경의 전반적인 범위라고 말할 수 있다. 역대기는 인류 역사를 시초부터 하나님의 의도와 관점에 따라 이스라엘을 중심으로 기록한 역사서이다. 히브리어 성경에 의하면 역대기는 성문서의 맨 마지막 책인데, 예수 그리스도께서 구약의 인류 타락사를 '아벨의 피로부터(창 4장, 대상 1장) 사가랴의 피까지(대하 24장)'라고 개관함(마 23:35)으로써, 정경적 역사로서의 역대기의 근거를 간접적으로 시사하셨다고 볼 수 있다.

역대기상하는 다윗과 솔로몬의 비교로 특징지을 수 있다. 역대기상하의 구분은 다윗의 죽음을 기점으로 하여 다윗 왕국에 관한 역사가 상권에, 솔로몬 왕국 이후에 관한 역사가 하권에 실려 있다. 즉 역대상에서는 다윗이 강조된 반면, 역대하에서는 솔로몬의 치세(주전 961-922년)와 르호보암(922년)에서 시드기야(587년)까지의 유다의 모든 왕들의 역사가 전개된다. 역대하는 유다를 중심으로 기록되어 있기 때문에 이스라엘 왕들은 제외되었지만, 열왕기상하에 기록된 사건들은 모두 포함하고 있다.

역대하는 다윗의 죽음과 솔로몬의 통치에 관한 기사로 시작하여, 유다인들이 포로로부터 귀환하여 자기들의 성전을 재건하도록 허락한 고레스 대왕의 조서 중 일부를 인용함으로써 끝맺고 있다. 이렇게 볼 때 역대상을 하나님 왕국의 형성사라고 한다면, 역대하는 하나님 왕국의 몰락사로서 하나님 왕국의 회복 이전까지의 역사를 기록한 책으로 볼 수 있다. 역대기 저자에 의한 이러한 구분은 신약에서 마태의 요약적인 역사 기록(마 1:1-17)과도 일치한다.

하나님의 구속사의 중요한 시점에서 등장한 인물이 다윗과 솔로몬이다. 역대기 저자는 이 두 왕에 깊은 관심을 가지고 있다. 다윗과 솔로몬은 하나님의 특별한 선택에 의해 왕이 된 인물들로 하나님의 통치의 대리자 곧 신정국의 통치자들로서 전형적인 왕들이다. 따라서 역대기 저자는 이 두 왕을 앞으로 도래할 메시아의 모형적인 모습으로 제시하고 있다. 뿐만 아니라 역대기 저자는 다윗과 솔로몬의 승계 의미를 모세와 여호수아의 관계에 비유함으로써 단순한 왕권 이양이 아니라 구속사적인 의미가 있음을 암시하고 있다.

1) 다윗과 모세는 그들의 목표를 얻는 데 실패하였다. 전자는 성전을 건축하는 것이 그의 목표였고, 후자는 가나안 땅의 정복 또는 입성이 그의 목표였으나 하나님은 그것을 금

하시고 후계자에 의해 성취케 하셨다(대상 22:5-13; 28:2-8; 신 1:37-38; 31:2-8).

2) 솔로몬과 여호수아는 하나님의 백성을 안식으로 인도한 인물들이다(대상 22:8-9; 수 11:23; 21:44).

3) 솔로몬과 여호수아의 승계에 있어서도 상호 유사한 점이 많다(대상 22:11-13,16; 28:7-10,20; 대하 1:1; 신 31:5-8,23; 수 1:5,7-9).

4) 후계자로 임명함에 있어서도 사적인 순서를 거쳐 공식적인 단계에 이른 점이 같다(대상 22:6; 신 31:23; 대하 28:8; 신 31:7).

5) 두 인물 모두 백성의 전폭적인 지지를 받은 점이다(대상 29:23-24; 신 34:9; 수 1:16-18).

6) 두 인물 모두에게 하나님께서 각별히 은혜를 베푸시고 높이 세우며 위대하게 만드신 점이 유사하다. 이 사실이 각각 2회씩 기록되어 있다(대상 29:25; 대하 1:1; 수 3:7; 4:14).

역대기 저자는 특히 모세와 여호수아, 그리고 다윗과 솔로몬과의 관계를 성전 건축을 중심으로 비교함으로써, 이들이 구속사의 획기적 인물들임을 가르치고 있다. 모세처럼 다윗도 하나님으로부터 성전 건축 계획을 계시받았고(대상 28:11-19; 출 25:9), 그 일에 백성들의 자발적인 헌신이 따랐다(대상 29:1-9; 출 25:1-7). 또한 솔로몬이 두로의 건축가인 후람아비(Huram-abi)와 관계를 맺은 것은 성막 건축에 있어서 브살렐과 오홀리압의 역할을 회상케 해 주고 있다(대하 2:13-14; 출 35:30-36:7).

2. 역대기 역사(Chronicler's History)

이미 언급했듯이 구약성서에는 두 종류의 역사서가 있다. '신명기적 역사서'라고 부르는 6권의 역사(수-왕하)와 '역대기 역사'라고 부르는 4권의 역사(역대기 상하, 에스라, 느헤미야)가 그것이다. 신명기 역사서라는 이름은 이스라엘 왕국의 건설에서 흥망성쇠에 이르는 이스라엘 민족의 대서사시가 신명기의 신학적 관점(죄-징벌-회개-구원)에 따라 이스라엘 역사가 해석되고 기술되었다는 뜻에서 비롯되었다. 언제, 어떻게, 어디서, 무엇이, 왜 일어났는지를 객관적으로 보도하는 성격으로서의 역사서라기보다는, 역사에서 일어났던 일의 의미가 무엇인지를 추구하는 데에 더 관심을 둔 성격의 역사서인 것이다. 사실(事實)보다는 진실(眞實)을 파헤치는 쪽에 더 초점을 둔 역사서이다.

어떤 역사의식, 또는 역사철학에 근거해서 과거 역사를 해석하고 기술하는 것은 역대기 사가의 작품에서도 마찬가지이다. 역대기 역사는 역대기의 신학적 관점에 따라 이스라엘 역사가 해석되고 기술되었다는 뜻에서 비롯되었다. 다만 역대기 사가가 신명기 사가와 다른 점은 그것이 철저히 다윗-예루살렘 중심적인 사조에 무장되어 있다는 사실이다. 신명기 사가는 북왕국 이스라엘과 남왕국 유다의 역사를 모두 기술하고 있는 데 비해, 역대기 사가는 북왕국을 철저히 무시하고 있다는 점이다. 이는 바로 사관(史觀)의 차이에서 비롯된다. 역대기 사가에게는 다윗과 솔로몬을 잇는 정부만이 합법적인 국가였던 것이다.

역대기 역사는 포로생활로부터 귀향한 후 페르샤 제국 기간(주전 539-333년) 동안 약 200년간의 이스라엘 역사를 연구하는 데 큰 도움을 준다. 따라서 역대기 역사를 이해하는 데 있어 바벨론 포로기 이후 페르샤 시대의 이스라엘이라는 역사적 정황을 염두에 둘 필요가 있다. 이 역사가 쓰여진 연대는 다리오 왕 2세 이후, 즉 주전 4세기 초로 추정된다. 역대기 역사는 신명기 역사를 중요 원본(50%)으로 삼아 역사를 기술해 갔다.

포로기 이후 이스라엘은 정치적 왕국이 아닌 단순한 '종교적 공동체'로서 자기의식을 재정립하였다. 그리하여 그들은 그들의 과거 역사를 다시 새롭게 해석하고 기술한 것이 '역대기 역사'이다. 역대기 역사는 아담으로부터 에스라-느헤미야 시대의 유대교의 발생에 이르는 이스라엘의 전 역사를 다루고 있다. 역대기는 다음의 두 가지 질문에 대해 대답한다. 첫째, 이스라엘은 누구냐(who의 문제), 즉 누가 이스라엘 공동체의 구성원이 될 수 있느냐 하는 문제이다. 둘째, 이스라엘은 무엇이냐(what의 문제), 즉 이스라엘의 주체성과 자기의식은 무엇에서 찾을 수 있느냐 하는 문제이다.

첫째 질문은 역대상 1-9장에서 대답하고 있다. 역대기 사가는 여기에서 족보(genealogy)를 제공해 준다. 이스라엘이 누구냐 하는 것을 '혈통의 순수성'에서 찾음으로써 소수의 이스라엘이 주변의 크고 강한 민족들에게 동화 · 흡수되지 않고 존속할 수 있다는 것이다. 이 문제는 에스라-느헤미야의 중심문제이다.

둘째 질문은 정치적 존재로서의 이스라엘이 끝난 상황에서 '순수한 종교공동체'에서 찾고 있다. 따라서 이스라엘의 공동체의 구심점은 예루살렘 성전을 중심으로 한 종교제도와 종교의식이라는 점이다. 역대기 사가는 모든 종교제도, 종교의식의 창시자를 다윗 왕으로 생각한다. 다윗 왕은 정치적 지도자로서보다도 이스라엘의 종교제도, 특히 '성전예배제도'를 마련해 준 '종교적 지도자'로 묘사하고 있다.

따라서 이스라엘의 가장 위대한 '종교적 지도자'로서 품위에 손상이 될 이야기는 일체 언급을 생략하고 있다. 가령 역대기 사가는 역대상 19:1-20:3에서 다윗이 밧세바와 저지른 범죄 사건을 전혀 언급하지 않은 채(삼하 11:2-12:25 참조), 사무엘기와 거의 같은 내용을 서술하고 있다(삼하 10-12장). 이것은 신명기 역사와 대조를 이룬다. 역대기가 보여주는 다윗은 임종 순간까지 성전 건축을 간절히 소원하나 그 뜻을 실현하지 못하는데, 그 이유는 다윗이 전쟁을 많이 하여 피를 흘린 사람이기 때문에 거룩한 하나님의 성전을 지을 수 없었다는 것이다(대상 22:8; 28:3).

한편 역대기는 솔로몬 왕에 관하여 9장에 걸쳐서 기록하고 있다(대하 1-9장). 그 중에서 여섯 장(2-7장)은 성전 건축에 관한 이야기로 채워지고 있다. 이렇게 역대기 사가는 솔로몬의 업적에 관해서 성전 건축에 집중시키고 있다. 솔로몬 왕은 이스라엘 예배제도의 구심점이 되는 성전을 건축한 왕이기에 역대기 사가는 그를 다윗 다음가는 위대한 왕으로 평가하고 다윗 왕의 경우처럼 그의 부정적인 면은 기록에서 모두 삭제시켰다. 가령 열왕기상 11:1-40에 나오는 솔로몬 왕의 향락과 우상숭배, 그리고 하나님의 진노에 대한 기사를 제외한 채, 열왕기상 11:41-43과 평행하는 부분만을 기술하고 있다(대하 9:29-31).

솔로몬 왕이 죽은 후 이스라엘 통일왕국이 남북으로 나누어진 역사에 대해 역대기 사가는 완전히 남왕국 유다 중심의 역사를 기록하고 있다. 그 까닭은 북왕국 이스라엘은 멸망

후 타민족과 혼혈이 되었고, 따라서 이스라엘의 법통을 대표하는 것은 유다 왕국이라고 생각했기 때문이다.

3. 역대기 역사서의 구조

I. 역대기 상권

1. 1-9장 아담에서 귀향민들까지의 족보
2. 10-29장 다윗 왕
   1) 10장 사울 왕의 죽음과 다윗의 등장
   2) 11-21장 다윗의 통치
   3) 22-29장 다윗의 성전 건축 준비와 성전 제도 마련

II. 역대기 하권

1. 1-9장 솔로몬 왕
   2-7장 예루살렘 성전 건축과 봉헌
2. 10-36장 두 왕국의 역사(유다 왕국의 중심의 역사)
   36:22-23 '고레스 왕의 칙령'

III. 에스라서

1. 1-2장 바벨론 포로민들의 귀향
2. 3-6장 성전을 재건함(두 번째 성전)
3. 7-8장 에스라의 예루살렘 귀환
4. 9-10장 에스라의 개혁

IV. 느헤미야서

1. 1-6장 느헤미야의 귀향과 예루살렘 성벽 건축
2. 7장 귀향민 인구조사
3. 8-10장 에스라의 활동
4. 11-12장 귀향민의 정착과 제사장 명단
5. 13장 느헤미야의 활동

4. 신명기 역사와 역대기 역사의 비교표

같은 부분	다른 부분	
역대기서//사무엘-열왕기서	역대기서(역대기서 2차자료)	사무엘-열왕기서
		삼상 1-30장
역상 10:1-12// 삼상 31:1-13	역상 10:13-14	삼하 1-4장
역상 11:1-3// 삼하 5:1-3		
		삼하 5:4-5
역상 11:4-9// 삼하 5:6-10		
역상 11:1-447// 삼하 23:8-39		
	역상 12:1-41	
	역상 13:1-5	
역상 13:6-14// 삼하 6:2-11		
역상 14:1-7// 삼하 5:11-16		
역상 14:8-16// 삼하 5:17-25		
	역상 14:17	
	역상 15:1-3,11-15	
	(역상 15:4-10)	
	(역상 15:16-24)	
역상 15:25-16:3// 삼하 6:12-19a		
	역상 16:4-5a	
	(역상 16:5b-38)	
	역상 16:39-41	
	(역상 16:42)	
역상 16:43// 삼하 6:19b-20a		
		삼하 6:20b-23
역상 18:1-13// 삼하 8:1-14		
역상 18:14-17// 삼하 8:15-18		
		삼하 9:1-13
역상 19:1-20:3// 삼하 10:1-11:1; 12:26-31		삼하 11:2-12:25
		삼하 13:1-21:17
역상 20:4-8// 삼하 21:18-22		
역상 21:1-27// 삼하 24:1-25		삼하 22:1-23:7
	역상 21:28-22:1	
	역상 22:2-19	
	역상 23:1-2	
	(역상 23:3-27:34)	
	역상 28:1-13	
	(역상 28:14-18)	
	역상 28:19-29:20	
	역상 29:21-25	
	역상 29:26	왕상 1:1-2:10
역상 29:27// 왕상 2:11	역상29:28-30	

		왕상 2:12-3:3
	역하 1:1-2	
역하 1:3a,6a// 왕상 3:4(R)	역하 1:3b-6a	
		왕상 3:14-5:14
역하 1:7-12// 왕상 3:5-13		
	역하 1:13	
역하 1:14-17// 왕상 10:26-29		
역하 1:18// 왕상 5:19a(R)		
역하 2:1// 왕상 5:29-30(R)		
역하 2:2// 왕상 5:15(R)		
	역하 2:3-5	왕상 5:16-18,19a
역하 2:6-15// 왕상 5:20-25		
	역하 2:16	왕상 5:26-28,31-32
역하 2:17// 왕상 5:29-30(R)		
	역하 3:1	
역하 3:2-17// 왕상 6:1-38; 7:15-22(R)		왕상 7:1-14
역하 4:1-5:1// 왕상 7:23-51		
역하 5:2-11a,13b-14// 왕상 8:1-11	역하 5:11b-13a	
역하 6:1-39// 왕상 8:12-50a		
역하 6:40// 왕상 8:52		왕상 8:50b,51,53
	역하 6:41-42	
역하 7:1a// 왕상 8:54a	역하 7:1b-3	왕상 8:54b-61
역하 7:4-5,7-10// 왕상 8:62-66	(역하 7:6)	
역하 7:11-22// 왕상 9:1-9		
역하 8:1-13,16b-18// 왕상 9:10-28(R)	역하 8:14-16a	
역하 9:1-12// 왕상 10:1-13		
역하 9:13-28// 왕상 10:14-29		왕상 11:1-40
역하 9:29-31// 왕상 11:41-43		
역하 10:1-19// 왕상 12:1-20		
역하 11:1-4// 왕상 12:21-24		왕상 12:25-33
	역하 11:5-17	왕상 13:1-14:20
	(역하 11:18-23)	
역하 12:2,9-11// 왕상 14:25-28	역하 12:1,3-8,12	
역하 12:13// 왕상 14:21		
		왕상 14:22-24
역하 12:15-16// 왕상 14:29-31	역하 12:14	
역하 13:1-2a// 왕상 15:1-2a		왕상 15:2b-6
역하 13:26// 왕상 15:7b		
	역하 13:3-21	
역하 13:22-23a// 왕상 15:7a,8	역하 13:23b	왕상 15:9-10,12
역하 14:1// 왕상 15:11	역하 14:2-15:15	
역하 15:16-18// 왕상 15:13-15	역하 15:19	
		왕상 15:16
역하 16:1-6// 왕상 15:17-22	역하 16:7-10	
역하 16:11, 14// 왕상 15:23-24a(R)		

역하 17:1a// 왕상 15:24b	역하 17:1b–19	왕상 15:25–34
역하 18:1–34// 왕상 22:1–36		왕상 16:1–21:29
	역하 19:1–11	
	역하 20:1–30	왕상 22:37–40
역하 20:31–34// 왕상 22:41–45		왕상 22:46
역하 20:35–37// 왕상 22:47–49		
역하 21:1// 왕상 22:50		왕상 22:51–53
역하 21:5–10// 왕하 8:17–22	역하 21:2–4	왕하 1:1–8:16
	역하 21:11–19	
역하 21:20a// 왕하 8:17		
역하 21:20b// 왕하 8:24a(R)		왕하 8:23,24b
역하 22:1–6// 왕하 8:25b–29(R)		왕하 8:25a
	역하 22:7–9	왕하 9:1–10:36
역하 22:10–23:21// 왕하 11:1–20		
역하 24:1–2// 왕하 12:1–3		
	역하 24:3	왕하 12:4
역하 24:4–14a// 왕하 12:5–17(R)		
	역하 24:14b–22	
역하 24:23// 왕하 12:18–19(R)		
	역하 24:24	
역하 24:25–27// 왕하 12:20–22		왕하 13:1–25
역하 25:1–4// 왕하 14:1–6(R)		
	역하 25:5–16	왕하 14:7
역하 25:17–20a,21–24// 왕하 14:8–14		
	역하 25:20b	왕하 14:15–16
역하 25:25–28// 왕하 14:17–20		
역하 26:1–2// 왕하 14:21–22		왕하 14:23–29
역하 26:3–4// 왕하 15:2–3		왕하 15:1
	역하 26:5–20	왕하 15:4
역하 26:21–23// 왕하 15:5–7		
		왕하 15:8–32
역하 27:1–3a,7–9// 왕하 15:33–36,38		
	역하 27:3b–6	왕하 15:37
역하 28:1–4// 왕하 16:2–4		왕하 16:1
	역하 28:5–25	왕하 16:5–18
역하 28:26–27// 왕하 16:19–20		왕하 16:5–18
역하 29:1–2// 왕하 18:2–3	역하 29:3–31:21	왕하 18:1
		왕하 18:4–12
역하 32:1a// 왕하 18:13a	역하 32:1b–8	왕하 18:13b–16
역하 32:9–19// 왕하 18:17–37;19:8–13(R)		왕하 19:1–49
역하 32:20// 왕하 19:4b,15a(R)		왕하 19:5–7,14
역하 32:21// 왕하 19:35–37(R)		왕하 19:15b–34
	역하 32:22–23	
역하 32:24a// 왕하 20:1a,2b(R)		왕하 20:1b–2a
역하 32:24b// 왕하 20:5b,9a(R)		왕하 20:3–5a
	역하 32:25–30,31b	

역하 32:31a// 왕하 20:12a(R)		왕하 20:6–8,9b–11
역하 32:32–33// 왕하 20:20–21		왕하 20:12b–19
역하 33:1–9// 왕하 21:1–9	역하 33:10–17	왕하 21:10–16
역하 33:18–20// 왕하 21:17–18(R)		
역하 33:21–25// 왕하 21:19–24(R)		왕하 21:25–26
역하 34:1–2// 왕하 22:1–2		
	역하 34:3–7	
역하 34:8–12a// 왕하 22:3–7	역하 34:12b–14	
역하 34:15–32a// 왕하 22:8–20;23:1–3		
역하 35:1// 왕하 23:21(R)		
	역하 35:2–17	왕하 23:4–20
역하 35:18–19// 왕하 23:22–23(R)		
	역하 35:20–25	왕하 23:24–27
역하 35:26–27// 왕하 23:28		왕하 23:29–30a
역하 36:1–4// 왕하 23:30b–34(R)		왕하 23:35
역하 36:5// 왕하 23:36–37		
	역하 36:6–7	왕하 24:1–4
역하 36:8// 왕하 24:5–6		왕하 24:7
역하 36:9// 왕하 24:8–9		
역하 36:10a// 왕하 24:12b–13,15a(R)		왕하 24:10–12a,14, 15b–16
역하 36:10b// 왕하 24:17(R)		
역하 36:11–13a// 왕하 24:20b	역하 36:12b	
		왕하 25:1a,2–8,12, 6–21a
역하 36:17–20a// 왕하 25:1b,9–11,13–15,21b(R)		
	역하 36:13b–16	왕하 25:22–30
	역하 36:20b–23	

※ 같은 부분 중에서 역대기 사가가 그의 원본을 교정했다고 보이는 구절들에는 R(Re–worked의 뜻으로) 표시를 첨부하였다.

에스라–느헤미야(Ezra & Nehemiah)

1. '에스라 – 느헤미야'의 명칭

최초의 유대교와 기독교 전승에 따르면 에스라–느헤미야서는 본래 한 권의 책이었다(마소라 사본[MT], 칠십인역[LXX], 탈무드, 요세푸스 등). 이것을 두 권의 책으로 구분한 최초의 사람은 2세기의 오리겐(주후 185–253년)인데, 그는 제1에스라, 제2에스라로 구분했다. 제롬의 불가타역(라틴어 역본)에서는 느헤미야를 '에스라의 두 번째 책'이라고 했으며, 위클리프(1382년)와 카버데일(1535년)의 영역본 성경에서도 에스라서를 '제1에스라', 느헤미야를 '제2에스라'라고 번역했다. 이것이 1448년에 히브리 사본에 영향을 미치고, 그 후의 모든 역본들에 흘러들어가서 오늘날은 두 권의 책으로 읽혀지고 있다.

2. 에스라 – 느헤미야의 시대적 배경

고레스 왕의 조서로 시작되는 본서는 예레미야를 통해 예언(렘 25:11–12; 29:10)된 이스라엘의 70년(어림잡은 수, 605–538년) 동안 포로생활과 귀환이, 페르시아의 여러 왕들의 도움과 몇몇의 경건한 유대인 지도자들과 에스라의 지도하에 성취되는 것을 주요 골자로 하고 있다. 이때의 역사적 배경은 고레스(559–530) 왕으로 시작하여 아닥사스다 I세(464–423) 통치까지이다. 고레스는 주전 539년 10월에 바벨론을 정복하고 이듬해인 주전 538년에 유대인의 귀환을 허락하는 조서를 내린다. 모두 세 차례에 걸친 귀환은 다음과 같다.

	제1차 귀환	제2차 귀환	제3차 귀환
시기	주전 538-515년	주전 457년	주전 444-425년
지도자	스룹바벨	에스라	느헤미야
귀환자	49,897명	1,754명	42,360명
출처	에스라 1-6장	에스라 7-10장	느헤미야서

바벨론 유수가 세 차례에 걸쳐 진행된 바와 같이(주전 605, 597, 586년), 귀환도 세 차례에 걸쳐 진행된다. 성전 재건의 역사는 주전 536년에 시작되어 주전 534년에 중단되었다가 14년 만인 주전 520년에 재개된다. 그리하여 무려 19년 만인 주전 515년에 완성을 보게 된다. 선지자 학개와 스가랴는 바로 이때(주전 520년)부터 활동을 한다. 에스더 이야기는 아하수에로(Xerxes)의 통치 기간과 일치하며, 에스라와 느헤미야의 활동이 아닥사스다 I세 때라는 점은 성경 외적인 문헌에도 나타난다.

3. 에스라의 주요 내용

예레미야를 통하여 약속(렘 29:10-14)하신 포로에서의 귀환은 본서에서 성취된다. 모두 세 차례의 귀환 중 에스라서에는 제1, 2차 귀환이 나타난다. 에스라서는 그 내용을 크게 둘로 구별해 볼 수 있다. 첫째는 1-6장에 걸쳐 나타나는 성전 재건의 역사이다. 약 70년의 세월 동안 포로생활에 어느 정도 익숙해지고 안정을 누리던 때였지만 잃었던 신앙을 되찾고자 모든 것을 버리고 과감히 귀환길에 오른 것이다. 먼저 제단과 종교적인 절기들을 회복하고, 여호와 하나님의 성전 복구 사업을 시작한다. 수많은 반대와 방해가 있었지만 하나님의 은혜로(슥 4:6) 말미암아 완성하게 된다. 두 번째의 주요 내용은 자체 개혁이다(7-10장). 성전 재건에는 스룹바벨이 지도적인 인물이었지만 이번에는 에스라에 의해서 진행된다. 제1차 귀환 후 81년(주전 457년) 만에 소수의 무리를 데리고 에스라가 귀환한다. 에스라는 1차 귀환시로부터 에스라 귀환 당시까지 극도로 혼탁해진 백성들의 영적 상태를 율법의 말씀에 입각해 개혁하는 데 성공했다. 이렇듯 하나님의 말씀에 입각한 죄의 회개와 영적인 부흥은 재건된 성전과 더불어 귀환한 백성들에게 새로운 삶의 원동력이 되었다.

I. 제1차 귀환과 성전 재건(1:1–6:22)
1. 포로에서의 제1차 귀환(1:1–11)
2. 돌아온 사람들의 명단(2:1–70)
3. 성전예배의 부활(3:1–13)
4. 성전 재건에 대한 반대(4:1–23)
5. 성전 재건의 완성(4:24–6:22)
II. 에스라의 귀환과 개혁(7:1–10:44)
1. 예루살렘으로 돌아오는 에스라(7–8장)
2. 에스라의 개혁(9:1–10:44)

4. 느헤미야의 주요 내용

느헤미야는 경건하고도 용감한 지도자로서 민족을 향한 하나님의 경륜을 알고 있었다. 또 하나님의 선민으로서의 긍지와 신앙심이 있었기에 현실의 안락함에 머물지 않았다. 본서에 나타난 주요 내용은 예루살렘 성벽의 재건과 여호와의 율법에 대한 충성이다. 예루살렘 성벽은 유대인들에게 있어서 성전과 더불어 민족이 상징이요 생명과도 같은 것이었다. 원수들의 조롱과 방해공작에도 불구하고 '일어나 건축하라'는 나팔소리는 결국 승리의 환호로 이어져, 죄악으로 인해 허물어졌던 성벽이 갖은 고초 가운데서 재건되었다. 이는 포로 후의 새 출발에 있어서 새 삶의 터전이 되었고, 신앙의 증거로서 후대에 큰 귀감이 되었다.

느헤미야는 이전 자기 민족의 멸망과 포로생활의 고난은 하나님의 율법에 불순종한 범죄의 결과라는 것을 잘 알고 있었다. 그리하여 그는 율법의 회복과 거룩한 말씀에 대한 충실한 해석 및 준행에 그의 정성을 기울여 강력하게 밀고 나갔다. 특히 제사장 겸 학사인 에스라로 하여금 백성들에게 율법을 가르쳐서 마음판에 새겨 온전한 생활을 하도록 했다. 오랜 포로 생활 후에 하나님 앞에 새로이 세운 언약은 백성들로 하여금 회개와 엄숙한 헌신의 시간을 갖게 했다. 그리고 옛적 모세의 선례와 신성한 율법의 가르침을 따르게 하였고, 수많은 회중들에 대한 율법 교육을 위하여 모인 회중 사이에 전달자로 세우고 각 구절을 따라서 암송하게 했다. 수문(水門) 앞 광장에서 펼쳐진 이러한 민족적 규모의 율법 교육은 회개한 유대인들의 장래를 밝게 했다.

I. 느헤미야의 첫 번째 사역(1:1–12:47)
1. 예루살렘의 상황에 대한 느헤미야의 반응(1:1–11)
2. 예루살렘으로 돌아오는 느헤미야(2:1–20)
3. 성벽 재건자들의 명단(3:1–32)
4. 성벽 재건 사업의 방해(4:1–23)
5. 사회적, 경제적 문제점들(5:1–19)
6. 성벽이 재건됨(6:1–19)
7. 포로에서 돌아온 자들의 명단(7:1–73상반절)
8. 에스라의 가르침과 개혁 운동(7:73하반절–10:39)
9. 유다와 예루살렘의 새 거주자들(11:1–36)
10. 제사장들의 명단과 성벽의 봉헌식(12:1–47)
II. 느헤미야의 두 번째 사역(13:1–31)
1. 그의 부재 중에 일어난 폐해(13:1–5)
2. 느헤미야가 다시 돌아옴(13:6–9)
3. 재조직과 개혁(13:10–31)

5. 에스라 – 느헤미야의 특징과 전체 구조

에스라–느헤미야의 특징은 다음과 같다. 첫째, 구약 오경이나 역사서의 다른 이야기와는 달리 1인칭으로 된 자서전 성격의 이야기가 나타난다. 성경 문헌, 특별히 역사서의 대부분을 차지하는 3인칭 이야기와는 다른 1인칭 이야기를 흔히 '에스라 비망록(Ezra Memoire, 스 7:12-9:15)'과 '느헤미야 비망록(Nehemiah Memoire, 느 1:1-7:73; 12:27-43; 13:1-31)'이라고 부른다. 둘째, 여러 서신들이 나타난다. 고레스의 칙령을 히브리어로 풀어쓴 서신(스 1:2-4)으로부터 시작해서 아람어로 쓴 서신이 6개나 나타난다.

	서신 목록	본 문
1	아닥사스다 왕 I세에게 보낸 유대 적들의 편지	스 4:9-16
2	아닥사스다 왕의 답장	스 4:17-22
3	유대 적들이 다리오 왕에게 보낸 편지	스 5:7-17
4	고레스 칙령의 문서 창고에 남은 기록	스 6:3-5
5	다리오의 답장	스 6:6-12
6	아닥사스다 왕이 에스라에게 내린 조서	스 7:12-26

셋째, 무엇보다도 특이한 것은 명단이 많이 나온다는 점이다. 대략적으로 책의 4분의 1이 명단으로 이루어져 있다. 그 대부분은 백성들의 명단이다.

	명단 목록	본문
1	세스바살에게 돌려준 성전 기명의 목록	스 1:9, 10
2	최초 귀환자들의 명단	스 2:1-70
3	에스라와 함께 귀환한 족장들의 명단	스 8:2-14
4	이방 여인과 이혼한 자들의 명단	스 10:18-43
5	성벽 건축자들의 명단	느 3:1-32
6	최초 귀환자들의 명단	느 7:6-73
7	언약에 인친 자들의 명단	느 9:38-10:27
8	예루살렘 밖에 사는 귀환자들의 등록 명단	느 11:20-36
9	느헤미야 시대까지 귀환한 제사장들과 레위인들의 명단	느 12:1-26
10	공동체의 행렬 멤버의 명단	느 12:32-42

최근에 와서 에스라-느헤미야서의 가장 골치 아픈 요소처럼 보이는 명단들이 그 서신의 구조와 의미를 여는 중요한 열쇠임을 주장하는 이론들이 등장하였다. 특별히 에스케나지(T.C. Eskenazi)는 에스라 2장과 느헤미야 7장의 귀환자 명단 반복이 그 사이에 놓여

있는 장들을 통일시키는 '인클루지오(고리 구조)' 기능을 감당한다고 주장하였다.

명단 반복에 의해 형성된 틀 가운데 놓인 중앙 단락인 에스라 2장-느헤미야 7장은 가장 긴 단락으로서 이 단락이 에스라-느헤미야서의 핵심이며, 중심 사건임을 알 수 있다. 이 거대한 단락 안에 세 개의 하부 단락이나 세 개의 스토리를 찾을 수 있다. 하나님의 집 재건은 단순히 성전 건물 완공으로 끝나는 것이 아니라 공동체가 율법으로 재건되고 예루살렘 성벽이 완공되어야 비로소 하나님의 집이 궁극적으로 완공된 것이라는 점을 에스라-느헤미야서 기자는 분명히 지적하고 있다. 에스케나지의 통찰에 근거한 본서의 전체 구조를 살펴보면 다음과 같다.

I. 명령: 하나님의 집을 건축하라(스 1장): 하나님의 말씀의 성취와 고레스의 명령
II. 하나님의 집 재건(스 2장-느 7장)
  A. 포로 귀환자들의 명단(스 2장)
    B. 하나님의 집 재건(스 3장-느 6장)
      a. 성전 재건(스 3-6장): 스룹바벨이 고레스와 다리오 왕의 명에 의해
      b. 거룩한 자손 재건(스 7-10장): 에스라가 아닥사스다 왕의 명에 의해
      c. 예루살렘 성벽 재건(느 1-6장): 느헤미야가 아닥사스다 왕의 명에 의해
  A' 포로 귀환자들의 명단(느 7장)
III. 지속적 회복과 갱신(느 8-13장)

6. 에스라-느헤미야의 개혁: 유대공동체를 구해내다

주전 500년 이후 실의와 영적 무관심이 유다 지역을 뒤덮었다. 선지자 말라기는 영적 회복을 구할 것을 강력한 하나님의 계시로 백성들에게 촉구했다. 그러나 유대공동체는 이교 문화에 동화되어 소멸될 상황에 놓여 있었다. 하나님은 이런 상황에서 백성을 구원할 두 명의 위대한 인물을 보내셨는데, 그들이 바로 에스라와 느헤미야이다. 그들의 사역은 남쪽 경계에 대한 페르시아의 관심과 맞물려 있었다.

그리스의 조력에 힘입은 이집트는 주전 488년과 아닥사스다 왕 통치기(주전 465-425)

인 주전 461년에 페르시아 제국에 반기를 들었다. 페르시아는 팔레스타인 해변과 쉐펠라의 여러 지역에 병참 기지들과 수비대를 건설했는데, 이집트에 대한 장악력을 유지하기 위해서였다. 이에 따라 유다 지역은 이집트를 견제하는 데 매우 중요한 전략적 요충지가 되었다. 유다를 향한 에스라와 느헤미야의 사역은 이러한 배경을 이해해야만 한다.

에스라는 아닥사스다 왕 7년에 예루살렘에 도착했다(스 7:7). 전통적으로 여기서 가리키는 페르시아 왕은 아닥사스다 I세를 가리키므로 그 시기는 주전 458년이라고 할 수 있다. 그러나 다른 한편에서는 아닥사스다 2세 7년인 주전 398년에 에스라가 느헤미야와 함께 예루살렘에 왔다고 주장하기도 한다. 하지만 여러 가지 정황에 비추어 보았을 때 첫 번째 견해가 옳다고 본다. 에스라는 유대 백성이 율법을 다시 지키도록 촉구한 "모세의 율법에 정통한 서기관"(스 7:6)이었다.

에스라는 유다의 포로들이 자발적으로 낸 봉헌물과 왕이 준 금과 은을 가지고 바벨론으로부터 이스라엘로 돌아왔다. 각 지방의 종교를 지원하는 페르시아의 정책에 따라 아닥사스다 왕은 에스라를 '종교 업무를 담당하는 책임자'로 임명했다. 예루살렘 주민들에게 율법을 낭독한 후에 에스라는 백성들이 자신의 죄를 회개하고 삶을 갱신할 것을 촉구했다(느 8-10장).

느헤미야는 유다 총독으로 부임하기 전에 아닥사스다 I세의 술잔을 시중들었다(느 2:1). 자신의 동족이 유다 지역에서 극심한 어려움에 처해 있다는 소식을 듣고 느헤미야는 페르시아 왕의 허락을 받아 수사(Susa)에서 출발해 주전 445년에 예루살렘에 도착했다.

느헤미야가 예루살렘을 재건하려고 하자 도비야, 아라비아 사람 게셈, 사마리아 총독 산발랏과 같은 자들이 극렬하게 방해했다. 그러나 느헤미야는 신속하게 정황을 파악한 후 예루살렘 성벽을 재건하기 시작했다(느 2:11; 4:23). 마침내 성벽 재건 작업을 마친 후 그는 가난으로 헐벗은 백성을 위해 경제 정책에도 힘을 쏟았다. 첫째로, 그는 고리대금업을 폐지시켰고, 둘째로, 총독의 생활을 유지하기 위해 거뒀던 무거운 세금도 폐지시켰다(느 5장).

12년 후 수사로 소환되었으나 느헤미야는 유다 백성의 정체성을 심각하게 위협하는 사회적, 종교적 문제를 해결하기 위해 유다 총독으로 다시 돌아왔다. 그는 이방 사람과의 혼인을 금하고, 안식일에 상업적 행위를 하는 것을 일체 금지했으며, 레위 사람의 위치를 회복시켜 직분을 감당하게 했다(느 11-13장). 실제로 에스라와 느헤미야의 노력은 멸절 위기에 처한 유대공동체를 구해냈다. 유대공동체의 외적, 영적 번영을 위한 새로운 기초가 놓인 것이다. 하지만 이교 문화와 동화되는 위협이 완전히 사라진 것은 아니었다. 이후에 펼쳐질 그리스 통치는 유다의 정체성을 흔드는 보다 큰 위협이었다.

에스라의 종교개혁은 비평학자들이 '제사장 문서(P 문서)'라고 불렀던 법전의 전승을 창조적으로 계승하고 있다. 제사장 문서는 성막공동체의 수축(성전공동체가 아님!)을 시대적 당면 과제로 세웠던 포로기 아론 계열의 제사장들의 편집 작품으로 여겨진다. 물론 제사장 문서의 편집 시기가 언제이며, 그것이 어디에서 이루어졌는가에 대해서는 많은 논란이 있다. 하지만 우리들이 말할 수 있는 것은 그때까지 수집하고, 보존하고, 전승해 왔던 이스라엘의 '거룩한 이야기'들이 포로기 이후에 하나의 규범(토라)으로 엮어지게 되었을 가능성이다. 나라와 성전 종교는 망하고 말았지만, 유대인들이 하나의 공동체로 살아남게 되는 수수께끼가 여기에서 풀린다.

이스라엘의 하나님 여호와가 과거 이스라엘의 조상에게 무엇을 행하셨는지를 전하는 '거룩한 이야기'가 그 하나님이 이스라엘에게 무엇을 원하고 계시는지를 밝히는 '제사장 문서'의 틀 속에서 새롭게 편찬된다. 특히 시내산 전승 단락(출 19:1-민 10:10)이 규범의 정점에 놓여지게 되면서 하나님의 창조와 구속은 시내산에서 모세를 통해 전수된 하나님의 뜻의 계시에서 절정에 달하는 구조를 지니게 된다. 바로 여기에 시내산 법을 전수받던 공동체가 과거뿐만 아니라 다가오는 모든 장래에 이스라엘을 이스라엘답게 만드는 참 모형으로 간주되는 의미가 있다.

에스라의 종교개혁은 바로 이 제사장 문서의 '케리그마(설교, 선포)'를 '규범화'한 개혁 프로그램이다. 하나님의 가르침을 하나님의 법으로 규범화시킨 것이다. 여기에서 이스라엘의 배타적 생존을 위한 지침서로 토라(오경)을 법으로서 수호한다는 본격적인 '유대교'가 태어나게 된다. 자기 민족의 생존이 염려되는 마당에 다른 사람, 다른 민족, 다른 전통이 눈에 들어오지 않았던 것이다.

7. 페르시아 왕(주전 559–330년)

페르시아 왕	통치연대	성경의 언급	사건과 업적
고레스 2세 (Cyrus II)	559–530	유대 백성이 귀환하는 것을 허락함. 예루살렘 성전의 재건을 허락함(스 1:1–4; 6:3–5). 이사야 45:1에서 '기름부음 받은 자'라고 언급됨	559년 안샨 왕이었던 고레스 2세는 메대 왕국(550)과 리디아 왕국(546)을 점령한 후 539년 바벨론을 점령함
캄비세스 2세 (Cambyses II)	530–522	없 음	고레스 대제의 아들로 525년에 이집트를 정복함. 522년 갑작스런 그의 죽음(자살)으로 인해 왕권을 둘러싼 내전이 2년 동안 일어남
다리오 1세 (Darius I)	522–486	학개, 스가랴 선지자가 다리오 1세 통치 2년에 설교 시작(520). 성전을 재건하고 515년에 봉헌(스 6:13–15)	정통 왕실 출신은 아니지만 캄비세스의 죽음으로 생긴 혼란을 평정하고 왕위에 오름. 페르시아 제국을 관할구로 구분해 통치했으며, 왕궁 우편 제도를 실시하고, 페르세폴리스를 건설하기 시작. 490년 그리스를 침공하지만 마라톤 전쟁에서 패함.
크세르크세스 1세 (Xerxses I)	486–465	에스더서에 나오는 아하수에로로 추정됨	다리오 1세의 아들로 페르세폴리스 건설 작업을 이어 감. 통치 초기에 이집트와 · 바벨론에서 일어난 반란을 진압함. 465년 궁정 쿠데타로 최후를 맞음
아닥사스다 1세 (Artaxerxes I)	465–425	느헤미야는 아닥사스다 왕의 술관원장이었음(444년, 느 2:1; 13:6). 아닥사스다 통치 7년에 에스라에게 사명이 주어진 것으로 봄 (458년, 스 7:7)	이집트의 반란을 겪음. 페르세폴리스의 주요 건물을 완공. 그리스와 평화조약을 맺음(칼리아스 평화조약, 449)
크세르크세스 2세 (Xerxses II)	423	없 음	2개월도 채 다스리지 못함
다리오 2세 (Darius II)	423–404	없음. 이집트의 유대 사람들이 자신들의 신전을 세우는 데 사마리아와 예루살렘에 도움을 요청함(407)	431–404년 펠로폰네소스 전쟁을 통해 소아시아에 있던 여러 그리스 도시를 재탈환하는 데 성공함
아닥사스다 2세 (Artaxerxes II)	404–359	학자에 따라 에스라의 임무가 아닥사스다 2세 통치 제7년에 주어진 것으로 간주함(398)	366–360년에 총독들이 반란을 일으킴. 이집트는 이때 페르시아 제국으로부터 자유를 얻었음
아닥사스다 3세 (Artaxerxes III)	359–338	없 음	359년 마케도니아의 빌립 2세가 권력을 신장해 나감. 356년 알렉산더 대왕이 태어남. 342년 페르시아가 이집트를 다시 차지함.
아르세(Arses)	338–336	없 음	없 음
다리오 3세 (Darius III)	336–330	알렉산더가 지중해 동부 지역을 차지함. 두로와 가사, 그리고 이집트가 332년 알렉산더에게 점령당함	336년 마케도니아 빌립이 암살을 당함. 334년 알렉산더 대왕이 페르시아 제국을 침공함. 333년 이수스에서 , 331년에는 가우가멜라에서 알렉산더 대왕에게 패함. 330년 다리오 3세 사망

에스더서(Esther)

1. 에스더서의 명칭

본서의 명칭은 주인공의 이름 '에스테르'에서 비롯되었다. 이 이름은 페르시아어에서 유래한다. '에스테르'의 히브리어 이름은 '하닷사'로서, 식물의 일종인 도금양(桃金孃)을 뜻한다.

2. 정경성(正經性)의 문제

에스더서는 성경 해석사에서 찬반 양론이 가장 드센 책으로 알려져 있다. 마소라(MT) 사본 중 다른 것보다 에스더서 사본이 더 많이 필사되었다는 사실로 미루어보아, 유다인들이 이 책을 많이 애독했다는 것을 알 수 있다. 유대교 서클에서는 에스더서를 토라에 맞먹는 권위를 가진 것으로 존중한다. 그 까닭은 에스더서가 유다인들의 역사 가운데 박해자를 이기고 승리한 몇 안 되는 사건 중 하나를 기록하고 있기 때문이다. 아마도 유대인들이 스스로를 이방인들과 구별한 것이 박해를 불러일으키는 계기가 되었던 마카비 시대에 에스더서는 차츰 인기를 얻었을 것이며, 그 후 연속되는 유다인들의 비극적 역사로 인해 에스더서는 정경으로 인정되기에 이르렀을 것이다. 여기서 하만은 반셈족주의의 정책을 수행한 이방 지도자들(아돌프 히틀러와 같은)의 상징이 되었다.

주전 2세기경에 번역된 칠십인역(LXX)에는 히브리 마소라 사본에서는 볼 수 없는 구절들이 100구절 이상이나 덧붙여져 있다(에스더 부록). 이 구절들은 첨가된 외경(外經)으로 처리하는데, 어떤 학자들은 원문 '9:20-32(부림절 부록)'도 첨가된 것이라고 주장한다. 에스더서는 히브리 정경의 성문서 중 다섯 두루마리의 맨 나중에 위치하는데, 그 이유는 '부림절(Purim, 아달월 14-15일)'이 일년 중 맨 마지막 절기로 지켜졌기 때문이다.

랍비들은 이 책에 보다 많은 주석을 달아 탈무드에 보존했으며, 유대 학자들은 이것을 아주 소중히 여겼다. 이미 주후 300년경의 랍비 '시므온 벤 라키스(Simeon Ben Lakish)'는 에스더서를 예언서나 성문서보다 한 수 위인 토라와 같은 권위를 가진 것으로 높이기 시작하였다. 중세 철학자인 '마이모니데스(Maimonides)'는 메시아가 오시는 날에 예언서와 성문서는 사라질지 몰라도 토라와 에스더서는 사라지지 않을 것이라고 주장하기에 이르렀다. 중세에 기록된 에스더서의 두루마리의 수가 매우 많은 것을 보면 중세 유다인들에게는 매우 인기있는 책 가운데 하나였음이 분명하다.

그러나 대부분의 성경 해석사에서 에스더서는 평가절하되었다. 에스더서는 기독교(혹은 유대교) 수준에 미치지 못하는 함량 미달의 문서요 매우 세속적인 글이라는 것이 오랫동안 에스더서에 대한 일반적 평가였다. 쿰란공동체의 사해 사본에는 오직 에스더서의 사본만 발견되지 않고 있다. 게다가 쿰란공동체가 지킨 절기 가운데 부림절은 빠져 있다. 부림절이 오경에 언급되지 않은 절기, 즉 비모세 절기라는 점을 감안하면, 이것이 쿰란 절기 가운데 부림절이 빠져 있는 이유일 수 있다. 쿰란공동체가 에스더서를 정경으로 인정하지 않은 것은 거의 분명해 보인다. 그뿐 아니라 신약 기자들은 에스더서를 인용한 적이 없으며, 교부들도 에스더서를 암시한 적이 별로 없다. 에스더서에 관한 주석이 주후 831년에 처음 나타났다는 사실은 에스더서가 초대교회와 중세교회에서 얼마나 인기가 없었는가를 잘 보여준다.

3. 에스더서의 구조(내용 분해)

I. 폐위된 와스디 왕비(1:1-22)

1. 잔치를 베푼 아하수에로(1:1-9)

2. 왕의 명을 거절한 와스디(1:10-12)

3. 폐위된 와스디(1:13-22)

II. 왕비가 된 에스더(2:1-18)

III. 왕의 생명을 구한 모르드개(2:19-23)

IV. 유다인에 대한 하만의 계략(3:1-15)

V. 에스더의 결심(4:1-17)

1. 금식하는 유다인들(4:1-14)

2. 중재를 약속하는 에스더(4:15-17)

VI. 연회를 베푼 에스더(5:1-14)

1. 에스더의 용기(5:1-8)

2. 하만의 자랑(5:9-14)

VII. 굴욕당하는 하만(6:1-14)

1. 모르드개의 공로가 밝혀짐(6:1-3)

2. 모르드개의 영광(6:4-14)

VIII. 에스더의 두 번째 연회(7:1-10)

1. 에스더의 탄원(7:1-4)

2. 왕의 분노(7:5-10)

IX. 모르드개의 조서(8:1-17)

1. 왕이 모르드개를 높임(8:1-2)

2. 조서의 취소를 요구하는 에스더(8:3-17)

X. 유다인의 승리와 부림절의 기원(9:1-10:3)

1. 대적을 쳐부수는 유다인들(9:1-19)

2. 부림절 축제(9:20-32)

3. 존귀케 된 모르드개(10:1-3)

4. 에스더서의 내용

에스더서는 페르시아 제국의 '아하수에로(Ahasuerus = Xerxses 1세, 주전 486-465년)' 때 황실의 겨울궁이었던 수사(Susa)가 무대가 되고 있다. 그 당시 모르드개(Mordecai)는 유대인 혈통 출신으로서 왕궁에서 관직을 맡고 있었다. 그는 조카인 에스더(Esther)가 부모를 잃게 되자 자기의 양녀로 삼는다. 미모였던 에스더는 결국 뽑혀서 페르시아 왕의 총애를 받는 왕비가 된다. 한편 페르시아 조정에 하만(Haman)이라는 고관이 있었다. 그는 왕을 설득시켜 제국 내의 모든 유대인들을 학살하도록 계획하였다. 이 사실을 알게 된 에스더는 목숨을 걸고 왕 앞에 나아가서 - 왕의 부름을 받지 않고 어전에 나가는 것은 제국의 법에 사형에 해당하는 죄였다 - 지혜로운 기지(奇智)로 유대인 학살계획을 저지시킨다. 그리고 이러한 계획을 세웠던 하만 자신은 모르드개를 죽이려고 만들어 놓은 기둥에 처형된다.

에스더서는 미모와 애족심을 갖춘 에스더의 용기와 기지에 의해서 유대인들이 전멸당할 위기일발의 순간에, 극적으로 구출되는 이야기이다. 이 역사적인 사건을 기념하여 유대인들은 부림절을 지키게 되었다. 에스더서는 포로기 이후 '디아스포라(Diaspora)' 유대인들이 세계 각처에 흩어져서 갖은 박해와 차별을 받으며 살 때 하나님은 모든 위기로부터 그들을 구원해 주신다는 불굴의 확신을 제공해 주었다.

5. 에스더서의 문제성

에스더서가 일부 유대교 서클에서는 존경의 대상인 반면, 대부분 평가절하의 대상이 된 이유는 무엇인가?

첫째, 에스더서에는 하나님의 말씀이 나오지 않는다. 게다가 '여호와(יהוה)'라는 '네 글자 이름(Tetragrammaton)'이 나오지 않을 뿐 아니라(아가서와 전도서에서도 없음) 일반적 신을 가리키는 총칭 명사인 '하나님(엘로힘)'에 대한 언급도 전혀 나타나지 않는다(아가서에도 없음). 에스더서는 하나님이라는 단어조차 한 번도 사용하지 않은 반면에, 이방 페르시아 왕은 167절 안에 무려 190번이나 언급한다.

둘째, 에스더서에는 종교적 요소가 적어 보인다. 가령 율법, 언약, 성전과 같은 주제는 물론, 심지어는 위기 가운데서도 기도로 위험을 극복했다는 언급이 없다. 게다가 다른 포로 후기 성경 문서들에 나타나 있는 안식일 준수 규례, 음식 규정, 이방인들과 통혼 금지에 관한 이야기도 언급하지 않는다. 오히려 여주인공인 에스더는 자신의 신분을 속이고 이방 왕과 결혼하는 모습을 보인다(레 19:11을 어긴 것임).

셋째, 이보다 더 큰 문제는 등장인물들의 윤리적인 모호성이다. 에스더가 할례받지도 아니한 이방인인 데다가 이혼까지 한 왕의 부인이 되기 위해 결혼 전에 성관계를 맺는 점은 도덕적으로 납득이 가지 않는다(참조. 출 34:16; 신 7:3). 만일 왕후로 간택이 되지 않는다면, 에스더는 왕의 하렘에서 첩이 되었을 것이다.

넷째, 9장의 대량학살은 의로운 보복인가? 아니면 지나친 살육인가? 아니면 이 둘 다인가? 최소한 유다인들은 승리의 순간에 적들과 같은 수준의 행동에 머물고 있는 것처럼 보인다.

다섯째, 에스더서는 매우 유다주의적 특성을 보인다. 에스더서는 유다인의 구원을 언급하고 있으며, 이로 인해 생긴 절기도 유다 절기인 부림절이다. 따라서 에스더서는 '유다인 중심적'이다. 그에 반해 기독교인들은 부림절을 지키지 않고 있다.

이런 문제점 때문에 종교개혁자 루터(Luther)는 에스더서가 아예 존재하지 않았으면 좋았을 것이라는 개인적 소견을 피력하였다. 칼빈(Calvin)은 에스더서를 설교한 적이 없다. 그러나 에스더서는 얌니아 회의(주후 90년)에서 랍비들에 의해 정경으로 받아들여졌고, 초대 기독교회도 논란이 없었던 것은 아니나 397년 카르타고 회의에서 정경의 일부로 받아들여졌다.

6. 에스더서에 나타난 역전의 주제

역전의 주제는 에스더서 전체의 기저에 깔려 있다. 유다인 모르드개는 처음에는 낮은 사회적 위치에 있었으나 후에는 왕 다음 가는 높은 신분의 소유자가 된다. 모르드개와 유다인을 멸망시키려고 했던 하만은 오히려 자기 가족과 함께 죽음을 당한다. 모르드개를 매달려고 세운 교수대에 하만이 달리는 모습은 역전의 주제를 극명하게 보여준다.

이 같은 삶의 현상을 아리스토텔레스(Aristoteles)는 '페리페테이아(peripeteia)', 즉 '운명의 역전'(에 4:14-17; 9:20-28)이라고 부른다. 이는 '한 행동이나 상황이 예기된 결과와는 전혀 상반되는 결과를 드러내는 것'을 가리킨다. 그리스 연극에서 '페리페테이아'는 인간 기대의 좌절을 표현하며, 인간 삶의 코스는 인간 통제 밖의 힘에 영향을 받고 있음을 드러내는 기법이다. 성경 문헌에서 '페리페테이아' 뒤에 있는 힘은 언제나 하나님이시다.

시편(Psalms)

1. 성문서(聖文書)와 시편(詩篇)

시편은 성문서 중에서 대표적인 책으로 으뜸자리를 차지한다(눅 24:44). 성문서에 관한 히브리어 구약성경(Masora Text=MT)과 헬라어역 구약성경(Septuaginta=LXX) 사이에는 큰 차이가 있다. 히브리어 성경에서 성문서는 시편, 욥기, 잠언, 아가, 룻기, 애가, 전도서, 에스더, 다니엘, 에스라, 느헤미야, 역대기 상하 순이다. 현재 우리가 읽고 있는 우리말 성경의 순서가 그대로 반영되어 있는 헬라어역 구약성경은 룻기, 역대기상하, 에스라, 느헤미야, 에스더, 애가, 다니엘을 모두 성문서에 배치시켜 놓지 않았다. 룻기, 역대기상하, 에스라, 느헤미야, 에스더는 역사서에, 그리고 애가와 다니엘은 예언서로 각각 자리매김해 놓았다.

히브리어 성경은 세 부분으로 구성되어 있다. 성문서는 토라, 예언서에 이어 히브리어 성경의 맨 마지막 단원을 형성한다. 성문서란 우리말 표기는 '거룩한(聖) 글들(文書)'라는 뜻이다. 이 말은 칠십인역이 욥기, 시편, 잠언들을 '하기오그라파(Hagiographa)'라고 부른 데서 유래한다. 그러나 실제로 히브리어 성경의 명칭은 '거룩한 글들'이 아니다. 그냥 '케투빔(Kethubim)'이다. 즉 '글들(the Writings)'이다.

토라(율법서)는 여호와 하나님이 모세를 통해 이스라엘 에게 주신 가르침을 지칭한다. 예언서는 이스라엘 왕국시대 이후 역사의 무대에 등장했던 하나님의 대변자들–하나님의 말씀을 맡아 백성 앞에 서서 전달했던 사람들, 곧 예언자들–이 전달한 "하나님의 말씀(신탁)"을 기록해 놓은 것이다. 성문서는 그 하나님의 가르침(토라)과 말씀(예언서)에 대한 이스라엘 신앙인들의 반응을 모아 놓은 글들이라고 말할 수 있다. 토라와 예언서가 하나님 편에서 이스라엘에게로 향한 말씀의 전달이라면, 성문서는 '인간 편에서 하나님께 대한, 또는 하나님이 하신 일과 말씀에 대한 인간의 반응'이다(G. von Rad, Westermann).

토라와 예언서는 분명한 구조가 있는 것과는 달리 성문서에는 뚜렷한 구조가 없다. 그 까닭은 성문서는 그냥 '기록된 글들'의 모음집이기 때문이다. 그만큼 다양하다. 이미 언급한 히브리어 성경의 성문서 중에서 '다섯 두루마리(Megillot)'는 각각 유월절(아가서), 칠칠절(룻기), 아빕월 9일(애가), 장막절(전도서), 부림절(에스더)에 낭독된다. 책의 배열 순서가 아닌 책의 장르로 구분한다면, 성문서는 시문학(시편), 지혜문학(욥기, 잠언, 전도서), 다섯 두루마리(룻기, 아가, 애가, 에스더, 전도서), 묵시문학(다니엘), 그리고 역대기 기자의 작품(에스라, 느헤미야, 역대기)으로 이루어져 있다.

성문서가 정경의 모습으로 고정되기는 토라와 예언서에 비교한다면 나중에 일어난 사건이다. 주전 190년경의 것으로 여겨지는 외경 〈벤시라의 집회서〉에는 "율법서와 예언서와 그 뒤를 이은 후대의 저서들이 우리에게 위대한 가르침을 많이 전해주었다"(집회서 1:1)는 구절이 있다. 그러니까 주전 2세기 말엽에 가면 토라와 예언서가 이미 정경으로서의 자리를 확고하게 자리잡고 있었다. "그 뒤를 이은 저서들"은 아직 확고한 정경의 지위를 지니지 못하고 있었다. 주전 587년경 바벨론에 의해 남왕국 유다가 망하고 예루살렘 성전이 파괴되자 이스라엘 민족은 '토라'를 정경으로 고정시키는 작업을 시도한 것처럼, 주후 70년경 로마에 의해 예루살렘 성전이 파괴되자 유대인들은 유대교 경전을 정경화할 필요성을 느꼈다. 이에 90년경 유대인 학자들은 지중해변에 있는 교육도시 '야브네(Jabneh)', 즉 '얌니아(Jamnia)'에 모여 성문서를 고정시키는 작업을 하였다. 이리하여 성문서가 고정되면서 유대교 경전인 '타낙(TaNaK)'이 완성되었다.

2. 시편의 명칭과 저자

'성서 속의 성서'(M. Luther) 또는 '영혼의 해부학'(J. Calvin)이라고 불리는 시편의 명칭은 영어로 Psalm으로, 칠십인역의 헬라어 명칭 '프살모이(Psalmoi)'를 음역한 것으로, 그 뜻은 '수금을 치며 부르는 노래' 또는 '현악기의 반주에 맞춰 불러진 노래'를 가리킨다. 히브리 성경의 명칭인 '테힐림(תהלים)'은 '찬양', 또는 '찬양의 노래'라는 뜻이다. 시편에 수록된 시들은 이스라엘 사람들이 '하나님을 찬양하는 노래'라는 뜻이다. 이 노래들은 하나님의 영광을 찬양하는 송가(頌歌)들이었다. 이 노래들은 한 시편 기자가 표현하고 있듯이 야웨께서 "이스라엘 찬송 중에 거하시는(시 22:3)" 성소로 우리를 이끈다.

구약에 수록된 대부분의 책들은 하나님께서 '이스라엘을 향하여' 주신 말씀의 형태로 되어 있다. 이에 반해서 시편은 이스라엘이 '하나님을 향하여' 드린 이스라엘의 기도의 형태로 되어 있다. 그래서 신학자 본회퍼(D. Bonhoeffer)는 시편을 가리켜 '성경 안에 보존되어 있는 이스라엘의 기도책'이라고 불렀다. 넓은 의미에서 시편의 노래들은 이스라엘이 하나님께 드린 기도이다. 따라서 시편의 신앙은 '하나님 중심의 경건'이라고 하는 것이 마땅하다.

150편 중 100편은 그 저자의 이름을 밝히고 있다. 저자별로 분류하면 다음과 같다.

(1) 다윗의 시 - 일흔세 편(3-9, 11-32, 34-41, 51-65, 68-70, 86, 101, 103, 108-110, 122, 124, 131, 133, 138-145).

(2) 고라 자손의 시 - 열한 편(42, 44,-49, 84-85, 87-88).

(3) 아삽의 시 - 열두 편(50, 73-83).

(4) 솔로몬의 시 - 두 편(72, 127).

(5) 예단의 시 - 한 편(89).

(6) 모세의 시 - 한 편(90).

총 150편으로 된 시편의 구성은 다음과 같다.

제1권: 1-41편(결론적인 송영: 시 41:13)

제2권: 42-72편(결론적인 송영: 시 72:18-19)

제3권: 73-89편(결론적인 송영: 시 89:52)

제4권: 90-106편(결론적인 송영: 시 106:48)

제5권: 107-150편(전체 시편에 대한 결론적인 송영: 시 150편)

시편을 이렇게 다섯 권으로 배열한 것은 토라(오경)의 다섯 권을 본뜬 것으로 보인다. 시편에는 다양한 표제가 나타난다. 가령, "영장으로 현악에 맞춘 노래"(시 4, 6편 등등)은 "성가대 지휘자에게: 현악에 맞추어"와 같은 음악적 지시를 나타낸다. 그 외에도 많은 전문적 용어들이 나타나는데, 정확한 의미는 알 수 없다. 가령, 식가욘(시 7편), 믹담(시 16, 56-60편), 마스길(시 42, 44, 52-55편 등), 스미닛(시 6, 12편), 깃딧(시 8, 81편), 뭇랍벤(시 9편), 알라뭇(시 46편), 마할랏(시 53편), 마할랏느안놋(시 88편), 수산 에듯(시 60편) 등. 몇몇 시편들(가령, 시 46편)에서 거듭 나오는 '셀라(selah)'라는 말은 시편을 노래하는 중에 이 지점에서 간주곡이 있어야 한다는 것을 나타냄이 분명하다. 처음에 나오는 주(註)는 현악기, 피리와 같이 어떤 악기로 반주할 것인지를 지시한 자(가령, 시 5편). 그리고 어떤 표제들은 그 시편을 어떤 조(調)로 불러야 하는지를 지시하는 것이다(가령 시 22:1).

시편의 거의 절반을 다윗의 것으로 돌리는 것은 그를 이스라엘의 위대한 음악가로 생각하는 그에 대한 존경의 표시 때문이다. 다윗이 시편 전체의 저자라는 견해는 다윗이 '메시아(기름부음 받은 자)' - 백성들이 예배 중에 하나님 앞에 나아올 때 의뢰했던 이상적인 왕이자 이스라엘의 소망을 성취하러 장래에 올 왕의 원형-라는 역대기 상하권에서 강조된 공동체의 확신을 반영하고 있음에 틀림없다. 내적 증거는 시편이 여러 세기에 걸친 많은 사람들의 소산이라는 것을 보여준다(가령 시 72편, 82편, 98편, 102편). 제1권에서 거의 모든 시편들에 "다윗에게" 또는 "다윗에 속하는"을 의미하는 '레다윗(ledawid)'이라는 말이 서두에 있다는 것은 흥미롭다. 이 모음집은 가장 오래된 것이 틀림없으며, 아마도 포로기 이전의 예루살렘 성전에서 예전(禮典)으로 사용되었을 것이다. 이 핵을 이루는 시편들에 다른 모음집들이 취합되어 마침내 다섯 권으로 된 시편이 탄생하였다.

3. 시편과 다윗

시편은 지금까지 토라와 예언서에서 부각되지 않았던 새로운 사상(전승)을 토로하고 있다. 그것은 다윗에 대한 강조이다. 지금까지 토라와 예언서에서 읽었던 하나님 이야기, 이스라엘 이야기는 모세와 출애굽 사건, 모세와 시내산 사건, 모세와 하나님의 다스림이 주종을 이루었다. 그러나 이제부터 시편이 노래하는 하나님 이야기, 이스라엘 이야기는 다윗과 예루살렘(시온), 다윗과 유다왕국을 중심으로 짜여진다. 전자가 늘 혁명적이라면, 후자는 체제유지적이다. 전자가 구속사적인 전통이라면, 후자는 정치사적 전통이다. 시편이 다윗을 노래하고 예루살렘(시온)을 찬미하며, 시온에서 유다왕국을 다스리시는 하나님을 찬양하고 있다는 것은 구약성경 이해에서 우리가 새롭게 만나는 사상이다.

시편은 두 가지 점에서 다윗과 관계한다. 첫째는 많은 시편들이 다윗의 권위 밑에서 수집되어 있음을 명시하고 있다. 가령 "다윗의 시"라는 표제가 붙어 있는 시들을 시편에서 손쉽게 만난다. 둘째로, 시편은 내용에 있어서도 다윗과 밀접하게 연결되어 있다. 다윗이 '이스라엘 목자'가 된 것을 하나님이 선택하신 일로 공포하기도 하고, 다윗의 도성 예루살렘과 시온에 거하시는 하나님을 선포하기도 한다. 다윗의 노래를 듣다 보면, 이스라엘 여호와는 시온에 계시고, 그 시온은 하나님이 계시기에 온 세계의 중심이 된다(시 46; 48; 76; 84; 87; 122; 132를 읽어 보라).

왜 시편이 다윗의 이름 아래 수집, 보존되었을까? 왜 현재 우리가 읽고 있는 시편은 몽땅 "다윗의 시"라고 불러도 좋을 내용을 지니고 있는 것일까? 여기에 시편과 다윗과의 관계성을 파악해야 할 과제가 주어진다.

다윗이 예루살렘을 정복하고 그곳을 통일왕국의 정치, 사회, 종교의 중심지로 삼은 이래, 예루살렘은 이스라엘 민족사에서 중요한 위치를 차지하게 된다. 이스라엘 민족이 그때까지 보존해 온 족장-출애굽-가나안 땅 정착으로 이어지는 민족의 대서사시에다가 다윗-예루살렘의 경험이 첨부되었다. 솔로몬 이후 나라가 둘로 갈라지자 에브라임 지파를 중심으로 열 지파가 동맹체제를 갖추고 나라를 세웠다. 그것이 북왕국 이스라엘이었다. 이때 북왕국 이스라엘은 모세를 중심한 출애굽의 서사시를 민족의 정통성있는 전승으로 받아들였다(왕상 11:30-39; 12:1-16). 반면 유다 지파가 세우고, 베냐민 지파가 이에 가세한 남왕국 유다는 다윗-예루살렘(시온) 서사시를 왕국의 정통성있는 전승으로 계승하였다(삼하 7:8-16).

북왕국 이스라엘은 주전 722년 앗수르의 대군 앞에 무릎을 꿇고 만다(왕하 17장). 그러나 이때 남왕국 유다는 앗수르의 속국이 되기는 했지만 결코 망하지는 않았다. 그러다가 주전 701년에 사르곤 왕의 후계자 산헤립이 유다를 침공하였다. 예루살렘의 운명은 바람 앞에 등불의 신세였다(왕하 18:13 이하). 그러나 몇 가지 갑작스러운 이유 때문에 산헤립의 군대가 예루살렘 포위에서 본국으로 철수하고 만다. 유다왕국이 살아남은 것이다. 이때 유다 백성들에게 "예루살렘은 결코 무너지지 않는다"는 신념이 확고하게 자리잡게 된다.

유다가 북왕국 이스라엘의 운명 같은 신세를 모면하게 된 것은 철저히 다윗의 사상에 기초한 민족정신 때문이었다고 생각하게 된다. 즉 주전 722년 사건 이후 많은 북왕국 이스라엘 백성들이 남쪽으로 피난 오게 되었던 것 같다. 그들은 정체성을 잃어버리고 다윗-예루살렘의 신앙이 우월하다고 여기는 남쪽 유다 백성들의 신앙 앞에 맥없이 복종하게 된다. 북왕국의 정신적 지주였던 모세의 정신이 무너져 내리고, 남왕국 유다의 혼이었던 다윗 정신이 더 우월하다고 생각하게 되었던 것이다. 이때의 풍조를 담은 시가 바로 시 78편이다. 샌더스(J.A. Sanders)는 이 시를 비롯한 많은 시들이 주전 722년 북왕국이 몰락한 후, 남왕국 유다가 아직 패망(주전 587년)하기 전 사이에 기록된 것으로 여기고 있다.

하나님께서 "실로의 성막을 내버리셨다", 하나님께서 "요셉의 장막도 거절하시고, 에브라임 지파를 선택하지 않으셨다." 여호와 하나님은 다만 유다지파만을 선택하셨다. 시온산을 "주님의 성소로," 유다 지파의 다윗을 "이스라엘의 목자"로 삼으셨다. 북왕국 이스라엘의 쇠퇴와 남왕국 유다의 부상! 남왕국 유다의 정신 속에 흡수되는 북왕국 이스라엘의 운명! 시 78편의 시작은 에브라임이 주축이 되었던 출애굽 사건의 회상이었지만, 시 78편의 대단원은 유다가 중심이 된 다윗-시온 왕국에 대한 강한 긍정이다.

시편은 다윗을 노래한다. 그의 목자됨을, 그의 성소(시온)의 불가침성을, 그리고 그곳을 통해 세계를 통치하시는 하나님을 노래한다. 시편에서 모세는 움츠러들고, 대신 다윗이 부각되고 있는 것은 이 때문이다(시 2; 18; 20-21; 45; 72; 89; 110; 132; 비교 삼하 23:1-7; 사 1-39장). 다윗과 시편의 관계는 모세와 오경의 관계와 비슷하다.

4. 시편의 편집과 해석사

현재 형태의 시편은 포로기 이후의 이스라엘 공동체의 산물이다. 시편이 이 시대의 예배 관습을 반영하고 있는 것으로 볼 때 시편을 '제2성전(스룹바벨 성전)의 찬송가'라고 말해도 무방하다. 대부분의 시편은 아마도 성전에서 예배를 위하여 편집되었을 것이다.

한 세대 전쯤에는 대부분의 시편들의 연대를 포로기 이후 시대나 기독교 시대가 동터오기 직전의 마카비 시대로 추정하는 것이 유행이었다. 그러나 최근에는 왕정시대의 이스라엘 예배에 관한 지식이 늘어남에 따라 상당수의 시편들은 포로기 이전 시대에 지어졌고, 대부분의 시편들이 포로기 이전 시대의 이스라엘의 공적인 예배를 반영한다고 말하는 경향이 있다.

시편 해석은 크게 18세기 이전, 즉 '비평학 이전(pre-critical)' 시대와 '비평학 이후(post-critical)' 시대로 나누어진다. 비평학 이전 시대의 시편 해석의 특징은 문자적 응용, 기독론적 유형론, 알레고리적 해석이었다. 그것은 주로 주관적인 영적 통찰력에 의존하였으며, 18세기 중반에 이르러서야 시편 시의 문학적 특징을 고려하는 연구가 시작되었다.

시편 연구의 결정적인 이정표를 세운 학자는 독일의 헤르만 궁켈(H. Gunkel, 1862-1932)이다. 그는 '유형사(History of Types)' 또는 '양식비평(Form Criticism)' 방법론을 시편 연구에 도입하였다. 시편은 그 시를 산출한 '삶의 자리(Sitz im Leben, life-setting)'와 깊은 관련을 갖고 있으며, 그 시편의 삶의 자리는 일정한 '문학 유형(양식)'으로 나타난다.

궁켈은 주요(major) 시편 양식을 1) 찬양시, 2) 민족 탄원시, 3) 개인 탄원시, 4) 개인 감사시, 5) 제왕시로 구분하였다. 보다 작은(minor) 시편 양식들로는 1) 순례자의 노래, 2) 공동체 감사, 3) 지혜 시편, 4) 제의 시편, 5) 혼합된 양식을 들고 있다. 궁켈의 제자인 노르웨이 출신의 모빙켈(S. Mowinkel, 1884-1966)은 성전 축제(신년 축제)와 같은 예배의 제의적 배경을 강조하였다.

5. 히브리 문장법

구약성경을 기술한 히브리인들은 문장을 쓸 때 그들 나름대로의 독특한 특징을 가지고 글을 썼다. 이것이 '히브리 문장법'으로 나타난다. 이를 가장 체계있게 연구한 학자는 유대인 신학자인 로버트 로우스(R. Lowth)이다. 그는 1753년 영국 옥스퍼드대학에서 '히브리인의 거룩한 시'라는 제목으로 일련의 강의를 시작했다. 이것이 현대 히브리 문장법 연구의 시작이라고 할 수 있다. 그는 히브리 시의 가장 중요한 특징을 '평행법(parallelism)'

이라고 보면서 이를 '동의적 평행'(Synonymous P)', '반의적 평행'(Antithetic P)', '종합적 평행'(Synthetic P.)'으로 구분하였다. 최근에 와서 더욱 세분화시켜 3가지를 더 첨가하여 보통 6가지를 말한다. '상징적 평행법(Emblematic P.)', '계단식 평행법(Staircase P.)', '교차 대구법(Chiastic[chiasmus] P.)'이 그것이다.

영시는 말의 음운을 맞추는데, 평행법은 줄(line)과 줄의 관계를 맞춘다. 히브리인들은 반복을 좋아한다. 가령 "구덩이는 빈 것이라. 그 속에 물이 없었더라"(창 37:24). "나는 참과부입니다. 남편은 죽고"(삼하 14:4 이하). 시편 1편은 의인과 악인을 대칭적으로 반복해서 표현하고 있다.

1) 동의적 평행법: 같은 내용을 반복해서 표현하는 방법으로 가장 많이 나옴(시 8:4; 15:1; 19:2; 24:3-4; 삿 5:1 이하; 101:7; 145:13; 사 55:6-7; 슥 9:9; 마 21:7).

2) 반의적 평행법: 두 줄이 대조를 이루는 방법으로 표현(시 1:5-6; 20:7; 37:9,17, 21; 잠 10:1; 11:18 이하; 잠 12:4; 27:6-7; 사 1:3; 마 7:18; 10:39).

3) 종합적 평행법: 첫째 줄의 생각이 둘째, 셋째 줄에 와서 완성하는 식의 표현법(시 1:1-2; 19:7-10; 148:7-13).

4) 상징적 평행법: 직유와 은유를 사용하여 표현(시 42:1; 103:11). 직유(Simile): 사자처럼 용감하다. 은유(Metaphor): 밤의 장막이 내렸다.

5) 계단식 평행법: 줄의 끝말을 이어서 다시 시작하는 방법으로 표현(시 121:1; 136:21 이하).

6) 교차 대구법: A와 B를 대각선 식(ABB'A')으로 교차해서 표현하는 방법. 문장이 홀수인 경우는 정가운데를 중심으로 처음과 끝, 두 번째 줄과 끝에서 두 번째 줄 이런 식(AB CB'A')으로 표현하는 방법(창 1:1과 2:4); 사 11:13; 시 30:8-9a와 9b-10; 시 6:8a-8b 와 9a-10; 마 6:24).

6. 시편의 문학적 유형

1) 찬양시편(Hymn = Psalm of Praise, 25편): 어떤 절기에 적합한 찬양의 짧은 기도 및 여호와의 왕권을 경축하는 '즉위시(Enthronement Hymn)' 유형과 거룩한 도시에 대한 헌신을 표현하는 '시온의 노래(Song of Zion)' 유형을 포함.

(1) 창조주 하나님(Creator)을 찬양하는 시편(창조시편): 8, 19:1-6, 104, 148.

(2) 이스라엘의 하나님(God of Israel)을 찬양하는 시편: 66:1-12, 100, 111, 114, 149.

(3) 역사의 주(Lord of History)를 찬양하는 시편: 33, 103, 113, 117, 145, 146, 147.

(4) 하나님의 왕권(Kingship of God)을 찬양하는 시편: 24, 29, 47, 93, 95, 96, 97, 98, 99.

2) 탄원시편(Laments, 66편): 개인이 질병 혹은 거짓 고발로부터 구원을 추구하거나 민족이 재난을 당했을 때 도움을 구하는 시편

(1) 공동체 탄원시편(Community Lament): 12, 44, 58, 60, 74, 79, 80, 83, 85, 90, 94, 123, 126, 129, 137.

(2) 개인 탄원시편(Individual Lament): 3, 4, 5, 7, 9, 10, 13, 14(=53), 17, 22, 25, 26, 27:7-14, 28, 31, 35, 40:12-17, 41, 42, 43, 52, 53(=14), 54, 55, 56, 57, 59, 61, 64, 69, 70, 71, 77, 86, 88, 89, 109, 120, 139, 140, 141,142.

(3) 참회시편(Penitential Psalm): 6, 32, 38, 51, 102, 130, 143.

3) **감사시편(Thanksgivings, 16편): 구원에 대한 감사를 표현하는 시편**

(1) 공동체 감사시편(Community Psalm of Thanksgiving): 65, 67, 75, 107, 124, 136.

(2) 개인 감사시편(Individual Thanksgiving): 18, 30, 32(참회시편), 34, 40:1-11, 66:13-20, 92, 116, 118,138.

4) 기타 유형의 시편(46편)

(1) 신뢰시편(Song of Trust): 하나님의 신속한 도우심에 대한 신뢰를 표현하는 시편(11, 16, 23, 27:1-6, 62, 63, 91, 121, 125, 131).

(2) 지혜시편(Wisdom Psalm): 인생과 하나님의 길을 명상하는 시편(36, 37, 49, 73, 112, 127, 128, 133).

(3) 토라시편(Torah Psalm): 하나님의 말씀인 율법을 표현하는 시편(1, 19:7-14, 119).

(4) 시온의 노래(Song of Zion): 성전이 있는 예루살렘(시온)을 노래하는 시편(46, 48, 76, 84, 87, 122).

(5) 제왕시편(Royal Psalm): 대관식 혹은 왕의 결혼과 같은 축제일에 사용된 시편(2, 18, 20, 21, 45, 72, 78, 89, 101, 110, 132, 144:1-11).

(6) 계약 시편(Psalm of Sinai-Covenant): 시내산에서 맺은 계약시편 (81), 다윗과 맺은 계약시편(132).

(7) 구속사 시편(Salvation History Psalm): 하나님께서 민족의 역사를 주관하시는 이야기를 열거하는 시편(78, 105, 106, 135, 136).

(8) 예배시편(Liturgy): 종종 혼합된 양식을 가지며 있으며, 어떤 특별한 제의 또는 역사적 행사를 위하여 편집된 시편. 제의 행사는 규칙적으로 계약갱신의식에서 나타난다(15, 50, 68, 82, 115, 134).

7. 시편 전체의 문학적 유형

제1권(1-41편): 1(토), 2(제), 3(개탄), 4(개탄), 5(개탄), 6(개탄, 참), 7(개탄), 8(찬), 9-10(개탄, 알), 11(신), 12(공탄), 13(개탄), 14(=53, 개탄), 15(예), 16(신), 17(개탄), 18(개감), 19:1-6(찬), 19:7-14(토), 20(제), 21(제), 22(개탄), 23(신), 24(찬), 25(개탄, 알), 26(개탄), 27:1-6(신), 27:7-14(개탄), 28(개탄), 29(찬), 30(개감), 31(개탄), 32(개감, 참), 33(찬), 34(개감, 알), 35(개탄), 36(지), 37(지, 알), 38(개탄, 참), 39(개탄), 40:1-11(개감), 40:12-17(개탄), 41(개탄).

제2권(42-72편): 42-43(개탄), 44(공탄), 45(제), 46(시), 47(찬), 48(시), 49(지), 50(예), 51(개탄, 참), 52(개탄, 혼), 53(=14, 개탄), 54(개탄), 55(개탄), 56(개탄), 57개

탄), 58(공탄), 59(개탄), 60(공탄), 61(개탄), 62(신), 63(신, 개탄?), 64(개탄), 65(공감, 찬?), 66:1-12(찬), 66:13-20(개감), 67(공감, 찬?), 68(예?), 69(개탄), 70(=40:13-17, 개탄), 71(개탄), 72(제).

제3권(73-89편): 73(지), 74(공탄), 75(공감?), 76(시), 77(개탄), 78(구, 지?), 79(공탄), 80(공탄), 81(시계), 82(예), 83(공탄), 84(시), 85(공탄), 86(개탄), 87(시), 88(개탄), 89(개탄, 제?).

제4권(90-106편): 90(공탄), 91(신), 92(개감), 93(찬), 94(공탄), 95(찬), 96(찬), 97(찬), 98(찬), 99(찬), 100(찬), 101(제), 102(개탄, 참), 103(찬), 104(찬), 105(구, 찬), 106(구).

제5권(107-150편): 107(공감), 108(=57:7-11; 60:5-12, 혼), 109(개탄), 110(제), 111(찬, 알), 112(지, 알), 113(찬), 114(찬), 115(예), 116(개감), 117(찬), 118(개감, 제), 119(토, 알), 120(개탄), 121(신), 122(시), 123(공탄), 124(공감), 125(신, 공탄?), 126(공탄?), 127(지), 128(지), 129(공탄?), 130(개탄, 참), 131(신), 132(다계), 133(지), 134(예), 135(구, 찬), 136(구, 찬, 공감?), 137(공탄), 138(개감), 139(개탄, 지?), 140(개탄), 141(개탄), 142(개탄), 143(개탄), 144:1-11(제), 145(찬, 알), 146(찬), 147(찬), 148(찬), 149(찬), 150(찬, 시편의 결론적 송영).

※ 찬(찬양시편), 개탄(개인 탄원시편), 공탄(공동체 탄원시편), 참(참회시편), 개감(개인 감사시편), 공감(공동체 감사시편), 신(신뢰시편), 지(지혜시편), 토(토라시편), 시(시온의 노래), 제(제왕시편), 시계(시내산 계약시편), 다계(다윗계약시편), 구(구속사 시편), 예(예배시편). 혼(혼합시편), 알(알파벳 순서로 된 시편).

잠언(Proverbs)

1. 지혜문학의 이해

1) 구약성경의 성문서에 속하는 세 권의 책, 즉 욥기, 잠언, 전도서를 지혜문학이라고 부른다. 이 책들은 주제나 문학적 장르가 서로 다르지만, 구속사, 계약, 제의, 계시 등에 관심이 별로 없다는 점에서 구약성경의 다른 책들과 구분되었고, 구약성경의 통일성을 언급하는 데 장애물로 여겨졌다. 그리하여 구약신학을 계약신학이나 구속사적 관점에서 서술할 때, 이 책들의 내용은 거의 배제되었다. 심지어는 고대 이스라엘의 전통적인 야웨신앙과 관련이 없는 세속적인 것으로 취급되기도 했다. 또한 고대근동 문학과의 비교 연구는 이 책들의 내용이 대부분 고대 이스라엘의 독창적인 것이 아니라 이스라엘 밖에서 유입된 것으로 주장되기도 했다.

한편 지난 50여 년 동안 비지혜문학에서 지혜문학적인 요소들을 찾으려는 노력들이 꾸준히 이루어졌다. 이에 대한 연구는 1953년에 발표된 폰 라드(G. von Rad)의 논문 "요셉 설화와 고대 지혜"와 함께 시작되었다고 볼 수 있다. 폰 라드는 이 논문에서 요셉 이야기가 이집트의 영향을 받은 '교훈적인 지혜 이야기(didactic wisdom-story)'로, 솔로몬 시대에 쓰여졌으며 지혜문학의 영향을 받았다고 주장하였다. 이 같은 폰 라드의 주장은 많은 학자들에 의해 받아들여져 구약성경의 모든 책들에 적용되었다(에스더 이야기, 사무엘하 9-20장과 열왕기상 1-2장의 왕위계승설화, 신명기서, 그리고 여러 예언서들).

2) 여기서 지혜란 무엇인가? 우리말 사전(민중서관)은 지혜나 슬기를 '사리를 밝히고 잘 처리해 가는 능력'이라고 정의하고 있다. 히브리말로 지혜는 '호크마(hokmah)'라고 하는데, 구약성경에 147회 나타나고, 그 형용사인 '지혜로운(하캄, hakam)'은 135회 나타난다. '호크마'와 '하캄'의 절반 이상은 잠언, 욥기, 전도서의 세 권에 나타난다. 일차적으로 '호크마'는 공예공의 기술(출 36:8), 정부의 행정관리(왕상 3:2), 꾀많음(삼하 14:2), 처세술(잠 11:4), 윤리강령(잠 2:9-11), 심지어 토라와 동일시되기도 한다. 잠언서에 실린 '행동규범'들을 종합해서 판단해 보면, 이스라엘의 지혜는 어느 특정 상황에 대처할 재치, 통찰력, 올바른 판단력으로서 '세상을 살아가는 능력', '기술'이라고 말할 수 있다.

구약의 지혜정신이란 현실지향적이다. 즉 실용적이고 세속적이다. 미래지향적이 아니다. 오늘을 살아가는 생존에 대한 집착이 그 근본 사상이다. 이스라엘의 지혜문학(잠언, 욥기, 전도서 및 외경으로 주전 2세기 초의 〈벤 시라의 지혜서〉와 주전 1세기의 〈솔로몬의 지혜서〉)은 공동체보다는 개인, 역사보다는 창조세계, 구원사건(해방)보다는 '살아가기'에 더 관심을 기울인다. 저 세상보다는 이 세상에 더 관심을 기울인다. 그러기에 성문서의 지혜문학은 구속사 중심적이었던 지금까지의 판도를 뒤집는 독자적인 세계를 구축하고 있다.

잠언서 중 가장 오래된 부분으로 학자들은 흔히 10-29장을 꼽는다. 이 부분의 격언은 대체로 주전 10세기 이래 전수되어 내려오던 지혜의 가르침으로, 아무리 늦어도 포로기 이전의 작품으로 여겨진다. 대체로 이 부분이 이스라엘 역사 속에 뿌리를 내리게 된 것은 다윗-솔로몬 시대 전문적인 서기관들의 노력의 결과로 여겨진다. 반면에 잠언 1-9장은 포로기 이후 주전 4세기경, 즉 유대인이 유대주의의 모습으로 생존의 맥을 이어가고자 애쓰고 있을 무렵, 최종적인 형태를 갖추게 된다. 이때 잠언서의 지혜 이야기는 '하나님 경외'의 신앙으로 무장하게 되었다. 다시 말하면 잠언서의 최종 편집은 잠언 1-9장의 빛에서 그 이후에 계속되는 지혜 가르침을 읽어야 한다는 편집자의 신학이 전제되어 있다. 그리하여 '여호와 하나님 경외'라는 빛에서 전통적으로 물려받은 지혜를 새롭게 해석하려는 노력의 결과가 현재와 같은 모습의 체제를 만들어 놓았다. 따라서 잠언서는 단순한 세속적이요, 실용적인 처세술로만 생각해서는 안 된다.

3) 구약의 지혜문학은 구약 안에서 독특한 위치를 차지한다. 비지혜문학의 책들은 '신앙고

백적(confessional)'인 입장에서 쓰여진 책들이다. 즉 이스라엘 공동체의 독특한 역사적 경험과 종교적 체험을 통해서 형성이 되고 전승되어 내려온, 신앙적 확신 밑에서 기록된 것이다. 그러므로 구약 전체에 흐르고 있는 중요한 주제들 – 유일신 신앙, 여호와 하나님과 이스라엘의 특별한 계약관계, 이스라엘 역사를 통한 '하나님의 구원의 역사(Magnalia Dei)' 등 –은 신앙고백적 입장에서만 바르게 이해될 수 있다.

이에 반해 지혜문학은 그 출발점이 신앙고백이 아니라 인간의 이성(理性)과 경험이다. 지혜문학은 이스라엘 공동체의 신앙적 확신이나 종교적 가르침에 의해서가 아니라 이성적인 지적 활동을 통해서 삶이 제기하는 여러 가지 문제에 해답을 찾으려 하고 있다. 지혜문학도 결국 종착점에 있어서는 이스라엘의 전통적인 야웨신앙과 만나게 되지만 그 정신은 인간의 이성과 경험적 관찰을 강조하는 데 있다. 따라서 신앙고백을 강조하는 구약의 주류(主流)적 입장과 인간의 이성적 추구를 강조하는 지혜문학과는 대조적인 관계에 있다고 하겠다.

4) 구약의 지혜문학은 다윗–솔로몬 시대 이전에 있었던 이스라엘의 전래적인 '씨족 지혜(clan wisdom)'에 그 뿌리를 두고 있다고 보는 입장도 있으나, 왕궁의 서기관들로부터 기원된 '학교 지혜(school wisdom)'가 구약성경에서 발견할 수 있는 가장 오래된 지혜라고 할 수 있다. 그런데 '학교 지혜'에 속하는 지혜문학은 본래 이스라엘 안에서 자생적으로 생겨났다기보다는 고대근동세계에서 일찍부터 발전된 것으로 보는 것이 자연스럽다.

고대 이집트에서는 자연현상과 인간관계를 관찰하고 연구하여 일견 무질서해 보이는 현상 가운데서 변하지 않는 어떤 질서를 찾으려고 하였다. 이러한 항존하는 자연과 사회의 질서를 그들은 '마아트(maat, 질서, 규칙, 정의, 진리 등)'라고 불렀다. 고대 이집트인들은 인간의 삶이 이러한 maat와 합치될 때, 행복한 삶, 성공적인 삶이 될 수 있다고 가르친다. 한 마디로 지혜문학 운동은 고대근동 지역에서 일어난 고대의 '철학(philosophia는 글자 그대로 'philo–sophia', 즉 지혜를 사랑하는 것–love of wisdom–이다)'이었고, 지성적 활동의 집합이었다.

따라서 지혜문학의 주요 인물들, 즉 '지혜인(wise man)'들은 곧 고대의 지식인들이었다. 고대근동세계의 왕실에서는 왕정의 행정을 맡아볼 관리들이 필요하였다. 이러한 관리

직의 책임은 지식인들이 감당할 수밖에 없었고, 고대의 지식인들이었던 '지혜인'들은 자연히 왕실의 관리 역할을 하게 되었다. 왕실에서는 관리들을 교육시키기 위해서 관리양성소를 만들게 되었고, 이 교육기관은 필연적으로 지혜문학 운동의 중심지가 될 수밖에 없었다. 따라서 고대근동 지역에서 지혜문학 운동은 왕실관리 교육이 주축을 이루었고, 왕실은 지혜문학의 후견인 역할을 하게 되었다.

5) 고대근동 여러 나라에서 발전된 지혜문학이 이스라엘에 들어오게 된 것은 다윗과 솔로몬 왕 때였다. 이때 이스라엘은 역사상 처음으로 왕정을 수립하고, 고대근동의 국제사회의 일원이 된 때이다. 특히 솔로몬 왕은 다윗이 확립해 놓은 왕권과 막강해진 국력을 배경으로 활발한 국제활동을 전개했다. 그가 이집트의 공주를 비롯하여 주변 여러 나라의 왕족과 왕실 결혼을 한 것은 이스라엘 왕국의 국제적인 위치를 말해주는 것이었다. 이렇게 국제화 시대의 문이 열려짐과 더불어 주변 나라들의 지혜문학 운동은 이스라엘로 밀려들어왔다.

솔로몬 왕은 '선진' 외국의 지혜 전통을 적극적으로 받아들였고, 그 자신 하나님께 '지혜'를 간구하였다(왕상 3:4-15). 또한 그는 지혜문학 운동에 앞장을 서서 많은 지혜문학 작품을 저작하였다(왕상 4:32 참조). 구약의 책 가운데 솔로몬의 저작으로 귀속시키고 있는 것은 대부분의 잠언과 전도서, 아가서, 2편의 시편(72, 127편)이다. 외경에는 '솔로몬의 지혜'가 있다. 그리하여 솔로몬 왕은 이스라엘 지혜문학의 창시자요, 표본적인 인물이 되었고, '지혜의 왕'으로서 영원히 그 명성을 얻게 되었다(왕상 4:29-34; 10장).

6) 예레미야의 한 고백에는 이스라엘 사회에서 중요한 세 계층의 종교 지도자들이 간접적으로 언급되고 있다. "백성이 나를 두고 이르기를 '이제 예레미야를 죽일 계획을 세우자. 이 사람이 없어도 우리에게는 율법을 가르쳐 줄 제사장이 있고, 지혜를 가르쳐 줄 현자가 있으며, 말씀을 전하여 줄 예언자가 있다. 그러니 어서 우리의 혀로 그를 헐뜯자. 그가 하는 모든 말을 무시하여 버리자' 합니다"(렘 18:18). 이 구절은 세 부류의 지도자들이 모두 야웨로부터 나온 권위-예레미야가 엎으려 했다고 주장된 권위-를 지니고 말했다는 것을 분명히 함축하고 있다. 그러나 이 구절은 각각의 지도자가 서로 다른 영역의 은사

를 지녔다는 것을 보여주기도 한다. 예언자는 구체적인 상황 속에서 '하나님의 말씀(다바르)'을 전하였다. 제사장은 모세 전승에 토대를 둔 '율법(토라)'을 백성들에게 가르쳤다. 그리고 지혜자는 삶에 대한 날카로운 관찰에서 나온 통찰력으로 수많은 세월의 경험과 고대 지혜의 자원에 대한 폭넓은 지식을 사용하여 '조언(에차)'을 말한다.

7) 구약의 지혜문학은 수입된 것이기에 고대근동의 지혜문학의 영향을 크게 받았고, 많은 관련을 가지고 있다. 예를 들면 다음과 같다.

(1) 잠언 22:17-24:22의 부분은 고대 이집트의 지혜문학 작품인 '아멘엠오펫의 교훈(Instruction of Amen-em-opet)'과 거의 동일한 내용이다.

(2) 잠언 30-31장의 경우도 외국의 지혜문학이 그대로 잠언에 수록된 경우이다. 이 두 장은 각각 "이것은 마싸(Massa) 사람, 야게의 아들, 아굴(Agur)의 말이다"(30:1)와 "마싸와 르므엘(Lemuel)이 그의 어머니에게서 배운 교훈"(31:1)이라는 서두로 시작하고 있다. 여기서 마싸는 아라비아 북쪽지역에 거주하였던 부족의 이름이다. 즉 이들 잠언 30-31장은 이스라엘의 잠언이 아닌, 외국의 잠언이라는 것을 말해준다.

(3) 욥기는 "바벨론 욥기(Babylonian Job)"와 그 내용이 유사하다. 또한 바벨론의 다른 지혜문학 작품인 "인간의 고난에 관한 대화(Dialogue about Human Misery)"는 그 문학 형태(즉 대화 형식)에 있어서는 욥기와 유사하고, 그 내용에 있어서는 전도서와 대단히 비슷하다. 고대 이집트의 지혜문학 작품들인 웅변적인 "농부의 항변", "자살에 대한 논쟁"들도 욥기와 대단히 비슷한 내용들이다.

8) 이스라엘의 지혜전통은 고대근동세계의 밖으로부터의 영향으로 시작되었다. 그러나 이스라엘에서 지혜운동은 전통적 신앙 안에서 점차 '토착화'되어 갔다. 그리하여 지혜는 인간의 이성의 산물이 아니라, 궁극적으로는 하나님을 경외하는 데서 생겨나는 것이라고까지 변화 발전되었다. 이것이 유명한 경구(警句) "야웨를 경외하는 것이 지혜의 근본"(잠 1:7; 9:10; 3:5-7; 15:33; 욥기 28장; 시편 111:10 등)이라는 것이다. 이것은 인간의 이성적 활동으로서 출발한 지혜운동이, 이스라엘에 들어와서는 이들의 신앙에 동화, 적응되었음을 말해주는 것이다. 이렇게 이스라엘의 전통신앙에 흡수된 보수적인 지혜전

승을 대표하는 책이 잠언(Provers)이다. 반면에 지혜문학 운동의 본래의 정신에 따라 인간의 고통의 문제, 삶의 의미 등에 대하여 이성적인 탐구를 시도한 것이 각각 욥기(Job)와 전도서(Ecclesiastes)이다. 이들 두 책은 이스라엘의 사변적 지혜전승을 대표하고 있다. 이들 두 책은 회의적(skeptical) 지혜문학이다. 그러나 욥기와 전도서의 메시지는 결코 회의주의(skepticism)가 아니다. 두 책의 결론도 결국은 이스라엘의 기본적인 신앙 입장으로 돌아오고 있다.

9) 그러면 '하나님을 경외한다는 것'은 무엇인가? 종교학에서 말하는 신적 존재 앞에서 떨고 두려워하는 감정이 포함될 수 있으나 단순히 감정의 차원은 아니다. 잠언 9:10에 "여호와를 경외함이 지혜의 근본이요, 거룩하신 자를 아는 것이 명철이니라"고 기록되어 있다. 이 말씀은 히브리 시적 형식에 있어서 가장 많이 사용되고 있는 동의적 평행법이다. 즉 "여호와를 경외함이 지혜의 근본"이라는 말씀과 글자만 다르고 의미가 똑같은 구절이 나오는 방식이다. 동의적 평행법을 살펴보면 다음과 같다.

여호와	경외함	지혜
거룩하신 자	아는 것	명철

동의적 평행법은 구약 주석에 가장 많은 도움을 준다. 특히 동의적 평행법을 통해서 스스로 해석되는 경우가 많다. 본문에서 "여호와를 경외한다는 것"은 곧 "거룩하신 자를 아는 것"과 같은 뜻이다. 즉 하나님을 경외하는 것은 하나님을 아는 것을 의미한다. '하나님을 아는 지식'이란 단순히 '머리로 하나님을 안다'는 것을 넘어서 '하나님을 섬기고 그 말씀에 순종한다'는 뜻이다. 따라서 하나님을 경외한다는 것은 단순히 두려운 감정의 차원이 아니라 적극적으로 '하나님을 섬기고, 그 말씀에 순종하고 지키는 것'이다. 이스라엘 신앙에서 참된 지혜는 '하나님을 경외함'에서 시작된다. 즉 하나님을 섬기고 하나님의 말씀과 계명을 지키는 것'이 참 지혜이다.

10) 이스라엘의 지혜문학의 신학적 특징을 열거하면 다음과 같다.

첫째, 근본적으로 야웨신앙에 근거하고 있고, 이스라엘의 신앙전승을 반영하고 있다.

둘째, 인과응보 사상이다. 즉 의인은 복을 받고 생명을 얻지만 악인은 그의 죄에 상응하는 벌을 받는다는 사상이다. 여기에서 의인은 지혜로운 자, 지혜의 가르침을 따르는 자, 하나님께 순종하는 자이고, 악인은 어리석은 자, 지혜의 가르침을 거부하는 자, 하나님께 불순종하는 자이다.

셋째, 신정론(theodicy)이다. 욥기와 전도서에는 인과응보 사상에 대한 회의주의가 나타난다. 그리하여 악은 어디에서 오는가, 왜 의인이 고통을 받는가, 악인이 승승장구하는 것은 타당한가 등 신정론적인 질문을 제기한다.

넷째, 창조신앙이다. 세상과 우주는 하나님이 창조했고, 거기에는 창조 질서가 있으며, 인간은 그 질서를 찾고, 그것에 순응하면서 살아야 한다는 것이다.

다섯째, 보편주의(universality)이다. 이스라엘을 위해 활동하시는 야웨 하나님을 강조하거나 이스라엘 신앙의 배타성을 나타내기보다는, 우주의 보편적 진리를 찾고 그 안에서 하나님을 이해하고자 하고 인간에 대한 하나님의 보편성을 강조하는 신앙이다.

2. 잠언의 명칭

잠언의 히브리어 명칭은 '미쉘레 쉘로모(מִשְׁלֵי שְׁלֹמֹה, 솔로몬의 마샬)'이다. 여기서 우리말의 '잠언(箴言)'으로 번역된 '마샬(mashal)'은 '조롱거리'(사 14:4), '노래'(민 23:7, 18), '비유'(겔 17:2) 등으로 번역되기도 한다. 따라서 이 말은 속담보다 더 폭넓은 의미를 지닌다.

3. 잠언의 구조

1) 1-9장 솔로몬의 제1잠언(신학적 지혜)
2) 10:1-22:16 솔로몬의 제2잠언(실용적 지혜)
3) 22:17-24:22 지혜자의 제1잠언('아멘엠오펫의 교훈'의 30개 교훈과 유사)
   24:23-34 지혜자의 제2잠언("이것도 지혜로운 자의 말씀이라")
4) 25-29장 솔로몬의 제3잠언(실용적 지혜)

5) 30장 아굴의 잠언

6) 31:1-9 르무엘 왕의 잠언

7) 31:10-31 현숙한 아내에 대한 알파벳 시

4. 잠언의 주제

이 책은 하나님을 경외함으로 얻게 되는 지혜로운 삶을 강조한다. 경건하고 의로운 사람은 하나님이 보시기에 지혜롭게 때문에, 지혜로운 삶은 곧 경건한 생활이다. 이와 대조적인 것이 악인 또는 불의한 사람의 어리석은 삶이다. 이 두 가지 삶의 특징과 결과는 이 책에서 자주 언급된다. 시 1:6에는 이것이 잘 요약되어 있다. "대저 의인의 길은 여호와께서 인정하시나 악인의 길은 망하리로다." 잠언에서 다루는 내용은 아주 다양하다.

지혜와 어리석음, 의로움과 사악함, 삶과 죽음, 지식과 무지, 근면과 나태, 질서와 무질서, 성공과 실패, 자제와 분노, 신실함과 신실하지 못함, 복종과 반항, 정직과 사기, 정의와 불의, 진리와 거짓, 존귀와 치욕, 칭찬과 비난, 교만과 겸손, 깨끗함과 더러움, 격려와 비방, 화평과 다툼, 사랑과 미움, 인자와 잔인, 관용과 탐욕, 기쁨과 슬픔, 부와 빈곤, 좋은 친구와 나쁜 친구 등이다. 따라서 이 책이 광범위한 호소력을 가진 것도 당연하다.

5. 실용적 지혜와 신학적 지혜

대부분의 잠언들은 인간의 행위에 대한 진리들을 짧고 간결하게 표현한다. 잠언에 수록된 지혜를 두 종류로 구분할 수 있다. '실용적 지혜(practical wisdom)'와 '신학적 지혜(theological wisdom)'이 그것이다.

1) 실용적 지혜: 하나님을 경외하면서 바르고 의롭게 사는 삶의 지혜를 가르치고 있다. 이 실용적 지혜의 저변에는 인과의 법칙이 깔려 있다. 즉 지혜로운 행동과 삶은 그 결과로 행복하고 성공적인 삶을 가져오며, 미련하고 지혜롭지 못한 행동과 삶은 그에 합당한 결과를 가져온다는 것이다. 이 실용적 지혜가 말하는 성공적인 삶은 대단히 현세적이고 또한 구체적이다. 즉 장수, 명예, 행복한 가족, 물질적 융성, 건강 등이다. 실용적 지혜는

주로 상반된 양극의 두 가지 길을 대칭적으로 비교하는 문학 형태로 되어 있다.

"지혜로운 아들은 아비를 기쁘게 하거니와 미련한 아들은 어미의 근심이니라"(잠 10:1).

"어진 여인은 지아비의 면류관이나 욕을 끼치는 여인은 그 지아비로 뼈가 썩음 같게 하느니라"(잠 12:4).

여기서 주목할 것은 실용적 지혜 전승에서도 단순한 공리적인 인간이 아니라 인간은 하나님 앞에 서 있는 인간이요, 모든 인간의 행동은 하나님의 평가와 심판을 받게 된다.

"사람의 행위가 자기 보기에는 깨끗하여도 야웨는 심령을 감찰하시느니라"(잠 16:2=21:2).

"사람의 마음에는 많은 계획이 있어도, 오직 여호와의 뜻이 완전히 서리라"(잠 19:21; 또한 16:9; 20:24).

이러한 신학적 측면이 있으므로, 실용적 지혜는 사회윤리성을 강조한다. 특히 사회적 약자에 대한 관심이 강하게 나타나 있다.

"귀를 막아 가난한 자의 부르짖는 소리를 듣지 아니하면 자기의 부르짖을 때에도 들을 자가 없으리라"(잠 21:13).

실용적 지혜는 이외에도 근면, 노동, 규율과 질서있는 생활, 지식, 극기, 공명정대한 행동 등을 강조하고 있다.

2) 신학적 지혜: '지혜' 자체에 대하여 신학화 작업이 이루어진 것을 말한다. 지혜는 독립적인 실재를 가진 존재로 이해하게 되고, '여인'으로서 '인격화' 된 지혜로 이해하게 된다. 원래 지혜를 뜻하는 히브리어 '호크마(hokmah, חכמה)'는 여성명사이다. '여성으로 인격화된 지혜(Lady Wisdom)'가 지혜의 잔치로 사람들을 불러 초대하고, 어리석음과

우매함에서 깨우치라고 외친다(잠 1:20-33; 8:1-21; 9:1-6).

"지혜(Lady Wisdom)가 길거리에서 부르며
광장에서 소리를 높이며……
오직 나를 듣는다는 안연히 살며
재앙의 두려움이 없이 평안하리라"(잠 1:20-33).

"지혜(Lady Wisdom)가 부르지 아니하느냐
명철이 소리를 높이지 아니하느냐……
대저 지혜는 진주보다 나으므로
무릇 원하는 것을 이에 비교할 수 없음이니라
나 지혜는 명철로 주소를 삼으며
지식과 근신을 찾아 얻나니
여호와를 경외하는 것은 악을 미워하는 것이라
나는 교만과 거만과 악한 행실과 패역한 입을 미워하느니라"(8:1, 11-13).

그런데 시간이 지남에 따라 지혜는 '인격화'를 넘어서 '신격화'하게 되었다. 즉 지혜는 하나님의 창조 이전에 이미 선재하였고, 하나님의 창조 사업의 조역자였다고 이해하게 된다(잠 8:22-30). 지혜가 완전히 신학화된 것이다.

"여호와께서 그 조화의 시작
곧 태초에 일하시기 전에 나를 가지셨으며
만세 전부터, 상고부터,
땅이 생기기 전부터 내가 세움을 입었나니
아직 바다가 생기지 아니하였고
큰 샘들이 있기 전에 내가 이미 났으며……
사람이 거처할 땅에서 즐거워하며
인자들을 기뻐하였었느니라"(잠 8:22-24,31).

그런데 이스라엘 역사에서 바벨론 포로 이후 시대에 지혜는 하나님께서 이스라엘에게 주신 가르침의 말씀, 곧 토라(Torah)로 이해하게 된다. 그래서 지혜와 토라는 동일시된다. 이러한 지혜에 대한 신학화 작업은 신약시대에도 이어져서, 지혜를 기독론적으로 이해하게 된다. 그리고 지혜 기독론은 교부신학자들에 의해서 완전히 확립되었다.

욥기(Job)

1. 욥기에 대한 찬사

욥기라는 명칭은 주인공인 욥의 이름을 따서 붙인 것이다. 지금까지 욥기에 대한 평가는 최상급의 찬사로서 가득 차 있다. 욥기에 대해 종교개혁자 마르틴 루터는 "성경의 어느 책보다도 장엄하고 아름답다"고 말하였고, 영국의 계관시인 테니슨(A. Tennyson)은 "인간이 쓴 시 중에서 가장 위대한 시"라고 극찬하였다. 또한 영국의 문명비평가 칼라일(T. Carlyle)은 "성경책 안에서나 밖에서나 욥기에 비견할 책은 없다"고 찬사를 아끼지 않았다. 철학자들은 이 책이 악 또는 신정(神正)의 문제를 다루고 있다고 보고 큰 관심을 표명했다. 우리 시대에서 욥기의 저자는 "구약의 셰익스피어"라는 찬사를 받았다. 맥라이쉬(A. MacLeish)는 자신의 연극〈J. B〉(1956년)에서 욥기의 의미를 새롭게 시도하였다. 이렇듯 욥기는 문학적으로나 신학적으로나 구약의 시문학(詩文學)에서 최대 걸작품이다.

2. 욥기의 문학적 구조

욥기는 전체적으로 둘이 하나를 이루는 구조로 되어 있다. 산문(설화)으로 된 부분(1-2장과 42:7-17)과 운문(시, 드라마)으로 된 부분(3:1-42:6)이 그것이다. 이 두 요소가 서로 하나로 연결되어 욥기라는 명작을 이루고 있다.

I. 산문(설화)으로 된 서문(1:1–2:13)

1. 욥의 성품(1:1–5)

2. 욥의 재난(1:6–2:10)

3. 욥의 세 친구들의 방문(2:11–13)

II. 운문(시)으로 된 논쟁(3:1–42:6)

1. 욥의 탄식(3:1–26)

2. 욥과 세 친구의 첫 번째 변론(4:1–14:22)

1) 엘리바스(4:1–5:27) – 욥의 답변(6:1–7:21)

2) 빌닷(8:1–22) – 욥의 답변(9:1–10:22)

3) 소발(11:1–20) – 욥의 답변(12:1–14:22)

3. 욥과 세 친구의 두 번째 변론(15:1–21:34)

1) 엘리바스(15:1–35) – 욥의 답변(16:1–17:16)

2) 빌닷(18:1–21) – 욥의 답변(19:1–29)

3) 소발(20:1–29) – 욥의 답변(21:1–34)

4. 욥과 세 친구의 세 번째 변론(22:1–31:40)

1) 엘리바스(22:1–30) – 욥의 답변(23:1–24:25)

2) 빌닷(25:1–6; 26:5–14) – 욥의 답변(26:1–14)

3) 소발(24:18–25; 27:13–23) – 욥의 답변(27:1–12)

4) 지혜의 찬양시(28:1–28)

5) 욥의 마지막 변호(29:1–31:40)

5. 엘리후의 변론(32:1–37:24)

6. 하나님의 응답(38:1–42:6)

1) 하나님의 첫 번째 말씀(38:1–40:2)

2) 욥의 침묵(40:3–5)

3) 하나님의 두 번째 말씀(40:6–41:34)

4) 욥의 회개(42:1–6)

III. 산문으로 된 결어(42:7–17)

1. 하나님이 욥의 세 친구들을 정죄하심(42:7-9)
2. 욥이 새롭게 누리는 축복(42:10-17)

3. 욥기에 대한 잘못된 태도(피상적 이해)

욥기에 대한 수많은 찬사에도 불구하고 이상한 것은 욥기가 어떤 내용을 말하고 있는지에 관해 대부분 피상적 이해에 머물러 있다는 점이다. 대개 욥기에 대해서는 '무죄한 자(의인)의 고난'을 다루는 불후의 명작쯤으로 알고 있다. 물론 시인은 무죄한 자의 고난이라는 삶에서 피할 수 없는 문제와 씨름하고 있다. 구약성경에 나오는 욥만큼 까닭모를 극심한 고난과 고통의 길을 헤쳐나간 사람도 없다. 따라서 욥기를 고난받는 자들에 의한 문학, 고난받는 자들을 위한 문학으로 읽혀지고 있는 것도 무리는 아니다. 또는 욥기가 고통(악)의 문제를 논하거나 어떻게 절대적인 선(善)과 절대적인 능력이 하나님의 본성 안에서 조화될 수 있는가(神正)라는 철학적인 문제를 제기하는 것으로 생각한다. 그러나 이러한 문제들에 대한 해답을 찾기 위해 욥기에 접근하는 독자들은 실망할 것이다. 아무튼 그동안 욥기는 몇 가지 점에서 왜곡되게 읽혀져 왔다.

첫째로, 가장 큰 잘못은 욥기를 읽는 독자들이 욥이 한 말보다 욥의 친구들이 한 말을 욥기의 중심 요절인 양 마음에 새겨가는 태도이다. 가령 "하나님은 찌르기도 하시지만 싸매어 주시기도 하시며 상하게도 하시지만 손수 낫게도 해 주신다. 그는 여섯 가지 환난에서도 너를 구원하여 주시며 일곱 가지 환난에서도 재앙이 네게 미치지 않게 해 주신다"(5:18-19, 엘리바스의 말). "네 시작은 미약하였으나 네 나중은 심히 창대하리라"(8:7, 빌닷의 말). "하나님은 허망한 사람을 아시나니 악한 일은 상관치 않으시는 듯하나 다 보시느니라"(11:1, 소발의 말). 우리가 기억해야 할 것은 욥기가 바로 이 친구들의 말(그리고 그 말 속에 담긴 신앙관과 신학)을 비판하기 위해서 저술되었다는 점이다. 욥 이야기는 엘리바스, 빌닷, 소발로 대표되는 유대 정통주의자들의 신앙과 사상을 비판하고 반성하기 위하여 기록되었다. 즉 유대 정통주의 신앙관만을 가지고서는 도저히 풀리지 않는 역사의 혼돈과 혼란 속에서 지어졌다는 점이다.

둘째로, 욥기를 읽어 갈 때 주로 욥 이야기의 처음(1-2장)과 끝(42:7-17)만을 읽고 만다는 점이다. 여기에 나타난 욥의 모습은 '귀감이 될 만한 인내의 사람'(약 5:11)으로 묘사되어 있다. 일반적으로 욥은 경건의 모델-신앙을 잃지 않은 가운데 '무자비한 운명의 돌팔매질과 화살들'을 인내와 침착성을 겪어낸 사람-이다. 그러나 이러한 묘사는 산문(설화)으로 쓰여진 서문(1:1-2:13)과 결어(42:7-17)에서만 들어맞는다. 이 책의 주요 부분(3-41장)은 운문(시) 형태로 쓰여져 있는데, 여기서의 욥은 전혀 인내의 귀감이 아니다. 그는 자기가 태어난 날을 저주하는 것으로부터 시작하여 폭풍과 같이 울화를 터뜨리며 하나님께 항변하며 울부짖는다. 단지 마지막에 이르러 하나님께서 그를 꾸짖고 난 후에야 그는 폭풍우 후의 정적 같은 그 무엇에 깊이 빠져들면서 자신의 거칠고 성급한 항변을 뉘우친다. 진정한 욥기 읽기는 처음과 끝의 '아름다운 이야기'가 아닌, 중간에 있는 본론(3:1-42:6)의 '거칠고 지루한 드라마'에 초점을 두어야 한다. 이 점에서 지금까지 욥기에 대해서 가졌던 태도는 잘못된 것으로 반성해야 한다.

4. 유사(類似) 지혜문학과의 관계

이스라엘의 사변적 지혜문학은 욥기와 전도서가 대표하고 있다. 욥기와 전도서가 제기하는 문제들은 고대근동의 지혜문학에서도 제기하고 있는 인간의 영원한 문제들이다. 그러나 이들이 보여주고 있는 문제의 해결과 결론은 이스라엘의 신앙의 테두리 안에서 찾고 있다. 욥기의 배후에는 이스라엘뿐만 아니라 근동 전체의 수많은 세대에 걸친 지혜문학이 있었다. 저자는 흔히 《바벨론의 욥기》라 불리는 바벨론 저작을 잘 알고 있었을 것이다. 이 이야기에 따르면 원래 부유하고 세력있던 어떤 사람이 갑자기 중병에 걸리고 곤경에 처하게 되었다. 그는 자신의 기도와 희생제사가 아무 소용없는 것이었다고 비통해하며 불평을 늘어놓았다. 욥과 마찬가지로 그는 자신은 죄가 없다고 항변하면서 신의 뜻은 사람이 이해할 수 없는 것이라고 주장하였다. 마침내 주인공이 죽음 직전에 이르렀을 때, 갑자기 마르둑 신이 그의 덕행을 인하여 그에게 갚아주고 건강을 회복시켜 주었다.

더욱 흥미로운 것은 바벨론의 《인간의 비참에 관한 대화, Dialogue about Human Misery》이다. 이 저작은 고통 이외에는 아무것도 알지 못했기 때문에 신들의 정의에 의문을 제기하는 회의주의자와 하나님의 뜻에 겸손하게 복종하고 종교적인 의무들을 충실히 수행할 것을 주장하는 경건한 친구 사이의 대화이다. 욥기에서처럼 여기서도 대화자들은 번갈아가며 이야기한다. 회의주의자가 먼저 이야기를 시작하고 경건한 사람이 응답하는 식으로 이야기는 진행된다. 이 대화는 그 형식과 내용에서 욥기와 너무나 닮았기 때문에 저자가 그 책의 영향을 받았다고 믿고 싶을 정도이다.

이집트에서도 욥기에서 사용된 문학 형식을 보여주는 여러 예들이 나왔다. 예를 들면 《말 잘하는 농부의 항의, Protests of the Eloquent Peasant》에서는 운문으로 된 논쟁이 산문으로 된 서문과 결어 사이에 들어가 있다. 또한 이집트의 염세주의는 《자살에 관한 논쟁, Dispute over Suicide》으로도 알려져 있는 《삶에 지친 자의 자기 영혼과의 논쟁, Dispute with His Soul of One who is Tired of Life》을 그 예로 들 수 있다.

욥기의 저자가 고대의 여러 저작들에 직접적으로 의존하였다는 것을 입증하기란 어렵다. 하지만 이 시인은 견문이 넓고 폭넓은 교육을 받은 사람이었음이 분명하기 때문에 그는 메소포타미아, 이집트, 아라비아, 에돔 등지의 사상 조류들에 의해 영향을 받았을 것이다.

5. 욥기의 주요 내용

욥기의 무대는 이스라엘 남부 변경지 우스(Uz)로 되어 있다. 이곳에 하나님을 경외하는 의인 욥(Job)이 살고 있었다. 그는 열 자녀(많은 자녀는 구약시대의 축복의 상징이었다)와 많은 물질을 소유한 사람이었다. 사단은 욥이 까닭없이 하나님을 경외할 리가 없다고 하면서 그의 소유를 빼앗아 버리면 그도 하나님을 원망하고 불신앙에 빠질 것이라고 하나님께 말한다. 하나님은 그럴 리 없다고 하시면서 사단과 내기를 걸었다. 사단은 욥으로부터 일시에 그의 모든 자녀와 소유물을 잃게 하였다. 이때 욥은 이렇게 말한다. "내가 모태에서 적신으로 나왔사온즉 또한 적신이 그리로 돌아 가올지라 주신 자도 여호와시요 취하신 자도 여호와시오니 여호와의 이름이 찬송을 받으실지어다"(욥 1:21).

이어서 욥은 온 몸에 심한 피부병에 걸려 말할 수 없는 괴로움을 겪게 된다. 이러한 상황이 되자 그의 아내까지 그를 저버린다 "하나님을 욕하고 죽으라"(욥 2:9). 그러나 욥은 대답한다. "그대의 말이 어리석은 여자 중 하나의 말 같도다 우리가 하나님께 복을 받았은즉 재앙도 받지 아니하겠느뇨 하고 이 모든 일에 욥이 입술로 범죄치 아니하니라"(2:10). 이것이 서언에 등장하는 '인내하는 욥(Patient Job)'의 모습이다.

욥은 먼저 자기 생일을 저주한다(3:1-26; 렘 20:14-18 참조). 하나님을 저주하는 것이 아니라 하나님께 불평을 늘어놓는다. 욥은 하나님으로부터 버림받는 고통을 경험한다. 이때 욥이 당한 불행한 소식을 듣고, 그의 세 친구(엘리바스, 빌닷, 소발)가 욥을 위로하기 위해 찾아온다. 욥기 3장에서 31장 사이에 왜 욥이 고난당할 수밖에 없는지에 관한 대토론이 나온다. 이 대토론의 주제는 인과응보 교리의 타당성 문제이다. 그러나 이 토론을 욥 자신의 내면에서 읽어보면 거기에는 욥이 겪어나가는 고독한 영적 투쟁이 있다.

욥은 세 친구의 권고를 완강히 거부한다. 욥은 세 친구들은 거짓말쟁이요 돌팔이 의사들이라고 못 박는다(욥 13:4). 그리고 그는 자기의 결백을 주장한다. 그리고 자기는 친구들의 논리(죄-벌)에 의해서 고통을 당할 하등의 이유가 없다고 항변한다(6:10,24,29). 욥은 자기에게 이런 큰 고통을 주시는 하나님께 그 이유만이라도 알려 달라고 외친다(10:2). 욥은 한걸음 더 나아가서 하나님 앞에서 자기의 의로움을 증언해 주고, 그의 억울한 사정을 중재해 줄 수 있는 '중재자(mediator)'를 구한다(9:32-35; 16:18-22).

여기서 욥은 자신의 '신원자(go'el)'가 자신의 처지를 대변해 주고 하나님과의 온전한 관계를 회복시켜 줄 것이라고 확언한다. "내가 알기에는 나의 구속자(신원자)가 살아계시니 후일에 그가 땅 위에 서실 것이라/ 나의 이 가죽, 이것이 썩은 후에 내가 육체 밖에서 하나님을 보리라/ 내가 친히 그를 보리니"(19:25-26).

욥과 세 친구에 대한 엘리후의 논평은 자못 교육적이다. 엘리후는 욥이 성급하게 하나님을 귀머거리라고 한 것에 엄한 주의를 내린다. 그러면서 욥의 친구들이 가정하는 것처럼 불행이 언제나 징벌만은 아님을 강조한다. 엘리후는 고난에 목적이 있다고 말한다. 고난에 하나님의 계시가 담겨 있다고 대답한다(36:15). 아마도 욥기의 저자는 인간사에 있어서 고난의 신비가 있음을 엘리후의 입을 통해 주장하는 것 같다. 이 시인은 인과응보의 교리가 인간의 경험과 대립되어 있다는 엄연한 현실을 지적하기 위해서 엘리후의 연설을 끌어들이는 것으로 여겨진다. 그러나 이것은 고난 문제의 해결에 대한 하나의 시도일 뿐이다. 욥기의 저자는 여기에 만족하지 않는다. 고난 문제의 진정한 해결은 폭풍 한가운데서 들려오는 하나님의 변론을 들을 때까지 기다려야 한다.

마침내 욥은 폭풍 한가운데서 들려오는 하나님의 음성을 듣게 된다(38:1-3). 하나님은 욥에게 명쾌한 대답을 주시는 것이 아니라, 오히려 끊임없이 질문을 던진다(38:4-39:30). 하나님은 숨 돌릴 사이도 없이 계속되는 질문을 통해서 창조자의 능력을 열거해 나간다. 그리고 하나님의 무한한 능력과 피조물 인간의 제한성을 대비시켜 준다. 여기서 욥기의 저자는 하나님의 창조세계의 신비를 다룬다. 하나님의 창조세계에는 하나님의 계획과 '하나님의 정의로운 통치(神政)'가 변함없이 실시되고 있다. 하나님의 창조세계에 부질없는 것이란 하나도 없다. 거기에는 사악한 존재들(베헤못과 리워야단)도 포함된다. 욥은 자기가 처한 현실을 혼돈의 세상으로 규정하였다.

그러나 하나님은 욥에게 세상에는 악마가 있지만, 세상이 악마인 것은 아님을 알게 하신다. 우주에는 혼돈의 힘이 존재하지만 우주가 바로 혼돈인 것은 아니다. 하늘 아래 있는 모든 것들이 다 하나님의 소관이다. 정의란 바로 이 하나님이 창조세계를 다스리는 기본 방침이다. 욥은 자신이 지금까지 내뱉은 한탄과 낙심의 자세를 과감하게 폐기한다. 정의나 인과응보라는 말 속에 묶어 두었던 하나님관을 폐기한다. 그러면서 말한다.

"내가 주께 대하여 귀로 듣기만 하였삽더니 이제는 눈으로 주를 뵈옵나이다/ 그러므로 내가 스스로 한하고 티끌과 재 가운데서 회개하나이다"(42:5-6). 욥은 그의 고통을 통하여 합리적인 설명을 들은 것이 아니라 하나님의 음성을 듣고, 그를 만나는 신앙적인 체험을 통해서 회개함으로 문제의 해결을 찾았다. 욥은 지금까지 자신의 경험에 근거하여 하나님의 세상 다스리심을 판단하려 하였다. 그러나 하나님의 말씀은 이것을 단호히 거부한다. 욥이 고난당하고 있는 순간에도 우주의 질서, 곧 창조세계의 질서(정의)는 줄곧 하나님의 계획대로 움직여지고 있음을 깨닫게 된다.

6. 욥기의 메시지

하나님이 살아 계시다면 왜 무죄한 자가 고통을 당해야 하는가? 또한 왜 의인(선인)에게는 환난과 고난이 많고, 오히려 악인(죄인)은 잘되고 형통하는가? 이 같은 악과 고통의 문제에 대해 "과연 하나님은 의로우신가?"라는 '신정론(神正論, Theodicy)'의 문제가 이스라엘 역사(구약성경)에서 끊임없이 대두되었다(창 18:25, 시편 37편, 73편, 요나, 예레미야, 하박국, 등등).

욥기의 드라마가 언제, 어디에서 저술되었는가에 대해서는 학자들 사이에 많은 논란이 있다. 한 가지 분명한 사실은 욥기의 드라마는 극심한 재난의 때를 암시하고 있다는 점이다. 그렇다면 이스라엘 민족에게 있어서 그러한 재난(고난)은 언제인가라고 할 때 주전 587년의 유다 왕국의 멸망에 따른 '식민지 살이'를 하게 되면서부터라고 말할 수 있다.

욥기의 저작 시대 결정에는 크게 세 가지 입장이 있다. 첫째는 포로기 시대로 보는 입장이다. 둘째는 포로후기 시대, 곧 제2성전이 세워지고 나서도 여전히 도래하지 않는 하나님의 축복에서 좌절하고 방황하게 된 시대라고 보는 입장이다. 셋째는 그보다 훨씬 늦게 주전 500-350년 사이로 보는 입장이다. "욥기의 문화적, 종교적 배경"이라는 글을 쓴 맥켄지(R. Mackenzie)는 욥기의 드라마의 작성 연대는 주전 6세기 말에서 5세기 초-중엽에 이르는 시기라고 보고 있다. 아무튼 욥기의 드라마가 반영하는 시기는 신명기 사가의 해설만으로는 이해가 안 되는 역사적 암흑기인 것만은 분명하다.

여기서 두 개의 신학이 서로 충돌한다. 욥의 세 친구들은 신명기의 가르침에 뿌리를 둔 유대 정통주의 신학인 인과율(인과응보)의 교리에 매여 있다. 첫째, 인간의 죄에는 하나님의 징벌이 따른다(죄-벌의 공식). 둘째, 욥은 범죄하였다. 셋째, 그러므로 욥이 당하는 고통은 죄에 대한 징벌이다. 넷째, 현재 욥이 할 일은 회개하고 하나님의 용서를 간구하는 것뿐이다. 이것이 세 친구들의 욥의 상황에 대한 논리적인 설명이었다. 예를 들면 엘리바스의 말(4:7-8), 빌닷의 말(8:3-5), 소발의 말(11:14-15)이 그것이다.

이와 달리 욥의 입을 빌어 조목 조목 반박되는 신학은 비정통적이고 탈(脫)인과응보적인 신학이다. 토론이 계속되면서 욥은 부당한 고통의 아픔을 겪는 사람이 자기 자신만이 아니라는 사실을 깨닫게 된다. 욥은 역경 속에서 자기와 비슷한 처지에 있는 많은 동료들이 있음을 발견하게 된다. 이것은 대단히 중요하다. 욥은 더 이상 '하나님의 의로우심(神正)'을 문제삼지 않는다. 하나님의 의로우심은 의심의 대상이 아니다. 욥이 문제삼는 것은 '하나님의 세상 다스리심(神政)'이다. 하나님은 세상을 어떻게 다스리기에 가난한 자, 병든 자, 외로운 자의 고통이 이 땅에 존재하느냐이다. 그는 가난한 자와 같이 있기를 원한다. 가난한 사람들, 고통 당하는 사람들과의 연대! 거기에 욥의 눈이 개인의 고통이라는 차원을 벗어나는 계기가 된다. 이웃의 요청에 자기 자신을 조율시키려는 거룩한 몸짓

이 이에서 태동한다(24:4-8; 렘 22:13-17; 암 5:11-12; 미 2:9-10 참조).

폭풍우 속에서 욥에게 던지시는 하나님의 말씀은 인간 중심적인 고난이해에 대한 거부이다. 개인의 실존 중심적인 아픔 위주의 사고에 대한 강한 경고이다. 내가 고난당한다고 해서 하나님의 정의가 문제시되던 욥에게 하나님은 욥이 고난당하는 그 순간에도 창조세계의 모든 것들을 먹이시고 입히신다는 은혜를 깨닫게 하신다. 하나님의 정의는 하나님의 은혜의 틀 안에서 이해되어야만 한다. 이것은 나아가 인간이 우주의 중심이 아니라는 사실을 확인시키는 것으로 발전한다. 즉 우주와 만물이 인간에게 봉사하기 위해서 만들어진 것이 아니라는 것이다.

욥기의 마지막 산문체의 결론은 정의(인과응보)라는 편협한 틀 안에 하나님을 가두어 두려는 유혹을 벗어나야 할 것을 가르치고 있다. 하나님의 정의를 사람의 정의관 속에 가두어 놓지 말라! 예수의 포도원 품꾼의 비유(마 20:1-16)는 신약성경에서 읽는 하나님의 정의론이다. 하나님의 정의는 인간의 정의관에 제한되지 않으신다. 거기에는 정의를 넘어 사랑에 굴복하는 신비한 자유가 있다. 그러기에 인간이 정한 정의의 틀 안에서 하나님의 자유를 제한할 수 없다. 여기에 욥기에서 발견되는 진정한 해방의 신학이 있다. 인간의 근시안적 정의의 개념 속에 하나님을 가두려는 유혹에서 욥이 해방되는 것이다. 이제 욥은 순간마다 하나님의 대가없는 사랑과 자유로 살아간다. 인간이 아무리 가치있는 일을 했다고 하더라도 은혜를 받을 만한 것은 아무것도 없다. 인간은 하나님의 은혜로만 산다.

결론적으로, 욥기는 합리적인 신정론(神正論)을 펴려는 시도, 하나님의 길에 대하여 철학적인 설명을 하려는 시도에 대한 도전이다. 욥기는 의인의 고난이나 고난받는 자에 대한 값싼 해답을 제공하려고 쓰여진 책이 아니다. 욥기는 고통의 신비나 인간의 문제는 모두 다 해결되는 것은 아니라는 것을 말해준다. 또한 하나님은 인과율에 매이는 분이 아닌, 하나님의 자유로운 절대주권을 말하고 있다.

이스라엘 신앙의 관점에서 인간 문제의 가장 중요한 것은 고통의 문제가 아니다. 이스라엘은 고통 속에서 태동하였고 환난 속에서 길러졌다. 오히려 기본적인 문제는 하나님의 은혜에 대한 응답으로 신앙의 결단에 의해 시작된 하나님과의 관계이다. 인간 존재를 창조한 목적인 나-너의 관계 밖에서의 고통은 사람들을 절망이나 민간종교라는 안이한 해결책으로 몰고 갈 수 있다.

그러나 신앙의 관계-욥의 실존을 궁극적으로 규정한 관계- 안에서의 고통(고난)은 "주의 손에"(시 31:15) 있으며, "하나님을 사랑하는 자 곧 그 뜻대로 부르심을 입은 자들에게는 모든 것이 합력하여 선을 이루느니라"(롬 8:28)라는 신뢰를 갖게 해줄 수 있다. 따라서 욥기의 본론(운문 부분)의 절정은 전승으로부터 전해받은 하나님에 관한 개념에 바탕을 둔 그릇된 관계("내가 주께 대하여 귀로 듣기만 하였삽더니")가 인격적인 신뢰와 승복의 관계("이제는 눈으로 주를 뵈옵나이다")로 바뀌는 맨 마지막에 있다고 하겠다.

1. 전도서(Ecclesiastes)

1) 전도서의 명칭

전도서의 히브리어 명칭은 '코헬렛(קהלת, Qoheleth)'이다. 이 명칭은 '회중을 소집하다'란 뜻을 가진 단어(히브리어로 qahal, 헬라어로 ekklesia)에서 파생된 말로, '회중에게 말하는 사람', 즉 '설교자' 또는 '전도자'를 뜻한다. 이 히브리어 책명이 헬라어 구약성경(70인역)에서 '에클레시아스테스(Εκκλεσιαστες)'로 번역되었고, 영어의 책명이 되었다. '코헬렛'은 고유명사가 아니라 어떤 역할을 묘사하는 말이다. 이 역할은 예루살렘에서 이스라엘의 지도자들을 '모아서'(왕상 8:1 참조) 자신이 탁월한 설교자임을 보여준(전 1:1) 솔로몬에 의해 수행되었다고 믿어진다. '예루살렘에서 이스라엘을 다스리던 왕'이었던 솔로몬은 일생동안 인간의 경험의 의미를 지혜를 통해 밝혀내려고 노력했다고 말한 것으로 묘사되고 있다(1:12-13; 참조 2:4-11).

2) 전도서의 구조

I. 머리말(1:1-11)

1. 표제(1:1)
2. 주제(1:2)
3. 반복되는 세상사(1:3-11)

II. 인간 업적의 헛됨(1:12-6:9)

1. 지혜의 헛됨(1:12-18)

2. 쾌락과 부의 헛됨(2:1-11)

3. 지혜로운 생활방식의 헛됨(2:12-17)

4. 수고의 헛됨(2:18-6:9)

III. 인간 지혜의 헛됨(6:10-11:6)

1. 전제(前提; 6:10-12)

2. 이해할 수 없는 하나님의 섭리(7:1-8:17)

3. 미래의 불확실성(9:1-11:6)

IV. 결론(11:7-12:14)

1. 진정한 인생 향락을 권고(11:7-12:7)

2. 최종 권고(12:8-14)

1) 주제의 반복(12:8)

2) 책의 권위(12:9-12)

3) 최종 권고(12:13-14)

3) 전도서의 저작 연대

전도서는 '전도자(코헬렛)'의 정체에 대해 이렇게 기술하고 있다. "다윗의 아들, 예루살렘 왕, 전도자(코헬렛)의 말씀이라"(전 1:1). 그렇다면 전도자는 솔로몬 왕이 된다. 따라서 전통적으로 이 책의 저작과 연대는 솔로몬 왕(주전 950년경)과 관계된 것으로 여겨졌으나 성경 비평학이 본격적으로 시작된 17세기 이후 솔로몬 저작설은 도전받아 왔다. 그런데 일부 학자들은 전도서의 저자는 알렉산더 대왕에 의해 시작된 헬레니즘 시대에 살면서 헬라 문화를 풍미하였던 헬라철학과 숙명론의 영향을 받았다고 믿었다.

지혜자들은 "해 아래서 살게 하신 날 동안" 순간적인 쾌락을 즐기라고(8:15-9:9 참조) 권고하기 때문에 적어도 피상적으로는 '에피쿠로스 학파(Epicureanism)'의 철학과 비슷하다. 더욱이 전도서의 관점에는 일종의 결정론 - 일어나는 일은 무엇이든지 오래 전에 미리 정해져 있었다는 깨달음—이 있다. 지혜자는 운명의 밀물이나 썰물에 동요되지 않고 내적인 안정 속에 삶의 기쁨과 고통을 받아들이는 방법을 알고 있다(6:10-11; 9:1). 이러한 가르침은 '스토아 학파(Stoic)'의 철학을 생각나게 한다. 아무튼 전도서가 어느 정도 헬라 문화의 정신에 의해 영향을 받았다는 것은 분명한 것 같다. 이것이 그가 숨쉬고 있던 환경이었으며, 현대의 저술가들이 20세기 과학정신의 영향을 피할 수 없는 것과 마찬가지로 그는 헬레니즘의 정신을 피할 수 없었을 것이다. 그러나 헬라의 개념들이 근본적으로 코헬렛에 영향을 주었는지는 의심스럽다.

'다섯 두루마리(Megilloth, 룻기, 전도서, 아가서, 애가서, 에스더서)' 중의 한 책인 전도서는 유대인의 절기 가운데 가을 추수 절기인 초막절에 읽혀진 두루마리이다. '다섯 두루마리'에 속한 책 하나 하나의 자세한 연대를 결정하기란 매우 곤란하다. 우리가 말할 수 있는 것은 이 책들의 최종적인 형태가 모습을 드러내기는 포로기 이후나 헬레니즘 시대의 초기(주전 3세기경)에 가서야 가능했다는 사실이다. '다섯 두루마리'의 최종적인 형태가 포로후기-헬레니즘 개화기로 이어지던 시절을 살던 유대인들의 삶에 대한 비판적 보고서가 담겨 있다.

4) 전도서의 메시지(신학적 주제)

전도서 1:12부터 2장 끝부분까지는 솔로몬 왕에 대한 묘사와 그의 경험으로 가득 차 있다. 솔로몬 왕은 이스라엘에서 모든 영광과 사치, 영화를 마음껏 누린 왕이었다. 그러한 인물의 입을 통해서 전도서는 이렇게 시작하고 있다. "헛되고 헛되며 헛되고 헛되니 모든 것이 헛되도다……내가 해 아래서 행하는 모든 것을 본즉 다 헛되어 바람을 잡으려는 것이로다"(1:2,14). 이것은 전도서의 주제가 되는 '허무(虛無)'에 대한 선언이다. 1:2과 그것의 반향인 12:8의 "헛되고 헛되도다(vanity of vanities)"라는 표현은 "거룩하고 거룩하도다(holy of holies)"와 같은 최상급-그러므로 완전한 헛됨-에 대한 히브리적 관용어이다.

이어서 전도자는 인간의 모든 향락의 허무함을 말하고 있다. 향락에 몸을 담가 행복이 무엇인지 알아보았더니 그것 또한 헛된 일이었다(2:1). 권세와 권력도 공허한 추구일 뿐이다(4:14-16). 재산이나 물질도 허무를 가져올 뿐이다(5:10-17). 모든 부귀영화, 장수, 많은 자손도 헛된 것뿐이다(6:1-6). 전도서는 이렇게 인간이 바라고 추구하는 모든 것들을 허무한 것으로 돌려 부정한다.

그러나 전도서의 목적은 '허무주의(nihilism)'나 '회의주의(scepticism)'를 전하려는 것이 아니다. 하나님과 유리된 '인간 중심적(human-centered)'인 모든 가치와 그것을 획득하기 위한 노력과 추구들이 허무하다는 것이다. 왜냐하면 하나님과의 관계가 단절된 인간의 삶은 짐승의 그것과 하등 다를 바가 없기 때문이다. "인생에게 임하는 일이 짐승에게도 임하나니 이 둘에게 임하는 일이 일반이라 다 동일한 호흡이 있어서 이의 죽음같이 저도 죽으니 사람이 짐승보다 뛰어남이 없음은 모든 것이 헛됨이로다/ 다 흙으로 말미암았으므로 다 흙으로 돌아가나니 다 한곳으로 가거니와/ 인생의 혼은 위로 올라가고 짐승의 혼은 아래 곧 땅으로 내려가는 줄을 누가 알랴"(3:19-21).

전도서는 삶 자체를 허무하다거나 비관적으로 보지 않는다. 삶은 하나님께서 허락해 주신 것이요, 그러기에 과욕을 피하면서 절제하면서, 열심히 일하며 사는 삶은 아름다운 삶이다. "사람이 하나님의 주신바 그 일평생에 먹고 마시며 해 아래서 수고하는 모든 수고 중에서 낙을 누리는 것이 선하고 아름다움을 내가 보았나니 이것이 그의 분복이로다"(5:18). 전도자는 하나님을 떠난 모든 인간의 수고와 노력이 허무한 것임을 강조하고, 마지막 부분(12장)에서 그의 말씀의 핵심을 밝혀주고 있다. "너는 청년의 때 곧 곤고한 날이 이르기 전 나는 아무 낙이 없다고 할 때가 가깝기 전에 너희 창조자를 기억하라"(12:1). 모든 것이 허무한 가운데, '허무하지 않은 삶'은 창조자를 기억하고 경외하며 사는 삶이다. 전도서는 이렇게 끝난다. "하나님을 경외하고 그 명령을 지킬지어다 이것이 사람의 본분이니라"(12:13).

5) 삶의 때와 죽음의 문제

전도자는 시간의 본질에 관한 중요한 논의를 하고 있다(3장). 전도자는 시간에 관하여 추상적으로 말하지 않고 오히려 구체적인 "때들"-즉 특정한 내용 또는 목적을 지닌 때들-에 관하여 쓰고 있다. "천하에 범사가 기한이 있고 모든 목적이 이룰 때가 있나니/ 날 때가 있고 죽을 때가 있으며 심을 때가 있고 심은 것을 뽑을 때가 있으며/ ……사랑할 때가 있고 미워할 때가 있으며 전쟁할 때가 있고 평화할 때가 있느니라"(3:1-8). 우리가 "때가 무르익었다(熟柿)"라거나 어떤 행동을 "시의적절하다(時中)"고 말하는 것처럼 '때'라는 것은 어떤 특정한 행동을 요청하는 기회이다. 전도자에 의하면 인간의 삶의 때들은 하나님의 손 안에 있다(9:1; 시 31:13 참조). 각각의 때는 하늘이 내려준 기회이다. 왜냐하면 "모든 목적과 모든 일이 이룰 때가 있기"(3:17) 때문이다.

또한 전도자는 이렇게 말한다. "하나님이 모든 것을 지으시되 때를 따라 아름답게 하셨고 또 사람에게 영원을 사모하는 마음을 주셨느니라 그러나 하나님의 하시는 일의 시종을 사람으로 측량할 수 없게 하셨도다"(3:11). 죽을 운명을 타고난 인간은 하나님의 목적을 인간이 이해하지 못하도록 가리고 있는 장막 너머로 들여다볼 수 없다.

전도자에게 삶의 비극은 탄생과 죽음 사이의 짧은 기간 내에 해답을 얻어야 한다는 절박한 인식에 의해 더욱 고조된다(8:6-8). 죽음의 문제-가장 보편적인 인간의 경험-는 이 책 전체에 어두운 그림자를 드리운다. 개인의 죽음은 이스라엘의 초기에는 별로 심각한 문제로 부각되지 않았다. 그때에는 개인의 삶은 언약공동체에 참여함으로써 그 의미가 부여된다고 믿었기 때문이다. 내세를 위한 정교한 준비들을 발전시켰던 이집트인들과는 달리 이스라엘은 죽음에 몰두하지 않았다. 자아(몸)의 부활에 관한 교리는 유대교 시대의 아주 후기에 생겨났다.

인간은 죽을 운명을 타고났다. 인간 속에는 불멸하거나 '죽지 않는' 것이 아무것도 없다. 이 점에서 인간은 동물보다 나을 것이 조금도 없다(3:18-22). 왜냐하면 죽으면 "다 한 곳으로 가기"(3:20) 때문이다. 오직 현세에서만 소망이 있다(9:5-6). 전도자는 죽음을 진지하게 받아들이기 때문에 삶도 진지하게 받아들인다. 인간은 자기의 "때"-즉 자신의 죽을 때-를 모른다. 그물에 잡히는 새와 같이 악한 때가 갑자기 인간에게 '덮치기' 때문이다. 전도서는 나이가 많아 쇠약해지거나 죽음의 종이 울리기 전에 젊어서 인생을 즐기라는 권고로 끝을 맺는다(11:9-12:8).

2. 아가서(Song of songs)

1) **아가서의 명칭 및 저자**

히브리어 성경(MT) 첫머리글자 '쉬르 하쉬림(שִׁיר הַשִּׁרִים), 즉 '노래들 중의 노래(Song of Songs)'라는 반복된 명사를 제목으로 삼았다. 70인역(LXX)이나 라틴역(Vulgata)의 명칭은 모두 이것을 따랐다. 흠정역 성경(KJV)은 '솔로몬의 아가(Song of Solomon)'라고 하여 저자의 이름을 밝혀서 책명으로 삼았다. 우리 한글 성경의 제목 아가(雅歌)는 '우아하고 아름다운 노래'라는 뜻이다. 아가 1:1에 개역성경은 "솔로몬의 아가라" 하였고, 표준새번역은 "솔로몬의 가장 아름다운 노래"라 부르고 있다.

이러한 1:1의 표제에서 솔로몬 왕이 아가서의 저자라고 되어 있는데, 이는 아가서가 여러 지혜 문서들 가운데 하나라는 특성을 알려 준다. 이스라엘 전통에서 솔로몬은 모범적인 지혜 스승이자 '일천다섯' 편의 노래(왕상 4:32)를 지은 시인으로 통한다. 솔로몬의 이름은 이 책의 가치를 높이는 데 결정적인 역할을 했다. 회당 예배에서는 아가서를 유월절 때 낭송한다.

2) **아가서의 구조(내용 분해)**

I. 표제(1:1)

II. 사랑을 구함(1:2–2:7)

1. 술람미의 첫 번째 사랑의 노래(1:2–4)
2. 여자가 부끄러워함(1:5–7)
3. 사랑하는 사람의 은근한 부추김(1:8–11)
4. 사랑하는 사람의 독백(1:12–14)
5. 사랑하는 사람의 황홀한 고백(1:15–2:2)
6. 술람미의 두 번째 사랑의 노래(2:3–7)

III. 만남과 헤어짐–다시 만남(2:8–3:5)

1. 사랑하는 사람의 도착(2:8–9)

2. 그의 첫 번째 구애(2:10-13)
3. 사랑하는 여인의 간구(2:14-15)
4. 사랑하는 사람의 응답(2:16-17)
5. 사랑하는 사람을 찾아 헤맴(3:1-5)

IV. 결혼 예식과 첫날밤(3:6-5:1)
1. 솔로몬을 위한 결혼 축가(3:6-11)
2. 아름다움과 불타는 사랑(4:1-15)
3. 첫날밤을 치름(4:16-5:1)

V. 잃었다가 다시 찾음(5:2-8:4)
1. 결혼생활이 깨짐(5:2-8)
2. 인도해 주길 부탁함(5:9)
3. 반가운 응답(5:10-16)
4. 두 번째 부탁(6:1)
5. 기묘한 응답이 옴(6:2-3)
6. 사랑하는 사람의 웅장함(6:4-10)
7. 기쁨으로 흥분된 술람미의 노래(6:11-12)
8. 부탁, 질문과 응답(6:13-7:5)
9. 사랑하는 사람의 찬양(7:6-9상)
10. 다시 만나 사랑을 나눔(7:9하-8:4)

VI. 사랑의 성숙과 확인(8:5-14)
1. 사랑하는 여인이 일어남(8:5)
2. 영원한 사랑의 확인(8:6-7)
3. 그 사랑에의 만족(8:8-10)
4. 모두 함께 즐거워함(8:1-14)

3) 아가서의 해석 방법과 주제

"그리워라 / 뜨거운 임의 입술 / 포도주보다 달콤한 임의 사랑 / 임의 향내 그지없이 싱그럽고 / 임의 이름 따라 놓은 향수 같아 / 아가씨들이 사랑한다오."(1:1-3, 공동번역). "사랑은 죽음보다 강한 것…… / 어떤 불길이 그보다 거세리요 / 바닷물로도 끌 수 없고 / 굽이치는 물살로도 쓸어갈 수 없는 것"(8:6-7, 공동번역). 이같이 적나라한 육감적인 사랑의 표현으로 가득 차 있는 일견 연애시 같은 아가서가 구약 안에 어떻게 정경(正經)으로 들어올 수 있었는가? 이 당황스러운 질문에 대답하기 위해서 아가서에 대한 다양한 해석들이 제기되었다.

전통적으로 아가서가 표현하고 있는 사랑은 축자적으로 읽을 것이 아니라, 하나님(신랑)과 이스라엘(신부) 사이의 사랑을 표현한 것이라고 알레고리적(Allegorical, 풍유적)으로 해석해 왔다(렘 2:2; 겔 16장; 호 1-3장 참조). 기독교 신학에서는 그리스도(신랑)와 교회 또는 그리스도인(신부) 사이의 사랑의 관계를 노래한 것이라고 해석하기도 한다(엡 5:25, 31-32). 가톨릭 교회에서는 아가서의 여인을 '성모 마리아'로 해석한 일도 있다.

아무튼 아가서는 하나님의 법이 허락하는 한도에서 '성(性)'을 하나님의 은총으로 즐기라는 노랫말이다. 그러나 아가서는 성전과 신앙공동체 사이의 떼래야 뗄 수 없는 사랑의 관계를 읊은 시라고 알레고리적으로 읽혀지면서 비로소 경전의 권위를 획득하게 된다. 아가서와 애가서는 대립되는 위치에 있다. 아가서가 농도짙은 사랑의 노래로써, 성전의 아름다운 모습을 노래한다면, 애가서는 주전 6세기 이래 예루살렘 성전의 함락을 애도하는 탄식의 노래로써, 성전의 상실(喪失)을 노래하고 있다.

3. 애가서(Lamentations)

1) 애가서의 명칭과 저자

애가는 주전 587년 예루살렘의 멸망을 애도하는 조가(弔歌)이다. 히브리어 성경의 제목은 "슬프다 어찌하여……"라는 탄식과 비통의 감정을 의미하는 단어 '에카(ekah)'이다. 《예레미야 애가》라는 명칭을 쓰는 것은 70인역와 라틴역(Vulgata)의 명칭을 그대로 사용하는 것에서 비롯된다. 애가(哀歌)라는 말은 헬라어의 '큰소리로 높여 운다'는 단어에서 유래한다. 본서는 히브리어 성경에서는 다섯 두루마리 중 한 책으로, 유대인들은 매년 예루살렘 성전 멸망일인 아브월(지금의 7, 8월) 9일에 회당예배에서 낭독한다. 가톨릭 교회는 지금도 고난주간 마지막 3일 동안 본서를 낭독한다. 애가서가 《예레미야서》 다음에 놓이게 된 것은 70인역본에 이르러서이다. 전통적으로 '애가(Lamentations)'의 저자는 예언자 예레미야로 보아왔다. 그래서 한글 개역 성경도 《예레미야서》라고 되어 있다. 그러나 예레미야가 애가의 저자라는 확실한 증거는 없다.

2) 애가서의 구조

애가서는 다섯 편의 시로 구성되어 있다. 1-4장은 예루살렘의 멸망을 애도하는 만가(輓歌)이며, 5장은 눈물로써 백성들의 회복을 간구하는 기도시이다. 본서의 1-4장은 소위 '알파벳 시(Alphabetic acrostic)', 즉 각 장이 히브리어 알파벳 22자의 순서를 따라 22절로 되어 있다(3장은 66절=22×3로 되어 있음). 다만 5장은 앞 장들과는 달리 히브리 알파벳 순서가 무시되어 있지만, 히브리 음률 중 '킨나 리듬(짧게 끊어지면서 감정을 격동시키는 리듬)'과 22절의 구조의 일치성은 여전히 유지되고 있다.

I. 예루살렘성의 황폐함(1:1-22)

II. 주의 진노의 날의 참상(2:1-22)

III. 선지자의 비탄과 책망의 기도(3:1-66)

IV. 고난당하는 시온의 백성(4:1-22)

V. 회복을 비는 간구(5:1-22)

3) 애가서의 중심 주제

(1) 예루살렘 멸망: "슬프다 이성이여 본래는 거민이 많더니 이제는 어찌 그리 적막히 앉았는고 본래는 열국 중에 크던 자가 이제는 과부 같고 본래는 열방 중에 공주 되었던 자가 이제는 조공 드리는 자가 되었도다"(1:1). 주전 587년 예루살렘 성전은 파괴되었고(렘 52:13), 왕은 사라졌으며(렘 52:11), 백성들은 노예로 끌려갔다(렘 52:15). 하나님은 유다의 패역과 망령됨에 대한 경고를 수차에 걸쳐 선포하셨다. 예루살렘이 함락된 지금 선지자는 이스라엘의 곤고한 처지를 목도하고 유다의 죄를 비통스럽게 고백하고 있다.

(2) 하나님의 자비: 하나님의 연민은 이스라엘 백성들이 바벨론의 정복자에게 고통당할 때도 역사하셨다(4:21,22). 곧 유다의 멸망과 함께 선포된 회복의 예고(렘 30:1-33)는 하나님의 자비로운 속성을 부각시켜 준다. 유다의 멸망과 백성들의 고통은 그들의 범죄에 대한 하나님의 공의적 심판과 동시에 백성들의 갱신을 통해 더 큰 하나님의 뜻을 성취시키려는 당신의 자비에 근거한 구속사적 섭리의 결과였다(사 4:4).

(3) 소망: 예루살렘의 멸망에 대한 선지자의 탄식이 새로운 소망에의 확신으로 전환된다(3:21-41). 선지자는 하나님의 은혜로 인도된 과거 이스라엘의 역사를 회상하면서(3:21) 구원에 대한 소망을 일깨운다. 소망의 날이 이를 때 그 백성들은 하나님과의 진실되고 열정적인 사랑의 관계를 회복할 것이다(롬 5:5; 15:13).

예언(Prophecy)과 예언자(Prophet)

1. 예언과 예언자에 대한 정의

우리는 예언자에 대해 천리안을 가지고 앞날의 길흉화복(吉凶禍福)을 미리 말해주는 '점쟁이'나 불의를 고발하고 약자 편에 서서 사회정의를 외치는 '사회비판자'라는 선입견을 가지고 있다. 그러나 성경의 예언은 일차적으로 내일의 날씨를 알리는 일기예보와 같이 '장래 일을 미리 말한다'는 차원의 예언(豫言)이 아니다. 또한 예언자들은 불의와 싸우는 정의의 투사와 같은 모습을 갖기도 하지만 그것이 예언자의 진정한 의미는 아니다. 성경에서 말하는 예언은 은행에 돈을 맡기듯이(預金), '하나님의 말씀을 맡았다' 또는 '하나님이 말씀을 맡겨 주셨다'는 의미의 예언이다. 이때 예언자(預言者)는 '말씀을 맡은 자'가 되고, 예언(預言)은 '맡겨주신 하나님의 말씀'이 된다.

영어에 '예언자'를 뜻하는 'prophet'라는 말은 헬라어에 '프로페테스(prophetes)'라는 말에서 유래한다. 이 헬라어는 'pro-phetes'라는 두 마디 말의 합성어이다. '프로(pro)'라는 접두어는 '대신하여(in behalf of)', '위해서(for)'라는 뜻을 가진 말이고, 'phetes'는 '말하는 사람(speaker)'이라는 뜻이다. 따라서 두 말을 합치면 '다른 사람을 대신해서 말하는 사람(one who speaks for another)', 즉 '대언자' 또는 '대변자'의 뜻이 된다. 이것이 prophetes의 본래 뜻이다. 그래서 구약에서 예언은 한마디로 예언(預言)이지, 예언(豫言)이 아니다. 예언(預言)이란 신탁(oracle)이다. '사람을 매개로 하여 나타내신 하나님의 뜻'이 바로 성경이 말하는 예언이다.

구약에서 '예언자'라는 말은 히브리어의 '나비(nabi)'이다. 이 '나비'라는 말은 구약에서 300번 이상 사용되고 있다. '나비'라는 말의 어원은 고대 아카디안(Akkadian)어의 '나부(nabu)'와 관련이 있는 것으로 여겨진다. '나부'라는 말은 '부른다(call)' 또는 '알린다(announce)'는 뜻을 가지고 있다. 그런데 이 히브리 단어는 두 가지 의미, 즉 능동적 의미(부르는 사람, 알리는 사람)와 수동적 의미(부르심을 받은 사람)로 해석될 수 있다. 이 두 의미의 창조적 결합이 히브리어 '나비'가 지칭하는 예언자의 기본 골격이다. 성경의 예언을 이렇게 이해할 때 구약의 예언은 차라리 '설교'라는 말로도 옮길 수 있다.

출애굽기 7:1의 말씀 "볼지어다 내가 너로 바로에게 신이 되게 하였은즉 네 형 아론은 네 대언자가 되리라"에서 '대언자(代言者)'라고 번역된 말이 '나비'이다. 여기서 분명히 드러나는 것은 '나비'는 앞의 일을 미리 알아서 예견하는 말하는 사람이라기보다는 대신 말을 전하는 '대언자'의 직분을 가진 사람들이다. 즉 구약의 예언자(나비)는 하나님과 이스라엘 백성들 사이에 서서 하나님의 말씀을 받아 그들에게 대신 전달하는 하나님의 '말씀의 심부름꾼(Missio Verbi)' 또는 '말씀의 대언자(sporkesman, messenger)'가 바로 구약의 예언자이다. 이것을 도식으로 그려 보면

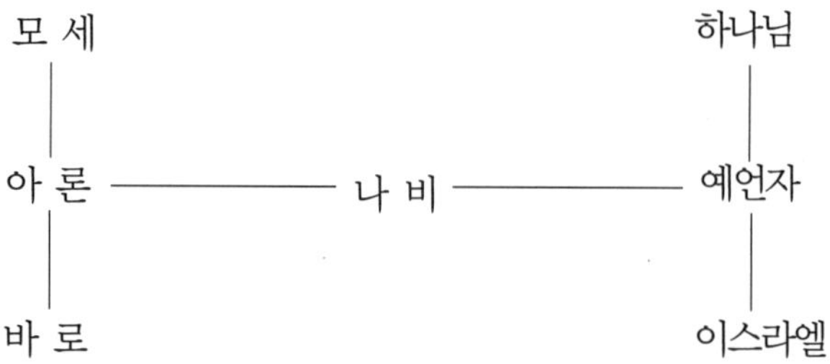

구약에는 예언자를 지칭하는 말로 '나비' 외에도 '로에(roeh, 삼상 9:9)', 또는 '호제(hoze, 사 30:10)'라는 말도 있다(삼하 24:11; 왕하 17:13; 사 29:10; 30:9-10; 미 3:7; 암 7:12 참조). 흔히 '나비'를 '선지자(先知者)', 또는 '예언자'로, '로에'나 '호제'는 '선견자(先見者)'로 번역하였다. '로에'나 '호제'가 초기의 예언서에 많이 나오는데, 이 단어들이 '무엇을 보고 듣는다'는 것과 연관되어 있다. 그들은 하나님의 채찍을 보고 듣는 자들

이었다. 그들은 인간의 역사 속에 개입해 들어오시는 하나님의 막대기를 보고 듣는 사람들이었다. 예언자들이 본 환상(암 1:1; 8:1; 9:1 등)에 대한 이해가 그래서 요청된다.

2. 대언자로서의 예언자

예언자들은 말씀을 전하는 임무를 맡은 사람인데, 그 과정은 세 절차를 밟는다.

첫째 과정은, 예언자들의 '소명 체험(calling experience)'이다. 모든 예언자들은 자기들이 하나님으로부터 부름받고, 예언자로서 사명을 위임받았다고 하는 소명 체험을 갖고 있다(암 7장, 사 6장, 렘 1장, 겔 1-3장 등). 하나님은 아모스에게 "내 백성 이스라엘에게 가서 예언하라"(암 7:15)고 명하셨다. 아모스는 원래 예언자가 아닌 다만 평범한 목자요 농부였다. 이러한 그를 하나님께서 '붙잡아서' '나비'로 사명을 주셨기에 예언자가 된 것이다. 그가 예언자가 된 것은 혈통도 아니고, 또한 자기가 스스로 선택하고 결정한 길도 아니다. 하나님의 주권에 의해 '붙잡혀서' 말씀의 대언자로 임명된 것이다. 따라서 예언자들은 자신들은 원치 않으나 하나님의 말씀을 선포하지 않을 수 없는 고통을 토로하고 있다(렘 20:9; 암 3:8).

둘째 과정은, 예언자의 '파송(sending)'이다. 예언자들은 하나님께서 그들을 부르시고 '가라'고 명령하시고 그들을 '보내셨다'고 누누이 증언하고 있다. 예언자들은 하나님으로부터 '보냄을 받은 자', 즉 피파송자들이다. 하나님은 예레미야에게 "내가 너를 누구에게 보내든지 너는 가며 내가 네게 무엇을 명하든지 너는 말할지어다"(렘 1:7)라고 하셨다. 이사야는 "내가 여기 있나이다 나를 보내소서"(사 6:8) 하면서 순종의 응답을 하였다. 또한 에스겔에게 "인자야 이스라엘 족속에게로 가서 내 말로 그들에게 고하라"(겔 3:4)고 명하셨다.

셋째 과정은, 예언자들이 말씀을 전하는 '전달(delivery)'의 과정이다. 여기서 예언자들은 독특한 말투를 사용하고 있다. 그것을 '사자문체(使者文體)' 또는 '전령자 공식(또는 메신저 공식, messenger formula)'이라고 부른다. 구약의 예언자들은 말을 시작할 때 바로 이 '전령자 공식'을 사용하고 있다. "야웨께서 가라사대 유대의 서너 가지 죄로 인하여 내가 그 벌을 돌이키지 아니하리니……"(암 2:4). 여기서 "야웨께서 가라사대"는 히브리 원어로 '코 아마르 야웨(koh 'amar yahweh)'인데, 이를 전령자 공식이라고 말한다. 이 말은 "야웨께서 이같이 말씀하신다(Thus says Yahweh)"로 번역하는 것이 가장 정확한 번역이다.

예언자들은 '전령자 공식'으로 서두를 시작하여 말씀을 전달하였는데, 이것은 그들이 하나님의 말씀을 대신 전하는 '대언자(메신저)'들이었다는 것을 말해준다. 예언자들은 하나님 말씀의 대언자들이기에 그들이 전했던 말씀의 권위는 그들 자신에게서 나온 것이 아니라 하나님으로부터 나온 것이었다.

3. 예언자의 상징적 행동

일반적으로 구약의 예언자라고 하면 기인(奇人)을 연상하기 쉽다. 덥수룩한 수염과 헝클어진 머리카락 사이에 빛나는 예리한 눈, 그 눈동자에 비친 이스라엘의 죄를 비수같이 날카로운 혀로 낱낱이 고발하는 예언자들, 이들은 확실히 기인의 풍모를 갖추고 있다.

이사야는 삼년이라는 짧지 않은 세월을 맨발과 거의 벌거벗은 몸으로 지냈다(사 20장). 호세아는 음란한 여인 고멜과 결혼생활을 계속하였다(호 1-3장). 예레미야는 허리에 걸치는 베띠를 새로 사서, 이것을 바위틈 사이에 묻어 버린다(렘 13장). 또한 질그릇 하나를 사서 그것을 예루살렘 성 밖에 있는 힌놈 골짜기로 가지고 가서, 많은 사람들이 보는 앞에서 산산히 부숴버린다(렘 19장). 에스겔은 갑자기 예리한 칼을 들어, 자기의 머리카락과 수염을 잘라내고, 그것을 저울로 재어 셋으로 나누고, 각 부분을 불로 태우고, 칼로 치고, 바람에 날려 버린다(겔 5장). 또한 그는 390일 동안은 왼편으로 누워 자고 40일 동안은 오른편으로 누워 자는 괴팍스러운 행동을 한다(겔 4장).

이와 같이 예언자들은 이해하기 어려운 기이한 행동을 서슴지 않았다. 이로 인해 한때 일부 학자들은 예언자들을 심리적으로 비정상적인 사람들이라고 주장하기도 하였다. 그러나 심리학적인 설명은 예언자들의 행동을 너무도 피상적으로만 보았고, 그들을 이해하는 데 큰 오류를 범했다. 예언자들의 소위 '비정상적인 행동'은 그들의 비정상적인 심리상태의 표현이 아니다. 예언자들의 이러한 행동은 메시지를 전하는 극적인 전달방법이었다. 즉 예언자들은 하나님의 말씀을 전달하는 데 있어서 '말'로만 전한 사람들이 아니다. 그들은 말뿐만 아니라 '행동'으로도 메시지를 전달하였다. 그들의 행동은 메시지를 선포하는 중요한 방법이었다. 따라서 그들의 충격적인 행위들은 하나님의 말씀을 전달하는 '상징적 행동'들이었다. 이러한 행동을 '예언자의 상징적 행동(prophetic symbolic action)'이라고 부른다.

4. 말씀 · 역사 · 예언자

예언자들은 구체적인 역사적 상황 속에서 구체적인 대상을 향하여 하나님의 말씀을 전달하였다. 그들은 추상적인 관념의 세계에서 안주하였던 사람들이 아니다. 시간과 공간을 초월한 진공관 속에서 존재했던 사람들은 더더욱 아니다. 그들은 동족과 함께 역사의 모진 시련과 수난에 동참하면서 그들의 삶의 정황을 향하여 들려주시는 하나님의 말씀을 전하였다. 따라서 구체적인 역사적 현실에서 유리된 허구적인 예언자는 존재하지 않는다.

가령 아모스는 여로보암 2세의 오랜 통치(주전 786-746) 밑에서 그 시대를 향해 하나님의 말씀을 선포한 예언자였다. 이 당시 이스라엘은 정치적 안정과 국제적 번영을 구가하였던 시대였다. 그러나 내면적으로는 윤리적 타락과 종교적 부패가 만연한 시대였다. 이러한 시대 상황 속에서 아모스는 하나님의 진노의 음성을 발하였다. 또한 이사야는 두 차례에 걸친 외부의 공격(주전 735년과 701년) 밑에서 풍전등화와 같이 위급하였던 예루살렘의 역사적 상황 속에서 메시지를 전했다. 그러므로 구약의 예언자를 이해하는 첫걸음은, 그들이 어떠한 역사적 상황 속에서 하나님의 말씀을 전달했느냐 하는 것을 아는 것이다.

다음으로, 예언자 자신과 그들이 전했던 말씀 사이에는 분리될 수 없는 유기적인 관계가 있다. 예언자들은 대언자들이지만 단순히 기계적인 로봇처럼 말씀을 전한 존재가 아니다. 하나님께서 예언자를 부르시고, 말씀의 대언자로서 그들을 파송하셨지만 그들의 인격을 완전히 무시하고 개성이 말살된 기계와 같은 존재로서 사용하신 것은 아니다. 하나님은 그가 부르신 예언자들의 성품, 개성, 경험, 신학적 입장 등 그의 전 인격을 통틀어 그의 메시지를 전하게 하셨다. 하나님의 말씀, 구체적인 역사적 상황, 그리고 예언자 자신의 말씀에 대한 이해, 이 세 가지가 상호작용을 하는 가운데 예언자들의 말씀은 전달되었다.

한편 이스라엘의 예언자들을 무조건 기성질서를 전복시키려는 혁명가들로 단정해서는 안 된다. 그들은 혁명가들이 아니었다. 기성체제에 반대하는 정치적 야당 세력도 아니었다. 그들이 당시 가난한 사람들에게 끊임없이 관심을 보이고, 가난하고 비참한 사람들 편에 서서 무엇이 옳은 길인지를 줄곧 외쳐댔지만, 그들은 현 체제에 대해 하나님의 이름으로 대안을 제시하였을 뿐이다. 벧엘에서 설교한 아모스가 그러했으며(암 7:10-17), 예루살렘 거리에서 하나님의 말씀을 외쳤던 예레미야가 그러했다(렘 7:1-15). 이스라엘의 예언자들의 말과 글 속에 사회 부조리에 대한 비판과 고발이 듬뿍 담겨있는 것이 사실이지만 그것이 곧 그들이 '사회주의자'임을 입증하는 것은 아니다. 그들은 무슨 계급투쟁의 의식에서 사회적 긴장을 조성하거나 기득권층, 중산층(bourgeoisie)에 대항하지 않았다.

그들이 소리를 지른 것은 이스라엘의 고유 전승(토라)이 요구하는 사회 정의의 실현을 이끌어내기 위한 것이었다. 그들이 외치게 된 것은 하나님께서 이스라엘에게 요구하시는 삶과 가나안 땅에서 왕국을 일구고 농사를 지으며 사는 생활 사이에 너무나도 큰 격차가 있음을 뼈저리게 느꼈기 때문이다. 이 점에서 이스라엘의 예언자들은 하나님 편에 서서 이스라엘의왕과 백성의 "양심을 일깨우는" 사명에 충실한 자들이었다.

그러나 그것도 시대가 바뀌면서 그 모습과 내용을 달리하게 된다. 사회정의 문제가 예언자들의 분노를 일으킨 때가 있었고(주전 8세기), 예루살렘 거리를 활보하는 지도자들에 대한 견책이 주종을 이룬 시대가 있었고(주전 7-6세기 초), 식민지 시대를 살아야만 했던 백성들의 한(恨)을 대변한 시절도 있었으며(주전 6세기 중반), 고향찾기와 함께 벌어진 제2성전 건축에 얽힌 애환을 읊던 때도 있었다(주전 6세기 말 이후). 예언자들은 모두 자기 시대의 아픔과 문제를 온 몸과 마음으로 감싸 안았던 그 시대의 설교자들이었다. 그러기에 예언자들의 외침은 자기 시대를 향한 '양심선언'이었다고 말할 수 있다.

5. 예언자 말씀의 기본 구조

구약의 예언자들의 말씀을 분석해 보면 공통되는 기본적 구조가 있음을 발견하게 된다.

첫째는 '예언자의 심판의 말씀(Prophetic Judgement Speech)'이다. 여기에는 두 가지가 있다. 에스겔(5:5-9)의 말씀을 예로 들어보자. 먼저는 예루살렘(유다 백성들)의 죄를 '책망(Accusation)'하는 것이다. 이 책망의 말씀은 곧 다음 부분으로 이어진다. "그러므로" 하나님께서 이들에게 전무후무한 징벌을 내리시겠다는 선언이다. 즉 하나님의 '심판 선언(announcement of judgement)'이다. 이스라엘의 죄에 대한 책망의 말씀과 앞으로 임할 하나님의 심판 선언, 이 두 부분을 합해서 '예언자의 심판의 말씀(prophetic judgement speech)'이라고 한다. 구약 예언자들이 선포한 말씀의 반 이상이 이러한 '예언자의 심판의 말씀'으로 되어 있다.

한편 예언자들이 이스라엘의 죄를 책망했던 말씀을 분석해 보면, 그들의 죄가 무엇인지를 알 수 있다. 그것은 크게 두 가지로 나누어진다. 하나는, 이스라엘이 하나님을 저버리고 다른 신을 섬겼다는 우상숭배의 죄이다. 이스라엘 신앙의 핵심은 유일신 신앙이다. 따라서 한분 하나님만이 이스라엘의 절대적인 신뢰와 충성의 대상이다. 예언자들은 이스라엘 사람들이 무엇보다도 이 점에서 실패했다고 책망하였다. 또 하나는, 이스라엘 공동체 안에 편만한 불의와 부정이다. 힘센 자가 약자를 억울하게 억누르는 힘의 횡포가 편만해 있었다. 이스라엘은 사랑과 공의가 넘치는 공동체가 되어야 했다. 예언자들의 눈에 비친 이스라엘 사회는 사랑과 공의가 없는 불의하고 부패한 사회였다. 이사야의 말씀은 예언자들이 진단한 이스라엘의 모습을 잘 드러내 준다(사 5:7).

둘째는, 예언자들의 '희망의 말씀(message of hope)'이다. 심판의 말씀이 예언자들의 말씀에서 큰 부분을 차지하고 있지만, 그것이 전부는 아니다. 예언자들은 하나님께서 이스라엘의 죄를 심판하시지만 징벌을 넘어서 이스라엘을 다시 회복시켜 주신다고 약속을 하고 있다. 즉 예언자들의 '희망의 말씀'이 이어진다. 아모스를 예로 든다면, 그의 말씀은 대부분 '심판의 말씀'으로 되어 있으나 그는 구약에서 가장 아름다운 '희망의 말씀'으로 끝나고 있다(암 9:11-15).

6. 구약 예언자의 구분

구약 이스라엘 역사에서 독특한 점 가운데 하나는 예언자들의 활동이다. 이들의 활동은 이스라엘 역사에서 거의 500년이나 계속되었고, 그들이 전했던 말씀은 기록되고 수집되어 구약 안에 영원히 보존되어 있다.

1) 문서에 의한 분류

(1) 문서 예언자(Literary Prophets or Classical Prophets): 예언자의 말씀과 활동 기록이 그 예언자의 이름으로 된 책으로 보존되어 있는 예언자들을 말한다. 구약의 예언자 중에서 최초의 문서 예언자의 영광은 아모스(Amos)가 차지하였다.

주전 8세기 예언자	주전 7세기 예언자	포로기 예언자	포로기 이후 예언자
아모스(약 750) 호세아(약 740) 이사야(약 742–700) 미가(약 722–701)	스바냐(약628 –622) 나훔(약 612) 하박국(약 605) 예레미야(약 626–587)	에스겔(593–571) 제2이사야(약 540) 오바댜(포로기간 중)	학개(약 520–515) 스가랴(약 520–515) 제3이사야(약 500) 요엘(500–350 사이) 요나(포로기 이후) 말라기(500–450 사이)

(2) 문서 이전 예언자들(Pre-Literary Prophets or Pre-Classical Prophets): 문서 예언자들이 출현하기 이전에 활동했던 많은 예언자들을 일컬어 '문서 이전 예언자들'이라고 부른다. 엘리야나 엘리사가 대표적인 예언자들이다.

예언자	이들에 관한 기록	활동 시대	명 칭
사무엘	삼상 1–24장	사사시대, 사울(1020–1000년경)	선지자(나비, 삼상 3:20; 9:20), 하나님의 사람(삼상 9:6–10), 선견자(로에, 삼상 9:11,18–19; 대상 29:29)
나단	삼하 7, 12장, 왕상 1장	다윗(1000년경)	선지자
갓	삼하 24:11 이하; 대상 21장	다윗	대상 29:29(호제), 삼상 22:5(나비)
아히야	왕상 11장, 14장	솔로몬, 여로보암 (920년대)	선지자
스마야	왕상 12:21–24	르호보암(920년대)	하나님의 사람(왕상 12:22), 선지자(대하 12:15)
익명의 두 예언자	왕상 13장	여로보암	"유다에서 온 하나님의 사람과 벧엘의 늙은 선지자"
엘리야	왕상 17–21장 왕하 1장	아합(850년대)	하나님의 사람(왕상 17:18,24) 선지자(왕상 19:14)
미가야	왕상 22장	아합	선지자
엘리사	왕상 19장; 왕하 2–13장	아합 – 요아스 (850–800년)	하나님의 사람, 선지자
요나	왕하 14:25–27	여로보암 2세 (750년대)	선지자

2) 예언자의 '삶의 자리(Sitz im Leben)'에 의한 분류

(1) 제도적 예언자(Institutional Prophet): 제도적 제사장들처럼 공식적인 임무를 수행하는 예언자 그룹을 말한다.

(2) 영적 예언자(Inspirational Prophet): 소명 의식 같은 예언의 심리학적 성격을 강조하는 예언자 그룹. 전형적인 예언자들이 여기에 속한다.

* 최근에는 예언자의 제도적 성격을 강하게 부각시켜 예언자와 제사장(priest)을 유사하게 보기도 한다.

3) 시대에 의한 분류

(1) 초기 예언시대: 초기-사무엘까지.

a. 가나안 이전의 이스라엘 자체에 기원을 두고 있다는 제도적 유형(로에, 호제, seer, visionary): 체제 옹호적 중심부 예언자(아브라함, 모세, 사무엘)

b. 그 기원이 가나안이라고 생각되는 영적 유형(나비): 체제 비판적 변두리 예언자(왕정 이후 대부분의 예언자들).

* 초기 예언자들은 열광적인 경험(ecstatic experience)을 가지고 있으며 어떤 인물을 중심으로 제의(cult)와 관련을 가진 하나의 조직체였다.

(2) 중간 예언시대: 사무엘-아모스 이전까지

나비운동(Nabi Movement)을 한 과도기적 인물들. '야웨신앙(Yahwism)'의 선구자들.

(3) 문서 예언시대: 아모스-포로기(주전 800-500). 야웨신앙의 예언자들.

4) 예언 전승(Prophet tradition)에 의한 분류

(1) 북이스라엘(에브라임) 전승: 모세, 사무엘, 아히야, 스마야, 유다로부터 온 하나님의 사람과 벧엘의 예언자, 예후, 엘리야, 엘리사, 미가야, 요나, 호세아, (예레미야).

(2) 남유다 전승: 갓 나단, (아모스), 이사야, 미가, 나훔, 하박국, 스바냐, 에스겔, 포로기 이후 예언자들(제2이사야, 학개, 스가랴, 요엘, 말라기).

5) 참 예언자와 거짓 예언자

구약성경에서 거짓 예언자로 일컬어지는 자들이 여럿 있었다. 유다로부터 벧엘로 예언하러 내려온 하나님의 사람을 거짓으로 속인 벧엘의 늙은 예언자(왕상 13;11-32), 아모스와 맞섰던 아마사(암 7:10-17), 예레미야를 구박하였던 하나냐(렘 28:1-17) 등이 바로 이런 부류에 해당하는 사람들이다. 여기서 참 예언자와 거짓 예언자의 차이는 무엇인가? 왜 역사는 아마샤, 하나냐 등을 거짓 예언자라고 부르고, 아모스, 예레미야 등을 참 예언자로 기술하고 있는가?

이스라엘 역사는 이 문제에 대해 어떤 해결을 지으려고 했던 것 같다. 신명기서 저자가 규정해 놓은 참 예언자와 거짓 예언자의 구분은 그런 해결을 보여준다(신 18:17-22). "예언자가 말한 것이 이루어지지 않으면, 그 말은 주께서 하신 말씀이 아니다!" 예언의 성취 여부를 가지고 예언자의 진위를 판가름할 수 있다는 말이다. 과연 아모스의 말대로 사마리아가 망했고, 예레미야의 말대로 예루살렘은 느부갓네살의 침공으로 무릎을 꿇었다. 그래서 누가 참 예언자이고, 거짓 예언자인지가 판가름났다. 그러나 문제는 그리 단순하지만은 않다. 8세기 이사야의 경우가 그렇다. 그때의 역사는 그가 예언한 대로 전개되지 않았다(사 7-8장). 이 실패로 이사야는 한동안 예언자직의 수행에서 물러나 있었다(사 8:16-18).

구약성경의 예언자 중에서 "나는 거짓 예언자다"라고 팻말을 들고 다닌 자는 없다. 거짓 예언자인지는 후대의 역사가 판명한다지만, 우선 거짓 예언자라고 불리는 자도 하나님의 이름으로 신탁을 선포하고 있다는 점에 주목해야 한다. 그렇다면 참 예언자와 거짓 예언자 사이를 구분할 수 있는 기준은 무엇인가? 여기서 하나의 해결책을 소개한다. 예언자란 이중의 과제를 지니고 있다. 하나는 하나님의 신비 체험 속에서 하나님의 말씀을 받는 과제요, 다른 하나는 그것을 사람들에게 어떻게 전달하느냐는 과제다. 참 예언자에게나 거짓 예언자에게나 하나님은 모두 이스라엘을 창조하신 분이다. 하나님을 구속과 계약의 신으로 고백하고 있는 점에서 이들 사이에 아무런 차이가 없다. 차이가 있다면 하나님과 이스라엘 사이의 관계를 어떻게 해석하고 있느냐는 해석학의 차이다.

거짓 예언자들(제도권의 신학자들이 대부분이 여기서 속한다)은 하나님이 이스라엘의 신이기에, 이스라엘은 하나님이 이스라엘을 위해 하실 수 있는 힘과 능력을 믿어야 한다고 강조한다. 반면 참 예언자들(정경적 신학자들)은 하나님이 이스라엘의 신이기에, 이스라엘이 하나님께 대해 어떤 자세를 가져야 되는지가 중요하다고 강조한다. 전자가 하나님의 능력을 강조한다면, 후자는 이스라엘의 의무를 강조한다. 참 예언자들이 강조했던 것은 "이스라엘의 진정한 모습이 어떠해야 되는가?"라는 정체성의 문제이다. 전자가 하나님과 이스라엘이 맺은 계약의 득(得)을 따진다면, 후자는 그 계약으로 이스라엘이 지켜야 할 의무를 따진다.

거짓 예언자들은 이스라엘을 창조하신 하나님은 권능의 하나님이고 신실하신 분이다. 따라서 하나님은 어떠한 일이 있어도 이스라엘은 계속 존재할 것이라는 신념이 그들에게 있었다. 그러나 그들에게 문제가 되었던 것은 하나님을 진정으로 믿는다는 것은 "이스라엘을 이집트 땅에서 끄집어내신 하나님은 이스라엘을 팔레스타인 땅에서도 끄집어낼 수 있음"도 받아들이라는 것이었다. 참 예언자들은 불순종의 이스라엘은 깨져 부숴져야 한다. 심판을 받아야 한다. 무조건 이스라엘을 파괴시키자는 것이 아니다. 심판이란 새 이스라엘로 변화되기 위한 창조의 고통이다. 따라서 '변화된 이스라엘(transformed Israel)'로 거듭나야 한다. 바로 이것이 참 예언자들이 던지는 심판의 메시지이다.

그러나 포로 후기 시대 이후에 이르러 이러한 상황은 새롭게 전개된다. 페르시아의 고레스 왕이 바벨론을 함락시키면서 심판의 시대가 끝나고 새 시대가 열린 것이다. 페르시아는 바벨론에서 '타향살이'하던 유다인들을 고향으로 돌아가게 만들었다. 고향으로 돌아온 이들의 관심은 무너진 성전을 재건하는 데 있었다. 성전이 있고 나서야 여호와의 영광이 유대 땅에 깃들 것이라고 희망하였다(학 2:3-9; 슥 8:9-12). 하지만 제2성전이 봉헌된 이후인 주전 6세기 말엽에 가서는 그런 예언자들의 가르침이 설득력을 얻지 못했다.

유대 사회에 샬롬이 도래하지 않으면서 그 이유를 심각하게 묻게 되었다. 그 같은 소용돌이는 예언자 지지 그룹을 쇠퇴하게 만들었다. 왜 예언자들의 가르침이 역사 속에 실현되지 않았는지를 묻게 된다. 그리고 "실패로 끝나버린 것 같은 예언"의 자리에, 예언이란 실패한 것이 아니라 그것은 다음 세상에서 이루어지게 될 것이라는 신념이 자리잡게 된다. 바로 여기에 묵시문학 운동이 자리잡는다. 소위 예언에서 묵시로 넘어가는 신앙적, 사회적, 정치적 변혁이 일어난 것이다.

6) 구약 예언자들의 이방 심판의 말씀

	아모스 (1:3-2:3)	이사야 (13-23장)	예레미야 (46-51장)	에스겔 (25-32장)	스바냐 (2장)	나훔 (1:2-3:19)	오바댜 (1:1-16)
아람(다메섹)	1:3-5	17:1-6	49:23-27				
블레셋	1:6-8	14:28-32	47장	25:15-17	2:4-7		
두로	1:9-10	23장		26:1-28:19			
시돈				28:20-24			
에돔	1:11-12		49:7-22	25:12-14			1:1-16
암몬	1:13-15		49:1-6	25:1-7	2:8-11		
모압	2:1-3	15-16장	48장	25:8-11	2:8-11		
바벨론		13:1-16 14:3-23 21:1-10	50-51장				
메데		13:17-19					
앗수르		14:24-27			2:13-15	1:2-3:9	
구스		18, 20장			2:12		
애굽		19, 20장	46장	29-32장			
아라비아		21:11-17	49:28-33				
엘람			49:34-39				

아모스서(Amos)

1. 아모스는 누구인가?

최초의 문서예언자인 아모스는 여로보암 2세(786-746년) 때인 주전 750년경에 북왕국의 성전이 있던 벧엘을 중심으로 활동하였다. 선지자 아모스는 이후의 모든 예언자의 말씀과 행동의 주형(鑄型) 또는 원형(prototype)이라는 점에서 대단히 중요한 의미를 갖는다. 아모스는 남방 유다의 베들레헴에서 6마일(약 10km) 남쪽으로 떨어져 있는 드고아 고원에서 목축을 하며 뽕나무를 재배하던 자였다(1:1-2; 7:14). 하지만 아모스는 일개 농부가 아닌 은둔한 야인(野人)으로 보인다. 문체를 보면 그가 상당한 수준의 학문을 갖춘 자임을 엿볼 수 있다. 그럼에도 그는 초야(草野)의 목자였다. 하지만 그는 좀 독특한 목축업자인 것 같다.

7:14의 '보케르(boqer, בקר)'는 1:1의 '노케드(noqed, נקד)'의 필기상의 실수로 볼 때, 노케드는 무슨 뜻인가? 이 단어는 왕하 3:4에 한번 더 나타나는데, 이스라엘의 식민지로서 매년 양털을 조공으로 바쳐서 그 명맥을 유지했던 모압 왕 '메사(Mesha)'를 '양을 치는 자(노케드)'라고 하였다. 메사는 새끼 양 십만의 털과 수양 십만의 털을 이스라엘 왕에게 바친다는 내용이 있는데, 이로 미루어 보아 노케드는 상당한 부자인 목축업자임을 알 수 있다.

따라서 아모스는 단순한 양치기인 '목자(shepherd)'가 아닌 양떼를 대량으로 목축하는

'목축업자(herdsman)'이자 많은 뽕나무도 재배하는 농장주로서 상당한 부를 소유한 사람이라고 할 수 있다. 이 논의가 중요한 것은 정의를 부르짖는 자가 빈자(貧者)냐 부자(富者)냐에 따라 그 의미는 전혀 달라지기 때문이다. 하나님께서 그를 예언자로 부르셨을 때, 아모스는 자기가 영위해 온 안락한 삶을 포기하고 순종했다. 남왕국 유다 출신으로서 기꺼이 북왕국 이스라엘의 중심지인 사마리아와 벧엘에 나타나 위협을 무릅쓰고 정의를 선포했던 것이다.

아모스서를 통해 볼 때, 그는 당시의 사회, 사법, 국제 문제 등에 정통했던 것 같다. 그는 주요 제의 장소인 벧엘(암 7:10-17)과 이스라엘의 수도 사마리아(암 3:9; 4:1; 6:1)와 길갈(암 5:5)에서 공개적으로 사역하였다. 또한 그는 주변 민족들(아람, 블레셋, 에돔, 암몬, 모압)의 지리, 역사, 사회, 정치적 제도도 매우 잘 알고 있었다(암 1:3-2:3). 하나님의 말씀은 그의 가슴 속에서 타는 불이었고(암 3:8), 자신을 직업적인 선지자들과 분리하였다(암 7:10-13). 그는 부도덕과 압제와 부정한 행위에 얼룩진(암 2:6-7; 4:1; 5:10-12; 8:4-6) 부자들의 부유한 생활을 질책하였다(3:10-15; 5:11; 6:4-8).

2. 시대적 배경

1) 정치적 배경: 이스라엘을 40년이라는 최장 기간 동안 통치하였던 요아스의 아들인 여로보암 2세(786-746) 때의 국제 정세는 이스라엘에게 유리하게 전개되었다. 이스라엘을 괴롭히던 앗수르는 북쪽에서 남쪽으로 세력을 확장하려는 아라랏과의 전쟁에 휘말려 들어 이스라엘과 그 주변에 뻗고 있던 힘을 아라랏 전선으로 옮기지 않을 수 없었다. 이 힘의 공백을 교묘히 이용하여 여로보암 2세는 주변 국가들을 속히 점령하여 솔로몬 시대의 판도를 회복했던 것이다(왕하 14:25). 그 결과 북이스라엘의 여로보암 2세와 남유다의 웃시야(아사랴) 왕이 지배하던 시대는 번영을 구가하는 시대가 되었다.

신명기 사가는 여로보암 2세의 치세를 겨우 일곱 절(왕하 14:23-29)로 간략하게 언급하고 지나가 버린다. 그런데 그는 이스라엘의 왕조실록을 인용하여 여로보암이 "이스라엘 지경을 회복하되 하맛 어귀에서부터 아라바 바다까지 하였으니"(왕하 14:25)라고 언급하고 있다. 솔로몬 왕국의 최북쪽 국경이었던 "하맛 어귀"(왕상 8:65)는 다메섹과 시돈을 직선으로 그은 지점인 레바논산과 헤르몬산 사이의 길을 가리킨다. "아라바 바다"는 요단 계곡으로부터 아카바만에 이르는 저지(低地) 사막을 따라 명명된 사해를 가리킨다. 이와 같이 여로보암 2세는 북왕국을 북쪽으로는 하맛과 시리아의 세력권까지 넓혔고, 남쪽으로는 유다까지 잠식하였다. 어떤 이스라엘 왕도 이같이 큰 왕국을 차지한 적이 없었다. 이때 민족주의적인 감정이 한 예언자 – 그는 아밋대의 아들 요나였는데, 후대에 그의 이름을 빌어 요나서가 쓰여졌다 – 에 의해 고취되었다.

신명기 사가는 여로보암 2세와 동시대인 유다의 웃시야 시대에 대해서는 침묵을 지키고 있다(왕하 14:21–22; 15:1–7). 여로보암 2세와 웃시야 시대에 쌍둥이 왕국 이스라엘과 유다는 "하맛 어귀에서부터 애굽 하수"(왕상 8:65)에 이르기까지 과거 솔로몬 제국이 차지했던 거의 전 영토를 지배하였다. 그러나 유다는 여로보암이 죽은 후 한층 강력했던 이스라엘이 몰락하기 시작할 때까지는 정치적인 면에서나 경제적인 면에서 전성기를 맞이하지는 못했다.

2) 사회적 배경: 아모스 당시의 이스라엘은 물질주의(황금만능주의), 쾌락주의, 불의와 부정, 지도층의 부패가 팽배한 그런 사회였다. 이스라엘은 풍요로웠고 번영으로 치닫고 있었으나 사치와 타락 또한 그에 비례하여 높아만 갔다. 왕은 상아로 장식한 호화로운 궁전을 가진 것 이외에 계절을 즐기기 위한 여름 궁과 겨울 궁을 따로 세웠고(3:15), 부유한 자들은 상아 침대에서 기지개를 켜며 송아지를 잡아먹고 비파에 맞추어 헛된 노래를 지절거렸다(6:5).

따라서 빈부의 차이는 극심하였고, 부정과 부패는 극에 달했다. 이런 현상은 "은을 받고 의인을 팔며, 신 한 켤레를 받고 궁핍한 자를 팔며 가난한 자의 머리에 있는 티끌을 탐내며"(2:6–7)와 같은 구절들을 통해서 당시 사회의 빈부 격차와 착취를 엿볼 수 있다. 상업 윤리도 똑같은 정도로 전락하여 저울을 속이며 쭉정이를 알곡에 섞어서 팔아, 부당 이득을 취하는(7:3–5) 현상이 다반사였다. 성 윤리 또한 극도로 문란하였다. "부자(父子)가 한 젊은 여인에게 다니며"(2:7)라는 지적만으로도 당시의 세태를 짐작하고도 남는다. 아모스는 풍요로운, 그러나 극도로 타락한 이곳에 정의의 심판을 선언했다.

3) **종교적 배경:** 이스라엘 사회의 총체적인 부패는 이들 사회 구성원들의 종교생활의 부패와도 직결된다. 이스라엘은 야웨 하나님에 대한 신앙 자체를 거부하거나 예배를 소홀히 하지 않았다. 오히려 향상된 생활수준에 힘입어 더 자주 성소를 순례하였고, 더 풍성한 재물을 바치고, 축일들을 더욱 화려하게 꾸몄다. 하지만 공식적인 국가종교에서조차도 이교에서 행해지는 제사 의식들을 흡수하여(암 2:7; 5:26), 기존질서의 평화를 확보하려는 목적으로 의식과 제물로써 신을 달랜다는 전적으로 이교적인 기능을 제의에 부여하였다. 이는 야웨 하나님을 위한 것이 아닌 자기 자신들만을 위한 종교의식을 의미하는 것으로, 순수한 형태의 야웨 신앙은 더 이상 유지되지 않고 있었다.

그러나 당시의 종교적 상황에서 더욱 큰 문제는 불의에 대한 죄의식 없이 종교생활을 하고, 빈곤한 자를 학대하고, 가난한 자를 짓밟는 삶을 살면서도 성소에 나가 모든 종교의식에 참여하고 제물과 예물을 양심의 가책도 없이, 또 하나님의 심판에 대한 공포심 없이 드렸다는 데 있다. 이는 하나님을 모독하는 행위이며, 이스라엘을 더욱 종교적으로 부패하게 만들었던 것이다. 신앙생활에서 중요한 것은 예배 참석이나 제물을 바치는 데 있는 것이 아니라 그 예배 행위와 제사 행위를 통하여 하나님을 만나는 데 있다.

한편 이스라엘의 종교지도자들은 전반적으로 부패에 빠져 시류에 영합하는 기회주의자, 곧 주로 자신의 보수(報酬)에만 관심을 갖는 직업인이 되어 버렸다. 실제로 북왕국 이스라엘의 주요 제사장인 아마샤(Amaziah)의 타협주의적 적당주의, 그리고 정치권력과의 밀착은 당시 종교계의 모습을 보여주는 대표적인 사례라고 볼 수 있다. 이스라엘의 종교지도자들은 국가종교와 민간신앙의 부패를 비판할 능력과 의지를 상실하였고, 그들의 기회주의적 행위는 야웨신앙의 근본을 더욱 더 왜곡시켜 사회 전체의 부패를 가속화시키는 결과를 초래하였다.

3. 아모스서의 구조

아모스서는 단순히 아모스의 어록들을 모아놓은 '선집(選集, anthology)'이 아니다. 자세한 본문 연구가 보여주듯이 아모스서는 매우 탁월한 예술적 기교를 동원하여 구성된 훌륭한 문학 작품이다. 다음의 도표는 아모스서 전체를 이해하는 데 도움을 줄 것이다.

I. 서언: 포효하는 사자 야웨(1:2)

II. 열국심판 신탁(Oracles against the nations, 1–2장)

1. 시리아 신탁(1:3–5); 2. 블레셋 신탁(1:6–8); 3. 두로 신탁(1:9–10); 4. 에돔 신탁(1:11–12); 5. 암몬 신탁(1:13–15); 6. 모압 신탁(2:1–3); 7. 유다 신탁(2:4–5); 8. 이스라엘 신탁(2:6–16). ※ 이방 7민족에 애굽이 빠져 있음.

III. 메시지 본문(Messages, 3–6장)

1. 첫 번째 메시지(3–4장): 3:1("들으라") – 백성을 향한 야웨의 말씀

2. 두 번째 메시지(5–6장): 5:1("들으라") – 국가를 향한 예언자의 말씀

A: 생명의 길을 제시함(5:5–6): "요셉의 집"(6절)

심각한 죄책 그리고 죽음의 형벌

A': 생명의 길을 제시함(5:14–15): "요셉의 남은 자"(15절)

심각한 죄책 그리고 죽음의 형벌

B: "아이고(Woe)" 단락(5:18–27)

a: 자만한 자들을 향한 애곡(5:18–20)

b: 이스라엘의 행위를 치시는 하나님의 진술(5:21–24)

c: 질문(5:25)

d: 포로되어 갈 것을 선언함(5:27)

B': "아이고(Woe)" 단락(6장)

a': 자만한 자들을 향한 애곡(6:1–7)

b': 이스라엘의 행위를 치시는 하나님의 진술(6:8–11)

c': 질문(6:12–13)

d': 포로되어 갈 것을 선언함(6:14)

3. 5개의 환상 보고문(Visions, 7–9장)

1. 메뚜기 환상(7:1–3)

2. 불 환상(7:4–6)

3. 다림줄 환상(7:7–9)

(삽입: 아모스, 아마샤의 만남 기사[7:10–17])

4. 여름과일 환상(8:1-3)

5. 성소 붕괴 환상(9:1-6)

IV. 종언: 회복된 이스라엘의 도래(9:11-15)

이러한 구조에 나타난 아모스서의 메시지를 개괄하면 다음과 같다.

1) '열국심판 신탁'은 절정을 향해 치닫는 듯한 문학 구조를 통하여(1-2장) 이스라엘의 죄악의 중대성을 강화할 뿐만 아니라 피치 못할 하나님의 심판의 당위성을 강조한다. 우주의 통치자이신 야웨께서 그의 통치의 기준인 정의와 공의로 이방 민족들을 심문하신다면, 그의 언약 백성인 유다와 이스라엘에게는 더욱 높은 기준으로 다루실 것이 아니겠는가!

2) 소위 "들으라(Hear!)" 단락은 아모스서의 중심 부분을 차지하고 있는데(3-6장), 앞 단락에서 최종적으로 심판의 도마 위에 올려진 '이스라엘'을 향한 심판의 당위성을 '선택 개념'을 통하여 강화시킨다. 즉 하나님의 선택받은 민족으로서, 그들이 하나님과 맺은 특별한 언약관계는 그들에게 언약 의무 규정들을 지킬 것을 요청하였고, 이러한 언약 의무 규정들이 지켜지지 않았기 때문에 언약적 저주로서의 심판은 당연한 결과라는 것을 반복적으로 강조한다. 마치 법정에서 피고를 고발하는 검사의 논고(論告)를 연상한다면, 아모스서는 특히 중심 부분인 3-6장은 '언약 소송(covenant law-suit)' 형식의 범주 안에서 이해하는 것이 가장 바람직할 것이다. 천상의 법정에 고소되고 있는 이스라엘의 죄악들은 대체로 세 부류로 묶여질 수 있다: a. 가난한 자들을 압제하거나 착취함으로써 상류층들이 누리는 사치와 향락의 생활에 대한 고발. b. 뇌물을 통해 부패된 이스라엘의 정의 제도를 폭로함. c. 종교제의에 대한 맹목적인 신뢰와 자기만족 등을 질타함.

3) 소위 '환상 보고'(7-9장) 단락이다. 아모스서의 편집에 관심을 가진 학자들에 의해 가장 많이 연구된 부분이기도 하다. 대부분의 학자들은 이 부분을 아모스서에서 가장 오래된 단원으로 본다. 환상 보고문에 의하면, 아모스는 처음에 이스라엘을 위하여 중보기도를 드린다. 그리고 그에 대한 하나님의 우호적인 응답을 얻어낸다. 그러나 동시에 환상

보고문은 이러한 중보가 나중에는 더 이상 있지 않았다는 것도 함께 기록하고 있다. 이것은 이스라엘의 죄악이 극에 달하여 하나님의 심판을 피할 수 없게 되었다는 것을 보여준다. 그러나 하나님의 파격적인 은총은 심판 후에 도래할 '새로운 나라의 건설'(9:11-15)이다. 인간의 반역과 배반에도 불구하고 하나님은 자신의 목적을 가장 찬란한 방식으로 이루실 것이다.

4. 아모스서의 메시지(신학적 주제)

1) 유일신 사상

아모스에게 두드러지는 것은 유일신 사상이다. 우상을 말할 때 거짓것, 헛것이라고 불렀다(2:4). 이는 우상을 가리켜 그렇게 부른 첫 사례이다. 그 시대 사람들은 이방신의 실재(實在)를 인정하여 나라마다 지방마다 각각의 다른 신들을 섬기면서, 아브라함과 이삭과 야곱의 하나님도 그 중 하나에 불과한, 이스라엘 민족신의 영역을 벗어나지 못한다고 생각했다. 그러기에 이스라엘은 자기 민족신인 야웨와 아울러 바알을 섬기는 혼합주의를 택했다. 하지만 아모스는 우상이 실재하지 않고 다만 헛것에 불과하다고 했다. 바알이 아니라 야웨(5:8; 9:6; 8:11)라고 강하게 선포했다. 그런데 그 하나님은 계시의 하나님으로서 인간과 말씀하신다. 그러므로 야웨 종교는 계시의 종교이다. 자연과 인간 역사를 다스리는 자와 그 다스림을 받는 인간 사이의 인격적 관계는 이런 계시 중심 사상에서 비롯된다. 이 관계는 선지자의 말씀 선포와 제사장의 율법 해석을 통해 인간과 맺어졌으며, 인간은 이에 입각한 제사를 통해 하나님께 응답했다.

2) 공의(정의)의 강조

이사야가 하나님의 거룩함을 강조하였고(6:1-5), 호세아가 하나님의 사랑을 강조했다면, 아모스는 하나님의 공의를 강조한다. 아모스는 하나님의 속성을 공의 또는 정의로 파악하고, 이것이 인간 도덕의 본질적인 요소라고 가르쳤다. 공의(정의)에 대한 강조는 아모스서의 요절이라고 할 수 있는 5:24에 잘 나타나 있다. "오직 공법을 물같이, 정의를 하수같이 흘릴지로다." 그러나 그 하나님은 도덕적인 실제만이 아니라 창조의 하나님이기도 하며, 계시의 하나님, 섭리의 하나님, 심판의 하나님이라고 선언한다(4:13).

이 같은 하나님께 드리는 참예배(제사)는 의식적인 종교적 행위만이 아닌 의로운 삶이 동반된 신앙적 행위여야 한다. 아모스는 의로운 삶이 없는 반복된 의식적인 행위를 개탄하면서 "내가 너희 절기를 미워하여 멸시하며 너희 성회들을 기뻐하지 아니하나니, 너희가 내게 번제와 소제를 드릴지라도 내가 받지 아니할 것이요……"(5:21-23)라고 갈파하였다. 이것은 공의를 진멸하고 정의에 눈을 감은 제사가 얼마나 헛된 것인가를 지적한 말씀이다. 그런데 이는 제사는 필요없고 공의만 필요하다는 말은 아니다. 정의가 없는 제사는 영혼이 없는 육체, 곧 송장과 같다. 하나님께서는 손수 만드신 예술품은 영혼이 깃든 육체이다. 아모스는 제사와 신앙과의 관계를 영혼과 육체의 관계로 보았다.

3) **야웨의 날**(Yom Yahweh, The Day of Yahweh)

아모스가 선포한 메시지의 골자는 '야웨의 날'이었다. 아모스가 이 개념을 사용하는 것을 필두로 이후의 예언자들도 이 개념을 자주 사용하였다. 이 개념은 하나님에 의해 정해진 운명의 날을 의미하는데, 구약에서 "그 날에", "그 당시에", "그 때에", "보라 날이 이르리니", "끝날에" 등 다양한 문구로 표현되고 있다. 구약에서 이와 관련된 문구는 약 28회 나타난다. 'Yom Yahweh'(16회, 사 13:6,9; 겔 13:5; 욜 1:15; 2:1,11; 2:31; 3:14; 암 5:18[2회],20; 옵 15; 습 1:7,14[2회]; 말 3:23; 'Yom laYahweh'(7회, 사 2:12; 34:8; 58:5; 겔 30:3; 슥 14:1; 참조. 사 61:2; 렘 46:10; 'Yom ebrat Yahweh, 야웨의 진노의 날[5회], 겔 7:19; 습 1:18; 2:2-3; 애 2:22).

'야웨의 날' 개념은 예언자적 종말론의 핵심으로 간주되어 왔다. 예언자적 종말론의 문맥에서 '야웨의 날' 문구는 '하나님 중심적(theocentric)' 강조, 즉 하나님은 이스라엘뿐만 아니라 온 이방의 역사도 주관하시는 분(9:7)이라는 하나님의 본질적 속성을 나타낸다. 야웨의 날에 나타난 종말론적 특징을 4가지로 요약하면 다음과 같다.

첫째, 심판(judgment)이다. 암 5:18-20에서 발견되는 이 문구의 최초의 사용으로부터 두드러진 특징으로 일반적 기대와는 반대되는 하나님의 엄한 심판의 날이다.

둘째, 보편성(university)이다. 심판은 이방뿐만이 아니라 이스라엘과도 관계된다는 점이다(이방[사 13:6,9; 렘 46:10; 겔 39:8]; 이스라엘[애 1:12; 겔 13:5; 슥 14:1-3]).

셋째, 초자연적 개입(supernatural intervention)이다. 하나님의 심판의 집행은 점진적인 발전에 의해서가 아니라 역사적 사건에 있어서 초인적 개입으로 나타난다. 즉 그것을 보조적인 수단인 인간의 작업에 의존하지 않는다(슥 14:4 이하; 사 34:8 이하; 13:17).

넷째, 임박성(proximity)이다. 그날이 임박할 것으로 말한다(암 5:1 이하; 사 2:12; 말 3:1).

그런데 포로기 이전 예언자인 아모스가 말하는 '야웨의 날'은 예언자적 심판을 강조하고 있다. 아모스 5:18-20은 야웨가 그날로부터 어느 누구도 피할 수 없는 '한 날'을 지정했다는 것을 은유적으로 말하고 있다. 이 '날'은 그 백성들이 야웨로부터 소망한 것과는 정반대되는 것으로 구원(빛)보다는 재앙(어둠)을 가져다주는 날이다. 아모스의 말씀은 역사와 관련된 심판 설교이다. 이 같은 양상은 이사야(2:12-17)에서도 마찬가지이다. 한편 어떤 의미에서 포로기는 전환점을 이룬다. 이제 백성들은 '야웨의 분노의 날'(애 1:12; 2:1, 21 이하)을 돌아보게 되었다. 예루살렘과 성전의 멸망과 더불어 그 '날'은 이미 왔고, 예언은 성취되었다(옵 15; 시 137:7). 그러나 '야웨의 날'의 역사는 이로써 끝나지 않았다. 포로기 이후 '야웨의 날'은 점점 요엘(1-3장)이나 스가랴(12-14장)에서 본 것처럼 복합적인 종말론적 드라마를 결정하는 핵심이 된다. 즉 그것은 이스라엘과 이방 모두에게 재앙과 구원을 가져다 줄 수 있다. 그리고 최종적 단계는 다니엘의 묵시사상이다. 거기서 이것은 "끝, קץ"이라는 다른 고정된 용어로 대치되었다.

그런데 '야웨의 날'의 기원에 대해 고대 이스라엘 제의, 즉 왕의 즉위 축제로부터 유래한다고 주장하는 학자가 있다(S. Mowinckel). 그러나 폰 라드(Von Rad)는 '야웨의 날'을 말하는 본문들(암 5:18-20; 사 13:6-8; 34:1-8; 겔 30:1 이하; 7:5-12; 욜 1:10; 2:1-11; 습 1:7-18; 렘 46:5-10 등)을 실례로 들면서 어떤 본문도 왕으로서의 야웨의 개념과 연결되지 않는다고 그를 비판한다. 그러면서 '야웨의 날'은 전쟁의 날로서 '야웨의 날'과 전쟁에서의 야웨의 개입은 거의 상투적으로 연결되어 있다. 따라서 '야웨의 날'은 '거룩한 전쟁(야웨의 전쟁)'과 관련된다고 주장하였다.

4) 다양한 '말씀 공식'의 사용

최초의 문서 예언자인 아모스는 다양한 '말씀 공식'을 사용하고 있다.

(1) 전령자 공식(메신저공식, 신탁소개공식): "야웨께서 이같이 말씀하신다(כה אמר יהוה, 코 아마르 야웨)"라는 전령자 공식은 구약에서 283회에 걸쳐 사용되고 있는데, 아모스는 12회 사용하고 있다(1:3,6,9,11,13; 2:1,4,6; 3:12; 5:4,16; 7:17). 그리고 '아도나이(adonai, 主)'가 첨가된 형태를 2회 사용하고 있다(3:11; 5:3).

(2) 야웨의 말씀의 결론공식(신탁결론공식): "야웨의 말이니라(נאם יהוה , 네움 야웨)"를 21회 사용하고 있다(1:5,15; 2:3,11,16; 3:10,15; 4:3,6,8,9,10,11; 5:17,27; 6:8,14; 9:7,8,12,13). '아도나이('adonai, 主)'가 첨가된 형태를 5회 사용하고 있다(3:13; 4:5; 8:3,9,11).

5) 야웨의 말씀의 기갈

이스라엘의 특권은 야웨의 말씀을 들을 수 있는 것이었다. 율법과 선지자가 그 통로였다. 그러나 제사장의 타락으로 율법은 흐려졌고, 선지자들에게는 말씀이 거두어졌다. 이스라엘이 영적으로 빈곤한 상태에 이르게 되지만 하나님께서는 침묵하신다. 이러한 때에 아모스는 이 같은 말씀 공식을 사용하여 야웨의 말씀을 전하였다.

그러면서 이스라엘의 위기는 '야웨의 말씀의 기갈'에 있다고 역설하였다. "주 여호와께서 가라사대 보라 날이 이를지라 내가 기근을 땅에 보내리니 양식이 없어 주림이 아니요 물이 없어 갈함이 아니요 여호와의 말씀을 듣지 못한 기갈이라"(8:11). 의인이 침묵하는 시대, 예언자의 말씀이 선포되지 못하는 시대, 선포된 예언자의 말씀을 듣지 않는 시대, 그 시대가 바로 암흑시대이다. 예언자로서 하나님 말씀을 강조하는 아모스 선지자의 이러한 모습은 앞으로 있을 모든 예언자의 전형(모범)이 되었다.

호세아서(Hosea)

1. 호세아서의 명칭과 소선지서에서의 위치

호세아의 명칭은 저자의 이름에서 따온 것이다. 그 이름의 뜻은 '구원'이다. 가나안을 정복한 여호수아의 본래 이름도 호세아였고(민 13:16,18; 신 32:44), 이스라엘의 최후의 왕도 호세아였으며(왕하 15:30), 예수님의 이름 역시 히브리어 음역으로 호세아이다. 이 호세아서는 12소선지서 중 맨 처음에 나오는데, 이는 실제 활동 연대가 가장 앞서기 때문이라기보다는 성경 편집시에 이 책의 분량과 집필 연대가 상대적으로 상위에 속하기 때문이다. 소선지서가 이사야, 예레미야, 에스겔 등 장문의 선지서 뒤에 배열된 것은 히브리 성경 편집시에 이루어진 것으로 추정된다. 학자들은 '소선지서(Minor Prophets)'란 명칭이 사용되기는 어거스틴 시대의 라틴계 교회부터라고 주장한다. 칠십인역에서는 소선지서의 배열을 약간 달리하여 호세아, 아모스, 미가, 요엘, 오바댜, 요나의 순으로 되어 있다. 소선지서의 특징은, 주님의 오심과 심판의 날에 대한 예언 - 대선지서의 내용들이 간략하나마 더욱 선명하게 드러나고 있다는 점이다.

2. 시대적 배경

호세아는 주전 745년경 북왕국 이스라엘에서 예언 활동을 한 예언자이다. 여로보암 2세 치하(주전 786-746년)의 북왕국 이스라엘은 번영의 시대라고 할 만큼 물질적으로 풍요를 구가한 시대였다. 그러나 번영의 시대 그 이면에는 극심한 빈부의 격차와 흉악한 범죄 및 바알 숭배에 따른 도적적, 종교적인 부패와 타락이 극에 달해 있었다. 더욱이 746년 여로보암 2세가 죽고 그 이듬해에 앗수르에서 디글랏빌레셀 3세(Tiglath-pileser III, 745-727)가 왕권을 잡으면서 이스라엘의 정세는 몹시 불안한 상태에 놓여 있었다. 바로 이때에 아모스에 이어 등장한 인물이 호세아였다.

우리는 호세아의 예언 활동이 얼마동안 지속되었는지 알지 못한다. 아마도 여로보암이 죽은 뒤에 적어도 10년 동안은 활동을 계속했을 것이다. 아무튼 그의 사역은 특히 4-14장에 반영되어 있는 바와 같이 북왕국 말기의 소란했던 시대임에는 분명하다. 이 장들에 의하면 예후 왕조는 이미 몰락하였고, "땅이 통치자를 삼키듯이" 왕위 찬탈이 잦았고, 또 국제 정세의 전개로 인하여 온 나라가 혼란과 타락과 불안이 가득 차 있었다고 한다.

여로보암 2세의 죽음 직후 성경에 불(Pul)로 지칭되고 있는 디글랏빌레셀 3세가 왕권을 잡았다. 그는 50년 동안 무기력한 상태에 빠져 있던 앗수르를 일깨워서 마침내 비옥한 초승달 지대를 지배하려는 꿈을 실행에 옮겼다. 그는 지체없이 정복의 길로 나섰다. 바벨론을 정복하여 자신의 제국에 합병시킨 후에 지중해 연안으로 진군하여 시리아와 팔레스타인 전역을 공포에 몰아넣었다. 공포를 불러일으킨 이유 중의 하나는 피정복민들을 고향땅에서 뿌리를 뽑아 앗수르 제국의 먼 지역으로 이주시키고 그들의 땅에는 외국인들을 이민시켜 앗수르의 속주로 삼는 정책이었다. 북왕국 이스라엘도 다른 군소 국가와 마찬가지로 비참한 체험을 통해 포수(捕手)라는 단어의 의미를 배우게 될 운명에 놓이게 되었다.

여로보암 2세의 죽음 이후 북왕국 이스라엘은 극도의 혼란과 충돌로 치닫게 된다. 예후 왕조의 마지막 왕이었던 여로보암 2세의 아들 스가랴는 즉위한 지 6개월 만에 '쿠데타(coup d'etat, 무력정변)'에 의해 암살되었다. 그 이후 북왕국의 마지막 왕인 호세아에 이르기까지 이스라엘 왕국은 단 한 번의 예외를 제외하고는 모두 쿠데타에 의해서 왕조가 바뀌는 극한적인 내란 상태에 빠져 있었다. 스가랴를 암살하고 왕위에 오른 살롬은 재위 한 달 만에 므나헴에 의해 숙청되었고, 므나헴에 저항했던 성읍들은 무자비하게 보복을 당했다. 그는 앗수르에 조공을 바침으로써 왕위를 보존하여 10년을 다스리다 죽었다. 그의 아들 브가히야는 즉위한 지 겨우 2년 만에 군대장관이었던 베가의 음모에 휘말려 희생되었다. 베가는 불완정한 세월에 왕위에 있다가 호세아의 칼에 맞아 죽었다. 그리고 이스라엘의 마지막 왕이었던 호세아는 사슬에 묶인 채 죽었다. 북왕국의 역사에서 이토록 암살과 음모가 난무한 적은 일찍이 없었다.

호세아의 시대는 바로 이런 혼란기의 한복판이었다. 그 시대의 정치적 분위기는 친앗수르파와 반앗수르파 간의 왕위 쟁탈전(호 7:3-7)이 거세게 불어닥친 시대였다. 이스라엘이 앗수르의 환심을 샀던 것은 므나헴(745-738년경) 시대였다. 이것은 정치적으로 시의 적절했다. 왜냐하면 므나헴이 왕위를 찬탈한 바로 그해에 디글랏빌레셀의 군대가 그 땅을 침공하기 시작하였기 때문이다. 므나헴은 북부지방(갈릴리)을 바치고 앗수르 군주에게 막대한 공물을 바쳤다(왕하 15:19). 므나헴의 유화정책은 한동안 성공을 거두어 앗수르 군대는 물러갔고 이스라엘 왕은 자신의 왕위를 지킬 수 있었다. 그러나 그의 항복은 백성들의 원성을 샀다. 왜냐하면 앗수르의 공물을 바치기 위해 부유층에 무거운 세금을 매겼기 때문이다. 이로 인해 원성과 혁명의 불길이 더욱 심하게 일었다.

사태는 급격하게 재난을 향해 치달았다. 주전 727년 앗수르 왕 디글랏빌레셀이 죽자 이스라엘은 반란의 기회를 얻었다. 이스라엘 왕 호세아는 새로 즉위한 앗수르 왕이 광대한 영토를 제대로 장악하지 못할 것이라고 생각하여 어리석게도 이집트라는 '약한 갈대'를 의지하고 앗수르에 조공을 바치기를 거부하였다. 그러나 앗수르의 새로운 왕 살만에셀 5세(726-722)는 즉시 사마리아를 침공하였다. 이 전투에서 살만에셀이 죽고 그의 후계자 사르곤 2세(721-705)가 이 일을 마무리하는 과제를 이어받았다. 그는 721년 초, 3년간의 포위 공격 끝에 사마리아를 함락시켰다. 사르곤의 기록에 의하면 그는 27,290명의 이스라엘 사람들을 바사(페르시아) 지방으로 포로로 끌고 갔고(왕하 17:6 참조), 바벨론, 엘람, 시리아의 사람들을 이스라엘로 이주시켰다고 한다. "처녀 이스라엘이 엎드러졌음이여"라는 아모스의 애가(哀歌)는 현실이 되었다. 선지자 호세아는 이 최후의 비극이 일어날 때까지 살지는 못했다. 그러나 그의 예언은 잊혀지지 않았다. 그의 예언들은 예언자 단체들에 의해 보존되고 편찬되어 남왕국 유다에서 새로운 의미로 해석되어 소중히 간직되었다.

3. 호세아서의 구조

I. 서언: 선지자의 결혼생활(1:1-3:5)

1. 호세아의 결혼에 대한 하나님의 명령(1:1-9)
2. 이스라엘에 대한 소망의 메시지(1:10-11)
3. 불신 이스라엘에 대한 심판(2:1-13)
4. 이스라엘의 회복(2:14-23)
5. 호세아와 결혼한 여인(3:1-5)

II. 이스라엘의 불신과 그 심판(4:1-13:16)

1. 백성의 죄(4:1-3)
2. 제사장들의 죄(4:4-8)
3. 모든 사람들에 대한 심판(4:9-10)
4. 부도덕한 예배 의식(4:11-19)
5. 왕들과 제사장들에게 임한 심판(5:1-7)
6. 에브라임과 유다의 비극적인 외교정책(5:8-15)
7. 이스라엘의 서약과 하나님의 등장(6:1-6)
8. 이스라엘의 범죄(6:7-7:7)
9. 이스라엘의 비극적인 외교정책(7:8-8:3)
10. 이스라엘의 우상숭배와 악한 동맹(8:4-14)
11. 임박한 심판의 날(9:1-9)
12. 이스라엘의 배교(9:10-17)
13. 벧아웬의 송아지에 대한 예언(10:1-8)
14. 기브아에서의 죄(10:9-10)
15. 이스라엘의 형벌(10:11-15)
16. 하나님의 사랑(11:1-11)
17. 에브라임의 죄(11:12-12:14)
18. 악한 송아지 숭배(13:1-3)

19. 멸망을 집행하시는 하나님(13:4-11)

20. 피할 수 없는 파멸(13:12-16)

III. 종언: 이스라엘의 회개와 축복(14:1-9)

4. 호세아서에 나타난 결혼 은유

하 나 님	이 스 라 엘
남편(2:2); 아버지(11:1); 의사(7:1); 새 사냥꾼(7:12); 사자(5:14); 표범(13:7); 새끼 잃은 곰(13:8); 이슬(14:5); 새벽(6:3); 비(6:3); 잣나무(14:8); 좀(5:12); 썩이는 것(5:12) 등	아내(2:2); 환자(5:13); 어리석은 비둘기(7:11); 길들인 암소(10:11); 무성한 포도나무(10:1); 포도(9:10); 무화과(10:1); 감람나무(1:6); 백합화(14:5); 해산하는 여인(13:13); 태어나지 않은 자식(13:13); 화덕(7:4); 전병(7:8); 속이는 활(7:16); 아침 구름(13:3); 타작마당에 날리는 쭉정이(13:3); 굴뚝에서 나는 연기(13:3) 등

호세아는 하나님과 이스라엘의 관계를 다양한 은유를 통해 표현하였다. 특히 호세아는 하나님과 이스라엘의 관계를 자신과 고멜과의 '결혼 은유'라는 상징적 행위를 통해 표현하였다.

1) 결혼 은유는 고대중동 지역에서 널리 행해지던 거룩한 결혼의식을 야웨 신앙의 입장에서 비신화화시키고 역사화한 것이다. 볼프(H.W.Wolff)는 고멜의 행동이 고대근동의 태(womb)를 여는 의식-신부의식(4:14)를 가리킨다고 보았다. 그 의식은 결혼 적령기의 소녀가 거룩한 곳(초야의 신부방)에서 남신을 대표하는 제사장 또는 제의 보조원과 성관계를 맺는 의식-인데, 호세아는 그것을 강하게 비판하였다. 그는 그것을 거룩한 행위가 아닌 수치스러운 음행으로 보았다.

2) 이스라엘 예언자들은 남신과 여신의 성관계를 재현함으로써 풍요(豊饒)와 다산(多産)을 보증받을 수 있다고 믿던 고대근동 종교들–특히 바알종교-의 풍요제의 관습을 강한 어조로 비판하였다.

3) 결혼 은유가 8세기 호세아에게서 비롯되었다고 말하기는 어렵지만 신전 창기와의

성관계를 중심으로 하는 바알 숭배가 호세아 시대에 극심하였다. 그리고 '바알과 아세라'라는 부부관계를 '야웨와 아세라'라는 혼합주의 신앙이 이때 극심하였다. 이러한 배경하에서 호세아는 결혼 은유를 통해 그 타락상을 고발하였다고 할 수 있다.

4) 호세아는 '야웨와 아세라'라는 혼합주의를 배격하고, 아세라 자리에 이스라엘을 넣음으로써(2:16-20) '야웨와 이스라엘'의 관계를 부부관계로 설명하였다. 즉 '야웨-아세라' 공식을 '야웨 - 이스라엘' 공식으로 변형시킴으로써 야웨의 배우자는 아세라가 아니라 그의 계약 백성인 이스라엘이라는 대담한 주장을 하게 된 것이다.

5) 고대근동 문화권에서 황소(송아지)는 풍요의 전형으로 이해되었다. 황소 형상(10:5-8; 13:2)이나 동물 형상으로 표현된 바알은 곡물, 비, 기름, 양털, 물 등을 주는 신으로 숭배되었다(2:5 이하). 팔레스타인에서 풍요는 비에 의존하는데, 땅은 아내로, 그의 남편인 바알은 바람과 구름 및 비(땅에 떨어지는 바알의 정자) 등과 관련되어 있었다. 하나님의 남성적 특징은 그가 족장시대의 권위를 가지고 있었기 때문이 아니다. 그는 여성적인 용어들로 이해되고 있는 다른 세력들과 대립관계에 있다(고대근동의 여신숭배, 이교도들의 여신숭배, 성모 마리아 등).

6) 이스라엘이 하나님 야웨의 사랑을 저버리게 된 가장 커다란 동기 중 하나는 바알을 풍요의 신으로 착각한 데 있다. 이 같은 생각이 야웨 혼합종교로 나타나게 되었으며, 호세아는 야웨만이 참된 풍요의 신임을 강조하였다. 야웨와 바알 간의 대결은 농경문화권에서 누가 풍요의 원천인가 하는 문제로 주도권을 다투는 것과 같았다. 호세아는 땅의 산물들은 야웨의 선물로 간주하였다(2:8).

7) 호세아는 야웨와 이스라엘 간에 주고받은 결혼 선물 6가지(신학적 주제)를 말하였다(2:19-20; 의, 공평, 인애, 긍휼, 진실, 하나님을 아는 것). 그러나 그 결혼은 아내와 자녀들의 불성실함으로 인해 깨졌다.

8) 호세아는 왕을 야웨로부터 멀어진 종교의 핵심부에 선 자로 보았다. 그리하여 이제 야웨께서 추진하려는 이혼의 첫 결과는 먼저 종교지도자들인 왕과 관리들이 '사라지는(심판받는)' 일이었다(3:4).

9) 결혼 은유의 기본 양식은 다음과 같다.

a. 고발과 비판: 계약 위반(2:2; 2:8).

b. 경고와 심판: 계약 위반에 대한 처벌(2:3; 2:9-10; 2:12; 2:6-7,11).

c. 용서와 회복: 계약 갱신(11:8-9; 2:14-15, 16-20; 1:10-2:1; 6:1-2; 3:5; 2:21-26).

10) 호세아가 결혼 은유를 통해 노린 두 가지 목표는 첫째는, 풍요제의에 몰두함으로써 성적인 타락과 방종으로 치닫던 북왕국 이스라엘 사람들의 부도덕성을 고발하고 비판하는 것이고(1:2-9; 2:2-13), 둘째는, 하나님과 이스라엘 백성 사이의 이상적 관계가 어떠해야 하는가를 가르치려는 데 있었다(1:10-2:1; 2:14-24; 3:1-3).

11) 호세아의 결혼 은유의 신학적 토대는 '계약(또는 언약)'이라는 개념에 있다. 호세아서에 '계약'이라는 용어는 5회 나타난다(2:18; 6:7; 8:1; 10:4; 12:1). 이들 중에 이스라엘과 관련된 '계약'이라는 용어는 두 본문(6:6-7; 8:1-3)에서 나타나는데, 각각의 경우는 '하나님을 아는 지식'과 관련되어 있다. 이들 본문은 계약을 어기는 것은 '하나님을 아는 지식'과 대립되는 것이며, 반대로 계약을 지키는 것은 '하나님을 아는 지식'이라고 말하고 있다. 이와 관련하여 호 4:1-6에 나타난 '야웨를 아는 지식'을 통해 호세아의 메시지를 들어보자.

5. 호 4:1-6에 나타난 호세아의 메시지

1) 본문 사역(私譯)

(1절) 이스라엘 자손들아, 야웨의 말씀을 들으라!
야웨께서 이 땅의 거민들을 송사하시나니

이는 이 땅에는 신실함도 없고 변함없는 사랑도 없으며
하나님을 아는 지식도 없는 까닭이라
(2절) 오직 저주와 사기와 살인과 도둑질과 간음이 있을 뿐이며
폭력과 피흘림이 그칠 사이가 없도다
(3절) 그러기에 이 땅이 슬퍼하며 모든 거민들이 쇠약해지고
들짐승과 하늘을 나는 새들도 다 야윌 것이며
심지어 바다 속의 물고기들도 사라지리라
(4절) 하지만 서로 송사하지도 말고
서로 비난하지도 말아라
제사장아, 내가 너를 송사하리라!
(5절) 낮에는 (제사장인) 네가 넘어지고
밤에는 예언자가 너와 함께 넘어질 것이며
내가 너의 어머니(이스라엘)를 멸하리라
(6절) 내 백성이 그 지식이 없으므로 망하는도다!
네가 그 지식을 버렸으므로
나도 너를 버려 내 제사장이 되지 못하게 할 것이며
네가 네 하나님의 율법을 잊었으므로
나 또한 네 자녀들을 잊어 버리리라.

2) 본문 해설

본문은 크게 두 부분(1-3절과 4-6절)으로 나누어진다. 1-3절은 야웨께서 이스라엘 자손을, 4-6절은 야웨께서 제사장을, 송사하는 변론 양식으로 되어 있다.

(1) 1-3절 해설

호세아는 이 대목에서 이스라엘의 죄를 세 가지가 결핍된 일반적인 죄(1절)와 일곱 가지의 구체적인 죄(2절)을 열거하고 있다. 세 가지가 결핍된 죄란 "신실함(에메드, 'emed)"과 "변함없는 사랑(헤세드, hesed)"와 "하나님을 아는 지식(다아트 엘로힘, da'at 'elohim)"이 결핍된 죄를 말한다. 이 세 가지 죄들은 그 다음 2절에 나오는 일곱 가지의 구체적인 죄와 비교할 때 영적이고 종교적인 죄, 즉 하나님과의 관계에 속한 죄이고, 2절에 일곱

가지 죄는 사회적인 죄, 즉 사람(이웃 또는 공동체)과의 관계에 속한 죄라고 말할 수 있다. 이는 마치 십계명(출 20장, 신 5장)이 하나님 사랑(1-4계명)과 이웃 사랑(5-10계명)으로 나누어지는 것과 같은 구조를 띠고 있다. 이 같은 구조는 하나님과의 관계가 무너지면(종교적인 죄) 사람과의 관계도 무너지는(사회적인 죄) 것으로 이어짐을 시사한다.

야웨께서 이스라엘 백성에게 주신 땅(가나안)은 '약속된 땅(Promised Land)'이요 '거룩한 땅(holy land)'이다. 하나님이 허락하신 약속되고 거룩한 땅에서 사는 이스라엘 백성은 먼저 하나님 앞에서 신실(faithfulness)해야 하고 진실(truth)해야 한다. 호세아에 따르면 가나안 땅에 들어오기 이전 야웨 하나님과 이스라엘이 처음 만나 사랑의 언약을 맺었을 광야 시절에는 이스라엘 백성이 야웨 하나님께 신실했다는 것이다. 그러나 가나안 땅에 들어오고 나서부터 이스라엘은 야웨 하나님에 대한 신실함이 사라졌다는 것이다.

그러기에 호세아는 야웨 하나님에 대한 신실함을 회복하기 위해서는 다시 광야로 되돌아가 그 첫사랑을 회복해야 한다고 말하고 있다(호 2:14-20). 그런데 야웨 하나님에 대한 신실함이 사라진 것은 다름아닌 그 다음에 나오는 "변함없는 사랑"과 "하나님을 아는 지식"을 저버렸기 때문이라고 말할 수 있다. '정의(미슈파트, מִשְׁפָּט)'와 '의(체다카, צדק)'가 아모스의 핵심 용어(암 5:24)라면, 호세아의 핵심 용어는 이 대목에 나오는 "변함없는 사랑(헤세드, חסד)"과 "하나님을 아는 지식(다아트 엘로힘, דעת אלהים)"이다.

A. '헤세드(hesed)'의 의미

개역성경에서 "인애"라고 번역된 이 용어는 호세아서에서 6회 나타난다(2:19; 4:1; 6:4,6; 10:12; 12:6). 이 히브리 용어를 적절히 정의할 영어 단어는 없다. 영어 성경은 'steadfast love', 또는 'kindness(RSV)'. 'loyalty(NRSV, REB)', 'mercy(NAB)', 'faithful love(NJB)'로 번역하고 있다. 매킨지(J. L. Mckenzie)는 'covenant love(언약적 사랑)'로 번역하고 있다. 본문 사역에서는 '헤세드'를 "변함없는 사랑"으로 번역했으나, 언약 하나님과 언약 백성 간의 변함없는 사랑으로서의 '언약적 사랑'으로 번역하는 것도 좋을 것 같다. 아무튼 이 언약적 사랑(헤세드)이 깨어진 데서 이스라엘의 죄는 시작되었다.

B. '다아트 엘로힘(da'at 'elohim)'의 의미

호세아만의 독특한 문구로서, 호세아 이해의 열쇠가 되는 이 용어는 호세아서에 2회 나타난다(4:1; 6:6). 같은 뜻을 가진 '그 지식(핫다아트, hadda'at)'은 4:6에서 2회 나타

난다. '다아트 엘로힘'이라는 용어는 명백히 '야웨를 아는 지식(다아트 야웨, da'at Yahweh)'과 동의어로 나타나는 잠언 2:5을 제외하면 구약의 다른 곳에서는 동일하게 나타나지 않는다. '다아트 야웨' 문구는 구약에서 좀처럼 찾아볼 수 없다. 구약에서 '지식'을 나타내는 명사 '다아트'의 동사형인 '알다(야다, yada')' 는 이방신과 관련하여 사용하는 것을 제외하면 '엘로힘'의 목적어로 좀처럼 나타나지 않는다. 그 대신 '야웨'는 '야다'의 목적어로서 구약의 핵심 용어이자 핵심 개념으로 호세아에서 3회 나타난다(2:22; 5:4; 6:3). 이런 까닭에 '하나님을 아는 지식(다아트 엘로힘)'과 '야웨를 아는 지식(다아트 야웨)'을 다른 의미로 보는 학자도 있다. 그러나 구약에서 특히 호세아에서 말하는 하나님(엘로힘)은 이스라엘의 언약 하나님인 '야웨'를 말하는 것이 분명하기에 결국 이 두 문구는 같은 의미로 보는 것이 옳다.

호세아는 '헤세드'와 '다아트 엘로힘'의 결핍으로 하나님과의 신실한 관계가 깨어지고, 그로 말미암아 2절에서 구체적으로 언급된 일곱 가지의 도덕적이고 사회적인 죄로 이어지고 있는 모습을 말씀하고 있다. 특히 마지막 죄목인 '피흘림'이라는 용어가 2회 반복 사용됨으로써 그 죄상이 얼마나 비참한 것인가를 암시하고 있다. 더욱이 하나님과의 관계가 깨어진 결과는 비단 사람에게만 악영향을 미치는 것이 아니라 인간이 사는 생활 환경인 땅과 거기에 속한 모든 생물들에게까지 미치고 있음을 3절에서 말씀하고 있다.

(2) 4-6절 해설

본문 4-6절은 제사장을 향한 송사의 말씀이다. 4절에서 야웨는 이스라엘의 종교지도자인 제사장을 송사하겠다고 말씀하고 있다. 더욱이 5절에서 야웨는 제사장뿐만 아니라 또 한 부류의 종교지도자인 예언자도 넘어뜨릴 것이라고 말씀하고 있다. 그러면서 그들의 조국 이스라엘을 멸하리라는 심판의 말씀을 선포하고 있다. 마지막 6절은 본문 전체에 대한 결론의 말씀인데, 여기에서 호세아는 1절에서 사용한 '다아트 엘로힘'과 같은 의미인 '그 지식(핫다아트)'을 2회 반복해서 언급하고 있다. 나아가 '하나님의 율법', 즉 토라(Torah)를 언급하고 있는데, 이 토라는 '다아트 엘로힘'이나 '핫다아트'와 동의어로 쓰이고 있다.

먼저 주목할 문구는 '내 백성(암미, עַמִּי)'이다. 이 문구는 호세아서에서 항상 하나님의 자비와 긍휼의 표현이다(2:1,23; 4:8,12; 6:11; 11:7; cf. 4:14). 여기서 '내 백성'은 '하나님의 백성' 또는 '야웨의 백성', 즉 이스라엘 백성으로서 야웨 하나님과 언약을 맺은 언약 백성이다. 그런데 언약 백성인 '내 백성(암미)'이 '내 백성이 아니다(로암미, לֹא־עַמִּי)'가 되었다. 그 까닭은 하나님을 아는 지식이 '없고', 그 지식을 '버렸고', 하나님의 율법을 '잊었기' 때문이다. 특히 '잊었다(솨카흐, שׁכח)'라는 용어는 호세아서에서 4회(2:13; 4:6; 8:14; 13:6)나 나올 정도로 강조되고 있다. 여기서 '잊었다(솨카흐)'는 '알다(야다, ידע)'와 대조를 이루는 용어로써, 바알제의에 빠지고 배부름에 마음이 교만해져서 창조주와 구속주인 야웨 하나님을 망각하고 하나님에 대한 지식을 배척했음을 보여준다.

더욱이 이스라엘이 이 같은 상태에 이른 것은 제사장이 하나님을 아는 지식을 버렸으며, 백성들에게 토라를 가르치는 일에 소홀히 했기 때문이다. 제사장의 임무는 제의 거행에만 있는 것이 아니라 토라를 백성들에게 가르치는 일이다(렘 8:18). 그러나 제사장들은 이 일에 소홀하였다. 그러기에 그들은 이 땅에 하나님을 아는 지식이 결핍된 책임을 져야 했는데, 그 형벌로서 야웨는 그들의 제사장 직무를 빼앗는 것뿐만 아니라 그들의 자녀들도 잊어버리는, 즉 제사장 가문의 몰락을 선포하였다.

결국 제사장을 포함한 이스라엘 자손들의 죄악과 그로 인한 멸망은 '헤세드'와 '다아트 엘로힘'이 없고, 버렸고, 잊은 데서 비롯된 것이다. 그러기에 호세아는 저 유명한 구절인 호세아 6:6에서 이렇게 말한다. "나는 변함없는 사랑(헤세드)를 원하고 제사(짜바흐, זבח)를 원치 아니하며 '번제(올라, עלה)'보다 '하나님을 아는 지식(다아트 엘로힘)'을 원하노라." 진실로 이스라엘에게 부족한 것은 예배나 희생제사가 아니라 야웨에 대한 '헤세드'이며, 이스라엘의 하나님에 대한 지식(다아트 엘로힘)이다. 따라서 이스라엘이 하나님과의 관계를 회복하는 길은 하나님을 알고(야다), 하나님께로 돌아가는 '회개(슈브, שׁוב)'에 있다. 호세아는 신명기 신학의 중심 사상인 '슈브' 동사를 무려 24회나 사용하고 있다. 그러나 이스라엘은 그렇게 하지 못했다. 그 까닭을 호 5:4은 이렇게 말한다. "저희의 행위가 저희로 자기 하나님에게 돌아가지(회개하지) 못하게 하나니 이는 '음란한 영(루아흐 제누님, רוח זנונים)'이 그 속에 있어 야웨를 '알지 못하는(로 야다)' 까닭이라."

결국 하나님에 대한 지식의 결여가 모든 죄의 근원이며, 이는 이스라엘로 하여금 하나님께로 돌아가지 못하게 하는 회개의 실패의 원인으로 작용하고 있다. 따라서 이스라엘로서는 깨어진 하나님과의 관계를 새롭게 회복할 능력이 없다. 이것은 전적으로 하나님께서 주도권(Initiative)을 가지고 관계를 회복하는 길밖에 없다. 마치 호세아가 집 나간 아내

고멜을 다시 맞아들이듯, 하나님께서 은총 가운데 이스라엘을 아내로 다시 맞아들이는 거기에 언약 관계(교제)의 회복이 있다.

3) 결어

철학의 근본 가르침이 "너 자신을 알라(Know thyself!)"라면, 신학의 근본 가르침은 "하나님을 알라(Know God!)"에 있다. 이것을 구약적으로 말하면 "야웨를 알라"이고, 신약적으로 말하면 "예수를 알라"이다. 신약의 사도 바울은 "그리스도 예수를 아는 지식"(빌 3:8)이 가장 고상하다고 말한다. 구약의 호세아 선지는 "야웨 하나님을 아는 지식"(호 4:1,6; 6:6)이 가장 중요하다고 말한다. '이스라엘(유대교인)'이 야웨 하나님을 알고 기억하고 가르치고 전하는 "야웨의 증인"(사 43:10,12; 44:8)이라면, '새 이스라엘(기독교인)'은 예수 그리스도를 알고 기억하고 가르치고 전하는 "예수의 증인"(행 1:8; 2:32; 3:15)이다. 여기에 그리스도인의 참된 사명이 있다.

§ 호세아의 가정생활과 하나님의 사랑 §

> 호세아서는 하나님과 이스라엘의 관계를 호세아 선지자와 그의 아내 고멜과의 부부 관계로 표현하고 있다. 하나님은 호세아에게 명령하셨다. "너는 가서 음란한 여자를 맞이하여 음란한 자식을 낳으라 이 나라가 여호와를 떠나 크게 음란함이니라"(1:2). 이 말씀에 순종하여 호세아는 디블라임의 딸 고멜을 아내로 맞이하였더니 고멜이 임신하여 아들을 낳았다. 하나님은 그의 이름을 '이스르엘(יזרעאל)'이라 하라고 하셨다. 또 딸을 낳고는 그의 이름을 '로루하마(לא רחמה)'라고 하셨는데, 그 뜻은 '긍휼히 여김을 받지 못하는 자'라는 뜻이다. 이어서 또 아들을 낳고는 그 이름을 '로암미(לא עמי)'라고 하셨는데, 그 뜻은 '내 백성이 아니라'라는 뜻이다.
>
> 고멜은 세 아이의 엄마였지만 하나님의 예언처럼 외간남자와 눈이 맞아 집을 나가버린 음란한 여자였다. 하나님은 호세아에게 "너는 또 가서 타인의 사랑을 받아 음녀가 된 그 여자를 사랑하라"(3:1) 하시기로 호세아는 눈물을 머금고 은 열다섯 개와 보리 한 호멜 반으로 그녀를 도로 사가지고 돌아왔다. 이 같은 고멜의 모습은 바로 여호와 하나님을 버리고 그 대신 풍요와 다산의 신으로 알려진 바알을 따라간, 영적 간음을 행한 북왕국 이스라엘 민족에 대한 은유(Metaphor)였다. 호세아는 유일한 '순수 토종 북왕국 이스라엘 선지자'였다. 그는 육화된 사랑의 화신으로서 성육신한 예수 그리스도에 대한 예표라고 말할 수 있다.

(1) 이사야서(Isaiah)

사 1-39장

1. 이사야서의 명칭

히브리 성경의 후기 예언서 중에서 가장 먼저 나오는 이사야서는 저자의 이름을 따라 '이사야(Isaiah)'라 이름하였다. 이 뜻은 '여호와는 구원하신다'이다. 칠십인역에는 '에사이아스(Ησαιας)'라 표기되었고, 불가타(라틴어 역본)에는 '에사이아스(Esaias)' 또는 '이사이아스(Isaias)'라고 표기하였다.

2. 저자 및 연대 문제

이사야는 예레미야, 에스겔과 함께 이스라엘의 3대 예언자 중의 한 사람이다. 이사야서는 전체가 66장으로 된 방대한 분량의 책인데, 전통적으로 이 책은 8세기 때 남왕국 유다의 예루살렘을 중심으로 활동한 이사야(약 742-700년)가 쓴 것으로 보았다. 초대교회는 신약성경을 기록하는 과정에서 이사야서를 매우 많이 인용하고 있는데, 이는 이사야서의 진정성을 인정했기 때문이다.

그런데 주후 2세기에 유대인 저술가 모세 벤 사무엘 이븐 게카틸라는 이사야서에 대한 주석에서 이사야서 앞부분은 이사야 자신의 것이지만, 뒷부분은 제2성전시대에 쓰였다고 기록하고 있다. 그의 견해는 중세 유대교 주석가 이븐 에스라(1092-1167년)에 의해 계승되었다. 이븐 에스라는 게카틸라가 주장한 것처럼 이사야서 40-66장이 주전 8세기의 어떤 다른 예언자에 의해 기록된 것이라고 보았다.

이사야서에 대한 근대적 비평은 되더라인(Döderlein)으로부터 시작되었다. 그는 이사야서(1775년) 주석에서 이사야서가 두 문헌을 결합한 것이라고 주장하면서 최초로 제1이사야(사 1-39장)와 제2이사야(사 40-66장)로 구분하였다. 그의 주장을 아이히호른(Eichhorn)이 수용하였다(1780-83), 그는 40-66장이 성격상 이사야적이지 않으며, 그 부분은 본질적으로 통일성을 유지하고 있다는 결론에 이르렀는데, 많은 학자들이 이 견해에 동의하고 있다.

둠(Duhm)은 1892년에 펴낸 그의 이사야서 주석에서 1-39장을 제1이사야, 40-55장을 제2이사야, 56-66장을 제3이사야로 구분하였다. 둠이 제1이사야와 제2이사야를 구분하는 근거는 고레스(Cyrus, 539년에 바벨론을 정복한 페르시아의 첫 왕)에 관한 구절(44:25; 45:1) 및 바벨론(갈대아)에 관한 구절(43:14; 47:1; 48:14,20), 바벨론 신 벨(Bel, Marduk의 별칭)과 느보(Nebo)에 관한 구절(46:1)이 그것이다. 특히 그는 소위 '종의 노래(servant song)'를 구분하였다(42:1-4; 49:1-6; 50:4-9; 52:13-53:12). 이 같은 구분은 요즘 대부분의 학자들에 의해 그대로 수용되고 있다.

19세기 말엽 이후 제2이사야는 제1이사야(8세기 예언자)와 구분되어야 한다는 것이 정설로 되어 있다. 더욱이 제3이사야까지도 구분하려는 것이 요즘의 경향이다. 이사야를 이렇게 구분하는 중요한 이유는 역사적 배경과 문학 형식 등에서 서로 전혀 다르기 때문이다. 이를 도표화 하면 다음과 같다.

	범 위	활동 장소	활동 연대	당시의 제국	성 전	메시지
제1이사야	사 1-39장	예루살렘	약 742-700년	앗수르	솔로몬 성전 (제1성전)	심판의 말씀, 희망의 메시지
제2이사야	사 40-55장	바벨론 포로지	포로생활이 끝날 무렵 (약 540년경)	바벨론	없음	위로, 용서, 구원(희망의 메시지)
제3이사야	사 56-66장	예루살렘	제2성전 건축 끝난 후 (약 500년경)	페르시아	스룹바벨 성전 (제2성전)	초기 묵시문학 (예언문학과 묵시문학의 교차)

이사야서(66장)는 신구약성경(66권)의 축소판으로 볼 수 있다. 1-39장(서른아홉 장)과 40-66장(이십칠 장)은 구약 39권(율법)과 신약 27권(복음)에 해당한다.

3. 이사야서의 구조(내용 분해)

이사야서는 크게 두 부분으로 나누어진다. 전반부인 1-39장은 하나님의 공의로우신 심판을 선포하는 내용인데, 이 심판의 선언은 이스라엘과 유다는 물론이고 그 주위의 열방들에게까지 적용됨으로써 하나님이 온 세상을 통치하시는 절대주권자이심을 명백하게 보여준다. 특히 선택받은 나라인 이스라엘과 유다가 심판을 받게 되는 원인은 우상숭배 등 종교적 범위와 더불어 환난에 부딪쳐 여호와를 의뢰하기 보다는 이방 세력에 의존하려고 하는 그릇된 외교정책 때문이었다. 뿐만 아니라 하나님의 공의를 무시하고 약한 자를 억압하는 사회적 범죄와 도덕적 타락 또한 심판의 원인으로 지적되고 있다.

후반부인 40-66장은 하나님의 백성들이 회복되리라는 밝고 희망찬 메시지를 전달한다. 이방 국가들에게는 하나님의 심판에 관한 예언만 선포되지만, 하나님의 백성들에게는 심판과 아울러 회복의 약속도 함께 주어진 것이다. 한편 이사야는 예수 그리스도의 탄생으로부터 부활 승천에 이르기까지 중요한 사항들을 예언하고 있으며, 특별히 고난받는 종으로서의 메시아상을 뚜렷이 증거한다.

Ⅰ. 유다와 이방 민족들에 대한 예언(1-39장)

1. 유다에 대한 심판 예언(1:1-6:13)

1) 부패한 사회 및 종교 의식에 대한 책망과 회개 촉구(1:1-31)

2) 죄악이 가득한 유다에 대한 징벌(2:1-4:1)

3) 녹명(錄名)된 자에 대한 하나님의 축복(4:2-6)

4) 하나님의 말씀을 거역한 유다 민족에 대한 경고(5:1-30)

5) 깨끗함을 받고 부르심을 입은 이사야(6:1-13)

2. 임마누엘과 메시아 왕국에 대한 예언(7:1-12:6)

1) 임마누엘에 대한 예언(7:1-25)

2) 앗수르 침입에 대한 예언(8:1–22)

3) 메시아에 대한 예언과 경고(9:1–21)

4) 앗수르의 패망(10:1–34)

5) 장차 실현될 왕족(11:1–12:6)

3. 이방 나라에 대한 예언(13:1–23:18)

1) 바벨론(13:1–14:23), 2) 앗수르(14:24–27), 3) 블레셋(14:28–32), 4) 모압(15:1–16:14), 5) 다메섹(17:1–14), 6) 구스(에티오피아)(18:1–7), 7) 애굽(19:1–25) 8) 앗수르가 애굽과 구스를 정복할 것임(20:1–6), 9) 바벨론에 대한 두 번째 예언(21:1–10), 10) 에돔(21:11–12), 11) 아라비아(21:13–17), 12) 예루살렘(22:1–25), 13) 두로(23:1–18)

4. 이사야의 소묵시록(24:1–27:13)

5. 심판과 축복에 대한 예언(28:1–35:10)

6. 히스기야에 대한 역사적 기록(36:1–39:8)

1) 앗수르의 파멸과 유다의 구원(36:1–37:38)

2) 히스기야의 치유와 죄악(38:1–39:8)

II. 바벨론 포로에서의 구원과 회복에 대한 예언(40:1–66:24)

1. 이스라엘의 구속에 대한 예언(40:1–48:22)

2. 이스라엘의 구속자 메시아에 대한 예언(49:1–57:21)

3. 이스라엘의 영광스러운 미래에 대한 예언(58:1–66:24)

4. 제1이사야(사 1–39장)의 시대적 배경

제1이사야는 구약의 '문서예언자' 가운데 가장 오랫동안 활동하였다(742–700년). 그는 유다 왕국의 웃시야(Uzziah) 왕이 죽던 해(742년)에 예언자로 소명을 받았고(사 6장), 요담(Jotham) 왕과 아하스(Ahaz) 왕을 거쳐 히스기야(Hezekiah) 왕 때 앗수르 제국의 군대가 예루살렘을 침공(701년)할 때까지 활동을 계속하였다. 그는 예루살렘에서 활동하였고, 그의 메시지도 예루살렘 중심적이었다. 그래서 제1이사야를 흔히 '예루살렘 이사야'라고 부른다. 그는 왕족의 한 사람이거나 아니면 적어도 예루살렘을 이끌어가는 상류층에 속한 사람이었을 것으로 추측된다. 그는 결혼하여 두 아들이 있었는데, 그들에게 '스알야숩('남은 자만 돌아오리라[또는 회개하리라]'는 뜻, 사 7:3)'과 '마헬살랄하스바스('급히 노략하여 서둘러 강탈하라'는 뜻, 사 8:3)'라는 상징적인 이름을 지어 주었다. 그의 주위에는 그의 가르침을 따르는 제자들이 항상 있었다(사 8:15).

웃시야 왕(783-742년) 시절, 유다는 경제적으로나 군사적으로 전성기를 맞이하였다. 열왕기하 15:1-7(대하 26장에서 좀더 보완)의 간략한 보도는 우리에게 웃시야의 위업에 관한 묘사를 제공해 준다. 여로보암 2세가 죽은 후에(746년) 이스라엘 왕국이 급속히 쇠퇴한 반면, 유다는 다윗과 솔로몬 시대에 버금가는 국력과 영향력을 자랑하는 위치로 올라섰다. 단 한 가지 수평선에 떠오르는 먹구름이 있었는데, 그것은 앗수르 제국주의의 위협이었다. 그가 예언자로 부르심을 받은 것은 주전 742년으로, 이 해는 웃시야 왕이 죽고, 앗수르의 디글랏빌레셀이 북부 시리아의 수도인 아르밧에 대한 포위공격을 마친 해였다.

이 후 이사야는 40년 이상이나 예언 사역을 하였는데, 그의 예언을 이해하려면 두 개의 역사적 사건을 고려해야 한다. 첫 번째 역사적 사건은 주전 735년, 시리아-이스라엘 동맹(Syro-Israelite Alliance)에 의한 유다 침공이다. 시리아(아람)와 북왕국 이스라엘(에브라임)은 앗수르의 침공을 저지할 목적으로 동맹을 맺고는, 유다도 이에 가담하도록 압력을 넣기 위하여 유다를 침공하였다. 두 번째 역사적 사건은 주전 701년, 앗수르의 왕 산헤립의 예루살렘 침공이다. 이사야의 메시지에는 이 두 역사적 사건을 목도해야만 되었던 예언자의 고뇌가 서려 있다.

이사야는 반앗수르 동맹은 이스라엘 왕국이 이미 겪었던 쓰라린 체험이 보여주듯이 '죽음과의 언약'이라고 주장하였다. 그렇지만 이사야는 단순히 정치분석가는 아니었다. 열방들이 각축전을 벌이는 역사의 무대에서 이사야는 이스라엘과 열방의 주권자인 야웨의 활동하심을 분별하였다. 예언자로서의 그의 임무는 팽팽한 긴장 속에 진행되었던 당시의 정치적 사건들을 통하여 야웨께서 무엇을 말씀하시고 행하시고 계시는가를 해석하는 것이었다.

5. 제1이사야의 메시지(신학적 주제)

1) 하나님의 거룩성과 이스라엘의 죄악성

이사야는 '거룩하신 자의 예언자'라고 불린 만큼 '하나님의 거룩성'을 강조한다. 이사야는 하나님을 '이스라엘의 거룩한 자'라고 고백하고 있는데, 이 개념은 1-39장에 13회, 40-55장에 11회, 56-66장에 2회 나타난다(1:4; 5:16; 8:14; 10:17; 17:17; 30:11; 37:23; 43:15; 45:11; 48:17 등). 구약성경의 나머지에서는 단지 5구절만 나타날 뿐이다. 이사야의 소명 설화(사 6장)는 구약성경 전체에서 하나님의 거룩성을 가장 잘 드러내고 있다. 스랍들이 거룩을 세 번(6:3) 외치는 것은 히브리 어법으로 최상급을 나타내는 것이다.

이사야에게 있어서 거룩성은 두 가지 의미를 지니고 있다. 하나는 '높이 들린 보좌'(6:1)라는 문구가 암시하듯이 하나님은 피조물 세계와는 멀리 떨어져 계시는 초월적인 하나님이시다. 또 하나는 하나님의 거룩성은 인간의 죄악성과 연결되어 있다는 점이다. 이사야가 하나님의 거룩성을 강조하는 만큼 거기에 비해 이스라엘의 죄악성을 지적하지 않을 수 없었다. 이사야에게 있어서 언약 백성인 이스라엘의 죄악은 야웨에 대한 불순종과 반항이다(1:2-3). (1) 이사야는 무엇보다도 우상숭배의 죄악을 지적한다(2:8-9). (2) 사치와 부와 군대를 자랑하고 의지하는 교만의 죄를 지적한다(2:7; 5:13). (3) 만취의 죄를 지적한다(5:11-12,22; 22:2,13; 28:1,3,7). (4) 탐욕과 압제의 죄를 지적한다(3:12,15; 5:7-8,23).

2) '야웨의 날(욤 야웨)' 사상

이사야는 아모스에게서와 마찬가지로 '야웨의 날'을 선포하였다. 이 날은 빛이 아니요 어둠—인간의 오만과 자만의 모든 상징들, 즉 금과 은, 군마와 병거, 요새화된 도시, 먼 지방까지 항해하는 화려한 상선들에 대한 심판의 날(2:6-21)—이 될 것이다. 이러한 문명의 보화들은 그 자체로 나쁜 것은 아니다. 그러나 그러한 것들이 레바논의 교만한 백향나무처럼 '떠받들어질' 때 백성들은 그러한 것들을 의지하기 시작하게 되고 그것들은 우상숭배의 대상이 된다. 야웨께서 이 백성을 심판하러 오시라는 것이 이사야의 유명한 포도원의 노래(사 5:1-7)의 주제이다.

예언자는 언어 유희를 통해 하나님의 진노와 실망을 알린다: "공평(mishpat)을 바라셨더니 / 도리어 포학(mispah)이요……… / 의로움(zedaqah)를 바라셨더니 / 도리어 부르짖음(ze'aqah)이었도다." 영어로는 히브리어의 유운(類韻)의 취지를 재현하는 것은 불가능하다. 그러나 '공평과 포학', '의로움과 부르짖음'이라는 단어 쌍은 우리에게 대략적인 개념을 제공해 준다. 이어지는 신탁들(5:8-24)은 가장 악명높은 불의와 착취의 죄악을 행한 백성들의 재앙을 더욱 상세하게 그리고 있다.

3) **'남은 자(Remnant)' 사상과 '메시아(Messiah)' 사상**

이사야는 하나님의 심판 다음에 남은 자들의 구원이 있을 것이라고 말한다. 이사야에게 있어서 하나님의 심판은 멸망이 아니라 찌꺼기를 씻어내는 청결 작업이다. 그러기에 "내가 또 나의 손을 네게 돌려 너희 찌끼를 온전히 청결하여 버리며 너희 혼합물을 다 제하여 버리고"(1:25). 이사야의 아들 스알야숩은 이렇게 청결함을 받은 남은 자가 돌아올 것을 말한다. "그날에 주께서 다시 손을 펴사 그 남은 백성을 앗수르와 애굽과 바드로스와 구스와 엘람과 시날과 하맛과 바다 섬들에서 돌아오게 하실" 것이다(11:11). 이사야의 남은 자 사상과 관련된 또 하나의 특성은 메시아 사상이다. 이사야가 '메시아'라는 용어는 사용하지는 않으나 다윗 가문의 후예가 다시 등장할 것을 예언하고 있다. 이사야 7:14-17, 9:1-7, 11:1-9 등에서 현재 다윗 후손 왕들에게 실망한 나머지 먼 훗날 하나님께서 다윗 가문에서 새로운 인물을 불러내 세우실 것을 기대하고 있다.

4) **'임마누엘(Immanuel)' 징조(표징)**

이사야는 7:14에서 '임마누엘' 표징을 예언하고 있다. '임마누엘'은 히브리어로 '하나님이 우리와 함께(하신다), God (is) with us'라는 뜻이다(사 8:10). 이 표징의 배경은 이러하다. 735년경 아람과 에브라임의 연합군이 예루살렘을 침공해 왔을 때 거센 바람 앞에서 요동하는 수풀처럼 흔들리는 공포에 질린 유다 왕 아하스를 향해 이사야는 외친다. "너는 삼가며 조용하라 아람 왕 르신과 에브라임 왕 베가가 심히 분노한다 할지라도 이들은 모두 연기나는 두 부지깽이 그루터기에 불과하니 두려워하지 말며 낙심하지 말라……만일 너희가 굳은 믿음을 가지지 아니하면 절대로 굳게 서지 못하리라!"(사 7:4-9). 그러나

아하스 왕은 이를 거절한다. 이사야는 아직도 늦지 않았으니 앗수르를 의지하는 대신 하나님을 의지하라고 말한다. 이사야는 아하스 왕이 징조 구하기를 거부해도 하나님께서 징조를 보여주실 터인데, 그것은 젊은 여인이 아기를 낳아 '임마누엘'이란 이름을 붙이게 되리라는 것이다.

한글개역 성경의 '처녀'는 히브리어의 '알마(almah)'인데, 그 원뜻은 이미 결혼을 했든 또는 아직 안 했든간에 결혼 적령기에 있는 젊은 여성을 뜻한다. '처녀(동정녀)'에 대해 보통 사용하는 말은 히브리어로 '베툴라(bethulah)'이다. 칠십인역(LXX)은 이 구절을 '파르테노스(παρθενος)'로 번역하고 있다. 통상적으로 '파르테노스'는 칠십인역에서 '베툴라'의 역어이지만, 창세기 24:43(참조 34:3)에서는 '알마'에 대한 역어로 사용되고 있다. 이러한 사실로 미루어 볼 때 칠십인역에서는 단어를 자유로이 선택하여 사용했으며, 이사야 7:14에서도 문자 그대로 처녀성이라는 의미를 반드시 내포하고 있는 것은 아니다. 다른 헬라어 역본들에서는 '소녀(neanis)'라고 번역하고 있는데, 이것이 더 정확하다고 할 수 있다.

마태복음은 임마누엘 표징을 예수 탄생에 결부시켰다. 임마누엘 징조는 원래 다윗 가문에 주어진 심판의 징조였는데, 후대에는 온 이스라엘과 온 인류를 위한 하나님의 은총의 징조로 바뀐 것이다. 신약에서는 예수 그리스도가 단지 임마누엘로 불리는 것이 아니라 그분이 우리와 함께 하시는 하나님이 되신다. 어떤 학자(Kaiser)는 이 표징이 이사야서에서 가장 중요한 부분인데, 그 까닭은 마태복음 1:18-25이 이사야 7:14의 성취라고 보기 때문이다.

5) 다윗-시온(예루살렘) 전승에 대한 강조

예언자들은 옛 이스라엘 신앙을 계승하고 수호하며, 그것을 자기 시대에 새롭게 해석한 자들이다. 그런데 예언자들의 역사 해석은 그들이 물려받은 정신 사조가 무엇이냐에 따라서 그 내용을 달리한다. 그 정신 사조를 전승(전통)이라고 말한다. 구약성경에는 다양한 전승들이 있다. 전승이란 어떤 본문의 배후에 각인되어 있는 정신, 신학, 역사적 경험, 주제 등을 총괄해서 일컫는 명칭이다. 전승이란, 다른 말로 하면 물려받고 계승된 신앙 이야기를 말한다. 구전으로 되뇌어지고, 문서로 쓰여져 내려오던 전통을 의미한다. 이런 맥락에서 우리는 예언자들을 전승의 계승자, 해석자라고 부를 수 있다.

그렇다면 예언자들이 물려받은 전승은 도대체 무엇인가? 전승의 큰 맥, 주조는 하나님께서 과거 이스라엘 조상들의 역사에서 어떻게 행동하셨는가를 보여준 것으로, 족장들을 부르시고, 애굽에서 노예살이하는 조상들을 구출하시고, 광야길을 거쳐 가나안 땅에 정착하도록 인도하신 하나님의 크신 행동을 떠올리는 것이다. 다시 말해 모세가 중심이 되고, 출애굽-가나안 땅 정착 사건이 주조를 이루는 민족의 대서사시가 예언자들이 텍스트로 삼아 인용하는 전승이었다. 예언자들의 대부분은 이러한 모세 전승(또는 출애굽 전승)의 아들이었다. 출애굽 사건이 가르쳐준 해방정신, 그 해방정신 속에 담겨있는 평등한 사회를 신앙의 맥으로 계승한 인물들이 예언자들이었다. 아모스, 호세아, 미가, 예레미야가 이런 부류에 속하는 자들이다. 특히 예레미야의 다음 구절은 그가 얼마나 출애굽-광야 유랑의 역사에 근거해서 현실을 고발하고 있는지를 여실히 드러낸다(렘 2:4-6).

반면에 주전 8세기 남왕국 유다의 예언자 이사야는 이런 흐름에서 벗어나 있다. 흔히 '예루살렘 이사야'라고 불리는 이사야 1-39장의 저자는 다윗-예루살렘 이야기를 기조로 삼는다. 다윗-시온 전승의 창조적 계승을 예언자직 수행의 사명으로 삼았다(사 4:1-5; 9:27 참조). 이사야 1-39장은 순전히 다윗-시온과 관련되어 있다고 여겨지는 많은 시와 신탁들로 이루어져 있다. 주전 701년에 앗수르의 산헤립이 예루살렘을 침공한 적이 있었다. 유다 왕국은 그 위기를 극적으로 넘겼다. 그때에 유다 백성은 시온에 대한 신뢰를 확인하게 되었다(사 29:8; 비교 1:21-27; 5:1-7; 28:16-17).

포로기 이전에는 각기 따로 전수되던 모세-출애굽 전승과 다윗-시온 전승이, 나라가 망하고 난 후에는 식민지살이의 설움 속에서 하나로 통합된다. 포로기 이후의 예언자들의 사고 속에서는 모세의 출애굽 전승이 다윗의 시온 전승을 흡수하는 과정을 엿볼 수 있다. 주전 6세기 중반에 이르러 다윗신학, 왕조신학, 시온신학은 철저히 모세 신앙의 정신에서 재해석하게 되었다. 제2이사야(사 40-55장)가 바로 그런 과정을 보여준다. 제2이사야의 예언에는 족장 전승, 모세 전승, 다윗 전승이 훌륭하게 연결되어 있다. 우선 바벨론으로부터의 해방을 '제2의 출애굽'으로 묘사한다(사 43:14-17; 비교 사 43:18-21).

제2이사야가 전하는 바벨론 포로생활로부터의 해방은 유다 지파만의 축제가 아니다. 그것은 온 이스라엘 자손이 경험한 은혜의 사건이다. 이 예언자의 정신 속에 모세의 출애곱 사건과 족장 전승의 기억이 아름답게 연결되어 있다(사 51:1-2). 제2이사야의 예언은 여기에 그치지 않는다. 그의 예언은 예루살렘을 회복시키시는 하나님, 다윗의 위엄을 회복시키실 하나님의 역사로 줄달음친다. 모세, 아브라함, 다윗이 제2이사야의 예언 속에 함께 숨을 쉬는 것이다(사 55:3-4; 비교 49:8-26; 52:1-2). 이렇듯 예언자들은 모두 자기 시대의 역사에서 이스라엘의 옛 신앙 전통을 되살리려고 애를 쓰던 자들이다.

6. 임마누엘 하나님을 중심으로 본 여호와 하나님

창조 순서(창조주)

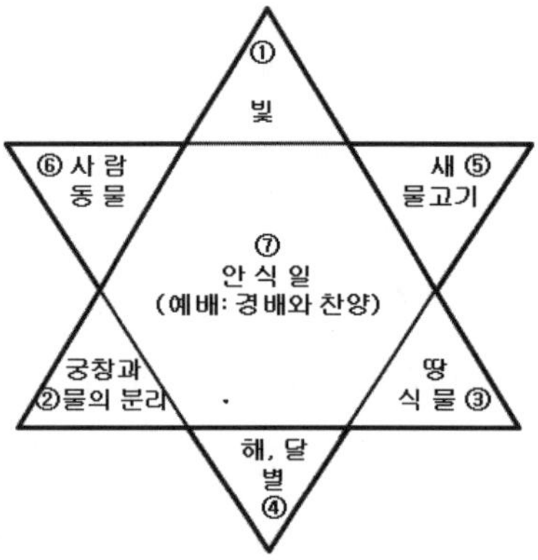

여호와 하나님(구속주)

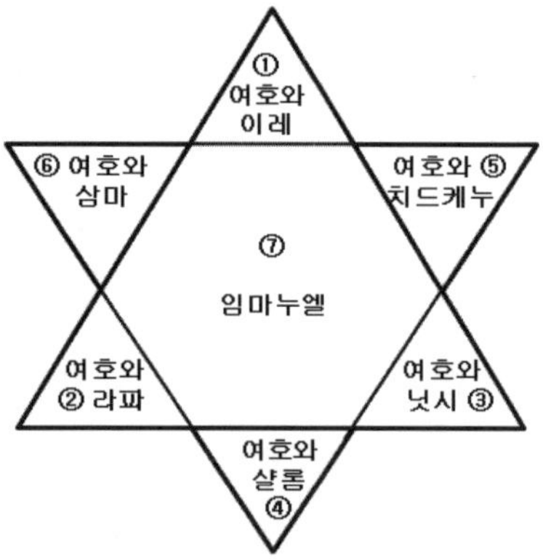

1. 여호와 이레(יְהוָה יִרְאֶה, 예비하시는 하나님, 창 22:14)
2. 여호와 라파(יְהוָה רָפָא 치료하시는 하나님, 출 15:26)
3. 여호와 닛시(יְהוָה נִסִּי 승리 주시는 하나님, 출 17:15)
4. 여호와 샬롬(שָׁלוֹם, יְהוָה, 평강 주시는 하나님, 삿 6:24)
5. 여호와 치드케누(יְהוָה צִדְקֵנוּ 우리의 의 되시는 하나님, 렘 23:6)
6. 여호아 삼마(יְהוָה שָׁמָּה 거기 계시는 하나님, 겔 48:35)
7. 임마누엘(עִמָּנוּ אֵל, 우리와 함께 하시는 하나님, 사 7:14; 8:8,10)

(2) 이사야서(Isaiah)

사 40-66장

I. 제2이사야(사 40-55장)

1. 제2이사야의 역사적 배경

이사야 40-55장을 '제2이사야(Second Isaiah=Deutero-Isaiah)'로 구분한다. 우리가 제2이사야라고 부르는 익명의 예언자는 에스겔보다 좀 뒤늦게 바벨론의 디아스포라 틈바구니에서 지친 백성들을 위로했던 예언자이다(사 40:1-2,12). 이렇게 제2이사야로 구분하는 이유는 이 부분에 기록되어 있는 말씀의 내용에 근거한 것이다. 오늘날 구약학에 있어서 학자들의 일치된 연구 결과이다. 제2이사야를 구분하는 중요한 이유를 들어보면, 첫째, 이사야 1-39장과 40-55장에 나타나 있는 역사적 상황이 전혀 다르다는 점이다. 전자에 있어서는 중심 무대가 예루살렘으로 되어 있고, 성전과 다윗 왕조가 아직 건재하고 있었다. 당시의 세계적인 세력은 앗수르 제국이었다. 반면에 후자에 있어서는 성전과 예루살렘은 폐허가 되어 황폐해진 상황을 보여준다. 또한 유다 백성들은 하나님의 징벌을 받아 감옥에 갇혀 복역을 하는 상태(포로 생활)였다. 이러한 상황을 향하여 제2이사야는 유다 백성들의 '복역의 기간'이 거의 종료되었음을 알려주었다(사 40:1-2).

제2이사야가 이 말씀을 하던 때는 유다 왕국을 멸망시켰던 바벨론 제국의 운명이 기울기 시작했고, 동방에서는 신흥 페르시아 제국의 고레스 왕(Cyrus)이 등장해서 승승장구

위세를 떨치고 있던 시대였다(사 41장). 따라서 페르시아의 고레스 왕이 바벨론 세력을 무너뜨리는 것은 시간 문제였다. 이러한 세계 정세의 변화 가운데서 제2이사야는 그러한 역사의 현장 뒤에서 활동하시는 하나님의 손길을 보았다. 제2이사야에게 있어서 페르시아의 고레스 왕은 하나님께서 '동방에서 불러서' 세계 역사의 무대 위에 주역으로 등장시킨 인물이다(사 45:1-7). 하나님은 그를 '역사의 도구'로 사용하시며, 그를 통해서 이스라엘의 구원(포로생활로부터의 해방)을 이루실 것을 확신하였다.

2. 제2이사야의 구조

이사야 1-35장은 앗수르 시대이고, 40-66장은 바벨론 시대를 표명하는데, 이 두 부분이 결합하게 된 것은 편집자의 의도적 계획이다. 그것은 우선 35장이 40-55장의 내용을 요약하고 있으며, 또 바벨론의 특사가 언급된 36-39장이 두 부분의 고리 역할을 하는 데서도 볼 수 있다(R. E. Clements). 제2이사야의 전체 구조는 서론부(40:1-8)와 결론부(55:6-13)가 있으며, 결론부는 야웨의 말씀이 영원하다는 서론부의 주장을 다시 반영하고 있다. 신탁의 대상은 40-48장에서는 야곱(이스라엘)이며, 49-55장에서는 시온(예루살렘)으로 나타나고 있다. 전반부는 출애굽 사건의 주제를 중심으로 새로운 출애굽의 구원 사건을 다루고 있으며, 후반부는 시온성이 하나님의 도시임을 나타내고 있다. 본문의 가운데 부분(44:24-45:15)에는 고레스, 바벨론, 바벨론의 신들이 언급되며, 하나님의 구원 행위의 극점을 이루고 있다. 야웨가 예루살렘에 돌아오는 것을 알리는 기쁜 소식은 서론 바로 다음(40:9-11) 자리와 본론 마지막 자리(52:7-10)에 놓여 대응관계를 보여준다.

3. 바벨론 포로시대의 의미

1) 구약의 두 중요한 시기가 있다. 첫째, '출애굽 시대(Exodus)'인 주전 1290년경이다. 이때 모세의 영도하에 애굽으로부터의 해방운동이 있었다. 둘째, '바벨론 포로기(Exile)'인 주전 587-538년이다. 이때 바벨론으로부터의 '새 출애굽 운동(New Exodus)'

이 있었다.

2) 바벨론 포로기는 신앙의 위기 시대였다. 본디 '이스라엘'이란 혈통 개념이나 국가 개념이라기보다는 '신앙' 개념이다. 즉 한 하나님 야웨를 고백하는 신앙(예배)공동체이다. 예배제도가 없는 이스라엘은 생각할 수 없다. 이스라엘의 구심점이자 예배의 중심은 '성전'인데, 이 성전이 바벨론에 의해 파괴되었다. 이는 나라 멸망보다 더 충격적 사건이었다. 유다 왕국 멸망과 예루살렘 성전의 파괴, 그리고 지도급 인사들의 바벨론 유배라는 역사적 비극과 시련 앞에서 야웨 신앙에 대한 회의가 일기 시작하였다. 왜냐하면 고대의 전쟁은 인간들의 전쟁이 아닌 신들의 전쟁인데, 그 신들의 전쟁에서 이스라엘의 야웨 신이 바벨론의 마르둑 신에게 패했다고 생각했기 때문이다.

3) 그러나 바벨론 포로기인 주전 6세기는 이스라엘 역사상 가장 창조적인 시기였다. 즉 고난을 창조적 고난으로 승화시킨 기간이었다. 성전이 있을 때는 '문서화 작업'이 절박하지 않았으나 성전이 불타고 난 후 이스라엘 공동체가 와해될 위기 상황에서 이스라엘이 살 길은 선조들이 물려준 신앙 전승을 문서로 남기는 일이라고 믿었다. 그리하여 모세오경으로부터 시작하여 신명기 역사서(수-왕하)가 문서화되기 시작하였다. 예언자들의 활동도 활발하였다(에스겔, 제2이사야). 그리고 포로기 이전의 심판(책망)의 말씀이 포로기 이후에는 희망(위로)의 말씀으로 예언자들의 말씀이 재해석되었다. 나아가 미래의 희망은 이스라엘(인간 편)에게는 없고, 오직 하나님의 은총(자비)에만 있다고 믿었다. 따라서 절망을 희망으로 바꿀 수 있는 유일한 길은 '하나님의 말씀을 붙드는 일'(사 40:8; 55:11)이었다.

※ 구약성경은 주전 587년 바벨론 포로(솔로몬 성전 파괴) 이후에 생겨났고, 신약성경은 주후 70년 유대로마전쟁(헤롯성전 파괴) 이후 생겨났다. 즉 신구약성경은 수난의 시기에 탄생한 인류 최고의 걸작품(업적, 문화 유산)이다.

4) 세계 4대 문학시대가 있었다. 첫째, 히브리 예언문학시대(주전 8-5세기), 둘째, 소포클레스 시대의 그리스 비극문학시대(주전 5-4세기), 셋째, 영국 엘리자베스 시대의 시

극(주후 17세기), 넷째, 19세기 러시아 리얼리즘 문학시대. 히브리 예언문학의 최고봉인 제2이사야(사 40-55장)의 열여섯 장은 신약성경의 최초의 복음서의 〈마가복음〉의 열여섯 장과 바울신학의 요체인 〈로마서〉의 열여섯 장과 비견된다.

4. 제2이사야의 신학사상

신학적 깊이와 넓이에 있어서 제2이사야는 예언자 전승의 마지막 거인이었다. 그에게는 이전의 모든 신학사상이 종합되어 있다. 중요한 신학적 주제들을 살펴보면 다음과 같다.

1) 창조신학(Creation Theology)과 새 출애굽(new Exodus)

(1) 구원신학의 근거로서의 창조신학: 하나님은 창조주(Creator)로서, 이 세상을 창조하신 분은 불가능이 없음을 보여준다(40:26,28; 42:5; 43:7; 45:7,18; 51:13-16). 창조신학은 하나님은 구속주(Redeemer)로서 '역사의 주(Lord of History, 사 40:21-31; 45:9-13; 48:12-16)라고 하는 구속론에 귀속되어 있다. 구원신탁(Heilsorakel)의 근거로서의 창조신학을 말하고 있다. 이를 잘 보여주는 대목이 51:9-11이다. 이 대목에서 고대근동의 창조신화적인 표현을 통하여 하나님께서 혼돈의 상징인 바다를 갈라 이스라엘 백성으로 하여금 출애굽시켰던 것처럼, 바벨론 포로생활에서 혼돈의 세력을 정복하심으로 '새 출애굽(New Exodus)'의 꿈을 선언하고 있다.

(2) 무(無)로부터의 창조: 동사 '창조하다(create)'에 해당하는 히브리어로 '바라(bara')' 라는 동사가 있다. "태초에 하나님이 천지를 창조하셨다"(창 1:1)라고 할 때 이 '바라' 동사를 쓰고 있다. 그런데 이 동사의 주어가 될 수 있는 것은 유일하게 하나님뿐이다. 사람에게는 make의 뜻을 가진 '아사('asah)' 동사를 사용한다. 이 동사는 하나님이 이미 만들어놓은 것을 자료로 해서 다른 무엇을 만드는 것을 뜻한다. 그러나 '바라' 동사는 없는 데서 무엇을 만들어내는 것을 뜻한다. 이 '바라' 동사를 가장 많이 사용한 사람은 제2이사야이다. 창조 시편에서도 많이 사용하고 있다(시 8편, 104편). 여기서 강조하는 것은 야웨 하나님이야말로 일체의 무(無)와 혼돈으로부터 유(有)와 질서를 만들어낸 하나님이라는 것이다. 여기서 우리는 어떤 위기 상황에 처해서 '아무것도 아닌(nothing)' 우리 자신

을 발견하고 하나님께 의지하고 복종하는 신앙으로 다시 출발하게 될 때, 새로운 유(有), 새로운 피조물이 되어서 생의 의미를 다시금 발견하게 될 때, 하나님께서 나를 무로부터 유로 만들어 주셨다고 하는 신앙고백을 할 수 있게 되는 것이다.

(3) 유일신 야웨 창조주 고백: 본디 이스라엘 민족은 예루살렘 성전을 중심으로 야웨신앙을 지켜오고 있었다. 그런데 바벨론의 침입으로 성전이 불에 타는 상황에 처하게 되었다. 이 사건으로 인해 그 동안 이스라엘이 믿었던 야웨 하나님에 대한 신뢰는 근본에서부터 흔들리는 시작했다. 더구나 포로지에 가서 본 정복자의 신 마르둑은 자기들의 신 야웨보다 더 위대하고 강하게 보였다.

이러한 상황에서 제2이사야는 야웨 하나님이야말로 최고, 유일의 하나님이라고 외침으로써 포로로 잡혀간 자기 민족을 일깨우기 시작하였다. 이 하나님이 '알파요 오메가'라고 말했던 사람도, '나 외에 다른 신은 없다', '나를 감히 누구와 비교하겠느냐'고 말했던 사람도 바로 제2이사야였다. 비록 나라가 망해서 포로로 잡혀갔지만 그들이 이방종교와 문화에 동화되지 않고 다시 살아 움직이는 집단이 될 수 있었던 중요한 요인은 무엇이었는가? 그것은 패망에서 포로로 잡혀갔던 곳에서 실의와 좌절에 빠져 있던 사람에게 제2이사야가 창조의 하나님을 다시 발견할 수 있도록 해주었던 데 기인한다.

그는 '눈을 들어 하늘을 보라'(사 40:26)고 외쳤다. 이것은 제2이사야의 메시지의 핵심 가운데 하나이다. 실의에 차서 땅만 내려다보고 살던 사람들에게 얼굴을 들고 하늘을 쳐다보게 했다. 그것은 결국 하나님의 창조 행위에 눈을 돌리게 했다. 즉 이스라엘 백성들에게 창조신앙을 다시 일깨워주었던 것이다. 야웨 하나님만이 창조의 하나님이기 때문에 '새 창조(New Exodus)' 할 수 있는 분도 그분뿐이라는 것이다. 여기서 새 창조라고 하는 것은 바벨론으로부터 이스라엘이 고향 땅으로 다시 돌아갈 수 있게 되는 것을 뜻한다. 이것을 '새 출애굽(New Exodus)'이라고 한다.

(4) 제2이사야는 에스겔처럼 고향으로 돌아가는 길을 예언의 주제로 삼은 사람이다. 그러나 그는 에스겔과는 달리 그 길을 '제2의 출애굽 사건'으로 보았고, 그것은 바로 '새 이스라엘을 창조하시는 하나님의 사역'으로 보았다. 이사야 40-55장에 유독 출애굽 회상과 창조 사건에 관한 유비가 많은 것도 이 때문이다. 하나님은 '새 일'을 행하시겠다고 하심으로 새 출애굽의 희망과 꿈을 보여주셨다(사 43:18 이하; 48:20 이하; 49:8 이하;

51:9-11; 52:11-12; 55:12-13).

2) 유일신 신앙과 우상숭배의 어리석음

제2이사야는 바벨론 포로기에서 '유일신 신앙(Monotheism)'을 확립한 사람이다. 주전 6세기는 이스라엘 역사상 가장 창조적인 시기로서, 제2이사야에 와서야 유일신 신앙이 확립되었다. 제2이사야는 유일신 신앙을 강조하고 있다. 이는 우상에 대한 어리석음을 지적하고 하나님은 어느 누구와도 비교할 수 없는 분으로 말하고 있다. 이것을 자주 말하는 것은 포로 기간 중에 이스라엘 신앙이 심각한 회의에 직면했기 때문이다. 바벨론은 세계 문명의 센터로서 바벨론 문명에 비할 때 이스라엘은 초라하게 느낄 수밖에 없었기 때문이다.

(1) 우상이란 장인(기능공)이 주조하고 금세공업자가 금을 입혀 사슬로 장식한 것이다. 가난한 자들은 썩지 않는 나무에 솜씨 좋은 조작가가 새긴 우상을 세웠다(사 40:6-20).

(2) 이방나라들은 연합세력을 구축하여 서로 도우며 "담대하라"고 격려함으로써 우상숭배에 열중했다. 목공은 금세공업자를 격려하고, 망치질하는 자는 매질하는 자를 격려했다(사 41:6-7).

(3) "너희 우상들은 소송을 일으키라"는 말씀은 우상의 허무함과 무능함을 폭로하는 것이다. 우상들은 전혀 능력을 나타내지 못하므로 아무것도 아니다(nothing)(사 41:21-24).

(4) 우상을 만드는 자와 우상 자체는 허망하고 그들은 수치를 당할 것이다. 우상숭배자들은 나무로 만든 신상 앞에 엎드려 경배하며 "너는 나의 신이니 나를 구원하라"는 어리석은 기도를 한다. 우상을 만들고 숭배하는 자들은 영적 소경과 귀머거리들이다(사 44:9-20).

(5) '벨(바벨론 최고신인 마르둑, 태양신)'과 '느보(마르둑의 아들, 학문과 저술의 신)'의 파멸은 곧 바벨론의 멸망을 의미한다. 우상은 그것을 만든 자들도 구원하지 못하고 그것을 옮기는 짐승에게도 무거운 짐만 되는 허무한 것이다. 우상은 창조주 되시고 구속주 되시는 하나님과 비교의 대상이 될 수 없는 허무한 조각품이다(사 46:1-8).

(6) 성경은 우상숭배를 가장 어리석고 패역한 죄악임을 경고하고 있다(창 35:2; 출 20:4; 34:17; 레 26:1; 신 7:25; 11:26; 16:22; 시 81:9; 요일 5:11).

3) 역사의 주(Lord of History)

제2이사야의 메시지 중에서 부각되는 음성은 하나님이 역사의 주님이시며, 온 세상의 주인이시라는 사상이다. 유대인만의 하나님이 아닌 만군의 주 여호와 하나님, 팔레스타인이라는 울타리 속에 갇혀 계시는 하나님이 아닌, 온 세계를 다스리시는 하나님이라는 보편주의적 세계관, 신앙관이 매우 강조된다. 왜 보편주의적 세계관, 신앙관이 포로기의 유대 사회에 출현하게 되었을까? 전통적인 이스라엘 민족의 신앙은 여호와 하나님은 이스라엘을 통해서 세상과 관계한다고 믿었다. 하지만 주전 587년 유대인의 나라, 성전, 그리고 땅이 바벨론 제국의 말발굽에 허무하게 무너지게 되면서 사태는 다르게 전개되었다. 여호와 하나님 → 선민 이스라엘 → 세계로 이어지던 그때까지의 정신 사조가 여호와 하나님 → 세계 → 이스라엘로 바뀌게 된 것이다. 선민 이스라엘이라는 배타적 자부심이 예루살렘 멸망과 함께 여지없이 무너져 내리고 말았기 때문이다.

포로기의 상흔(傷痕)은 이스라엘로 하여금 자기가 누구인가에 대한 새로운 자각을 요구하였다. 포로기의 시작과 함께 이스라엘은 더 이상 세계를 호령하는 강대국이 아니었다. 제2이사야의 용어를 빌면 이때부터 이스라엘은 '종'이 되어야 했다. 이스라엘을 이스라엘 되게 하는 것은 온 땅, 온 나라, 온 우주를 '샬롬'으로 다스리시는 '야웨의 종(에베드 야웨, 'Ebed Yahweh)'이 되는 것에 있다는 새로운 자각이 생겨났다. 하나님을 더 이상 '민족의 신(national god)', '부족의 신(tribal God)', '지역의 신(territorial God)'으로 국한시키지 않을 때, 왜 예루살렘이 느부갓네살에게 망하게 되었는지를 묻는 수수께끼가 풀릴 수 있었다. 예루살렘의 신인 여호와가 느부갓네살의 신인 마르둑과의 힘겨루기 경쟁에서 졌기에 예루살렘이 망한 것이 아니라는 설명이다. 여호와가 느부갓네살마저도 자신의 일꾼으로 부리시기에, 느부갓네살로 하여금 예루살렘 주민들의 오만함을 징계하도록 허락하신 데서, 예루살렘에 패망의 비극이 몰아닥쳤다는 것이었다.

마찬가지로 하나님은 이제 페르시아의 왕 고레스로 하여금 이스라엘의 고역을 해방시키는 역할을 감당하는 일군으로 부리시리라(사 45:1-7). 예루살렘의 함락을 패망이 아닌 징계로, 하나님의 무기력이 아닌 하나님의 자포자기로 읽는 예언자적 파토스(pathos)에서, 그리고 이방 민족의 왕-가령 느부갓네살과 고레스-을 이스라엘의 원수가 아닌 하나님의 '심부름꾼'으로 받아들이는 예언자적 해석학에서 여호와 하나님은 온 세계의 질서를 다스리시는 주님으로 이해하게 된 것이다.

4) 수난의 종(Suffering Servant)

(1) 제2이사야 신학에서 독특한 특징은 '고난받는 야웨의 종(수난의 종)' 주제이다. 제2이사야에 나타나는 '야웨의 종'은 복수로는 '이스라엘'을, 단수로는 '이스라엘을 다스릴 개인으로서의 종'을 나타낸다. 이 둘 중에서 하나를 선택할 필요는 없다. 왜냐하면 둘 다 이스라엘 공동체를 설명하는 개념이 될 수 있기 때문이다. 야웨의 종인 이스라엘이라는 개념과 이스라엘의 사명을 완벽하게 감당할 개인으로서의 종이라는 개념은 둘 다 통용되기 때문이다.

일부 학자들은 종의 전형적인 인물이 모세라고 보기도 한다. 신명기 전승에 따르면 모세는 진정한 예언자의 전형적인 인물이다. 그는 계약의 중재자였고, 그의 백성들을 위하여 중재하는 역할을 했으며, 마지막에는 그들의 죄를 대신하여 죽는다(신 3:23-27; 4:23 등). 그러므로 '새로운 출애굽'이라는 주제에 사로잡혀 있던 제2이사야는 모세처럼 이스라엘을 새로운 시대를 향하여 이끌어가는 예언자의 출현을 그리고 있었을 것이다.

(2) 구약에 나타난 종에 대한 율법(출 21:1-6; 신 15:12-18)은 두 가지이다. 하나는 빚을 갚기 위해 종으로 팔려가는 경우(레 25:39)나 도적질하다가 잡혔는데, 배상할 능력이 없는 경우(출 22:3) 및 매우 가난하여 스스로 종이 되기를 원할 때(레 25:44-46)이다. 이 경우는 항구적인 계약 관계가 아니기 때문에 6년 동안만 종살이하고 7년이 되는 해에는 자유롭게 된다. 종을 소유했던 그 부자는 하나님께서 그들을 종 되었던 애굽에서 이끌어내사 자유롭게 하셨다는 사실을 기억하면서 자기의 종을 자유케 해주어야 했다.

또 다른 경우는 종이 그 주인을 떠나지 않고 계속 남기를 선택할 경우이다. 아마도 이런 경우는 떠나서 자유롭게 되는 것보다 남아서 하던 일을 계속하는 편이 낫다고 판단했기 때문일 것이다. 이런 경우 그는 주어진 자유를 따라가기보다는 아예 평생 종으로 남기를 선택한다. 이렇게 영속적인 종과 주인 관계를 맺는 데에는 공식적인 절차가 요구된다. 그 종은"내가 상전과 내 처자를 사랑하니 나가서 자유하지 않겠소"라고 공식적인 선언을 하면 상전은 그를 문설주 앞으로 데리고 가서 거기에 대고 송곳으로 그 귀를 뚫는다. 이제 귀에 뚫린 자국은 그가 영영 그 상전이 종이 되었다는 표시로 남는다. 그 표시가 지워질 수 없는 것처럼, 다시 자유인으로 돌아갈 길은 없다. 그는 남은 생애 동안 내내 그 상전을 받들어야 한다.

(3) 제2이사야에는 4개의 '수난의 종의 노래'가 나타난다(사 42:1-9; 49:1-7; 50:4-9; 52:13-53:12). 이 4개의 노래는 각각 다음과 같이 요약된다. 종의 성품(42:1-9), 종의 사명(49:1-7), 종의 훈련(50:4-9), 종의 고난(52:13-53:12). 야웨의 종에 나타난 종은 '개인으로서의 종'으로 보는 것이 정설이다. 4편의 '야웨의 종의 노래'는 하나의 완결한 작품이다. 우리에게는 4계절(춘하추동)이 있고, 4방위(동서남북)가 있듯이, 4편의 '야웨의 종의 노래'는 기승전결로 이루어진 하나의 완결한 작품이라고 할 수 있다.

첫째 노래(사 42:1-9)에서 보면, 하나님께서 바벨론 포로지에서 상한 갈대와 같고 꺼져가는 등불과 같은 한 익명의 선지자를 택해 부르셔서 야웨의 종으로 삼는다. 그러고는 그에게 이방의 빛으로서의 사명을 주신다.

둘째 노래(사 49:1-7)로 가 보면, 이 야웨의 종이 이방의 빛에 대한 하나님의 말씀을 전했을 때 그는 양쪽으로부터 공격을 당한다. 자기 동족 이스라엘에게는 허튼소리라고 조롱과 멸시를 당하고, 바벨론 사람들에게는 민족독립 운동을 한다는 이유로, 붙잡혀가 감옥에 갇히는 비참한 신세가 시작된다. 이때 그는 '내가 헛되이 수고하였으며 무익히 내 힘을 다하였다'고 야웨의 종으로서의 고달픔을 한탄한다.

셋째 노래(사 50:4-9)에 가게 되면, 이 야웨의 종은 옥중에서도 자신의 뜻을 굽히지 않는다. 그러자 바벨론 관원들에게 수없이 매를 맞고 수염이 뽑히고 침뱉음을 당하는 수모와 고난을 당한다. 그런 속에서도 그는 하나님께서 자신과 함께 하신다는 임마누엘 신앙으로 어떤 수모와 고난도 참아낸다.

가장 긴 넷째 노래(사 52:13-53:12)에 가면, 이 야웨의 종의 수난은 절정에 이른다. 그는 말할 수 없는 수모와 고난을 당하면서도 털 깎는 자 앞에 잠잠한 양같이 입을 열지 않는다. 그후 석방되어 감옥에서 나온 그를 보니까 차마 눈뜨고 볼 수 없을 만큼 그의 얼굴은 일그러져 있었고, 그의 몸은 상할 대로 상해 있었다. 그런데 사람들은 그를 존귀하게 보기는커녕 오히려 멸시를 하면서 그가 자신의 죄로 인해 하나님의 징벌을 받아 저렇게 되었다고 조롱한다. 그러나 그가 수모와 고난을 당한 것은 그의 죄 때문이 아니라 바로 우리 모두의 죄악을 담당키 위해 대신 당한 속건제물이었던 것이다. 그래서 하나님께서는 오히려 그를 지극히 높여 존귀케 하였다는 것이 이 4편의 노래의 대강의 줄거리이다.

(4) 한편 신약성경 저자들은 바로 이 고난받는 야웨의 종을 십자가를 지신 '예수 그리스도'로 보았고, 메시아에 대한 예언의 성취로 보았다. 더욱이 사도 바울은 이러한 모습을 신학화해서 우리에게 들려준다(빌 2:5-11). 그것은 '종(둘로스, δουλος)'이 '주(퀴리오스, κύριος)'가 되었다는 역설(paradox)이다. 또한 '고난받는 종'의 사상은 사도 바울의 '십자가 신학'에서 사상적 계승을 엿볼 수 있다(고전 1:18-25). '십자가'의 진리(신학)는 인간의 눈으로 볼 때 실패, 어리석음, 약함의 상징이지만 예수를 주로 믿는 자들에게는 '하나님의 구원, 지혜, 능력'의 상징이 된다(고전 1:25). 예언자의 임명(하나님의 부르심)에는 증인이 없는 데 반해, 종의 임명에는 왕의 임명과 같이 증인("보라 이는~")이 있다(삼상 9:15-17). 즉 종의 임명과 왕의 임명은 같다. 여기서 우리는 종으로 오신 예수(고난의 종)와 왕으로 오신 예수(영광의 주)를 동시에 생각할 수 있다.

5) 구원신탁(Heilsoracle)

(1) 제2이사야는 야웨가 곧 이스라엘을 구원하실 터이므로 백성들은 기뻐하리라는 내용의 신탁을 선포하고 있는데, 이를 '구원신탁'이라고 부른다. 이것은 원래 성소에서 개인의 재난이나 또는 국가적 위기에 처했을 때 예배자가 드리는 탄식에 대한 답변으로 제사장이 하나님의 구원소식을 선포하는 데서 나왔을 것으로 본다. 즉 하나님께서 탄식의 소리를 들으시고 구원을 베풀기로 하셨다는 확신을 선포하는 것이다.

(2) 구원신탁은 서론으로 "두려워 말라(Fear not)", 그리고 본론부에서 a. 하나님의 개입, b. 하나님의 개입의 결과, c. 하나님의 개입의 목적 등으로 구분된다. 제2이사야의 "두려워 말라"(40:9; 41:10,13,14; 43:1,5; 44:2,8; 51:7,13; 54:4,14)라는 신탁은 전쟁에 임하기 전에 야웨가 백성들을 위로하기 위해 주신 '전쟁신탁'과 같다(Von Rad).

(3) 구원신탁은 원래 개개인에게 그의 형편에 맞는 구원의 기쁜 소식을 전해주는 것이었지만, 제2이사야는 모든 백성에게 구원의 확신의 소식을 전했다. 이스라엘의 창조자이신 야웨 하나님은 그의 백성이 팔레스타인으로 다시 돌아올 것을 약속하고 모든 위험으로부터 부호해 주기 위해 "두려워 말라"라는 확언을 준다. 야웨는 땅끝까지 흩어진 이스라엘 백성을 본토 고향 땅으로 모으신다.

6) 고대 전승들과 계약신학(Covenant Theology)

제2이사야는 과거에 나온 모든 전승과 계약신학을 상기시켰다. 출애굽 전승(사 51:9-11)을 비롯하여 노아 계약(54:9 이하), 아브라함 계약(51:2), 다윗 계약(55:1 이하)의 영원한 계약을 말했다. 이스라엘의 과거 전승을 원용하여 포로기에 희망의 메시지를 전한 제2이사야를 정점으로 해서 예언 전승은 쇠퇴해 가고 초기 묵시문학이 등장하게 된다(제3이사야, 스가랴).

(1) 출애굽 전승: 제2이사야는 바벨론 패망이 이스라엘 백성들로 하여금 고국으로 돌아갈 수 있는 길을 열어주리라고 기대하였다. 그는 신학적으로 바벨론 포로 귀환을 이전의 그의 조상들이 이집트에서 탈출한 출애굽 사건과 견주어 이제는 새로운 하나님의 구원사가 전개될 것을 선포한다. 출애굽 사건이야말로 야웨 구원사에 있어서 가장 중요한 위치를 차지하기 때문에 바벨론 귀환 사건이란 야웨의 새로운 구원 행위를 두 번째 출애굽 사건으로 묘사할 수밖에 없다. 귀향에 관한 언급 중에서 가장 인상적인 것은 '야웨의 팔(사 51:9-11)이라는 시이다. 신명기에서 야웨의 팔은 구원과 심판의 도구로 자주 인용되며 특히 출애굽 사건과 밀접히 연관되어 있다(신 4:34). 야웨의 막강한 힘이 신화적인 실체인 라합, 용, 바다 깊은 물인 원초적인 혼돈의 세력을 무찌른 것이다. 여기서 혼돈 세력의 언급은 바벨론 창조신화에서 창조주 신 마르둑이 혼돈의 여신 티아맛(Tiamat)을 물리친 옛 이야기를 반영한 것이다. 노래의 초점은 신화적인 대결에서 역사적인 대결로 옮겨진다. 바다 깊은 곳에 길을 내어 구속자들로 건너가게 하신다는 것은 이스라엘 백성이 갈대바다(홍해)를 마른 땅처럼 건넌 것을 가리킨다. 제2이사야는 창조와 역사를 결합시킴으로 하나님의 구원행위가 인류 역사 위에 계속 나타날 것이라고 말한다.

(2) 다윗 전승: 제2이사야가 예루살렘 이사야 전승에 익숙했다는 사실은 그가 시온 전승과 다윗 전승도 잘 알고 있으리란 추측도 가능하다. 사실상 제2이사야에는 하나님이 예루살렘을 거처로 삼으셨다는 시온 전승이 많이 나타난다(사 45:13; 52;11; 49:16). 그런데 예루살렘 성전에 관한 언급은 고레스가 예루살렘을 중건할 때에 그 기초가 세워지리라는 언급뿐이다(4:28). 그리고 야웨가 다윗을 택해 이스라엘의 왕으로 삼았다는 다윗 전승(다윗 계약)에 관한 언급은 한 군데뿐이다(사 55:1-3). 포로기 이전 남왕국의 다윗 전승은 포로기를 통해 바벨론의 제2이사야에게까지 이어졌다. 그러나 앞에서 예레미야나

에스겔에서 보듯이 포로기라는 용광로와 같은 사건을 통해 여기에 커다란 신학적 변형이 생겼다. 그것은 다윗 가문에 대한 무조건적 영원한 계약이 아니라 이스라엘 백성과의 영원한 계약으로 나타난 것이다. 제2이사야에게서 조건부적인 모세 계약과 무조건적인 다윗 계약이 합해져 백성들과 맺은 새 계약이 탄생되었고, 제2이사야는 새 계약이 백성들의 잘못에도 불구하고 하나님의 사랑으로 성립되는 것임을 선포했다.

II. 제3이사야(56-66장)

1. 이사야 56-66장까지를 '제3이사야(Third Isaiah=trito Isaiah)'로 구분한다. 제3이사야는 포로기에 활동하였던 제2이사야의 제자로 추측된다. 이들은 모두 대예언자 이사야의 가르침과 정신을 이어받은 제자들이다. 제3이사야는 제2이사야와 또 다른 역사적 상황에서 활동하였다. 제2이사야는 진술한 대로, 임박한 장래에 일어날 '새 출애굽' 에 대한 기대와 희망으로 가득 차 있다. 제3이사야는 새 출애굽이 현실로 이루어져서 포로 상태로부터 해방되어 예루살렘에 귀향한 역사적 상황을 전제로 하고 있다. 또한 성전은 다시 재건된 모습을 말해주고 있다(사 56장). 따라서 제3이사야의 활동무대는 예루살렘이 된다.

2. 그러나 바벨론 포로에서 귀환한 후, 그들의 꿈과 기대는 차츰 깨어지기 시작하였다. 일찍이 예언자들이 전했던 '희망의 말씀'에서 보여주었던 이스라엘의 회복은 현실과는 너무나도 먼 것이었다. 경제적 빈곤은 말할 것도 없고, 정치적 왕국의 회복은 불가능한 꿈이었다. 이러한 상황에서 재건된 성전의 주도권을 둘러싸고 제사장 계층에서 심한 갈등, 알력과 충돌이 일어나게 되었다(사독 가문의 제사장과 일반 레위인들 사이의 충돌). 이러한 모든 상황들은 많은 사람들에게 깊은 실망과 환멸을 안겨주었다.

제3이사야는 예루살렘에 성전을 웅장하게 재건하려는 계획에 반대한다. 소를 잡아 드리는 제사는 살인함과 다를 바가 없다. 분향하는 것도 우상을 찬송하는 것과 다를 바가 없다(사 66:3). 진정한 제사, 예배가 있다면 그것은 안식일 준수뿐이다(사 56:2-8). 그래서 그는 다음과 같이 여호와의 말씀을 전한다. "하늘은 나의 보좌요 땅은 나의 발등상이니 너희가 나를 위하여 무슨 집을 지을꼬 나의 안식할 처소가 어디랴 / 나 여호와가 말하노라 나의 손이 이 모든 것을 지어서 다 이루었느니라……"(사 66:1 이하). 여기서 예언자는 여호와 하나님이 계신 곳을 특정 공간(성전)으로 확정짓지 말라고 외친다. 이 충고는 성전을 동물의 울음소리가 아닌, 기도 소리가 들리는 곳으로 재해석하는 것으로 이어진다. "내 집은 만민의 기도하는 집이라 일컬음이 될 것임이라"(사 56:7).

3. 제3이사야는 성전과 관련된 지도자들의 나태와 타락, 탐욕과 이기적 무절제가 백성들의 곤핍과 고통을 가져오고, 여호와의 종말론적 통치의 도래를 못 오게 가로막고 있었다고 보았다(사 56:9-12). 여호와와 이스라엘이 건강한 관계를 유지하고 있을 때에라야 여호와의 세상 다스리심은 이루어질 것이다. 그리고 그 관계가 건강하다는 징표는 이스라엘의 매일 매일의 삶 속에, 사람과 사람 사이에, 지도자와 백성 사이에 정의가 흐르는 것이다(사 59:1-2, 9; 56:1). 그래서 제3이사야는 진정한 금식의 의미를 이렇게 말하고 있다. "나의 기뻐하는 금식은 흉악의 결박을 풀어주며 멍에의 줄을 끌러주며 압제 당하는 자를 자유케 하며 모든 멍에를 꺾는 것이 아니겠느냐 / 또 주린 자에게 네 식물을 나눠주며 유리하는 빈민을 네 집에 들이며 벗은 자를 보면 입히고 또 네 골육을 피하여 스스로 숨지 아니하는 것이 아니겠느냐"(사 58:6-7). 예수님은 나사렛 회당에서 공생애 취임 설교를 행할 때 제3이사야의 말씀을 인용하여 희년을 선포하셨다(눅 4:18-19; 사 61:1-2).

4. 제3이사야는 이러한 포로기 이후의 실망되는 역사적 상황에서, 참된 이스라엘의 회복은 궁극적으로 "새 하늘과 새 땅"의 새 창조를 통해서 이루어진다고 선포하였다. 즉 그는 이스라엘의 회복의 꿈을 '묵시문학적 희망'으로 전환시킨다. "보라 내가 새 하늘과 새 땅을 창조하나니 이전 것은 기억되거나 마음에 생각나지 아니할 것이라 / 너희는 나의 창조하는 것을 인하여 영원히 즐거워할지니라 보라 내가 예루살렘으로 즐거움을 창조하며 그 백성으로 기쁨을 삼고"(사 65:17-18). 이 시는 우리를 '묵시의 새벽'으로 인도해 간다.

예레미야서(Jeremiah)

1. 개인적 배경

'예레미야'라는 이름은 히브리말로 '이르메야후(yrmeyahu)'라는 긴 이름이 줄어서 된 것으로, 이 말은 '이르메(ירם)'와 야웨의 짧은 꼴의 하나인 '야후(יהו)'가 합해져 이루어진 말이다. 그 뜻은 "야웨께서 높이시기를!"(또는 "야웨께서 일으켜 세우시기를!")이다. 예레미야 1:1은 "베냐민 땅 아나돗의 제사장 중 힐기야의 아들 예레미야의 말이라"고 되어 있다. 예레미야는 제사장 집안 출신으로 예언자가 된 사람이다. 에스겔이 또한 그러한 사람이다(겔 1:3).

예언자가 제사장 집안에서 나왔다는 것은 무엇을 뜻하는가? 일반적으로 제사장은 제도 종교의 대변인으로서 보수성을 띠고, 예언자는 제도에 매이지 않는 자유로운 사람으로 혁신성을 띠어 제사장과 예언자는 자주 서로 부딪친다고 보았다. 그렇지만 반드시 그렇지만은 않다. 예언자들 가운데 성전(성소)에 매여서 정해진 예배 의식의 과정에서 예언을 하는 사람을 가리켜 '제의예언자(祭儀預言者, cult prophet)'라고 부른다. 예레미야는 제사장 출신이었지만 제사장과는 주로 갈등관계에 있었다(렘 2:8; 5:31; 20:1-6 등). 따라서 예레미야가 제사장이었다고 해서 자동적으로 예레미야를 제의예언자로 보기는 힘들다.

중요한 것은 예레미야가 제사장 출신이라는 점보다는 그가 아나돗의 땅 제사장 집안 출신이라는 데 있다. 아나돗은 예루살렘 북동쪽 4-5킬로미터쯤 떨어진 마을이다. 아나듯이 유명하게 된 것은 열왕기 상 1:7; 2:26-27에 적힌 엘리 제사장의 후예인 아비아달(Abiathar)이 다윗 때는 법궤까지 매었으나 다윗이 죽은 후 스스로 왕이 되려고 했던 아도니야(Adoniya)를 밀어주다가 솔로몬의 미움을 받아 제사장직을 빼앗기고 고향 아나돗으로 유배당한 사건 때문이다. 솔로몬 이후 아비아달의 후손들은 사독의 후손을 중심한 예루살렘 제사장들(왕상 1:8,38-39)과는 달리 유다 종교계의 가장자리에서 살아왔다. 예레미야는 바로 그 아비아달의 후손이다. 후대의 전승은 예레미야를 '눈물의 예언자'로 묘사하는데, 이는 그의 혈통적 뿌리 속에 깃든 한(恨)에서 연유하는 것으로 볼 수 있으며, 그의 이러한 평판에서 심한 통곡 또는 비탄을 가리키는 'jeremiad'라는 말이 생겨났다.

아비아달의 선조인 엘리 제사장은 '실로(Shiloh)' 성소에서 봉직했는데(7:14), 실로는 북왕국 이스라엘 땅에 있었다. 실로는 벧엘과 세겜 사이 중간 지점에 있었는데, 솔로몬 성전을 짓기 전까지 법궤를 모셨던 이스라엘 성소가 있던 곳이다. 또한 솔로몬이 죽은 후에 새나라 북왕국을 세우게 될 것을 예언한 사람 아히야도 실로 사람이다. 결국 윗대로 족보를 따져 가면 예레미야는 북왕국에 뿌리를 둔 예언자로, 이는 그의 예언을 이해하는 데 중요한 의미를 갖는다. 예레미야는 요시야 왕 13년(주전 627년)에 예언자로서 활동을 시작하였다. 이때는 북왕국 이스라엘이 앗수르의 손에 망한 지 백 년쯤의 세월이 흐른 뒤였다. 그렇지만 예레미야의 핏줄 속에는 두서너 세대 전에 망해버린 북왕국의 정신이 흘러내리고 있었고, 그 북왕국의 후손임을 깊이 의식하면서 살았을 것으로 헤아려 볼 수 있다(렘 31:15-20).

예레미야서 첫 절은 예레미야가 북왕국 전통에 서서 유다 왕국의 현실을 보고 예언하였음을 알려준다. 이는 한 백 년 전 이사야가 철저하게 남왕국 유다의 전통에 서서 예언하였던 사실과 대조가 되는 동시에 예레미야의 예언 가운데 한 세기 전 북왕국에서 하나님의 사랑을 외쳤던 호세아와 하나님의 정의를 외쳤던 아모스의 예언 가운데 중요한 것을 이어받고 있다는 사실을 시사한다. 특히 호세아가 예레미야에게 끼친 영향은 컸다. 어떤 점에서는 호세아를 예레미야의 정신적 아버지라고 부를 수도 있다.

이스라엘 신앙에 있어서 남왕국의 전통과 북왕국의 전통을 각각 체제유지적인 전통과 체제 변혁적인 전통으로 단순하게 보는 것은 문제가 있긴 하지만 적어도 북왕국의 신앙 전통에 있어서 출애굽 해방사건이 매우 중요한 자리를 차지하고 있음은 부인할 수 없다.

이는 북왕국을 이루고 있는 에브라임 사람들이 지난날 출애굽에서 주역을 차지했으리라는 추측에서 비롯된 결론이다. 예레미야는 하나님으로부터 결혼하지 말도록 명령받았고, 따라서 자식도 없었다(렘 16:2).

2. 시대적 배경

예레미야의 예언 활동은 남왕국의 역사에서 운명적인 기간이었던 40년(주전 626-587년) 동안에 걸쳐 있다. 이 책의 표제(렘 1:2-3)를 쓴 사람은 요시야 13년과 시드기야 11년 사이에 여호야김 시대를 넣음으로써 여호야김 시대가 예레미야의 예언 활동에 특별히 중요한 시기였음을 시사한다.

요시야 당시의 국제 정세는 대제국 앗수르의 몰락과 그로 인해 야기된 정치적인 공백을 메우는 새로운 세력들 간의 각축전으로 불꽃 튀기는 숨가쁜 나날의 연속이었다. 주전 627년 앗수르바니팔이 죽자 대제국은 붕괴되기 시작하였다. 앗수르의 동쪽에서 메대 사람 나보폴라살은 625년 신바벨론 제국을 건설하였다. 앗수르 제국은 612년 바벨론에 의해 멸망하였다.

곧 이어 요시야 왕이 '이집트의 왕(바로)' 느고에 의해 므깃도에서 죽자(주전 609년) 곧 "그 땅 백성"의 추대를 받아 여호아하스가 왕자리에 올랐는데, 이 새 왕을 애굽 사람들이 가만 두지 않았다. 느고는 돌아가는 길에 왕이 된 지 석 달밖에 안 된 스물셋의 청년 왕을 사로잡아 가면서 그 대신 요시야의 다른 아들인 '엘리야김(하나님께서 일으켜세우신다)'을 유다 왕으로 세우고는 그 이름을 '여호야김(야웨께서 일으켜세우신다)'이라 고쳐 부르게 하였다.

이제 유다는 애굽의 손아귀에 들어간 듯하였으나 겨우 네 해 지난 주전 605년 느고가 수리아의 갈그미스에서 바벨론의 느부갓네살(주전 605-562년)과 싸워 크게 패함으로써 유다는 저절로 바벨론의 손에 들어가게 되었다. 이로 인해 여호야김 왕은 자기 뜻과 상관없이 그 전에 므낫세, 아몬이 앗수르를 섬겼듯이 이제는 바벨론을 섬기게 되었다. 이는 유다 나라 안에 친애굽 정책, 반앗수르 정책을 펴나가던 사람들의 마음에도 맞지 않는 것이었다. 그리하여 바벨론의 손에서 벗어날 틈만 엿보던 여호야김과 반바벨론 무리들은 한

3년 숨죽이고 있다가 주전 601년 바벨론의 애굽 침공이 그리 성공적이지 못하게 되자 용기를 얻어 바벨론에 조공 바치기를 그쳤다.

이에 느부갓네살이 예루살렘을 침공하는데, 예루살렘이 함락되기 전에 여호야김은 죽고, 아들 여호야긴이 그 뒤를 이었다. 석 달 동안 예루살렘을 둘러싸고 있던 느부갓네살은 마침내 성을 점령하여 여호야긴과 일부 귀족들과 기술자들을 바벨론에 사로잡아 가고 유다 땅에는 요시야의 다른 아들이자 여호야긴의 삼촌인 맛다니야('야웨의 선물'이란 뜻)를 임금으로 삼고 그 이름을 시드기야('야웨는 나의 의, 곧 도움이시라'는 뜻)로 고친다. 이때가 주전 598년(또는 597년)이었다. 열한 해 전에 또 다른 삼촌인 여호아하스가 애굽으로 사로잡혀 가듯이 여호야긴은 바벨론으로 사로잡혀 가서 살게 되고 유다 나라는 바벨론의 간섭을 받는 처지가 되었다. 그 후 시드기야는 다시 나라 안의 반바벨론 파당의 압력에 굴복하여 바벨론을 배반하게 되고 이에 느부갓네살이 다시 예루살렘을 쳐들어와 햇수로 3년이나 걸치는 긴 싸움 끝에 점령하여, 주전 587년(또는 586년) 유다는 완전히 멸망하였다.

3. 예레미야의 생애와 활동(4시기)

1) 요시야(Josiah) 왕 시기(627–609년): 요시야는 유다 역사상 가장 의로운 왕 중의 한 사람이었고, 예레미야도 그를 높게 평가하고 있다(렘 22:15 이하). 예레미야가 이 기간 동안에 활동했던 기록은 많지 않다.

2) 여호야김(Jehoiakim) 왕 시기(609–597년): 여호야김 왕의 등장과 함께 요시야 왕이 이루었던 종교개혁은 무효로 돌아가고, 다시 종교적, 사회적 혼란이 심해졌다. 이 기간 동안 예레미야는 그가 전한 말씀 때문에 불의한 자들에 의해서 끊임없이 생명의 위협을 받게 된다(렘 18:18 이하; 11:18 이하).

3) 시드기야(Zedekiah) 왕 시기(597–587년): 이 기간은 유다 왕국이 멸망하기 직전의 운명적인 기간이었다. 이 기간 동안 유다 조정에서는 당시의 유다의 지배자였던 바벨

론 제국에 항거하려는 여러 가지 움직임이 있었다. 그러나 예레미야는 바벨론 세력은 하나님께서 사용하시는 도구로 확신하였다. 그리하여 그는 하나님께서 바벨론의 힘을 사용하여 죄많은 유다 왕국을 징벌하시는 것이라고 선포하였고, 바벨론 세력에 대항하는 일체의 항거운동을 반대했다. 예레미야는 바벨론의 느부갓네살 왕을 '하나님의 종'(렘 27:6)이라고까지 불렀다. 유다 조정의 국수주의자들에게는 이러한 예레미야의 말씀은 반역자의 말로 생각되었고, 예레미야는 반역죄로 몰려 투옥되기도 하였다(렘 37장).

4) 유다 왕국의 멸망 이후(587년 이후): 예레미야의 반대에도 불구하고 시드기야 왕은 이집트의 원조를 기대하고 바벨론에게 반항하였다. 그 결과 바벨론 군대는 예루살렘에 쳐들어오게 되었고, 결국 유다 왕국은 멸망당하였다(렘 39장, 52장). 유다 왕국이 멸망한 후 예레미야는 예루살렘에 머물면서 하나님의 채찍을 받는 것이 옳다고 생각하였다. 그러나 일단의 '망명파'들은 예레미야와 그의 비서 바룩(Baruch)을 억지로 끌고 이집트로 내려갔다. 그 곳에서 마지막으로 예레미야는 그들이 당한 역사적 비극의 의미를 해석해 주었다(렘 44:22-23). 이 마지막 설교를 끝으로, 눈물과 고독, 수난과 오해로 점철된 대예언자의 생애는 끝난다.

3. 예레미야의 구조(내용 분해)

I. 표제(1:1-3) 및 예레미야의 소명설화(1:4-19)
II. 하나님의 백성에 대한 심판의 말씀(2-25장)
 1. 이스라엘의 범죄와 그 징벌(2:1-6:30)
 2. 우상숭배와 그에 대한 징벌(7:1-10:25)
 3. 언약 파기에 대한 경고와 심판(11:1-15:9)
 4. 예레미야의 고백과 상징적 행위 및 설교(15:10-25:38)
III. 예레미야와 거짓 선지자들과의 논쟁(26:1-29:32)
 1. 성전설교 및 그 결과(26:1-24)
 2. 예레미야와 거짓 선지자들(27:1-29:32)

IV. 위로의 책(30:1-33:26)

1. 이스라엘과 유다의 회복(30:1-31:40)

2. 유다와 예루살렘의 회복과 예레미야의 기도(32:1-33:26)

V. 여호야김과 시드기야 당시에 주어진 예언(34:1-39:18)

VI. 예루살렘 함락 후의 예레미야의 생애(40:1-45:5)

1. 유다에서 일어난 그달랴 시해 사건과 그 결과(40:1-43:7)

2. 애굽에서의 예레미야의 활동(43:8-45:5)

VII. 이방 민족들에 대한 심판의 말씀(46:1-51:64)

1. 애굽 심판(46:1-28) 2. 블레셋 심판(47:1-7) 3. 모압 심판(48:1-47)

4. 암몬 심판(49:1-6) 5. 에돔 심판(49:7-22) 6. 다메섹 심판(49:23-27)

7. 아라비아 심판(49:28-33) 8. 엘람 심판(49:34-39) 9. 바벨론 심판(50:1-51:64)

VIII. 예루살렘의 멸망과 바벨론 유수(52:1-34)

이러한 내용을 지닌 예레미야서를 일목요연하게 도표로 그려보면 다음과 같다

예 언	수난기	고 백	다른 탄식	산 문
1-25장: 하나님의 백성 심판	19-20장	11, 12, 15, 17, 18, 20장	4, 6, 8, 9 ,10, 12, 15, 17, 18, 20장	1, 3, 7-8, 11, 16-19, 21-25, 34-35장
	26-29장			27, 29장
30-35장: 하나님의 백성 구원				
	36-45장		45장	42, 44장
46-51장 (+25:15-38): 이방 심판			48장	
52장 역사적인 부록				

4. 문학적 통일성의 문제

예레미야서는 무엇보다도 문학적 통일성이 문제이다. 모빙켈(Movinckel)은 예레미야서에 나타난 자료의 세 가지 타입(A, B, 그리고 C 타입이라고 호칭)을 주장하였다. 그 이후 많은 학자들이 거의 이 이론을 수용하였다. A 자료는 예레미야 자신으로부터 온 시적 신탁으로 구성(1-25장에 주로 나타남). B 자료는 바룩에 의해 이집트에서 쓰여진 전기적 설화로 구성(26-29장, 36-44장에서 주로 발견). C 자료는 A 자료와 B 자료에 속하지 않는 긴 말씀으로 신명기나 신명기 역사서에서 발견되는 것과 유사한 문체, 사상, 구조를 지닌 포로기 이후 신명기 편집자에 의해 그 책에 첨가된 자료로 구성(3:6-13; 7:1-8:3; 11:1-5,9-14; 18:1-12; 21:1-10; 22:1-5; 25:1-11a; 27; 29:1-23; 32:1-2,6-16,24-44; 34:1-22; 35:1-19; 39:15-18; 44:1-14; 45장). 이러한 기본적 자료에다 후대의 편집자가 시와 산문의 수집물인 31-33장과 이방에 대한 일련의 신탁(46-51장), 그리고 역사적 부록(52장)을 첨가했다.

5. 예레미야서의 전승들

1) 출애굽 전승: 예레미야는 하나님께서 이스라엘 백성을 애굽에서 구원해 주신 출애굽을 많이 언급하고 있다(2:6; 7:22; 11:4; 31:32; 32:21 등). 2:4-8은 대표적인 출애굽 신학이라고 할 수 있다. 출애굽 전승과 밀접히 연관된 것이 시내산 계약 전승(7:23; 11:4)과 광야 유랑 전승(2:6)이다.

2) 호세아 전승: 예레미야와 호세아의 언어적인 유사성을 고려할 때 예레미야가 에브라임 고대 전승(호세아)에 영향을 받고 있음을 엿보게 된다. 예레미야는 호세아의 부정한 아내 은유(호 2:14-20; 4:10-11)를 빌려 이스라엘 백성의 타락을 묘사하고 있다(렘 2:2; 3:2-3). 예레미야 31:31 이하의 새 언약 구절들은 호세아 2:21-22의 새로운 결혼관계의 표현에 영향을 받았다고 볼 수 있다. 예레미야 31:34에 야웨의 법이 그들 속에 있기 때문에 야웨를 알게 된다는 표현은 호세아 2:20의 "네가 야웨를 알리라"는 표현에서 영향을

받았을 것이다. 호세아 2:20의 '알다(ידע)'도 계약의 특수 용어인만큼 호세아에 나타난 모세계약 전승이 그대로 예레미야에게 이어졌다고 볼 수 있다. 예레미야는 호세아의 예언 정신을 그대로 이어받아 에브라임 전승의 계약준수 사항을 철저하게 실현시키고 있다.

3) 신명기 전승: 예레미야서에는 신명기적 언어와 신학이 편만하다(렘 5:19; 9:12-16; 16:10-13; 22:8-9). 예레미야는 신명기가 주장하는 계약에 대한 성실성을 강조하는데, 새 계약에 대한 예레미야의 설파(32:39-41)는 신명기 신앙의 정신을 완전히 새롭게 표현한 것으로 볼 수 있다. 이미 언급한 모빙켈의 C 자료는 신명기 전승과 깊은 관련이 있다.

4) 다윗왕조 전승: 유다 왕국의 공식적인 신학적 체계(왕정신학)는 다윗과의 영원한 언약을 토대로 야웨가 시온을 선택하여 예루살렘 성전을 그의 거주지로 삼고 다윗왕조를 선택하여 영원히 다스리게 하겠다는 것이다. 예레미야 14:13은 이 같은 왕정신학의 면모를 보여준다. 또한 예레미야는 여호야김을 공격하면서 그의 아버지 요시야를 이상적인 왕으로 보고 있다(렘 22:15-16). 예레미야는 현재의 다윗 가문은 끊어졌지만 이상적인 다윗 왕이 후대에 메시아로 오시리라는 희망을 표명하였다. 23:5-6(메시아 시)과 33:14-16은 예레미야가 다윗 계열의 왕권의 회복을 꿈꾸었을 가능성을 시사한다.

6. 예레미야의 메시지(신학적 주제)

1) 예레미야의 고백록

어거스틴의 〈고백록〉, 쟝 자크 루소의 〈고백록〉, 레오 톨스토이의 〈고백록〉 등이 있듯이, 예레미야서에는 〈예레미야의 고백록〉이라는 6개의 본문(11:18-23; 12:1-6; 15:10-21; 17:12-17; 18:18-23; 20:7-18)이 있다. 이는 어거스틴, 루소 및 톨스토이의 그것보다 무려 1천 년에서 2천 5백 년이나 앞선 것으로 실로 고백록의 '비조(鼻祖)' 또는 '효시(嚆矢)'라고 말할 수 있다. 또한 그 내용면에서 볼 때 현격한 차이가 있다. 다른 고백록들은 자신들의 잘못에 대한 참회의 성격이 강한 고백록이지만, 예레미야의 고백록은 자신의 잘못과는 하등 관계가 없는, 하나님께서 자신을 선지자로 부르시고 보내신 그 소명과 사명에 따른 탄원과 고뇌를 노래하고 있다. 특히 주목할 만한 사실은 예레미야의 고백록에는 인지진술(yada' 동사)가 어김없이 나타난다(11:18-19; 12:3; 15:14-15; 17:16; 18:23; 20:12[yada' 대신 ra'ah[보다]가 2회 사용). 이는 하나님이 자신의 처지를 알 것이라는 신뢰 때문일 것이다.

2) 참 예언자와 거짓 예언자

예레미야서에는 거짓 예언자들에 대한 내용이 그 어떤 다른 예언서보다 자주 나온다(23:30-40; 27-28장). 다윗의 계약신학의 옹호자였던 하나냐는 야웨께서 바벨론 왕의 멍에를 부수고 2년 안에 성전 기물과 여호야긴(여고냐)을 비롯한 포로로 잡혀갔던 사람들이 돌아올 것이라고 선언하였다. 유다 왕국의 존속을 갈구하던 하나냐를 비롯한 당대의 지도자들은 유다왕국이 망하지 않고, 지금처럼 계속 존재할 것임을 하나님의 이름으로 선포하였다. 반면에 예레미야는 하나냐와 그곳에 모여든 백성들에게 이때까지 야웨의 (참)예언자들은 한결같이 멸망을 예언했다는 것을 상기시켰다(렘 28:8). 예레미야는 자기 백성이 망해야 하고, 자기 왕조가 느부갓네살에게 백기를 들어야 한다는 것을 주의 이름으로 선언해야 했다. 그것은 하나님이 하실 일이라는 것이었다. 예레미야의 예언에 온 백성이 저주를 퍼부었다. 그는 졸지에 매국노가 되어 버렸다. 예레미야에게 있어서도 이스라엘은 계속 존속할 것이다. 그러나 지금 이대로의 이스라엘은 아니다. 변화된 이스라엘, 새 이스라엘만이 하나님의 백성으로 존속하리라. 그것이 예레미야를 참 예언자되게 만들었던 지렛대였다.

3) 북방으로부터의 적

예레미야는 부르심을 받았을 때 물이 끓는 가마가 팔레스타인 쪽으로 기울어 재앙이 쏟아지는 이상(異像)을 보고 '북방으로부터의 적'에 관한 말을 하였다(렘 1:13-15; 4:5-8, 11-17,19-21,29-31; 5:15-17; 6:1-5,22-26 등). 주전 605년 갈그미스 전투를 계기로 북방의 적은 뚜렷하게 부각되었는데, 그 가마는 바벨론 땅에서 끓고 있었다. '북방으로부터의 적'은 구약의 역사에서 논쟁적 주제로서 대개는 적의 정체성의 문제에 관심이 집중되어 왔다. 과연 북방의 적은 누구를 말하는가? 한때는 주전 626년 코카서스 지방에서

밀어닥친 스키타이족으로 보았으나 최근에는 바벨론일 것이라고 보는 쪽으로 기울어지고 있다.

성서 문학에서 북방(자폰, צפן)의 개념은 지리적 의미보다 훨씬 더 중요한 의미를 지닌다. 대부분의 파국적 침입은 북쪽이나 북동쪽으로부터 왔기 때문에 이스라엘 사람들의 마음에 북방의 개념은 은유적 의미에서 민족적 대파국의 의미와 관계되며, 특수한 지리적 의미에서가 아니다. 구약 전승에서 하나님에 대한 적대적인 혼돈의 세력들은 북쪽에 산다는 이 관념은 역사적-지리적 혁명을 겪었으나, 그것은 확실히 그 기원에 있어서 신화적-전설적이다.

북방의 적을 다루는 포로기 이전 단락에서 우리는 적에 대한 어떠한 신화적인 해석의 표징을 발견할 수 없다. 다만 적을 통하여 인간 역사의 평면 위에 놓여 있는 인간 대리자의 특징을 볼 수 있을 뿐이다. 우리의 요점은 그 기원에도 불구하고 적 전승이 포로기 이전 문학에 나타날 때 어떠한 신화적 요소도 증명할 수 없다는 것이다. 여기서 중요한 것은 이러한 단락의 어디에서도 동사 ra'ash(רעש, 진동, 흔들림)의 뿌리가 나타나지 않는다는 점이다.

그런데 그 변화를 낳은 결정적인 사건은 '포로기'이다. 바벨론에 대한 포로기 신탁들(렘 50:1-51:58)에는 초기의 주제가 다시 사용되나 중요한 차이점은 이제 동사 raa'sh가 나타난다는 사실이다. 예레미야 50:41-43은 예레미야 6:22-24을 거의 축자적으로 인용한다. 그러나 다음의 구절로 그 신탁은 끝난다. "바벨론의 함락하는 소리에 땅이 진동하고……"(50:46). 바벨론의 멸망에 대한 격렬한 묵시문학적 성격은 51:29에서 더욱 명백해진다. "땅이 진동하며 고통하나니 이는 나 여호와가 바벨론을 쳐서……."

포로기 이후 raa'sh는 혼돈의 복귀에 따른 세계의 최종적 흔들림을 위한 전문적 용어로 발전했다. 그 변화는 초기 포로기 시대에 발생한다. 적은 초인간적 성격을 띠며 혼돈 신화로부터 이끌어 온 언어로 묘사된다. 그리고 그 적은 초역사적이고 묵시문학적인 색채를 띤다.

4) **새 계약**(New Covenant)

이스라엘 공동체의 회복에 대한 비전을 말하는 '위로의 책(30-33장)' 내에 있는 '새 계약' 본문(31:31-34)은 예레미야서뿐만 아니라 신구약성경 전체에서 가장 심오하고 감동적인 본문 가운데 하나이다. 이 예언은 예레미야가 말했던 어떤 다른 예언보다도 후대의 예언 전승에서 지울 수 없는 형적을 남겼고, 마침내 이 '새 언약'이라는 이름은 '기독교의 정경(신약성경)'의 이름이 되었다(신약은 '새 언약'을 뜻한다). 본문으로부터 유래하는 바로 그 제목(New Testament 또는 New Covenant) 때문에 이 본문은 신약성경에서 최고의 중요성을 지니게 되었다. 즉 본문은 신약성경에서 예수 그리스도를 통한 새 계약의 근거로 자주 인용되었다(막 14:23-25; 눅 22:20; 고전 11:25; 고후 3:5-14; 히 8:8-12; 9:2; 10:10-17). '새 계약' 본문에 나타난 의미를 살펴보자.

첫째, 새 언약은 옛 언약과 같이 하나님께서 행하시는 것에 대한 응답이지 쌍무협정이 아니다. 이것이 "내가……세우리라"는 말의 의미이다.

둘째, 새 언약의 선언 배경은 시내산에서 하나님과 이스라엘 간에 맺은 옛 언약(모세 언약=시내산 언약)에 있다(출 19:1-24:11). 새 언약은 모세 언약과는 다를 것이다. 왜냐하면 이스라엘 백성의 역사는 모세 언약이 이스라엘의 불순종으로 이내 깨어진 언약임을 보여주었기 때문이다. 모세 언약을 회복하기 위한 신명기적 개혁의 시도조차도 실패했다. 이 실패가 예레미야 예언의 배경이 되었을 것임에 틀림없다. 이스라엘은 계약법에 따라 사는 순종에 실패했고, 그 결과 그들은 심판을 받아 북왕국은 722년에, 남왕국은 587년에 각각 멸망했다. 따라서 깨어진 관계의 회복은 하나님과 이스라엘 간의 새로운 계약이 필요했다.

셋째, 새 언약은 출애굽 이후에 이스라엘 조상들과 시내산에서 맺은 옛 언약과는 근본적으로 다른 점이 있다. 옛 언약은 인간 존재의 외부에 있는 돌판 위에 쓰거나(출 31:18; 34:28-29; 신 4:13; 5:22) 책 위에(출 24:7) 기록되었다. 그러나 새 언약은 인간 존재의 내적인 중심인 마음에 기록될 것이다(31:33). 전에는 이스라엘 자손의 마음이 죄악으로 가득 차서 도무지 개선의 여지가 없었다. 그러나 야웨께서 그들의 마음판에 토라를 새겨주심으로 불순종과 반역에서 돌이켜 자유롭고 기꺼이 순종하는 새 상황을 가져다 줄 것이다. 이 같은 토라의 내면화를 통한 하나님과 이스라엘의 관계 회복은 한 마음과 한 '도(way)'를 주신(32:39; 겔 11:19; 18:31; 36:26) 하나님의 선물이며, '오직 은혜(sola gratia)'로 맺어진 새롭고도 영원한 언약이다.

넷째, 새 언약은 '야웨의 백성'인 새로운 공동체를 태동시킬 것이다. 31절은 새 언약이 "이스라엘 집과 유다 집", 즉 야웨가 이집트에서 구출해 낸 백성 전체를 포함하고 있는 것으로 올바르게 해석하고 있다. 개인주의라는 말은 예레미야의 생각과는 거리가 멀다. 왜냐하면 예레미야는 이 언약의 공식이 가장 작은 자로부터 가장 큰 자까지 이스라엘 공동체의 모든 성원에게 다 개인적으로 적용된다는 것을 강조하기 때문이다. '언약공식'인 "나는 그들의 하나님이 되고 그들은 내 백성이 될 것이다"(33b절)라는 말은 이 언약의 특징을 잘 보여준다(렘 24:7; 32:39-40 참조). 이 언약공식은 야웨는 이스라엘의 언약의 하나님이고, 이스라엘은 야웨의 택한 언약백성인 관계를 나타낸다. 하나님과 이스라엘이 이러한 관계에 있을 때 모세, 제사장, 예언자, 교사들 같은 중재자들을 더 이상 필요로 하지 않을 것이다. 왜냐하면 그들 모두가 야웨를 '알게(야다, ידע)' 될 것이기 때문이다(34a절). 즉 물이 바다를 덮음같이 야웨를 아는 지식이 세상에 충만할 것이다(사 11:9). 본서의 문맥에서 야웨를 안다는 것은 그를 주님으로 인정하고 그분에게 순종하는 것을 의미한다. 호세아처럼 예레미야도 야웨의 지식을 강조한다(2:8; 4:22; 9:3,6,24; 22:16). "너는 야웨를 알라"(34a절)라는 명령투의 인지진술은 언약 준수의 요약으로서 신명기적인 독특한 문구이다.

다섯째, 새 언약은 하나님의 죄사함을 토대로 하게 될 것이다. 새 언약의 출발을 위한 필수 조건은 하나님께서 그들의 죄를 용서하시고 그 죄를 기억하지 않음에서 비롯된다(34b절).

여섯째, 새 언약은 역사 속에서의 하나님의 의도가 완성되는 "마지막 일들(종말)"에 속하는 예언이다. "보라 날이 이르리니……"(31절) 새로운 시대가 올 날은 달력상으로 밝힐 수 없다. 그 날은 이스라엘이 소망하는 미래로서 하나님의 활동과 목적에 의해 결정될 것이다(렘 31:4-6 참조).

에스겔서(Ezekiel)

1. 개인적 배경

에스겔은 히브리어로 '예헤제키엘(יחזקאל)'로 그 이름의 뜻은 "하나님이 강하게 하신다"이다. 이사야서, 예레미야서, 에스겔서를 가리켜 구약의 3대 예언서라고 한다. 그리고 예레미야, 에스겔, 제2이사야(사 40-55장)를 포로기 예언자의 삼총사라고 말하기도 한다. 이렇듯 에스겔서는 3대 예언서 가운데 하나일만큼 중요한 책인데, 그 동안 많은 이들로부터 외면당해 온 것이 사실이다. 그 까닭은 난해성(難解性) 때문이다. 에스겔서를 정경에 포함시킬 것인가를 둘러싸고 일어난 주후 1세기의 논쟁 기간에 랍비 '히스기야의 아들 하니나(Hanina-ben Hezekiah)'는 에스겔서를 연구하면서 3백 항아리의 기름을 사용하였다고 한다.

에스겔은 여러 가지 점에서 참 특이한 예언자다. 정신병리학자들은 에스겔서에 나오는 이상한 증세들에 관심을 가지면서 에스겔의 정신 상태를 진단하고, 외계인 연구자들은 에스겔이 본 환상, 특히 병거와 보좌환상을 우주선이나 우주인과 연계시키려 하고, 인종분리주의자들은 38장과 39장에 나오는 곡과 마곡에 관한 것을 특정한 인종말살과 연결시키고, 신묵시주의자들은 에스겔이 말하는 독특하고 끔찍한 표현들을 현시대에 적용해서 우주 종말이 임박했다고 경고한다. 물론 이런 것들은 에스겔서가 말하는 중심적인 내용에 비하면 아주 지엽적이고 왜곡된 것들이지만, 다른 한편으로는 에스겔이 그만큼 특이하다는 것을 증명해주기도 한다. 아마도 에스겔은 이스라엘의 많은 예언자들 가운데서 가장 독특한 예언자라고 할 수 있을 것이다.

에스겔은 "부시(Buzi)의 아들 제사장 나 에스겔"이라고 자신을 소개하고 있다(겔 1:3). 에스겔은 바벨론에 포로로 잡혀가기 전에는 예루살렘 성전의 제사장이었다. 따라서 에스겔은 흔히 '제사장적 예언자(priestly prophet)'라고 불리고 있다. 이러한 배경은 성전에 대한 그의 관심과 정확한 지식(겔 40장 이후), 제사 규례에 관한 그의 지식과 언어, 오경의 성결법전(Holiness Code, 레 17-26장) 및 제사장 전승(P)과의 밀접한 유사성을 설명해 준다.

598년에 느부갓네살이 예루살렘을 점령하고 첫 번째 포로로 에스겔을 잡아갈 때, 당시의 왕인 여호야긴과 함께 끌려간 것으로 보아, 당시에 에스겔은 이미 상당히 유력한 지위에 있었던 것으로 보인다. 그래서 바벨론의 유대인 포로공동체에서도 에스겔은 매우 영향력 있는 인물이었던 것으로 생각된다. 에스겔은 당시 유대인 공동체를 이끌어 나가던 이스라엘의 장로들의 방문을 받았다. 에스겔이 그들을 찾아가지 않고, 그들이 에스겔을 찾아온 것을 보면 에스겔이 사회적으로 매우 존경받는 위치에 있었음을 보여준다(8:1; 14:1-2; 20:1-2).

에스겔의 가정생활에 대해서는 그가 결혼했다는 사실을 알 뿐인데. 그것은 그의 아내의 죽음이 상징적 행동을 위한 한 사건이 되었기 때문이다(24:15-24). 성경은 에스겔이 자식을 가졌는지조차 모를 정도로 전적으로 어둠 속에 남겨 놓고 있다. 에스겔은 이스라엘 예언자 중에서 가장 박식한 예언자였고, 특히 그는 이스라엘 역사에 관하여 해박한 지식을 갖고 있다(16, 23장).

2. 시대적 배경

에스겔서에는 그의 활동과 관련하여 15곳(불완전한 연대 한곳 포함)에서 연대를 표기하고 있다. 따라서 구약의 다른 예언자들보다 그의 활동연대를 정확히 말할 수 있다.

1:1(제삼십 년 넷째 달 오일에)

1:2(여호야긴 왕이 포로로 잡혀온 지 오년째가 되는 그 달 오일에)

3:16(이레가 지난 다음에)

8:1(제육년 여섯째 달 오일에)

20:1(제칠년 다섯째 달 십일에)

24:1(제구년 열째 달 십일에)

26:1(제십일년 어느 달 초하루에)

29:1(제십년 열째 달 십이일에)

29:17(제이십칠년 첫째 달 초하루에)

30:20(제십일년 첫째 달 칠일에)

31:1(제십일년 셋째 달 초하루에)

32:1(제십이년 열두째 달 초하루에)

32:17(제십이년 첫째 달 십오일에)

33:21(우리가 포로로 잡혀온 지 십이 년째가 되는 해의 열째 달 오일에)

40:1(우리가 포로로 잡혀온 지 이십오 년째가 되는 해, 예루살렘 도성이 함락된 지 십사 년째가 되는 해의 첫째 달 그 달 십일, 바로 그 날에)

이 연대 표기는 여호야긴 왕과 에스겔이 포로로 잡혀온 주전 598년을 원년으로 해서 연대 계산을 한다. 에스겔이 예언자로 소명받은 때는 "여호야긴 왕이 포로로 잡혀 바벨론으로 온 지 5년째 되던 해 4월 5일이었다"(1:1-3). 이것은 주전 593년이 된다. 그의 마지막 활동은 "제27년 1월 1일"(29:17)로 기록되어 있다. 이것은 주전 571년이 된다. 즉 에스겔은 바벨론 포로 기간인 주전 593-571년, 포로지인 그발(Chebar) 강변에서 예언자로 소명받고 그 곳에서 22년 동안 활동하였다.

에스겔서는 에스겔을 갈대아 땅 그발 강가(1:1,3)에 있는 '텔 아비브(Tel Abib)'에 위치시키고 있다(3:15). 에스겔은 유프라테스 강과 티그리스 강에서 농지로 물을 끌어들이는 관개수로용 작은 강인 그발 강 근처, 즉 니푸르(Nippur) 근처에서 생활하고 있었다. 그리고 에스겔이 거한 정확한 지명은 텔 아빕이었다. 텔 아빕의 정확한 위치는 알려져 있지 않다. 다만 이 이름은 바벨론어로 '홍수의 언덕', 즉 '홍수로 인해서 폐허가 된 곳'을 의미한다. 그러니까 바벨론 정부는 유대인 포로들을 텔아비브에 정주시키고 그들로 하여금 그 폐허를 개척하도록 명령했던 것 같다. 유대인들은 그곳을 중심으로 해서 자치주를 이루면서 살았던 것으로 여겨진다(렘 29:5-7 참조).

한편 1:1에 의하면 "제삼십 년 사월 오일에"라는 연대가 나오는데, 이것은 무엇을 말하는가? 어떤 학자들은 이것을 에스겔의 나이로 보아 에스겔이 당시에 삼십 세가 되었다고 보기도 한다. 또한 어떤 학자들은 요시야의 두 번째 개혁으로부터 삼십년 되는 해를 말하는 것이라고 생각한다. 요시야는 주전 622년에 두 번째 개혁을 시작하는데, 이때 국가를 새롭게 하기 위하여 달력 체계를 바꾼다. 7월을 1월로 바꾸고, 622년부터 연대를 새롭게 계산하기 시작했다. 그래서 622년부터 30년째가 되는 해는 593년인데, 이때는 여호야긴 왕이 바벨론에 포로로 잡혀온 지 5년째 되는 해이기도 하다.

3. 에스겔서의 구조(내용 분해)

I. 이스라엘에 대한 심판의 말씀(1:1-24:27)
  1. 에스겔의 소명(1:1-3:27)
  2. 예루살렘의 포위를 예언하는 상징적 행동들(4:1-5:17)
  3. 우상을 섬기는 이스라엘에 대한 심판과 그 종국(6:1-7:27)
  4. 더럽혀진 성전과 성전을 떠나시는 하나님의 영광(8:1-11:25)
  5. 예루살렘이 포로로 잡혀갈 것에 대한 상징적 행동(12:1-28)
  6. 거짓 선지자들에 대한 경고와 심판의 말씀(13:1-23)
  7. 우상을 섬기는 장로들에 대한 경고와 심판의 말씀(14:1-15:8)
  8. 간음한 여인의 비유(16:1-63)
  9. 두 독수리의 비유(17:1-21)
  10. 연한 가지의 비유(17:22-24)
  11. 죄인을 향한 하나님의 사랑(18:1-32)
  12. 이스라엘 방백들에 대한 애가(19:1-14)
  13. 이스라엘의 과거 역사와 하나님의 계획(20:1-44)

14. 불과 칼의 심판에 대한 말씀(20:45–21:32)

15. 극도로 타락한 예루살렘 성의 죄악들(22:1–31)

16. 오홀라와 오홀리바(23:1–49)

17. 녹슨 가마의 비유(24:1–14)

18. 에스겔의 아내의 죽음과 예루살렘 성의 함락(24:15–27)

II. 이방들에 대한 심판의 말씀(25:1–32:32)

1. 암몬(25:1–7) 2. 모압(25:8–11) 3. 에돔(25:12–14) 4. 블레셋(25:15–17)

5. 두로(26:1–28:19) 6. 시돈(28:20–24) 7. 이스라엘에 대한 약속(28:25–26)

8. 애굽(29:1–32:32)

III. 이스라엘의 회복에 대한 말씀(33:1–39:29)

1. 에스겔의 재소명(33:1–20)

2. 예루살렘 성의 함락 소식(33:21–22)

3. 백성들의 태도(33:23–33)

4. 선한 목자이신 여호와 하나님(34:1–31)

5. 에돔에 대한 심판의 말씀(35:1–15)

6. 이스라엘의 회복에 대한 말씀(36:1–38)

7. 마른 뼈의 이상과 하나님의 영원하신 약속(37:1–28)

8. 곡(Gog)과 마곡(Magog)과의 마지막 전투에 대한 예언(38:1–39:29)

IV. 새 성전과 율례에 대한 이상(40:1–48:35)

1. 새 성전에 대한 이상(40:1–43:27)

2. 이상적인 사역과 희생 제도에 따른 새 예배(44:1–46:24)

3. 지파별로 땅을 분배함에 따른 새 이스라엘(47:1–48:35)

이상에서 보는 바와 같이 에스겔서는 예언서 가운데 가장 명료한 구조를 보여준다. 예언의 이중 구조인 심판의 말씀(1–32장)과 구원의 말씀(33–48장)이 그것이다. 심판의 말씀은 다시 이스라엘(유다) 심판(1–24장)과 이방 심판(25–32장)으로 나누어지고, 구원의 말씀도 이스라엘(유다)의 회복의 말씀(세속적 회복, 33–39장)과 회복된 새 성전에 관한 이상(종교적 회복, 40-48장)으로 나누어진다.

4. 에스겔서의 특징

1) "인자" 호칭

하나님의 말씀이 에스겔에게 임했을 때, 언제나 하나님은 에스겔을 "인자야"라고 호칭하였다. '인자(人子)'라는 말은 에스겔서에 93회 나오는데, 이것은 다른 예언자에게서는 찾아보기 어려운 것이다. 이 호칭의 뜻은 '죽을 인간(mortal)'을 의미하며, '하나님의 부르심(소명)'에 대한 그의 절대적인 순종을 요청한다.

2) 표징 행동들("에스겔이 너희에게 표징이 될 것이다")

에스겔서에는 12개의 표징 행동들이 기술되어 있는데, 이는 당대의 예언자인 예레미야보다 조금 많고, 초기 예언에 나타난 숫자보다 훨씬 많은 분량이다. 이러한 표징 행동들은 예루살렘 멸망 이전 기간에 집중되어 나타난다. 이는 그를 거부하는 청중들 가운데서 예언자의 메시지에 대한 강한 저항이 있었음을 나타낸다. 모든 상징적 행동을 통하여-그의 아내의 죽음, 그의 벙어리됨, 느부갓네살의 공격로를 그림, 4-5장에서 포위와 포로를 다룬 5가지 표징들, 포로됨에 대한 조롱, 그의 떪과 그의 탄식-에스겔은 하나의 표징이다. 그는 야웨의 말씀과는 다른 매체로 설교하나 그것은 야웨의 말씀을 보충해 주고 항상 강화시켜 준다. 상징적 행동들은 그의 메시지를 구체화시켜 주고, 그것들이 묘사하는 사건의 출현을 더욱 명확하게 해준다. 에스겔은 분명히 하나의 표징이다(24:24).

3) 비유 말씀들(비유의 달인)

'비유로 말하는 자'(20:49)라는 별명을 얻을 만큼 에스겔이 하나님의 말씀을 전하는 방식은 독특했다. 그는 일반적인 방식으로 말하지 않고 수수께끼를 사용해서 말을 했다. 직설적인 방식보다는 간접적인 전달 방식을 사용했다. 에스겔은 '비유의 달인'이었다. 에스겔과 비유는 따로 떼어놓을 수 없을 정도다. 하나님이 에스겔에게 수수께끼와 비유로 말씀을 전하라고 명령하셨다(겔 17:1-2).

수수께끼는 '어떤 사물을 빗대어 말하여 알아맞추는 놀이, 사물의 속내가 미궁에 빠져 알 수 없는 일'을 말한다. 비유(比喩)는 '사물의 설명에 있어서 그와 비슷한 다른 사물을 빌려 표현하는 것'을 말한다. 수수께끼는 히브리어로 '히다(חידה)'인데, 구약성경에 17회 나온다. 사사기(14장)의 삼손 이야기에 8회 나오고, 에스겔서에는 1회 나온다. 비유는 히브리어로 '마샬(משל, 헬라어로 파라볼레, παραβολή)'인데, 이것은 '비유와 잠언'이라는 뜻을 갖는다. 히다와 마샬은 직접적인 전달 방식이 아닌 간접적인 전달 방식이다. 수수께끼와 비유를 사용하는 까닭은 알려주고자 하는 것을 쉽게 그리고 효과적으로 알려주기 위해서다. 비유하면 우리는 예수를 떠올리게 된다(막 4:33-34; 마 13:34-35).

4) 다양한 '말씀 공식'의 사용

에스겔만큼 다양한 말씀 공식을 사용한 예언자도 없을 것이다. "그들은(너희는) 내 백성이 되고 나는 그들의(너희의) 하나님이 되리라"(11:20; 36:28; 37:23)라는 '계약공식'을 비롯하여 "야웨께서 이같이 말씀하신다"(כה אמר יהוה)라는 전령자 공식(신탁소개 공식)은 구약에 283회 나타나는데, 에스겔은 3회(11:5; 21:3; 30:6)를 제외하면 '아도나이(אדני)'가 첨가된 형태로 122회(구약 전체에는 134회)를 사용하고 있다.

"야웨의 말이니라"(נאם יהוה)라는 '야웨의 말씀의 결론 공식(신탁결론 공식)'은 에스겔서에서 3회를 제외하면 '아도나이(אדני)'가 첨가된 형태로 81회(구약 전체에는 93회)를 사용하고 있다. 또한 "나 야웨가 말하였느니라(אני יהוה דברתי, 아니 야웨 디바르티)"라는 '나 야웨의 말씀의 결론 공식'은 11회를 사용하고 있다(5:15, 17; 17:24; 21:32; 22:14; 24:14; 26:14; 30:12; 34:24; 36:36 등). 또한 "야웨의 말씀이 내게 임하였다(ויהי דבר־יהוה אלי)"라는 '야웨의 말씀의 임재 공식'을 50회를 사용하고 있다. 특히 "너희가(그들이) 나를 야웨인 줄 알리라(ידע אני יהוה)"라는 '야웨인지공식'을 74회(구약 전체에는 92회) 사용하고 있다.

5) 역사에 정통한 문필가

예언자 에스겔은 신명기사가, 역대기사가, 야위스트(Yahwist)와 같은 이스라엘의 역사가들과 동렬에 놓을 만한 역사가는 아니다. 그럼에도 불구하고 에스겔은 예루살렘과 유다를 고발하는 가운데 그 백성의 죄의 역사를 자세히 열거함으로써 하나님의 임박한 심판 행동이 불가피하다는 사실을 상대적으로 긴 석 장(16, 20, 23장)에 걸쳐 언급한 역사에 정통한 문필가이다.

다른 예언자들과는 달리 에스겔은 그 백성의 죄는 애굽에서부터 시작되었고 광야에서 절정에 이르렀다고 보았다. 그 이후 세대는 그들 부모들로부터 상속받은 일종의 원죄에 대해 말할 수 있을지도 모른다. 이스라엘은 본래 쓸모없는 포도나무이며, 그녀의 죄의 역사는 야웨로 하여금 그녀에 대해 하나님의 진노의 불을 보내도록 이끌었다. 그러한 불행한 나무는 이제 또한 까맣게 타서 더욱 쓸모없게 되었다(15:5). 16, 20, 23장의 역사적 개관에 그려진 이스라엘은 진노의 불을 피할 수 없게 되었다(15:7).

5. 에스겔서의 전승들

1) 고대 예언 전승

에스겔은 엘리야(왕하 2:16; 겔 8:3)나 엘리사(왕상 18:46; 겔 8:3)와 많은 공통점을 지니고 있다. 문서예언자들의 경우 그 유사성을 더 많이 찾아볼 수 있다(겔 7장과 암 8:2; 호 2장과 겔 16장; 사 1:22,25과 겔 22:17 이하). 무엇보다도 에스겔은 예레미야로부터 많은 영향을 받은 것으로 본다. 이들의 공통점은 야웨 하나님이 바벨론을 심판의 도구로 사용하신다는 점, 이집트에 대한 적대심, 이스라엘의 장래는 포로민들에게 달렸다는 확신, 하나님의 백성의 내면적인 변화, 개인의 책임성 등이다.

2) 출애굽 전승

에스겔 20장은 첫 번째 출애굽 사건을 언급하면서 아울러 바벨론으로부터의 두 번째 출애굽을 시사하고 있다(20:5-10,36). 출애굽 전승을 암시하는 동사로는 '야짜아(יצא, 인도하다, 나오다)'라는 용어를 사용하고 있다. 에스겔은 여기서 바벨론으로부터의 귀환을 두 번째 출애굽 사건으로 재해석하고 있다(20:33-34). 그 밖에 에스겔 20장에는 시내산 전승을 언급하는 부분도 있다(20:11-13,16,18-19,21,24-25). 시내산 전승에 관한 언급은 20장 이외에도 11:20과 36:27에도 언급되어 있다.

이스라엘 백성이 시내 광야에서 야웨와 맺은 계약은 조건부였으나, 이제 에스겔에게 있어서 시내 계약은 더 이상 조건부적인 것이 아니다. 에스겔이 선포한 새로운 하나님의 계약 백성이 되는 길은 야웨 스스로가 이스라엘을 용서하시어 정결케 하시고 새 영과 새 마음을 주시므로 그들의 패역한 마음을 부드러운 마음으로 바꾸어주시는 길이다(36:25-27).

3) 다윗 왕조 전승

에스겔 34장 전반부는 이스라엘 지도자들에 대한 심판 선언이다(요 10장 참조). 이들은 자기들에게 맡겨진 양떼들을 돌보지 않은 나쁜 목자와 같다. 이들은 양들을 제대로 돌보지 않아 결국 이스라엘로 하여금 이방민족의 밥이 되게 하였다. 그래서 이제 야웨가 직접 나서서 그들의 목자가 되어 이방 땅에 흩어진 양떼들을 모아 먹이시겠다는 것이다(34:16). 야웨는 그러기 위해서 "내 종 다윗"을 목자로 선택하셨다(34:23-24). 에스겔의 관심은 포로민 공동체를 이끌어갈 미래의 지도자는 누구인가 하는 문제였다. 에스겔은 공동체의 새로운 지도자상을 목자로 보았다. 구약성경에서 하나님을 목자로 표시한 곳은 있지만(시 23:1), 어느 특정 지도자에게 목자 칭호를 붙인 적은 없다.

그런데 에스겔은 포로기의 정치적 상황에서 새롭게 열리는 하나님의 구원 역사의 임무가 다윗의 후손에 의해 이루어지리라는 점을 지적하였다. 그 밖에 37장에서도 유다와 이스라엘이 다시 합쳐지고 다윗이 그들의 목자가 되리라는 언급이 나온다(36:24; 37:24-27). 위 구절(36:24)에서 시내 전승과 다윗 전승이 결합된 것을 본다. 36:26에서 야웨가 이스라엘과 '화평의 언약'을 세우고, 36:28(34:30)에서 "나는 그들의 하나님이 되고 그들은 내 백성이 되리라(계약공식)"는 시내 계약을 읽을 수 있다. 그러므로 에스겔에게 있어서 시내 계약과 다윗 계약이 서로 합쳐졌으며, 다윗 계약의 무조건적인 영원성이 이제 시내 계약에까지 적용된 것이다.

6. 에스겔서의 메시지(신학적 주제)

1) '철저한 야웨중심주의(Radical Yahwehcentricity)'

예언자 에스겔은 '바벨론 포로기'라는 시대 상황 속에서 예언 활동을 했다. 이 시기는 정치적 위기만이 아니라 신학적 위기에 직면한 때였다. 에스겔 이전 시대에 히브리 종교는 이스라엘 국가의 존재 및 약속된 땅의 소유와 직접적으로 연결되어 있었다. 그런데 그들의 신앙을 떠받들고 있던 두 토대가 바로 그들의 눈 앞에서 휘청거렸다. 나아가 그들의 정신적 지주였던 예루살렘 성전이 파괴되었을 때 자신들이 그 동안 믿어 왔던 야웨 하나님에 대한 신앙적 회의가 일었다.

따라서 바벨론 포로기는 그 시대의 문제를 해결해야 할 신학적 반성의 시기였다. 그러한 반성의 분위기는 두 가지 질문으로 요약된다. 첫째, 신들의 전쟁에서 이스라엘의 하나님 여호와가 바벨론 신 마르둑에게 지고 만 것인가? 그래서 예루살렘이 무너지고 말았는가? 둘째, 이스라엘의 하나님 여호와가 당신의 백성을 버리셨는가? 그래서 이스라엘이 예루살렘 땅에서 추방당하게 되었는가?

그것을 다시 세 가지로 요약하면 다음과 같다. 첫째는, 세계 역사에 대한 야웨의 주권과 무엇보다도 이스라엘 백성에 대한 그분의 신실성이 의심받게 되었다. "야웨가 그 땅을 버렸다"(8:12; 9:9). 둘째는, 역사적 악에 직면하여 유다 백성들은 하나님의 정의에 이의를 제기하였다. "야웨의 길은 공평하지 못하다"(18:25,29; 33:17,20). 셋째로, 그들은 조상들의 죄 때문에 부당하게 징벌을 받고 있다는 것이다. "아비가 신 포도를 먹으니 아들의 이가 시다"(18:2). 이런 시대, 이런 질문 속에서 에스겔의 메시지는 분명했고 강력했다.

예루살렘 성전의 파괴와 유다 왕국의 멸망, 그리고 바벨론 포로라는 대파국의 위기 상황 속에서 이스라엘의 살 길은 무엇인가? 이 물음에 대한 에스겔의 답변은 한마디로 '이스라엘의 계약 하나님인 야웨(야웨의 거룩한 이름)를 아는(yada') 것'이다. 이러한 사실은 이스라엘의 계약 하나님으로서의 야웨(야웨의 거룩한 이름)를 얼마나 강조하고 있는가를 통해서 쉽게 엿볼 수 있다.

에스겔은 하나님을 말할 때 '야웨'로 말하는 것을 주목해야 한다. 구약에서 야웨 神名은 6,700회 정도 나오는 반면, '엘로힘(Elohim)'은 2,500회 정도 나온다. 에스겔은 이스라엘의 계약 하나님으로서의 야웨 신명을 435회나 사용하고 있는 데 반해, 일반적인 하나님 호칭인 엘로힘 신명은 36회 나올 뿐이다. 그것도 엘로힘으로 나타날 때는 거의 '야웨 그들의 엘로힘', '이스라엘의 엘로힘'과 함께 나타난다. 히브리 성경에서 야웨는 엘로힘에 비해 거의 3배인데 반해 에스겔서는 무려 12배로 나타난다. 이러한 사실은 후기 예언서와 비교할 때도 두드러진 모습으로서 에스겔은 철저히 '야웨의 예언자'라고 말할 수 있다. 즉 하나님이 알려지고 하나님의 말씀이 선포되는 것은 오직 계약적 이름인 야웨에 의해서이다.

"구약의 중심이 무엇이냐?"라는 질문에 대해 에스겔 주석을 쓴 침멀리(W. Zimmerli)는 "야웨, 애굽 이래 이스라엘의 하나님"이 구약의 중심이라고 말함으로써 이스라엘의 계약 하나님인 야웨를 강조한다. 에스겔서(1-39장)에서 끊임없이 반복하여 나타나는 인지공식(yada' 사용)과 이와 관련된 모티프들은 그 초점이 야웨 자신을 강조하려는 데 있다. 이러한 표현에 나타난 '철저한 야웨중심주의(Radical Yahwehcentricity)'는 에스겔 신학의 특성이기도 하다. 에스겔서에 나타난 이러한 신학적 특성을 잘 표현해 주는 에스겔의 독특한 어법이 바로 "너희가(그들이) 나를 야웨인 줄 알리라(야웨인지공식)"이다. 사도 바울은 '철저한 그리스도 중심주의(Radical Christocentricity)'를 말했다.

2) 하나님의 거룩성(야웨의 거룩한 이름)

브리그만(W. Brueggemann)은 예레미야와 에스겔을 비교하면서 예레미야의 하나님 상이 '파토스(Parhos)'라면, 에스겔의 하나님 상은 '거룩성(Holiness)'이라고 말한 바 있다. 브리그만은 이스라엘의 회복이 "너희(이스라엘)를 위함이 아니요 나(야웨)의 거룩한 이름을 위하여"(36:22,32)라는 에스겔의 이 가혹한 주장에 복음주의 신앙의 근본 기초가 있다고 갈파하였다. 이 말을 쉽게 풀이하면 이렇다.

우주를 창조하시고 역사를 섭리하시는 야웨 하나님을 믿는 선민 이스라엘이 마르둑 신을 믿는 바벨론에게 망하여 포로가 된 것은 실로 엄청난 충격이었고 말로 표현할 수 없는 수치스러운 일이었다. 그것은 비단 이스라엘만의 치욕이 아니라, 이스라엘을 선민으로 택한 야웨 하나님에게 있어서도 그의 거룩한 이름이 더럽혀진 치욕적인 사건이 아닐 수 없다. 야웨 하나님의 거룩한 이름이 이방의 조롱거리가 되는 상황에서 야웨는 이스라엘을 포로로부터 회복시키지 않으면 안 되었다. 결국 야웨는 이방나라인 페르시아의 고레스를 통해 이스라엘을 포로로부터 회복시켜 주셨다.

그런데 이스라엘은 이러한 회복사건이 자신들을 위한 사건으로 여기면서 이것을 이방에 대한 자신들의 자랑거리로 삼으려고 했다. 이미 언급했듯이 에스겔에게 이스라엘 회복의 궁극적 목적(목표)은 '이스라엘을 위하여'에 있는 것이 아니라 '야웨를 위하여'에 있었다. 기독교적으로 말하면 기독교 신앙의 궁극적 목적(목표)은 하나님 자신에게 있지, 인간의 유익과 필요에 있는 것이 아니다. 보다 구체적으로 말하면, 교회를 크게 짓거나 교인 수를 늘이거나 사회를 위해 좋은 일을 많이 하는 등등에 기독교 신앙의 궁극적 목적(목표)이 있는 것이 아니다. 기독교 신앙의 궁극적 목적(목표)은 종교개혁 신앙의 모토가 말해주듯이 '오직 하나님의 영광을 위하여(Soli Deo Gloria)'에 있는 것이다.

에스겔은 야웨 하나님을 목적이 아닌 수단으로, 우리들의 유익과 필요를 위한 도구로 삼으려는 모든 유혹을 철저하게 단절시킨다. 그리고 이를 잘 표현한 에스겔의 독특한 문구가 바로 "너희가(그들이) 나를 야웨인 줄 알리라(야웨인지공식)"라는 표현이다. 에스겔이 말할 기회만 있으면 이 문구를 반복한 이유가 여기에 있다. 마치 사도 바울이 말할 기회만 있으면 '그리스도 안에서(In Christ)'를 끊임없이 반복한 것처럼 말이다.

3) 개인의 책임성

에스겔서 안에서 발전된 중요한 개념 중에 하나는 각 개인의 도덕적 책임성이다. 예레미야나 에스겔 이전에 개인의 책임성에 대한 사상이 없었던 것은 아니나 극히 희박했다.(사 7:1-9; 수 7장). 전통적인 교리는 하나님이 조상의 죄를 삼사 대 후손까지 갚는다고 하였다(출 20:5). "아비가 신 포도를 먹었으므로 아들의 이가 시다"(겔 18:2)라는 속담은 예레미야 31:29에도 언급되어 있으므로 포로기 당시에 유행하던 사상을 반영해 준다.

포로사건의 엄청난 재난은 조상의 잘못 때문인가? 그렇다면 무죄한 자를 죄 있는 자와 함께 벌한다면, 하나님은 공평하지 않다(18:25)는 불평이 나오게 된다. 이것은 에스겔이 직면한 당대의 신학적 문제이다. 에스겔은 이 같은 연대 책임성의 교리에 대해 아니라고 선언한다(18:19-20). 에스겔은 포로사건의 책임이 조상들의 잘못이 아니라 현세대(개인)의 책임이라는 결론을 낳게 하였다. 에스겔은 위의 교훈을 자신에게 적용시켜 자기는 이스라엘의 파수꾼이라고 말한다(3;17). "우리의 허물과 죄가 이미 우리에게 있어 우리도 그 중에서 쇠패하게 하니 어찌 능히 살리요?"(33:10)라며 한탄하던 포로민들에게 에스겔은 더 이상 절망하거나 후회함이 없이 하나님과 이웃 앞에 성실한 삶을 살 것을 촉구하였다.

4) 곡의 정체(북방의 적)

에스겔 38-39장에서 우리는 마곡(Magog)의 땅의 곡(Gog)이라는 인물을 발견한다. 여기서 곡은 누구를 가리키는가? 곡에 대한 논의는 많은 경우 '북방으로부터의 적'(38:16; 39:2)과 함께 논의되어 왔다. 에스겔서에 나타난 북방의 적의 문제는 먼저 이를 취급하고 있는 예레미야의 단락(렘 1:13-15; 4-6장)을 고려해야 한다. 포로기 이전의 북방의 적은 바벨론을 언급하는 것으로 보는 편이 적절하다. 그런데 포로기 시대의 에스겔의 이방신탁(25-32장)은 북방의 적 전승에 대해 분명하게 언급하고 있다. 즉 에스겔 25-32장에는 "북방으로부터의" 느부갓네살에 관한 명백한 언급이 있다(26:7).

그런데 적의 기능 및 그의 본질적 성격에 있어서 뚜렷한 변화는 에스겔 38-39장에서 처음으로 나타난다. 여기서 곡과 그의 무리는 이전 예언자들이 "옛적에"(38;17) 예언한 '북방의 적'과 동일시된다. 그런데 예레미야 설교에 있어서 적이 바벨론 왕(렘 36:29)으로 이해되는 것과는 달리 에스겔서의 어느 곳에서도 특별히 바벨론에 대한 위협적인 심판 예언에 관한 직접적인 언급은 없다(에스겔서에는 이방 심판에 있어서 바벨론은 빠져 있음). 곡은 '북방의 적'의 인격화로서 실제적인 어떤 역사적 인물로 볼 수 없다. 곡은 야웨가 말일에 멸망시킬 복귀한 혼돈의 우주적 세력의 대표자이다.

5) 생명의 회복

에스겔은 유다 왕국이 멸망하기 전까지는 유다 백성들의 잘못을 꾸짖고, 그들의 죄에 상응하는 하나님의 징벌을 선포하였다. 그렇게 함으로써 에스겔은 백성들의 회개를 촉구했다. 만일 그들이 진정으로 회개하고 죄의 길에서 돌아선다면 하나님은 예정했던 징벌을 취소하실 수 있다고 확신했기 때문이다(18:30-32). 그러나 실제로 이스라엘의 회개는 일어나지 않았고, 하나님의 징벌은 역사적 현실이 되었다. 이때부터 에스겔의 메시지는 포로기 이전의 심판의 말씀에서 이스라엘의 회복이라는 희망의 말씀으로 완전히 전환된다(33장부터).

야웨가 생명을 다시 되돌려준 세 주제를 살펴보자. 첫째는, 마른 뼈 환상이다(37장). 에스겔은 포로민 이스라엘이 마른 뼈와 같은 절망과 죽음의 상태에 있지만, 하나님이 새 영(새 바람)을 불어넣어줌으로써 다시 부활(이스라엘의 회복)시켜 주시리라는 희망의 메시지를 선포하였다. 둘째는, 생명강에 대한 환상이다(47장). 생명수가 닿는 곳마다 회생과 번영이 일어나듯이 에스겔은 이 환상을 통해 포로민 공동체의 회생이라는 희망의 메시지를 선포하였던 것이다. 셋째는, 새 성전의 이름 "야웨 삼마(야웨가 거기 계시다)"이다(48:35). 에스겔서의 마지막 두 글자(야웨 삼마)는 새로 바뀌어진 성의 이름을 나타낸다.

에스겔은 예루살렘의 멸망을 하나님이 그 성전을 버리고 떠나셨기 때문이라고 본다. 마찬가지로 에스겔이 환상 중에 그리고 있는 예루살렘 도성의 회복도 성전으로 귀환하시는 하나님으로부터 시작된다. 전자는 하나님의 피난을 상징한다면, 후자는 하나님의 귀향을 상징한다. 예루살렘 성전을 떠난 야웨의 영이 다시 찾아온 다음에야 땅이 회복되고 새로운 공동체가 태어나게 된다. 한 개인이나 공동체 그리고 예루살렘 성전이나 그 도시에 야웨가 계실 때에만 거기에 생명이 존재하는 것이다.

다니엘서(Daniel)

묵시문학

1. 묵시문학의 이해

1) 묵시문학의 재발견

오늘날 구약학계는 묵시문학을 재발견하고 있다. 제2차 세계대전이 일어나기 전까지 서구 구약학계의 관심은 오경과 예언서 연구에만 집중되었다. 묵시문학에 대한 관심은 제2차 세계대전 이후부터 본격적으로 일어났다. 그 까닭은 제2차 세계대전 이후 증대된 위기의식 때문이다. 전 인류는 이 전쟁을 통해 악과 고통을 경험하였다. 나치의 유대인 대량학살이나 고도의 과학기술에 의한 핵무기 사용은 인류문명의 종말이라는 위기의식을 낳았다. 나아가 악이란 선의 결여가 아니라 실재하는 세력이 아니냐는 생각을 갖게 되면서, 19세기에 가졌던 낙관적 역사관은 비관적 역사관으로 바뀌었다. 이러한 위기의식은 구약에서의 묵시문학 연구를 활발히 진행시키는 계기를 마련하였는데, 그 까닭은 묵시문학의 토양도 악의 경험, 고난과 고통의 상황이라는 위기의식이었기 때문이다.

이러한 시대적 배경 외에도 학문적 배경이 묵시문학 연구를 촉진시켰다. 첫째, '라스 샴라(Ras Shamra)'에서 발견된 가나안 신화 문서이다. 이 문서는 천년 후에 나타나는 유대 묵시문학의 많은 주제들을 가지고 있다. 둘째, '사해 사본(Qumran Scroll)'의 발견이다. 사해 사본은 유대교의 한 종파인 에세네파의 묵시적 입장을 보여준다. 셋째, 이집트에서 발견된 '나그 함마디(Nag hammadi)' 문서이다. 이 문서에 나오는 묵시문학적 주제들은 유대교와 기독교 묵시문학 운동의 신앙체계에 적용되었다. 이러한 시대적 배경과 학문적 배경이 묵시문학에 대한 새로운 관심을 불러일으키는 계기를 마련하였다.

1950년대 이전까지의 구약의 묵시문학 연구는 거의가 다니엘서 연구가 주축을 이루고 있었다. 또한 구약의 묵시문학의 기원도 이스라엘 신앙 전통 밖에서 찾으려고 했다. 이스라엘의 바벨론 포로기(주전 587-538년) 이후 이원론(dualism)적인 페르시아 종교의 영향을 받아 구약 묵시문학이 형성되었고, 다니엘서에서 출발한 구약의 묵시문학은 신약의 요한계시록으로 이어진다고 생각하였다.

최근의 묵시문학 연구는 종래의 연구와 비교할 때 근본적으로 달라졌다. 즉 구약 묵시문학의 기원을 주전 2세기 것으로 추정되는 다니엘서가 아닌, 연대기적으로 훨씬 올라가서 바벨론 포로기 직후, 즉 주전 6세기 말로부터 5세기 초에서 찾으려하는 것이다. 이러한 주장의 논리적 결론은, 구약 묵시문학의 뿌리는 이스라엘 예언 전승에서 찾을 수 있고, 페르시아 종교의 영향과 같은 외래적인 영향은 구약 묵시문학의 기본적인 구조가 이미 형성된 이후에 받아들여진 것이라는 설명이다.

오늘날 묵시문학 연구의 결과는 다음과 같다. 첫째, 구약 묵시문학의 기원을 포로기 이후 주전 6세기 말의 예언 전승에서부터 찾으려 한다. 둘째, 구약 묵시전통은 이스라엘 예언 전승의 '아들'이라고 한다. 소위 '제3이사야(사 56-66장)', '이사야 묵시(사 24-27장)', '제2스가랴(슥 9-14장)'는 '초기 묵시문학(Proto-Apocalyptic)'에 속하며, 이들은 예언문서이면서도 묵시문학적인 성격을 강하게 나타내고 있다. 셋째, 구약 묵시문학은 이스라엘 전통 안에서 포로기 이후의 특수한 사회, 역사적 상황 가운데서 예언 전승이 변형(변주)되어 생겨난 것이다. 넷째, 방법론적으로 볼 때 최근의 연구 경향은 묵시문학을 문학적인 유형으로서 접근하는 것을 반대한다. 즉 문학적 측면에서 묵시문학을 정의하는 것은 묵시문학을 바르게 이해하는 것이 아니라는 것이다. 묵시문학은 그 자체의 독특한 역사관과 세계관을 가진 신앙 형태요, 신앙의 유형이지 문학적으로 규정할 수 없다는 것이다. 이러한 면에서 볼 때 묵시문학을 규정하는 가장 중요한 기준은 묵시문학에 나타난 독특한 역사이해이다.

2) 이스라엘 전승 안에서의 묵시문학의 기원 및 발전 과정

(1) 포로기 이전

"역사는 하나님께서 활동하시는 무대이다." 이 말은 전통적인 이스라엘 신앙에 있어서 역사의 의미를 한마디로 요약해 주는 말이다. "하나님의 계시는 역사를 통해 나타났다(revelation through history)", "하나님은 역사의 무대에서 활동하신다(God who acts in history)." 이러한 말들은 이스라엘 신앙의 전통적인 역사관을 잘 말해준다.

구약신앙의 가장 중요한 점은 하나님은 '역사의 주'라는 것이다. 이는 고대근동문학이 '자연'에 대한 관심을 갖는 것과 대조되는 것이다. 이스라엘은 출애굽 이후 '하나님 중심적(Theocentric)' 역사 이해를 가지고 있었다. 하나님은 '천상 영역(Heavenly realm)'에 계시나 '지상 영역(Early Realm)'에서 활동하시는 분이다. 그후 가나안 정착은 이스라엘 역사의 전환점(Turning Point)이 되었다. 도시국가 체제였던 가나안 제국들은 왕을 가지고 있었다. 이에 반해 이스라엘은 가나안 정착에도 불구하고 지상의 왕이 없었다(삿 17:6; 18:1; 21:25). 지상에 왕이 필요없었다. 하나님이 직접 통치하신다는 사상 때문이었다. 이것은 이스라엘을 하나로 통치할 정치력이 없음을 나타내는 것이며, 사사시대는 공통된 신앙(야웨신앙, Yahwism)으로 존속했다. 이 시대에 하나님의 뜻을 전달하는 자는 사사들로서 하나님은 이스라엘을 사사를 통해 구원하셨다. 사사는 하나님의 뜻을 실현하는 도구로서 구원자 역할을 감당하였다(삿 3:9). 하나님은 왕이시며, 왕은 하나님밖에 없다(Divine Kingship, 삿 8:22-23). 사사(shopet=judge)들은 지상적 차원에서 재판관 또는 군사적 지도자로서의 역할을 하였고, 천상적 차원에서 하나님의 뜻을 전달하는 사람이었다. 그후에 전자의 역할은 왕이, 후자의 역할은 예언자들이 감당하였다.

사사시대(주전 1250-1050년경)에 블레셋은 이스라엘을 끊임없이 괴롭혔다. 이러한 상황에서 이스라엘은 블레셋에 법궤를 빼앗겼다. 그러자 이러한 이스라엘의 위기에서 백성들은 왕을 요구하게 되었고, 이스라엘은 정규군대 조직을 가진 왕정으로 전환하게 되었다. 여기서 중요한 변화, 즉 천상적 영역에서의 왕(하나님)과 지상적 영역에서의 왕(사울, 다윗 등)이라는 두 왕이 생기게 되었다. 이러한 상황에서 하늘의 왕의 뜻을 전할 메신저가 필요하였다. 그 메신저가 바로 예언자(Navi)들이었다. 따라서 예언자 운동은 왕정이 시작되면서부터이다. 즉 구약에서 왕정과 예언자 운동이 평행을 이루게 되었고, 왕정이 끝나는 것과 더불어 예언자 운동이 끝나게 되었다.

이스라엘 예언자 신학은 곧 신명기 신학이라고 말할 수 있는데, 이는 예언자 신학을 역사에 적용한 것이 신명기 신학이기 때문이다. 신명기 역사는 4단계의 역사이해를 가지고 있다. 이스라엘의 죄, 하나님의 징벌, 이스라엘의 회개, 하나님의 구원이 그것이다. 신명기의 역사이해는 이스라엘의 회개와 하나님의 용서와 구원 그리고 궁극적으로는 이스라엘의 회복이라는 낙관적 역사관을 가지고 있었다. 그러나 이러한 역사에 대한 낙관적 태도는 유다의 멸망과 예루살렘 성전의 파괴라는 충격적 사건을 경험하면서 달라지기 시작하였다.

(2) 포로기 이후

587년 유다 왕국의 멸망과 바벨론 포로라는 역사적 비극의 시작 이후 포로생활이 끝나고(538년), 귀향한 이후 많은 시간이 흘렀음에도 불구하고 일찍이 예언자들이 선포했던 이스라엘의 회복에 대한 아름다운 꿈들은 역사적 현실로서 실현되지 않았다. 그리고 페르시아 제국(주전 539-333년경)과 그 후의 헬라 제국(주전 333년경 이후) 밑에서 수난의 역사는 계속되었다. 이러한 실망스러운 상황에서 역사의 무대에서 활동하시는 하나님의 모습은 점점 멀어지는 것처럼 보였고, 역사의 의미도 불투명하게 되어 갔다. 그러면서 역사에 대한 비관적 입장이 대두하게 되었다. 이러한 새로운 역사 이해 가운데서 묵시문학이 일어나게 되었다. 묵시문학은 인간의 이지와 신앙의 논리로서 납득할 수 없고, 또 설명할 수도 없는 비극적인 역사적 현실, 악한 세력이 선(善)을 누르고 억압하는 듯한 부조리한 상황, 역사에 대한 모든 희망이 단절된 듯한 절망적 상태-이러한 바벨론 포로 이후의 역사적 삶의 자리에서 배태되었고 배양되어 나갔다.

묵시문학에 대한 사회학적 접근을 시도한 폴 핸슨(P. Hanson)은 묵시문학이 배태된 사회적 배경을 이렇게 설명한다. 바벨론 포로로 잡혀갔던 포로민들이 돌아온 후 538-500년 사이에 이스라엘 내에는 두 그룹이 있었다는 것이다. 하나는 골라(gola, 포로로 바벨론에 잡혀간 사람들)로부터 유래하는 사독계 그룹으로서, 이들은 에스겔 40-48장의 성전 프로그램의 회복 희망에 기초하고 있었다. 다른 하나는 제2이사야의 제자들과 소외된 레위계가 합쳐진 혼합그룹으로 이들의 대부분은 아마도 포로에 경험을 갖지 못한 사람들이다. 이 두 그룹 간의 양극화가 점차 증대되기 시작했다. 사독계 그룹은 페르시아의 지원을 받아 성전제의를 다시 확립하려는 현실적인 시도를 한 반면, 묵시가들은 제2이사야의 예언에 기초한 회복을 위한 묵시적 희망을 원했고, 적들(유대공동체와 외부)을 패배시키도록 야웨의 개입을 기다렸다.

묵시가들의 눈에는 제2이사야의 약속된 회복은 기득권을 쥔 그룹의 타락으로 지연되었다. 성전그룹은 하나님의 심판이 임박하지 않았다고 보고 모든 힘을 야웨의 거주지로서 땅의 회복을 위한 성전 재건에 헌신하였다. 이에 반해 묵시가들은 현실(reality)과 비전(vision) 간의 제2이사야에 의해 유지된 미묘한 균형이 상실되었음을 느꼈다. 그리하여 야웨의 구원행동의 무대로서의 역사적 영역에 대한 그들의 태도는 처음에는 무관심으로, 후에는 적대감으로 변했다(사 57, 59, 65, 66장). 이런 태도는 매우 강하게 묵시문학의 두 기본적 특징인 '시간적 이원론(Temporal Dualism)'과 '역사적 결정론(Historical Determinism)'을 믿는 방향으로 나아가게 했던 것이다.

3) '시간적 이원론'과 '역사적 결정론'

묵시문학적 역사관에 의하면, 현재의 역사는 악의 세력이 장악하고 있으므로 악의 세력으로부터의 구원은 역사의 연장선 위에서 이루어지는 것이 아니다(단 2장). 오히려 시간적으로 아무리 연장된다고 하더라도 그것은 악한 세력이 확대될 뿐이라고 한다. 따라서 묵시문학 전통에 있어서 역사는 이상적인 목표를 향하여, 좀더 나은 내일을 향하여 나아가는 것이 아니다. 다만 역사의 최후 종말(eschaton)을 향해 나아갈 뿐이다. 역사에 대한 이러한 태도는 묵시문학 전통이 더욱 발전할수록 단순한 비관주의로부터 역사에 대한 적대적인 태도로까지 변하게 된다. 이러한 태도는 묵시문학에서 시간적 이원론으로 발전되었다. 즉 '현재의 역사(the present age)'는 악의 세력이 지배하는 암흑의 시대요, '앞으로 올 시대(the age to come)'는 하나님께서 통치하실 빛의 시대라는 것이다. 이러한 시간적 이원론에 따르면, 현재의 역사는 악한 세력이 장악하고 있으므로 의인이 수난을 받는 시대요, 신앙을 바르게 수호하기 위해서는 핍박이 따르는 시대라는 것이다.

한편 묵시문학의 역사이해에 있어서 중요한 점은 역사의 모든 진행 과정은 이미 확정지어져 있다고 하는 생각이다. 역사는 하나님께서 이미 정해 놓은 단계적인 역사 과정의 시간표에 따라 종말을 향해 움직여 나갈 뿐이며, 역사 진행의 궤도 수정은 있을 수 없다는 것이다. 이스라엘 예언자들에게 미래는 '열려진 미래(open future)'이고 얼마든지 궤도 수정이 가능한 미래였다. 그러나 묵시문학에서 미래는 이미 결정된 '닫혀진 미래(closed future)'이다. 그러면 하나님께서 확정해 놓은 '정한 때', 즉 현재 역사가 끝나는 종말은 언제인가? 묵시 전통은 한결같이 '임박한 종말'을 말하고 있다. 묵시문학가들은 역사의 마지막 단계, 임박한 종말의 시대(末世)에 살고 있다는 의식 가운데 묵시문학을 기록하였다.

다니엘서 9장에는 역사의 시간표가 등장한다. 예정된 기간은 모두 70주간이다. 즉 70주간X7일(년)=490년이다. 이 490년의 시대 구분은 다음과 같다. (1) 이스라엘이 바벨론 포로 생활로부터 귀향해서 기름부음 받은 자도자가 나올 때까지 7주간, 즉 49년이다. (2) 다음 62주간 곧 434년 동안 어려운 시대가 계속된다. (3) 62주간이 끝난 후 마지막 종말의 날까지 1주간 곧 7년이다. 이 1주간 가운데, 그 마지막 반 주간에는 예루살렘 성전에서 예배드리는 것까지 금지될 것이며, 이것이 끝난 후에는 최후의 예정된 종말이 올 것이다. 이 최후의 반 주간의 기간이 다니엘서 9장을 기록하고 있는 다니엘의 시대이다.

그러므로 다니엘 시대에 있어서 종말의 날은 3년 반 이내로 임박해 있다(단 7:25-28; 12:7). 다니엘서 12:11에서는 이 종말의 날은 1,290일이라고 구체적으로 명기되어 있고, 12절에서는 1,335일로 수정 연장되었다. 여기서 중요한 것은 이 날짜의 예정대로 종말이 실현되었느냐 하는 것이 아니라 이러한 임박한 종말의 도래를 갈망하는 역사적 사고방식이다.

4) 묵시문학의 종말론

묵시문학 전통의 역사이해에 있어서 가장 핵심이 되는 부분은 그 '종말론(apocalyptic eschatology)'에 있다. 묵시문학적 종말론은 '예언자적 종말론(prophetic eschatology)'과 현저한 차이를 보인다. 구약의 예언자들은 이스라엘의 죄에 대해 하나님의 심판을 선언하였다. 그러나 이스라엘 역사는 하나님의 심판으로 끝나는 것은 아니다. 구약의 예언자들은 한결같이 심판을 넘어서 이스라엘의 회복을 선포하였다(사 43:18 이하).

묵시문학적 종말론은 이러한 예언자적 종말론과는 근본적으로 다른 모습을 보여준다.

묵시문학의 신앙적 견지에서는 현재의 역사는 하나님의 모습이 가려져 있는 어둠의 시기이다. 그러므로 역사의 연장은 암흑의 연속일 뿐이다. 따라서 묵시신앙에서 종말은 완전히 역사의 끝을 뜻하는 것이다. 악한 세력이 장악하고 있던 역사가 끝나는 것을 말한다. 묵시문학에서 종말은 구원의 역사의 완성(예언자 신학)이 아니라 반대로 악의 세력의 파멸을 의미한다.

한편 예언자들은 미래의 이스라엘 회복은 역사적 과정과 방법을 통해서 역사적 실체로서 이루어진다고 말한다. 즉 예언자적 종말론에서는 '역사적 현실성(historical reality)'을 강조한다. 이에 반해 묵시문학은 이상적인 미래의 세계는 역사(옛 질서)가 완전히 붕괴되어 끝이 나고, '우주적인 새 창조(cosmic new creation)'가 이루어짐으로써 실현된다고 한다. 그러면 옛 질서에 속하는 역사는 어떻게 끝이 나고, 새로운 질서의 새 창조는 어떻게 이루어지는가? 여기서 우리는 묵시문학의 가장 중요한 요소인 '우주적 전쟁(cosmic warfare)'과 만나게 된다.

종말의 날에 있을 새 하늘과 새 땅의 새 창조는 역사적인 과정을 통해서 역사적인 무대에서 실현되는 것이 아니다. 이것은 천상에서 일어나는 초월적인 우주적인 전쟁(초역사적 방법)을 통해서 역사가 붕괴됨으로써 이루어지는 것이다. 마지막 종말의 날에 일어날 전쟁은 지상의 전쟁이 아니라 우주적인 전쟁이며, 여기서 하나님은 악의 세력과 싸워 승리하시는 '신적 전사(Divine Warrior)'의 모습으로 등장한다(사 27:1; 계 12:9). 천상의 우주전쟁에서 하나님께서 승리하심으로 현재의 역사는 끝이 나고, 새 창조가 이루어진다.

5) 묵시문학의 신학적(신앙적) 의미

묵시문학은 역사적 현실에 대한 극단적인 실망과 좌절의 경험에서 현재의 역사와는 본질적으로 다른 하나님 나라를 대망하는 가운데 생겨났다. 따라서 묵시문학은 신학자의 조용한 서재에서 생겨난 것이 아니다. 혼란스러운 역사 가운데, 신앙의 의인들이 핍박받는 역사 안에서, 역사에 나타난 하나님의 뜻이 무엇인가를 알 수 없는 삶의 자리에서 묵시문학은 쓰여졌다. 묵시문학의 동기와 목적은 악의 세력이 비록 성할지라도 결코 실망하거나 변절하지 말라는 것이다. 왜냐하면 궁극적 승리는 하나님께 있기 때문이다.

묵시문학에 나타난 중요한 것은 바로 신앙적 확신이다. 비록 흑암의 권세가 역사를 장악하고 의(義)를 억누른다고 하여도 좌절하거나 신앙을 버려서는 안 된다는 것이다. 왜냐하면 악한 세력의 종말은 임박하였고, 궁극적인 하나님의 승리의 날은 다가오고 있기 때문이다. 그러므로 확고부동한 신앙을 가지고 끝까지 인내하며 새 창조의 날을 기다리라는 것이다. 다니엘서 1-6장의 주제는 바로 이것이다. 여기에서는 어떠한 고난, 박해 가운데서도 하나님의 말씀에 순종하고 하나님께만 충성할 것을 강조하고 있다.

묵시문학은 과거의 허황된 이야기가 아니라 수난의 시대를 살아간 신앙인들의 신앙 체험기로서 그 의미를 재발견할 수 있다. 묵시문학은 하나님의 침묵이 계속되는 듯한 '중간시대'를 살아가는 신앙인들에게 신앙의 한 유형을 제시해 주고 있다. 구약 묵시문학을 대표하는 다니엘서의 마지막 말은 묵시문학의 역사관을 잘 나타내 준다. "너는 가서 마지막을 기다리라……끝날에는 네 업을 누릴 것임이니라"(단 12:13). 또한 신약성경에서는 새 창조의 날을 대망하는 요한계시록 저자의 간절한 외침으로 그 대단원의 막을 내리고 있다. "주 예수여, 오시옵소서! 마라나타(Maranatha)! 아멘!"(계 22:20; 고전 16:22 참조).

2. 다니엘서 연구

1) 다니엘서 서론

묵시문학의 특징 중 하나는 저자가 자신의 이름을 밝히지 않는다는 점이다. 그 대신 과거 이스라엘 역사에서 위대하게 여겨지는 신앙인들(가령 모세, 엘리야, 아브라함 등)을 그 책의 저자로 내세우고 있다. 가명성(假名性)은 묵시문학의 특징이다. 또한 묵시문학은 이러한 유명한 인물들에게 하나님께서 역사의 진행 과정과 마지막 종말에 관한 '비밀'을 보여주신 형태로 되어 있다. 묵시문학을 뜻하는 Apocalyptic이라는 말은 희랍어의 apokaliptein에서 온 것으로, 이것은 '비밀의 신비를 벗겨 보여준다'는 뜻이다.

묵시문학의 전성기는 주전 200년부터 주후 100년 사이의 기간이었다. 이 기간 동안 이스라엘 공동체에서는 많은 분량의 묵시문학이 쓰여졌다. 이 시대에 출현했던 묵시문학 가운데 구약의 정경(Canon)으로 포함된 것은 다니엘서뿐이다. 다니엘서의 배경은 바벨론 포로기로 되어 있다. 그러나 실제로 다니엘서가 쓰여진 시대는 마카비 혁명이 일어나기 직전, 이스라엘 사람들이 극심한 종교적 탄압을 받고 있을 때였다.

2) **다니엘서의 시대적 배경**

주전 333년, 역사적인 이수스(Issua) 전투에서 알렉산더 대왕에 의해 페르시아 제국은 끝이 나고(주전 539-333년), 헬라 시대의 막이 올랐다. 그 후 알렉산더 대왕이 죽자 그가 이룩해 놓은 거대한 제국은 네 장군들에 의해서 사분되었다. 팔레스틴 지역은 이집트를 분할받은 프톨레미(Ptolemy)의 지배 밑에 들어가게 되었다. 프톨레미 왕가는 피정복자들에 대하여 관용주의 정책을 썼고 따라서 이 기간 동안 팔레스틴의 유대인들은 평온을 유지하였다.

그러나 주전 198년, 셀류시드(Seleucid) 왕가(메소포타미아, 시리아 지역의 통치자)는 프톨레미 왕가로부터 팔레스틴 지역을 빼앗고 그곳을 자기들의 통치권 밑으로 귀속시켰다. 셀류시드 왕가의 통치 정책은 모든 통치 지역을 헬라 문명으로 통일하려는 것이었다. 그러므로 유대인들에게도 헬라 문명을 강요하였다. 특히 '안티오쿠스 에피파네스(Antiochus Epiphanes, 주전 175-163년)'가 등장함으로 사태는 악화되었다. 그는 유대인들의 종교를 탄압하여 말살시키려고 하였다. 안식일과 할례를 금지시키고 성전 안에 제우스 신을 위한 제단을 세웠으며, 유다인들이 금기로 여기는 돼지고기를 희생제물로 바치고 또 강제로 먹게 하였다.

이러한 상황에서 유대인들은 현실에 적응하려는 '헬레니스트(hellenist)'와 죽음을 무릅쓰고 신앙을 고수하려는 '하시딤(hasidim)'으로 갈라지게 되었다. 다니엘서는 신앙의 투쟁을 하였던 '하시딤에 의해서', '하시딤을 위해서' 쓰여진 책이다. 따라서 다니엘서는 종교적 박해 가운데서도 변절하지 말고 신앙을 지킬 것, 임박한 종말의 비전을 보여줌으로써 '하시딤'에게 희망과 용기를 주기 위해서 기록된 묵시문학이다.

3) **다니엘서의 내용(두 부분)**

(1) 1-6장: 다니엘과 세 친구에 관한 이야기(다니엘은 3인칭으로 기록되어 있다).

(2) 7-12장: 다니엘이 본 마지막 날의 묵시(다니엘은 1인칭으로 기록되어 있다).

먼저, 다니엘 1-6장의 주제는 어떤 상황 가운데서도 신앙의 순수성과 충성을 지키라는 것이다. 다니엘 1장에서는 다니엘과 그의 세 친구들이 바벨론 왕궁에서 어떻게 율법에 규정된 식사법을 철저히 지켰는가 하는 것을 보여주고 있다. 2장은 세계를 제패하던 여러 제국들(앗수르, 메데, 바벨론, 페르시아, 헬라제국들)은 결국 멸망하고 하나님이 통치하시는 영원한 왕국이 수립된다는 것을 말하고 있다. 3장과 6장은 모두 묵시문학의 핵심적인 메시지를 전해 준다. 다니엘의 세 친구들은 금으로 만든 신상(우상)에게 절하기를 거부하여, 그에 대한 벌로 불타는 풀무 속에 던져진다(3장). 또한 다니엘 자신은 신앙을 고수한 죄로 사자굴에 던져진다(6장). 그러나 그들은 풀무 속에서나 사자굴에서도 하나님의 도우심으로 살아나게 된다. 이 두 이야기들은 분명한 메시지를 말해 주고 있다. 즉 비록 신앙에 대한 탄압과 핍박이 불타는 풀무와 무서운 사자굴과 같다고 할지라도 결코 변절하지 말고 죽도록 신앙에 충성하라는 것이다.

다음, 다니엘 7-12장까지는 다니엘에게 보여진 종말의 날에 이르는 역사의 시간표이다. 이 부분에서는 상징적 표현들을 사용하여 역사의 진행 과정을 묘사하고 있다. 가령 다니엘 7장에 등장하는 네 짐승들(날개 달린 사자, 곰, 표범, 끔찍하게 생긴 힘센 짐승)은 각각 세계를 지배하였던 네 제국들(바벨론, 메데, 페르시아, 헬라)을 상징하고 있다. 여기서 종말의 날은 구체적으로 세 번 언급되고 있는데, 먼저 나오는 말이 "한 해하고 두 해에다 반년, 즉 3년 반만 지나면 종말이 온다"는 것이다(단 7:25-28; 12:7; 12:7). 12:11에 이 날은 1,290일 내에 도래한다고 명기되어 있고, 12:12에서는 1,335일로 연장 수정되어 있다. 이러한 날짜들은 '임박한 종말'을 말하고 있는 것이다. 종말의 날이 임박하였으니 조금만 참고 인내하며 기다리라는 메시지가 담겨 있다.

4) 다니엘서-묵시문학인가, 예언서인가?

(1) 다니엘서에 대한 두 정경의 차이

다니엘서에 대해 두 정경-곧 히브리 맛소라 본문(MT)과 헬라어 칠십인역 본문(LXX)-은 차이가 있다. 팔레스틴 유대인 공동체의 전통을 반영하는 맛소라 본문은 다니엘서를 성문서에, 알렉산드리아 유대인 디아스포라 공동체의 전통을 반영하는 헬라어 칠십인역 본문은 다니엘서를 예언서에 수록하고 있다. 우리말 구약성경의 경우, 책의 본문은 히브리어 맛소라 본문의 전통을 따르면서도 책의 배열은 헬라어 칠십인역 전통을 따르고 있다(!) - 이 절충주의적 정경의 모습을 띠고 있다는 점에 대해서도 그리 심각한 주의를 기울이지 않았다. 실상 오랫동안 근본주의적 성서학자들과 비평학자들 사이에서 문제되었던 다니엘서에 대한 두 시각의 충돌- 예를 들어, 다니엘서가 주전 6세기 포로기의 예언문학이냐 주전 2세기의 묵시문학이냐 하는 견해-도 바로 이러한 다니엘서에 대한 두 정경상의 갈등에서 기인하는 것이었음을 간과해서는 안된다. 우리가 먼저 관심을 가져야 하는 것은 다니엘서가 예언서가 아닌 성문서에 수록되어 있다는 것은 무엇을 의미하는가이다.

주전 130년경의 것으로 여겨지는 벤시라의 손자에 의해 쓰여진 것으로 여겨지는 〈집회서(Ecclesisaticus)〉의 서문은 토라, 예언서, 성문서라는 구약성경의 삼대 구분이 정경화의 마지막 단계에서 이루어진 것이 아닌, 그보다 훨씬 이전부터 유다인들 사이에서 인정되어 왔던 구분법이었음을 밝히고 있다. 무엇보다도 중요한 것은 주전 2세기에서 주후 1세기에 걸쳐 존재했다고 여겨지는 쿰란공동체의 다니엘서에 대한 태도이다. 쿰란에서 발굴된 히브리 성서 사본들은 다니엘서가 성문서에 들어가 있을 뿐만 아니라 시편과 더불어 쿰란공동체가 가장 애독했던 책 중의 하나로 여겨지고 있다. 더욱 흥미있는 것은 쿰란에서 발굴된 다니엘서 본문에는 헬라어 구약성경에서 읽게 되는 '세 청년의 노래', '수산나', '벨과 드라곤' 같은 다니엘서 추가서가 없다는 것이다.

신구약 중간기의 문헌들, 즉 '외경(apocrypha)'이라고 불리는 문헌들이 문학 유형상 묵시문학으로 분류되는데, 그 시대에 기록된 그 많은 묵시문학 저술들 중에서 왜 유독 다니엘서만 정경 속에 끼이게 되었을까? 왜 다니엘서의 기록-편집과 동시대에 쓰여진 것으로 여겨지는 〈토빗, Tobit〉, 〈예레미야의 편지, Epistle of Jeremiah〉, 〈제1에녹서, I Enoch〉, 〈희년서, Book of Jubilees〉, 〈모세의 언약서, Testament of Moses〉 등은 히브리 정경 속에 끼이지 못하게 되었을까? 에녹서와 비교할 때 다니엘의 묵시가 보수적이어서, 아니면 다른 외경의 묵시들은 '다니엘을 모방한 이류'에 해당되는 것이어서 다니엘서만이 정경으로 분류된 것일까? 이러한 질문들은 다니엘서가 히브리 정경의 성문서 속에 합류되어 있다는 사실의 의미가 무엇인지를 캐묻게 한다.

(2) 다니엘서의 구조

현재 우리가 읽고 있는 다니엘서 본문은 유형상 '설화(tales)'를 보도하는 1-6장과 '환상(visions)'을 고백하는 7-12장으로 크게 구분된다. 1-6장에 나타난 다니엘의 모습은 꿈(2, 4장)과 상징(5장)을 풀이하는 총명한 사람이다. 그 총명의 근원은 '유대인의 하나님께 대한 충성'에 있음을 삶으로써 밝히는 순진한 사람(1, 3, 6장)이다. 이러한 다니엘의 모습이 7-12장에서는 그 자신이 직접 꿈과 상징을 수령하는 사람으로 발전하고 있다. 이러한 주제의 바뀜이 설화보도(1-6장)와 환상고백(7-12장)이라는 양식의 틀 속에 담겨 있는 것이다.

그러기에 다니엘서 본문은 다니엘의 '지식, 지혜, 판단력'의 뛰어남을 보도하는 여섯 편의 설화(1-6장)와 다니엘이 받아 간직하는 '묵시, 환상, 환청'의 보도(7-12장)의 구조로 짜여져 있다고 말할 수 있다. 1-6장에서 '꿈의 해석자'로 나타나는 다니엘이 7-12장에서는 '꿈꾸는 자'로, 1-6장에서 이방인 동료들의 교활한 음모를 무너뜨리는 영웅이, 7-12장에서는 이방인 왕이 득세하는 현실의 유한성을 폭로한 주인공으로 발전되고 있는 모습이다. 다시 말해, 1-6장에서 이방인 통치자에게 하늘의 계획을 가르치는 다니엘의 모습이 7-12장에서는 아예 동료 유대인들에게 하늘의 신비한 비밀을 가르치고자 하는 '지혜로운 자'의 모습으로 발전하고 있다. 즉 다니엘 1장은 2-6장에, 7장은 8-12장에 대해 서론의 구실을 하고 있다. 여기에서 다니엘서 1장과 7장은 다니엘서 전체에 대한 '중심 모티프(Leitmotif)' 역할을 하고 있다. 지혜자 다니엘의 모습이 다니엘서 전체에 걸쳐 언급되고 있다(1:4,17; 2:14,20-23; 5:11,14; 11:33,35; 12:3,10). 현재의 다니엘서는 오랜 편집 과정을 거친 하나의 정교한 문학적 편집의 모습을 지니고 있다. 다니엘서는 다음과 같은 구조를 지닌다.

I. '지혜로운 교사' 다니엘에 관한 보도: 설화(단 1-6장)
  A. 서론: 다니엘에 관한 서론적 소개(히브리어)(단 1장)
  B. 본론: 다니엘의 활동(아람어)(단 2-6장)
    1. 꿈의 해석(단 2장) 2. 음모의 극복(단 3장)
    3. 꿈과 상징의 해석(단 4-5장) 4. 음모의 극복(단 6장)
II. "지혜로운 교사“ 다니엘의 고백: 환상 + 계시(단 7-12장)
  A. 서론: 환상의 수신자 다니엘(아람어)(단 7장)
  B. 본론: 다니엘의 환상 계시(히브리어)(단 8-12장)
    1. 환상 보도(단 8장) 2. 계시 보도(단 9장)
    3. 환상 보도(단 10:1-12:4) 4. 계시 보도(단 12:5-13)

(3) "지혜로운 교사" 다니엘

본문 구조의 분석은 다니엘을 '지혜로운 교사(함마스킬림, 단 1:4,17,20; 11:33,35; 12:3,10)'로 보도록 우리를 초대한다. 1-6장의 설화가 강조하는 것은 유대인이 이방인 왕의 통치를 받으면서 사는 시대에, 이방인 술사, 박사, 현인들과 벌이는 '경쟁과 갈등'의 무대에서, 슬기롭게 살아남는 다니엘의 모습이다. 여기에서 다니엘과 그의 세 친구는 디아스포라 유대인을 위한 삶의 한 전형이다. 꿈과 상징의 해석자 다니엘은 7-12장에서는 아예 직접 꿈과 상징을 받아내는 '환상에 잠긴 현인'으로 발전한다. 이제부터 그는 환상을 보는 사람(7장, 8장, 12:5-13, 하늘의 비밀을 전수 받을 준비를 하는 사람(9:1-10; 10:2-3; 참조 2:18)이다. 하늘의 환상, 계시야말로 다니엘의 저자가 자신의, 독자들에게 전수하고 싶은 참 지식, 참 지혜이다. 거기에 세상의 마지막에 관한 하나님의 설계가 담겨 있기 때문이다. 여기에 '교사'로서의 관심이 재차 드러난다.

여기에서 우리는 다니엘서를 굳이 예언서로 보지 않으려고 하는 히브리 전통의 시각을 엿볼 수 있다. 주전 5세기-주후 1세기에 이르는 유대인들의 제2 성전시대는 율법과 '할라카(halakhah, 유대인들이 걸어갈 길)'에 정통한 지혜자들이 유대 공동체의 지도자로 활동하던 시대였다. 이 시대에 활동했던 지혜자, 교사, 서기관들의 궁극적 관심사는 다니엘서를 성문서 안에 다른 지혜서들과 동렬에 놓인 것으로 보았을 것이다. 다니엘서는 분명 히브리 정경의 전통에서 역사서도 예언서도 아니다. 전달받은 말씀의 기록도, 선포된 신탁의 문자화도 아니다. 그것은 차라리 성문서에 속한 다른 책들처럼 하나의 경건문학이다.

헬라주의적 정신 사조가 판을 치는 시대에, 예언이 그치고, 하나님의 대변인들의 음성이 더 이상 들리지 않게 된 시대에, 그리고 의로우신 하나님이 다스린다고 믿었던 세상에서 거듭 당하게 되는 불의한 세력의 현실 지배 시대에, 그래도 유일신 하나님 신앙을 붙들 수밖에 없음을 고백코자 하는 책이다. 다니엘서는 꿈의 해석자 다니엘, 지혜자 다니엘의 성공적인 디아스포라 삶과, 바로 그 다니엘이 수령하는 참 지식, 그리고 그 지식 속에 담겨진 '악마 추방'의 드라마를 통해서 다니엘서 저자가 전하려고 하는 관심이 '지혜로운 교사'의 것임을 드러내고 있다. 바로 여기에 다니엘서를 지혜문학, 지혜신학적으로 읽을 수 있는 가능성이 있다. 다니엘서는 지혜 전승의 묵시적 변형(변주)이다.

§ **유대 묵시문학에 대한 의미 재고**(再考) §

1. 지금까지 묵시문학의 역사이해는 한 마디로 현재의 역사를 악의 세력이 장악하고 있는 것으로 보면서, 그 특징을 첫째, 역사적 비관론, 둘째, 시간적 이원론, 셋째, 역사적 결정론, 넷째, 극단적 종말론으로 설명하는 것이 대부분이었다. 전통적 성서학자들(구속사)에게 있어서 묵시문학의 이 같은 역사이해는 하나의 걸림돌이었다. 역사가 야웨의 뜻에 의해서 움직여지는 것이 아니라 악에 의해서 움직여진다는 것은 그들의 전통적 구속사적 신앙 공식으로는 도저히 풀이될 수 없는 장애물이었다. 그 결과 그들은 역사에 대한 강한 회의를 담은 묵시문학의 언어 표현을 제거하거나 비묵시문학적으로 재해석하고자 했다.

2. 그러나 과연 묵시문학의 역사이해를 역사에 대한 비관주의, 또는 이원론적 태도로 보아야만 할까? 묵시문학은 역사가 하나님의 계획에 따라서 진행되고 있다는 신념을 포기하지 않았다는 사실에 관심을 모아야 한다. 그런 의미에서 그것은 단순한 비관주의가 아니다. 묵시문학은 하나님이 숨어버리신 역사적 혼돈의 시대에, 즉 하나님이 역사의 무대에서 하늘로 철수해 버리신 것 같은 암울한 현실 속에서 역사 우상주의, 또는 역사 진보주의의 틀을 벗어난 하나님에 대한 긍정의 적극적 표현이라고 볼 수 있다. 묵시문학에서 읽는 '희망의 신학'은 이런 정신을 배경으로 한다.

3. 묵시문학은 위기문학의 성격을 띠고 있다. 이때의 위기는 현실 역사의 혼돈 속에서 유대 민족의 존립이 위협당하는 생존의 위기만이 아니다. 그것은 동시에 신학적 위기, 야웨 하나님에 대한 신앙적 위기도 된다. 도대체 하나님이 역사 속에 현존하신다면 어떻게 악한 세력들이 의인들을 박해할 수 있겠느냐는 '하나님의 세상 다스리심(神政)'에 대한 강한 회의가 묵시문학의 형식으로 내뱉어지고 있는 것이다. 묵시문학은 역사서가 아니다. 소설(fiction)도 아니다. 이것은 유대교의 존립의 위기를 극복하기 위한 역사적 반성이며, 이런 위기 속에 나타난 또 하나의 본질적 위기 – 하나님의 숨어계심 또는 하나님의 세상 다스리심 – 에 대한 신학적 반성을 시도한 글이다. 묵시문학은 역사에 대한 긍정이나 도피가 아닌 제3의 방법으로 현실 역사의 억압을 이겨나가고자 하는 노력이다.

4. 묵시문학은 상징 언어를 즐겨 사용한다. 여기서 우리는 역사 속에 실재하는 악의 세력을 현실적으로 극복하는 안목을 배우게 된다. 묵시문학은 일종의 '암호'로서, 그 암호를 듣고 그 의미를 아는 모든 공동체를 위로하고 격려하고자 하는 기능을 감당한다. 한 발 더 나아가 공동체를 향해서 현실을 고발하는 기능도 지닌다. 상징 언어의 해독에서 최소한 야웨의 역사(役事)가 역사의 무대에서 실현되었고, 실현되고 있으며, 실현될 것이라는 역사주의의 전제가 무너지고 있음을 발견한다. 야웨가 하늘과 땅을 통치한다는 것은, 역사가 세상 속에 계시는 야웨의 현존을 판단하는 기준이나 근거가 되지 못하고, 도리어 야웨가 인간 역사의 판단 기준이 된다는 것이다. 여기에 신정(神政)에 대한 회의론적 시각의 문제가 해결되는 실마리가 있다.

5. 예언문학은 이스라엘의 역사를 다루는 데 반해, 묵시문학은 세계사를 기술함으로써 역사 기술의 지평이 이스라엘(특수사)에서 전세계(보편사)로 확장되었다. 문제는 그 같은 세계사 이해의 시각이 극도의 결정론(determinism)이라는 것이다. 예언자들이 오늘, 여기에서 야웨의 뜻이 실현되고 있느냐에 관심을 두었다면, 묵시문학은 오늘, 여기라는 역사의 한 구분보다는 아담에서부터 종말에 이르는 전체 민족의 역사 과정을 기술하는 데 관심을 두었다. 묵시공동체는 역사의 '마지막 때'에 관심을 두었다. 기존 지배세력을 거부하고, 그렇다고 혁명이나 반란이 아닌 '하나님의 뒤집기(개벽)'가 이루어질 때까지 참으며, 자신들의 참된 정체성을 기존 사회가 아닌 하나님 안에서 구원과 해방을 찾는 '대안적(저항) 공동체'이다.

(1) 소선지서(Minor Prophets)

미가, 오바댜, 요나, 요엘

1. 미가(Micah)

1) 개인적 배경

본서의 명칭은 선지자 미가의 이름에서 따온 것이다. 예레미야 26:18에 의하면 '미가'라는 말은 '미가야(Mikayah)' 축약형으로 '누구'라는 뜻의 '미(mi)'와 '같은'의 의미를 지닌 '카(ka)', 그리고 야웨의 준말인 '야(yah)'가 결합된 이름이다. 따라서 미가야의 축약형인 '미가'의 뜻은 "누가 야웨와 같은가?"라는 뜻이다. 이 이름의 뜻은 예언자 미가가 전한 말씀에서도 그대로 드러난다. 미가에게 있어서 하나님은 그 어떤 것과도 비교할 수 없는 분이다. 7:18에서 "주와 같은 신이 어디 있으리이까?"라고 한 것은 자기의 이름을 언어 기교로서 표현한 것으로 추측된다.

북왕국 이스라엘에서 예언자 아모스와 호세아가 활동하고 있는 동안, 거의 같은 시대에 남왕국 유다에서는 두 사람의 예언자들이 활동했는데, 이사야와 미가이다. 이사야가 수도 예루살렘에서 왕과 가까이 접촉하면서 활동하였던 도시 중심의 '귀족적'인 예언자였다면, 미가는 예루살렘에서 서남쪽 40km나 떨어진 작은 마을에서 출생한 '서민적'인 예언자였다. 미가의 개인적 배경에 대해서는 그가 갓 지파에 속한 유다의 작은 마을 모레셋(Moresheth) 출신이라는 것 외에 달리 알려진 정보는 없다. 그의 아버지 이름조차도 남겨놓지 않은 점으로 미루어보아 미가의 집안은 지방의 이름 없는 농부였던 것으로 짐작된다.

2) 시대적 배경

미가는 유다 왕국의 요담(주전 742-735년), 아하스(주전 735-715년), 히스기야(주전 715-687년) 시대에 활동했다. 예레미야를 변호해준 예루살렘 장로들은 미가를 히스기야 왕 때 활동했던 예언자로 기억하고 있다(렘 26:18-19). 이런 점으로 미루어보아, 미가는 히스기야 왕 때 가장 활발하게 활동한 것으로 추정된다. 미가가 북이스라엘을 향하여 말씀을 선포했던 것을 보면(미 1:5-6), 그는 북왕국이 멸망(주전 722년)하기 전에 예언 활동을 시작한 것이 분명하다. 또한 미가 1:8-16에 언급된 전란과 포로로 잡혀가는 상황은 주전 701년 앗수르 군대가 유다 왕국을 침략하여 국토를 휩쓸었던 때의 사건으로 볼 수 있다. 이것이 미가서에 기록된 마지막 역사적 사건이다. 따라서 미가가 예언자로서 활발하게 활동했던 기간은 주전 730년대 중반부터 701년까지라고 볼 수 있다.

3) 미가서의 구조(내용 분해)

전체 7장으로 되어 있는 미가서는 간단하지만 심판의 말씀과 희망의 말씀이 반복되는 조직적인 구조로 되어 있다.

① 표제 1:1
② 심판의 말씀(1:2-3:12)
③ 희망의 말씀(4:1-5:15)
④ 심판의 말씀(6:1-7:6)
⑤ 희망의 말씀(7:7-20)

미가를 포함하여 구약의 예언자들 가운데 희망 없는 미래의 심판만을 전한 예언자는 없었고, 죄의 책망과 심판이 없는 희망만을 전한 예언자도 없었다. 즉 이스라엘 예언자들은 심판의 예언자임과 동시에 희망의 예언자들이었다. 따라서 미가서에 나타난 심판과 희망의 이중적 구조는 구약 예언자들의 메시지의 성격을 잘 나타내주는 것이라 할 수 있다.

4) 미가서의 메시지(신학적 주제)

(1) 예레미야의 목숨을 구해 준 예언자

주전 609년 남왕국 유다의 여호야김 왕이 즉위한 지 얼마 되지 않았을 때 예언자 예레미야는 예루살렘 성전으로 예배하러 모여드는 사람들을 향해 충격적인 하나님의 말씀을 선포하였다 "내가 이 집(=예루살렘 성전)을 실로같이 되게 하고, 이 성(=예루살렘)으로 세계 열방의 저주거리가 되게 하리라"(렘 26:4-7). 예레미야의 말을 듣고 예루살렘 사람들은 분노하였다. "예레미야를 죽여라!" 제사장들을 중심으로 성난 군중들은 예레미야를 향해 죽일 듯 덤벼들었다. 이러한 위급한 순간에 예루살렘의 장로 몇 사람이 흥분한 군중들을 진정시키며 예레미야를 옹호했다(렘 26:18-19).

이때 그들이 한 말이 예언자 미가가 한 말의 인용이었다. "이러므로 너희로 인하여 시온은 밭같이 갊을 당하고 예루살렘은 무더기가 되고 성전의 산은 수풀의 높은 곳과 같게 되리라"(미 3:12). 유다 백성과 예루살렘의 죄로 인해 하나님은 예루살렘과 성전까지 심판하여 폐허가 되게 하실 것이라는 미가의 말씀이다. 미가가 전한 말씀은 뜻있는 유다 사람들의 마음 속 깊이 간직되어 내려왔고 결국 100년 뒤 예레미야의 목숨을 구하게 된 것이다.

유다의 작은 마을 모레셋 출신의 무명 인사가 어떻게 이 같은 무서운 심판의 말씀을 할 수 있었을까? 미가의 용기와 말씀의 권위는 어디에서 나왔을까? "오직 나는 '여호와의 신('루아흐', ruach, 영)'으로 말미암아 권능과 공의와 재능으로 채움을 얻고 야곱의 허물과 이스라엘의 죄를 그들에게 보이리라"(미 3:8). 이 말씀은 미가가 거짓 선지자들과 자신을 구별하면서 예언자로서 자격(credential)을 밝힌 말이다. 미가에게 있어서 예언자 활동의 동기와 말씀의 권위는 모두 하나님의 영에서 나온다는 뜻이다. 구약의 예언자들은 하나님으로부터 책무를 부여받고 파송된 하나님의 대언자로서, 그 대상이 왕이건, 귀족이건, 제사장이건 누구에게든지 조금도 위축되지 않고, 당당하게 잘못을 책망하고 이에 따른 징벌을 선언할 수 있었다.

(2) 영원한 평화 세계

앞에서 언급한 대로 미가는 심판의 예언자만이 아니었다. 그는 앞으로 하나님께서 이루어주실 아름다운 미래 세계에 대한 희망을 보여주었다. 미가 4:1-5의 말씀은 앞으로 도래할 영원하고 평화로운 세계의 모습을 우리에게 보여준다(미가 4:1-5의 말씀은 이사야 2:2-4과 거의 같다). 미가 3장은 '성전의 산'이 하나님의 진노하심으로 폐허가 될 것이라는 심판의 말씀으로 끝나고 있다(3:12). 그러나 4장에서 바로 그 성전의 산이 모든 산들 위에 우뚝 서고, 성전과 성전의 산은 세계의 중심이 되며, 온 세계 사람들은 그곳을 향해 만방에서 모여들 것이다(4:2). 미가의 '영원한 평화의 세계'의 메시지는 하나님께서 왕으로서 온 인류를 통치하시고, 모든 인간들은 하나님을 예배하고 그 뜻에 따를 바로 그때에 이 지상에는 진정한 평화가 도래할 것이다(4:3-4).

(3) 메시아 예언

미가 5장에서는 앞으로 오실 의롭고 선한 메시아 왕에 대하여 말씀하고 있다. "베들레헴 에브라다야 너는 유다 족속 중에 작을지라도 이스라엘을 다스릴 자가 네게서 나올 것이라"(5:2). 베들레헴은 구약시대에는 말할 것도 없고, 오늘날까지도 작은 마을이다. 그러나 이 작은 마을에서 다윗 왕이 출생하였다. 미가는 앞으로 오실 이상적인 왕이 베들레헴에서 나실 자, 곧 다윗 왕의 후손일 것이라고 말씀하고 있다. 부패하고 백성(양떼)을 괴롭히던 당시의 유다 지도자들에 대하여 미가는 양떼를 진정으로 위하고 돌보는 선한 목자와 같은 왕이 오실 것을 말씀하고 있다(5:4). 미가의 이 예언의 말씀은 예수 그리스도의 오심으로 마침내 성취되었다(마 2:6; 요 7:40-43).

(4) 8세기 예언자들의 메시지의 요약(미 6:1-8)

미가는 궁정 신학 속에서 성장한 것이 아니라 유다의 농촌지방에 보존되어 있던 출애굽 전승 속에서 성장했던 것으로 보인다. 그러므로 미가의 관점은 다분히 시온에 대해 비판적이고, 왕족, 귀족, 지배층에 대한 환멸을 보여주고 있다(3:10). 미가가 주전 8세기 예언자들의 메시지의 요약으로 흔히 즐겨 인용되는 6:1-8의 어구에서 출애굽을 중심으로 이스라엘의 성스러운 역사를 말하고 있는 것은 이상한 일이 아니다. 이 대목은 미가서 맨 처음의 신탁(1:2-7)과 마찬가지로 '예언자 소송 양식(법정에서의 변론 양식)'으로 되어 있다. '쟁변'이라는 말로 자주 언급되는 히브리어 '리브(rib)'는 '법정에 고발한다'는 뜻을 가진 용어이다. 하나님은 법정에서 원고가 되어 계약을 위반한 이스라엘(피고)을 법정에 고발('rib')하는 것이다.

이 대목에 대한 '언약 소송(rib)'의 구조는 다음과 같다. A. 소환(1-2절), B. 원고의 논고(3-5절), C. 피고의 변론(6-7절), D. 기소(8절). 마지막 8절에서 검찰관인 예언자가 야웨께서 어떤 것이 '선한' 것인지를 보여주었다고 선포함으로써 절정에 달한다. "사람아 주께서 선한 것이 무엇임을 네게 보이셨나니, 여호와께서 내게 구하시는 것이 '오직('키임' ki 'im, 참으로, 진실로)' 공의를 행하며, 인자를 사랑하며, 겸손히 하나님과 행하는 것이 아니냐"(6:8).

이 한 절(6:8)의 말씀에는 미가가 전한 메시지의 핵심이 모두 들어있다. 미가를 포함하여 이스라엘 예언자들의 정신과 가르침을 가장 잘 요약한 말씀이라고 할 수 있다. 이 말씀에는 아모스 말씀의 핵심이 되는 '공의(정의, '미쉬파트', mishpat)', 호세아 말씀의 중심이 되는 '인자(언약적 사랑, '헤세드', hesed)', 이사야 말씀의 요체가 되는 '하나님께 대한 절대적 신뢰(하나님과 함께 행함)'가 모두 담겨 있다. 이 짧은 한 마디 말씀에서 미가의 신학적 깊이와 넓이가 드러난다. 정의와 사랑과 하나님께 대한 신뢰는 미가 선지자의 메시지의 핵심이다.

2. 오바댜(Obadiah)

1) 개인적 배경

이 책의 히브리어 명칭인 '오바댜'는 '여호와의 종' 또는 '여호와를 예배하는 자'라는 의미를 갖고 있다. 구약성경에는 오바댜라는 이름이 12회(왕상 18:3-16; 대상 3:21; 7:3; 8:38; 9:16; 12:9; 27:19; 대하 17:7; 34:12; 스 8:9; 느 10:5; 12:25) 언급되어 있으나 그 중 어느 누구도 선지자 오바댜와는 관련이 없다. 이 선지자의 혈통, 사회적 신분, 생업 등에 관하여도 전혀 알려진 바가 없다.

2) 시대적 배경

오바댜 말씀의 주제는 에돔(Edom)에 대한 심판이다. 에돔 사람은 사해 동남부 지역에 살던 사람들로서, 성서의 전승은 에돔을 에서의 후손으로 보고 있다(창 36:1). 본문의 6, 9, 18, 19절에서는 에돔 대신 에서라는 말을 사용하고 있다. '붉다'라는 의미를 가진 '에돔'은 야곱의 팥죽이 붉은 색이라는 데서 나왔다는 설도 있고, 또는 그들이 사는 산악지대의 산 색깔이 붉다는 데서 나왔다는 견해도 있다.

에돔은 주전 13세기 사해 동남쪽 지역에 자리잡고 왕국으로 발전하였다. 당시 국제무역 통로인 '왕의 대로'가 에돔의 중앙을 통과하고 있었기 때문에 여기서 생기는 통행료가 국가수입의 대단한 몫을 차지하였다. 출애굽 당시 모세는 '王의 大路'를 통해 에돔 땅을 지나가기를 요청했으나 거절당했다(민 20:14-21). 야곱과 에서 사이의 갈등과 더불어 이 같은 요구의 거절이 민족감정을 부추겨 유다와 에돔은 항상 반목 관계에 있었다. 통일왕국 시대 때 다윗은 에돔을 정복해 잔인한 방법으로 통치했다.

에돔은 바벨론의 군대가 예루살렘을 포위하고 공격할 때, 정복자 바벨론 편에 가담해서 유다 왕국에 적대행위를 했다. 그 대가로 에돔은 유다 왕국의 남부 지역 일부를 바벨론으로부터 배당받기도 했다. 이 일로 인해서 유다 사람들은 에돔에 대해 깊은 원한을 갖게 되었다. 시편 137편에도 에돔에 대한 뼈에 사무친 감정이 나타나고 있다(시 137:7). 유다인들이 바벨론에 포로로 잡혀가 있는 동안에 에돔인들은 유다 땅 남부 헤브론 지역에 쳐들어와 살다가 포로기 이후에는 이두메(Idumea)족으로 알려지게 되었다. 주전 63년에는 이두매 사람 안티파텔(Antipater)이 유다의 총독이 되었으며, 그 아들 헤롯(Herod)이 신약시대 때 팔레스타인의 왕이 되었다.

3) 오바댜서의 구조(내용 분해)

오바댜서는 구약 예언서 가운데 가장 짧은 책으로 단 1장으로만 되어 있다.

① 에돔에 대한 심판의 말씀(1-16절)

② 이스라엘 회복에 대한 희망의 말씀(17-21절)

4) 오바댜서의 메시지(신학적 주제)

오바댜에 대한 정확한 연대와 활동 지역은 말하기 어렵다. 다만 내용적으로 보아서 포로기 시대에 활동한 예언자로 추정된다. 그렇게 보는 까닭은 오바댜가 포로기 예언서인 예레미야 49장, 에스겔 25장, 그리고 요엘의 일부와 유사하기 때문이다. 또한 포로기 초기의 작품으로 알려진 시편 137:7이 에돔의 죄악을 언급하고 있는 만큼 오바댜도 주전 6세기 작품으로 볼 수 있는 가능성은 있지만 오바댜 본문 자체가 연대에 관한 확실한 단서를 제공하지는 않는다. 그럼에도 오바댜가 예루살렘 성전 파괴의 책임을 에돔에게 전가하는 것은 주전 587년 사건 이후에 있었으리라는 데 동의하는 것이다. 이러한 에돔을 하나님께서 징벌하시어 유다의 원한을 풀어주실 것이라고 하는 것이 오바댜의 메시지(강한 배타주의)이다.

3. 요나(Jonah)

1) 개인적 배경

요나는 아밋대의 아들로서 그 이름의 뜻은 '비둘기'이다. 그는 갈릴리 북부 스불론 지방의 가드헤벨 출신이다. 요나의 연대에 관해서는 많은 논란이 있으나 포로기 이후로 보는 것이 지배적이다(B. S. Childs). 그러나 어떤 학자는 요나서의 주제가 이스라엘과 이방민족과의 관련성 문제인데, 이 같은 주제는 에스라와 느헤미야는 물론 룻기에서도 공통적인 관심사이므로 이들 작품과 유사한 시기인 주전 400-200년으로 잡고 있다(J. C. McGowan). 또한 요나서가 에스라와 느헤미야 종교개혁의 배타성과 고립성에 항거하는 반항문학으로 쓰여졌다고 보아 그 연대를 4세기 초로 보고 있는 학자도 있다(P. Hanson).

2) 요나서의 구조(내용 분해)

① 요나의 소명과 도피(1:1-17)
② 요나의 기도(2:1-10)
③ 요나의 니느웨에서 활동과 그들의 회개(3:1-10)
④ 요나의 분노와 하나님의 책망(4:1-11)

3) 요나서의 메시지(신학적 주제)

요나서는 그 성격과 내용에 있어서 몇 가지 특징적인 면을 보여준다. 첫째, 요나서는 예언자 요나가 이스라엘이나 이방 제국들을 향해 권한 말씀을 수집해 놓은 책이 아니라, 요나에 관한 '전기적인 이야기(biographical story)' 형태로 되어 있다. 또한 예언자로서의 요나의 모습도, 하나님으로부터 받은 사명을 회피하고 도망치며, 니느웨 사람들이 회개하였을 때 도리어 화를 내고 있는 것이다.

요나서는 많은 문제를 안고 있는 것이 사실이지만 그 책은 대단히 명확하고 분명한 메시지를 전해주고 있다. 첫째는, 이스라엘의 울타리를 벗어난 범세계적인 하나님의 사랑을 강조하고 있다(보편주의, universalism). 즉 하나님은 이스라엘의 압제자 앗수르의 백성도 구원하시기 위해서 그의 예언자를 그곳으로 보내신다. 그러나 요나는 편협한 생각에서 그의 사명을 거부하였다. 여기서 요나는 포로기 이후에 배타적으로 편협해 가는 이스라엘 공동체를 대표하고 있다. 그러나 하나님은 요나를 통해서 니느웨를 회개시키시고 구원하신다. 이것은 하나님의 은총과 사랑은 이스라엘만 독점될 수 없다는 사실을 밝히 보여준다. 둘째는, '회개(repentance)'의 중요성이다. 이스라엘의 증오의 대상이었던 앗수르 사람까지도 회개하였을 때는, 하나님은 용서하시고 징벌을 취소하셨다. 그러므로 과거의 죄가 아무리 크다고 할지라도 회개하는 자는 하나님께서 언제나 용서하신다는 점을 강조하고 있다.

4. 요엘(Joel)

1) 개인적 배경

저자에 대해서는 '브두엘의 아들 요엘'(1:1)이란 사실 외에 더 알려진 것이 없다. 요엘이란 이름은 '여호와는 하나님이시다'라는 뜻으로 다분히 신앙고백적 의미를 지니고 있다. 우상숭배 사상이 만연했던 그 당시를 생각하면, '여호와는 하나님이시다'라는 신앙은 경건 그 자체를 의미한다. 따라서 요엘은 자기에게 그런 이름을 지어줄 만한 경건한 가정을 배경으로 성장했음을 쉽게 짐작할 수 있다.

구약에는 요엘이란 이름이 본문 외에 12회나 더 나오지만, 예언자 요엘과는 아무런 관련이 없다. 요엘의 활동 장소는 알려져 있지 않고, 다만 그의 메시지의 성격상 남왕국 유다와 예루살렘을 중심으로 활동했으리라는 것만 추측할 수 있을 뿐이다. 이것은 '시온'(2:1, 15; 3:17)이란 말이 자주 언급되어 있는 것이나, '시온의 자녀들'(2:23), '시온과 예루살렘'(2:32; 3:17), '유다 자손과 예루살렘 자손들'(3:6,8,19)이란 말이 본서 속에 거듭 반복되어 강조되고 있다는 사실로 보아 짐작할 수 있다.

'이스라엘'이라는 말도 3회 언급하고 있지만 이것은 북왕국 이스라엘을 뜻하는 명칭이 아니라 단지 하나님의 택하신 백성이란 언약의 명칭으로만 사용했을 뿐이다. 또한 그는 성전과 제사, 제사장직에 관해서도 상당한 지식을 소유하고 있었으므로 그것들에 대해 본서에 자주 언급하고 있다(1:9,13,14,16; 2:14,17). 이 때문에 제사장의 직무를 맡지 않았나 짐작하기도 하지만, 제사장에 대하여 혹평을 서슴지 않은 것을 보면 그 신분에 속하지 않은 것 같다.

요엘의 활동 연대는 말하기 어렵다. 다만 포로기 이후 페르시아 제국시대에 활동했던 것으로 짐작된다. 따라서 그의 활동 연대는 주전 500년에서 350년 사이일 것으로 넓게 추정할 수밖에 없다.

2) 요엘서의 구조(내용 분해)

히브리 맛소라 본문은 요엘서가 모두 4장으로 되어 있는데, 칠십인역은 히브리 본문의 2장과 3장을 합쳐 2장으로 만들고, 4장을 3장으로 하여 도합 3장으로 구성하고 있다. 요엘서는 크게 두 부분으로 나누어진다(욜 2:28-32[히브리 본문 3:1-5]; 욜 3장[히브리 본문 4장이 됨]).

(1) 야웨의 날에 대한 징조인 메뚜기 재앙(1:1-2:27)

(2) 열방에 대한 심판과 유다의 회복(2:28-3:21; 히브리 본문 3:1-4:21)

3) 요엘서의 메시지(신학적 주제)

요엘 시대에 유다 지방에 메뚜기로 인한 심한 재난이 있었다(1:4). 요엘은 구약시대에 흔히 있는 이 재난을 하나님의 징벌로 보았고, 이스라엘 사람들에게 금식하며 회개할 것을 촉구하였다(2:12-13). 또한 요엘은 '야웨의 날'(1:15; 2:1, 11; 3:14)이 임박했음을 선포하였다. 요엘이 선포한 '야웨의 날'은 포로기 이전의 저주와 심판의 날(시대)이 아닌, 축복과 구원의 날을 여는 데 있다. 이 날은 야웨께서 이스라엘의 원수들을 심판하시는 날이요, 이스라엘을 영원히 회복시켜 주시는 날이다(3장). 이제 야웨는 유다와 예루살렘의 보복(3:1)에 앞서 종말론적인 선물로서 '하나님의 영'을 '모든 사람'(전에는 특별한 하나님의 일꾼들, 가령 사사, 제사장, 왕, 예언자에게만 주어짐)에게 부어주시겠다고 약속하셨다(2:28-29; 행 2:17-21 참조). 요엘서에서 읽는 야웨신앙의 보편주의가 여기에 있다.

(2) 소선지서(Minor Prophets)

나훔, 하박국, 스바냐

1. 나훔(Nahum)

1) 개인적 배경

나훔 1:1에 보면 "니느웨에 대한 경고 곧 엘고스 사람 나훔의 묵시의 글이라"라는 간단한 서언이 기록되어 있다. 먼저, 나훔은 엘고스(Elkosh) 출신이라고 되어 있는데, 그곳의 정확한 위치는 아직까지 확인되지 않고 있다. 다음으로, 나훔서는 "니느웨에 대한 경고", 즉 "니느웨에 대한 하나님으로부터 받은 말씀"이다. 구약의 예언자들은 이스라엘의 예언자였을 뿐만 아니라 '열방의 예언자(prophet to the nations)'들이었다.

나훔은 앗수르 제국과 제국의 수도인 니느웨를 향해 말씀을 선포한 열방의 예언자였다. 오바댜는 에돔(Obadiah)을 향해 말씀을 선포했다. 요나(Jonah)도 니느웨를 회개시키는 사명을 받았다. 이렇게 나훔, 오바댜, 요나와 같은 예언자들은 거의 전적으로 열방을 향해 말씀을 선포한 열방의 예언자들이었다. '나훔'이란 이름은 '위로', '구원'이란 뜻을 갖고 있다. 나훔서의 주요 메시지는 임박한 니느웨의 멸망이지만, 그 결과 앗수르로부터 압제 받던 유다의 구원이기도 하다. 나훔은 자기 백성에 대해서는 심판이나 징벌을 한 마디도 선포하지 않았고, 그의 이름의 뜻대로 오직 위로의 말만 하였다(1:12,13).

2) 시대적 배경

나훔은 앗수르 제국이 고대근동 세계를 제패하던 시절에 유다 왕국에서 활동하였다. 나훔서에는 나훔의 활동 연대에 대해 확실한 연대를 말해주지 않지만 나훔이 예언자로 활동하던 두 사건을 통해 그의 활동 연대에 대한 실마리를 제공해 주고 있다.

하나는 주전 663년 앗수르 왕 앗수르바니팔(Ashurbaniphal)에 의해 세워진 이집트의 수도 노 아몬(No Amon = Thebes)의 정복이다. 다른 하나는 주전 612년 니느웨의 멸망이다. 나훔은 테베의 멸망을 잘 알고 있었다. 3:8에 보면 그는 니느웨가 테베에게 행한 일을 상기하고 있다. 니느웨의 멸망이 나훔 시대에 임박했음이 분명하다.

니느웨는 주전 612년 메대인, 바벨론인, 스키타이인들의 연합공격에 의해 멸망했다. 그 사건에 대한 기록이 바벨론 연대기에 보존되어 있다. 따라서 나훔의 활동 연대는 정확히 말하기는 어렵지만 주전 663년 이후와 주전 612년 이전 사이, 특히 나훔이 니느웨의 임박한 멸망을 예언한 것으로 미루어 볼 때 주전 612년에 가까운 시기에 활동한 것으로 추정된다.

나훔은 앗수르 제국이 멸망한 것은 하나님의 심판이라 보았고, 임박한 니느웨의 종말을 선언하였다. 이렇게 나훔서는 앗수르 제국의 운명에 대한 말씀이 주축을 이루고 있으며, "니느웨에 대한 중한 경고"라는 말로 시작하여(1:1), 앗수르와 그 왕에 대한 조가(elegy)로서 끝을 맺고 있다(3:18-19)

3) 나훔서의 구조(내용 분해)

포로기 이후 귀환 공동체의 문제를 신랄하게 비판한 세 명의 예언자 학개(Haggai), 스가랴(Zechariah), 말라기(Malachi)를 포로기 이후의 삼총사라고 부른다면, 포로기 직전의 유다 사회의 문제를 다룬 세 명의 예언자로는 나훔, 하박국, 스바냐를 들 수 있다. 후자의 세 예언서는 공교롭게도 모두 석 장씩으로 되어 있다.

(1) 표제(1:1)

(2) 보복하시는 하나님의 진노(Ira Dei)(1:2-8)

(3) 앗수르에 대한 심판의 말씀(1:9-14)

(1:15 유다에게 주시는 구원의 말씀)

(4) 앗수르의 수도 니느웨가 공격받음(2:1-13)

(니느웨의 영광은 끝났다)

(5) 니느웨의 멸망(3:1-19)

4) 나훔의 메시지(신학적 주제)

나훔의 말씀은 '보복하시는 하나님('엘 노켐' 'el noqem)'의 선언으로 시작된다. "여호와(=야웨)는 질투하시며 보복하시는 하나님이시니라 여호와는 보복하시며 진노하시되 자기를 거스르는 자에게 여호와는 보복하시며 자기를 대적하는 자에게 진노를 품으시며"(나 1:2). 구약성경에는 하나님이 여러 가지 모습으로 묘사되고 있다. 사랑의 하나님, 자비의 하나님, 용서하시는 하나님, 구원의 하나님, 창조주 하나님, 공의의 하나님, 언약의 하나님, 기도를 들어주시는 하나님 등 다양한 하나님의 모습을 보여주고 있다. 또한 '유추적 언어(analogical language)'로 하나님을 왕으로, 아버지로, 목자로, 남편으로, 포도원 주인 등으로 하나님을 표현하고 있다.

그러나 나훔서의 '보복하시는 하나님'은 생소한 하나님의 모습이다. 그러나 이것은 구약성경에서 중요하게 부각되는 하나님의 모습 중의 하나이며, 신학적으로 중요한 의미를 갖고 있다. 나훔은 구약의 예언자 중에서 누구보다도 '보복하시는 하나님'의 측면을 부각시키고 '하나님의 복수'를 강조한다. 역사적으로 앗수르 제국은 이스라엘을 여러 번 침공했고, 북이스라엘을 멸망시키기까지 하였다. 이스라엘을 괴롭힌 정복자요 압제자이기도 하였다. 하나님은 예언자 나훔을 통해서 앗수르에 대한 복수를 선언하셨다. 앗수르에 대한 하나님의 복수, 즉 앗수르에 대한 하나님의 심판과 수도 니느웨(3:1, 7)의 멸망, 이것이 나훔서의 핵심 메시지이다.

2. 하박국(Habakkuk)

1) 개인적 배경

1947년 사해 근처의 쿰란 동굴에서 '사해 사본(The Dead Sea Scrolls)'이 발견되었다. 이 사해 사본 중에서 특히 우리의 관심을 끄는 것은 '하박국 주석서'이다. 많은 예언서 가운데 예언서 하박국은 필사 되었을 뿐만 아니라 그 책의 주석서까지 남겨 놓았다. 이것은 하박국서가 쿰란공동체 내에서 특별히 중요하게 생각되고 사랑받던 책이었음을 알 수 있다. 하박국은 유대인들 사이에서뿐만 아니라 그 후 기독교 역사에 있어서도 매우 중요한 위치를 차지하였다. "의인은 그의 믿음으로 말미암아 살리라"(합 2:4; 롬 1:17 인용)는 하박국의 말씀은 사도 바울 신학의 초석이 되었고, 그 후 마르틴 루터에게 있어서는 종교개혁을 일으키는 원동력이 되기도 하였다.

하박국이 지니고 있는 이 같은 중요성에도 불구하고, 그의 개인적 신상에 대해서는 알려진 바가 없다. 다만 그가 예루살렘 성전과 관계있던 사람으로 추정할 뿐이다. 하박국은 하나님께 항의하고 논쟁한 예언자였다. 따라서 그는 '하나님과 씨름한 자(Wrestler with God)'라고 불려지기도 한다. '자연인' 하박국은 완전히 감추어진 사람이었으나, '예언자' 하박국은 유대인 사회뿐만 아니라 교회 역사에서도 신학적으로 큰 영향을 미친 위대한 인물이었다.

하박국이란 이름은 식물이나 채소의 의미를 가진 앗수르의 낱말과 유사하다. 칠십인역에는 '암바쿰(Αμβακουμ)'으로 명기되어 있다. 제롬은 하박국이란 말의 어원이 '움켜쥐다'란 의미를 가진 단어에 있다고 말하면서, 하박국은 '그는 포옹하다'라는 뜻의 이름이라고 했다. 하박국의 뜻을 이렇게 정의 내리게 되는 또 다른 근거는 본 선지자가 여호와를 매우 사랑하였으며, 또 하나님과 씨름하면서 기도했기 때문이라는 것이다.

2) 시대적 배경

주전 612년 앗수르 제국의 수도 니느웨는 함락되고, 이때부터 바벨론 제국시대로 전환되었다. 주전 605년 바벨론의 느부갓네살 대왕(Nebuchadnezzar, 주전 605-562)은 갈그미스(Carchemish) 전투에서 이집트의 군대를 무찌름으로 명실공히 고대근동 세계의 패권자가 되었다. 이러한 역사적 대변혁 속에서 예언자 하박국은 '하나님의 정의(神正論)' 문제를 제기하였다. 이것은 두 가지 차원의 문제였다. 첫째, 사회적인 차원에서 하나님은 왜 "악인이 의인을 삼키는데도 언제까지 침묵을 지키시는가?" 하는 문제였다. 둘째, 국가적인 차원에서 하나님은 왜 "악한 세력 바벨론을 일으켜 세워 하나님의 심판의 도구로 사용하시는가?"하는 문제였다.

포로 이후의 예언자인 학개와 스가랴처럼 하박국은 '예언자(nabi')'라는 칭호로 불린 포로 이전의 유일한 예언자이다. 그가 이런 칭호로 불리는 것은 예루살렘 성전에 예속된 제의 예언자와 관련되어 있는 것으로 여겨진다. 하박국의 활동 연대에 대해서는 많은 학자들이 609년 애굽의 바로 느고와의 전투에서 숨진 요시야 시대로 보고 있다. 그런데 블렌킨소프(Blenkinsopp)는 1:4에 나오는 "악인"은 여호야김(주전 609-598년)의 지지자들이며, 1:6에 등장하는 "갈대아인"은 갈그미스 전투(주전 605년)와 예루살렘의 제1차 유배(주전 598년) 사이에 팔레스타인에 근접한 바벨론이라고 보면서 하박국의 활동 연대를 두 시기 사이로 보고 있다. 따라서 하박국의 활동 연대는 요시야 말기와 여호야김 왕 시대 어간으로 보는 것이 무난할 것이다.

3) 하박국서의 구조(내용 분해)

(1) 표제(1:1)

(2) 두 번에 걸친 하박국의 질문과 하나님의 응답(1:2-2:4)

첫 질문(1:2-4) - 첫 응답(1:5-11)

두 번째 질문(1:12-17) - 두 번째 응답(2:1-4)

(3) 불의한 자들을 향한 다섯 가지 징벌의 말씀(2:5-20)

(4) 하박국의 기도(3:1-19)

4) 하박국의 메시지(신학적 주제)

(1) '하나님의 정의(God's Justice)'와 '신앙의인(The rightous of Faith)'

신명기 법전은 권선징악의 원리를 분명히 밝히고 있다. 그런데 어찌하여 선한 왕 요시야는 요절하게 되었으며, 이제 막 앗수르의 멍에를 벗어버린 하나님의 백성이 또 다른 무거운 굴욕의 짐을 져야 하는가? 의로우신 하나님은 왜 요시야가 오래 살아 그의 개혁이 성공하도록 도와주지 않으시고 악한 이웃들이 판을 치게 내버려 두시는가? 요시야의 죽음은 하나님의 공의성과 악의 승리를 어떻게 보아야 할 것인가 하는 문제를 제기하게 된 것이다.

그리고 왜 선하신 하나님은 악한 백성들을 들어 백성들을 징계하시는가 하는 것이 하박국의 딜레마였다. 하박국 1-2장에 나오는 그의 예언은 역사 속에서의 하나님의 정의에 대한 단순한 견해를 가장 강력하게 비판하고 있다. 탄원시편의 "언제까지니이까?(How long)"라는 고뇌어린 반문을 재현하고 있는 예언자의 불평은 하나님이 백성들을 버렸다는 것을 의미하는 것으로 보이는 사회적 폭력에 의해 야기된 것이다(1:2-4).

이에 대한 대답은 야웨가 거의 믿기 어려운 일, 곧 갈대아 사람(바벨론 사람들)을 일으키리라는 것이었다(1:5-11). 이것은 예언자의 질문에 대한 대답이 거의 되지 못한다. 왜냐하면 이 새로운 패자(覇者)도 앗수르인들이 저질렀던 가공할 만한 무법의 악행을 계속해서 저질렀기 때문이다. 예언자는 과연 역사가 의인의 옳음을 입증하는 것인지 아니면 잔혹한 힘이 실제로 인간의 운명을 결정하는 것인지 당혹해한다.

야웨가 역사의 지배자임에도 불구하고 갈대아 사람들이 눈사태와도 같이 온 세상을 휩쓸어 모든 의미있는 행동양식과 가장 기본적인 인간의 정의마저 파괴하고 있다는 것이 예언자에게는 도무지 이해가 되지 않았다. 그래서 예언자는 다시 한번 불평을 털어놓는다(1:13). 예언자는 '신앙의 초소'에 서서 기다리고 기다리다가 마침내 야웨의 대답을 그에게 임하였다.

> "여호와께서 내게 대답하여 이르시되 너는 이 묵시를 기록하여 판에 명백히 새기되 달려가면서도 읽을 수 있게 하라 / 이 묵시는 정한 때가 있나니 그 종말이 속히 이르겠고 결코 거짓되지 아니하리라 비록 더딜지라도 기다리라 지체되지 않고 반드시 응하리라 / 보라 그의 마음은 교만하며 그 속에서 정직하지 못하나 의인은 그의 믿음으로 말미암아 살리라"(합 2:2-4).

여기에는 불의한 갈대아인들에게 행하실 심판의 말씀을 담고 있다(2:5-20). 즉 하나님은 궁극적으로 불의한 자들을 징벌하시고 하나님의 정의를 실현하신다는 것이다. 그런데 중요한 사실은 하나님께서 이 일을 행하실 정한 때('모에드' mo'ed)가 있다는 것이다(2:3). 인간의 역사는 하나님께서 그의 섭리 가운데 정하신 '역사의 예정표'에 따라 이루어져 나간다는 사실이다. 인간들의 좁은 안목이나 조급한 마음으로 볼 때는 하나님께서 세상의 불의나 부정에 대하여 침묵하시고, 하나님의 의는 실현되지 않는 것처럼 보일 때가 많다. 그러나 하나님에게는 그가 정하신 역사의 예정표가 있다.

그래서 하나님은 하박국에게 말씀하신다. "비록 더딜지라도 기다리라 지체되지 않고 반드시 응하리라 / 보라 그의 마음은 교만하며 그 속에서 정직하지 못하나 의인은 그의 믿음으로 말미암아 살리라"(합 2:3-4). 이 말씀은 하박국 메시지의 절정을 이루고 있다. 비록 현실 상황 속에서 하나님의 모습이 분명히 보이지 않는다고 할지라도, 의인은 기다리며 믿음 가운데서 살아가야 한다는 말씀이다.

삶의 여정은 하나님께서 침묵하시는 듯한 현실 상황과 하나님의 뜻이 실현되는 정한 때 사이의 기간, 즉 '중간 시대(interim period)'에 놓여 있다. 이 중간 시대는 '하나님의 부재(absence of God)'를 경험하는 시간이요 '하나님의 침묵(silence of God)' 앞에 회의하며 괴로워하는 때이다. 그러므로 중간 시대를 살아가는 의인들에게는 두 가지 요소가 필수적으로 요청되는데, 그것은 기다림과 믿음이다. 이것이 의인된 삶의 모습이다. 그러기에 비록 의가 패하고 불의가 성한다 하여도 낙심하거나 회의에 빠져서는 안 된다. 소망 중에 하나님의 승리와 구원을 믿고 기다려야 한다.

하박국 2장 4절의 말씀, "의인은 그의 믿음으로 말미암아 살리라"는 사도 바울의 '이신칭의(以信稱義)' 교리의 씨가 되었다. 바울은 자신의 회심에 비추어 구약을 극적으로 재해석하는 가운데 창세기 15장 6절과 하박국 2장 4절의 두 구절에 초점을 맞추었다. "믿음"으로 번역된 히브리어 '에무나('emuna)'는 '신실함(faithfulness)'으로도 번역된다. 모든 문제가 하나님의 수중에 있음을 믿고 하나님의 주권이 분명해질 그 때를 인내를 가지고 기다리는 가운데 신실하게 살고 행하라는 것이다. 하박국의 질문에 대한 하나님의 이 대답은 신약의 복음에 대한 준비가 되었다(롬 1:17; 갈 3:11; 히 10:38).

(2) 하박국의 감사와 찬양의 기도

하박국 3장은 하박국이 하나님께 드리는 감사와 찬양의 기도로 끝을 맺는다. 악의 존재에 대하여 괴로워하던 하박국은 궁극적으로 하나님께서 세상의 모든 악한 세력을 심판하신다는 말씀을 듣는다. 이제 하나님의 승리와 그의 백성의 구원을 확신한 하박국은 새로운 용기와 힘을 얻고 하나님께 감사의 찬양을 드린다.

"비록 무화과나무가 무성하지 못하며 포도나무에 열매가 없으며 감람나무에 소출이 없으며 밭에 먹을 것이 없으며 우리에 양이 없으며 외양간에 소가 없을지라도 / 나는 여호와로 말미암아 즐거워하며 나의 구원의 하나님으로 말미암아 기뻐하리로다" (합 3:17-18).

모든 것이 기대했던 것과는 반대되는 상황, 역경의 상태에서 어떻게 하박국은 아름다운 감사의 찬양을 드릴 수 있었는가? 그것은 감사하는 근거가 달랐기 때문이다. 히브리어의 감사하다는 말은 '호다(hodah)'이다. 이 말은 감사라는 뜻 외에 "고백하다", "인정하다"라는 뜻을 가지고 있다. 즉 하나님께 감사한다는 것은 곧 고백하고 인정하는 것이다. 무엇을 고백하고 인정하는가? 그것은 현재의 상황이 어떠하건 하나님의 선하신 뜻이 궁극적으로 승리하고 하나님의 백성이 악한 세력으로부터 구원받는다는 사실을 신앙의 확신 안에서 고백하고 인정한다는 것이다.

현재 살아가고 경험하는 세계가 모두 만족스럽고 선하기 때문에 하나님께 감사하는 것은 아니다. 반대로, 선하신 하나님께서는 개인이건 사회이건 국가이건 간에 모든 역사를 궁극적으로 선하게 인도하신다는 사실을 고백하고 인정하기 때문에 감사의 생활을 할 수 있는 것이다. 이러한 신앙의 차원에서 하박국은 비록 포도나무에 열매가 맺히지 않는 고난의 시간에도 하나님께 감사의 노래를 그치지 않았다. 예언자 하박국은 역경 중에서도 하나님의 승리를 선포하고 찬양한 신앙의 승리자였다.

3. 스바냐(Zephaniah)

1) 개인적 배경

'스바냐'란 이름의 뜻은 '여호와가 그를 감추었다'이다. 이 이름은 구약성경에서 여러 곳에서 언급되고 있다(대상 6:36 이하; 렘 21:1; 슥 6:10). 구약의 여러 예언자들 중에서 스바냐만큼 족보가 자세하게 기록된 예언자는 없다. 스바냐 1:1은 예언자 스바냐를 이렇게 소개하고 있다. "스바냐는 히스기야의 현손(玄孫)이요, 아마랴의 증손(曾孫)이요, 그다랴의 손자(孫子)요, 구시의 아들이었더라."

이렇게 스바냐가 5대 조상까지 소급해서 족보를 기록한 까닭은 무엇일까? 그것은 스바냐의 4대조가 "히스기야"였다는 것을 밝히기 위한 목적에서 그렇게 했을 것이다. 여기서 히스기야는 아마도 유대의 유명한 히스기야 왕을 지칭함이 분명하다. 이로 미루어 보건대 스바냐는 왕족 출신이었음이 틀림없다. 스바냐는 유다 왕국의 요시야 왕 때 예루살렘에서 활동하였다. 그가 준엄하게 종교적 부패를 공격하고 있는 것으로 미루어보아 요시야 왕의 종교개혁(주전 621년) 이전에 활동한 것으로 생각된다(628-622년경).

2) 시대적 배경

주전 8세기 말경의 두 문서 예언자였던 이사야(Isaiah, 742-700년경)와 미가(Micah, 722-701년경)의 활동이 끝난 후 약 70여 년 동안 문서예언자가 나타나지 않았다. 그러다가 긴 침묵을 깨고 나타난 대예언자가 바로 눈물의 선지자로 알려진 예레미야(Jeremiah, 626-587년경)였다. 그리고 예레미야와 같은 시대에 활동한 예언자들이 있었으니 스바냐, 나훔, 하박국이 그들이다. 주전 7세기 말경에 활동한 이 세 예언자는 별로 주목받지 못한 예언자들이었다. 이 세 예언자는 야웨가 역사를 주관하시며 악인을 심판하고 의인을 구원한다는 공통의 확신을 공유한다.

요시야 왕의 조부인 므낫세는 유다의 왕들 중에서 가장 악명 높은 왕이었다. 그는 선왕 히스기야가 이룩했던 종교개혁의 성과를 수포로 돌아가게 하였다. 그의 통치 하에서 우상숭배는 극에 달했다. 열왕기에 기록된 므낫세 왕의 악정 중에서 종교적 차원의 것을 열거하면,

(1) 히스기야 왕이 헐어 버린 산당(山堂)을 다시 세웠고,
(2) 아세라(바알 신의 배우자 여신) 목상을 만들어 성전 안에까지 세웠으며,
(3) 하늘의 일월성신을 섬겨, 성전 뜰 안에까지 천체 숭배를 위한 제단을 만들었고,
(4) 여러 가지 주술과 점술을 행하였다(왕하 21:3-7).

이렇게 므낫세 왕 때 독버섯처럼 퍼져나간 종교적 부패는 단명했던 아몬 왕(642-640년)을 거쳐 요시야 왕으로 이어졌다. 요시야 왕 당시의 문란했던 종교적 상황하에서 스바냐는 책망과 심판의 말씀을 선포하였다(1:4-6)

7세기는 므낫세(주전 687-642), 아몬(주전 642-640), 요시야(주전 640-609)로 이어지는 친앗수르파와 반앗수르파 사이에 숨막히는 줄다리기가 벌어진 시기였다(왕하 21:1

−23:30; 대하 33:1−36:1). "어떻게 유다 왕국이 멸망하지 않고 살아남을 수 있을까?"가 유대 왕들의 궁극적 관심사였던 시기였다. 므낫세와 아몬이 친앗수르 정책을 그 살아남기의 처방으로 선택하였다면, 요시야는 그 반대인 반앗수르 주의를 생존의 근간으로 삼았던 사람이었다.

스바냐, 나훔, 하박국에는 이 시기의 문제에 대한 예언자적 성찰이 짙게 배어 있다. 스바냐나 나훔의 경우, 그것은 심판의 메시지로 나타난다. 스바냐가 "여호와(야웨)의 날"을 심판의 날로 선언한다면, 나훔은 니느웨의 멸망(주전 612년)을 앗수르를 심판하시는 하나님의 공의의 승리로 읽고 있다. 하박국의 경우, 그것은 하나님의 정의를 묻고 확인하는 탄원시의 형태로 나타난다.

3) 스바냐서의 구조

(1) 서언(序言)(1:1)
(2) 유다 왕국에 대한 심판의 말씀(1:2−2:3)
(3) 이방 나라에 대한 심판의 말씀(2:4−15)
  블레셋에 대한 말씀(4−7절)
  모압과 암몬에 대한 말씀(8−11절)
  구스(에티오피아)에 대한 말씀(12절)
  앗수르에 대한 말씀(13−15절)
(4) 유다 왕국에 대한 심판에 말씀(3:1−8)
(5) 유다 왕국에 대한 희망의 말씀(3:9−20)

4) 스바냐의 메시지(신학적 주제)

(1) '야웨의 날(Day of Yahweh)'

당시의 혼란한 종교적 상황을 향하여 스바냐는 '야웨의 날('욤 야웨' yom Yahweh = Day of Yahweh)'을 선포하였다. '야웨의 날' 주제는 구약 예언자 신학의 중심 주제 가운데 하나이다. 특히 스바냐에게 있어서 '야웨의 날' 주제는 그가 전한 말씀의 핵심을 이룬다.

'야웨의 날'은 본래 이스라엘에게 있어서 심판의 날이 아니었다. 오히려 이 날은 하나님께서 능력의 손을 드셔서 이스라엘의 원수들을 물리쳐 주시는 승리의 날이었다. 이스라엘의 고통과 억압에서 하나님이 그들을 구원해 주시는 기쁨과 해방의 날이었다.

그런데 '야웨의 날'이 예언자 아모스의 말씀에서부터 그 뜻이 완전히 달라지기 시작하였다. 아모스는 이스라엘 백성들을 향해 외쳤다. "왜 여호와의 날을 기다리느냐? 그 날은 기대와는 달리 빛의 날이 아니요, 어둠의 날이 될 것이다"(암 5:18-19). 이것은 이스라엘 사람들에게는 충격적인 말씀이었다. 아모스 이후 이사야, 스바냐, 요엘, 스가랴 같은 예언자들은 야웨의 날이 하나님을 배반한 이스라엘에게 심판과 징벌의 날이 될 것이라고 선언하였다. 스바냐는 신앙적으로 부패할 대로 부패한 유다 백성을 향하여 '야웨의 날'이 임박했음을 선포하였다(1:14-18).

스바냐가 전한 '야웨의 날'은 한마디로 범죄한 이스라엘을 징벌하는 '심판의 날(Day of Judgement)'이다. 이 날은 웃음과 기쁨이 끊어지고 애곡과 고통이 임하는 날이요, 광명이 사라지고 어두운 암흑이 덮이는 날이다. 이 날은 울음소리가 온 이스라엘을 채우고(1:10-11), 모든 것이 불타고 무너져서 황무케 되는 날이다(1:13). 그러나 동시에 이 날은 모든 유혹과 고난을 이겨내고, 신앙의 순수성을 지킨 의인(義人)들에게는 구원의 날이요, 승리의 날이 되는 것이다. 여기에 바로 야웨의 날의 양면성이 있다. 이 날은 심판의 날과 함께 구원의 날이 된다. 악인들에게는 죽음의 날이요, 의인들에게는 생명과 구원의 날이다.

(2) '희망의 메시지(Day of Hope)'

'야웨의 날'에 임할 하나님의 심판은 양면성을 가지고 있다. 악인은 하나님의 징벌을 받지만, 소수의 '남은 자'는 구원을 받는 날이기 때문이다. "내가 곤고하고 가난한 백성을 네 가운데에 남겨 두리니 그들이 여호와의 이름을 의탁하여 보호를 받을지라"(습 3:12).

이 희망의 말씀에서 스바냐는 '남은 자'에 대해 언급하고 있다. '남은 자'의 주제는 구약 신학에서 중심 주제 가운데 하나이다. 이 신학적 주제는 노아의 홍수 이야기로부터 등장하고 있다(노아와 그의 가족은 하나님의 심판 중에서 '남은 자'들이었다). 예언자 이사야는 자기 아들의 이름을 '스알 야숩(she'ar yashuv, 남은 자가 돌아온다)'이라는 상징적 이름을 지어주어 남은 자의 신학을 부각시켰다(사 7:3).

스바냐에 따르면 하나님의 진노로부터 구원받을 '남은 자'는 곤고하고('ani), '가난한 자(dal)'들이다. 이 둘은 모두 경제적으로나 사회적으로나 정치적으로 힘없고 약한 사람들이다. 이 약자들은 야웨의 이름을 피난처로 삼는 사람들이다. 이들은 세상에서는 힘없고 약한 존재이므로 하나님의 이름만을 의지하고 살아가는 사람들이라는 것이다. 이러한 사람들이 하나님의 심판에서 구원받아 '이스라엘의 남은 자'들이 될 것이다.

스바냐서의 끝부분에서, 스바냐는 이스라엘을 향한 하나님의 궁극적 구원을 약속하고 있다.

> "시온의 딸아 노래할지어다 이스라엘아 기쁘게 부를지어다 예루살렘 딸아 전심으로 기뻐하며 즐거워할지어다 / 여호와가 네 형벌을 제거하였고 네 원수를 쫓아냈으며 이스라엘 왕 여호와가 네 가운데 계시니 네가 다시는 화를 당할까 두려워하지 아니할 것이라 / 그 날에 사람이 예루살렘에 이르기를 두려워하지 말라 시온아 네 손을 늘어뜨리지 말라 / 너의 하나님 여호와가 너의 가운데 계시니 그는 구원을 베푸실 전능자이시라 그가 너로 말미암아 기쁨을 이기지 못하시며 너를 잠잠히 사랑하시며 너로 말미암아 즐거이 부르며 기뻐하시리라 하리라" (습 3:14-17).

여기서 스바냐는 하나님의 심판을 넘어서서 새롭게 시작될 새 이스라엘의 비전을 보여주고 있다. 왕족 출신 스바냐는 부패한 인간이 왕으로 다스리는 이스라엘이 아니라 하나님께서 직접 통치하시는 '새 이스라엘'의 도래를 대망하였다. "이스라엘의 왕 야웨가 너희 중에 있으리라"(습 3:15).

하나님께서 왕으로 통치하시는 그 날은 흩어졌던 이스라엘이 다시 모이는 날이요, 이스라엘을 괴롭혔던 자들이 징벌 받는 날이요, 이스라엘의 이름이 사람들의 조롱거리가 아니라 천하 만민 중에서 다시 빛날 날인 것이다(습 3:19-20). 스가랴의 말씀은 신앙적으로, 사회적으로 병들고 부패한 예루살렘과 유다 왕국에 대한 책망으로 시작하였다. 그러나 그의 말씀은 앞으로 수립될 '새 이스라엘'에 대한 아름다운 꿈과 희망의 메시지로 끝을 맺고 있다.

> "내(=하나님)가 그 때에 너희를 이끌고 그 때에 너희를 모을지라 내가 너희 목전에서 너희의 사로잡힘을 돌이킬 때에 너희에게 천하 만민 가운데서 명성과 칭찬을 얻게 하리라 여호와의 말이니라"(습 3:20).

(3) 소선지서(Minor Prophets)

학개, 스가랴, 말라기

1. 학개(Haggai)

1) 개인적 배경

'학개'란 이름은 '축제'란 뜻을 가지고 있다. 그의 이름으로 된 학개서는 오바댜 다음으로 가장 짧은 책(두 장)이다. 그는 포로 귀환 후 선지자들(학개, 스가랴, 말라기) 중에 가장 먼저 활동을 시작하였다. 에스라서는 그가 스가랴와 동시대의 인물이며, 그들이 함께 사역하여 성전 재건을 독려하였다고 전하고 있다(스 5:1; 6:14). 그의 개인적 신상에 대해서는 알려진 바가 거의 없다. 다만 주전 537년 고레스 왕의 칙령에 따라 그도 다른 사람들과 함께 유다로 귀환했던 인물들이었다는 사실은 분명한 것 같다.

우리는 그가 스룹바벨(Zerubbabel) 성전 건축에 박차를 가하도록 중요한 계기를 마련해 주었다는 점과 그의 메시지가 성전 제의와 관련되었다는 점에 주목하게 된다. 제사장들과 토론하면서 그가 아주 기교적인 화법으로 그들에게 질문하고 대답한 것으로 보아(2:11-14), 학개 역시 성전에서 봉사하던 사람들 중에 한 사람이었을 것이란 점도 짐작할 수 있다. 전승에 의하면 학개는 바벨론에서 귀환할 때는 젊은이였다고 한다. 그 반면에 어떤 이는 본문 2:3의 말씀으로 미루어보아 그가 주전 587년 파괴되기 이전의 솔로몬 성전을 보았던 나이 많은 선지자라고 주장한다. 그렇다면 그는 고령에 예언자 활동을 시작하였다고 볼 수 있다.

2) 시대적 배경

이스라엘 민족의 포로 후기 시대는 페르시아의 고레스 왕이 바벨론을 함락(주전 539년) 시킴으로써 시작된다. 포로 후기 시대라고 하지만 유대인들이 별도의 독립을 획득한 시대는 아니다. 정치적으로 유대 땅은 다메섹에 총독 관저를 둔 페르시아의 제5관구에 속하여 지배를 받았다. 페르시아는 앞서 일어났다가 패망한 제국들(앗수르, 바벨론)과는 달랐다. 페르시아 정부는 피식민지 백성들이 각각 고유한 문화와 종교를 유지하는 것이 식민지 정책에 더 효율적이라고 판단하였다.

그리하여 모든 피식민지 백성들에게 그들이 고국으로 귀환하는 것을 허용하였다. 유다인의 눈에 비친 이러한 페르시아의 관용정책은 하나님이 하시는 일이라고 생각되었다. 이리하여 바벨론에서 타향살이를 감수했던 유대인들은 고향찾기를 시작하게 되었다(주전 538년). 시온으로 돌아가기! 곧 '원시온주의 운동(proto-Zionist movement)'이라고 부를 수 있는, 유대인 디아스포라들의 유대 땅 재정착의 드라마가 시작된 것이다. 학개와 스가랴의 예언은 바로 이러한 시대의 흐름을 배경으로 한다.

이 시기에 활동했던 유대공동체 지도자들 중에는 그 이름이 귀에 낯익은 사람들이 많다. 에스라, 느헤미야, 스룹바벨, 학개, 스가랴, 제사장 여호수아 등이 바로 그런 인물들이다. 주전 538년 이후 한 세기에 가까운 기간 동안 누가, 어떤 시기에 활동했는지에 대해서는 학자들 간에 논란이 많다. 포로후기 시대, 유다공동체의 흐름을 4단계로 정리하면 다음과 같다. 첫째, 세스바살의 지도하에 제1차 유대인 귀국(주전 538년)-아마도 이들이 성전의 기초를 놓는 일에 착수하였을 것이다. 둘째, 스룹바벨을 지도자로 한 유대인들의 제2차 귀국과 성전 공사의 재개(주전 520년), 셋째, 총독 느헤미야의 귀국과 예루살렘 성벽 재건(주전 445년), 넷째, 에스라의 귀국(주전 428년)과 유다 사회의 개혁이다.

유다 백성들이 가나안 땅에 귀환하여 성전 기초공사를 성공적으로 마치자(주전 536년), 이에 자극을 받은 사마리아인들과 주변 민족들은 성전 완성이 지니는 정치적이고 종교적인 의미를 두려워하여 다리오 1세(주전 522-486년)가 페르시아의 왕이 되기까지(주전 522년) 적극적으로 그 계획에 반대하였다. 고레스 당시에는 그들의 이 같은 노력이 성공하지 못하다가 캄비세스 때 재개하여 거짓 스메르디스에게서 성곽 재건 공사를 진행시키지 못하게 하는 칙령을 받아내었다. 따라서 이 역사는 거의 14년 동안 중단 상태에 있었다. 새로 왕위에 오른 다리오 1세는 제국 내의 종교에 큰 관심을 기울였으며, 이에 따라 그의 재위 제2년에(주전 520년) 학개와 스가랴가 활동을 시작하였다(학 1:1).

학개의 시대는 스룹바벨의 활동과 배경을 같이한다. 고레스 왕의 칙령으로 예루살렘에 성전을 재건할 수 있는 권한을 부여받았던 총독 스룹바벨의 곁에는 두 명의 예언자(학개와 스가랴)가 있었다(스 1:2-4; 6:3; 학 1:1). 학개는 공사의 지연이 대적들보다는 유대인 스스로의 태만과 직무 유기 때문임을 지적했다. 성전 재건 노력을 유브라데 강 서쪽지역의 총독과 관리들이 방해했을 때, 다리오 1세는 전폭적으로 유대인들을 지지했으며, 이로 인해 주전 515년에 제2성전(스룹바벨 성전)이 완성되어 봉헌되었다. 따라서 학개의 예언활동은 주전 520-515년 사이가 된다.

3) 학개의 구조(내용 분해)

학개는 도합 38절(2장)로 된 짧은 책이다. 그 내용은 네 부분으로 나누어진다.

(1) 성전 재건을 촉구함(1:1-15)
(2) 새 성전의 영광(2:1-9)
(3) 정결한 생활을 요청함(2:10-19)
(4) 미래에 임할 축복(2:20-23)

4) 학개서의 메시지(신학적 주제)

바벨론 포로생활에서 예루살렘으로 돌아온 귀향민들에게 있어서 최대의 과제는 파괴된 성전의 재건이었다. 그러나 성전 재건사업은 당초의 열의와는 달리 경제적 빈곤과 내부 분열 등으로 지연되고 있었다. 또한 그들은 성전 재건보다는 자기 집 마련에 더욱 열을 올리고 있었다. 이러한 상황에서 학개는 외쳤다. "너희는 산에 올라가서 나무를 가져다 성전을 건축하라 그리하면 내가(하나님) 그를 인하여 기뻐하고 또 영광을 얻으리라"(1:8).

예언자 학개는 성전의 재건과 그곳에서 드리는 정화된 예배, 이 두 가지는 이스라엘의 잃었던 영광을 회복하는 필수적인 것으로 생각하였다. 예언자 학개는 왜 성전 재건에 사활을 걸었는가? 그 까닭은 무너진 성전의 재건이야말로 유대인들의 민족 신앙을 회복할 수 있는 최선의 길임을 확신했기 때문이다. 다시 말하면 무너진 성전의 재건이 있고 나서야 여호와께서 예루살렘으로 귀환하실 것으로 믿었기 때문이다. 그리고 바로 그 여호와의 귀환에 유대 민족의 살 길이 열리게 된다고 확신하였다. 학개의 예언은 성전 재건이 여호와의 귀향과 팔레스틴 땅의 풍요를 위한 전제 조건임을 강하게 피력한다. 이 점에서 학개는 스가랴와 같이 에스겔의 정신을 계승하고 있다.

2. 스가랴(Zechariah)

1) 개인적 배경

'스가랴'라는 이름의 뜻은 '야웨가 기억하시다'이다. 구약에 이 이름이 31명이나 나타난다. 스가랴는 "잇도의 손자요 베레가의 아들"이었다(슥 1:1). 느헤미야 12:4에는 주전 520년 스룹바벨과 함께 예루살렘에 돌아온 제사장 명단에 '잇도'라는 이름이 기술되어 있고, 느헤미야 12:16에는 스가랴가 잇도 제사장 가문의 수반으로 명기되어 있다. 따라서 스가랴는 예레미야(렘 1:1)나 에스겔(1:3)처럼 제사장 출신으로 예언자가 된 사람이다.

스가랴 1:1에 의하면, 그가 예언자로 활동을 시작한 것은 "다리오 왕 2년 8월"이었다. 스가랴는 동시대에 활동한 학개보다 두 달 뒤에 예언자 활동을 시작하였으나, 학개보다 오랫동안 활동했다(1:1; 7:1; 학 1:1; 느 12:1-6). 학개가 페르시아의 총독 스룹바벨에 강조점을 두었던 것에 비해 스가랴는 정치 지도자 스룹바벨보다는 제의 지도자인 여호수아에게 초점을 두고 있다. 그리고 메시아 왕국의 중심지도 성소인 것으로 강조하고 있다(1:16; 4:9; 6:12-12).

2) 스가랴서의 구조(내용 분해)

스가랴서는 12소선지서 중 제일 긴 책이다. 호세아서가 14장에 197절로 되어 있는 데 비해, 스가랴서는 14장에 211절로 되어 있다. 또한 스가랴서는 12소선지서 가운데 제일 난해한 책으로 알려지고 있다. 스가랴서는 크게 두 부분으로 나누어진다.

I. 제1스가랴의 말씀(1-8장)

① 회개의 촉구(1:1-6)

② 스가랴가 본 8개의 환상(1:7-6:15)

③ 금식에 관한 말씀(7:1-14)

④ 예루살렘 회복에 대한 희망의 말씀(8:1-23)

II. 제2스가랴의 말씀(9-14장)

① 이스라엘 원수들의 파멸(9:1-8)

② 평화의 왕의 오심(9:9-11:3)

③ 두 종류의 목자(11:4-17)

④ 희망의 말씀(12-14장)

루터는 스가랴서를 예언서들의 정수(精髓)라고 하였다. 그 이유는 스가랴의 예언 속에 앞서 있었던 여러 선지자들의 예언들이 거의 전부 반영되어 있기 때문이다. 그러므로 스가랴서를 잘 이해하면 다른 선지자들도 쉽게 이해할 수 있다. 다른 선지자들의 예언과 관련된 예언들은 다음과 같다. 네 뿔(1:18; 단 7:7), 측정자(2:1; 렘 31:39; 겔 40:3), 불에 그슬린 나무(3:2; 암 4:11), 일곱 눈(4:10; 대하 16:9), 의로 부르심(7:9,10; 출 22:21-24), 범죄에 대한 징벌로서 흩어지게 하심(7:14; 레 26:33; 신 4:27,28; 28:36,37), 예루살렘의 장래(8:3-13; 사 2:2-4; 54:1-17; 렘 3:17,18; 50:4,5), 열국에 대한 경고(9:1; 암 1:2-2:3), 회복의 약속(1:17; 2:10; 사 40:1; 호 2:23; 미 7:14), 생수(14:8; 겔 40-48장) 등이다.

3) 제2스가랴(Second Zechariah = Deutero Zechariah)

스가랴 9-14장은 여러 가지 내적인 증거에 의해서, 스가랴 1-8장과는 구별되기에 '제2스가랴'로 구분하고 있다. 또한 그의 시대는 페르시아 시대 다음인 헬라시대(주전 333년 이후)에 귀속된다. 이러한 구분의 중요한 근거를 들면 다음과 같다.

첫째, 스가랴 9:13은 헬라에 대해서 구체적으로 언급하고 있다. 둘째, 스가랴 1-8장 부분에서는 포로생활에서 귀향한 이스라엘 공동체의 지도자는 제사장 여호수아(Jeshua, 또는 Joshua)와 총독 스룹바벨이었다. 그러나 스가랴 9장 이하에서는 이들에 대한 언급이 전혀 없고, 다만 이름없는 '악한 목자'가 이스라엘의 지도자로 등장한다(슥 11:4-17). 셋째, 9-14장 부분은 '묵시문학'적인 색채가 대단히 강하다. 즉 현재 질서의 완전한 붕괴를 주장하고, '평화의 왕'이 통치하는 완전히 새로운 질서를 대망한다. 이러한 여러 가지 이유로 스가랴 9-14장은 따로 구분되며, 이 부분은 구약 묵시문학의 초기단계(Proto-Apocalyptic)로 생각된다. 따라서 스가랴를 학개와 동시대인으로 보는 것은 스가랴 1-8장에 국한된 것이며, 9-14장의 경우는 그 시대적 배경이 다른 것으로 언급되어 있다.

스가랴 1-8장과 9-14장을 비교하면 다음과 같다.

	스가랴 1-8장	스가랴 9-14장
연대	520년 10/11월에서 518년 11월까지	아무런 연대 언급 없음
역사	스룹바벨, 여호수아, 다리오, 성전 재건	아무런 인명 언급 없음 성전 언급도 없음
저자	스가랴 3인칭	무명
문체	산문, 환상	시 형태, 환상 없음
분위기	평화적이며 안정적	군사적이며 불안정
종교 지도자	존경함	부족하다고 판단
다윗 왕가	조용히 사라짐	복귀를 기대
메시아 대망	제사장 통치	야웨-왕 통치

스가랴 1-8장과 9-14장 간에는 아래와 같은 유사점이 있다. 하나님의 보호를 받는 성벽 없는 예루살렘 성, 낙원의 풍요, 고대의 계약 약속, 열방에 대한 하나님의 심판, 열방의 회개, 포로들의 귀환, 새로운 시대를 위한 제사의식, 성령으로 깨끗게 하심, 메시아 인물. 차일즈(B.S.Childs)는 편집자들이 이 같은 내용의 유사성을 고려해 스가랴 9-14장을 1-8장에 첨부했을 것이라고 본다.

4) 제1스가랴서(슥 1-8장)의 메시지(신학적 주제)

제1스가랴는 학개와 동시대에 활동하였고, 메시지의 주제도 서로 비슷하다. 즉 성전 재건의 촉구, 정화된 이스라엘 공동체, 새 시대의 도래가 그것이다. 특히 스가랴는 8가지 밤의 환상(vision)의 수법으로 그의 메시지를 전달하고 있다(1:7-6:15). 포로기 이전 예언자들 중에도 환상적인 요소는 많이 있다. 이사야의 성전 환상(사 6장), 아모스의 환상(암 7-8장), 예레미야의 환상(렘 4:23-26), 에스겔의 불수레 환상(겔 1장) 등이 대표적이다.

스가랴는 학개와는 달리 환상 체험을 통해 색다른 신학적 관심을 표명하고 있다. 스가랴는 전령자 공식("야웨께서 말씀하시기를")을 사용하여 하나님의 말씀을 선포하지만 그보다는 환상을 더 많이 사용하고 있다. 우선 그의 환상 속에는 천사와 사탄이 등장한다. 8개의 환상 모두에서 천사가 등장하며, 예언자가 본 환상의 내용을 설명해 주고 있다. 천사들이 등장하는 것은 에스겔이나 제사문서에서 나타나듯 야웨의 위엄과 초월성을 강조하려는 의도로 짐작된다.

스가랴의 하나님은 인간 세계와 멀리 떨어져 계시지만 동시에 인간 세계의 모든 일을 굽어살피시는 무소부재의 하나님이시다. 천사는 하나님과 인간 사이를 왕래하면서 하나님의 뜻을 설명해 준다. 스가랴는 모든 육체가 하나님을 경배해야 할 것을 강조한다(2:13). 또한 스가랴는 예언자 중에서 유일하게 사탄을 언급하고 있다(3:1-2). 여기서 사탄은 여호수아를 대적하지만 하나님께서는 여호수아에게 제사장 직무를 수행하도록 허락하신다.

스가랴가 선포한 메시아 시대는 다윗 가문의 스룹바벨이 다스리고 레위 계열 제사장이 그를 보좌하여 이방인이 야웨를 찾게 되는(8:20) 이스라엘의 민족주의적 색채를 강하게 나타내지만 그래도 그 시대는 평화와 공의가 지배하는 시대가 될 것이다. 스가랴는 이방인들이 예루살렘으로 몰려올 것을 기대하고 있다.

5) 제2스가랴서(슥 9-14장)의 메시지(신학적 주제)

제2스가랴는 예루살렘의 영광에 대한 예언적 약속(사 60:4-7)이 실현되지 않으므로 인해 오는 공동체의 회의와 좌절감에 대해 야웨는 여전히 세상을 주관하시며 원수들을 물리치시고 그의 백성을 보호하실 것을 강조하고 있다. "야웨께서 천하의 왕이 되시리니 그날에는 야웨께서 홀로 하나이실 것이요 그 이름이 홀로 하나이실 것이며"(14:9). 예루살렘은 야웨가 온 세상을 다스리는 영원한 도성이 될 것이다.

스가랴서의 대부분의 구절들이 초대교회에서는 메시아적 예언으로 이해되었다. 구약의 메시아적 해석은 신약의 입장에서 구약의 메시아적 예언이 예수에게서 성취되었다고 보는 것이다. 구약에서 제2스가랴는 예수 그리스도의 수난, 죽음, 부활과 관련되어 제일 많이 인용되고 있는 책이다. 슥 9:9=마 21:5; 요 12:15 / 11:12=마 26:15 / 11:13=마 27:9 / 12:3=눅 21:24 / 12:10=요 19:37; 계 1:7 / 13:7=마 26:31(막 14:27) / 14:4=행 1:11 / 14:5=살전 3:13 / 14:7=마 24:36(막 13:32) / 14:8=요 7:38 / 14:21=요 2:16. 또한 요한은 스가랴서에서 많은 상징들을 끌어왔다. 그래서 요한계시록은 이 책에서 취한 상징들로 채워져 있다. 슥 1:18, 19, 21=계 17:3,16 / 3:4=계 7:14 / 3:9=계 5:6 / 4:2=계 1:12 / 6:2,3=계 6:2; 6:11 / 9:16=계 6:2 / 12:10=계 1:7 / 14:7=계 21:23,25 / 14:8 =계 22:1 / 14:11=계 22:3. 이러한 예언들은 궁극적으로 언제 이루어질지 아무도 모르고 오직 여호와만 아신다(슥 14:7).

3. 말라기(Malachi)

1) 개인적 배경

말라기서는 12소선지서 중에서 제일 마지막 책이다. 히브리어로 '말라기'는 '나의 심부름꾼(나의 사자)'이란 뜻이며, 본문 3:1에는 야웨가 그의 심부름꾼을 보낸다는 말이 있기 때문에 실제 인물이라기보다는 오히려 책의 제목이라고 보는 학자도 있다. 그의 개인적 신상에 대해서는 알려진 바가 없다. 다만 그는 그의 이름대로 '하나님의 메신저'로서 활동하였다.

2) 시대적 배경

앞서 언급한 학개와 스가랴는 제2성전 건축(주전 515년경)과 연관된 페르시아 통치 초창기의 예언자라면, 말라기와 제3이사야는 이보다 조금 늦은 제2성전이 건축되고 난 이후의 시대이다. 포로후기 제1기가 성전 건축의 열광주의에 들떠 있던 시기라면, 포로후기 제2기는 성전이 건축되었지만 여전히 도래하지 않는 하나님의 나라에서 신앙적 좌절과 방황을 경험해 가던 시기라고 말할 수 있다.

이 시기는 다른 말로 하면 유대교(Judaism)가 잉태되던 시기이다. 이때부터 유대교(유대주의)는 하나의 생존 원리로서 차츰 유대인 사회에 뿌리를 내리기 시작한다. 그러다가 주전 5세기 중엽-4세기 초엽 사이에 유대교는 비로소 탄생한다. 에스라, 느헤미야가 바로 그 탄생을 도운 산파들이다.

말라기는 에스라와 느헤미야가 예루살렘으로 돌아와(주전 450년대 후반) 전반적인 개혁사업을 일으키기 전의 극도로 혼란된 이스라엘 공동체의 모습을 보여주고 있다. 따라서 말라기의 활동 연대는 이들 두 지도자들이 예루살렘에 오기 이전, 즉 주전 500-450년 사이로 추정된다.

3) 말라기의 구조(내용 분해)

말라기는 표제와 6개의 야웨와 말라기 간의 논쟁 구절 및 두 개의 부록으로 구성되어 있다.

(1) 표제(1:1)

(2) 6개의 논쟁 구절(1:2-3:18)

① 하나님의 사랑에 대한 질문과 답변(1:2-5)

② 제사장들의 불경한 행동들(1:6-2:9)

③ 신실함에 대한 요구(2:10-16)

④ 공의의 하나님이 심판하러 임하심(2:17-3:5)

⑤ 회개할 것을 요구하심(3:6-12)

⑥ 하나님을 거스려 말한 악인들을 심판하심(3:13-4:3)

(3) 두 개의 부록(4:4-6)

① 모세의 율법을 기억하라는 권고(4:4)

② 선지자 엘리야를 보내리라는 약속(4:5-6)

4) 말라기서의 메시지(신학적 주제)

성전 재건을 통해 민족의 회복을 염원한 학개와 스가랴의 성전 중심적 청사진은 포로후기 시대에 정치적 억압과 계속된 가뭄, 그리고 제사장들의 부패로 인해 여지없이 무너졌다. 여기서 예언자적 낙관주의에 저항하는 하나의 고뇌가 생성된다. 바벨론에 이어 페르시아의 식민통치가 계속되는 상황에서 포로후기 이스라엘 공동체에 달라진 것은 아무것도 없었다.

이때 유대인들은 자기들보다 강한 민족들이 있음을 깨닫게 되었고, 여호와의 주권은 이스라엘의 지리적, 민족적 환경에 얽매여 있는 것이 아니라는 깨닫게 되었다. 제3이사야를 비롯한 말라기와 요나에 나타난 하나님 사랑의 보편주의는 이러한 역사의 흐름에 대한 신학적 반성의 열매이다. 구약성경의 선교사상은 바로 이런 하나님 통치의 보편주의에 기인한다.

말라기의 예언 속에는 성전 종교에 대한 신랄한 비판이 있다. 성전에서 행해지는 형식적 예배가 그로 하여금 성전 종교를 고발하게 하였다(1:8; 3:6-12). 말라기는 여호와가 다스리는 세상이 오고 있지 않은 까닭은 하나님 때문이 아니라 사람들의 짓거리 때문이라고 갈파하였다(3:1-5). 인간의 죄악이 제거되고 난 이후에야 구원의 시대가 온다고 말하는 말라기는 학개, 스가랴가 낙관적으로 선포했던 구원의 때에 관한 신탁을 상대화시키고 있다. 말라기가 전하는 새 시대는 "여호와를 섬기는 자들에게 정의(체다카)의 해가 떠오르는"(4:2) 시대이다. 따라서 말라기의 예언은 한 마디로 '인간은 여호와의 오심을 준비해야 한다'는 것으로 요약할 수 있다.

이러한 말라기의 사고는 제3이사야가 그렇듯이 하나님의 통치의 지연을 재해석하면서도, 바벨론에서의 식민지살이가 막바지에 들 무렵 제2이사야에 의해서 고취되기 시작했던 하나님 통치의 보편성-여호와는 민족의 국경 속에 갇혀 있는 폐쇄적인 하나님이 아니라 온 세상, 온 역사, 온 우주의 주님이시다-을 창조적으로 전수하는 것이다.

> "만군의 여호와가 이르노라 해 뜨는 곳에서부터 해 지는 곳까지의 이방 민족 중에서 내 이름이 크게 될 것이라 각처에서 내 이름을 위하여 분향하며 깨끗한 제물을 드리리니 이는 내 이름이 이방 민족 중에서 크게 될 것임이니라" (말 1:11).

"해가 뜨는 곳에서부터 해가 지는 곳까지!" 그곳이 하나님의 이름이 높임을 받을 영역이다. 이것은 주전 5세기초-중엽에 해당하는 유대교(유대주의)의 여명기에 담긴 여호와 신앙의 우주적 지평이다. 이 지평은 여호와 하나님이 정의롭게 온 세상, 온 백성을 다스린다는 신앙고백에서 더욱 밝히 드러난다. 그런데 여기서 말하는 우주적 지평은 하나님을 모르는 다른 모든 민족을 무조건 감싸안는 종교적 세계주의로 단정해서는 안 된다.

예언자들의 사고 속에 있는 하나님 통치의 우주적 지평은 인종, 계층, 언어, 지역이 다른 사람들이 여호와를 섬기는 일에 이스라엘이 구심적 역할을 하는 구조를 띠고 있다. 이스라엘로부터, 이스라엘이 중심축이 되어 온 세상에 여호와 하나님의 주권 통치를 넓혀 나아가는 방식이다. 그러기에 '선택받았다'는 의식은 배타적일 수 없다. '선민' 이스라엘이 온 세계, 온 인류를 위한 종의 직무를 지녔다는 것을 의미한다. 하나님이 이것을 기대하신다.

말라기가 끝나는 4:4-6은 예언서 전체를 마무리 지어주는 부분으로, 메시아의 도래를 준비하는 주의 심부름꾼이라는 점에서 구약과 신약을 이어주는 다리 역할을 한다. 즉 말라기는 구약의 예언서와 신약의 세례 요한 및 예수 그리스도의 이야기를 이어주고 있다.

신구약성경 개요

1. 신구약성경 개요

오늘날 기독교(개신교)가 사용하는 성경은 크게 두 부분으로 나누어진다. 첫째 부분은 구약성경(이스라엘 민족의 역사와 신앙에 대한 삶의 기록)이고, 둘째 부분은 신약성경(예수님과 초대교회에 관한 기록)이다. 신구약성경은 전체 66권(구약성경 39권, 신약성경 27권)으로 되어 있다(가톨릭은 신구약 중간시대의 작품인 7권의 외경[外經]을 포함 73권이다). 신구약성경은 약 1500년(구약 1400년, 신약 100년) 동안 각기 다른 시대와 다른 장소에서 살던 약 40명의 저자들에 의해, 구약성경은 히브리어(에스라서와 다니엘서의 일부는 아람어로 기록), 신약은 헬라어로 기록되었다. 오늘날의 성경은 얇은 종이로 만든 한 권의 책으로 되어 있지만, 본래 성경은 양피지(羊皮紙, 동물 가죽으로 만듦)나 파피루스(습지에서 자라는 갈대를 엮어 만듦)에 쓴 두루마리 형태로 되어 있다.

2. 구약과 신약의 명칭

기독교에서 사용하는 구약과 신약이라는 명칭은 예수님의 오심을 기준으로, 그 이전의 약속을 옛 약속(언약 혹은 계약), 즉 구약(舊約), 그 이후의 약속을 새 약속(언약 혹은 계약), 즉 신약(新約)이라고 부르게 되었다. 구약은 '하나님과 이스라엘(민족)' 간에 맺은 언약이고, 신약은 '하나님(예수님)과 새 이스라엘(교회)' 간에 맺은 언약이다(렘 31:31; 눅 23:20; 고전 11:25). 유대인들은 예수님을 구세주로 믿지 않으므로 신약을 인정하지 않는다. 따라서 그들은 구약만 믿는데, 구약은 기독교에서 사용하는 명칭이고, 그들은 우리의 구약성경을 타낙(TaNaK)이라고 부른다(여기서 TNK는 Torah[모세오경], Nevi'im[예언서], Kethuvim[성문서]의 약자이다).

3. 신구약성경의 순서와 내용적 분류

본래 히브리어로 쓰여진 구약성경(마소라 텍스트[Masora Text]라고 부름)은 3부분(모세오경, 예언서, 성문서 순)으로 되어 있다. 이것을 주전 약 250년경 헬라어로 번역(70인역[Septuaginta]이라고 부름)하면서 4부분으로 나누었다. 분류상 70인역을 따른 우리의 구약성경(39권)은 4부분으로 나누어진다. 모세오경(5권, 창-신), 역사서(12권, 수-에), 시가서(5권, 욥-아), 예언서(17권, 사-말) 순으로 구성되어 있다. 마찬가지로 신약성경(27권)도 4부분으로 나누어진다. 복음서(4권, 마-요), 역사서(1권, 사도행전), 서신서(21권, 롬-유), 예언서(1권, 요한계시록) 순으로 구성되어 있다. 구약은 39권, 총 929장, 23,026절, 신약은 27권, 총 260장, 7,967절로 되어 있다. 신구약 전체는 총 1,189장, 30,993절로 되어 있다.

4. 신구약성경 정경화(canonization) 과정

정경(正經)이란 현재 우리가 갖고 있는 고정된 신구약성경(더 이상의 첨가나 삭제가 불가능)을 말하는 것으로, 헬라어로는 kanon('곧은 갈대'라는 뜻)이다. 여기서 영어 Canon(자, 규범, 규칙)이 나왔다. 그 의미는 "신앙공동체의 삶과 행위의 표준 되는 법칙"이라는 뜻이다. 구약성경은 맨 처음 구전(口傳)으로 내려오다가 주전 1000년경(다윗 왕 때) 문서화 작업이 시작되었다. 그리하여 주전 400년경 '모세오경'이 완성되었고, 200년경 '예언서'가 완성되었다. 그리고 '성문서'는 주후 90년에 완성되면서(얌니아 회의) 구약성경 전체가 정경으로 확정되었다. 신약성경 27권은 모두 50-100년경에 기록되었는데, 정경으로 확정된 때는 주후 397년 카르타고 공회에서였다.

구약성경의 분류 (1)

<table>
<tr><th colspan="2" rowspan="2">히브리 정경</th><th colspan="3">기독교 정경</th></tr>
<tr><th>개신교</th><th colspan="2">가톨릭(정교회)</th></tr>
<tr><td>토라</td><td>1. Bereshith(태초에)
2. Shemoth(이름들)
3. Wayiqra(그리고 그가 불렀다)
4. Bemidbar(광야에서)
5. Debarim(말씀들)</td><td>1. 창세기
2. 출애굽기
3. 레위기
4. 민수기
5. 신명기</td><td>모세오경</td><td>1. 창세기
2. 출애굽기
3. 레위기
4. 민수기
5. 신명기</td></tr>
<tr><td>전기
예언서</td><td>6. Yehoshua(여호수아)
7. Shofetim(사사들)
8. Shemuel(사무엘)
9. Melakim(열왕들)</td><td>6. 여호수아
7. 사사기
8. 룻기
9–10. 사무엘상하
11–12. 열왕기상하
13–14. 역대기상하
15–16. 에스라– 느헤미야
외경
외경
17. 에스더</td><td>역사서</td><td>6. 여호수아
7. 사사기
8. 룻기
9–10. 사무엘상하
11–12. 열왕기상하
13–14. 역대기상하
15–16. 에스라–느헤미야
17. 토비트
18. 유딧
19. 에스더(부록 첨가)</td></tr>
<tr><td>후기
예언서</td><td>10. Yeshayahu(이사야)
11. Yirmeyahu(예레미야)
12. Yehezquel(에스겔)
13. Tere Asar(열둘)
Hoshea(호세아)
Yoel(요엘)
Amos(아모스)
Obadyahu(오바댜)
Yonah(요나)
Micah(미가)
Nahum(나훔)
Habaqquq(하박국)
Zephanyah(스바냐)
Haggai(학개)
Zekaryahu(스가랴)
Malaki(말라기)</td><td>18. 욥기
19. 시편
20. 잠언
21. 전도서
22. 아가서

외경
외경</td><td>시와 지혜</td><td>20. 욥기
21. 시편
22. 잠언
23. 전도서
24. 아가서

25. 지혜서
26. 집회서
(벤 시락의 지혜)</td></tr>
</table>

<table>
<tr>
<td rowspan="2">성문서
(다섯
절기들
17–21)</td>
<td>14. Tehillim(찬미들)
15. Iyyob(욥기)
16. Mishle("–의 잠언")</td>
<td rowspan="2">23. 이사야
24. 예레미야
25. 애가
외경

26. 에스겔
27. 다니엘
28. 호세아
29. 요엘
30. 아모스
31. 오바댜
32. 요나
33. 미가
34. 나훔
35. 하박국
36. 스바냐
37. 학개
38. 스가랴
39. 말라기
외경
외경</td>
<td rowspan="2">예언서</td>
<td rowspan="2">27. 이사야
28. 예레미야
29. 애가
30. 바룩
(예레미야의 편지 포함)
31. 에스겔
32. 다니엘
33. 호세아
34. 요엘
35. 아모스
36. 오바댜
37. 요나
38. 미가
39. 나훔
40 하박국
41. 스바냐
42. 학개
43. 스가랴
44. 말라기
45. 마카베오상
46. 마카베오하</td>
</tr>
<tr>
<td>17. Ruth(룻)
18. Shir Hashirim(아가서)
19. Qoheleth(설교자)
20. Ekah(어떻게) 애가
21. Ester(에스더)
22. Daniel(다니엘)
23. Ezra–Nehemyah
(에스라–느헤미야)
24. Dibre Hayamim
(역대기들)</td>
</tr>
</table>

구약성경의 분류 (2)

히브리 성경 또는 마소라 본문(Masoretic text)	헬라어역본 또는 칠십인역(Septuaginta)
I. 토라(Torah) 모세의 다섯 책으로서, 각각은 처음 나오는 단어들에 따라 명명되어 있다.	I. 오경(Pentateuch) 창세기, 출애굽기, 레위기, 민수기, 신명기
II. 느비임(Nebi'im, 예언서) 전기 예언서 여호수아 사사기 사무엘 상하 열왕기 상하 후기 예언서 이사야 예레미야 에스겔 십이 소서지서: 호세아, 요엘, 아모스, 오바댜, 요나, 미가, 나훔, 하박국, 스바냐 학개, 스가랴, 말라기	II. 역사서(Historical books) 여호수아 사사기 룻기 왕국기 I–II (사무엘 상하) 왕국기 III–IV(열왕기 상하) 파랄리포메논 I–II (역대기 상하) 에스드라 A 에스드라 B(에스라–느헤미야) 에스더(부록 추가) 유딧서 토빗서 마카베오 I–II 마카베오 III–IV
III. 케투빔(Kethubim, 성문서) 테힐림(찬양의 노래들) 욥기 잠언 절기 두루마리들: 룻기, 아가, 전도서, 예레미야 애가, 에스더 다니엘 에스라–느헤미야 역대기 상하	III. 시와 지혜 시편, 솔로몬의 시(므낫세의 기도 포함) 잠언, 전도서, 솔로몬의 노래(아가서) 욥기, 솔로몬의 지혜, 집회서(벤 시라의 지혜), 솔로몬의 시편 IV. 예언적 저작들 십이 소선지서: 호세아, 아모스, 미가, 요엘, 오바댜, 요나, 나훔, 하박국, 스바냐, 학개, 스가랴, 말라기. 이사야, 예레미야, 바룩, 애가, 예레미야의 편지, 에스겔, 다니엘(다음이 추가됨): 수산나 이야기, 세 아이의 노래, 벨과 용 이야기

고대근동세계(ANE)

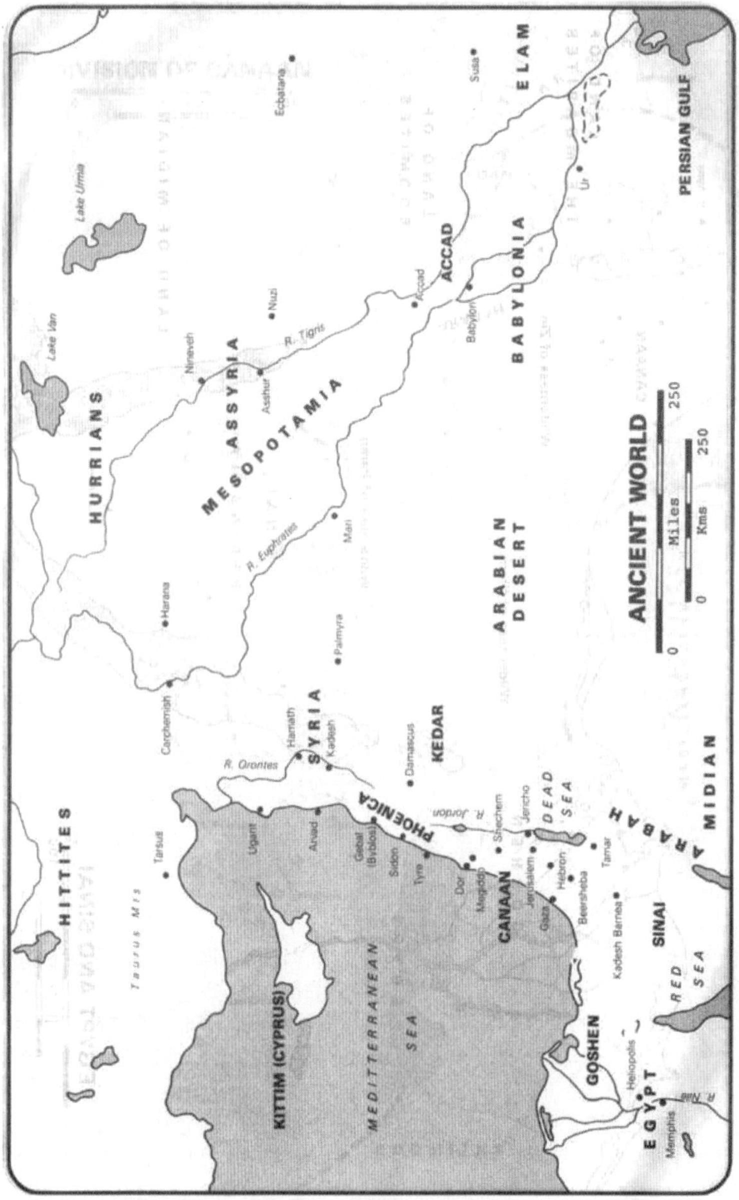
ANCIENT WORLD
0 Miles 250
0 Kms 250
HITTITES
Taurus Mts
Tarsus
HURRIANS
Lake Van
Lake Urmia
ASSYRIA
MESOPOTAMIA
Nineveh
Asshur
Nuzi
R. Tigris
R. Euphrates
Harana
Carchemish
Mari
Palmyra
Ecbatana
Susa
ELAM
ACCAD
Accad
BABYLONIA
Babylon
Ur
PERSIAN GULF
ARABIAN DESERT
SYRIA
Hamath
Kadesh
R. Orontes
Damascus
KEDAR
PHOENICIA
Ugarit
Arvad
Gebal (Byblos)
Sidon
Tyre
Dor
Megiddo
R. Jordan
Shechem
Jericho
DEAD SEA
Jerusalem
Hebron
Gaza
Beersheba
Tamar
CANAAN
ARABAH
MIDIAN
KITTIM (CYPRUS)
MEDITTERRANEAN SEA
SINAI
Kadesh Barnea
RED SEA
GOSHEN
Heliopolis
EGYPT
Memphis
R. Nile

(1) 성서지리학: 팔레스타인의 지리와 기후

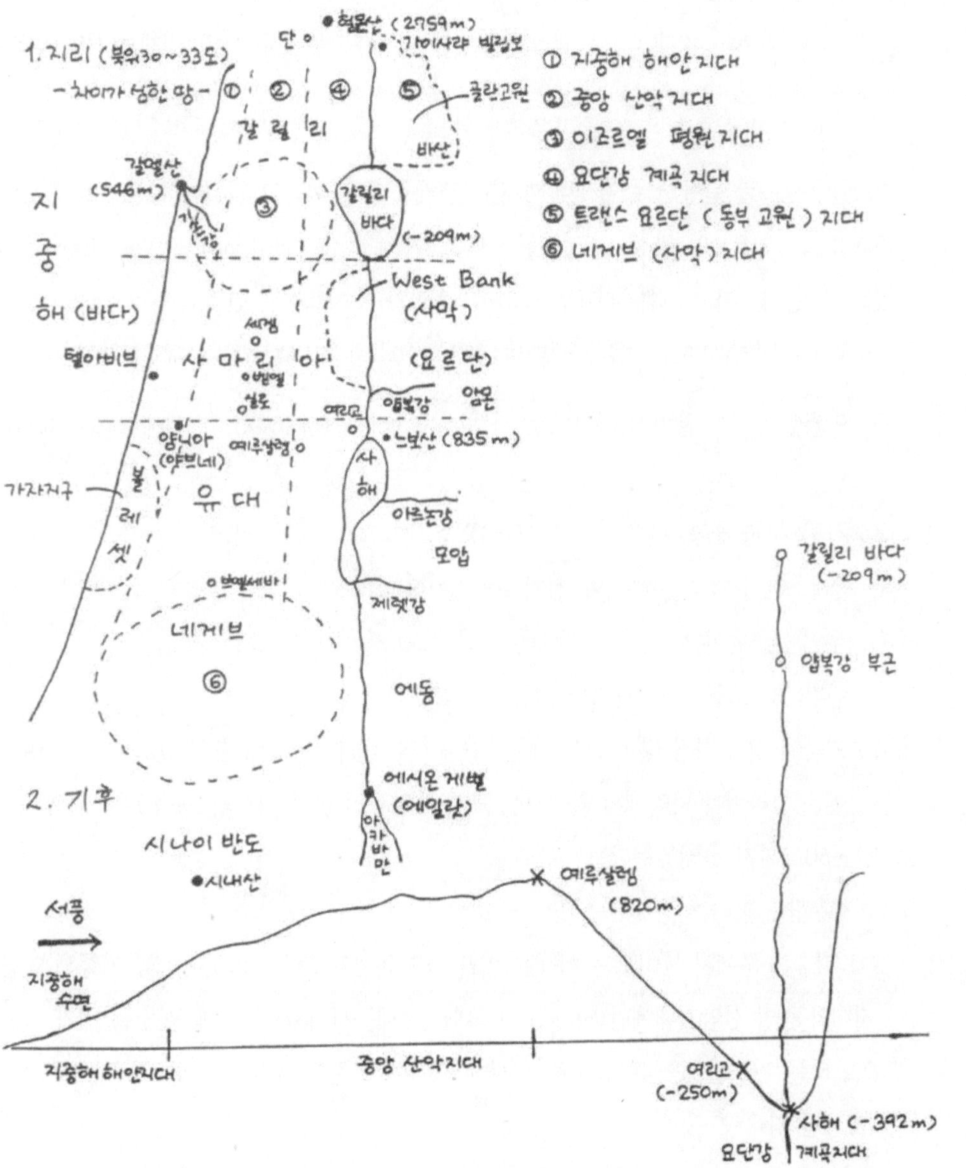

(2) 성서지리학: 팔레스타인의 지리와 기후

1. 지리(차이가 심한 땅)

1) 팔레스틴의 지형은 크게 6지형으로 구분된다(참으로 이상한 땅)

(1) 지중해 해안 지대 (2) 중앙 산악 지대 (3) 이즈르엘 평원 지대

(4) 요단강 계곡 지대 (5) 트랜스 요르단(요단동부고원) 지대 (6) 네게브(사막) 지대

※ 팔레스틴 땅은 전체적으로 바다와 사막으로 에워싸인 볼품없고 살기 어려운 땅. 북서쪽은 지형적으로 높고 강우량이 많으며, 남동쪽은 지형적으로 낮고 강우량이 적은 것이 특징.

2) 일반적으로 '단에서 브엘세바'까지를 '팔레스틴 땅'이라고 말한다(삼상 3:20; 삼하 3:10; 17:11; 24:2; 왕상 4:25). 현재 이스라엘 면적(28,110km2) - West Bank, 골란 고원, 가자지구 포함. 시내반도(61,000km2) - 이스라엘 면적의 약 2.2배의 면적.

※ 팔레스틴(Palestine) 지명은 "Pilistia(블레셋 사람)의 땅"에서 유래(역사의 아이러니).

3) 요단강의 길이(갈릴리 바다에서 사해까지): 직선거리(104km), 실제거리(193km).

2. 기후(지중해성 기후, 신 11:10-17 참조)

1) 팔레스틴의 기후는 우기와 건기로 나누어진다.

(1) 우기: 11월(이른 비) - 4월(늦은 비, 호 6:3) - 비가 오는 겨울.
건기: 5-10월(덥고 건조한 여름, 시 42:1)

(2) 겨울에 비가 가장 많이 오는 때는 12월-1월. 이때 1년 강우량의 2/3가 온다. 여름에는 아라비아 사막에서 불어오는 뜨거운 열풍인 함신(성경의 '동풍')은 기온을 40-50도까지 올려놓는다.

2) 강우량

(1) 지중해 쪽에서 불어오는 서풍은 비를 가져오는 바람(눅 12:54-56). 지중해 연안 지대와 중앙 산악지대에만 비가 오고 요단강 계곡지대(특히 사해 근처)는 비가 거의 안 오는 건조한 곳(쿰란공동체 / 사해 사본이 보존된 것은 건조한 기후 때문).

(2) 1년 강우량

갈릴리 바다(457mm), 얍복강 부근(250mm), 여리고(140mm), 사해(50mm), 갈릴

리 산지와 예루살렘(약 600mm), 해안지방(420mm), 네겝지방과 에일랏(50mm).

3. 지정학적 위치

1) 이 땅은 지리적으로 볼 때는 사실상 낙제 점수이나 지리정치(지정학)적으로 보면 젖과 꿀이 흐르는 약속의 땅인 성지(聖地). 이스라엘의 신앙과 역사는 팔레스틴의 지정학적 위치에 의해 결정적으로 의존(아시아와 아프리카와 유럽을 잇는 전략적 요충지).
2) 한반도는 대륙과 대양을 잇는 전략적 요충지(유일한 분단국). 팔레스틴 땅과 한반도의 지정학적 위치를 비교하면 대단히 유사하다. 애굽(일본), 바벨론(중국), 앗수르(러시아), 헬라-로마(미국). 따라서 지금까지의 세계 역사는 팔레스타인의 역사였으나 앞으로 21세기의 역사는 한반도의 역사라해도 과언이 아니다.
3) 이스라엘과 한국의 역사가 고난의 역사인 것은 지정학적 위치의 중요성 때문이다.

4. 한민족의 사명

1) 지도책을 펴놓고 유심히 살펴보면, 이스라엘은 유라시아 대륙의 서쪽 땅 끝에 '지중해'와 접하고 있고, 대한민국은 유라시아 대륙의 동쪽 땅 끝에 '태평양'과 접하고 있다. 두 나라는 같은 위도상에서 아시아 대륙의 양쪽 땅 끝에 자리잡고 있다. 이것이 우연의 일치일까? 아니다. 왜냐하면 성경은 각 민족의 거주지 및 국경을 하나님께서 정하여 주셨다고 말씀하고 있기 때문이다(행 17:26). 여기에서 '거주하는 경계를 정하셨으니'라는 말씀은 하나님께서 각 민족이 사는 땅과 그들의 거주지를 정하여 주셨다는 뜻이다.
2) 유대인의 사명은 '복음의 첫 주자'로 쓰임받는 것이요, 한민족의 사명은 '복음의 마지막 주자'로 사용되는 것이다. 이것이 하나님께서 이스라엘과 대한민국의 영토를 각각 유라시아 대륙의 양쪽 땅 끝에 정해 주신 가장 큰 목적이다. 왜냐하면 이 두 곳이 지정학적으로 구원의 복음을 열방으로 신속히 전파시키는 데 가장 효과적인 땅이기 때문이다. 이스라엘은 아시아, 아프리카, 유럽 세 대륙의 교차로이자 중심이다. 그래서 이 세 대륙에서 가장 빠르게 복음을 전달할 수 있는 위치에 있다. 그래서 이스라엘은 복음의 첫 번째 주자가 되었다.
3) 대한민국은 아시아, 아프리카, 유럽을 뛰어넘어 전 세계의 교차로이자 온 땅의 중심

이다. 세계는 태평양을 사이에 두고 크게 '두 대륙'으로 형성되어 있다. 곧 아시아, 유럽, 아프리카가 연륙된 세 대륙과 남, 북미 대륙이다. 한반도는 이 거대한 두 대륙의 정중앙에 위치해 있다. 따라서 한반도는 대륙과 해양을 잇는 가교이자 열방의 중심이므로 한민족은 말세에 마지막 대추수를 위해 전 세계로 그 어떤 나라 백성보다 가장 빨리 나갈 수 있다.

4) 한민족은 복음의 마지막 주자이다. 모름지기 계주 경기에서 첫 주자와 마지막 주자가 가장 잘 뛰어야 한다. 왜냐하면 시작이 좋아야 하고, 마무리가 잘 되어야 하기 때문이다. 복음의 첫 주자가 시작하기 좋은 땅이 아시아 서쪽의 '이스라엘'이고, 복음의 마지막 주자가 마무리하기 좋은 땅이 아시아 동쪽의 '대한민국'이다. 한반도는 마지막 대추수를 위해 쓰시고자 하나님께서 감추어 두신 또 하나의 선민이 살고 있는 전 세계에서 가장 귀중한 땅이다(사 60:1-3).

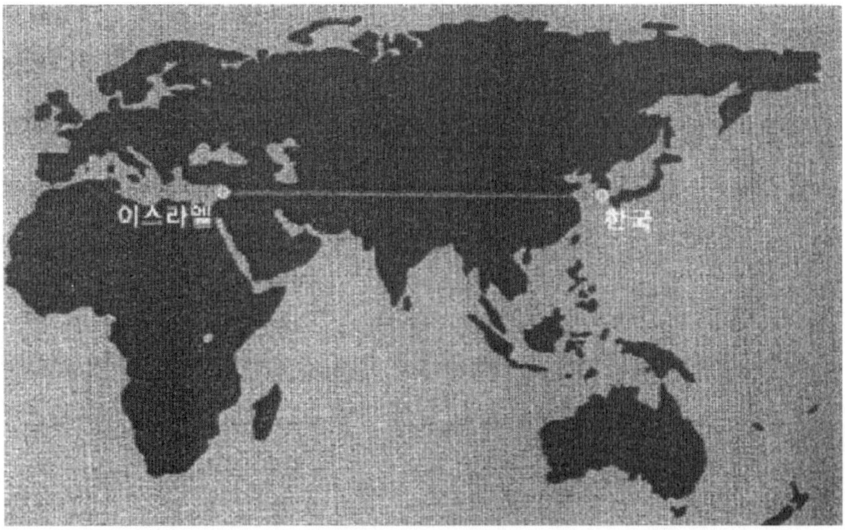

□ 이스라엘 역사 개관 □

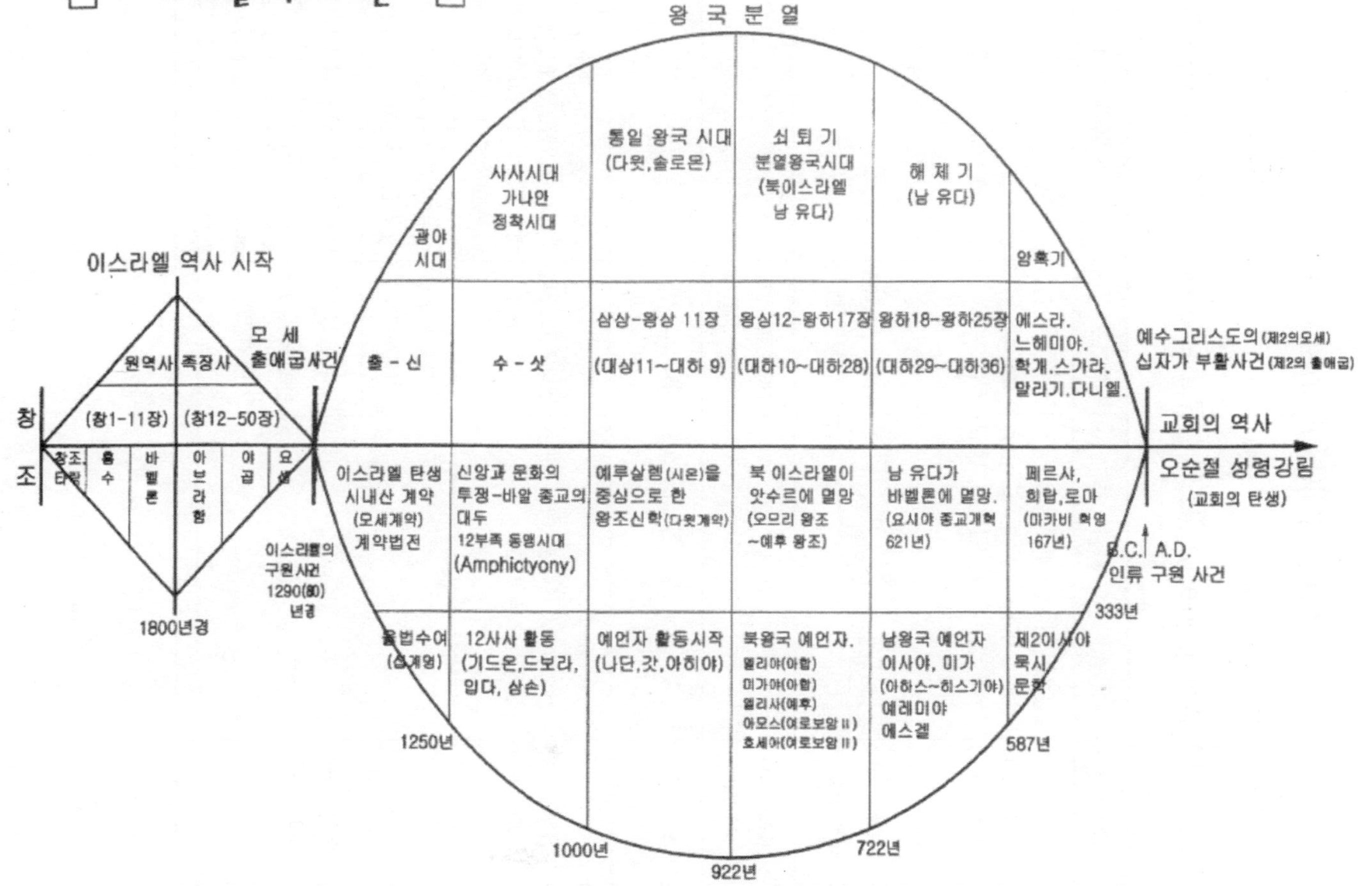
왕 국 분 열
이스라엘 역사 시작
창조
원역사
족장사
(창1-11장)
(창12-50장)
창조, 타락
홍수
바벨론
아브라함
야곱
요셉
1800년경
모 세
출애굽사건
이스라엘의 구원사건 1290(80)년경
광야 시대
출 - 신
이스라엘 탄생
시내산 계약
(모세계약)
계약법전
율법수여
(십계명)
1250년
사사시대
가나안
정착시대
수 - 삿
신앙과 문화의
투쟁-바알 종교의
대두
12부족 동맹시대
(Amphictyony)
12사사 활동
(기드온,드보라,
입다, 삼손)
1000년
통일 왕국 시대
(다윗,솔로몬)
삼상-왕상 11장
(대상11~대하 9)
예루살렘(시온)을
중심으로 한
왕조신학(다윗계약)
예언자 활동시작
(나단,갓,아히야)
922년
쇠 퇴 기
분열왕국시대
(북이스라엘
남 유다)
왕상12-왕하17장
(대하10~대하28)
북 이스라엘이
앗수르에 멸망
(오므리 왕조
~예후 왕조)
북왕국 예언자.
엘리야(아합)
미가야(아합)
엘리사(예후)
아모스(여로보암 II)
호세아(여로보암 II)
722년
해 체 기
(남 유다)
왕하18-왕하25장
(대하29~대하36)
남 유다가
바벨론에 멸망.
(요시야 종교개혁
621년)
남왕국 예언자
이사야, 미가
(아하스~히스기야)
예레미야
에스겔
587년
암흑기
에스라.
느헤미야.
학개.스가랴.
말라기.다니엘.
페르샤,
희랍,로마
(마카비 혁명
167년)
제2이사야
묵시
문학
333년
예수그리스도의(제2의모세)
십자가 부활사건(제2의 출애굽)
교회의 역사
오순절 성령강림
(교회의 탄생)
B.C. A.D.
인류 구원 사건

부록 6

헬라 시대(Hellenistic Era)

1. 헬라의 프톨레미(Ptolemy) 왕조와 셀류코스(Seleucus) 왕조(주전 323–175년)

프톨레미 왕조	주요 사건	셀류코스 왕조	주요 사건
프톨레미 1세 (323–285)	프톨레미 왕조를 세움. 알렉산드리아에 거대한 도서관을 세우고 많은 유대 사람들을 알렉산드리아에 정착시킴.	셀류코스 1세 (312–280)	셀류코스 왕조를 세움. 주전 300년에 안디옥을 세움.
프톨레미 2세 (285–246)	셀류코스와 1·2차 전쟁을 치름. 알렉산드리아에서 70인역 작업이 시작됨.	안티오쿠스 1세 (280–261)	
프톨레미 3세 (246–221)	셀류코스와 3차 전쟁.	안티오쿠스 2세 (261–246)	
프톨레미 4세 (221–203)	라피아(Raphis)에서 안티오쿠스 3세에게 패함.	셀류코스 2세 (246–223)	
프톨레미 5세 (203–181)	주전 200년에 셀류코스에게 팔레스타인 지역을 빼앗김.	안티오쿠스 3세 (223–187)	주전 200년에 파니아스(Panias) 전투에서 승리함으로써 팔레스타인 지역을 확보함. 주전 190년에 마그네시아(Magnesia)에서 로마에 패함.
프톨레미 6세 (181–146)		셀류코스 4세 (187–175)	헬리오도루스(Heliodorus)가 예루살렘 성전을 약탈하려 함.
		안티오쿠스 4세 (175–163)	예루살렘의 대제사장이 타락함. 이집트를 침공하지만 로마의 개입으로 후퇴함. 여러 정책들로 마카베오 혁명을 초래함. 예루살렘 성전을 더럽힘.

2. 마카비 혁명을 주도한 마타티아스 가문

마타티아스 (Mattathias)	주전 167-166	모데인 지방에 살던 제사장. 주전 166년에 죽음. 안티오쿠스 4세에 대한 충성을 나타내는 희생제사를 거부함.
유다 마카비 (Judas Maccabeus)	주전 166-160	마타티아스의 셋째아들. 주전 166-160년에 혁명을 주도함. 벧 호론, 사마리아, 엠마오, 벧술 지역에서 셀류코스 군대를 상대로 승리를 거둠. 주전 164년 예루살렘 성전을 탈환하고 성전을 정화함. 주전 162년 종교의 자유를 획득하고 엘라사(Elasa)에서 싸우다 전사함.
요나탄 (Jonathan)	주전 160-142	마타티아스의 막내아들. 유다 광야에서 게릴사 전술을 펼침. 바키데스와 휴전을 맺고 믹마스에 주둔함. 주전 152년 대제사장으로 임명됨. 주전 143년 셀류코스의 트리포(trypho) 장군에게 감금되어 처형됨.
시몬 (Simon)	주전 142-134	마타티아스의 둘째아들. 주전 142년 셀류코스 통치자로부터 유다의 독립을 의미하는 정치적 특권을 얻어냄. 주전 135년 모반으로 죽음.

3. 하스모니안 왕조(Hasmonean Dynasty)

통치자	통치 연도(주전)	주요 사건
요한 히르카누스 (John Hyrcanus)	135-104	마카비 형제의 마지막 인물이었던 시몬의 아들. 메드바(Medeba), 사마리아, 욥바를 정복함. 그의 통치기에 바리새파와 사두개파가 처음으로 등장함.
아리스토불로 (Aristobulus)	104-103	요한 히르카누스의 장남. 등극 후 한 명을 제외한 모든 형제를 제거함. 상부 갈릴리를 점령함. 하스몬 왕가에서 처음으로 왕이라는 칭호를 사용함.
알렉산더 얀네우스 (Alexander Jannaeus)	103-76	아리스토불로의 동생으로 형의 미망인과 혼인함.
		해안지방의 영토를 획득하고, 요단 동쪽 지역까지 확장함. 얀네우스와 바리새파 간에 내전이 일어남.
살로메 알렉산드라 (Salome Alexandra)	76-67	알렉산더 얀네우스의 미망인. 내정을 차지함. 장남 히르카누스 2세를 대제사장에 임명함. 바리새파에 호의를 베풂.
히르카누스 2세 (Hyrcanus II)와 아리스토불로 2세 (Aristobulus II)	67-63	살로메의 아들들로 왕위를 놓고 다툼. 사두개파의 지원에 힘입은 아리스토불로가 히르카누스 2세로부터 실권을 빼앗음. 이두메의 장관 안티파테르(Antipater)가 히르카누스의 복권을 위해 나바테아에 원조를 청함. 폼페이우스(Pompey)가 이 둘의 분쟁에 개입함.

신약개관

요한의 '일곱이중말씀'에 감추인 만민구원의 상징: 십자가

신약의 메시지: 예수(성서)가 기준(canon)이다.
자랑하려거든 예수와 그의 십자가(고난)를 자랑하라
(요 5:39; 고전 1:31; 갈 6:14)

헬라어 알파벳(24자)

대문자	소문자	명 칭	발음(영어)	발음(한글)	수치(數値)
Α	α	알파(Alpha)	a, ā	아, 아–	1
Β	β	베타(Beta)	b	ㅂ	2
Γ	γ	감마(Gamma)	g	ㄱ	3
Δ	δ	델타(Delta)	d	ㄷ	4
Ε	ε	엡실론(Epsilon)	e	에	5
Ζ	ζ	제타(Zeta)	z	ㅈ	7
Η	η	에타(Eta)	ē	에–	8
Θ	θ	테타(Theta)	th	ㅌㅎ	9
Ι	ι	이오타(Iota)	i, ī	이	10
Κ	κ	캅파(Kappa)	k	ㅋ	20
Λ	λ	람브다(Lambda)	l	ㄹ	30
Μ	μ	뮈–(Mu)	m	ㅁ	40
Ν	ν	뉘–(Nu)	n	ㄴ	50
Ξ	ξ	크시(Xi)	ks	ㅋㅅ	60
Ο	ο	오미크론(Omicron)	o	오	70
Π	π	피(Pi)	p	ㅍ	80
Ρ	ρ	로–(Rho)	r	ㄹ	100
Σ	σ(ς)	시그마(Sigma)	s	ㅅ	200
Τ	τ	타우(Tau)	t	ㅌ	300
Υ	υ	윕실론(Upsilon)	, y	위	400
Φ	φ	피–(Phi)	ph	ㅍㅎ	500
Χ	χ	키–(Chi)	ch	ㅋㅎ	600
Ψ	ψ	프시(Psi)	ps	ㅍㅅ	700
Ω	ω	오메가(Omega)	ō	오–	800

(1)마가복음(Mark)

1. 마가복음의 르네상스

마가복음서는 19세기에 이르기까지 '교회의 복음서'로 각광받던 마태복음서의 그늘 아래서 빛을 발하지 못했다. 내용의 풍부함이나, 구성의 짜임새나, 문장의 세련된 아름다움에서, 그리고 발전된 신학적 해석에서 타복음서들에 결코 뒤지지 않는 마가복음서는 그동안 교회에서 푸대접을 받아왔다.

어거스틴이 주장한 것처럼 마가복음은 마태복음의 요약본으로 덜 중요하게 생각되었다. 실제로 교회의 역사에서 가장 애용된 성경은 단연 마태복음이다. 교회론의 근거를 가장 풍부하게 제시한 마태복음은 전례와 교리 교육에서 기본 복음서로 맏이 노릇을 톡톡히 하였다. 누가복음과 요한복음이 그 뒤를 이어 사랑받았다. 그나마 마가복음서가 살아남은 까닭은 사도 베드로에서 기인하였다는, 그 기원의 사도적 권위가 큰 영향을 미쳤기 때문이다.

오랫동안 찬밥신세였던 마가복음서가 부각된 것은 흥미롭게도 성경을 비판적으로 보기 시작한 19세기에 들어서이다. 유럽을 중심으로 19세기부터 활발히 전개된 역사적 예수 연구 붐과 더불어 마가복음은 가장 일찍 쓰여진 장자복음서로서 인정을 받으면서 예수 연구의 중요한 자료로 새로운 평가를 받게 되었다.

초대교회 이래 네 복음서는 내용과 구조면에서 앞의 세 권과 끝의 한 권(요한복음서)으로 완연히 구분된다는 것을 알고 있었다. 앞의 세 권의 책을 '공관(共觀)복음서'라고 불렀는데, 그 이유는 '같은(共) 관점(觀點)에서 기술된 복음서'이기 때문이다. 전통적으로는 마태복음서와 누가복음서가 먼저 기술되었고, 이를 요약한 판본이 마가복음서라고 여겼다.

그러나 라흐만(K. Lachmann)이 제출한 '마가 우선설'이 그 설득력을 인정받게 되면서 마가복음서가 가장 먼저 쓰여졌다는 주장은 정설이 되었다. 마가복음서가 마태복음서를 축소한 것으로 보는 시각보다 마태복음서가 마가복음서를 수정, 갱신하고 다른 자료를 증보한 것으로 보는 시각이 공관복음서의 기원 문제를 푸는 데 더 합리적인 선택으로 받아들여졌다.

학문적으로 이를 '공관복음서 문제'라고 하고, 마가복음서와 Q자료(가장 먼저 문헌화되었다고 추정되는 '예수 어록[예수 말씀 모음집]'으로, '자료'라는 뜻의 독일어 Quelle의 머릿글자에서 유래함)로 다른 두 복음서가 구성되었다는 가설을 '두 자료설'이라 부른다(여기에 두 자료 이외에 마태복음서에서만 발견되는 자료(M)과 누가복음서에서만 발견되는 자료(L)를 합쳐 '네 자료설'이라고 한다.

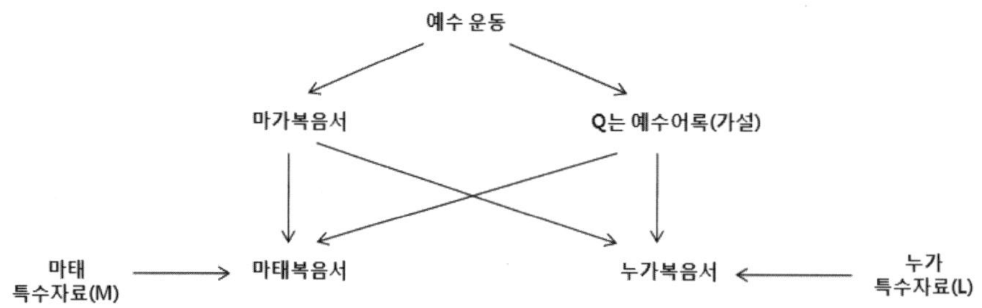

한편, 마가복음서의 문학 양식의 모델은 무엇인가? 그 당시 그리스-로마 문화권의 문학 양식을 다 뒤져보아도 딱 맞아떨어지는 양식은 없다. 그 중 헬레니즘 문화권에서 위대한 인물의 전기(biography) 양식이 비슷할 뿐이다. 결론인즉, 마가가 '복음서'라는 새로운 문학 양식을 창안하였다! 19세기 말 이래 교회의 관심을 받아오기 시작한 마가복음서는 오늘날 세계에서 가장 많이 번역되는 성경이며, 복음서 연구에서도 폭발적인 관심을 받게 되었다. 실로 마가복음서의 르네상스 시대가 도래하였고, 마가복음서야말로 복음서

의 '신데렐라' 신세가 되었다. 1885년 4월 5일 부활절에 한국 최초의 개신교 선교사인 장로교의 언더우드가 들고 온 복음서가 바로 일본에서 이수정이 번역한 〈마가복음서〉였다.

2. 저자 문제

과연 누가 이 최초의 복음서를 기록했는가? 마가복음서의 '마가에 의한'이란 이름이 정식으로 붙은 때는 2세기에 들어서이다. 그리스-로마 세계에서 마가라는 이름은 아주 흔한 남자이름이다. 여기서 마가란 누구를 말하는가? 전통적으로 '마가 요한'으로 알려져 있다.

소아시아 지방에 있는 히에라폴리스의 감독 파피아스(Papias, 130년경 사망)는 평소에 장로 요한으로부터 다음과 같은 이야기를 전해 들었다고 했다. 마가는 베드로의 충실한 통역관이었는데, 베드로가 예수의 말씀과 행적에 관해서 가르친 것을 기억나는 대로 충실하게 기록했다는 것이다(유세비우스의 《교회사》).

마가의 이름은 요한(행 13:5, 13) 또는 요한 마가(행 12:25; 15:36)로도 불린다. 요한은 히브리식 이름(요하난)이고, 마가는 로마식 이름(마르쿠스)이다. 그는 어머니 마리아와 함께 예루살렘에 살았으며, 그의 집은 유명한 '마가의 다락방'으로서 예수님이 최후의 만찬을 베푸신 곳이며 오순절 성령님이 강림하신 장소이기도 하다.

마가는 예수의 직계 제자가 아니다. 그는 베드로의 제자로, 베드로는 그를 아들이라고 불렀다(벧전 5:13). 바울과 바나바는 그를 안디옥으로 데려다가(행 12:25) 주후 45-49년경의 제1차 전도여행을 함께 했는데(행 13:5), 마가는 도중에 전도를 그만두고 예루살렘으로 돌아가 버렸다(행 13:13). 이에 바울은 그를 못마땅히 여긴 나머지 주후 50-52년경의 제2차 전도여행 때 다시 채용하지 않았다. 그러자 마가는 바나바와 함께 구브로(Cyprus) 섬으로 가서 전도했다(행 15:37-39).

그러나 제3차 전도여행이 끝나고, 바울이 로마 감옥에 갇혀 있을 때 마가는 바울 곁에 있었다(골 4:10; 몬 24절). 그리고 다시 수년 후 바울의 제2차 투옥 때에는 소아시아 지방에 있던 그를 바울은 '나의 일에 유익한 자'로 말하면서, 디모데에게 데리고 오도록 부탁했다(딤후 4:11). 마가는 예수님이 잡히실 때 벗은 몸에 베 홑이불을 덮고 따르다가 홑

이불을 버리고 벗은 몸으로 도망친 청년으로 본다(막 15:51).

요한 마가 이외에 다른 저자가 있다면 누구일까? 아람어로 표기된 문장을 전부 다 헬라어로 번역해 놓거나(5:41; 7:34; 15:34), 유대인 풍습에 해설을 덧붙이는 경우(7:2-4)로 미루어, 저자와 그 독자들의 문화적 배경이 팔레스틴 바깥의 이방 세계와 밀착해 있었으리라는 짐작이 가능하다. 이방인보다 이스라엘에 대한 선교를 우선 강조한 것은 그가 유대교 출신이었음을 암시한다. 마가가 사용한 언어는 헬레니즘 시대 이후 일반 사람들이 흔히 쓰는 '비문어체용 그리스어(코이네)'로 별로 세련되지 않은 간소함과 투박함을 특징으로 한다.

저자 마가는 초대교회의 예수 전승을 수집하고 편집하여 '복음서'라는 새 양식을 창안한 탁월한 신학사상가였다. 기독교 예술에서 마가는 흔히 '사자'로 상징된다. 이레니우스가 네 복음사가를 계시록에 나오는 네 생물(계 4:7)에 비유한 뒤, 페타우의 빅토리노가 3세기에 펴낸 주해서에서 복음사가들은 다음과 같은 상징으로 처음 표현하였다: 사자(마가), 사람(마태), 황소(누가), 독수리(요한). 마가를 사자로 비유한 것은 마가의 첫머리에 실린 이사야 예언자의 외침이 마치 사자의 부르짖음같이 힘차다는 뜻에서이다.

3. 저작 연대 및 저작 장소

마가복음의 저작 연대는 유대-로마 전쟁(66-70년)으로 야기된 예루살렘 성전 소실(주후 70년 8월 10일)을 기점으로 하여, 그 이전을 주장하는 입장과 그 이후를 주장하는 입장으로 양분된다. 유대-로마 전쟁을 담고 있는 13장의 해석에 따라 달라진다. 13장에는 성전이 파괴되고 예루살렘이 초토화되리라는 말이 있는데(1,2,14-23절), 이 말이 장차 닥칠 비극을 예고하는 예언(事前 예언)이냐, 아니면 이미 닥친 비극을 서술하는 보도(事後 예언)이냐에 따라 저작 연대가 달라진다. 만일 13장의 말씀을 예언으로 본다면 70년 이전에 기록되었을 것이며, 반대로 보도로 본다면 70년 이후가 될 것이다. 이 두 가지 설 중에서 사전 예언이 더 적절한 것으로 보이는데(13:9b, 18절에 근거), 그럴 경우 로마군이 주도권을 잡고 예루살렘을 향해 진격하기 시작한 주후 69년 말부터 70년 초 사이가 마가복음의 가장 적절한 연대가 될 것이다. 마가복음이 쓰여진 장소는 로마, 안디옥, 알렉산드리아 등의 도시가 거론되었는데, 로마에서 집필되었다는 것이 전통적으로 내려온 정설이다.

4. 마가공동체의 '삶의 자리'

성경은 각 시대마다 하나님의 배성이 어떻게 생존해 나가야 할 것인가?라는 물음에 응답하고 있는 살아 있는 하나님의 말씀이다. 생존은 복음서가 기록될 당시 모든 공동체에 해당하는 문제였다. 마가공동체는 초기 기독교 신앙공동체가 직면한 가장 절실하고 시급한 문제 중의 하나가 생존이었음을 보여준다. 정치적으로 로마제국과 종교적으로 유대교로부터의 생존이 그것이다.

오늘날 교회는 성경의 출현이 성경 저자 개인의 독자적이고 창의적인 작업의 결과라기보다, 그가 속한 공동체의 절실한 필요성에 의해 공동체의 품 안에서 배태된 것으로 본다. 마가복음은 60년대 이후 마가공동체가 처한 삶의 자리에서 배태되었다. 네로 황제는 64년 7월 로마시의 대화재 책임을 기독교인에게 돌렸다. 기독교인에 대한 대박해가 일어났고 이로 인해 베드로와 바울이 순교하자 기독교 공동체는 대사도들을 잃고 방황하였다. 이러한 상황에서 마가는 고난 중에 있는 성도들을 격려하기 위하여 마가복음을 기술하였다.

또한 12사도들은 하나씩 순교로 죽어가거나 선교를 위해 흩어지고 먼 곳으로 떠나는 상황 속에 있었다. 게다가 예수님 사후 30년이 지나면서 예수 사건을 목격한 자들의 예수님에 대한 기억은 희미해져 갔다. 더욱이 66년부터 시작된 유대-로마 전쟁은 유대교 공동체만이 아니라 기독교 공동체마저 완전히 초토화시킬 위기를 초래하였다. 기독교 신앙의 대상인 예수님의 생애와 교훈을 기록으로 남겨놓지 않으면 기독교라는 종교가 사라질 위기에 처해 있었다. 마가복음은 바로 이 같은 '삶의 자리'에서 배태되었다.

5. '복음의 시작'

마가복음은 "하나님의 아들 예수 그리스도의 복음의 시작이라"(1:1)는 말로 시작한다. 이 구절은 마가복음의 전체 꼴과 내용을 이해하는 열쇠로서, 이어지는 내용들은 이 표제어의 구체적이고 상세한 주석이라 할 수 있다.

마가복음은 '시작'이라는 뜻의 '아르케(Ἀρχὴ)'로 문을 연다. '아르케'는 칠십인역 창세기와 요한복음서의 첫머리에 쓰인 '태초에' 바로 그 단어이다. 마가복음의 이 '시작'이란 말에는 구원사의 근본적인 새 출발, 새 세계의 출현을 선포하는 복음의 시작이라는 의미가 담겨 있다.

'복음'은 원어로 '유앙겔리온(εὐαγγελίον)'인데, 이 말은 'εὐ(좋은)'와 'αγγελίον(소식, 뉴스)'의 합성어로 '기쁜 소식', '좋은 소식'을 뜻한다. 영어로는 가스펠(Godspel)인데, 이는 God와 'Spell(story)'의 합성어로 'God-story(하나님 이야기)'를 뜻한다. 이 번역은 본래의 뜻을 많이 상실하고 있으며, 오히려 한문 번역인 복음(福音)이 더 잘 어울린다.

기독교의 메시지 혹은 기독교 선포를 나타내기 위하여 사용된 '복음(εὐαγγελίον)'은 헬레니즘 시대에 경기나 전투에서의 '승리의 소식'을 지칭하는 전문 용어였다. 그런데 이러한 세속적 의미보다 종교적 의미가 더욱 중요하다. 이 용어는 로마 시대에는 신적인 인간으로 일컬어졌던 황제의 출생 등 나라 전체에 큰 영향을 미칠 좋은 소식을 의미했다.

그러나 초대교회에서 복음은 하나님께서 십자가에 달리셨다가 부활하신 예수를 통하여 인간을 구원하신다는 소식을 뜻하였다. 마가는 이 말을 그 당시 성행하던 갖가지 구원 이야기 가운데 예수의 구원 이야기, 예수의 삶과 가르침에 담긴 구원의 메시지로, 사실상 예수 자신을 가리키는 말로만 사용했다(마가는 '복음'을 명사로만 썼다).

6. 본서의 요절(1:14-15)

이 짧은 대목은 마가가 예수의 가르침을 집약해서 밝힌 선언문이다. 세례 요한의 회개와 세례 운동이 확산되자, 이것이 사회 불안 요인으로 작용할까 두려워한 갈릴리와 베레아의 영주 헤롯 안티파스는 요한을 잡아 가둔다. 선구자가 사라지자 예수는 다시 갈릴리로 가셔서 하나님의 복음을 선포하신다(14절). '하나님의 복음', 즉 하나님으로부터 온 기쁜 소식은 초대교회의 선포 내용(케리그마)을 가리키는 용어이다. 주로 예수 그리스도의 죽음과 부활을 통한 구원의 기쁜 소식을 가리켰는데(롬 1:1; 15:16; 고후 11:7; 살전 2:2,

8; 벧후 4:17), 마가복음에서는 하나님 나라가 다가왔다는 예수의 메시지를 지칭한다. 예수께서 선포하신 말씀은 다음과 같다(15절): 1) 때가 찼다, 2) 하나님의 나라가 다가왔다, 3) 회개하라, 4) 복음을 믿으라.

1) "때가 찼다"는 말에서 '때(kairos)'는 '순차적인 일상 시간(chronos)'과 달리 하나님의 개입으로 신기원을 이루는 구원 역사의 특정한 순간, 특별한 의미를 지니는 '중대한 시각(절호의 기회, 놓칠 수 없는 순간)'을 말한다. 이제 그때가 다 찼다(정확히 말하면 '때가 차게 되었다'는 수동태 완료형으로 하나님께서 주도적으로 이루셨음을 뜻함)는 말은 일반적으로 요한이 잡힘으로써 예언자의 시대, 기다림의 시기는 끝나고 예수의 때, 성취의 시간이 왔다고 풀이한다. 이스라엘 백성이 고대하던 하나님의 나라가 예수의 등장으로 '눈앞'에 이르렀다, 시작되었다는 뜻이다. 이때(요한이 잡힌 후), 이 장소(갈릴리)에서 하나님께서 결정적이고 독특한 방식으로 인간 역사에 개입하셔서 복음의 새 시대를 여셨다는 것이다(갈 4:4). 즉 율법의 시대는 가고 복음의 시대가 열린 것이다.

2) "하나님의 나라(바실레이아, βασιλεία)"는 예수의 선포의 핵심이다. 이 용어의 사용 빈도를 보면, 신약 전체(162회) 중에서 마태 55회, 마가 20회, 누가 46회, 요한 5회 나타난다. 이 말은 '하나님의 왕국', '통치', '지배', '다스림' 등으로 다양하게 표현된다. 이 용어를 이렇게 정의해 본다. "하나님의 나라는 하나님의 왕적 주권으로, 하나님의 주권과 의지가 역동하는 시간과 장소이다." 이 말은 '야웨께서 왕으로 다스리심'(시 145:13; 146:10)에서 유래한다. 유대인들이 지닌 하나님 왕국의 이미지는 자기네 역사의 황금기였던 다윗 왕국의 이미지에 가까웠다. 자기 민족 중심적이고 정치적인 나라였다. 그 '하나님 왕국'이 임박했다는 예수의 선포는 그들의 귀가 활짝 열리는 기쁜 소식이었다.

기본적으로 '하나님 나라' 개념은 묵시문학적 용어로서, 기존 질서(체제)에 대한 전복적 성향을 띤 개념이다. 그 나라는 주기도문("나라이 임하옵시며")에 나타나 있듯이 그렇게 세상에 임할 것이다. 그 나라는 예수 안에서 서서히, 그러나 뚜렷하게 드러난다. 그래서 주후 2세기 이단자로 불리던 마르시온(Marcion)은 누구보다 메시지의 초점을 바로 터득했다. "복음서에서 하나님 나라는 바로 예수 그리스도 자신이다."

그 나라는 전혀 다른 새로운 나라, 폭력의 지배와 착취가 없는 정의와 평화의 나라이다. 해가 뜨면 어둠이 드러나고 봄이 오면 눈이 자취 감추듯, 더 강력한 그 나라가 드러나면 로마와 유대의 기성 질서는 끝장이다. 역사의 총체적 변혁, 새 세계의 출현이다. 이런 점에서 예수께서 선포하신 '하나님 나라'는 유대인들이 기대했던 다윗 왕국의 회복과 크게 다르다.

※ 천당(天堂)과 천국(神國, 하나님 나라)의 차이: 천당은 기본적으로 저 세상 – 내세 개념, 즉 장소(공간) 개념이자 미래 개념. 죽음 이후에 가는 나라. 불교의 극락 세계. 현실을 떠난 비현실, 비역사의 세계. 따라서 현실 변혁으로서의 역사의식이나 윤리적 책임의식이 결여됨. 이에 반해 천국(신국)은 기본적으로 이 세상 – 현세 개념으로 '지금 여기(here & now)'서의 삶 속에 있는 역사 개념이자 현재 개념. 철저히 역사 현실 속에서 하나님의 다스림(주권)을 받는 상태를 의미. 따라서 철저한 역사의식과 윤리적 책임의식을 요청한다. 하나님께서 최고 주권을 지니시고 활동하시는 그분의 나라는 이미 '지금 여기서'(눅 17:20–21) 드러나고 있다. 그러기에 그 나라를 받아들이든지 배척하든지 결단을 내려야 한다.

3) 다가오는 이 나라, 새 시대를 받아들이려면 먼저 '회개(悔改)'해야 한다. 회개란 회심(回心)이라는 소극적 의미보다는 가치관의 일대 전환, 즉 세상 나라의 가치관에서 하나님 나라의 가치관으로의 전환을 의미한다. 그리고 이스라엘이 전심을 다하여 '야웨께 돌아오는 것'을 의미한다. 이것은 이스라엘이 포로생활을 끝내고자 한다면 반드시 해야 하는 일이다. 그것이 하나님 나라의 삶이며 예수 제자의 삶이다.

4) 예수는 하나님 나라가 가까왔다는, 즉 하나님께서 결코 멀리 계시지 않다는 이 기쁜 소식(복음)을 믿으라고 호소하신다. 예수 안에서, 그리고 그분께서 계시는 곳에 하나님 나라와 권능과 다스림이 활발하게 움직인다. 이것을 보고 믿어야 한다. 그 나라에 참여하려면 믿음이 필요하다. 봄과 믿음의 관계는 복음서에서 계속 제기된다(8:22–26; 10:46–52 참조).

7. 본서의 구조 및 내용

마가복음은 크게 두 부분, 즉 예수께서 행하신 이적이 많이 기록된 전반부(1:1–8:30)

와 예수께서 당하신 고난과 부활을 기록한 후반부(8:31-16:20)로 나눌 수 있다. 그런데 마가복음을 포함한 공관복음서의 전체 구조는 '갈릴리와 예루살렘' 사이의 지리적 대립 구도로 나누는 것이 가장 무난하다.

• 마가복음: 갈릴리(1:14-8:26), 예루살렘 여행길(8:27-10:52), 예루살렘(11:1-16:8).
• 마태복음: 갈릴리(4:12-16:12), 예루살렘 여행길(16:13-20:34), 예루살렘(21:1-28:15).
• 누가복음: 갈릴리(4:14-9:50), 예루살렘 여행길(9:51-19:27), 예루살렘(19:28-28:49).

마가복음의 원 줄거리는 예수의 최후를 일관성있게 다룬 수난설화(14-15장)이다. 마가는 이 수난설화를 토대로 다른 설화들을 배열하여 그의 복음서를 편집하였다. 수난설화에 첨가된 설화들은 가버나움 전도(1:1-45), 논쟁설화집(2:1-3:6), 비유설화집(4:1-34), 기적설화집(4:35-5:43), 십자가의 길(8:27-10:45), 예루살렘의 논쟁설화집(11:27-12:40), 묵시의 말씀(13:1-37) 등이다.

A. 지리적 구조(다섯 부분)

1. 공생애 준비(1:1-1:13)
2. 갈릴리와 주변 활동(1:14-10:52)
   1) 공생애 시작(1:14-1:45) 2) 가버나움 활동(2-3장)
   3) 비유(4장) 4) 기적(5장) 5) 갈릴리 활동(6:1-7:23)
   6) 갈릴리 밖 활동(7:24-9:50) 7) 상경기(10장)
3. 예루살렘 입성(11-13장)
   1) 예루살렘 대립(11-12장)
   2) 종말설교(13장)
4. 수난과 죽음(14-15장)
5. 부활(16:1-8; 16:9-20은 후대의 추가)

B. 고백적 구조(두 부분)

마가복음은 양편의 길이가 대충 같은 한가운데서 '고백적 구조(structure of confession)'에 의해 둘로 나뉜다. 그리고 각각 하나하나가 고백의 정점을 향해 진행된다.

1) 전반부(1:1-8:30): 이 부분의 절정(climax)은 베드로의 신앙고백(8:29)이다.

2) 후반부(8:31-16:8): 이 부분의 절정(climax)은 로마의 백부장의 신앙고백(15:39)이다.

로마의 관헌에게 끌려간 자리에서 용기있게 기독교도임을 천명한 사람을 가리켜 '고백자(confessor)'라고 부른다. 예수가 주(主)시라고 고백한 자는 가이사가 주라고 하기를 거부한 자이다. 이와 같이 예수를 위하여 죽을 준비가 되어 있는 용기있는 행위는 '고백자'의 어의(語義)에 새로운 의미를 부여했다. 원래 고백자란 목격하고 들은 바를 증거하는 '증언자(마르튀스, μάρτυς)'의 의미였으나, 이제는 그가 믿는 바를 위하여 생명을 버리는 '순교자(마터, martyr)'를 의미하게 되었다.

고백적 구조 속에는 케리그마적 요소와 기독론적 요소가 담겨 있다. 케리그마적 요소로서 마가는 마태나 누가와는 달리 '복음(유앙겔리온)'이라는 선교 용어를 자주 사용하고 있다(1:1,1415; 8:35; 10:29; 13:10; 16:15 참조). 또한 기독론적 요소로서 예수는 하나님의 사역을 위해 파송된 '메시아(하나님의 아들)'임을 공생애 시작부터 부활 사건에 이르기까지 긴장 속에서 서술하고 있다.

저자 마가는 이것을 복음서의 시작에서 분명히 하고 있다. "하나님의 아들 예수 그리스도 복음의 시작이라"(1:1). 예수는 '메시아(그리스도)'요 '하나님의 아들'이라고 고백한다. 예수가 메시아라는 고백은 그가 하나님의 기름부음을 입어 백성을 죄에서 구원한다는 의미이다(마 1:21 참조). 예수가 하나님의 아들이라는 고백은 하나님의 백성을 구원하기 위한 '유일무이(唯一無二)'의 자격을 소유한 자라는 뜻이다. 이 머리말은 마가복음을 이해하는 단서가 된다. 당시 마가가 속했던 초기 기독교회의 상황과 마가복음이 지리적, 케리그마적, 기독론적 관점에서 편집 · 구성된 것을 감안할 때 이 최초의 복음서는 선교와 개종자 교육을 목적으로 한 초대교단의 선교 및 교육 지침서의 역할을 했으리라고 본다.

8. 본서의 특징

1) 복음서 중 비교적 짧고 예수의 탄생과 유아기의 이야기가 없다.

2) 예수의 말씀보다는 행위가 더 많이 서술되어 있다(13장을 제외하고는 몇 개의 비유

가 있을 뿐이다).

3) 생동감 있는 현재 시제를 많이 사용한다(최소한 150회).

4) 접속사로는 '그리고(καί)'를, 시간적 부사로는 '곧(εὐθύς)', '다시(πάλιν)', 장소적 부사로는 '거기서(ἐκεῖθεν)'를 많이 사용하고 있다.

5) 예수께서는 "나는 왔다(ἦλθον)" 말씀들을 통하여 자신이 세상에 오신 목적(파송목적)을 밝히고 있다: 죄인을 부르기 위하여(2:17), '하나님 나라의 복음'을 전파하기 위하여(1:38; 눅 4:43; 행 20:24 참조), 대속적인 죽음을 위하여(10:45), 이 땅에 메시아의 불을 붙이기 위하여(10:34-35). 죄인들의 구원을 위하여(눅 7:34).

6) '갈릴리와 예루살렘(2중구조)'이라는 두 지역을 대조적으로 부각시키고 있다.

(1) 갈릴리: 예수는 갈릴리에서 첫 설교를 행하고 제자를 선택하고 하나님 나라 운동을 시작했다. 마가복음에 있어서 갈릴리는 기적과 계시의 장소(14:28에서 예수의 약속과 함께 16:7에서 다시 언급된다)로 나타난다.

(2) 예루살렘: 예수가 수난을 당하고 십자가에 처형당한 장소(단 1회의 기적: 이스라엘의 파괴를 상징하는 무화과나무의 기적)로 나타난다.

7) 예수에 대한 기독론적 이해가 베드로의 신앙고백(8:27-30)을 중심으로 변화되고 있다. 예수의 수난 예고는 이 고백 이후에 나타난다. 그리고 이어 그의 죽음과 부활의 의미도 드러나고 있다(8:34-38; 9:2-8,12,31; 10:33-34, 45; 11:1-10, 27-33; 12:6-12, 35-37; 13:26-27,32).

8) 제자들이 예수를 바르게 이해하고 있지 못함을 다양하게 묘사하고 있다.

(1) 비유의 뜻에 대한 무지(4:11-13).

(2) 오병이어 기적 사건에 대한 무지(6:52).

(3) 정결에 관한 말씀을 깨닫지 못함(7:15-23).

(4) 바리새파와 헤롯의 누룩에 대한 경고에 대해 깨닫지 못함(8:14-21).

(5) 예수가 당한 고난 예고를 전혀 이해하지 못함(8:32-33; 9:32; 10:32).

(6) 세베대의 아들인 야고보와 요한이 예수의 수난당하는 섬김의 길을 오해함(10:38; 9:33-35).

(7) 베드로가 예수를 부인함(14:66-72).

(8) 모든 제자들이 예수를 버리고 도망감(14:50).

(9) 마태와는 달리 유대주의적 색채를 가급적 줄이고 있다(이것은 마가가 이방인 독자를 염두에 두었기 때문인 것으로 보인다).

(2)마가복음(Mark)

9. 마가의 신학

1) 메시아 비밀(messianic secret)

마가복음에는 예수의 메시아성의 비밀이 처음엔 감추어져 있다가 점차적으로 드러나는 것으로 나타난다. '메시아 비밀'이라는 용어는 브레데(W. Wrede)가 1901년에 자신의 저서(*Das Messiasgeheimnis in den Evangelien*)에서 복음서, 특히 마가복음에 나타난 한 독특한 현상을 설명하기 위해 처음으로 주장한 가설이다. 브레데의 '메시아 비밀' 가설에 따르면, 예수의 메시아직은 그 자신의 지상 생애 기간에는 완전히 하나의 비밀이다. 그러나 부활과 더불어 그 비밀이 밝혀지기 시작한다. 실제로 이것이 마가의 시도 전체에 깔려 있는 결정적인 사상이고 기본적인 주장이라는 것이다.

브레데는 그 자신의 저서를 통해 예수가 자신이 메시아임을 비밀로 했다는 것은 역사적 사실이 아니라고 주장했다. 즉 역사적 예수는 자신을 결코 메시아로 생각하지 않았다는 것이다. 오직 부활 이후, 교회의 신앙고백에서 비로소 예수가 메시아로 되었다는 것이다. 그에 의하면, '메시아 비밀'은 역사적 사실이 아니라 교회의 신학적 산물이요, 이미 예수를 메시아로 부각시키고 있었던 전승 자료들에 대한 마가의 해석학적 편집 작업의 결과라는 것이다

브레데의 '메시아 비밀' 가설은 단지 하나의 가설에 불과하다. 그 가설은 마가복음서가

지닌 여러 문제들을 해결하기보다는 오히려 더 많은 다른 문제들을 야기시키는 이론이다.

우리는 마가복음서의 메시아 비밀사상 기원을 역사적 예수의 공생애 활동에서 찾을 수 있다. 예수는 귀신들과(막 1:25, 34; 3:12), 치유받는 병자들에게뿐만 아니라(막 1:44; 5:43; 7:36; 8:26) 제자들에게까지도(8:30; 9:9) 자신의 정체에 대해서 침묵할 것을 명한다. 이 침묵 명령은 예수의 십자가 죽음 이후에 무효화된다(마 10:27; 막 4:22 참조). 당시 유대인들이 고대했던 메시아는 무력의 힘으로 이스라엘에 다윗 왕국과 같은 새로운 왕국을 건설할 정치적 해방자로서의 메시아였다.

그러나 이러한 메시아관은 예수 자신의 메시아 의식과 공생애 활동, 그리고 선포와는 판이하게 다른 것이었기 때문에 오해를 방지하기 위해서 자신의 메시아성을 공공연하게 밝히기를 원치 않으신 것을 알 수 있다(요 6:15; 마 13:13 참조). 공관복음서에 나타난 많은 예수의 비유와 비유적 행위들은 예수의 메시아 정체와 비밀성의 관계 속에서 해석되어야 한다.

이러한 관점에서 볼 때 자신의 메시아 정체를 비밀로 하고자 한 예수의 의도는 그의 공생애 활동과 자아의식에 일치한다고 할 수 있다. 그렇다면 '메시아 비밀설'은 순수한 마가의 편집적 작업의 산물이라기보다는 그 근거가 역사적 예수의 생애 속에 있다고 보아야 할 것이다.

2) 마가의 메시아관

마가의 중요성은 그가 행한 메시아관에 대한 새로운 접근에 있다. 우선 50-60년대에 쓰여진 바울 서신에는 예수의 지상 생애에 대한 언급이 없다. 따라서 사도 바울이 가지고 있던 메시아관은 십자가와 부활 이후부터 예수가 메시아였다는 관점을 가지고 있다. 바울이 이러한 메시아관을 가질 수밖에 없었던 것은 그가 열두 사도와 달리 역사적 예수에 대해 알지 못했다는 점과 더불어 다메섹 도상에서 부활하신 예수를 만난 사건에 깊은 의미를 부여한 데서 비롯된 것이 아닌가라고 생각해 볼 수 있다.

이러한 바울의 메시아관에서 결정적으로 방향을 선회한 것은 최초의 복음서인 마가복음서이다. 70년경에 쓰여진 마가복음서는 예수의 공생애부터 복음서를 기록하고 있다. 이는 십자가-부활 이전, 즉 공생애 때부터 예수가 메시아였다라는 관점을 가지고 복음서를 쓴 것이다. 그러다가 80-90년경에 쓰여진 마태복음서와 누가복음서는 예수의 탄생 때부터 복음서를 기록하고 있다. 이는 탄생 때부터 예수는 메시아였다라는 관점을 가지고 복음서를 쓴 것이다.

그런데 90-100년경에 쓰여진 요한복음서는 공관복음서와는 달리 태초부터 선재하신 로고스(말씀)로서의 예수를 그리고 있다. 공관복음서의 예수가 땅에서 난 자이기에 지상 생애부터 메시아였다는 것으로 예수를 그리고 있는 것과는 달리, 요한복음서의 예수는 부활하여 승천하신 분으로 본래 땅이 아닌 하늘에 계셨던 분이요 그분이 아버지 하나님의 뜻을 이 땅에 전하기 위해 하늘로부터 내려온 자라는 관점에서 예수의 메시아관을 그리고 있다. 그것이 바로 요한복음의 성육신 기독론, 즉 말씀이 육신이 되었다(요 1:14)는 말로 표현된 것이다. 지금까지 언급한 메시아관의 차이를 도표로 간략히 그려보면 다음과 같다.

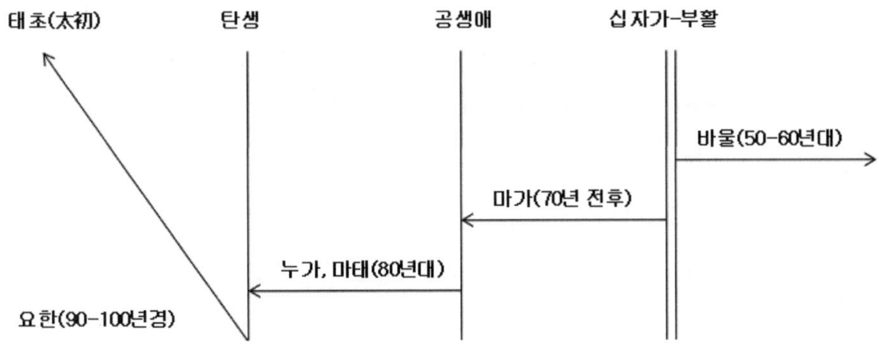

3) 제자도와 십자가(고난) 신학

마가에 의하면 십자가는 하나님의 계시의 절정이다. 마가의 수난설화(14-15장)는 예수의 죽음과 그 의미를 극적으로 표현하였다. 초대교회는 예수의 죽음을 기억하고, 그 설교에 있어서 십자가의 복음을 선포하고, 구약의 빛에서 십자가의 우주적 의미를 해석하였다. 이것이 수난설화가 형성된 이유이다. 마가복음에서 십자가는 영광의 상징이기에 앞서 고난의 상징이다. 십자가와 고난의 신학은 필연적으로 예수의 발자취를 따르는 제자도의 가르침과 결부되어 나타난다. 제자들이 실패를 극복하고 제자도를 회복하는 것은 예수의 부활을 체험하고 예수가 겪은 고난의 의미를 깨닫고 난 이후의 시점이다.

마가는 베드로의 '그리스도' 고백과 더불어 예수의 정체가 극적으로 드러나는 시점에서 예수의 고난을 그의 목소리를 빌려 예고한다(8:31). 이 예고는 그 뒤로도 비슷한 내용으로 두 번 더 반복된다(9:31; 10:33-34). 여기서 주목할 점은 예수의 고난이 장로와 대제사장과 율법학자로 대표되는 당시의 종교적인 권위에 의해 '배척당한' 결과라는 것이다. 즉 예수의 죽음은 단순한 자연사나 돌연사가 아니라 치밀한 음모의 결과 발생한 '죽임'의 사건이다.

마지막으로 마가의 예수는 부활의 희망을 강하게 피력한다. 그런데 예수의 고난과 십자가를 언급하는 세 번의 수난 예고는 수난을 통한 섬김을 강조하기 위한 전주곡이다. 그 섬김은 제자도의 실천으로 구체화된다(8:34; 9:35; 10:44). 10:45은 '만민을 위한 대속제물'로서의 종되신 예수를 가장 잘 묘사해 주고 있다.

4) 부활지향적 복음서

종교개혁자 마르틴 루터가 개신교 신학을 '십자가의 신학(Theologia Crucis)'이라고 말한 이래 부활보다 십자가가 강조되어 왔다. 19세기 독일 신학자인 마르틴 켈러(Martin Kähler)가 최초의 복음서인 마가복음을 가리켜 "확대된 서론이 첨가된 수난설화"라고 한 이래 복음서 연구는 수난설화, 즉 '십자가의 신학', '고난의 기독론(suffering christology)', 또는 '수난의 신학(passion theology)'을 더욱 강조하는 방향으로 흘러왔다. 켈러의 주장이 복음서 연구에 너무나도 지대한 영향을 미쳤고, 그 이후 저명한 학자들에 의해 추종되면서 감히 그들의 주장에 도전하여 다른 견해를 내세우는 것이 어렵고 어리석은 것처럼 보이기도 하였다.

최근에 와서 켈러의 주장은 복음서에 대한 올바른 이해나 해석에 있어서 근본적으로 잘못되었다는 주장들이 나오고 있다. 켈러의 주장은 마태, 누가, 요한에도 맞지 않을 뿐만 아니라 마가에도 맞지 않다는 것이다. 그 이유는 수난과 십자가를 너무 지나치게 강조한 나머지 이적 설화의 중요성이나 복음서의 결론 부분에 제시되어 있는 부활 선언에 대한 이야기를 공정하게 다루지 못했다는 것이다.

서방교회는 전통적으로 예수의 십자가나 그의 속죄적 죽음에 치중하는 신학을 해왔다. 켈러의 복음서 이해는 이 같은 서방교회 전통의 현대적 표현이라고 설명할 수 있다. 이와는 달리 동방교회는 십자가를 부활로부터 분리시키지 않을 뿐만 아니라 부활의 빛에서 십자가를 이해하려고 하였다. 부활 사건은 기독론을 위해서만이 아니라 교회를 위해서도 가장 중요한 뿌리를 형성해 주고 있다. 십자가는 실패한 메시아를 우리에게 보여준다. 실패한 메시아가 어떻게 우리의 구주가 될 수 있는가? 부활이 없었다면 예수는 실패한 메시아로 남게 되었을 것이다. 실패한 메시아가 우리의 구주가 된 것은 부활 때문이다.

바울이 전했던 복음은 주로 예수의 부활에 대한 것이었다(고전 15:4-8, 12, 14-15). 그는 때때로 십자가에 대해서는 아무런 언급을 하지 않은 채 부활만을 언급하기도 했다(살전 1:10; 고전 6:14; 고후 4:14; 롬 1:4; 8:11; 10:9). 바울이 십자가를 부활과 관련해서 언급할 때에도 역시 그의 주요 강조점은 분명히 부활에 있었다(롬 8:34; 고후 13:4). 로마서에서 바울이 "복음"이라고 말할 때, 그는 '이신칭의(以信稱義)'를 의미하는 것이 아니다. 칭의는 복음의 직접적인 결과이기는 하지만, 바울이 염두에 두었던 '복음'은 다윗 자손에 속한 이스라엘의 메시아인 예수가 세상의 부활하신 주라고 선포하는 것이다. 바울의 요지는 이것이다. 부활은 다윗의 자손인 나사렛 예수를 진정한 메시아, 바로 그러한 의미에서의 "하나님의 아들"이라고 선포하였다는 것이다. 이것은 가이사가 신의 아들이자 세상의 주였던 세계 속에서 엄청난 정치적 의미를 지니고 있었다. 부활은 예수를 세상의 참된 통치자로 만든 표지가 되었고, 가이사는 세상의 이 참된 통치자의 희화화에 불과한 존재였다.

특히 고대 문서를 이해하고자 할 때 마땅히 그 문서의 결론(막 16:1-8)을 알아야만 하는데(막 16:9-20은 마가복음의 본래 일부가 아니라고 하는 결론이 오늘날 널리 인정되고 있다), 이것은 마가복음만이 아니라 모든 복음서에 해당하는 말이다. 부활이 없는 복음서는 단순히 마지막 종장이 없는 복음서일 뿐만 아니라 그런 복음서는 전혀 복음서가 아니다. 마가복음서는 '부활지향적 구조(a resurrection-oriented structure)'로 되어 있으며, 부활이 마가복음 연구를 위한 진정한 출발점이 될 수 있다. 그런 의미에서 마가복음을 '뒤로부터(backwards)', 즉 수난이나 십자가로부터가 아닌 부활로부터 읽는 것이 정당화될 수 있다. 이것은 요한복음서에도 그대로 적용되는 말이다.

'고난의 교회(ecclesia pressa)'에 요구되는 것은 '십자가 신학'이나 '고난의 기독론'이 아니었다. 그런 것은 기껏해야 예수를 모범적인 순교자로 전해 줄 뿐이다. 그런 예수를 전하는 복음이 고난과 핍박 중에 있는 교회에 '기쁜 소식(유앙겔리온, εὐαγγελίον)'이 될 수는 없다. 마가공동체에 있어서 예수의 부활이 갖는 중요한 의의는 하나님을 믿고 끝까지 신실한 믿음을 지킨 자들에게 고난과 모멸과 죽음이 끝이 아니라는 확언이다. 예수께서 부활하신 후 제자들을 다시 갈릴리에서 만나신다고 하는 소식은 이처럼 시련에 지친 마가공동체의 성도들에게 예수 자신이 생전에 제자들과 약속하신 일에 신실하시다고 하는 놀라운 기쁜 소식이 아닐 수 없다.

우리는 마가가 그의 복음을 '기쁜 소식'으로 기록했고, 또한 헬라 세계에서 '유앙겔리온'이 본래는 '승전 소식'과 관계되어 가장 널리 사용되던 단어임을 기억해야만 할 것이다. 고난의 교회에 필요했던 것은 '승리의 기쁜 소식(복음)'이었다. 사탄적인 로마 제국의 세력에 붙잡혀 있던 고난의 교회에는 '더 강한 분'의 승리의 복음이 필요했었다. 그것만이 참으로 '기쁜 소식'이 될 수 있었고, 또 그런 승리의 복음은 오늘날 이 세상에서도 악한 세력의 억압 밑에서 고난을 당하고 있는 모든 기독교인과 기독교 교회에 똑같이 '기쁜 소식'이 될 수 있을 것이다".

5) 본서에 나타난 기독론적 칭호들

(1) 하나님의 아들 칭호(1:1,11; 3:11; 5:7; 9:7; 13:32; 14:61-62; 15:39): 부활을 통해서(롬 1:3 이하; 갈 1:16), 세례받을 때에(막 1:11), 이미 수태시에(눅 1:35), 성령을 소유함으로써 예수는 하나님의 아들로 나타난다. 재림 때 나타나실 하나님의 아들이기도 하다(살전 1:9 이하). 요한은 예수와 하나님의 관계를 아들과 아버지의 관계로 언급한다(요 5장). 마가는 하나님의 아들됨과 고난을 밀접하게 연결시키고 있다(9:2-13; 12:1-12; 14:36). 마가복음은 하나님 자신(1:11; 9;7), 귀신들(3:11; 5:7), 공의회 대제사장의 질문(14:62), 이방인 백부장의 고백(15:39) 및 복음서의 시작(1:1)과 중간(9:7)과 마지막(14:61,62; 15:39)에서 예수를 하나님의 아들로 증거하고 있다. 이 칭호는 신약성경에 15회 나타난다.

(2) 인자 칭호(2:10,28; 8:31,38; 9:9,12,31; 10:33,45; 14:21,41,62): 현재 활동하는 인자(2:10,28[마 8:20]); 10:45[단 7:13]), 인자의 고난과 부활(8:31; 9:31; 10:33 이하.; 9:9,12; 14:21,41), 인자의 오심(8:38; 13:26-27; 14:62). 이 칭호는 신약성경

에 82회 나타난다(단 7:13 참조).

(3) 다윗의 자손(10:47-48; 12:35-37).

(4) 그리스도(8:29; 9:41; 12:35-37; 14:61,62): 가이사랴 빌립보의 베드로 고백(8:29), 예수의 말씀(9:41), 메시아가 다윗의 자손인가에 대한 논쟁(12:35-37), 대제사장의 질문에 대한 예수의 시인(14:61-62). 베드로의 고백(8:31)과 대제사장의 물음(14:62)에서 '그리스도'와 '인자'가 병행해서 나타난다.

(5) 주님(7:28; 11:3; 12:37).

(6) 하나님의 거룩하신 분(1:24).

10. 공관복음서 연구방법론

마르틴 루터의 종교개혁(1517.10.31) 이후 성경이 교회의 포로로부터 자유로워지면서 성경 연구가 본격화되었다. 1787년 요한 가블러(Johann P. Gabler)는 그 동안 기독교 교리를 뒷받침하기 위한 교의학(조직신학)의 증빙 자료로 사용된 신구약성경을 독립시킴으로써 본격적인 성서신학 연구의 길을 열었다. 이후 성서신학은 다시 '구약신학'과 '신약신학'으로 나누어 연구되었다.

19세기 역사학의 비약적 발달은 성서연구에도 큰 영향을 미쳤다. 이제 성서연구에 '역사비평 방법론(Historical Critical Method)'이 대두되었다. 특히 현대비평학의 아버지로 일컬어지는 벨하우젠(J. Wellhausen, 1844-1918)은 문서비평(Literary Criticism)과 자료비평(Source Creticism) 방법을 통해 모세오경이 '4 문서(J, E, P, D)'로 되어 있다는 주장을 하였다.

그 후 궁켈(H. Gunkel, 1862-1932)은 '양식비평(Form Criticism)' 방법을 사용하여 시편을 연구하였는데, 이 연구는 성서학에 대한 새로운 지평을 열었다. 양식비평 방법은 문서 이전의 구전(Oral Tradition) 단계와 본문이 나오게 된 '삶의 자리(Sitz im Leben, Setting in Life)'를 중요시하였다.

뒤이어 폰 라드(G. von Rad, 1901-1971)는 '전승사 비평(Traditio-Historical Criticism)' 방법을 사용하여 육경(창-수)을 연구하였다. 그는 현재의 육경은 '역사신조(Historical

Credo, 신 26:5-9)'를 핵으로 시내산 전승과 출애굽 전승, 및 여러 다른 전승들이 결합하여 이루어졌다고 주장하였다. 폰 라드가 육경을 주장한 것은 아브라함에게 약속한 땅의 약속이 여호수아서에 와서 성취되었기 때문인데, 여기에는 편집자의 의도가 들어 있다는 것이다. 따라서 그의 육경 주장은 '편집비평(Redaction Criticism)' 방법을 여는 계기가 되었다.

이 같은 연구 방법들이 신약성서, 특히 공관복음서 연구에 적용되었다. 전통적으로 공관복음서에 나타난 예수의 말씀은 기본적으로 모두 다 '예수가 직접 하신 말씀(logion)'으로 생각하였다. 그러다가 20세기 전반 불트만(R. Bultmann, 1886-1976)은 양식비평 방법을 공관복음서에 적용하였다. 《공관복음서 전승사》라는 저서를 통해 그는 공관복음서 안에는 예수의 말씀뿐만 아니라 그 삶의 자리인 '초대교회(Early Church)'가 있음을 발견하였다.

그 후 20세기 후반 편집비평 방법을 사용하여 공관복음서를 연구한 결과 최종적인 형태의 현재의 각 복음서에는 '복음서 저자의 신학'이 들어 있음을 발견하였다. 즉 복음서 저자는 단순이 전승수집가나 자료배열자가 아니라 자기 나름의 신학적 관점을 갖고 복음서를 편집, 구성한 개성있는 신학자라는 것이다. 대표적인 학자로는 막센(W. Marxsen, 마가복음 연구), 보른캄(G. Bornkamm, 마태복음 연구), 콘첼만(H. Conzelmann, 누가복음 연구)이 있다.

이를 도표로 그리면 다음과 같다.

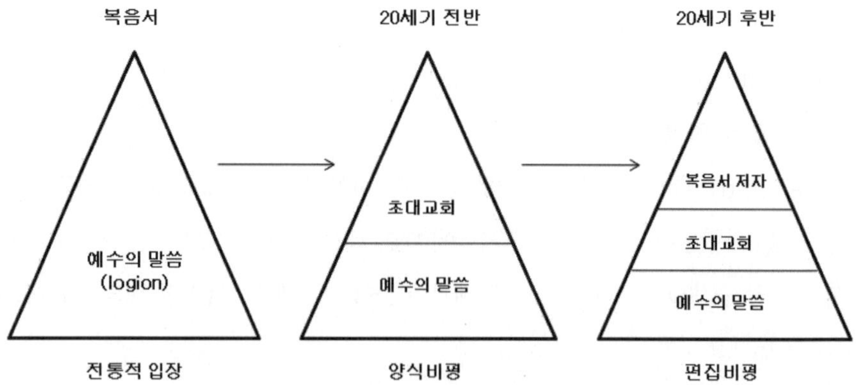

11. 공관복음서 대조연구(성전정화 사건을 중심으로)

마태 21:12-17	마가 11:15-19	누가 19:45-48	요한 2:13-22
12. 예수께서 성전에 들어가사 성전 안에서 매매하는 모든 사람들을 내쫓으시며 돈 바꾸는 사람들의 상과 비둘기 파는 사람들의 의자를 둘러 엎으시고 13. 그들에게 이르시되 기록된 바 a 내 집은 기도하는 집이라 일컬음을 받으리라 하였거늘 너희는 b 강도의 굴혈을 만드는도다 하시니라 14. 맹인과 저는 자들이 성전에서 예수께 나아오매 고쳐주시니 15. 대제사장들과 서기관들이 예수께서 하시는 이상한 일과 또 성전에서 소리 질러 호산나 다윗의 자손이여 하는 어린이들을 보고 노하여 16. 예수께 말하되 그들이 하는 말을 듣느냐 예수께서 이르시되 c 그렇다 어린 아기와 젖먹이들의 입에서 나오는 찬미를 온전하게 하셨나이다 함을 너희가 읽어 본 일이 없느냐 하시고 17. 그들을 떠나 성 밖으로 베다니에 가서 거기서 유하시니라	15. 그들이 예루살렘에 들어가니라 예수께서 성전에 들어가사 성전 안에서 매매하는 자들을 내쫓으시며 돈 바꾸는 자들의 상과 비둘기 파는 자들의 의자를 둘러 엎으시며 16. 아무나 물건을 가지고 성전 안으로 지나다님을 허락하지 아니하시고 17. 이에 가르쳐 이르시되 기록된 바 a 내 집은 만민이 기도하는 집이라 칭함을 받으리라고 하지 아니하였느냐 너희는 b 강도의 소굴을 만들었도다 하시매 18. 대제사장들과 서기관들이 듣고 예수를 어떻게 죽일까 하고 꾀하니 이는 무리가 다 그의 교훈을 놀랍게 여기므로 그를 두려워함일러라 19. 그리고 날이 저물매 그들이 성 밖으로 나가더라	45. 성전에 들어가사 장사하는 자들을 내어 쫓으시며 46. 그들에게 이르시되 기록된 바 a 내 집은 기도하는 집이 되리라 하였거늘 너희는 b 강도의 소굴을 만들었도다 하시니라 47. 예수께서 날마다 성전에서 가르치시니 대제사장들과 서기관들과 백성의 지도자들이 그를 죽이려고 꾀하되 48. 백성이 다 그에게 귀를 기울여 들으므로 어찌할 방도를 찾지 못하였더라	13. 유대인의 명절이 가까운지라 예수께서 예루살렘으로 올라가셨더니 14. 성전 안에서 소와 양과 비둘기 파는 사람들과 돈 바꾸는 사람들이 앉아 있는 것을 보시고 15. 노끈으로 채찍을 만드사 양이나 소를 다 성전에서 내쫓으시고 돈 바꾸는 사람들의 돈을 쏟으시며 상을 엎으시고 16. 비둘기 파는 사람들에게 이르시되 이것을 여기서 가져가라 내 아버지의 집으로 장사하는 집을 만들지 말라 하시니 17. 제자들이 성경 말씀에 a 주의 전을 사모하는 열심히 나를 삼키리라 한 것을 기억하더라 18. 이에 유대인들이 대답하여 예수께 말하기를 네가 이런 일을 행하니 무슨 표적을 우리에게 보이겠느냐 19. 예수께서 대답하여 이르시되 너희가 이 성전을 헐라 내가 사흘 동안에 일으키리라 20. 유대인들이 이르되 이 성전은 사십육 년 동안에 지었거늘 네가 삼 일 동안에 일으키겠느냐 하더라 21. 그러나 예수는 성전된 자기 육체를 가리켜 말씀하신 것이라 22. 죽은 자 가운데서 살아나신 후에야 제자들이 이 말씀하신 것을 기억하고 성경과 예수께서 하신 말씀을 믿었더라
a. 사 56:7 b. 렘 7:11 c. 시 8:2	a. 사 56:7 b. 렘 7:11	a. 사 56:7 b. 렘 7:11	a. 시 69:9

① 공관복음과 요한복음이 상당히 다르다. 우선 길이가 요한의 것이 길고(10절), 상대적으로 누가의 것이 짧다(4절).

② 성전정화 사건을 공관복음서는 예수 공생애 말기에 두고 있는 데 반해, 요한은 이 사건을 공생애 초기에 두고 있다. 그것도 유월절 명절 때라고 구체적 시간을 언급하고 있다.

③ 공관복음은 이 사건을 성전정화(또는 성전훼파)에 두고 있는 데 반해, 요한은 부활 후의 성전을 대치한 자신의 몸 성전으로 해석하고 있다.

④ 누가가 성전정화 사건을 간략하게 취급한 것은 그의 성전에 대한 호의적 사고에서 비롯된 것으로 여겨진다. 누가복음의 시작도 예루살렘 성전에서이고, 그의 가르침도 주로 성전에서였다.

⑤ 마가는 성전정화 사건이야말로 유대 당국으로부터 예수께서 결정적으로 죽임을 당하는 사건으로 규정하고 있다.

⑥ 마태는 본문에서 '호산나 다윗의 자손이여'라는 백성들의 환호와 치유 사역과 함께 다루면서 이 성전정화 사건을 메시아 사역으로 취급하고 있다.

12. 예수의 이적(표적)

예수의 이적(표적)	마태복음	마가복음	누가복음	요한복음
병 고 침				
1. 한 문둥병자	8:2-3	1:40-42	5:12-13	
2. 한 백부장의 하인	8:5-13		7:1-10	4:46-53
3. 베드로의 장모	8:14-15	1:30-31	4:38-39	
4. 귀신들린 두 사람	8:28-34	5:1-15	8:26-35	
5. 한 중풍병자	9:2-7	2:3-12	5:18-25	
6. 혈루증을 앓던 여인	9:20-22	5:25-29	8:43-44	
7. 두 맹인	9:27-29			
8. 귀신들린 벙어리	9:32-33			
9. 손이 오그라든 사람	12:10-13	3:1-5	6:6-10	
10. 눈 멀고 벙어리 된 자	12:22		11:14	
11. 가나안 여인의 딸	15:21-28	7:24-30		
12. 간질을 앓던 아이	17:14-18	9:14-27	9:37-42	
13. 맹인 바디매오		10:46-52	18:35-43	
14. 회당에서의 귀신 들린 자		1:23-26	4:33-35	
15. 귀먹고 어눌한 자		7:31-35		
16. 벳새다의 소경		8:22-26		
17. 신체가 꼬부라진 여인			13:11-13	
18. 고창병 환자			14:1-4	
19. 열 문둥병자			17:11-14	
20. 대제사장의 종			22:50-51	
21. 베데스다 못가의 병자				5:1-9
22. 태생 소경				9:1-7
죽은 자를 다시 살리심				
23. 야이로의 딸	9:18-25	5:22-42	8:41-55	
24. 나인성 과부의 아들			7:11-15	
25. 나사로				11:1-44
기타 여러 가지 이적(표적)				
26. 풍랑을 잠잠케 하심	8:23-27	4:35-41	8:22-25	
27. 물 위를 걸으심	14:25	6:48		6:19
28. 오천 명을 먹이심	14:15-21	6:35-44	9:12-17	6:5-13
29. 사천 명을 먹이심	15:32-38	8:1-9		
30.무화과나무를 마르게 하심	21:18-19	11:12-20		
31. 많은 물고기를 잡으심			5:4-7	
32. 물로 포도주를 만드심				2:1-11
33. 두 번째로 많은 물고기를 잡으심				21:1-11

신약개관(3)

마태복음(Matthew)

1. 마태복음의 중요성

현재의 신약성경은 마태복음으로 시작한다. 이는 마태복음이 가장 먼저 기록되었다던가, 아니면 가장 중요한 책이라 해서 앞에 둔 것은 결코 아니다. 신약성경의 배열은 순서상으로 이루어진 것이 아니다. 그렇지만 마태복음에 구약성서의 인용이 많고, 유대적 특징이 많이 나타나 있으며, 예수 그리스도를 구약의 완성자로 묘사하고 있다는 점에서 마태복음이 구약과 신약을 연결시켜 주는 교량의 역할을 하고 있다고 본다면 현재의 위치가 적절하다고 볼 수 있다.

교회와 기독교 사상(思想)에 있어서 마태복음은 다른 어떤 복음서보다도 더 많은 영향력을 끼쳐 왔다. 마태복음은 오랫동안 복음서들 중에서 가장 먼저 기록되었다고 생각되어 왔으며, 신약성경의 맨 앞부분에 위치해 있다는 사실은 이 복음서의 중요성을 간접적으로 대변해 준다. 주후 2세기 이후, 마태복음은 복음서들 중에서 가장 많이 인용되었으며, 특히 마태복음의 체계적인 구성과 예수의 가르침들(예컨대 산상수훈)은 모든 세대의 기독교인들에게 가장 숭고한 윤리적인 표준을 제시해 왔다.

지나간 100년여 동안, 복음서 중에서 마가복음이 가장 먼저 기록되었다는 마가복음 우선설로 인하여 마태복음에 대한 관심은 약화되었다. 그러나 교회와 기독교 사상에 끼친 마태복음만의 독특한 공헌은 여전히 그리고 언제나 그 가치를 인정받기에 마땅할 것이다.

2. 저자 문제

마태복음의 저자는 전통적으로 예수의 제자들 중 한 사람인 세리 마태로 알려져 왔다. 이러한 전승은 마태 9:9-10에 비추어 볼 때 지지를 받아왔다. 주후 4세기의 교회사가 유세비우스(Eusebius)는 주후 130년경 파피아스가 남겨놓은 말을 소개하면서 이를 뒷받침해 왔다: "마태는 히브리어로 된 말(기록)을 수집해서 그가 할 수 있는 대로 통역했다(번역했다)." 또한 주후 180년경 이레니우스(Irenaeus)는 《이단에 대하여》에서 마태 1:1을 인용하며 "베드로와 바울이 로마에서 복음을 전파하는 동안 마태는 히브리인들 중에서 그들 자신의 언어로 복음서를 출판하였다"고 기록한다. 이러한 전승으로 인해 마태복음의 저자는 예수의 열두 제자들 중 한 사람인 세리 마태로 알려져 왔다.

그런데 오늘날 많은 학자들은 전통적인 주장에 의문을 제기한다. 첫째, 마태복음 등 신약성경의 명칭이 주후 2세기에 붙여졌으며, 원래 익명성을 유지해 오다가 유대인들의 관습에 따라 유명한 사람을 책의 저자로 붙이는 경향을 보여 왔다는 것이다. 둘째, 마태복음의 저자가 9:9에 등장하는 마태인지를 증명할 만한 외적 증거가 하나도 없다는 것이다. 정말 마태가 그 정도로 중요한 인물이었다면 왜 마가복음의 저자는 그 이름을 레위로 바꾸었는지를 설명해 주지 못한다(막 2:13-14; 3:18). 셋째, 마태가 세리였다면 아주 조직적이고 문학적이며 구약성경에 대한 해박한 지식을 자랑하고 이를 신학적으로 적용하는 마태복음을 저작한 것으로 보기에는 상당히 어렵다. 넷째, 더욱 중요한 것은 예수를 따라 다니며 모든 것을 직접 본 사람이라면 마가복음에 그토록 의존할 필요가 없었다는 점이다.

오히려 마태복음이 제공하는 내적 증거를 통해 저자의 모습을 밝혀보는 것이 좋을 듯하다. 마태복음의 저자는 구약에 대한 상당한 지식을 가지고 있는데, 저자는 특히 구약을 인용할 때 인용구문을 사용하며 예수가 그 예언을 성취한 것으로 서술하는 전문적 해석가로서의 모습을 보여준다(1:22-23; 2:15,17-18,23; 4:14; 8:17; 12:17; 13:35; 21:4; 27:9). 이러한 점으로 볼 때 그는 '세리 출신'이라기보다는 구약성경에 잘 훈련된 '서기관 출신'이었을 것으로 여겨진다. 마태복음의 저자는 기독교로 개종한 유대인 서기관 출신으로 마태가 세운 신앙공동체인 '교회'에 들어온 사람 가운데 하나였을 것이다. 그는 제자 마태의 가르침을 받아 그 공동체에서 성장하였고 나중에는 지도자의 위치에까지 이르렀던 것 같다.

이후 자신이 배운 유대교의 가르침과 마태공동체에서 배운 예수의 가르침을 바탕으로 복음서를 저작하였을 것이다. 그리고 자신의 선생 되신 마태의 권위를 이어받게 되었고, 나름대로 글을 남겼을 것으로 추측한다. 시간이 지난 주후 2세기 중반 이후 이 복음서의 이름을 정할 때 그 공동체의 설립자요 최초의 지도자였던 마태를 기념하기 위해 마태복음이라고 정하지 않았나 여겨진다. 그러므로 '저자 마태'는 꼭 예수의 열두 제자들 중의 하나이던 세리 마태를 의미하지는 않는다.

3. 저작 연대 및 저작 장소

이미 마가복음에서 언급했듯이 마태복음은 마가복음서와 'Q 자료(예수 어록)'를 바탕으로 마태의 '특수 자료(M 자료)'를 첨가하여 이루어졌다. Q 자료는 주후 50-60년대에 형성된 것으로 보인다. 그리고 마가복음은 주후 70년 전후에 작성되었다. 마가복음은 로마의 티투스(Titus) 장군에 의해 예루살렘 성전이 멸망당한 때를 반영한다. 그러므로 마태복음은 70년 이후에 기록된 복음서이다. 역사적으로 볼 때 주후 70년 이후의 기독교인들은 예루살렘 성전이 멸망당한 이유를 유대인들에게 돌렸는데, 이는 예수를 죽인 것에 대한 하나님의 징벌로 이해했다. 이러한 모습이 마태 27:23-26에 잘 반영되어 있다.

많은 학자들은 이 복음서가 야브네(얌니아)를 중심으로 형성된 랍비 중심의 유대주의와의 갈등을 반영한다는 견해를 받아들인다. 주후 70년 예루살렘 성전이 멸망당하기 직전, 랍비 요하난 벤 자카이(Yohanan ben Zakkai)는 성을 탈출하여 로마 군대의 장군 티투스에게 항복을 하고 그의 허락을 받아 야브네에 바리새파 전승을 기초로 한 학교이자 도서관을 세웠다. 그 이후로 거기서 유대주의 정립과 재건을 위해 많은 랍비들이 일을 하였다. 이러한 영향이 마태공동체에 몸을 담고 있던 예수의 제자들에게 미치기 시작한 것으로 여겨진다. 마태공동체의 지도자는 사태의 심각성을 느꼈을 것이고 이에 대응해야 했을 것이다. 마태복음은 이러한 삶의 자리에서 배태되었다.

이러한 주장에 대해 마태복음 안에서 증거를 찾는다면 '랍비' 칭호 사용을 들 수 있다. 랍비 칭호는 주후 1세기는 물론 2-3세기를 걸쳐 유대인들 가운데 가장 존경받는 지도자로서 율법과 전승을 가르치는 사람들에 대한 칭호였다. 그런데 마태복음은 이 칭호에 상당한 거부감을 나타낸다(23:8; 26:49). 이러한 모습은 마가복음에서는 예수가 제자 베드로로부터 랍비라 칭함을 받는 장면과 사뭇 다르다(막 9:5). 랍비라는 칭호에 대한 부정적 서술은 당시 바리새파 계열의 랍비 중심으로 형성된 유대주의에 대해 마태공동체가 대적하는 자세를 가졌음을 보여준다. 만약 이러한 주장이 합당하다면 야브네를 중심으로 한 바리새적 랍비들의 유대주의 활동이 시작된 주후 70년대 이후 특히 왕성해지기 시작한 주후 80년대를 마태복음의 저작 시기로 잡을 수 있다.

마태복음 안에 강조되는바 모세의 율법과 예수의 교훈 사이의 병행과 비교도 이러한 관점과 상황 속에서 이해되어야 할 것이다(마 5:21-48). 마태복음 저자는 당시 바리새적 랍비들이 전하던 모세의 율법에 반하여 더 뛰어난 가르침으로서의 예수의 해석과 교훈을 전하려 했다. 마태복음에 나타난 서술 하나하나는 단순히 역사적 예수에 대한 전기(傳記)를 서술하려고 한 것이 아니라, 오히려 예수에 대한 신뢰 속에서 마태공동체의 신앙과 실존을 위해 목숨 걸고 투쟁한 적나라한 과거의 모습이 신앙고백 형태로 담겨 있다. 이러한 점으로 볼 때 마태복음의 저작 시기를 주후 70년대 이후로 잡게 되며, 다른 공동체와의 갈등 내지 대적을 일으키기까지 약 10년 내지 15년의 세월이 필요하다고 보고, 마태복음은 주후 85년 전후에 저작된 것으로 볼 수 있다.

마태복음의 저작 장소에 대해서는 크게 두 가지 견해로 나누어진다. 하나는 갈릴리 지역에서 저작되었다는 것이며, 다른 하나는 시리아(수리아) 안디옥이 바로 그 장소이다. 지금까지 대부분이 학자들은 마태복음이 시리아의 안디옥이라는 대도시에서 쓰여진 것으로 주장하였다. 이는 마태복음 안에 '도시'라는 단어가 유난히 많이 나타난다는 점에서 지지를 받고 있으며(막 8회, 마 27회 사용), 더욱이 마태복음 4:24에 반영된바 시리아에 대한 언급이 나타난다는 점 때문이다. 이에 더하여 안디옥이라고 추정되는 이유는 마가복음이나 누가복음보다 큰 단위의 돈인 달란트를 자주 사용한다는 점인데, 이렇게 큰 단위가 사용될 수 있는 곳으로는 부유한 도시인 안디옥이 제시되어야 한다는 것이다.

하지만 최근의 학자들은 마태복음이 갈릴리 지역이나 팔레스틴 북부 지역에 속하는 데

가볼리 등 이방 지역에서 작성되었을 가능성을 제시한다. 이 가운데서도 갈릴리 지역을 더 가능한 지역으로 제시하고 있다. 이러한 제시는 마태복음 안에 기록된 자료들이 암시하는 내적 증거를 바탕으로 한다. 그 예로 예수가 나사렛으로 돌아갔다는 표현(2:23)과 가버나움을 그 본거지로 택했다는 사실을 들고 있다(4:13-14). 또한 예수가 부활하신 후 현현하신 곳이 갈릴리의 어느 한 산이라는 사실을 바탕으로 볼 때(28:10-20) 갈릴리에 대한 지대한 관심이 보인다. 이는 마태복음이 갈릴리 지역, 그 중에서도 가버나움과 연관된 지역에서 쓰여지지 않았나 하는 잠정적 결론을 내리게 된다.

4. 본서의 구조와 내용

1) 모세오경적 구조(Pentateuchal Structure)

마태복음이 모세오경을 모본으로 하여 기술되었다고 가장 먼저 주장한 학자는 베이컨(B. W. Bacon)이다. 그는 마태복음 안에서 반복되는 다섯 개(7:28; 11:1; 13:53; 19:1; 26:1)의 '종결 후렴 구절(Καὶ ἐγένετο ὅτε ἐτελεσεν ὁ Ἰησοῦς, 예수께서 말씀을 마치시매)' 등에 착안하여 마태복음이 서론(1-2장)과 결론(26-28장)을 가진 '다섯 설교'로 구성되어 있다고 주장하였다.

서론(1-2장): 탄생설화

제1권: 설화 자료(3:1-4:2)와 첫 번째 설교인 '산상 설교'(5-7장)

종결 후렴 문구: "예수께서 이 말씀을 마치시매 무리들이 그 가르치심에 놀라니……"(7:28).

제2권: 설화 자료(8:1-9:25)와 두 번째 설교인 '선교와 순교에 관한 설교'(10장)

종결 후렴 문구: "예수께서 열두 제자에게 명하시기를 마치시매……"(11:1).

제3권: 설화 자료(11:2-12:50)와 세 번째 설교인 '천국비유 설교'(13장)

종결 후렴 문구: "예수께서 이 모든 비유를 마치시니……"(13:53)

제4권: 설화 자료(13:54-17:21)와 네 번째 설교인 '교회행정 설교'(18장)

종결 후렴 문구: "예수께서 이 말씀을 마치시매……"(19:1)

제5권: 설화 자료(19:2-22:46)와 다섯 번째 설교인 '수난과 종말 설교'(23-25장)
종결 후렴 문구: "예수께서 이 모든 말씀을 마치시니……"(26:1).
결론(26-28장): 수난설화와 부활설화

베이컨에 의하면, 개종한 랍비이며 기독교 율법주의자였던 마태가 그 당시 기독교회가 '율법 폐기론자들(antinomians)'에 의해 위협당하고 있을 때, 예수의 계명들을 모세 오경의 패턴에 따라 다섯 권으로 묶어 제시함으로써 율법 무용론을 주장하면서 교회의 신앙을 위협하는 이단자들에 대처하고자 했다는 것이다. 이런 생각에 의하면 결국 모세가 유대인들에게 모세오경(토라)을 주었듯이, 마태는 초대 기독교인들에게 마태오경, 즉 마태복음을 주었다는 말이 된다. 이러한 베이컨의 오경구조설은 많은 학자들의 지지를 받는, 상당한 설득력을 가진 주장으로 받아들여지고 있다(참고로, 시편의 모세오경 구조 및 동일한 '찬양의 문구'로 끝나고 있는 점도 주목).

2) **기독론적 구조(Christological Structure)**

킹스베리(J.D.Kingsbury)는 기독론적 구조를 주장하였다. 그는 마태복음 4:17과 16:21에 같은 표현, 즉 "이때부터 예수께서 비로소……를 시작하다(Ἀπὸ τότε ἤρξατο ὁ Ἰησοῦς + 부정사)라는 구절에 착안하여 마태복음을 기독론적 관점에서 세 부분으로 구별한다.

1) 메시아 예수의 인품(1:1-4:16), 2) 메시아 예수의 선포(4:17-16:20), 3) 메시아 예수의 고난, 죽음 및 부활(16:21-28:20). 킹스베리의 이러한 기독론적 주장은 일부 학자들의 지지를 받고 있으나 위에 언급한 모세오경적 구조나 다음에 언급할 교차대칭구조이 비하면 덜 지지를 받고 있다. 이 주장의 가장 큰 약점은 이 두 구절 이외에 이와 비슷한 표현이 여러 곳에서 사용되고 있다는 점이다(가령, 26:16)

3) **설화와 설교의 교체편집 구조**

엘리스(P.F.Ellis)는 마태복음이 설화와 설교가 교체적으로 편집되어 있다고 주장하였다.

1-4장: 메시아의 탄생과 출현(설화)

5-7장: 말씀을 통해 드러난 메시아의 권위(설교)

8-9장: 행동을 통해 드러난 메시아의 권위(설화)

10장: 사도들의 선택과 임명(설교)

11-12장: 유대인에세서 배척받은 예수(설화)

13장: 천국에 관한 비유들(설교)

14-17장: 제자들에게서 인정받은 예수(설화)

18장: 교회의 질서(설교)

19-22장: 예수의 권위와 초대(설화)

23-25장: 저주, 천국의 도래 종말과 재림에 관한 말씀(설교)

26-28장: 예수의 수난과 죽음(설화)

28:18-20: 예수의 마지막 위탁명령(설교)

이 도식에 따르면 마태복음의 구조와 내용을 결정짓는 중요한 요소는 바로 설화 자료와 설교 자료인데, 이 두 자료를 면밀히 살펴보면 설화가 설교를 준비시키기 위한 종속적 역할을 하고 있음을 알 수 있다.

4) **교차대구구조**(Chiastic Structure)

로어(C.H.Lohr)는 교차대구구조를 주장하였다. 마태복음은 다섯 개의 설교와 설화가 서로 대구적으로 나열되어 있다는 것이다. 그는 비유설교인 13장을 중심으로 앞뒤로 각각 다섯 개씩 항목이 교차대구를 이루는 구조를 주장하였다. 그런데 그의 주장은 정교하지 못하다. 가령 1-4장과 26-28장을 교차대구로 설명할 때에 약간 어색하다. 또한 각 설화 부분에 대한 제목도 어색한데, 가령, 19-22장에 해당하는 부분을 '예수의 권위와 초청'이라 하였지만, 사실 초청에 대한 내용이 거의 나오지 않는 대신 바리새인, 사두개인 등의 배척이 더욱 나타난다. 오히려 이 부분이 예수의 배척과 관련되어 나타난다는 점에서, 또 예수에 대한 따름과 배척이라는 대조적 면에서 8-9장과 대구를 이룬다. 위의 논의를 바탕으로 수정된 교차대구구조를 제시하면 다음과 같다.

1. 설화(1-2장): 예수의 탄생

2. 설화(3-4장): 예수의 공생애 시작

3. 산상 설교(5-7장): 하늘나라에 들어감에 대한 설교

4. 설화(8-9장): 예수의 열 개의 기적과 제자도

5. 전도 설교(10장): 하늘나라 백성의 부르심에 대한 설교

6. 설화(11-12장): 논쟁 가운데 나타난 예수의 신분

7. 비유 설교(13장): 하늘나라의 특성에 대한 설교

6' 설화(14-17장): 베드로와의 대화 속에 나타난 예수의 신분

5' 교회 설교(18장): 하늘나라 백성들의 모임의 규율에 대한 설교

4' 설화(19-22장): 예수를 배척함과 외부인들의 대적

3' 종말 설교(23-25장): 하늘나라가 올 때의 징조에 대한 설교

2' 설화(26-27:56): 예수의 공생애의 마지막 죽음

1' 설화(27:57-28장): 예수의 재탄생(부활)

위의 구조에서 보듯이 마태복음은 13장을 중심으로 설교는 설교대로, 설화는 설화대로 대구를 이룬다. 이러한 구조는 우선 베이컨의 이론에서 약점으로 보이는 점을 해결해 줄 수 있다. 이상의 논의는 마태복음에 나타난 교차대구구조가 얼마나 상세하게 사용되고 있는지를 알게 되어 마태복음의 상당한 문학적 기술을 볼 수 있다. 이러한 구조를 통해 마태복음이 전하려는 중심적인 의미가 어디에 있는지를 보게 한다. 이는 마태복음의 중심인 13장에 서술된 비유들을 통해 하나님(하늘) 나라의 성격을 알려준다. 예수는 그 나라로 자기 제자들을 이끌고 들어가는 것이다(참조 1:21).

마태복음이 보여주는 이러한 문학적 구조를 통해 우리는 저자 마태가 단순한 자료의 '수집가'가 아니라 자기 나름의 신학적 목적을 가지고 자료들을 편집한 저자, 해석가, 혹은 신학자임을 알 수 있다.

5. 마태공동체의 '삶의 자리'

첫째, 마태공동체는 약간의 이방인이 포함된 '유대 그리스도인 공동체'라고 말할 수 있다(10:5-6,23). 그러면서도 이방인에 대한 호의적 표현이 마태복음 안에 자주 나타난다(1:2-16; 2:1-12; 15:21-28; 28:19-20). 비록 대부분이 유대인이었겠지만, 이방인 선교에 대한 목표를 가지고 유대인 범주를 넘어 새로운 장으로의 확장을 시도한 것으로 보인다. 아마도 그 전환점은 15:21-28에 서술된 가나안 여인과의 대화에서 나타나는 듯하다. 당시 바리새인 랍비들을 중심으로 형성되던 유대주의가 마태공동체로 하여금 자기들의 교훈과 가르침에 따를 것을 요구하며, 더 나아가서는 이에 반발하는 마태공동체를 핍박하자 그들과의 관계는 더욱 악화된 것으로 보인다. 이에 유대인 중심의 범주에서 벗어나 이방인을 포함한 세계 보편주의적 기독교로의 변환을 모색했던 것으로 여겨진다. 마태의 이방선교에 대한 강조는 처음(1:1)과 끝(28:19-20)에 잘 드러나 있다. 아브라함은 열방을 위한 '복의 근원'(창 12:2-3)이고 예수는 열방을 위한 '복음의 근원'(예수의 지상명령[The Great Commission])이다.

둘째, 마태공동체는 마가공동체에 비해 상대적으로 부유한 공동체였다(6:19; 13:44-46). 이 같은 가정은 화폐 단위의 크기를 통해서도 보강된다. 마가가 가장 작은 화폐 단위인 렙돈을 한 번 사용하고 코드란테스를 두 번, 데나리온을 세 번, 동전을 두 번(6:8; 12:41), 은전을 한 번(14:11) 사용하는 반면, 마태는 렙돈을 사용하지 않고 있으며, 달란트와 같은 큰 화폐 단위(마 25:14-30)를 사용하고 있다는 점에서도 엿볼 수 있다. 마태는 자신의 공동체의 부유한 멤버들을 의식하고, 그들의 경제적 상태에 걸맞도록 예수 전승을 변경시켰다.

셋째, 마태공동체는, 도시를 의도적으로 피한 마가공동체와는 달리, 도시에 기반을 둔 공동체였을 뿐 아니라, 도시에로 그 활동의 범위를 제한시켰던 도시지향적 공동체였다(4:13). 이러한 사실은 마가와 평행하는 구절을 통해 더욱 분명히 드러난다(막 3:7-8/마 4:25; 막 5:14/마 8:33; 막 5:17/마 8:34 등). 마가가 '도시'라는 단어를 8회 사용한 반면, 마태는 27회나 사용하고 있다. 이것은 결코 우연이 아니다. 이는 마태공동체가 도시에 기반을 두고 있었기 때문일 것이다.

넷째, 마태공동체는 학문공동체로 명명될 수 있다(23:8). 마태공동체는 유대교와 논쟁하고 있었던 공동체였다(마태의 오경구조론). 마태 저자 자신이 기독교로 전향한 율법학자였고(13:52), 마태공동체는 유대인들의 비판을 논리적으로 반격하는 일에 관심을 기울였다. 마태가 묘사한 예수에 대한 지배적인 이미지는 가르치는 교사이다(마 5-7장의 산상수훈). 마태의 예수상은 마태공동체의 학문적 성격의 한 단면을 반영해 준다. 마태의 예수상이 다른 복음서의 예수상과 다른 이유는 단지 신학사상만이 아니라 마태가 속한 마태공동체의 형태와 성격이 타공동체와 달랐다는 점에서 찾을 수 있다.

다섯째, 마태공동체는 '임마누엘 신학'을 견지하는 공동체였다. '임마누엘 신학'은 살아계신 하나님의 역사 임재를 믿는 신학이다. 이 주제는 마태공동체의 존재 이유와 밀접한 연관을 가지고 있다. 이러한 신학을 저자 마태는 예수의 제자들에게 적용한다. 이로써 마태공동체에 속한 예수의 제자들이 바로 하나님의 합당한 백성임을 전하려 한다. 이러한 교훈을 세 곳, 즉 초반부(1:23), 중반부(18:18-20), 종반부(28:16-20)에 각각 위치시킨다. 예수를 통한 하나님의 임재하심, 예수의 이름 가운데 임재하심, 그리고 부활하신 예수의 영원한 임재 등의 순으로 나열하는 것은 의미심장하다. 이를 통해 저자 마태는 예수가 그의 제자들, 즉 마태공동체와 영원히 함께하심을 전한다.

6. 마태복음의 특징

1) 마태의 가장 두드러진 특징은 자료 배열에 매우 신중하게 주의를 기울였다는 점이다. 다섯 개의 설교, 즉 ① 산상수훈(5:1-7:27) ② 선교파송 설교(10:1-42) ③ 천국비유(13:1-52) ④ 기독교 공동체에서의 삶의 원리(18:1-35) ⑤ 감람산 강화(24:1-25:46)가 그것인데, 각각의 강화는 ① 윤리적 특성, ② 선교적 특성, ③ 복음 선포적(Kerygmatic) 특성, ④ 교회적 특성, ⑤ 종말론적 특성을 띠고 있다.

2) 다른 복음서들이 상태(주권) 개념인 '하나님 나라(神國, Kingdom of God)'라는 용어를 쓰고 있는 데 반해, 마태는 장소(영토) 개념인 '천국(天國, Kingdom of Heaven)'이라는 용어를 주로 사용한다('하나님 나라'는 4회 사용). 이것은 하나님 호칭을 함부로 사용하는 것을 꺼리는 유대인들을 상대로 복음서를 기록한 마태가 그들의 관습을 따랐기

때문이다.

3) 마태는 메시아에 관한 구약의 예언들이 어떻게 예수님의 생애를 통해서 성취되었는지에 그의 초점을 맞추고 있다. 이를 입증하기 위해 구약을 자주 인용했다(구약인용 횟수를 보면, 마태 93회, 마가 49회, 누가 80회, 요한 53회). 마태의 구약 인용의 특징 중 하나는 그가 열한 번 사용하고 있는 도입 양식이다(1:22; 2:5, 1517, 23; 4:14; 8:17; 12:17; 13:35; 21:4; 27:9-10). 구절마다 약간의 변화는 있지만 이 양식은 다음과 같이 되어 있다. "이 일이 일어난 것은 주께서 예언자를 통해 하신 말씀을 이루려 한 것이라." 이것은 예수에 의해 율법이 폐지된 것이 아니라 오히려 율법이 완성된 것이라는 사실도 보여준다(5:17-20).

4) 마태는 예수님을 메시아, 즉 '다윗의 자손'으로 나타낸다. 이 말은 마태복음에 모두 8회 사용되었다. 단지 영광스러운 부활 사건 이후가 아니라 수난의 순간에도 메시아로서의 권위를 지닌 분으로 묘사했다(28:18; 26:53). 동시에 예수님이 인류의 연약함을 짊어지시며(8:17), 사람들을 자비로움과 온유함으로 대하시는(12:17-21) '여호와의 종'이라는 사실도 명백히 보여주고 있다.

5) 마태는 '옛 계약(Old Covenant)'과 '새 계약(New Covenant)'의 관점에서, 이스라엘이 하나님의 구속 계획에서 차지하는 이중적인 지위를 조명해 준다. 예수의 족보가 아브라함으로 시작되며(1:1), 또한 복음서 저자 중 마태만이 유일하게 예수의 지상 사역의 목적이 "이스라엘의 잃어버린 양"만을 위한 것이라고 서술한다(15:24). 이것은 열 두 사도의 사역에 있어서도 마찬가지로 적용된다(10:5 이하).

6) 하나님의 백성인 이스라엘, 그 중에서도 특히 종교 지도자들은 율법을 올바르게 이해하지 못하고 선지자들과 심지어 메시아를 배척함으로써 가장 신랄한 정죄를 받았다(23:1-39).

7) 마태복음에 기록된 예수님의 최후 명령은 가서 '모든 족속으로 제자를 삼으라'는 것이다(28:19-20). 하나님의 옛 백성은 그들의 불신앙으로 인하여 하나님의 백성으로서의 특권을 빼앗길 것이며, 그 특권은 '새 백성(영적 이스라엘, 곧 신약교회)'에게로 넘겨질 것이다(21:43). 따라서 마태복음은 '교회'에 대하여 매우 강조하고 있는 것이 하나의 특징이다. 사실 '교회(헬. '에클레시아')'라는 용어는 복음서 중 마태복음에만 나온다(16:18; 18:17).

8) 마태의 또 다른 특징은 '기적'에 대한 강조이다(17:24-27). 기적에 대한 마태의 특별한 관심은 마지막 두 장에 가장 분명하게 나타나 있다. 여기에는 죽었던 성도들이 부활한 이야기(27:51-53)와 예수의 무덤에 나타난 천사 이야기(28:2-4)가 나타난다.

9) 마태의 특징적인 용어 중 하나는 '의'이다. 마가복음에는 '의'라는 명사가 나타나지 않으며, 누가복음에는 단 한 번 나타난다(1:75). 마태복음에는 이 단어가 일곱 번 나타난다(1:19; 3:15; 5:6,10,20; 6:1,33). 마태복음에서 '의'란 하나님께서 제자들에게 '요청'하는 의로운 행위를 일컫는다. 마태에게 '의의 길'은 아버지의 뜻을 행함을 뜻한다.

10) 마태에는 예수의 재림(헬. '파루시아')에 대한 많은 가르침이 포함되어 있다. '재림'이란 표현도 복음서 중 마태복음에만 나오는 것이 특징이다(24:3,27,37,39). 예수의 많은 비유들도 대체로 이 주제에 대하여 다루고 있다(13:24-30,36-43, 47-50; 25:1-46).

11) 마태는 임마누엘을 강조한다(1:23; 18:20; 28:20). 마태복음은 처음과 중간과 끝을 살아계신 하나님의 임재를 뜻하는 임마누엘 사상으로 구성되어 있다.

7. 본서의 신학적 특징

1) **예수 탄생 이야기**(1-2장)

마태복음은 메시아 예수의 족보로 시작한다. 마태복음 첫 절은 이렇다. "아브라함과 다윗의 자손 예수 그리스도의 계보라"(1:1). 이 구절에 마태복음의 저작 목적이 잘 드러나 있다. 아브라함의 자손인 다윗, 그 다윗의 자손인 예수가 바로 유대인들이 고대하던 메시아(그리스도)라는 것이다. 마태는 예수 족보를 3등분하여 아브라함부터 다윗까지가 14대이고(왕조 이전시대), 다윗에서 바벨론 유배까지가 14대이며(왕조 시대), 바벨론 유배에서 그리스도까지가 14대(왕조 이후시대)라고 한다.

마태의 족보는 중심에 '다윗'이 있다. 이는 족보에만 다윗의 이름이 5회(1,6,17절) 반복되고 있다는 점과 족보 자체를 '다윗'이라는 이름의 히브리어 세 글자의 숫자의 합(4+6+4=14, דוד)을 중심으로 14대씩 세 시대로 구분한 점에서도 분명히 드러난다. 세 시기는 첫 초점이 아브라함이고, 둘째 초점이 다윗이고, 셋째 초점이 바벨론 포로이다. 14대로 이루어진 세 시기는 7세대로 이루어진 여섯 시기를 암시함으로써 예수님이 일곱 번째 시기의 출발점이라는 것을 암시한다('다윗의 별'의 중심에 예수가 자리한다). 구약(창세기)의 첫 장이 '다윗의 별'로 그려지듯이, 신약(마태복음)의 첫 장이 다윗의 별로 그려진다. 이는 이스라엘이 얼마나 '다윗의 나라'를 열망했는가를 암시한다.

마태의 족보는 아브라함의 백성에 관한 긴 이야기가 그의 백성을 포로생활로부터 구원할, 즉 "자기 백성을 그들이 죄로부터 구원할"(마 1:21) '새 다윗'인 예수 그리스도를 통해서 완성될 것이라는 것을 말하고 있다. 또한 이 족보에는 다섯 명의 여성, 즉 예수의 어머니 마리아 외에 조모 4명(다말, 라합, 룻, 우리아의 아내 밧세바)이 올라와 있다. 여성은 족보에 오를 수 없다는 점에서 이는 여성에 대한 위대한 인권선언이다.

2장의 예수 탄생 이야기는 예수를 '새 모세'로 그리고 있다. 우선 예수는 모세처럼 왕궁에서 태어나지 않았으나 왕으로 소개된다. 예수는 유대인의 왕으로 소개되며, 모세는 이집트의 왕자로 소개된다. 더욱이 그들은 생애 초기에 위험한 순간(모세는 바로 왕에 의해, 예수는 헤롯 왕에 의해)을 경험했다는 공통점을 가지고 있다.

2) 산상 설교(마 5-7장)

산상 설교('산상보훈' 또는 '산상수훈'이라고도 함)는 예수께서 산에서 가르치셨다 하여(5:1) 붙인 이름이다. 마태의 산상 설교와 골격이 비슷한 누가복음 6:20-49에도 있는데, 이는 평평한 곳에서 가르치셨다고 해서(눅 6:17에 따라 '평지 설교' 라 한다. 마태의 산상 설교와 누가의 평지 설교를 비교해 보면 마태의 것이 훨씬 분량이 많다. 산상 설교와 평지 설교의 공통 요소는 주후 50-60년경 시리아에서 편집된 '예수어록(Q 자료)'이란 책 속에 들어 있는 설교집을 마태와 누가가 제각기 옮겨 쓴 것들이다. 마태의 산상 설교는 예수의 교훈을 집대성해 놓은 말씀이다. 여기서는 '율법에 대한 여섯 가지 반명제(마 5:17-48)', '8복과 4복 4화(마 5:3-12=눅 6:20-26)' 및 '주기도문(마 6:9-13=눅 11:2-4)'을 살펴보고자 한다.

(1) 율법에 대한 여섯 가지 반명제(마 5:17-48)

율법에 대한 마태의 태도의 핵심은 율법에 관한 일반적 설명(5:17-20)과 일련의 반명제("……라고 옛 사람들에게 하신 말씀을 들었다. 그러나 나는 너희에게 말한다", 5:21-

48) 안에 들어 있다. ① 살인에 대한 교훈(5:21-26) ② 간음에 대한 교훈(5:27-30) ③ 이혼에 대한 교훈(5:31-32) ④ 맹세에 대한 교훈(5:33-37) ⑤ 보복에 대한 교훈(5:38-42=눅 6:29-30) ⑥ 원수 사랑에 대한 교훈(5:43-48=눅 6:27-28,32-36).

(2) 마태의 팔복(마 5:3-12)과 누가의 4복 4화(눅 6:20-26)

마 태 (5:3-12)	누 가 (6:20-26)
3. 심령이 가난한 자는 복이 있나니 천국이 그들의 것임이요 4. 애통하는 자는 복이 있나니 그들이 위로를 받을 것임이요 5. 온유한 자는 복이 있나니 그들이 땅을 기업으로 받을 것임이요 6. 의에 주리고 목마른 자는 복이 있나니 그들이 배부를 것임이요 7. 긍휼히 여기는 자는 복이 있나니 그들이 긍휼히 여김을 받을 것임이요 8. 마음이 청결한 자는 복이 있나니 그들이 하나님을 볼 것임이요 9. 화평하게 하는 자는 복이 있나니 그들이 하나님의 아들이라 일컬음을 받을 것임이요 10. 의를 위하여 박해를 받은 자는 복이 있나니 천국이 그들의 것임이라 11. 나로 말미암아 너희를 욕하고 박해하고 거짓으로 너희를 거슬러 모든 악한 말을 할 때에는 너희에게 복이 있나니 12. 기뻐하고 즐거워하라 하늘에서 너희의 상이 큼이라 너희 전에 있던 선지자들을 이같이 박해하였느니라	20. 너희 가난한 자는 복이 있나니 하나님의 나라가 너희 것임이요 21. 지금 주린 자는 복이 있나니 너희가 배부름을 얻을 것임이요 지금 우는 자는 복이 있나니 너희가 웃을 것임이요 22. 인자로 말미암아 사람들이 너희를 미워하며 멀리하고 욕하고 너희 이름을 악하다 하여 버릴 때에는 너희에게 복이 있도다 23.그날에 기뻐하고 뛰놀라 하늘에서 너희 상이 큼이라 그들의 조상들이 선지자들에게 이와 같이 하였느니라 24. 그러나 화 있을진저 너희 부요한 자여 너희는 너희의 위로를 이미 받았도다 25. 화 있을진저 너희 지금 배부른 자여 너희는 주리리로다 화 있을진저 너희 지금 웃는 자여 너희가 애통하며 울리로다 26. 모든 사람이 너희를 칭찬하면 화가 있도다 그들의 조상들이 거짓 선지자들에게 이와 같이 하였느니라

① 마태에는 팔복(3-10절)에다 하나를 더한 구복(11절)을 말하고, 화 선언이 없다. 반면 누가에는 4복(20-23절)과 4화(24-26절)로 되어 있다. 축복을 받는 쪽은 가난한 사람들, 굶주린 사람들, 우는 사람들, 예수를 위해 고통을 당하는 사람들이고, 심판을 받는 쪽은 부유한 자들, 배부른 자들, 웃는 자들, 사람들에게 칭찬만 듣는 자들이다.

② 마태의 팔복은 3인칭(그들)으로 되어 있는데, 누가의 4복4화는 2인칭(너희)로 되어 있다.

③ 마태에는 '심령이 가난한 자'(3절)로, 누가에는 물질적으로 '가난한 자'(20절)라고

되어 있다. 마태(5:3)와는 달리 누가(6:20)는 영적으로나 마음으로 가난한 사람이 아닌, 문자 그대로 경제적으로 가난한 자가 복이 있음을 선언하고 있다.

④ 마태는 '하늘나라(天國)'라고 했고, 누가는 '하나님 나라(神國)'라고 하고 있다.

⑤ 누가에는 마태에 없는 '지금(now)'이라는 말이 들어 있다(21, 25절)

⑥ 마태에는 '나'(11절)로, 누가는 '인자(Son of Man)'라고 되어 있다.

⑦ 마태에는 그냥 '너희 전에 있던 선지자들'(12절)로, 누가에는 '그들의 조상들이 거짓 선지자들'(26절)로 되어 있다.

(3) 주기도문(마 6:9-13=눅 11:2-4)

	마태 6:9-13	누가 11:2-4
서론(호칭)	하늘에 계신 우리 아버지여	아버지여
하나님 중심적 탄원 (세 가지)	1. 이름이 거룩히 여김을 받으시오며 2. 나라가 임하시오며 3. 뜻이 하늘에서 이루어진 것같이 땅에서도 이루어지이다	1. 이름이 거룩히 여김을 받으시오며 2. 나라가 임하시오며
이웃 중심적 탄원 (세 가지)	1. 오늘 우리에게 일용할 양식을 주시옵고 2. 우리가 우리에게 죄 지은 자를 사하여 준 것같이 우리 죄를 사하여 주시옵고 3. 우리를 시험에 들게 하지 마시옵고 다만 악에서 구하시옵소서	1. 우리에게 날마다 일용할 양식을 주시옵고 2. 우리가 우리에게 죄 지은 모든 사람을 용서하오니 우리 죄도 사하여 주시옵고 3. 우리를 시험에 들게 하지 마시옵소서
송영(끝맺는 말)	나라와 권세와 영광이 아버지께 영원히 있사옵나이다 아멘	

3) 예수의 비유

예수의 설교 주제는 '하나님 나라'와 '이스라엘의 회개'였다. 예수께서 하나님 나라와 이스라엘의 회개에 관해서 직설적으로 말씀하신 적도 있지만, 그보다는 일상생활에서 예를 들어 설명하셨는데, 이런 사례들을 통칭 '비유(Parable)'라고 한다. 비유는 하나님을 알리는 가장 적절한 표현 수단이었다.

예수의 비유	마태복음	마가복음	누가복음
1. 등경 위의 등불	5:14–15	4:21	8:6; 11:33
2. 반석 위의 집과 모래 위의 집	7:24–27		6:47–49
3. 낡은 옷에 붙이는 생베조각	9:16	2:21	5:36
4. 낡은 가죽부대에 담는 새 포도주	9:17	2:22	5:37–38
5. 씨 뿌리는 자	13:3–8	4:3–8	8:5–8
6. 곡식과 가라지	13:24–30		
7. 겨자씨	13:31–32	4:30–32	13:18–19
8. 누룩	13:33		13:20–21
9. 밭에 감추인 보물	13:44		
10. 좋은 진주	13:45–46		
11. 각종 물고기를 모는 그물	13:47–48		
12. 잃어버린 양	18:12–13		15:4–6
13. 무자비한 종	18:23–34		
14. 포도원의 일꾼과 품삯	20:1–16		
15. 맏아들과 둘째아들	21:28–31		
16. 포도원의 사악한 소작인들	21:33–41		20:9–16
17. 임금이 베푼 혼인잔치	22:2–14		
18. 큰 잔치			14:16–24
19. 무화과나무	24:32	13:28	21:29–30
20. 신랑을 기다리는 열 처녀	25:1–13		
21. 달란트	25:14–30		19:12–27
22. 최후의 심판	25:31–46		
23. 자라나는 씨		4:26–29	
24. 두 사람의 빚진 자			7:41–43
25. 자비롭고 선한 사마리아인			10:30–37
26. 어리석은 부자			12:16–21
27. 깨어있는 종			12:35–40
28. 충성스런 종과 불충한 종			12:42–48
29. 자신을 낮추는 손님			14:7–11
30. 망대의 건축			14:28–33
31. 잃었다가 되찾은 드라크마			15:8–10
32. 잃었다가 되찾은 아들			15:11–32
33. 불의한 청지기			16:1–8
34. 거지 나사로와 부자			16:19–31
35. 과부와 재판관			18:2–5
36. 바리새인과 세리의 기도			18:10–14

(1) 누가복음-사도행전(Luke-Acts)

1. 누가 문서(Luke-Acts)의 성격과 중요성

누가복음(Luke)과 사도행전(Acts)을 합쳐서 '누가문서'라고 한다. 누가복음은 복음서 중에서 양적으로 가장 큰 책이다. 또한 사도행전은 신약성서 27권 중 가장 큰 분량을 가진 책이다. 두 권의 누가 문서는 신약성경의 28%를 차지하고 있는데, 이는 바울의 이름으로 기록된 모든 서신보다 많으며, 요한문헌(복음서와 서신들과 계시록)을 다 합친 것보다 많은 분량이다. 따라서 누가 문서는 신약성서에서 결코 무시되어서는 안 될 중요한 부분을 차지한다. 그럼에도 불구하고 지금까지 누가는 바울 사도만큼 인정받지 못했고, 신학자로서의 그의 신분에 대해서도 상당히 회의적인 평가를 받아왔다. 그러나 이제 누가 문서의 중요성은 재평가되어야 할 것이다.

우선 누가복음은 다른 복음서들과 분명히 다른 독특한 점이 있다. 다른 복음서들은 신앙의 대상인 주님이신 예수의 생애와 활동만을 주제로 다룬 데 반해, 누가복음은 예수의 활동과 교훈을 다룬 첫 번째 부분(누가복음)에 이어서 그의 제자들의 활동과 교훈을 다룬 두 번째 부분인 '사도들의 행전'을 기록하였다. 즉 다른 복음서들은 오직 '예수의 행적'에만 관심을 가진 반면에, 누가는 '예수'와 함께 그의 '제자들의 행적'에 대해서도 관심을 기울이고 있다. 누가 문서는 전체적으로 '예수와 제자들의 활동'에 대한 기록이며, 그것을 세분할 경우 제1부는 '예수의 활동', 그리고 제2부는 '제자들, 또는 사도들의 활동'이라고 볼 수 있다.

본래 하나의 책으로 기록된 누가 문서가 지금 요한복음에 의해 갈라지게 된 것은 아주 초기부터인 것으로 생각된다. 제1권 누가복음과 제2권 사도행전이 함께 연속으로 나타나고 있는 사본들이 거의 없기 때문이다. 누가 문서가 지금처럼 갈라지게 된 데에는 나름의 이유가 있었던 것으로 보인다. 누가복음은 성격상 다른 복음서와 잘 어울리기 때문이며, 역사서인 사도행전은 바울 서신에 대한 서론으로 아주 잘 어울리기 때문이었을 것으로 추정된다. 사도행전이 로마에 입성한 바울로 끝나고 있는데, 바울서신은 일반적으로 로마에 보낸 바울의 편지로 시작되고 있다.

2. 저자 문제

누가복음과 사도행전의 저자가 동일한 인물이라는 것은 다음과 같은 이유 때문이다. 첫째, 두 책은 본문과 구분되는 서문을 갖고 있다는 특징을 공유하고 있다. 이런 종류의 서문은 희랍-로마의 저자들에게는 보편적인 것인데, 신약성서의 책들 중에서 이 두 권을 제외하고는 이런 종류의 서문은 발견되지 않는다. 둘째, 두 책은 서문의 내용이 비슷하다. 우선 수신자가 동일한 인물 '데오빌로(θεόφιλος)'이다. 또한 사도행전 1:1-2이 밝히는 그의 첫 번째 책의 내용은 누가복음의 내용임을 확인할 수 있다. 그리고 사도행전의 첫 이야기는 바로 누가복음의 마지막 이야기와 맞물려 있다는 사실은 이 두 책이 동일한 저자에 의해 쓰여졌음을 뒷받침한다. 셋째, 두 책이 문체와 단어 등 언어적인 면에서 매우 비슷할 뿐 아니라 두 책이 신학사상 면에서도 동일하다는 점이다.

그런데 누가 문서의 어느 곳에서도 저자가 누구인지 밝혀주는 구절은 없기 때문에 자연히 저자가 누구인가 하는 문제는 논란의 대상이 될 수밖에 없다. 그렇지만 누가 문서의 저자가 바울의 동역자요 의사인 누가라는 사실은 다음과 같은 세 가지 점에서 뒷받침되고 있다.

첫째, 고대 전승들과 증언들이 모두 누가복음의 저자를 바울의 동역자인 누가라고 일컫고 있다. 최초의 고대 전승인 무라토리 경전에 따르면 "세 번째 복음서인 누가복음은 그리스도의 승천 이후 바울의 동역자이던 누가가 자신의 이름으로 그리고 자신의 이해에 따라

기록했다. 물론 그가 주님을 육신으로 만나보지는 않았지만 요한의 이야기로부터 자기가 입수할 수 있었던 이야기를 시작하고 있다"고 한다. 2세기 말경에 나온 이레니우스의 문서들 가운데서도 "바울의 동역자인 누가가 그(바울)가 전한 복음을 책에 기록하였다"는 말이 나온다.

신약성서 안에서도 가령, 빌레몬서 24절, 골로새서 4:14, 그리고 디모데후서 4:11에서도 누가는 의사이자 바울의 동역자로 알려지고 있다. 누가가 초대 교인 중 비교적 잘 알려지지 않은 인물이었던 점을 고려할 때, 그가 확실한 저자가 아니고서는 그렇게 분명히 저자로 알려지기는 어려운 일이다.

둘째, 사도행전에 보면, 소위 "우리 항목(we-section)"이라고 알려진 본문들이 있다(16:1-17; 20:5-15; 21:1-18; 27:1-28:16). 여기서 저자는 3인칭 단수가 아니라 1인칭 복수로 말하고 있다. 이것으로 보아 저자가 이런 사건들(곧 바울의 전도 여행들)에 참여하여 동행하였음을 미루어 알 수가 있다. 바울의 전도 여행에 동행한 사람들을 골라보면, 그 중에서 누가가 가장 가능성이 있는 인물로 남게 된다. 디모데, 소바더, 아리스다고, 세군도, 가이오, 두기고, 드로비모 등은 사도행전 20:4의 말에 따라 저자가 아님을 알 수 있고, 실라는 "우리 항목"에 개입할 여지가 없고, 디도는 내적인 증거도 외적인 증거도 없다. 마지막으로 남는 것은 오직 누가뿐이라는 결론이 나온다.

셋째, 일부 이의가 있으나 누가 문서에 의학적인 용어가 많이 나오고 있는 사실이 저자가 의사임을 암시하고, 또 그것이 바로 의사 누가를 가리키는 것으로 생각되어 왔다. 가령 다른 복음서의 평범한 병명에 비해(마 8:14; 막 1:30) 누가는 "중한 열병"(눅 4:38)이라고 표현하고 있고, 다른 복음서가 단순히 문둥병임을 말하고 있는 데(막 1:40; 마 8:2) 반해서, 누가는 "온몸에 나병 들린 사람"(눅 5:12)이라고 상세히 진단을 내리고 있다. 그리고 마가 5:25-26에서는 의사에 대한 약간 모욕적인 언사가 기록되어 나오는 데 반해, 누가는 8:43에서 의사에 대한 모욕적인 언사를 제거하고 있다. 이 같은 모습에서 누가복음의 저자는 의사일 것으로 보이며, 바울이 여러 번 언급한 바 있는 "사랑하는 의사" 누가를 의미할 것이다(골 4:14; 몬 24; 딤후 4:9-12).

아무튼 역사적 인물로서의 저자가 누구인가 하는 문제는 이 두 책의 본문 내용을 통해 재구성해 보면 이렇게 말할 수 있다. 저자는 우선 희랍-로마의 '역사문학(historiography)'

에 어느 정도 소양이 있는 사람이었던 것 같으며, 아마도 이방인 기독교 공동체의 일원으로서 처음부터 이방인 선교를 당연한 것으로 간주한 것 같고, 보편주의적 입장에 서 있으면서 '호교적인 관심(apologetic concern)'이 매우 높았으며, 베드로와 바울을 대표적인 교회의 지도자로 생각하고 있고, 매우 긍정적이고 낙관적인 관점에서 모든 교회 역사를 바라보고 예는 역사가이며 신학자인 것 같다.

3. 저작 연대 및 저작 장소

누가복음의 저작 연대를 사도행전의 저작 연대와 연관시켜 주후 60년경으로 보는 초기설이 있다. 이 주장에 따르면 사도행전이 바울의 순교를 언급하지 않고 있고, 또 바울의 편지들을 모르고 있으며, 사도행전의 본문 속에 유대전쟁이 이미 일어났음을 암시할 만한 것이 없다는 것을 근거로 사도행전이 바울의 로마 수감(주후 60-62) 이전인 60년경에 쓰여졌다는 견해이다. 따라서 사도행전의 저작 연대의 '상한 연대(terminus a quo)'가 바로 누가복음의 저작 연대라고 볼 때 누가복음의 저작 연대를 주후 60경으로 보는 견해이다.

그러나 이 저작 연대는 누가복음 1:1에 비추어 볼 때 적절치 않다. 누가복음은 마가복음이 이미 쓰여졌고, 또 그것이 어느 정도 보급되어 보편화된 것을 전제로 하고 있으므로 적어도 주후 80년 이후가 될 것이다. 또한 누가 문서 저자는 70년경에 있은 예루살렘 멸망을 분명히 알고 있었던 것으로 보인다. 예루살렘 성의 멸망에 대한 예언(눅 13:34-35)은 실제 사건으로부터 비롯된 말씀이며, 누가복음 21:20,24도 실제의 역사적 사건에 대한 반영으로 생각되고 있다. 누가복음 19:43-44도 마찬가지다. 게다가 누가복음이 마가복음을 문서 자료로 이용했다고 보는 것이 많은 학자들의 생각이요 정설로 되어 있다. 따라서 학자들은 누가복음의 저작 연대를 80-90년경으로 보고 있으며, 누가복음의 속편인 사도행전의 저작 연대는 90-1세기 말경으로 보고 있다.

저작 장소에 관해서는 여러 장소들, 가령 가이사랴, 아가야, 데가볼리, 소아시아, 그리고 무엇보다도 로마 등이 거론되었다. 그러나 이런 것들은 모두 추측에 불과할 뿐 분명한 증거는 없다. 다만 확실한 것은 누가의 저작 장소가 팔레스틴 바깥이라는 점뿐이다.

4. 누가 문서의 구조

1) 앞에서 이미 언급했듯이 누가복음은 마태복음이나 마가복음처럼 지리적으로 구분할 수 있다. 누가복음: 갈릴리(4:14-9:50), 예루살렘 여정(9:51-19:27), 예루살렘(19:28-28:49). 콘첼만(H. Conzelmann)은 그의 저서 《*Die Mitte der Zeit* , 영역 *The Theology of St. Luke*》(시간의 중심)에서 누가 문서는 구속사를 3단계로 나누었다고 말한다. 이스라엘 시대(율법과 예언자의 시대), 예수의 시대, 교회의 시대(예수의 승천과 재림[파루시아] 사이). 누가복음은 중간 시대인 예수의 시대를 취급한다. 누가복음의 특징은 갈릴리에서 예루살렘까지의 여행 부분이 길게 확대되어 있다는 점이다. 이것을 흔히 '여행 설화(travel narrative)' 또는 '중심 부분(central section)'이라고 부른다.

2) 사도행전의 주제는 '성령의 능력으로 사도들을 통해 세계를 향해 확산되어 가는 그리스도의 복음'이라고 말할 수 있다. 이러한 주제는 사도행전 전체를 통하여 '하나님의 구원역사(Heilsgeschichte)'가 교회의 선교사역을 통하여 구현되는 과정을 일관성있게 보여주며, 그 모든 선교 역사는 구원사의 핵이라고 할 수 있는 예수 그리스도의 마지막 명령(1:8)에 기초한 것임을 보여주고 있다. 따라서 사도행전의 구조 또한 핵심 구절인 1:8 속에 들어있는 지리적인 관점에서 다음과 같이 구분할 수 있다. (1) 예루살렘에서의 활동(1:6-8:1), (2) 온 유대와 사마리아에서의 활동(8:2-11:18), (3) 땅 끝(=로마)까지의 활동(11:19-28:31).

여행적 시각으로 보면 갈릴리에서 예루살렘까지의 여행(예루살렘으로 가는 길)이 누가복음이고, 예루살렘에서 로마까지의 여행(로마로 가는 길)이 사도행전이다. 여기서 그 중심 부분인 예루살렘(눅 9:51-행 5장까지)이 강조되고 있다. 선교 전략적 시각으로 보면 누가복음은 예수에 의한 유대인 선교(가장 낮은 자로부터 시작)이고, 사도행전은 바울에 의한 이방인 선교(당시에 가장 높은 자인 로마 황제에까지 이름)인데, 이를 통해 만민에게 복음이 전해지는 세계적 종교의 기틀이 마련된 것을 보여주고 있다. 성령적 시각으로 보면 누가복음은 '예수를 통한 성령의 활동'이고, 사도행전은 '교회를 통한 성령의 활동'을 보여주고 있다.

5. 누가 문서의 자료와 전승

1) 누가복음은 '마가복음서와 Q자료(2자료)'를 기본 자료로 하여 자신의 '특수 자료(L 자료)'를 첨가하여 지금이 누가복음을 구성했다. 자료상으로 보면 현재의 누가복음의 순서는 다음과 같다.

1-2장	요한과 예수의 탄생(L 자료)
3:1-4:30	Q와 L 자료
4:31-6:11	막 1:21-3:6
6:12-8:4	Q와 L 자료
8:5-9:50	막 4-6장과 8-9장
9:51-18:14	Q와 L 자료
18:15-35	막 10장
19:1-28	L 자료
19:29-22:13	막 11-13장
22:14-24:53	L 자료와 막 14-16장

여기서 우리는 마가복음 자료는 중간중간에 삽입되어 있을 뿐 기본은 Q 자료와 L 자료로 구성된 것을 볼 수 있다.

2) 누가가 사도행전을 기록할 때 어떤 자료들을 기초로 하여 구성했는가 하는 문제에 관해서는 학자들 간에 의견이 아주 다르다. 두 가지만 든다면 첫째, '바울 행전(Acta Pauli)'과 '누가의 여행 일지(A Lucan travel diary)'를 결합시켜 구성했다는 견해이다(Van Manen). 둘째, 세 가지 자료, 즉 (1) 유대적인 '베드로 행전', (2) 헬라적인 '일곱 지도자 행전', (3) 누가적인 '바울 행전'이 그것이다(A. Hilgenfield).

6. 누가공동체의 특성과 발전 과정

1) 누가공동체의 특성

누가복음서에 반영된 누가공동체는 그 구성 멤버들의 숫자에 있어 마가공동체보다 훨씬 큰 규모였다고 할 수 있다. 마가와는 달리 누가는 열두 사도를 주로 긍정적인 모델로 제시하고 있다. 마가와는 달리 누가복음에서 열두 사도들은 제자들과 구별된 그룹으로 등장한다. 과거 예수 주변에서 활동했던 열두 사도와 칠십인 대표들은 현재 누가공동체의 지도자들을 상정하기 위한 그룹들로, 그리고 많은 제자들은 그 공동체의 평신도를 상정하기 위한 그룹으로 제시되어 있다. 곧 누가공동체는 지도자와 평신도로 구성되어 있었다.

한편 경제적인 전망으로 본다면, 누가공동체는 가난한 자를 중심으로 구성된 것도 아니고, 부유한 자들 중심으로 구성된 것도 아니다. 그 공동체는 두 그룹 모두를 균형있게 포함하고 있다. 인종적인 측면으로 본다면 누가공동체는 주로 유대 그리스도인들로 구성된 것도 아니고, 주로 이방 그리스도인으로 구성된 것도 아니다. 그 공동체에는 이 두 그룹이 어느 정도 균형을 이루고 있었다. 그 공동체는 어느 한 그룹에 의해 일방적으로 주도되지 않았다.

누가공동체의 선교적 역할의 특징과 선교 대상은 그 멤버들이 그 공동체 안에서 갖는 위치에 따라 달라지고 있다. 열두 사도들로 상징되고 있는 지도자들은 주로 유대인 대상의 선교활동에, 칠십인 대표들로 상징되고 있는 지도자들은 주로 이방인 대상이 선교활동에, 그리고 많은 제자들로 상정되고 있는 평신도들은 유대인과 이방인 모두를 포괄하는 개념으로 새롭게 규정된 백성들(라오스) 대상이 선교활동에 참여하고 있는 것으로 제시되고 있다.

소종파적인 입장을 견지했던 마가공동체와 비교해 볼 때, 누가공동체의 기본적인 경향은 보다 더 포괄적이고 보다 더 보편적이었다고 할 수 있다. 이러한 경향은 누가공동체가 소종파적 운동으로부터 기구화에로 정착되어 가는 과정 속에 있었음을 보여준다. 누가복음서에 반영된 누가공동체는 전환기적 공동체였다. 복음을 "예루살렘으로부터 시작하여 모든 족속들에게"(눅 24:47) 전파하려는 누가공동체의 선교 전략과 범위, 그리고 그 선교의 결과로 "모든 육체가 하나님의 구원하심을 보리라"(눅 3:6)는 누가공동체의 궁극적인 희망은 누가복음서에서는 주로 예시적인 모습으로 제시되어 있다. 보다 진전된 모습은 본 소론에서는 다루지 않은 누가의 두 번째 작품 곧 사도행전에 가야 비로소 구체적으로 드러나게 될 것이다.

2) 사도행전에 나타난 초대교회의 발전 과정

최초의 기독교 신앙공동체인 예루살렘 모교회는 처음부터 출신 성향과 문화적 배경이 서로 다른 히브리파 유대 기독교인들과 헬라파 유대 기독교인들로 구성되어 있었다(행 6:1-6). 헬라파 유대 기독교인들은 디아스포라 유대인들로서 헬레니즘 문화권의 여러 지역에서 흩어져 살다가 명절을 맞아 예루살렘에 왔다가 기독교로 개종한 사람들이다. 이 두 그룹을 하나의 신앙공동체로 묶어주신 분은 성령이셨지만 이들은 예루살렘 교회에 밀어닥친 박해를 통해서 흩어지게 되고 후에 서로 다른 길을 가게 되는데, 그 발전 과정은 다음과 같다.

(1) 예루살렘 모교회 구성원

히브리파 기독교인		헬라파 기독교인
야고보(주의 동생)	지도자	스데반
아람어	언어	헬라어(코이네)
팔레스틴 본토 출신	출신	디아스포라 출신
히브리적 문화	문화권	헬레니즘 문화
배타적-폐쇄적	이방인관	개방적 - 우호적
유대 전통 중시/ 성전·율법 보수적 경향	신앙	모세 율법과 유대 전통을 뛰어 넘어 새 출발 강조
행함과 실천 중시	윤리	믿음과 은혜를 강조
예수 가족 + 유대 보수파	소속인	7집사 + 헬레니즘계 기독교인들

(2) 박해 후 발전 과정

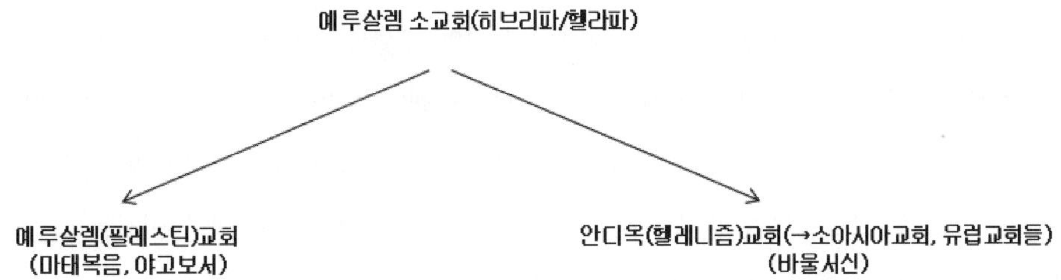

7. 사도행전에 나타난 원시 기독교의 설교

사도행전에 나타난 설교들을 정리하면 다음과 같은 주제들이 발견된다. 1) 예수는 다윗의 후손이다. 2) 예수가 성령을 통해 행한 놀라운 일들을 보아 알 수 있듯이 예수의 활동은 하나님의 승인하에 이루어진 것이다. 3) 유대인들이 예수를 죽게 했으며, 그들은 모르는 사이에 예수의 고난을 말하는 성경의 예언을 성취시켰다. 4) 이방인들을 향한 하나님의 배려가 도처에서 명백히 드러나고 있다. 따라서 이방인들은 하나님이 그들에게 보이고 있는 관심을 인정해야 한다. 5) 하나님은 예수가 장사된 지 사흘 만에 그를 죽은 자 가운데서 일으킴으로 그를 승인한다는 표시를 분명히 했다. 예수는 이제 하나님에 의해 높이 들리움을 받았으며 하나님은 예수를 통해 성령을 보냈다. 6) 모든 사람은 회개하고 온 인류의 심판자가 될 예수의 이름을 통해 구원받도록 부름받았다.

예수 사건의 의의를 해석한 위의 주제들과 거기에 사용된 용어들은–바울이 말한 것으로 되어 있는 설교의 주제와 용어도(행 13:16–41; 14:15–18; 17:22–31)–결코 바울의 것이 아니다. 바울의 중심 주제와 개념은 예수의 선재(先在), 스스로를 낮춘 예수, 그의 죽음에 대한 의미부여, 죽음 이후의 그의 높이 들리움, 예수의 몸으로서 창조된 교회와 같은 것들이다. 위에 열거된 주제들에 포함되어 있지 않는 또 다른 중요한 요소는 그리스도의 죽음을 죄의 용서와 관련시켜 해석하는 것이다. 사도행전에서는 베드로나 바울이 단 한 번도 그리스도가 "우리의 죄를 위해" 죽었다고 말하지 않는다. 그러나 바울 신학에서는 그 말은 거의 절대적이다.

신약학자들은 사도행전의 설교와 바울 서신 사이에 어떤 공통분모가 있지 않을까 하여 그것을 찾으려고 시도하기도 했다. 하지만 부활에 대해 양자가 모두 모욕을 당하고 못 박힌 예수를 하나님이 인정했음을 입증하는 표시라고 의미 부여한 것을 제외하면 양자 사이에 진정한 동일성은 존재하지 않는다. 더욱이 부활에 대해서도 바울은 사도행전의 설교들과 그 해석을 달리한다. 사도행전에서 부활은 배척당했던 그리스도의 들리움을 의미하며, 부활에 의해 들리운 예수는 온 인류의 심판자로서 임하게 될 때까지 하나님의 우편에 앉아 있는 것으로 묘사되어 있다. 반면에 바울에게 있어 부활은 새 시대에 참여하는 소망의 근거일 뿐 아니라 인간 '인의(認義)의 바탕이다(롬 4:25; 고전 15:20–22).

이러한 불일치를 두고 누가가 바울의 동료가 아니었다던가, 그가 바울의 자료를 접할 수 없었다고 말할 수 없을 것이다. 오히려 성령의 인도하에 역사 안에서 성취되어 가는 하나님의 구원의 계획을 펼쳐 보이려는 원대한 구상을 가지고 있었던 누가는 바울 자신의 글을 직접 인용하는 것보다 자기의 말을 바울의 입에 담아 전하는 편이 더 효과적이라고 생각했다고 보아야 할 것이다. 누가는 자신의 원대한 목적을 이루기 위해 자신의 능숙한 문학적 기술을 이용해서 사도들 사이의 차이점이 드러나지 않게 했을 것이다. 그러므로 사도행전의 설교들은 사도들이 실제로 선포했던 것의 기록이라기보다 누가가 생각하기에 사도들이 선포해야 했던 것의 기록이다.

8. 누가가 직면한 문제들

누가는 주후 1세기 말경에 교회가 직면한 두 가지 큰 문제를 놓고 펜을 든 것으로 보인다. 하나는 교회 내부로부터 생긴 문제이고, 다른 하나는 교회 외부로부터 오는 문제였다. 하나는 임박한 종말 기대가 이루어지지 않은 채 종말의 지연이 마냥 계속되는 현실 때문에 신앙적으로 동요와 위기를 맞게 된 것이다. 또 하나는 기독교 복음이 이방 세계로 확장되어 가는 과정에서, 예수가 로마 당국에 의해 유죄 판결을 받고 극형에 처해졌다는 사실 때문에 선교상의 장애에 부딪히게 되었다. 이것은 곧 기독교와 로마 당국 사이의 정치적 관계에 관한 문제이다. 이 두 문제를 따로 분리하여 다루어 보자.

1) 종말의 지연

종말의 지연 문제는 비단 누가만이 아니라 주후 1세기 후반에 기록된 모든 문서 저자들이 직면한 문제였다. 예수는 물론 초대 기독교인들은 모두 자기들의 시대에 세상의 종말이 오리라 믿었고, 그래서 종말사상을 갖고 있었다(막 9:1; 마 16:28). 그런데 예수 곁에 있던 자들과 예수의 목격자들이 하나씩 죽어가는 데도 아직 기대했던 종말이 임하지 않자, 종말 기대의 신앙이 흔들리게 시작하였다. 이것은 복음 메시지에 대한 신앙 자체를 위협하게 되었다. 이런 상황에 직면한 누가는 신앙의 위기에 처한 기독교인들에게 무엇인가 적절한 신앙적 해답을 제시하고, 그들을 신앙적으로 바로 지도해야 할 필요를 느꼈다.

누가가 택한 방법은 하나님 나라와 종말이 곧 임하는 것이 아니라고 가르치는 것, 즉 임박한 종말 기대를 먼 미래로 연장시키는 방법이었다. 그리하여 미래와 하늘에만 관심을 집중시키고 있는 초대교인들의 관심을 현재와 이 땅으로 돌려놓는 것이었다. 종말이 오기 전에 먼저 이 땅에서 해야 할 일에 관심을 갖게 하는 것이다. 그래서 누가는 예수를 따라 먼저 땅 끝까지 복음이 전파되어야 한다는 것을 강조한다(막 1:14-15/ 눅 4:14 비교, 막 13:21/ 눅 21:8 비교, 눅 19:11; 21:9 참조). 누가는 종말을 좀더 멀리 밀어놓고 그때까지의 중간 시대를 온 세계에 말씀을 전파해야 할 '교회의 시대', '선교의 시대'로 해석하고 있다. 이에 대한 좋은 실례가 땅 끝까지 복음을 전하라는 예수의 말씀(행 1:8)이다. 이것이 누가가 종말이 지연되고 있는 상황에 직면해서 취한 첫 번째 조치였다.

2) 정치적 변증

초대교회 선교 과정에서 로마 당국에 의해 정치적으로 유죄 판결을 받아 십자가에 처형된 자를 '주님' 또는 '구주'로 전한다는 것은 실제로 어려운 일이 아닐 수 없었다. 당시 복음을 전해야 할 지역이 모든 로마의 속국이거나 식민지인 상황에서 십자가에 달린 죄인을 구주나 주님으로 믿고 받아들이라고 하는 것은 로마 당국에 대한 반역으로 오해될 수도 있고, 그런 종교를 받아들인다는 것은 꺼림직했으리라는 것을 쉽게 짐작할 수 있다. 이것은 복음 전도에 커다란 장애가 아닐 수 없다. 따라서 누가는 예수가 정치적으로 유죄 판결을 받고 처형된 것이 아님을 분명히 밝히고 강조함으로써 복음 전도의 걸림돌을 제거하고자 했다. 또 로마 당국과 기독교의 관계가 대립적이며 투쟁적인 관계가 아니라 오히려 우호적인 관계임을 밝힘으로써 로마 세계를 향한 기독교의 발판을 굳게 세우고자 했다. 이런 목적과 의도 때문에 누가는 로마 총독 빌라도에게 심문을 받는 과정을 기록하면서 빌라도가 예수의 무죄를 세 번씩이나 선언하고 있다는 것을 강조한다(눅 23:4,13-14, 22). 무죄 선언과 함께 빌라도가 예수를 세 번씩이나 놓아 주려고 했음을 강조한다(눅 23:16,20,22).

누가의 이러한 정치적 변증은 사도행전에서도 똑같이 나타나고 있다. 누가는 사도행전에서 바울이 로마 총독들(베스도와 벨릭스)에게 심문을 당하는 과정을 기록하면서, 예수의 경우와 마차나지로 로마 당국자가 바울의 무죄를 알고 인정했을 뿐만 아니라 그래서 바울에게 많은 호의를 베풀기까지 했음을 강조하고 있다(행 23:29; 25:25; 26:31). 여기서도 누가는 로마 당국자들이 바울의 정치적 무죄를 인정하고 있음을 거듭 강조하고 있다. 뿐만 아니라 로마 당국은 바울을 결사적으로 죽이려는 유대인들로부터 보호하기 위해 보병, 마병, 창군을 수백 명 동원하였고(행 23:23 이하), 가이사에게 고소하지만 않았다면 놓아 줄 수도 있었음을 밝히고(행 26:32) 있다. 바울을 죽이려고 한 것은 유대인이었지(행 21:31 이하; 21:35 이하; 22:22; 25:3,24; 26:21), 로마 당국이 아니었다. 로마 당국은 바울을 죄인시하지 않았다.

누가는 이렇게 예수와 바울이 로마 당국에 의해 죄인으로 생각되지 않았다는 점을 강조하는 것 이외에 로마 관리가 기독교에 대해 호의적이었음을 아울러 강조하고 있다(눅 7:4-5; 눅 23:47; 행 10장; 13:12). 로마의 고급 관리 중에도 기독교를 믿는 사람이 있었음을 누가는 밝히고 있다. 이런 점을 강조하는 누가의 의도는 분명히 기독교와 로마 당국 간의 관계를 호의적이고도 우호적인 것으로 보여줌으로써 복음 전파 과정에서 있을지도 모를 장애물을 제거하며, 다른 한편 로마 세계 안에서 기독교의 발판을 공고히 하려는 것이었다.

(2) 누가복음-사도행전(Luke-Acts)

9. 누가 문서의 일반적 특징

누가복음은 다른 복음서들과는 다른 독특한 특징을 보여주고 있는데, 이런 특징은 누가의 인도주의(humanism)와 보편주의(universalism)로부터 나온 것이다. 누가가 버림받고 소외당한 자, 가난한 자, 죄인, 그리고 여인 등에 관심을 보이고 있는 것은 그의 인도주의에 근거한 것이고, 누가가 사마리아인이나 이방인에 대해 많은 관심을 보이고 있는 것은 그의 보편주의로부터 나온 것이다.

1) **보편주의**(universalism)

누가는 전통적으로 하나님의 백성으로 간주되어 온 유대인들만의 구원을 선포하는 특수주의(particularism)에 치우치지 않고, 만민이 구원을 얻는다는 보편주의를 강조하고 있다(2:29-32; 3:4-6; 4:25-27; 14:23-24; 24:47). 특히 누가는 이방인으로 취급되는 사마리아인에 대해 그 누구보다 호의적인 관심을 보인다(9:51-56; 10:30-37; 17:11-19; 행 8장). 사마리아인에 대한 누가의 호의적인 관심은 마태가 "이방인의 길로 가지 말고 사마리아인의 고을에도 들어가지 말고"(마 10:5-6)라는 예수의 명령을 강조하는 것과 비교해 볼 때 더욱 돋보인다. 누가의 이런 관심은 그의 이방인에 대한 관심과 밀접히 연관된다.

마태복음이 '유대인의 복음서'라면, 누가복음은 '이방인의 복음서'라고 일컬어진다. 누가는 예수의 공생애를 세계사적 정황 아래에 두고 기술하고 있으며(3:1-2), 예수의 족보를 다윗과 아브라함까지만 추적하는 마태의 족보와는 달리 온 인류의 조상인 아담에게까지, 그리고 다시 하나님에게까지 소급하고 있다. 이는 예수처럼 이 세상 모든 사람들도 하나님의 아들이요 아담의 자손임을 시사한다. 누가는 첫 번째 나사렛 회당 설교를 통해 하나님의 은혜가 구약에서부터 이방인들에게, 즉 '사렙다 과부'와 '수리아 사람 나아만'에게 베풀어졌음을 강조한다(4:26-27). 또한 누가는 로마의 백부장이나 총독들까지도 기독교에 대해 우호적인 관심을 보여주고 있음을 기술하고 있다(눅 7:9; 23:47; 행 10장; 13:12; 24:24). 이방인에 대한 누가의 관심은 복음이 이방 땅의 끝인 로마에까지 전해진 것을 강조하는 데서도 나타난다. 그에게 복음은 온 세계를 위한 복음이요, 그리스도는 만인의 구주였다.

2) 가난한 자에 대한 관심

복음서 기자 가운데 누가만이 예수께서 기름부음을 받아 이 땅에 온 목적이 "가난한 자에게 복음을 전하게 하심"(4:18)이라고 강조한다. 누가복음에는 전도나 선교 명령만큼 가난한 자를 구제하라는 명령이 자주 등장하는 것을 발견하게 된다. 구제 명령은 크게 두 범주로 소개되고 있다. 첫째, 마태복음과 병행하는 구절과의 비교에서 드러나는 강조점이다(마 6:19-21/ 눅 12:33-34; 마 23:25-26/ 눅 11:39-41). 둘째, 비유나 기사를 통해서 제시되는 강조점이다. 가령 세례 요한의 설교(3:10-11), 선한 사마리아인 비유(10:25-37), 만찬 비유(14:12-24), 불의한 청지기 비유(16:1-13; 특히 9절), 부자와 나사로 비유(16:19-31), 부자 관원 기사(18:18-30, 특히 22절), 삭개오 기사(19:1-10, 특히 8절) 등이 있다. 이런 특징은 사도행전에서도 발견된다(행 2:43-47; 4:32-35; 9:36-43). 이런 사건들은 복음 전도의 효과적인 방법 중 하나가 바로 구제임을 우리에게 명백히 보여주고 있다.

3) 소외된 자들에 대한 관심

소외된 계층에 대한 누가의 관심은 먼저 예수 탄생시 방문한 목자들을 들 수 있다(2:8-20). 목자들은 남의 양을 훔치는 일이 많아 당시 사회에서는 신뢰할 수 없는 자들로 낙인

찍혀 법정에서 증인의 자격도 가질 수 없었다. 그들은 하류 계층의 가난한 사람들이었다. 바로 이런 목자들이 주님을 찾은 첫 번째 사람들이었다는 사실은 하나님께서 부유하고 권력있는 자들보다도 오히려 사회의 천대받는 자들에게 각별한 관심을 갖고 계심을 밝히 드러내준다(1:51-53). 또한 예수 당시 '세리와 죄인'은 사회에서 소외되고 버림받은 존재들의 대명사로서 함께 언급되고 있다(눅 5:30; 7:34; 15:1). 세리장 삭개오(19:1-10)와 세리 레위(5:27-30), 세례 요한의 설교의 대상이 되었던 세리들(3:12-13), 그리고 죄인들로 취급된 병든 자들(4:18; 7:22; 14:13,21), 즉 눈먼 자, 문둥병자, 귀머거리, 저는 자, 앉은뱅이들이 당시 사회에서 멸시와 소외를 당한 사람들이다. 또한 이 범주에는 고대 사회에서 인정받지 못했던 어린이들도 포함된다(세례 요한과 예수의 탄생 기사, 그리고 7:12; 8:42; 9:38).

당시 이러한 불우한 자들은 스스로 자급자족할 수 없는 까닭에 구걸에 의지할 수밖에 없었으며, 따라서 종교적, 사회적, 경제적으로 철저하게 소외되었다. 물론 누가복음에는 주님이 부자들과도 교제를 나눈 것은 사실이나(7:36-50; 10:38-42; 14:1-24), 주님은 항상 이와 같이 사회에서 버림받은 이들에게 남다른 관심과 사랑을 가졌다. 다른 복음서에서 등장하지 않는 이들 불우한 사람들의 명단이 자주 반복되어 나타나는 것은 누가가 이들에 대해 남다른 관심을 가졌기 때문이다. 이런 누가의 관심은 곧 하나님 자신의 관심이다.

4) 여성에 대한 관심

누가의 또 다른 특징 가운데 하나는 여성에 대한 특별한 관심이다. 이런 까닭에 누가복음을 '여자들의 위한 복음'이라고 불리기도 한다. 누가복음에는 다른 복음서에 등장하지 않는 여인들이 대거 등장한다: 엘리사벳(1:5-56), 여선지자 안나(2:36-38), 사렙다 과부(4:26), 나인 성 과부(7:11-17), 헤롯의 청지기 구사의 아내 요안나와 수산나를 비롯한 갈릴리 여인들(8:1-3), 나사로의 자매 마리아와 마르다(10:38-42), 18년간 꼬부라져 허리를 펴지 못하던 여자(13:10-17), 한 드라크마를 잃은 여자(15:8-10), 맷돌을 가는 두 여자(17:35), 불의한 재판관에게 호소하는 과부(18:2-5), 예루살렘 성에서 우는 여인들(23:27) 등. 이런 여인들의 이야기가 긍정적인 의미에서 다루어지고 있는 것이 중요하다.

특이한 점은 누가가 여자의 이야기를 남자의 이야기와 나란히, 일부러 짝을 맞추려는 듯이 함께 언급하고 있는 점이다. 사가랴와 엘리사벳(1:5-23), 요셉과 마리아(2:1-7; 41-52), 시므온과 안나(2:25-40), 사렙다 과부와 나아만 장군(4:25-28), 가버나움의 백부장과 나인 성 과부(7:1-17), 바리새인 시몬과 죄인인 여자(7:36-50), 겨자씨 가진 남자와 누룩을 가진 여자(13:18-21), 잃은 양을 찾은 목자와 잃은 동전을 찾은 여인(15:4-10), 침상에 누운 두 남자와 맷돌질하는 두 여인(17:34-35), 엠마오로 가는 두 제자와 무덤을 찾은 여인들(24:1-35) 등 누가는 남자만 언급하지 않고 꼭 함께 여자도 언급하고 있다. 이것은 문학적 기교의 일부로 볼 수도 있지만 남자와 여자를 하나님 앞에 나란히 서야 할 평등한 존재, 책임적 존재로 보기 때문이라고 여겨진다.

특히 예수의 전도여행에 남자 제자만이 아닌 갈릴리 여인들도 동참했다. 이들은 주님을 따랐다는 의미에서 제자라고 부를 수 있다. 누가는 복음서 저자 중에서 유일하게 여자에게 '여제자(μαθήτρια)'라는 단어를 사용하고 있다(행 9:36). 이 여제자들은 단순히 여행에 동참한 것이 아니라 그들의 소유로 주님과 제자들 일행이 일상적 필요에 대한 염려없이 전도에 몰두할 수 있도록 섬겼다는 점에서 이 여제자들의 공로는 자못 크다. 또한 마르다와 마리아의 이야기를 통해 예수가 부엌일에만 충실한 마르다보다 남자와 똑같이 말씀을 듣고 배우는 일을 택한 마리아를 칭찬했다고 강조한다. 그런가 하면 허리가 굽어 몸을 펼 수 없는 여인(13:10-17)의 이야기를 보면, 주님은 그 당시 허리를 펴고 살 수 없었던 여인을 육체적인 치유만이 아닌 인격적, 사회적 회복의 의미를 담고 있는 '아브라함의 딸'이라고 표현하고 있는데, 이는 여자에 대한 누가의 남다른 관심을 반영하는 증거이다. 이상에서 언급한 사례들을 통해 누가를 '인권주의자' 혹은 '여권주의자'라고 불러도 무방하리라.

5) 제자들의 모델 예수(Imitatio Christi)

누가복음과 사도행전 간에 여러 유사점이 많다는 것은 이미 잘 알려진 바이다. 이런 유사점 가운데 예수는 우리가 따라야 할 참다운 모범이라는 주제와 함께 또 하나의 주제는 '증언' 주제이다. 이 두 주제는 두 책을 통해 서로 얽혀서 '증언공동체'에 대한 중대한 메시지를 제공해 주고 있다. 사도행전에서 그려지고 있는 교회의 선교적 성공은 바로 예수 그리스도의 모범을 잘 모방했기 때문에 가능했다는 것이다. 누가는 예수를 '이상적인 증언자'로, 그리고 자신의 공동체를 '증언공동체'로 규정하고 있다. 이러한 사실은 사도행전의 주요 등장인물들인 베드로, 스데반, 바울 등이 예수와 매우 유사한 행동과 사건을 경험한다는 점에서 더욱 확실해진다.

(1) 예수는 베드로의 모범

a. 예수가 공생애 초기에 요단강에서 세례를 받고 성령을 체험했는데(눅 3:21), 베드로와 그 외 제자들도 오순절 때 성령을 체험했다(행 2:1-4).

b. 예수는 나사렛에서 첫 설교를 하시면서 공생애에 들어섰는데(눅 4:16-30), 베드로도 예루살렘에서의 첫 설교를 통해 공생애를 시작하고 있다(행 2:14-40).

c. 예수가 중풍병자를 고쳤는데(눅 5:17-26), 베드로도 성전 미문에 앉아 있는 중풍병자를 일으켰다(행 3:1-10).

d. 예수가 유대인들의 칭송을 받고 있는 백부장의 초청을 받았는데(눅 7:1-10), 베드로도 유대 백성의 칭송을 받고 있는 백부장 고넬료의 초청을 받았다(행 10장).

e. 예수가 나인 성 과부의 아들을 살리셨는데(눅 7:11-17), 베드로는 욥바의 과부들 중 죽은 여제자 다비다를 살렸다(행 9:36-43).

f. 예수가 더러운 여인과 접촉한 것 때문에 바리새인들로부터 비판을 받았는데(눅 7:36-50), 베드로도 더러운 이방인과 접촉한 것 때문에 바리새인의 비판을 받았다(행 11:1-8).

이렇듯 베드로의 활동은 여러 가지 점에서 예수의 활동과 비슷하여, 베드로가 한 일은 어떤 의미에서 예수가 하신 일을 이어서 계속한 것이었다. 즉 베드로는 예수의 모범을 충실히 따른 제자였다.

(2) 예수는 스데반의 모범

a. 예수가 산헤드린, 즉 "백성의 장로들, 대제사장들과 서기관들"(눅 22:66-67) 앞에서 심문을 당했는데, 스데반도 "백성과 장로와 서기관들"(행 6:12) 앞에서 심문을 당했다.

b. 예수 앞에 "거짓 증인들"(눅 23:2)이 나타났는데, 스데반 앞에도 "거짓 증인들"(행 6:13)이 서 있었다.
c. 예수(눅 23:5)와 스데반(행 6:11)이 모두 종교지도자들의 선동으로 죽임을 당했다.
d. 예수는 운명하기 직전에 "아버지 내 영혼을 아버지의 손에 부탁하나이다"(눅 23:46)라고 했는데, 스데반도 똑같이 "주 예수여 내 영혼을 받으시옵소서"(행 7:59)라고 기도했다.
e. 예수는 마지막 숨을 거두기 전에 자기를 처형하는 자들을 위해 "아버지 저들을 사하여 주옵소서 자기들이 하는 것을 알지 못함이니이다"(눅 23:34)라고 기도했는데, 스데반도 자기를 돌로 치는 자들을 위해 "주여 이 죄를 그들에게 돌리지 마옵소서"(행 7:60)라고 기도했다.

스데반은 결국 "예수처럼' 죽어갔다. 예수의 죽음이 스데반의 죽음의 모델이 되어 있다. 스데반은 죽음의 순간까지도 예수의 최후 순간과 비슷하게 그려지고 있다.

(3) 예수는 바울의 모범

a. 예수와 바울은 둘 다 이방 선교에 관심을 가진 인물이다. 예수는 70인을 전도하러 파송하고(눅 10:1-12), 바울은 친히 이방인의 사도로 이방 전도에 나섰다.
b. 누가복음에서는 예수의 계속적인 예루살렘 여행이 강조되고 있고(눅 9:31; 9:51; 12:50; 13:33; 18:31-33; 18:31-33), 사도행전에서는 바울의 계속적인 예루살렘 여행이 언급되고 있다(행 20:3, 22-24, 37-38; 21:4,10-11,13).
c. 누가복음 마지막 부분에서는 예수가 산헤드린과 헤롯과 로마 총독 빌라도 앞에서 심문을 당하고 있고(눅 22-23장), 사도행전 마지막 부분에서는 바울이 산헤드린(행 22:30-23:10)과 헤롯 아그립바(행 25:13-26:32)와 로마 총독 벨릭스와 베스도(행 24:1-27; 25:1-12) 앞에서 심문을 당했다.
d. 예수가 빌라도에 의해 세 번 무죄 선언을 받고 있는데(눅 23:4,14,22), 바울에게도 루시아(행 23:9)와 베스도(행 25:25)와 아그립바 왕(행 26;31)에 의해 세 번 무죄가 선언되고 있다.
e. 유대인들이 예수를 향해 "이 사람을 없이하고"(눅 23:18)라고 외쳤는데, 유대인이

바울을 향해서도 "그를 없이 하자고"(행 21:36)라고 외쳤다.

f. 예수가 떡을 가지고 축사하시고 떼어 주셨는데(눅 22:19), 바울도 여행 중에 떡을 들고 축사한 후 떼어 주었다(행 27:35).

바울은 예수와 똑같은 일을 했고, 똑같은 운명을 당했다. 바울은 예수께서 보여주신 모범을 잘 따랐다.

누가가 이렇게 사도행전을 누가복음과 비슷한 구조로 만들고, 베드로, 스데반, 바울의 활동을 예수의 그것과 비슷하게 소개하는 이유는 무엇일까? 그 까닭은 누가가 예수를 모든 그리스도인들이 따라야 할 모델로 제시하고 있기 때문이다. 누가는 기독교 신앙을 예수를 본받는 것으로, 그리고 동시에 성공적으로 본받은 초대교회의 신앙적 영웅들을 본받는 것으로 그려주고 있다. 이 때문에 누가복음과 사도행전, 예수와 초대교회 인물들 간에 유사성과 일치점이 강조되고 있는 것이다.

특히 누가가 예수와 바울의 대비를 통해서 보여주려고 한 것은, 바울도 예수처럼 이스라엘의 전통에 충실했다는 것, 즉 율법·회당, 부활신앙, 구약성서에 충실했다는 점이며, 또 하나님의 구원 계획에서도 바울은 예수와 마찬가지로 하나님의 택하신 종이며, 하나님의 섭리에 따라 지배되고 성령에 의해 인도된 하나님의 그릇이며, 이적과 기사를 통해 그의 활동이 정당화되었다는 점, 그리고 복음이 유대인에게서 배척당하자 이방인에게로 전하는 과정에서 바울은 예수와 마찬가지로 예루살렘으로 여행했고, 예수와 마찬가지로 비슷한 고난을 받았다는 점을 강조하는 것이었다. 누가에게 바울은 여러 가지 점에서 너무도 예수와 비슷한 인물로 그려지고 있다. 누가 문서에 나오는 예수와 바울을 대비하면서 마틸(A.J.Mattil)은 "바울화되어 있다고 말하는 것이 더 정확할 것"이라고 말한다.

그렇다면 누가가 이렇게 예수와 바울을 대비시켜 바울을 예수화하고, 예수를 바울화하는 이유는 어디에 있는가? 마틸에 의하면 누가의 목적은 바울이 '그리스도 모방(imitation of Christ)'에 있어서 완벽했으며, 그래서 그의 모델이요 주님이신 예수와 똑같은 삶을 살게 된 것을 강조함으로써 바울을 옹호하고, 다른 한편으로는 바울로 하여금 그의 교회들의 모델이 되게 하기 위한 것이었다. 이것은 바울이 고린도전서 11:1에서 "내가 그리스도를 본받는 자가 된 것같이 너희는 나를 본받는 자가 되라"고 말한 것을 암시하고 있다.

이것은 바울을 옹호하여 초대교회 안에서의 그의 지위를 확고하게 만들기 위한 것이었다고 말한다면, 누가 문서는 전체적으로 '바울 변증서(apologia for Paul)'로 이해할 수 있게 된다. 우리는 예수와 바울의 대비를 통해 누가복음과 사도행전의 통일성을 볼 수 있고, 누가가 제1권인 누가복음에 이어 제2권인 사도행전을 기록했다는 생각을 더욱 확신할 수 있다.

10. 누가 문서의 신학적 특징

1) 성령에 대한 강조

누가는 흔히 사회 경제적 또는 사회 정치적 문제에 많은 관심을 가진 사람으로 알려져 왔다. 이런 관점에서 누가복음을 '사회 경제적 복음' 또는 '사회 정치적 복음'으로 부르는 것이 적합하다고 생각되어 왔다. 또한 누가의 관심이 사회의 소외자들에 많이 집중되고 있다고 해서 누가복음을 '소외자의 복음' 또는 일종의 '사회 복음(Social Gospel)'이라고 불린다. 그러나 누가 문서가 갖는 또 다른 중요한 측면은 '성령과 기도'에 대한 주제이다.

성령에 대한 누가의 강조는 사도행전에서만이 아니라 누가복음에서도 두드러지게 나타난다. 이 점은 '성령'이라는 용어의 사용 빈도수를 비교하면 금방 알 수가 있다. 영(spirit)과 성령(Holy Spirit)이라는 단어가 마태에서는 17회, 마가에서는 23회, 요한에서는 21회 사용되고 있는 데 반해, 누가복음에서는 38회, 사도행전에서는 69회 사용되고 있고, 누가 문서 전체로 본다면 107회로 공관복음 전체에서 사용된 숫자의 거의 두 배에 달하고 있다. 그러나 사용 빈도수보다 더 중요한 것은 누가 문서 전반에 걸쳐서 성령이 하나님의 구원 역사 전체를 주도하고 있는 것으로 묘사되고 있다는 점이다. 즉 성령이 선교의 과정 전체에 개입하여 활동하는 능력으로 나타나고 있다.

누가복음 서두에서 세례 요한이 엘리사벳의 모태에서부터 성령이 충만하게 되고(1:15), 마리아에게 성령이 강림하고(1:35), 엘리사벳이 성령 충만하고(1:41), 사가랴도 성령 충만하고(1:67), 예수 수세 시에도 성령이 강림하고(3:22), 예수가 성령 충만과 성령 인도로 광야 시험에 임하고(4:1), 성령의 능력으로 충만하여 갈릴리 전도를 시작하고(4:14), "주의 성령이 내게 임하셨으니"(4:18)라는 선언으로 공생애에 나서서 성령의 능력으로 많은 이적을 행하고 있다.

사도행전에서도 처음부터 오순절에 성령이 강림하고(2장), 그래서 사도들이 성령 충만하였다(4:23-31). 그러나 성령을 거역하여 죽기도 했다(5:1-11). 사마리아인들이 성령을 받았고(8:14-17), 성령이 빌립을 인도했으며(8:29), 고넬료와 그 권속이 성령을 받아(10:44-48) 드디어 성령이 이방인에게도 주어지고 있다. 바나바와 바울이 성령의 부름을 받았고(13:1-4), 예루살렘 회의도 성령의 인도로 끝났고(15:28), 성령이 바울의 활동을 도왔으며(16:6-7), 소아시아의 에베소 제자들까지도 성령을 받았다(19:1-6). 성령이 바울의 운명을 예고하기도 했고(20:22-23; 21:11), 성령이 감독을 세우기도 했다(20:28). 이런 기록들을 보면 사도행전이 '사도들의 행전'이라기보다는 오히려 '성령의 행전'이라고 불러야 옳은 것으로 보인다. 그래서 페린은 누가 문서 전체를 '성령의 활동'으로 규정하였다. 어떤 학자들은 누가복음을 '성령의 복음', 그리고 사도행전을 '성령의 행전'이라 부르기도 했다.

2) 기도의 신학

성령과 더불어 기도는 누가 문서의 아주 중요한 특징 가운데 하나이다. 기도는 신앙생활이나 영적 훈련에서 가장 중요한 요소 가운데 하나이다. 기도에 대한 관심은 신약성서 중에서 누가 문서에서 가장 두드러지게 나타난다.

(1) 기도 용어의 사용 빈도수

누가가 사용하는 기도 용어로 중요한 것은 두 가지이다. 하나는 '간구'란 뜻을 가진 '데에시스(δέησις)'와 그 동사형 '데오마이(δέομαι)'이고, 다른 하나는 '기도'를 가리키는 '프로슈케(προσεύχη)'와 그 동사형인 '프로슈코마이(προσεύχομαι)'이다. 첫째로, '간구'의 명사형은 신약에서 모두 12회(누가 3회, 고후와 빌에 각각 2회, 롬, 딤후에, 히, 약, 벧전에 각각 1회), 동사형은 신약에서 모두 11회(눅 3회, 행 5회, 고후 2회, 살전 1회) 사용되고 있다. 둘째, '기도'의 명사형은 누가 3회, 행전 9회, 마가와 마태에 각각 2회, 바울 서신 전체에서 14회 사용되고, 동사형은 누가 9회, 행전 16회, 마태 16회, 마가 10회 사용되고 있다. 명사와 동사를 합할 경우 누가 문서에 47회, 마태 17회, 마가 12회, 요한에는 한 번도 사용되지 않고 있다. 따라서 기도 용어 사용 빈도수만 보더라도 누가가 다른 저자들보다 기도에 더 많은 관심을 가졌음을 쉽게 알 수 있다.

(2) 편집 작업을 통한 '기도'의 강조

누가의 기도에 대한 관심은 사용 빈도수에서 보다 누가가 자료를 편집할 때 자료에는 없는 기도에 대한 언급을 첨가하여 강조하고 있는 모습을 몇 가지 평행 본문을 비교해 보면 쉽게 알 수 있다. a. 예수의 수세 장면(막 1:9-11/ 마 3:13-17/ 눅 3:21-22), b. 문둥병자를 고침(막 1:40-45/ 마 8:1-4/ 눅 5:12-16), c. 12제자의 선택(막3:13-19/ 마 10:1-4/ 눅 6:12-16), d. 베드로의 신앙고백(막 8:27-33/ 마 16:13-23/ 눅 9:18-22), e. 변화산에서의 예수(막 9:2-8/ 마 17:1-8/ 눅 9:28-36), f. 주기도문(마 6:9-13/ 눅 11:1-4), g. 겟세마네 동산에서의 기도(막 14:32-42/ 마 26:36-46/ 눅 22:39-46), h. 베드로를 위한 예수의 기도(눅 22:31-32).

(3) 누가만이 소개하는 기도의 비유들

a. 밤중에 찾아온 친구 비유(11:5-8), b. 과부와 재판관의 비유(18:1-8), c. 바리새인과 세리의 기도(18:9-14), d. 십자가 위에서의 최후의 기도(23:34; 23:46).

누가에 의하면 예수는 공생애를 기도로 시작하여 기도로 끝낸 분이다. 이 점에서 누가의 예수는 모든 기독교인이 따라야 할 기도의 모범이 되고 있다.

(4) 사도행전에서의 기도의 제자들

사도행전에서도 기도의 주제는 강조되고 있다. 특히 사도들이나 제자들이 '기도하시는 예수'의 본을 따라 중요한 순간마다 기도하는 자들로 나타나고 있다. a. 예수 승천 후 첫 기도 모임(1:14), b. 맛디아를 뽑기 위한 기도 모임(1:15-26), c. 초대교인들의 기도생활(2:42), d. 예루살렘 성도들의 기도문(4:23-31), e. 스데반의 기도(7:59-60). f. 사마리아 제자들을 위한 베드로와 요한의 기도(8:15-17), g. 베드로와 고넬료의 기도(10:1-11:18), h. 선교사 파송을 위한 안디옥 교회의 기도(13:1-3).

(5) 기도에 관한 누가의 신학적 의도

첫째, 누가는 기도하시는 예수를 강조함으로써 그를 기도하는 자의 본보기로 제시하려고 했다. 둘째, 누가는 복음서에서 주님이 구원사의 중요한 순간마다 기도했고, 또 초대교회 제자들도 구원사 전개의 중요한 단계마다 기도했음을 강조함으로써 기도가 구원사 전개에 있어 중요한 역할을 함을 강조하였다. 셋째, 예수가 그랬고, 초대교회도 기도할 때 성령을 받았다(행 4:31; 8:15-17). 이 같은 누가의 기도에 대한 관심과 강조점 때문에 많은 학자들은 흔히 누가를 '기도의 복음 기자(The Evangelist of Prayer)' 혹은 누가복음을 '기도의 복음(The Gospel of Prayer)'이라고 부른다.

3) 부활과 승천

누가 문서의 신학적 특징 중 하나는 예수의 죽음에 관한 견해가 신약의 다른 문서들, 특히 바울서신이나 마가복음의 것과는 다르다는 점이다. 누가 문서에서는 예수의 죽음이 바울서신이나 다른 공관복음서에서와 같이 죄의 용서와 관련되어 강조되고 있지 않다. 가령, 사도행전에 나오는 사도들의 설교에서는 예수의 죽음이 구원론적 의미를 갖고 있지 않을 뿐 아니라 '우리를 위한' 그리스도의 죽음 사상(고전 15:3 이하; 롬 4:25)이 나타나지 않고 있다.

예수가 명한 대로 베드로와 바울은 죄의 용서를 전하고 있기는 하지만(행 2:38; 3;19; 5:31; 10;3; 13:38; 17;30; 26;18), 이들 모두 죄의 용서를 예수의 십자가 죽음과 직접 연관시키고 있지 않다. 그래서 많은 누가 문서 연구가들은 누가 문서에 '십자가 신학'이 없다고 지적하고 있다. 누가가 바울의 사상을 따르지 않고, 그가 수난과 십자가의 구원적 의미에 관한 교리를 적극적으로 발전시키지 않기 때문이다.

누가는 예수의 십자가 죽음 대신에 오히려 부활을 강조하고 있다. 바울은 그의 서신에서 "그리스도의 십자가 이외에는 자랑할 것이 없다"(갈 6:14)고 말하는데, 사도행전에서는 바울이 "예수와 부활"(행 17;18)을 전하고 있다. 사도들이 '십자가의 증인'으로보다는 오히려 '부활의 증인'으로 강조되고 있다. 누가가 예수의 십자가의 죽음보다 부활에 더 관심을 갖고 있다는 사실은, 사도행전에 나오는 모든 설교의 기독론적 케리그마가 "하나님께서 죽은 자들 가운데서 예수를 다시 살리셨다"는 말로 요약되고 있는 점에서도 분명히 드러나고 있다(행 2:23-24; 2:32,36; 3:15; 5:30; 10:39-49; 13:29-30; 17:31-32).

또한 누가는 부활과 더불어 예수의 승천을 강조하고 있다. 누가는 신약 문서 저자 중 승천을 강조하는 유일한 저자일 것이다. 누가복음은 다른 복음서들처럼 예수의 부활 현현 이야기들로 끝나는 것이 아니라 부활에 뒤이어 예수의 승천으로 끝나고 있다. 그리고 사도행전 머리말 부분에서 다시금 예수가 부활하신 뒤, 40일 동안 제자들과 함께 계시다가 제자들이 보는 가운데서 "하늘로 올라가셨다"(행 1:9-10)고 말한다. 누가의 예수는 '부활하신 분'임과 동시에 '하늘로 올라가신 분'이다. 이미 누가는 누가복음에서 "예수께서 승천하실 기약이 차"(9:51) 가기 때문에 부활과 승천의 장소인 예루살렘을 향해 여행을 떠나시는 것으로 언급한 바 있다. 마치 예루살렘 여행이 그가 하늘로 들려 올라가기 위한 승리의 과정의 일환인 것처럼 기록되어 있다.

승천에 대한 이러한 관심과 함께 우리가 주목해야 할 것은 "예수가 하나님의 우편에 계심"이 강조되고 있다는 점이다(행 2:33,34-35; 5:31; 7:55; 눅 22:69). 이처럼 누가 문서에서는 예수가 십자가에 달려 죽으신 분으로보다는, 오히려 부활 승천하여 '높이 들려 올리우신 분'으로 강조되고 있다. 이 때문에 누가의 신학을 흔히 바울의 '십자가 신학'과 대비하여 '부활의 신학', '승천의 신학' 또는 '영광의 신학'이라고 부르기도 한다.

4) 누가의 기독론

누가복음은 예수를 '(지극히 높으신 분의, 하나님의) 아들'(13회), '그리스도'(12회), '인자'(25회)로 호칭하고 있다. 누가복음에서 가장 많이 나오는 기독론적 칭호는 '주(퀴리오스)'로서 42회 나타나고 있다. 마태는 '임마누엘'(1:23)로, 마가는 '하나님의 아들'(1:1)로, 요한은 '하나님 그 자체'(1:18)로 시작하고 있는데, 누가는 '그리스도(메시아) 주'(2:11)로 시작한다. 메시아 칭호는 무너진 이스라엘(다윗) 왕국을 재건하도록 기름부음 받은 자를 의미한다. 이 용어가 유대 민족의 역사와 전통에 깊이 뿌리박힌 용어이기에 유대인이 아니고서는 그 중요성을 쉽게 인식하기 어렵다.

'메시아'라는 히브리 단어가 헬라어로 번역된 것이 '그리스도'이다. 메시아가 그리스도로 번역되었을 때 하나님의 역사가 이스라엘에만 국한되었던 것에서 전 우주를 포함하는 광범위한 모습으로 전환된 것이다. 누가복음의 '주'라는 용어는 막강한 권력과 숭고한 권위를 자유자재로 발휘할 수 있는 왕의 위치를 상징하며, 유대인이 아닌 일반 헬라인들에게도 쉽게 이해될 수 있는 용어이다. 누가복음에서 유대인 예수를 '그리스도'와 '주'로 동시에 정의한 것은 이 복음서의 청중이 헬라문화권에서 유대의 야웨 하나님을 경외하는 공동체임을 암시한다. '주' 칭호는 예수가 메시아 왕(1:43; 2:11; 19:31,34), 구원자(2:11; 7:13,19; 13:15; 19:8; 22:61), 부활하신 분(24:3,24), 교회의 스승(10:1,39,41; 11:

39; 12:42; 17:5–6; 18:6)이란 뜻으로 사용되었다.

'구원자(σωτήρ)'라는 칭호는 기독교계에 늦게 도입되었을 뿐 아니라 비교적 드물게 사용되었다. 바울은 딱 한번 재림하실 예수를 구원자라 하였다(빌 3:20). 마태나 마가는 이 칭호를 모른다. 누가는 하나님(1:47), 태어나신 예수(2:11), 부활하신 예수(행 5:321; 13:23)을 구원자라 하였다. 공관복음 저자 가운데는 누가만이 '구원'이라는 말을 사용하였다. 구원을 뜻하는 '소테리아(σωτηρία)'는 1:66,71,77; 19:9에, '소테리온(σωτήριον)'은 2:30; 3:6에 나온다. 이 칭호는 유대 기독교인보다는 이방 기독교인에서 더 자주 사용된 것만은 틀림없다. 누가는 다른 복음서들보다 '예언자(προφήτης)' 칭호를 더 자주 사용하고 있다(7:16,39; 13:33; 24:19; 행 3:22–23; 7:37). 누가는 예수의 죽음을 예언자의 죽음으로 해석한다(13:33; 행 7:52; 참조. 눅 22:37; 행 3:13; 8:32–33). 끝으로, 사람들은 흔히 예수를 '선생(히브리어로는 랍비, 헬라어로는 διδάσκαλος)'이라 불렀다. 신약성서 가운데 오직 누가만이 그보다 더 높이는 '스승님(헬라어로 ἐριςτάτης)'이라는 칭호가 여섯 번 나온다(5:5; 8:24,45; 9:33,49; 17:13).

(1) 요한복음(John)

1. 요한복음의 중요성 - 天下第一之書

요한복음서는 그 자체로 하나의 놀라움(기적)이다. 또한 하나님이 인류에게 준 최고의 선물(은총)이다. 인류 역사상 요한복음과 비견될 만한 책은 없다는 것이 필자의 생각이다. 그 까닭은 아래에서 자세히 밝히겠지만 요한은 하늘의 지혜(천재성)를 가지고 차원이 다른 복음서를 썼을 뿐만 아니라 인류 사상사에 있어서 사상(진리)의 마침표를 찍는 사상(진리)의 종언을 이룩했기 때문이다. 그럼에도 불구하고 지금껏 요한복음은 그 가치를 제대로 인정받지 못해 왔다. 천하제일지서로서의 요한복음의 진정한 가치를 다시 회복해야 할 때가 왔다.

요한복음에 대한 필자의 생각은 이러하다. "예수의 제자 사도 요한은 일생 동안 '요한복음'이라는 단 한 권의 책을 썼다. 그런데 그 단 한 권의 책은 이 세상에서 그 어떤 책과도 비교가 안 되는 최고의 걸작품, 즉 천하제일지서다." 이 같은 필자의 주장은 이미 출판된 필자의 〈요한복음〉 저서들과 이 책에서 계진된 모든 내용들을 바탕으로 〈천하제일지서 요한복음〉이라는 별도의 책을 통해 이 사실을 상세히 밝히고자 한다(저자 문제와 관련하여 아래 〈요한계시록(1)〉의 저자 문제를 참조할 것). 요한복음에 관해서는 이 세상에서 이보다 더 완벽한 책은 없다는 의미에서 '최고'라는 수식어를 붙이고 싶다. 최고의 과학,

최고의 예술, 최고의 철학, 최고의 종교, 최고의 혁명 등등.

많은 이들이 요한복음에 대해 찬사를 아끼지 않았다. "실로 요한복음은 여러 방면으로 성경의 면류관이다(이상근)." "다른 모든 책 중에서 요한복음은 최고의 것이다(마르틴 루터)." "요한은 천재성이 번뜩이는 독창적인 사상가이다(무디 스미스)", 필자는 요한복음을 가리켜 이렇게 말하고 싶다. "천재성이 유감없이 발휘된 불후의 명작", "2막 7장으로 된 영원한 감동의 드라마", "제3의 종교개혁의 텍스트", "인류 역사상 그 어느 책과도 비교가 안 되는 최고의 걸작품(천하제일지서)", "성경 66권 중 단 한 권만 남기라면 그 책은 요한복음서가 될 것이다."

요한복음은 누구나 쉽게 읽을 수 있다는 점에서 기독교 신앙에 입문하는 초신자에게 최우선적으로 읽기를 권하는 복음서이다. 그러면서도 가장 난해하고 심오한 책이 또한 요한복음이라고 말한다. 그런 점에서 요한복음은 아이러니한 책이 아닐 수 없다. 요한복음의 어휘수는 공관복음에 비하면 빈약하기 그지없다(요=1,011; 마=1,691; 막=1,345, 눅=2,055). 그럼에도 불구하고 요한복음은 공관복음과 비교할 때 단지 탁월하고 심오한 정도가 아니라 차원이 다른 복음서이다. 공관복음서가 3차원의 평면적 복음서라면, 요한복음서는 4차원의 입체적 복음서이다.

요한복음은 기독교 역사상 신자들에게 가장 큰 영향력을 행사해 온 복음서이다. 요한복음은 초대 기독교의 기독론과 삼위일체론 형성에 지대한 공헌을 했다. 그리고 신비적이고 심오한 영적 지혜를 얻으려는 신자들에게 '경전 안의 경전'이었다. 그런데 '복음서의 왕' 요한복음은 18세기 이후 역사비평적 성서연구 방법이 도입된 이후 역사적 예수를 찾는 자료로서의 가치를 상실하여 공관복음의 뒷전으로 밀려난 형국에 처하기도 했다. 그 자료와 종교사적 배경과 특히 저자에 대한 불확실성으로 말미암아 요한복음은 '제4복음서(the Fourth Godspel)'라고 불리기도 했다.

그런데 4개의 복음서에 나타난 예수님의 말씀(행적)은 그 자리에서 바로 받아 적은 것도 아니고 녹음해 두었다가 풀어서 옮긴 것이 아니다. 오랜 시간이 흐른 후에 예수의 제자들과 목격자들이 기억과 회상을 통해 예수님이 말씀하셨다고 생각한 것을 수집하고 편집하여 형성된 것이다. 그래서 네 복음서에서 정확하고 객관적인 사실에 입각한 역사적 예수의 말씀이라고 말할 수 있는 것은 아무것도 없다. 이 점에서 공관복음서와 요한복음서는 오십

보백보이다. 오히려 사도 요한은 예수님이 하신 말씀을 오랜 묵상을 통해 표면적인 뜻을 넘어선 이면적인 속뜻을 어느 누구보다도 더 잘 드러내 주고 있다고 말할 수 있다.

요한복음을 접할 때 가장 먼저 받는 인상은 공관복음과는 너무나도 다르다는 점이다. 이로 인해 요한복음을 정경에서 제외하려고 한 적도 있었다. 그러나 요한복음이 정경으로 채택된 것이야말로 하늘의 축복이 아닐 수 없다. 일반적으로 요한복음은 '영적 복음서'로 불려진다. 요한복음은 성령에 관해서 자주 말할 뿐만 아니라(1:32,33; 3:5; 6:63; 7:39; 14:16-17,26; 15:26; 16:13-14; 20:22), 성령이 주는 통찰력으로 각인되어 있다. 공관복음서는 '육적 복음서'요 요한복음은 '영적 복음서'라고 언급한 알렉산드리아의 클레멘스의 견해 역시 이를 대변해 준다. 그리고 눈부시게 빛나는 태양마저 볼 수 있는 독수리처럼, 요한을 〈독수리〉로 상징(계 4:7)하여 심오한 진리를 꿰뚫어 볼 수 있는 영적인 눈을 지닌 자로 표현하는 것도 그 맥락을 같이한다. 여기서 하늘을 나는 독수리의 진정한 의미는 다른 복음서가 '땅의 차원에 속한 복음서'라면 요한복음서는 '하늘의 차원에 속한 복음서'라는 의미로 필자는 해석하고 싶다.

2. 저자 문제

1) 저자 문제와 관련하여 학계의 일반적 주장부터 살펴보자. 전통적으로 요한복음은 21:24에 근거하여 이 책의 원저자를 "예수께서 사랑하시던 제자(愛弟者)"라고 말하고 있다. 초대교회는 이 '애제자'를 문자적으로 받아들여 사랑의 사도로 불리는 세베대의 아들 요한으로 보고 있다. 요한복음은 연로한 사도 요한이 에베소에서 썼다는 것이다(Irenaeus).

오늘날 대다수의 주석가들은 사도 요한이 요한복음을 썼다는 데에 동의하지 않는다. '파피아스(Papias)'는 사도 요한과 장로 요한을 구별하고 있는데, '헹엘(M. Hengel)'은 장로 요한이 요한복음서의 저자라고 가정한다, 그리고 애제자는 사도 요한이 아닌 요한 마가라는 가설, 이상적인 혹은 상징적인 제자라는 가설, 가룟 유다가 아닌 다른 유다(요 14:22)라는 가설, 맛디아(행 1:15 이하)라는 가설, 나사로라는 가설 등 여러 가설이 등장한다. 오늘날 일반적 경향과는 달리 '카슨(D.A. Carson)'은 요한복음의 저자는 사도 요한이라고 강력히 주장한다.

저자 문제와 관련해서 먼저 생각해야 할 것은 신구약성경 66권 가운데 저자가 확실하다고 말할 수 있는 책은 사도 바울의 책 몇 권뿐이다. 구약성경의 경우 그 어떤 책도 한 저자의 작품이라고 말할 수 있는 책은 없다. 단지 대표성이라는 관점에서 오경(토라)은 모세가, 시편은 다윗이, 지혜문학은 솔로몬이 쓴 것으로 인정되고 있다. 성경의 그 어떤 책도 한 사람이 처음부터 끝까지 다 써내려 간 책은 거의 없다는 것이 요즘의 정설이다. 원저자가 먼저 쓴 후 오래 세월 동안 전승 과정을 거쳐, 즉 여러 사람에 의해 가필과 수정 및 편집(구성)을 거쳐 현재의 책이 되었다는 것이다.

현재의 요한복음은 사도 요한과 관련된 요한학파에 의해 현재와 같은 책으로 완성되었다는 점에서 한 사람 사도 요한의 저작이라고 말할 수 없다는 것이다. 그래서 요한복음은 사도 요한과 관련이 있는 애제자가 지도자로 있는 요한공동체의 산물이라는 것이다. 이 단체는 공동체(K semann), 써클(Cullmann), 그룹(Brown, Martyn), 학파(Culpepper), 종파(Meeks) 등으로 불리우며, 요한복음을 쓴 사람을 저자, 편집자 또는 복음사가 등 여러 명칭으로 부르고 있다.

한편 요한복음의 편찬에 대해 3단계설이 있다. (1) 세베대의 아들 사도 요한이 그의 제자들에게 구두로 예수의 행적들과 어록들을 전했다. (2) 요한의 제자(들)가 사도 요한으로부터 받은 구전전승을 기록으로 남겼다. (3) 에베소에 있는 요한의 교회는 사도 요한이 죽은 후에 서언(1:1-18)과 후기(21장)을 덧붙여서 이 복음서의 최종 편집본을 간행했다는 것이다(S. S. Smalley). 또한 5단계설이 있다. (1) 구전단계, (2) 전승들이 요한식 패턴으로 발전되던 단계, (3) 복음서의 제1판 출현, (4) 복음서의 제2판 출현, (5) 마지막으로 일부 자료들을 첨가한 단계이다(R.E.Brown).

3) 필자는 다른 책은 몰라도 요한복음의 저자 문제는 대단히 중요하다고 생각한다. 왜냐하면 저자가 사도 요한인 경우와 그렇지 않은 경우는 요한복음에 대한 해석과 이 책이 주는 감동이 전혀 달라지기 때문이다. 일단 요한복음의 저자가 '애제자'라면 그 '애제자'는 누구냐? 하는 것이 문제가 된다. 요 21:20-23에 나타난 예수님과 베드로의 대화를 통해 애제자는 상징적 인물이 아닌 실제의 역사적 인물임이 분명하다. 종래에는 21:23의 말씀을 애제자의 죽음으로 생각하는 경향이 강했다. 그러나 필자는 꼭 그렇게만 볼 필요는 없다고 생각한다. 그 까닭은 요한복음의 저작 연대가 주후 85-95년경(S. S. Smolley는 빠른

연대인 85년경으로 봄)이라면 사도 요한이 아직 살아 있었다고 볼 수 있기 때문이다.

그런데 21:7에 나타나는 애제자는 같은 장에 있는 21:2의 일곱 제자 가운데 한 사람에 속한다. 이 구절에서 세베대의 아들들, 곧 야고보와 요한이 처음으로 간접표현으로 나타난다. 그렇다면 '애제자'는 누구겠는가? 사도 요한일 가능성이 짙다. 요한복음에는 공관복음에 나오는 예수의 측근 제자 세 사람(베드로, 야고보, 요한)이 나타나지 않는다. 그런데 공관복음과 사도행전에 보면 베드로와 요한이 같이 자주 등장하는 것을 볼 수 있다. 요한복음에는 애제자가 다섯 문맥(13:23-25; 19:26-27; 20:2; 21:7; 21:20)에 나타나고, 21:24에서는 "이 일을 기록한 제자가 이 사람이라"는 말로 간접 표현되어 다시 한 번 나타난다. 그리고 익명의 다른 제자 형태로 세 번(1:37-42; 18:15-16; 20:3-10) 나타난다. 그런데 십자가 아래(19:26-27)에서만 제외하면 베드로와 애제자는 항상 같이 등장한다. 그렇다면 1:35-42에 베드로와 '다른 제자'가 같이 등장한다는 점에서 '다른 제자'는 사도 요한일 가능성이 짙다(필자는 1장과 21장이 상응관계에 있다고 보면서 21장의 '애제자'는 1장의 '다른 제자'라고 생각한다. 이는 요한의 글쓰기 기법에 따른 생각이다). '다른 제자'가 사도 요한이라면 '애제자'는 사도 요한과 동일 인물임이 확실해진다.

그런데 요한복음에 등장하는 '애제자'가 '사도 요한'이라면, 그 모습은 공관복음서에 등장하는 사도 요한의 모습과는 상당히 다르다. 요한복음에는 불같은 성격의 '우레의 아들'(막 3:17)이 아닌 사랑이 넘치는 온유한 자의 모습으로 나타난다. 그 외에도 요한과 '애제자'가 등장하는 구절에서 두 인물의 모습은 사뭇 다르다. 이 때문에 '애제자'가 사도 요한이라는 설에 대해 많은 의문점을 가지고 있는 것이 사실이다. 여기서 우리는 요한의 글쓰기에 대해 생각해 볼 필요가 있다. 많은 학자들은 '애제자'가 누구냐, 즉 사도 요한이냐 아니냐에 생각이 매여 있다. 그런데 요한은 애제자가 누구냐에 대한 관심보다는 애제자를 통해 자신이 하고 싶은 메시지를 던지고 싶었다는 것이 필자의 생각이다.

요한은 요한의 교회(공동체)로 하여금 참 제자상, 즉 이상적인 제자의 모델을 제시하려는 데 관심을 가졌다. 그래서 요한은 끝까지 예수 곁에서 예수의 사랑을 받으면서 예수에 관해 목격한 모든 사실을 충실히 증언하는 제자로서의 사명을 잘 감당한 자로서 애제자를 그렸다. 애제자는 이상적인 제자상을 보여준다는 점에서 그는 '실제의 사도 요한'이 아닌 '이상화한 사도 요한'이라는 것이 필자의 생각이다.

여기서 이런 의문을 가질 수 있다. 왜 요한복음 저자는 요한이라는 사도의 이름을 사용하면 더 권위있는 책으로 인정받을 터인데 굳이 익명(애칭)을 사용했는가 하는 점이다. 타이센(G. Theissen)은 익명성이 공동체의 권위를 강화시켜 준다고 말하고 있다. 예수의 제자 중 특정한 한 명에게 저작을 돌리는 것보다 더 많은 특권적 지위를 이 복음서에 부여하고자 했다는 것이다. 익명성이 가져다주는 권위는 쿰란공동체의 창시자인 '의의 교사'(The Teacher of Righteousness)의 경우도 마찬가지다. '의의 교사'라는 호칭은 쿰란 공동체의 가장 높은 가치가 '의'임을 말해 준다. 같은 방식으로 '애제자'라는 호칭은 '사랑'이 요한공동체의 최상의 가치임을 말해준다. 익명성을 통해 이 두 역사적 인물들은 자신들의 공동체에 모범이자 상징이 된다.

실제의 인물인 사도 요한으로서는 참 제자상의 권위를 가질 수 없다. 요한 또한 베드로처럼 십자가 앞에서 도망간 제자였다(마 26:56). 그 외에도 요한은 많은 실수를 한 제자이기도 하다(마 17:8; 20:20; 26:43; 막 10:35; 눅 9:49,54 등). 따라서 실제의 사도 요한이 아닌 참 제자상의 모습으로 '애제자'라는 애칭(익명)을 사용하여 요한복음서와 요한공동체의 권위를 높이려고 했을 것이라는 것이 필자의 생각이다. 나아가 아래에서 다시 살펴보겠지만 필자는 요한복음이 묵시문학적 특성을 가진 문서라는 점에서 위기 상황에서 신변의 안전을 확보하기 위해 익명을 사용하였다고 본다.

4) 묵상 문서라는 측면에서 사도 요한이 요한복음의 저자라는 것을 살펴보자. 요한복음을 연구해 보면 "통으로 짠 이음새 없는 옷"이란 별명처럼, 사상이나 문체나 구조 면에서 완벽할 정도로 일관성과 통일성을 지니고 있다. 이 같은 요한복음의 모습은 어디서 비롯된 것일까? 그것은 한 사람이 긴 세월 동안 기도와 사색이라는 묵상 시간을 통해 정교하게 자신의 사상과 문체와 구조를 다듬어 생긴 결과라는 것이 필자의 생각이다. 영성신학자 '리처드 포스터(R. Forster)'는 요한복음이 묵상의 전통에 속하는 책으로 보았다. 이는 정확한 지적이라는 것이 필자의 생각이다. 요한을 그린 이콘상을 보면 이마에 큰 혹이 튀어나와 있는 모습을 볼 수 있다. 이는 그가 오랫동안 머리를 땅에 대고 간절히 기도함으로 생긴 예수사랑의 흔적이다. 이는 그가 무엇보다도 기도(묵상)의 사람이었음을 시사한다.

묵상이란 말은 본디 집단적 특성보다 개인적 특성이 강한 말이다. 예수님으로부터 가장 많은 사랑을 받은 사도 요한이 예수 사후 60년 동안 일생을 걸쳐 '주님의 사랑'과 '주님의 말씀'을 묵상하는 가운데 나온 최고의 결작품이 요한복음이라는 것이 필자의 생각이다. 요한에게도 분명 그가 속한 공동체(요한공동체) 또는 학파(요한학파)가 있었을 것이다. 그리고 그는 당연히 자신이 속한 학파 또는 공동체를 위해서 요한복음을 썼을 것이다. 이 말은 요한복음이 집단적 의미의 요한공동체나 요한학파의 산물이라는 주장과 필자의 주장이 다르다는 것을 말한다.

집단적 의미의 학파나 공동체가 요한복음을 썼다면, 그것은 어떤 의미일까? 요한학파(공동체)에 속한 여러 사람이 모여 복음서를 쓰기로 계획하고 전해 내려온 전승들을 취합하거나 아니면 각자가 묵상한 자료를 한데 모아 오랜 동안의 논의를 거쳐 이 같은 복음서로 편집하여 만들었다는 말인가? 아니면 먼저 한 사람이 초고를 쓰고, 그것을 오랜 세월 동안 요한학파(또는 공동체)에 속하는 여러 사람의 손을 거쳐 수정되고 가필되고 편집하여 현재와 같은 복음서를 만들었다는 말인가? 그렇다면 최초로 그 초고를 쓴 사람은 누구인가? 사도 요한인가 아니면 요한학파에 속하는 사람인가? 그리고 그 저자는 복음서 전체 가운데 얼마만한 분량을 썼는가? 본론에 해당하는 2-20장은 그가 쓰고, 나머지 1장(서론)과 21장(결론)은 요한학파의 다른 사람이 첨가하면서 전체를 가필하고 수정하여 현재의 복음서를 만들었는가? 아니면 그는 일부분만 쓰고 대부분은 요한학파의 사람들이 써서 그것을 가필과 수정과 첨삭과 편집을 통해 현재의 복음서를 낳았는가? 아니면 그가 가르친 구두 전승을 요한학파에 속하는 그의 제자들이 그의 정신과 사상에 따라 처음부터 끝까지 현재의 복음서를 탄생시켰는가?

여기서 다른 가정들은 다 접고 본론(2-20장)은 사도 요한이 쓰고 나머지(1장과 21장)는 후대의 요한학파의 사람들이 썼을 것이다라는 가정에 대해 생각해 보자. 필자가 보기에 1장이나 21장은 본론(2-20장)보다 후대에 쓰여진 것이 분명하지만 다른 사람이 썼다고 볼 수 없을 정도로 사상이나 문체나 구조에서 본론과 전혀 어색하지 않다. 현재의 요한복음은 마치 하나의 완벽한 청사진을 갖고 그린 모습을 보여주고 있다.

따라서 첫장(1장)과 끝장(21장)을 누군가가 나름대로 첨부해 놓을 수도 있겠으나 그럴 경우 현재와 같은 모습으로 그릴 수는 없다고 본다. 왜냐하면 현재와 같은 완벽한 통일체는 본론이 말하고자 하는 숨겨진 의도(상징코드)를 정확히 파악하지 않고서는 그려낼 수 없기 때문이다. 상징코드적 입장에서 보면 본론과 나머지 장(1장과 21장)은 나누어질 수 없는 한 짝처럼 되어 있고, 분위기가 철저히 요한적이다. 그런 의미에서 요한복음 전체가 한 사람(사도 요한)이 쓴 작품으로 볼 수밖에 없다. 이를 자세히 다루어보자.

■ 보론 1: 요한복음 1장(서론)과 21장(결론)은 동일저자

1. 하늘과 바다의 시각: 어부였던 사도 요한은 밤하늘과 아침바다에 친숙했다. 하늘에서는 빛이 생명이고(1:4), 바다에서는 물이 생명이다(21:6). 땅에 사는 인간은 생명인 빛과 물이 필요하다. 이것이 없는 것은 곧 죽음이다. 바로 그 빛과 물이 되시는 분이 곧 예수(3:5; 8:12)요 말씀(1:1; 6:63)이다. 1장과 21장은 하늘과 땅 그리고 바다라는 3 부분으로 이루어진 완전한 히브리 우주상(출 20:4)을 보여준다.
2. 하강의 시각: 1장은 하늘에서 땅으로, 말씀이 육신이 된 하강을, 21장은 예루살렘에서 갈릴리로의 하강을 보여준다. 이는 하나님의 성육신적 내리사랑 때문이다.
3. 부활과 십자가의 시각: 기독교의 핵심 복음은 부활(생명)과 십자가(사랑)이다. 부활하신 예수는 십자가를 지신 분이다. '하나님의 어린 양'(1:29절)인 예수는 '십자가로 보여준 사랑'을, 십자가에 거꾸로 매달린 베드로는 '순교로 보답한 사랑'(21:18)을 각각 드러내준다.
4. 두 전선(戰線)의 시각: 기독교의 두 전선은 '유대교'와 '로마제국'이다. 1장은 유대교와의 전쟁이고, 21장은 로마제국과의 전쟁이다. 1장은 율법과 성전 및 모세로 대표되는 유대교에 대해 복음(은혜와 진리, 17절)과 성전을 대신한 화육(14절), 및 새 모세 예수의 우위성을 말하고 있다. 21장은 그 무대가 갈릴리 바다인데, 이를 로마 황제의 이름인 디베랴(티베리우스) 바다로 명명하고 있다. 이는 "누가 주님(퀴리오스)인가?"라는 물음을 던지고 있다. "로마 황제 가이사냐? 부활하신 예수냐?" 베드로는 부활하신 예수가 주님이라고 세 번이나 반복해서 고백한다(15-17절). 그는 주님이신 예수를 위해 로마에 가서 십자가에 팔을 벌려 죽음(18,19절)으로 그것을 증언하였다. 21장에는 '주님'이 8회(새 시작을 의미)가 나타난다.
5. '암호상징(상징코드)'의 시각: 일반상징(표층적 의미)과 달리 암호상징(다층적 의미)에 능했던 요한은 '큰 물고기 153'(21:11)이라는 암호상징을 사용했다. 이는 '마방

진(魔方陣)'의 숫자(가로, 세로, 대각선의 합이 똑같음). 153[=(17+17+17)×3]은 가로와 세로가 17로 된 숫자 3개씩(3×3=9)으로 구성된 숫자이다. 17은 완전수(10과 7)의 결합으로 10은 구약(유대인)을 상징(십계명 및 10개 재앙)하고, 7은 신약(이방인)을 상징(부활의 숫자 및 성령의 일곱교회)한다. 153은 '신구약성경(만민구원)' 및 '말씀의 성취'(1:1)에 대한 암호상징이다(아래 도형 '마방진'을 참조할 것).

6. '요한의 아들' 호칭 시각: 1장(42절)과 21장(15-17절)에서만 나타난다.
7. 제자의 시각: 세례 요한의 두 제자 가운데 하나였던 '다른 제자'(1:40)는 21장의 '예수께서 사랑한 제자(애제자)'와 동일 인물로 보아야 한다. 마치 드라마의 제1부(오픈게임)에서는 주인공이 '아동의 이름'으로 나오다가 제2부(메인 게임)에서 '어른의 이름'을 사용하는 것과 같다. 이는 요한의 글쓰기의 특징으로, 익명을 사용한 것은 묵시문학적 위기 상황 때문이다.
8. '말씀(예수)의 종교(종교개혁)'의 시각: 기독교의 궁극적 목적(목표)은 '오직 하나님의 영광을 위하여(Soli Deo Gloria)'이다. 하나님 이외에 더 사랑하는 것은 우상숭배이다. '종교개혁(4글자)'은 '우상타파(4글자)'와 동의어이다. 1:1은 말씀이 곧 하나님이며, 그 하나님은 곧 예수이다. 즉 예수는 곧 말씀이다. 1장에서는 '하나님의 말씀인 성경 사랑'을 강조하고, 21장은 '하나님의 아들인 예수 사랑'을 강조한다. 기독교는 '예수의 종교', '말씀의 종교'이다. 예수는 '성전과 제사 종교(유대교)'에서 '말씀(예수)의 종교(예수교)'로의 '제1의 종교개혁'을 단행했다. 루터(종교개혁자들)는 '로마바티칸 대성당과 교황(성모, 성인)의 종교(가톨릭)'에서 '말씀(예수)의 종교로 돌아가자'는 '제2의 종교개혁(개신교)'을 단행했다. 오늘날은 말씀사랑(요1장)과 예수사랑(요21장)에 기초한 '제3의 종교개혁'이 요청되고 있다. 그 까닭은 기독교가 말씀(예수)보다 교회 건물, 교회 직분의 계급화 및 기복신앙과 성공신학, 인본주의와 다원주의 등 온갖 세속주의 우상을 더욱 사랑하고 숭배하고 있기 때문이다.

■ 보론 2 : 요한복음 서곡(1:1-18) 연구

1. 서곡의 중요성: 서곡은 요한복음 전체를 요약한 압축파일이다. 요한복음 전체를 들어올리는 지렛대 역할을 한다는 점에서 이 부분에 대한 잘못된 해석, 특히 1절의 '로고스' 어휘에 대한 잘못된 해석은 전체 해석을 그르치게 하기에 각별히 주의해서 해석해야 한다.
2. 요한의 언어: 요한의 언어는 묵시문학적 상징어(상징코드)로써 한 단어에 다양한 의미를 가지고 있으나 결코 애매하거나 혼란스럽지 않다. 요한의 상징어는 신구약성경의 통전적 해석원리에 따라 해독을 하면, 단순하고 명확한 의미가 자연스럽게 드러난다.
3. 은폐의 천재, 변주의 달인: 요한의 글쓰기는 은폐와 변주(變奏)를 특징으로 한다. 요한이 은폐기법을 사용할 수밖에 없었던 까닭은 묵시문학적 상황(박해와 순교 상황)에서 불온 문서로서의 당국의 검열을 피하고자 한 것이 그 첫째요, 둘째는 사도 요한은 '하나님 나라의 비밀'(3:3,5)을 안고 오신 분으로 예수를 체험했기에 진리를 은폐적 방법으로 표현하고자 했다. 또한 요한은 변주의 달인처럼, 가령 기존의 '로고스', '이적', '나는……이다', '묵시문학' 등의 개념을 변주시켜 풍성한 새로운 의미를 지닌 신학사상으로 발전시켰다.
4. 로고스(λ γος)의 의미: 이 어휘는 본래 '헬라적 우주 질서'를 나타내는 핵심 용어이다. 그런데 요한은 이 어휘를 차용하여 '히브리적 우주 질서'를 표현하는 가장 중요한 개념으로 변주시키는 천재성을 발휘하였다. 종래에는 이 어휘에 입각해서 요한복음을 헬라적 배경이 강한 복음서로 보려는 경향이 있었으나 이는 변주의 달인인 요한의 글쓰기에 대한 무지에서 비롯된 잘못된 해석이다. 우선, 서곡에서 사용된 로고스는 헬라철학이 말하는 무질서한 세계를 지탱하는 질서의 원칙이나 합리적 이성의 총체를 지칭하는 의미로 사용되지 않고, 철저히 히브리적(구약적) 배경 아래에서 사용되고 있다. 더욱이 로고스(말씀)가 육체를 입었다는 것은 헬라철학과 영지주의(신비한 지식을 믿음으로 육체의 한계를 탈피할 수 있음)에 대한 전격적 반격이다. 로고스는 '말씀'이나 도(道)로 번역되는데, 여기서 말씀은 다양한 의미

([하나님, 모세, 예언자, 구약, 구원, 생명, 사랑, 은혜, 진리]의 말씀 등등)를 갖는다.

5. 예언자 예수: 복음서 초두에 사용된 이 어휘는 거룩한 하나님과 죄인인 인간이 소통할 수 있는 가장 중요한 매체(언어)이다. 이 로고스(말씀)가 곧 하나님(1, 18절)이요, 그 로고스(말씀)가 육신을 입고 하늘에서 땅으로 오신 분이 곧 예수이다. 예수는 하나님과 인간, 하늘과 땅을 이어주는 매체, 즉 말씀이요 사닥다리(1:51)이다. 모세의 성취자가 되시는 새 모세 예수는 말씀의 중보자(대언자)가 되시는 예언자이다.
6. 새 성막으로 오신 예수: 예수는 세상의 중심인 예루살렘 성전(지금은 파괴된 상황)이 있는 이스라엘 땅에 새 성막으로 오셨다. 지상성전인 성막은 천상성전의 축소판(축도)이다. 떡상의 떡은 생명의 떡(말씀)이다(6:35). 등잔대의 빛은 생명의 빛이다(8:12). 말씀이신 예수는 떡상을 상징하고, 빛(7회 사용)으로 오신 예수는 등잔대를 상징한다. 떡상과 등잔대가 없는 성소 안은 죽음이요 어둠이듯이, 빛이 없고 말씀이 없는, 즉 예수 없는 세상은 어둠이요 죽음이다. 말씀이요 빛으로 오신 예수를 믿는 자는 누구나 하나님의 자녀가 되어 제사장만 들어가는 성소에 들어갈 수 있는 특권(권세)을 얻는다(12절). '거하시매'는 '성막에 거주했다(tabernacled)'라는 의미를 가진다(14절). 성육신하신 예수는 하늘의 왕좌를 지상의 지성소로 가져와 그 안에 좌정하신 영광의 왕이다. 예수는 하나님의 말씀을 대언(중보)하는 예언자이고, 또한 성소를 섬기는 제사장이자 지성소에 좌정하신 영광의 왕이다. 서곡은 메시아적 삼중직(예언자, 제사장, 왕)을 통해 예수가 메시아(그리스도)임을 말하고 있다(20:31).
7. 모세(유대교)를 넘어선 예수(기독교): 은혜와 진리의 말씀(복음)을 안고 지성소 안으로 오신 예수(기독교)는 언약궤 안의 십계명(율법)과 모세(유대교)를 넘어서신 분이다(16,17절).

■ 요한복음의 구조

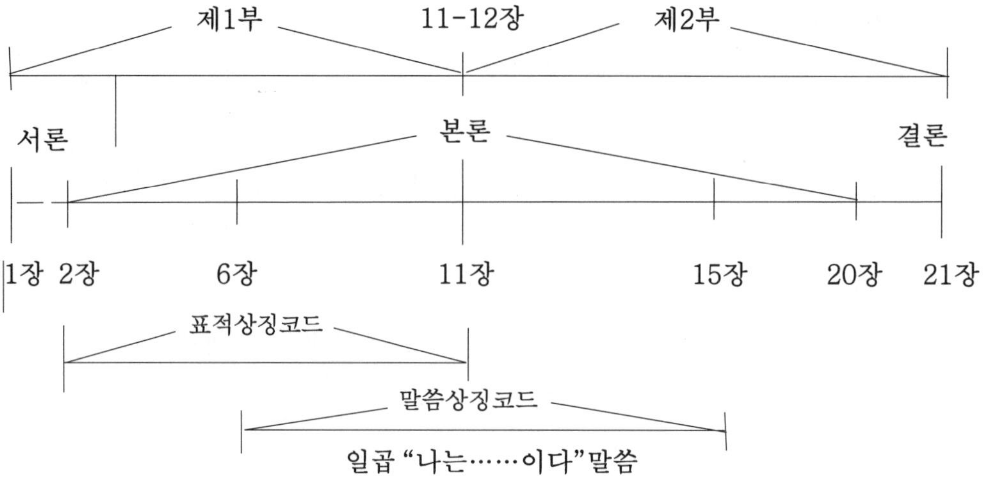

• 부활장(3)+ 십자가장(4)=7(완전한 복음)

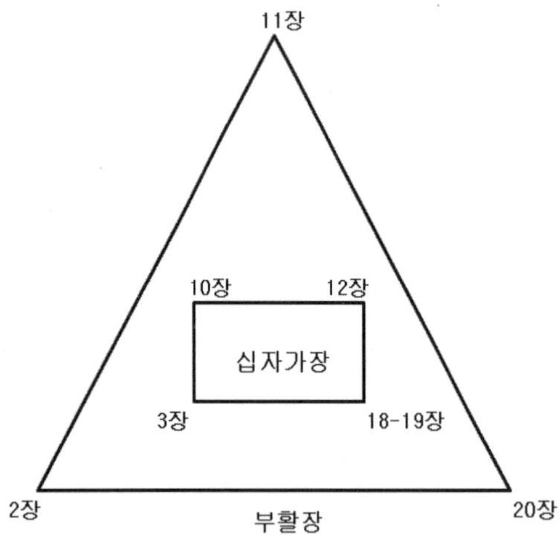

• 큰물고기 153의 상징적 의미(魔方陣)
10(구약,유대인)+ 7(신약,이방인)=성경(만민구원)

17	17	17
17	17	17
17	17	17

3. 공관복음서와의 관계

요한복음은 공관복음과 비교할 때 고유 기사를 구분하는 것이 무의미할 정도로 전혀 내용이 다르다. 공통 내용 비율을 말하면 공관 복음서의 경우는 각각 마태 58%, 마가 93%, 누가 41%인 데 반해, 요한복음은 8%에 불과하고 92%가 고유 기사이다. 공통 내용도 자세히 분석해 보면 그 말하는 바가 상당히 다르다. 따라서 요한복음은 공관복음서와 같은 내용이 하나도 없다고 해도 지나친 말이 아니다. 그래서 카이저(Robert Kysar)는 요한복음서를 가리켜 "독자적 길을 걸은 (이단적) 복음서(The Maverick Gospel)"라고 하였다.

이 같은 차이점을 어떻게 설명해야 할까? 최근에 이에 대한 학자들의 견해를 크게 셋으로 나누면 이렇다. 첫째, 오늘날 많은 학자들이 따르고 있는 견해로 요한복음 저자는 공관복음서에 대해 전혀 몰랐다는 것이다. 둘째, 요한복음 저자가 공관복음서를 모를 리가 없다는 것이다. 셋째, 요한복음서와 공관복음서의 유사성과 차이점은 전승의 차이일 수 있다. 어떤 전승이 전해져 내려오는 과정 중에 달라지게 되었다고 볼 수도 있다. 이에 대한 필자의 견해는 이렇다.

요한은 이전에 쓰여진 바울 서신이나 공관복음서에 관해 구전 전승이든 성문 전승이든 어느 정도는 알고 있었을 것으로 보인다. 그가 아무것도 모르는 상태에서 현재와 같은 복음서를 창조했으리라고는 보여지지 않기 때문이다. 그렇다면 공관복음서와는 전혀 다른 모습을 보이고 있는 현재의 요한복음을 어떻게 보아야 할 것인가? 요한, 그가 만난 예수는 공관복음서 저자나 바울이 그린 모습과는 다른 차원이기에, 요한은 '차원이 다른 복음서'를 새로이 다시 썼다. 어떻게? 아래에서 다시 개진하겠지만 오랜 동안의 사색과 묵상을 통해 전승을 소화, 음미함으로써 '자기화' 하여 남의 방식이 아닌 자기 방식대로 글을 썼다는 것이 필자의 생각이다.

그렇게 함으로써 차원이 다른 복음서로서의 현재의 요한복음은 '세 가지 문서적 성격' - 묵상 문서, 신학 논문, 묵시 문서-을 지니고 있고, 이것이야말로 요한복음이 천하제일 지서로서 불릴 만한 지위를 갖게 되었다는 것이 필자의 견해이다. 외람되지만 종래의 모든 요한복음 연구는 근본적으로 실패했는데, 그 까닭은 요한복음이 갖고 있는 세 가지 문서적 성격에 대한 무지나 이해의 결여에 있었다는 것이 필자의 생각이다.

요한복음은 '통으로 짠 이음새 없는 옷'(요 19:23)과 같다. 이는 요한복음 전체가 하나의 완벽한 유기적 통일체를 이룬다는 말을 의미한다. 아래에서 다룰 세 가지 문서적 성격과 그로부터 파생되는 세부적 내용들은 거미줄처럼 서로 긴밀히 연관되어 있다. 그리고 본서에 대한 이해의 편의를 위해 '337박수 전략'으로 전개하고자 한다. 첫 번째 숫자 3은 본서의 '세 가지 문서적 성격'을 말하고, 두 번째 숫자 3은 '신학 논문적 성격 중 세 방법론'을 말하고, 세 번째 숫자 7은 '묵시 문서적 성격 중 일곱 상징코드'를 말한다.

4. 묵상 문서 – '하나님의 아가페 사랑'(요 13:23)

1) 요한복음의 문서적 성격을 다룸에 있어서 가장 먼저 고려해야 할 것은 요한복음을 쓴 요한이라는 사람은 어떤 사람인가? 하는 점이다. 그는 부모의 직업을 따라 갈릴리 바다에서 물고기 잡던 어부 출신이다. 이는 그의 신분이 비교적 낮다는 것을 의미하는 동시에 그의 학적 배경이 별로 시원치 않다는 것을 의미한다. 그러기에 사도행전 4:13은 베드로와 요한을 가리켜 '본래 학문 없는 범인'이라고 했다. 이 같은 사람이 어떻게 심원하기 그지없는 현재의 요한복음과 같은 책을 쓸 수 있었을까? 상식적으로 납득이 잘 가지 않기에 한편으로는 요한복음의 저자가 사도 요한이 아닐 것이라는 생각을 갖고 있는 사람들이 있고, 다른 한편으로는 이러한 요한의 학적 배경을 무시한 채 마치 요한이 대단한 학문을 한 사람인 양 요한복음을 학문적인 책으로 보고 학적으로 연구하려고 드는 사람들이 있다.

여기서 우리는 먼저 이런 결론을 내리고자 한다. 요한은 기본적으로 직업이 어부인 사람으로서 그 누구로부터 많은 학문을 배운 지식의 사람(학자)이 아니라는 점이다. 그럼에도 불구하고 어느 학자보다도 심오한 책을 쓸 수 있었던 것은 스승 예수로부터 직접 하늘의 지혜를 배웠기 때문이다. 그는 예수로부터 들은 말씀을 오랜 동안 사색과 깊은 묵상과 기도를 통해 스스로 진리를 깨우친 사람(묵상가)였다. 요한은 젊은 나이에 갈릴리 해변에서 예수를 만나 그의 제자가 된 후 그분을 따라다니며 예수로부터 많은 말씀을 들었고, 이적을 보았으며, 십자가 현장과 부활을 친히 목격했다. 예수 사후 요한은 지난날 예수로부터 받은 많은 사랑과 그와 함께 했던 모든 추억들을 회상하면서 늘 보아왔던 '하나님의 말씀(특히 구약성경)'과 더불어 오랜 세월을 사색하며 깊은 묵상과 기도 속에서 산 사람이다. 그런 속에서 그에게 유일한 갈망이 있다면 그가 만난 예수가 메시아요 참 진리라는 것을 증언하는 일이었다. 그것도 지금껏 다른 사람들이 말한 것과는 사뭇 다른 모습의 예수상을 그리는 일이었다. 이것이 요한의 필생의 과업이자 사명이었다. 그렇게 해서 탄생한 것이 바로 요한복음이라고 필자는 생각한다.

2) 요한복음에 나타난 요한은 '사랑의 사도'이자 '진리의 사도'이다. 그리고 요한복음은 '사랑의 복음서'이자 '진리의 복음서'이다. 이 같은 성격의 책은 무엇으로부터 유래되었을까? 그것은 사도 요한이 예수를 만나 그 어떤 제자보다도 더 많은 사랑을 주님으로부터 받았고, 이분이 생전에 하신 모든 말씀과 행적이야말로 진리 그 자체가 되신다는 것을 온몸으로 느끼고 깨달았기 때문이다. 이와 관련해서 우리가 먼저 주목해야 할 어휘가 하나 있다. 그것은 요한이 꼭 두 구절(1:18; 13:23)에서만 암호처럼 사용하고 있는 "품(콜포스, κόλπος)"이라는 어휘이다.

먼저 1:18을 보자. "본래 하나님을 본 사람이 없으되 아버지 품속에 있는 독생하신 하나님이 나타내셨느니라." 이 구절은 서곡(1:1-18)의 마지막 구절로서 대단히 중요하다. 요한은 이 구절을 통해 무엇을 말하고 싶었을까? 두 가지로 생각해 볼 수 있다. 하나는 하나님을 본 자는 오직 하나님 품속에 있던 예수님뿐이라는 것이다. 또 하나는 하나님의 아들 예수님은 아버지 하나님의 품속에서 '하나님 아버지의 사랑'을 느끼고 알게 되었다는 것이다.

다음으로 13:23을 살펴보자. "예수의 제자 중 하나 곧 그가 사랑하시는 자가 예수의 품에 의지하여 누웠는지라." 요한복음에서 애제자가 처음으로 등장하는 이 구절은 대단히 중요하다. 인류 최고의 천재 레오나르도 다 빈치의 명화 〈최후의 만찬〉을 보면 예수님 오른편에 여자처럼 그려져 있는 제자가 있다. 이 제자를 소설 《다 빈치 코드》는 '막달라 마리아'라고 말하고 있다. 그러나 예수님의 열두 제자 가운데 여자는 없기에 막달라 마리아라고 볼 수 없다. 이 제자는 가장 나이가 어린 미소년으로서 '예수께서 사랑하신 제자(애제자)'인 사도 요한임이 분명하다.

13:23은 요한의 천재성의 비밀에 대한 중요한 단서를 보여준다. 그것은 아이가 어머니

의 품속에서 평생 잊지 못할 어머니의 사랑을 느낀 것처럼 요한은 예수님의 품속에서 다른 어느 제자도 알지 못하는 '하나님의 사랑'을 느꼈을 것이다. 요한은 그 순간을 일생을 두고 잊을 수 없는 사랑의 비밀로 간직하고 그 은밀한 사랑을 키워갔다. 그가 느낀 하나님의 넓고 크신 사랑이 천재 요한을 낳았다고 여겨진다. 다메섹 도상에서 부활하신 주님과의 만남에 의한 충격과 감격이 사울을 위대한 '이방인의 사도' 바울이 되게 했듯이, 최후의 만찬석상에서 예수님의 품에 안겼을 때 느낀 하나님 사랑의 감격과 충격이 요한을 위대한 '복음서 저자'가 되게 했다는 것이 필자의 생각이다.

요한(요한복음)의 천재성은 그가 천부적으로 천재성을 타고났다는 의미가 아니라 위로부터 계시로 내려온 '그리스도의 영'과 하나님의 아가페 사랑에 붙들린 자로서 아래로부터 주님께 향한 '요한의 영성'이 깊은 묵상을 통해 결합되어 나타난 결과물이다. 요한이라는 질그릇에 예수 그리스도라는 보배를 담자 하늘의 지혜와 성령의 능력이 그에게 임하였다(고후 4:7). 그리하여 요한복음이라는 천재성을 띤 걸작품이 탄생하였던 것이다. 그런 의미에서 요한의 천재성은 우리 같은 보통 사람도 주님께 붙들리기만 하면 천재성을 가질 수 있다는 의미에서 참 소망의 언어가 된다.

요한은 태초에, 창조 이전, 역사 이전에 아버지와 아들과 성령 세 분이 한 자리에서 사랑의 대화를 나누었다고 생각했다. 아들은 아버지의 품속에서 사랑을 전해 받았고(1:18) 그 아버지의 사랑을 전하기 위해 이 세상에 오셨다. 갈릴리에 오신 예수님은 제자들 가운데 가장 나이가 어린 요한을 유독 사랑했고, 그런 요한도 예수님의 품에 안겨 주님의 사랑을 전수받았다(13:23). 그러기에 요한은 예수님이 지닌 하나님 사랑의 비밀을 가장 잘 알고 있었다.

요한은 애제자를 13장에서 처음 등장시키면서 '사랑의 문제'를 집중적으로 다루고 있는 모습을 보여주고 있다. 13장을 시작하는 첫 절은 이렇게 시작한다. "유월절 전에 예수께서 자기가 세상을 떠나 아버지께로 돌아가실 때가 이른 줄 아시고 세상에 있는 자기 사람들을 사랑하시되 끝까지 사랑하시니라." 그러면서 그 다음 구절에서 예수님을 팔 가룟 유다에 대해 언급하고 있다. 여기서 요한은 예수님이 자신을 팔 배신자 가룟 유다까지도 하나님의 사랑, 즉 아가페 사랑으로 끝까지 사랑하시는 사랑의 하나님임을 말하고 있다.

그리고 다락방의 최후의 만찬 자리에서 예수님은 제자들에게 "서로 사랑"이라는 새 계명을 주신다. "새 계명을 너희에게 주노니 서로 사랑하라 내가 너희를 사랑한 것같이 너희도 서로 사랑하라 / 너희가 서로 사랑하면 이로써 모든 사람이 너희가 내 제자인 줄 알리라"(34-35절). 곧 세상을 떠나실 예수님은 제자들끼리 서로 미워하지 말고 사랑할 것을 신신당부하고 있다. 그리고 세상 사람들은 "서로 사랑"을 실천하는지 안 하는지를 보고 저들이 진정으로 예수님의 제자인지 아닌지를 판단하게 될 것이라고 말씀하고 있다. 요한은 '하나님 사랑'(신 6:5; 마 22:37)과 '이웃 사랑'(레 19:18; 마 22:39)에 더하여 '서로 사랑'과 '친구 사랑'(15:13-15)까지 말할 정도로 사랑을 강조하였다.

'사랑'이 요한복음에서 중요한 주제를 이루고 있다는 사실은 이 단어의 사용 빈도수만 보더라도 쉽게 짐작할 수 있다(아가파오[ἀγαπάω, 마 9회, 막 6회, 눅 14회, 요 44회, 요일 46회], 필레오[φιλέω, 마 5회, 막 1회, 눅 2회, 요 13회, 요일 없음], 합계 마 14회, 막 7회, 눅 16회, 요 57회, 요일 46회). 뿐만 아니라 요한(또는 요한문서)은 신약 저자들 중 "하나님은 사랑이시다"(요일 4:8,16 참조)라고 하나님을 사랑으로 정의한 유일한 저자이다. 이런 점들만을 보더라도 우리는 요한을 '사랑의 사도'라고 불러 마땅하다. '복음 중의 복음'이라고 불리는 요한복음 3:16은 하나님의 아가페 사랑에 대한 오랜 묵상에서 나온 인류 최고의 압권의 말씀이다.

3) 또한 요한은 '진리의 사도'였다. "내 자녀들이 진리 안에서 행한다 함을 듣는 것보다 더 기쁜 일이 없도다"(요삼 4절)라는 말씀처럼 요한은 진리에 깊은 관심을 가진 자였다. 공관복음 저자들이 거의 사용하지 않는 '진리(알레데이아, ἀλήθεια)'라는 어휘(마 1회, 막 3회, 눅 3회)를 요한은 25회(신약 전체 109회)나 사용할 정도로 진리에 깊은 관심을 가지고 있었다. 요한이 '진리' 어휘와 똑같이 25회 사용한 '진실로 진실로(아멘 아멘, Ἀμήν ἀμήν)' 어휘, 그리고 '참된' 또는 '진실한', '실제로'를 뜻하는 여러 어휘들, 가령, '알레데스(ἀληθής, 5:32; 10:41; 19:35; 21:24)', '알레디노스(ἀληθινός, 4:23; 6:32: 7:28; 15:1; 17:31; 9:35)', '알레도스(ἀληθῶς, 1:47; 8:31)' 등은 모두 '진리'와 관련된 어휘이다.

요한은 서곡(1:1-18)에서부터 "진리"라는 어휘를 두 번(14,17절)이나 반복(강조)해서 사용하고 있다. 요한복음에 나타난 예수님의 제일성(第一聲)은 "무엇을 구하느냐?"(1:38)라는 질문이었다. 선종(禪宗)의 종조(宗祖)인 달마대사가 2조가 될 혜가에게 한 질문도 같은 질문이었다. 이 질문은 진리를 구하는 구도(求道)에 대한 것이다. 더욱 주목해야 할 사실은 요한은 "진리가 무엇이냐?"(18:38)라는 빌라도의 질문을 끝으로 더 이상 '진리'라는 단어를 사용하지 않고 있다는 사실이다. 후에 1:19-20장에 덧붙여진 것이 확실한 서곡(1:1-18)을 빼면, 요한복음은 예수님의 진리에 대한 질문으로 시작해서 질문으로 끝나는 구조로 되어 있다.

요한은 진리의 목격자였다. 그는 예수님 안에서 진리를 귀로 듣고, 눈으로 보고, 손으로 만진 자였다(요일 1:1 참조). 그래서 그는 진리의 증인이 되고자 했다. 요한이 사용한 상징코드는 진리를 드러내기 위한 수단이요 방편이다. 암호 같은 상징코드를 제대로 풀어내야만 요한이 들려주고자 한 진리의 음성을 바르게 들을 수 있다. 요한복음은 '주님의 아가페 사랑'에 대한 오랜 사색과 깊은 묵상을 통해 탄생한 진리의 복음서이다. 요한은 모든 인간의 '궁극적 관심(ultimate concern)'은 무엇보다도 진리의 문제임을 통찰하였다, 그리하여 요한은 빌라도의 입을 통해 "진리가 무엇이냐"라고 물었다. 그 물음에 "메시아 예수가 진리다"라는 것이 그의 결론이었다. 요한은 말한다. "진리를 알지니 진리가 너희를 자유케 하리라"(8:32).

4) 한편 장르면에서 볼 때 요한복음은 같은 '복음서'라는 장르로 불리지만 공관복음과 상당히 다르다. 공관복음 저자들은 되도록이면 많은 자료를 제시하면서, 그것을 사건별로 배열하는 단회적(직선적) 형식을 취한 반면, 요한은 신학적 의도에 따라 자료를 과감하게 삭제(이적과 비유 등)하고 최소한으로 선별(일곱 표적 등)하여, 그것을 주제별로 설명하는 반복적(원형적) 형식을 취했다. 이미 언급했듯이 요한복음은 '통으로 짠 옷'처럼 전체가 유기적 통일체로 되어 있으며, '반복과 연쇄'라는 글쓰기의 특징을 보여주고 있다. 가령, 서곡(1:1-18)이 복음서의 나머지 부분과 얼마나 반복과 연쇄로 밀접하게 연관되어 있는가를 살펴보면 쉽게 알 수 있다.

로고스의 선재(1:1a// 17:5), 로고스와 하나님의 동일시(1:1c// 8:58; 10:30; 20:28) 생명(1:4a// 5:24; 11:25; 14:6), 빛(1:4,9// 8:12), 빛과 어두움의 갈등(1:5// 3:19; 12:46), 요한의 증거(1:7-8,15// 1:19; 10:41), 믿음(1:7,12// 2:11; 3:16,18,36; 5:24;

6:69; 11:25; 14:1; 16:27; 17:21; 20:25), 세상의 거절(1:10c,11// 4:44; 7:1; 8:59; 10:31; 12:37-40; 15:18), 하나님의 자녀(1:12// 1:52), 거듭남(:13// 3:1-7), 그의 영광을 봄(1:14// 17:5), 독생자(1:14// 3:16), 모세(1:17// 5:45-46; 6:32; 9:28-29), 하나님을 봄(1:18// 5:37; 6:46), 아버지와 로고스와의 관계(1:18// 3:34; 8:19,38; 12:49-50; 14:6-11; 17:8) 등 서론과 나머지 부분이 긴밀히 연결되어 있다.

이러한 모습은 요한이 자료를 다룸에 있어서 오랜 동안의 사색과 묵상을 통해 자료를 유기적 통일체로 엮어낸 결과라고 볼 수 있다. 따라서 요한복음서가 공관복음서와 상당한 차이를 드러내는 까닭은 전승 자료의 차이에 기인하기보다는 전승 자료를 취급하는 관점의 차이, 즉 요한의 글쓰기(묵상 문서)에 기인한다는 것이 필자의 생각이다.

많은 사건들이 계속해서 이어지는 식으로 진행되는 공관복음과는 달리 요한복음은 사건(표적)에 이어 설교(강화)가 반복되는 식으로 진행되는 모습을 보여주고 있다. 한 개 이상의 설교(강화)가 표적(사건) 하나의 의미를 말하기 위하여 사용될 수 있으며, 그 반대로 한 개 이상의 표적이 한 설교와 관련될 수도 있다. 2-11장에 나타난 표적과 설교의 목록을 개진하면 다음과 같다.

표적들	설교들
1. 물로 포도주를 만드심(2:1-11)	1. 새로운 탄생(3:1-21)
2. 신하의 아들을 고치심(4:46-54)	2. 생수(4:1-42)
3. 38년 된 병자를 고치심(5:1-18)	3. 하나님의 아들(5:19-47)
4. 오병이어(6:1-15)	4. 생명의 떡(6:22-65)
5. 물 위를 걸으심(6:16-21)	5. 살리는 영(7:1-52)
6. 날 때부터 소경된 자를 고치심(9:1-41)	6. 세상의 빛(8:12-59)
7. 나사로를 살리심(11:1-57)	7. 선한 목자(10:1-42)

여기서 우리는 각 표적들이 그 의미를 말해 주는 설교를 동반한다는 관점을 확인할 수 있다. 그러나 어떤 획일성도 없다. 표적과 설교가 상호 관계하면서, 설교는 그 표적들에 선행하거나 뒤따르는 모습을 볼 수 있다. 이 같은 모습은 아래에서 살펴볼 신학적 주제나

상징코드의 일관성을 위해 전략적으로 배치한 요한의 신학적 의도에 따른 것으로 볼 수 있다.

또한 12-20장은 전부가 유대(예루살렘)에서 있었던 사건으로 되어 있다. 그런데 그 전개 방식은 공관복음처럼 많은 사건을 일직선적으로 소개하는 식이 아니라 제1부(2-11장)와 상응하게 신학적 주제를 반복하는 식으로 전개되고 있다. 따라서 공관복음에 비해 사건도 별로 많지 않고, 내용도 아주 단순하게 한 주간에 있었던 수난과 죽음 및 부활을 취급하고 있다. 내용적으로 보면 크게 네 부분으로 나눌 수 있는데 12장, 13-17장, 18-19장, 20장이 그것이다. 12장은 전환장으로 그 내용은 마리아가 예수의 발에 향유를 붓는 사건과 예루살렘 입성, 그리고 겟세마네 기도를 다루면서 이들과 관련된 긴 강화를 언급하고 있다.

13-17장은 제자들에게 유언처럼 전하는 고별강화(13-16장)와 고별기도(17장)로 되어 있는데, 13-16장은 기독론을 중심으로 대논쟁을 벌이는 5-8장과 상응하는 긴 강화로 되어 있다. 18-19장은 예수의 수난과 죽음을 다루고 있는데, 그 형식은 공관복음서와 비교할 때 아주 짧고 단순하며, 빌라도와의 대화를 중심으로 삼등분되어 있다. 그리고 그 내용도 예수의 수난과 죽음이 힘이 없어 끌려가 죽는 모습이 아닌 '왕적 죽음(왕으로서의 등극)'의 모습을 일관되게 보여주고 있다. 20장은 예수의 부활을 언급하고 있는데, 그 내용도 단순하여 부활하신 주님이 막달라 마리아와 제자들(특히 도마)을 만나는 내용을 언급하고 있다. 따라서 후반부의 12-20장도 전반부의 2-11장처럼 많은 사건을 길게 나열하기보다는 사건과 그에 따른 긴 강화를 언급하는 식으로 다룸으로써 묵상 문서로서의 특징을 유감없이 드러내주고 있다.

5) 하나님 나라가 은폐되어 있듯이, 하나님 나라를 말씀한 예수가 신비 속에 은폐되어 있듯이, 요한은 '은폐의 달인'이다. 가령 7이라는 숫자를 표현할 때 계시록은 그것을 바로 알 수 있을 정도로 드러내놓고 표현하는 데 반해, 요한은 그것을 전혀 드러나지 않게 표현하고 있다. 또한 복음서 전체가 '복음'이요 '기도'요 '회개'이지만 한 번도 그런 말을 사용하지 않았고, 전체가 '은혜'인데 구약의 '인자와 진실'을 차용한 '은혜와 진리'를 서곡(1:1-18)에서 이중언어로 사용하여 썼을 뿐, 다른 곳에서는 한 번도 은혜라는 말을 사용하지 않았고, 전체가 영적 전쟁이지만 전쟁(싸움)이라는 말을 한 번도 사용하지 않은 채

은폐시켜 놓고 있다. 겉보기에는 공관복음처럼 요한복음도 이야기체로 된 하나의 복음서이지만, 요한의 천재적인 글쓰기 기법(상징코드 기법)을 통해 묵상적이고 논문적이고, 묵시적인 문서 특성을 은폐시켜 놓고 있다. 그런 의미에서 요한복음은 계시록이나 공관복음보다 차원이 한 수 위에 있는 책이다.

(2) 요한복음(John)

5. 조직신학 논문으로서의 요한복음

요한복음은 '이야기체(narrative)로 된 한 편의 신학 논문'이라는 것이 필자의 생각이다. '이야기체(설화체)'로 되어 있는 요한복음이 바울의 로마서처럼 한 편의 신학 논문이라는 것은 쉽게 납득이 가지 않는 생소한 주장이라고 여겨질 것이다. 그러나 요한복음이 이야기체로 된 한 편의 완벽한 신학 논문이라는 사실을 인식할 때 요한복음을 새롭게 재발견하는 계기가 될 것이다.

주후 1세기 말경의 기독교는 유대교와의 피할 수 없는 대립과 갈등 상황에서 유대교와의 차별성을 부각시키는 동시에 유대교에 대해 기독교 신앙을 변증하고 증언해야 할 필요성이 대두되었다. 이를 위해 바울은 서신 형식으로, 그리고 공관복음 저자들은 '복음서'라는 독특한 형식으로 나름대로 글쓰기를 시도했다.

그런데 요한은 기독교 신앙을 제대로 변증하기 위해서는 기존의 공관복음서와 같은 글쓰기와는 다른 형식의 글쓰기를 해야 한다는 강력한 필요성을 느꼈을 것이다. 즉 전기 형식보다는 신학적 주제에 다른 논문 형식의 글쓰기가 적합하다는 결론을 내렸을 것이다. 그리하여 공관복음에 나타나는 예수의 탄생 기사나 세례, 시험, 소명 기사, 그리고 많은 이적과 비유, 도덕적이고 교훈적인 내용들을 거의 삭제하고, 변증을 위한 조직신학적 논문과 같은 글쓰기를 시도하였다. 그것이 현재의 요한복음서라는 것이 필자의 생각이다.

모든 장르에는 그 장르가 갖는 기본적인 요소가 있듯이 논문에도 논문이 갖추어야 할 기본적인 요소가 있다. 논문의 목적과 주제, 구조 및 방법론이 그것이다. 설화체로 되어 있는 요한복음에는 이 같은 논문의 기본 요소들이 놀라웁게도 완벽하게 갖추어져 있다. 요한복음에 나타난 목적과 주제, 구조 및 방법론을 차례로 살펴봄으로써 요한복음이 '이야기체로 쓰여진 한 편의 신학 논문'임을 밝혀보고자 한다.

1) 요한복음의 목적과 주제

누가는 누가복음의 서문(눅 1:1-4)에서 자신이 왜 예수에 관한 이야기를 새롭게 기록해야 하는가를 밝히고 있다. 그런데 이 대목은 누가복음을 서술하게 된 기록 배경을 서술한 것이지 누가복음의 목적을 밝혀 놓은 것은 아니다. 복음서 가운데 요한만이 복음서를 쓰게 된 목적을 분명하게 밝혀 놓았다. 그것이 요한복음 20:31이다. "오직 이것을 기록함은 너희로 예수께서 하나님의 아들 그리스도이심을 믿게 하려 함이요 또 너희로 믿고 그 이름을 힘입어 생명을 얻게 하려 함이니라."

논문의 목적을 밝혀 놓은 이 구절 속에는 논문의 신학적 주제, 즉 기독론을 중심으로 신앙론과 구원론이 잘 드러나 있다. 요한복음은 전체가 "예수는 누구인가?"라는 기독론의 문제로 가득 차 있다. 요한이 기독론을 강조한 까닭은 시대적 배경에 기인한다. 즉 유대교와의 대결이라는 절박한 상황에서 모세로 대표되는 유대교보다 예수로 대표되는 기독교가 우월하다는 것을 변증해야 했기 때문이다.

한편 요한은 자료를 연대기적으로나 교훈적으로나, 아니면 같은 내용끼리 모아놓은 것이 아니라 철저히 (조직)신학적 주제에 따라 정교하게 배열해 놓았다. 아래에서 요한복음의 구조 가운데 '교차대구구조(Chiasmus)'에 대해 자세히 설명하겠지만 요한은 신학적 주제를 교차대구구조에 따라 상응하게 배치해 놓았다. 그것을 정리하면 다음과 같다.

(1) 기독론(1:1-18=21:1-14)

(2) 신앙론(제자도)(1:19-51=21:15-23)

(3) 구원론(부활)(2장=20장)

(4) 구원론(십자가)(3장=18-19장)

(5) 교회론(4장=17장)

(6) 삼위일체론(5장=16장)

(7) 성례론(6장=15장)

(8) 성령론과 종말론(7장=14장)

(9) 죄론(8장=13장)

(10) 죄론과 신앙론(9장=12:37-50)

(11) 구원론(십자가)(10장=12:1-36)

(12) 구원론(부활)(11장)

2) 요한복음의 구조

잘 쓴 논문은 구조면에서 짜임새가 있고 정교한 구조를 갖추고 있다. 그런 점에서 요한복음은 완벽한 신학 논문이라고 말할 수 있다. 구조를 달리 보면 해석이 달라진다. 요한복음의 구조를 어떻게 보느냐는 요한복음 이해의 열쇠가 아닐 수 없다.

(1) 구조에 대한 기존의 견해

종래의 대부분의 학자들은 다드(C.H.Dodd) 이래 요한복음서의 구조를 크게 두 부분, 즉 '표적의 책(The Book of Signs, 2:1-12:50)'과 '수난의 책(The Book of Passion, 13:1-20:31)'으로 나눈 이래로 거의 대부분의 학자들이 그의 견해를 따르고 있다. 대표적인 학자들을 들면, 불트만은 제1부(2-12장, 세상 앞에 나타나는 영광의 계시), 제2부(13-20장, 공동체 앞에 나타나는 영광의 계시)로 나눈다. 브라운은 '표적의 책'의 시작을 1:19로부터, 그리고 '수난의 책' 대신 '영광의 책(The Book of Glory)'이라는 제목으로 나눈다. 쉬낙켄버그(R. Schnackenburg)는 제1부(1-12장)와 제2부(13-21장)로 나눈다. 이러한 주장은 과연 타당한가?

12장까지를 제1부라고 주장하는 대부분의 학자들도 상황에 전혀 어울리지 않는 대목(44-50절)이 12장 끝에 붙어 있다는 사실 때문에 매우 곤혹스러워한다. 이를 두고 많은 학자들이 편집자의 실수라는 식으로 이 문제를 처리하려고 한다. 이러한 주장은 제1부가 여기서 끝나는 것으로 보는 견해가 적절치 않다는 것을 반증해 준다. 이러한 주장은 요한의 구조 상징코드를 제대로 보지 못한 결과에 다른 당연한 귀결이다. 여기서 주목해야 할 것은 잘 어울리지 않는 이 대목을 요한은 왜 이곳에 배치했느냐 하는 것이다. 뒤에서 보겠지만 요한은 9장과 교차대구를 이루게 하려는 의도로 이 대목을 이곳에 배치했다는 것이 필자의 생각이다.

(2) 구조에 대한 필자의 견해

본서를 하나의 건물로 볼 때 기존의 주장은 조화와 균형의 원칙에도 맞지 않다. 필자는 본서의 구조를 11장까지를 제1부로 보고, 12장부터를 제2부로 보려고 하는데, 그 까닭은 이러하다. 첫째, 전반부의 일곱 표적이 11장(나사로의 소생 사건)으로 끝나고 있다. 둘째, 절기 상징코드에서 이미 언급했듯이 요한은 마지막 유월절이 시작되는 12장부터 그 이전에 사용된 시간 용어(막연한 시간 언급)와 12장 이후에 사용된 시간 용어(구체적 시간 언급)를 구분하여 사용하고 있다는 점이다. 셋째, 요한은 영광 주제와 관련하여 중요하게 취급하는 예수의 "때"에 대해 12장 이전까지는 "그때가 아직 오지 않았다"고 말하나 12장에서 "그때가 왔다"(23절)고 말함으로써 12장부터 제2부가 시작된다는 것을 암시해 주고 있다.

넷째, 요한은 12:1-8에서 마리아가 예수님의 죽음을 예비하는 뜻으로 예수님의 발에 향유를 부어 씻기는 장면과 13:1-11에서 예수가 제자들의 발을 씻기는 장면을 상응시키고 있다. 다섯째, 12장 전체의 내용이 예수님의 수난을 말하고 있는데, 특히 예수님의 예루살렘 입성(12:12-19)으로부터 후반부가 시작되는 것으로 보는 것은 자연스러운 구분이다. 여섯째, 12장이 둘(1-36절/37-50절)로 나누어지는 결정적 단서는 12장 36까지는 구약성서가 "기록된 바……과 같더라(καθὼς γεγραμμένον)"의 형태로 인용(2:17; 6:31,45; 10:34; 12:14; 비교 1:23; 7:38; 7:42)되는 데 반해, 12장 37절 이하부터는 "말씀(구약성경)을 응하게 하여 함이라(ἱνα πληρωθη)" 형태로 인용(12:38; 15:25; 17:12; 19:24; 19:36; 비교 19:28)되고 있다.

일곱째, 12장의 전반부(1-36a절)는 11:45부터 시작되는 고난 이야기의 계속이다. 그리고 후반부(36b-50절)는 표적의 책의 결론이라기보다는, 예수의 표적을 믿는 자를 오히려 회당에서 출교시키는 바리새인들을 향하여 이사야의 글을 인용하여 저들의 불신앙(영적 소경)을 책망하면서 빛으로 세상에 오신 예수님을 증거하는 내용으로 되어 있다.

이것은 철저히 9장의 태생소경 치유표적에 상응하는 내용으로 표적을 보고도 예수를 믿지 않는 유대인들의 불신앙(영적 소경)에 대해 말하고 있다.

여덟째, 결정적으로 중요한 사실은 요한이 의도적으로 "출교"라는 용어를 사용하고 있다는 점이다. "출교"라는 말은 유대 기독교인들이 유대 회당으로부터의 축출당하는 요한 공동체의 박해 상황을 알려주는 중요한 용어이다. 이 용어는 요한복음에 단 3회(9:22; 12:42; 16:2)가 나오고 있다. 9장이 출교(22절) 상황을 말하고 있으며, 마찬가지로 12장 후반부가 또한 출교(42절) 상황을 말하고 있다. 따라서 지금까지의 고찰을 통해 12장부터 제2부가 시작되는 것으로 보는 것이 자연스럽다.

(3) 논문의 삼중 구조와 본론의 7중 구조

대부분의 학자들은 본서의 목적을 밝히고 있는 20:31을 본서의 결론으로 보고, 21장은 후대의 첨가된 부록 혹은 후기 정도로 다루면서 중요치 않은 장으로 취급하고 있다. 그러나 21장은 비록 후대에 본론에 첨가된 장이라고 하더라도 현재의 복음서 안에서 21장은 대단히 중요하다. 그 까닭은 21장은 본서의 결론이자 사복음서의 결론 역할을 하고 있으며, 또한 21장은 '예수사랑'이라는 중요한 주제를 다루고 있기 때문이다. 대부분의 논문은 삼중 구조, 즉 서론, 본론, 결론으로 되어 있다. 현재의 복음서는 논문의 삼중 구조에 따라 1장은 서론, 2-20장은 본론, 21장은 결론에 해당하는 구조이다. 여기서 한 가지를 첨언하면 본서를 논문으로 볼 경우 요한복음은 3개의 종결어를 가진 책으로 구성되어 있다는 사실이다(11:54-57; 20:30-31; 21:24-25).

한편 본론(2-20장)은 '7중 구조(메노라-촛대)', 즉 11장(부활)을 중심으로 교차대구구조(A-B-C-D-C'-B'-A')로 되어 있음을 볼 수 있다.

A. 2-3장 (2장[부활]-3장[십자가])

전환장: 4장(교회론)

B. 5-8장(대논쟁)

C. 9-10장(9장[신앙과 불신앙]-10장[십자가])

D. 11장[부활]

C' 12장(12:1–36[십자가]–12:37–50[신앙과 불신앙])

B' 13–16장(고별 설교)

전환장: 17장(교회론)

A'. 18–20장(18–19장[십자가]–20장[부활])

(4) 교차대구구조(이중 구조)

유대인들은 문장을 쓸 때 그들만의 독특한 문장 기법을 가지고 글을 쓰는 관습을 가지고 있다. 히브리시의 특징 가운데 '평행법(parallelism)'이라는 것이 있다. 히브리인들은 반복을 좋아하는데, 줄과 줄의 관계를 맞추는 것을 '평행법'이라고 말한다. 유대인인 요한은 이 같은 히브리인의 문장 기법을 잘 알고 있었다고 여겨진다.

요한은 복음서를 쓰면서 전체 구조를 신학적 주제에 의거하여 교차대구구조로 구성하는 방식을 썼다. 원래 교차대구구조는 일정한 작은 단위에 사용하는 방식으로 주로 사용된다. 그런데 요한은 작은 단위뿐만 아니라 큰 단위, 즉 본서 전체를 신학적 주제에 따른 장과 장간의 교차대구구조를 사용하였다. 따라서 그가 사용한 교차대구는 기계적인 교차대구 방식이라기보다는 창의적인 교차대구 방식이라고 해야 할 것이다.

요한은 전체 21장을 11장을 중심으로 1장=21장, 2장=20장, 3장=19–18장, 4장=17장, 5장=16장, 6장=15장, 7장=14장, 8장=13장, 9장=12:37–50, 10장=12:1–36 이런 신학적 주제에 따라 상응하게 장들을 배열했다. 여기서 3장이 19–18장과 상응한다는 것은 이 두 장이 빌라도와의 대화(18:28–19:16)를 중심으로 나누어질 수 없다는 것과 "천국"이라는 신학적 주제로 서로 상응관계에 있기 때문이다. 그리고 9–10장이 각각 12장의 전반부(1–36절)와 후반부(37–50절)에 상응한다.

(5) 다섯 차례의 하강 구조(갈릴리 지향적 복음서)

공관복음의 지리적 구도는 예수님의 생애를 '한 번의 유월절'에 의한 구도로 그리고 있다. 이에 반해 요한복음의 지리적 구도는 예수님의 생애를 '세 번의 유월절'에 의한 구도로 그리고 있다. 일반적으로 예수님의 공생애를 1년이 아닌 3년으로 보는 것은 요한에 따른 것이다. 공관복음은 갈릴리에서 사역을 시작한 예수님이 유월절에 예루살렘에 올라가 십자가에 죽임을 당하는 선적인 구도로 되어 있다. 이에 반해 요한복음은 성육신적 하강 구도에 이어, 세 차례의 유월절을 예루살렘에서 시작해서 갈릴리로 끝나는 구도로 그리고 있다. 나아가 예루살렘에서 부활한 예수가 갈릴리로 내려가는 21장의 하강 구도를 포함하여 요한복음 전체를 다섯 차례의 하강 구도로 그리고 있다는 점이다. 이를 정리하면 다음과 같다.

첫 번째-하늘(영원)에서 땅(시간)으로(성육신 사건, 1:1-18)
두 번째-유대(예루살렘)에서 갈릴리로(1:19-2:12)
세 번째-유대(예루살렘)에서 갈릴리로(2:13-4:54)
네 번째-유대(예루살렘)에서 갈릴리로(5:1-7:9)
(예루살렘 활동기: 7:10-20:29)
다섯 번째-유대(예루살렘)에서 갈릴리로(21:1-23)

이 같은 다섯 차례의 하강 구도는 일관된 '지리 상징코드'를 보여주고 있다. 불트만을 비롯한 많은 학자들이 현재의 요한복음은 시간적으로나 지리적으로 잘 정리되어 있지 않고 혼란스럽기에 본문의 순서를 바꾸어 읽어야 더 잘 이해가 된다(가령, 4-6-5-7장 순으로)는 소위 '위치 변동설(Theory of Displacement)'을 주장하였다. 그러나 그들의 주장은 요한의 '지리 상징코드'를 이해하지 못한 무지와 불신앙의 소치이다.

요한복음은 예루살렘에서의 예수의 활동을 많이 다루고 있다. 그래서 얼핏 보기에 요한복음은 '예루살렘 중심적 복음서'라는 인상을 갖게 한다. 그런데 위에 분석에서 볼 수 있듯이 지리적인 관점에서 예수의 행적을 살펴보면 "유대(예루살렘)에서 갈릴리로" 또는 "하늘에서 땅으로", 즉 "위에서 아래로의 지향"으로 되어 있다. 예수에게 있어서 유대(예루살렘)라는 곳은 근본적으로 유대인들과의 끝없는 논쟁의 장소요 수난과 죽음으로 점철된 장소이다(예루살렘에서 부활하기는 하지만 그것은 갈릴리를 향한 포석의 성격을 갖는다). 이에 반해 갈릴리는 예수가 일곱 표적 중 네 개의 표적을 행한 곳이자, 부활하신 후 갈릴리로 내려갔듯이 궁극적으로 지향하고자 하는 장소이다. 따라서 전체 구조면에서 보면 요한복음은 갈릴리(아래)로의 지향을 보여주는 '갈릴리 지향적 복음서'이다.

여기서 다섯 차례의 하강 구조는 모세 오경을 염두에 둔 배열로 생각해 볼 수 있다. 더욱 중요한 것은 이러한 다섯 차례의 하강 구조가 갖고 있는 요한의 메시지이다. 요한복음에 나타난 예수의 행적에 대한 이 같은 묘사는 결코 우연이라고 볼 수 없는 분명한 신학적 의도가 깔려 있다. 즉 요한은 이 같은 묘사를 통해 '성육신적 (내리)사랑'이라는 하나님의 사랑을 보여주시고자 한 것이 아닐까! 성육신적 (내리)사랑을 가장 잘 보여주는 대목이 복음 중의 복음이라는 3:16의 말씀이다. 요한은 이를 통해 주님(하나님)의 사랑은 내려가는 것, 즉 내리사랑의 특징을 가지고 있다는 분명한 메시지를 전하고 있다.

3) 요한복음의 방법론

요한이 복음서를 신학 논문적 성격의 책으로 썼다면, 어떤 방법론을 사용하였을까? 세 가지 주요 방법론을 썼다는 것이 필자의 생각이다. 그것을 차례로 살펴보고자 한다.

(1) 부활의 신학(복음)

요한복음은'부활의 신학(복음)에 대한 묵상의 산물'이다. 요한은 자료를 단순히 사건이 일어난 시간별로 배치한 것이 아니라 자신의 신학적 의도에 따라 재구성했다. 그 가운데 가장 중요한 특징은 기독교의 머릿돌을 부활로 보았다는 점이다. 기독교 복음의 두 기둥은 '십자가와 부활'인데, 서구 기독교(개신교)는 지난 2천 년 동안 '부활의 신학'보다 '십자가 신학'을 강조해 왔다. 이에 대해 요한은 기본적으로 기독교의 머릿돌(기준과 방향을 잡는 돌)은 십자가보다 부활에 있다고 보았다. 그리하여 요한은 '구조(주제)상징코드'를 사용하여 부활의 관점에서 복음서를 재구성하였다. 즉 예수 부활의 예표가 되는 11장의 나사로의 소생 사건을 정가운데 배치하고 부활과 관련된 2장과 20장을 본론(2-20장)의 처음과 끝에 배치함으로써 본서를 부활의 관점에서 구조화시켰다.

그렇다면 요한은 왜 부활을 강조하였을까? 그 배경은 이러하다. 종교적(유대교)으로는 '모세의 영광', 정치적(로마제국)으로는 '로마의 영광' 또는 거짓 평화인 '로마의 평화(Pax Romana)'가 판을 치는 시대 속에서 '하나님의 영광'과 '그리스도의 영광' 또는 '그리스도의 평화(Pax Christi)'를 드러내야 할 필요성이 절실해졌다. 즉 로마 식민지 상황 아래에서 예수를 믿는다는 이유로 유대 사회로부터 박해를 당하고 유대 회당으로부터 출교를 당하는 상황에서 생존을 위한 대책이 절실히 필요했다. 여기서 요한이 결정적으로 꺼내든 무기가 바로 '부활의 신학(복음)'이었다. 요한이 부활의 신학을 붙들 수밖에 없었던 것은 그가 처한 자리가 '묵시문학적 고난과 악에 직면한 상황'이었기 때문이다. 신앙의 의인이 핍박과 순교를 당하는 상황에서 그 상황을 능히 이길 수 있는 길은 이미 고난을 이기고 승리하신 부활의 주님에 대한 능력을 믿고 의지하는 길밖에 없었기 때문이다.

주후 1세기 유대교적 상황에서 '부활'은 세상 나라들을 전복시키고, 다가올 새 시대로서의 하나님 나라(천국)의 승리를 말하는 혁명적 교리요 묵시문학적 종말론 교리였다. 예수님의 엄숙한 기도의 핵심은 "하나님의 나라가 임하시고 하나님의 뜻이 하늘에서와 마찬가지로 땅에서도 이루어지이다"였다. 초기 기독교 운동은 유대인의 민족주의적 운동이나 사사로운 종교적 체험이 아니라 나사렛 예수가 죽은 자로부터 몸으로 부활하였다는 부활 신앙 운동이었다. 왕적인 메시아, 세상의 참된 주로서의 예수 신앙(행 2:36; 롬 1:3-5)은 부활신앙 위에 세워졌다. 부활은 예수가 하나님의 아들이라는 것, 이스라엘의 종말론적 소망이 성취되었다는 것을 의미한다. 이러한 의미로 해석된 부활은 초기 기독교인들을 당시의 다른 유대교 집단들, 특히 유대 당국자들의 충돌을 피할 수 없게 되었다.

'예수의 부활'은 땅의 영광인 모세의 영광과 로마의 영광을 뒤집어엎고(5:41-44; 12:43), 하늘의 영광인 그리스도(하나님)의 영광을 드러내었다(7:18; 11:4). '예수의 부활'은 삶 자체가 위태롭고 생존이 위협받는 상황에서(9:22; 12:42) 잠시 잘 사는 것이 아니라 영원히 사는 삶(영생)을 가져다주었다(11:25-26; 12:50). 또한 '예수의 부활'이야말로 근심과 두려움에 떨고 있는 제자들(요한공동체)에게 세상이 주지 못하는 평안을 주는 동시에(14:27) 세상에서는 환난을 당하나 이 세상을 이기는 담대함을 가져다주는 힘이 되었던 것이다(16:33).

이렇듯 예수의 부활 사건은 유대교와의 차별성이 가장 극명하게 드러나는 결정적인 사건이자, 로마 제국 하에서 요한공동체가 직면한 시대적인 문제를 해결하고 나아가 기독교의 정체성을 확립할 수 있는 가장 확실한 토대였다. 결국 요한복음은 당시의 상황에서 "예수의 부활에 대한 깊은 묵상을 통해 나온 결과물"이다. 본서에 나타난 '로고스 기독론'이나 '십자가 신학'도 '부활의 신학(복음)'의 빛에서 해석된 것이다. 따라서 그 동안 본서에서 '로고스 기독론'이나 '십자가 신학'을 우선적으로 강조한 주장들은 재고되어야 한다.

(2) 구약적(히브리적) 배경

요한복음은 '구약적(히브리적) 배경으로 절여져 있는 책'이다. 요한복음의 사상적 배경을 헬라적 배경을 우선하거나 구약적(히브리적) 배경과 헬라적 배경의 혼합으로 보려는 시도에 대해 요한복음은 그 어떤 복음서보다 구약적(히브리적) 배경에 짙게 물든 복음서라는 것이 필자의 생각이다. 과거에는 다드와 불트만의 영향으로 요한복음의 사상적 배경으로 헬라사상, 특히 '영지주의(Gnosticism)'가 강조되기도 했다. 그러나 최근에 와서 요한복음 연구의 일반적 경향은 오히려 구약적(히브리적) 배경이 요한복음을 보다 잘 이해할 수 있는 틀(framework)임을 인정하고 있다.

당시가 헬라 문화적 상황 아래 있었고, 헬라어로 기록된 요한복음서에 어찌 헬라적 영향이 없다고 말할 수 있겠는가. 하지만 요한복음에서 헬라적 영향은 무시해도 좋을 만큼 지엽적이고 미미하다. 그 동안 요한복음을 헬라적 배경과 히브리적 배경의 혼합물로 취급함으로써 요한복음 이해를 어렵게 하고 혼란스럽게 했다는 것이 필자의 주장이다. 즉 헬라적 사상 배경은 외피에 지나지 않고, 본질은 히브리적 사상 배경 하에 있음을 분명히 해야 할 것이다.

'말씀'(1:1, 14)으로 번역된 헬라어 '호 로고스(ὁ λόγος)' 어휘는 헬라철학에서 차용해 왔을 뿐 헬라철학에서 널리 사용된 개념과는 의미가 근본적으로 사뭇 다르다. 즉 이 어휘는 헬라철학이 의미하는 무질서한 세계를 지탱하는 질서의 원칙이나 합리적 이성의 총체를 지칭하지 않는다. 오히려 로고스가 육체를 입었다는 것(1:14)은 '육체를 부정하는 헬라철학'과 '영지주의(신비한 지식을 믿음으로써 육체의 제한으로부터 탈피할 수 있음)'에 대한 전격적 반격이다. 이 어휘는 기본적으로 신명기 1:1에 근거한 것이며, 말씀의 대언자인 모세나 예언자들의 '말씀'에서 차용하여 쓴 어휘이다. 따라서 철저히 히브리적 배경을 갖고 있다.

또한 요한이 사용한 일곱 표적은 창세기의 7일간의 창조와 상응한다. 요한은 많은 표적 가운데 일곱 표적만을 의도적으로 선택하여 이를 유대교의 안식일을 대치한 기독교의 부활을 말하는 상징으로 사용하였다. 또한 요한이 사용한 일곱 '에고 에이미 '말씀은 성막(성전)의 일곱 주요 기구에 상응한다. 요한은 일곱 '에고 에이미' 말씀을 사용하여 구약의 성전과 제사 제도를 대치하러 오신 예수를 말하는 상징으로 사용하였다. 아래에서 자세히 살펴보겠지만 요한이 사용한 상징코드가 모두 구약적(히브리적) 배경과 깊이 관련되어 있다.

그렇다면 왜 요한은 구약적(히브리적) 사상 배경으로 본서를 기술했을까? 무엇보다도 저자 요한이 팔레스틴 유대인으로서 구약적(히브리적) 문화-종교적 배경 하에서 자란 사람이기 때문이다. 수천 년 동안 내려 온 히브리 문화와 종교 전통이 몸에 밴 유대인들이 그 '히브리 문화와 종교 전통(헤브라이즘)'을 바꾼다는 것은 생각처럼 쉬운 일이 아니다. 베드로는 복음의 정신, 곧 모든 장벽과 차별을 넘어서는 복음의 진리를 잘 알고 있었으면서도 유대인으로서 그것을 넘어선다는 것이 얼마나 어려운가를 우리에게 실감나게 보여주었다(행 10:9-16; 갈 2:11-16).

무엇보다도 유대교와의 갈등 상황에서 유대교보다 뛰어난 기독교를 말하기 위해서는 기독교인뿐만 아니라 유대인들도 알아들을 수 있는 효과적인 언어로 이를 표현해야 했다. 그것의 가장 구체적인 실례가 아래에서 다룰 일곱 상징코드이다. 이것은 철저히 구약적(히브리적) 사상 배경 아래에서 나왔다. 그런 의미에서 본서는 철저히 구약적(히브리적) 사상 배경을 지니고 있고, 그 빛 아래에서 해석할 때 그 의미가 분명하게 드러난다.

(3) 역사의 해체와 재구성

베토벤(Beethoven, 1770-1827)은 "더욱 아름답기 위해서라면 범하지 못할 규칙이란 하나도 없다"라는 말을 했다. 요한은 주님을 보다 잘 드러내기 위하여 역사의 해체와 재구성'이라는 방법을 철저히 사용하였다. 여기서 역사(歷史)란 시간(時間), 공간(空間), 인간(人間)이라는 삼간(三間)으로 구성되어 있다. 이 중에서 하나라도 빠지면 그것은 '역사'라고 말할 수 없다. 역사란 일어난 사실이나 사건에 대한 '단순한 기록'이 아니라 그것에 대한 '의미있는 해석'이다. 공관복음은 각 복음서 저자에 의해 의미 있는 해석이 들어간 역사적 작품이다. 요한은 앞선 공관복음을 기반으로 하여 또 다시 적극적으로 재해석을 시도하였다. 즉 요한은 차원이 다른 복음서를 쓰기 위해 기존의 공관복음에 나타난 역사, 즉 시간, 공간, 인간을 해체하고 재구성하였던 것이다.

가령 요한은 시간(절기)을 해체한'절기 상징코드'를 사용하여 공관복음에 나타난 1년짜리 유월절 복음서와는 다른, 3년짜리 유월절 복음서로 재구성하였다. 또한 공간(장소)을 해체한 '지리 상징코드'를 사용하여 가나와 가버나움을 대조시켜 가나를 신앙의 장소로,

가버나움을 불신앙의 장소로 재구성하였다. 또한 인간(인물)을 해체한 '인물 상징코드'를 사용하여 세례 요한을 모세와 같은 운명공동체로 보고 요단 동편(사망과 멸망의 땅)에서만 사역하는 존재로 그렸다(이 문제에 관해서는 아래의 '일곱 상징코드'를 참조하라).

20세기 초엽인 1905년, 미술과 과학의 세계에서 동시에 일대 혁명적 사건이 일어났다. 먼저 미술에서 보면 화가 피카소(Pablo R. Picasso, 1881-1973)는 1905년 〈아비뇽의 처녀들〉이라는 사방 6m 되는 대형 그림을 그리기 시작하여 1907년에 완성하였다. 이 그림은 르네상스 이래 계속되어 온 회화의 법칙을 파괴하고 '큐비즘(입체파)'이라는 새로운 미술 사조를 탄생시켰다. 피카소는 인체를 기하학적으로 변형하고 전통적인 원근법을 완전히 부정했으며, 종래의 명암법과 채색법을 무시했다. 미술의 기존 질서를 허문 혁명이었다. 이전까지는 자연이나 사물, 인간을 있는 그대로 그리는 것을 회화의 목적으로 생각했다. 그런데 19세기 이후 사진술이 발달하면서 있는 그대로를 재현하는 것이라면 사진이 보다 더 잘할 수 있게 되었다. 회화의 목적이 달라져야 할 필요성이 대두된 것이다. 그래서 피카소는 있는 그대로의 3차원에 묶여 있는 '시공인(時空人)'을 해체하고 새로운 차원의 입체적 재구성을 시도했고, 이는 결국 20세기 추상미술이라는 새로운 차원의 미술사를 개척하는 전기를 마련했던 것이다.

한편 물리학계에서는 1905년 아인슈타인(Albert Einstein, 1879-1955)이 특수 상대성 이론을 발표하였다. 이는 인류가 유사 이래 지녀 왔던 시간과 공간 개념을 파괴하는 혁명적 사건이었다. 특수 상대성 이론은 시간과 공간이 별개이며, 절대적이라고 생각하던 종래의 인식은 잘못된 것이라는 이론을 담고 있었다. 1916년 아인슈타인은 일반 상대성 이론을 발표하였고, 그의 주장은 3년 후인 1919년 5월 29일 영국 런던 왕립학회의 일식 관측팀이 태양의 표면을 지나는 별빛이 뉴턴 물리학으로 계산한 것보다 두 배나 더 휘어지는 것이 확인되면서 입증되었다. 아인슈타인은 시간과 공간은 서로 깊은 관련을 맺고 있는 상대적인 것이라며 시간과 공간을 하나로 묶는 새로운 개념을 제창했다. 종래의 3차원 공간 대신 시간을 또 하나의 좌표축으로 하는 4차원의 공간을 제시하고 이를 '시공간(時空間)'이라고 불렀다.

상대성 이론은 물리학의 발전에 결정적인 영향을 미쳤을 뿐 아니라 자연과 우주에 대한 현대인의 인식을 바꾸어 놓았다. 공간과 시간이 고정 불변의 것이 아니라 물질세계의 운동에 따라 달라지는 상대적인 개념이라는 것을 알게 한 것이다. 이런 생각은 자연과학에 그치지 않고 절대성이 사라진 20세기 사상 전반에 모태가 되었다. 훗날 그의 비서가 기자들에게 상대성 이론을 어떻게 설명하면 좋겠느냐고 묻자 그는 이렇게 대답했다. "공원 벤치에 앉아서 아름다운 여성과 지내는 한 시간은 1분처럼 느껴지고, 뜨거운 난로 위에 앉아 있는 1분은 한 시간처럼 느껴진다." 상대성 이론은 종교에도 영향을 미쳐 이제 그 어떤 종교도 자신의 종교를 절대적인 종교라고 주장할 수 없게 되었다. 그 결과 비교종교학과 종교 다원주의 사상이 대두하게 되었다. 이런 상황하에서 '예수의 유일성'을 말해야 하는 기독교는 그것을 어떻게 설득력있게 말해야 하는 과제를 떠안게 되었다.

그런데 놀라운 사실은 요한은 피카소나 아인슈타인보다 무려 1800년이나 앞서 그 같은 작업을 했다는 사실이다. 요한은 역사의 해체와 재구성을 통해 그보다 앞선 세 복음서(공관복음서)와는 차원이 다른 새로운 복음서를 썼다. '복음서의 큐비즘', '복음서의 상대성 이론', 이것이 요한복음이다. 공관복음서조차도 연대기적인 객관적 역사를 기록한 것이 아님은 더 이상 재론할 필요가 없는 학계의 정설이다. 그런데 요한복음은 바로 이 같은 공관복음을 해체하고 재구성한 복음서이다. 기존의 요한복음 연구의 빗나감이나 피상성은 요한복음이 공관복음서를 해체하고 신학적 의도에 따라 재구성된 복음서라는 사실을 제대로 파악하지 못한 데서 비롯되었다고 해도 지나친 말은 아니다.

(3) 요한복음(John)

6. 묵시 문서로서의 요한복음 – 일곱 상징코드

예수가 활동했고 요한이 복음서를 쓴 주후 1세기는 로마 제국의 식민 지배하에 있던 '묵시의 시대'였다. 당시에 일반인들은 묵시문학 작품에 속하는 다니엘서를 즐겨 읽었다고 한다. 그 까닭은 다니엘서가 야웨께서 '네 번째 제국(로마)'을 패배시키고 고난 받는 백성을 신원할 것이라는 내용을 담고 있기 때문이다. 요한계시록은 신약성서 중 유일한 '묵시문학'에 속하는 문서로 불리고 있다(계시록과 요한복음의 묵시문학적 특성에 대해서는 아래 〈요한계시록(2)〉의 '변주된(실현된) 묵시문학으로서의 요한문헌'을 참조할 것).

구약시대 예언문학에 이어 나타난 묵시문학은 인간의 이성와 신앙의 논리로는 납득할 수 없고 설명할 수 없는 비극적인 역사적 현실, 악한 세력이 선을 누르고 억압하는 듯한 부조리한 상황, 역사에 대한 모든 희망이 단절된 듯한 절망적 상황, 구체적으로는 바벨론 포로 이후의 역사적 삶의 자리에서 배태되고 배양되었다(〈구약개관의 '다니엘서' 참조).

묵시문학이란 말의 어원은 헬라어의 '아포칼립시스(ἀποκαλύψις)'다. 원래 '아포칼립시스'라고 하는 헬라어는 '아포(απο)'라는 접두사와 '칼립토(καλυπτω)'라는 단어가 결합하여 형성된 말이다. '아포'는 영어의 'off'에 해당하는 말로 '분리'를 뜻하고, '칼립토'는 'cover'로 씌우개 혹은 덮개를 의미한다. 그러므로 '아포칼립시스'란 '덮개를 벗긴다'는 뜻이 된다. 여기서 덮개란 비밀을 감추어 두기 위해서 씌워둔 것이다. 비밀이란 세계사에 대한 하나님의 숨겨진 계획이다. 이 계획이 실현되는 날이 종말의 때다.

묵시문학의 주제와 특징을 간단히 말하면 다음과 같다. 익명성(가명성), 상징성, 환상적인 요소들, 이원론과 두 시대 교리, 보편주의, 사람의 아들 개념, 심판, 부활, 종말론, 우주론 등의 주제와 특징이 나타난다. 지난 세기 이후 모든 신약 문서들은 묵시문학적 배경하에서 쓰여진 작품이라는 것이 거의 모든 신약학자들의 일치된 견해이다. 그런데 아이러니한 것은 요한계시록에 대해서는 묵시문학적 특징을 적용하는 데에 열을 올린 데 반해, 요한 문헌에 속하는 요한복음이 '묵시 문서'라고 하는 것에 대해서는 거의 관심을 기울이지 않았다. 이것은 요한복음 이해에 대한 결정적인 실패로 귀결될 수밖에 없었다는 것이 필자의 생각이다.

구체적으로 예를 들어보자. 묵시문학의 특징 중 가장 두드러지게 나타나는 것이 익명성(가명성)과 상징성(비밀 암호)이다. 요한 저자가 자신의 실명을 밝히지 않고 '애제자'로 표현한 것은 그 무엇보다도 묵시문학적 특징인 '익명성(가명성)'에 기인한다고 보아야 한다. 그냥 이름을 밝히지 않는 것이 더욱 의미가 있기 때문이라기보다는 식민지 상황에서 전복성을 띤 불온 문서(정치적이든 신학적이든)에 해당하는 책이나 글을 쓴다는 것은 참으로 위험하기 짝이 없는 일이기 때문이다. 따라서 실명보다는 익명(가명)으로 쓰는 것이 신변 안전에 지혜로운 일이었기에 익명(가명)을 썼다고 보아야 할 것이다.

또한 우리가 독재 시절에 경험했듯 직설적으로 말하면 신변에 큰 위험을 당하기에 비어나 은어를 사용해서 책이나 글을 쓰곤 했다. 마찬가지로 박해가 심했고 심지어 순교가 계속되는 상황에서 필자들은 암호(기호)와 같은 다양한 상징 언어로 표현할 수밖에 없었다. 요한계시록처럼 요한복음이 얼마나 다양한 '상징코드('코드'란 '숨겨진 비밀 기호'를 말한다)'를 사용하고 있는지를 알게 되면 요한복음이 '묵시 문서'라는 사실에 놀라움을 금치 못할 것이다.

요한은 하나의 메시지를 드러내기 위해 여러 개의 조각으로 나눈 '분할 암호' 표현 기법을 사용하고 있다. '유대교의 안식일'을 '기독교의 주일'로 대체하는 하나의 메시지를 드러내기 위해 일곱 개의 표적으로 나누는 '분할 암호' 표현 기법을 사용하고 있는 것이 그 좋은 예이다.

지난날 일부 학자들이 요한복음에 많은 상징이 있다는 사실을 알고 있었다. 하지만 요한복음이 '묵시 문서'라는 사실에 깊이 천착하지 못했기 때문에 상징에 대한 피상적 이해에 머물고 말았고, 심지어는 많은 빗나간 해석들을 해 왔다. 요한은 참 진리를 드러내기 위한 수단으로 상징 기법을 사용하여 문서 전체를 정형화(구조화)함으로써 완벽한 걸작품으로 만들었다. 따라서 요한의 상징코드는 요한복음을 이해하는 열쇠가 된다. 그리고 그것을 제대로 이해할 때라야 요한복음이 왜 차원이 다른 복음서인가를 알게 될 것이며, 그가 말하고자 하는 메시지와 그 속에 담긴 깊은 진리와 감동을 맛볼 수가 있다.

논의의 이해를 돕기 위해 상징코드를 말하기에 앞서 '천재와 범인의 차이'는 무엇일까를 생각해 보자. 필자는 그것을 한마디로 '차원이 다른 차이'라고 말하고자 한다. 범인은 서로간에 약간의 차이가 나지만 그 차이는 '도토리 키재기'이다. 그러나 범인과 천재의 차이는 차이가 아닌, 차원이 다르다는 데 있다. 가령 3차원이 그리는 기하학적 도형은 삼각형이며 평면이라는 공간 안에 있다. 큰 삼각형이든 작은 삼각형이든 삼각형은 모두 3차원에 속하는 평면일 뿐이다.

그런데 한 차원을 높여 4차원이 그리는 기하학적 도형은 삼각뿔이 되고 입체가 된다. 아무리 작은 삼각뿔이라도 그것은 3차원의 삼각형과 다른 기하학적 도형, 즉 입체이다. 한 차원이 달라졌는데, 공간은 4배가 된다. 범인이 3차원에 속하는 사람이라면, 천재는 한 차원이 높은 4차원의 사람이라고 할 수 있다. 그 한 차원이 다름으로 해서 평면과는 전혀 다른 모습인 입체가 되고, 그 결과는 천양지차로 나타난다. 차원이 다른 차이, 이것이 바로 범인과 천재와의 차이이다.

이것이 '상징'이라는 어휘에 적용하여 보자. 3차원에 속한 범인들은 주로 사실을 말하는 데 그치고 상징을 잘 사용할 줄 모른다. 상징을 사용하더라도 그것을 평면적인 일차원적 의미, 물리적이고 현상적인 의미, 즉 표층적 의미로 사용할 뿐이다. 이에 반해 천재들은 상징을 잘 사용할 뿐더러 다양하게 사용함으로써 입체적이고 다차원적 의미, 즉 매우 심오한 심층적인 의미를 지니도록 표현한다. 가령 공관복음서는 예수를 3차원의 세계, 즉 '땅에서 태어나 십자가 위에서 죽는 존재'로 그리고 있다. 이와 달리 요한복음서는 한 차원이 다른 4차원의 세계, 즉 '하늘에서 내려와(성육신) 지상에 살다가 하늘로 돌아가는 존재'로 그림으로써 전혀 차원이 다르게 그리고 있다.

요한은 독특한 상징코드 기법을 사용하여 한 차원이 다른, 상징의 의미를 드러내주고 있다. '원 속의 원'이 있는 것처럼 '상징 속에 상징'이 들어 있는 식으로 상징을 다차원적으로 사용하고 있다. 아래에서 다시 다루겠지만 '말씀 상징코드', 즉 예수의 자기 정체와 신분을 표현한 일곱 개의 '에고 에이미(나는……이다)' 용법은 하나하나가 주는 상징적 의미도 있지만 그 일곱을 다 종합하면 또 다른 의미를 나타내 주고 있다(성전과 제사를 대치하는, 즉 유대교를 대치한 예수). 이렇듯 요한은 상징을 다차원적인 의미로 사용하는 천재성을 발휘하였다. 그러면 아래에서 '일곱 상징코드'를 차례로 살펴보자.

1) 숫자(횟수) 상징코드

일곱 상징코드는 모두 기본적으로 숫자(횟수) 상징코드에 기초하고 있다. "만물은 수(數)다"라고 말한 피타고라스(주전 570년경) 학파 이후 숫자에 대한 관심은 비단 수학에서만이 아니라 모든 학문의 주요 관심사가 되었다. 특히 유대인은 숫자에 대한 관심이 유별나다. 유대인이었던 요한은 숫자에 아주 관심이 많았을 뿐만 아니라 자신이 말하고자 하는 의도를 '수의 상징학(gematria)'을 통해 표현하였다. 가령 318명(창 14:14)은 "하나님은 나의 도움이시라"라는 뜻의 히브리어 '엘리에젤(318=1+30+10+70+7+200 , אליעזר)을 상징하는 숫자이다.

(1) 숫자 3의 상징적 의미

숫자 3은 두 가지 의미를 가진다. 첫째, '부활'의 의미를 가진다. "사흘째 되던 날"(2:1)과 "안식 후 첫날"(20:1)은 3이라는 숫자가 갖는 부활의 의미를 잘 보여준다. 둘째, '더 이상은 없다', '끝'이라는 뜻의 '온전함'의 의미를 갖는다. 말씀(로고스)(1:1), 그 선지자(1:26; 6;14; 7:40), 메시아(1:41[×2], 4:26), 디베랴(6:1,23; 21:1), 만나(6:31,49,58), 열두 제자(6:66,70,71), 세 차례의 유월절(2:13; 6:4, 11:55), 카이로스(7:6[2회],8), 출교(9:22; 12:42; 16:2), 부활과 관련된 세 명의 마리아(예수의 어머니, 나사로의 누이, 막달라 마리아), 니고데모와 관련된 장(3장, 7장, 19장), 이 세상의 임금(12:31; 14:30; 16:11), 베드로의 예수 부인(13:38)과 목양 사명(21:15-17), 십자가 명패에 쓰인 세 나라 말(19:20), 부활하신 주님 세 번 나타나심(21:14), 세 개의 종결어(11:54-57; 20:30-31; 21:24-25) 등.

(2) 숫자 5의 상징적 의미

숫자 5는 모세(오경) 또는 유대교를 상징하는 대표적인 숫자이다. 새 모세 또는 유대교를 대체하신 예수님은 5라는 숫자와 긴밀하게 관련되어 나타난다. 포도주(2:1-10), 유월절(5×2=10회; 2:13,23; 6:4; 11:55[2회]; 12:1; 13:1; 18;28,39; 19:14), 니고데모(3:1,4,9; 7;50; 19:39), 산(4:20,21; 6;3,15; 8:1), (하나님) 나라(3:3,5; 18:36[3회]), 히브리말로(5:2; 19:13, 1720; 21:16), 수군거리다(6:41,43,61; 7:12,32), 열두 제자(6:13,67,70,71; 20:24), 고별 설교(13-17장), 성령 대목(14:16-17,26-27; 15:26; 16:7-11,13-14), 5개의 절기(유월절, 오순절, 초막절, 수전절, 안식일), 1장의 5중구조, 본론(2-20장)의 5중 구조, 애제자 대목(13:23-26; 19:25-27; 20:2-10; 21:7; 21:20-24), 진리(5x5=25), 진실로 진실로(5x5=25회), 하늘로부터(5x2=10회; 6:31,32[×2],33,38,41,42,50,51,58), 계명(5X2=10회; 10:18; 11:57; 12:49, 50; 13:34; 14:15,21; 15:10[2회],12) 등.

(3) 숫자 7의 상징적 의미

숫자 7은 '하늘의 숫자(3)'와 '땅의 숫자(4)'를 더한 완전수로 충만함, 완전함을 상징한다. 빛(1:4-9), 구원(구주)(3:17; 4:22,42; 5:34; 10:9; 12:27,47), 물(4:10-15), 표적(2-11장), 신앙고백(1:49; 4:42; 6:14; 6:68-69; 9:38; 11:27; 20:28), 마지막 날(6:39,40,44,54; 7:37; 11;24; 12:48), '에고 에이미'의 비유적 용법(6:35; 8:12; 10:7; 10:11; 11:25; 14:6; 15:5), 증인 본문(1:19-51)의 기독론(하나님의 어린 양, 하나님의 아들, 메시아, 모세의 율법과 예언자들이 기록한 그이, 요셉의 아들 나사렛 예수, 이스라엘의 임금, 인자), 문(10:1,2,7,9; 18:16; 20:19,26), 도마(11:26; 14:5; 20:24,26,27,28; 21:2), 빌라도 단락(118:26-19:16), 밤(3:2; 7:50; 9:4; 11:10; 13:30; 19:39; 21:3) 등.

(4) 기타 숫자의 상징적 의미

숫자 2는 강조의 의미(가령 "진실로 진실로", 25회)를 가진다. 숫자 6은 7에서 하나가 모자라는 숫자로서 불완전함을 드러낸다. 6개의 돌항아리(2:7)는 유대교의 불완전함을 드러낸다. 사마리아 여인의 여섯 남자(4:18)는 하나를 더한 신랑 되신 예수가 필요함을 나타낸다. 숫자 6은 사탄의 숫자(계 13:18의 666)이기도 하다. 가룟 유다 6회(6:71; 12:

4; 13:2; 18:2,3,5). 8이라는 숫자는 7에서 하나를 더한 숫자로 새 시대 또는 새로운 시작을 나타낸다. 요한은 같은 의미를 갖는 '보혜사'(14:16,26; 15;26; 16:7)와 '진리의 영(성령)'(14:17,26; 15:26; 16:13)을 8회(각각 4회) 사용하여 성령님을 예수님을 대신하여 새 시대에 오실 분으로 소개한다. 아이가 태어나면 팔일째 할례(눅 2:21), 한 주간이 시작되는 첫 날(20:26), 또한 숫자 17은 10(구약의 숫자, 유대인의 숫자)+7(신약의 숫자, 이방인의 숫자)의 합으로 신구약성경이자 만민 구원의 숫자이다. 본서에는 표적(17회), '일곱이중말씀'(17회), 큰 물고기 153에 담긴 마방진의 숫자 17(아래 말씀상징코드 참조) 등이 나타난다.

(5) 숫자(횟수) 상징코드의 실례 - 예수와 사라미아 여인과의 만남

요한복음 4장에 보면 우리가 잘 아는 예수와 사라미아 여인과의 만남이라는 기사가 나온다. 이 기사 중에서 우리가 주목해야 할 대목은 16-18절이다. 물을 소재로 대화하던 중 예수(또는 요한)는 전혀 예상치 못한 말을 함으로써 다른 차원에서 이 여인과의 대화를 이어 나간다. "가서 네 남편을 불러오라"(16절). "여자가 대답하여 이르되 나는 남편이 없나이다 예수께서 이르시되 네가 남편이 없다 하는 말이 옳도다 / 너에게 남편 다섯이 있었고 지금 있는 자도 네 남편이 아니니 네 말이 참되도다"(17-18절). 지금 예수님과 사마리아 여인과의 대화는 일종의 선문답(禪問答: 승려들 사이에서 진리를 찾기 위해 주고받는 종교적 대화)이라고 할 수 있다.

성서 해석의 초기부터 남편의 수인 '다섯'이 무엇을 의미하는지에 대해 여러 견해들이 있었다. 동방교회 교부였던 오리겐(Origen)은 사마리아인이 모세오경만을 정경으로 간주한 것을 들어 남편의 수 다섯은 '모세오경'을 의미하는 것이라고 주장하였다. 사마리아 여인은 사마리아 사람을 대표하고 다섯 남편은 사마리아인들이 섬기는 다섯 신을 가리킨다는 견해도 있다. 그런데 이 대화에서 놓치지 말아야 할 것은 남편이 다섯이 아니라 여섯이라는 사실이다. 과거의 남편 다섯에다가 지금 동거하고 있는 남자까지 합하면 여섯 남편이 된다. 또한 남편이 여섯이 있음에도 불구하고 남편이 없다고 한 여인의 말이나 그 말이 옳다고 하신 예수님의 말씀은 무슨 뜻이냐 하는 것이다.

예수님이 여인의 말이 옳다고 한 것으로 보아 일단 여인의 말이 옳다고 보아야 한다. 여기서 우리는 숫자 여섯에 주목할 필요가 있다. '여섯'이란 숫자는 완전수인 일곱에서

하나가 부족한 불완전함을 의미한다. 하나님이 사람을 제6일에 창조한 것은 사람은 하나, 즉 하나님이라는 한분이 있어야 온전해진다는 것을 암시한다.

마찬가지로 가나의 혼인잔치 표적에 나오는 돌항아리 여섯(2:6)은 불완전한 유대교를 상징한다. 이 본문에서 여섯 남자는 사마리아 종교(또는 유대교)의 불완전함을 상징한다. 그러니까 여기서 요한은 여섯 남편이 있다 하더라도 참 신랑(남편) 되는 일곱 번째 남편인 예수님이 없으면 남편이 없는 것과 마찬가지라는 그런 의미를 말하고자 한 것이다. 여기서 요한은 숫자 상징코드를 사용하여 예수님이 유대교를 대치하러 오신 분임을 말하고자 한 것이다.

여기서 말하는 여섯 남편이란 어떤 상징적 의미를 담고 있을까? 그것은 모든 인간들이 가장 중요하다고 생각하는 것, 여섯 개를 상정해 보자. 돈이라는 남편, 명예라는 남편, 지위라는 남편, 학력이라는 남편, 쾌락이라는 남편, 건강이라는 남편 등. 그러나 그 어떤 남자도 근원적으로 목마른 그녀의 영혼의 갈증을 메워줄 수 없었다. 구멍 뚫린 허한 가슴을 메워줄 남자는 만나지 못했다. 메시아라는 유대인 남자를 만나기 전까지는. 요한이 여섯 남편을 말하고 일곱 번째 남편인 메시아 예수님을 말한 것은 이 같은 깊은 뜻이 있다.

예수님은 이 대화의 피날레를 이렇게 장식했다. "네게 말하는 내가 그라"(26절). 이 대목은 본서에 나오는 유명한 '에고 에이미' 말씀 가운데 하나이다. 여기서 주목할 것은 유대인 예수는 니고데모 같은 유명 인사에게도 밝히지 않았던 메시아로서의 자신의 정체성을 사마리아 여인에게 처음으로 밝힌 것이다. 이 메시아 발언은 타인이 아닌 본인이 직접, 처음으로, 그것도 부정한 사마리아 여인에게 밝혔다는 점에서 대단히 중요한 의미를 갖는다.

사마리아인, 여인, 부정한 죄인이라는 근원적인 삼중의 굴레 속에서 목숨을 이어왔던 한맺힌 삶, 그녀는 얼마나 많은 나날을 삶을 포기하고 싶은 생각을 하며 살아왔을까. 그 누구도 거들떠보지도 않는 버림받은 여인, 눈물로 밥을 짓고 한숨을 반찬으로 삼아 살아온 불쌍하고 불행한 여인, 이 같은 여인을 사람 대접 해주며 당신도 사랑을 받아야 할 귀한 존재요 구원을 받아야 할 소중한 존재로 알아주고 안아주신 주님, 주님의 사랑이 눈물겹도록 아름답고 감동적이다.

2) 지리(공간) 상징코드

요한은 '공간의 해체와 재구성'에 의한 절기 상징코드를 사용하고 있다. 요한의 지리 상징코드는 다섯 차례의 하강 구도를 포함하여 '갈릴리 對 유대(예루살렘)', '가나 對 가버나움', 그리고 '요단 동편(건너편) 對 요단 서편'이라는 대조를 통해 잘 드러난다. 이 가운데서 '요단 동편(건너편) 對 요단 서편'을 살펴보자.

요한은 지리 상징코드를 사용하여 모세가 가나안 땅을 바라보며 죽었던 요단 동편을 멸망과 죽음의 땅이요 구원 받지 못할 땅으로 상정하고 있는 데 반해, 요단 서편 가나안 땅은 생명과 부활의 땅이요 구원의 땅으로 상정하고 있다. 그러면서 세례 요한을 모세와 운명을 같이 하는 공동운명체로 상정하여 요단 동편(건너편)에서만 사역하는 것으로 규정 짓는다.

공관복음은 세례 요한의 첫 사역의 장소를 유대 광야(마 3:1), 광야(막 1:4), 또는 요단 강 부근(눅 3:3)이라고 밝히고 있는데 반해, 요한복음은 "요단강 건너편 베다니"(1:28)라고 밝히고 있다. 그런데 이 지명은 공관복음 어디에도 나오지 않으며, 어떤 문헌에도 요단 동편 베다니의 정확한 위치는 알려져 있지 않다. 이곳은 예수께서 나사로를 살리시기 직전에 머물던 곳으로 한 번 더 언급(10:40)되고 있다.

그런데 요한복음에는 '베다니'(Βηθανία)라는 지명이 두 곳(1:28; 11:1)으로 나타난다. 방금 언급한 "요단강 건너편 베다니"와 요단 서편 땅에 해당하는 예루살렘 남동쪽 약 3km 지점, 감람산 기슭에 위치한 나사로의 집이 있는 베다니(11:1)가 그것이다. 그런데 요단 동편(건너편) 베다니가 실제로 있었는지에 대한 사실성 여부를 떠나 요한은 세례 요한의 사역지를 항상 요단 동편(건너편)으로 규정짓고 있다(1:29; 3:26; 10:40)는 점이다. 여기서 주목해야 할 사항은 요한은 왜 세례 요한을 언제나 요단 동편에 머물러 있는 존재로 묘사하고 있는가? 또한 공관복음에서는 한 번도 언급하고 있지 않으며, 정확한 위치도 알 수 없는 요단강 건너편 베다니라는 곳을 언급하고 있는 까닭은 무엇일까?

요한은 신학적 의도, 즉 지리 상징코드를 사용하여 세례 요한을 모세와 같은 인물로 그리고 있는 것이다. 즉 모세와 세례 요한은 선구자일 뿐이라는 것이다. 모세는 이스라엘 백성을 애굽에서 가나안으로 인도했지만 자신이 그토록 바라던 약속의 땅(가나안 땅)을 바라볼 뿐 가나안 땅에 들어가지 못하고 요단 동편에서 죽었다. 약속의 성취는 여호수아에 의해 이루어진다.

마찬가지로 예수님의 선구자로서 율법시대의 마지막 주자인 세례 요한도 모세처럼 약속에서 성취로 가는 통로일 뿐이라는 것이다. 요단강을 경계로 모세와 세례 요한은 요단 동편에 머무를 수밖에 없는 운명인 것이다. 약속의 성취(구원)는 복음 시대를 열었던 오직 예수님에 의해서만 이루어진다. 똑같이 그 이름이 '구원자'라는 의미를 지닌 여호수아(히브리어)와 예수(헬라어)는 성취자가 되는 셈이다. 요한이 세례 요한을 요단 동편의 사람으로 상정한 것은 지리 상징코드를 사용한 것으로 보아야 할 것이다. 요한은 (부활하신) 예수님으로만 "영생을 얻었고……사망에서 생명으로 옮겼느니라"(5:24)는 메시지를 들려주고 싶었던 것이다.

이에 대한 좋은 실례가 요단 동편 베다니에 머물던(10:40) 예수님이 요단 서편 베다니로 자리를 옮겨(11:1) 죽은 나사로를 살리는 기사이다. 지리 상징코드로 보면 예수님이 요단 동편 베다니에서 요단 서편 베다니로 옮겨 가신 행위는 멸망과 죽음의 땅에서 부활과 생명의 땅으로 옮긴 것을 암시한다. 그리고 예수님은 부활과 생명의 땅에서 "나는 부활이요 생명이다"(11:25)라고 말씀하시면서 죽은 나사로를 살리신 것이다.

요한복음에 나오는 일곱 표적 가운데 다섯 번째 표적인 "바다 위를 걷는 표적"(6:16-21)이 있다. 이 표적은 네 번째 표적인 오병이어의 표적(6:1-15)에 바로 이어져 나올 뿐만 아니라 길이도 가장 짧다는 특징이 있다. 그래서 이 표적 사건은 요한복음의 특징도 많이 발견되지 않고 별로 중요하지 않은 표적으로 생각하는 학자가 있는가 하면, 7대 표적에서 빼고 그 대신 "십자가 사건"을 완전수에 해당하는 일곱 번째 표적으로 넣고 "부활"을 여덟 번째 표적으로 둔 학자도 있다.

그러나 이 표적을 빼는 것은 제1부(1-11장)를 완전수인 일곱 표적으로 구성하고자 하는 요한의 의도를 제대로 포착하지 못한 결과이며, 이 표적 사건을 별로 중요하지 않은 것으로 생각하는 것은 지리 상징코드를 제대로 파악하지 못한 결과이다. 이 표적 사건은 요한의 지리 상징코드를 이해하는 결정적 열쇠를 쥐고 있는 아주 중요한 사건이 아닐 수 없다.

요한과 마찬가지로 마태와 마가는 오병이어 표적(마 14:13-21; 막 6:30-44)에 이어 곧바로 예수께서 물 위를 걷는 사건(마 14:22-33; 막 6:45-52)을 보도한다. 그런데 마태와 마가는 오병이어의 표적을 요단 서편 빈들에서 행한 뒤에 요단 동편인 벳새다(마 14:22; 막 6:45)로 가면서 물 위를 걷는 것으로 보도하고 있다. 이에 반해 요한은 요단 동편(갈릴리 바다 건너편)에서 오병이어를 행한 후에 요단 서편인 가버나움으로 가면서 물 위를 걷는 것으로 보도하고 있다. 마태나 마가의 보도와는 정반대로 예수님의 행위를 보도하고 있는 요한의 의도는 무엇일까? 그것은 요한의 지리 상징코드 때문이다.

이 표적 사건의 마지막 구절은 요한의 지리 상징코드를 잘 말해준다. "이에 기뻐서 배로 영접하니 배는 곧 그들이 가려던 땅에 이르렀더라"(6:21). 생명의 주님이 되신 예수님이 탄 배는 요단 동편을 떠나 요단 서편 땅에 이르게 되었다. 요한은 출애굽 때의 '홍해도하 사건'에 이은 '가나안 땅 정착'이라는 상징적 의미를 이 표적 사건에 부여함으로써 예수님이 제2의 출애굽과 가나안 땅을 선물로 주는 '새 모세'임을 의도하고자 한 것이 분명하다. 나아가 이 표적 사건은 사망의 땅으로 상징되는 요단 동편에서 먹은 떡(만나)은 잠시 배부르다가 다시 허기가 지는 '썩을 양식(육의 양식)'이고, 생명의 땅으로 상징되는 요단 서편에서 행해진 예수님의 가르침(말씀)은 '영생하도록 있는 양식(영의 양식)'이라는 것을 예시한다(6:27).

3) 절기(시간) 상징코드

요한은 '시간의 해체와 재구성'에 의한 절기 상징코드를 사용하고 있다. 예수의 공생애를 공관복음은 한 차례의 유월절로 상정하고 기술하고 있는 데 반해, 요한은 세 차례의 유월절(2:13; 6:4; 11:55)을 상정하고 기술하고 있다. 여기서 중요한 것은 각 복음서 저자가 자신의 신학적 의도(관점)에 따라 복음서를 썼다는 점이다. 즉 요한은 자신의 독특한 신학적 의도(관점)를 가지고 예수님의 공생애를 3년으로 구성한 것이다. 절기 상징코드로 본다면 '유월절'을 주제로 한 3년짜리 "유월절 복음서(A Passover Gospel)"를 쓰고자 했다. 요한의 절기 상징코드는 '십자가 처형일', '예수의 때' 및 '보혜사 성령의 시간'에서 잘 드러난다. 이 가운데서 '보혜사 성령의 시간'을 살펴보자.

요한은 그의 복음서를 삼위일체 하나님의 사역을 중심으로 성부의 시간, 성자의 시간, 성령의 시간으로 삼등분하여 기술하고 있다. 성부의 시간은 성육신 이전의 아버지와 아들이 함께 동거한 시간이다. 성자의 시간은 성육신하여 이 땅에 와서 활동하다가 십자가에 죽으시고 부활하실 때까지의 시간이다. 성령의 시간은 부활한 주님이 성령을 보내면서 시작되어 주님이 다시 재림할 때까지의 시간, 곧 교회의 시간이다.

요한복음은 성육신으로부터 시작하여 부활에 이르기까지의 예수님의 사역을 다루고 있다는 점에서 대부분 성자의 시간으로 되어 있다. 요한은 성자의 시간을 요한복음의 제1부(1–11장)와 제2부(12–21장)로, 즉 '크로노스(κρόνος, 수평적–역사적)' 시간을 마지막 유월절을 기준으로 그 이전(제1부)과 그 이후(제2부)로 나누어 기술하고 있다.

요한은 부활 이후의 시간을 성자의 시간과 구분되는 '보혜사(παράκλητος)' 성령의 시간으로 규정지었다. 보혜사 성령의 시간은 예수의 사역을 대신해서 제자들이 복음을 전파하는 시간이요 교회의 시간으로서 예수가 재림할 때까지 계속되는 시간으로 규정지었다. 이 시간은 보혜사(교회)의 미래적인 직선적 시간과 부활–승귀–영광을 얻으신 예수의 영원회귀적인 순환적(원형적) 시간으로 나누어진다.

요한은 제자들이 예수님의 말씀을 이해하는 기준점이 되는 시간이 있음을 말한다. 그 시간을 나누는 기준점은 예수님의 부활 · 승천 · 영광이다(2:22; 12:16; 13:7; 20:9). 그 시간이 예수님의 영광에 의해서 나누어지는 이유는 예수님의 말씀에 대한 온전한 이해는 성령의 역사에 의해서만 가능한데 성령은 예수가 영광을 받은 후에 오기 때문이다(7:39 참조). 고별 설교에는 보혜사 성령에 관한 다섯 개의 본문(14:16–17; 14:26–27; 15:26; 16:7–11; 16:13–15)이 나타난다. 보혜사 성령의 시간은 예수 부활 이후 예수를 대신하여 성령이 활동하는 교회의 시간이며, 미래적인 직선적 시간이자 재림주를 기다리는 종말론적 시간이다.

4) 인물(인간) 상징코드 - 도마(최고의 신앙 모델)

요한은 '인간의 해체와 재구성'에 의한 인물(인간) 상징코드를 사용하고 있다. 인물 상징코드는 다섯 항목에서 잘 드러난다. 모세(세례 요한)와 다윗, 마리아라는 이름을 가진 세 명의 여인, 니고데모(3,7,18장)와 빌라도(18:28–19:16), 애제자, 그리고 디두모라 하는 도마가 그것이다.

요한은 '북왕국 전승(신명기와 호세아)'을 이어받은 자로서 예수를 남왕국 전승의 '다윗적(왕적)' 메시아상이 아닌 북왕국 전승의 '모세적(예언적)' 메시아상으로 그리고 있다. 이는 12회를 언급하는 모세와는 달리 다윗은 단 한 구절, 그것도 예수를 두고 논쟁하는 무리들 중 한 사람이 구약에서 인용한 것으로 말하고 있다는 데에서도 엿볼 수 있다.

또한 요한은 사회의 최상류층에 속하는 두 인물, 유대인의 니고데모와 이방인의 빌라도를 대조시켜 인물 상징코드를 보여주고 있다. 니고데모는 진리되신 예수를 받아들임으로 구원과 영생을 얻은 반면에 빌라도는 자신의 권세를 내려놓지 못해 진리되신 예수를 거부함으로써 저주와 멸망을 받은 자로 그리고 있다.

한편, 요한복음에서 도마는 조역이지만 도마는 천재 요한이 비밀리에 숨겨놓은 '히든카드'라는 것이 필자의 생각이다. 그는 지금까지 '의심 많은 제자'로 불려 왔으나 그것은 요한의 글쓰기의 특징 중의 하나인 '아이러니(Irony)' 기법을 모르는 데서 온 오해라고 여겨진다. 도마야말로 요한공동체(교회)가 본받아야 할 최고의 신앙의 모델로 상정된 인물이라는 것이 필자의 생각이다. 지면 관계상 자세히 밝힐 수는 없고, 그 까닭을 간단히 말하면 이러하다.

요한복음의 독특한 특징 중의 하나는 이중 의미로 나타나는 '오해 모티프'와 '아이러니 기법'이다. '오해 모티프'란 예수님과 제자들, 또는 예수님과 적대자들 사이에서 발생한 오해와 이해 차이를 말한다. 또한 '아이러니(反語 또는 逆說)'는 예수님의 반대자들이 예수님께 자기들의 생각이 옳다고 강하게 주장해서 하는 말들을 독자들이 읽어가며 무엇이 정당한 것인가를 더 깊은 차원에서 확신하게 하는 구성이 있다. 이러한 부분에서 독자들은 반어를 경험한다(4:12; 7:42; 11:50; 18:38; 19:2-3). 오해 모티프나 아이러니의 가장 극적인 실례는 "디두모라 하는 도마"이다.

지금까지 도마에 대한 일반인들의 오해와 빗나감은 요한의 독특한 표현 기법인 오해 모티프나 아이러니 기법을 제대로 이해하지 못한 데서 연유한다. 도마의 엉뚱한 돌출발언이나 행동을 액면 그대로가 아니라 요한이 즐겨 사용하는 오해 모티프와 아이러니 기법을 통해 볼 때 도마에 대한 종래의 입장과는 전혀 다른 해석이 가능하다는 점이다.

도마는 공관 복음에서 각각 단 한 번 열두 제자를 소개할 때 아무런 설명 없이 이름으로만 나올 뿐이다(마 10:3; 막 3:18; 눅 6:15). 그런데 요한복음에는 일곱 번("충만함"을 나타내는 상징적 숫자)이나 나타난다(11:16; 14;5; 20:24,26,27,28; 21:2). 그런데 더욱 중요한 사실은 도마는 요한복음 내에서 결정적으로 중요한 순간과 위치에서, 즉 도마는 철저히 부활과 관련된 장에서 나타난다는 사실이다(11장, 14장, 20장, 21장).

첫 대목(11:16)의 도마의 발언은 생각 없이 무심코 툭 한번 던져 본 돌출발언이라기보다는 예수의 부활을 상징하는 나사로의 소생 사건을 염두에 두면서 부활을 체험한 요한공동체(제자공동체)가 가야 할 길을 제시하고자 했다고 볼 수 있다. 부활하신 주님이 가신 길이 십자가의 길이기에 제자들(요한공동체)도 주님의 발자취를 따라 '부활신앙을 가슴에 안고 십자가의 길로'라는, 즉 '요한공동체의 구호(모토)'적 성격을 띤 발언이라는 것이다.

두 번째 대목(14:5)의 도마의 질문은 요한이 독자나 요한공동체에 하고 싶은 말을 도마의 입을 통해 드러내고자 하는, 즉 도마로 하여금 예수님의 입으로부터 위대한 말씀(14:6)을 토해내도록 다분히 의도적으로 행한 유도성 질문이라는 것이다.

세 번째 대목(20:24-29)은 요한복음의 피날레를 장식하는 중요한 대목이다. 이같이 중요한 대목에서 도마가 등장하고 있다. 부활하신 주님이 제자들을 만나러 왔을 때 하필이면 도마만 그 자리에 없다니! 우선 이것부터 심상치가 않다. 그런데 여드레가 지나서 주님이 다시 제자들에게 나타났다. 주님이 여드레 날에 나타난 것도 심상치가 않다. 이스라엘에서 '여드레' 날은 아기가 출생한 이후 할례를 받는 날이다(창 21:4; 눅 2:21). 또한 '여드레'는 다시 주일이 시작되는 날이다. 그러니까 제8일은 새로운 주기의 시작으로서, 유대교를 대체하는 기독교의 새 시대를 여는 날이다.

여드레가 지나서 주님이 그에게 나타났을 때 도마는 자신이 말한 대로 행한 후에 주님의 부활을 믿었는가? 그렇지 않다. "네 손가락을 이리 내밀어 내 손을 보고 네 손을 내밀어 내 옆구리에 넣어보라 그리하여 믿음 없는 자가 되지 말고 믿는 자가 되라"(20:27)는 주님의 말씀에 도마는 단숨에 즉각 다음과 같이 대답하였다. "나의 주님이시요 나의 하나님이시니이다"(20:28). 이 신앙고백은 인류 역사상 최고의 신앙고백이다.

여기서 주목할 만한 사실은 이미 언급했듯이 요한복음의 저작 목적(20:30-31)이 도마의 신앙고백을 한 바로 이어서 나오고 있다는 사실이다. 지금까지는 이 대목을 주로 부록(또는 후기)으로 취급되는 21장을 제외한 요한복음의 결론으로 생각했다. 하지만 이미 언급했듯이 21장이 요한복음의 결론이고, 이 대목은 부활과 관련된 본론의 종결어라고 볼 경우 도마의 신앙고백이 이 자리에 배치되어 있다는 것은 요한이 도마를 부활신앙의 중요한 인물로 간주하고 있다는 것을 시사하는 것으로 볼 수 있다.

네 번째 대목(21:2)에서 중요한 것은 도마가 시몬 베드로에 이어서 두 번째 순위에 나오고 있다는 사실이다. 열두 제자 명단에서 도마는 여섯 번째(행 1:13), 일곱 번째(마 10:3), 또는 여덟 번째(막 3:18; 눅 6:15)에 위치한다. 그런데 이 대목에서 도마가 예상 밖으로 베드로 다음 자리에 위치하고 있다는 것은 아무 생각 없이 그 자리에 도마를 배치한 것이 아니라 다분히 요한의 신학적 의도가 깔려 있다고 보아야 한다. 즉 요한복음에서의 도마의 중요성을 고려한 자리 배열이다.

지금까지의 논의를 통해서 "의심 많은 제자의 모델"로서의 도마에 대한 종래의 생각은 요한의 의도(글쓰기)를 깊이 고려하지 않은 편견이라는 사실을 엿볼 수 있다. 오히려 도마는 요한에 의해 요한공동체의 '최고의 신앙의 모델'로 창조된 인물이라고 말할 수 있다.

5) 표적(징표) 상징코드

(1) 표적에 대한 정의

요한은 공관복음이 사용하는 '이적(δύναμις, 마 12회, 막 10회, 눅 15회)' 용어를 한 번도 사용하지 않고 대신 '표적(σημείον, 17회)'이라는 용어만 사용한다. 이것은 요한이 의도적으로 사용한 용어로서 요한복음을 공관복음과 차별화하는 결정적 실마리를 제공한다.

'표적'으로 번역된 요한의 '세메이온'은 히브리어의 '오트(תוֹא)'와 상응하는 용어로서 기적 이상의 더 깊고 복잡한 실체를 가리키는 용어이다. 표적은 그 자체가 목적이 아니라 어떤 '상징적인 의미'를 제시하기 위한 수단으로 기능한다. 즉 표적은 물리적이고 현상적인 의미를 넘어선 '상징적 의미체'이다. 가령 물로 포도주를 만든 표적은 기독교가 유대교보다 훨씬 낫다는 것을 뜻하는 상징적인 메시지이다.

요한은 많은 기적 이야기를 전해 주는 공관복음과는 달리 완전함을 뜻하는 상징수 일곱 표적만을 선별하여 전략적으로 배치한다. 일곱 표적을 열거하면 다음과 같다. 첫 표적: 물로 포도주를 만드심(2:1-11), 두 번째 표적: 왕의 신하의 아들을 고치심(4:46-54), 세 번째 표적: 38년 된 병자를 치유하심(5:1-9), 네 번째 표적: 오병이어로 오천 명을 먹이심(6:1-15), 다섯 번째 표적: 물 위를 걸으심(6:16-21), 여섯 번째 표적: 태생 소경을 치유하심(9:1-41), 일곱 번째 표적: 죽은 나사로를 살리심(11:1-44).

그런데 위에서 언급한 일곱 표적만이 아니라 요한복음에서 언급하고 있는 절기(가령 유월절), 지명(가령 요단강 건너편), 인명(가령 디두모라고 하는 도마) 등 수많은 단어들이 그 어떤 것을 암시(sign)하기 위해 사용되고 있다는 점에서 요한복음은 전체가 '표적(sign)의 책'(1:50; 12:37; 20:30-31; 21:25 참조)이라고 말할 수 있다.

(2) 일곱 표적 사건의 상징적 의미

일곱 표적에서 먼저 주목할 사실은 요한은 왜 일곱 표적을 현재와 같은 순서로 배열했는가 하는 점이다. 요한이 선택한 일곱 표적과 그 배열 순서는 구약의 7일간의 창조 구조와 상응한다. 이 같은 사실은 요한복음이 "부활의 신학"과 "구약적(히브리적) 배경"과 밀접하게 연관되어 있다는 필자의 주장을 가장 극명하게 보여주는 증거가 아닐 수 없다.

창세기 1:1-2:3에 나오는 일곱 날의 창조 순서는 제7일인 안식일을 중심으로 여섯 날이 그 주변을 형성하는 모습으로 되어 있다. 즉 첫째 날-넷째 날, 둘째 날-다섯째 날, 셋째 날-여섯째 날이 대칭을 이루는 구조(다윗의 별)로 되어 있다. 그리고 일곱째날은 창조 사역을 마치고 안식하셨는데, 이 날이 다른 여섯 날과 구별되는 것은 이 날에만 "거룩하게"(창 2:3)라는 말을 사용하고 있다. 구약에서 '거룩'이라는 개념은 '구별'을 의미하는 말로 사용되고 있다.

따라서 제사장(P) 기자는 7일간의 창조 구조를 말하면서 제7일 안식일은 특별히 다른 날과 구별된 날로 삼았다. 이 같은 7일간의 창조 구조의 모습은 유대인들의 마인드 속에 깊이 새겨져 있는 다윗의 별의 모습을 띠고 있다. 7일간의 창조 구조를 다윗의 별로 그릴 때의 장점은 중심과 주변을 선명하게 구별해 볼 수 있다는 점이다.

본서에 나오는 일곱 표적도 7일간의 창조 구조와 똑같이 일곱 번째 표적인 나사로 소생 표적을 중심으로 여섯 표적이 그 주변을 형성한다. 첫째 표적-넷째 표적, 둘째 표적-다섯 번째 표적, 셋째 표적-여섯 번째 표적이 대칭을 이루는 구조(다윗의 별)로 되어 있다. 7일간의 창조 순서와 일곱 표적의 구조를 도표로 그려보면 다음과 같다.

첫째 날 – 넷째 날		첫째 표적 – 넷째 표적
둘째 날 – 다섯째 날	=	둘째 표적 – 다섯째 표적
셋째 날 – 여섯째 날		셋째 표적 – 여섯째 표적
일곱째 날(안식일)		일곱째 표적(부활 주일)

요한이 일곱 표적을 7일간의 창조 구조와 상응하는 방식으로 배열한 진정한 의도는 무엇일까? 그것은 다윗의 별의 중심이 보여주듯 '유대교의 안식일'이 예수님의 부활로 말미암아 '기독교의 주일'로 대체되었다는 것을 암시한다. 주일은 '주님의 날'로서 주님이 부활하신 날을 말한다. 그러니까 매 주일은 주님의 부활을 기념하는 날이다. 그리고 주님의 부활을 기념하는 주일은 기독교의 출발이 되는 것이다.

6) **말씀(언어) 상징코드**

요한의 중요한 특징 중의 하나는 예수님이 자신의 정체와 신분을 몸소 밝히는 정형화(양식화)한 말씀 기법, 소위 '에고 에이미('Εγώ εἰμι)' 말씀의 사용이다. 이 용법의 출처를 놓고 많은 이론이 있으나 그 출처는 구약적 배경에서 유래한 것이 확실하다(출 3:14; 사 40-55장). 또한 요한은 두 단어를 연이어 반복해서 사용하는 '이중말씀' 기법을 사용하고 있다. 요한은 이 같은 기법들을 다양하고도 정교하게 사용하여 다차원적인 상징적 의미를 드러내 주고 있다. 이 같은 기법들은 공관복음에서는 좀처럼 찾아보기 어려운 요한만의 독특한 문장 기법이다. 특히 일곱 번의 '에고 에이미'의 비유적 용법은 성전(성막)의 일곱 기구와 상응한다는 점에서 요한의 천재성의 일면을 다시 보게 된다.

(1) **"에고 에이미"의 비유적 용법의 상징적 의미**: 성전(성막)의 일곱 주요 기구와 상응하는 '에고 에이미'의 일곱 말씀은 다음과 같다.

a. "나는 생명의 떡이다"(6:35,48) – 떡상(출 25:23-30).
b. "나는 세상의 빛이다"(8:12) – 등잔대(출 25:31-40; 37:17-24).
c. "나는 양의 문이다"(10:7,9) – 성막문(출 25:13-16).

d. “나는 선한 목자다”(10:11,14) – 번제단(출 27:1–8).

e. “나는 부활이요 생명이다”(11:25) – 법궤(출 25:10–22).

f. “나는 길이요 진리요 생명이다”(14:6) – 분향단(출 30:1–10).

g. “나는 참 포도나무다”(15:1,5) – 물두멍(출 30:18–21).

성전(성막)의 기본 골격은 3부 구조, 즉 뜰(court), 성소(holy place), 지성소(holy of holies)로 구성되어 있다. 성막(성전)에는 일곱 주요 내용물이 있는데, 입구부터 그 순서를 말하면 다음과 같다. 성막(성전)문, 번제단, 물두멍, 떡상, 등잔대, 분향단, 법궤의 순으로 되어 있다. 여기서 성막문, 번제단, 물두멍은 뜰에, 떡상, 등잔대, 분향단은 성소에, 그리고 법궤만 지성소에 들어 있다.

요한은 일곱 비유 말씀을 통해 예수님이 유대교의 성전임을 천명하는 동시에 그 중심에 번제단을 놓음으로써(10장) 자신을 십자가에 화목제물로 내어드려서 유대교의 성전제사 제도를 대체하신 분임을 역설하고 있다. 나아가 요한은 전반부의 절정인 11장에서 예수님의 부활을 상징적으로 예표 하는 나사로의 소생 사건을 둠으로써, 부활을 기독교가 유대교와 결정적으로 구별되는 잣대로 삼고 있다.

(2) 일곱 “이중말씀”

요한은 두 단어를 연이어 쓰는 “이중말씀”을 7회 사용하고 있다.

a. 은혜와 진리(1:14,17), b. 물과 영(3:5), c. 영과 진리(4:24), d. 영과 생명(6:63), e. 진리와 자유(8:32), f. 부활과 생명(11:25), g. 길과 진리와 생명(14:6)이 그것이다. 이 같은 “이중말씀”의 양식화(정형화)는 예수님의 자기계시 말씀처럼 예수님의 신적 권위를 확대하고 인격을 통합하는 기능을 한다. 공관복음에서 찾아볼 수 없는 이러한 “이중말씀”을 사용함으로써 요한은 그의 복음서 전체를 예수 그리스도께로 통합시키는 천재성을 발휘한다. 이중말씀의 출처는 구약적 배경에 근거한다(출 34:6의 ‘인자와 진실’; 사 9:7의 ‘정의와 공의’ 등). 여기에 나타난 용어를 분석하고 종합하면 여덟 어휘가 17회 사용되고 있다(표적 어휘와 사용 빈도가 같다). 요한복음이 ‘진리의 책’임을 암시라도 하듯이 “진리”라는 어휘가 가장 많이 사용되고 있다(5회), 그리고 “영”과 “생명”이 각각 3회 나오고, “은

혜" 어휘가 2회, 그리고 나머지 네 어휘(물, 자유, 부활, 길)는 각각 1회 사용되고 있다.

※ 17회 사용된 '일곱 이중말씀'은 '십자가' 상징을 은폐하고 있다. 즉 가로축 11회(진리 5회, 생명 3회, 영 3회), 세로축 11회(진리 5회, 은혜 2회, 자유, 물, 길, 부활 각 1회) = 11+11=22(히브리어 알파벳 22글자) 로 그려진다. 십자가는 완전한 말씀, 곧 말씀(구원)의 성취(완성)=만민구원의 의미를 내포한다(맨 앞 〈신약개관〉 표지 그림 참조).

한편 이 모든 어휘는 예수님을 가리키는 어휘로서 동의어처럼 바꾸어 쓸 수 있는 어휘이다. 가령 "은혜와 진리"는 은혜 곧 진리, "영과 진리"는 영 곧 진리, "부활이요 생명"은 부활 곧 생명이라는 의미이다. 여기에 하나님(예수님)의 속성인 '말씀'(1:1; 요일 1:1), '빛'(1:9; 요일 1:5), '사랑'(3:16; 요일 4:16)까지 합하면 요한은 예수님을 11개의 상징 언어로 표현하고 있는 셈이다.

7) 구조(주제) 상징코드

종래의 요한복음 연구는 구조에 나타난 요한의 상징코드를 제대로 보지 못했다. 그 결과 요한복음에 대한 이해는 결정적으로 빗나갈 수밖에 없었다는 것이 필자의 생각이다. 하나의 건물을 짓는다고 하자. 그럴 경우 건축가는 우선 설계도를 작성한다. 건축가는 자신이 설계한 그 설계도에 따라 건물을 짓는다. 따라서 설계도는 그 건축가의 모든 것이다. 그러기에 우리가 그 건축가의 설계도를 제대로 읽어내지 못한다면 왜 이 사람이 이렇게 건물을 지었는가를 제대로 이해할 수 없다. 구조 파악은 그 건물을 이해하는 열쇠이다. 왜냐하면 구조를 달리 보면 전체 해석이 달라지게 때문이다. 그렇다면 종래에는 요한복음의 구조를 어떻게 보았는가. 요한복음의 '클레오파트라의 코'는 12장이다(이에 대한 자세한 설명은 '신학 논문' 항목의 요한복음의 구조를 참조하라).

천재로 일컬어지는 르네상스의 거장들은 조화와 균형을 중시했다. 그 점에 있어서는 천재 요한도 마찬가지다. 요한은 천재적인 재능을 가지고 요한복음을 조화롭고 균형 잡힌 아름다운 건축물로 지었다. 요한복음은 천재가 지닌 완벽함을 잘 보여주고 있다. 이미 언급했듯이 요한복음은 대단히 정교한 구조를 갖춘 완벽한 신학 논문이라고 말할 수 있다. 필자가 요한복음은 "이야기체(narrative)로 쓰여진 한편의 신학 논문"이라고 말한 까닭도 이러한 생각에 기인한다.

7. 결론: '천하제일지서'로서의 요한복음서

인류 역사는 진리를 향한 투쟁의 역사라고 해도 과언이 아니다. 진리의 싸움은 곧 사상의 싸움이라고 말할 수 있다. 진리는 사상이 되고, 사상은 철학이나 예술 등으로 표현되기도 하지만 특히 종교라는 그릇에 담겨 표현될 때 가장 긴 생명력을 갖는다. 공자 사상(유교), 노자 사상(도교), 석가 사상(불교), 무함마드 사상(회교), 예수 사상(기독교)이 그것이다. 인류가 살아온 삶을 사상사적 측면에서 보면 크게 세 종류의 삶으로 정리할 수 있다.

첫째, 주전 6세기 이전의 천(天)의 세계이다. 주로 무당이 활동한 시대로서 숙명적(宿命的) 삶을 살던 시대였다. 둘째, 문명의 기축시대로 일컬어지는 주전 6세기를 전후한 시대이다. 동양에서는 석가, 공자, 노자, 서양에서는 소크라테스가 출현한 시대로 구도적(求道的) 삶을 살던 시대였다. 이 시대는 가치관(세계관)의 일대 변혁을 가져온 개벽(開闢)의 시대로써 노력, 행위를 통한 구원을 갈망한 율법시대였다. 셋째, 주후 1세기에 예수로 시작하여 베드로, 바울, 요한으로 막을 내린 신(神)의 세계이다. 이 시대는 또 다시 가치관(세계관)의 일대 변혁을 가져온 혁명(革命)의 시대로써 하나님의 사랑에 기초한 은혜적(恩惠的) 삶을 선물로 허락한 복음 시대였다. 예수는 '하나님 나라의 복음'(눅 4:43; 16:16)을 전했고, 바울은 '하나님 은혜의 복음'(행 20:24; 엡 3:7)을 전했다. 공관복음서 저자는 복음을 각자의 관점에서 나름대로 표현하였다. 그런데 티그리스 강과 유프라테스 강의 두 젖줄 사이에서 메소포타미아(Meso-potamia) 문명이 탄생했듯이, 요한복음은 공관 복음과 바울서신이라는 두 젖줄을 먹고 탄생한 기독교 사상의 마지막 완성이었다.

인류의 사상을 크게 둘로 나누면, 하나는 인간이 구원을 위해 신을 찾아 올라가거나 신이 되는 것(타종교)이고, 다른 하나는 신이 인간을 찾아 내려와 단지 그를 믿기만 하면 구원을 선물(엡 2:8)로 주는 것(기독교)이다. 이것을 '다윗의 별(△+▽)'로 비유한다면, 기독교 이전의 율법(행위) 시대는 삼각형(△)으로 비유되고, 기독교의 은혜(복음) 시대는 역삼각형(▽)으로 비유된다. 그리하여 주후 1세기 기독교의 은혜 복음의 선포는 다윗의 별의 완성을 의미한다.

따라서 이제 더 이상의 새로운 사상(진리)은 없다. 사상사적 측면에서 기독교는 모든 사상(진리)의 마침이다. 그리고 그것을 최후에 신학적으로 가장 완벽하게 표현한 자가 바로 요한이요 요한복음이다. 독일관념론이 칸트(I. Kant, 1724-1804)로 시작하여 피히테(J.G.Fichte), 쉘링(F.J.Schelling) 을 거쳐 헤겔(G.F.Hegel, 1770-1831)에 와서 완성되었듯이, 그리스도교는 예수로 시작하여 베드로와 바울을 거쳐 요한에게 와서 완성되었다.

1. 바울서신 개요

1. 바울의 연대기

사도 바울이 언제 태어나서 언제 죽었는지는 확실하게 말할 수 없다. 다만 사도행전과 바울서신을 기초로 재구성하면 다음과 같다.

바울의 연표(年表)			
기독교 연대		주변 세계 연대	
주전 6년	예수의 탄생	주전 4년	헤롯 대왕 사망
주후5/6년	바울 출생		아켈라우스:유대·사마리아·이두매 통치
28년	세례 요한의 출현/ 예수의 세례		안티파스: 갈릴리와 베레아 통치
28/30년	예수의 공생애		빌립: 동요르단 통치
30년	십자가 · 부활 · 성령강림 · 교회의 탄생	주후 14–37년	티베리우스 황제
34년	바울의 개종(회심 또는 소명)	26–36년	로마 총독 빌라도
35년경	첫 예루살렘 방문	37–41년	가이우스(칼리굴라) 황제
35–46년	길리기아, 수리아 사역	41–54년	글라우디오 황제
43년경	제자 야고보의 순교	37–44년	헤롯 아그립바 유대 통치
46년	두 번째 예루살렘 방문	44–66년	아그립바 사망 후 이스라엘 전역 로마 직속령이 됨
47–48년	제1차 선교여행		
49년	예루살렘 공의회	49년	글라우디오 칙령(로마에서 유대인 추방)
50–52년	제2차 선교여행	51–52년	갈리오 아가야 총독
50–51년	고린도 사역 / 데살로니가전서 집필	52–59년	벨릭스 유대 총독
52년 여름	세 번째 예루살렘 방문	54–68년	네로 황제
52–56년	제3차 선교여행	59년	베스도 총독 취임

52-55년	에베소 사역 / 52년 초 갈라디아서 / 55년경 고린도전후서 집필	62년	베스도 죽음 / 알비누스 유대 총독으로 취임
57년 초	로마서 집필	64년 7월	로마의 대화재
57년 5월	네 번째 예루살렘 방문 및 체포	66-70년	유대-로마 전쟁
57-59년	가이사랴 감금생활	68-69년	갈바,오토,비텔리우스 통치
59년 9월	로마 항해 시작	69-79년	베스파시안 황제
60년 2월	로마 도착	79-81년	티투스 황제(폼페이 화산)
60-62년	로마 감옥 1차 투옥/옥중서신(?) 집필	81-96년	도미티안 황제 / 기독교 대박해
62-64년	제4차 선교여행 서바나 방문 / 로마 감옥 2차 투옥/목회서신(?) 집필	96-98년	네르바 황제
67년	바울 로마 순교	98-117년	트라얀 황제
90년경	얌니아(야브네)에서 히브리성서 정경화 작업 / 기독교인 회당에서 추방 결의	117-138년	하드리안 황제

2. 바울의 제4차 전도 여행

바울이 세 번의 전도 여행을 떠났다는 것은 사도행전 13:1-21:17에 명백히 기록되어 있다. 아마 그는 로마의 감옥(행 28장)에서 풀려난 후 네 번째 전도 여행을 다시 떠났던 것 같다(주후 62-68년). 바울의 제4차 전도 여행이 실제 있었던 사건이라는 근거로는 (1) 서바나(스페인)로 향하려 한다는 자신의 의사를 이전에 이미 밝혔다는 점(롬 15:24,28). (2) 유세비우스의 기록에 바울이 첫 번 로마 투옥에서 풀려났다는 사실이 암시되어 있다는 점(《교회사》). (3) 초대교회의 문헌에 바울이 멀리 서바나까지 복음을 전했다는 기록이 있다는 점(로마의 클레멘트가 《고린도 교회에 보내는 편지》 중 5장 무라토리 정경 34-39행) 등을 들 수 있다. 감옥에서 풀려나온 이후 바울이 방문한 곳은 아마 그가 편지를 쓰면서 예상하고 밝힌 지점이었던 것 같다.

그의 제4차 여행 노정을 정확히 규정할 수는 없지만 대략 그의 여정을 추측해 보면 다음과 같다. (1) 로마 감옥에서 풀려남(62년), (2) 서바나(62-64년, 롬 15:24,28), (3) 그레데(64-65년, 딛 1:5), (4) 밀레도(65년, 딤후 4:20), (5) 골로새(66년, 몬 1:22), (6) 에베소(66년, 딤전 1:3), (7) 빌립보(66년, 빌 2:23-24; 딤전 1:3), (8) 니고볼리(66-67년, 딛 3:12), (9) 로마 감옥 2차 투옥(67년, 딤후 2:9; 4:6), (10) 순교(67/68년).

3. 바울은 어떤 인물인가?

1) 위대한 저술가

기독교 역사에서 예수 다음으로 빈번히 언급되는 이름이 바울이다. 19세기에 기독교를 두고 "예수교냐 바울교냐"라는 논쟁이 있었다. 또한 바울은 "예수의 추종자냐 기독교의 창시자냐"하는 질문이 있을 정도로 바울은 예수와 더불어 기독교에서 가장 큰 영향력을 가진 인물임에는 틀림없다. 주후 2세기 중엽에 나온 《바울행전》이라는 책에 보면 바울의 외모를 이렇게 묘사하고 있다. 그는 매부리코에 대머리였으며, 눈썹은 서로 만나고, 다리가 굽은 작은 키였다는 것이다. 이렇게 볼품없는 사람이었지만 바울은 위대한 선교사, 위대한 목회자이자 기독교 최초 · 최대의 신학자임에 틀림없다. 그런데 바울의 가장 큰 공헌은 무엇보다도 이 같은 그의 학문, 신앙, 경험이 어우러져 그의 이름으로 쓰여진 13권(제2바울서신 포함)의 서신을 남겼던 위대한 저술가라는 데 있다.

2) 묵시사상가

의심할 바 없이 바울은 그의 바리새적 생애 동안에 묵시사상가였다. 디아스포라 바리새인으로서, 그는 메시아적 약속들의 성취에 대한 희망 속에서 그의 삶을 살았다. 바리새주의는 "내 조상들의 유전에 대하여 매우 열심인"(갈 1:14) 하나의 당이었다. 바리새주의의 "율법에 대한 열정"(빌 3:5)은 교회에 대한 박해의 촉매가 되었다(빌 3:6). 그가 교회를 박해한 신학적 이유는, 스데반과 같은 헬라적 유대 기독교인들이 '십자가에 달린 예수(실패한 메시아)'를 구원의 메시아로 고백하는 이단적인 모습들 때문이었다.

다메섹에 모였던 헬라적 유대 기독교인들(행 9:1)은 토라의 준수를 완화하고, 사도행전 6장 11,13절에 따르면, "모세와 성전을 비난한" 자들이었다. 이들은 이방 선교를 시작했고(행 11:11:19-26), 또 바리새인들의 눈에 중요한 죄를 범했다. 헬라적 유대 기독교인들은 이방인들로 하여금 할례 없이 그리고 "율법 전체"(갈 5:3)의 준수 없이 메시아적 약속들에 참여하게 함으로써 유대교의 영역을 침해했다. 바리새인들은 이방인들을 율법 전체에의 이행 없이 기독교적 "방법"으로 허용된 기독교 개종자들로서 간주했다.

바울의 묵시사상적 확신은 그리스도에로의 그의 개종에 의해서 시작된 것이 아니라 그의 바리새적 세계관의 배경을 형성한 것이었다. 바리새인 바울과 기독교인 바울 사이의 불연속성은 토라와 메시아적 약속들 사이의 관계에 대한 상이한 입장에 있는 것이지, "율법 결의론적 바리새주의(바리새인 바울)"로부터 "보편주의적 묵시사상적 사고(기독교인 바울)"로의 변화에 있는 것은 아니다. 바울은 그의 개종 전에 묵시사상적 바리새인 '선교사'였을 것이기 때문에, 만일 우리가 사도행전 9:1-2을 신뢰할 수 있다면, 그의 사고의 묵시사상적 구조는 그의 바리새적인, 그리고 기독교적인 삶에 있어서 변치 않는 상수로 남아 있다.

이 주장의 진리는 바울서신들로부터 명백하다. 왜냐하면 묵시사상은 '최초의 서신(데살로니가 전서)'으로부터 '최후의 서신(빌립보서)'까지 지속적이기 때문이다. 묵시사상은 바울에게 주변적인 호기심이 아니라, 대부분의 초대 기독교 사상가들에게 있어서와 같이, 중심적인 풍토이며 그의 사고의 초점이다. 바울의 열정적 기질과 삶의 양식은 그의 개인적 특성의 결과가 아니라, 그가 자신을 세계사의 마지막 시간들에 발생할 선교 때의 사람이라고 자각한 때문이다. 그는 자신이 그리스도의 부활과 죽은 자들의 마지막 부활의 중간 시간에 걸친 종말론적 사도라고 이해하고 있다.

4. 서신의 분류

신약성서의 27개 문서 가운데서 '서신'으로 분류되는 것은 21개나 된다. 21개 서신 중 바울을 발신자로 명기해 놓은 것은 13개이다. 13개 서신을 바울서신(Pauline Letters/Epistles)이라고 부른다. 히브리서를 제외한 나머지 7개 서신(야고보서, 베드로전서, 베드로후서, 요한일서, 요한이서, 요한삼서, 유다서)을 공동서신 또는 일반서신이라고 부른다. 히브리서는 전통적으로 바울서신에 귀속시켰으나, 오늘날에는 바울서신으로도 취급되지 않고 또한 일반서신으로도 분류하지 않는다.

바울서신은 그 수신자를 따라 명명되었으며, 일반서신의 명칭은 발신자를 따라 명명되었다. 서신의 배열 순서는, 바울서신의 경우에는 그 길이를 기준으로 하여 정해졌으며(골로새서, 데살로니가전서, 데살로니가후서가 디모데전서보다 짧지만, 앞에 놓여 있는 이유는 개인에게 보낸 편지보다 교회에 보낸 편지를 앞에 놓는다는 원칙 때문이다), 일반서신의 경우에는 갈라디아서 2:9에 명기된 세 사도들의 이름의 나열 순서를 따른 것이다.

역사비평 방법이 도입된 이후 전통적으로 바울서신으로 분류되던 13개 서신 가운데서 실제로 바울이 쓴 편지도 있고, 바울이 죽은 후에 그의 제자 또는 그의 학파에 속하는 사람이 바울의 이름을 빌려서 쓴 편지도 있다는 사실이 밝혀졌다. 바울이 실제로 쓴 편지를 '진정 바울서신(Authentic Pauline Letters)'이라 하고, 바울의 이름을 빌려서 쓴 편지를 '후대 바울서신(Post–Pauline)' 또는 '제2바울서신(Deutero–Pauline)'이라 한다. 오늘날 거의 모든 학자들이 공통적으로 동의하는 진정 바울서신은 7개인데, 곧 로마서, 고린도전서, 고린도후서, 갈라디아서, 빌립보서, 데살로니가전서, 빌레몬서이다. 골로새서, 에베소서, 데살로니가후서의 진정성을 추가로 강력하게 주장하는 학자들도 더러 있다.

바울서신 중 디모데전서, 디모데후서, 디도서를 '목회서신(Pastoral Letters/Epistles)'이라 부른다. 그 까닭은 이 세 서신은 목회자에게 주는 조언이 그 내용으로 되어 있기 때문이다. 에베소서, 빌립보서, 골로새서, 빌레몬서는 바울이 감옥에 갇힌 몸으로 쓴 편지라고 해서 '옥중서신(Imprisonment[=Captivity] Letters)'이라 부르지만, 이 명칭은 혼란을 일으킬 수 있다. 왜냐하면 여기에는 진정 바울서신과 후대 바울서신이 함께 포함되어 있기 때문이다.

■ **서신의 분류**

1) 바울서신: 로마서, 고린도전서, 고린도후서, 갈라디아서, 에베소서, 빌립보서, 골로새서, 데살로니가전서, 데살로니가후서, 디모데전서, 디모데후서, 디도서, 빌레몬서

2) 일반서신: 야고보서, 베드로전서, 베드로후서, 요한일서, 요한이서, 요한삼서, 유다서

■ **바울서신을 분류하는 명칭들**

1) 진정 바울서신(7개): 로마서, 고린도전서, 고린도후서, 갈라디아서, 빌립보서, 데살로니가전서, 빌레몬서

2) 후대(제2) 바울서신(6개): 에베소서, 골로새서, 데살로니가후서, 디모데전서, 디모데후서, 디도서

3) 목회서신: 디모데전서, 디모데후서, 디도서

4) 옥중서신: 빌립보서, 빌레몬서, 에베소서, 골로새서

5) 회중서신: 로마서, 고린도전서, 고린도후서, 갈라디아서, 에베소서, 빌립보서, 골로새서, 데살로니가전서, 데살로니가후서

6) 개인서신: 빌레몬서

7) 바울전서: 13개 서신 전체

8) 4대 바울서신: 로마서, 고린도전서, 고린도후서, 갈라디아서

5. 서신의 양식

바울서신, 일반서신, 저자 미상의 서신을 막론하고 대부분의 서신서는 공통된 양식이 있다.

I. 머리말 A. 발신자 B. 수신자 C. 인사의 말

II. 감사와 축복의 기도

III. 본론(주로 신학적이고 목회적인 내용)

IV. 격려의 조언

V. 맺음말(축도=축복의 기도)

이 양식은 초대교회가 속해 있었던 헬라 문화권에서 흔히 일반적으로 통용됐던 것으로 받는 사람 모두에게 친숙한 것이었다. 따라서 받는 사람은 무엇이 초점이고, 어떤 의미로 해석해야 되고, 어떻게 실생활에 옮겨야 할 것인가를 쉽게 파악할 수 있었을 것이다. 서신서들이 가지고 있는 독특한 면이 있는데, 그것은 대부분의 서신서들이 본론을 감사와 축복의 기도 및 격려의 조언이 감싸고 있다는 사실이다. 이 점은 본론이 단순히 형이상학적인 신학 논쟁이나 강압적인 지시나 명령이라기보다는 한 목자가 양떼를 돌보는 심정에서 이해해야 한다는 점을 암시한다. 아무리 심한 질책과 엄한 경고의 내용이더라도 이들은 마치 방황하는 자녀를 품에 안고 꾸짖음으로 그를 바른 길로 인도하려는 부모의 깊은 사랑의 표현으로 받아들여야 한다. 신약성서의 '서신서'는 교회공동체가 예수의 복음을 세

상 구석구석에 성공적으로 전파하는 과정에서 생겨나는, 신앙인으로서 세상과 부딪히며 야기되는 산재한 문제들을 해결하는 지침서의 역할을 한다.

6. 교회공동체의 사명

21개의 서신서들을 "교회공동체의 근본적인 사명이 무엇인가?"라는 물음에 기초하여 설명해 보자. 교회는 크게 둘로 나눌 때 '모이는 교회'와 '흩어지는 교회'로 나눌 수 있다. 전자를 '예배공동체'라고 하고, 후자를 '선교공동체'라고 한다. 성서적 의미의 예배공동체는 최소한 4가지 요소를 기본적으로 포함한다.

1) 설교(케리그마, Kerygma)

예배의 가장 중요한 요소는 하나님께서 예수의 십자가와 부활을 통해 이 세상과 화해하셨음을 선포(설교)하는 것이다. 눈에 보이는 교회의 모든 활동들(경배와 찬양, 말씀공부, 지역사회 봉사, 선교 등)의 궁극적인 목적은 예수 그리스도를 통한 하나님과의 화해의 소식을 전파하는 데 있다(롬 1:16-17). 문제는 그렇다면 왜 이 세상이 하나님과 '화해'할 필요가 있는가 하는 것이다. 왜 모든 사람들에게 '구원'이 필요한가?

그 까닭은, 바울에 따르면 모든 인간이 우상숭배를 비롯한 악한 행위라는 죄를 범함으로 하나님과의 관계가 깨어졌는데, 어느 누구도 법(율법, 또는 양심의 법)을 지킴으로써 하나님과의 깨어진 관계를 회복할 수 없기 때문이다(롬 2:12-16). 그 관계 회복은 하나님께서 그의 아들 예수 그리스도를 보내주시고 그를 믿는 믿음을 통해서 화해를 실현시킴으로 이루어졌다(롬 3:21-26). 즉 하나님과의 관계 회복은 인간의 노력의 대가로 된 것이 아니라 그분의 은혜로 값없이 주어진 선물이다. 따라서 어느 누구도 자신의 구원을 자랑할 수 없다. 왜냐하면 그것은 하나님께서 전적으로 다 하신 일이기 때문이다. 교회는 이 구원이 인간의 의지나 노력의 결과가 아니라 오직 믿음으로만 의롭게 될 수 있음을 선포해야 한다.

2) 교육(디다케, Didache)

예배의 두 번째 요소는 선포된 복음의 소식이 신앙인 각 개인에게 어떤 의미가 있는지를 가르쳐 내면화시키는 것(교육)이다. 예수 그리스도를 믿는 믿음은 새로운 삶, 즉 육체의 욕망을 따라 사는 것이 아니라 하나님의 영에 따라 의로운 삶을 사는 것을 의미한다. 하나님의 영은 인간으로 하여금 현재 상태가 본래 하나님께서 의도하신 것이 아닌 고통과 악과 부패로 가득 찬 삶임을 깨달을 수 있게 하며, 그럼에도 불구하고 예수와 함께 죽고 예수와 함께 부활하는 미래의 소망을 가질 수 있게 한다. 이렇듯 하나님의 영을 따라 사는 신앙인은 그리스도의 사랑에서 떨어질 수 없다(롬 8:35-39).

예수 그리스도를 믿는 것은 현실의 고통으로부터 면제를 받는 것이 아니다. 그것은 이 세상과 등져 사는 것이 아니라 이 세상에서 하나님의 사랑을 확신하며 사는 것이다. 진정한 신앙인의 삶은 현실을 도피하면서 미래를 맹목적으로 염원하는 그런 것이 아니다. 예수의 십자가와 부활로 죄와 사망의 올무에서 해방되었다는 믿음을 바탕으로, 앞으로 도래할 평화와 공의의 때, 예수의 재림의 때에 힘입어 오늘의 절망과 불공평함을 극복하는 것이다. 바울은 그리스도와 함께 죽었고 그와 함께 다시 살아난 비밀을 내 것으로 만든 신앙인의 참된 삶을 명료하게 선언한다(갈 2:20; 골 3:1-17).

3) 친교(코이노니아, Koinonia)

예배의 세 번째 요소는 선포된 말씀을 듣고, 그것을 각자의 삶 속에 내면화한 것을 다른 신앙인들과 함께 나누는 것(친교 또는 사귐)이다. 진정한 교제는 한 신앙인이 그리스도와 깊은 영적 교제(그리스도의 고난과 부활에 동참함으로 얻어진 영적 열매)를 다른 신앙인들과 서로 나누는 데서 이루어진다. 그리스도가 바탕이 될 뿐만 아니라 중심이 되고 나아가서는 목적이 되는 사귐과 나눔이 성서적 의미의 나눔이다.

바울은 신앙인들에게 서로를 대할 때 예수께서 실천에 옮겼던 겸손과 순종을 본받으라고 권고한다. 하나님이셨지만 자신을 비워, 이사야 선지자가 예언한 수난의 종으로 오셨고, 겸손을 보이시되 끝까지 하나님의 뜻에 순종하여 십자가의 죽음까지도 감당한 희생의 예수를 본받으라, 하나님의 희생적 사랑의 화신인 예수를 닮으라고 역설한다(빌 2:1-11 참조). 이런 사랑을 바울은 쉽고 간결하게 사랑의 찬가로 보여주었다(고전 13:4-7). 이

사랑은 궁극적으로 하나님께서 예수에게 보여주신 사랑에 기인한다. 이런 사랑이 최고의 영적 선물이다.

4) 봉사(디아코니아, Diakonia)

예배의 네 번째 요소는 선포된 복음을 듣고, 말씀을 연구하여 삶 속에서 의미를 찾고, 성도로서 사랑의 나눔을 통해 다져진 신앙이, 이 세상을 향하여 구체적으로 실천하는 것(봉사 또는 섬김)이다. '선포'는 말로 하나님의 화해의 복음을 세상에 전하는 것이고, '섬김'은 행동으로 그 선포된 복음의 실체를 보여주는 것이다. 따라서 '섬김'은 신앙의 열매뿐만 아니라 구원의 핵심에 없어서는 안 될 중요한 요소이다. 말하자면 '선포'와 '섬김'은 동전의 양면이라 할 수 있다. 동전이 그 가치를 발휘하려면 양면이 동시에 있어야 하는 것처럼, 하나님과의 화해의 복음이 제 기능을 하려면 '선포'의 말씀이 있어야 함은 물론 동시에 '섬김'의 삶이 있어야 한다(약 2:14-17).

'섬김'이 결여된 '선포'는 공허한 메아리일 수밖에 없고, '선포'가 부재한 '섬김'은 연민을 기초로 한 자선(慈善)에 그칠 수밖에 없다. 성서가 의미하는 '섬김'은 예수의 가르침인 "주 너의 하나님을 사랑하고 또한 네 이웃을 네 몸과 같이 사랑하라"(눅 10:27)에 근거한다. 하나님 사랑과 이웃 사랑은 항상 병행되어야 한다. 보이는 이웃을 사랑하지 못하면서 어떻게 보이지 않는 하나님을 사랑할 수 있겠는가? 마태복음 25:31-36에 나타난 예수의 가르침을 들어보자. 이 대목의 요점은 예수가 섬김을 받듯이 '지극히 작은 자'가 섬김을 받는 것이다. 예수가 하나님과 세상과의 깨어진 관계를 화해한 그리스도로서 섬김을 받는다면, 지극히 작은 자는 하나님의 형상으로 지음받은 하나님의 사람으로서 섬김을 받는다.

위에서 논의된 설교, 교육, 친교, 봉사의 4가지 요소가 함께 어우러질 때 성서적 의미의 '예배가 드려졌다'고 말할 수 있다. 예수 그리스도의 이름으로 '모인' 공동체는 또한 주어진 사명을 새로이 다짐하고, 잘못된 방향과 그릇된 실행을 반성하며, 새로운 도전과 동기를 얻어 '흩어지는' 공동체이다. 한 특정한 날(일요일)에 국한된 예배가 아니고 깨어 있는 모든 순간과 결합되어 있는, 전체적인 삶을 통한 예배를 드리는 것이 교회공동체의 사명이다.

2. 데살로니가전서(I Thessalonians)

1. 본서의 배경

1) 데살로니가 시(市)

데살로니가는 오늘날 데살로니키(Thessaloniki)라고 불리는 마게도냐 지방의 주요 도시로서, 당시 유명했던 로마의 군사도로인 '에그나티아 대로(Via Egnatia)' 변에 위치한 항구 도시였다. 제2차 전도여행 때 바울 일행은 이 도로를 따라 빌립보, 암비볼리, 아볼로니아를 거쳐 데살로니가에 이르렀다. 에그나티아 도로는 데살로니가 시의 중심부를 통과했다. 주전 146년에 그리스는 두 개로 나뉘어 로마의 지배 아래 들어갔다. 북쪽 속주인 마게도냐의 수도는 데살로니가, 남쪽 속주인 아가야의 수도는 고린도였다.

소아시아와 로마를 연결하는 도로변에 위치한 데살로니가는 상업이 크게 번창했다. 자연히 이 도시에는 로마 관리들과 외국인들이 많이 살았다. 외국인들 중에는 상당히 많은 유대인들이 있었다. 이러한 지리적 조건 때문에 데살로니가 교회의 신앙이 그리스 전역에 빨리 전파될 수 있었다. 북쪽 그리스의 중심지인 데살로니가 교회의 신앙에 대한 좋은 소문은, 남쪽 그리스의 중심지인 고린도 교회의 나쁜 소문과 대조적이다.

2) 데살로니가 교회

데살로니가 교회가 어떻게 세워지게 되었는지는 사도행전 17:1-9이 잘 설명해 준다. 제2차 전도여행 때(주후 50-52년경), 바울 · 실라 · 디모데는 소아시아를 거쳐 그리스로 들어가 전도했다. 데살로니가에 들어간 이들은 유대교 회당과 야손의 집에서 복음을 선포하였다. 바울의 전도로 많은 사람들, 특히 헬라인들이 그리스도를 믿었다. 그러나 유대인들 중에 많은 사람들은 기독교 복음을 받아들이는 것을 거부했다. 더구나 그들은 사람을 동원하여 바울 일행의 전도사역을 훼방했다. 유대인들의 훼방으로 데살로니가에 소동이 일어나자, 바울 일행은 짧은 기간(약 3개월, 행 17:2) 밖에 전도하지 못하고 그 도시를 떠날 수밖에 없었다.

2. 저작 연대

본서는 제2차 전도여행 중이었던 50-52년경에 바울이 고린도에서 데살로니가 교회에 보낸 편지이다. 본서의 기록 연대는 바울이 고린도에 있었을 때 갈리오 총독의 법정에 끌려갔다는 사실에서 그 정확한 연대를 추정할 수 있다(행 18:12-17). 1909년에 델피(Delphi) 가까운 곳에서 석회암으로 된 한 비명(碑銘)이 발견되었다. 이 비명에는 글라우디오 황제가 델피 시민들에게 보낸 편지가 기록되어 있다. 이 편지 내용에는 갈리오가 주후 51-53년 동안 아가야(수도 고린도)의 총독이었다는 사실이 기록되어 있다. 따라서 본서의 기록 연대는 이 시기(51-53년)로 보는 것이 매우 타당하다. 바울이 제2차 전도여행 중에 기록한 서신이라고 볼 때 51년경이 무난할 듯하다.

3. 저작 목적

1) 바울은 제2차 전도여행 중에 유럽 지역의 첫 교회를 세운 빌립보에서 전도한 후(행 16:12-40), 데살로니가로 자리를 옮겨 유럽 지역의 두 번째 교회를 세웠다(행 17:1-7). 그러나 바울은 유대인들의 폭동으로 갑작스럽게 이곳을 떠날 수밖에 없게 되어 베뢰아로 가서 전도하였는데 그곳까지 데살로니가 유대인이 뒤쫓아왔으므로 다시 아덴으로 옮겨 전도하게 되었다(행 17:10-15). 그때 바울은 본서에 등장하는 디모데와 실라(1:1)를 아덴으로 불러 합류하였다(행 17:15). 그러나 바울은 충분히 복음을 전파하지 못하고 떠나온 데살로니가 교회에 대한 걱정과 성도들에 대한 애정이 컸으므로 그들을 지도하기 위해 직접 재방문하려는 마음을 가졌으나 좌절당했다(2:17-18).

결국 바울은 디모데를 자기 대신 데살로니가로 보내어 데살로니가 교회의 사정을 알아오게 하였다. 데살로니가 교회를 다녀온 디모데의 보고는 바울에게 큰 기쁨과 힘을 주었다. 디모데가 전한 기쁜 소식이란, (1) 데살로니가 성도들이 여전히 바울을 사모하고(3:6-10), (2) 바울이 전해 준 가르침을 잘 지키며(2:13), (3) 그리스도를 믿는 이유로 고통을 당하면서도 기쁨을 가지고 신앙을 지켰다(1:2-10)는 것이었다.

그러나 디모데의 보고 중에는 데살로니가 교회의 문제점들도 섞여 있었다. (1) 데살로니가 교회에, 그리스도께서 곧 다시 오시리라고 단정하고, 일을 하지 않고 무위도식하는 사람들이 있었다(4:11-12). (2) 어떤 교인들은 신자가 된 후에도 과거 이방 세계의 부도덕한 생활에서 벗어나지 못했다(4:13-18). (3) 어떤 교인들은 죽은 성도들 때문에 비탄에 빠져 있었다. 그들은 먼저 죽은 자들이 주께서 재림하실 때 불리한 상황에 처하게 되지 않을까 하는 불안감을 가지고 있었다. 그러므로 바울은 (1) 데살로니가 교인들의 좋은 믿음에 감사하고, (2) 데살로니가 교인들의 잘못된 점들을 고쳐 주기 위해 데살로니가전서를 쓰게 되었다. 그리고 본서 안에는 종말론에 대한 중요한 진리들이 기록되어 있다. 신자의 죽음, 그리스도의 재림 등은 본서의 중요한 가르침이다.

4. 본서의 구조와 내용

바울서신은 그 당시의 그리스-로마의 편지 형식을 따라 예외 없이 크게 세 부분으로 구성되었다. 그것은 서두(머리말), 본론(몸말), 결미(발말)이다. 서두에는 발신자와 수신자를 명기하고 수신자에게 축복의 인사말을 쓴다. 결미에는 여러 가지 안부를 전하거나 마지막으로 복을 비는 인사말을 쓴다.

I. 머리말(서두): 인사(1:1)
II. 몸말(본론): 데살로니가 교인들에 대한 감사와 권면(1:2-5:22)
  1. 데살로니가 교인들에 대한 감사(1:2-3:13)
    1) 환난 가운데서도 믿음을 지킨 데살로니가 교회를 칭찬함(1:2-10)
    2) 데살로니가 전도를 회상함(2:1-16)
    3) 바울의 데살로니가 재방문의 소원과 디모데 파송(2:17-3:5)
    4) 디모데의 기쁜 보고와 데살로니가 교회를 위한 바울의 기도(3:6-13)
  2. 데살로니가 교인들을 위한 권면(4:1-5:23)
    1) 그리스도인의 사회생활(4:1-12)
    2) 그리스도의 재림에 관하여(4:13-5:11)
    3) 교회 생활과 관련된 권면(5:12-22)
III. 발말(결미): 문안 및 축도(5:23-28)

5. 본서의 특징

1) 본서는 갓 설립된 교회에 보내진 바울의 최초의 서신으로서의 담백한 면모를 보여준다. 뿐만 아니라 본서의 등장하는 단어나 문장 역시 바울의 후기 서신들에 비해 비교적 단순하며 순박하다.

2) 본서는 후서와 더불어 재림 서신 혹은 바울의 종말론(終末論)이라 불릴 정도로 그리스도 재림과 성도의 부활 및 재림의 시기와 재림을 맞이하는 바른 자세 등에 대한 교훈들이 많이 언급되어 있다. 따라서 본서 가운데는 묵시(黙示) 문학적인 표현들도 다소 등장한다(4:13-5:8).

3) 본서는 재림을 소망하는 자의 삶의 자세가 거룩해야 함을 역설하는 데 많은 지면이 할애된 성결한 삶에 대한 권면 서신이다.

4) 다소 비조직적이기는 하나 종말론에 대한 교리와 현실 생활에서의 성결을 교훈함으로써 교리와 실제 생활이 밀접한 관계를 지니며 조화를 이루어야 함을 보여준다.

로마서(Rome)

1. 로마서에 대한 찬사

동서고금을 통해 수많은 사람들이 바울의 로마서를 예찬하고 있다. 독일 경건주의의 창시자 스페너(P.J.Spener, 1635-1705)는 말했다. "만약 성서를 하나의 지환(指環)에 비교한다면 로마서는 그 보석이고, 제8장은 그 보석의 휘점(輝點, sparkling point)이다." "혹 천재지변으로 온 세계에 있는 성경책이 다 없어진다고 해도 로마서만 있으면 충분히 예수 믿고 구원받을 수 있을 것이다. 로마서가 다 남겨지지 않는다 해도 로마서 8장, 그 한 장만 있으면 그것만 보고도 충분히 구원받을 수 있을 것이다." 로마서는 역사상 큰 영향을 미쳤다.

1) 성 어거스틴(St. Augustine, 354-430)

그는 386년 여름 32세의 나이에 그의 친구 밀란의 아리피우스(Alypius)의 집 정원에서 흐느끼며 앉아 있었다. 그는 깊은 내면의 갈증을 느끼고 있었다. 그가 앉아 있는데 이웃집에서 한 아이가 부르는 찬송가 소리가 들려왔다. "집어들어서 읽어라 집어들어서 읽어라!(Tolle, lege! Tolle lege!)." 친구 옆에 놓여 있던 성경의 두루마리를 집어들은 그의 눈은 로마서 13장의 결론 부분에 머물렀다. "방탕과 술취하지 말며 음란과 호색하지 말며 쟁투와 시기하지 말고 오직 주 예수 그리스도로 옷입고 정욕을 위하여 육신의 일을 도모하지 말라." 그는 "나는 더 이상 읽으려고 하지 않았고 더 읽을 필요도 없었다. 이 문장을 거의 다 읽었을 때 돌연히 밝은 빛이 나의 가슴에 넘쳐 흘렀고 의심의 그림자는 씻은 듯이 사라져 버렸다"고 고백한다.

2) 종교개혁자 마르틴 루터(M. Luther, 1483-1546)

그는 1513년 어거스틴 수도회의 수사이자 삭소니(Saxony)에 있는 비텐베르크 대학 신학교수였다. 그는 '은혜로우신 하나님을 발견하기' 위하여 고군분투하면서 시편 과목의 강의를 준비하는 데 심혈을 기울였다. 그때 시편 31:1의 기도 – "주의 의로 나를 건지소서" – 가 그의 머리를 때렸다. 당시 루터는 '하나님의 의'는 그를 구원하는 것이 아니라 죄인을 정죄하는 것이라고 생각하고 있었다. 그가 이 말씀의 의미를 생각하고 있었을 때, 그의 관심은 "복음에는 하나님의 의가 나타나서 믿음으로 믿음에 이르게 하나니 기록된 바 '오직 의인은 믿음으로 말미암아 살리라'(합 2:4) 함과 같으니라"(롬 1:17)는 바울의 말에 점점 더 쏠리게 되었다. 전에도 수없이 듣고 읽은 말씀이었지만 이제야 성령 안에서 생명의 빛이 그 마음을 비추었다. '바로 이것이다! 오직 믿음으로!' 루터는 비로소 죄사함의 기쁨을 얻게 되었고, 두려움의 하나님을 사랑의 하나님으로 바라볼 수 있게 되었다. 마침내 여기서 힘을 얻어 종교개혁의 횃불을 들게 되었다.

3) 감리교의 창시자 존 웨슬리(J. Wesley, 1703-1791)

그는 1738년 5월 24일 수요일 저녁에 "억지로 (런던의) '올더스게이트 가(Aldersgate Street)'에서 열렸던 한 모임에 갔다. 거기서 어떤 사람이 루터의 로마서 주석 서문을 읽고 있었다. 9시 15분쯤 되었을까, 그분이 하나님이 그리스도를 믿는 믿음을 통하여 사람들의 마음에서 일으키시는 변화를 설명해 나가고 있을 때 이상하게도 내 가슴이 뜨거워지는 것을 느끼게 되었다. 나는 구원을 위하여 오직 그리스도만을 의지하고 있다는 것을 느꼈다. 그러자 그리스도께서 '내 죄, 아니 나'까지도 없애시고 '나'를 죄와 사망의 법에서 구원하셨다는 확신이 내게 왔다." 온 세계를 위하여 오신 주님이 이제는 나 자신을 위해 오신 주님이라는 것을 깨닫게 되었다. 결국 뜨거워진 그 열정으로 감리교가 시작되었다. 이 또한 로마서가 주는 영적 감화에 의하여 이루어진 것이다.

4) 하나님의 말씀의 신학자요 신정통주의 신학자인 칼 바르트(K. Barth, 1886-1968)

그는 스위스 자펜빌(Safenwil)의 목회자였을 때인 1918년 10월《로마서 주석》초판을 출판하였다. 그는 살기 위해 어둠 속에서 줄 하나를 꼭 붙들었는데 마침 죽은 자를 깨우는 종을 치는 줄을 잡았던 사람에 자기를 비유했다. 가톨릭 신학자인 칼 아담(K. Adam)은 바르트의《로마서》초판에 대해 "자유주의 신학자들의 놀이마당에 폭탄이 되었다"고 말했다.

한편 로마서에는 비록 바울의 모든 신학 사상이 다 들어 있지는 않지만(가령 성만찬, 교회내의 직책, 그리스도의 십자가 등에 관해서는 아무런 언급도 없으며, 종말론이나 그리스도론도 충분하지 않다) 로마서는 바울의 신학 사상을 구성하는 데 가장 중요한 자료로 이용된다. 로마서의 특정한 주제는 몇몇 신학자들에게 중요한 교리를 뒷받침하는 근거가 되었다. 성 어거스틴은 5장에 근거하여 원죄설을, 칼빈(J. Calvin, 1509-1564)은 9장에 근거하여 예정설을, 가톨릭 교회는 2장에 근거하여 자연법 이론을 만들어냈다.

2. 로마서의 배경

1) 로마 시(市)

바울 시대의 로마 도성은 문자 그대로 세계의 중심지였다. 정치, 경제, 문화, 군사, 교통의 중심지였을 뿐만 아니라 미(美)와 힘과 향략의 중심지였다. 그러므로 로마의 시민권을 얻는다는 것은 당시의 영광이요 자랑이었다. 그러나 동시에 로마는 죄악의 도성이기도 했다. 요한계시록의 저자가 아름답고 거대한 도성을 저 음탕한 동방의 바벨론의 도성에 비교한 것을 보아도, 로마가 얼마나 죄악의 중심지였던가를 알 수 있다.

예나 지금이나 문화의 첨단을 걷는 대도시가 동경의 대상이 됨과 동시에 비참과 범죄의 소굴이 되기도 하듯이 로마가 그러하였다. 거기에는 최상에서 최하에 이르는 각양각색의 인종과 민족이 운집하고 있었다. 그 중에는 전쟁 포로로서, 노예로서, 상인으로서, 이민으로서, 그 밖에 여러 종류의 유랑인과 피정복자들이 이 도성에 함께 살고 있었다. 이렇게 모여든 로마 시민은 당시 약 100만 명이었다고 한다.

바울 시대에 팔레스틴을 비롯하여 온 로마제국에 퍼져 있는 유대인 수는 약 500만 명이고, 로마 시에 거주하는 유대인 수는 약 5만 명이었다고 한다. 로마 시에 거주하는 유대인의 상당수는 주전 64년에 폼페이우스(Pompeius) 장군이 유대를 정복할 때에 전쟁 포로로 끌려온 사람들의 자손들이었다. 신약 시대에는 제국의 동부 지역으로부터 많은 외국인들이 생업을 찾아 로마 시로 몰려들었으며, 유대인들도 그러하였다. 사회 구성원으로는 600명의 원로원과 1,800명의 기사들이 최상류계급을 이루었을 뿐이고, 대다수 주민은 평민에 속했다. 로마제국은 노예가 인구의 3분의 1을 차지하는 노예제 사회였다.

2) 로마 교회

로마 시에 복음이 언제, 어떻게 전파되었는지는 확실하게 알 수 없다. 어느 사도나 어느 선교사가 이곳에 복음을 전하여 교회를 세운 것이 아님은 거의 확실하다. 아마도 유대계 그리스도인이 이곳에 이주해 옴으로써, 또는 어느 유대인이 로마와 예루살렘을 왕래하면서 복음을 듣고 믿게 됨으로써 자생적으로 교회가 세워졌을 것이다. 사도행전의 오순절 보도를 증빙 자료로 받아들인다면 사도들의 설교를 들은 "나그네로 와 있는 로마 사람들"(행 2:10)이 로마에 돌아가서 그들이 들은 소식을 전했다고 볼 수도 있겠지만, 이것은 별로 설득력이 없다. 왜냐하면 그러한 방식으로 로마에 복음이 전해졌다면, 왜 나머지 모든 이방 지역에서는 그와 같은 방식으로 복음이 전해진 흔적이 단 하나도 찾을 수 없는지 설명할 도리가 없기 때문이다.

주후 49년에 글라우디오(Claudius) 황제는 로마시에 사는 모든 유대인들에게 거기서 떠나라는 명령을 내렸는데, 이것이 이른바 '글라우디오 칙령'이다(행 18:2). 이 추방령은 그리스도인 유대인과 비그리스도인 유대인의 구별 없이 로마에 사는 모든 유대인에게 해당되었다. 이때 아굴라와 브리스길라 부부도 추방되었다. 유대계 그리스도인들이 추방된 이후에, 로마의 기독교 공동체에는 자연적으로 이방계 그리스도인들이 다수를 점하기 시작했을 것이다(1:1-15; 15:14-16; 11:13,16에 언급된 인물들이 대부분 로마나 그리스 출신이다). 글라우디오 황제의 칙령은 54년에 그가 죽고 네로(Nero) 황제가 등극함으로 말미암아 해제되었을 것이고, 추방된 많은 유대인들이 로마로 귀환했을 것이다. 그래서 바울이 로마서를 쓸 당시에 로마의 기독교 공동체에는 이방계 그리스도인들과 유대계 그리스도인들 사이에 어떤 알력(軋轢)이 있었다고 볼 수 있을 것이다.

3. 저자, 저작 연대 및 저작 장소

로마서의 저자가 바울이라는 사실이 의심된 일은 지금까지 거의 없었다. 본서는 일찍이 그의 '사대 서신(四大書信)', 즉 로마서, 갈라디아서, 고린도전후서의 하나로 인정되었으며, 그의 중심 사상이 기록되어 있는 서신으로 알려져 있다. 그러면 이 서신은 언제, 어디서 기록하였을까? 로마서 1:10-15, 15:22-29, 행전 19:22을 참조해 보면 본서가 바울의 로마 방문 이전에 기록된 것만은 의심할 여지가 없다.

로마서 15:22-29의 내용을 종합해 보면, 예루살렘 교회의 가난한 형제들을 위하여 거둔 지방 교회의 헌금을 가지고 예루살렘으로 출발하기 직전이라는 것을 알 수 있다. 바울이 본서를 기록하였을 때에는 이미 동방 지역의 복음 전도가 거의 끝나게 되었을 때이다. 사도행전 20:3 이하를 보면, 바울이 3개월간 고린도에 체재한 후, 빌립보와 드로아를 거쳐 해로로 예루살렘을 향하여 출발하였는데, 이 기사는 로마서 15:25의 것과 완전히 일치한다. 그리하여 로마서는 바울의 고린도 3개월 체재 기간 중에 기록되었으리라고 하는 것이 거의 일치된 학설이다. 그리고 그 3개월은 57년 12월부터 58년 2월에 해당한다.

4. 저작 목적 및 본서의 중심 문제

로마서는 바울의 나머지 서신들과 다른 몇 가지 독특성이 있다. 첫째, 로마서는 바울의 나머지 서신들과 달리, 자기가 세우지도 않고 방문한 적도 없는 교회에 써 보낸 서신이다. 둘째, 로마서는 바울이 그의 선교 활동의 중요한 전환기를 맞이하여 쓴 서신이다. 즉 바울은 로마제국의 동부 지역에 대한 선교활동을 이미 끝마치고, 이제는 스페인(서바나)으로 건너가서 복음을 전하겠다는 결심을 한 시점에서 이 서신을 썼다. 바울의 계획은 그가 스페인으로 가는 길에 로마 교회를 방문한다는 것이었다. 그가 이런 계획을 세우고 그것을 얼마나 열망했는가에 대해서는 그의 서신을 통해 분명히 알 수 있다(롬 1:10,11,15; 15:22-24).

이러한 계획을 세워놓고 그 기회를 기다리고 있던 바울은 자기가 로마에 가기 전에 로마 교회에 대한 관심과, 로마 방문의 계획과 자기가 로마에 가서 전하려는 복음의 내용에 대해서, 미리 로마인들에게 간단히 알려 둘 필요성을 느꼈다. 따라서 본서에는 갈라디아서나 고린도전후서와 같이 교회의 실제적인 문제와 거기에 대한 해답이나 충고가 취급되어 있지 않고 자기가 믿는 바 신앙의 내용과 복음의 오의(奧義)가 나타나 있다.

예전에는 로마서를 기독교 교의학(敎義學)이나 조직신학(組織神學)의 교과서라도 되는 것처럼 취급해 왔으나 로마서는 그러한 목적으로 기록한 서신이 아니다. 로마서는 동방 모든 지방에서와 같이, 로마를 중심 거점(據點)으로 하여 서방 모든 지역에 복음을 편만하게 전하기 위하여 미리 그 복음의 내용을 간단 명료하게 표명하려고 한 것이 주요 목적이었다.

한편 고린도전서가 고린도 교회 안에서 벌어지는 잡다한 문제들을 논리적 관련 없이 잇달아 다루는 것과는 달리, 로마서는 하나의 주제를 일관성있게 아주 체계적으로 다룬다. 로마서가 다루는 이 큰 주제가 무엇이며, 그 논증의 중심이 어디인지를 바르게 아는 것은 로마서를 올바로 이해하는 열쇠가 된다.

바울은 하나님의 복음을 전하기 위하여 따로 세움을 받은 사도이자 그리스도 예수의 종이었다(롬 1:1). 특히 이방인들에게 복음을 전하도록 위임받은 사도라는 확고한 자의식을 가지고 활동했다(롬 1:5; 15:16-19; 갈 1:16). 그래서 바울의 간절한 소원은 로마에 있는 기독교인들에게 복음을 전하는 일이었다(1:15). 그러나 바울은 다른 사람이 닦아 놓은 터에 복음을 전하지 않는 것을 그의 선교 원칙으로 삼았다(롬 15:20; 고후 10:15-16). 그러므로 로마에 있는 기독교인들에게 복음을 전한다는 것은 믿지 않는 사람에게 전도하는 것을 뜻하지 않고, 복음의 참된 의미를 증언하는 것을 뜻한다.

로마 도성이 세계적 활동 무대와 세계 교화(敎化)의 중심지이며 근원지가 되고 있다는 것을 간파한 대전도자 바울은 먼저 그곳에 복음에 대한 이해를 깊이 해 둘 필요성을 절실히 느꼈을 것이다. 그래서 바울은 위대한 세계 전도의 대환상(大幻想)을 가지고 로마서와 같은 위대한 서신을 기록하였을 것이다. "내가 복음을 부끄러워하지 아니하노니 이 복음은 모든 믿는 자에게 구원을 주시는 하나님의 능력이 됨이라 첫째는 유대인에게요, 또한 헬라인에게로다"(1:16). 복음을 하나님의 구원하시는 능력으로 제시한 이 명제는 바울이 이제부터 논증하려는 전체 주제를 요약한 총제목에 해당한다. 이 구절에 나타난 "먼저는 유대인에게요 그리고 헬라인에게"라는 표현은 두 집단이 긴장 또는 갈등 관계에 처해 있음을 드러내 준다. 로마서에서 바울이 복음의 참된 의미를 진술하는 목적은 이 문제를 해결하는 데 있었다고 볼 수 있다. 또한 로마서의 중심은 어디에 있는가?라는 문제도 이와 관련이 있다.

복음과 칭의론을 동일시하는 주석가들은 3-4장을 로마서의 중심으로 보고, 9-11장은 주제에서 벗어난 부록으로 본다. 이와 반대로 이방계 그리스도인과 유대계 그리스도인을 화해시켜서 통일된 평화로운 공동체가 되도록 하는 것을 로마서의 목적으로 보는 주석가들은 9-11장이 로마서의 중심이며, 3-4장은 9-11장의 결론에 도달하기 위한 준비 단계라고 한다. 1-11장에서 바울이 유대계 그리스도인들과 이방계 그리스도인들에 대하여 각각 취하는 태도가 곳에 따라 다르다. 칭의론이 개진되는 곳에서는 유대계 그리스도인들을 겨냥하여 이방계 그리스도인들에게 하나님의 백성이 되는 평등한 권리를 인정해 주어야 한다고 주장하고, 9-11장에서는 이방계 그리스도인들을 겨냥하여 유대계 그리스도인들에게 우월감을 갖지 말아야 한다고 주장했다. 로마서가 복음과 칭의에 관한 교리서가 아니라 로마 교회의 사정과 관련된 실제적 편지라면, 9-11장이 로마서의 중심이 될 것이다.

5. 로마서의 구조와 내용

'이신칭의(以信稱義-하나님의 관점)' 또는 '이신득의(以信得義-인간의 관점)'는 로마서에서 대단히 중요한 주제이지만 중심 주제는 아니다. 중심 주제는 '하나님의 은혜로운 주권의 복음'이다. 이러한 관점에서 로마서를 4부분으로 나누면 다음과 같다. 첫째는 로마서의 서언(1:1-15), 둘째는 로마서의 결론(15:14-16:27), 그리고 본론(1:18-15:13)은 '구원의 복음'을 진술하고 있는데, 크게 두 부분으로 나뉜다. 첫째 부분은 교리편(1:18-11:36)이고, 둘째 부분은 실천편(12:1-15:13)이다. 교리편은 하나님께서 우리를 긍휼히 보시고 사랑하시고 구원하셔서 당신의 자녀로 삼아 주셨다는 '직설법(Indicative)'이고, '그러므로'(12:1)라는 접속사로 연결되는 실천편은 '명령법(Imperative)'으로 되어 있다. 하나님께서 우리를 구원하셔서 당신의 양자로 삼아주셨으니(직설법), 그러므로(접속사) 우리들이 하나님의 자녀답게 살아줄 것을 요구하시는 것이다(명령법). 이것이 바울 신학의 기본틀이다.

I. 하나님의 주권과 과거의 문제: 은혜와 진노	1:1–4:25
1. 서언	1:1–17
1) 인사(人事)	1:1–7
2) 로마 방문의 희망	1:8–15
3) 총 주제: 복음의 정의(定意)	1:16–17
2. 복음과 하나님의 진노	1:18–3:20
1) 보편적인 죄와 그 결과들	1:18–2:16
2) 유대인의 모순과 항의	2:17–3:8
3) 결론: 보편적인 죄	3:9–20
3. 복음과 하나님의 은혜	3:21–4:25
1) 믿음으로 말미암은 의	3:21–31
2) 아브라함의 실례	4:1–25
II. 하나님의 주권과 현재의 문제: 은혜와 율법	5:1–8:39
1. 죄와 은혜: 아담과 그리스도	5:1–21
1) 현재의 은혜와 화해	5:1–11
2) 아담과 그리스도: 불순종과 순종	5:12–21
2. 죄, 은혜 그리고 율법	6:1–7:25
1) 죄와 은혜(세례)	6:1–14
2) 율법과 은혜(선한 노예화와 악한 노예화)	6:15–7:6
3) 율법과 죄(은혜의 관점에서)	7:7–25
3. 성령과 은혜의 확실성	8:1–39
1) 성령과 육(肉)	8:1–17
2) 성령과 미래	8:18–30
3) 성령과 기독교인의 확신	8:31–39
III. 하나님의 주권과 미래의 문제: 이스라엘과 하나님의 은혜로운 계획	9:1–11:36
1. 하나님의 은혜와 이스라엘의 거부	9:1–29

1) 하나님의 말씀과 하나님의 백성 9:1-13
2) 하나님의 은혜와 하나님의 백성 9:14-29
2. 은혜, 믿음, 그리고 율법의 목적 9:30-10:21
1) 율법과 믿음 9:30-10:13
2) 선포와 믿음 10:14-21
3. 이스라엘과 하나님의 미래 11:1-36
1) 이스라엘과 하나님의 계획 11:1-12
2) 감람나무: 은혜의 역사 11:13-24
3) 하나님의 계획: 모든 이에게 은혜 11:25-36
IV. 하나님의 주권과 일상생활의 문제: 은혜와 삶의 구조 12:1-16:27
1. 은혜와 공동체 12:1-21
1). 은혜와 조직하는 능력 12:1-2
2) 은혜와 그리스도인 공동체 12:3-13
3) 은혜와 세속의 공동체 12:14-21
2. 은혜와 권세에 대한 그리스도인의 자세 13:1-14
3. 은혜와 이웃: 행동하는 사랑 13:8-14
1) 이웃과 사랑의 현실성 13:8-10
2) 이웃과 밝아오는 날 13:11-14
4. 은혜와 믿음 안에서의 일치: 약한 자와 강한 자 14:1-15:13
1) 일치와 독선(자기의)의 문제 14:1-12
2) 일치와 권리를 우선하는 책임 14:13-23
3) 일치와 그리스도의 섬김의 도 15:1-13
5. 은혜와 바울의 사도적 계획 15:14-33
1) 바울의 전도 방침 15:14-21
2) 금후의 전도여행 계획 15:22-33
6. 인사와 결론 16:1-27

1) 뵈뵈 추천과 동역자들에 대한 문안 인사 16:1-16

2) 거짓 선생에 대한 권고 및 동역자들에 대한 인사 16:17-20, 21-23

3) 결론적 찬양(최후의 송영) 16:24-27

6. 바울의 묵시사상과 로마서

1) 묵시사상적 세계관

바울 사상은 묵시사상적 세계관에 정착되고 '그리스도의 부활(고전 15장)'은 단지 그 배경에서 이해될 수 있다. 바울 복음의 일관된 중심은 그리스도 사건의 묵시사상적 해석에 의해 구성되며, 바울의 사고방식의 근저에는 유대 묵시사상이 있다. 묵시사상의 기본적 구성 요소들을 개괄하면 다음과 같다. (1) 역사적 비관론과 저세상적 희망: 과격한 이원론, 즉 이 세대와 다가오는 세대 사이의 근본적인 불연속성, (2) 보편주의와 개인주의: 묵시사상의 우주적, 보편적 영역과, 개인을 더 이상 집단적 실체의 한 구성원이 아닌 것으로서 보는 개인적 관점, (3) 결정론과 하나님 왕국에 대한 임박한 기대: 그것은 하나님의 미리 고정된 역사의 계획, 역사의 종말에 대한 계산, 그리고 그것의 시대적 구분(넷, 일곱, 또는 열두 시기)을 포함한다. 이로부터 우리는 묵시사상이 세 가지 기본적 이념들 주위를 선회한다는 것을 연역할 수 있다. (1) 역사적 이원론, (2) 보편적 우주적 기대, (3) 세상의 임박한 종말.

묵시사상에 대한 이 같은 주장들, 즉 과격한 이원론(불연속성), 저세상적 유토피아론, 역사와 무관한 하늘 저편 먼 곳에 계신 초월적 하나님, 전적인 결정론에는 문제가 있다. 그 대신에 비관적 현실에 대한 신앙적 소망, 현세대와 오는 세대의 연속성, 하나님 왕국의 숨겨진 임재(숨어계신 하나님), 그리고 의미 있는 과정으로서의 세계 역사(묵시 상황 아래에서의 하나님의 역사 주관) 등을 재고해야 한다.

벨하우젠(J. Wellhausen) 이래 학계에서는 묵시사상을 사변적인 안이한 학문으로, 또는 이스라엘의 예언적 종교의 퇴화로 보았다. 그러나 묵시사상은 단순히 사변적이며 추상적 현상이 아닌, 살아계신 하나님과 그분에 대한 신앙을 변함없이 지키고자 하는 깊은 실존적 관심으로부터 나온 '순교의 신학'이다. 묵시사상은 순교, 박해, 도덕적 성격, 격려

등의 실존적 실재들과 마지막 신정(神政)에 대한 갈망 없이 이해되어서는 안 된다.

이 세대와 오는 세대가 불연속성처럼 보이는 묵시사상적 표현은 현재 사탄, 사망, 그리고 악의 세력들에 의해서 지배되기 때문이다. 부정과 긍정의 이런 변증법은 하나님의 우주적 통치의 임박한 기대에 대한 의식을 수반한다. 임박한 기대의 절규: "거룩하고 참되신 대주재여, 땅에 거하는 자들을 심판하여 우리 피를 신원하여 주지 아니하시기를 어느 때까지 하시려나이까"(계 6:10)는 "새 하늘과 새 땅"(계 21:1)의 보편적 우주적 희망과 결합된다.

2) 영지주의와 묵시적 유대사상

바울 사상의 배경에는 헬라적 배경인 '영지주의(Gnoticism)'와 '스토아주의(Stoicism)'가 있고, 히브리적 배경에는 '랍비적 유대교'와 '묵시사상(Apocalypticism)'이 있다. 이 가운데 바울의 사상에 가장 큰 영향을 미친 것은 묵시사상인데, 이를 이해하기 위해서는 영지주의와의 비교가 필요하다.

대중화된 플라톤주의(Platonism)는 이 세상의 실체를 두 가지 영역으로 나누었는데, 물질 세계와 영적 세계가 그것이다. 물질 세계는 일시적이며 악의 활동 무대인 반면, 영적 세계는 불변의 완전성을 구현한 신의 활동 무대이다. 인간 본성에는 이 두 가지 실체가 섞여 있다. 이 철학은 나중에 영지주의를 형성하는 근본이 되었다. 영지주의는 기독교 신앙을, 구원받을 수 없을 정도로 악이 가득한 물질 세계와 인간이 그곳으로부터 탈출해서 가기 원하였던 영적 세계 등의 두 세계의 관점에서 해석하려고 시도하였다.

바울은 묵시사상으로 영지주의 사상을 넘어서고 있다. 묵시사상은 하나님이 이스라엘과의 관계에서 계시한 그의 목적에 의거하여 보다 보편적인 역사관을 구성해 보고자 하는 시도였다. 바울은 이러한 묵시사상에 영향을 받은 것이 분명하다. 왜냐하면 그의 편지에는 묵시적인 하나님의 심판이 '그리스도의 재림(파루시아)' 때 일어날 것을 기대하고 있기 때문이다. 최근의 연구는 바울이 그의 기독교 신앙을 표현하는 데 있어서 묵시사상에서 가장 큰 영향을 받았다는 것을 보여주고 있다. 사실 바울은 이 사상의 양식에서 기독교 신앙을 설명하는 게 가장 유용한 방법을 찾은 것이다. 묵시적 유대사상과 영지주의 사상을 그림으로 그려보면 다음과 같다.

(1) 묵시적 유대사상

두 시대(aeons)	
아담의 타락	하나님의 왕국 건설
옛 시대(과거와 현재의 세계사)	새 시대(미래의 하나님의 통치)
악함과 구원불능	선함과 부패하지 않음

(2) 영지주의 사상(존재론적[ontological], 역사적이지 않음)

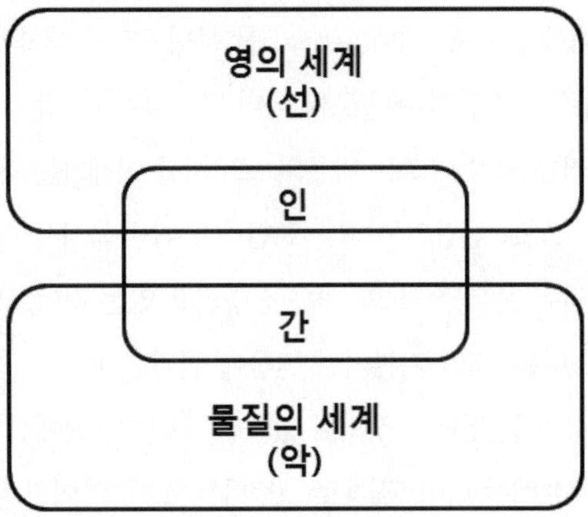

이 그림에서 볼 수 있듯이, 묵시적 유대교에서는 역사가 기본적인 범주인 반면에 영지주의에서는 역사적인 사건이 그 구조에 아무런 영향력을 끼치지 못한다. 영지주의에서는 악의 문제를 해결하는 방법은 이 세상을 변화시키는 것이 아니라, 이 물질 세계를 탈출하는 것이었다. 우리가 묵시적인 세계관을 '동적(動的, dynamic)'이고, '역사적(시간적)'이라고 한다면, 영지주의는 '정적(靜的, static)'이고, '존재론적(공간적)'이다. 그 까닭은 영지주의 사상이 '존재(Being)'의 구조에 관심이 있고, 역사의 과정에는 관심이 없기 때문이다. 바울이 영지주의가 이해하는 실체보다 유대 묵시사상의 기본적인 틀을 사용하였다는 것이 분명하다면, 또한 그가 나사렛 예수 안에서 하나님이 이미 인간 역사의 마지막 변화를 시작하였다는 확신 아래 그 틀을 개조시키고 있는 것도 분명하다.

(3) 바울의 묵시사상 구조의 개조

아담	그리스도 초림	그리스도 재림
과거 (옛 시대)	현재	미래(새 시대)
율법	그리스도	하나님의 가시적 통치
죄(진노)	믿음(의)	구원
죽음	생명	영생

3) 묵시사상의 틀 위에 있는 로마서

바울은 묵시적 유대사상의 '두 시대(aeons)'를 무너뜨리고 새롭게 구조를 개조시켰다. 이는 그가 나사렛 예수의 죽음과 부활로써 이미 하나님이 새로운 시대를 시작했다고 확신했기 때문이다. 이러한 사상 구조는 바울의 로마서를 이해하는 데 중요한 단서를 제공한다. 바울이 자기의 기독교 신앙의 이해를 표현하기 위해 묵시사상의 틀을 사용하였다는 사실은, 역사가 전개되어 온 과정과 또 계속 진행되고 있는 것이 모두 다 하나님의 섭리 안에서 이루어지고 있다는 그의 기본적인 믿음에 근거한다.

바울의 논거가 '역사의 논리'로 구성되어 있다면, 그 역사 속에서 유대인들이 차지하고 있는 위치는 대단히 중요해야 하며, 실제로 그렇다는 것이다. 이것은 로마서의 논리는 '교리의 논리'보다 '역사의 논리'에 가깝다는 것을 의미한다. 많은 로마서 주석가들은 로마서를 '교리의 논리', 즉 로마서는 '이신칭의(justification by faith)'의 교리가 주제이며, 이 주제를 우리의 신앙과 생활에 적용하는 것에 대한 설명이라고 보고 있다. '교리의 논리'에 따르면 로마서 9-11장은 하나의 '부록'인데, 그 이유는 이 장들이 이신칭의의 교리에 걸맞지 않기 때문이다. 그러나 '역사의 논리'에 의하면 이스라엘의 운명을 다루고 있는 9-11장이야말로 바울이 중요하게 생각한 부분이며, 로마서의 중심 부분이 된다.

바울 사상은 아담부터 시작되는 인류의 시작으로부터 예수 그리스도의 영광스런 재림까지 전개되는 것을 볼 수 있다. 바울에게 있어서 그리스도 이전의 역사는 아담과 그의 불순종으로 말미암은 죄의 능력 아래 있는 것이 분명하다(1:18-3:20). 인류 모두가 아담과 그의 불순종에 따른 육적 출생과 관련되어 있듯이, 그리스도인들은 그리스도와 그의 순종에 따른 중생과 세례와 연결되어 있다(6:3-11). 아담과 그리스도는 각기 인류의 새로운 방향의 전형이다. 아담은 죄로 말미암은 죽음으로, 그리고 그리스도는 의를 통한 생명으로 인도한다(5:12-19).

로마서에 있어서 바울 사상의 주안점은 '이신칭의' 같은 교리를 설명하는 데 있지 않고, 오히려 하나님이 그의 피조물을 다루는 역사에 있으며, 그것은 그에 대한 불순종부터 최후의 구원까지의 역사이다. 로마서의 첫 열한 장의 윤곽은 하나님과 그의 피조물 간의 역사의 과정을 통해 볼 수 있다. 그것은 하나님의 은혜로운 주권의 거부와 회복의 이야기이다.

7. 바울의 의(義) 사상

바울의 '의(義)' 사상은 많은 바울서신에서 어떤 열쇠 역할을 하고 있는데, 로마서 안에서 그가 전개하는 논증을 이해하기 위해선 이 사상을 자세히 살펴볼 필요가 있다. 이 사상이 로마서의 중심 사상이건 아니건 간에 분명히 이 사상은 바울 사상의 중심에 있으므로 바울이 이 용어를 어떻게 사용하고 있는가를 정확하게 이해하는 것은 그를 이해하는 데 필수적이다. 이 헬라어 단어(δικαιοσύνη)는 여러 가지 영어 단어로 번역되었기 때문에 혼란이 생기곤 하는데, 어떤 때는 'righteousness(의)' 또는 'justice(정의)' 그리고 동사형은 'to justify(정당화하다)' 또는 'to make righteous(의롭게 하다)' 등으로 번역되었다.

바울의 '의(義)' 사상 중에서 '하나님의 의(디카이오쉬네 데우, δικαιοσύνη θεοῦ)'는 바울신학의 핵심 개념이다. 나사렛 예수는 모든 인간의 통치에 종지부를 찍는 '하나님의 왕적 통치(하나님 나라)'를 선포했고, 사도 바울은 이 예수의 십자가 죽음에서 세상을 구원하시는 하나님의 종말론적 의가 계시되었음을 선포한다. 바울이 말하는 '하나님(神)의 의(義)'는 무엇을 의미하는가?

여성명사 '디카이오쉬네(δικαιοσύνη)'는 신약성서에 총 91회 등장하는데, 주로 바울서신에서 나타난다(총 57회). 그 중에서도 가장 무게 있는 로마서에 33회 등장하는 것으로 보아 바울이 중요하게 사용하는 신학적 중심 개념임을 짐작할 수 있다. 그 외에 이 명사는 마태복음에 7회, 목회서신에 5회, 히브리서에 6회, 야고보서에 3회, 그리고 요한1서에 3회 등장한다.

이 여성명사는 신약성서에서 동사 '디카이오오(δικαιόω, 의롭게 하다, 의롭다 칭하다)', 형용사 '디카이오스(δικαιος, 의로운)' 및 부사 '디카이오스(δικαίως, 의롭게)'와 함께 바울과 복음서 신학의 주요 개념으로 사용되고 있다. 이 용어의 본래적 헬라어 뜻은 '정의', '적법성', '정당성', '공평성', '덕(德)으로서의 의(義)', '분배의 정의(iustitia distributiva)' 및 '심판자적 정의'를 의미한다.

바울이 말하는 의(義)란 분배의 정의 개념도 아니고, 덕으로서의 윤리 개념도 아니며, 심판자적인 정의 개념도 아니다. 바울의 의는 헬라적 전통에 깊이 뿌리를 두고 있는 것이 아니라 구약적 · 유대교적 전통에 깊이 뿌리를 내리고 있다. 그는 이스라엘을 선택하고, 언약을 맺으며, 그 안에서 역사하시는 하나님과 선민 이스라엘 사이의 관계성 속에서 이 개념을 사용하고 있다. '바울의 義' 개념의 배경에서 우리는 먼저 두 개의 구약신학적 큰 주제와 만나게 된다. 하나는 '언약(베리트, בְּרִית)' 사상이요, 다른 하나는 하나님께서 세상의 심판자가 되신다는 '야웨 심판자' 사상이다.

구약에서 말하는 하나님의 의는 첫째로, '언약에 대한 하나님의 신실성으로서의 의'이며, 둘째는 '법정적인 성격으로서의 하나님의 의'이다. 하나님은 창조자요 역사의 주관자로서 세상의 심판자이며, 특히 언약의 백성 이스라엘에 대해서는 '언약의 율법'의 이행을 요구하시는 심판자요 구원자로서의 하나님이다. 문서화된 언약의 법은 준수되어야 할 법적인 성격을 띠게 되고, 법적 의무를 진 인간은 심판자 하나님의 법정 앞에서 그 이행 여부에 따라서 의인으로 혹은 죄인으로 법정 판결을 선고받아야 될 존재로 등장한다.

따라서 하나님과의 언약 관계 안에 있는 모든 인간의 죄는 법정적인 성격을 띠게 되고, '하나님의 의(צְדָקָה / צֶדֶק)'는 심판 아래 떨어진 죄인을 속죄를 통하여 의롭다고 칭하시는 언약의 하나님의 '구원의 의(Heilsgerechtigkeit)' 로서 나타난다(사 56:1). 바울의 의 사상은 이와 같이 구약적 · 유대교적 義 전통에 그 뿌리를 두고 있고, 심판자요 구원자 되신 언약의 하나님의 종말론적 구원의 의 개념으로서 등장하고 있다.

이러한 맥락에서 義는 어떤 '관계'를 묘사하는 말로 사용되고 있다. 그 관계를 유지하는 것은 '의로운' 것이고, 그것을 파괴하는 것은 '의롭지 못한' 것이다. '의롭게 된다'는 것은 어떤 사람과 긍정적인 관계에 들어간다거나 또는 그런 관계로 회복된다는 것을 의미하며, '의롭지 못하다'는 것은 긍정적인 관계를 파괴하는 행동을 뜻한다. 어떤 인간이 '의롭게 된다'는 것은 그가 하나님과의 회복된 관계(언약 관계)에 들어간다는 뜻이다.

그러나 그 언약은 동등한 지위를 가진 사람들 사이에 이루어진 동의(쌍무 계약)가 아니다. 그 언약에서는 하나님이 주인이며(편무 계약), 그것을 어긴다는 것(죄)은 하나님을 주인으로 모시기를 거부한다는 뜻이며, 다른 주인을 모신다는 뜻이다. 그러므로 이런 종류의 언약적인 이해 안에서 의롭게 된다는 의미는 하나님의 주권을 받아들인다는 것이며, 하나님의 뜻을 행하기를 원한다는 것이다. 그것은 우상숭배를 끝낸다는 뜻이며, 그 의미는 정확하게 하나님 대신 다른 어떤 것을 자기의 주로 섬기는 것을 중단한다는 것을 의미한다. 그런데 우리가 '하나님과 바른 관계(언약 관계)'로 들어가는 것은 하나님이 그 언약을 유지했기 때문이지 우리가 자격이 있어서 그렇게 된 것은 아니다. 바로 이 같은 상태를 바울은 '은혜'라고 부르고, 그 은혜를 받아들여 새로운 관계에 들어가는 것을 '믿음'이라고 부른다.

8. 기타 신학적 주제들

1) 바울의 율법관

율법의 행위로는 의롭다 하심을 받지 못한다(3:20). 율법 시대는 끝났다(7:1-3). 율법은 거룩하며 의로우며 선하다(7:12). 율법은 죄를 드러나게 한다(7:13). 그리스도는 '율법의 마침(τέλος)'이다(10:4). 바울에게는 모세 율법에 대한 근본적인 부정이 나타나지만 그는 무율법주의자가 아니었다. 그에게 있어서 '모세의 율법'은 종말론적 '그리스도의 율법(νόμος του χριστου)'으로 대치된다(갈 6:2; 고전 9:21). 이 새로운 '그리스도의 율법'은 바로 '그리스도 예수 안에 있는 생명의 성령의 법'이다(8:2).

2) 그리스도인의 자유(5-8장)

바울은 믿는 자들이 예수 그리스도 안에서 누리게 된 종말론적 자유에 대해서 언급하고 있다. 죽음으로부터의 자유(5장), 죄로부터의 자유(6장), 율법으로부터의 자유(7장), 성령 안에서 누리는 하나님의 자녀의 자유(8장).

3) 성령의 은사(카리스마)

바울은 그의 서신에서 여러 가지 성령의 은사를 나열하며 언급하고 있는데 서신에 따라 은사의 수는 다르게 나타난다. 7가지 은사(롬 12장), 13가지 은사(고전 12장), 5가지 은

사(엡 4장). 로마서 12장에서 언급된 은사들은 다음과 같다: ① 예언 ② 섬김 ③ 가르침 ④ 권면 ⑤ 구제 ⑥ 다스림 ⑦ 긍휼 베풂. 이것은 바울이 성령의 은사의 수를 몇 가지로 확정하지 않고 있음을 의미한다.

4) **예수 전승**(Jusus - Logion)

바울은 로마서에서 역사적 예수의 말씀 전승을 직접 혹은 간접으로 사용하고 있다. '아바, 아버지'(8:14-16; 갈 4:6). '사랑은 율법의 완성'(13:8-10).

5) **바울, 그리스도 예수의 종**(Παυλος δου'λος Χριστου' 'Ιησου')

바울은 로마서를 시작하는 첫 대목에서 자신을 '그리스도 예수의 종'으로 소개하고 있다. 바울은 다른 서신에서는 자신을 사도로 소개하고 있는 데 반해, 진정 바울서신의 마지막 두 서신인 로마서와 빌립보서에서만 이 호칭을 사용되고 있다. 이것은 그리스도에게만 종으로 매이고 다른 모든 것으로부터 자유하겠다는 역설적 의미를 갖는다.

고린도전서(I Corinthians)

1. 본서의 배경

1) 고린도 시(市)

고린도는 그리스 본토와 그리스 남단의 펠로폰네소스(Peloponnesos) 반도를 연결하는 지협(地峽)에 위치하고 있다. 그 당시 고린도에는 두 개의 항구가 있었는데, 서쪽으로는 2km 지점에 레카이움 항구가 있었고, 동쪽으로는 12km 지점에 겐그레아 항구(행 18:18)가 있었다. 고린도는 남북으로 육로를 연결하고, 동서로는 해로를 연결하는 교통 요충지였다. 이러한 지리적 위치로 인하여 고린도는 자연히 군사적으로나 상업적으로 크게 번창하는 도시가 되었다. 고린도는 주전 27년에는 로마의 행정 구역인 아가야(Achaia) 주(州)의 수도가 되었다.

이 도시에는 적어도 12개 이상의 신전이 있었는데, 그 중 가장 유명한 것은 사랑의 여신 아데미에게 바쳐진 신전이었다. 아데미 여신의 숭배자들은 이 신전에서 봉사하던 여사제들과 어울려 종교 의식의 한 절차로 음행을 저질렀는데, 한때 이 신전에는 1천 명의 여사제들이 있었다. 이처럼 고린도는 거대한 상업 도시로서 음란과 방탕이 만연해 있었으며, 아데미 여신 숭배는 종교라는 미명하에 음란을 더욱 부채질하였다. 고린도에 관해서는 나쁜 평판이 많이 유포되었다. 가령 '고린도 사람처럼 산다'는 말은 '성적으로 문란하게 산다'는 뜻이고, '고린도 소녀'라는 말은 '창녀'와 동의어로 사용되는 것 따위이다. 고린도는 바울이 신약성경의 최초의 문서인 데살로니가전서와 그의 최후의 문서인 로마서를 쓴 곳이기도 하다.

2) 고린도 교회

바울은 제2차 전도여행 중에 마게도냐에서 빌립보와 데살로니가에 차례로 교회를 세운 후에, 베레아와 아테네를 거쳐 주후 50년 가을에 고린도에 도착하였다(행 16:11-18:1). 바울은 주님의 지시에 따라 1년 6개월 동안 머물며 하나님의 말씀을 가르쳤다(행 18:11). 고린도는 여러 민족이 섞여 사는 대도시였고, 여행자와 상인들이 몰려드는 교통의 중심지였기 때문에, 복음을 널리 퍼뜨리는 데 전략적으로 중요한 도시였다.

이곳에서 특기할 사실은 바울이 '아굴라와 브리스길라'라는 유대인 부부를 만난 것이다. 이 두 사람은 49년에 있었던 글라우디오 황제의 칙령으로 이탈리아에서 고린도에 건너와서 사는 사람이었다. 아굴라의 직업이 바울과 마찬가지로 천막을 만드는 일이라 바울은 손쉽게 그들과 접촉할 수 있었고, 그들 집에 묵으면서 함께 일을 하였다(행 18:2-3). 그후 실라와 디모데가 마게도냐로부터 내려와 합세하자 더욱 힘있게 복음을 증거하였다(행 18:1-5).

음란과 방탕이 만연되어 있는 이 도시에서 바울은 아덴에서부터 철학적 변론이나 인간의 지혜를 사용하지 않고(행 17:16-34), 꾸밈없는 평이한 말로 성령의 능력을 힘입어 '예수 그리스도와 그의 십자가에 못 박히신 것'만을 전하였다(고전 2:1-2). 바울은 교회를 세우기 위해 오직 하나의 터를 닦았는데, 그 터는 예수 그리스도였다(3:10-11).

그러나 고린도 교회는 음란하고 악한 사회 환경으로 인하여 많은 문제점들을 안고 있었다. 교회 지도자들의 이름을 내세워 파당을 짓기도 했으며(1:11-12), 부유층과 빈곤층 사이에 분파를 만들기도 했다(11:18-22). 심한 음행을 범하는 교인도 있었고(5:1-5), 성도들 사이에 불신자 법정에 소송을 제기하는 일도 생겼다(6:1-8). 우상에게 드려졌던 제물을 먹어도 되는지에 대한 논쟁도 일어났고(8:1-13; 10:14-33), 결혼 및 성관계에 관한 문제도 제기되었다(6:12-7:40). 심지어는 부활을 의심하는 자들도 있었으며(15:12-19), 바울의 사도적 권위를 의심하기도 했다(9:1-2).

고린도를 떠나 있는 동안에도 바울은 인편과 서신을 통해 고린도 교회를 계속 보살피며 권고하였다. 바울은 고린도 교인들을 악행에서 돌이키기 위하여 눈물로 편지를 썼고(고후 2:4), 근심 중에 방문하여 심히 책망하기도 했으며(2:1), 동역자인 디모데와 디도를 보내어 권고하기도 했다(고전 16:10; 고후 8:16-24).

2. 저작 연대 및 저작 목적

본서의 저자가 사도 바울이라는 데는 모든 학자들의 의견이 일치한다. 바울이 고린도에 머물던 기간인 주후 51년 7월에 철학자 세네카의 형제 갈리오가 아가야 총독으로 부임했으므로(행 18:12), 바울이 고린도를 처음 방문하여 체류하던 기간인 50년 가을부터 52년 봄이었을 것이다. 바울은 18개월 동안 머물던 고린도를 떠나 에베소와 가이사랴를 거쳐 안디옥으로 돌아감으로써, 그의 제2차 전도여행을 마쳤다(행 18:22).

그후 바울은 제3차 전도여행에 나서서 갈라디아와 브루기아를 두루 경유하여 에베소에 이르렀다(행 18:23-24). 에베소에서 바울은 3년간 머무르며 집중적으로 복음을 전하였다(행 20:31). 바울이 이 서신을 쓴 시기는 에베소에 머물던 기간이 끝나갈 무렵이었으므로(고전 16:5-9), 그 연대는 주후 55년경쯤 될 것이다.

바울이 머물던 에베소와 고린도는 에게 해를 사이에 두고 서로 마주보고 있었으며, 그 거리가 500km 정도로, 두 항구 사이에는 선박을 통한 왕래가 잦았다. 그래서 바울은 고린도 교회의 소식을 자주 들을 수 있었다. 고린도 교회로부터 들려오는 소식은 대부분 바울을 근심케 하는 것들이었다. 바울은 고린도전서에 앞서 '음행하는 자와 사귀지 말라'는 내용의 편지를 보냈는데(고전 5:9), 이 서신은 분실되어 전해 내려오지 않는다. 고린도 교인들은 이 편지의 내용을 오해했기 때문에 바울은 오해를 바로잡고자 다시 편지를 쓸 필요가 있었다.

한편 바울은 그를 방문한 글로에 집안 사람들로부터 고린도 교회의 분쟁에 관한 소식을 들었으며(1:11), 스데바나의 일행으로부터도 고린도 교회의 여러 문제에 대한 소식을 들었다. 또한 바울은 고린도 교인들이 보내오는 편지를 전달받았는데, 이 편지를 통해 고린도 교인들은 그들이 당면하고 있는 여러 문제들에 대하여 바울의 조언을 구하였다. 바울은 이와 같은 이유들로 인하여 고린도전서를 쓰게 되었다.

복음의 참뜻을 올바로 깨닫지 못하고 분쟁을 비롯한 여러 가지 잘못을 일삼음으로써 유치한 신앙 단계를 벗어나지 못하는 현대의 고린도 교인들에게 바울은 여전히 이렇게 권면하고 있다. "그런즉 너희가 먹든지 마시든지 무엇을 하든지 다 하나님의 영광을 위하여 하라 유대인에게나 헬라인에게나 하나님의 교회에나 거치는 자가 되지 말고 나와 같이 모든 일에 모든 사람을 기쁘게 하여 나의 유익을 구치 아니하고 많은 사람의 유익을 구하여 저희로 구원을 얻게 하라"(10:31-33).

3. 본서의 구조와 내용

본서는 여러 가지 실제적인 당면 문제에 대한 답변을 위해 쓴 것이기에, 어떤 중심 주제를 놓고 체계적으로 구성된 글은 아니다. 하지만 서신의 격식은 정확하게 갖추어져 있다. 1:1-3은 편지의 '머리말'이고, 1:4-16:18은 편지의 본론인 '몸말'이고, 16:19-24은 편지의 마지막 끝맺음말인 '발말'이다. 발신자는 바울과 소스데네, 수신자는 고린도에 있는 하나님의 교회이다. 하나님의 교회는 "그리스도 예수 안에서 거룩하여지고 성도라 부르심을 받은 자들"이라는 동격 어구로 수식되었다. "각처에서 우리의 주 되신 예수 그리스도의 이름을 부르는 모든 자들과 함께"라는 어구는 문법적으로나 내용적으로나 수신자에 덧붙여진 것이라고 볼 수 있고, 발신자에 덧붙여진 것이라고 볼 수도 있다.

고린도 공동체의 문제점은 크게 두 가지로 분류된다. 첫째, 글로에 집 사람들이 구두로 바울에게 전해준 공동체 내의 비행들이고(1-6장), 둘째, 그리스도인들의 일상생활과 교회생활이 어떠해야 하는지에 대하여 고린도 교회가 바울에게 서면으로 질의한 문제점들이다(7-15장). 고린도 공동체 내에 발생한 중대한 비행들은 특정한 인물을 우두머리로 내세워 공동체가 서너 개의 파당으로 나뉜 것(1:10-3:23), 지식인들의 교만(4장), 음행(5장), 신도 사이의 소송(6:1-8), 온갖 윤리적 비행들(6:9-11), 방종과 음행(6:12-20)이다. 서면으로 질의한 문제에 대한 답변들은 "……에 관하여(περι……)"라는 어구로 시작하는 것이 특색이다(7:1; 8:1; 12:1; 16:1). 이 부분은 그리스도인의 올바른 처신이 무엇인지를 다룬다. 바울은 비행들에 대해서는 엄하게 질책하였고, 서면으로 질의한 문제에 대해서는 올바른 길이 무엇인지를 제시해 주었다.

바울은 이 모든 문제를 십자가에 달리신 그리스도와 곧 재림하실 그리스도라는 두 가지 판단 기준에 비추어서 해결했다. 십자가 사건은 이 세상에 대한 심판이며, 이 세상의 가치 질서의 전복을 뜻한다. 따라서 어느 누구도 자랑할 수 없으며, 그 어느 것도 자랑거리가 될 수 없다. 십자가 앞에서는 지식이나 지혜도, 능력이나 권력도, 신분이나 재산도 무익하다. 십자가 앞에서는 모든 양태의 우월사상, 배타주의, 공로주의, 율법주의는 침묵해야 한다. 약자를 위하여 오히려 강자가 자기의 권리를 포기하는 것, 공동체에 덕을 세우기 위하여 양보하는 것, 사랑을 행하는 것이 그리스도인의 삶이다. 재림하실 그리스도를 대망(待望)한다는 것은 구원이 아직 완성에 이르지 못했다는 것을 전제한다.

종말론적 완성을 미래에 유보해 두는 구도에서는, 갖가지 양태의 열광주의, 역사에 대한 책임을 외면한 갖가지 양태의 도피주의, 현 세계를 부정하는 영지주의, 신비주의, 눈에 보이는 것을 절대화하는 갖가지 양태의 우상숭배 따위는 설 자리를 잃는다. 십자가 신학은 1장과 2장에 이 서신의 기본적 주제처럼 제시되어 있으며(1:17,23-24; 2:2), 종말론은 이 서신의 처음부터 끝까지 전체를 관통하고 15장에서 절정에 다다른다(1:7; 3:12-15; 5:5; 7:26,31; 11:26; 15:23, 29, 36-57; 16:22).

I. 머리말(서두): 인사와 감사(1:1-9)
 1) 발신자: 바울과 소스데네(1:1)
 2) 수신자: 고린도에 있는 하나님의 교회(+예수 그리스도의 이름을 부르는 모든 이들)(1:2)
 3) 축복 인사 및 감사(1:3-9)

II. 몸말(본론): 고린도 교회의 분쟁 및 다양한 문제들(1:10-16:18)
 1) 파당 문제(1-4장)
 2) 윤리적 비행들(음행 문제 + 소송 문제)(5-6장)
 3) 혼인과 이혼 문제, 부부 생활 문제(7장)
 4) 우상에게 바친 고기를 먹는 문제(8-10장)
 5) 예배 생활과 관련된 문제(여자가 너울을 써야 하는 문제 +성만찬 문제 +은사 문제)(11-14장)

6) 죽은 자들의 부활 및 종말 문제(15장)

7) 예루살렘 교회를 위한 헌금 문제, 여행 계획, 마지막 부탁(16:1-18)

III. 발말(결미): 권면 및 축도(16:19-24)

4. 본서의 특징

1) 교리서신들 중에서 가장 현실적 · 구체적인 신앙생활 원리를 계시해 준다. 즉 같은 교리서신인 로마서, 갈라디아서 등은 구속사 전체의 전반적인 원리 자체에 보다 더 충실하기에 신앙 원리의 현실적용 내지 실천적 권면은 원칙적인 촉구의 수준에 머물러 있다. 반면 본서는 현실 신앙생활 중에 부딪히는 구체적인 각 현안 문제를 중심으로, 신앙의 원리를 삶의 현장에 구체적으로 적용시키기 위한 원리 곧 신앙생활 원리를 우선적으로 보여준다.

2) 초대교회 당시의 상황에 대한 간접적 자료가 가장 풍부하다.

3) 바울 서신 중에서도 가장 문학적이다. 특히 13장(사랑장)과 15장(부활장)은 각각 전자가 기독교의 실천 강령인 사랑을, 후자는 기독교 교리의 최고 절정인 부활 및 예수의 종말론적 재림을 주제로 하여, 매우 탁월한 고전적 문체의 헬라어 문장을 제시해 주는 것으로써 일반 고대 문학적 관점에서도 유명하다.

5. 본서의 전승(자료들)

바울은 편지를 쓰면서 때로는 자신이 교회(안디옥 교회와 예루살렘 교회)로부터 전해받은 신앙 전승(Tradition)들을 인용하고 있다. 바울이 본서에서 언급하는 바울 이전 교회 신앙전승은 다음과 같다.

1) 성만찬 전승(11:23-26): "내가 너희에게 전한 것은 주께 받은 것이니……"(성만찬전승 인용). 바울은 여기에서 '전해받다(παραλαμβάνω)', '전해주다(παραδίδωμι)' 등 유대 랍비들이 사용하는 전승과 관련된 전문 용어들을 사용하고 있다. 여기에 등장하는

성만찬 전승은 신약성서에 등장하는 네 개의 초대교회 성만찬 본문(막 14:22-25; 마 26:26-29; 눅 22:14-20; 고전 11:23-26) 중의 하나이다. 바울이 본서에서 인용하고 있는 본문은 마가의 본문과 함께 가장 오래된 성만찬 본문에 속한다. 이 전승은 네 부분으로 이루어져 있다: ① 시작 부분: "주 예수께서 잡히시던 밤에……"(11:23a), ② 떡 말씀: "떡을 가지사 축사하시고……"(11:23b-24), ③ 잔 말씀: "식후에 또한 이와 같이 잔을 가지시고……"(11:25), ④ 맺는 부분: "……오실 때까지 전하는 것이니라"(11:26).

2) 부활 전승(15:3-5): "내가 받은 것은 먼저 너희에게 전하였노니……"(부활전승 인용).

3) '마라나타' 전승(16:22): 초대교회에서 예배시 사용했던 아람어로 된 예배의식 용어. "마라나타(μαρὰν ἀθὰ)"는 두 가지 의미로 번역될 수 있다. ① "주께서 오신다" ② "주여 오시옵소서"(계 22:20 참조).

4) '주의 말씀' 전승: 바울은 그의 서신에서 종종 '주의 말씀'을 인용한다. 바울이 역사적 예수로부터 직접 가르침을 받은 적이 없기 때문에 이러한 전승은 바울이 교회를 통하여 전해받은 것으로 해석되고 있는데, 그 대표적인 본문들은 다음과 같다. ① "명하는 자는 내가 아니요 주시라"(7:10), ② "이와 같이 주께서도……명하셨느니라"(9:14), ③ "내가 너희에게 전한 것은 주께 받은 것이니"(11:23-25), ④ "우리가 주의 말씀으로 너희에게 이것을 말하노니……"(살전 4:15-17).

6. 본서의 주요 신학적 주제들

1) 고린도 교회의 파당 및 바울의 적대자

고린도 교회는 바울파, 아볼로파, 게바파, 그리스도파로 분열되어 있었다(1:12). 이 각 파의 주장은 무엇이며, 이 각 파의 구성원들이 어떤 부류의 사람들인지에 대해서는 알 수 없다. 특히 '그리스도파'라는 기치를 내건 파당이 고린도 교회 안에 과연 실재했는지, 아니면 그리스도 교회 안에는 어떠한 명분의 파당도 있어서는 안 되고 모두 그리스도에게만 속해 있다(3:22-23 참조)는 사실을 나타내기 위하여 바울이 모범 답안 식으로 작명해 낸 파당인지 확정할 수 없다. 바울은 고린도 교회의 분열이 어떤 중대한 신학적 견해의 차이에서 생겼다고 보지 않았다. 그는 고린도 교인들이 누구에게 세례를 받았느냐에 따라 갈라져서 서로 경쟁한 것으로 보았다(1:13-17). 이러한 현상은 지도자 사이의 역할의 상이성을 그들 사이에 우열을 판가름하는 척도로 잘못 사용한 데서 기인했다. 바울은 자기와 아볼로 사이의 차이를 비유로 말하기를, 자기는 씨를 심은 사람이고 아볼로는 물을 준 사람이라고 했다(3:5-9). 이 두 사람은 대립 관계에 있는 것이 아니라, 다같이 하나님의 일을 맡은 일꾼일 따름이다.

그리스도 교회에 있어서 가장 큰 죄이며 비극적인 것은 교인 상호간의 분파와 당쟁이다. 분파와 당쟁의 근본 원인은 인간 숭배, 인간의 영웅주의 등이다. 여기에서는 그리스도의 절대성이 무시되고 만다. 그리스도보다 인간이 높임을 받는 일은 그리스도를 모독하는 가장 큰 죄악이다. 그리스도 교회에서 그리스도 이외에 절대 충성의 대상이 있어서는 안 된다. 주는 오직 한 분뿐이다. 이러한 극히 단순하고 중심적인 진리만이 모든 분열과 당쟁을 해소할 수 있다. 왜냐하면 모든 당파적 분쟁은 이러한 진리를 떠나 인간 중심적 동기에서 시작되기 때문이다.

한편 본서 9장에서 바울이 그의 사도권에 대해 말하는 것은 그의 사도권과 그의 복음을 부정하는 적대자들을 대항하여 변호하는 것이 아니다. 바울은 8장과 10장에서 우상에게 바친 음식을 먹는 문제와 관련하여, 믿음이 강한 사람들은 믿음이 약한 사람들을 고려하여 자기들의 자유와 권리를 양보하는 것이 마땅한 도리라고 가르치면서, 자기가 사도이면서도 사도로서 당연히 누릴 권리를 포기하는 것을 모범으로 제시하려고 했다.

바울은 고린도에서 재정적 후원을 받지 않고 자립적 선교활동을 하였다. 그런데 일부 고린도 교인들은 이 일을 좋게 평하지 아니하고, 바울이 사도가 아니기 때문에 재정적 후원을 받을 자격이 없어서 부득이 그렇게 하는 것이라고 비방했다. 바울은 이것을 염두에 두면서 자기는 당당히 사도이지만 사도로서 당연히 누릴 권리를 스스로 포기했다고 말한 것이다. 본서에서 열광주의, 방종적 자유주의, 영지주의적 경향, 죽은 자의 부활을 부인하는 것 등의 여러 가지 이단적 요소를 발견할 수 있다 하더라도, 갈라디아서와 고린도후서에 기술된 바울의 적대자와 동일한 적대자가 이미 거기에 출현했다고 보기는 어렵다.

2) 복음의 진수로서의 '십자가'와 '부활'의 관계성

바울의 '십자가 신학(고전 1-2장)'과 '부활 신학(고전 15장)'을 이해하는 데 있어서 출발점이 되는 것은 그의 다멕섹 도상에서의 부활하신 그리스도와의 인격적 만남(행 9장)이다. 이것은 예수 제자들의 부활체험과 비교될 수 있는 바울의 개인적 부활체험 사건이다(고전 15:8). 바울은 이 극적인 체험을 통하여 십자가와 부활을 핵으로 하는 그의 복음의 진수를 터득하게 된다(갈 1:11-12). 이 복음의 진수는 "사람에게서 받은 것도 아니요 배운 것도 아니요 오직 예수 그리스도의 계시로 말미암은 것"임을 바울은 특별히 강조한다(갈 1:12).

바울의 복음은 십자가의 복음이다. 바울에게 나타난 부활 그리스도는 바로 십자가에서 처절히 죽어간 나사렛 사람 예수였다. 바울은 여기에서 십자가 신학의 진수를 터득한다. 율법 안에서는 저주받은 자로밖에 보이지 않던 예수가 하나님에 의해서 높이 들리움을 받은 것이다. 바울은 십자가에서 세상 지혜와 율법의 義가 무너지는 것을 보았다. '십자가(σταυρ ς)'의 미련한 것으로 하나님은 세상의 지혜를 조롱하였고, 십자가의 걸림돌로 유대인의 율법의 교만을 물리치셨다. 바울은 하나님의 측량할 수 없는 지혜와 또한 세상 義와 다른 '하나님의 義(구원의 義)'가 영광과 존귀 속에서가 아니라 바로 십자가의 비하와 낮아지심 속에서 계시된 것으로 깨닫고 하나님의 세상 구원의 길이 바로 십자가의 비천함을 통해서 이루어졌음을 선포한다(고전 1:17-24; 갈 5:11). 바울은 여기에서 하나님의 구원사의 역설을 깨닫고 그의 율법주의 신앙에 종지부를 찍게 된다.

십자가의 '도(말씀 또는 진리)'가 지닌 역설적 의미는 이러하다(1:18-25). 당시 많은 유대인들은 메시아를 '고난받는 종'의 모습이 아닌 '정치적 해방자'의 모습으로 이해하였다. 그러기에 그리스도의 십자가 사건을 어리석은 실패작으로 여겼으며, 헬라인들 역시 육체의 부활을 믿지 않았기에 이를 미련한 것으로 치부했다. 이렇듯 세상적인 안목에서 '십자가의 도'가 어리석게 보인 까닭은 그들의 영적 분별력이 결여되었기 때문이다(2:14; 마 13:13-14). 그러나 하나님께서는 이를 통해 인간 구원을 성취하셨다. 곧 '십자가의 도'는 그리스도께서 십자가에 달려 돌아가시고 부활하심으로 말미암아 인간이 구원을 얻게 되었다는 기독교의 역설적 진리의 진수에 대한 증거이자 복음의 핵심이다(23절).

한편 십자가에 달렸던 예수는 사망의 권세를 물리치고 다시 사신 부활 예수이다. 바울은 부활 예수를 십자가를 통하여 바라보고 또한 십자가의 예수를 부활의 광채 아래서 바라본다. 십자가의 복음은 부활의 빛에서 선포되고 부활의 복음은 십자가에 달리신 예수를 증거한다. 부활의 황홀함에 도취하여 열광주의에 빠진 기독교인들에게 바울은 십자가에 달리신 예수를 선포하고(고전 2:2), 죽음의 어둠 속에 슬퍼하는 기독교인들에게 바울은 그리스도의 다시사심을 증거한다(살전 4:13-14). 바울에게 있어서 예수는 '십자가를 통해서' 승리하신 '부활 그리스도'(고전 15:3-8)요, 마지막 원수인 사망을 멸망시킬 '부활 주님'이시다(고전 15:26).

바울은 한 장(고전 15:1-58)을 할애하여 부활의 복음을 역설한다. 기독교에서 예수의 부활은 모든 신앙의 기초인 동시에 근거가 된다(롬 10:9). 이러한 사실에 비추어 바울은 본문(12-19절)에서 죽은 자의 부활을 믿지 않는 고린도 교인들의 모순을 드러내기 위해 여러 가지 사실을 들어 설명한다. 만약에 죽은 자의 부활이 없다면, ① 그리스도도 다시 사시지 못했을 것이며(13절), ② 복음 전파도 헛것이며(14절), ③ 믿음도 헛것이며(14절), ④ 우리는 거짓 증인으로 드러날 것이며(15절), ⑤ 신자들은 여전히 죄 중에 있을 것이며(17절), ⑥ 주 안에서 죽은 자도 멸망할 것이고(18절), ⑦ 믿는 자는 모든 사람 중에서 가장 불쌍한 존재가 될 것이다(19절). 그런데 그리스도께서 죽은 자들의 첫 열매로 부활하심은 그리스도 안에서 죽은 모든 성도들의 부활을 보증한다(20절).

이 같은 부활이 갖는 의의는 이러하다. 사망은 죄로 말미암아 시작되었다(롬 6:23). 곧 사탄은 에덴동산에서 인간을 타락시켜 죽음에 이르게 한 사실에서 승리의 전기를 마련한 듯 보였고(창 3장), 나아가 예수의 십자가 죽음 사건에서(막 15:33-37) 완전한 승리를 쟁취한 듯싶었다. 그러나 하나님께서는 그리스도를 다시 살리심으로써 사탄의 외견상의 승리를 완전하고 치명적인 패배로 바꿔 놓으셨다(골 2:15; 히 2:14-15). 이처럼 예수 그리스도의 부활은 죄악과 사망 권세의 영원한 패배와 성도의 해방과 자유를 의미한다.

따라서 이제 성도에게 있어서 죽음은 더 이상 두려움의 대상일 수 없다. 그리스도께서 사망을 이기셨으며 우리들 또한 부활의 신령한 몸을 입게 될 것이기 때문이다(44절). 실로 그리스도의 부활은 인간 구원의 조건을 만족시켰고, 성도들의 부활에 대한 확실한 표징이 되었으며(롬 6:4; 8:11; 빌 3:21), 성도들에 대한 구원의 길을 확고하게 다져놓은 사건이었다(롬 4:25; 5:11; 벧전 1:3-4). 그러기에 오늘날의 성도들은 죄악과 죽음의 현실 속에서도 담대하게 승리의 개가를 부를 수 있는 것이다(사 25:8; 롬 8:37-39).

3) '성만찬(Eucharist)'(고전 11:23-26)

기독교회의 성례에는 두 가지가 있는데, 그것은 세례와 성찬(=성만찬)이다. 이것은 예수께서 친히 제정하신 것으로, 퀘이커 교도와 같은 몇몇 종파들을 제외하고는 모든 교회들이 지키고 있다. 성만찬에 해당하는 영어 '유카리스트(Eucharist)'는 헬라어 '유카리스테오(εὐχαριστέω)'에서 온 말로, 이는 '감사하다'란 뜻이다. 이 단어는 예수 그리스도로 말미암아 주어지는 유익에 대하여 감사를 나타내는 뜻으로 사용되고 있다. 이러한 이유로 '유카리스트'는 성만찬에 사용되었는데, 이는 예수님이 그의 제자들에게 떡과 잔을 주실 때에 성만찬 제정을 하시면서 친히 '감사를 드린(유카리스트)' 이유에서 비롯되었을 것이다. 성찬식에서는 떡과 포도주를 먹고 마시는 의식을 행하는데, 이는 그리스도의 몸과 피를 상징한다.

이 성찬식은 구약의 유월절과 관련이 있다. 그리스도는 유월절날에 성만찬을 거행하심으로써 성만찬이 구약 유월절의 성취임을 보여주셨다. 곧 유월절 만찬이 이스라엘의 정치적 해방을 기념하는 것이라면, 성만찬은 예수의 구속 사역을 통한 영적 해방(구원)을 기념하는 것이다. 이에 바울은 고린도전서 5:7에서 그리스도가 우리의 유월절 어린 양으로 희생당하셨다고 분명히 밝히고 있다. 따라서 그리스도의 죽음 이후에는 유월절 만찬은 성찬식으로 대체되었다.

대부분의 현대 해석가들은 떡과 잔이 그리스도의 속죄를 상징한다는 데 동의한다. 이처럼 속죄와 죄사함의 대속성은 성만찬에서 중요한 요소이다. 예수께서 언약의 피는 "많은 사람의 죄사함을 위해 흘려진다"고 말씀하셨고(마 26:28), 이는 성만찬에서 상징화되었다. "율법을 좇아 거의 모든 물건이 피로써 정결케 되나니 피흘림이 없은즉 사함이 없느니라"(히 9:22). 또한 부활은 성만찬 제정의 중요한 요소이다. 사도들은 특별히 마태복음 26:29을 부활에 대한 언급으로 해석하였으며, 나중에 하나님이 그를 "죽은 자 가운데서 일으키신 후 모시고 음식을 먹은"(행 10:41) 자들에게 보여주셨다는 사실에 대하여 언급하셨다.

성만찬에 대한 해석에 있어 로마 가톨릭은 "이것은 나의 몸이요 피다"(막 14:22-24)라는 구절을 문자적으로 취한다. 이 해석에 따르면, 떡과 포도주는 미사 때마다 그리스도의 실제적인 몸과 피로 기적적으로 변하게 되며(화체설), 그리스도의 새로운 희생제사로서 하나님께 드려진다. 그러나 개혁주의 신학에서는 예수의 몸이 역사상 단 한 번 십자가 상에서 하나님께 드려졌고 이 제사는 두 번 다시 반복되지 않는다고 한다. 따라서 성만찬은 희생제사가 아니다. 그것은 그리스도 안에서 영적으로 양육되고 자라나게 되며 그리스도와 연합되고 성도들 상호간에 주님의 신비한 지체로서 연합된 것을 서약하는 보증이다. 곧 예수께서 이루신 구속을 떡과 잔을 통해 가시적으로 기념하여(기념설 또는 상징설) 그것을 효과있게 하는 데 있다.

4) **영적 은사**(12:1-11) **및 사랑의 찬가**(13:1-13)

고린도 교회가 당면한 또하나의 문제는 성령의 은사에 관한 문제이다. 교회 안에서 일어나는 여러 가지 현상이 모두 진정한 성령의 활동이라고 볼 수는 없다. 따라서 어떤 성령의 은사가 옳은 것인가를 식별하는 표준이 필요하게 되었다. 바울은 이 표준의 근본 조건으로서 예수 그리스도를 '주(主)'라고 고백할 수 있는 은사만이 진정한 것이라고 밝히고 있다. 그렇지 않은 것은 아무리 비상한 현상이 나타나더라도 진정한 성령의 은사라고 볼 수 없다는 것이 바울의 주장이다.

성령의 은사의 진위(眞僞)를 식별하는 표준을 밝힌 바울은 은사에는 여러 종류가 있음(다양성)과 그것들이 다 같은 성령에 근거하고 있음(통일성)을 말하고 있다. 그리고 이 같은 여러 종류의 은사는 개인의 영광을 위한 것이 아니라 전체 교회의 유익을 위한 것이다. 그러므로 개인의 허영이나 야심을 위하여 은사가 이용되어서는 안 된다. 각각의 은사는 봉사적 목적을 위해서만 사용되어야 한다. 바울이 말한 여러 영적 은사는 지식 또는 이해력에 관한 은사, 믿음, 이적을 행하는 은사, 예언의 은사, 영적 현상의 식별 및 비판의 은사, 그리고 방언의 은사 등이다.

한편 바울은 여러 종류의 영적 은사에 관하여 말한 뒤 '제일 좋은 길', 즉 최고의 은사를 말하였다(고전 12:31). 그것은 13장에 있는 '사랑의 은사'이다. 사랑의 은사야말로 모든 은사를 의미 있게 만들고 빛나게 하는 가장 놀라운 은사이다. 13장의 '사랑의 찬가'를 세 부분으로 나누어 살펴보면 다음과 같다.

첫째, 바울은 사랑의 필요성에 관하여 깊은 신앙의 감격으로 말하고 있다. 그는 방언, 예언, 지식, 믿음, 희생, 우의의 은사가 아무리 풍부하다고 할지라도 사랑이 없으면 이 모두가 헛된 것이라고 말하고 있다. 특히 방언을 맨 처음으로 내세운 것은 고린도 교인들이 방언하는 은사를 가장 으뜸으로 알고 있었기 때문일 것이다.

둘째, 바울은 사랑의 본질을 여덟 개의 부정사(不定詞)와 일곱 개의 긍정사(肯定詞)로 표현하고 있다. 사랑은 투기하는 자가 되지 아니하며, 자랑하지 아니하며, 교만하지 아니하며, 무례히 행치 아니하며, 자기의 유익을 구치 아니하며, 성내지 아니하며, 악한 것을 생각지 아니하며, 불의를 기뻐하지 아니하며, 그리고 사랑은 오래 참고, 온유하며, 진리와 함께 기뻐하고, 모든 것을 참으며, 모든 것을 믿으며, 모든 것을 바라며, 모든 것을 견딘다.

셋째, 바울은 사랑의 영원성을 말하고 있다. 다른 은사들은 일시적인 것들이지만 사랑은 영원성을 지니고 있는 가장 큰 은사이다. 바울은 일시적인 예언이나 방언 같은 것은 온전한 것이 올 때(그리스도의 도래)에는 아무 소용없이 되고 오직 사랑만이 영원히 남아 홀로 빛나게 될 것이라고 한다.

마지막으로, 바울은 믿음, 소망, 사랑 이 셋은 영원한데, 그 중에 제일은 사랑이라고 말한다. 그 까닭은 사랑이 믿음과 소망의 근거가 되기 때문이다(고전 13:7). 즉 믿음과 소망이 인간측의 주체적 행위인 데 반해, 사랑은 순전히 하나님의 본질에 속한 것이며, 인간의 사랑이라 하더라도 그것은 하나님의 사랑에 근거를 둔 것이기 때문이다.

고린도후서(II Corinthians)

1. 저작 연대

사도 바울의 저작이 확실한 본서는 제3차 전도여행 중에 있던 바울이 주후 55년 오순절 때까지 에베소에 머물며 고린도 교회에 보내는 첫 번째 편지를 쓴 후(고전 16:5-8), 에베소를 떠나 드로아를 거쳐 마게도냐로 들어갔다(고후 2:12-13). 바울은 마게도냐에 머물면서 본 서신을 써 보냈다(2:13; 7:5; 8:1 참조). 그러므로 본 서신은 고린도전서를 기록한 후 늦어도 1년 이내일 것이다. 고린도전서를 기록한 때가 55년 봄 유월절 이전이므로, 본 서신은 55년 가을이나 이듬해인 56년 봄경에 쓰여졌을 것이다.

2. 저작 목적

바울은 고린도 교회의 여러 가지 문제점들과 악행에 관한 소식을 듣고서, 이를 바로잡기 위해 많은 눈물로 고린도전서를 썼다(고후 2:4). 고린도전서에서 바울은 고린도 교인들의 악행을 심히 책망하였다(고전 1:11-13; 5:5, 13; 11:22; 15:12). 그럼에도 불구하고 고린도 교인들이 회개하지 않자 바울은 서둘러 고린도 교회를 방문하여 책망하였으나, 아무런 성과 없이 근심 중에 헤어져야 했다(고후 2:1, 5). 그 후 바울은 그의 신실한 동역자 디도를 보내어 고린도 교회의 악습을 시정하고, 또한 신자들을 격려하여 예루살렘 교회의 가난한 성도들을 위한 연보를 모으도록 하였다.

3년간 머물던 에베소를 떠나서 바울은 고린도 교회의 소식을 가져올 디도를 만나기 위해 드로아로 갔으나 만나지 못하자 근심하는 마음으로 마게도냐로 갔다(2:12-13). 그곳에서 바울은 디도를 만났다. 디도가 고린도 교회로부터 가져온 소식은 고무적인 것이었다. 고린도 교인들이 그들의 악행을 회개하였으며, 바울을 다시금 사모하게 되었다는 소식이었다(7:6-16). 그러나 여전히 바울을 불안하게 하는 것이 있었는데, 그것은 바로 '거짓 교사들(적대자들)'에 관한 소식이었다.

고린도 교회에 들어온 거짓 교사들은 바울의 사도적 권위에 도전하면서 거짓 복음으로 하나님의 교회를 혼란케 하고 있었다. 거짓 교사들은 바울이 방문 약속을 지키지 않았기 때문에(1:15-17) 바울이 전한 복음도 믿을 만한 것이 못된다고 선전하였다. 또한 그들은 바울이 자격 없는 거짓 사도이며, 예루살렘의 가난한 성도를 구실로 삼아 연보로 거둔 돈을 착복하려 한다고 모함하였다. 그러나 거짓 교사들은 비록 그들이 스스로 '그리스도의 사도'로 가장하였지만, 그리스도의 고난에 참여하는 것도 없고 영적인 능력도 없는 사탄의 일꾼에 불과했다.

바울은 즉시 고린도 교인들의 오해를 풀고, 그릇된 진리로 교인들을 유혹하던 거짓 교사들에 대하여 단호히 행동해야 할 필요성을 느끼게 되었다. 그래서 바울은 고린도후서를 써서, 자신이 곧 고린도 교회를 방문할 것과, 방문해서 거짓 교사들과 회개치 않는 범죄자들을 엄히 징계할 것을 분명히 하였다.

3. 본서의 구조와 내용

본서는 서신의 전형적인 격식대로 일관성있는 구조를 세우고 일목요연하게 써 내려가고 있다. 발신자는 바울과 디모데이고, 수신자는 고린도에 있는 하나님의 교회와 아가야에 있는 모든 성도이다. 발말(결미)에 있는 축도에는 신약성경 전체에서 유일하게 "주 예수 그리스도와 하나님의 사랑과 성령의 교통하심이 너희 무리와 함께 있기를" 빈다는 삼위일체론적 표현이 사용된 것이 특징적이다. 본 서신은 바울의 고린도 교회 방문 계획과 연관되어 있다.

(1) 바울은 그의 방문 계획 변경에 대한 이유를 설명한다(1-7장). (2) 바울은 그가 방문하기 전에 구제금을 완전히 준비해 놓도록 고린도 교인들을 권고한다(8-9장). (3) 바울은 그의 방문의 확실성, 그의 사도적 권위의 진정성 및 거짓 교사들을 엄히 징계하고자 하는 그의 마음을 강조한다(10-13장).

I. 머리말(서두): 자신의 행위와 사도직에 대한 변명(1:1-7:16)

1) 인사(1:1-2)

2) 찬미와 감사(1:3-11)

3) 바울의 사도직에 대한 변호(1:12-2:17)

(1) 방문 계획의 변경(1:12-22)

(2) 방문 계획 변경의 이유(1:23-2:4)

(3) 범죄자에 대한 용서(2:5-13)

(4) 그리스도 안에서의 승리(2:14-17)

4) 바울의 직분의 우월성(3:1-11)

5) 바울의 두 가지 설명(3:12-4:18)

6) 헌신에 대한 권유(5:1-6:10)

7) 바울의 강력한 호소(6:11-7:1)

(1) 자신에 대한 태도를 바꿀 것(6:11-13)

(2) 세상에 대한 태도를 바꿀 것(6:14-16)

(3) 자신을 깨끗게 할 것(6:17-7:1)

8) 바울의 기쁨(7:2-16)

(1) 바울의 깊은 관심(7:2-4)

(2) 기쁨의 이유(7:5-16)

II. 몸말(본론): 예루살렘 성도들을 위한 헌금을 권고함(8:1-9:15)

1) 마게도냐 교회의 실례(8:1-8)

2) 그리스도의 모범(8:9-15)

3) 고린도에 보냄을 받은 디도(8:16-9:5)

4) 청지기의 정신(9:6-15)

III. 발말(결미): 자신의 사도적 권위에 대한 변호(10:1-13:14)

1) 바울의 영적 권위(10:1-18)

2) 거짓 교사에 대한 경고(11:1-15)

3) 사도로서 받은 고통(11:16-33)

4) 육체의 가시(12:1-10)

5) 사도직에 대한 증명(12:11-13)

6) 제3차 전도여행에 대한 계획(12:14-18)

7) 회개의 촉구(12:19-21)

8) 마지막 경고(13:1-10)

9) 작별 인사 및 축도(13:11-14)

4. 본서의 특징

1) 직접적 기록 동기가 사도 바울 자신의 사도권 변호에 있는 본서에는 그 어느 서신에서보다도 사도 바울의 개인 신상에 관한 언급과 개인적 확신과 심경에 대한 직설적 토로가 빈번하다. 본서는 바울 서신 중 가장 '자서전적 서신(自敍傳的 書信)'이라 할 만하다.

2) 고린도전서가 바울 서신 중에서도 특히 조직신학적인 책인 반면, 본서는 바울 서신 중에서도 비조직적인 책에 속한다.

3) 본서는 객관보다는 주관, 논리보다는 감정이 더욱 풍부한 책이다.

4) 본서에는 체계적인 신학 논술이 거의 없는 반면 금언 형식의 단편적 교훈이 특히 많기로 유명하다. 실례로 3:3,6; 6:8-10; 10:17; 12:10 등을 들 수 있다.

5. 본서의 통일성 문제

본서의 통일성 여부에 대한 논란은 신약 모든 문서 가운데서 가장 복잡하고 격렬하다. 본서의 통일성을 의심하게 하는 요소들은 다음과 같다.

(1) 1–9장은 바울과 고린도 교회 사이에 드디어 화해가 이루어져 있음을 이야기한다. 이와 정반대로 10–13장은 바울이 그의 적대자들을 겨냥해서 벌이는 격렬한 논쟁이다. 10–13장에 전제된 상황은 1–9장의 상황에 연속된 것일 수 있다.

(2) 2:13은 바울이 마게도냐에 가서 고린도 교회에서 돌아오는 디도를 만나려고 초조하게 기다리는 장면을 말한다. 이 이야기는 이 자리에서 갑자기 단절되었다가 7:5에서 다시 연속된다. 2:13과 7:5 사이에 별개의 문서 조작이 끼어든 것같이 보인다.

(3) 8–9장은 그 앞뒤와 연관 없이 전혀 새로운 주제를 다룬다. 9장의 내용은 8장의 내용과 거의 같으며, 새로운 것이 거의 없다. 9:1은 처음으로 새로운 편지를 시작하는 서두이다. 8장과 9장은 원래 독립된 별개의 모금 격려 편지로 볼 수 있다.

일찍이 1776년에 제믈러(J.S.Semler)는 8장과 9장 사이에, 그리고 9장과 10장 사이에 이음새가 매끄럽지 못하다는 것을 발견하고, 고린도후서는 원래 여러 통의 편지 조각들로 구성된 서신이라는 주장을 처음으로 내놓았다. 1830년까지는 대체로 학자들은 이른바 '눈물의 편지'(2:4; 7:8)를 고린도전서와 동일시하였다. 그런데 1830년에 블릭(Fr. Bleek)은 이 문제에 대하여 획기적인 새로운 학설을 제시했다. 그는 '눈물의 편지'는 고린도전서와 동일시할 수 없으며, 고린도전서와 고린도후서 사이의 기간에 쓰여졌음에 틀림없다고 주장했다.

이것을 계기로 하여 19세기의 남은 기간 내내 눈물의 편지와 관련된 역사적 사실들, 바울의 두 번째 고린도 방문의 내막, 디도의 활동 등등에 관한 역사를 재구성하려는 연구가 뜨겁게 수행되었다. 이러한 연구는 결국 고린도후서에 들어 있는 여러 문학적 단편들을 그 본래의 시간적 선후 관계로 재구성해 놓고, 그것들을 그 참된 역사적 지시 사항과 관련시키려는 노력이었다.

고린도후서의 성립에 관한 연구의 새로운 단계를 연 사람은 하우스라트(A. Hausrath)이다. 그는 1870년에 고린도후서 10–13장이 바로 그 '눈물의 편지'이며, 10–13장은 고린도후서의 나머지 모든 부분들보다 먼저 쓰였는데, 현재대로의 고린도후서 안에서는 비역사적 순서로 배열되어 있다고 주장했다. 이렇게 하여 고린도후서는 통일된 단일한 서신이 아니라, 적어도 두 통의 편지가 결합되어 생겨난 서신이라고 하는 '결합설(이것은 또한 '분할설'이라고도 함)'이 확고하게 뿌리를 내리게 되었다.

현재로 이 분할설은 가장 간단하게 1-9장과 10-13장으로 양분하는 것에서 시작하여, 1-9장을 다시 여러 부분으로 나누기까지 실로 다양한 가설들이 각축을 벌이고 있다. 1-9장을 다시 별개의 여러 문학적 단위로 나누는 경우에는 (1) 1:3-2:13 + 7:5-16, (2) 2:14-7:4(6:13-7:1을 빼고), (3) 8-9장(또는 8장과 9장을 별개로 나누거나), (4) 10-13장이 별개의 단위로 취급된다. (1)을 화해의 편지, (2)를 변호의 편지, (3)을 모금 편지, (4)를 눈물의 편지라 부르기도 한다.

이 네 편지가 시간적으로 어떤 순서로 쓰였는지와, 또 고린도후서의 서두(1:1-2)와 결미(13:11-13)가 원래 어느 편지에 붙었던 것인지를 결정하는 것은 해결하기 어려운 또 하나의 문제이다. 6:13-7:1은 거기에 담긴 사상과 용어가 전혀 비바울적인 것이기 때문에 바울이 쓰지 않은 문서의 일부분이 후대에 삽입된 것이라는 주장이 강력히 제기된다.

고린도후서의 성립 과정을 정확히 밝혀내기란 사실상 불가능하다. 고린도 교회 내에서 일어난 사건들의 순서를 정확하게 아는 일은 중요하나 그보다 더 중요한 것은 사건의 내용이다. 바울은 고린도 교회에 출현한 그의 적대자들을 '거짓 사도들', '속이는 일꾼들', '그리스도의 사도로 가장하는 자들', '다른 예수를 전하는 자들', '다른 영과 다른 복음을 전하는 자들'이라고 극렬하게 규탄한다.

고린도 교회를 연구하는 데에서 가장 중요한 문제는 적대자들에 대한 바울의 이 판단이 과연 정당한지, 정당하다면 어떤 근거에서 정당한지를 밝히는 일이다. 이것은 그들이 출현한 시점이 언제인지를 정확히 규명해야만 밝혀지는 것이 아니고, 그들이 선전한 내용이 무엇이며, 그것이 왜 바울이 전하는 복음에 정반대되는 것인지를 규명해야만 비로소 밝혀지는 것이다. 이것은 곧 바울의 적대자들의 정체를 밝히는 문제와 직결된다.

6. 본서에 나타난 적대자들의 정체

우리는 바울이 그의 적대자들을 겨냥해서 한 모든 말들과, 적대자들이 바울을 겨냥해서 비방하거나 고린도 교인들에게 선전했던 것이 무엇이었는지를 암시해 주는 모든 말들을 토대로 해서 적대자들의 모습을 종합적으로 구성해 내야 한다.

1) 바울이 적대자들을 두고 한 말들

(1) 그들은 스스로 자기네를 내세우는 사람들이요(10:12,18), 육신의 일을 가지고 자랑하는 자들이다(11:18).

(2) 그들은 거물급 사도로 자처하는 자들이다(11:5; 12:11).

(3) 그들은 외부로부터 고린도 교회에 침입한 자들이다(11:4).

(4) 그들은 남들이 이미 이루어 놓은 일을 가지고 자랑하려는 자들이다(10:16).

(5) 그들은 바울과 그의 동역자들이 전하지 않은 다른 예수를 전하는 자들이며, 다른 영과 다른 복음을 전하는 자들이다(11:4).

(6) 그들은 거짓 사도들이요, 속이는 일꾼들이요, 그리스도의 사도로 가장하는 자들이요, 사탄의 일꾼이면서도 의의 일꾼으로 가장하는 자들이다(11:13-14).

(7) 그들은 자기네가 히브리 사람임과 이스라엘 사람임과 아브라함의 자손임을 자랑하는 자들이다(11:22).

(8) 그들은 하나님의 말씀을 팔아서 먹고사는 장사꾼들이다(2:17).

(9) 그들은 고린도 교인들을 종으로 부리고, 먹이로 삼고, 골려먹고, 얕보는 등 오만하게 처신하는 자들이다(11:20).

(10) 그들은 속에는 자랑할 것이 없으면서도 겉으로만 자랑하는 자들이다(5:12).

(11) 그들은 다른 교회로부터 추천장을 받아 가지고 나타나서 스스로를 치켜올리는 자들이다(3:1).

2) 적대자들이 바울을 겨냥해서 비방한 말들

(1) 바울은 육정을 따라 처신한다(10:2).

(2) "바울의 편지는 무게가 있고 힘차지만, 직접 대할 때에는 그는 약하고 말주변도 별것 아니다"(10:9-10; 11:6).

(3) 바울은 간교한 속임수로, 즉 예루살렘 성도들을 위한 모금을 빙자하여 고린도 교인들을 착취하여 재물을 착복한다(12:16-18).

(4) 바울은 환상을 보거나 계시를 받는 따위의 신비 체험이 없다(12:1-10).

(5) 바울은 기적을 행하지 못한다(12:12).

(6) 바울은 지식이 없다(10:5).

(7) 바울은 사도의 신분이 아니기 때문에 고린도 교회로부터 재정적 지원을 받지 못하는 것이다(11:7-9).

(8) 그리스도께서 바울 안에서 말씀하고 계신다는 증거가 보이지 않는다(13:3).

(9) 바울은 추천서도 없이 제멋대로 선교 활동을 하는 자이다(3:1).

어떤 범죄 사건이 발생했을 경우 수사관의 임무는 범행자를 체포하는 것이다. 범행자를 체포하기 위해서는 그가 누구인지 신원을 확인해야 한다. 적대자들의 신원을 확인한다는 것은 그들이 누구누구였는지 그 이름을 대는 것이 아니라 그들이 어떤 유형에 속하는 인간들이었는지를 규정하는 것이다. 이 경우에 그들을 그 당시에 알려진 어떤 특정한 유형의 종교적 집단과 일치시키는 것이다. 가령 유대주의자, 영지주의자, 신령주의자, 신비주의자, 열광주의자, 방랑 설교자, 유대계 그리스도인, 팔레스틴 출신 유대계 그리스도인, 디아스포라 출신 그리스도인 등등이다.

고린도후서의 적대자들에게 무슨 딱지를 붙여야 하는지에 대한 학자들의 견해는 크게 세 갈래로 나누어진다. 첫째는 적대자들의 정체를 규정하는 데에서 유대교적 요소를 그 변별 특징으로 중요시하는 것이고, 둘째는 헬레니즘 세계의 종교적 요소를 그 변별 특징으로 중요시하는 것이고, 셋째는 이 둘을 종합하려는 입장이다. 바울은 그의 적대자들이 전하는 다른 예수, 다른 영, 다른 복음의 내용이 무엇인지를 구체적으로 밝히지 아니했다. 그렇지만 그것은 바울이 고린도 교인들에게 전해 준 예수와 영과 복음에 정반대되는 것임에 틀림없다.

7. 본서의 신학적 중요성

본서에는 바울의 복음과 사도직의 본질이 무엇인가에 대한 귀중한 증언이 많이 담겨 있다. 사도들은 사람을 살리는 기능을 가진 영광스러운 새 언약의 일꾼들이다(3:4-18). 사도들이 이러한 직분을 맡은 것은 마치 보물을 질그릇에 담은 것에 비유할 수 있는데, 그것은 사람을 살리는 이러한 엄청난 능력이 하나님에게서 나오는 것이지 사람에게서 나오는 것이 아님을 드러내시려는 것이다(4:7). 사도들은 그리스도께서 하나님과 인간 사이에 이룩하신 화해의 사절들이다(5:18-21).

사도들은 그리스도를 알리는 지식의 향기를 풍기게 하는 사람들인데, 그 향기는 멸망을 당하는 사람에게는 죽음에 이르게 하는 죽음의 냄새가 되고 구원을 얻는 사람들에게는 생명의 향기가 된다(2:14-16). 이와 같이 변호의 서신(2:14-7:16)이라 불리는 부분은 바울이 자신의 사도직을 어떻게 이해하는지에 대한 생생한 기록이다. 10-13장에는 바울이 그의 복음과 사도성을 수호하기 위하여 그의 적대자들에 대항해서 벌인 투쟁에 관한 소중한 증언이 담겨 있다.

바울은 그의 복음을 단순히 입으로 선포하고 그의 사도됨을 말로만 변호한 것이 아니라, 그의 삶 전체를 통하여 그렇게 했다. 참된 사도이냐 아니냐에 대한 증거는 기적을 행하고 위력을 발휘하느냐 못하느냐에 달려 있는 것이 아니라, 십자가에 못 박힌 예수를 그의 삶을 통하여 얼마나 충실하게 드러내느냐에 달려 있다. 바울이 그리스도를 위하여 그의 적대자들보다 더 많은 수고와 더 많은 고난을 당했다는 사실이 그를 참된 사도로 입증해 주는 것이며(11:23-29), 사도로서의 그의 참된 자랑거리는 그의 약점들, 즉 그리스도를 위하여 병약함과 모욕과 궁핍과 박해와 곤란을 당하는 것이다(12:9-10).

바울은 사도로서 언제나 예수의 죽임 당하심을 몸에 지니고 다녔는데, 그것은 예수의 생명이 그의 죽을 몸에 나타나게 하기 위함이었다(4:10-12). 바울은 죽은 사람을 살리시는 하나님을 신뢰하기 때문에(1:9) 어떠한 환난과 역경 속에서도 절대로 절망하지 않는 참된 믿음을 과시했다(1:8-10; 4:7-9). 4:16-18과 5:1-10은 종말론적 구원에 대한 바울의 귀중한 증언이다.

1. 갈라디아서(Galatians)

1. 본서의 배경 및 저작 연대

'갈라디아'는 원래 오늘의 앙카라를 중심으로 하여 남북으로 약 170km, 동서로 비스듬하게 약 330km 뻗어 있는 지역을 지칭하는 이름이었다. 여기에 주전 230년경에 왕국이 건설되었다. 주전 25년에 로마가 이 왕국의 영토를 병탄하면서 소아시아의 남부에 있는 비시디아(Pisidia) 지방 전체와 루가오니아(Lycaonia) 지방, 브루기아(Phygia) 지방 및 이사우리아(Issauria) 지방의 일부분을 여기에 편입시켜서 로마의 행정 구역으로 삼고, 그것을 '갈라디아' 주(province)라고 이름 붙였다. 그러니까 바울의 시대에 '갈라디아'라고 하면 소아시아의 북부 내륙 지역을 가리키는 지방 이름이기도 하고, 소아시아의 남부 지역까지 뻗어 있는 로마의 행정 구역인 하나의 주(州) 이름이기도 하였다. 갈라디아서의 '갈라디아'가 소아시아의 북부 내륙 지방을 가리킨다고 주장하는 것을 '북갈라디아설'이라고 부르고, 로마의 행정 구역인 갈라디아 주를 가리킨다고 주장하는 것을 '남갈라디아설'이라 부른다.

바울이 갈라디아 지방을 처음으로 언제 방문했는지에 대한 언급은 갈라디아서에 없다. 다만 4:13에 "내가 처음에 육체의 약함으로 말미암아 너희에게 복음을 전한 것을 너희가 아는 바라" 하고 그 다음 절에 "너희가…… 나를 하나님의 천사와 같이 또는 그리스도 예수와 같이 영접하였도다"라고 하면서 바울이 갈라디아 사람들에게 복음을 전하게 된 계기가 무엇이었는지, 그들이 그를 얼마나 열렬히 영접했는지를 회상하면서 이전의 만남을 언급한다.

사도행전 16:6에 "성령이 아시아에서 말씀을 전하지 못하게 하시거늘 그들이 브루기아와 갈라디아 땅으로 다녀가"라는 보도가 나오는데, 여기서 '아시아'는 현재의 소아시아의 서남부 지역을 차지하는 로마의 행정 구역인 아시아 주(州)를 가리키며, '브루기아와 갈라디아 땅'은 브루기아 지방과 갈라디아 지방을 가리킨다.

그렇다면 바울이 갈라디아 땅을 지나가던 중에 병이 들어 부득이 거기에 오랫동안 머물러야 했고, 이것이 갈라디아 지방에 복음을 전하는 계기가 되었다고 할 것이다. 이 일은 바울의 제2차 전도여행 초기에 일어난 것이니까, 갈라디아 지방에 복음이 전해지고 교회가 세워진 것은 주후 약 50년경으로 추정할 수 있다.

바울은 제3차 전도여행 때에 갈라디아 지방과 브루기아 지방을 두루 다니면서 성도들을 격려한 후에(행 18:23) 에베소에 와서 약 3년간 머물면서 선교 활동을 하였다. 바울이 갈라디아서를 쓴 시기는 이 에베소 체류 기간의 초기였을 것이다. 그렇다면 갈라디아서의 저작 연대는 약 52/53년경이다.

2. 저작 목적

갈라디아 교회는 바울의 제1차 전도여행 때 세워졌다. 즉 바울은 동역자 바나바와 함께 비시디아 안디옥의 회당에서 그리스도는 다윗에게 약속된 메시아이며 그를 믿고 회개함으로써 구원을 얻을 수 있다는 이신칭의에 기초한 설교를 하였다(행 13:13-41). 그러나 바울 일행은 이를 거부하는 유대인들의 방해로 이곳을 떠나 이고니온 회당에서 복음을 전했다(행 14:1-7). 이곳에서도 바울 일행은 역시 유대인들의 박해로 쫓겨남을 당했으며, 이어 루스드라로 자리를 옮겼다. 이곳에서 바울 일행은 앉은뱅이를 일으키는 이적을 베풀었고 이로 인하여 많은 개종자들을 얻을 수 있었다(행 14:8-18).

그후 바울 일행은 더베로 갔으며 그곳에서 복음을 전파하여 많은 사람들을 제자로 삼은 후 지금까지 왔던 길을 되돌아가며 다시 복음을 굳게 하였다(행 14:19-21). 이처럼 바울이 제1차 전도여행 중에 온갖 고난을 무릅쓰고 세운 교회가 갈라디아 교회이다. 뿐만 아니라 바울의 제2차 전도여행 행선지 가운데도 이 갈라디아 지역이 포함되어(행 16:1–6) 있었으며, 이때도 바울은 교회로 하여금 믿음이 더 굳어지고 그 수가 날로 더하는 선교의 성과를 맛보았다(행 16:5).

그럼에도 불구하고 갈라디아 교회는 신앙적으로 성숙하지 못하였다. 그 지역에 사는 유대주의자들은 유대인으로 기독교인이 된 자들로서, 구약의 많은 의식을 지키는 것이 아직도 신약 교회에 구속력이 있다고 믿었다. 바울이 갈라디아 지방에서 전도여행을 성공적으로 마치고 나자, 그들은 개종한 이방인 신자들에게 구약의 의식들, 특히 할례를 받아야 한다고 주장했다. 그들이 이런 태도를 취한 것은 이방인과 친하게 지내는 것을 반대한 열심파 유대인의 핍박을 모면하기 위해서였다(갈 6:12). 이리하여 유대주의자들은 바울이 권위 있는 사도가 아니라고 논박했고, 이런 주장을 이방인에게 더욱 설득력 있게 하기 위해서 바울이 복음에서 어떤 율법주의적 요구를 제거했다고 주장했다.

바울은 이에 대응하여, 그의 사도적 권위를 확립하는 것과 그가 전한 복음을 실증하는 데 확고한 태도를 견지하였다. 그의 반대자들은 의롭다 함을 얻는 것이 오직 믿음에 의한 것이 아니라 믿음에 율법적 행위(할례, 절기 지킴 등)를 더해야 한다고 주장했으나, 사도는 이를 '다른 복음'이라 하여 거절하였다. 이는 회심자들이 율법주의의 노예로 전락하는 것을 막기 위함이었고, 여러 교회들을 배교로부터 보호하며, 교회의 순결성을 유지하기 위함이었다. 그는 의롭게 되는 것이 오직 믿음으로 말미암는 은혜로 되는 일이며, 성령 안에서 새 생활하는 것도 오직 믿음으로 말미암는다는 주장을 하기 위해 붓을 들었다.

3. 본서의 구조와 내용

갈라디아서에서 바울은 갈라디아 교회 속에 들어온 거짓 교사들이 믿음으로 자유함을 받은 자들을 또다시 율법의 굴레로 얽어매려는 데 대하여 격노한다. 뿐만 아니라 그들은 바울의 사도권마저 부인하고 바울을 반대하였다. 여기에 대하여 바울은 분노하였다. 그래서 갈라디아서는 다른 편지와는 달리 첫머리부터 감사와 기도를 빼버리고, 노한 어조로 시작한다. 이런 이유 때문에 빌립보서를 바울의 '사랑의 편지'라고 불리는 데 반해, 갈라디아서는 '격노(투쟁)의 편지'라고 불린다.

I. 머리말(서두): 다른 복음은 없다(1:1-10)

1. 사도됨의 근거(1:1-5)

2. 다른 복음은 없다(1:6-10)

II. 몸말(본론): 사도직에 대한 변호 및 윤리적 권면(1:10-6:17)

1. 논쟁부

1) 바울의 사도 자격에 대한 변호(1:11-2:21)

(1) 바울의 복음의 기원에 대한 선언(1:11-12)

(2) 다메섹 사건과 그 전후의 이야기(1:13-17)

(3) 제1차 예루살렘 방문 및 그 후 14년 간의 선교 활동(1:18-24)

(4) 예루살렘 '사도회의' 이야기(2:1-10)

(5) 안디옥 사건 이야기(2:11-21)

2) 여러 가지 논증 및 논쟁부의 최종 결론(3:1-4:31)

(1) 신앙 경험에 호소하는 논증(3:1-5)

(2) 아브라함의 칭의 사건에 근거한 논증(3:6-14)

(3) 율법의 기원과 기능에 근거한 논증(3:15-25)

(4) 논쟁부의 결론적 선언(3:26-4:7)

(a) 여러분은 하나님의 평등한 자녀들이다(3:26-29)

(b) 여러분은 하나님의 자유로운 자녀들이다(4:7)

(5) 신앙 경험에 호소하는 추가적 논증(4:8-20)

(6) 아브라함의 두 아들에 근거한 추가적 논증(4:21-31)

2. 권면부(5:1-6:17)

1) 종살이를 하지 말 것(5:1-12)

2) 사랑으로 서로 종노릇할 것(5:13-15)

3) 성령의 인도를 따라 살 것(5:16-26)

4) 바르게 살 것(6:1-10)

5) 새로 지음을 받을 것(6:11-17)

III. 발말(결미): 축도(6:18)

4. 본서의 특징

1) 로마서, 고린도전후서와 더불어 바울의 4대 서신 중 하나인 본서는 네 서신 가운데 형식미가 떨어지며 분량에 있어서도 가장 작지만, 그 내용에 있어서는 율법과 복음의 상호 비교 및 믿음의 우월성이 강도 높게 반복적으로 주장되고 있다는 특징을 지닌다.

2) 그 당시 갈라디아 교회를 미혹하던 율법주의자들을 대항하여 쓴 것이기 때문에 상당히 전투적인 성격을 지니고 있다. 이처럼 율법주의자에 대항하는 성격을 지닌 본서는 후에 가톨릭 교권주의자들에게 반기를 든 종교 개혁자 루터에게도 큰 영향을 주었다.

3) 로마서와 동일한 이신칭의(以信稱義) 교리를 중심으로 다루고 있으나 로마서가 논리적인 데 비해, 본서는 보다 논쟁적이며 히브리서와 동일한 반율법주의를 가르치고 있으나 보다 격렬하게 쓰여졌다. 이처럼 논쟁적이며 격렬한 어투는 고린도후서와 비교적 유사하다.

4) 갈라디아서는 바울의 생애와 초대교회의 역사를 재구성하는 데 필요한 귀중한 사료를 담고 있다. 1:13-14은 유대교 시절의 바울의 모습을, 1:11-12,15-16은 그의 다메섹 경험의 내용을, 1:17-21은 다메섹 사건에서 예루살렘 회의 때까지 그의 활동 상황을, 2:1-10은 예루살렘 회의의 내막을, 2:11-14은 안디옥 사건의 내용을 증언한다. 2:15-21은 바울의 칭의론, 3:15-25은 바울의 율법관을 진술한다. 갈라디아서는 바울이 이방 사람들에게 전하는 복음의 기원과 내용이 무엇인지를 증언한다. 갈라디아서의 주제는 복음에 의한 '그리스도인의 자유'이다(갈 5:1). 따라서 흔히 갈라디아서는 율법주의로부터 인간을 해방시킨 '독립선언서' 또는 '자유의 대헌장'이라고 불린다. 루터는 《탁상담화》에서 이렇게 말했다. "갈라디아서는 나의 책입니다. 사실상 나는 이 서신과 결혼을 한 것이나 다름이 없습니다. 이 서신은 나의 캐더린(루터 아내의 애칭)입니다."

5. 본서의 주요 신학적 주제들

1) 바울의 적대자들

갈라디아서에 등장하는 바울의 적대자들은 누구인가에 대한 학자들의 해석은 다양한

데, 대표적인 두 가지 견해를 들면 다음과 같다. (1) 헬레니즘의 영향을 받은 유대계 기독교 영지주의자들이다(R. Bultmann, W. Schmithals). (2) 유대계 기독교 율법주의자들이다(F. Mussner, P. Stuhlmacher). 그런데 갈라디아서에 등장하는 바울의 적대자들의 주장과 특징들을 종합해 볼 때 이들은 영지주의자들이라기보다는 팔레스틴계 기독교 공동체 내의 율법주의적 기독교인들이라는 결론을 내릴 수 있다.

그들의 주장과 활동을 종합해 보면 다음과 같다: (1) 적대자들은 외부에서 교회에 들어와 바울이 전한 복음과 다른 복음을 전했다(1:6-7). (2) 그들은 사람이 율법의 행위로 구원을(5:2). (4) 그들은 날과 달과 절기와 해를 지킨다(초등학문의 종노릇, 4:9-10).

바울과 바울의 적대자들의 대결(갈라디아서)

	바울의 대적자	바울
종교	유대교	기독교
교리의 핵심	모세의 율법	그리스도의 복음
구원의 방법	그리스도(믿음)+율법=혼합주의	그리스도(믿음)으로만
장소(대표자)	예루살렘 교회(야고보)	이방교회(갈라디아 교회, 바울)
주장자	유대 그리스도인	이방 그리스도인
출신	팔레스틴 유대인	디아스포라 유대인
교회사적	가톨릭(천주교)	개신교(루터)

2) 바울의 사도직 논란(갈 1:1; 2:8-9)

기독교 공동체 내에서 율법과 유대 전통을 중시 했던 바울의 적대자들은 바울의 사도직과 관련하여 다음 내용을 문제삼았다. (1) 바울은 역사적 예수를 알지 못했고 가르침도 받지 않았다. (2) 바울은 역사적 예수로부터 제자로 부름받지 않았다. (3) 바울은 교회를 핍박했던 박해자였다. 여기에 대한 바울의 변호는 다음과 같다: (1) 나는 오직 예수 그리스도와 그를 죽은 자 가운데서 살리신 하나님 아버지로 말미암아 사도가 되었다(1:4). (2) 하나님은 그의 아들을 이방에 전하기 위하여 내 어머니의 태로부터 나를 택정하셨고 그의 은혜로 나를 부르셨다(1:15-16).

3) **바울의 복음 논란**(갈 1:11-12)

바울의 적대자들은 그의 사도직뿐만 아니라 그가 전한 '복음'도 문제삼았는데, 그 이유는 다음과 같다. (1) 바울은 역사적 예수로부터 어떤 가르침도 받지 못했다. (2) 바울의 복음은 율법관과 구원관에 문제가 있다. 율법관: 바울의 율법 비판적인 복음을 문제삼음. 구원관: 바울의 '오직 믿음으로'를 문제삼음(이신칭의의 복음에 대한 비판). 여기에 대한 바울의 변호는 다음과 같다: 바울이 전하는 복음은 (1) 사람의 뜻으로 된 것이 아니다(1:11). (2) 사람에게서 받은 것도 아니다(1:12). (3) 사람에게서 배운 것도 아니다(1:12). (4) 오직 예수 그리스도의 '계시(Apokalypsis)'로 말미암은 것이다(1:12).

4) **율법과 복음의 관계**

율법(律法, the Law)이란 문자 그대로 선과 악의 기준이 무엇이며, 범죄의 대가는 무엇인지를 객관적으로 규정한 것이며, 복음(福音, the Gospel)이란 예수께서 죄인된 우리의 구원을 위해 우리가 받아야 할 형벌을 대신 치러 주셨다는 좋은 소식이다. 일반적으로 구약시대는 '율법의 시대'요 신약시대는 '복음의 시대'라는 통념(通念)을 갖고 있다. 그러나 구약의 율법 속에도 예수의 구원 사역과 관련된 계시와 선지자들의 모든 예언 속에 복음이 들어 있고, 신약의 복음 속에도 산상수훈 등 하나님께서 선악의 기준으로 주신 모든 인간 규범인 율법이 들어 있다. 다만 구약시대에는 율법이 강조되고, 신약시대에는 복음이 강조되어 나타났다고 말할 수 있다.

구약과 신약은 예수를 중심으로 전후로 나누어지고 그 강조점도 다르다. 그러나 결국 '예수의 구속 사역을 통한 죄인의 구원'이라는 하나의 주제로 통일된다. 따라서 두 언약 속에 계시된 율법과 복음은 그 역할은 다를지라도 인간 구원이라는 대목적하에서 서로 연결된 계시들이다. 하나님의 경륜상 구약과 신약 시대에 각각 율법과 복음이 따로 강조되었으나 양자는 본질적으로 공히 동일한 하나님의 계시로서 상호 점진적 발전 관계에 있다. 신구약 시대를 불문하고 신자는 율법과 복음을 둘 다 주신 하나님을 믿음으로써 복음(구속 은총)의 적용을 받아 구원을 받는 반면, 불신자는 율법과 복음을 둘 다 주신 하나님을 믿지 않음으로 율법의 적용을 받아 심판을 받게 된다(합 2:4; 마 5:17; 롬 2:12-16; 4:11).

한편 갈라디아서에 나오는 유대주의자들은 이방 그리스도인들에게 율법의 준수를 구원에 필수적인 것으로 강요하였다. 그러나 바울은 그들과 정반대였고 율법은 구원의 길이 아니라고 주장하였다. 하나님께서 시내산에서 율법을 주신 것은 율법 준수로 구원에 이를 수 있는 것이 아니라 백성들을 더욱 죄 아래 가두어 그리스도를 믿는 믿음에서 오는 의의 길을 계시하기 위해서라는 것이 바울의 주장이다. 다시 말하면 율법을 주시고 그것을 준수케 하신 것은 인간이 자기의 힘으로는 그것을 온전히 지킬 수 없는 무능(무력)한 존재인 것을 깨닫게 함으로써 백성들로 율법의 완성자인 그리스도를 고대케 하기 위함이었다.

바울은 율법의 기능을 '몽학선생(노예 가정교사)'에 비유하여, 이제 하나님의 아들과 함께 후사가 된 우리가 다시는 몽학선생 아래 놓일 수 없다고 한다. 주인의 아들이 어렸을 적에는 몽학선생 아래 있었지만 그가 장성하여 주인의 상속자가 되면 몽학선생의 영향 아래서 벗어나 자유한 것처럼 그리스도 안에서 하나님의 후사가 된 자들도 이제는 율법 아래 놓이지 않는다고 한다. 그런데 유대주의자들은 복음의 계기가 이렇게 밝히 드러난 것을 도저히 깨닫지 못하고 다시 율법 아래, 몽학선생 아래 놓여야 할 것이라고 강요했다. 그러나 바울은 이런 교훈을 거짓 교훈이라 단정하고 철저히 배격했다.

5) 성령의 열매와 육체의 일(갈 5:19-23)

바울은 육체의 소욕을 좇는 육체의 일(악덕 목록) 15가지와 성령의 열매 9가지를 언급하고 있다. 성령의 열매와 성령의 은사는 구분된다. 바울이 여기서 나열하고 있는 것은 성령의 은사가 아니라 '성령을 좇아', '성령 안에' 살아가는 삶에 맺히는 성령의 열매들이다.

육체의 일(15가지)	성령의 열매(9가지)
음행/ 더러운 것/ 호색/ 우상숭배/ 주술/ 원수 맺는 것/ 분쟁/ 시기/ 분냄/ 당 짓는 것/ 분열함/ 이단/ 투기/ 술취함/ 방탕함	① 사랑 ② 희락 ③ 화평 ④ 오래 참음 ⑤ 자비 ⑥ 양선 ⑦ 충성 ⑧ 온유 ⑨ 절제

바울의 윤리는 직설법(Indicative)과 명령법(Imperative)이 불가분의 하나를 이루고 있는 '엔 프뉴마티(ἐν πνεύματι)의 윤리'이다(갈 5:25).

2. 빌립보서(Philippians)

1. 본서의 배경

1) 빌립보 시(市)

빌립보 시는 마게도냐 지방의 한 도시이다. 주전 356년에 알렉산더 대왕의 부친인 마게도냐의 왕 빌립 II세는 이 도시를 자기의 지배 아래 넣은 후에, 확장 건설하고 자기 이름을 따서 빌립보로 개명하였다. 주전 2세기 중엽에 로마의 식민지가 된 이 도시는 당시 매우 번창하였으며, 빌립보 시민들은 로마인들의 옷을 입고 라틴어를 자주 사용하면서 자신들이 로마 시민이라는 점에 대단한 자부심을 가졌었다. 이와 같은 배경에서, 사도 바울은 그리스도인들의 시민권은 하늘에 있다고 언급했던 것이다(3:20-21).

바울 시대에 빌립보 주민의 구성 비율은 로마 사람이 절반이었고, 그리스와 마게도냐 사람이 절반이었다. 바울이 그곳에 전도를 시작할 때에 그곳에는 유대인의 회당이 세워질 만큼 충분한 수의 유대인들이 없었던 것으로 보인다. 빌립보는 로마 제국의 동서를 가로지르는 에그나티아 대로에 놓여 있기 때문에 통신과 전략의 요지 기능을 했다.

2) 빌립보 교회

빌립보서는 '빌립보에 사는 모든 성도들'(1:1)에게 보내진 편지이다. 빌립보 교회는 사도 바울에 의해 유럽 땅에 최초로 세워진 교회였다. 주후 52년경, 사도 바울은 제2차 전도여행 도중에 드로아에서 마게도냐 사람의 환상을 보고, 유럽에 복음을 전하는 것이 하나님의 뜻임을 확신했다(행 16:6 이하). 그리하여 바울은 빌립보로 건너갔는데, 이때 실라와 디모데, 그리고 누가가 동행하였다. 이곳에서 '자주(紫紬: 자주빛의 고급 의복)' 장사인 루디아와 한 간수의 집안이 바울의 복음을 듣고 회개하였는데, 이들의 가정은 유럽 교회의 모태가 되었다.

바울은 빌립보 교회를 세운 후 이 교회를 두 번쯤 다시 방문한 것으로 보인다. 한 번은 제3차 전도여행 중에 에베소에서 드로아를 거쳐 마게도냐에 들렀을 때이고(행 20:1, 고후 2:12-13; 7:5 참조), 다른 한 번은 고린도에서 마지막으로 예루살렘으로 올라가는 길에 마게도냐를 거쳐갈 때였다(행 20:2-6). 바울과 빌립보 교회는 매우 친밀한 관계를 유지했던 것으로 보인다. 대부분의 이방계 그리스도인들로 구성된 이 교회는 작고 가난했지만 무척 관대하고 자선적인 교회였다. 그들은 바울이 데살로니가에서 선교 활동을 할 동안에도 후원금을 몇 번 보냈으며, 바울이 빌립보서를 쓸 당시에 감옥에 갇혀 있을 때에도 에바브로디도의 손으로 그에게 후원금을 전달하였다(빌 4:15-18). 또한 그들의 헌신적인 신앙의 미덕은 예루살렘에 있는 가난한 성도들을 위해 헌금한 일에서도 나타난다(고후 8장).

2. 저작 연대 및 저작 장소

일반적으로 에베소서 · 빌립보서 · 골로새서 · 빌레몬서를 '바울의 옥중서신'이라고 부른다. 빌립보서가 감옥에서 기록되었다는 사실은 분명하다(빌 1:7,13-14; 2:17). 그러나 그 감옥이 어디에 있는 감옥이었는지를 결정하기가 쉽지 않다. 빌립보서의 저작 연대 및 저작 장소는 이 감옥이 어디에 있는 감옥이었느냐에 따라 결정된다. 사도행전의 기록에 따르면 바울은 빌립보(16:23), 예루살렘(21:33 이하), 가이사랴(23:35), 그리고 로마(28:16)의 감옥에 투옥된 적이 있다. 그런데 빌립보와 예루살렘 감옥에서는 불과 하루 내지 이틀 동안 갇혀 있었기 때문에, 이 두 곳에서 서신을 기록했을 가능성은 희박하다.

한편 고린도후서 6:5; 11:23-24에 근거하여 바울이 에베소에서도 감금되었으며, 여기서 한두 편의 서신을 기록했을 가능성이 있다고 주장하는 사람도 있다. 따라서 에베소설에 따르면 54년 전후가 될 것이고, 가이사랴설을 따르면 57년 전후가 될 것이며, 로마설을 따르면 59년 이후가 될 것이다.

많은 학자들은 본서의 내용을 검토해 본 결과 (1) '온 시위대'(1:13)와 '가이사의 집'(4:22)은 로마에 있는 시위대와 가이사의 집을 가리키는 것이며, (2) 바울은 자신이 멀지 않아 풀려날 확신을 가지고 법정의 판결을 기다리고 있었으며(1:19 이하), (3) '형제 중 다수'가 자신의 투옥 당한 일로 인해 더욱 담대히 복음을 전파할 용기를 얻었다는 바울의 증언(1:12-14) 등을 종합하여 볼 때 바울이 로마의 1차 투옥 때(주후 60-62년), 그 가운데서도 정황상으로 볼 때(2:23-26) 바울의 로마 구금이 끝날 무렵인 62년경에 기록한 것으로 추정된다.

3. 저작 목적

본서를 살펴보면 바울이 다음과 같은 목적으로 본서를 기록했음을 알 수 있다. (1) 일차적으로 바울은 빌립보 교인들이 그에게 후원금을 보내 준 것에 대해 감사의 뜻을 전하고 싶었다(4:10,14-18). (2) 바울 자신이 처한 상황에 대해 알리고, 그 외 투옥이 결단코 복음의 퇴보를 가져오는 것이 아님을 확언함으로써 빌립보 교인들의 염려를 없애려 했다(1:12-26).

(3) 바울은 빌립보 교인들에게 그가 왜 에바브로디도를 되돌려보내는지 설명할 필요가 있었다. 그들은 에바브로디도가 바울 곁에 머물면서 그를 섬겨야 한다고 생각했기 때문이다(2:25-30). (4) 바울은 빌립보 교회에 분열의 위험이 있음을 알고, 그들이 한 마음으로 연합할 것을 권면하려 했다(1:27; 2:1-11; 4:2 이하). (5) 바울은 빌립보 교회에 율법주의적 유대교가 악한 영향을 끼치고 있음을 알았다. 따라서 그는 율법주의가 복음의 근본 정신에 어긋난다는 사실을 상기시켜 줄 필요가 있었다(3:3-11).

4. 본서의 구조와 내용

본서는 일반적 서신 형식에 따라 머리말(서두), 몸말(본론), 발말(결미) 세 부분으로 나누면 1:1-11은 머리말, 1:12-4:20은 몸말, 4:21-23은 발말이 된다. 발신자는 바울과 디모데이다. 여기서 바울은 스스로를 "그리스도 예수의 종"(1:1)으로 지칭하였다. 그것은 아마도 자기를 비워 종의 모습을 취하신 그리스도 예수를 그리스도인들이 본받아야 할 모범으로 제시하려는 이 서신의 내용을 예시하는 표현일 것이다.

수신자는 빌립보에 살고 있는 "성도들과 감독들과 집사들"이다. 여기서 특이한 것은 수신자를 '교회'로 지칭하지 않은 것인데, 이는 '교회'와 '성도들'을 동의어로 사용했기 때문일 것이다(고후 1:1 참조). 여기서 '감독'과 '집사'는 제도화된 교직을 가리키는 것이 아니라, 어떤 일의 '관리자'와 '조력자'를 뜻하는 것이며, 발말의 '가이사의 집 사람들'은 관청에서 봉사하는 노예들이나, 그러한 일에 종사하는 해방된 노예들을 가리킨다.

I. 머리말(서두): 인사와 감사기도(1:1-11)
  1. 인사(1:1-2)
  2. 감사기도(1:3-11)
II. 몸말(본론): 바울과 관련된 일(1:12-4:20)
  1. 바울의 개인적인 상황(1:12-26)
  2. 그리스도의 모범을 권면(1:27-2:18)
  3. 동역자에 대한 소개(2:19-30)
  4. 바울의 영적인 열정(3:1-21)
  5. 그리스도인의 미덕을 권면(4:1-9)
  6. 후원금에 대한 감사(4:10-20)
III. 발말(결미): 작별 인사 및 축도(4:21-23)

5. 본서의 특징

1) '바울서신의 백미(白眉)'로 일컬어지는 빌립보서는 성도의 구원에 관계된 기독교 교리에 집중하는 다른 옥중서신과는 달리 수신자에 대한 바울의 애정이 잘 드러나 있는 개인적인 성격이 짙은 서신이다. 이러한 사실은 본서에서 '나'라는 주어가 52회나 사용된 것에서도 잘 알 수 있다.

2) 바울의 그리스도 중심적 신앙을 잘 표현하는 신앙 간증적인 말들이 많으며, 그러한 자신의 신앙에 입각하여 빌립보 교인들에게 동일한 신앙적 삶을 권고하는 권면이 대부분을 차지하고 있다.

3) 본서에 두드러지게 나타나는 주제는 '기쁨'이다. 이 짧은 편지 안에 '기쁨'(1:4,25; 2:2, 29; 4:1) 또는 '기뻐하다'(1:8[2회]); 2:17,18,28; 3:1; 4:4[2회]), 10)라는 단어가 16회나 나올 정도이다. 바울이 말하는 기쁨은 이 세상 것에서 비롯되는 것이 아니라 그리

스도를 믿음으로 말미암아 얻게 되는 영적인 기쁨이다. 그리스도 안에서 누리는 이 기쁨은 투옥과 같은 시련이나 고통, 또는 원수들의 적대적인 행위 등 어떤 것도 소멸시킬 수 없는 성질의 것이다(1:18; 2:2; 3:1; 4:1,4 참조).

4) '복음'이라는 말도 본서에서 중요한 위치를 차지한다. 바울은 복음이 전파되고 그리스도의 이름이 알려지기만 한다면 어떤 고통을 당하더라도 오히려 기뻐할 것이라고 말한다. 바울은 빌립보 교인들이 자신과 함께 '복음의 신앙을 위하여 협력할 것(1:27)을 호소하였다.

5) 구약의 인용이 전혀 없다는 사실도 한 특징이다.

6. 본서의 주요 신학적 주제들

1) 그리스도 찬가(Christus-Hymnus, 2:6-11)

바울은 최초의 예루살렘 교회(팔레스틴 교회)와 안디옥 교회(헬레니즘 교회)로부터 여러 '신앙 전승(Paradosis)'을 물려받았는데, 여기 등장하는 '그리스도 찬가'는 그 중 가장 대표적인 것으로 바울이 안디옥 교회로부터 전해받은 것이다. 이 찬가는 '비하(Kenosis)'와 승귀의 도식으로 이루어졌다: (1) 그리스도의 선재 사상(6절), (2) 하나님과 동등됨 사상(하나님의 본체, 6절), (3) 그리스도의 자기비하 사상(Kenosis-Christology)(종의 형체, 7-8a절), (4) 십자가의 순종과 죽음(8b절), (5) 승귀 사상(9a절), (6) 뛰어난 이름 예수(9b-10절), (7) 우주적 그리스도론(만유의 주 예수 그리스도, 11절).

2) 개인적-내세적 종말 사상(1:20-24)

바울은 그의 초기 서신인 데살로니가전서(4:13-17)와 고린도전서(15:12-52)에서는 모든 죽은 자들이 마지막 날 그리스도의 재림시에 일제히 부활한다는 우주적-묵시문학적 종말 사상을 피력하고 있다. 그러나 비교적 후기에 기록된 빌립보서(1:20-24)와 고린도후서(5:1-10)에서 바울은 개인적이고 내세지향적인 종말 사상을 내비치고 있다. 이것은 바울의 종말 내지 부활 사상의 변화를 의미할 수도 있고, 또는 바울의 종말 사상 속에 이 두 입장이 긴장 속에 조화를 이루며 처음부터 공존했음을 시사할 수도 있다. 이것은 바울의 구원론적 진술 속에 나타나는 '이미'(롬 8:1-2; 고전 6:1)와 '아직 아니'(빌 2:12; 3:12)의 긴장 관계를 말해 주는 것과 상응한다.

3) '그리스도 안에서(ἐν Χριστῷ = in Christ)'

본서는 그리스도 중심적 신앙을 강조하고 있는데, 그것을 잘 말해 주는 것이 '그리스도 안에서(엔 크리스토)'라는 문구이다. 바울 신학의 열쇠는 예수 그리스도에 관한 바울의 사고에서 발견되어야 하며, 사도가 빈번히 사용하는 문구 "그리스도 안에서"에 가장 적절하게 표현되어 있다. 바울의 신학은 그리스도 중심적이고, 그의 종교는 승천하신 주님과의 교통 및 상응하는 삶이었다.

이 문구는 그 동의어를 합치면 바울서신에서 모두 172회 나온다. 164회는 열 개의 서신(목회서신은 제외)에서 나오고, 8회가 디모데전후서와 디도서에서 나온다. 이 문구는 그리스도와 그리스도인들의 연합을 가리키는 말로서, 구원론을 표현하고 있는 문구이다. 즉 그리스도가 죽으심으로 그와 연합된 신자들은 그와 함께 옛 사람이 죽고, 그가 부활하심으로 신자들은 그와 함께 새 사람이 될 수 있었다. 누구든지 그리스도 안에 있으면 새로운 피조물이 되며, 이 그리스도와의 연합은 영원하며 그리스도의 재림시에 그리스도 안에서 부활하게 될 것이다.

4) 개종 이전의 바울의 삶(3:4-9)

바울은 그의 개종 이전의 삶을 다음과 같이 간증하였다: (1) 자랑할 만한 삶("나는 더욱 그러하니", 4절), (2) 팔일 만에 할례를 받음(5절), (3) 이스라엘 족속(5절), (4) 베냐민 지파(5절), (5) 히브리인 중의 히브리인(5절), (6) 율법으로는 바리새인(5절), (7) 열심으로는 교회를 박해(6절), (8) 율법의 義로는 흠이 없는 자(6절)였다. 그러나 사도로 부름을 받은 후 바울은 이 모든 것을 그리스도를 위하여 해로 여겼고(7절), 배설물로 여겼다(8절). 이는 그리스도 예수를 아는 지식이 가장 고상함을 인함 때문이었고(8절), 믿음으로 하나님께로서 난 義로 말미암아 그리스도를 얻고 그 안에서 발견되려 함 때문이다(9절).

5) 본서의 적대자(3:2-19)

본서에 나오는 적대자들의 정체를 규명하는 것은 바울의 주장을 올바로 이해하는 열쇠가 된다. 먼저 '적대자'라는 낱말의 개념을 명백히 정의해야 한다. 우리는 바울의 적대자를 '바울이 전하는 복음의 적대자'라는 제한된 의미로 사용할 필요가 있다. 윤리적 비행자들은 바울의 윤리적 책망의 대상일지언정 바울의 적대자라고까지 할 수는 없다. 3:3-6에서 바울은 유대교 시절의 자화상을 그리고 있다. 3:7-11에서는 참된 그리스도인으로서의 자신의 현재의 모습을 그리고 있다. 이 두 자화상은 정반대다. 유대교 시절의 바울의 모습은 그의 적대자들이 이상으로 삼는 바로 그 인간상이었다. 그리스도를 알고 나서 바울은 과거에 이롭고 자랑스러운 것이라고 생각했던 이 모든 것이 해롭고 더러운 것임을 깨달았다.

바울의 적대자들은 그리스도인이 되고서도 유대교 시절의 가치관을 여전히 고수하는 사람들이었다. 이런 사람들을 일컬어 '유대주의자'라 한다. 이들의 주장은 이방계 그리스도인이 할례를 받고 유대인으로 귀화해야만 구원을 얻을 수 있다는 것이다. 할례는 이들의 특권을 가장 확실하게 보장해 주는 증표였다. 그래서 바울은 이들을 야유해서 지칭하기를 '절단자들'(개역: '손[損]할례당'; 개역개정: '몸을 상해하는 일')이라 했다(3:2). 바울은 이들을 다시 풀이해서 평하기를 "자기네의 수치를 영광으로 삼는"(3:19) 자들이라고 극언하였다(여기서 '수치'라는 낱말은 '성기'를 은유적으로 표현한 말이다).

1. 골로새서(Colossians)

1. 제2바울서신

신약 문서 27권 가운데 저자의 이름을 확정할 수 있는 문서는 몇 개 되지 않는다. 이미 언급한 소위 '진정 바울서신'이라 불리는 7개의 문서 정도일 것이다. 그 외의 신약 문서들은 원래 익명의 문서였거나 아니면 소위 위명(가명)의 문서로 분류된다. 이러한 현상은 고대 세계에서는 흔히 볼 수 있는 현상이었다. 그래서 그리스-로마에서는 의학적 텍스트들이 히포크라테스(Hippocrates)에게, 비밀스러운 내용을 지닌 철학적 사변들은 피타고라스(Pythagoras)에게 돌려졌다. 마찬가지로 구약-유대교 전통에서는 율법 전승은 모세에게, 지혜 전승은 솔로몬 왕에게, 시편들은 다윗 왕에게 돌려졌다.

유대교의 묵시문학에서 위명 저작은 극에 달했는데, 과거의 위대한 인물들이 책의 저자로 등장한다. 그래서 상고 시대의 승천자로 알려져 있던 에녹이 직접 미래의 역사를 예언하는 에녹서들(제1, 2, 3 에녹서)과 함께 12조상, 모세, 에스라, 예레미야의 제자인 바룩, 엘리야 등이 장래의 일들을 예언하는 수많은 묵시문학적 저자들이 쏟아져 나온다(12 족장의 유훈서, 모세의 승천기, 제4에스라, 바룩 묵시록, 엘리야 묵시록 등). 유대교의 위명 저작은 비유대적인 저자의 이름으로도 행해졌는데, 가령 고대 그리스의 예언녀인 시빌(Sibylline)이 직접 미래를 예언하는 '시빌의 신탁'이 있으며, 또 이방인인 아리스테아스가 발신자로 나타나는 '아리스테아스 편지'가 있다.

위명 저작의 동기들이 개개의 경우 매우 다양하고 또 서로 비교하기 어려운 것은 사실이나, 비기독교적인 위명 저작에서든 기독교적인 위명 저작에서든 그 주된 관심은 자신의 문서를 권위있는 사람의 저작으로 내세움으로써 자신의 문서가 널리 읽혀지기를 꾀한다는 점에서 대동소이하다. 신약의 위명성에 대한 신학적인 평가는 위조나 기만이라는 도덕적인 범주에서 출발해서는 안 되며, 그 시대적 상황을 고려해야 한다. 오히려 '차명'이라는 개념이 보다 적절할 것 같다. 저자명을 빌림으로써 저자는 사도적 권위를 자신의 말의 타당성을 위한 보증으로 세우고자 한 것이다.

신약의 위명 저작들은 대부분 60년에서 100년 사이에 생겨났는데, 이 시기는 원시 기독교 역사에서 변혁과 새로운 방향 설정의 때였다. 첫 증인들과 사도들의 세대는 세상을 하직했고, 전체 교회적인 조직은 아직 존재하지 않은 채 이제 교회 내 직제가 겨우 형성되기 시작했으며, 재림 지연의 문제가 확실히 의식되었고, 바울 생존시부터 있던 유대계 그리스도인과 이방계 그리스도인 사이의 갈등이 계속되고 있었으며, 동시에 유대교와의 단절이 이뤄진 시기였다. 이러한 새로운 방향 설정의 상황과 함께 대두된 전승된 전통들에 대한 새로운 해석이 불가피한 상황에서 원시 기독교의 많은 그룹들에게는 명백히 위명 저작이 가장 효과적인 수단으로 여겨진 것 같다. 전체 교회에 대해 권위를 가진 인물이 더는 존재하지 않는 상황에서 신약의 위명 저작들은 과거의 권위에 호소함으로써 문제 해결을 도모한 것이다.

제2바울서신의 경우 바울 학파의 존재가 큰 의미를 가지는데, 골로새서, 에베소서, 데살로니가후서 및 목회서신의 저자들은 명백히 자신들을 바울의 추종자로 이해하면서 그의 유산을 계승하고 자신들의 시대 안에서 그의 정신을 구현시키고자 한 것이다. 이때 사도의 이름은 합리화하며 규범화하는 의미를 가진다. 그리하여 신약의 위명 저작의 목적은 사도의 사망 이후의 시대에 사도적 전통의 연속성을 확보하며, 동시에 변화된 상황에서 새로이 생겨나는 문제들을 해결하기 위한 해석에 구속력을 부여하려는 데 있었다.

2. 골로새 교회

골로새는 에베소에서 길리기아 다소에 이르는 큰 상업로의 요지에 위치한 도시로서 이미 주후 5세기에 브리기아의 한 중요한 도시로 간주되었다. 그러나 그 인접도시인 라오디게아가 주전 1세기경 경제적 번영을 구가함에 따라 골로새의 의미는 퇴색하였다. 주후 5세기경 라오디게아, 히에라볼리, 골로새는 지진으로 파괴되었다. 이곳의 세 교회는 바울이 에베소를 제3차 전도여행의 중심지로 삼아 3년간 집중적으로 복음을 증거했던 기간에 세워졌다. 이 기간에 골로새와 라오디게아와 히에라볼리에 세워진 교회들은 바울이 직접 세우지는 않았지만(2:1), 사도인 그의 영향 아래 세워진 교회들이다. 그래서 바울은 기도와 편지 등을 통해 이 교회들을 계속 보살폈으며, 그들은 또한 이방인의 사도였던 바울의 가르침을 따랐다.

루카스 계곡에 있던 이 세 교회가 어떻게 세워졌느냐에 관해서는, 골로새서에 기록된 사실에 의존할 수밖에 없는데, 그 까닭은 다른 근거 자료가 전혀 없기 때문이다. 이 지역의 세 교회는 바울의 동역자인 에바브라의 전도 사역에 의해 세워졌다(1:7,8; 4:12-13). 에바브라는 골로새 사람으로(4:12), 골로새뿐 아니라 라오디게아와 히에라볼리에 복음을 증거하는 수고를 아끼지 않았다(4:13). 그래서 바울은 에바브라를 높이 평가하여 '우리와 함께 종된 사랑하는 자'라고 하였으며, '그리스도의 신실한 일꾼'이라고 하였고(1:7), 또한 '그리스도 예수의 종'이라는 명예로운 칭호를 그에게 부여했다(4:12).

3. 본서의 구조와 내용

I. 머리말(서두): 인사와 감사기도(1:1-14)
 1) 인사(1:1-2)
 2) 감사기도(1:3-14)
II. 몸말(본론): 그리스도인에 대한 바울의 권면(1:15-4:6)
 1) 그리스도의 인격과 사역(1:15-23)
 2) 바울의 사역(1:24-29)
 3) 바울의 염려(2:1-7)
 4) 거짓 가르침에 대한 경고(2:8-23)
 5) 그리스도인의 새 생활(3:1-17)

6) 그리스도인의 가정생활(3:18-4:1)

7) 그리스도인의 기도생활 및 일반적 권면(4:2-6)

III. 발말(결미): 바울의 문안과 부탁(4:7-18)

1. 두기고와 오네시모 소개(4:7-9)

2. 문안과 부탁(4:10-17)

3. 친필 문안(4:18)

4. 저자 문제

전통적으로 본 서신의 저자는 사도 바울이라고 보았다(1:1,23; 4:18). 그러나 골로새서의 진정성은 19세기 중반경부터 의문시되었다. 오늘날 대다수의 주석자들은 골로새서를 위명 저작으로 보고 있다. 그 중요한 근거로 골로새서의 언어와 문체의 독특성 및 바울과의 신학적 차이점을 지적한다.

1) 언어와 문체의 독특성

골로새서의 언어적 특성으로 우선 지적할 수 있는 점은 골로새서에 상당수의 '하팍스레고메나(Hapaxlegomena, 유일어)'가 나타난다는 점이다. 37개의 단어가 신약에서 골로새서에만 나타나는데, 가령 '기쁘게 함'(1:10), '교묘한 설득술'(2:4), '굳건함'(2:5), '철학'(2:8), '신성'(2:9), '정사와 권세'(2:15), '과장하다'(2:18), '규정을 과하다'(2:20), '자의적 숭배'(2:23) 등이다. 그리고 53개의 단어가 다른 신약 문서에는 나타나나 논란의 여지가 없는 '진정 바울서신들'에는 나타나지 않는데, 가령 '보존되어 있다'(1:5), '감춰져 있는'(2:3), '구경거리로 세우다'(2:15), '그림자'(2:17), '계명'(2:22) 등이다. 이 가운데 10개의 단어는 골로새서와 에베소서에만 나타나며, 15개의 단어는 골로새서와 에베소서 및 다른 신약 문서에는 나타나나 '진정 바울서신들'에는 나타나지 않는다. 그리고 나머지 28개의 단어는 다른 신약 문서에는 나타나나 '진정 바울서신들'과 에베소에도 나타나지 않는다.

물론 논란의 여지가 없는 '진정 바울서신들'도 수많은 하팍스레고메나 및 다른 신약 문서에는 나타나나 바울서신에 나오지 않는 많은 단어들을 포함하고 있음이 사실이다. 가령 갈라디아서도 31개의 하팍스레고메나와, 다른 신약 문서들에는 나타나나 바울서신에 나타나지 않는 39개의 단어를 포함한다. 그러나 여기서 주목해야 할 점은 골로새서에는 상당수의 중심적인 바울의 개념들이 나타나지 않는다는 사실이다. 가령 '계시', '의', '의롭게 하다', '자유', '자유케 하다', '약속', '자랑하다', '교제', '심판하다', '율법', '믿다', '구원하다', '구원', '순종' 등이다. 물론 다른 바울서신들에서도 이러한 중심적 개념들이 언제나 나타나는 것은 아니며, 특히 데살로니가전서에는 이러한 개념들 중 다수가 없다는 반론이 있을 수 있다. 그러나 위에 열거한 개념들은 골로새서에 전제된 율법적 성향의 거짓 교사들과의 대결에서 상당히 기대되는 개념들이다. 이 외에 특이한 점은 바울이 그의 편지들에서 독자들을 흔히 '형제들아' 혹은 '나의 형제들아'라고 지칭하는데, 이 칭호는 골로새서와 에베소서 그리고 목회서신에서는 나타나지 않는다는 점이다.

골로새서의 문체도 '진정 바울서신들'과 비교할 때 특이하다. 특히 눈에 띄는 점은 과도한 수식이다. 골로새서에서는 속격이 중첩적으로 사용되고 있다. 가령 '복음의 진리의 말씀'(1:5), '성도들의 상속의 몫들'(1:2), '이 비밀의 영광의 풍성함'(1:27), '이해의 충만의 모든 풍성함'(2:2), '육의 몸의 벗음'(2:11), '하나님의 역사하심의 믿음'(2:12) 등이다. 또 동일한 어근에 속하는 표현들이 서로 연결되는데, 가령 '모든 능력 안에서 능력 있게 되어서'(1:11), '내 안에서 역사하시는 역사를 따라'(1:29), '손으로 하지 않은 할례로 할례받았다'(2:11) 등을 들 수 있다. 그 밖에 자주 동의어가 병치되는데 '기도하고 간구한다'(1:9), '모든 지혜와 신령한 통찰로'(1:9), '인내와 참음으로'(1:11), '거룩하고 흠없고 책망할 것이 없는 자로'(1:22), '만세와 만대로부터'(1:26), '뿌리를 박고 세우심을 입어'(2:7), '가르치고 권면하고'(3:16) 등이다.

또 골로새서 문체의 특징은 결과적 및 목적적 의미의 부정사 구문 연결이다(1:10,22,25; 4:3,6). 물론 지적한 표현 방식들은 바울에게서도 부분적으로 발견할 수 있다. 그러나 문제는 골로새서에서 이러한 문체적 특징들이 골로새서 전편을 지배하고 있다는 점이다. 전체적으로 골로새서의 문체는 과다한 수식과 지주 길게 늘어지는 문장의 특징을 지닌다. 그래서 1:9에서 시작하는 문장은 1:20에서 끝나며, 2:8에서 시작하는 문장은 2:15에서 끝난다. 길고 긴 문장 안에 개개의 마디들이 느슨한 연결로 줄줄이 이어져 나오는데,

이때 부정사, 관계문, 분사구문이 어디에 그리고 어떻게 귀속되는지 명확하지 않을 때가 많다. '진정 바울서신들'에서 사상 전개는 논증적이라면 골로새서의 사상 전개는 자주 연상적이다. 골로새서의 여러 곳에서 나타나는 논증은 바울의 편지에서처럼 불가항력적이거나 새로운 지평으로 이끌어가는 식이 아니다. 골로새서에서는 단 한 번도 의문문이 발견되지 않는다.

2) 신학적 특수성

그러나 이러한 언어적, 문체적 특징 외에도 골로새서의 제2바울서신적 성격을 드러내주는 것은 무엇보다도 골로새서의 신학적 특수성이다.

a. 기독론: 골로새서의 가장 중요한 특징은 기독론의 우주론적 지평이다. 가령 그리스도는 '하나님의 사랑하시는 아들'(1:13), '보이지 아니하시는 하나님의 형상'(1:15), '모든 창조물보다 먼저 나신 분'(1:15), '만물의 으뜸'(1:18), '하나님의 신성이 충만하신 분'(1:19; 2:9), '화목 제물'(1:20-22), '하나님의 비밀'(2:2)이시다. 그 안에 신성의 모든 충만이 몸으로 거하시며(2:9), 그는 모든 우주적 세력의 머리이다(2:10). 그는 우주적 세력들, '정사와 권세들' 위에 승리하셨다(2:15). 그리스도는 "만유이시며 만유 안에 계신다"(3:11b; 고전 15:28 참조). 물론 바울에서도 창조의 중개자 및 우주적 지배자로서의 그리스도 표상이 발견되는 것은 사실이다(고전 8:6; 빌 2:9-11). 그러나 골로새서 저자는 우주론적 차원을 자신의 기독론의 토대와 중심으로 만든다는 점에서 바울의 발언을 훨씬 넘어선다.

b. 종말론: 골로새서에서 종말론은 강하게 현재적인 측면을 지닌다. 세례 받은 신자는 믿음을 통해 이미 부활을 현재적인 사건으로 경험한다. 신자는 세례에서 그리스도와 함께 죽고 또 함께 일으킴을 받았다(2:12-13; 3:1). 이는 바울의 이해와 차이를 보이는 부분인데, 바울에 의하면 신자는 세례에서 그리스도와 함께 죽으나 그의 부활은 어디까지나 미래적, 종말론적인 사건으로 유보되어 있다(롬 6:3-5,8). 이에 상응하여 골로새서에서는 미래적-종말론적 완성에 대한 기대가 쇠퇴하고 "땅의 것"에 대립되는 "위의 것"에 대한 추구에 강조점이 놓여진다(3:1-3). "소망"의 내용은 더 이상 미래적인 것이 아니고(롬 8:24-25 참조), 신자들을 위해 현재 천상에 보존되어 있는 구원의

보화이다(1:5,27).

c. 교회론: 골로새서의 교회론은 그의 기독론과 밀접히 연관되어 있다. 교회는 바울에서처럼 '그리스도의 몸'으로 일컬어지나(1:18,24; 고전 12:27; 롬 12:5), 바울에서와는 달리 우주적 의미를 가진다. 바울에서 '몸'은 구체적인 교회 상황에서 이끌어내진 은유로서 '지체'로서의 신자들과의 관계성을 나타내는 표현(고전 12:12-27)이지만, 골로새서에서 '몸'은 우주적인 지배자인 그리스도를 '머리'로 둔 우주적인 교회를 지칭하는 표현으로 나타난다. 만물의 머리이고 주이신 그리스도가 교회의 머리가 되어 교회를 지배하신다. 교회는 그의 머리인 예수 그리스도에 의해 지배되는 우주적인 구원의 장소이다(1:18; 2:17,19).

d. 신앙론: 바울에게서 '믿음'은 하나님과의 새로운 관계와 자기 이해를 나타내는 표현이라면, 골로새서에서는 굳게 섬, 거함, 견고함 등의 표현들과 연결하여 사용한다(1:23; 2:5,7). 이러한 표현들은 골로새서에서 믿음의 개념이 전통의 고수를 내용으로 함을 보여준다.

e. 성령론: 특이한 점은 성령론의 후퇴이다. '(성)령'이라는 표현은 단지 1:8에만 나타난다. 성령론은 바울의 신학을 관통하는 요소이나 골로새서에서는 주변적인 요소일 뿐이다.

지금까지 살펴본 골로새서의 언어적, 문체적 특징 및 신학적 특수성은 골로새서가 바울의 의해 저작된 것이 아님을 보여준다. 바울의 편지들에 대한 지식과 바울신학과의 연관성은 이 편지가 바울의 제자권에 기원을 두고 있다는 사실을 시사한다. 골로새서 편지 서두는 바울 편지 서두의 형식을 따를 뿐 아니라 고린도후서의 서두와 거의 유사하게 작성되었다. 또 골로새서의 인사명단을 포함하여 골로새서에서 거명되는 거의 모든 이름은 빌레몬서에 나타나는데(오네시모, 아리스다고, 마가, 에바브라, 누가, 데마, 아킵보), 이는 골로새서가 빌레몬서를 이용했음을 보여준다. 또한 크게 가르침과 윤리, 두 부분으로 나뉘는 골로새서의 편지 구조도 바울의 편지들(롬, 갈)의 선례를 따른 것이다. 더 나아가서 옥중서신이라는 착상(4:3,10,18)은 저자가 빌립보서를 알고 있었음을 드러내준다.

바울신학과의 연관성이 가장 강하게 드러나는 부분은 골로새서의 화해의 신학(1:20-22/ 롬 5:1-2,9-10)이다. 하나님은 예수 그리스도의 피를 통해 화평(칭의)을 이루시고 원수이던 신자들이 예수 그리스도의 죽음을 통해 하나님과 화목하게 되었다. 마찬가지로 십자가를 통한 율법의 저주로부터의 구원 사상(2:14,20/ 갈 3:13), 그리고 하나님의 형상이고 창조의 중개자이며 만물의 지배자이고 맏아들인 그리스도 표상(1:15-18/ 빌 2:6, 10-11; 고전 8:6; 롬 8:29) 역시 바울신학에 연결된다. 또 골로새서의 세례 이해도 바울의 세례 이해와 일치점을 보여주는데, 그리스도와 함께 죽고 장사됨(2:12,20/ 롬 6:3 이하), 세례 시 그리스도를 옷 입음과 세례를 통한 모든 사회적 차이들의 지양(3:10-11/ 갈 3:27-28; 고전 12:13)이 두 곳에서 같이 나타난다. 이외에 "그리스도의 몸"으로서의 교회 표상과, 또 바울 이외에는 아주 드물게 나타날 뿐인 "그리스도 안에서"라는 표현(1:14,16; 2:6, 12 등), "믿음, 소망, 사랑"이라는 삼조 표현(1:4-5/ 살전 1:3; 5:8; 고전 13:13; 갈 4:5-6), 마지막으로 적대자들의 교설에 대한 "세상 원소들"이라는 폄하(2:8, 20/ 갈 4:9) 등도 골로새서가 바울신학 전통에 속함을 드러내준다.

골로새서는 바울 전통 아래 있는 한 제자가 유대교적 경향의 거짓 교사들의 활동에 대항하여 교회를 바울신학 전통 안에 보존하고 동시에 바울신학 전통을 잇는 자신의 신학적 입장을 관철하기 위해 저작한 문서이다. 이때 저자는 바울을 편지의 발신자로 명기할 뿐만 아니라 바울 편지들의 문체와 바울 편지들에 나타나는 인적 사항들을 채택함으로써 이 문서를 바울의 저작으로 꾸몄는데, 이러한 조치는 저자에게 목표를 이루기 위한 필요한 방법으로 여겨진 것이다.

5. 저작 연대 및 저작 장소

전통적으로 본서를 바울의 저작으로 볼 경우 기록 시기는 어디에서 기록되었느냐에 따라 달라진다. 가이사랴설을 따를 경우 주후 58-60년경이 될 것이고, 로마설을 따를 경우 62-63년경이 될 것이다. 그런데 본서에서는 저작 장소에 관해 아무런 보고를 해주지 않는다. 바울이 감옥에 감금되어 있다(4:3,10,18)는 보도는 아무런 교시점이 될 수 없는데, 이 보도는 위서적 허구로 봐야 하기 때문이다.

편지가 소아시아의 도시들인 골로새(1:2), 라오디게아(2:1; 4:13-16), 히에라볼리(4:13)에 관심한다는 점, 편지에서 인사하는 대다수의 사람들(아리스다고, 마가, 에바브라,

누가, 데마)이 에베소 사람들이며(몬 23-24절 참조), 두 파견자인 두기고(4:7; 참조 행 20:4, "아시아 사람")와 오네시모(4:9; 몬 10절 참조) 역시 소아시아 출신이라는 사실은 본서가 소아시아의 기독교와 밀접한 관계를 지니고 있음을 보여준다.

또 편지의 내용이 바울의 신학 전통권에 밀접히 연결되고 있기에 본서는 아마도 소아시아의 바울 학파의 소재지였을 에베소에서 저작되었을 것으로 추정된다. 그리고 에베소서가 본서를 이미 전제하고 있기에(아래 에베소서 참조), 본서의 저작 시기는 그렇게 늦지 않을 것이다. 본서의 저작 시기는 대략 70년경으로 추정된다.

6. 본서의 저작 상황: 거짓 교사들과의 대결

본서가 맞서 싸우는 거짓 교사들은 어떤 종류의 사람들인가? 그들은 다음과 같은 특징을 지닌다. (1) 그들은 음식 및 정결 규정의 준수(2:16,21)와 함께 안식일과 절기의 준수를 요구한다(2:16). (2) 그들의 교설에는 천사 숭배와 환상(그들은 "본 것들에 관여한다")이 속한다(2:18). (3) 아마도 그들은 할례도 요구했을 수 있다(2:11). (4) 그들의 가르침은 철학으로 지칭된다(2:8). 저자는 더 나아가서 이들의 교설이 사람의 전승과 "세상 원소들(στοιχε   α του κ   σμου)"을 따르는 것이며(2:8), 그들의 금욕적인 규정들은 "자의적 숭배와 자기비하와 몸의 학대에서 지혜의 평판을 가진다"(2:23)고 비난한다.

위에서 지적한 특징들에서 눈에 띄는 점은 무엇보다도 유대교적 요소들이다. 이는 갈라디아서에 나타나는 적대자들이 보여주는 특징들과 상당 부분 합치된다. 다른 점은 본서의 거짓 교설이 천사 숭배를 포함하는 반면, 갈라디아서의 적대자들의 경우 천사 숭배의 실천이 감지되지 않는다는 점이다. 본서의 거짓 교설에서 종교혼합주의적 영향이 발견된다. 그 실례는 "세상 원소들"(2:8)이라는 표현인데, 이 표현은 실제로 본서의 거짓 교사들의 "철학"(2:8)에서 중요한 역할을 했으리라는 것이다. 또한 종교혼합주의적 성격은 "본 것들에 종사한다"(2:13)라는 표현과 "자의적 숭배"(2:23)에서도 발견되는데, 이 표현들은 밀의종교적 헌신례를 시사한다.

이러한 관찰들에 입각해 볼 때 본서의 거짓 교사들은 천사 숭배와 함께 음식법과 정결법을 고수하는 유다서 저자와 아주 근접한 입장을 견지한 사람들로서 바리새적 유대계 그리스도권에서 유래했다고 결론지을 수 있다. 거짓 교사들이 바리새적 성격을 시사해 주는 것은 그들이 "사람의 전승"을 따른다는 저자의 비난인데(2:8), 같은 표현의 비난이 마가복음 7:8-9(평행 마 15:3,6)에서도 바리새인들에게 적용된다.

2. 에베소서(Ephesians)

1. 본서의 배경

에베소시는 지중해에 접해 있는 소아시아의 서쪽 해안 도시로서 로마 제국의 지방 총독이 다스리는 아시아 주 최대의 도시였다. 비록 로마의 지배를 받기는 했지만 매우 자유로운 도시로 있었고, 해상 교통의 중심지였을 뿐만 아니라 소아시아의 육로의 중심지였기 때문에 상업과 문화와 종교 등의 교류가 활발했고, 그 결과 수리아의 안디옥과 애굽의 알렉산드리아와 더불어 경쟁을 이루는 지중해 동부의 3대 국제 도시 중 하나가 되었다. 이 도시는 주전 1,000년경 헬라의 통치를 받으면서 헬라 문명을 받아들였고, 아데미 여신을 숭배하게 되었다.

에베소 시가 급격히 번영을 누리기 시작한 때는 가이사 아구스도(Caesar Augustus, B.C. 27-A.D. 14년) 시대였고, 이때부터 에베소는 확고부동한 국제 무역의 중심지가 되었다. 또한 이곳에는 당시에 가장 큰 규모의 아데미 신전이 있던 고대 종교의 중심지 가운데 하나로도 널리 알려졌다. 초기 기독교 시대에는 아시아 교회의 중심지로서 주후 431년에는 이곳에서 제3차 종교회의가 개최되어 그리스도의 양성론(兩性論) 교리가 확정되는 등 초기 기독교 역사에서 주도적인 역할을 담당하였다.

한편 에베소에 복음이 처음 전파된 것은 바울이 제2차 전도여행 중인 주후 50년경이다. 바울은 빌립보, 데살로니가, 베뢰아, 아덴, 고린도 등지에서 전도여행을 마치고 유대 지역으로 돌아가는 중에 에베소에 들러 단기간 전도하고 브리스길라와 아굴라를 남겨 두고 떠났다(행 18:18-23). 그 후 바울은 제3차 전도여행 중에 에베소를 다시 방문하여 적어도 2년 3개월 이상 머물면서 활발히 복음을 전하였다. 즉 당시 바울은 처음 3개월 동안은 유대인의 회당에서 말씀을 전했지만 유대인의 반발로 회당 사용이 불가능해지자 두란노 서원에서 2년 동안 선교를 하며, 에베소 교회를 세우는 일에 전력을 다하였다.

에베소는 바울이 가장 심혈을 기울여서 복음을 전파한 곳이며, 동시에 가장 성공적인 선교 결과를 거둔 곳이기도 하다. 바울이 에베소에서 복음을 전한 이후에도 에베소 교회는 디모데(딤후 4:12)와 사도 요한(계 1:11; 2:4-5)의 가르침을 받아 온 것으로 추정된다. 요한계시록에 나오는 소아시아의 일곱 교회(계 2-3장)들이 지리적으로 볼 때 에베소를 중심으로 그다지 멀지 않은 곳에 부채형으로 배치되어 있는 것이나, 또 당시의 소아시아의 문화와 교통이 에베소와 연결되어 있음을 볼 때 에베소 교회는 당시 세계 문화와 교통의 중심지에 위치한 지리적 특성에 편승하여 소아시아 일대의 복음 전파에 크게 일익을 담당했음을 쉽게 짐작해 볼 수 있다.

2. 본서의 구조와 내용

I. 머리말(서두): 인사와 감사기도(1:1-23)
  1) 인사(1:1-2)
  2) 하나님 찬양론(1:3-14)
  3) 바울의 첫 번째 기도(1:15-23)
II. 몸말(본론): 그리스도 안에 있는 교회와 성도생활(2:1-6:20)
  1. 그리스도 안에 있는 교회(2:1-3:21)
    1) 은혜에 의한 구원(2:1-10)
    2) 유대인과 이방인이 함께 하는 교회(2:11-22)
    3) 하나님의 은혜의 경륜(3:1-13)
    4) 바울의 두 번째 기도(3:14-21)
  2. 교회 안에 거하는 성도의 생활(4:1-6:20)
    1) 교회의 하나됨을 위한 권면(4:1-16)

2) 그리스도 안에서의 새 생활(4:17-5:20)

3) 가정률(5:21-6:9)

4) 하나님의 전신갑주(6:10-20)

III. 발말(결미): 끝맺는 인사(6:21-24)

1. 두기고의 추천(6:21-22)

2. 인사와 축도(6:23-24)

3. 저자 문제

전통적으로 에베소서는 바울의 저작으로 알려져 왔다. 본서의 진정성에 대한 물음은 최초로 에라스무스가 제기한 이래 18세기 말부터 상당수의 학자들에 의해 부정적으로 대답되기 시작했으며, 오늘날에 와서는 대다수의 학자들에 의해 그 진정성이 부인되고 있다. 골로새서의 진정성을 부인하는 사람들은 물론이고, 골로새서의 진정성을 옹호하는 학자들 가운데서도 다수가 본서의 경우에는 그 진정성을 부인한다. 그 이유는 본서의 언어적, 문체적 특수성, 골로새서에 대한 문학적 종속성, 바울신학과의 차이, 그리고 본서에서 관찰되는 교회 구조의 변화 및 바울의 사도직임의 확립 때문이다.

1) 본서의 언어적, 문체적 특수성

우선 언어적 특수성을 지적할 수 있는데, 본서에 상당수의 '하팍스레고메나(유일어)'가 나타난다는 점이다. 35개의 단어가 신약에서 본서에만 나타나는데, 가령 '하나 됨'(4:3, 13), '휩쓸리다'(4:14), '세상 주관자'(6:10), '중간의 담'(2:14), '나라'(2:12) 등이다. 이 외에 51개의 단어가 목회서신을 제외한 바울서신들 가운데 본서에서만 발견되는데, 가령 '머리돌'(2:20), '쇠사슬'(6:20), '방탕'(5:18), '마귀'(4:27; 6:11), '복음 전도자'(4:11), '자비로운'(4:32), '씻음'(5:26), '거룩함'(4:24), '베풀다'(1:6) 등이다.

더 중요한 것은 바울에서 볼 수 없는 본서의 독특한 표현들인데, 가령 '신령한 복'(1:3), '창세'(1:4), 그리스도 칭호로 사용된 '사랑하시는 자'(1:6), '범죄의 용서'(1:7), '그 뜻의 비밀'(1:9), '때의 충만의 경륜'(1:10), '이 세상의 에온'(2:2), '육의 뜻'(2:3), '다가오는 세대들'(2:7), '담의 중간 벽'(2:14), '영원부터 예정하신 뜻'(3:11), '그리스도를 배우다'(4:20), '지각의 영'(4:23), '하나님을 본받는 자'(5:1), '그리스도와 하나님의 나라'(5:5), '악의 영적 존재들'(6:12) 등이다.

동시에 본서에서는 바울이 통상적으로 사용하는 용어들이 다른 용어로 대치된다. 가령 본서는 바울이 즐겨 사용하는 '사탄'(고전 5:5; 7:5; 고후 2:11; 11:14; 12:7; 살전 2:18; 살후 2:9) 대신 '마귀'(4:27; 6:11)라는 표현을 사용하며, 또한 바울은 '하늘'을 말할 때 ὁ οὐρανός나 가끔 ὁι οὐρανόι를 사용하나 본서는 ὁι οὐρανόι와 함께 τὰ ἐπουράνια (1:3, 20; 2:6; 3:10; 6:12)라는 말도 사용한다. 또 바울의 '육과 혈'(고전 15:50; 갈 1:16)이라는 표현은 본서에서는 어순이 바뀌어 '혈과 육'(6:12)으로 표현된다.

그러나 언어적 특징보다 더욱 중요한 것은 본서가 보여주는 문체적 특징이다. 본서의 문체는 골로새서의 문체와 유사한데, 단지 더 심하게 과도한 장식으로 부풀려 있으며 길게 늘어진다. 동의어들이 중첩되는 경우를 보면, '거룩하고 흠없는 자'(1:4; 5:27), '지혜와 총명'(1:8), '범죄와 죄'(2:1), '함께 상속자가 되고 몸에 속한 자가 되며 함께 약속에 참여하는 자가 되는 것'(3:6), '모든 기도와 간구로'(6:18) 등이다.

또한 동일한 어근을 가진 단어들이 자주 연결되는 경우를 보면, '모든 신령한 복으로 우리를 복 주신 분'(1:3), '우리에게 은혜 주신 그의 은혜'(1:6), '우리를 사랑하신 그의 크신 사랑'(2:4), '여러분이 부름받은 부르심'(4:1) 등이다. 또한 속격으로 연결되는 경우도 자주 발견되는데, '그의 뜻의 기쁘심'(1:5), '그의 뜻의 원하심'(1:11), '그의 힘의 강력의 역사하심'(1:19), '담의 중간 벽'(2:14), '그의 능력의 역사하심'(3:7), '여러분의 지각의 영'(4:23) 등이다.

특히 눈길을 끄는 것은 광범위한 부가어적 속격의 사용인데, 가령 '그의 은혜의 영광의 찬양'(1:6), '때의 충만의 경륜'(1:10), '그의 기업의 영광의 풍성함'(1:18), '그의 힘의 강력의 역사하심'(1:19) 등이다. 가장 눈에 띄는 점은 긴 문장이다. 골로새서와 같이 분사, 관계문, 전치사구, 부정사구 등으로 느슨하게 연결되면서 끝없이 길게 이어진다(1:3-14; 1:15-23; 2:1-10; 4:11-16). 그래서 자주 문장의 각 마디가 어디에 정확하게 연결되는지 알아내기 어렵다. 이러한 문체적 특징은 특히 쿰란 문서의 문체적 특징에 극히 근접한다.

2) 골로새서와의 공통점

첫째, 주목을 끄는 점은 본서가 여러 면에서 골로새서와 큰 공통점을 보여준다는 사실이다. 신약학자들의 면밀한 분석에 의하면 골로새서의 70%가 에베소서에 다시 나오고, 에베소서의 언어의 50%가 골로새서 안에 병행적으로 다시 나온다. 우선 언어상으로 본서는 2,411개의 단어들 중 26.5%를 골로새서와 공유하며, 또 골로새서는 1,570개의 단어 중 34%를 본서와 공유한다. 이 중에서 10개의 단어는 신약에서 단지 이 두 서신에서만 나오는데, 가령 '다시 화해시키다'(2:16), '떠나 있다'(2:12; 4:18), '뿌리박다'(3:17), '마디'(4:16), '성장'(4:16), '찬미'(5:19), '눈가림'(6:6) 등이다. 또 15개의 단어는 이 두 서신 및 신약 문서에는 나오나 진정한 바울서신에서는 나타나지 않는데, 가령 '용서'(1:7), '강력함'(1:19; 6:10), '거하다'(3:17), '노래(하다)'(5:19), '자라다'(2:21; 4:15), '기만'(4:22), '규정'(2:15), '마음'(2:3), '터잡다'(3:17) 등이다.

나아가서 두 서신에서 그리스도가 교회의 '머리'로 비유되는데(엡 1:22; 4:15; 5:23; 골 1:18; 2:19), 이는 신약 전체에서 독보적이다. 또 '충만', '비밀', '경륜'은 바울에서도 나타나는 개념이나 이 두 서신에서 특별한 신학적 의미 부여와 함께 애호된다. 또한 두 서신에서 같은 표현의 어구들이 자주 발견된다. 가령 '그의 앞에서 흠없이'(엡 1:4/ 골 1:22), '영광의 풍성함'(엡 1:18; 3:16/ 골 1:27), '손으로 행한(내지는 행하지 않은) 세례'(엡 2:11 / 골 2:11), '여러분을 위한' 사도의 고난(엡 3:13/ 골 1:24), '사람의 교훈'(엡 4:14/ 골 2:22) 등이다.

둘째, 편지의 구조적, 도식적 측면에서 본서는 편지의 앞부분과 종결 부분에서 골로새서와 크게 일치한다. 두 편지의 서두에서 수신인은 "그리스도 예수 안에 있는 성도이며 신실한 사람들"로 나타나는데(엡 1:1/ 골 1:2), 이러한 호칭은 신약의 다른 서신들의 서두에서는 발견되지 않는다. 편지 초입의 중보기도는 두 서신이 거의 일치한다. "주 예수에 대한 여러분의 사랑과 모든 성도들에 대한 사랑을 듣고 여러분을 위해 끊임없이 감사드리며 내가 기도할 때마다……"(1:15-16/ 골 1:3-4).

편지의 결미에서 두기고의 파송에 관한 부분은 두 편지에서 거의 똑같은 문구로 되어 있다(엡 6:21-22/ 골 4:7-8). 편지 종결부의 기도의 요청(엡 6:18-20/ 골 4:2-4) 역시 두 편지에서 거의 유사한 자구와 내용으로 작성되어 있다. 구조상의 일치점(엡 5:19-6:

9)/ 골 3:16-4:1)은 특히 눈에 띈다. 두 편지에서 예배와 관련하여 거의 같은 지시가 있은 다음에(엡 5:19-20/ 골 3:16-17), 똑같이 가정률이 뒤따른다. 두 곳에서 아내-남편, 자녀-부모, 종-주인의 순서로 훈계가 이루어지는데, 이 세 그룹의 이러한 순서는 이 두 곳 외에는 어디에서도 발견할 수 없다.

셋째, 때로는 자구에 이르기까지 일치하는, 유사한 발언들이 두 편지에서 발견된다(엡 1:7/골 1:14[참조 골 1:20]; 엡 1:13/골 1:5; 엡 1:20/골 2:12; 3:1; 엡 2:2-3/골 3:7; 엡 2:5-6/골 2:12-13; 2:13-16/골 1:20-22; 엡 1:21-22/골 1:16-18; 엡 3:3-5/골 1:26; 엡 4:16/골 2:19; 엡 4:22-24/골 3:9-10; 엡 4:2-3/골 3:12-14 및 엡 4:32/골 3:12-13, 엡 4:19/골 3:5 및 엡 4:31/골 3:8) 등이다.

두 서신이 이처럼 많은 공통점을 보여주며, 심지어 자구에 이르기까지(특히 엡 6:21-22와 골 4:7-8의 두기고에 관한 문구) 일치하기 때문에, 두 문서가 각기 독자적으로 예전적 · 교훈적인 전통을 이용했다는 식의 해법은 설득력이 약하다. 그렇다면 에베소서가 골로새서에 종속되었다고 볼 수밖에 없다. 가령 두 서신의 가정률을 비교해 보면 골로새서의 짤막한 문장들이 본서에서 장황하게 확장되고 있으며, 상세한 기독론적인 논증에 입각한 설명을 얻고 있음을 발견하게 된다.

3) 본서의 신학적 특수성

본서의 신학은 '진정 바울서신들'과 현저한 차이를 보여주는 한편, 골로새서와는 큰 일치점을 보여준다. 기독론을 보면 본서는 골로새서와 유사하게 예수 그리스도의 우주적인 지배의 표상이 지배적이다. 부활하신 그리스도는 하나님 우편에 앉아 계신다(1:20). 하나님은 만물을 그의 발 아래 복종하게 하셨고(1:22a), 그는 만물 안에서 만물을 충만케 하는 분이다(1:23). 또 골로새서와 같이 현재적 종말론이 지배한다. 신자는 그리스도와 함께 살리심을 받고 함께 일으킴을 받아 함께 하늘에 앉혀졌고(2:5-7) 믿음으로써 구원을 받았다(2:8). 신약의 어떤 문서에서보다 본서에서 교회론이 두드러진다. 골로새서의 신학을 이어받아 교회는 그 하늘의 머리인 그리스도 아래 있는 전세계적 교회이다(1:23). 동시에 교회는 또한 사도들과 예언자들의 토대 위에 세워진 제도적 교회로 이해된다(2:20).

4) 교회 직분 및 바울의 사도직임

본서에서 교회 직분 명단(4:11)은 '진정 바울서신들'에 비해 크게 변화된 모습을 보여준다. 사도와 예언자와 교사(고전 12:28)와 함께 복음 전도자와 목사가 등장하며(4:11), 이적 행하는 자, 병 고치는 자, 또는 봉사하는 자, 방언하는 자와 같은 카리스마적 직분은 나타나지 않는다. 이때 사도직임은 더 이상 기능적으로 생각되지 않고 신학적인 의미를 부여받는다. 사도들은 교회의 토대이고(2:20), 이들에게 그리스도 사건의 비밀이 계시되었다(3:5).

본서에서 강하게 눈에 띄는 요소는 바울의 사도직임의 견고한 확립이다. 그래서 본서는 3장에서 이방인을 위한 바울의 사도직임을 이미 구속사적인 차원에서 성찰한다. 바울은 유대인과 이방인의 우주적인 교회를 기획하신 하나님의 계시의 비밀을 받은 사람인데, 이 비밀은 오직 거룩한 사도들과 예언자들에게만 계시된 것이다(3:1-7). 본서에서 바울은 고린도전서 9장이나 고린도후서 10-13장에서와 같이 더 이상 자신의 사도직임을 위해 투쟁하지 않는다. 바울의 사도직임은 교회사적인 차원에서 확립되어 있다.

이상의 관찰들은 본서의 저자가 바울일 수 없음을 충분히 확증해 준다. 저자의 인적 사항에 대해서는 거의 말할 수 있는 것이 없다. 본서에 나타나는 바울신학의 반영들, 가령 화해의 신학(2:13-17), 칭의론(2:8-9), 그리고 이방인을 위한 복음의 강조(2장; 3:6-8) 등과 함께 본서의 셈어적인 문체적 특징은 저자가 바울학파에 속한 헬레니즘적 유대계 기독교인이었으리라는 것을 말해 줄 뿐이다.

4. 저작 연대 및 저작 장소

본서의 정확한 저작 장소는 알 수 없으나 골로새서와의 연관성으로 미루어 볼 때 소아시아 지역을 생각할 수 있다. 저작 연대는 골로새서가 최초 한계선이다. 최종 한계선은 이그나티우스의 편지들인데, 5:25의 "그리스도가 교회를 사랑한 것같이 아내를 사랑하시오"라는 말이 거기에 나타난다. 그렇다면 본서는 80년에서 90년 사이에 저작되었을 것으로 추정된다.

1. 데살로니가후서(II Thessalonians)

1. 저자 문제

전통적으로 본서는 데살로니가전서를 기록한 동일한 저자가 동일한 수신자에게 얼마 경과하지 않은 시점에 기록한 전서의 속편(續篇)의 성격을 지닌다고 보았다. 그러나 본서의 진정성은 19세기 초부터 의심받기 시작했으며, 19세기 말 이래 그 진정성 문제가 찬반으로 나뉘어 활발하게 논의되어 왔다. 현재 본서의 진정성은 대다수의 학자들에 의해 부정되는데 대략 다음의 이유에서이다.

1) 본서는 2:1-12에서 강림이 있기까지 아직 상당한 시간이 경과해야 함을 강조하는데, 이는 원칙적으로 가까운 재림을 기대하는 바울의 입장(빌 4:5; 롬 13:11)과는 정면으로 배치된다. 특히 본서 2:1-12에서 저자는 자신의 주장을 위해 마지막 시간들의 일정표-억제하는 자의 물러감, 하나님의 대적자의 출현, 주의 강림과 대적자의 멸절-를 제시하는데, 이는 종말의 시점에 대한 모든 계산을 거부하는 본서의 태도와는 근본적으로 다르다.

바울은 특수한 상황과 구체적 질문들에 대면하여 유대교 묵시문학의 표상들을 자주 이용하는데, 데살로니가전서와 본서 사이의 괴리를 그러한 특수한 상황에 기인한 것으로 설명하려고 시도하는 학자들도 있다. 그러나 바울이 묵시문학 자료들을 이용할 때는 언제나 그리스도의 재림과 종말론적 완성이 중심에 서 있으며(살전 4:16-18; 고전 15:23-26), '진정 바울서신들' 중 그 어디에도 종말에 이르기까지의 일정을 기술하거나 그렇게 함으로써 재림을 먼 후일의 일로 미루는 데 묵시문학적 자료들이 사용된 적은 없다.

2) 본서의 비진정성에 대한 더 우선적인 증거는 데살로니가전서와 후서의 유사성이다. 이 두 문서는 서로 상반되는 데살로니가전서 4:13-18; 5:1-11과 본서 2:1-12을 제외하고는 구조적으로, 언어적으로, 그리고 내용적으로 극히 유사한바, 이는 본서가 데살로니가전서를 대본으로 참조하고 이용했다는 가설에 의해서만 충분히 설명될 수 있다. 먼저 두 문서 사이의 구조상의 일치점을 살펴보면 다음과 같다.

편지 서두	살전 1:1	살후 1:1-2
첫째 감사의 말	살전 1:2-3	살후 1:3
	살전 1:6-7	살후 1:4
	살전 1:2-4	살후 1:11
둘째 감사의 말	살전 2:1	살후 2:13
권면으로의 이행	살전 3:11,13	살후 2:16-17
간구와 감사	살전 4:1	살후 3:1
	살전 4:2	살후 3:4
	살전 4:1	살후 3:6
	살전 4:2	살후 3:7
	살전 4:10-12	살후 3;10-12
무절제한 사람들	살전 5:14	살후 3:6-7,11
편지 결미	살전 5:23	살후 3:16
	살전 5:28	살후 3:18

이러한 구조상의 평행에서 특히 눈에 띄는 점은 때때로 두 문서가 자구까지 일치한다는 점이다(살전 1:1/살후 1:1; 살전 3:11/살후 2:16; 살전 5:23/살후 3:16; 살전 5:28/살후 3:18). 이러한 자구상의 일치 외에도 전체적으로 볼 때 데살로니가전서와 본서는 어휘의 3/1이 공통된다. 또한 내용상으로 두 편지 사이에는 상당한 유사점이 발견된다. 가령 본

서 3:7-9(사도의 모범적인 생활)은 데살로니가전서 2:9-10과 아주 유사하게 작성되어 있으며 또한 본서 3:6,11(무절제하게 생활하는 사람들)은 데살로니가전서 5:14와 대체로 일치한다. 본서 3:4(사도의 명령의 실천)는 데살로니가전서 4:1-2에, 본서 2:13-14(구원을 위한 하나님의 선택)은 데살로니가전서 4:7과 5:9의 혼합이다.

이러한 구조적, 언어적, 그리고 내용적인 유사점들은 우연으로 돌릴 수 없고 문서가 서로 문학적으로 관련되어 있다는 가정에 의해서만 설명될 수 있으며, 이때 단연 본서가 전서를 이용했다는 가정만이 가능하다. 본서 2:2은 임박한 기대의 한 중요한 동인으로 바울의 편지를 언급하는데, 이는 아마도 데살로니가전서를 가리키는 것 같다. 아무튼 본서는 임박한 기대를 수정하고자 하는데, 이 임박한 기대를 데살로니가전서가 표방하고 있다면 이 사실은 본서가 데살로니가전서를 전제함을 입증하는 것이다.

본서가 문학적으로 데살로니가전서에 종속되어 있다면 이때 바울이 동일한 교회에 보낸 두 번째 편지를 작성하면서 구조, 내용, 언어 면에서 바로 전에 보낸 편지로부터 베껴 썼다고 가정하기 어렵기 때문에 다른 저자를 생각할 수밖에 없다. 마지막으로 3:17의 친필 확언("나 바울은 친필로 문안하니 이는 모든 편지에서 표지입니다. 이렇게 내가 씁니다")은 데살로니가후서의 위명성을 오히려 더 드러내 준다.

본서 저자는 종말론적 열광주의자들이 바울, 특히 데살로니가전서를 빙자하여 임박한 종말론을 펼치는 데 대하여 재림 지연의 사실을 직시한다. 재림 지연의 상황에서 임박한 종말 기대는 저자의 눈으로 볼 때 "몰지각적이며"(2:2), 그러한 기대를 선포하는 행위는 "미혹"이다(2:3). 이 종말론적인 열광주의를 가라앉히기 위해 저자는 본서를 기록했는데, 이때 그는 열광주의자들에 있어서의 바울의 권위를 고려하여 '바울'이라는 위명을 사용했다. 바울의 편지를 내세우는 열광주의자들에 맞서 저자 역시 "우리들의 말이나 편지를 통해 여러분이 배운 전통을 확고히 지킬"(2:15) 것을 요구하는데, 이로써 저자는 본서야말로 진정한 바울의 전통을 담보한다고 주장하고 있는 것이다.

2. 저작 연대 및 저작 장소

이 편지가 전통적으로 바울에 의해 쓰여진 데살로니가전서의 속편이라면 그 저작 연대는 주후 51년경으로 볼 수 있으나, 위에서 언급한 대로 바울의 위서로 간주한다면 재림 지연의 주제가 이슈가 된 주후 1세기 말경이 될 것이다. 비교할 수 있는 주제는 베드로후서 3:1-13에서 발견된다. 이 편지가 발생한 지역은 데살로니가전서가 높이 평가되던 지역이었을 것이다. 그렇다면 그 지역은 마케도냐 지역이거나 아니면 서머나의 폴리카르투스가 이 편지를 알았다고 가정할 때 소아시아 지역일 가능성도 생각해 볼 수 있다.

3. 본서의 구조와 내용

I. 머리말(서두): 핍박받는 성도들을 격려함(1:1-12)
 1. 인사말(1:1-2)
 2. 환난을 이기도록 격려함(1:3-12)
II. 몸말(본론): 재림에 대한 교훈과 권면(2:1-3:15)
 1. 주님의 날에 대한 교훈(2:1-12)
 2. 바울의 감사와 권면(2:13-17)
 3. 중보기도를 부탁함(3:1-5)
 4. 근면하게 일할 것에 대한 권고(3:6-15)
III. 발말(결미): 끝맺는 말(3:16-18)
 1. 평강의 인사(3:16)
 2. 친필 문안(3:17-18)

4. 저작 동기 및 저작 목적

본서의 저작 동기는 2:2-3에서 추론할 수 있다. 일단의 기독교적 예언자들이 나타나 주의 강림이 이르렀다고 주장했다. 이들은 자신들의 주장을 위해 영적인 계시나 사도 바울의 말이나 (사칭의 또는 진정한) 편지를 근거로 제시했다. 그 결과로 교회 안에 큰 불안과 동요가 야기되었다. "지각없이 쉽게 동요하고 경악하지 말 것"을 요청하는 2:2은 이들의 영향력이 컸음을 보여준다.

3:6-15은 교회 안의 또 다른 심각한 문제를 거론하는데, 몇몇 교회 신자들이 '무절제하게 생활하는', 즉 "아무 일도 하지 않고 쓸데없는 일을 하는" 현상이다(3:6,11). 이 현상은 분명히 위에 언급한 과도한 종말론적 분위기와 무관하지 않을 것이다. 저자가 이 문제와 관련하여 10여 절이나 길게 언급하고 있는 것은 단순한 무위도식자가 문제라기보다는 임박한 재림 기대로 자신들의 생업과 절도있는 삶의 방식을 방기한 사람들이 문제되고 있기 때문으로 볼 수 있다. 이러한 교회의 문제에 당면하여 저자는 2:3-12에서 유대교 묵시문학의 종말 사변들의 도움으로 주의 강림의 날이 아직 이르지 않았음을 입증하고자 한다.

마지막 때가 오기 전에 '배교' 하는 일과 '불법의 사람', 곧 하나님을 '대적하는 자'가 나타나는 일이 먼저 있어야 한다. 이 불법자는 하나님의 성전에 앉아 자신을 신이라고 내세우는 자이다. 그런데 불법자의 출현은 현재 '억제하는 자'에 의해 저지되고 있다. 즉 불법의 비밀이 이미 활약하고 있으나 이 '억제하는 자'가 현재 막고 있는데 곧 그가 물러갈 것이다. 그 후에 비로소 불법자가 나타날 것이며, 주 예수께서 그를 멸망시킬 것이다. 결과적으로 아직 불법자가 나타나지 않았을 뿐 아니라 그 '억제하는 자'조차 물러가지 않았으니 주의 강림은 지금 당장 박두한 것이 아니라 한참 더 기다려야 하는 일이다. 이러한 논증에 의해 저자는 종말론적 열광을 잠재우고 이와 함께 임박한 재림 기대 때문에 절도있는 생활을 방기한 사람들을 그들의 본업과 일상적인 삶 속으로 되돌려 놓고자 한다.

5. 본서의 특징

1) 본서는 전서와 더불어 그리스도의 재림을 주요 주제로 다루나 전서가 돌연히 임하는 재림을 강조한 반면, 본서는 재림 이전에 필히 불법의 사람의 등장과 배교의 사건 등이 있을 것을 밝힘으로써 재림에 대한 당시 교회의 과열된 열기를 둔화시키는 성격을 지닌다.

2) 전서는 따뜻한 사랑을 가지고 그들을 부드럽게 계도하는 성격을 지닌 반면, 본서는 보다 엄격하고 준엄한 내용을 지니며 경고투의 문장으로 쓰여졌다.

2. 목회서신(Pastoral Epistles)

– 디모데전후서 · 디도서

1. 목회서신의 명칭

디모데전·후서, 디도서는 18세기 중엽 이래 '목회서신'이라고 불렸는데, 그 까닭은 이 세 문서가 교회를 이끌어나가는 데 필요한 지침, 즉 교회 내 '목회 직분'의 올바른 수행을 위한 지침들을 포함하고 있기 때문이다. 1726년 독일 경건주의 운동가 안톤(Paul Anton, 1661–1730)이 이 명칭을 정식으로 사용했다. 이 세 편지는 바울서신 안에서 문학적으로, 신학적으로 밀착된 그룹을 형성하기 때문에 이 명칭은 정당성을 가진다.

2. 목회서신의 구조와 내용

〈디모데전서〉

I. 머리말(서두): 인사말(1:1–2)

II. 몸말(본론): 교훈과 지침들(1:3–6:19)

1. 거짓 교설에 대한 경계(1:3–20)
   1) 디모데의 과제: 거짓 교설에 대한 척결(1:3–11)
   2) 바울에게 넘친 주의 은혜의 풍성함(1:12–17)
   3) 디모데에게 주는 교훈의 목적(1:18–20)
2. 교회 행정에 관한 지침들(2:1–3:16)
   1) 기도에 관한 교훈(2:1–7)
   2) 여신도의 행실에 관한 교훈(2:8–15)
   3) 교회 직분에 대한 자격 요건(3:1–13)
   4) 복음의 기관으로서의 교회(3:14–16)
3. 거짓 교설을 다루는 방법(4:1–16)

1) 거짓 교설에 대한 경고(4:1–5)

2) 디모데에게 주는 훈계(4:6–16)

4. 교회 내의 여러 계층에 관한 지침들(5:1–6:2)

1) 노인과 젊은이에 대해(5:1–2)

2) 과부에 대해(5:3–16)

3) 장로에 대해(5:17–25)

4) 종들에 대해(6:1–2)

5. 기타 문제에 대한 지침들(6:3–19)

1) 거짓 교사들에 대해(6:3–5)

2) 돈을 사랑하는 문제(6:6–10)

3) 개인적 훈계(6:11–16)

4) 물질의 바른 사용에 대해(6:17–19)

III. 발말(결미): 마지막 당부 및 축도(6:20–21)

〈디모데후서〉

I. 머리말(서두): 인사 및 감사(1:1–5)

1. 인사말(1:1–2)

2. 디모데에 대한 감사(1:3–5)

II. 몸말(본론): 복음 전파 및 디모데에 대한 교훈(1:6–4:18)

1. 복음을 위한 고난에의 참여(1:6–18)

1) 복음을 위해 부르심을 입은 바울(1:6–14)

2) 바울의 상황(1:15–18)

2. 디모데를 향한 지시(2:1–4:18)

1) 복음을 위한 충성(2:1–7) 2) 복음을 위한 고난(2:8–13)

3) 무익한 변론을 피하라(2:14–19) 4) 주님을 위해 쓰일 그릇(2:20–26)

3. 바른 교훈에 대한 권면(3:1–4:5)

1) 말세에 있을 죄악들(3:1–5) 2) 진리에 대항하는 자(3:6–9)

3) 사도의 본을 따름(3:10–17)　4) 복음 전파에 대한 명령(4:1–5)

4. 바울의 최후 상황(4:6–18)

1) 바울의 최후 진술(4:6–8)

2) 바울의 상황과 부탁(4:9–18)

III. 발말(결미): 작별 인사 및 축도(4:19–22)

〈디도서〉

I. 머리말(서두): 인사말(1:1–5)

II. 몸말(본론): 교회의 질서를 위한 지시(1:5–3:11)

1. 교회 행정에 관한 지시(1:5–16)

1) 장로와 감독의 자격과 필요성(1:5–9)

2) 이단에 대한 경계(1:10–16)

2. 교회 각층에 대한 교훈(2:1–15)

1) 바른 교훈의 적용(2:1–10)

2) 바른 교리의 선포(2:11–15)

3. 사회 생활에 대한 교훈(3:1–11)

1) 사회 생활에 대한 태도(3:1–7)

2) 이단자에 대한 태도(3:8–11)

III. 발말(결미): 마지막 부탁 및 축도(3:12–15)

3. 수신자

목회서신은 바울의 가장 가까운 동역자들에게 향한다. 디모데는 바울과 함께 편지를 보낸 발신자로 나타나며(살전 1:1; 고후 1:1; 빌 1:1; 몬 1절), 또 로마서 16:21에서는 문안을 전하는 사람들 명단 가운데 나타난다. 디모데는 루스드라 출신으로, 부친인 헬라인과 모친인 유대계 그리스도인 사이에서 태어난 아들이었는데(행 16:1–2), 바울의 2차 선교여행부터 바울의 동반자였으며 헌금 전달을 위한 예루살렘 여행 때도 동반자 중 하나였다(행 20:4). 그는 여러 번 바울의 파견자로 활약했는데, 데살로니가전서 3:2 이하에 의하면 바울은 아덴에서 마게도냐로 그를 보냈으며, 고린도전서 4:17; 16:10-11에 의하면 바울은 에베소에서 고린도로, 빌립보서 2:19-23에 의하면 감금의 장소에서 빌립보로 보냈다. 바울은 그를 크게 신임하고 높이 평가했다(고전 16:10; 빌 2;22). 디모데에 대한 기억은 제2바울서신(골 1:1; 살후 1:1)과 히브리서(13:23)에도 보존되었다.

디도는 사도행전에는 언급되지 않는다. 그는 이방계 그리스도인으로서 바울과 바나바의 수행자로 예루살렘 사도회의에 참석했다(갈 2:1, 3). 사도회의 이후의 그의 행적에 관해서는 아무런 보도가 없다가 고린도후서에 가서 그는 여러 번 중요한 역할을 수행한 것으로 보도된다. 그는 고린도 교회의 헌금 모금 시에 핵심적인 인물이었으며(고후 8:6,16-17,23; 12:18) 또 바울과 고린도 교회 사이에 갈등이 있었을 때 조정자로서 결정적 역할을 했다(고후 2:13; 7:6,13-16). 디모데는 디모데전·후서에서 에베소에 있는 것으로 전제되어 있으며(딤전 1:3; 딤후 1:15; 4:19), 디도는 그레데에 있는 것으로 전제된다(딛 1:5).

이미 '진정 바울서신'에서 디모데와 디도가 바울의 대리인으로 활약하듯이(디모데: 고전 4:16-17; 16:10-11; 살전 3:2-3; 빌 2:19-23/ 디도: 고후 2:13; 7:6-7; 8:23), 디모데와 디도는 이제 목회서신에서도 바울의 지시들을 교회들에 전달하는 바울의 대리자 역할을 수행한다. 이 두 제자를 통해 바울은 그의 교회들에게 거짓 교설에 맞서 나아갈 방향을 제시하고 교회의 목회에 관여한다. 따라서 엄밀한 의미에서 목회서신의 진정한 수신자는 디모데와 디도에 의해 이끌어져야 하는 소아시아의 교회들이다. 디모데와 디도는 목회서신에서 단지 바울의 지시들을 교회에 전달하는 중개자의 역할을 할 뿐이다.

4. 저자 문제

전통적으로 목회서신은 바울의 로마 투옥 사건 이후의 어느 때에 쓰여진 것으로 보았다(주후 63-67년경). 그러나 19세기 초 슐라이에르마허(Schleiermacher)가 디모데전서의 바울 저작을 문제시한 이래 오늘날 목회서신이 바울의 저작이 아니라는 것은 거의 일반적으로, 보수적인 학자들에 의해서도 인정된다.

1) 우선 목회서신의 비진정성을 말해 주는 외적인 근거는 목회서신이 그 밖의 바울서신에 비해 늦게 증언되고 있다는 점이다. 목회서신은 이레니우스(약 180년경)에 처음으로 나타나며, 이어 알렉산드리아의 클레멘스와 무라토리 정경(약 200년경)에 나타난다. 무라토리 정경에서 목회서신은 빌레몬서 이후에 위치해 있는데, 이는 목회서신이 이미 형성되어 있는 바울서신 수집에 첨부되었음을 보여준다.

2) 내적인 근거로는 목회서신에 전제되어 있는 정황이 '진정 바울서신' 및 사도행전의 보도들과 일치되지 않는다는 점, 언어와 문체 및 신학이 비바울적이라는 점, 그리고 목회서신에 전제된 교회 조직이 바울 이후의 시대를 지시한다는 점 등이다.

첫째, 목회서신이 전제하는 상황은 바울의 삶과 활동에 관해 말하는 바울 자신의 발언 및 사도행전의 전승에 부합하지 않는다. 디모데전서는 바울이 얼마 전까지 에베소에 디모데와 함께 있다가 마게도냐로 갔고, 디모데는 에베소에 남았다고 전제한다(1:3; 3:14-15; 4:13). 그러나 사도행전에 의하면 이와는 반대로 오히려 디모데가 먼저 마게도냐로 보내졌고 바울은 얼마간 더 아시아에 머물렀다(행 19:22). 디모데는 바울이 마게도냐에서 고린도후서(화해의 편지, 1:1-2:13; 7:5-16)를 쓸 때 공동발신인이었으며(고후 1:1), 그리고 이어 고린도에서 로마서를 쓸 때 바울과 함께 있었다(행 20:2; 롬 16:21). 그러고 나서 그는 바울이 예루살렘으로 헌금을 전달하기 위해 떠날 때 대표단의 일행에 속해 있었다(행 20:4).

디도서에 의하면 바울은 그레데에 있다가 디도를 그곳에 남겨두었고(1:5), 바울은 니고볼리에서 겨울을 날 작정으로 있었다(3:12). 이 상황 역시 알려져 있는 바울의 행적에 들어맞지 않는다. 그레데에 있는 바울의 선교나 니고볼리에서의 바울의 체류에 대해서는 그 밖의 바울서신이나 사도행전에 아무런 보도가 없다. 사도행전에 의하면 바울은 수인의 신분으로 이 섬을 스쳐 지나갔고(행 27:7-8), 또 그레데 해안을 따라 행선하다가(27:13) 파선을 당했다는 얘기는 있으나 이때 그레데에 교회를 세울 기회가 있었다고 보기는 어렵다. 그리고 바울 일행은 이때 멜리데 섬에서 겨울을 났다(28:1,11).

목회서신이 전제하는 정황을, 알려져 있는 바울의 행적과 일치시킬 수 없으므로 사도행전 28:30-31 이후의 시기에 맞춰 보려는 시도가 있었다. 즉 바울은 로마에서의 2년여에 걸친 감금 이후에 다시 자유롭게 되어 서바나 여행 계획을 실현하였으며, 그 후 다시금 동쪽으로 여행했고 여기에 디모데전서와 디도서가 얘기하는 지역들이 속하며, 그 이후 바울은 다시금 두 번째 로마 감옥에 갇혔고, 그곳에서 순교했는데 이때 디모데후서가 쓰여졌다는 것이다. 그러나 사도행전 28장의 로마에서의 감금 이후의 바울의 서바나 여행과 선교는 입증 불가능한 추측에 불과하다.

둘째, 목회서신의 언어는 '진정 바울서신'에서 크게 벗어난다. 목회서신에는 고유명사를 제외하고 총 848개의 어휘가 사용되는데, 그 중 158개가 하팍스레고메나이며, 그 밖의 바울서신에 나타나지 않는 어휘가 무려 306개나 된다. 새로운 어휘에 속하는 것은, 가령 '경건', '경건하다', '경건하게', '나타남', '맡겨진 것', '분별력 있는', '분별력 있게 하다', '절제', '분별력 있게', '분별력', '인간 사랑' 등이다. 반면에 바울 특유의 개념들은 나타나지 않는데, 가령, '육', '몸', '율법의 일', '계시', '십자가', '하나님의 의', '하나님의 아들', '자유', '자유한', '자유케 하다', '자랑하다', '언약', '무할례', '작용하다', '일으키다', '확신하다', '확신시키다' 등이다.

또한 바울의 편지들에는 나타나지 않는 개념들, 가령 '경건'(딤전 2:2; 4:7-8; 딤후 3:5 등), '선한 양심'(딤전 1:5; 3:9), '깨끗한 양심'(딤전 3:9; 딤후 1:3) 등이 그리스도인의 실존과 삶의 태도를 묘사하는 말로 나타나는 점도 주목을 끈다. 이외에 바울에서는 발견되지 않는 관용구들이 발견되는 것도 주목할 만한데, 가령 '이 말씀이 미쁘도다'(5회), '이런 연유로'(3회), '하나님 앞에서 엄숙히 선언하다'(딤전 5:21; 딤후 2:14; 4:1), '확고히 주장하다'(딤전 1:7; 딛 3:8) 등이다.

단어의 길이에서, 목회서신의 단어들은 평균적으로 5.5 자모로서 '진정 바울서신'의 4.66(빌레몬서)에서 5.02(살전) 자모의 수를 크게 넘어선다. 또한 목회서신에서 나타나는 어휘를 특수 어휘와 바울서신에 공통된 어휘로 나누고, 특수 어휘가 전체 어휘에서 차지하는 비율을 따져 보면, 그 비율은 46.2%로서 다른 바울서신들의 평균치 32~34%를 훨씬 웃돈다. 목회서신의 어휘를 전체적으로 살펴보면 어휘 가운데 일부(36개)가 문학적인 언어 상류층에서 유래하며 많은 어휘가 1세기 말 이전에 발견되지 않는다는 점이 두드러진다. 마지막으로, 목회서신의 문장 구성도 바울과는 다른 점을 보여주는데, 바울의 그 밖의 편지들과 비교해 볼 때 조건문에서 훨씬 덜 셈어적이고 훨씬 더(10-20배) 헬라어적이다.

셋째, 목회서신은 '진정 바울서신들'의 신학과 상당한 차이점을 보여준다. 바울의 칭의론의 여운이 디도서 3:4-7에 나타나고 있기는 하다. 그러나 내용상의 차이를 발견할 수 있는데, 특히 믿음의 이해에서이다. 바울에서 믿음이 구원을 위한 전제로 나타난다면, 목회서신에서 믿음은 거짓 교설에 대립하는 올바른 믿음이라는 측면이 우세하다(딤전 1:19; 4:1,6,; 6:21; 딤후 2:18; 3:8). 그리고 믿음은 그리스도교 실존을 성격짓는 일종의 덕목으로 나타난다. 그래서 믿음은 다른 덕목들과 함께 일렬로 일컬어질 수 있는데, 가령 '청결한 마음과 선한 양심과 위선 없는 믿음'(딤전 1:5), '믿음과 선한 양심'(1:19), '청결한 양심의 비밀'(3:8), '믿음과 사랑과 거룩함에 분별력'(딤전 2:15), '말과 행실과 사랑과 믿음과 순결'(딤전 4:12), '의, 경건, 믿음, 사랑, 인내, 온유'(딤전 6:11) 같은 경우들이다. 그러기에 다시금 스스럼없이 선한 행위가 요구된다(딤전 2:10; 5:10; 6:18; 딤후 2:21; 3:17; 딛 2:·14).

특별히 목회서신의 신학에서 눈에 띄는 점은 '건전한 교훈'(딤전 1:10; 딤후 4:3; 딛 1:9; 2:1)과 '경건'(딤전 2:2; 3:16; 4:7-8; 6:3,5-6,11; 딤후 3:5; 딛 1:1)의 강조인데, 이 두 개념은 바울의 편지들에서는 전혀 나타나지 않는다. 목회서신에서 '경건'은 '진정 바울서신들'에서 '믿음'이 지니는 위치를 차지한다고 말하더라도 지나치지 않다. 디모데전서 2:1-3은 목회서신에서의 경건의 의미를 함축적으로 보여준다.

이 구절 및 유사한 다른 구절(딛 1:13; 2:2,12)은 '경건'이 기독교적 삶의 이상을 나타냄을 보여준다. 디벨리우스는 목회서신의 이러한 특징을 "기독교적 시민성"이라고 성격지은 바 있다. 이러한 면모는 바울에게서 우리가 만나게 되는 구원의 전제 조건으로서의 믿음 이해와 강력한 윤리적 호소, 임박한 재림 기대의 긴장성, 그리고 고난을 불사하는 치열한 삶의 자세와는 상당한 거리를 느끼게 한다.

넷째, 목회서신에서 교회의 조직은 바울에 비해 진전된 모습으로 나타난다. 더 이상 가정교회가 아니라 고대 가정의 모델에 따라 조직된 지역교회가 주도적이다(딤전 3:15; 딤후 2:20-21; 딛 1:7). 감독, 장로, 집사, 과부의 존재가 있다. 장로와 아마도 다른 직임자들도 교회의 권위자들의 안수에 의해 직분을 수여받았고(딤전 4:14; 딤후 1:6; 딤전 5:22), 또 교회에 의해 부양되었다(딤전 5:16-18). 교회를 이끄는 일은 감독들에게 맡겨졌다. 감독은 하나님의 청지기로서 교회를 돌보고 건전한 교훈으로 신자들을 권면하며 거짓 교사들을 책망한다(딤전 3:1-7; 딛 1:7-9).

장로는 장로회에 속해 있는데 교회를 다스리며 선포와 가르치는 일에 종사한다(딤전 4:14; 5:17-22; 딛 1:5-6). 집사는 교회 안에서 봉사하는 일을 담당한다(딤전 3:8-13). 이 밖에 과부가 교회 안에서 봉사한다(딤전 5:9-16). 이러한 상이한 직분들의 구별에서 드러나는 사실은 직분의 서열이 형성되기 시작한다는 점이다. 바울의 카리스마-기능적인 교회 체제(고전 12:4-11, 28-30; 롬 12:3-8)는 서열에 따른 직임자들의 교회로 바뀌었다.

지금까지의 관찰들은 목회서신의 저자가 바울일 수 없음을 확실하게 보여준다. 목회서신의 저자는 바울학파의 한 무명의 일원이다. 그는 목회서신을 통해 이미 교회 안의 상당수 신자들에 의해 추종되는 거짓 교설의 확산을 저지하고, 이로부터 교회를 지키며 또 변화된 상황에 적합한 직분 체제를 관철시키고자 한다. 이러한 노력을 통해 그는 전체 교회에서 바울의 지속적인 영향력을 확보하고자 한다. 저자는 당대의 고급 일상어를 사용하며 시인의 말을 인용하고(딛 1:12), 철학적인 개념들을 사용한다(딤전 6:6; "자족"). 아마도 저자는 상당한 소양을 지닌 헬레니즘적(유대계) 그리스도인이었을 것으로 추측된다.

5. 저작 연대 및 저작 장소

디모데전·후서는 에베소의 교회 상황에 관여하며 또 그곳에서 기원했을 것이다. 디모데전서에 의하면 디모데는 에베소에 바울 전통의 청지기로 있으며(딤전 1:3-4), 디모데후서도 에베소에서의 바울의 활동을 전제한다(딤후 1:18; 4:19). 디도서에 의하면 디도는 그레데에 교회의 지도를 위해 남아 있다(딛 1:5). 그러나 디도서 역시 디모데전·후서의 저작 장소와 멀리 떨어져 있지 않을 것이다. 요한계시록 2:1-7은 2세기 말경 에베소에 큰 기독교회가 존재했음을 증언한다. 에베소는 바울 학파의 자리로서 큰 의미를 가졌다.

목회서신의 저작 연대는 대략 늦어도 100-110년경으로 추정할 수 있는데, 다음의 이유에서이다. 첫째로 목회서신에 나타나는 바울의 인적 전승들은 여전히 생동적인 교회 전승에서 유래하나 반면에 (아마도 90년경에 기원하는) 사도행전은 이용되고 있지 않다. 둘째로, 목회서신의 직제는 이그나티우스와 폴리카르푸스가 소아시아의 교회들에서 주후 110년에서 130년 사이에 전제하는 발전의 수준에는 아직 도달하지 못하고 있다.

3. 빌레몬서(Philemon)

1. 저작 배경 및 저작 목적

옥중서신 중 하나인 빌레몬서는 바울이 빌레몬이라는 사람에게 오네시모라는 노예를 돌려보내면서 쓴 사신(私信)이다. 빌레몬은 골로새 교회의 중요한 인물이다. 그는 바울의 전도를 받고 예수님을 믿게 되었다(1:19). 압비아는 빌레몬의 아내요, 아킵보는 빌레몬의 아들이었을 것으로 추측된다(2절). 오네시모는 빌레몬의 노예였다. 이 노예는 주인집에서 도망하여 멀리 로마까지 왔다. 로마에서 노예 오네시모는 바울을 만났다. 빌레몬이 바울을 통해 복음으로 새롭게 된 것처럼, 오네시모도 바울의 전도를 받고 신자가 되어 변화된 사람이 되었다. 주인에게서 도주하였던 오네시모는 이제 그 이름(원뜻: '유익한')대로 바울에게 유익하고 소중한 사람이 되었다(10,12,16절, 골 4:9).

바울은 오네시모가 곁에 남아서 바울의 사역을 도울 수 있기를 바랐다. 그러나 바울은 오네시모가 로마에 그대로 머무는 것이 옳지 않다고 생각했다. 당시 로마의 노예법은 가혹했다. 주인은 노예에 대하여 무제한의 권력을 가졌고, 노예의 생사(生死)는 전적으로 주인의 손에 달려 있었다. 하찮은 작은 죄 때문에 십자가형으로 죽임을 당하는 노예들이 수없이 많았다. 하물며 오네시모는 주인에게서 도주하였을 뿐 아니라 주인의 재물까지 가지고 갔으므로 그의 죄는 엄청난 것이었다. 그래서 바울은 주인 빌레몬에게 보내는 편지와 함께 오네시모를 돌려보낸다. 그 편지가 바로 본서이다.

바울은 빌레몬에게 상전과 노예의 관계를 초월하여, 그리스도 안에서 형제로서 종 오네시모를 용서하고 환영해 달라고 편지를 통해 정중하게 요청한다. 바울은 빌레몬의 신앙의 아버지로서, 그리고 사도로서 빌레몬에게 명령할 충분한 권한이 있었으나, 오히려 겸손하게 빌레몬의 마음에 호소한다(9절). 사도 바울은 현재 자신이 갇힌 상태에서 해방될 날을 소망하며 빌레몬이 자신을 위하여 앞으로 지낼 곳을 마련해 주길 바란다.

결론적으로 바울이 본서를 쓴 목적은 크게 세 가지로 나눌 수 있다. (1) 빌레몬에게 종 오네시모를 용서할 것을 권함, (2) 기독교 정신에 따라 노예를 포함한 모든 사람들에게 사랑과 용서를 베풀기를 간청함, (3) 감금 상태에서 풀려난 후에 바울이 골로새에서 머무를 장소를 준비시킴. 전승에 의하면 오네시모는 자유를 얻고 다시 바울에게 돌아와서 바울의 가르침을 받은 후, 에베소 교회의 감독이 되었다고 한다.

2. 저작 연대 및 저작 장소

골로새서 · 빌레몬서 · 에베소서는 두기고와 오네시모가 각 교회를 다니면서 전달한 바울의 편지들이다(골 4:7-9; 몬 1:10-12; 엡 6:21,22 참조). 이 편지들을 쓸 당시, 바울은 죄수의 신분이었다(골 1:24; 4:3,10,18; 몬 1:1,9,23). 비록 바울은 죄수였지만 어느 정도 자유롭게 복음을 전할 수 있었다(골 4:3,4). 그러나 그는 또한 놓임받기를 원했다(몬 1:22). 이러한 점들로 보아 본서가 로마에서의 감금 생활 중에 쓰여졌다는 전통적인 견해가 타당하다. 바울이 누린 어느 정도의 자유는 로마 생활의 상황과 일치한다(행 28:30,31). 그러나 이 편지들의 상황이 바울의 가이사랴에서의 감옥 생활과는 전혀 일치하지 않는다(행 24-26장). 이상의 사실들로 미루어보아, 본서는 바울이 로마에서 첫 번째 감금 생활을 하던 주후 60-62년경에 쓰여졌다고 추정된다.

3. 본서의 구조와 내용

I. 머리말(서두): 인사와 감사기도(1:1-7)
 1. 인사(1:1-3)
 2. 감사기도(1:4-7)
II. 몸말(본론): 오네시모를 위한 부탁(1:8-22)
 1. 오네시모를 돌려보냄(1:8-14)
  1) 사랑의 간청(1:8-10)
  2) 돌려보내는 사연(1:11-14)
 2. 오네시모를 위한 부탁(1:15-22)
  1) 환영해 줄 것(1:15-17)

2) 부채의 변상(1:18-20)

3) 처소를 부탁(1:21-22)

III. 발말(결미): 작별 인사 및 축도(1:23-25)

4. 본서의 특징

1) 본서는 개인적인 부탁을 위한 사적(私的)인 성격의 개인 서신이다.

2) 본서는 바울의 서신 중 가장 짧은 서신이다.

3) 본서의 가장 중요한 특징은 그리스도인이라면 누구나 실천해야 할 신분상의 차별을 극복하는 기독교적 사랑과 용서의 정신을 교훈하고 있다는 점이다. 신학자 바울의 모습보다는 인간 바울의 모습을 잘 보여주고 있는 서신이다.

1. 히브리서(Hebrews)

1. 저자 문제

오리겐(Origen)은 히브리서의 저자에 대해서 "하나님만이 아신다"라고 했다. 이 말은 본서의 저자를 결정하기가 어렵다는 사실을 반증한다. 역사적으로 살펴보면 바울, 바나바, 아볼로 등이 본서의 저자로 주장되어 왔다. 바울을 저자로 주장하는 이들은 유세비우스(Eusebius), 제롬(Jerome) 아퀴나스(T. Aquinas) 등이다. 이들은 히브리서와 바울서신 사이의 유사한 내용을 그들의 주장의 근거로 내세운다. 그러나 본서의 어휘나 사상은 바울의 그것과는 근본적으로 다르다.

그러면 바울 대신 누가 저자로 거론되는가? 터툴리안(Tertullian) 이래 많은 학자들이 바나바 설(說)을 지지하였다(A. Ritschl, C.F. Keil). 그 까닭은 바나바는 헬라어를 유창하게 하는 레위 자손(행 4:36)이었고, 바울과 친분이 두터웠으며(행 9:26-27; 11:25-26), 사도로 불림을 받았기(행 14:14) 때문에 본서의 저자로서 적절하다는 것이다.

루터(Luther)는 아볼로 설(說)을 주장하였다. 그 까닭은 이러하다. 문체 및 성서해석 방식에 있어서 본서와 가장 유사한 것은 유대 철학자이자 성서 주석자인 알렉산드리아의 필로의 글이다. 필로도 역시 상징적 주석 방법을 채택하고 있으며, 그의 글에는 플라톤 철학과 스토아 철학의 사상이 혼재해 있다. 일부 학자들은 알렉산드리아 출신으로 알려져 있는 아볼로가 본서를 썼을 것으로 추정한다(행 18:24-28 참조).

본서의 저자가 누구인지 확정하기는 어렵지만, 본서의 저자는 다음과 같은 특징을 지닌 인물임은 분명하다. (1) 그는 바울과 밀접한 관계가 있는 디모데와 친분이 있으며(13:23), 히브리서의 수신자들에게 알려진 인물이고(13:19), 제2,3세대 그리스도인이며(2:3), 사도들이 세운 교회의 교사였다(13:7). (2) 헬라어 70인역 성경을 상용하며 유려한 헬라어를 구사할 수 있는 헬라적 유대교에 정통한 디아스포라 출신 그리스도인이며, 헬라 교육을 받고 수사학 훈련을 받은 사람이다. (3) 구속사를 자신의 공동체에 적합하게 적용하여 해석하고 설교하는 유능한 해석자-신학자-설교자였다. (4) 유대 전통과 구약성경에 대한 깊은 이해를 가진 자로서 구약에 대한 기독교적 접근에 가장 명쾌한 이론을 제공한 자이다.

2. 저작 연대 및 저작 장소

본서의 저자가 불분명하다는 사실은 본서의 저작 시기를 규명하는 데도 많은 어려움이 있음을 보여준다. 로마의 클레멘트는 역사상 본서를 처음으로 인용하였다. 96년경 클레멘트는 고린도에 편지를 보내면서 히브리서 11:37과 1:3,4를 문자적으로 인용하였는데 이를 보아 본서는 그 이전의 저작임이 확실하다. 본서의 저자가 제1세대 그리스도인은 아니고(2:3), 수신자들도 믿은 지 이미 오래되었다는 사실(5:12; 10:32) 등을 고려한다면 히브리서의 기록 시기는 넓게 보아 60-90년대이다. 본서에서는 예루살렘 성전 멸망에 대한 언급이 전혀 없고, 제의를 현재형으로 표현하고 있는데(8:3; 9:7; 13:11) 이런 예는 성전 파괴 20년 후에도 현재형으로 사용하고 있는 요세푸스의 저작에서도 찾을 수 있기 때문에 본서의 저작 시기를 성전 파괴(70년) 이전이라고 주장하는 것은 근거가 될 수 없다.

기록 장소로는 팔레스틴(예루살렘), 로마, 알렉산드리아, 에베소 등이 주장되고 있으나 모두 추측에 불과하다. 본서가 유대교 제의와 제사장 제도에 기초를 두고 있기 때문에 팔레스틴이나 예루살렘이 유력한 후보지이긴 하지만, 저자의 지식이 성전 제의에 참여하는 것보다는 70인역을 통한 구약성경에 기초한 것이기 때문에, 이 제안도 설득력을 잃는다. 그리고 본서에서 70인역이 주로 사용된 점과 알렉산드리아의 헬라 철학사조가 엿보이는 점 등은 알렉산드리아가 후보지로 거론되기도 하나 이것 또한 추측일 뿐이다.

3. 수신자

본서의 수신자는 유대인이라는 견해와 이방인이라는 견해가 있으나 명확히 알 수는 없다. 이 서신에 붙은 "히브리인에게(ΠΡΟΣ ΕΒΡΑΙΟΥΣ)"라는 표제는 원저자가 붙인 것은 아닌 것 같다. 이 표제는 이 서신이 유대 그리스도인들에게 보내졌음을 암시하지만, 본서에서 구약을 많이 인용하고 그 해석 방법이 유대적이라는 것은 저자의 배경을 보여주는 것이지 독자/수신자를 암시하는 것은 아니다. 오히려 기독교로 개종한 유대 그리스도인에게 보내졌을 것이라고 여기는 주된 이유는 저자가 다루고 있는 내용이나 문체의 성격 때문이다.

본서가 로마에 보내졌다고 보이는 증거들이 여럿이 있다. 우선 히브리서 10:32-34의 내용과 사도행전 18:2에 언급된 글라우디오 황제의 유대인 추방령(주후 49년) 사이에는 유사성이 있어서, 그때 유대인들과 함께 유대 그리스도인들도 추방되었다는 것을 짐작하게 한다. 또 이달리아에서 온 자들이 문안한다는 언급(13:25)을, 어떤 연유인지는 몰라도 로마를 떠나온 성도들이 로마의 성도들에게 안부하는 것으로 보는 편이 더 자연스럽다. 그리고 64-68년에 있었던 네로의 핍박을 이전에 당한 어려움이라고 본다면, 다가오는 더 심한 핍박(12:4)은 90년대에 있은 도미티아누스의 핍박일 것이다.

본서가 클레멘트 1서(로마의 클레멘트가 90년대 후반에 기록)에 인용되면서 로마에서 처음으로 알려지고 사용되었다는 사실도 본서의 수신지가 로마라는 것을 뒷받침해 준다. 로마서 16장에 나타나는 것을 토대로 보면 로마에는 적어도 다섯 군데 이상의 가정교회들이 있었고, 그 구성원도 유대인, 이방인, 종, 자유자, 남녀노소의 다양한 구성원으로 되어 있는데, 본서는 이러한 로마의 가정교회 중 기독교로 개종한 유대계 그리스도인들로 구성된 모임에 보내졌을 것이다.

4. 저작 목적

기독교는 유대교 배경에서 시작되었다. 그리스도 예수가 유대인이었고 처음 제자들이 유대인이었으며 유럽에서 시작된 1-2세기 초대교회 역사도 유대인 디아스포라들을 중심으로 시작되었다. 따라서 기독교는 유대인들의 민족종교인 유대교에서 배태된 종교라고 할 수 있다. 그러기에 초대교회 교인들 중에는 유대교 출신이 많았다. 그들 중에는 유대교적 기독교를 만들려고 노력한 이들도 있었다. 초대교회에 문제시되었던 할례당이 그 대표적인 예였다(행 11:2-3; 15:1; 갈 2:12-12; 딛 1:10).

기독교를 유대교 율법의 테두리 안에 묶어 두려는 이같은 일부 유대교적 기독교인들의 시도는 바울을 비롯한 이방인들의 사도들에 의해 반대에 부딪혔다. 기독교는 분명 유대교적인 편협한 율법의 굴레를 벗어난 새로운 종교였다. 따라서 유대교 출신의 기독교인들에게는 기독교 복음이 율법이나 예언의 파괴가 아니라 완성임을 증거해야 했다(마 5:17). 구약에서 진행된 율법과 예언의 역사가 그리스도 예수에게 이르러 완성되었음을 보여주어야 했다. 이것이 본서의 저작 배경이다. 본서는 유대교에서 기독교로 갓 개종한 유대인 성도들을 대상으로 유대교의 율법보다 기독교 복음의 우월성과 복음 진리에 대한 확신을 가지고 바른 신앙생활을 하도록 권면하는 책이다. 본서의 내적 증거들을 통해 저작 목적을 살펴보면 다음과 같다.

첫째, 개종한 유대 그리스도인들에게 다시 유대교(Judaism)로 돌아가는 것을 경고하기 위함이다. 초대교회 당시에는 이방인뿐 아니라 개종한 유대인들이 교회로 많이 유입되었다. 이 유대인 성도들이 갖는 심각한 문제점은 그리스도의 복음의 진리에 대한 충분한 이해를 갖지 못함으로 인해 유대교와 기독교의 본질적 차이를 인식하지 못한 것이었다. 그리스도의 복음에 대한 믿음만을 강조하는 기독교와는 달리 구약시대부터 계속해 온 희생제사와 율법 준수라는 외형적 종교 행위를 계속 유지해 오고 있는 유대교가 상대적으로 종교적 안정감을 주는 것으로 여겨졌다. 따라서 기독교를 버리고 다시 유대교로 돌아가려는 배교(背敎)의 위험성이 항존하고 있었다. 이에 대해 저자는 구약 율법의 대표자라 할 수 있는 모세보다 그리스도는 더욱 탁월한데 그 까닭은 이러하다. 그리스도는 자신을 제물로 하는 희생제사로 구약의 희생제사를 온전히 성취하였고, 이로 인해 더 이상 죄인의 구원을 위해 구약의 동물 희생제사가 필요치 않는 신약시대가 도래하였음을 설명한다. 나아가 저자는 율법에 근거한 구약 신앙보다 구약 율법의 성취인 그리스도 복음에 근거한 신약 신앙의 우월성도 개진하고 있다. 이로써 저자는 개종한 유대인들로 하여금 과거 자신들이 속했던 유대교와의 관계를 완전히 끊어버리고 그리스도만을 좇을 것을 권면하고 있다(13:13).

둘째, 박해를 이겨내는 성숙한 신앙을 갖게 하기 위함이다. 본서의 수신인들은 밖으로부터 오는 극심한 시련으로 인하여 큰 고난을 당하고 있었다(2:15; 12:4). 이러한 시련은 동족 유대주의자들로부터 받는 종교적 박해와 더불어 로마 실권자들로부터 오는 정치적 박해까지 포함된다. 당시 유대교는 로마 정부로부터 승인을 받은 상태여서 직접적인 박해를 받지 않았다. 그러나 기독교는 당시 로마 정부에 의해 사교(邪教)로 낙인되어 극심한 박해를 받았다. 이러한 이유로 생활의 안정을 찾고자 다시금 유대교로 되돌아가려는 자들도 많이 생겨나게 되었다. 그리고 실제로 믿음이 약한 자는 그리스도에 대한 신앙을 저버리고(3:12) 다시 범죄하는 자리로 빠지는 경우도 있었다(10:26). 이에 대해 저자는 믿음을 저버린 자의 무서운 최후를 설명하며(10:26-31) 신앙이 답보하거나 퇴보하는 것을 엄히 경계하며(6:1-8), 소망 가운데 인내하며 그리스도 앞으로 담대하게 나아가는 성숙한 신앙을 가질 것을 권면하였다(6:13-20).

셋째, 기독교가 절대 진리의 종교임을 논증하기 위함이다. 본서를 통해 간과할 수 없는 것은 기독교가 유일한 참 진리의 종교라는 것이다. 즉 저자는 본서 전체를 통해 그리스도의 우월성을 강조하는바 이는 그리스도를 믿음의 대상으로 하는 기독교가 다른 모든 이방 종교보다 우월하다는 것에 대한 논증이기도 하다. 즉 저자는 당시 유대인들의 지극한 존경의 대상이었던 천사나 모세보다 인격 면에서나 사역 면에서 그리스도가 더욱 우월함을 논증하고 그리스도의 더욱 큰 대제사장으로서의 자격과 사역을 논하며 그를 믿는 믿음의 위대함을 밝힘으로써 성도들이 이러한 절대 구원의 믿음에서 벗어나지 않도록 촉구한 것이다.

5. 본서의 구조와 내용

전통적으로 본서는 바울서신과 같이 교리편(1:1-10:18)과 실천편(10:19-13:25)으로 나누기도 한다. 또다른 구조는 서론(1:1-3)과 결론(13:18-25) 사이에 세 부분으로 구성된 본론(A. 천사와 모세보다 뛰어난 예수: 1:4-4:13, B. 그리스도의 제사장직과 제사의 우월성: 4:14-10:18, C. 믿음과 순종에 대한 권면: 10:19-13:6)으로 나눌 수 있다. 또는 교리적인 강조점을 중심으로 교차대구구조로 나눌 수도 있다. 즉 A. 천사보다 뛰어난 이름(1:5-2:18, 종말론), B. 예수, 충성스럽고 동정하시는 분(3:1-5:10, 교회론), C. 중심교리 해석(5:11-10:39, 희생제물), B'. 믿음과 견딤(교회론적인 교훈), A'. 의의 화평한 열매(12:14-13:19, 종말론)로 나누는 것이다. 본서를 서신 형식에 따라 세 부분으로 나누고, 본론을 삼부로 나누면 다음과 같다.

I. 머리말(서두): 아들을 통한 최종적 계시(1:1-3)

II. 몸말(본론): 그리스도의 품성과 사역의 우월성(1:4-10:18) 및
그리스도인의 신앙의 우월성(10:19-13:17)

제1부: 그리스도의 품성의 우월성(1:4-4:13)

1. 천사보다 우월하신 그리스도(1:4-2:18)
   1) 그리스도 신성의 위대성(1:4-14)
   2) 첫 번째 경고: 복음 경시자의 심판(2:1-4)
   3) 그리스도 인성의 위대성(2:5-18)
2. 모세보다 우월하신 그리스도(3:1-4:13)
   1) 그리스도 사역의 위대성(3:1-4)
   2) 그리스도 지위의 위대성(3:5-6)
   3) 두 번째 경고: 모세 아래서의 실패(3:7-19)
   4) 하나님의 안식을 대망할 것에 대한 권면(4:1-13)

제2부: 그리스도의 사역의 우월성(4:14-10:18)

1. 대제사장이신 그리스도(4:14-16)
2. 그리스도의 대제사장으로서의 자격(5:1-7:28)
   1) 대제사장직의 신적 기원(5:1-10)
   2) 세 번째 경고: 미성숙한 신앙의 위험성(5:11-6:20)
   3) 멜기세덱의 반차를 좇은 대제사장 그리스도(7:1-28)
3. 그리스도의 대제사장직으로서의 사역(8:1-10:18)
   1) 새 언약의 중보자 그리스도(8:1-13)
   2) 그리스도 희생 제사의 완전성(9:1-10)

제3부: 그리스도인의 신앙의 우월성(10:19-13:17)

1. 성숙한 믿음으로서의 권고(10:19-39)

1) 구속받은 성도의 특권과 의무(10:19-25)

2) 네 번째 경고: 배교자에 대한 형벌(10:19-25)

3) 믿음의 인내의 권고(10:32-39)

2. 믿음의 선진들의 실례들(11:1-40)

1) 믿음의 본질(11:1-3)

2) 믿음의 실증: 아브라함 이전(11:4-7)

3) 믿음의 실증: 족장들(11:8-22)

4) 믿음의 실증: 모세부터 가나안 입성까지(11:23-31)

5) 믿음의 실증: 사사 시대 이후(11:32-40)

3. 성도의 믿음의 소망과 인내의 권면(12:1-29)

1) 인내로 경부해야 할 성도(12:1-3)

2) 성도가 받는 징계의 유익(12:4-13)

3) 화평과 성결의 권면(12:14-17)

4) 다섯 번째 경고: 불순종자에 대한 형벌(12:25-29)

4. 신앙생활에 관한 실천적 권면(13:1-17)

1) 선행에 대한 권면(13:1-6)

2) 바른 교훈에 대한 순종 권면(13:7-17)

III. 발말(결미): 축도 및 마지막 인사(13:18-25)

6. 본서의 주요 신학적 주제들

1) 기독론: 본서의 가장 중요한 신학적 주제는 기독론이다. 본서에는 그리스도라는 호칭(12회/ 3:6,14; 5:5; 6:1; 9:11,14,24,28; 10:10; 11:26; 13:8,21)보다 예수라는 인간적 호칭(14회/ 2:9; 3:1; 4:8,14; 6:20; 7:22; 10:10,19; 12:2,24; 13:8,12,20,21)이 더 많이 나오지만, 신성을 강조하는 '고기독론(high Christology, 1장에서)'과 인성을 강조하는 '저기독론(low Christology, 2장에서)'이 균형있게 나타난다. 본서의 기독론은

처음 다섯 장에서 두드러진 "더 나은 아들(the superior son) 예수"와 중심 부분(5:11-10:39)에서 두드러지는 "대제사장(the great high priest) 예수" 개념이다.

신약성경 가운데 유일하게 본서는 그리스도를 대제사장이라고 부르며(2장 결론부부터), 이와 더불어 제사장으로 나타낸다. 그리스도가 아론과 비교되는 경우에는 대제사장이라 부르고(2:19; 4:14; 5:1; 7:26,28; 8:13; 9:11,12 등), 레위 계통과 비교될 때는 제사장으로 불린다. 제사장직의 본질은 무엇인가? 5:1을 보면, 제사장은 사람을 하나님께 가까이 데리고 가는 자로서, 그의 백성을 대표하는 역할을 한다. 또한 제사장은 백성들을 계속 보살피고 백성들은 제사장을 계속 따르며 닮아가야 한다. 이런 점에서 그리스도는 두 가지 본성을 지녀야 한다는 점이 강조된다. 그분의 신성(神性)은 그가 계시자라는 점에서 강조되며(1:3), 그분의 인성(人性)은 그의 제사장직에서 강조된다(5:1).

그리스도의 제사장직에서 그의 인성을 강조하는 이유는 (1) 대제사장과 그의 백성들과의 밀접성을 표시하기 위해서이다(2:10, 11; 12:2). (2) 그리스도가 그의 경험을 통해서 하나님의 백성과 동일시 되기 때문이다(2:17; 4:15). (3) 그리스도가 온전한 대제사장이 될 수 있기 때문이다(5:9; 7:28; 9:11,12; 12:2). 그리스도가 완전하지 않으면 그의 백성들을 완전한 대로 인도할 수 없다. 그리스도가 대제사장으로서 완전하게 되었기 때문에, 그와 연합한 백성들을 완전한 데로 이끌 수 있다. (4) 그리스도는 고난을 통해서 온전하게 되셨다(히 2:9 이하). 이것은 예수님이 온전하시면서도 고난을 겪은 것은 그의 백성이 처해 있는 상황을 이해하심으로써 참다운 동정을 베풀 수 있는 대제사장이 되시기 위해서였다(히 2:7,17; 5:5-10). 한편, 그리스도께서 이런 대제사장직을 수행할 수 있는 것은 그분이 신성을 지니신 하나님의 아들이기 때문이다(1:3; 4:14; 7:28). 저자는 그리스도의 신성을 표시하기 위해서 그리스도의 영원성을 강조한다(7:3; 7:17,23-25).

끝으로, 그리스도의 사역과 대제사장직과의 관계는 이러하다. 그리스도의 제사장직은 그의 죽음과 분리될 수 없으며(13:12; 9:26-28), 그분은 하늘의 성소에 들어가셔서, 지금도 계속 일하고 계신다(6:20; 7:3,25). 또한 그분은 재림시에도 대제사장으로서의 그의 역할을 감당하신다(9:28). 이때는 첫 번째 성취하신 모든 축복을 더욱 확고한 것으로 나눠 주시는 역할을 감당하실 것이다.

2) 종말론: 본서의 종말론은 유대교의 시간적 이원론(이 세대와 저 세대)과 헬라의 공간적 이원론(이 세상과 저 세상)이 함께 직조된 종말론이다. 구약의 제사장들이 섬기던 성소는 하늘에 있는 것의 모형과 그림자이고(8:10), 하늘에 있는 것들은 보다 나은 제물로 정결케 해야 하는데(9:23), 그리스도께서 승천을 통하여 참 장막에서 참 제물로 참 제사를 드리시고(9:11-12) 하늘의 참 성소에 들어가셨다(9:24). "율법은 장차 올 좋은 일의 그림자일 뿐이요 참 형상이 아니므로"(10:1), 그리스도는 그의 사역을 통하여 "참", 즉 "실체"를 이루셔서 옛 언약을 낡아지게 하시고 새 언약을 성취하여 하늘을 이 땅 위에 이루신 것이다.

본서에는 실현된 종말론과 미래적 종말론이 동시에 나타나고 있다. 그리스도는 이미 성취의 시대, "이 모든 날들의 마지막"을 오게 하시고(1:2), 세상 끝에 나타나셨다(9:26). 믿는 자들은 이미 "안식"에 들어가고(4:3), 이미 내세의 능력과 하늘의 은사를 맛보고 있으며(6:4-5), 하나님의 도성, 하늘의 예루살렘에 "벌써 이르러 있다"(12:22-23). 또한 미래적 종말론을 암시하는 구절들도 명백하다. 믿는 자들은 아직도 안식에 들어가도록 힘써야 하며(4:9), 그 나라는 아직도 "장차 올 세상"(2:5)이고, 만물은 아직도 그리스도께서 완전히 복종하지 않고 있으며(2:8), 그리스도는 원수들로 자기 발등상이 되게 하실 때까지 기다리고 계신다(10:23). "그날"은 오고 있으며(10:25), 그리스도는 "죄와 상관없이 자기를 바라는 자들에게 두 번째 나타나실 것"이며(9:28), "지체하지 않으실 것이다"(10:27).

3) 언약 개념: 본서에는 '언약'이라는 말이 17회 나타난다(신약성경에 총 33회). 저자는 옛 길(질서)와 새 길(질서)를 비교하는데, '언약' 개념을 통해 서로 비교한다. 이 언약 개념은 양 질서의 관계를 서로 묶어 주는 공통분모이다. 이 언약 개념은 예레미야 31:31-34에 의존한다(〈구약개관〉의 '예레미야의 새 언약' 참조). 본서의 언약 사상이 기독교 전체 사상에 어떤 영향을 미치는가?

첫째, 히브리서 전체의 주요 주제는 진정한 대제사장을 통한 진정한 하나님 예배이다. 기독교는 근본적으로 봉사를 위한 종교가 아니라 '예배를 위한 종교'임을 강조한다. 본서의 논점은 유대교의 체제가 이미 쓸모없는 것임을 입증하고, 기독교의 예배에 유대교 제사장들이 참여하는 것을 배제하는 것이다(13:10). 의미심장하게도 이 성소는 언제나 '성전(聖殿)'이 아닌 '장막(帳幕)'으로 지칭되고 있다. 이것은 저자가 땅(예루살렘)에 있는 유대교의 성전과 그가 '참 성전'으로 간주하고 있는 하늘에 있는 장막(8:2)을 대비시키고 있음을 시사한다. 예루살렘에 성전이 있는지의 여부는 저자에게 중요한 문제가 아니다. 그가 주장하는 것은 성경에 나타나 있는 제사장 제도가 이제는 다른 것으로 대체되었다는 것이다. 가장 중요한 것은 하늘에 있는 완전한 성소와 구약에 그려져 있는 지상의 불완전한 "모형과 그림자"(8:5)의 대비이다.

둘째, 본서는 하나님의 백성의 종말론적 상태조차 하나의 예배 공동체로 보고 있다. 그리스도가 새 언약의 중보자가 되신 것은 그의 백성으로 하여금 "살아계신 하나님을 섬기게 하기 위해서"(9:14,15)인 것이다. 또한 그리스도는 새 언약의 중보자로서(9:25; 12:24) 그의 백성을 위해 간구하시고, 대제사장으로서 그의 백성을 이끌고 하나님께 나아가신다(4:16; 7:25; 10:22). 그러므로 믿는 이들은 예배를 드리기 위해서 정기적으로 모이는 일이 중요하다(10:19 이하). 모이는 것을 폐하는 것은 당연히 하나님께 드려야 할 예배를 우리가 박탈하는 것이 되고 만다. 구약에서 보면, 이스라엘 민족은 언약을 맺은 다음 하나님의 백성으로서 하나님께 예배를 드려야 한다. 이 사상이 신약에 넘어와 본서에 나타난다. 예배의 정상적인 모습은 신구약을 막론하고 개인이 아닌 공동체의 모임으로 나타나야 한다. 그러므로 본서는 하나님의 백성을 경배의 개념과 연관시킨다. 여기서 백성의 개념은 인종적인 것을 가리키지 않고 하나님과의 언약 관계하에 있는 백성을 뜻한다(2:17; 4:19; 11:25; 13:12).

4) 신앙론: 본서는 믿음을 강조한다. '믿음장'인 11장에는 '믿음으로'라는 표현이 20회나 사용되고 있다. 여기에 언급된 신앙의 선조들의 이야기는 고대 이스라엘 역사의 요약으로 이루어져 있다. 믿음이란 우리로 하여금 더 높은 차원의 세계와 접촉하게 하는 것이다. 믿음은 바라는 것들의 실상(實像-虛像의 반대)으로 소망과 밀접한 관계가 있다(11:1). 상상에 근거한 소망도 있겠으나, 믿음과 긴밀하게 연결된 하나님의 약속을 바라는 소망도 있다. 이것이 참된 믿음이다. 저자는 믿음이라는 주제와 관련하여 '환난 중에 인내할 것'을 말한다. 스토아 철학에서 인내란 단순히 견디는 의지력을 뜻하나 기독교의 인내란 믿음을 통하여 오는 새로운 힘을 의미한다. 저자는 예수를 위해 온갖 고난과 박해만이 아

닌 순교까지도 두려워하지 않는 그리스도인을 가리켜 '세상이 감당할 수 없는 사람들'(히 11:38)이라고 역설한다.

5) 구원론: 그리스도의 사역의 종국적 결과는 구원이다(1:14; 2:3,10; 5:9; 6:9; 9:28). 본서의 구원론은 종말론과 밀접한 연관이 있다. 구원 과정의 본질과 목적은 하늘 본향, 즉 하나님이 지으신 하늘 도성을 바라보고 있는 이 땅 위의 나그네요 이방인이라는 이미지(11:10, 13-16; 12:22-24) 속에서 찾아야 한다. 본서는 불신자들을 전도할 목적으로 쓰여진 것이 아니라, 이미 믿는 자들이 중도에 타락하거나 배교하지 말도록 권고하기 위하여 쓰여졌다. 본서의 다섯 개의 경고문(2:1-4; 3:7-4:13; 5:11-6:12; 10:19-31; 12:14-29)과 배교의 문제도 이러한 틀에서 이해되어야 한다.

7. 본서의 특징

1) 본서는 서신서의 하나로 말해지고 있으나 일반적인 서신과 다른 모습을 보여준다. 본서에는 일반 서신에 나타나는 은혜와 평강을 위한 기도나 감사와 축복의 언급이 나오지 않는다. 본서는 하나님이 마지막 말씀을 아들을 통하여 주셨다는 웅장한 서두로 시작하는데(1:1-3), 이 특이한 서두는 교리적 논문이라는 인상을 준다. 한편, 저자는 이 문서를 편지문의 종결 형식으로 끝맺는다. 또한 본서는 그리스도의 대제사장직에 대하여 논리적이며 신중한 내용 전개를 하고 있는 신학 논문적인 성격을 지닌다. 나아가 그는 자신의 글을 '권면의 말'이라고 일컫는다(13:22). 사도행전 13:15에 근거해 볼 때 이 '권면의 말'은 설교를 의미하다. 따라서 본서는 서신인 동시에 목회적 설교이자 신학 논문의 성격을 지닌 문서라고 말할 수 있다.

2) 본서는 개종한 유대인 성도들의 신앙을 격려하기 위한 목적으로 쓰여진 책으로, 유대적 성격이 뚜렷이 드러난다는 특성을 지닌다. 신약성경 가운데 유대적 특징이 강하게 나타나는 책에 마태복음과 야고보서가 있는데, 믿음의 대상으로서의 그리스도를 묘사함에 있어서 마태가 다윗 후손의 왕으로, 야고보가 율법을 온전히 성취하신 능력이 되심을

강조한 반면, 본서는 성도의 중보와 구속주되시는 영원한 대제사장되심이 강조되고 있다.

3) 본서는 신약성경 가운데 구약 인용이 가장 현저하다. 직접 인용이 39회, 간접 인용은 35회나 나온다. 특히 시편의 인용(2, 8, 110편)이 많아 마치 본서는 구약 시편의 주석서와 같은 느낌을 준다. 구약을 인용함에 있어서 저자는 히브리어 본문과는 차이를 보이는 헬라어 70인역의 본문을 따르고 있다. 그리스도가 천사들보다 우월하다는 히브리서 2:7(시편 8:5 인용)에서 그 절정을 이루고 있다. 특히 저자는 구약도 하나님의 말씀임을 강조하고 있으나(1:1-2), 아들을 통하여 말씀하시는 하나님의 결정적인 행위의 빛 가운데서 구약을 해석하고 있다.

4) 바울서신 가운데 로마서가 주제가 명확하고 유려한 문장으로 기록된 편이나 오히려 본서가 로마서보다 더 논리적 설득력이 강하며 문장의 수사적 기법에 있어서도 뛰어난 면모를 보이고 있다. 본서는 주로 바울과 요한의 글에서 신앙의 영향을 공급받은 대다수의 그리스도인들에게는 외면당하기 일쑤였다. 최근 들어 본서의 저자는 바울 및 요한과 더불어 신약성경의 3대 신학자로 보고 있다는 점에서, 본서는 신약성경에서 중요한 평가를 받고 있다.

2. 야고보서(James)

1. 본서 개요

본서는 신약 정경의 위치에서 일반서신 중 맨 앞자리에 놓여 있다. 본서는 처음부터 교회에서 논란 거리였다. 이 서신은 주후 200년 이후에 늦게야 비로소 신약 문서들 가운데 나타났으며, 4세기에 이르기까지 일반적으로 인정을 받지 못했다. 이 서신에 대한 종교개혁자 루터의 비판적 판단('지푸라기 서신')은 유명하다. 그만큼 본서는 개신교 역사에서 찬밥신세를 면치 못하였고, 늘 바울과의 관계에서 해석되는 비운을 맛보아야만 했다.

그러나 본서가 교회 역사 초기에 일부 지역에서 저작권의 사도적 원천에 대한 의심 때문에 늦게 정경으로 편입되기는 하였지만, 그 내용 때문에 천대받지는 않았다. 만일 루터가 오늘에 살고 있다면 로마서와 갈라디아서가 아닌 야고보서를 강조하며 개혁에 앞장섰을지도 모를 일이다.

2. 저자 문제

저자는 자신을 가리켜 "야고보, 하나님과 주 예수 그리스도의 종"(1:1)이라고만 밝히고 있는 것으로 보아 본서의 저자가 초대교회에서 잘 알려진 인물이라는 것을 시사한다. 그는 유대 그리스도인들 사이에서는 권위가 있고, 구약의 배경을 지니고 있었을 뿐만 아니라 유대 학문을 습득한 교사였을 것이다(3:1). 신약성서에는 적어도 다섯 명의 야고보가 나온다. 세베대의 아들 야고보(막 1:19; 3:17; 행 12:2), 알패오의 아들 야고보(막 3:18; 15:40), 작은 야고보(막 15:40; 16:1), 사도 유다의 아버지 야고보(눅 6:16; 행 1:13), 예수의 형제 야고보(막 6:3; 마 13:55; 고전 15:7; 갈 1:19; 2:9-12; 행 12:17; 15:13; 21:18)이다.

전통적으로 본서는 예수의 동생인 야고보가 쓴 것으로 돌린다. 알패오의 아들 야고보에 대해서는 복음서 이외에는 언급되어 있는 곳이 없고, 세베대의 아들 요한의 형제 야고보는 44년에 순교하였으므로(행 12:1-2), 예수의 형제 야고보, 즉 예루살렘 야고보가 가장 유력한 본서의 저자로 떠오른다. 그는 예수님의 공생애 기간 동안에는 예수님을 믿지 않았으며, 예수님의 사역을 못마땅하게 여겼다(요 7:2-5). 그러나 부활하신 주님을 만나뵌 이후(고전 15:7) 변화되어 초대교회의 영향력 있는 지도자가 되었다(행 15:13; 갈 1:19). 야고보는 주후 62년경에 순교하였다.

본서의 저자가 예수의 형제 야고보일 것이라는 견해를 지지하는 이유들은 많다. 우선 저자가 자신을 간단하게 소개하고 있는데, 야고보의 이름을 빌려 위서를 쓴 것이라면 좀 더 장식을 하였을 것이다. 또 저자의 "자유롭게 하는 율법"(1:25; 2:8-12)에 대한 존경심은 사도행전에 그려진 모습(행 15:13-21; 21:18-24)과 일관성이 있다. 이에 더하여 서신 내에는 유대적인 색채와 셈어적 구문이 많으며, 사도행전 15장의 야고보의 연설과 흡사하고, 서신에서 언급된 공동체가 원시적이며, 예수의 가르침, 특히 산상수훈과의 유사성이 많이 나온다.

그러나 반대의 목소리도 많다. 에라스무스와 루터는 주의 형제 야고보를 저자로 보는 것에 의문을 제기했다. 바울에 따르면 야고보와 그를 중심으로 한 예루살렘 공동체가 여전히 핵심적인 중요성을 갖는 것으로 여겼던 유대 율법은 할례와 정결한 음식에 관한 법이었다(갈 2:12). 그러나 이러한 문제들은 본서에서는 암시조차 되어 있지 않다. 더욱이 이 문서의 언어는 유려하고 세련된 헬라어이며, 이 문서 전체에 걸쳐 사용되고 있는 성서 텍스트는 70인역이다. 이러한 언어 구사는 셈족 언어를 사용하는 갈릴리 출신의 시골 사람에게는 기대할 수 없는 것이다. 야고보서 2:14-26에 나타나는 믿음과 행함에 대한 논의는 야고보가 바울의 가르침에 대해 알고 있었음을 암시하는데, 이것은 본서의 저자와 바울의 연계를 보여준다는 주장이다. 또 예수의 생애에 대해서는 전혀 언급이 없으며, 더욱이 서신에 나타나는 도덕적 부패는 오랜 기간을 거쳐 발전된 것 같고, 본서에 대해서는 3세기까지 언급(오리겐이 처음)이 없는 것 등은 예수의 동생이 기록한 서신이라면 그럴 수 없는 일이라고 주장한다. 이러한 야고보의 저작이 될 수 없다는 주장에 새로이 대안으로 나온 것이 위서설이다.

근래의 많은 주석가들은 다음 사실을 더 주목하고 있다. '바울사상'(또는 그 변종)과 논쟁을 벌인다는 것은 바울이 전한 복음이 상당히 긴 기간에 걸쳐서 미친 영향사(影響史)를 전제한다. 그래서 이들은 생각하기를 본서는 바울의 사후 시기에 어느 교양있는 유대 그리스도인이 썼다는 것이다. 그는 이 경고의 서신을 의식적으로 주의 동생 야고보의 권위를 업고서 썼다는 것이다.

3. 저작 연대 및 저작 장소

본서의 저자가 미상의 유대계 그리스도인이라면 저작 시기는 주후 1세기 말경으로 추정된다. 그러나 전통적으로 본서가 주의 형제 야고보의 저작이라면 본서의 저작 시기는 주후 49-60년경 사이의 어느 때로 추정된다. 그런데 전통적 학설에도 두 가지 견해가 있다. 첫째는 전기 연대설(주후 45-49년)이다. 본서 안에 이방인 신자들에 대한 언급이 전혀 없다는 점, 그리고 본서가 바울의 이신칭의 교리에 대한 오해를 푸는 답변을 주고 있다기보다는 오히려 바울이 본서의 행함의 강조에 대한 오해를 푸는 답변을 주고 있다고 볼 때, 본서는 바울서신 이전인 주후 49년에 열렸던 예루살렘 총회 이전에 쓰여진 것으로 보는 견해이다. 이럴 경우 본서는 신약 성경 27권 중 가장 먼저 기록된 책이 되는 셈이다.

둘째는 후기 연대설(주후 60년경)이다. 이 견해의 근거는 다음과 같다. 바울은 로마서를 통하여 '이신칭의' 교리를 초대교회 신자들에게 가르쳤다. 그런데 이 교리를 잘못 이해한 신자들은 생활 속에서 믿음을 제대로 적용시키지 못하고 잘못된 길로 빠지는 일이 많았다. 이에 야고보는 믿음의 생활적인 측면을 가르쳐야 할 필요를 느끼고, 본서를 썼다는 것이다. 따라서 본서는 로마서보다 늦게 기록되었다. 로마서가 주후 57년 후반에 기록되었다면, 본서는 그의 순교 이전인 주후 60년경에 쓰여졌을 것이다. 일반적으로 전기 연대설보다는 후기 연대설이 더 인정을 받고 있다.

한편 본서의 저작 장소로는 바다(1:6; 3:4) 및 농업과 날씨에 관한 언급(1:11; 3:12)과 유대적인 색채를 띠고 있다는 이유 등으로 팔레스틴(예루살렘), 로마의 클레멘트에 의하여 사용되었다는 이유로 로마, 그리고 마태를 알고 있었다는 이유로 시리아의 안디옥, 필로와 유사하다는 이유로 알렉산드리아 등이 제안되었다. 저자가 초대교회 예루살렘의 유력한 지도자이고 서신서 자체가 예루살렘에서 디아스포라 유대인들에게 보내진 회람 서신의 성격을 강하게 나타내고 있기 때문에 예루살렘이 가장 설득력이 있는 저작 장소로 보인다.

4. 수신자

본서의 수신자는 1:1에 기록된 대로 "흩어져 있는 열두 지파"였다. 여기서 "흩어져 있는 열두 지파"란 본래 팔레스틴을 제외한 세계 각지에 흩어져 살던 '디아스포라 유대인'을 가리키는 말이다. 따라서 유대인들 중에서 예수를 믿는 유대 그리스도인이 본서의 수신자였을 것이다. 2:2과 5:7-8은 수신자들이 믿는 자였음을 확신하게 하는 주요 단서이다. 유대인 신자들 중 본서의 수신자는 팔레스타인 경내의 유대인들이 아니라 로마 제국의 전 영역에 흩어져 살고 있던 디아스포라로 추정된다. 아마도 스데반의 순교 이후 박해가 계속되자, 그때 흩어진 무리들과 이들에 의해 기독교를 받아들인 자들이 본 서신의 수신자였을 것이다(행 8:1; 11:9 참조).

5. 저작 목적

본서의 수신자들은 유대 국경 밖에서 삶을 영위했던 디아스포라 유대 그리스도인으로서, 외적으로 유대교를 신봉하는 동족들의 핍박으로 인하여 큰 시련을 겪고 있었다(1:2-4). 또한 내적으로는 주의 사도들로부터 기독교 신앙에 대한 체계적인 교육을 받지 못하여 자신들이 과거에 가졌던 유대교 신앙 습관에서 크게 벗어나지 못하고 있었다. 그들은 유대주의자들처럼 참된 신앙의 실천 없이 말로만 경건을 부르짖을 뿐 아니라 단지 믿음으로만 구원얻는다는 교리를 지나치게 강조한 나머지 실천적 신앙생활을 매우 등한시하였다.

더욱이 당시 개종한 유대인들 중에는 하나님 나라와 그의 의보다는 세상적인 행복을 더 추구하여 로마 제국 전역을 두루 다니며 장사하는 등 재물의 축적에만 많은 관심을 쏟고 신앙생활을 등한시하는 자들도 많이 있었다. 또한 일부 미성숙한 성도들의 신앙은 형식에 치우쳤으며(1:22-27; 2:14-26), 사랑이 식어져서 외모로 사람을 판단하는 사태까지 발생했다(2:13-13). 또한 말과 행동이 거칠어서(3:1-12; 3:13-4:3) 성도간의 관계가 단절되어 갔다. 특히 빈부의 갈등(2:2-8)이 크게 대두되어 교회공동체의 결속에 심각한 문제점을 드러내게 되었다. 이에 본서의 저자는 한편으로는 여러 가지 시련을 믿음으로 이겨내도록 격려하고, 다른 한편으로는 참 행함이 있는 바른 신앙생활을 통하여 개개 성도들의 신앙 성숙은 물론 교회공동체의 공고한 결속을 도모하도록 하기 위해 여러 실천적 교훈들을 베풂으로써 아직도 출발선상에 있는 초대교회를 굳건히 하고자 하는 목적으로 본서를 기록했다고 보인다.

6. 본서의 구조와 내용

본서는 바울이 강조하고 있는 '이신칭의', 곧 믿음으로 의롭게 된다는 사상과 정면으로 대치되는 '이행득의(以行得義)' 사상을 드러내는 것처럼 보인다. 그러나 본서는 믿음으로 얻는 구원 교리를 부정하는 것이 아니라 참된 믿음에 반드시 뒤따라야 하는 행위를 강조함으로써 성도들이 믿음과 행위의 균형잡힌 신앙을 갖도록 유도하고 있다. 본서에서 일관성있는 신학적 논리나 문학적 통일성을 기대하기는 어렵다. 본서는 단편적인 교훈들이 상호 결합된 것으로 보아야 한다. 그 구조는 서신서의 기본 구조에 따라 삼등분하면 다음과 같다.

I. 머리말(서두): 인사(1:1)
II. 몸말(본론): 교훈과 경고(1:2-5:6)
  1. 시련과 믿음(1:2-18)
  2. 말씀의 경청과 행함(1:19-27)
  3. 사회적인 차별 금지(2:1-13)
  4. 믿음과 행함(2:14-26)
  5. 혀의 절제(3:1-12)
  6. 참 지혜와 거짓 지혜(3:13-18)
  7. 세속성에 대한 경고(4:1-17):
    다툼(1-3절), 영적 불신앙(4절), 교만(5-10절), 비방(11-12절), 자랑(13-17절)
  8. 압제하는 무리들을 경고(5:1-6)
III. 발말(결미): 마지막 권면(5:7-20):
  인내(7-11절), 맹세(12절), 믿음의 기도(13-18절), 미혹된 형제에 대하여(19-20절).

7. 본서의 신학적 주제 및 특징

1) 본서는 신앙인의 실천 문제를 다루고 있다. 본서는 "행함이 없는 믿음은 죽은 믿음이

다"(약 2:26)라는 유명한 주제를 갖고 있다. 따라서 본서는 '신약의 잠언'으로 불린다. 또한 교회 안에서 발생하는 불의와 사회적 불평등을 예리하게 비판하는 동시에 사회적 삶의 문제를 구체적으로 다룸으로써 '신약의 아모스'라고도 불린다.

2) 본서는 '믿음과 행함'(1:19-27; 2:14-26)의 올바른 관계 정립의 중요성을 역설한다. 영혼 없는 몸이 죽은 것같이 행함이 없는 믿음도 죽은 것이다(2:26). 믿음으로 구원얻은 성도들은 반드시 그에 따르는 행함이 나타날 때 진정한 신앙인의 모습을 갖추게 된다.

3) 본서는 '부와 가난'을 비롯한 사회적인 차별의 문제를 부각시켜 다루고 있다(1:9-11; 2:1-13; 5:1-6). 교회 안에서 성도들은 빈부의 격차나 사회적인 신분의 고하와 같은 외적인 조건 때문에 서로 차별하는 일이 있어서는 안 된다. 이는 세속적이고 인본주의적인 가치관을 가진 불신자들의 모습이다. 신본주의적 삶을 살아야 할 성도는 오직 그리스도 안에서 한 형제된 자들로서 서로 편견없이 사랑으로 대해야 한다.

4) 본서는 '언어의 문제'(3:1-13)를 심각하게 다루고 있다. 교회공동체 안에서 말의 실수는 단지 자신의 부족한 인격을 드러내는 것으로 그치지 않고, 하나님의 영광을 가리는 일이 될 뿐 아니라 한 영혼을 파괴하거나 교회 전체를 혼란스럽게 하는 등 심각한 폐해를 가져온다. 따라서 저자는 말의 실수가 없도록 혀의 사용을 조심할 것을 경고한다.

5) 본서는 성도들에게 핍박과 시련으로 인한 고난이 닥쳐올 때 인내와 기도가 필요함을 역설한다. 하나님은 고난 중에 인내하는 자들에게 좋은 것으로 채워주시며, 믿음의 기도는 모든 어려움을 극복할 수 있는 참된 힘이 된다. 아울러 고난받는 형제를 위하여 중보기도와 도움을 베풀어 그가 환난 중에도 승리할 수 있도록 해야 함이 성도의 마땅한 신앙의 자세요 도리이다.

6) 본서의 서두를 보면 '인내'(1:2-4)와 더불어 '지혜'가 저자의 주요 관심사인 것을 엿볼 수 있다. 하나님은 구하는 자에게 지혜를 풍족히 주시므로 지혜를 구할 것을 권면하고

있다(1:5). “위로부터 오는 지혜”는 “첫째로 순결하고 다음은 평화스럽고 온순하고 잘 순종하고 자비와 선한 열매가 풍성하고 편견과 위선이 없다”(3:17). 지혜는 평화와 의를 낳는다(3:18).

7) 본서의 문체를 보면 신약성경 중에서 가장 많은 명령문을 쓰고 있는데, 본서의 108절 중 54절이 명령형으로 되어 있다. 또한 히브리서, 베드로전서와 같이 유창한 헬라어를 사용하고 있다.

1. 베드로전서(I Peter)

1. 저자 문제

본서의 저자는 전통적으로 사도 베드로로 받아들여져 왔다. 본서의 저자는 세 번 자신을 1인칭으로 표하면서(2:11; 5:1,12), "예수 그리스도의 사도 베드로"(1:1)라고 주장하고 마가를 자신의 아들이라고 언급한다(5:13). 이어서 저자는 목격자였음을 시사한다(1:8; 2:20-25; 5:1). 이러한 증거들은 사도 베드로가 서신의 기록자임을 알게 한다. 이 외에도 서신에 나타나는 유대적 색채, 마가복음과의 신학적 유사성, 그리고 사도행전에 나오는 베드로의 설교와의 유사점 등도 베드로 저작을 뒷받침한다.

그러나 19세기 이후 비평학자들에 의해 다음과 같은 이유에서 베드로 저작설을 부인하고, 위서라는 견해가 있다. 첫째, 외적인 증거 중에서 이레니우스(주후 180년) 전에는 어떤 이도 베드로가 저자라고 언급한 적이 없고, '무라토리 정경(Muratorian Canon, 주후 170년)'에도 언급이 없다. 둘째, 베드로에게 어울리지 않는 상당히 세련되고 교양있는 헬라어를 구사하며 성서 인용은 70인역 본문을 따랐다는 점이다. 셋째, 역사적 예수를 알고 있다는 암시를 찾을 수 없으며, 바울에 대한 언급이나 1:1에 언급된 장소들과 베드로와의 연결점에 대하여 알려진 바가 없다. 넷째, 베드로와 실루아노(살전 1:1; 살후 1:1; 고후 1:19)와의 연결에 대하여 이전에 알려진 것이 부족하다. 본서가 쓰여진 직접적 계기가 되었던 것으로 보이는(4:12-16) 소아시아에서의 그리스도인 박해는 도미티안 황제 시대(주후 81-96년)의 것으로 여겨진다. 여섯째, 서신의 교리적인 가르침이 바울신학의 단순한 메아리일 뿐이며, 사도 시대의 것은 아니다. 일곱째, 편지의 종결부를 보면 이 편지는 실루아노(실라)가 썼거나 아니면 적어도 그의 구술을 받아 쓴 것임을 시사하고 있다(5:12).

결국 본서는 사도적 전승에 호소하고 사도적 권위를 주장하고 있지만 사도들 이후의 세대에 의해 쓰여진 문서이며, 대내외적으로 사도들의 시대와는 다른 정황에 처한 교회를 대상으로 한 글로 보아야 할 것이다.

2. 저작 연대 및 저작 장소

본서의 저자가 사도 베드로라면 주후 64년 이전으로 보아야 할 것이다. 첫째, 서신에 나오는 인물들이 이른 시기의 사람들이며, 핍박의 성격이 초기의 것이다. 둘째, 로마 제국에 충성하라는 권면(2:13-17)은 로마에 화재가 발생한 64년 이전일 가능성이 높고 베드로후서 3:1에 이전 편지(베드로전서로 보면)가 언급되어 있다. 서신 내에 회당에 빚을 지고 있는 원시 교회의 질서가 나오고 있고, 종말론적인 구도가 원시적이다.

대부분의 학자들은 본서의 저작 연대를 90년대로 보고 있는데, 그 이유는 다음과 같다. 첫째, 본서가 무라토리 정경 목록에 나오지 않고, 서신에 나오는 기독교는 새로운 현상이 아니며, 유대교와의 논쟁도 없다. 둘째, 로마서와 에베소서를 사용했을 가능성이 있으며, 1:1의 소아시아 지역에 기독교가 퍼지게 된 것은 시몬 베드로 이후이다. 셋째, 로마를 바벨론(5:13)이라고 표현하는 것은 1세기 말엽부터이고, 박해가 공식적으로 격렬했다면 그것은 도미티안의 박해이다.

한편, 저작 장소에 대해서는 5:13에 나오는 '바벨론'을 어디로 보느냐에 달려 있다. 종교개혁 시대에 몇몇 학자들은 로마 교회에 권위를 주는 것을 피하려고, 이것은 바벨론이라고 불리는 이집트의 요새나 메소포타미아의 바벨론을 가리키는 것으로 보려고 하였다. 대부분의 학자들의 견해는 베드로가 말년을 로마에서 보냈다는 점과, 그의 믿음의 아들이었던 마가가 바울이 로마에 있을 때같이 있었다는 점(골 4:10; 몬 1:24), 그리고 바벨론이 1세기 유대인과 그리스도인 사회에서 로마에 대한 싱징적 칭호로 사용되었다는 점(계 17:5; 18:2) 등으로 미루어 볼 때 로마가 가장 타당한 것으로 여겨진다.

3. 수신자 및 저작 목적

본서 1:1에 의하면 이 서신은 사도 베드로가 "본도, 갈라디아, 갑바도기아, 아시아와 비두니아에 흩어진 나그네"에 보낸 것으로 되어 있다. 당시 이 지역에 살고 있던 그리스도인(유대인을 포함한 이방인 성도들)은 극심한 박해를 받고 있었다. 그래서 이러한 박해를 받는 성도들을 위로하고 격려하기 위하여 이 편지를 쓰게 되었다. 사도행전에는 초대교회 성도들의 박해가 기록되어 있지만, 그것은 앞으로 있을 대박해의 서곡에 지나지 않았으며, 그 규모 또한 지엽적이고 비조직적인 것에 불과했다.

그러나 본서가 기록될 당시의 상황은 로마의 기독교 박해가 조직적이고 적극적인 박해를 온 제국 안에서 실시하고 있던 때였다. 성도들은 근거없는 악평을 받았으며, 심지어 생명까지도 잃어야 하는 위기에 처해 있었다(3:14; 4:19). 이러한 상황에서 본서의 저자는 신자들에게 그들이 시련을 당할 때 그리스도께서 당하신 고난에 참여하는 것으로 생각하고, 굳건한 믿음으로 기쁘게 받아들이라고 권면하고 있다. 그래서 더 큰 박해가 오더라도 '산 소망'을 가지고 현재의 나그네로서의 생활을 잘 감당하라고 권면하고 있다. 왜냐하면 성도는 단순한 나그네가 아닌 '택함받은 영광스런 나그네들'이기 때문이다. 따라서 고난 속에 있는 소아시아 성도들에게 믿음으로 인내할 것을 위로하고 소망과 격려를 주기 위함에 본서의 저작 목적이 있다.

4. 본서의 구조와 내용

본서를 서신서의 기본 구조에 따라 세 부분으로 나눈다면 다음과 같다.

I. 머리말(서두): 문안 인사와 찬양(1:1-12)
 1. 문안 인사(1:1-2)
 2. 산 소망을 주신 하나님 찬양(1:3-12)
II. 몸말(본론): 성도의 생활과 고난에 대한 권면(1:13-5:11)
 1. 거룩한 생활에 대한 권면(1:13-2:10)

1) 거룩한 생활(1:13-25)

2) 산돌이신 예수와 거룩 공동체인 교회(2:4-10)

2. 산 소망이 나타나야 할 생활 영역(2:11-3:12)

1) 이방인에 대한 태도(2:11-12), 2) 국가에 대한 태도(2:13-17),

3) 상전에 대한 태도(2:18-25), 4) 아내의 남편에 대한 태도(3:1-6),

5) 남편의 아내에 대한 태도(3:7), 6) 이웃에 대한 태도(3:8-12)

3. 고난과 시련에 대한 권면(3:13-22)

1) 고난당하는 이유(3:13-17)

2) 고난의 모범이 되신 그리스도(3:18-21)

3) 고난의 보증이 되신 그리스도(3:22)

4. 고난의 영적 의미(4:1-19)

1) 고난의 의미(4:1-6)

2) 십자가의 사랑(4:7-11)

3) 고난에 대한 교훈(4:12-19)

5. 교회 지도자에 대한 권면(5:1-11)

III. 발말(결미): 작별 인사 및 축도(5:12-14)

5. 본서의 주요 신학적 주제들

1) 묵시적 세계관

저자는 교회를 체계가 잡혀 있는 안정된 것으로 묘사하고 있고, 그 구성원들에게 법을 준수하는 로마 시민으로서 처신할 것을 당부하고 있지만(2:13,17), 그는 현 시대가 곧 종말에 이른다는 것(4:7)과 종말이 이르기 전에 어떻게 하면 "남은 때"(4:2)를 잘 살 수 있느냐에 대해 말하고 있다. 본서의 세계관과 바울의 묵시문학적 전망 사이의 유사성을 강력히 시사하는 것은 양자가 모두 그리스도의 부활에 큰 비중을 두고 있다는 사실 때문이다(벧전 1:3,21; 3:18,21).

본서 3:18-20과 4:6에 따르면, 그리스도가 음부에 내려가서 죽은 성도들을 끌어올려

악한 천사들의 세력을 물리치고 승리하셨다는 것을 암시하는 구절들이 있다. 여기에 노아가 관련되어 있는 것(3:20)은 저자가 창세기 6장에 있는 네피림 이야기에 근거한 전승을 받아들였음을 보여준다. 이 이야기는 유대 묵시문학 집단에 의해 더욱 발전되어 나갔다. 이 점은 에녹 1서(주후 2세기)를 통해서 분명히 알 수 있다. 본서의 저자는 그리스도가 에녹처럼 악한 천사들에게 설교한 이상 이교도인 통치자들도 복음을 들을 기회를 가져야 한다는 점을 보이기 위해 이 전승을 채택했다.

본서에는 묵시적 세계관의 또 다른 전형적 특징들이 나타나 있다. 그것은 미래의 심판(2:12; 4:5), 악마의 존재와 그의 음모(5:8-9), 현재의 고난을 임박한 종말의 서곡으로 해석하는 일(4:12; 5:12) 등이다. 현재의 시험의 때에도 여전히 믿음을 잃지 않는 자들은 종말의 날에 목자장이 나타날 때 "변하지 않는 영광의 면류관"을 얻게 될 것이다(5:4). 그때 하나님은 자기 백성을 최종적으로 그리고 완전하게 굳게 세워 줄 것이다(5:10).

2) 새 계약 백성의 특별한 신분과 처신

새 계약 백성인 그리스도인과 옛 계약 백성인 이스라엘의 차이는 2:9-10에 뚜렷이 나타나 있다. 이제 그리스도인은 선택된 족속이요 왕 같은 제사장이요 거룩한 나라이다. 하나님은 그들에게 빛을 밝혀주고 은혜를 붓기 위해 그들을 선택했으며, 그리하여 그들은 "지금은 하나님의 백성"이 되었다. 본서에는 새 공동체를 위한 제의나 음식의 정결에 관한 율법에 대한 암시가 전혀 나타나 있지 않지만, 이스라엘을 계약 백성으로서 확립시켰던 하나님의 명령 겸 선언을 저자는 새 공동체에게 그대로 전하고 있다. "내가 거룩하니 너희도 거룩할지어다"(레 11:44-45; 벧전 1:16).

하나님의 선택된 백성으로서의 이러한 특별한 지위와 현 세계의 종말에 대한 약속과는 상관없이 본서의 저자는 공동체에게 반란이 아닌 온건한 사회적 처신을 당부하고 있다. 그들은 마치 "나그네와 거류민"처럼 "이방 사람들 가운데서 행실을 아름답게" 해야 한다(2:12). 그들은 각 지역의 총독으로부터 황제에 이르기까지 지상의 통치자들에게 복종해야 한다. 더 나아가서, 그들은 가이사를 존경해야 한다(2:17). 여기에서 우리는 바울의 입장과의 명백한 유사성을 발견할 수 있다(롬 13장).

3) 유일한 교회의 직분(장로직)

본서에 언급된 유일한 교회의 직분은 장로직이다. 저자는 젊은이들에게 장로들을 존경할 것을 당부하는 한편(5:5) 장로들에게는 조심스런 마음으로, 그리고 애정을 가지고 공동체 내에서 권위를 행사할 것과 양떼의 모범을 보일 것을 권하고 있다(5:1-3). 장로들은 일의 대가로 어떤 보수를 받았음이 분명하다. 물론 저자는 그들에게 자신들의 이익을 위해 직위를 악용하지 말 것을 경고하고 있다. 저자는 자신을 사도나 감독이 아닌 "같은 장로"라고 소개하고 있다. 이 서신에는 집사에 대한 언급은 전혀 없고, 감독의 칭호는 오직 그리스도에게만 부여하고 있다(2:25).

히브리서와 바울 서신에서처럼 본서의 예수는 하나님의 오른편에 들리워졌으나 예수는 히브리서에 나타난 것과 같이 하늘의 원형이 아니라 고난과 순종의 인간적 본보기이다. 예수가 권세자들 앞에서 처신했던 것처럼 믿음의 공동체의 구성원들도 늘 답변할 준비를 해야 하며 답변은 "온유함과 두려워하는 마음"(3:16)으로 해야 한다.

6. 본서의 특징

1) '소망의 서신' 또는 '격려의 서신': 본서는 소아시아 지역의 성도들에게 그리스도의 십자가 고난을 상기시키면서 그들이 현재 당하고 있는 고난을 믿음으로 인내하도록 위로와 권면을 주는 소망의 서신이자 격려의 서신이다.

2) 교리에 대한 다양한 언급: 본서는 비록 짧은 내용의 책이지만 삼위일체 하나님의 구원 사역(1:2, 3; 2:23), 창조론(4:19), 기독론(1:20; 2:5,9,17; 3:18; 5:1-9), 구원론(2:8,24; 3:18,19), 교회론(2:5,9,17; 5:1-9), 종말론(1:13; 4:7,13; 5:1,10) 등 중요한 교리적 내용을 풍부하게 담고 있다.

3) 비교적 많은 구약 인용: 본서는 구약을 인용함에 있어서 구약 예언이 예수 그리스도에 의해 온전히 성취되었다는 사실을 강조하고 있을 뿐만 아니라(1:10-12), 구약 말씀을 매우 적절하게 인용하여 자신의 강조점을 드러내고 있으며(1:16,25; 2:6,7,9; 3:6,10;

4:8,18; 5:5,7) 또한 구약의 진리들을 그리스도 안에서 새롭게 해석하고 있다(1:15,16; 2:6,23,24).

4) 회화적인 표현법 사용: 본서는 전하고자 하는 교훈을 더욱 선명하게 드러내기 위해 회화적 표현법을 사용하고 있다. 가령 '살펴보기를'(1:12), '막으시는'(2:15), '가리우는데'(2:16), '갑옷을 삼으라'(4:1), '허리를 동이라'(5:5), '우는 사자같이'(5:8) 등이다. 한편 베드로전·후서 전체에 걸쳐 신약의 다른 책에서 볼 수 없는 단어가 119개나 되며 그 중에 상당 부분은 회화적인 단어들이다.

5) 본서는 "신약성서학의 태풍의 눈"이라고 말해지는가 하면, "주석사의 의붓자식"이라고 불리기도 한다. 후자의 지적은 사도 베드로의 지위에 비해 그의 이름으로 불리는 서신(들)이 신약 정경이나 그리스도교의 기원에 대한 재구성이나 해석에서는 그렇게 취급받지 못하기 때문이다. 본서가 그리스도인의 삶에 주는 의미가 바르게 평가된다면, 본서는 다시금 신약성서학의 태풍의 눈이 될 수도 있을 것이다.

2. 베드로후서(II Peter)

1. 저자, 저작 연대 및 저작 장소

본서는 저자에 관한 한 신약성서에서 가장 문제가 되는 서신이다. 크게 사도 베드로로 보는 견해와 위서로 보는 견해가 있다. 저자를 사도 베드로로 보는 견해를 뒷받침하는 근거들로는 서신의 주장(1:1)과 베드로의 경험을 암시하는 구절들(1:14,16-18; 3:1,15), 그리고 사도행전의 베드로 설교와의 유사상과 베드로전서와의 공통점(3:1) 등이다. 반면에 본서를 위서로 보는 가장 중요한 이유는 본서의 형식과 구조가 베드로의 고별사 혹은 유언에 기초를 두고 있다는 사실과 관련이 있다(1:12-15). 왜냐하면 그 당시 유다 문헌의 유언은 익명으로 만들어졌기 때문이다.

사도 베드로가 자신이 실제 유언을 사용하여 본서를 기록할 수 있다는 가능성을 열려 있지만, 위서를 주장하는 이들은 베드로 사후에 그의 이름으로 기록되었다는 것이다. 이렇게 보는 또다른 이유는 초기 교부들의 외증이 다른 서신들에 비해 희박하며, 본서 3:15-16의 바울서신 모음집에 대한 언급으로 보아 기록 시기가 사도 베드로보다는 후대일 가능성이 있으며, 3:4에 언급된 "조상"은 1세기 그리스도인을 언급할 수 있다(또는 구약의 조상들을 가리킬 수 있다)는 것이다. 그리고 저자는 서신에서 자신이 베드로임을 말하려고 애를 많이 쓰고 있고, 그 언어와 문체에서 베드로전서와 차이가 있으며, 2세기 영지주의를 반영하고 있다. 더욱이 유다서를 의존한 것은 베드로 사후일 가능성이 높다는 것이다.

본서가 사도 베드로의 저작이라면 67년 이전, 아마도 64-67년경이었을 것이다. 하지만 베드로의 저작이 아닌 위서라면 1세기 말(70-90년, 유다서 이후)이나 2세기 초(135년 이전, 베드로 묵시록 이전)일 것이다. 저작 장소도 베드로가 기록했다면 로마일 것이다. 하지만 위서로 볼 경우 로마 이외에 또 다른 가능성이 있는 장소로는 이집트, 팔레스틴, 안디옥, 바벨론 등이 거론되고 있다.

2. 유다서와의 관계 및 이단의 정체

본서 2:1-3:3은 유다서 4-18절과 주제, 역사적 예증 및 언어 등이 매우 흡사하다.

베드로후서	유다서	공통된 내용
2:1-3	1:4	거짓 교사들의 정체
2:4	1:6	범죄한 천사들에 대한 심판
2:6	1:7	소돔과 고모라 성의 멸망
2:10-12	1:8-10	천사를 훼방하는 자
2:15,16	1:11	불의의 삯을 좇는 발람
2:17	1:12	물 없는 샘 같은 자들
3:2	1:17	사도의 말을 기억하라
3:3	1:18	기롱하는 자들

이 같은 공통점은 이 두 서신이 문학적으로 서로 의존관계에 있음을 시사한다. 여기서 어느 서신이 먼저 기록되었느냐에 대한 논쟁이 있다. 대체적으로 본서가 유다서를 의존하였다는 '유다서 우선설'이 많은데, 그 까닭은 다음과 같다. 유다서가 거칠고 짧고 단순하며 힘이 있고 스타일이 간결하며 자연스러운 데 반하여, 본서는 좀더 세련되고 또 유다서보다 더 늦게 정경으로 인정되었기 때문이다.

한편, 본서와 유다서에 나오는 이단 혹은 반대자들, 즉 거짓 교사들의 정체에 대한 논란도 많다. 이 서신 내에서 이단의 윤곽은 어느 정도 드러난다. 거짓 교사들은 그리스도의 통치와 그의 법을 부인하며(2:1), 부도덕하며(2:2,10,12,18), 권위에 대하여 불복종한다(2:10). 그들은 탐욕적이며(2:13,14), 그들의 말은 그럴듯하나 교활하고(2:3,14,19), 그들의 가르침은 공허하며 수사적이다(2:18). 또 그들은 그리스도의 재림에 대한 생각을 비웃고(3:3), 성서에 호소하면서까지 그들의 거짓 가르침을 옹호한다(3:16).

일부 학자들은 이 거짓 교사들이 쾌락을 사랑한다는 어구(2:13)와 개와 돼지들과 비교된 것(2:22) 등과 같이 에피큐리안(쾌락주의자들)과 흡사한 면이 있다 하여 대략 세 가지 대안을 제시한다. 신정(theodicy)을 반대하는 에피큐리안, 신정을 반대하는 대중적인 반박, 그리고 부활과 보상교리를 부인하는 헬라적 에피큐리안 요소를 가진 유대 조롱자이다. 그러나 다른 학자들은 서신에 나타나는 참된 지식에 대한 강조(1:2,3,5,6,8; 2:20; 3:17)와 사도와 예언적 전승에 대한 올바른 깨달음을 강조한 점(1:16-21; 3:1-4,15-16) 등을 들어서 거짓 교사들을 기독교 영지주의자들로 보기도 한다. 본서에 나타나는 반대자 또는 거짓 교사들에게서는 유다서의 그들과 동일하게 초기 또는 후기 영지주의 요소가 보이기는 하지만 나중에 이러한 경향을 띤 방향으로 흘러 들어간 율법폐기주의자로 보는 것이 무난할 것이다.

3. 수신자 및 저작 목적

본서의 저자가 베드로라면 수신자는 베드로전서와 동일한 교회들이거나 그 중의 일부 교회들일 것이다(3:1). 그러나 위서로 볼 경우 팔레스틴에 있는 유대인 교회들이나 로마, 소아시아의 에베소, 시리아의 안디옥, 이집트의 알렉산드리아, 사마리아에 있는 교회들,

또는 모든 그리스도인에게 보내는 회람 서신이라는 것 등을 제안한다. 이 중에서 가장 가능성이 높은 곳은 소아시아의 에베소이며, 그 다음에는 이집트의 알렉산드리아이다.

본서의 저작 목적은 저작권과 관련이 있다. 베드로가 저자라면, 수신자들이 거짓 교사들을 대항하도록 경고하기 위함이며, 또 수신자들로 하여금 자신들을 부르신 하나님의 부르심과 주신 은사들을 상기함으로써 그리스도 안에서 강건해지도록 권하기 위함이다. 위서라면, 베드로 사도의 이름을 빌려서 수신자들이 영지주의적이며 율법폐기주의적 이단과 싸우도록 하기 위함이며, 또 그리스도 안에서 강하게 서 있도록 권면하기 위하여 기록된 것이다. 본서에는 조롱하는 자들과 그리스도인들 모두를 향하여 인간사를 다스리시는 하나님의 통치, 죽은 후의 세계, 능력 가운데 다시 오시는 그리스도와 심판의 확실성 및 이것들이 그리스도인의 삶에 미치는 암시들이 천명되어 있다.

4. 본서의 구조와 내용

본서를 서신서의 기본 구조에 따라 세 부분으로 나눈다면 다음과 같다.

I. 머리말(서두): 인사(1:1-2)

II. 몸말(본론): 성장에 대한 권면 및 거짓 교사들에 대한 경고(1:3-3:13)

 1. 그리스도를 아는 지식 안에서 성장하라는 권면(1:3-21)
  1) 신의 성품에 참여하는 자(1:3-11)
  2) 서신을 쓰게 된 동기(1:12-15)
  3) 믿음의 역사성(1:16-18)
  4) 성경의 권위(1:19-21)
 2. 거짓 교사들에 대한 경고(2:1-3:13)
  1) 거짓 교사들의 속성(2:1-3)
  2) 경건한 자의 보호와 악한 자의 심판(2:4-90
  3) 거짓 교사들에 대한 직접적인 비판(2:10-22)
  4) 주의 재림에 대한 확신(3:1-13)

III. 발말(결미): 마지막 훈계(3:14-18)

5. 본서의 특징

1) 본서는 서신의 형태로 정착되었으나, 그 기능은 주로 논박이나 설교에 가깝다. 이러한 특징은 서신의 본체에서 두드러지게 나타난다. 즉 어떤 것은 부인하고 반박하며, 다른 것은 확증하여 변증하는 것이 대조되어 나타난다(1:16,21; 2:3-10; 3:4-7,9).

2) 저자는 수사학적인 기술뿐 아니라 풍부한 어휘력과 세련된 문장력을 지니고 있고 상당한 수준의 정식교육을 받은 사람이라는 것을 보여주는 요소들이 많다. 단적인 예로 그가 사용한 402개의 어휘 중에서 무려 58개가 신약성서에서 단 한 번 나오는 '하팍스레고메나'이다.

3) 거짓 교사들을 경계하여 이단 사상에 빠지지 말 것을 권면하는 본 서신에는 거짓 교사들에 대한 심판에 대한 언급이 두드러지는데, 특히 구약에 나타난 하나님의 심판의 전례를 들어(2:3-8) 그들에게 반드시 심판이 임할 것을 강조한다.

4) 진리를 분별할 수 있는 그리스도 안에서의 지식이 특히 강조되고 있다. 본서에 '안다'와 '지식'이란 말이 16회 나오는데, 그 중 6회는 그리스도에 대한 지식을 나타내는 것으로 본서가 말하는 지식은 이단의 그릇된 지식과 대조되는 개념으로서 성령으로 말미암는 참 지식이다.

5) 이단에 대한 경계를 주 내용으로 하는 본서는 박해를 받는 성도에 대한 위로와 격려의 내용을 기록한 베드로전서와 함께 초대교회 당시의 양대 문제인 박해와 이단에 대한 연구에 있어 귀중한 자료가 된다.

3. 유다서(Jude)

1. 저자, 저작 연대 및 저작 장소

본서의 저자는 야고보의 형제인 유다라고 자신의 신분을 밝히고 있다(1:1). 그런데 초대교회에서 '유다'라는 이름을 가진 사람이 (1) 사도 유다(눅 6:16; 행 1:13; 가룟 유다가 아님), (2) 주님의 동생인 야고보의 형제 유다(마 13:55; 막 6:3)가 있었다. 이 서신에서는 자신을 사도와 구분하여 말한다(17절). 따라서 전통적으로 본서의 저자는 예수의 동생 유다로 인정되어 왔다. 유다는 자신보다 주님의 동생 야고보가 신자들 사이에서 더 잘 알려졌기 때문에 야고보의 이름 아래 자신을 나타내었던 것 같다. 본서의 저자인 유다는 주님이 세상에 계실 때 주님을 따르지 않았다(막 3:21,31; 요 7:5). 그러나 주님께서 부활하신 후, 유다는 신자가 되었다(행 1:4). 고린도전서 9:5에 의하면 주님의 형제들은 순회전도자들이었을 것이다. 그리고 이 서신은 유다가 순회하며 설교했던 한 교회에 보내진 것으로 보인다.

한편 본서는 베드로후서와의 관계 및 속사도 시대(4절)나 거짓 교사들의 영지주의적 색채 등이 나타난다고 하여 위서라는 주장이 있다. 본서의 저작 연대는 학자들마다 다양하여, 50-60년대부터 1세기 후반, 심지어 2세기 중반까지 보는 이들도 있다. 저작 연대는 예수의 동생 유다가 저자라면 60-80년이 될 것이고, 위서라면 1세기 후반에서 2세기까지 가능성이 있다. 저작 장소로는 이집트, 시리아, 로마, 그리고 팔레스틴이 거론되고 있다.

2. 저작 목적

본서에는 수신자에 대한 암시가 없으나 본서에서 언급하고 있는 내용을 통해 볼 때 분명 이들은 영지주의 이단의 공격으로 인하여 심각한 신앙의 위기를 겪고 있었던 것 같다. 본서 1:3을 볼 때 저자는 수신자들에게 '일반으로 얻은 구원', 즉 기독교 구원론에 대한 서신을 띄우고자 했던 것 같다. 그런데 갑작스런 어떤 이유로 인하여 본래의 계획을 변경하여 영지주의 이단과 맞서 믿음의 도를 지키라는 이러한 전투적인 서신을 쓰게 된 것이다.

당시 수신자들의 신앙을 위협하던 이단은 헬라 철학의 영향을 받아 영과 육을 분리하는 이원론 사상에 근거하여 예수 그리스도의 성육신(Incarnation)을 부인하는 영지주의였다. 이 사상은 구원은 육체와 상관이 없고, 육체는 다만 악한 것일 뿐이라고 주장하여 육체의 타락과 죄악에는 아랑곳하지 않는 도덕률 폐기론자들, 즉 쾌락주의자들이었다. 이러한 이단들은 자기의 신분을 속이고 교회에 몰래 들어와 성도들에게 잘못된 사상을 가르침으로써 하나님의 은혜를 색욕(色慾)거리로 만들고, 나중에는 하나님의 아들이신 예수 그리스도가 우리의 구주이심을 부인하게 할 뿐 아니라, 성도들로 당을 짓는 분파 행위와 육체의 욕망을 채우는 방탕한 생활을 하도록 유도했다(1:4). 이로 인해 교회는 성도들 중 일부가 미혹되었거나 미혹될 위험에 처해 있음으로 해서 많은 문제가 일어날 가능성이 있었다.

이러한 상황 속에서 저자는 이단자의 부패한 양상과 심판 날에 비참한 최후를 맞이하게 될 저들의 운명에 대하여 진술한다. 그러면서 성도들로 하여금 저들의 미혹에 빠지지 말고 믿음의 도를 굳게 지킬 것과 혹시 믿음이 연약하여 이단자의 미혹에 빠져 진리를 떠난 자들이 있다면 그러한 형제들을 다시 그리스도께로 회귀하도록 최선의 노력을 다할 것을 엄히 권면하기 위하여 본서를 기록하였다.

3. 본서의 구조와 내용

I. 머리말(서두): 인사와 저작 목적(1:1-4)
  1. 인사(1:1-2)
  2. 저작 목적(1:3-4)
II. 몸말(본론): 거짓 교사에 대한 경고 및 성도들을 위한 권면(1:5-23)
  1. 거짓 교사들에 대한 경고(1:5-16)
    1) 악행자들에게 내리신 하나님의 심판의 역사적 실례(1:5-7)

2) 거짓 교사들의 악행과 그들에게 임할 하나님의 심판(1:8-16)

2. 성도들을 위한 권면(1:17-23)

III. 발말(결미): 축도와 송영(1:24-25)

4. 이단자들의 특징과 믿음의 수호

가만히 들어온 이단자들(1:4)의 특징을 정리하면 다음과 같다: 1) 경건치 않음(1:4,15,18), 2) 정욕에 사로잡힘(1:4,8,16,18), 3) 교회의 권위를 업신여김(1:8), 4) 하나님의 영광을 훼방(1:8,10), 5) 그리스도를 부인(1:4), 6) 성령이 없음(1:19), 7) 원망과 불만이 많음(1:16), 8) 자랑과 아첨을 늘어놓음(1:16), 9) 당파를 만들어 교회를 분열시킴(1:19), 10) 육체를 더럽힘(1:7,8,23).

본서는 이 같은 행위로 교회를 더럽히고 병들게 하는 자들에게 구약에서 하나님에 적대했던 자들의 이름을 들어 경계하고 있다. 즉 1) 출애굽 후 광야에서 하나님을 믿지 않았다가 멸망당한 이스라엘 백성들(민 14:26-35), 2) 하나님의 뜻을 거스린 천사들(창 6:1-4), 3) 간음으로 멸망당한 소돔과 고모라(창 19:4-25), 4) 모세의 시체를 매장하려는 천사 미가엘에 대항해 모세가 애굽인을 살해한 자이므로 자기가 시체를 차지해야 한다고 주장하다가 쫓겨난 마귀(신 34:6; 단 10:13, 21; 12:1), 5) 형제를 죽인 가인(창 4:8-16), 6) 거짓 선지자 발람(민 22-24장; 31:16), 7) 대역한 고라(민 16장) 등을 비유하고 있다.

이들의 공통된 운명은 죽음과 패망이었다. 하나님께 저항하다 하나님의 징계를 받고 패한 자들이었다. 이러한 패역한 이단자들로부터 자신을 보호하고 교회를 지키기 위한 길은 하나님의 사랑과 그리스도의 긍휼을 기리는 길밖에 없다(1:21). 자신의 능력으로 대적할 것이 아니라, "능히 우리를 보호하사 거침이 없게 하시고, 우리로 그 영광 앞에 흠이 없이 즐거움으로 서게 하실 자"(1:24), 곧 하나님께 의지해야 할 것이다.

5. 위경(유대 묵시문학)의 사용

신약에서는 특이하게도 본서에 위경으로 여겨지는 유대 묵시문학에서 인용한 것들이 많다. 9절에서는 위경으로 분류되는 모세의 승천기로부터 인용한 것이, 14-15절에는 에녹1서(1:9)로부터 인용한 것이 각각 나오고 있다. 6절의 천사들에 대한 심판은 에녹1서(본서 6-7절은 열두 족장의 언약서에 대한 암시라고 보는 이들도 있으나, 확실한 것은 아니다), 16절의 논박은 모세 승천기를 또다시 의지하고 있는 것으로 보인다. 11절의 가인과 발람의 예나 17-18절에 인용된 사도들의 말은 구약이나 신약의 정경에서 나오는 내용이 아니다.

그러나 이것은 위의 책들이 영감을 받은 책이라는 의미는 아니며, 저자가 말하려고 하는 내용과 적합하기 때문에 인용한 것뿐이다. 이러한 글들은 그 당시 널리 읽히던 글이며 어려움 가운데 있는 유대인들에게 위로가 되던 글이다. 우리가 한 가지 알 수 있는 것은 본서의 저자는 유대인과 그리스도인의 전승집들을 자유롭고 폭넓게 받아들이고 인용하였지만, 현재와 같은 정경 개념은 가지고 있지 않았던 것 같다.

6. 본서의 특징

1) 본서는 일반서신의 마지막 책이자 신약성서에서 가장 짧은 책 중의 하나인 동시에 가장 소홀히 여김을 받아온 책이다. 또한 본서는 베드로후서와의 상호 유사성 때문에 본서는 종종 베드로후서와 함께 다루어지곤 하였다.

2) 본서는 두 개의 위경(僞經), 즉 '모세 승천기(The Assumption of Moses)'와 '에녹1서(the Book of Enock I)'를 인용하고 있다. 이로 인해 본서의 정경성을 의심받기도 하였으나, 주후 397년 '카르타고 회의(Council of Carthago)'에서 정경으로 공인되었다.

3) 본서의 문체는 파격적이며 세련되지 못했지만 대담하고 생생하며 열정적이다. 특히 배교자에게 임할 심판을 엄격하고 준엄한 문체를 사용해서 전달했다.

요한서신(John 1,2,3)

1. 저자, 저작 연대 및 저작 장소

요한서신은 저자의 이름이 구체적으로 밝혀져 있지 않다. 요한일서의 저자는 익명으로 남아 있고, 요한이서와 요한삼서는 저자가 스스로를 '장로'라고 말한다. 그러나 전통적으로 요한복음과 요한계시록을 기록한 사도 요한이 요한서신의 저자라는 견해가 받아들여져 왔다. 사도 요한의 제자인 폴리갑이 빌립보 교회에 보내는 편지에서 요한일서를 스승의 저작으로 분명히 인용하고 있으며, 폴리갑의 제자인 이레니우스(주후 140-203)도 자신의 저서 중에서 그렇게 하고 있다. 알렉산드리아의 클레멘트(주후 155-215), 터툴리안(주후 150-222), 오리겐(주후 185-253) 등 대부분의 초대교회 교부들은 요한서신이 사도 요한의 저작임을 인정했다. 나아가 어거스틴, 칼빈, 벵겔 등도 사도 요한이 요한서신의 저자임을 인정했다. 사도 요한이 요한서신의 저자임을 내적인 증거에 의해서 찾아보면 다음과 같다.

(1) 저자가 그리스도께서 행하신 일에 대해 목격한 사실을 언급한 것(요일 1:1-4)은, 그가 그리스도의 활동 초기부터 그를 따라다녔던 제자였음을 말해 준다. (2) 서신 전체에 흐르는 권위있는 말투는 사도의 직책에 있는 사람만이 사용할 수 있는 것이다(예. 명령-2:15,24; 4:1; 5:21; 확고한 주장-2:6; 3:14; 4:12, 잘못의 분명한 지적-1:6,8; 2:4, 22). (3) 요한복음과 요한일서의 표현 방식이 매우 유사한데, 이것은 양서(兩書)의 저자

가 같은 인물임을 말해 준다(예. 빛과 어둠, 생명과 죽음, 진리와 거짓, 사랑과 미움의 예리한 대조). (4) 아래의 구절들에서 발견되는 유사성은 요한서신이 서로 언어적으로나 신학적으로 밀접한 관계가 있음을 보여준다.

	요한복음	요한일서(요한이서)
1. 생명의 말씀(성육신)	1:1, 14	1:1
2. 충만한 기쁨	16:24	1:4(요이 1:12)
3. 빛(진리를 좇는 자)과 어둠(악을 행하는 자)	3:19–21	1:6–7
4. 새 계명(사랑의 계명)	13:34–35	2:7(요이 1:5)
5. 신자가 하나님 안에 거하는 것	6:56	4:9
6. 하나님의 자녀	1:12; 11:52	3:1,2,10; 5:2
7. 마귀(거짓의 아비)	8:44	3:8
8. 사망과 생명	5:24	3:14
9. 하나님께 속한 자와 속하지 않은 자	8:47	4:6
10. 독생자를 보내신 하나님의 사랑	1:14,18; 3:16	4:9
11. 사랑은 그의 계명을 지키는 것	14:23	5:3(요이 1:6)
12. 아들을 위하여 증거하시는 이	5:32	5:9
13. 아들이 있는 자(영생)와 없는 자(진노)	3:36	5:12

요한서신에서 저자에 대한 문제는 '장로'가 누구를 지칭하느냐 하는 질문으로 귀결된다. '장로'라는 말은 어원적으로 볼 때 나이 많은 사람을 가리킨다. 여기에서 발전하여 장로는 유대교와 유대교에서 영향을 받은 원시 교회에서 지도자를 가리키는 명칭으로 사용되었다. 그런데 원시 교회에서 장로는 일단의 장로의 무리라는 의미로 사용되었지, 지역 교회에 있는 단일 지도자라는 뜻으로 사용되지 않았다(행 11:30; 14:23; 딤전 4:14; 딛 1:5). 요한서신에 쓰인 장로는 위와 같은 용례로 볼 때 예외적인 것이다. 그러므로 여기서 사용된 장로라는 명칭은 요한공동체 내의 존경받는 교사에 대한 칭호였을 것이다. 요한복음의 '애제자'가 익명으로 나타나지만, 요한공동체 내에서 모든 이에게 알려진 지도자이듯이, 여기서 '장로'도 공동체 내의 유력한 교사에 대한 별칭일 것이다.

사실 요한서신에서 말하는 장로가 누구인지 명확히 밝히는 것은 쉬운 일이 아니다. 다만 그는 요한공동체의 설립자의 뒤를 이어 지도자의 위치에 오른 자로서 요한공동체의 신학을 대변한 자라고 말할 수 있다. 장로 요한이 요한복음 저자와 동일한 인물인가 하는 것도 중요한 문제이다. 그 동안 신학과 문체 등의 유사성 또는 상이성을 바탕으로 복음서와 서신의 저자를 학자들에 따라 동일 인물로 또는 다른 인물로 보았다. 요한일서가 단어, 문체, 신학에서 신약의 어느 책보다도 요한복음과 유사하다는 것은 부인할 수 없다. 이러한 유사성의 정도는 복음서와 서신이 동일 저자에 의한 것이라 해도 무방할 정도다.

그러나 다음과 같은 불일치로 인해 요한복음 저자와 요한서신의 '장로'는 요한공동체 내의 다른 인물을 지칭한다고 주장되기도 한다. 첫째, 언어적 불일치로서 다음과 같은 점을 들 수 있다. (1) 복음서에서 중요한 단어인데, 요한일서에 나타나지 않는 단어들이 있다. 성경, 영광, 영화롭게 하다, 찾다, 심판하다, 주님, 율법, 보내다, 예배하다, 구원하다, 은혜. (2) 서신에서는 중요하지만 복음서에는 나오지 않는 단어들이 있다. 적그리스도, 희망, 화목제물, 사귐, 하나님의 씨, 기름부음. (3) 서신서의 언어가 보다 단조롭고 셈어적인 특징이 적다. 둘째, 신학적 불일치로서 다음과 같은 점을 들 수 있다. (1) 복음서에서는 구약이 빈번히 인용되었는데, 요한일서에서는 구약이 한 번도 인용되지 않았다. (2) 복음서에서는 현재적 종말론이 지배한다면(요 3:18; 5:24), 요한일서에서는 미래적 종말론이 지배한다(요일 2:29; 3:3). 셋째, 실제적인 문제로서, 요한복음의 저자에게 '애제자'라는 별칭이 있었는데, 이 사람이 '장로'라는 또 다른 별칭으로 불릴 필요가 있었을까 하는 의문도 요한복음의 저자와 서신서의 저자를 동일 인물로 보기 어렵게 한다.

필자는 양서의 저자를 동일 인물로 보기 어렵다는 입장을 취한다. 그 까닭은 위에서 언급한 양서간의 차이점 때문이기도 하지만, 앞의 '요한복음(1-3)'에 기초하여 세 가지만 들어 보면 다음과 같다. 첫째, 요한복음은 구조적으로 명확하고 단순한 데 반해, 요한일서의 구조는 종잡을 수 없을 정도로 복잡하다. 둘째, 논지를 전개함에 있어서 요한복음은 논리적 비약을 볼 수 없을 정도로 치밀하고 주제의 통일성이 분명한 데 반해, 요한일서는 논리적 비약이 심하고 주제의 통일성을 찾아보기 어렵다. 셋째, 글쓰기의 특징으로 볼 때 요한복음은 묵시문학적 다양한 암호상징(상징코드 기법)을 사용하고 있는데 반해, 요한일서에서는 그러한 모습을 전혀 찾아볼 수 없다는 점이다. 따라서 필자는 요한서신의 저자에 대해서는 요한의 사상적 테두리 안에 있는 제자 그룹, 즉 요한학파(요한공동체)의 신학을 대변한 자로 추정한다.

한편 요한복음과 요한서신은 역사적으로 어떤 관계인가? 요한서신의 내용에는 요한복음에 있는 기독론에 대한 해석을 두고 요한공동체가 분열된 상황이 포함되어 있는데, 이것은 요한서신이 요한복음보다 후대에 기록된 것을 반영한다. 즉 요한일서의 저자는 요한복음의 기독론을 반영지주의적, 반가현적 입장에서 해석한 것이다. 요한일서의 상황과 요한복음의 상황은 상당히 달랐다. 복음서에는 유대인과 대치되는 상황에서 공동체의 자의식을 형성해 나가는 것이 반영되어 있다면, 서신서는 이미 형성된 공동체가 분열하여 공동체에서 떨어져 나간(요일 2:19) 거짓 기독론을 주장하는 무리들과 대치되는 정황이 반영되어 있다. 복음서 내에는 이러한 공동체 내부의 분열에 대한 구체적인 증거를 찾을 수 없다. 요한공동체는 유대교와 갈등하며 자신의 정체성을 찾은 뒤에(복음서의 정황), 내부에서 기독론에 관한 논쟁으로 분열이 일어났다(요한일서의 정황)고 보는 것이 타당하다.

요한서신 간의 시간상의 상호 선후 관계는 알아내기 어려운 문제이다. 다만 요한서신에 나타난 공동체 내의 분열 들을 감안하면 요한서신 모두가 요한복음이 기록된 지 10년 이내의 비슷한 시기(주후 1세기 말엽)에 쓰였다고 추측된다. 저작 장소로는 요한이 말년을 보낸 에베소가 가장 적절한 것으로 여겨진다.

요한서신의 문제를 정리하면 다음과 같다.

1) 요한서신(1, 2, 3서)은 기본적으로 사도 요한이 쓴 제4복음서(요한복음)의 초판이 출판되어 나온 이후(약 10년 이내) 요한의 일부 추종자들인 장로라고 이름하는 사람에 의해 나온 작품으로 보여진다. 요한서신은 기록과 편집에 있어서 요한복음의 전통과 신학에 근거하여, 영감받아 나온 작품이기에 요한복음의 빛에서 연구되어야 한다.

2) 요한서신과 요한복음의 관계는 한편으로는 언어나 사상에 있어서 계시록보다 더욱 밀접히 관련된 것으로 보인다. 그런데 다른 한편으로는 요한복음이 철저히 묵시문학적 문서라는 필자의 견해로 본다면 장르상 묵시문학적 성격이 별로 눈에 띄지 않는 요한서신보다는 묵시문서인 계시록이 요한복음에 보다 가깝다는 반론도 제기할 수 있다.

3) 제4복음서가 나온 이후 요한공동체(요한의 교회)는 기독론의 문제를 놓고 크게 세 그룹으로 분열되었다. 요한의 균형잡힌 기독론(예수의 신성과 인성)을 긴장관계 속에서

받아들인 정통 그룹이 있는가 하면, 그렇지 못한 다른 두 이단 그룹이 있었다.

그 하나는 '에비온파(Ebionites)'라고 알려진 '유대 크리스천(Jewish-Christians)' 그룹으로, 신학적으로는 예수의 인성(참 사람)을 강조하는 '저(低) 기독론(Low Christology)' 주의자들이다. 이들은 예수의 메시아성을 받아들이는 것을 어려워했다. 이들은 윤리적으로는 율법이 필수불가결하다는 강조한 그룹이다.

또 하나의 그룹은 '헬라 크리스천(Hellenistic-Christians)' 그룹으로, 신학적으로는 예수의 신성(참 하나님)을 강조하는 '고(高) 기독론(High-Christology)'주의자들이다. 가현설(假現說, Docetism)주의자들로 알려진 이들은 예수의 완전한 인성을 받아들이는 것을 어려워했다. 이들의 신학을 '영지주의(Gnosticism)'라고 한다. 이들은 윤리적으로는 의를 중요시하지 않고, 육체를 악으로 간주한 그룹이다.

4) 이 두 이단 그룹은 요한공동체가 발전해 감에 따라 유대 크리스천 그룹은 물밑으로 잠식한 반면, 헬라 크리스천 그룹인 영지주의자들은 전면에 부각됨으로써 요한공동체의 심각한 분열을 야기하였다. 따라서 요한서신의 기록 목적은 요한의 교회의 분열을 야기한 기독론적이고 윤리적인 쟁점을 요한복음의 가르침에 기초하여 바르게 정립하고자 하는데 있었다.

2. 영지주의(Gnosticism)

초대 기독교회가 직면했던 이단들 중에서 가장 위험했던 사상은 영지주의였다. 영지주의의 중심 사상은 영혼은 절대적으로 선하고 육체는 절대적으로 악하다는 이원론적 사상이다. 이와 같은 비성경적 이원론으로부터 다음과 같은 중요한 오류들이 발생했다.

1) 인간의 육체는 물질이기 때문에 악하다. 따라서 인간의 육체는 순수한 영이자 선하신 하나님과 상반된다.

2) 구원은 육체의 속박으로부터 벗어나는 것을 말한다. 그런데 이것은 그리스도를 믿음으로 얻는 것이 아니라 특별한 지식-헬라어로 '지식'을 뜻하는 말은 '그노시스'(Gnosis)이며, 여기서 '그노시스주의' 또는 '영지주의(靈知主義)라는 말이 나왔음-을 통해 얻을 수 있다.

3) 두 가지 방법으로 그리스도의 참된 인성(人性)을 부인한다. 첫째, 그리스도는 육체를 가지고 있는 것처럼 보였을 뿐이다(도케티즘[Docetism, 假顯說: 헬라어로 '……처럼 보이다'라는 뜻의 '도케오(δοκέω)에서 유래함). 둘째, 하늘의 그리스도는 인간 예수가 세례를 받을 때 그와 결합하였다가, 십자가에서 죽을 때 다시 떠나갔다(케린투스[Kerintus]가 대표적인 인물이었으므로 '케린투스주의'라고도 함). 이에 대한 비판이 요한일서 저작의 동기가 되었다(1:1; 2:22; 4:2-3 참조).

4) 육체는 악한 것이기 때문에 가혹하게 다루어야 한다. 이 같은 사상에 대한 비판이 골로새서를 저작하는 동기가 되기도 했다(골 2:21-23 참조).

5) 영혼과 육체의 이원론은 도덕적 타락을 야기시켰다. 곧 육체는 악하므로 육체를 통해서 하나님의 계명을 어긴다고 하더라도 아무 상관이 없다고 생각했기 때문이다.

신약성경에서 취급된 영지주의는 초기 형태의 것으로서, 이 이단 사상이 완전한 체계를 갖춘 것은 주후 2-3세기 무렵이다.

3. 요한서신의 구조와 내용

1) 요한1서

이 서신의 기록자와 마찬가지로 이 서신의 수신자에 대한 구체적인 언급은 없다. 다만 소아시아 지역의 여러 교회에 흩어져 있던 그리스도인들에게 보내진 '회람서신(回覽書信)'일 가능성이 많다. 한편 요한이 이 서신을 쓴 목적은 '영지주의'의 그릇된 가르침을 논박하기 이해서이며(2:26), 또한 믿는 이들에게 구원의 확신을 심어주기 위해서였다(5:13). 그는 이단을 논박함에 있어서 특별히 그들의 부도덕성을 지적했으며(3:8-10), 그리스도를 친히 목격했다는 사실을 강조함으로써 성육신에 대한 믿음을 확증시켰다.

본서의 핵심 주제는 '그리스도인의 확신'이다. 이것은 저자 스스로가 밝히고 있는 서신의 기록 목적에서도 분명히 나타나 있다(5:13). 무엇으로 참 신자(참 그리스도인)와 참 신앙임을 '알(확신할)' 수 있는가? 그것은 의로우신 하나님과 사랑이신 하나님을 본받아 의로움과 사랑을 실천하며 계명을 지키며 살아가는 삶, 이것이 참 신자의 결정적인 표지이다. 이 '행함'을 기준으로 우리의 신앙을 검증하고 판단하여 하나님의 자녀답게 살아가라는 것이 본서의 핵심 교훈이다. 요한은 하나님을 안다고 하면서도 그의 계명을 지키지 않는 자는 '거짓말쟁이'라고 한다. 본서는 신자의 가장 중요한 표지는 '의로움'과 '사랑'이라고 결론짓고 있다. 하나님의 자녀에 걸맞는, 믿음에 걸맞는 '행함이 있는 삶', 이것이 본서가 말하려는 핵심이다.

본서에는 신약 서신의 일반적인 특징(저자와 수신자에 대한 언급, 감사, 작별 인사, 축복 등)이 나타나지 않는다. 본서는 그 구조를 파악하기 어렵기로 유명하다. 본서의 구조는 일목요연하게 정리된 체계로 이루어진 요한복음과는 달리 일련의 소문단의 결합으로 이루어져 있다. 장르상 요한 2,3서는 서신의 성격이 강한 반면에, 요한 1서는 논쟁적인 논문의 성격을 띠고 있다. 본서를 일반적인 논문의 기본구조에 따라 세 부분으로 나누면 다음과 같다.

I. 머리말(서론): 저작 동기(1:1-4)

II. 몸말(본론): 하나님의 특성(1:5-5:12)

1. 하나님은 빛이시라(1:5-2:27)
   1) 교제의 기본 자세(1:5-2:2)
   2) 새 계명에 따른 행위(2:3-11)
   3) 적그리스도에 대한 경계(2:12-29)
2. 하나님은 의로우시다(3:1-4:6)
   1) 하나님의 자녀의 무죄함(3:1-12)
   2) 형제 사랑을 권면함(3:13-24)
   3) 진리의 영과 거짓의 영(4:1-6)
3. 하나님은 사랑이시라(4:7-5:12)
   1) 독생자를 보내신 하나님의 사랑(4:7-12)
   2) 하나님의 사랑을 실천해야 할 우리들(4:11-5:3)
   3) 세상을 이기는 참된 믿음(5:4-12)

III. 발말(결론): 하나님께로 난 자에 대한 권면(5:13-21)

2) **요한2서**

장로 요한은 "택하심을 입은 부녀와 그 자녀"(1절)에게 이 편지를 썼다. 여기서 말하는 '부녀와 그 자녀'란 구체적인 인물들일 수도 있으나 교회를 그리스도의 신부(엡 5:32)라고 말하고 있는 것처럼, 교회와 그 교인들을 상징하는 것으로 볼 수 있다. 기독교회의 초창기인 주후 1-2세기경에는 순회 전도자들이 있었다. 이들은 이곳 저곳을 여행하면서 복음을 전했다. 그리스도인들은 이들을 집으로 맞아들여 가르침을 받았으며, 그 감사로 그들을 잘 대접하고, 또한 그들이 떠날 때는 여행을 위한 여비를 마련해 주었다. 그런데 영지주의 이단의 교사들도 이와 같은 방법으로 그들의 사상을 전하였다.

따라서 본서는 그리스도인들이 잘 모르는 가운데 이단사상에 빠지거나 그들에게 협조하는 일이 없도록 이단 전도자들을 잘 분별하라고 권면하기 위해 기록되었다. 요한일서가 실제 편지라기보다는 편지와 비슷한 형태의 설교문이라면, 요한이서와 삼서는 형식과 길이 면에서 고대의 전형적인 실제 편지라고 할 수 있다. 요한이서와 삼서는 길이에서도 파피루스 한 장 분량으로 거의 같다. 본서를 세 부분으로 나누면 다음과 같다.

I. 머리말(서두): 인사(1:1-3)
II. 몸말(본론): 계명 준수와 적그리스도에 대한 경계(1:4-11)
 1. 하나님의 계명 준수 권면(1:4-6)
 2. 적그리스도에 대한 경계(1:7-11)
III. 발말(결미): 방문 표명 및 문안 인사(1:12-13)

3) **요한3서**

순회 전도자(방랑 선교사)인 데메드리오(Demetrius)의 보고를 받은 장로 요한은 가이오를 칭찬하고, 디오드레베(Diotrephes)를 책망하기 위해 이 서신을 기록하였다. 디오드레베는 으뜸되기를 좋아한 교만한 사람으로 나그네인 순회 전도자들을 잘 대접하지도 않았을 뿐 아니라 그들을 대접하는 교인들까지도 쫓아내는 무례한 짓을 서슴치 않았다. 이와는 달리 나그네를 잘 대접하라는 계명처럼 가이오는 겸손하게 순회 전도자들을 극진히 잘 대접했다. 이는 진리 안에서 진리를 행하는 아름다운 모습으로 장로 요한은 이를 크게 기뻐했고, 그를 칭찬하지 않을 수 없었다.

그러면서 서신을 통해 가이오에게 세 가지 축복의 간구를 하였다. "사랑하는 자여 네 영혼이 잘됨 같이 네가 범사에 잘되고 강건하기를 내가 간구하노라"(2절). 이 구절은 세 가지 관계, 즉 하나님과의 바른 관계(영혼의 잘됨), 사람과의 바른 관계(범사의 형통), 및 자신과의 바른 관계(육체적 건강)를 말하는 동시에, 순서의 중요성-하나님, 타인, 자기 순-을 말하고 있다. 본서를 세 부분으로 나누면 다음과 같다.

I. 머리말(서두): 인사(1:1-4)

II. 몸말(본론): 칭찬과 책망(1:5-12)

1. 가이오를 칭찬함(1:5-8)
2. 디오드레베를 책망함((1:9-11)
3. 데메드리오를 칭찬함(1:12)

III. 발말(결미): 방문 표명 및 문안 인사(1:13-15)

4. 요한서신의 신학적 주제

1) 호칭과 관련된 용어들

(1) 하나님의 자녀

요한일서에 나타난 여러 표현들 중 가장 기본적이고 중요한 것은 '하나님의 자녀'(요일 3:1,2,10; 5:2)다. 신앙공동체로서의 '하나님의 자녀' 모티프는 요한복음에서도 중요한 자리를 차지하고 있다(요 1:12-13; 11:52). 요한복음에는 '하나님의 자녀'라는 문구가 두 번밖에 나오지 않는다. 하지만 이 문구가 요한복음 프롤로그(1:1-18)에서 중심 주제로 등장할 뿐만 아니라(요 1:12) 예수의 십자가 지심의 의미를 해석하는 중요한 부분에 다시 나타난다(요 11:52)는 것은 이 어구의 중요성을 대변해 준다.

사실 이스라엘 백성이 하나님의 자녀라는 사상은 구약(신 14:1; 호 2:1 참조)과 고대 유대교(집 36:17; 제4에스라 5:28 참조)에 이미 존재하는 사상이다. 이것과 연관되어 신자의 하나님 자녀 됨은 약간씩 다른 표현으로 공관복음서와 바울서신에도 나타난다(마 3:

9; 5:9; 눅 20:36; 롬 8:16 이하). 요한은 전통적인 용어를 사용해 신자의 특색을 설명하고 있다.

요한복음은 예수를 영접한 자는 '하나님 자녀'가 되는 권세, 즉 신분이 달라졌다고 말씀하고 있다(요 1:12). 그러면서 '하나님의 자녀'란 '하나님께로부터(하늘로부터) 온 자들', 즉 '신의 자녀'라고 말씀하고 있다(요 1:13). 이 말씀의 의미와 중요성을 설명하면 다음과 같다.

그 당시 자신들이 세계 최고라고 자랑하던 세 민족이 있었다. 유대인, 로마인, 헬라인이 그들이다. 선민이라는 혈통을 자랑했던 유대인들, 그들은 헤브라이즘(Hebraism)이라는 위대한 종교를 이룩했다. 군사적 힘이라는 인간적 육정을 자랑했던 로마인들, 그들은 거대한 로마제국(Pax Romana)이라는 위대한 정치를 이룩했다. 인간의 이성이라는 사람의 뜻을 자랑했던 헬라인들, 그들은 헬레니즘(Hellenism)이라는 위대한 문화를 이룩했다. 그런데 그들이 이룩한 그 엄청난 업적은 다 땅에 속한 것들이요 사람으로부터 온 것들이다. 즉 땅의 차원이요 사람의 차원이다.

이에 반해 예수를 믿는 신앙(요 1:12)은 하늘에 속한 것이요 하나님으로부터 온 것이다(요 1:13). 즉 하늘의 차원이요 하나님의 차원이다. 그런 의미에서 위의 것들과 비교가 안 되는 차원이 다른 세계에 속한다. 그리스도인, 즉 하나님의 자녀가 되었다는 것은 이 땅 어딘가에서 태어나 때가 되면 죽어 땅에 묻히는 존재가 아니라, 예수처럼 하늘로부터 왔다가 이 세상에서 사명을 완수한 후 위에서 부르시면 다시 고향인 하늘로 돌아가는 존재이다(요 16:28). 따라서 그리스도인의 고향은 이 땅 어디가 아닌 저 하늘이요, 땅의 시민권이 아닌 하늘의 시민권을 갖고 사는 차원이 다른 존재들이다(빌 3:20).

이는 세상적인 모든 것을 전복하는 최고의 혁명적인 사상으로, 그리스도인은 '세상이 감당할 수 없는 사람들'(히 11:38)이라는 의미를 갖는다. 여기에 예수의 정체성과 더불어 예수를 믿는 그리스도인의 정체성이 있다. 온 세상을 이기는 믿음이 '하나님의 자녀됨'이라는 이 말 속에 담겨 있다(요일 5:4). 이 세상에서 이보다 더 혁명적인 선언이 없다는 점에서 요한문서는 최고로 위험한 불온 문서이며, 그래서 감춰두어야 할 비밀문서적 성격을 지닌다.

요한복음에 나타난 하나님의 자녀됨의 또 하나의 특징은 하나님의 자녀됨을 표현한 헬라어 동사 '겐나오(γέννάω)'가 미래형으로 쓰인 경우가 없고 대부분 부정과거형으로 쓰여 하나님의 자녀가 이 땅의 신자들에게 이미 주어진 실현된 특권임을 보여주는 것이다. 하나님 자녀됨에 대한 바울의 강조점은 그것이 완성될 종말에 있는 데(롬 8:18 이하) 반해, 요한복음의 하나님 자녀됨은 그 강조점이 현재에 있고, 요한은 이것을 현재에 누리는 '특권'(요 1:12)이라고 말한다. 마지막으로 요한복음은 신자의 하나님의 자녀됨과 예수의 하나님의 아들됨을 철저하게 구별한다. 바울은 '휘오스(υἱός)'라는 단어를 예수의 아들됨과 신자의 아들됨에 혼용하여 사용하는데 반해(롬 1:3; 9:26 참조), 요한은 전자는 '아들(υἱός)'이라는 단어로, 후자는 '자녀(τέκνα)'라는 단어로 구별하여 사용한다.

요한서신에서 '하나님의 자녀'됨의 특권으로서 중요하게 취급되는 것이 '사귐(κοινωνία)'이다(요일 1:1-10). 사귐의 종류는 크게 두 가지로 나눠지는데, 하나는 수직적 사귐으로 하나님과 하나님 자녀간의 사귐이고, 다른 하나는 하나님 자녀간의 수평적 사귐이다. 후자의 사귐 중에는 '우리'로 대표되는 1세대 신자와 '너희'로 대표되는 2세대 신자간의 사귐도 포함된다. 요한서신에서 사귐은 '하나님의 자녀' 사이에만 가능하다. 잘못된 교리를 가르치는, 하나님의 자녀가 아닌 사람과는 교제의 악수를 나누면 안 된다(요이 1:10-11). 그러나 선교의 문을 통해서 외부자가 하나님의 아들됨을 통해 내부자와 교제하는 것은 가능하다.

요약하면, 요한서신에서 신자는 '마귀의 자녀'와 대비되는 '하나님의 자녀'며, '하나님의 자녀'는 하나님과 그리고 신자 상호간에 '사귐'을 나누는 자들이다. 요한서신은 남과 나를 철저하게 구별한다. 나는 '우리'(요일 1:1-10) 혹은 '너희'(요일 2:18-29)로 표현되고, 남은 '저희' 또는 '그들'(요일 2:19)이다. 여기서 '우리' 또는 '너희'는 참 그리스도인 또는 참교회고 '저희'는 그 반대 세력이다. '그들'은 '적그리스도'(요일 2:22)다. 달리 말하면 전자는 '하나님의 자녀'인 데 반해, 후자는 '마귀의 자녀'(요일 3:10)다. 전자는 그 출처가 하나님이고, 후자는 세상이다. 이 양자 사이의 중간 그룹은 있을 수 없다.

(2) 자녀

요한서신에서 신자를 지칭하는 어구로는 '하나님의 씨'와 '자녀(τέκνα)', '작은 자녀(τεκνία)', '아이(παιδία)' 등이 있다. 또한 요한일서에서는 회중 전체를 아이들/아비들/청년들이라는 한 조의 말로 표현하기도 한다(요일 2:12-14). '씨'라는 단어는 요한복음에서 '다윗의 씨'(요 7:42) 또는 '아브라함의 씨'(요 8:33,57)라는 표현으로 신자를 가리키는 말로 사용된 것인데, 서신에서도 '하나님의 씨'(요일 3:9)라는 말로 이를 표현한다. 요한일서에서는 '작은 자녀들'은 저자가 독자를 부르는 호칭으로, 즉 저자의 영적 자녀들(요일 2:1,12,28; 3:7,18; 4:4; 5:21)을 지칭하는 경우에만 쓰였다. '아이들'은 예수가 제자에 대한 호칭으로 사용한 말로서(요 21:5), 요한일서는 저자가 독자를 부를 때 사용한다(요일 2:14,18). 요한이서에서는 부인으로 인격화된 교회의 구성원들을 '자녀'라고 한다(요이 1:1,4,13).

요한일서 2:12-14에 있는 아이들/아비들/자녀들(청년들)은 한 조를 이루는 신자를 지칭한다. 신자들은 첫째, 예수를 통하여 죄를 용서 받았다(요일 1:12). 둘째, 신자들은 하나님(또는 그리스도)과 인격적 교제를 나누고 있다(요일 2:13a,14b). 셋째, 신자들은 악한 자와 싸워 이미 승리했다(요일 2:13b,14c). 요한서신은 신자를 집단적 개념이 강한 '성도', '이스라엘', '하나님의 백성'보다 가족적 친밀함이 강조된 자녀/작은 자녀/아이/하나님의 씨/아이-아비-청년으로 호칭한다. 이러한 것들은 모두 '하나님의 자녀'라는 어구와 개념에서 근원한 것들로서 하나님과 신자간의 부자 관계 또는 신자 상호간의 가족 관계를 전제로 형성된 어구들이다.

(3) 사랑하는 자들

요한서신은 신자를 한 동아리의 구성원 또는 가족 구성원으로 취급한다. 이러한 용어들로는 '사랑하는 자들', '형제들', '친구들'이 있다. 요한서신에 신자를 호칭하는 단어로서 자주 등장하는 것이 '사랑하는 자들' 또는 '사랑하는 자'다. '아가페토스(ἀγαπητός)'라는 형용사는 '사랑하다'라는 동사의 수동형에서 파생된 단어로서 그 뜻은 '사랑받는'이다. 요한일서에서는 모두 복수로 신앙공동체를 지칭할 때 사용되었고(요일 3:2,21; 4:1,7,11), 요한삼서에서 개인을 호칭할 때 단수로 사용되었다(요삼 1:1,2,5,11). '사랑하는 자'라는 말은 초대교회에서 설교를 듣는 청자를 호칭할 때 자주 사용되었다. 요한일서의 '사랑 받(하)는 자들'은 요한복음에 사용된 '예수의 사랑하는 제자'(요 13:23)에 그 신학적 기초를 두고 있다. '사랑받는 자들'은 사랑하는 제자를 모델로 한 하나님의 사랑받는 제자공동체를 의미한다.

(4) 형제들

형제라는 단어는 요한복음에 14번 나오는데, 대부분 피를 나눈 형제를 가리키는 데 사용된다. 그런데 이 단어가 복수로서 신앙공동체를 지칭하는 용어로 사용된 경우가 두 번 있다(요 20:11-18; 21:23). 이러한 용법은 요한서신에도 계속된다(요일 3:13; 요삼 1:3, 5 참조). 요한서신의 '형제' 이해에서 독특한 것은 요한서신에서는 각 신자가 하나님께로부터 자녀로 태어났기 때문에 그 결과 신자 상호간에 서로 형제가 된다는 사상이 그 배경에 깊이 깔려 있다. 또한 이러한 아버지와 아들의 관계는 하나님과 예수의 관계를 모델로 한 것으로 하나님과 신자의 관계에도 유추된 것이다(요 20:17).

(5) 친구들

요한복음과 서신에서 형제들의 또 다른 이름은 친구들이다. 요한삼서 저자는 형제들이라고 호칭했던 독자들을(요삼 1:3,5) 곧이어 친구들이라 부른다(요삼 1:15). 친구들이 신앙공동체라는 의미로 사용된 것은 예수와 바울이 각각 그의 제자들을 '친구들'이라고 부른 데 나타난다(눅 12:4; 행 27:3). 요한복음에도 친구들이 제자 무리를 지칭하는 데 사용된 경우가 있다. 예수는 '형제들'과 비슷한 의미로 그의 제자들을 '친구들'이라고 부른다(요 15:13-14). 이러한 용례는 요한서신에도 계속된다. 요한삼서에서 저자는 편지의 수신자 그룹과 발신자 그룹을 모두 친구라고 부른다(요삼 1:15).

2) 하나님과 신자의 관계를 표현한 용어들

(1) 거하다

헬라어 동사 '거하다(μένω)'는 처음에는 어느 고정된 장소에, 특정한 시간에 머물러 있다는 의미로 쓰이다가 후에는 인격체 상호간의 '유대를 끊지 않고 지속하다'라는 의미로까지 확대되었다. 이 단어는 전형적인 요한적 어휘로서 요한문서에서 전치사 '엔(ἐν)과 결합하여 특정한 신학적 의미를 띤다. 복음서와 서신에서 이 구절은 하나님(예수)-신자간의 내재를 표현하는 중요한 어구다(요 15:4 이하; 요일 2:24,28). 이 어구는 요한서신에서 하나님과 신자 관계의 친밀성을 나타내는 최고의 표현 중의 하나다. 그런데 이 어구를 신비주의적 연합으로 보는 것은 잘못인데, 그 까닭은 이 어구가 '형제 사랑' 또는 '계명을 지키는 것'과 연관되어 있기 때문이다(요 15:10,12,17; 요일 3:16 참조). '거하다'라는 문구는 하나님과 신자의 내재적 친밀성을 나타나는 요한의 독특한 신학이다.

(2) 알다

요한서신에서 '알다(γινώσκω)'라는 동사는 어떤 사물에 대한 정보를 갖고 있다는 뜻보다는 신학적인 의미로 인격체 상호간의 친밀한 유대관계를 나타내는 말이다(요일 2:3b; 2:4,13,14). 이는 전형적으로 요한적인 것이다. 인간 편에서 보면 '하나님(예수)을 안다'는 것은 하나님과 관계를 맺는 것, 즉 하나님을 믿는다는 말이 된다(요일 4:16). 하나님(예수) 편에서 보면 하나님이 사람을 안다는 것은 하나님이 신자와 깊은 사귐을 나눈다는 뜻이다.

요한서신에서 '알다(γινώσκω)'라는 동사는 희랍적 의미에서의 머리로 아는 것, 또는 지적으로 아는 것을 의미하지 않는다. 이 말은 히브리어 '야다(ידע)'에 해당하는 말로 지적으로만 아는 것이 아니라 체험과 경험을 통해 아는 것, 또는 관계와 교제를 통해 아는 것을 말한다. 하나님의 나라는 하나님과의 인격적인 관계를 통해 사귐을 나누는 세계요 그러한 삶이 바로 영생이다. 그런 의미에서 이 용어를 소위 '요한의 영지주의(Johannine Gnosticism)'라고 말하는 것은 적절치 않다.

하나님을 아는 자는 그에 따른 윤리적 행동이 나온다. 그의 계명을 지키고(요일 2:3-4), 하나님과 형제를 사랑한다(요일 4:7). 그러므로 그리스도인의 윤리를 행치 않는 자(요일 3:6), 사랑하지 않는 자(요일 4:8)는 하나님을 알지 못하는 자다. 한 가지 주의해서 볼 점은 요한복음과 서신에는 '기노스코'라는 동사는 56회 사용된 데 반해, '그노시스(γνῶσις)'라는 명사는 전혀 사용되고 있지 않다는 것이다. 이는 요한문서 저자가 영지주의적인 용어인 '영지(그노시스)'를 배격한 데서 기인한 것 같다.

(3) 빛 안에서 행하다

영지주의는 '빛(φῶς)'과 '어두움(σκοτία)'이라는 비유를 많이 사용한다. '빛의 종교'라고 할 수 있는 영지주의는 빛과 어두움이 같은 힘으로 서로 대립하는 것으로 나타나는 반면, 구약과 쿰란에서 이 비유는 윤리적인 행동에 관계되어 사용된다. 전자가 형이상학적 이원론을 바탕으로 한다면 후자는 윤리적 이원론에 근거하고 있다. 요한문서도 빛과 어두움의 이원론 구조를 사용하는데, 그 배경으로서 가장 가까운 것은 구약과 쿰란 문서다. 구약에서는 어두움이 거짓과 악을 상징한다면, 빛은 진리 혹은 의를 나타낸다(창 1:3-5;

시 119:130; 사 5:20; 미 7:8b). 쿰란문서는 하나님을 '완전한 빛'으로 표현하며, '빛의 자녀들'과 '어두움의 자식들'이라는 용어를 사용하여 각각 선과 악을 행하는 원천으로 묘사한다.

이와 같은 배경하에서 요한서신은 빛과 어두움의 상반되는 개념을 통해 하나님과 예수의 본질을 설명한다. 하나님은 '빛'이시다(요일 1:5). '참 빛'(곧 예수; 요 1:9; 8:12)이 벌써 비추고 있다(요일 2:8). 요한서신에는 쿰란 문서와 같이 '빛의 아들들' 또는 '어두움의 자식들'이라는 용어는 나오지 않지만 '하나님의 자녀'와 '마귀의 자녀'라는 표현이 같은 의미를 지닌다(요일 3:10). 한 걸음 더 나아가 요한서신은 다음과 같은 빛과 어두움의 비유를 윤리적 행동과 연관시키고 있다. '빛 안에서 행하다'(요일 1:7), '빛 안에 거하다'(요일 2:10), '빛 안에 있다'(요일 2:9), '어두움 안에 있다'(요일 2:9,11), '어두움 속에서 행하다'(요일 2:11). 요한서신은 이러한 빛의 비유를 윤리적 삶과 상관없이, 어떤 사람을 득도의 길로 이끄는 신자 안에 있는 내적 빛이란 의미로 사용하지 않는다. 요한은 '빛 안에서 행한다'라는 문구를 하나님으로부터 태어난 하나님의 자녀의 행동이고 그것을 형제 사랑과 연결시켜 사용한다.

(4) 진리 안에서 행하다

'진리'라는 단어는 신약에 109회 나오는데, 그 중 절반이 요한문서에 나온다. 요한복음에서는 기독론적 칭호(요 14:6)로도 쓰이고, 특히 서신에서는 복음서의 내용을 전제로 이 단어가 예수 그리스도 안에서 또는 그를 통하여 계시된 진리라는 것을 의미한다(요일 1:8; 2:4,21; 요이 1:1-2). 요한서신에서는 여기서 파생된 것으로 '진리를 행하다'(요일 1:6) 또는 '진리 안에서 행하다'(요이 1:4; 요삼 1:3-4)라는 숙어가 나오는데, 이것은 진리의 내적인 원리에서 흘러나오는 행동을 말하며 위에서 언급한 '빛 안에서 행하다'와 비슷한 의미로 쓰였다.

3) 기독론적 칭호들

요한일서의 중요한 목적은 우리가 성부 및 성자 하나님과 교제(사귐)하고 생명을 갖게 함에 있다. 이 짧은 서신에도 예수님에 대한 여러 칭호들이 나타난다. 가장 많이 나오는 칭호는 '하나님 아들'(요일 3:8; 4:15; 5:5,10,12,13,20)이다.

먼저, '말씀' 칭호이다. 예수님은 '생명의 말씀'(요일 1:1)이다. 거짓을 행하는 자는 '말씀이 없다'(1:10). 즉 그리스도가 없다는 말이다. '독생자'(요일 4:9) 칭호는 오직 요한의 저작에만 나타난다(요 1:14,18; 3:16,18). 이 칭호는 성자 예수님과 성부 하나님과의 독특한 관계를 드러낸다. 성부께서 이런 아들을 오직 우리를 향한 사랑의 연고로 우리를 위하여 세상에 보내셨음을 강조한다. 또한 예수님은 '대언자'(요일 2:1)다. '대언자'는 요한복음(14:16,26; 15:26; 16:7)에서 성령님을 지칭하는데, 하늘에 계신 영광의 예수를 이 이름으로 부르는 것은 단 한 번 요한일서에만 나타난다.

본서에서 '그리스도'라는 칭호는 '예수'와 더불어 나타나거나(1:3; 2:1,23; 4:2; 5:6, 20) 또는 독자적으로 나타난다(2:22; 5:1). 그런데 독자적으로 나타나는 경우 '예수는 그리스도다'라는 고백적 문구 속에서 나타난다. 그리스도는 '기름부음을 받은 자'라는 뜻을 지닌 히브리어 '메시아'의 번역이다. 요한일서는 예수가 그리스도라는 고백을 아주 강력하게 변호하고 증거한다. 이것은 요한일서의 저작 배경에 이를 부인하는 일단의 무리들이 있었기 때문으로 보인다. '예수는 그리스도'라는 고백은 요한일서의 기독론을 대변한다고 할 수 있다.

또한 예수는 '구주'(요일 4:14; 요 4:42)시다. 요한 당시에는 로마 황제도 이 이름으로 불렸다. 그러나 이런 이방적 배경에서 예수를 구주로 부른 것은 아니다. 구약에서 이스라엘을 대적의 손에서 해방시킨 사사(삿 3:9,15)나 하나님이 구원자로 불렸다. 예수는 우리의 죄와 마귀로부터 건지시고 우리를 살리신다. 이 칭호 또한 속죄 사역과 관련되어 있다. 마지막으로 예수는 하나님이시다(요일 5:20). 이는 요한복음 말미에서 도마가 한 고백을 연상시킨다(요 20:28). 예수는 하나님의 완전한 계시 곧 하나님이시다. 요한일서는 예수가 하나님의 아들이요, 하나님의 말씀이며, 세상의 구주로서 하나님이심을 분명하게 밝히고 있다.

한편 우리의 대언자인 예수 그리스도는 우리 죄를 위한 '화목제물'(ἱλασμος, 요일 2:2; 4:10)이시다. 이 표현은 오직 요한일서에만 나타난다(롬 3:25[ἱλαστήριος]의 화목제물은 동일한 헬라어가 아님). 이는 예수의 피가 우리를 모든 죄에서 깨끗하게 하신다는 뜻이다(요일 1:7). 구약의 속죄 제사에서 연유한 이 용어는 그리스도께서 우리와 세상을 위하여 제사장으로서 당신 자신을 속죄의 제물로 바쳤다는 말이다. 이 속죄 사역은 사탄을 향한 엄청난 종말론적 투쟁이다(2:13; 3:8; 5:18). 부활하신 주님은 지금도 이 투쟁을 계속하고 계신다. 이 때문에 중간 시대를 살고 있는 우리는 긴장 중에 살아가는 것이다. 예수 안에서 이미 시작된 승리가 재림 때 완성될 것을 우리는 주님과 주님의 사역을 보증으로 삼아서 확신한다.

4) 적그리스도

요한서신에는 이후 교회사에서 큰 역할을 하게 될 용어가 나온다. 이 용어는 예수의 칭호가 아니라, 그를 부인하는 자들에게 붙여진 칭호, 즉 '적그리스도'(요일 2:18,22; 4:3; 요이 1:7)다. 예수가 그리스도임을 부인하는 자는 '적그리스도'다. 이 적그리스도들(복수, 요일 2:18)은 교회로부터 나간 자들이다(요일 2:19). 이들은 예수께서 그리스도임을 부인하는 자요, 이로 인하여 아버지와 아들을 부인하는 거짓말쟁이들이다(요일 2:22). 즉 예수를 시인하지 않는 영 곧 예수가 육으로 오신 것을 시인하지 않는 영은 적그리스도의 영이다(요일 4:2-3). 적그리스도에게는 하나님 아버지가 없다. 이들에게는 성부와 사귐이 없으며(요일 1:6), 어두움 가운데 행하고 거짓말을 하며 진리를 행치 않았다. 이 모든 거짓은 진리에서 나지 않는다.

요한일서에 나타나 있는 적그리스도인들의 모습은 다음과 같다. (1) 사랑을 행하지 않는다(2:9-11; 4:20-21). (2) 그리스도의 인성을 부인한다(2:22; 4:2-3; 5:5-6). (3) 교회의 신앙과 다른 신앙을 가지고 갈등을 일으키는 세력들과 연대한다(2:15-16; 4:5-6). (4) 악의 무기며(3:8), 심지어 말세의 적그리스도다(2:18-23). 왜냐하면 그들은 모교회의 가르침을 따르지 않기 때문이다(4:6). (5) 하나님을 알고 사랑한다고 주장하며 신앙을 실천한다고 주장하지만, 사실상 그렇게 하지 않는다(1:6; 2:9). (6) 사망에 이르는 죄를 범했으며(5:16), 그럼에도 그들은 죄로부터 해방되었다고 주장한다(1:6-10; 3:3-6). (7) 도덕적 제한 없이 부도덕한 삶을 산다(3:4-10).

5. 요한복음과 요한서신과의 관계

요한복음과 요한서신은 각각 복음서와 서신이라는 다른 장르의 작품이지만, 용어와 신학을 공유하여 '요한문헌(Johannine literature)'이라는 이름으로 하나로 묶일 수 있다. 요한문헌은 상호 유사성과 상이점이 있다. 전통적으로 요한문헌 사이의 용어와 신학의 유사성을 들어 요한문헌이 동일한 저자에게서 유래되었다는 것으로 설명했지만, 현재는 한 학파 내의 작품이라고 설명된다. 요한복음과 요한서신의 신학적 관점의 상이성은 요한공동체 내외부의 상황의 변화와 연관이 있을 것이다. 복음서가 기록된 상황이 요한공동체가 회당과의 갈등 관계를 반영한다면, 서신(요한일서를 예를 들면)이 기록될 당시에는 공동체 내부에서 기독론과 윤리에 대한 갈등의 상황이 주요 변수로 떠오르게 된다.

요한문헌은 그 용어와 신학 면에서 신약의 다른 부분에 비해 독특하다. 그런데 요한문헌의 독특성은 다른 신약 문서와 병립하지 못할 괴상함이 아니라 1세기 말의 다양한 기독교의 한 지류의 특성을 보여준다. 요한문헌과 바울서신 또는 히브리서를 비교해도 마찬가지다. 요한문헌은 그리스도와의 연합을 강조한다는 측면에서 바울서신과 상당히 가깝고, 예수 그리스도의 선재사상과 그리스도 중심적 교회론에서 히브리서와 유사하다. 한마디로, 요한문헌은 1세기 말 기독교의 한 지류에서 독특하게 형성된 문서로서 공관복음과 바울서신과 함께 신약의 주요 부분이며 신약 신학을 형성하는 한 축이라고 말할 수 있다.

(1) 요한계시록(Revelation)

1. 들어가는 말

신구약성경 마지막 책인 요한계시록은 지난 2천 년 동안 빗나간 해석으로 인해 숱한 오해를 가져왔고, 이단 사이비 종파들에 의해 악용되어 왔다. 아래에서 이 책에 대해 자세하게 다루겠지만 우선 계시록을 대하면서 꼭 기억해야 할 세 가지를 제시하면 다음과 같다.

첫째, 현재의 계시록은 계시 받은 말씀을 한 순간에 급히 받아 적어 출판된 책이 아니라, 오랜 세월에 걸쳐서 전승되고 다듬어져 세상에 나온 책이라는 사실이다. 따라서 계시록에는 신학적 발전과정이 내포되어 있다. 즉 가운데 부분(4-20장)과 비교하여 처음(1-3장)과 마지막 부분(21-22장)의 신학적인 차이가 있다.

둘째, 겉보기에 계시록은 구조도 복잡하고, 이해하기 어려운 난해한 책으로 생각하기 쉽다. 그러나 계시록은 오랜 숙고를 통해 나온 책이기에 분명하고 정교한 구조로 되어 있고, 철저히 구약적 배경하에 기록된 책이자 묵시문학적 특징을 가진 책이라는 사실을 감안해서 살펴보면 충분히 이해가 가능한 책이라는 사실이다.

셋째, 계시록은 세상 종말에 관해 예언한 책이 아니라는 사실이다. 즉 계시록은 앞으로 2천년 후인 21세기에 일어날 일을 미리 내다보고 쓴 책이 아니다. 계시록은 주후 1세기 황제 숭배를 강요하는 박해와 순교 상황에서 '황제에게 충성할 것이냐 예수께 충성할 것이냐' 하는 선택의 갈림길에서 황제 숭배를 거부하고 순교로서 예수 신앙을 지켜내 신앙의 승리자가 되도록 격려하기 위해서 쓰여진 책이다. 이를 오늘 21세기로 환원해서 말한다면 황금만능주의 시대인 오늘날 계시록은 우리 삶의 기준(가치관)이 '황금이냐 예수냐' 선택하라고 결단과 도전을 요청하는 책으로 다시 재해석하여 읽을 수 있다. 따라서 계속되는 역사 속에서 언제든지 신앙의 위기 상황에 직면할 때마다 계시록은 재해석을 통해 신앙적 메시지를 던져주는 계시의 책이다.

2. 저자 문제

다섯 권의 '요한문헌(요, 요1, 2, 3, 계)'의 저자 문제는 너무나도 복잡한 문제이다. 이 문제에 대해 여러 경우의 수를 상정해 보자. 먼저, 요한문헌 전부는 사도 요한이 썼다는 주장, 둘째, 요한복음만을 사도 요한이 썼고, 나머지는 사도 요한의 제자인 요한학파가 썼다는 주장, 셋째, 요한계시록은 사도 요한이 썼고, 나머지는 요한학파가 썼다는 주장, 넷째, 요한복음과 요한서신을 사도 요한이 썼고, 요한계시록은 요한학파가 썼다는 주장, 다섯째, 요한문헌 모두가 요한학파가 썼다는 주장이다. 요한문헌 전부를 사도 요한이 썼다고 말하면 속 편하다. 그런데 어떤 상황 속에서도 진리를 말해야 하는 학자적 양심에 따라 필자의 연구 결과를 말하면 다음과 같다.

오랫동안 비평학자들은 요한복음과 요한계시록이 문체적, 언어학적 차이뿐만 아니라 신학적 차이가 너무 현저하기 때문에 동일한 저자가 두 작품 모두를 저술할 수 없다는 사실에 일치해 왔다. 19세기 말에 이르렀을 때, 비평학자들 중에 요한계시록의 저자와 요한복음의 저자가 동일 인물일 수 없다는 거의 만장일치의 합의가 이루어졌다. 그리고 최근의 경향은 다섯 번째 주장을 선호하는 쪽으로 기울어지고 있다. 그런데 필자의 견해는 두 번째 주장을 선호한다. 그 까닭을 양서(兩書)의 유사성과 상이성에 근거하여 간단히 말하면 이렇다.

먼저, 양서의 유사성을 세 가지로 살펴보면, 첫째, 양서가 철저히 구약 전승에 기초하고 있다는 점, 둘째, 양서는 문자적 또는 사실적 표현 방식보다 상징적 표현 방식을 사용하고 있다는 점, 셋째, 양서가 기독론을 중심으로 전개하고 있다는 점이다.

다음으로, 많은 상이성 가운데 특별히 짚고 넘어가고자 하는 일곱 가지만 살펴보면 다음과 같다.

첫째, 실명을 사용하기 어려운 묵시문학적 상황에서 요한복음은 '예수께서 사랑하시는 제자(애제자)'라는 익명을 사용하고 있고, 필자의 연구 결과에 따르면 그는 사도 요한이다. 반면에 계시록은 '요한'이라는 이름을 사용하고 있는데, 이는 실명이라기보다는 묵시문학적 상황에서 의도적으로(문서 보존과 신변 보호) 사용된 가명으로 보인다. 계시록의 저자는 사상적으로 요한학파에 속한 인물이라는 것이 필자의 생각이다.

둘째, 85-100년 사이에 나온 것으로 추정되는 양서는 한순간에 쓰여진 책이 아닌 오랫동안의 사색과 수정을 통해 정교하게 체계화된 책이다. 따라서 한 사람이 동시대(요한복음은 90년 전후, 계시록은 95년 전후)에 양서를 동시에 썼다고 보기는 어렵다. 계시록보다 후대일 가능성이 더 많은 요한복음이 오히려 (묵시)사상적인 면에서 더 발전된 모습을 보여주고 있다(아래 '변주된(실현된) 묵시문학으로서의 요한문헌'을 참조할 것).

셋째, 요한복음은 북왕국 전승(출애굽기, 신명기, 호세아서를 주로 사용)의 특징인 모세적(예언적) 메시아상과 말씀(말씀되신 예수 및 성전을 대체한 예수)을 강조하고, 갈릴리 지향적(예루살렘[13회]보다 갈릴리[17회] 어휘를 더 많이 사용)인 이미지를 띠고 있다. 이에 반해 계시록은 남왕국 전승(에스겔서, 다니엘서, 스가랴서를 주로 사용)의 특징인 다윗적(왕적) 메시아상과 성전(성전의 회복)을 강조하고, 예루살렘 지향적(계시록에는 '갈릴리' 어휘가 나오지 않음)인 이미지를 띠고 있다.

넷째, 사고구조에 있어서의 결정적 차이이다. 계시록은 묵시문학의 특징인 이원론적 사고구조(선악의 극단적 이분법), 즉 천상에서의 하나님과 사탄의 전쟁, 지상에서의 교회와 짐승 마귀와의 전쟁, 인 맞은 자의 구원과 땅에 거하는 자들에 대한 심판 및 철저한 응징이라는 이원론적 사고구조가 뚜렷하다(계 12-13장). 이에 반해 요한복음에서는 이미 이원론적 사고를 넘어선, 즉 모든 것이 하나님의 주권 아래 종속된 일원론적 사고구조로 되어 있다.

다섯째, 계시록은 사랑과 평화의 사도 요한의 모습과는 대조적으로 선악의 극단적 이분법의 자연적 결과인 전쟁, 심판, 응징과 같은 폭력적 표상들로 가득하다. 이에 반해 요한복음에는 사랑과 평화의 사도에 걸맞게 폭력을 철저히 배제하고 있으며, 전쟁이라는 어휘가 단 한번도 나오지 않는다.

여섯째, 숫자 상징코드를 사용함에 있어서 완전수인 7의 경우 계시록은 할 수만 있으면 많이 사용(60회 이상)하려고 하는 데 반해, 요한복음은 자체 안에 숫자 7과 관련된 것이 참으로 많이 들어 있으나 드러내어 사용하는 경우는 단 한 번(요 4:52)뿐이고 나머지는 철저히 은폐시키고 있다. 뿐만 아니라 계시록은 '4중어(나라와 족속과 백성과 방언)'를 비롯하여 숫자 4를 많이 사용하고 있는 데 반해, 기본적으로 요한복음은 숫자 4를 거의 사용하지 않는다.

일곱째, 계시록은 '이방인'과 관련된 용어를 다양하게 사용하고 있는데 반해, 요한복음은 모든 이가 복음 앞에서 동등하다는 의미에서 '이방인'이라는 말을 사용하지 않는다.

이상의 연구 결과에 따라 요한복음은 사도 요한이, 계시록은 요한학파의 인물이 썼다는 것이 필자의 생각이다. 그런데 좁게 보면 요한문헌의 저자가 각각 다를 수 있다고 볼 수도 있으나, 넓게 보면 요한문헌은 사도 요한의 사상적 영향 아래 있는 스승과 제자 사이라는 '요한학파'의 산물이라고 볼 수 있다. 아무튼 지금까지 주장되어 온 본서의 저자를 크게 셋으로 나누어 살펴보자.

1) 사도 요한설

전통적으로 본서는 세베대의 아들 사도 요한이 저자라고 주장되어 왔다. 본서의 저자는 자신의 이름이 '요한'이라고 네 번 말한다(1:1,4,9; 22:8). 여기서 말하는 '요한'을 사도 요한으로 본 것이다. 또한 사도 요한이 말년에 로마 제국 제10대 황제인 도미티안(주후 81-96년) 시대에 밧모섬으로 유배당했던 사실에 근거하여 스스로를 복음 증거로 인해 유배당한 자라고 밝히고 있는 점(1:9)과 잘 조화된다는 것이다(참고로 밧모섬은 에베소 동쪽 90Km에 위치해 있으며, 면적은 34Km², 길이 16Km, 너비 10Km로, 울릉도 면적[72.99Km²]의 약 절반 정도의 크기이다).

사도 요한이 본서의 저자라는 외적 증거는 주후 155년에 기록된 '순교자 저스틴(Justin, the Martyr)'의 《대화》에서 최초로 발견된다. 그 후 이레니우스(Irenaeus)는 사도 요한이 요한계시록의 저자일 뿐만 아니라 요한복음과 요한 서신들의 저자로 보았다. 이 밖에도 알렉산드리아의 클레멘트(Clement of Alexandria), 히폴리투스(Hippolytus), 오리겐(Origen) 등이 사도 요한을 본서의 저자로 언급하였다.

내적 증거로는 본서가 묵시문학서로서 지니는 독특성과 그 기본 주제의 현격한 차이에도 불구하고 요한문헌 간에는 다음과 같은 많은 유사점들이 발견된다. (1) 그리스도를 하나님의 말씀으로 표현한 점(요 1:1-18; 요일 1:1; 계 19:13), (2) 그리스도를 어린 양으로 묘사한 점(요 1:29,36; 계 5:6; 13:8; 21:22; 22:1), (3) 그리스도의 선재성을 언급한 점(요 1:1; 8:58; 요일 1:1; 계 22:13), (4) 사탄의 활동을 강조한 점(요 8:44; 13:2; 14:30; 요일 2:18,19; 4:1-6; 요이 1:7; 계 2:10; 12:7-17; 20:1-10), (5) 성도의 궁극적 승리를 강조한 점(요 16:33; 요일 5:4,5; 계 7:1-17; 20:4; 22:14), (6) 그리스도를 '목자'로 부르고 있는 점(요 10:11; 계 7:17), (7) '생명수'라는 어휘가 언급된 점(요 4:14; 계 7:17; 12:6; 22:17), (8) 신약성경에서 '거함(σκηνόω)'이라는 어휘가 양서에서만 언급된 점(요 1:14; 계 7:15; 12:12; 13:6; 21:3) 등.

한편 오리겐의 제자인 알렉산드리아의 감독 디오니시우스(Dionysius)는 주후 250년경 본서의 사도 요한 저작설에 의문을 제기하였다. 그는 요한복음과 요한 서신들 등에는 저자의 이름이 밝혀져 있지 않으나 본서에는 밝혀져 있는 점과 요한복음 및 요한 서신서 등에는 그 내용 및 문체에 있어서 상호 유사점이 발견되나, 본서에서는 공통점이 거의 발견되지 않는다고 주장하면서 본서의 사도 요한설을 부정하였다.

2) 장로 요한설

사도 요한과 구별되는 장로 요한이라는 인물에 대한 지식은 히에라폴리스의 파피아스가 한 것으로 돌려지는 유세비우스의 진술(주후 약 120년에 기록)에 근거한다. 유세비우스는 제자 요한과 장로 요한을 구별하고 전자를 복음서의 저자로, 후자를 요한계시록이 저자로 간주했다. 헹엘(Hengel)은 장로 요한이 주후 68-70년에 본서를 저술했지만, 주후 1세기에 그가 사망한 후 그의 제자들에 의해 개정되었다는 제안을 했다.

3) 가명설

본서의 저자가 가명(위명)으로 자신을 요한과 동일시하고 있다고 보는 주장이다. 본서의 저자는 소아시아 교회에 이미 잘 알려진 인물이며, 그 교회들이 직면한 여러 상황을 잘 알고 있는 권위 있는 사람이었을 것이다. 그는 소아시아 지역에서 권위 있고 신망이 두터운 요한의 이름을 빌려 그 당시 신앙적 위기에 처한 소아시아 교회들에게 위로와 경고를 하고자 이 책을 썼다는 것이다.

본서의 저자 문제를 요약해 보자. 본서는 장르상 묵시문학이다. 그러므로 '요한'이라는 이름이 가명이라고 보는 것은 논리상 자연스럽다. '요한'이라는 이름이 본서의 기초 구성 부분(1:1-3:21; 22:6-21)에만 나오고 주요 부분(4:1-22:5)에는 나오지 않는다는 사실은 매우 인상적이다. '요한'이라는 헬라어 이름 '요안네스('Ιωάννης)'는 히브리 이름 요하난(יוחנן)으로 '여호와는 자비하시(셨)다'는 의미를 갖고 있는데, 이 이름은 고대 유대인들 중에서 비교적 흔한 것이었다. 따라서 본서에 이 '요한'이 사도 요한이라고 추정할 만한 충분한 내적 증거는 없다. 그는 자신이 사도이거나 예수의 제자라고 주장하지 않는다. 본서의 저자에 대해서는 단순히 '묵시가(또는 환상가) 요한'이라고 부르는 편이 좋을 것 같다.

본서가 가명이든지 그렇지 않든지 간에, 이 저자가 '팔레스타인 출신의 디아스포라 유대인'이라는 사실을 시사하는 강력한 증거가 있다. (1) 저자는 구약성경에 매우 정통하여 100회 이상 구약성경을 언급하는데 그 중 많은 언급들은 구약성경의 히브리어 본문(마소라 본문)에 대한 지식을 나타내고, 또한 헬라어 구약성경 역본들(70인역)에 대한 친숙성도 시사한다. (2) 저자는 초기 팔레스타인 유대교에서 발생한 묵시문학 양식 유형을 사용하여 기술한다. (3) 저자는 유대인의 성전과 예루살렘의 제사의식을 익히 알고 있으며(8:3-4; 11:1-2,9), 아마 주후 70년 이전의 예루살렘의 지형도 잘 알고 있는 것 같다(11:8 참조). (4) 저자는 독특한 셈어식 헬라어 형태로 기술하는데, 이 점은 분명히 그가 헬라어를 모국어로 하여 자라난 사람이라기보다는 아람어와 아마도 히브리어를 선천적으로 사용한 사람이라는 것을 나타낸다. (5) 이 사실은 역으로 저자가 팔레스타인 유대인으로, 아마 주전 66-73년의 첫 번째 유대 반란 직후 팔레스타인을 떠난 피난자라는 견해를 강력하게 뒷받침한다(행 8:1; 11:29).

3. 저작 연대 및 저작 장소

본서의 저작 연대에 대해서는 두 가지 주장이 있다. 그 하나가 주후 54-68년 어간,

곧 예루살렘 함락 이전 저작설과 주후 95-96년, 곧 예루살렘 함락 이후 저작설이다. 전자를 초기 저작설이라고 하고, 후자를 후기 저작설이라고 한다. 그런데 본서의 저작 연대를 정하는 문제에 있어서 고려해야 할 점은 본서의 문학 구조와 구성에 관한 문제이다. 본서는 다른 모든 고대 묵시록의 구조보다 복잡하고 난해하다. 이 구조의 복잡성은 본서가 몇 일, 몇 주 또는 몇 달에 걸쳐 쓰여진 것이 아니라 여러 해에 걸쳐 저술하고 수정하고 편집된 작품임을 시사한다. 그리고 현재의 문학 형태를 이루기까지 비교적 긴 기간(12년에서 20년)이 필요했고 여러 구성 단계를 거쳤다는 사실이다. 크게 두 주요 단계로 나누어 '제1판(First Edition)'과 '제2판(Second Edition)'으로 부르고자 한다.

제1판은 대략 1:7-12a과 4:1-22:5로 이루어졌고 철저하게 '묵시적'이다. 그리고 제1판은 익명이었거나 가명이었을 수도 있다. 제1판은 대략 주후 50년대와 60년대에 작성되어 약 주후 70년경(68년에서 74년까지)에 편찬된 것으로 보인다. 그리고 제1차 유대인 폭동의 원인이 된 사건들과 그 이후의 사건들(주후 66-73년)이 이 묵시 기록의 발생 배경을 제공했을 것이다.

제2판은 1:1-3(표제), 1:4-6(서신의 서론과 송영), 1:12b-3:22(높임을 받으신 그리스도의 위임 환상과 일곱 교회에 보내는 구술 선언들), 22:6-21(결론의 발문과 서신의 결론), 그리고 몇 가지 부연들이 추가되었고 강하게 '예언적'이다. 제2판은 주후 1세기의 마지막 10년 동안, 또는 아마 세기가 바뀌었던 트라얀의 통치(주후 98-117년) 이후에 완성되었을 것이다. 제2판은 제1판과 현저하게 다른 신학적 성격을 나타낸다. 이 차이는 제2판에 반영된 기독론의 발전들에서 명백하게 드러난다. 왜냐하면 유대교에서 주로 하나님을 나타내는 칭호들과 속성들이 영광의 그리스도에게 적용되기 때문이다. 따라서 본서의 저작 연대는 두 시기를 동시에 고려해야 할 것이며, 최종 편집은 90년대 말경으로 추정할 수 있다.

한편 많은 학자들은 본서의 저작 시기를 로마 제국이 기독교를 극심히 박해하던 도미티안 황제 시대(Domitianus, 81-96년)의 말기로 보고 있다. 이에 대한 근거는 다음과 같다. 리용(Lyons)의 주교였던 이레니우스가 그의 저술에서 다음과 같이 기록하였기 때문이다. "요한계시록은 오랜 옛날이 아닌 바로 도미티아누스 치세 때에 기록되었다. 요한은 도미티아누스에 의해 밧모섬에 유배되어 있었다."

이밖에 클라우디우스, 네로, 베스파시아누스의 기독교 박해가 비교적 각 황제들의 개인적인 이유에서 비롯된 것이었던 반면, 도미티아누스의 기독교 박해는 황제 숭배 정책이 로마 정부의 본격적인 정책이 됨에 따라 보다 공적이고 대대적인 성격을 지닌 박해였음도 본서의 저작 연대를 도미티아누스 치세 당시로 보는 견해를 지지해 준다. 그러나 사실 요한이 본서를 썼을 당시 요한이 예언한 전면적인 기독교 박해는 아직 일어나지 않고 있었다. 비록 그때에도 순교는 있었지만(2:13; 6:9-10; 16:6; 17:6) 교회들에 보내진 일곱 개의 메시지를 살펴볼 때 박해는 아직 산발적이고 지역적인 수준에 그쳐 있었다.

한편 새 예루살렘의 열두 기초석을 묘사하면서, 저자는 그 위에 "어린 양의 십이 사도의 열두 이름"이 새겨졌다고 말한다(21:14). 이 구절은 본서의 연대를 밝혀주는 중요한 단서가 된다. '십이 사도'를 일컫는 '호이 도데카 아포스톨로이(οἱ δώδεκα ἀπόστολοι)' 어구는 마태복음 10:2에서만 매우 유사한 어구로 나온다. 이 어구의 가장 초기 출현이 주후 80년 이전이 아니기 때문에 본서에 나오는 동일 어구는 1세기 초기보다는 후기를 시사한다. 따라서 본서의 최종 저작 연대는 주후 95-96년경으로 볼 수 있다. 본서의 저작 장소로는 본서 1:11(2-3장)에 근거하여 에베소 근처에 있는 소아시아 일곱 교회 가운데 한 교회에서 기록되었을 가능성이 있다.

4. 본서의 구조와 내용

본서는 1:19에서 사용된 "네 본 것과 이제 있는 일과 장차 될 일"이라는 표현을 기준으로 본서 전체를 3등분(1장/2-3장/4-22장)하는 방법으로 구분할 수 있으나, 이는 다양하고도 섬세한 본서의 전 내용을 일목요연하게 제시해 주지 못하는 단점이 있다. 본서는 서신과 예언의 문학 형식을 가지고 있을 뿐만 아니라 묵시서의 문학 양식을 가지고 있다. 본서의 저자는 이 세 가지 문학 양식을 정교한 구조로 체계화시켜 놓았다. 그렇다면 이 세 가지를 모두 만족시킬 수 있는 방법을 강구해야 할 것이다.

본서는 서신의 기본 구조인 머리말(1장)과 몸말(2:1-22:5)과 발말(22:6-21)의 세 부분으로 되어 있다. 그런데 본서는 서두인 머리말(1장)과 결미인 발말(22:6-21)이 내용상 유사성이 많은 대칭관계를 이루고 있다. 둘은 다 본서가 예언의 책임을 강조한다(1:3; 22:6,9-10,18-19). 둘은 다 본서가 예언자에게 위탁된 계시임을 밝힌다(1:1,9-10; 22:8

-10). 둘은 다 본서가 교회에서 읽을 책임을 말한다(1:3,11; 22:18). 둘은 다 본서가 성도를 격려하는 데 목적이 있음을 밝힌다(1:3; 22:7,12,14).

필자가 요한복음 연구에서 이미 언급했듯이, 전체 구조를 어떻게 보느냐에 따라 전체 해석이 달라진다. 따라서 부분적인 연구에 매달리기에 앞서 계시록의 전체 구조를 바르게 파악할 필요가 절실히 요청된다. 필자는 계시록의 전체 구조를 다음과 같은 네 가지 원리로 파악하고자 한다.

첫째, 계시록의 저자는 자신의 글을 소아시아의 일곱 교회에 보내면서 서신의 기본 구조인 세 부분, 즉 서두, 본론, 결미 형식에 따라 전체를 구성했다는 점이다. 이를 근거로 일단 거칠고 단순하게 계시록을 구분하면 1장(서두), 2-21장(본론), 22장(결미)로 되어 있다.

둘째, 계시록의 저자가 보여주는 글쓰기의 특징은 두 가지인데, 하나는 앞뒤를 고리사슬처럼 연결시키는 방식이고, 다른 하나는 반복을 통해 강조하는 방식이 그것이다. 이를 통해 전체를 하나의 통일성 있는 작품이 되게 하려고 했다. 먼저, 고리사슬 방식의 예를 들면, 1장 서두(이 글을 일곱 교회에 보내기로 함)는 2-3장(일곱 교회의 모습)의 서론 역할을 하고, 2-3장(지상 성전인 교회의 성도)은 4-5장(하늘 성전에 계신 하나님과 어린 양)의 서론 역할을 하고, 4-5장은 6-16장까지의 3대(인, 나팔, 대접) 재앙의 서론 역할을 하고, 6장의 인 재앙은 이어지는 나팔 재앙과 대접 재앙의 서론 역할을 한다. 다음으로, 반복을 통한 강조 방식의 예를 든다면, 3대 7중 재앙 시리즈도 그렇거니와 서론과 결미, 본론의 전반부(2-13장)와 후반부(14-21장)가 교차대구구조를 사용한 반복 형식으로 되어 있다는 점이다

셋째, 계시록의 저자는 자신이 늘 성전에서 보아온 등잔대, 즉 '메노라(가운데 가지를 중심으로 양편으로 각각 세 가지가 서로 교차적으로 연결되어 있는 형상)'와 '다윗의 별(삼각형과 역삼각형을 조합하여 가운데 하나의 정육면체를 중심으로 주변에 여섯 개의 삼각형을 이루고 있는 형상)'을 기초로 완전수인 7이라는 숫자를 사용하여 전체를 구성하고 있다는 점이다(계1:19-20 참조). 요한복음의 본론이 7중구조(메노라 모양)로 되어 있듯이, 이 책의 본론도 7중구조(다윗의 별)로 되어 있는 것으로 나눌 수 있다.

넷째, 계시록의 저자는 이 책의 핵심 메시지를 교차대구구조에 따라 정가운데(12-14

장)에 둔 것(메노라 방식)이 아니라, '인클루지오(inclusio, 유사한 구나 단어, 또는 내용이 처음과 끝에 나오면서 전체를 하나로 묶어주는 문학기법)' 기법으로 처음과 끝을 강조하는 방식(다윗의 별의 방식-가운데 중앙이 처음 1로 시작하든, 끝 7이 되는 방식)을 사용하고 있다는 점이다. 따라서 계시록의 핵심 메시지는 하늘 성전에서 이루어진 일(4-5장)과 그 상응 단락(19:11-21:8), 지상 성전에서 이루어진 일(2-3장)과 그 상응 단락(21:9-22:5)에 있다. 그리하여 본론의 핵심 메시지는 '바퀴 안에 바퀴'(겔 1:16)가 있듯이 '다윗의 별' 모양의 이중 감싸기(C-C'와 B-B') 형태로 되어 있다. 지금까지의 진술을 바탕으로 계시록의 전체 구조를 요약하면 다음과 같다.

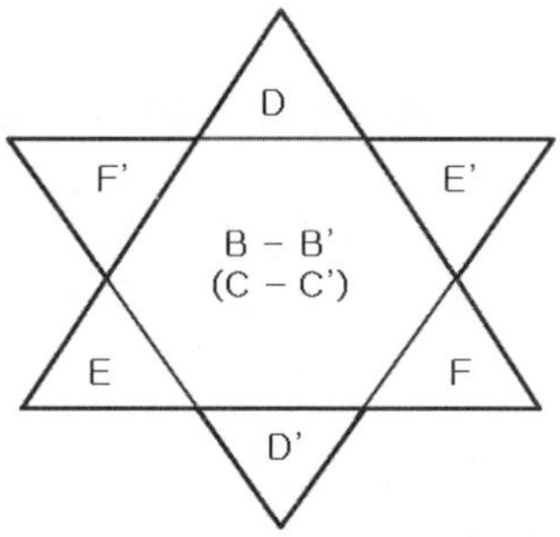

A. I. 머리말(서두): 표제와 인사와 송영 및 인자 소명 환상(1:1-20)
- 1. 표제: 예수 그리스도의 계시(1:1-3)
- 2. 인사 및 송영(1:4-8)
- 3. 인자에 대한 소명 환상(1:9-20)

II. 몸말(본론): 심판과 구원(2:1-22:5)

B. 1. 일곱 교회에게 보낸 일곱 메시지(2:1-3:22)
- 2. 심판과 구원에 대한 일곱 환상 그룹(4:1-19:10)

C. 1) 도입: 심판의 보좌와 심판자(4:1-5:14)
- 2) 전개: 일곱 재앙 및 일곱 환상 그룹(6:1-19:10)

D. (1) 일곱 인의 재앙(6:1-8:6)

E. (2) 일곱 나팔 재앙(8:7-11:19)

F. (3) 용의 왕국에 대한 일곱 환상(12:1-13:18)

F' (4) 어린 양의 예배자와 짐승의 예배자들에 대한 일곱 환상(14:1-20)

E' (5) 일곱 대접 재앙(15:1-16:21)

D' (6) 바벨론의 멸망에 대한 일곱 환상(17:1-19:10)

C' 3) 결말: (7) 재림, 천년왕국, 최후의 심판, 신천신지에 대한 일곱 환상 (19:11-21:8)

B' 3. 승리자에게 주는 새 예루살렘에 대한 묘사(21:9-22:5)

A' III. 발말(결미): 속히 오실 그리스도(22:6-21)

1. 천사 및 그리스도의 증언(22:6-16)
2. 성령과 신부, 및 요한의 증언(22:17-19)
3. 재림 약속과 청중의 응답 및 축도(22:20-21)

이 같은 이중감싸기적 구조(B-B', C-C')가 말하는 메시지는 본서의 저자가 묵시문학적 상황에서 '하나님의 뜻이 하늘(C-C') 에서 이루어진 것같이 땅(B-B')에서도 이루어지다'라는 주기도문의 기도가 성취됨을 보여주고자 한 것으로 볼 수 있다.

5. 본서의 주제와 저작 목적

본서는 박해시대에 신앙의 전사(戰士)를 격려하기 위한 혈전(血戰)의 서(書)이다. 당시 로마 황제 도미티안은 황제 예배를 전국적으로 강요하고 있었다. 이에 가장 문제가 된 것은 유일신을 믿는 기독교회였다. 기독교회는 슬픔과 낙담과 순교와 타협의 기로에 있었다. 누가 참 하나님인가? 누가 참 왕인가? 그리스도냐 가이사냐? 본서는 이런 상황에 처한 교회를 위로(격려)하고, 하나님의 궁극적 승리를 바라보며 주께 끝까지 충성하며, 신앙의 절개를 지킬 것을 권면하기 위하여 기록되었다(13:10). 그러기에 본서에는 위로(격려)의 말이 많다(1:17; 2:7,10,11,17,26; 3:5,12,21; 5:5; 7:17; 8:4; 14:13; 21:4).

본서의 주제는 "그리스도와 교회의 승리"라 할 수 있다. 특히 로마로 상징되는 음녀의 도시 바벨론(17:1-19:10)과 교회로 상징되는 어린 양의 신부 새 예루살렘(21:9-22:5)의 대조적 환상은 구조적인 한 쌍을 이룬다. 여기서 전자에 대한 후자의 최종적 승리를 말하고 있다. 그리스도는 언제나 승리자이다(1:18; 2:8; 5:9 이하; 12:9 이하; 14:1,14; 15:2 이하; 17:14; 19:16; 20:4 등). 이같이 저자는 본서를 통하여 "세상에서는 너희가 환난을 당하나 담대하라 내가 세상을 이기었노라"(요 16:33)를 외치고 있다. 이를 통해 '세상나라가 예수나라(그리스도의 나라)가 되는 것(주님이 왕이 되어 통치하는 나라)'에 이 책의 궁극적 목적이 있다(계 11:15).

6. 소아시아의 일곱 교회에 내린 계시(계 2-3장)

	에베소 (2:1-7)	서머나 (2:8-11)	버가모 (2:12-17)	두아디라 (2:18-29)	사데 (3:1-6)	빌라델비아 (3:7-13)	라오디게아 (3:14-22)
① 그리스도의 모습	통치하시는 주님: 오른 손에 일곱 별을 붙잡고 일곱 금촛대 사이에 다니시는 이(2:1)	부활하신 주님: 처음이요 나중이요 죽었다가 살아나신 이(2:8)	전쟁하시는 주님: 좌우에 날선 검을 가진 이(2:12)	심판하시는 주님: 눈이 불꽃같고 발이 빛난 주석과 같은 하나님의 아들(2:18)	전능하신 주님: 하나님의 일곱 영과 일곱 별을 가진 이(3:1)	권위를 가지신 주님: 거룩하고 진실하사 다윗의 열쇠를 가진 이(3:7)	신성을 가지신 주님: 아멘이시오 충성되고 참된 증인이시요 하나님의 창조의 근본이신 이(3:14)
② 칭찬	네 행위와 수고와 인내, 악한 자를 용납지 않음, 거짓 사도를 폭로시킴, 게으르지 않음, 니골라당을 미워함(2:2-4,6)	환난과 궁핍 속에 부요한 신앙(2:9)	사탄이 거하는 곳에서 죽임을 당할 때도 믿음을 버리지 않음 (2:13)	네 사업과 사랑과 믿음과 섬김과 인내, 네 나중 행위가 처음 것보다 많음(2:19)	그 옷을 더럽히지 아니한 자 몇 명이 있음(3:4)	적은 능력으로도 배반치 않음, 인내의 말씀을 지킴(3:8,10)	없음
③ 책망	처음 사랑을 버림(2:4)	없음	우상 숭배자 발람을 따름, 니골라당이 있음 (2:14,15)	자칭 선지자라 하는 이세벨을 용납, 회개할 기회가 있었음에도 회개를 안 함, 사탄의 훈계를 모름(2:20-24)	살았다 하는 이름을 가졌으나 죽은 자(3:1)	없음	차지도 덥지도 않은 미지근한 행위, 스스로 부요하다 하나 자신의 수치를 알지 못함(3:15,16)
④ 권면	회개하여 처음 행위를 가지라(2:5)	고난을 두려워말고 죽도록 충성하라 그리하면 생명의 면류관을 네게 주리라(2:10)	회개하라 (2:16)	그의 행위를 회개하라, 너희에게 있는 것을 내가 올 때까지 굳게 잡으라 (2:22,25)	일깨워 그 남은 바 죽게 된 것을 굳게 하라, 회개하라 (3:2,3)	네가 잡은 것을 굳게 잡아 아무나 네 면류관을 빼앗지 못하게 하라(3:11)	금과 흰 옷과 안약을 사라, 열심을 내라, 회개하라(3:18,19)
⑤ 경고	네 촛대를 옮기리라(2:5)	없음	네게 속히 임하여 내 입의 검으로 그들과 싸우리라(2:16)	내가 사망으로 그의 자녀를 죽이리라(2:23)	내가 도적 같이 이르리라(3:3)	없음	입에서 너를 토하여 내치리라(3:16)
⑥ 이긴 자에게 주시는 약속	하나님의 낙원에 있는 생명나무 과실을 먹게 하리라(2:7)	둘째 사망의 해를 받지 아니하리라 (2:11)	감추었던 만나를 주고 흰돌을 줄 터인데 그 돌 위에 새 이름을 기록하리라 (2:17)	만국을 다스리는 권세를 주리라, 그에게 새벽별을 주리라(2:26-28)	흰 옷을 입을 것이요 그 이름을 생명책에서 흐리지 아니하고 아버지 앞과 천사들 앞에서 시인하리라(3:5)	하나님 성전에 기둥이 되게 하리라, 하나님의 이름과 새 예루살렘의 이름과 나의 새 이름을 그이 위에 기록하리라(3:12)	내 보좌에 함께 앉게 하리라(3:21)
⑦ 성령의 말씀	승자의 약속 앞에(2:7a)	승자의 약속 앞에(2:11a)	승자의 약속 앞에(2:17a)	승자의 약속 뒤에(2:29)	승자의 약속 뒤에(3:6)	승자의 약속 뒤에(3:13)	승자의 약속 뒤에(3:22)

(2) 요한계시록(Revelation)

7. 본서에 대한 여러 해석 유형들

1) 전(全)역사적 해석법: 계시록 본론부의 내용이 요한의 때로부터 대종말에 이르기까지의 역사 전개 전체에 대한 파노라마식 묵시라는 견해이다. 이 견해에 속한 학자들은 본서에서 역사적 사건들의 세세한 성취를 찾아내려 한다. 그리하여 16장의 사건들은 본서에서 4분의 3의 위치에 있으니, 그 시기를 1517년 종교개혁 시대로 잡는다면 세상의 종말은 1987년경이 된다는 것이다. 그런데 이러한 '역사 맞추기'는 저마다 모두 다르다. 분명한 점은 본서는 '역사'라는 열차의 '시간표'가 아니라는 점이다.

2) 과거적 해석법: 계시록 본론부의 묵시들은 문자 그대로 과거, 즉 1세기 요한 당시의 초대교회와 로마 정권과의 투쟁을 묘사한 것으로 보는 견해이다. 이 견해에 따르면 2, 3장의 우상 숭배는 당시의 황제 숭배를, 13장의 짐승은 로마제국(혹은 황제들)이며, 18장의 바벨론은 로마제국을 가리킨다. 혹독한 박해에도 굴하지 않고 끝까지 인내하면 상급이 주어질 것이며, 로마제국의 멸망은 임박했으므로 그때까지 인내로 싸워 승리할 것을 본서는 가르친다는 것이다.

3) 이상주의적(영적) 해석: 계시록의 묵시들이 어느 한 특정 시대에 대한 묵시가 아니라

전 역사의 전개 원리를 보여주는 것이라고 보는 해석법이다. 이 견해는 본서가 어떤 구체적인 사건을 예언한다기보다는 영원한 진리, 즉 하나님의 도덕적 통치 원리, 선악간의 투쟁, 선의 궁극적 승리 등을 말한다고 보는 것이다. 본서를 미래사에 대한 해답으로서가 아니라 오히려 그리스도 복음에 대한 명확한 진술을 담은 책으로 보는 입장이다. 이 견해의 장점은 본서가 악의 멸망과 선의 승리를 메시지로 전하는 책이라고 본 점이다.

4) 미래적(세대주의) 해석: 계시록 본론부의 묵시를 주님의 재림과 관련된 미래의 관점에서 파악하려는 해석법이다. 이 견해는 대개 본서 1:19에 근거하여 본서를 다음과 같이 개요한다. 1장은 요한이 본 바 부활하신 예수님의 환상을 다루며, 2, 3장의 일곱 교회를 전체 교회 시대의 파노라마를 보여주는 것으로 해석한다. 4-22장은 예수의 재림 직전에(무천년주의자), 또는 예수의 공중 재림과 지상 재림 사이에(전천년주의자) 다 이루어질 것이라고 보는 해석법이다. 이들에 의하면 2-3장의 일곱 교회는 그리스도의 초림에서 재림까지의 일곱 교회시대를 가리킨다는 것이다. 그래서 에베소 교회는 사도시대부터 주후 100년까지의 초대교회를, 서머나 교회는 니케아회의 이전 교회시대(100-313년)를, 버가모 교회는 기독교가 로마의 국교로 공인된 이후 교황주의가 발현되기 이전까지의 거짓 교리와의 혼합주의 교회시대(313-500년)를, 두아디라 교회는 교회 개혁까지의 교황주의 교회시대(500-1517)를, 사데 교회는 교회개혁 시대(1517-1700년)를, 빌라델비아 교회는 18-19세기의 선교활동 교회시대를, 라오디게아 교회는 20세기의 현대교회를 가리킨다는 것이다. 이 견해는 역사주의적 해석에서 시작되었지만 현대에서는 미래론자 중에서 세대주의자들에게서 발견된다. 유감스럽게도 세대주의자들은 복음주의에 속한 듯이 보이지만, 그들의 가르침은 신약의 가르침에 정면으로 상충된다고 하지 않을 수 없다.

우리는 본서를 해석할 때 여러 해석법을 동시에 고려해야 한다. 아무리 건전한 해석 원리를 갖고서 본서의 해석 작업에 임한다 해도, 완전한 해석은 불가능하다. 그것은 우리의 부족 때문이다. 우리는 항상 실수할 가능성이 있음을 솔직히 인정하고 본서를 대할 때마다 성령님의 조명하심을 간구해야 할 것이다.

8. 서신과 예언으로서의 요한계시록

1) 서신으로서의 요한계시록

본서는 1:4-5과 22:21에 형식상 서간체인 체제를 갖고 있고, 로마의 아시아 속령들에 속하는 특정한 일곱 교회들에게 전달된 편지이다(1:11; 2:1-3:22). 그것들은 밧모로부터 시작하여 아시아 지역 주위에 있는 순환로를 따라 여행하는 사자(使者)가 방문한 순서대로 명명되었다고 할 수 있다. 본서 전체는 일곱 교회의 성도들이 그들 자신의 교회들의 특정한 상황에서 승리함으로써 새 예루살렘에 들어갈 수 있는 방법에 대해 기록한 것이라고 말할 수 있다. 상징적 의미를 갖는 일곱 교회라는 숫자는 모든 교회를 대표하는 의미를 지닌다.

2) 예언으로서의 요한계시록

본서의 저자인 요한은 유대적 기독교 선지자였다. 명백한 사실은 그가 아시아 지역의 교회들 중 일련의 선지자들 중 한 사람으로 활동했으며, 최소한 거짓 선지자라고 간주했던 두아디라 여선지자(2:20)와 같은 하나의 경쟁자를 가지고 있었다는 것이다. 본서는 즉흥적인 예언보다도 훨씬 더 정교하고 각고의 노력을 통해 구성된 작품이다. 본서는 요한이 현저하게 환상적 경험들을 했다는 것과, 그러나 그가 그것들을 오랫동안의 사색과 기록을 통해 철저하게 문학적인 창조로 변환시킨 책이다.

대부분의 초대 기독교 예언이 말로서 시행되었음에도 불구하고, 요한은 히브리 성경의 예언서들과 후기 유대 묵시문학들에 기록된 예언들에 대한 풍부한 모델을 가지고 있었다. 요한은 그의 예언을 기록할 때 두 가지 종류의 모델, 즉 자신을 기독교 선지자들 중의 하나로, 뿐만 아니라 구약 예언 전승에 서 있는 것으로 보았음이 분명하다(10:7/암 3:7; 10:8-11/겔 2:9-3:3). 그의 사역은 하나님께서 과거의 선지자들에게 계시하였던 것의 성취를 선포하는 것이다. 본서 전체는 구약 예언에 대한 인유(引喩)로 흠뻑 젖어 있다(18:1-19:8/ 바벨론: 사 13:1-14:23; 21:1-10; 47장; 렘 25:12-38; 50-51장; 두로: 사 23장; 겔 26-28장).

9. 묵시문학으로서의 요한계시록

1) 유대 묵시문학 태동의 배경

'묵시'란 헬라어 '아포칼립시스(ἀποκάλυψις)'를 번역한 말로서, 그 뜻은 "숨은 것을 드러냄", 즉 하나님의 자기 현현, 특히 "역사의 종말에 있을 사건들에 대한 하나님의 자기 계시"를 가리키는 낱말이다. 그리고 '묵시문학(Apocalyptic literature)'이란 말은 1822년에 독일의 학자 니취(K.I.Nitzsch)에 의해 요한계시록 1:1의 'apocalypse(묵시 또는 계시)'라는 용어에 기초하여 형식과 내용에 있어서 요한계시록과 유사한 문학 작품을 나타내는 장르 명칭으로 널리 사용되었다.

유대 묵시문학 태동의 배경은 이러하다. 주전 587년 바벨론의 침략으로 유다 왕국은 멸망하고 예루살렘 성전은 파괴되고, 지도급 인사들은 바벨론으로 유배를 당하였다. 이러한 역사적, 민족적 비극을 당하면서 "역사는 하나님이 활동하시는 무대"라는 종래에 갖고 있던 역사에 대한 생각에 회의를 갖게 되었다. 그런 가운데 식민지 포로 상황은 계속되었고, 미래에 대한 희망은 보이지 않자 예언문학이 가지고 있는 낙관적 역사관은 비관적 역사관으로 바뀌었다. 즉 현재의 역사는 사탄이 지배하는 악의 역사이며, 하나님께서 사탄의 세력을 물리치시고 역사 속에 개입하실 때 새 시대가 온다는 새로운 역사관을 갖게 되었다.

묵시문학은 예언문학의 뿌리에서 배태되었다. 즉 역사적 위기 상황 속에서 종래의 예언문학이 갖고 있던 낙관적 역사이해에 대해 새로운 역사이해 속에 탄생한 일종의 '위기 문학' 또는 '저항 문학'이라고 말할 수 있다. 신앙적으로 말한다면 묵시문학 운동은 역사적 현실에 대한 극단적인 실망과 좌절의 경험에서 현재의 역사와는 본질적으로 다른 하나님 나라를 대망하는 가운데 생겨난 신앙운동이다. 묵시문학이 말하고자 하는 메시지는 바로 신앙적 확신이다. 악의 세력이 비록 성할지라도 결코 실망하거나 변절하지 말라는 것이다. 왜냐하면 궁극적 승리는 하나님께 있기 때문이다.

일반적으로 유대 묵시문학으로 간주된 작품들은 대부분 주전 200년에서 주후 100년 사이에 기록된 것들이다. 구약성경 예언서들 가운데 묵시문학적 특징들을 가진 책(사 24-27장; 56-66장; 겔 38-39장; 욜 3-4장; 슥 9-14장)이 있지만, 구약성경 원전에 포함된 유일한 묵시문학 책은 다니엘서(특히 7-12장)이다. 대표적인 유대 묵시문학 책으로는 에녹 1서, 에녹 2서, 바룩 2서, 바룩 3서, 에스라 4서, 아브라함 묵시록, 12족장의 유언, 시빌의 신탁, 솔로몬의 시편, 희년서 등을 들 수 있다. 묵시문학 운동은 헬라 시대 이후 유대교의 가장 중요한 종교운동이었으며, 기독교를 태동시키는 데 결정적인 역할을 했다.

2) 유대 묵시문학의 특징

(1) **문학적 특징**: 첫째, 가명성(假名性)이다. 유대교의 묵시가들은 그들이 기록한 책에 권위를 부여하고 신변의 안전을 위해 자신들의 실명이 아닌 가명, 즉 다니엘, 모세, 에스라, 에녹, 아담, 아브라함과 같은 과거의 신앙적 위인들의 이름을 빌려 책을 썼다. 둘째, 환상 보고이다. 묵시가들은 대부분 꿈과 무아경 같은 환상을 통해 묵시를 경험하고 아주 드물게 자신의 청각에 의존한다. 셋째, 형상 언어이다. 묵시가들은 주로 상징과 비유와 같은 형상 언어를 사용하여 사건들을 기술하거나 비밀스러운 내용을 표현한다. 특히 수난 시대에 은밀한 언어와 기괴한 상징들을 사용하여 환난 가운데 있는 신자들에게 위로와 격려를 주려고 했다. 그들은 박해자의 반감을 피하면서 대중에게 가장 쉽게 그리고 흥미있게 퍼져나갈 수 있도록 은어와 상징을 사용하여 책을 썼다. 넷째, 암호 해독이다. 묵시문학은 종종 형상의 의미를 암호나 수수께끼로 전하는 경우가 있다. 수수께끼 속에 감추어진 의미가 단지 묵시가에게만 명확할 뿐 해석가들에게는 어려운 과제로 남는 경우가 있다. 다섯째, 조직화이다. 묵시문학은 내용적 구성에서 상당히 조직적이다. 묵시문학은 많은 환상과 상징 언어를 사용하지만 그것들을 조직적으로 체계화시킨다.

(2) **내용적 특징**: 첫째, 미래시제의 역사 개관이다. 묵시가는 미래시제를 사용하여 가상적인 세상의 종말과 새 세계의 도래를 그린다. 묵시가는 자신이 마지막 때에 살고 있다고 확신하며 독자들에게 세상의 임박한 종말을 확신시키고 다가올 새 세계를 그리며 그들을 위로한다. 둘째, 저 세상에 대한 묘사이다. 묵시가의 중요한 관심사는 독자들에게 저 세상에 대한 묘사를 제공한다. 그것들을 경험하기 위해서 묵시가는 무아경을 통한 환상 속으로 이끌린다. 셋째, 하나님의 보좌에 대한 환상이다. 묵시문학은 우리들에게 하나님의 보좌에 대한 환상을 제공한다. 그것들을 묘사하면서 묵시가는 하나님을 인간이 가까이 할 수 없는 존재로 명확히 할 뿐만 아니라 동시에 직접적인 하나님의 권한을 기록한다.

(3) 사상적 특징: 첫째, 역사적 이원론이다. 역사적 이원론은 묵시문학의 가장 중요한 특징이다. 현 시대는 사탄이 지배하는 악한 세상으로 결국 망하게 되고, 하나님이 통치하실 영원한 새 세상이 도래할 것이다. 둘째, 보편주의와 개인주의이다. 묵시문학의 또 다른 특징은 보편적인 역사관과 구원에 있어서의 철저한 개인주의적 성향이다. 셋째, 역사에 대한 비관주의와 저 세상에 대한 희망이다. 이것은 역사적 이원론과 맥을 같이한다. 이 세상은 악에 물들어 있고 사탄과 그의 권속들에게 지배를 받고 있다. 이 세상은 더 이상 구원의 대상이 아니며 심판의 대상일 뿐이다. 이러한 역사적 비관주의로부터 저 세상에 대한 희망이 더욱 강하게 드러난다. 넷째, 결정론과 임박한 종말 기대이다. 모든 세계사는 하나님께서 확정하신 계획에 따라 운행된다. 역사에 대한 궤도 수정은 없다. 묵시가는 마지막 날의 정확한 날짜를 제공하지 않는다. 다만 종말이 임박해 있음을 확신하면서 독자들에게 언제 닥칠지 모르는 마지막 때를 잘 준비해야 한다고 가르친다('묵시문학'에 대한 보다 자세한 내용은 앞의 "로마서"의 '바울의 묵시사상과 로마서' 및 《구약개관》, '다니엘서'를 참조하라).

3) 묵시문학으로서의 요한계시록

"계시록"이란 명칭은 본서의 첫 낱말인 "계시(아포칼립시스, ἀποκάλυψις)"란 말에서 유래되었다. 본서의 성격과 내용이 계시(啓示) 또는 묵시(黙示)임을 보여 주기 때문이다. 우리나라에서는 본서를 "묵시록(은근히 보여주는 글)"이라고도 부르는데, 이는 좀더 이 글의 문서적 비밀적인 성격을 나타내는 명칭이다. 본서는 문서 성격상 기독교 묵시문학에 속하는 책이다. 왜냐하면 요한계시록은 "예수 그리스도의 계시"라는 어구로 시작하기 때문이다(1:1). 이 어구는 후에 "요한의 계시=요한계시록"이라는 제목이 되었다. 본서가 유대(구약) 묵시문학과의 다른 점을 열거하면 다음과 같다.

첫째, 본서는 유대교의 메시아가 아닌 기독교의 그리스도를 그 중심 사상으로 하고 있다. 그는 하나님 자신이고(여호와의 사자가 아님), 신령한 메시아이며(정치적 메시아가 아님), 죽임을 당하신 고난의 메시아(영광의 메시아만이 아님)이다(1:18; 5:9). 또한 본서에서는 '하나님 중심(God-centered)'보다는 '그리스도 중심(Christ-centered)'으로 종말적 소망이 전개된다. 그리하여 그리스도를 중심한 구속사는 본서의 역사철학인 것이다.

둘째, 본서는 신약의 묵시사상을 반영하는 곳이 많다. 본서의 여섯 인의 내용은 마태복음 24장(막 13장, 눅 21장)에 예수께서 예언하신 말세에 대한 예언들과 같으며(그래서 마 24장, 막 13장, 눅 21장을 '작은 계시록'이라 불림), 본서 1:8; 19:11-16은 빌 3:20, 살전 4:15-16, 살후 1:7-10, 히 9:28을, 20:4-6은 고전 15:51-53, 살전 4:13-16을, 19:11-16은 빌 2:10, 딤후 2:10을, 20:11-15은 롬 2:5-10, 히 9:27, 벧후 3:7을, 20:14-15은 벧전 3:7-13, 히 12:26-28을 각각 반영하고 있다. 미래의 종말적인 사건들이 유대인 중심이 아닌 전 세계를 중심으로 한 것이라는 것은 신약의 모든 기자들이 말하는 공통된 특징이다.

셋째, 유대 묵시문학과는 달리 본서는 저자를 익명 또는 위명(가명)으로 발표하지 않는다(필자는 위명으로 봄. 그 까닭은 대박해라는 묵시문학적 상황에서 실명을 사용한다는 것은 어리석은 일이기 때문이다). 유대 묵시문학의 저자들은 그들 자신의 이름으로서가 아니라 에녹, 아브라함, 에스라와 같이 성경 전승의 고대 선견자의 이름으로 저작 활동을 하였다. 이는 묵시문학의 저자들이 의도적으로 속이려고 한 것이라기보다 자신의 신변안전과 고대 전승의 권위를 업으려고 하는 의도에서였다고 보아야 할 것이다. 이러한 가명의 의한 저술은 하나의 중요한 문학적 중요성을 갖는다.

넷째, 정경적 묵시문학인 다니엘서 끝부분을 보면 천사가 다니엘에게 다음과 같이 말한다. "다니엘아 마지막 때까지 이 말을 간수하고 이 글을 봉함하라……갈지어다 대저 이 말은 마지막 때까지 간수하고 봉함할 것임이니라"(단 12:4, 9). 다니엘서는 마지막 때까지 인봉된 책을 비밀로 숨겨 두도록 되어 있었다. 이와는 달리 요한의 사자는 현저하게 다른 지시를 한다. "이 책의 예언의 말씀을 인봉하지 말라 때가 가까우니라"(22:10; 1:3 참조).

10. '변주된(실현된) 묵시문학'으로서의 요한문헌(복음서와 계시록)

1) 묵시문학의 가장 중요한 특징은 역사적 이원론이다. 현 시대는 사탄이 지배하는 악한 세상이고, 다가올 시대는 하나님이 사탄의 세력과 싸워 이김으로써 하나님이 통치하시는 영원한 새 세상이 도래할 것이라는 사상이다. 이것이 구약의 묵시문서인 다니엘의 사

상이고, 신약의 바울이나 공관복음서에 보이는 묵시사상의 특징이다. 그런데 묵시문서로 알려진 요한계시록에 나타난 묵시문학적 특징은 어떠한 모습일까?

2) 요한계시록은 묵시문학적 언어(상징)와 그 형식을 받아들였다. 특히 사탄과의 전쟁이 그것이다(12장). 12:7에서 우리는 묵시사상의 뚜렷한 언어를 발견한다. 거기에 보면 천사들의 반역에 관해서 말한 것이 있다. 즉 "이제 하늘에는 전쟁이 일어났다"라는 기록이 있다. 그리고 그 전쟁이 묘사되고 그 원수가 여러 가지 명칭으로 설명된다. 그는 "그 큰 용……그 옛 뱀…… 마귀 또는 사탄이라고도 하며 온 세계를 미혹하게 하던 자"이다(12:9). 이 같은 표현으로 인해 사탄이 독립적인 존재로서 현 세대를 지배하는 자로 생각하기 쉽다. 그러나 계시록은 사탄을 독립적인 존재로 보지 않는다. 그는 하나님의 경륜을 이루어가는 일개 종에 불과하다. 그런 점에서 사탄은 하나님의 원수가 아니다. 그는 자신도 모르는 사이에 하나님의 뜻을 이루어가는 하나님의 도구이다(17:17). 그런 점에서 일반적인 묵시사상을 넘어선다.

3) 묵시사상은 수난을 악마적인 것이요 사탄에게서 오는 것으로 논하지만 계시록은 그렇지 않다. 묵시사상은 현재는 사탄이 지배하고 있고 따라서 하나님은 현재를 지배하고 있지 않고 미래를 지배하는 자로 생각하지만 계시록은 그렇지 않다. 세계는 하나님의 것이고, 그의 뜻은 미래에만 아니라 여기서 지금 그리고 언제나 이루어진다고 보았다. 사탄은 독립적인 세력이 아니라 하나님의 계획을 이루는 도구요 방편이다. 그래서 계시록 20:3은 그를 매여 있는 자로 말하고 "잠시 동안만 풀려날" 것으로 묘사한다. 이런 점에서 계시록은 묵시사상을 넘어선다. 계시록은 묵시문학적 언어와 그 형식을 받아들였지만 묵시문학의 내용은 넘어선다. 이 같은 사실은 문학적 친척 관계에 있는 요한복음에서 더욱 뚜렷하게 볼 수 있다.

4) 요한복음에는 마귀론 또는 사탄론이 없다. 그 까닭은 사탄 마귀는 하나님을 대적하는 독자적인 원수가 아니라 하나님의 뜻을 함께 이루어가는 심부름꾼이자 종으로 보기 때문이다. 그 대표적인 실례가 요한복음의 절정을 이루는 11장에서 가야바가 한 언설이

다. 나사로의 소생으로 충격을 받은 산헤드린 의원들은 한 자리에 모여 대책을 강구하고 있었다. 이때 그해의 대제사장인 가야바가 이렇게 말한다. "한 사람이 백성을 위하여 죽어서 온 민족이 망하지 않게 되는 것이 너희에게 유익한 줄을 생각하지 아니하는도다"(요 11:50). 가야바는 지금 예수의 원수된 입장에서 말하고 있지만 자기도 모르는 사이에 하나님의 목적을 달성하는 도구로 사용되고 있다. 가야바만이 아니라 가룟 유다(요 13:27)도 그렇고, 빌라도(요 19:10-11)도 그렇다.

5) 사물은 표면에 나타난 그대로가 아니다. 로마나 사탄이 세계의 지배자가 아니다. 하나님이 세계의 지배자이다. 하나님께서 모든 것을 주관하신다. 하나님을 반대해서 역사하는 독립적인 세력들이란 존재하지 않는다. 하나님은 주권을 가지신 지고(至高)의 존재로서 모든 것은 그의 뜻이다. 하나님의 뜻을 거스리는 자들도 스스로 속고 있을 뿐이지, 사실은 자기도 모르는 사이에 하나님의 종노릇을 하고 있는 것이다. 따라서 요한문헌은 묵시문학적 언어와 형식은 받아들였지만 그 내용은 일반적 묵시사상을 넘어서고 있다는 점에서 '변주된(실현된) 묵시문학'이라고 말할 수 있다. 특히 요한복음은 묵시문학의 꽃이자 완성이다.

11. 본서의 묵시문학적 특징들

1) 일곱이라는 수의 다양한 사용과 강조

본서는 일곱(55회)과 일곱 번째(5회)를 도합 60회나 사용하며, 일곱 교회, 일곱 촛대, 일곱 별 , 일곱 영, 일곱 인, 일곱 눈, 일곱 뿔, 일곱 천사, 일곱 나팔, 일곱 대접, 일곱 우레, 일곱 복, 일곱 머리, 일곱 면류관 등을 볼 수 있다. 7개의 사건들을 한 단위로 하는 환상그룹이 7개나 되며, 전체를 7부로 나눌 수 있으며, 7장(場)을 한 막(幕)으로 하는 7막의 드라마로 되어 있고, 7삽경군(揷景群)이 있다(7:1-17; 10:1-11; 11:1-14; 12:1-17; 13:1-18; 14:1-20; 17-18장). 일곱 교회는 당시의 대표적 교회로서 지도상으로 보면 마치 '일곱 촛대(메노라)'처럼 되어 있다. 성경이 7일 창조로 시작하여 7이란 숫자를 기본 구조로 가지고 있는 계시록으로 끝을 맺음은 우연의 일치일까? 계시록이 7이란 숫자를 사용한 데는 이 세상의 모든 사건들이 하나님의 계획과 경륜 안에서 일어남을 확신하는 저자의 태도가 반영된 것이다.

2) 대조와 반복 및 절정(클라이맥스)적 구성

세상에 있을 환난과 재앙을 일곱 인, 일곱 나팔, 일곱 대접이란 '주기성(cycle)'을 이용하여 표현하고 있으며, 종말이 가까울수록 환난이 더 심화되고 강화됨을 보여주는 '점층식' 수법을 사용하고 있다. 이러한 주기성은 불교에서 말하는 무의미한 '윤회적' 주기성이 아닌, 종말을 향한 '반복적이고도 점진적인 주기성(나선형 주기성)'이다. 그리하여 일곱 인의 환난이 끝나고, 19장에서 22장까지에는 성도의 최후의 승리와 영광이 절정을 이루고 있다.

3) 다양한 상징의 사용

(1) 수(數): $1/2$(8:1): 긴장된 한 순간, $1/3$(8:7): 일부분, $1/4$(6:8): 보다 적은 일부분, 1(1:8): 절대수, 2(11:3, 10; 11:4; 13:11): 지상의 증인(2는 구약에서 증인이 되는 수, 신 19:15), 3(7:4; 8:7-12; 9:15; 21:12): 하늘의 수(삼위 하나님으로부터 유래), $3\frac{1}{2}$(11:9,11; 12:14): 성도의 증거 및 환난의 기간(완전수 7의 절반은 곧 짧은 기간을 상징, 단 9:27에서 유래), 4(4:6; 5:8; 7:1; 18:23): 땅의 수(동서남북, 땅의 사방), 5(9:5): 제한된 재앙의 기간(메뚜기의 생존기간), 6(13:18): 사단의 수(7에서 1이 부족), 7(60회 나옴): 완전수, 성수(3+4=7, 천+지=완전), 8(17:11): 새로운 국면의 시작(7을 일주기로 볼 때 8은 다음 주기의 시작이 됨), 10(12:3; 13:1; 17:3,12,16): 세상 군왕의 세력, 세상만수(6+4=10), 12(21:12, 14; 22:2): 3×4=12, 천지합수(天地合數), 완전수, 이스라엘의 수, 24(4:4; 5:8; 19:4 등): 12+12, 신국의 증인(2×12=24), 42월(11:2; 13:5): $3\frac{1}{2}$년, 144규빗(21:17): 12×12, 성도들의 성의 크기, 666(13:18): 부족의 수, 사탄의 수, 적그리스도의 수, 1,000(20:2,4,7): 세상에서의 오랜 기간(103), 1,260일=$3\frac{1}{2}$년, 1,600스다디온(14:20): 세상의 넓은 면적, 4×4×100=1,600, 12,000스다디온(21:16): 성도들을 용납할 만한 넓이, 144,000(7:4; 14:1): 구원받은 자의 수의 많음, 완전함, 만만이요 천천(5:11): 다수. 12×12,000=144,000, 200,000,000(9:16): 2×10,000×10,000, 멸

망받을 자의 수의 많음,

(2) 색: 흰색(1:14; 6:2; 19:11; 14:14): 천국, 전쟁, 붉은 색(6:4; 12:3): 피와 혁명, 청황색(6:8): 사망(청황은 시체의 색깔), 검은 색(6:5,12): 기근, 재앙.

(3) 동물: 양(5:6,8,12 등): 예수 그리스도, 말(6:2,4 등): 지상의 변동, 군세, 용(12:3): 사탄, 짐승(13:1,11): 폭군과 박해자, 거짓 선지자, 개구리(16:13): 부정, 메뚜기(9:3,7): 불신자에게 주는 악마적 고통(출 10:12), 다수(렘 46:23).

(4) 기타 물건: 촛대(1:12, 20): 교회, 별(1:20): 사자, 천사, 두루마리 책(5:1): 계시의 내용, 인(6:1): 사실의 일반적인 계획, 확실성, 나팔(8:6): 공포, 소개, 경고, 두 증인(11:3): 교회, 대접(16:1): 실행, 여자(12:1): 마리아, 교회 또는 음녀인 바벨론(14:4), 음녀(17:1): 우상숭배 및 행음의 도시 로마, 바벨론(18:2): 불신의 도시 로마.

그러나 본서에 나오는 환상들이 모두 상징인 것은 아니다. 가령 생물, 천사, 보좌, 하늘, 거룩한 성 등은 상징이 아니다. 그들은 하늘에 있는 참 실재들이다. "일곱 교회"(1:4)의 '일곱'은 상징만은 아니다. 그것은 본서의 수신자가 되는 교회의 실제 수이다. 이처럼 상징과 실재가 공존하여 있기에, 본서를 해석하는 이들은 이를 잘 구분하여 해석해야 할 것이다.

4) 창세기의 성취로서의 요한계시록

창 세 기	요 한 계 시 록
1. 처음 하늘과 처음 땅(1:1), 에덴동산(2:8)(실낙원)	1. 새 하늘과 새 땅(21:1), 하나님 나라(복낙원)
2. 생명나무(3:22-24), 타락 후 금지된 나무	2. 생명나무(22:2), 허락된 나무
3. 죄, 슬픔, 고통의 시작(3:16)	3. 죄, 슬픔, 고통의 끝남(21:4)
4. 첫 사망(3:19)	4. 사망이 없음(21:4)
5. 첫 아담의 통치(2:19)	5. 둘째 아담의 통치(21:5)
6. 바벨탑 반역(11장)	6. 바벨론 멸망(18장)
7. 사탄이 하나님의 말씀을 가감(3:3)	7. 말씀의 가감자에 대한 심판(22:18-19)

5) **천년왕국설(千年王國說, 20:4-6)**

(1) 무천년설(無千年說): 본문의 '천년'을 상징적으로 해석하여 그리스도의 승천부터 재림까지의 전 기간을 천년으로 생각하고 교회를 통한 그리스도의 영적 통치를 그리스도의 왕국으로 보는 견해이다.

(2) 후천년설(後千年說): 천년왕국 후에 그리스도의 재림이 있다는 전제하에 본문의 '천년'을 재림 직전 1,000년으로 해석하는 견해이다. 그리스도 재림 직전, 1,000년 동안 복음이 효과적으로 전파되고 교회가 왕성해지며 이것이 바로 그리스도의 나라에 해당된다는 것이다.

(3) 전천년설(前千年說): 이는 천년왕국 전에 그리스도의 재림이 있다고 보는 견해이다. 이는 본문의 '천년'을 문자적으로 해석하는 견해이다.

12. 본서의 신학 사상

1) **신론(神論)**

(1) 하나님은 거룩하시고 의로우시며 신실하시다. 오직 그분만이 거룩하시다(15:4; 16:5). 하나님은 언약을 지키시는 신실한 분이시다(6:10). 그분의 의롭고 거룩하신 속성에서 죄악에 대한 심판이 필연적으로 추론된다(6:17; 11:18; 19:15). 그분은 악인을 모두 심판하신다(6:10; 19:2). (2) 하나님은 모든 '이기는 자들'의 아버지가 되신다(21:7). 하나님은 성도들과 함께 거하시고 영원토록 그들의 하나님이 되신다(21:3). 그분은 성도들의 고통을 완전히 제거하실 것이다(21:4). (3) 하나님은 전능하시고 영원하시다. 그분은 주 하나님 곧 전능하신 이요(4:8; 11:17; 15:3; 16:4,7; 19:6,15; 21:22), 대주재이시다(6:10). 하나님은 이제도 계시고 전에도 계시고 장차 오실 이시다(1:4; 4:8). 동시에 옛적에도 계셨고 현재도 계신 주요(11:17; 16:5), 세세토록 사시는 이시다(4:9; 10:6; 15:7). (4) 하나님은 온 우주 만물의 창조주이시다(4:11; 14:7). (5) 하나님은 모든 죽은 자의 심판자이시다(20:11-15).

2) 기독론(基督論)

(1) 예수는 역사적 인물이다. 그래서 그의 이름 '예수'는 자주 나타난다(1:9; 12:17; 14:12). 또한 그의 직명을 나타내는 '그리스도'라는 칭호도 나타난다(11:15; 12:10; 20:4, 6). 또 이 둘이 결합되어 나타나기도 한다(1:1,2,5; 22:21). 그는 다윗의 후손이요 유다 지파 출신이다(5:5). 그리스도는 (구약) 교회에서 나오셨고(12:1-3,5), 열두 사도를 세우셨다(21:14). 그는 예루살렘에서 십자가에 달리셨다(11:8). 그리고 부활하사(1:5,18), 승천하셨다(3:21; 12:5).

(2) 존귀케 되신 그리스도에 대해서는 신약의 여타 문헌보다 훨씬 상세하게 묘사된다. 그분은 '인자 같은 이'로 묘사된다(1:13; 14:14). 그는 충성된 증인이요, 죽은 자의 주재요, 산 자의 통치자다(1:5). 구원의 유일한 중보자며(1:18), 교회의 머리요, 교회 생활의 중심이다(1:13; 2:1). 그분은 교회의 운영을 주장하시며(1:16), 교회 지체들을 사랑으로 징계하시고 심판하신다(3:19). 그는 이기는 자들에게는 영원한 나라에서의 여러 축복을 약속해 주신다(2:7,11,17,26; 3:5,12,21). 믿음을 지킨 성도들을 보상하실 것이라고 약속하신다(14:13). 그분은 불신자들도 다스리시는 분이다. 점차 그분의 권능을 불신자들에게 나타내시며 종국에는 모든 원수를 완전히 멸하실 것이다(2:27; 12:5; 19:15). 왜냐하면 그리스도는 '만왕의 왕이요 만주의 주'이시기 때문이다(17:14; 19:16). 그분은 메시아로서 심판을 행하신다(1:7; 14:14,18-20; 19:11-21; 20:7-10; 22:12).

(3) 그리스도는 유일하신 하나님의 아들이요, 선재(先在)하신 하나님이다. 성도들은 하나님의 자녀로 인정되지만, 그분은 본질상 하나님의 아들이다(1:6; 2:18,27; 3:5,21; 14:1). 그는 '하나님의 말씀'(19:13)이요, '거룩하고 신실하신 분'(3:7)이시다. 그는 '처음이요 나중'(1:17; 2:8; 22:13)이다. 그분은 하나님의 피조물이 아니라 그 자신이 본질상 하나님과 동등하다. 그러므로 그분은 하나님과 함께 보좌에 앉아(3:21; 7:17; 12:5; 22:1,3), 하나님께만 드려지는 경배를 받는다(5:12과 4:10을 비교해 보라). 그분은 하나님과 동일한 찬양을 받는다(5:13). 그리스도는 자기 백성을 위해 죽임을 당하신 하나님의 유월절 어린 양(1:5; 5:9)이요, 대제사장(1:13-16)이다.

3) 성령론(聖靈論)

본서는 저자 요한이 성령님의 감동을 받아 기록한 것이다(1:10; 4:2; 17:3; 22:10). 성령님은 계시를 주시며(2:11; 14:13; 19:10), 목마른 자를 그리스도께로 초청하신다(22:17). 성령님은 보좌 앞의 '일곱 영'(1:4; 4:5; 5:6)으로, 그리스도의 일곱 교회에 말씀하신다(2:7,11,17,29; 3:6,13,22).

4) 종말론(終末論)

그리스도는 부활 승천하심으로써 메시아로서 통치하신다(5:6-13). 그리스도의 초림으로 사탄은 하늘에서 쫓겨나고(12:7-12) 결박당하였다(20:1-3). 신약의 전(全) 시대는 종말의 때요(1:1; 22:6), 두 증인(교회)의 활동 시대요(11:3), 복음 전파의 시대이다(10:11). 따라서 1,260일이나 마흔두 달, 한 때와 두 때와 반 때(3년 반)는 모두 신약 시대를 가리킨다. 이 복음 시대의 종말기에 무저갱에서 나온 짐승이 그리스도의 교회를 대적하여 아마겟돈 전쟁을 일으킬 것이다(16:16; 19:19; 20:8). 그때 그리스도께서 하늘로서 하늘 군대와 함께 강림하시사 모든 원수를 멸하시고 마귀를 불못에 던지실 것이다. 죽은 자의 부활이 있고(20:13), 크고 흰 보좌 심판이 시행될 것이다(20:11-13). 이후 악인은 불못에서 영원한 형벌을 받을 것이며(20:14), 의인은 영원 세계에서 복락을 누릴 것이다(22:3-5).

"마라나타(Maranatha!): 주 예수여 오시옵소서" (고전 16:22; 계 22:20)

공관복음서의 상관관계

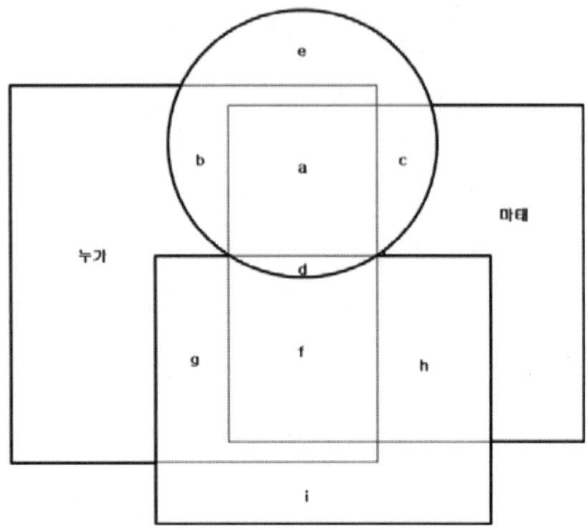

■ 도안 설명

왼쪽 큰 사각형은 누가복음서의 총 절수 1,149절에 해당함
오른쪽 약간 작은 사각형은 마태복음서의 총 절수 1,068절에 해당함
아래쪽 가장 작은 사각형은 마가복음서의 총 절수 661절에 해당함
위쪽 원은 Q 자료 약 242절에 해당함

a. 누가와 마태에서 다함께 발견되는 Q 자료에서 온 자료
b. 누가에서만 발견되는 Q 자료에서 온 자료
c. 마태에서만 발견되는 Q 자료에서 온 자료
d. 마가에서 병용(竝用)된 Q 안에 있는 자료
e. 어느 복음서도 사용치 않는 Q 안에 있는 자료(지금은 분실되고 없음)
f. 누가와 마태에서 다함께 사용된 마가 안에 있는 자료
g. 누가에서만 사용된 마가 안에 있는 자료
h. 마태에서만 사용된 마가 안에 있는 자료
i. 누가도 마태도 사용하지 않는 마가 안에 있는 자료

마가나 Q에 없고 누가에만 있는 것이 L 자료인데, 누가의 예수탄생 설화나 그밖의 것이 누가의 특수자료이다.
마가나 Q에 없고 마태에만 있는 것이 M 자료인데, 마태의 예수탄생 설화나 그밖의 것이 마태의 특수자료이다.
(F.C.Grant 교수의 The Gospels: Their Origin and their Growth, 1957. p.39에서 인용)

예수님의 공생애 활동 무대

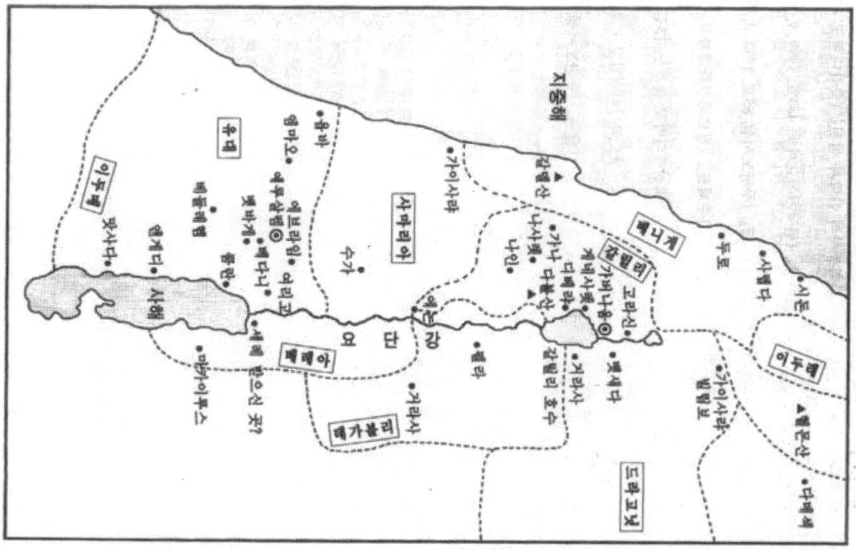

신약시대의 예루살렘

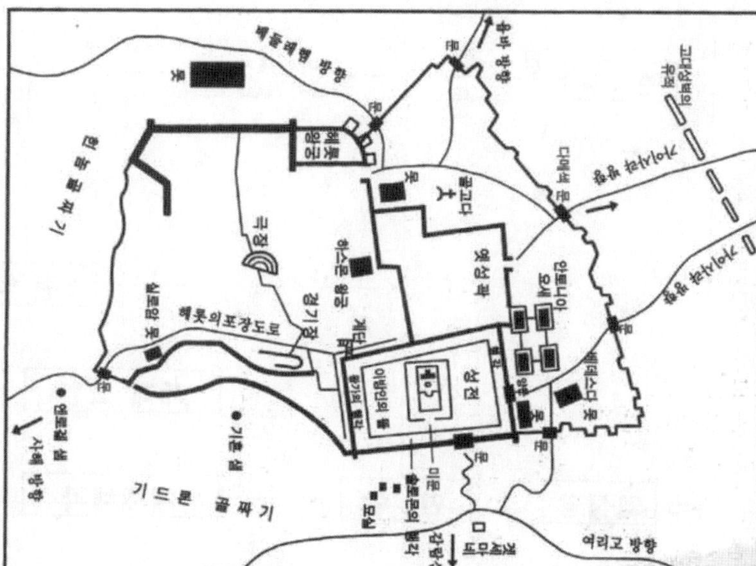

■ 예루살렘의 의미:
메시아의 성, 하나님의 성전, 예수님의 십자가와 부활의 장소, 성령 강림, 최초의 교회, 복음의 출발지, 천상의 예루살렘과의 대비

부록 3 ⁂

주후 1세기 팔레스틴의 사회상

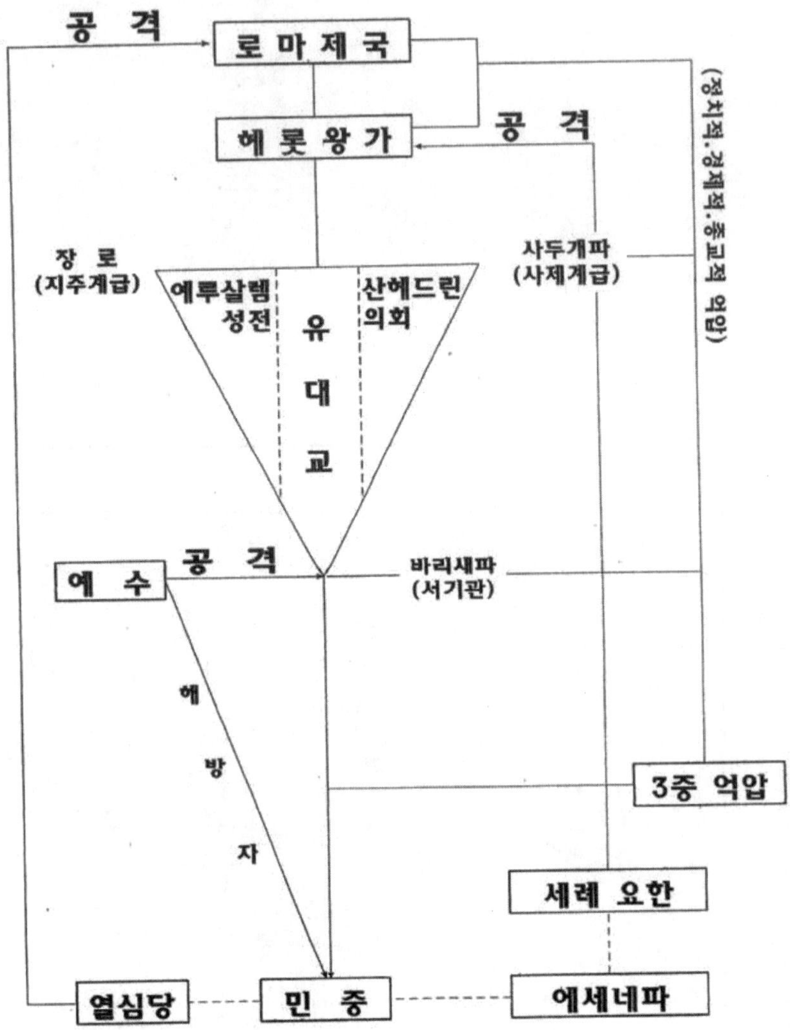

	주요 특징
1. 로마제국	사회 집단의 최정점에 '로마제국'이 있었다. 로마제국은 식민지 곳곳에 로마를 상징하는 독수리 깃발을 펄럭이며 '팍스 로마나'(Pax Romana) 곧 '로마의 평화'를 소리 높여 외치고 있었다. 그러나 평화의 구호는 요란했지만 그 땅에 하나님의 평화는 없었다. 제국 내에서는 끊임없이 반란이 일어났고, 반란을 속히 진압하기 위해 로마는 제국의 모든 길을 로마로 통하게 길을 잘 닦아놓았다. 만신전(萬神殿)에서는 제우스/주피터 신을 비롯한 각종 이교 신들이 안치되어 있었다. 동전에는 황제의 상이 새겨져 있었고, 황제 숭배가 강요되기도 하였다.
2. 헤롯 왕가	로마제국 밑에 꼭두각시 정권인 '헤롯 왕가'가 자리하고 있었다. 헤롯 왕가는 백성들의 민심을 얻기 위해 성전을 재건하기도 하였다. 그러나 그들은 백성들로부터 엄청난 부를 착취하였다. 그리고 기본적으로 공포와 무력으로 통치했는데, 이는 원칙적으로 로마와의 우호적인 관계를 통해서 효과적으로 수행하였다.
3.예루살렘성전 (산헤드린의회)	로마제국과 헤롯 왕가 밑에서 한편으로는 그들을 떠받치면서 다른 한편으로는 유대 사회를 지배한 집단이 있었다. 그것은 '유대교'라는 이데올로기를 중심으로 한 '예루살렘 성전체제'와 '산헤드린 의회'였다. 유대 자치정부인 산헤드린(Sanhedrin)은 의장을 포함한 72명으로 구성되어 있었다. 그 멤버들은 주로 사두개파, 바리새파 및 장로들(지주계급)이었다. 산헤드린은 예수를 재판할 때 최고법정의 기능을 발휘하였다. 예루살렘 성전체제는 당시 종교적 기능만이 아니라 정치적, 경제적 기능에서도 절대적 영향력을 행사하였다. 정치적 측면에서 성전은 예부터 지배 세력과의 야합을 통해서 그 존립근거를 확보해 왔다. 예수시대에 대제사장직은 로마 총독에 의해 임명되었는데, 그 기준은 로마제국에 대한 충성이었다. 성전은 로마 제국주의 세력의 충실한 시녀였고, 산헤드린과는 동전의 양면처럼 결합되어 있었다. 경제적 측면에서 성전은 모든 돈이 집중되는 은행의 역할을 수행하였다. 성전은 십일조와 성전세 및 성전 영지를 통해 수입을 올렸다. 그밖에도 성전 세겔이라는 특별 화폐에 의한 환전 프리미엄으로 돈을 축적했고, 제의용 희생동물의 전매특허로 엄청난 수익을 올렸다. 따라서 성전은 착취와 부패의 온상이었고, 그런 성전은 저주받은 무화과나무처럼 없어져야 한다는 것이 예수님의 입장이었다(막 11:12-25).
4. 사두개파	사두개파(Sadducees)는 상류층 사제집단이다. 이들은 대부분 산헤드린 공회원이자 제사장 가문에 속한 귀족들이었다. 이들은 모세 오경만을 권위 있는 것으로 인정하고, 천사나 사탄 등의 영계는 물론 부활과 영생 등 내세를 믿지 않았다. 그래서 예수님은 이들과 상대하지 않았다. 이들은 종교적 기득권을 지키기 위하여 헬라, 로마 등의 이방 세력과 쉽게 야합한 현실주의자들이자 극도의 보수주의자들이었다. 이들은 민중을 기만하고 수탈하여 자신들의 이권만을 추구하였으므로 민중의 혐오의 대상이었다. 제사장 집단이었던 이들은 성전 파괴 후 급속히 사라졌다.
5. 바리새파	바리새파(Pharisees)는 주로 서기관과 랍비(율법학자)들로 이루어진 율법집단이다. 바리새파는 경건한 자들인 하시딤(Hassidim)의 후예들로서 그 기원이 '분리된 자', 또는 '구별된 자'라는 뜻의 히브리어로부터 유래한다. 이들은 율법 연구에 지나치게 매달렸고 이로 인해 율법의 참 정신을 잃고 형식주의에 빠지기도 하였다. 이들은 율법과 정결 규정(63개의 율법조항)으로 백성들의 생활 구석구석까지 억압하였다. 이들은 모세 율법은 물론 율법을 해석한 자신들의 전승도 동일한 권위로 인정했으며 사탄과 부활과 영생을 믿었다. 바리새파는 지배집단의 하부에 속한 집단이지만 가장 강력한 영향력을 행사한 유대 종파였다. 특히

5. 바리새파	성전 파괴 후 이들은 사두개파를 제치고 주도권을 장악하였다. 성경에서 예수님은 바리새파를 주요 공격 대상으로 삼았는데, 그것은 민중 해방의 성격도 있지만 부패한 전 지배 집단의 뿌리를 흔드는 일이라고 믿었기 때문이다.
6. 에세네파	에세네파(Essenes)는 바리새파처럼 하시딤의 후예들로서 종말론적인 현실도피 집단이었다. 바리새파가 조직적, 사회참여적, 논리적인 반면에 이들은 개인적, 은둔적, 신비적인 성향의 사람들이다. 사해 사본을 남긴 쿰란공동체가 바로 에세네파에 속한다고 볼 수 있다. 이들은 사람이 한적한 광야 같은 곳에서 종말론적 메시아를 대망하면서 철저한 금욕생활과 공동소유를 포함한 공동생활을 실천하였다. 이들은 자신들이야말로 빛의 아들들로서 성경의 모든 약속과 성경의 진정한 후예로 여겼다. 세례 요한이 에세네파에서 온 사람이라는 주장이 있다. 그는 사회정의를 부르짖고 헤롯과 그 동생 빌립의 아내 헤로디아의 결혼 문제에 개입하다 죽임을 당하였다(마 14:1-12).
7. 열심당	'열심당'(Zealots)은 급진적 민족주의 집단이었다. 이 집단의 이름은 문자 그대로 정열과 열심이라는 히브리에서 온 말로 이들의 열심은 기본적으로 하나님과 토라에 대한 종교적 충성에서 왔다. 이들은 마카비 혁명의 무장 투쟁 전통을 되살리면서 이교도들인 로마제국이 거룩한 땅 팔레스타인을 점령하여 그 땅을 더럽혔으므로 이들을 몰아내는 것을 급선무로 보았다. 그리하여 로마보다 군사적으로 열세임에도 불구하고 주후 66년 유대-로마 전쟁이라는 자살적인 투쟁에 뛰어들었다. 그리고 이들은 마사다에서 몰사할 때까지 각종 유혈 운동을 벌였다(주후 73년).
8. 일반 백성	주님이 태어나신 주후 1세기 팔레스타인 땅은 지난 5백 년 이상을 바벨론, 페르시아, 헬라, 로마 등 여러 나라에 의해 빼앗긴 남의 나라 땅이었다. 모두가 다 힘들게 살아가고 있었지만 그 가운데서도 특히 민중들의 삶은 고달팠다. 일반 백성인 민중들은 현실 속에서 메시아를 기다리며 힘들게 살아가는 가난하고 억눌린 사람들이었다. 당시의 민중들은 지배 집단에 의해 정치적 억압과 경제적 수탈과 종교적 정죄를 당하며 삼중고(三重苦)에 시달려야 했다. 특히 갈릴리 사람들은 유대인들에 의해 '암 하아렛츠'(땅의 백성)로 멸시받았다. 그렇지 않아도 어려운 경제 상황 속에서 백성들은 로마에 세금을 거둬 바쳐야 했다.
9. 예수그리스도	1. 주후 1세기 그 혼미한 시대 상황 속에서 문제 해결의 길은 예수, 즉 예수의 길에 있다. 예수의 길은 유대적 세계관에 갇혀 있던 당시의 모든 집단들, 운동들, 사람들의 길과 사뭇 달랐다. 무엇이 달랐는가? 예수는 생각했다. 진정한 구원의 길, 진정한 평화의 길은 어디에 있는가? 사두개파의 길은 아니다. 사제 귀족으로서 성전 제사를 드리는 방법으로는 안 된다. 바리새파의 길도 아니다. 모세의 율법을 연구하고 지키는 방법으로는 안 된다. 에세네파의 길도 아니다. 현실을 떠나 광야에 가서 홀로 고고하게 자기를 지키는 방법도 안 된다. 열심당의 길도 아니다. 그들 이면 속에 감추인 인간적 야심(헤게모니 싸움)을 가지고 무력 투쟁으로 로마를 쫓아내겠다는 방법도 안 된다. 민중의 길도 아니다. 메시아를 무작정 기다리며 현실을 체념하면서 매일을 근심 속에 사는 방법도 안 된다. 헤롯 왕가의 길은 더더욱 아니다. 이교 세력과 야합하여 권력을 잡고 민중의 아픔과는 아랑곳없이 권력의 달콤한 맛에 빠져 사는 방법은 안 된다. 로마제국의 길도 아니다. 가이사의 길, 가이사의 방법으로는 안 된다. 힘으로 남의 나라를 빼앗고 폭력으로 다스리며 아무 일 없다는 듯이 '평화, 평화로다'를 외치는 방법도 안 된다. 이 모든 길은 아니다. 이 모든 방법으로는 안 된다. 한 마디로 인간적인 것, 세상적인 방법으로는 안 된다. 그렇다면 어떤 길(방법)로만 되는가? 하나님의 길(방법)로만 된다. 전적으로 하나님의 것(방법)으로만 된다. 모두가 다 인간적이고 세상적인 방법으로 문제를 해결하려고 했다. 그래서 미움, 질투, 원망, 불평, 도피, 체념, 투쟁, 압제, 폭력, 힘으로 하려고 했다. 그러나

9. 예수그리스도	그런 방법으로는 결코 안 된다. 상대가 힘으로 나온다고 따라서 힘으로 맞서서는 안 된다. 상대와 싸워서 이겼다고 해서 그것이 진정으로 이긴 것이 아니다. 잠시 이겼을 뿐 영원히 이긴 것이 아니다. 진정한 승리, 영원한 승리는 인간적인 방법으로는 오지 않는다. 오직 하나님의 방법으로만 온다. 2. 그러면 무엇이 인간(사람)의 길이고, 무엇이 하나님의 길인가? 어떤 것이 세상의 방법이고, 어떤 것이 하나님의 방법인가? 자기(자아)가 있는 길이 인간(사람)의 길이고, 자기(자아)가 없는 길이 하나님의 길이다. 자기 것으로, 땅의 것으로 하는 것이 세상적 방법이고, 하나님의 것으로, 하늘의 것으로 하는 것이 하나님의 방법이다. 자기(나)가 없어야 한다는 것은 자기를 부인하는 것, 자기를 비우는 것, 자기를 죽이는 것, 자기가 사라지는 것, 자기가 없는 것을 말한다. 자기 것이 없어야 한다는 말은 자기 생각, 자기 주장, 자기 경험, 자기 사랑, 자기 방법, 자기 재능, 자기 소유, 자기 지식, 자기 지혜, 자기 힘, 자기 영광이 없어야 한다는 것을 말한다. 오직 하나님(하늘)만 있어야 한다. 예수께서 참 제자가 되는 길을 말씀하셨다."누구든지 나를 따라오려거든 자기를 부인하고 자기 십자가를 지고 나를 좇을 것이니라"(마 24:20). 여기서"자기를 부인하고"라는 말은 '자기 비움(kenosis, 빌 2:7)'을 말한다. 그리고 "자기 십자가를 지고"라는 말은 십자가에서 죽듯 '자기 죽임'을 말한다. 그러니까 자기가 없는(죽는), 바꾸어 말하면 하나님만이 있는 것을 말한다. 그럴 때에 참 제자가 될 수 있다는 말씀이다. 그리고 십자가를 지는 방법만이 하나님이 원하시고 기뻐하시는 방법이다. 예수는 남과 싸우지 않으면서(不爭) 온전한 구원과 평화를 이루는 방법을 선택했다. 그것이 성육신의 끝자락인'십자가'였다.'십자가'는 아들 예수께서 아버지 하나님의 뜻을 따르는 순명(順命)의 극치였다. 그러면 주후 1세기 유대교와 로마 제국의 식민지 상황에서 십자가는 무엇을 의미하고 어떤 상징적 의미를 갖는가? 3. 주후 1세기 예수님이 싸워야 했던 진정한 원수는 로마라는 이방의 점령군이 아니라 그들 배후에 있는 고소하는 자 사탄이었다. 사탄은 야웨의 백성을 봉으로 삼아 이교도의 길을 가게 하고 야웨의 나라를 무력과 군사적 혁명을 통해서 이룩하게 하려 했다. 예수님이 말하였던 하나님 나라 이야기들, 그리고 행동으로 보여주었던 상징들은 모두 진정한 원수와의 진정한 싸움이었다. 예수님은 제자들에게 기이한 종류의 혁명을 촉구하였다. 유다 마카비같이 군사적이고 무력적인 싸움을 싸우는 것을 통해서가 아니라 산상수훈(마 5-7장)의 말씀에서 보듯 다른 쪽 빰을 돌려대고(마 5:39), 십리를 더 가고(마 5:41), 원수를 사랑하고 핍박하는 자를 위해 기도하는 것(마 5:44)이었다. 이러한 과제는 혁명가가 되는 혁명적 길이었다. 또한 예수님은 당시 유대 종교 지도자들인 바리새인들이 말하는'인습적 가짜 지혜'에 반대하고'참되고 전복적인 지혜'를 제시하였다. 그러한 전복적 지혜의 중심에는 최고의 역설인 십자가가 있었다. 로마 세계에서 십자가 처형은 끔찍하고 혐오스러운 것으로 인간이 고안해 낸 가장 잔인한 사형방법이었다. 바울이 말한 것처럼 "십자가의 도"(고전 1:18)는 멸망하는 자들에게는"어리석은"(바보 같은) 짓으로 보였다. 그러나 '십자가'는 구원을 위한 하나님의 능력과 하나님의 지혜가 담긴 최고의 역설(逆說)이자, 그리스도의 능력과 통치의 핵심 상징이다. 예수께서 공생애 말기에 예루살렘으로 향해 간 것은'사역을 위해서'라기보다는'죽기 위해서', 즉 십자가를 지기 위해서 의식적으로 택한 상징적 행위였다. 예수님은 자기 자신이 그의 고난과 죽음을 통해서 악을 패배시키도록 부르심을 받았다고 믿었다. 그리하여 세상의 빛, 이 땅의 소금이 되고자 하였다. 악을 단번에 패배시킬 방식은 그가 선포한 하나님 나라의 철저한 전복적 성격과 부합하는 방식이 되어야 했다. 그 방식이란 악(의 세력)이 최악의 것(십자가 처형)을 행하도록 내버려 둠으로써 악을 패배시키는 역설적 방식이었다. 이는 세상적 방식을 통한 혁명을 다시 뒤집는(전복하는) 이중적 혁명이며, 하늘(하나님)이 보여준 방식으로서의 '사랑의 혁명'이었다. 사랑(마 22:34-40/ 막 12:28-34/ 눅 10:25-28). 이야말로 예수께서 말씀하신 하나님 나라 상징의 핵심이다.

9. 예수그리스도	4. 자신이 지은 죄로 인해, 또는 선동죄, 반란죄로 체포되어 십자가 처형을 당하는 것은 인간의 길이지 하나님의 길이 아니다. 아무 죄가 없는 의인이 죄를 뒤집어쓰고 십자가를 질 때 그 길이 하나님의 길이 되는 것이다. 상대방이 칼로 찌른다고 해서 같이 칼을 들어서는 결코 문제가 해결되지 않는다(마 26:51–52). 상대방이 휘두르는 칼에 맞으면서 그를 끌어안을 때 그를 이기고 세상을 이기는 것이다. 그것이 바로 십자가의 길, 십자가의 방법이다. 세상적으로 이기는 길이 참 승리가 아니고 하나님 때문에 세상적으로 지는 길, 그 길이 하나님의 길(방법)이고 그 길이 참 승리인 하나님의 승리다. 예수님은 자기를 비웠다(그 빈자리에 하나님 아버지와 하나님의 영이 항상 충만히 임했다). 그래서 자기가 없다. 자기가 죽었다. 자기가 사라졌다. 그리고 오직 하나님(하늘)만 있을 뿐이다. 하나님(아버지)께 자신을 모두 내어드렸다. 그리고 하나님(아버지)의 뜻만이 이루어지기를 바랐을 뿐이다. 그리고 천국을 믿었고 부활을 믿었다. 천국과 부활을 믿었기에 십자가를 질 수 있었다. 십자가를 지는 것이 하나님의 길이라고 믿었다. 그리고 그 방법이 하나님의 방법이라고 믿었다. 인간적으로 십자가의 길은 완전한'실패의 길'이다. 그러나 그 길은 '승리의 길'이다. 왜냐하면 부활하셔서 죽음을 이기신 우리 하나님은 승리의 하나님이기 때문이다. 십자가의 길은 '수치의 길'이다. 그러나 그 길은 '거룩한 길'이다. 왜냐하면 인간이 아니라 죄가 없으신 우리 하나님은 '거룩한 하나님'이기 때문이다. 십자가의 길은'고난의 길'이다. 그러나 그 길은 '영광의 길'이다. 왜냐하면 높고 높은 하늘에 계신 우리 하나님은'영광의 하나님'이시기 때문이다. 십자가는'저주의 길'이다. 그러나 그 길은'사랑의 길'이다. 왜냐하면 온 세상을 만드신 창조주 우리 하나님은 사랑의 하나님이시기 때문이다. 그래서 예수님은 몸소 십자가를 지는 길을 택했다. 그리고 예수님의 부활은 십자가에서 자기 희생으로 죽은 자가 메시아라는 것을 확인시켜 준다. 5. 새 시대는 어떻게 동터 오는가? 인간으로부터 오지 않는다. 하나님으로부터 온다. 새 세상은 어떻게 임하는가? 땅으로부터 오지 않는다. 하늘로부터 온다. 하늘이 열려야 새 세상이 온다(겔 1:1; 막 1:10; 요 1:51). 세상이 어두운 것은 하늘과 땅 사이가 막혔기 때문이다. 막혔던 하늘이 열려야 밝은 새 세상이 온다. 누가 새 시대를 가져오는가? 새 세상을 임하게 하는 자는 누구인가? 땅에 속한 자로는 안 된다. 하늘에 속한 자라야 한다. 육에 속한 자로는 안 된다. 영에 속한 자라야 한다. 세상으로 난 자로는 안 된다. 하나님께로 난 자여야 된다. 인간에 속한 자로는 안 된다. 하나님께 속한 자라야 된다. 그는 사람의 아들(인자)로서 하나님과 사람 사이를, 하늘과 땅 사이를 오르락내리락 하시는 예수님이시다(1:51).

1. 로마의 황제들

이 름	통치 연도 (주후)	신약의 주요 사건
카이사르 아우구스투스 (옥타비아누스)	주전 27–주후 14	예수의 탄생, 헤롯 대왕의 죽음과 왕국의 분열. 주후 6년에 처음으로 행정관 제도를 시행함.
티베리우스	14–37	예수의 공생애, 오순절, 바울의 회심
가이우스 (칼리굴라)	37–41	헤롯 아그립바 1세의 왕국
클라우디오	41–54	팔레스타인 왕 아그립바 1세(주후 41–44), 야고보의 순교, 유대의 가뭄, 바울의 제1차 전도여행(주후 46–48), 예루살렘 공의회(주후 49년), 클라우디오가 로마에서 유대 사람을 추방하라는 칙령을 공포함(행 18:1 참조), 바울의 제2차 전도여행(주후 50–52), 열심당의 반란
네 로	54–68	바울의 제3차 전도여행(주후 53–57), 열심당의 반란이 커짐, 바울이 가이사랴에 투옥되어(주후 57–59) 로마에 압송됨(주후 60–62년), 바울이 로마 옥중에서 에베소서, 골로새서, 빌레몬서, 빌립보서 등의 서신을 썼을 것으로 보임, 주후 64년 로마 대화재, 로마의 그리스도의 사람들에 대한 짧지만 극심한 박해, 주후 66년 유대 사람 반란, 주후 66–67년 바울의 두 번째 로마 투옥(?), 주후 65년 혹은 67년에 바울과 베드로의 순교(?), 로마의 갈릴리 정벌, 주후 68년 6월 네로의 자살.
'네 황제의 해': 갈바(Galba), 오토(Otho), 비텔리우스(Vitellius), 베스파시아누스(Vespasian)	68–69	네로 계승자를 두고 내분이 생기면서 유대 사람 반란에 대한 진압이 잠시 중단됨.
베스파시아누스	69–79	주후 70년 4–8월 티투스 장군이 예루살렘을 포위하고 파괴함. 주후 73년 혹은 74년 마사다(Masada) 함락.
티투스	79–81	주후 80년 로마의 화재, 플라비아누스 원형 극장(콜로세움)의 봉헌, 주후 81년 티투스 개선문 봉헌.
도미티아누스	81–96	주후 86–87년, 89년, 92년 다키아 전쟁, 주후 93–94년 주요 철학자들과 로마 원로원에 대한 박해, 주후 95년경 그리스도인 박해, 주후 96년 도미티아누스가 암살당함, 요한계시록이 쓰여짐.
네르바	96–98	
트라야누스	98–117	주후 106년 나바테아 왕국의 합병, 주후 113년 비두니아 본도에서 그리스도인 박해함, 주후 114년 시리아에서의 박해, 주후 114–117년 바대 전쟁과 동부 정복, 주후 115–117 이집트와 구레네, 메소포타미아에서 제2차 유대 반란.
하드리아누스	117–138	주후 132년 팔레스타인에서 바르 코크바의 반란, 예루살렘을 로마 식민지 엘리아 카피톨리나로 재건축, 속주에서 그리스도인에 대한 간헐적인 박해가 계속됨.

2. 헤롯 왕가의 통치자들

통치자	가족 관계	통치 지역	통치 기간	성경의 언급
헤롯 1세(대왕)	안티파테르의 아들	유대의 왕	주전 37-4	마 2:1-22; 눅 1:5
헤롯 아켈라오	헤롯 대왕의 장남	유대, 사마리아, 이두매의 분봉왕	주전 4-주후 6	마 2:22
빌립 (헤롯 빌립 2세)	헤롯 대왕과 예루살렘의 클레오파트라 사이에 난 아들	갈릴리 바다 북쪽과 동쪽의 분봉 영주	주전 4-주후 34	눅 3:1
헤롯 안티파스	헤롯 대왕의 막내 아들, 헤로디아의 두 번째 남편	갈릴리와 베레아의 분봉 영주	주전 4-주후 39	마 14:1-11; 막 6:14-29; 눅 3:1, 19; 13:31-33; 23:7-12
헤롯 아그립바 1세	헤롯 대왕의 손자	유대의 왕	주후 37-44	행 12장
헤롯 아그립바 2세	헤롯 대왕의 증손자	칼키스의 분봉 영주이자 왕	주후 44 -100 (주후 48년에 왕이 됨)	행 25:13-26:32

바울의 선교여행

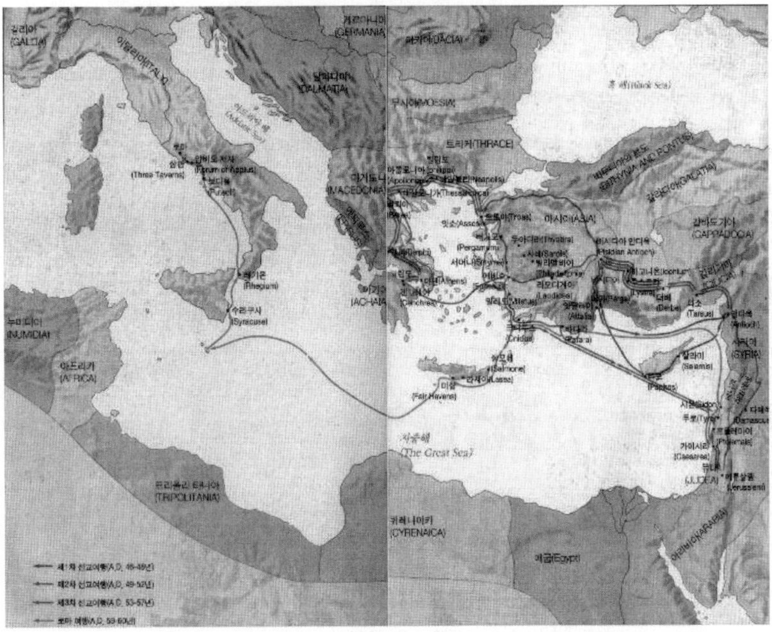
(GERMANIA)
이달리아(ITALY)
(DALMATIA)
(Three Taverns)
(Forum of Appius)
마게도냐(MACEDONIA)
레기온
(Rhegium)
수라구사
(Syracuse)
누미디아
(NUMIDIA)
아프리카
(AFRICA)
(TRIPOLITANIA)
구레네
(CYRENAICA)
무시아(MOESIA)
트라키(THRACE)
(Apollonia)
(Neapolis)
드로아(Troas)
아시아(ASIA)
(Pergamum)
두아디라(Thyatira)
사데(Sardis)
빌라델비아
서머나(Smyrna)
(Athens)
(Cenchreae)
아가야
(ACHAIA)
라오디게아
(Laodicea)
(Attalia)
(Perga)
(Lystra)
더베
(Derbe)
(Pisidian Antioch)
(Iconium)
갈라디아(GALATIA)
갑바도기아
(CAPPADOCIA)
다소
(Tarsus)
(Antioch)
수리아
(SYRIA)
(Cnidus)
(Patara)
(Salmone)
(Lasea)
(Fair Havens)
살라미
(Salamis)
(Paphos)
(Sidon)
두로(Tyre)
(Damascus)
(Ptolemais)
가이사랴
(Caesarea)
(JUDEA)
(Jerusalem)
애굽(Egypt)
아라비아(ARABIA)
(The Great Sea)
제1차 선교여행(A.D. 46-48년)
제2차 선교여행(A.D. 49-52년)
제3차 선교여행(A.D. 53-57년)
로마 여행(A.D. 59-60년)

부록 6

가톨릭과 개신교의 사상체계 및 루터의 신학원리

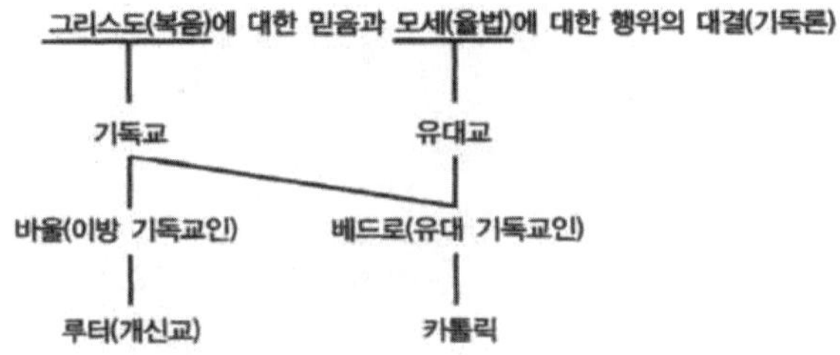

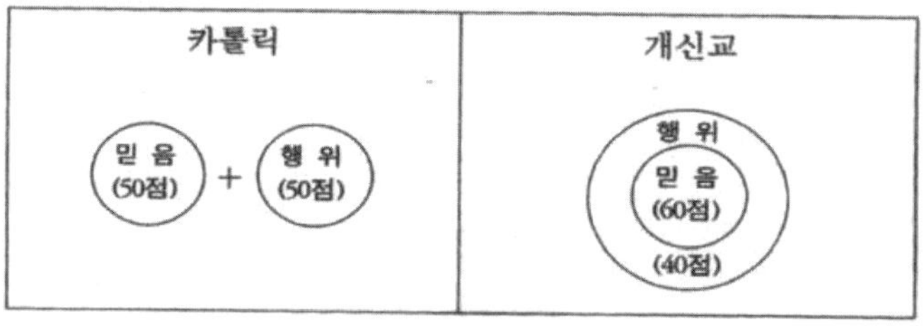

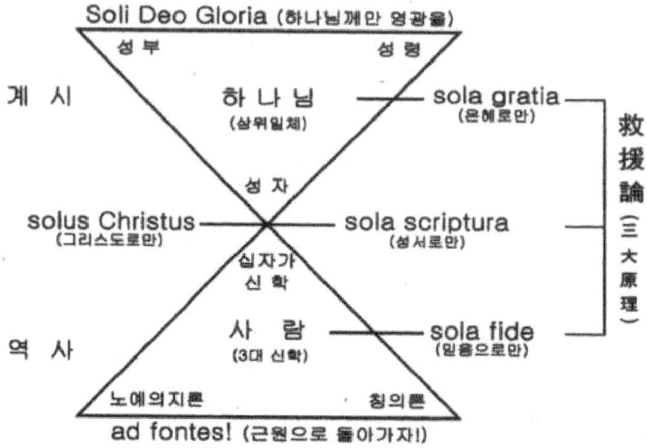

가톨릭과 개신교의 사상체계 비교		
기독교 / 주제	가 톨 릭	개 신 교
1. 사상 구조	플러스적 더하기 사고(두개의 초점) 헤브라이즘 + 헬레니즘 Both~and (둘 다) 종교의 혼합주의(syncretism) (예/ 야웨신앙+가나안 문화) 종교 + 정치(정교일치) 전체주의(집단주의), 통일성(중앙주의) 연속성(Continuiy)	동심원적 곱하기 사고(하나의 초점) 헤브라이즘(헬레니즘은 2차적) Either~or(둘 중의 하나) 종교개혁=헬레니즘을 끊고 헤브라이즘으로 돌아가자는 운동 종교/정치(정교분리) 개체주의(개인주의), 다양성(지방분권) 불연속성(Discontinuity)
2. 사도적	베드로의 종교(베드로의 기독교) 유대 크리스천(유대교 + 기독교) 베드로의 수위권(마 16:13-20) 주류측, 전통 강조	바울의 종교(바울의 기독교) 이방 크리스천(기독교/유대교와 단절) 이방인의 사도(갈 2:6-9 / 2:11-16) 비주류측, 차별 철폐 강조
3. 성서적	알렉산드리아 정경(Septuaginta) 헬라어 역본 구약성경(70인경) 정경(Canon, 73권 = 46권 + 27권) 정경은 시간상의 차이에 의함 제1정경, 제2정경, 외경 제2정경(외정)은 "후에 제1정경에 덧붙여진" 책 (권위의 차이는 없음)	팔레스타인 정경(Masora Text) 히브리어 원문 구약성경(맛소라 본문) 정경(Canon, 66권 = 39권 + 27권) 정경은 책의 권위의 차이에 의함 정경(제1정경), 외경(제2정경), 위경(외경)
4. 구원론	그리스도(믿음) + 모세(율법 행위) 잉여 공로설 (인간의 공로 필요)	그리스도(믿음) / 모세(율법 행위) 이신칭의 (오직 은혜, 오직 믿음으로 구원)
5. 신학적	영광의 신학 (Theologia gloriae) 신부사죄론, 마리아 숭배, 성인 숭배 연옥설, 수도원 제도 교회무류설, 교황무류설	십자가의 신학 (Theologia crucis) 만인제사장설 노예의지론, 칭의론 자본주의 정신
6. 성례전	7(2+5) 성사(성례, 견진, 성체 고해, 종유, 신품, 혼배), 화체설	2성사 (세례와 성찬) 기념설(상징설), 공재설
7. 구약적	제사장직 (의식, 제도; 미사)	예언자적 (말씀 중심; 예배)
8. 권위적	성서 + 교회(교회 밖에 구원이 없다)	성서 / 교회(그리스도 밖에 구원이 없다)
9. 철학적 (보편논쟁)	아리스토텔레스주의, 토미즘 스콜라철학 (기독교+철학) 실재론(Realism)	플라톤주의, 아우구스티니아니즘 스콜라철학과의 결별 (기독교/철학) 유명론 (Nominalism)
10. 인간적	어머니의 종교 (사랑과 평화)	아들의 종교 (자유와 정의)
11. 예술적	미술적 (공간적; 보는 종교) 프랑스적, 이태리적 (오페라)	음악적 (시간적; 듣는 종교) 히브리적 (쉐마), 독일적

부록 7

역사적 관점에서 본 예수(성경)와 성인들(타종교)

주제	과정(준비)	결론(완성)
1. 역사	사실-사건으로서의 역사(Historie)	의미-해석으로서의 역사(Geschichte)
2. 시대와 인물	주전 500년대 전후-정신적 화산시대 석가(566-486), 공자(552-479), 노자(공자와 비슷), 소크라테스(469-399) 포로기 예언자들-말씀의 심부름꾼	500년 후인 주후 1세기 예수 나타남 (마무리) - 말씀 자체(요 1:1)
3. 성경	구약(율법서-예언서-성문서): 율법시대 한 그루의 나무(뿌리-줄기-꽃잎)	신약: 복음시대 한 그루의 나무(열매)
4. 종교	구도(求道)의 종교: 아래(땅)에서 위(하늘)로 올라감(인간이 하나님을 찾아감) 유교, 불교, 도교, 무교	계시(啓示)의 종교: 위(하늘)에서 아래(땅)로 내려옴(하나님이 인간을 찾아오심) 예수의 종교(주후 100년 이후 급성장하다가 313년 이후 서구 기독교로 자리잡음)
5. 구원과 성화	행위, 지식으로 구원 성화를 통한 구원	은혜, 믿음으로 구원 구원 후에 성화 (궁극적 목적은 하나님께 영광)
6. 모세	모세의 행적(출-레-민: 제1의 율법)	모세 행적의 의미(신명기: 제2의 율법) 신명기의 모세상: 교사(1:5; 5:1), 고난의 종(1:37; 4:26), 예언자(18:15; 34:10), 제사장(9:25-29; 10:10)
7. 새 모세 예수	예수의 행적(마-막-눅: 공관복음서) 공관복음서에 나타난 예수상: 인성 강조, 교사(마 5:3), 고난의 종(막 8:31), 예언자(눅 13:33)	예수 행적의 의미(요한복음서) 요한복음서에 나타난 예수상: 신성 강조, 말씀(1:1), 길, 진리, 생명(14:6) 주님이자 하나님(20:28)
8. 언제부터 메시아인가?	바울(50-60년대: 십자가-부활 이후) 마가(70년대; 공생애부터) 마태와 누가(80-85년경: 탄생 때부터)	요한(90-100년경): 태초부터(하나님의 말씀이 육신을 입고 이 세상에 오심: 성육신)
9. 성인들과 예수	인간으로서의 마지막은 죽음(무덤) 말씀으로 남음	하나님(의 아들)으로서 죽음에 머물지 않고 항상 살아계심(빈 무덤): 부활이 1차적이고 말씀은 2차적이다

시대별로 본 세 가지 세계관

	주전 6 세기 이전	주전 6-5세기	주후 1세기
1. 王 (사상)	天(하늘) 王	人(땅) 王	神(하나님) 王
2. 정치체제	부족국가	고대국가	제국주의
3. 대표자	무당(巫), 제사장	석가, 공자, 노자, 소크라테스	예수 그리스도
4. 神의 존재에 대한 생각	강하고 두려운 초월자 (自然=神=王)	神은 없거나 관념적인(요청하는) 神	創造主(자연의 주), 救贖主(역사의 주)
5. 숭배 대상	鬼神(多神)	조상신(祖上神)	유일신(唯一神)
6.문화(세계관)	종교(주술)	철학(정치)	신학(계시)
7. 학문	자연철학(신화)	인간철학(인문)	기독교 신학
8. 구원 방법	他力(他律)	自力(自律)	神力(神律)
9. 주제어	恐(두려움), 宿(숙명)	知(지식), 覺(깨달음)	信(믿음), 恩(은혜)
10. 삶의 종류	기복(거래와 보상)	율법(행위와 자수성가)	복음(감사와 순종)
11. 사고방식	우연(운명)	노력(求道)(自己義)	하나님의 뜻(義)
12. 핵심 가치	건강과 평안	好學, 虛心, 無我	神國, 恩惠
13. 목표	保身, 개인의 幸福	聖人, 得道, 解脫	하나님의 영광
14. 실천 방안	귀신 달래기(신 조정) (미신, 터부, 액땜)	仁(도덕실천), 普施(보시) 행함, 無爲(억지로 하지 않음),	하나님 사랑, 이웃 사랑
15. 인간형	숙명(체념)형 인간	노력(구도)형 인간	은혜(감사)형 인간

부록 9 ***

대표적인 신학자들

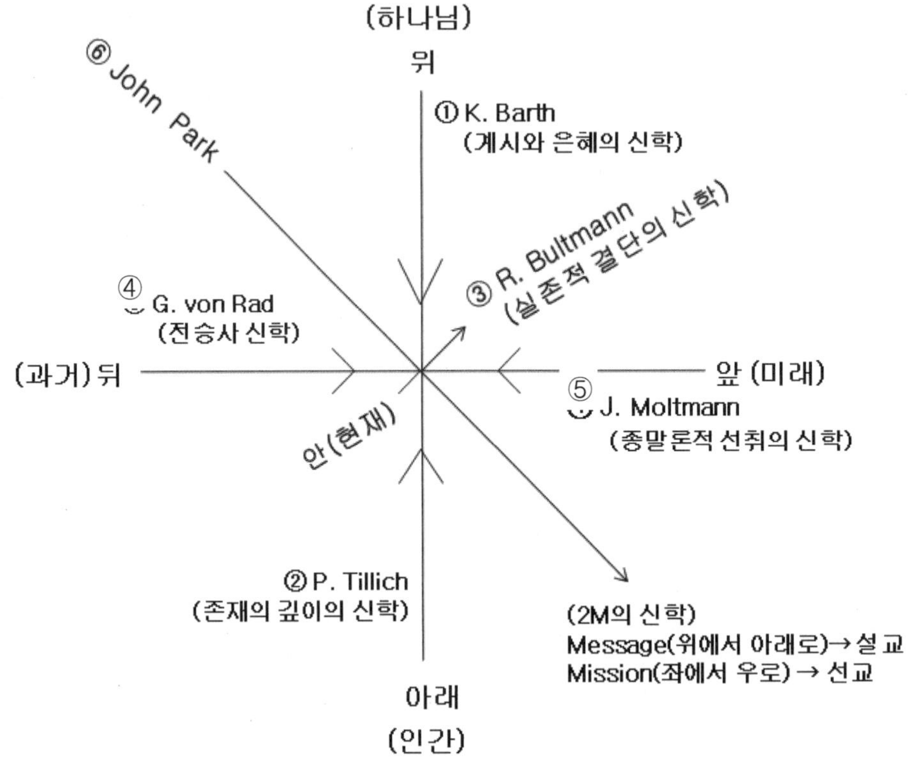

예사빠전(耶思波戰) · **만절필서**(萬折必西)

- 세상 나라가 예수 나라가 될 때까지 -

(요 18:36; 행 20:24; 고전 15:31; 계 11:15)

성경개관

2011년 9월 25일 인쇄
2011년 10월 5일 발행

편 저 | 박호용
발행인 | 이형규
발행처 | 쿰란출판사

주소 | 서울 종로구 이화동 184-3
TEL | 02-745-1007, 745-1301, 747-1212, 743-1300
영업부 | 02-747-1004, FAX / 02-745-8490
본사평생전화번호 | 0502-756-1004
홈페이지 | http://www.qumran.co.kr
E-mail | qumran@hitel.net
qumran@paran.com
한글인터넷주소 | 쿰란, 쿰란출판사

등록 | 제1-670호(1988.2.27)

책임교열 | 김숙희

값 28,000원

ISBN 978-89-6562-201-7 93230